Lakies / Malottke
BBiG
Berufsbildungsgesetz

Kommentar für die Praxis

Thomas Lakies
Annette Malottke

BBiG
Berufsbildungsgesetz

mit Kurzkommentierung des Jugendarbeitsschutzgesetzes (JArbSchG)

4., vollständig überarbeitete und erweiterte Auflage

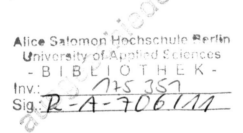

BUND
VERLAG

Bibliografische Information Der Deutschen Bibliothek
Die Deutsche Bibliothek verzeichnet diese Publikation in der Deutschen
Nationalbibliografie; detaillierte bibliografische Daten sind im Internet
über **http://dnb.d-nb.de** abrufbar

4., vollständig überarbeitete und erweiterte Auflage 2011
© 1987 by Bund-Verlag GmbH, Frankfurt
Herstellung: Birgit Fieber
Umschlag: Neil McBeath, Stuttgart
Satz: Satzbetrieb Schäper GmbH, Bonn
Druck: Druckerei C.H. Beck, Nördlingen
Printed in Germany 2011
ISBN 978-3-7663-6014-4

www.bund-verlag.de

Vorwort

Das Recht der Berufsbildung ist in der Praxis von großer Bedeutung. Rund 1,6 Millionen Berufsausbildungsverhältnisse bestehen in der Bundesrepublik Deutschland. Jährlich werden zehntausende neue Ausbildungsverträge abgeschlossen.

Das Berufsbildungsrecht wurde erstmals durch das Berufsbildungsgesetz (BBiG) vom 14. 8. 1969 bundeseinheitlich und umfassend geregelt. In seinem Grundkonzept blieb es seitdem unverändert. Am 1. 4. 2005 ist ein neues BBiG in Kraft getreten, das nunmehr rund fünf Jahre in Kraft ist.

Der vorliegende Kommentar stellt das geltende Recht umfassend und kritisch dar. Die Ausführungen gelten für die Berufsbildung in allen Bereichen der Wirtschaft, auch im Handwerk. Zum Teil gibt es Parallelvorschriften in der Handwerksordnung (HwO) – diese sind jeweils bei der Kommentierung des BBiG mit berücksichtigt. Zudem werden im Anhang die maßgeblichen Vorschriften der HwO wiedergegeben mit den Verweisen auf die jeweiligen Kommentierungen des BBiG. Zusätzlich findet sich im Anhang eine Kurzkommentierung des Jugendarbeitsschutzgesetzes (JArbSchG), weil auch dieses für Ausbildungsverhältnisse eine große Bedeutung hat.

Bei der Kommentierung der BBiG-Vorschriften haben wir Wert darauf gelegt, auch wichtige Nebenbereiche wie die Beteiligungsvorschriften für die betriebliche Interessenvertretung (Betriebsrat, Personalrat, Jugend- und Auszubildendenvertretung) und Verfahrensvorschriften sowie Fragen der Umsetzung in der Praxis und des Rechtsschutzes zu erläutern. So hoffen wir einen Kommentar vorzulegen, der in einem Band das gesamte Recht der Berufsbildung anschaulich darstellt.

Der von Herrn Wohlgemuth in der ersten Auflage begründete Kommentar wird in der hier vorliegenden vierten Auflage allein von uns verantwortet. Wir danken Herrn Wohlgemuth für die Zusammenarbeit in der Vergangenheit. Für die vorliegende Auflage haben wir alle Teile des Kommentars durchgesehen, Kommentierungen neu geschrieben, umfassend überarbeitet und ausgeweitet sowie auf den neuesten Stand der Rechtsentwicklung und der Rechtsprechung gebracht. Aktuelle Tendenzen in der Berufsbildung sowie Beschlüsse und Empfehlungen der maßgeblichen Institutionen und Organisationen wurden berücksichtigt.

Wir hoffen, unser Kommentar dient der Praxis. Kritik, Anregungen und Verbesserungsvorschläge sind willkommen.

September 2010

Thomas Lakies   Kontakt zum Autor: thomas.lakies@gmx.de
Annette Malottke   Kontakt zur Autorin: kanzlei@malottke.de

Bearbeiterverzeichnis

§§ 1 bis 9 BBiG	Malottke
§§ 10 bis 26 BBiG	Lakies
§§ 27 bis 52 BBiG	Malottke
§§ 53 bis 70 BBiG	Lakies
§§ 71 bis 81 BBiG	Malottke
§§ 82 bis 83 BBiG	Lakies
§§ 84 bis 105 BBiG	Lakies / Malottke
JArbSchG	Lakies

Inhaltsverzeichnis

	Seitenzahl
Vorwort	5
Bearbeiterverzeichnis	7
Abkürzungsverzeichnis	15
Literaturverzeichnis	19
Gesetzestext BBiG	23

Kommentar zum Berufsbildungsgesetz

Teil 1
Allgemeine Vorschriften

§	1	Ziele und Begriffe der Berufsbildung	61
§	2	Lernorte der Berufsbildung	72
§	3	Anwendungsbereich	83

Teil 2
Berufsbildung

Kapitel 1
Berufsausbildung

Abschnitt 1
Ordnung der Berufsausbildung;
Anerkennung von Ausbildungsberufen

§	4	Anerkennung von Ausbildungsberufen	91
§	5	Ausbildungsordnung	100
§	6	Erprobung neuer Ausbildungsberufe, Ausbildungs- und Prüfungsformen	134
§	7	Anrechnung beruflicher Vorbildung auf die Ausbildungszeit	138
§	8	Abkürzung und Verlängerung der Ausbildungszeit	142
§	9	Regelungsbefugnis	155

Inhaltsverzeichnis

Abschnitt 2
Berufsausbildungsverhältnis

Unterabschnitt 1
Begründung des Ausbildungsverhältnisses
§ 10   Vertrag   159
§ 11   Vertragsniederschrift   190
§ 12   Nichtige Vereinbarungen   205

Unterabschnitt 2
Pflichten der Auszubildenden
§ 13   Verhalten während der Berufsausbildung   214

Unterabschnitt 3
Pflichten der Ausbildenden
§ 14   Berufsausbildung   226
§ 15   Freistellung   236
§ 16   Zeugnis   242

Unterabschnitt 4
Vergütung
§ 17   Vergütungsanspruch   255
§ 18   Bemessung und Fälligkeit der Vergütung   269
§ 19   Fortzahlung der Vergütung   270

Unterabschnitt 5
Beginn und Beendigung des Ausbildungsverhältnisses
§ 20   Probezeit   275
§ 21   Beendigung   280
§ 22   Kündigung   290
§ 23   Schadensersatz bei vorzeitiger Beendigung   310

Unterabschnitt 6
Sonstige Vorschriften
§ 24   Weiterarbeit   318
§ 25   Unabdingbarkeit   335
§ 26   Andere Vertragsverhältnisse   337

Abschnitt 3
Eignung von Ausbildungsstätte und Ausbildungspersonal
§ 27   Eignung der Ausbildungsstätte   344
§ 28   Eignung von Ausbildenden und Ausbildern oder
        Ausbilderinnen   354
§ 29   Persönliche Eignung   358

§ 30 Fachliche Eignung 360
§ 31 Europaklausel 386
§ 32 Überwachung der Eignung 400
§ 33 Untersagung des Einstellens und Ausbildens 403

Abschnitt 4
Verzeichnis der Berufsausbildungsverhältnisse
§ 34 Einrichten, Führen 406
§ 35 Eintragen, Ändern, Löschen 410
§ 36 Antrag und Mitteilungspflichten 416

Abschnitt 5
Prüfungswesen
§ 37 Abschlussprüfung 419
§ 38 Prüfungsgegenstand 435
§ 39 Prüfungsausschüsse 439
§ 40 Zusammensetzung, Berufung 444
§ 41 Vorsitz, Beschlussfähigkeit, Abstimmung 463
§ 42 Beschlussfassung, Bewertung der Abschlussprüfung 470
§ 43 Zulassung zur Abschlussprüfung 477
§ 44 Zulassung zur Abschlussprüfung bei zeitlich auseinander
      fallenden Teilen 488
§ 45 Zulassung in besonderen Fällen 491
§ 46 Entscheidung über die Zulassung 503
§ 47 Prüfungsordnung 509
§ 48 Zwischenprüfungen 532
§ 49 Zusatzqualifikationen 536
§ 50 Gleichstellung von Prüfungszeugnissen 538

Abschnitt 6
Interessenvertretung
§ 51 Interessenvertretung 543
§ 52 Verordnungsermächtigung 547

Kapitel 2
Berufliche Fortbildung
§ 53 Fortbildungsordnung 548
§ 54 Fortbildungsprüfungsregelungen der zuständigen Stellen 559
§ 55 Berücksichtigung ausländischer Vorqualifikationen 560
§ 56 Fortbildungsprüfungen 560
§ 57 Gleichstellung von Prüfungszeugnissen 569

Inhaltsverzeichnis

Kapitel 3
Berufliche Umschulung

§ 58   Umschulungsordnung   570
§ 59   Umschulungsprüfungsregelungen der zuständigen Stellen   . . .   571
§ 60   Umschulung für einen anerkannten Ausbildungsberuf   572
§ 61   Berücksichtigung ausländischer Vorqualifikationen   572
§ 62   Umschulungsmaßnahmen; Umschulungsprüfungen   572
§ 63   Gleichstellung von Prüfungszeugnissen   574

Kapitel 4
Berufsbildung für besondere Personengruppen

Abschnitt 1
Berufsbildung behinderter Menschen

§ 64   Berufsausbildung   575
§ 65   Berufsausbildung in anerkannten Ausbildungsberufen   576
§ 66   Ausbildungsregelungen der zuständigen Stellen   577
§ 67   Berufliche Fortbildung, berufliche Umschulung.   593

Abschnitt 2
Berufsausbildungsvorbereitung

§ 68   Personenkreis und Anforderungen   594
§ 69   Qualifizierungsbausteine, Bescheinigung.   597
§ 70   Überwachung, Beratung   604

Teil 3
Organisation der Berufsbildung

Kapitel 1
Zuständige Stellen; zuständige Behörden

Abschnitt 1
Bestimmung der zuständigen Stelle

§ 71   Zuständige Stellen   606
§ 72   Bestimmung durch Rechtsverordnung   611
§ 73   Zuständige Stellen im Bereich des öffentlichen Dienstes   612
§ 74   Erweiterte Zuständigkeit   614
§ 75   Zuständige Stellen im Bereich der Kirchen und sonstigen
       Religionsgemeinschaften des öffentlichen Rechts   615

Abschnitt 2
Überwachung der Berufsbildung

§ 76   Überwachung, Beratung   616

Abschnitt 3
Berufsbildungsausschuss der zuständigen Stelle

§ 77   Errichtung.   629
§ 78   Beschlussfähigkeit, Abstimmung   636
§ 79   Aufgaben   641
§ 80   Geschäftsordnung   660

Abschnitt 4
Zuständige Behörden

§ 81   Zuständige Behörden   665

Kapitel 2
Landesausschüsse für Berufsbildung

§ 82   Errichtung, Geschäftsordnung, Abstimmung   667
§ 83   Aufgaben   672

Teil 4
Berufsbildungsforschung, Planung und Statistik

Vor §§ 84 ff.   674
§ 84   Ziele der Berufsbildungsforschung   676
§ 85   Ziele der Berufsbildungsplanung   676
§ 86   Berufsbildungsbericht   676
§ 87   Zweck und Durchführung der Berufsbildungsstatistik   677
§ 88   Erhebungen   677

Teil 5
Bundesinstitut für Berufsbildung

Vor §§ 89 ff.   679
§ 89   Bundesinstitut für Berufsbildung   685
§ 90   Aufgaben   685
§ 91   Organe   686
§ 92   Hauptausschuss   686
§ 93   Präsident oder Präsidentin   687
§ 94   Wissenschaftlicher Beirat   887
§ 95   Ausschuss für Fragen behinderter Menschen   688
§ 96   Finanzierung des Bundesinstituts für Berufsbildung   688
§ 97   Haushalt   689
§ 98   Satzung   689
§ 99   Personal   689
§ 100   Aufsicht über das Bundesinstitut für Berufsbildung   690
§ 101   Auskunftspflicht   690

Teil 6
Bußgeldvorschriften

§ 102   Bußgeldvorschriften   691

Inhaltsverzeichnis

Teil 7
Übergangs- und Schlussvorschriften

§ 103   Gleichstellung von Abschlusszeugnissen im Rahmen der
deutschen Einheit 693

§ 104   Fortgeltung bestehender Regelungen 695

§ 105   Übertragung von Zuständigkeiten. 696

Anhang

1. Gesetzestext Handwerksordnung (HwO) – Auszug – 697
2. Gesetzestext Jugendarbeitsschutzgesetz (JArbSchG)
   mit Kurzkommentierung 740

Stichwortverzeichnis 861

Abkürzungsverzeichnis

a. A.	anderer Ansicht
a. a. O.	am angegebenen Ort
ABl. EG	Amtsblatt der Europäischen Gemeinschaft Ausgabe L
Abs.	Absatz
AFBG	Aufstiegsfortbildungsförderungsgesetz
AGG	Allgemeines Gleichbehandlungsgesetz
AiB	Arbeitsrecht im Betrieb (Zeitschrift)
Anm.	Anmerkung
AP	Arbeitsrechtliche Praxis (Entscheidungssammlung)
ArbG	Arbeitsgericht
ArbGG	Arbeitsgerichtsgesetz
ArbStättV	Verordnung über Arbeitsstätten (Arbeitsstättenverordnung)
ArbZG	Arbeitszeitgesetz
Art.	Artikel
AÜG	Arbeitnehmerüberlassungsgesetz
AuR	Arbeit und Recht (Zeitschrift)
AVO	Ausführungsverordnung
Az.	Aktenzeichen
BAG	Bundesarbeitsgericht
BB	Betriebs-Berater (Zeitschrift)
BBG	Bundesbeamtengesetz
BBiG	Berufsbildungsgesetz
BEEG	Bundeselterngeld- und Elternzeitgesetz
Bek.	Bekanntmachung
BetrVG	Betriebsverfassungsgesetz
BG	Berufsgenossenschaft
BGB	Bürgerliches Gesetzbuch
BGBl.	Bundesgesetzblatt
BiBB	Bundesinstitut für Berufsbildung
BMAS	Bundesministerium für Arbeit und Soziales
BPersVG	Bundespersonalvertretungsgesetz
BR-Drucks.	Bundesratsdrucksache
BSG	Bundessozialgericht
BT	Deutscher Bundestag
BT-Drucks.	Bundestagsdrucksache
BUrlG	Bundesurlaubsgesetz
BVerfG	Bundesverfassungsgericht
BVerwG	Bundesverwaltungsgericht
BVwVfG	Verwaltungsverfahrensgesetz des Bundes

Abkürzungsverzeichnis

BWP	Berufsbildung in Wissenschaft und Praxis (Zeitschrift)
DGB	Deutscher Gewerkschaftsbund
DIN	Deutsche Industrie-Norm = Deutsche Industrie-Norm(en)
DKK	Däubler / Kittner / Klebe (siehe Literaturverzeichnis)
DÖV	Die öffentliche Verwaltung (Zeitschrift)
DVO	Durchführungsverordnung
EFZG	Entgeltfortzahlungsgesetz
Einf.	Einführung
Entsch.	Entscheidung
ErfK	Erfurter Kommentar zum Arbeitsrecht
	(siehe Literaturverzeichnis: *Müller-Glöge/Preis/Schmidt*)
EzB	Entscheidungssammlung zum Berufsbildungsrecht
f. / ff.	folgende
Fußn.	Fußnote
GaststG	Gaststättengesetz
GBl.	Gesetzblatt
gem.	gemäß
GewO	Gewerbeordnung
GG	Grundgesetz für die Bundesrepublik Deutschland
GVG	Gerichtsverfassungsgesetz
HGB	Handelsgesetzbuch
HK-ArbR	Handkommentar Arbeitsrecht (siehe Literaturverzeichnis
	Däubler/Hjort/Hummel/Wolmerath (Hrsg.)
h. M.	herrschende Meinung
HWK	Henssler / Willemsen / Kalb (siehe Literaturverzeichnis)
HwO	Handwerksordnung
IAO	Internationale Arbeitsorganisation
i. d. F.	in der Fassung
InsO	Insolvenzordnung
i. V. m.	in Verbindung mit
JArbSchG	Jugendarbeitsschutzgesetz
JGG	Jugendgerichtsgesetz
JSchG	Gesetz zum Schutze der Jugend in der Öffentlichkeit
KindArbSchV	Kinderarbeitsschutzverordnung
KrPflG	Gesetz über die Berufe in der Krankenpflege
KSchG	Kündigungsschutzgesetz
LAG	Landesarbeitsgericht
LAGE	Entscheidungssammlung der Landesarbeitsgerichte
lfd.	laufende
LFZG	Lohnfortzahlungsgesetz
LSchlG	Ladenschlussgesetz

MPO	Musterprüfungsordnung
MünchArbR	Münchener Handbuch zum Arbeitsrecht (siehe Literaturverzeichnis)
MuSchG	Mutterschutzgesetz
m. w. N.	mit weiteren Nachweisen
NachwG	Nachweisgesetz
n. F.	neue Fassung
NJW	Neue Juristische Wochenschrift (Zeitschrift)
Nr.	Nummer
n. v.	nicht veröffentlicht
NVwZ	Neue Zeitschrift für das Verwaltungsrecht (Zeitschrift)
NW	Nordrhein-Westfalen
NZA	Neue Zeitschrift für Arbeitsrecht (Zeitschrift)
NZA-RR	NZA Rechtsprechungs-Report Arbeitsrecht (Zeitschrift)
OVG	Oberverwaltungsgericht
OWiG	Gesetz über Ordnungswidrigkeiten
PersR	Der Personalrat (Zeitschrift)
PersVG	Personalvertretungsgesetz
RdErl.	Runderlass
Rn.	Randnummer
RVO	Rechtsverordnung
RZ	Randziffer
s.	siehe
S.	Seite
SeemG	Seemannsgesetz
SGB I	Sozialgesetzbuch Erstes Buch (Allgemeiner Teil)
SGB II	Sozialgesetzbuch Zweites Buch (Grundsicherung für Arbeitsuchende)
SGB III	Sozialgesetzbuch Drittes Buch (Arbeitsförderung)
SGB IV	Sozialgesetzbuch Viertes Buch (Gemeinsame Vorschriften für die Sozialversicherung)
SGB V	Sozialgesetzbuch Fünftes Buch (Krankenversicherung)
SGB VI	Sozialgesetzbuch Sechstes Buch (Rentenversicherung)
SGB VII	Sozialgesetzbuch Siebtes Buch (Unfallversicherung)
SGB VIII	Sozialgesetzbuch Achtes Buch (Kinder- und Jugendhilfe)
SGB IX	Sozialgesetzbuch Neuntes Buch (Rehabilitation und Teilhabe behinderter Menschen)
SGB X	Sozialgesetzbuch Zehntes Buch (Sozialverwaltungsverfahren und Sozialdatenschutz)
SGB XI	Sozialgesetzbuch Elftes Buch (Soziale Pflegeversicherung)
SGB XII	Sozialgesetzbuch Zwölftes Buch (Sozialhilfe)
sog.	so genannte
StGB	Strafgesetzbuch
TVG	Tarifvertragsgesetz

Abkürzungsverzeichnis

TzBfG	Teilzeit- und Befristungsgesetz
Ü	Übereinkommen
UVV	Unfallverhütungsvorschriften
VA	Verwaltungsakt
VBG	Vorschriften der Berufsgenossenschaft
VG	Verwaltungsgericht
vgl.	vergleiche
VO	Verordnung
Vorbem.	Vorbemerkung
VwGO	Verwaltungsgerichtsordnung
VwVfG	Verwaltungsverfahrensgesetz
WRV	Weimarer Reichsverfassung
ZPO	Zivilprozessordnung

Literaturverzeichnis

Altvater/Hamer/Ohnesorg/Peiseler, Bundespersonalvertretungsgesetz. BPersVG 6. Auflage (2008) (zitiert: *Altvater*)

Anzinger, Jugendarbeitsschutz, in: Münchener Handbuch zum Arbeitsrecht, 3. Auflage (2009)

Ascheid/Preis/Schmidt, Kündigungsrecht, 3. Auflage (2007) (zitiert: APS/*Bearbeiter*)

Avenarius/Rux, Rechtsprobleme der Berufsausbildung – Zur geltenden Rechtslage und zu den Möglichkeiten ihrer Änderung (2004)

Bahnmüller/Fischbach, Qualifizierung und Tarifvertrag (2006)

Bahnmüller/Jentgens, Weiterbildung durch Tariffonds (2006)

Benecke/Hergenröder, BBiG, Kommentar (2009)

Behmenburg, Kompetenzverteilung bei der Berufsausbildung (2003)

Braun/Mühlhausen/Munk/Stück, Berufsbildungsgesetz, Kommentar (2004)

Buschmann/Ulber, Arbeitszeitgesetz, Basiskommentar, 6. Auflage (2009)

Czycholl/Zedler (Hrsg.), Stand und Perspektiven der Berufsbildungsforschung, Beiträge zur Arbeitsmarkt- und Berufsforschung (BeitrAB) 280 (2004)

Däubler, Tarifvertragsgesetz (TVG) mit Arbeitnehmer-Entsendegesetz, Kommentar, 2. Auflage (2006)

Däubler/Hjort/Schubert/Wolmerath (Hrsg.), Arbeitsrecht, Handkommentar, 2. Auflage (2010) (zitiert: HK-ArbR-*Bearbeiter*)

Däubler/Kittner/Klebe/Wedde (Hrsg.), Betriebsverfassungsgesetz, Kommentar, 12. Auflage (2010) (zitiert: DKKW/*Bearbeiter*)

Detterbeck, Handwerksordnung, Kommentar, 4. Auflage (2008)

Dorn/Nackmeyer, Die Novellierung aus Sicht der Arbeitgeber, BDAktuell Nr. 14 (2005)

Etzel/Bader u.a., KR, Gemeinschaftskommentar zum Kündigungsschutzgesetz und zu sonstigen kündigungsschutzrechtlichen Vorschriften, 9. Auflage (2009) (zitiert: KR/*Bearbeiter*)

Eule/Klubertz, Rechtsfragen der Verbundausbildung (2001)

Faulstich (Hrsg.), Lernzeiten – Für ein Recht auf Weiterbildung (2002)

Faulstich/Bayer (Hrsg.), Lerngelder – Für öffentliche Verantwortung in der Weiterbildung (2005)

Fiebig/Gallner/Nägele (Hrsg.), Kündigungsschutzrecht, Handkommentar, 3. Auflage (2007) (zitiert: HaKo/*Bearbeiter*)

Fitting/Engels/Schmidt/Trebinger/Linsenmaier, Betriebsverfassungsgesetz, Kommentar, 25. Auflage (2010)

Literaturverzeichnis

Gedon/Hurlebaus, Berufsbildungsrecht, Kommentar (Loseblatt)
Germelmann/Matthes/Prütting/Müller-Glöge, Arbeitsgerichtsgesetz, Kommentar, 6. Auflage (2008)
Gilberg, Die Mitwirkung des Betriebsrats bei der Berufsbildung (1999)
Götz, Berufsbildungsrecht (1992)
Greinert, Das deutsche System der Berufsausbildung, 3. Auflage (1998)

Herkert/Töltl, Berufsbildungsgesetz, Kommentar (Loseblatt)
Henssler/Willemsen/Kalb (Hrsg.), Arbeitsrecht Kommentar, 4. Auflage (2010) (zitiert: HWK/*Bearbeiter*)
Honig/Knörr, Handwerksordnung: HwO, Kommentar, 4. Auflage (2008)
Hoyningen-Huene/Linck, KSchG, Kommentar, 13. Auflage (2007)

Jarass/Pieroth, Grundgesetz, Kommentar, 10. Auflage (2009)

Kittner/Däubler/Zwanziger (Hrsg.), Kündigungsschutzrecht, Kommentar für die Praxis, 7. Auflage (2008) (zitiert: KDZ/*Bearbeiter*)
Kittner/Zwanziger (Hrsg.), Arbeitsrecht – Handbuch für die Praxis, 5. Auflage (2009)
Kopp/Ramsauer, VwVfG Verwaltungsverfahrensgesetz, Kommentar, 10. Auflage (2008) (zitiert: *Kopp* VwVfG)
Kopp/Schenke, VwGO Verwaltungsgerichtsordnung, Kommentar, 16. Auflage (2009) (zitiert: *Kopp* VwGO)
Krekel/Walden (Hrsg.), Zukunft der Berufsausbildung in Deutschland: Empirische Untersuchungen und Schlussfolgerungen (2004)
Krewerth/Tschöpe/Ulrich/Witzki (Hrsg.), Berufsbezeichnungen und ihr Einfluss auf die Berufswahl von Jugendlichen (2004)

Lakies, AGB im Arbeitsrecht (2006)
Lakies, Befristete Arbeitsverträge, 2. Auflage (2007)
Lakies, Arbeitsgerichtsgesetz (ArbGG), Basiskommentar (2010)
Lakies, Das Arbeitsverhältnis in der Insolvenz (2010)
Lakies/Nehls, Berufsbildungsgesetz (BBiG), Basiskommentar, 2. Auflage (2009)
Lakies/Schoden, Jugendarbeitsschutzgesetz (JArbSchG), Basiskommentar, 6. Auflage (2010)
Leinemann/Taubert, Berufsbildungsgesetz, Kommentar, 2. Auflage (2008)
Lorenz, Jugendarbeitsschutzgesetz, Kommentar (1997)

Malottke, Die Arbeit der JAV (2004)
Malottke, JAV-Jugend- und Auszubildendenvertretung (2003)
Molitor/Volmer/Germelmann, Jugendarbeitsschutzgesetz, Kommentar, 3. Auflage (1986)
Müller-Glöge/Preis/Schmidt, Erfurter Kommentar zum Arbeitsrecht, 10. Auflage (2010) (zitiert: ErfK/*Bearbeiter*)

Pieper, Arbeitsschutzrecht, Kommentar für die Praxis, 4. Auflage (2009)

Richardi (Hrsg.), Betriebsverfassungsgesetz BetrVG, Kommentar, 12. Auflage (2010)

Schwab/Weth, Arbeitsgerichtsgesetz ArbGG, Kommentar, 2. Auflage (2008)
Söhner, Berufsbildungsgesetz (2008)
Stelkens/Bonk/Sachs, Verwaltungsverfahrensgesetz, 7. Auflage (2008)
Stolpmann/Teufer, Prüfungsrecht für Auszubildende und ihre Prüfer (2009)

Taubert, Jugendarbeitsschutzgesetz, Kommentar (2003)

Wedde (Hrsg.), Arbeitsrecht, Kompaktkommentar, 2. Auflage (2010)
Wohlgemuth/Lakies/Malottke/Pieper/Proyer, Berufsbildungsgesetz, Kommentar, 3. Auflage (2006)

Zimmerling/Brehm, Prüfungsrecht, 3. Auflage (2007)
Zimmerling/Brehm, Der Prüfungsprozess (2004)
Zmarzlik, Jugendarbeitsschutz, in: Münchener Handbuch zum Arbeitsrecht, 2. Auflage (2000)
Zmarzlik/Anzinger, Jugendarbeitsschutzgesetz, Kommentar, 5. Auflage (1998)

Berufsbildungsgesetz (BBiG)

vom 23.3.2005 (BGBl. I S. 931), zuletzt geändert durch Art. 15 Abs. 90 des Dienstrechtsneuordnungsgesetzes vom 5.2.2009 (BGBl. I S. 160)

Teil 1
Allgemeine Vorschriften

§ 1 Ziele und Begriffe der Berufsbildung

(1) Berufsbildung im Sinne dieses Gesetzes sind die Berufsausbildungsvorbereitung, die Berufsausbildung, die berufliche Fortbildung und die berufliche Umschulung.

(2) Die Berufsausbildungsvorbereitung dient dem Ziel, durch die Vermittlung von Grundlagen für den Erwerb beruflicher Handlungsfähigkeit an eine Berufsausbildung in einem anerkannten Ausbildungsberuf heranzuführen.

(3) Die Berufsausbildung hat die für die Ausübung einer qualifizierten beruflichen Tätigkeit in einer sich wandelnden Arbeitswelt notwendigen beruflichen Fertigkeiten, Kenntnisse und Fähigkeiten (berufliche Handlungsfähigkeit) in einem geordneten Ausbildungsgang zu vermitteln. Sie hat ferner den Erwerb der erforderlichen Berufserfahrungen zu ermöglichen.

(4) Die berufliche Fortbildung soll es ermöglichen, die berufliche Handlungsfähigkeit zu erhalten und anzupassen oder zu erweitern und beruflich aufzusteigen.

(5) Die berufliche Umschulung soll zu einer anderen beruflichen Tätigkeit befähigen.

§ 2 Lernorte der Berufsbildung

(1) Berufsbildung wird durchgeführt
1. in Betrieben der Wirtschaft, in vergleichbaren Einrichtungen außerhalb der Wirtschaft, insbesondere des öffentlichen Dienstes, der Angehörigen freier Berufe und in Haushalten (betriebliche Berufsbildung),
2. in berufsbildenden Schulen (schulische Berufsbildung) und
3. in sonstigen Berufsbildungseinrichtungen außerhalb der schulischen und betrieblichen Berufsbildung (außerbetriebliche Berufsbildung).

(2) Die Lernorte nach Absatz 1 wirken bei der Durchführung der Berufsbildung zusammen (Lernortkooperation).

(3) Teile der Berufsausbildung können im Ausland durchgeführt werden, wenn dies dem Ausbildungsziel dient. Ihre Gesamtdauer soll ein Viertel der in der Ausbildungsordnung festgelegten Ausbildungsdauer nicht überschreiten.

§ 3 Anwendungsbereich

(1) Dieses Gesetz gilt für die Berufsbildung, soweit sie nicht in berufsbildenden Schulen durchgeführt wird, die den Schulgesetzen der Länder unterstehen.

(2) Dieses Gesetz gilt nicht für

1. die Berufsbildung, die in berufsqualifizierenden oder vergleichbaren Studiengängen an Hochschulen auf der Grundlage des Hochschulrahmengesetzes und der Hochschulgesetze der Länder durchgeführt wird,
2. die Berufsbildung in einem öffentlich-rechtlichen Dienstverhältnis,
3. die Berufsbildung auf Kauffahrteischiffen, die nach dem Flaggenrechtsgesetz die Bundesflagge führen, soweit es sich nicht um Schiffe der kleinen Hochseefischerei oder der Küstenfischerei handelt.

(3) Für die Berufsbildung in Berufen der Handwerksordnung gelten die §§ 4 bis 9, 27 bis 49, 53 bis 70, 76 bis 80 sowie 102 nicht; insoweit gilt die Handwerksordnung.

Teil 2
Berufsbildung

Kapitel 1
Berufsausbildung

Abschnitt 1
Ordnung der Berufsausbildung; Anerkennung von Ausbildungsberufen

§ 4 Anerkennung von Ausbildungsberufen

(1) Als Grundlage für eine geordnete und einheitliche Berufsausbildung kann das Bundesministerium für Wirtschaft und Technologie oder das sonst zuständige Fachministerium im Einvernehmen mit dem Bundesministerium für Bildung und Forschung durch Rechtsverordnung, die nicht der Zustimmung des Bundesrates bedarf, Ausbildungsberufe staatlich anerkennen und hierfür Ausbildungsordnungen nach § 5 erlassen.

(2) Für einen anerkannten Ausbildungsberuf darf nur nach der Ausbildungsordnung ausgebildet werden.

(3) In anderen als anerkannten Ausbildungsberufen dürfen Jugendliche unter 18 Jahren nicht ausgebildet werden, soweit die Berufsausbildung nicht auf den Besuch weiterführender Bildungsgänge vorbereitet.

(4) Wird die Ausbildungsordnung eines Ausbildungsberufes aufgehoben, so gelten für bestehende Berufsausbildungsverhältnisse die bisherigen Vorschriften.

(5) Das zuständige Fachministerium informiert die Länder frühzeitig über Neuordnungskonzepte und bezieht sie in die Abstimmung ein.

§ 5 Ausbildungsordnung

(1) Die Ausbildungsordnung hat festzulegen

1. die Bezeichnung des Ausbildungsberufes, der anerkannt wird,
2. die Ausbildungsdauer; sie soll nicht mehr als drei und nicht weniger als zwei Jahre betragen,
3. die beruflichen Fertigkeiten, Kenntnisse und Fähigkeiten, die mindestens Gegenstand der Berufsausbildung sind (Ausbildungsberufsbild),
4. eine Anleitung zur sachlichen und zeitlichen Gliederung der Vermittlung der beruflichen Fertigkeiten, Kenntnisse und Fähigkeiten (Ausbildungsrahmenplan),
5. die Prüfungsanforderungen.

(2) Die Ausbildungsordnung kann vorsehen,

1. dass die Berufsausbildung in sachlich und zeitlich besonders gegliederten, aufeinander aufbauenden Stufen erfolgt; nach den einzelnen Stufen soll ein Ausbildungsabschluss vorgesehen werden, der sowohl zu einer qualifizierten beruflichen Tätigkeit im Sinne des § 1 Abs. 3 befähigt als auch die Fortsetzung der Berufsausbildung in weiteren Stufen ermöglicht (Stufenausbildung),
2. dass die Abschlussprüfung in zwei zeitlich auseinander fallenden Teilen durchgeführt wird,
3. dass abweichend von § 4 Abs. 4 die Berufsausbildung in diesem Ausbildungsberuf unter Anrechnung der bereits zurückgelegten Ausbildungszeit fortgesetzt werden kann, wenn die Vertragsparteien dies vereinbaren,
4. dass auf die durch die Ausbildungsordnung geregelte Berufsausbildung eine andere, einschlägige Berufsausbildung unter Berücksichtigung der hierbei erworbenen beruflichen Fertigkeiten, Kenntnisse und Fähigkeiten angerechnet werden kann,
5. dass über das in Absatz 1 Nr. 3 beschriebene Ausbildungsberufsbild hinaus zusätzliche berufliche Fertigkeiten, Kenntnisse und Fähigkeiten vermittelt werden können, die die berufliche Handlungsfähigkeit ergänzen oder erweitern,
6. dass Teile der Berufsausbildung in geeigneten Einrichtungen außerhalb der Ausbildungsstätte durchgeführt werden, wenn und soweit es die Berufsausbildung erfordert (überbetriebliche Berufsausbildung),
7. dass Auszubildende einen schriftlichen Ausbildungsnachweis zu führen haben.

Im Rahmen der Ordnungsverfahren soll stets geprüft werden, ob Regelungen nach Nummer 1, 2 und 4 sinnvoll und möglich sind.

§ 6 Erprobung neuer Ausbildungsberufe, Ausbildungs- und Prüfungsformen

Zur Entwicklung und Erprobung neuer Ausbildungsberufe sowie Ausbildungs- und Prüfungsformen kann das Bundesministerium für Wirtschaft und Technologie oder das sonst zuständige Fachministerium im Einvernehmen mit dem Bundesministerium für Bildung und Forschung nach Anhörung des Hauptausschusses des Bundesinstituts für Berufsbildung durch Rechtsverordnung, die nicht der Zustimmung des Bundesrates bedarf, Ausnahmen von § 4 Abs. 2 und 3 sowie den §§ 5, 37 und 48 zulassen, die auch auf eine bestimmte Art und Zahl von Ausbildungsstätten beschränkt werden können.

§ 7 Anrechnung beruflicher Vorbildung auf die Ausbildungszeit

(1) Die Landesregierungen können nach Anhörung des Landesausschusses für Berufsbildung durch Rechtsverordnung bestimmen, dass der Besuch eines Bildungsganges berufsbildender Schulen oder die Berufsausbildung in einer sonstigen Einrichtung ganz oder teilweise auf die Ausbildungszeit angerechnet wird. Die Ermächtigung kann durch Rechtsverordnung auf oberste Landesbehörden weiter übertragen werden.

(2) Die Anrechnung nach Absatz 1 bedarf des gemeinsamen Antrags der Auszubildenden und Ausbildenden. Der Antrag ist an die zuständige Stelle zu richten. Er kann sich auf Teile des höchstzulässigen Anrechnungszeitraums beschränken.

§ 8 Abkürzung und Verlängerung der Ausbildungszeit

(1) Auf gemeinsamen Antrag der Auszubildenden und Ausbildenden hat die zuständige Stelle die Ausbildungszeit zu kürzen, wenn zu erwarten ist, dass das Ausbildungsziel in der gekürzten Zeit erreicht wird. Bei berechtigtem Interesse kann sich der Antrag auch auf die Verkürzung der täglichen oder wöchentlichen Ausbildungszeit richten (Teilzeitberufsausbildung).

(2) In Ausnahmefällen kann die zuständige Stelle auf Antrag Auszubildender die Ausbildungszeit verlängern, wenn die Verlängerung erforderlich ist, um das Ausbildungsziel zu erreichen. Vor der Entscheidung nach Satz 1 sind die Ausbildenden zu hören.

(3) Für die Entscheidung über die Verkürzung oder Verlängerung der Ausbildungszeit kann der Hauptausschuss des Bundesinstituts für Berufsbildung Richtlinien erlassen.

§ 9 Regelungsbefugnis

Soweit Vorschriften nicht bestehen, regelt die zuständige Stelle die Durchführung der Berufsausbildung im Rahmen dieses Gesetzes.

Abschnitt 2
Berufsausbildungsverhältnis

Unterabschnitt 1
Begründung des Ausbildungsverhältnisses

§ 10 Vertrag

(1) Wer andere Personen zur Berufsausbildung einstellt (Ausbildende), hat mit den Auszubildenden einen Berufsausbildungsvertrag zu schließen.

(2) Auf den Berufsausbildungsvertrag sind, soweit sich aus seinem Wesen und Zweck und aus diesem Gesetz nichts anderes ergibt, die für den Arbeitsvertrag geltenden Rechtsvorschriften und Rechtsgrundsätze anzuwenden.

(3) Schließen die gesetzlichen Vertreter oder Vertreterinnen mit ihrem Kind einen Berufsausbildungsvertrag, so sind sie von dem Verbot des § 181 des Bürgerlichen Gesetzbuchs befreit.

(4) Ein Mangel in der Berechtigung, Auszubildende einzustellen oder auszubilden, berührt die Wirksamkeit des Berufsausbildungsvertrages nicht.

(5) Zur Erfüllung der vertraglichen Verpflichtungen der Ausbildenden können mehrere natürliche oder juristische Personen in einem Ausbildungsverbund zusammenwirken, soweit die Verantwortlichkeit für die einzelnen Ausbildungsabschnitte sowie für die Ausbildungszeit insgesamt sichergestellt ist (Verbundausbildung).

§ 11 Vertragsniederschrift

(1) Ausbildende haben unverzüglich nach Abschluss des Berufsausbildungsvertrages, spätestens vor Beginn der Berufsausbildung, den wesentlichen Inhalt des Vertrages gemäß Satz 2 schriftlich niederzulegen; die elektronische Form ist ausgeschlossen. In die Niederschrift sind mindestens aufzunehmen

1. Art, sachliche und zeitliche Gliederung sowie Ziel der Berufsausbildung, insbesondere die Berufstätigkeit, für die ausgebildet werden soll,
2. Beginn und Dauer der Berufsausbildung,
3. Ausbildungsmaßnahmen außerhalb der Ausbildungsstätte,
4. Dauer der regelmäßigen täglichen Ausbildungszeit,
5. Dauer der Probezeit,
6. Zahlung und Höhe der Vergütung,
7. Dauer des Urlaubs,
8. Voraussetzungen, unter denen der Berufsausbildungsvertrag gekündigt werden kann,
9. ein in allgemeiner Form gehaltener Hinweis auf die Tarifverträge, Betriebs- oder Dienstvereinbarungen, die auf das Berufsausbildungsverhältnis anzuwenden sind.

(2) Die Niederschrift ist von den Ausbildenden, den Auszubildenden und deren gesetzlichen Vertretern und Vertreterinnen zu unterzeichnen.

(3) Ausbildende haben den Auszubildenden und deren gesetzlichen Vertretern und Vertreterinnen eine Ausfertigung der unterzeichneten Niederschrift unverzüglich auszuhändigen.

(4) Bei Änderungen des Berufsausbildungsvertrages gelten die Absätze 1 bis 3 entsprechend.

§ 12 Nichtige Vereinbarungen

(1) Eine Vereinbarung, die Auszubildende für die Zeit nach Beendigung des Berufsausbildungsverhältnisses in der Ausübung ihrer beruflichen Tätigkeit beschränkt, ist nichtig. Dies gilt nicht, wenn sich Auszubildende innerhalb der letzten sechs Monate des Berufsausbildungsverhältnisses dazu verpflichten, nach dessen Beendigung mit den Ausbildenden ein Arbeitsverhältnis einzugehen.

(2) Nichtig ist eine Vereinbarung über

1. die Verpflichtung Auszubildender, für die Berufsausbildung eine Entschädigung zu zahlen,
2. Vertragsstrafen,
3. den Ausschluss oder die Beschränkung von Schadensersatzansprüchen,
4. die Festsetzung der Höhe eines Schadensersatzes in Pauschbeträgen.

Unterabschnitt 2
Pflichten der Auszubildenden

§ 13 Verhalten während der Berufsausbildung

Auszubildende haben sich zu bemühen, die berufliche Handlungsfähigkeit zu erwerben, die zum Erreichen des Ausbildungsziels erforderlich ist. Sie sind insbesondere verpflichtet,

1. die ihnen im Rahmen ihrer Berufsausbildung aufgetragenen Aufgaben sorgfältig auszuführen,
2. an Ausbildungsmaßnahmen teilzunehmen, für die sie nach § 15 freigestellt werden,
3. den Weisungen zu folgen, die ihnen im Rahmen der Berufsausbildung von Ausbildenden, von Ausbildern oder Ausbilderinnen oder von anderen weisungsberechtigten Personen erteilt werden,
4. die für die Ausbildungsstätte geltende Ordnung zu beachten,
5. Werkzeug, Maschinen und sonstige Einrichtungen pfleglich zu behandeln,
6. über Betriebs- und Geschäftsgeheimnisse Stillschweigen zu wahren.

Unterabschnitt 3
Pflichten der Ausbildenden

§ 14 Berufsausbildung

(1) Ausbildende haben
1. dafür zu sorgen, dass den Auszubildenden die berufliche Handlungsfähigkeit vermittelt wird, die zum Erreichen des Ausbildungsziels erforderlich ist, und die Berufsausbildung in einer durch ihren Zweck gebotenen Form planmäßig, zeitlich und sachlich gegliedert so durchzuführen, dass das Ausbildungsziel in der vorgesehenen Ausbildungszeit erreicht werden kann,
2. selbst auszubilden oder einen Ausbilder oder eine Ausbilderin ausdrücklich damit zu beauftragen,
3. Auszubildenden kostenlos die Ausbildungsmittel, insbesondere Werkzeuge und Werkstoffe zur Verfügung zu stellen, die zur Berufsausbildung und zum Ablegen von Zwischen- und Abschlussprüfungen, auch soweit solche nach Beendigung des Berufsausbildungsverhältnisses stattfinden, erforderlich sind,
4. Auszubildende zum Besuch der Berufsschule sowie zum Führen von schriftlichen Ausbildungsnachweisen anzuhalten, soweit solche im Rahmen der Berufsausbildung verlangt werden, und diese durchzusehen,
5. dafür zu sorgen, dass Auszubildende charakterlich gefördert sowie sittlich und körperlich nicht gefährdet werden.
(2) Auszubildenden dürfen nur Aufgaben übertragen werden, die dem Ausbildungszweck dienen und ihren körperlichen Kräften angemessen sind.

§ 15 Freistellung

Ausbildende haben Auszubildende für die Teilnahme am Berufsschulunterricht und an Prüfungen freizustellen. Das Gleiche gilt, wenn Ausbildungsmaßnahmen außerhalb der Ausbildungsstätte durchzuführen sind.

§ 16 Zeugnis

(1) Ausbildende haben den Auszubildenden bei Beendigung des Berufsausbildungsverhältnisses ein schriftliches Zeugnis auszustellen. Die elektronische Form ist ausgeschlossen. Haben Ausbildende die Berufsausbildung nicht selbst durchgeführt, so soll auch der Ausbilder oder die Ausbilderin das Zeugnis unterschreiben.

(2) Das Zeugnis muss Angaben enthalten über Art, Dauer und Ziel der Berufsausbildung sowie über die erworbenen beruflichen Fertigkeiten, Kenntnisse und Fähigkeiten der Auszubildenden. Auf Verlangen Auszubildender sind auch Angaben über Verhalten und Leistung aufzunehmen.

Unterabschnitt 4
Vergütung

§ 17 Vergütungsanspruch

(1) Ausbildende haben Auszubildenden eine angemessene Vergütung zu gewähren. Sie ist nach dem Lebensalter der Auszubildenden so zu bemessen, dass sie mit fortschreitender Berufsausbildung, mindestens jährlich, ansteigt.

(2) Sachleistungen können in Höhe der nach § 17 Abs. 1 Satz 1 Nr. 4 des Vierten Buches Sozialgesetzbuch festgesetzten Sachbezugswerte angerechnet werden, jedoch nicht über 75 Prozent der Bruttovergütung hinaus.

(3) Eine über die vereinbarte regelmäßige tägliche Ausbildungszeit hinausgehende Beschäftigung ist besonders zu vergüten oder durch entsprechende Freizeit auszugleichen.

§ 18 Bemessung und Fälligkeit der Vergütung

(1) Die Vergütung bemisst sich nach Monaten. Bei Berechnung der Vergütung für einzelne Tage wird der Monat zu 30 Tagen gerechnet.

(2) Die Vergütung für den laufenden Kalendermonat ist spätestens am letzten Arbeitstag des Monats zu zahlen.

§ 19 Fortzahlung der Vergütung

(1) Auszubildenden ist die Vergütung auch zu zahlen
1. für die Zeit der Freistellung (§ 15),
2. bis zur Dauer von sechs Wochen, wenn sie
   a) sich für die Berufsausbildung bereithalten, diese aber ausfällt oder
   b) aus einem sonstigen, in ihrer Person liegenden Grund unverschuldet verhindert sind, ihre Pflichten aus dem Berufsausbildungsverhältnis zu erfüllen.

(2) Können Auszubildende während der Zeit, für welche die Vergütung fortzuzahlen ist, aus berechtigtem Grund Sachleistungen nicht abnehmen, so sind diese nach den Sachbezugswerten (§ 17 Abs. 2) abzugelten.

Unterabschnitt 5
Beginn und Beendigung des Ausbildungsverhältnisses

§ 20 Probezeit

Das Berufsausbildungsverhältnis beginnt mit der Probezeit. Sie muss mindestens einen Monat und darf höchstens vier Monate betragen.

§ 21 Beendigung

(1) Das Berufsausbildungsverhältnis endet mit dem Ablauf der Ausbildungszeit. Im Falle der Stufenausbildung endet es mit Ablauf der letzten Stufe.
(2) Bestehen Auszubildende vor Ablauf der Ausbildungszeit die Abschlussprüfung, so endet das Berufsausbildungsverhältnis mit Bekanntgabe des Ergebnisses durch den Prüfungsausschuss.
(3) Bestehen Auszubildende die Abschlussprüfung nicht, so verlängert sich das Berufsausbildungsverhältnis auf ihr Verlangen bis zur nächstmöglichen Wiederholungsprüfung, höchstens um ein Jahr.

§ 22 Kündigung

(1) Während der Probezeit kann das Berufsausbildungsverhältnis jederzeit ohne Einhalten einer Kündigungsfrist gekündigt werden.
(2) Nach der Probezeit kann das Berufsausbildungsverhältnis nur gekündigt werden
1. aus einem wichtigen Grund ohne Einhalten einer Kündigungsfrist,
2. von Auszubildenden mit einer Kündigungsfrist von vier Wochen, wenn sie die Berufsausbildung aufgeben oder sich für eine andere Berufstätigkeit ausbilden lassen wollen.
(3) Die Kündigung muss schriftlich und in den Fällen des Absatzes 2 unter Angabe der Kündigungsgründe erfolgen.
(4) Eine Kündigung aus einem wichtigen Grund ist unwirksam, wenn die ihr zugrunde liegenden Tatsachen dem zur Kündigung Berechtigten länger als zwei Wochen bekannt sind. Ist ein vorgesehenes Güteverfahren vor einer außergerichtlichen Stelle eingeleitet, so wird bis zu dessen Beendigung der Lauf dieser Frist gehemmt.

§ 23 Schadensersatz bei vorzeitiger Beendigung

(1) Wird das Berufsausbildungsverhältnis nach der Probezeit vorzeitig gelöst, so können Ausbildende oder Auszubildende Ersatz des Schadens verlangen, wenn die andere Person den Grund für die Auflösung zu vertreten hat. Dies gilt nicht im Falle des § 22 Abs. 2 Nr. 2.
(2) Der Anspruch erlischt, wenn er nicht innerhalb von drei Monaten nach Beendigung des Berufsausbildungsverhältnisses geltend gemacht wird.

Unterabschnitt 6
Sonstige Vorschriften

§ 24 Weiterarbeit

Werden Auszubildende im Anschluss an das Berufsausbildungsverhältnis beschäftigt, ohne dass hierüber ausdrücklich etwas vereinbart worden ist, so gilt ein Arbeitsverhältnis auf unbestimmte Zeit als begründet.

§ 25 Unabdingbarkeit

Eine Vereinbarung, die zuungunsten Auszubildender von den Vorschriften dieses Teils des Gesetzes abweicht, ist nichtig.

§ 26 Andere Vertragsverhältnisse

Soweit nicht ein Arbeitsverhältnis vereinbart ist, gelten für Personen, die eingestellt werden, um berufliche Fertigkeiten, Kenntnisse, Fähigkeiten oder berufliche Erfahrungen zu erwerben, ohne dass es sich um eine Berufsausbildung im Sinne dieses Gesetzes handelt, die §§ 10 bis 23 und 25 mit der Maßgabe, dass die gesetzliche Probezeit abgekürzt, auf die Vertragsniederschrift verzichtet und bei vorzeitiger Lösung des Vertragsverhältnisses nach Ablauf der Probezeit abweichend von § 23 Abs. 1 Satz 1 Schadensersatz nicht verlangt werden kann.

Abschnitt 3
Eignung von Ausbildungsstätte und Ausbildungspersonal

§ 27 Eignung der Ausbildungsstätte

(1) Auszubildende dürfen nur eingestellt und ausgebildet werden, wenn
1. die Ausbildungsstätte nach Art und Einrichtung für die Berufsausbildung geeignet ist und
2. die Zahl der Auszubildenden in einem angemessenen Verhältnis zur Zahl der Ausbildungsplätze oder zur Zahl der beschäftigten Fachkräfte steht, es sei denn, dass anderenfalls die Berufsausbildung nicht gefährdet wird.

(2) Eine Ausbildungsstätte, in der die erforderlichen beruflichen Fertigkeiten, Kenntnisse und Fähigkeiten nicht im vollen Umfang vermittelt werden können, gilt als geeignet, wenn diese durch Ausbildungsmaßnahmen außerhalb der Ausbildungsstätte vermittelt werden.

(3) Eine Ausbildungsstätte ist nach Art und Einrichtung für die Berufsausbildung in Berufen der Landwirtschaft, einschließlich der ländlichen Hauswirtschaft, nur geeignet, wenn sie von der nach Landesrecht zuständigen Behörde als Ausbildungsstätte anerkannt ist. Das Bundesministerium für Ernährung, Landwirtschaft und Verbraucherschutz kann im Einvernehmen mit dem Bundesministerium für Bildung und Forschung nach Anhörung des Hauptausschusses des Bundesinstituts für Berufsbildung durch Rechtsverordnung, die nicht der Zustimmung des Bundesrates bedarf, Mindestanforderungen für die Größe, die Einrichtung und den Bewirtschaftungszustand der Ausbildungsstätte festsetzen.

(4) Eine Ausbildungsstätte ist nach Art und Einrichtung für die Berufsausbildung

in Berufen der Hauswirtschaft nur geeignet, wenn sie von der nach Landesrecht zuständigen Behörde als Ausbildungsstätte anerkannt ist. Das Bundesministerium für Wirtschaft und Technologie kann im Einvernehmen mit dem Bundesministerium für Bildung und Forschung nach Anhörung des Hauptausschusses des Bundesinstituts für Berufsbildung durch Rechtsverordnung, die nicht der Zustimmung des Bundesrates bedarf, Mindestanforderungen für die Größe, die Einrichtung und den Bewirtschaftungszustand der Ausbildungsstätte festsetzen.

§ 28 Eignung von Ausbildenden und Ausbildern oder Ausbilderinnen

(1) Auszubildende darf nur einstellen, wer persönlich geeignet ist. Auszubildende darf nur ausbilden, wer persönlich und fachlich geeignet ist.
(2) Wer fachlich nicht geeignet ist oder wer nicht selbst ausbildet, darf Auszubildende nur dann einstellen, wenn er persönlich und fachlich geeignete Ausbilder oder Ausbilderinnen bestellt, die die Ausbildungsinhalte in der Ausbildungsstätte unmittelbar, verantwortlich und in wesentlichem Umfang vermitteln.
(3) Unter der Verantwortung des Ausbilders oder der Ausbilderin kann bei der Berufsausbildung mitwirken, wer selbst nicht Ausbilder oder Ausbilderin ist, aber abweichend von den besonderen Voraussetzungen des § 30 die für die Vermittlung von Ausbildungsinhalten erforderlichen beruflichen Fertigkeiten, Kenntnisse und Fähigkeiten besitzt und persönlich geeignet ist.

§ 29 Persönliche Eignung

Persönlich nicht geeignet ist insbesondere, wer
1. Kinder und Jugendliche nicht beschäftigen darf oder
2. wiederholt oder schwer gegen dieses Gesetz oder die auf Grund dieses Gesetzes erlassenen Vorschriften und Bestimmungen verstoßen hat.

§ 30 Fachliche Eignung

(1) Fachlich geeignet ist, wer die beruflichen sowie die berufs- und arbeitspädagogischen Fertigkeiten, Kenntnisse und Fähigkeiten besitzt, die für die Vermittlung der Ausbildungsinhalte erforderlich sind.
(2) Die erforderlichen beruflichen Fertigkeiten, Kenntnisse und Fähigkeiten besitzt, wer
1. die Abschlussprüfung in einer dem Ausbildungsberuf entsprechenden Fachrichtung bestanden hat,
2. eine anerkannte Prüfung an einer Ausbildungsstätte oder vor einer Prüfungsbehörde oder eine Abschlussprüfung an einer staatlichen oder staatlich anerkannten Schule in einer dem Ausbildungsberuf entsprechenden Fachrichtung bestanden hat oder
3. eine Abschlussprüfung an einer deutschen Hochschule in einer dem Ausbildungsberuf entsprechenden Fachrichtung bestanden hat und eine angemessene Zeit in seinem Beruf praktisch tätig gewesen ist.
(3) Das Bundesministerium für Wirtschaft und Technologie oder das sonst zuständige Fachministerium kann im Einvernehmen mit dem Bundesministerium für Bildung und Forschung nach Anhörung des Hauptausschusses des Bundesinstituts für Berufsbildung durch Rechtsverordnung, die nicht der Zustimmung des Bun-

desrates bedarf, in den Fällen des Absatzes 2 Nr. 2 bestimmen, welche Prüfungen für welche Ausbildungsberufe anerkannt werden.

(4) Das Bundesministerium für Wirtschaft und Technologie oder das sonst zuständige Fachministerium kann im Einvernehmen mit dem Bundesministerium für Bildung und Forschung nach Anhörung des Hauptausschusses des Bundesinstituts für Berufsbildung durch Rechtsverordnung, die nicht der Zustimmung des Bundesrates bedarf, für einzelne Ausbildungsberufe bestimmen, dass abweichend von Absatz 2 die für die fachliche Eignung erforderlichen beruflichen Fertigkeiten, Kenntnisse und Fähigkeiten nur besitzt, wer

1. die Voraussetzungen des Absatzes 2 Nr. 2 oder 3 erfüllt und eine angemessene Zeit in seinem Beruf praktisch tätig gewesen ist oder
2. die Voraussetzungen des Absatzes 2 Nr. 3 erfüllt und eine angemessene Zeit in seinem Beruf praktisch tätig gewesen ist oder
3. für die Ausübung eines freien Berufes zugelassen oder in ein öffentliches Amt bestellt ist.

(5) Das Bundesministerium für Bildung und Forschung kann nach Anhörung des Hauptausschusses des Bundesinstituts für Berufsbildung durch Rechtsverordnung, die nicht der Zustimmung des Bundesrates bedarf, bestimmen, dass der Erwerb berufs- und arbeitspädagogischer Fertigkeiten, Kenntnisse und Fähigkeiten gesondert nachzuweisen ist. Dabei können Inhalt, Umfang und Abschluss der Maßnahmen für den Nachweis geregelt werden.

(6) Die nach Landesrecht zuständige Behörde kann Personen, die die Voraussetzungen des Absatzes 2, 4 oder 5 nicht erfüllen, die fachliche Eignung nach Anhörung der zuständigen Stelle widerruflich zuerkennen.

§ 31 Europaklausel

(1) In den Fällen des § 30 Abs. 2 und 4 besitzt die für die fachliche Eignung erforderlichen beruflichen Fertigkeiten, Kenntnisse und Fähigkeiten auch, wer die Voraussetzungen für die Anerkennung seiner Berufsqualifikation nach der Richtlinie 2005/36/EG des Europäischen Parlaments und des Rates vom 7. September 2005 über die Anerkennung von Berufsqualifikationen (ABl. EU Nr. L 255 S. 22) erfüllt, sofern er eine angemessene Zeit in seinem Beruf praktisch tätig gewesen ist. § 30 Abs. 4 Nr. 3 bleibt unberührt.

(2) Die Anerkennung kann unter den in Artikel 14 der in Absatz 1 genannten Richtlinie aufgeführten Voraussetzungen davon abhängig gemacht werden, dass der Antragsteller oder die Antragstellerin zunächst einen höchstens dreijährigen Anpassungslehrgang ableistet oder eine Eignungsprüfung ablegt.

(3) Die Entscheidung über die Anerkennung trifft die zuständige Stelle. Sie kann die Durchführung von Anpassungslehrgängen und Eignungsprüfungen regeln.

§ 32 Überwachung der Eignung

(1) Die zuständige Stelle hat darüber zu wachen, dass die Eignung der Ausbildungsstätte sowie die persönliche und fachliche Eignung vorliegen.

(2) Werden Mängel der Eignung festgestellt, so hat die zuständige Stelle, falls der Mangel zu beheben und eine Gefährdung Auszubildender nicht zu erwarten ist, Ausbildende aufzufordern, innerhalb einer von ihr gesetzten Frist den Mangel zu beseitigen. Ist der Mangel der Eignung nicht zu beheben oder ist eine Gefährdung Auszubildender zu erwarten oder wird der Mangel nicht innerhalb der

gesetzten Frist beseitigt, so hat die zuständige Stelle dies der nach Landesrecht zuständigen Behörde mitzuteilen.

§ 33 Untersagung des Einstellens und Ausbildens

(1) Die nach Landesrecht zuständige Behörde kann für eine bestimmte Ausbildungsstätte das Einstellen und Ausbilden untersagen, wenn die Voraussetzungen nach § 27 nicht oder nicht mehr vorliegen.

(2) Die nach Landesrecht zuständige Behörde hat das Einstellen und Ausbilden zu untersagen, wenn die persönliche oder fachliche Eignung nicht oder nicht mehr vorliegt.

(3) Vor der Untersagung sind die Beteiligten und die zuständige Stelle zu hören. Dies gilt nicht im Falle des § 29 Nr. 1.

Abschnitt 4
Verzeichnis der Berufsausbildungsverhältnisse

§ 34 Einrichten, Führen

(1) Die zuständige Stelle hat für anerkannte Ausbildungsberufe ein Verzeichnis der Berufsausbildungsverhältnisse einzurichten und zu führen, in das der Berufsausbildungsvertrag einzutragen ist. Die Eintragung ist für Auszubildende gebührenfrei.

(2) Die Eintragung umfasst für jedes Berufsausbildungsverhältnis
1. Name, Vorname, Geburtsdatum, Anschrift der Auszubildenden;
2. Geschlecht, Staatsangehörigkeit, allgemeinbildender Schulabschluss, vorausgegangene Teilnahme an berufsvorbereitender Qualifizierung oder beruflicher Grundbildung, berufliche Vorbildung;
3. erforderlichenfalls Name, Vorname und Anschrift der gesetzlichen Vertreter oder Vertreterinnen;
4. Ausbildungsberuf einschließlich Fachrichtung;
5. Datum des Abschlusses des Ausbildungsvertrages, Ausbildungsdauer, Dauer der Probezeit;
6. Datum des Beginns der Berufsausbildung;
7. Art der Förderung bei überwiegend öffentlich, insbesondere auf Grund des Dritten Buches Sozialgesetzbuch geförderten Berufsausbildungsverhältnissen;
8. Name und Anschrift der Ausbildenden, Anschrift der Ausbildungsstätte, Wirtschaftszweig, Zugehörigkeit zum öffentlichen Dienst;
9. Name, Vorname, Geschlecht und Art der fachlichen Eignung der Ausbilder und Ausbilderinnen.

§ 35 Eintragen, Ändern, Löschen

(1) Ein Berufsausbildungsvertrag und Änderungen seines wesentlichen Inhalts sind in das Verzeichnis einzutragen, wenn
1. der Berufsausbildungsvertrag diesem Gesetz und der Ausbildungsordnung entspricht,
2. die persönliche und fachliche Eignung sowie die Eignung der Ausbildungsstätte für das Einstellen und Ausbilden vorliegen und

3. für Auszubildende unter 18 Jahren die ärztliche Bescheinigung über die Erstuntersuchung nach § 32 Abs. 1 des Jugendarbeitsschutzgesetzes zur Einsicht vorgelegt wird.

(2) Die Eintragung ist abzulehnen oder zu löschen, wenn die Eintragungsvoraussetzungen nicht vorliegen und der Mangel nicht nach § 32 Abs. 2 behoben wird. Die Eintragung ist ferner zu löschen, wenn die ärztliche Bescheinigung über die erste Nachuntersuchung nach § 33 Abs. 1 des Jugendarbeitsschutzgesetzes nicht spätestens am Tage der Anmeldung der Auszubildenden zur Zwischenprüfung oder zum ersten Teil der Abschlussprüfung zur Einsicht vorgelegt und der Mangel nicht nach § 32 Abs. 2 behoben wird.

(3) Die nach § 34 Abs. 2 Nr. 1, 4, 6 und 8 erhobenen Daten dürfen zur Verbesserung der Ausbildungsvermittlung, zur Verbesserung der Zuverlässigkeit und Aktualität der Ausbildungsvermittlungsstatistik sowie zur Verbesserung der Feststellung von Angebot und Nachfrage auf dem Ausbildungsmarkt an die Bundesagentur für Arbeit übermittelt werden. Bei der Datenübermittlung sind dem jeweiligen Stand der Technik entsprechende Maßnahmen zur Sicherstellung von Datenschutz und Datensicherheit zu treffen, die insbesondere die Vertraulichkeit, Unversehrtheit und Zurechenbarkeit der Daten gewährleisten.

§ 36 Antrag und Mitteilungspflichten

(1) Ausbildende haben unverzüglich nach Abschluss des Berufsausbildungsvertrages die Eintragung in das Verzeichnis zu beantragen. Eine Ausfertigung der Vertragsniederschrift ist beizufügen. Entsprechendes gilt bei Änderungen des wesentlichen Vertragsinhalts.

(2) Ausbildende und Auszubildende sind verpflichtet, den zuständigen Stellen die zur Eintragung nach § 34 erforderlichen Tatsachen auf Verlangen mitzuteilen.

Abschnitt 5
Prüfungswesen

§ 37 Abschlussprüfung

(1) In den anerkannten Ausbildungsberufen sind Abschlussprüfungen durchzuführen. Die Abschlussprüfung kann im Falle des Nichtbestehens zweimal wiederholt werden. Sofern die Abschlussprüfung in zwei zeitlich auseinander fallenden Teilen durchgeführt wird, ist der erste Teil der Abschlussprüfung nicht eigenständig wiederholbar.

(2) Dem Prüfling ist ein Zeugnis auszustellen. Ausbildenden werden auf deren Verlangen die Ergebnisse der Abschlussprüfung der Auszubildenden übermittelt. Sofern die Abschlussprüfung in zwei zeitlich auseinander fallenden Teilen durchgeführt wird, ist das Ergebnis der Prüfungsleistungen im ersten Teil der Abschlussprüfung dem Prüfling schriftlich mitzuteilen.

(3) Dem Zeugnis ist auf Antrag der Auszubildenden eine englischsprachige und eine französischsprachige Übersetzung beizufügen. Auf Antrag der Auszubildenden kann das Ergebnis berufsschulischer Leistungsfeststellungen auf dem Zeugnis ausgewiesen werden.

(4) Die Abschlussprüfung ist für Auszubildende gebührenfrei.

§ 38 Prüfungsgegenstand

Durch die Abschlussprüfung ist festzustellen, ob der Prüfling die berufliche Handlungsfähigkeit erworben hat. In ihr soll der Prüfling nachweisen, dass er die erforderlichen beruflichen Fertigkeiten beherrscht, die notwendigen beruflichen Kenntnisse und Fähigkeiten besitzt und mit dem im Berufsschulunterricht zu vermittelnden, für die Berufsausbildung wesentlichen Lehrstoff vertraut ist. Die Ausbildungsordnung ist zugrunde zu legen.

§ 39 Prüfungsausschüsse

(1) Für die Abnahme der Abschlussprüfung errichtet die zuständige Stelle Prüfungsausschüsse. Mehrere zuständige Stellen können bei einer von ihnen gemeinsame Prüfungsausschüsse errichten.

(2) Der Prüfungsausschuss kann zur Bewertung einzelner, nicht mündlich zu erbringender Prüfungsleistungen gutachterliche Stellungnahmen Dritter, insbesondere berufsbildender Schulen, einholen.

(3) Im Rahmen der Begutachtung nach Absatz 2 sind die wesentlichen Abläufe zu dokumentieren und die für die Bewertung erheblichen Tatsachen festzuhalten.

§ 40 Zusammensetzung, Berufung

(1) Der Prüfungsausschuss besteht aus mindestens drei Mitgliedern. Die Mitglieder müssen für die Prüfungsgebiete sachkundig und für die Mitwirkung im Prüfungswesen geeignet sein.

(2) Dem Prüfungsausschuss müssen als Mitglieder Beauftragte der Arbeitgeber und der Arbeitnehmer in gleicher Zahl sowie mindestens eine Lehrkraft einer berufsbildenden Schule angehören. Mindestens zwei Drittel der Gesamtzahl der Mitglieder müssen Beauftragte der Arbeitgeber und der Arbeitnehmer sein. Die Mitglieder haben Stellvertreter oder Stellvertreterinnen.

(3) Die Mitglieder werden von der zuständigen Stelle längstens für fünf Jahre berufen. Die Beauftragten der Arbeitnehmer werden auf Vorschlag der im Bezirk der zuständigen Stelle bestehenden Gewerkschaften und selbständigen Vereinigungen von Arbeitnehmern mit sozial- oder berufspolitischer Zwecksetzung berufen. Die Lehrkraft einer berufsbildenden Schule wird im Einvernehmen mit der Schulaufsichtsbehörde oder der von ihr bestimmten Stelle berufen. Werden Mitglieder nicht oder nicht in ausreichender Zahl innerhalb einer von der zuständigen Stelle gesetzten angemessenen Frist vorgeschlagen, so beruft die zuständige Stelle insoweit nach pflichtgemäßem Ermessen. Die Mitglieder der Prüfungsausschüsse können nach Anhören der an ihrer Berufung Beteiligten aus wichtigem Grund abberufen werden. Die Sätze 1 bis 5 gelten für die stellvertretenden Mitglieder entsprechend.

(4) Die Tätigkeit im Prüfungsausschuss ist ehrenamtlich. Für bare Auslagen und für Zeitversäumnis ist, soweit eine Entschädigung nicht von anderer Seite gewährt wird, eine angemessene Entschädigung zu zahlen, deren Höhe von der zuständigen Stelle mit Genehmigung der obersten Landesbehörde festgesetzt wird.

(5) Von Absatz 2 darf nur abgewichen werden, wenn anderenfalls die erforderliche Zahl von Mitgliedern des Prüfungsausschusses nicht berufen werden kann.

§ 41 Vorsitz, Beschlussfähigkeit, Abstimmung

(1) Der Prüfungsausschuss wählt ein Mitglied, das den Vorsitz führt, und ein weiteres Mitglied, das den Vorsitz stellvertretend übernimmt. Der Vorsitz und das ihn stellvertretende Mitglied sollen nicht derselben Mitgliedergruppe angehören.
(2) Der Prüfungsausschuss ist beschlussfähig, wenn zwei Drittel der Mitglieder, mindestens drei, mitwirken. Er beschließt mit der Mehrheit der abgegebenen Stimmen. Bei Stimmengleichheit gibt die Stimme des vorsitzenden Mitglieds den Ausschlag.

§ 42 Beschlussfassung, Bewertung der Abschlussprüfung

(1) Beschlüsse über die Noten zur Bewertung einzelner Prüfungsleistungen, der Prüfung insgesamt sowie über das Bestehen und Nichtbestehen der Abschlussprüfung werden durch den Prüfungsausschuss gefasst.
(2) Zur Vorbereitung der Beschlussfassung nach Absatz 1 kann der Vorsitz mindestens zwei Mitglieder mit der Bewertung einzelner, nicht mündlich zu erbringender Prüfungsleistungen beauftragen. Die Beauftragten sollen nicht derselben Mitgliedergruppe angehören.
(3) Die nach Absatz 2 beauftragten Mitglieder dokumentieren die wesentlichen Abläufe und halten die für die Bewertung erheblichen Tatsachen fest.

§ 43 Zulassung zur Abschlussprüfung

(1) Zur Abschlussprüfung ist zuzulassen,
1. wer die Ausbildungszeit zurückgelegt hat oder wessen Ausbildungszeit nicht später als zwei Monate nach dem Prüfungstermin endet,
2. wer an vorgeschriebenen Zwischenprüfungen teilgenommen sowie vorgeschriebene schriftliche Ausbildungsnachweise geführt hat und
3. wessen Berufsausbildungsverhältnis in das Verzeichnis der Berufsausbildungsverhältnisse eingetragen oder aus einem Grund nicht eingetragen ist, den weder die Auszubildenden noch deren gesetzliche Vertreter oder Vertreterinnen zu vertreten haben.
(2) Zur Abschlussprüfung ist ferner zuzulassen, wer in einer berufsbildenden Schule oder einer sonstigen Berufsbildungseinrichtung ausgebildet worden ist, wenn dieser Bildungsgang der Berufsausbildung in einem anerkannten Ausbildungsberuf entspricht. Ein Bildungsgang entspricht der Berufsausbildung in einem anerkannten Ausbildungsberuf, wenn er
1. nach Inhalt, Anforderung und zeitlichem Umfang der jeweiligen Ausbildungsordnung gleichwertig ist,
2. systematisch, insbesondere im Rahmen einer sachlichen und zeitlichen Gliederung, durchgeführt wird und
3. durch Lernortkooperation einen angemessenen Anteil an fachpraktischer Ausbildung gewährleistet.
Die Landesregierungen werden ermächtigt, im Benehmen mit dem Landesausschuss für Berufsbildung durch Rechtsverordnung zu bestimmen, welche Bildungsgänge die Voraussetzungen der Sätze 1 und 2 erfüllen. Die Ermächtigung kann durch Rechtsverordnung auf oberste Landesbehörden weiter übertragen werden.
(Hinweis: § 43 Abs. 2 Satz 3 und 4 BBiG treten gemäß Artikel 8 Absatz 2 des Gesetzes vom 23.3.2005 (BGBl. I S. 931) am 1.8.2011 außer Kraft.)

§ 44 Zulassung zur Abschlussprüfung bei zeitlich auseinander fallenden Teilen

(1) Sofern die Abschlussprüfung in zwei zeitlich auseinander fallenden Teilen durchgeführt wird, ist über die Zulassung jeweils gesondert zu entscheiden.

(2) Zum ersten Teil der Abschlussprüfung ist zuzulassen, wer die in der Ausbildungsordnung vorgeschriebene, erforderliche Ausbildungszeit zurückgelegt hat und die Voraussetzungen des § 43 Abs. 1 Nr. 2 und 3 erfüllt.

(3) Zum zweiten Teil der Abschlussprüfung ist zuzulassen, wer über die Voraussetzungen in § 43 Abs. 1 hinaus am ersten Teil der Abschlussprüfung teilgenommen hat. Dies gilt nicht, wenn Auszubildende aus Gründen, die sie nicht zu vertreten haben, am ersten Teil der Abschlussprüfung nicht teilgenommen haben. In diesem Fall ist der erste Teil der Abschlussprüfung zusammen mit dem zweiten Teil abzulegen.

§ 45 Zulassung in besonderen Fällen

(1) Auszubildende können nach Anhörung der Ausbildenden und der Berufsschule vor Ablauf ihrer Ausbildungszeit zur Abschlussprüfung zugelassen werden, wenn ihre Leistungen dies rechtfertigen.

(2) Zur Abschlussprüfung ist auch zuzulassen, wer nachweist, dass er mindestens das Eineinhalbfache der Zeit, die als Ausbildungszeit vorgeschrieben ist, in dem Beruf tätig gewesen ist, in dem die Prüfung abgelegt werden soll. Als Zeiten der Berufstätigkeit gelten auch Ausbildungszeiten in einem anderen, einschlägigen Ausbildungsberuf. Vom Nachweis der Mindestzeit nach Satz 1 kann ganz oder teilweise abgesehen werden, wenn durch Vorlage von Zeugnissen oder auf andere Weise glaubhaft gemacht wird, dass der Bewerber oder die Bewerberin die berufliche Handlungsfähigkeit erworben hat, die die Zulassung zur Prüfung rechtfertigt. Ausländische Bildungsabschlüsse und Zeiten der Berufstätigkeit im Ausland sind dabei zu berücksichtigen.

(3) Soldaten oder Soldatinnen auf Zeit und ehemalige Soldaten oder Soldatinnen sind nach Absatz 2 Satz 3 zur Abschlussprüfung zuzulassen, wenn das Bundesministerium der Verteidigung oder die von ihm bestimmte Stelle bescheinigt, dass der Bewerber oder die Bewerberin berufliche Fertigkeiten, Kenntnisse und Fähigkeiten erworben hat, welche die Zulassung zur Prüfung rechtfertigen.

§ 46 Entscheidung über die Zulassung

(1) Über die Zulassung zur Abschlussprüfung entscheidet die zuständige Stelle. Hält sie die Zulassungsvoraussetzungen nicht für gegeben, so entscheidet der Prüfungsausschuss.

(2) Auszubildenden, die Elternzeit in Anspruch genommen haben, darf bei der Entscheidung über die Zulassung hieraus kein Nachteil erwachsen.

§ 47 Prüfungsordnung

(1) Die zuständige Stelle hat eine Prüfungsordnung für die Abschlussprüfung zu erlassen. Die Prüfungsordnung bedarf der Genehmigung der zuständigen obersten Landesbehörde.

(2) Die Prüfungsordnung muss die Zulassung, die Gliederung der Prüfung, die Bewertungsmaßstäbe, die Erteilung der Prüfungszeugnisse, die Folgen von Ver-

stoßen gegen die Prüfungsordnung und die Wiederholungsprüfung regeln. Sie kann vorsehen, dass Prüfungsaufgaben, die überregional oder von einem Aufgabenerstellungsausschuss bei der zuständigen Stelle erstellt oder ausgewählt werden, zu übernehmen sind, sofern diese Aufgaben von Gremien erstellt oder ausgewählt werden, die entsprechend § 40 Abs. 2 zusammengesetzt sind.

(3) Der Hauptausschuss des Bundesinstituts für Berufsbildung erlässt für die Prüfungsordnung Richtlinien.

§ 48 Zwischenprüfungen

(1) Während der Berufsausbildung ist zur Ermittlung des Ausbildungsstandes eine Zwischenprüfung entsprechend der Ausbildungsordnung durchzuführen. Die §§ 37 bis 39 gelten entsprechend.

(2) Sofern die Ausbildungsordnung vorsieht, dass die Abschlussprüfung in zwei zeitlich auseinander fallenden Teilen durchgeführt wird, findet Absatz 1 keine Anwendung.

§ 49 Zusatzqualifikationen

(1) Zusätzliche berufliche Fertigkeiten, Kenntnisse und Fähigkeiten nach § 5 Abs. 2 Nr. 5 werden gesondert geprüft und bescheinigt. Das Ergebnis der Prüfung nach § 37 bleibt unberührt.

(2) § 37 Abs. 3 und 4 sowie die §§ 39 bis 42 und 47 gelten entsprechend.

§ 50 Gleichstellung von Prüfungszeugnissen

(1) Das Bundesministerium für Wirtschaft und Technologie oder das sonst zuständige Fachministerium kann im Einvernehmen mit dem Bundesministerium für Bildung und Forschung nach Anhörung des Hauptausschusses des Bundesinstituts für Berufsbildung durch Rechtsverordnung außerhalb des Anwendungsbereichs dieses Gesetzes erworbene Prüfungszeugnisse den entsprechenden Zeugnissen über das Bestehen der Abschlussprüfung gleichstellen, wenn die Berufsausbildung und die in der Prüfung nachzuweisenden beruflichen Fertigkeiten, Kenntnisse und Fähigkeiten gleichwertig sind.

(2) Das Bundesministerium für Wirtschaft und Technologie oder das sonst zuständige Fachministerium kann im Einvernehmen mit dem Bundesministerium für Bildung und Forschung nach Anhörung des Hauptausschusses des Bundesinstituts für Berufsbildung durch Rechtsverordnung im Ausland erworbene Prüfungszeugnisse den entsprechenden Zeugnissen über das Bestehen der Abschlussprüfung gleichstellen, wenn die in der Prüfung nachzuweisenden beruflichen Fertigkeiten, Kenntnisse und Fähigkeiten gleichwertig sind.

Abschnitt 6
Interessenvertretung

§ 51 Interessenvertretung

(1) Auszubildende, deren praktische Berufsbildung in einer sonstigen Berufsbildungseinrichtung außerhalb der schulischen und betrieblichen Berufsbildung (§ 2 Abs. 1 Nr. 3) mit in der Regel mindestens fünf Auszubildenden stattfindet und die

nicht wahlberechtigt zum Betriebsrat nach § 7 des Betriebsverfassungsgesetzes, zur Jugend- und Auszubildendenvertretung nach § 60 des Betriebsverfassungsgesetzes oder zur Mitwirkungsvertretung nach § 36 des Neunten Buches Sozialgesetzbuch sind (außerbetriebliche Auszubildende), wählen eine besondere Interessenvertretung.

(2) Absatz 1 findet keine Anwendung auf Berufsbildungseinrichtungen von Religionsgemeinschaften sowie auf andere Berufsbildungseinrichtungen, soweit sie eigene gleichwertige Regelungen getroffen haben.

§ 52 Verordnungsermächtigung

Das Bundesministerium für Bildung und Forschung kann durch Rechtsverordnung, die nicht der Zustimmung des Bundesrates bedarf, die Fragen bestimmen, auf die sich die Beteiligung erstreckt, die Zusammensetzung und die Amtszeit der Interessenvertretung, die Durchführung der Wahl, insbesondere die Feststellung der Wahlberechtigung und der Wählbarkeit sowie Art und Umfang der Beteiligung.

Kapitel 2
Berufliche Fortbildung

§ 53 Fortbildungsordnung

(1) Als Grundlage für eine einheitliche berufliche Fortbildung kann das Bundesministerium für Bildung und Forschung im Einvernehmen mit dem Bundesministerium für Wirtschaft und Technologie oder dem sonst zuständigen Fachministerium nach Anhörung des Hauptausschusses des Bundesinstituts für Berufsbildung durch Rechtsverordnung, die nicht der Zustimmung des Bundesrates bedarf, Fortbildungsabschlüsse anerkennen und hierfür Prüfungsregelungen erlassen (Fortbildungsordnung).

(2) Die Fortbildungsordnung hat festzulegen
1. die Bezeichnung des Fortbildungsabschlusses,
2. das Ziel, den Inhalt und die Anforderungen der Prüfung,
3. die Zulassungsvoraussetzungen sowie
4. das Prüfungsverfahren.

(3) Abweichend von Absatz 1 werden Fortbildungsordnungen in Berufen der Landwirtschaft, einschließlich der ländlichen Hauswirtschaft, durch das Bundesministerium für Ernährung, Landwirtschaft und Verbraucherschutz im Einvernehmen mit dem Bundesministerium für Bildung und Forschung, Fortbildungsordnungen in Berufen der Hauswirtschaft durch das Bundesministerium für Wirtschaft und Arbeit im Einvernehmen mit dem Bundesministerium für Bildung und Forschung erlassen.

§ 54 Fortbildungsprüfungsregelungen der zuständigen Stellen

Soweit Rechtsverordnungen nach § 53 nicht erlassen sind, kann die zuständige Stelle Fortbildungsprüfungsregelungen erlassen. Die zuständige Stelle regelt die Bezeichnung des Fortbildungsabschlusses, Ziel, Inhalt und Anforderungen der Prüfungen, die Zulassungsvoraussetzungen sowie das Prüfungsverfahren.

§ 55 Berücksichtigung ausländischer Vorqualifikationen

Sofern die Fortbildungsordnung (§ 53) oder eine Regelung der zuständigen Stelle (§ 54) Zulassungsvoraussetzungen vorsieht, sind ausländische Bildungsabschlüsse und Zeiten der Berufstätigkeit im Ausland zu berücksichtigen.

§ 56 Fortbildungsprüfungen

(1) Für die Durchführung von Prüfungen im Bereich der beruflichen Fortbildung errichtet die zuständige Stelle Prüfungsausschüsse. § 37 Abs. 2 und 3 sowie die §§ 40 bis 42, 46 und 47 gelten entsprechend.

(2) Der Prüfling ist auf Antrag von der Ablegung einzelner Prüfungsbestandteile durch die zuständige Stelle zu befreien, wenn er eine andere vergleichbare Prüfung vor einer öffentlichen oder staatlich anerkannten Bildungseinrichtung oder vor einem staatlichen Prüfungsausschuss erfolgreich abgelegt hat und die Anmeldung zur Fortbildungsprüfung innerhalb von fünf Jahren nach der Bekanntgabe des Bestehens der anderen Prüfung erfolgt.

§ 57 Gleichstellung von Prüfungszeugnissen

Das Bundesministerium für Wirtschaft und Technologie oder das sonst zuständige Fachministerium kann im Einvernehmen mit dem Bundesministerium für Bildung und Forschung nach Anhörung des Hauptausschusses des Bundesinstituts für Berufsbildung durch Rechtsverordnung außerhalb des Anwendungsbereichs dieses Gesetzes oder im Ausland erworbene Prüfungszeugnisse den entsprechenden Zeugnissen über das Bestehen einer Fortbildungsprüfung auf der Grundlage der §§ 53 und 54 gleichstellen, wenn die in der Prüfung nachzuweisenden beruflichen Fertigkeiten, Kenntnisse und Fähigkeiten gleichwertig sind.

Kapitel 3
Berufliche Umschulung

§ 58 Umschulungsordnung

Als Grundlage für eine geordnete und einheitliche berufliche Umschulung kann das Bundesministerium für Bildung und Forschung im Einvernehmen mit dem Bundesministerium für Wirtschaft und Technologie oder dem sonst zuständigen Fachministerium nach Anhörung des Hauptausschusses des Bundesinstituts für Berufsbildung durch Rechtsverordnung, die nicht der Zustimmung des Bundesrates bedarf,

1. die Bezeichnung des Umschulungsabschlusses,
2. das Ziel, den Inhalt, die Art und Dauer der Umschulung,
3. die Anforderungen der Umschulungsprüfung und die Zulassungsvoraussetzungen sowie
4. das Prüfungsverfahren der Umschulung unter Berücksichtigung der besonderen Erfordernisse der beruflichen Erwachsenenbildung bestimmen (Umschulungsordnung).

§ 59 Umschulungsprüfungsregelungen der zuständigen Stellen

Soweit Rechtsverordnungen nach § 58 nicht erlassen sind, kann die zuständige Stelle Umschulungsprüfungsregelungen erlassen. Die zuständige Stelle regelt die Bezeichnung des Umschulungsabschlusses, Ziel, Inhalt und Anforderungen der Prüfungen, die Zulassungsvoraussetzungen sowie das Prüfungsverfahren unter Berücksichtigung der besonderen Erfordernisse beruflicher Erwachsenenbildung.

§ 60 Umschulung für einen anerkannten Ausbildungsberuf

Sofern sich die Umschulungsordnung (§ 58) oder eine Regelung der zuständigen Stelle (§ 59) auf die Umschulung für einen anerkannten Ausbildungsberuf richtet, sind das Ausbildungsberufsbild (§ 5 Abs. 1 Nr. 3), der Ausbildungsrahmenplan (§ 5 Abs. 1 Nr. 4) und die Prüfungsanforderungen (§ 5 Abs. 1 Nr. 5) zugrunde zu legen. Die §§ 27 bis 33 gelten entsprechend.

§ 61 Berücksichtigung ausländischer Vorqualifikationen

Sofern die Umschulungsordnung (§ 58) oder eine Regelung der zuständigen Stelle (§ 59) Zulassungsvoraussetzungen vorsieht, sind ausländische Bildungsabschlüsse und Zeiten der Berufstätigkeit im Ausland zu berücksichtigen.

§ 62 Umschulungsmaßnahmen; Umschulungsprüfungen

(1) Maßnahmen der beruflichen Umschulung müssen nach Inhalt, Art, Ziel und Dauer den besonderen Erfordernissen der beruflichen Erwachsenenbildung entsprechen.

(2) Umschulende haben die Durchführung der beruflichen Umschulung vor Beginn der Maßnahme der zuständigen Stelle schriftlich anzuzeigen. Die Anzeigepflicht erstreckt sich auf den wesentlichen Inhalt des Umschulungsverhältnisses. Bei Abschluss eines Umschulungsvertrages ist eine Ausfertigung der Vertragsniederschrift beizufügen.

(3) Für die Durchführung von Prüfungen im Bereich der beruflichen Umschulung errichtet die zuständige Stelle Prüfungsausschüsse. § 37 Abs. 2 und 3 sowie die §§ 40 bis 42, 46 und 47 gelten entsprechend.

(4) Der Prüfling ist auf Antrag von der Ablegung einzelner Prüfungsbestandteile durch die zuständige Stelle zu befreien, wenn er eine andere vergleichbare Prüfung vor einer öffentlichen oder staatlich anerkannten Bildungseinrichtung oder vor einem staatlichen Prüfungsausschuss erfolgreich abgelegt hat und die Anmeldung zur Umschulungsprüfung innerhalb von fünf Jahren nach der Bekanntgabe des Bestehens der anderen Prüfung erfolgt.

§ 63 Gleichstellung von Prüfungszeugnissen

Das Bundesministerium für Wirtschaft und Technologie oder das sonst zuständige Fachministerium kann im Einvernehmen mit dem Bundesministerium für Bildung und Forschung nach Anhörung des Hauptausschusses des Bundesinstituts für Berufsbildung durch Rechtsverordnung außerhalb des Anwendungsbereichs dieses Gesetzes oder im Ausland erworbene Prüfungszeugnisse den entsprechenden Zeugnissen über das Bestehen einer Umschulungsprüfung auf der Grundlage der

§§ 58 und 59 gleichstellen, wenn die in der Prüfung nachzuweisenden beruflichen Fertigkeiten, Kenntnisse und Fähigkeiten gleichwertig sind.

Kapitel 4
Berufsbildung für besondere Personengruppen

Abschnitt 1
Berufsbildung behinderter Menschen

§ 64 Berufsausbildung

Behinderte Menschen (§ 2 Abs. 1 Satz 1 des Neunten Buches Sozialgesetzbuch) sollen in anerkannten Ausbildungsberufen ausgebildet werden.

§ 65 Berufsausbildung in anerkannten Ausbildungsberufen

(1) Regelungen nach den §§ 9 und 47 sollen die besonderen Verhältnisse behinderter Menschen berücksichtigen. Dies gilt insbesondere für die zeitliche und sachliche Gliederung der Ausbildung, die Dauer von Prüfungszeiten, die Zulassung von Hilfsmitteln und die Inanspruchnahme von Hilfeleistungen Dritter wie Gebärdensprachdolmetscher für hörbehinderte Menschen.

(2) Der Berufsausbildungsvertrag mit einem behinderten Menschen ist in das Verzeichnis der Berufsausbildungsverhältnisse (§ 34) einzutragen. Der behinderte Mensch ist zur Abschlussprüfung auch zuzulassen, wenn die Voraussetzungen des § 43 Abs. 1 Nr. 2 und 3 nicht vorliegen.

§ 66 Ausbildungsregelungen der zuständigen Stellen

(1) Für behinderte Menschen, für die wegen Art und Schwere ihrer Behinderung eine Ausbildung in einem anerkannten Ausbildungsberuf nicht in Betracht kommt, treffen die zuständigen Stellen auf Antrag der behinderten Menschen oder ihrer gesetzlichen Vertreter oder Vertreterinnen Ausbildungsregelungen entsprechend den Empfehlungen des Hauptausschusses des Bundesinstituts für Berufsbildung. Die Ausbildungsinhalte sollen unter Berücksichtigung von Lage und Entwicklung des allgemeinen Arbeitsmarktes aus den Inhalten anerkannter Ausbildungsberufe entwickelt werden. Im Antrag nach Satz 1 ist eine Ausbildungsmöglichkeit in dem angestrebten Ausbildungsgang nachzuweisen.

(2) § 65 Abs. 2 Satz 1 gilt entsprechend.

§ 67 Berufliche Fortbildung, berufliche Umschulung

Für die berufliche Fortbildung und die berufliche Umschulung behinderter Menschen gelten die §§ 64 bis 66 entsprechend, soweit es Art und Schwere der Behinderung erfordern.

Abschnitt 2
Berufsausbildungsvorbereitung

§ 68 Personenkreis und Anforderungen

(1) Die Berufsausbildungsvorbereitung richtet sich an lernbeeinträchtigte oder sozial benachteiligte Personen, deren Entwicklungsstand eine erfolgreiche Ausbildung in einem anerkannten Ausbildungsberuf noch nicht erwarten lässt. Sie muss nach Inhalt, Art, Ziel und Dauer den besonderen Erfordernissen des in Satz 1 genannten Personenkreises entsprechen und durch umfassende sozialpädagogische Betreuung und Unterstützung begleitet werden.

(2) Für die Berufsausbildungsvorbereitung, die nicht im Rahmen des Dritten Buches Sozialgesetzbuch oder anderer vergleichbarer, öffentlich geförderter Maßnahmen durchgeführt wird, gelten die §§ 27 bis 33 entsprechend.

§ 69 Qualifizierungsbausteine, Bescheinigung

(1) Die Vermittlung von Grundlagen für den Erwerb beruflicher Handlungsfähigkeit (§ 1 Abs. 2) kann insbesondere durch inhaltlich und zeitlich abgegrenzte Lerneinheiten erfolgen, die aus den Inhalten anerkannter Ausbildungsberufe entwickelt werden (Qualifizierungsbausteine).

(2) Über vermittelte Grundlagen für den Erwerb beruflicher Handlungsfähigkeit stellt der Anbieter der Berufsausbildungsvorbereitung eine Bescheinigung aus. Das Nähere regelt das Bundesministerium für Bildung und Forschung im Einvernehmen mit den für den Erlass von Ausbildungsordnungen zuständigen Fachministerien nach Anhörung des Hauptausschusses des Bundesinstituts für Berufsbildung durch Rechtsverordnung, die nicht der Zustimmung des Bundesrates bedarf.

§ 70 Überwachung, Beratung

(1) Die nach Landesrecht zuständige Behörde hat die Berufsausbildungsvorbereitung zu untersagen, wenn die Voraussetzungen des § 68 Abs. 1 nicht vorliegen.

(2) Der Anbieter hat die Durchführung von Maßnahmen der Berufsausbildungsvorbereitung vor Beginn der Maßnahme der zuständigen Stelle schriftlich anzuzeigen. Die Anzeigepflicht erstreckt sich auf den wesentlichen Inhalt des Qualifizierungsvertrages sowie die nach § 88 Abs. 1 Nr. 5 erforderlichen Angaben.

(3) Die Absätze 1 und 2 sowie § 76 finden keine Anwendung, soweit die Berufsausbildungsvorbereitung im Rahmen des Dritten Buches Sozialgesetzbuch oder anderer vergleichbarer, öffentlich geförderter Maßnahmen durchgeführt wird. Dies gilt nicht, sofern der Anbieter der Berufsausbildungsvorbereitung nach § 243 Abs. 1 des Dritten Buches Sozialgesetzbuch gefördert wird.

Teil 3
Organisation der Berufsbildung

Kapitel 1
Zuständige Stellen; zuständige Behörden

Abschnitt 1
Bestimmung der zuständigen Stelle

§ 71 Zuständige Stellen

(1) Für die Berufsbildung in Berufen der Handwerksordnung ist die Handwerkskammer zuständige Stelle im Sinne dieses Gesetzes.

(2) Für die Berufsbildung in nichthandwerklichen Gewerbeberufen ist die Industrie- und Handelskammer zuständige Stelle im Sinne dieses Gesetzes.

(3) Für die Berufsbildung in Berufen der Landwirtschaft, einschließlich der ländlichen Hauswirtschaft, ist die Landwirtschaftskammer zuständige Stelle im Sinne dieses Gesetzes.

(4) Für die Berufsbildung der Fachangestellten im Bereich der Rechtspflege sind jeweils für ihren Bereich die Rechtsanwalts-, Patentanwalts- und Notarkammern und für ihren Tätigkeitsbereich die Notarkassen zuständige Stelle im Sinne dieses Gesetzes.

(5) Für die Berufsbildung der Fachangestellten im Bereich der Wirtschaftsprüfung und Steuerberatung sind jeweils für ihren Bereich die Wirtschaftsprüferkammern und die Steuerberaterkammern zuständige Stelle im Sinne dieses Gesetzes.

(6) Für die Berufsbildung der Fachangestellten im Bereich der Gesundheitsdienstberufe sind jeweils für ihren Bereich die Ärzte-, Zahnärzte-, Tierärzte- und Apothekerkammern zuständige Stelle im Sinne dieses Gesetzes.

(7) Soweit die Berufsausbildungsvorbereitung, die Berufsausbildung und die berufliche Umschulung in Betrieben zulassungspflichtiger Handwerke, zulassungsfreier Handwerke und handwerksähnlicher Gewerbe durchgeführt wird, ist abweichend von den Absätzen 2 bis 6 die Handwerkskammer zuständige Stelle im Sinne dieses Gesetzes.

(8) Soweit Kammern für einzelne Berufsbereiche der Absätze 1 bis 6 nicht bestehen, bestimmt das Land die zuständige Stelle.

(9) Mehrere Kammern können vereinbaren, dass die ihnen durch Gesetz zugewiesenen Aufgaben im Bereich der Berufsbildung durch eine von ihnen wahrgenommen wird. Die Vereinbarung bedarf der Genehmigung durch die zuständige oberste Bundes- oder Landesbehörde.

§ 72 Bestimmung durch Rechtsverordnung

Das zuständige Fachministerium kann im Einvernehmen mit dem Bundesministerium für Bildung und Forschung durch Rechtsverordnung mit Zustimmung des Bundesrates für Berufsbereiche, die durch § 71 nicht geregelt sind, die zuständige Stelle bestimmen.

§ 73 Zuständige Stellen im Bereich des öffentlichen Dienstes

(1) Im öffentlichen Dienst bestimmt für den Bund die oberste Bundesbehörde für ihren Geschäftsbereich die zuständige Stelle

1. in den Fällen der §§ 32, 33 und 76 sowie der §§ 23, 24 und 41 a der Handwerksordnung,
2. für die Berufsbildung in anderen als den durch die §§ 71 und 72 erfassten Berufsbereichen;

dies gilt auch für die der Aufsicht des Bundes unterstehenden Körperschaften, Anstalten und Stiftungen des öffentlichen Rechts.

(2) Im öffentlichen Dienst bestimmen die Länder für ihren Bereich sowie für die Gemeinden und Gemeindeverbände die zuständige Stelle für die Berufsbildung in anderen als den durch die §§ 71 und 72 erfassten Berufsbereichen. Dies gilt auch für die der Aufsicht der Länder unterstehenden Körperschaften, Anstalten und Stiftungen des öffentlichen Rechts.

§ 74 Erweiterte Zuständigkeit

§ 73 gilt entsprechend für Ausbildungsberufe, in denen im Bereich der Kirchen und sonstigen Religionsgemeinschaften des öffentlichen Rechts oder außerhalb des öffentlichen Dienstes nach Ausbildungsordnungen des öffentlichen Dienstes ausgebildet wird.

§ 75 Zuständige Stellen im Bereich der Kirchen und sonstigen Religionsgemeinschaften des öffentlichen Rechts

Die Kirchen und sonstigen Religionsgemeinschaften des öffentlichen Rechts bestimmen für ihren Bereich die zuständige Stelle für die Berufsbildung in anderen als den durch die §§ 71, 72 und 74 erfassten Berufsbereichen. Die §§ 77 bis 80 finden keine Anwendung.

Abschnitt 2
Überwachung der Berufsbildung

§ 76 Überwachung, Beratung

(1) Die zuständige Stelle überwacht die Durchführung
1. der Berufsausbildungsvorbereitung,
2. der Berufsausbildung und
3. der beruflichen Umschulung
und fördert diese durch Beratung der an der Berufsbildung beteiligten Personen. Sie hat zu diesem Zweck Berater oder Beraterinnen zu bestellen.

(2) Ausbildende, Umschulende und Anbieter von Maßnahmen der Berufsausbildungsvorbereitung sind auf Verlangen verpflichtet, die für die Überwachung notwendigen Auskünfte zu erteilen und Unterlagen vorzulegen sowie die Besichtigung der Ausbildungsstätten zu gestatten.

(3) Die Durchführung von Auslandsaufenthalten nach § 2 Abs. 3 überwacht und fördert die zuständige Stelle in geeigneter Weise. Beträgt die Dauer eines Aus-

bildungsabschnitts im Ausland mehr als vier Wochen, ist hierfür ein mit der zuständigen Stelle abgestimmter Plan erforderlich.

(4) Auskunftspflichtige können die Auskunft auf solche Fragen verweigern, deren Beantwortung sie selbst oder einen der in § 52 der Strafprozessordnung bezeichneten Angehörigen der Gefahr strafgerichtlicher Verfolgung oder eines Verfahrens nach dem Gesetz über Ordnungswidrigkeiten aussetzen würde.

(5) Die zuständige Stelle teilt der Aufsichtsbehörde nach dem Jugendarbeitsschutzgesetz Wahrnehmungen mit, die für die Durchführung des Jugendarbeitsschutzgesetzes von Bedeutung sein können.

Abschnitt 3
Berufsbildungsausschuss der zuständigen Stelle

§ 77 Errichtung

(1) Die zuständige Stelle errichtet einen Berufsbildungsausschuss. Ihm gehören sechs Beauftragte der Arbeitgeber, sechs Beauftragte der Arbeitnehmer und sechs Lehrkräfte an berufsbildenden Schulen an, die Lehrkräfte mit beratender Stimme.

(2) Die Beauftragten der Arbeitgeber werden auf Vorschlag der zuständigen Stelle, die Beauftragten der Arbeitnehmer auf Vorschlag der im Bezirk der zuständigen Stelle bestehenden Gewerkschaften und selbständigen Vereinigungen von Arbeitnehmern mit sozial- oder berufspolitischer Zwecksetzung, die Lehrkräfte an berufsbildenden Schulen von der nach Landesrecht zuständigen Behörde längstens für vier Jahre als Mitglieder berufen.

(3) Die Tätigkeit im Berufsbildungsausschuss ist ehrenamtlich. Für bare Auslagen und für Zeitversäumnis ist, soweit eine Entschädigung nicht von anderer Seite gewährt wird, eine angemessene Entschädigung zu zahlen, deren Höhe von der zuständigen Stelle mit Genehmigung der obersten Landesbehörde festgesetzt wird.

(4) Die Mitglieder können nach Anhören der an ihrer Berufung Beteiligten aus wichtigem Grund abberufen werden.

(5) Die Mitglieder haben Stellvertreter oder Stellvertreterinnen. Die Absätze 1 bis 4 gelten für die Stellvertreter und Stellvertreterinnen entsprechend.

(6) Der Berufsbildungsausschuss wählt ein Mitglied, das den Vorsitz führt, und ein weiteres Mitglied, das den Vorsitz stellvertretend übernimmt. Der Vorsitz und seine Stellvertretung sollen nicht derselben Mitgliedergruppe angehören.

§ 78 Beschlussfähigkeit, Abstimmung

(1) Der Berufsbildungsausschuss ist beschlussfähig, wenn mehr als die Hälfte seiner stimmberechtigten Mitglieder anwesend ist. Er beschließt mit der Mehrheit der abgegebenen Stimmen.

(2) Zur Wirksamkeit eines Beschlusses ist es erforderlich, dass der Gegenstand bei der Einberufung des Ausschusses bezeichnet ist, es sei denn, dass er mit Zustimmung von zwei Dritteln der stimmberechtigten Mitglieder nachträglich auf die Tagesordnung gesetzt wird.

§ 79 Aufgaben

(1) Der Berufsbildungsausschuss ist in allen wichtigen Angelegenheiten der beruflichen Bildung zu unterrichten und zu hören. Er hat im Rahmen seiner Aufgaben auf eine stetige Entwicklung der Qualität der beruflichen Bildung hinzuwirken.

(2) Wichtige Angelegenheiten, in denen der Berufsbildungsausschuss anzuhören ist, sind insbesondere:

1. Erlass von Verwaltungsgrundsätzen über die Eignung von Ausbildungs- und Umschulungsstätten, für das Führen von schriftlichen Ausbildungsnachweisen, für die Verkürzung der Ausbildungsdauer, für die vorzeitige Zulassung zur Abschlussprüfung, für die Durchführung der Prüfungen, zur Durchführung von über- und außerbetrieblicher Ausbildung sowie Verwaltungsrichtlinien zur beruflichen Bildung,
2. Umsetzung der vom Landesausschuss für Berufsbildung empfohlenen Maßnahmen,
3. wesentliche inhaltliche Änderungen des Ausbildungsvertragsmusters.

(3) Wichtige Angelegenheiten, in denen der Berufsbildungsausschuss zu unterrichten ist, sind insbesondere:

1. Zahl und Art der der zuständigen Stelle angezeigten Maßnahmen der Berufsausbildungsvorbereitung und beruflichen Umschulung sowie der eingetragenen Berufsausbildungsverhältnisse,
2. Zahl und Ergebnisse von durchgeführten Prüfungen sowie hierbei gewonnene Erfahrungen,
3. Tätigkeit der Berater und Beraterinnen nach § 76 Abs. 1 Satz 2,
4. für den räumlichen und fachlichen Zuständigkeitsbereich der zuständigen Stelle neue Formen, Inhalte und Methoden der Berufsbildung,
5. Stellungnahmen oder Vorschläge der zuständigen Stelle gegenüber anderen Stellen und Behörden, soweit sie sich auf die Durchführung dieses Gesetzes oder der auf Grund dieses Gesetzes erlassenen Rechtsvorschriften beziehen,
6. Bau eigener überbetrieblicher Berufsbildungsstätten,
7. Beschlüsse nach Absatz 5 sowie beschlossene Haushaltsansätze zur Durchführung der Berufsbildung mit Ausnahme der Personalkosten,
8. Verfahren zur Beilegung von Streitigkeiten aus Ausbildungsverhältnissen,
9. Arbeitsmarktfragen, soweit sie die Berufsbildung im Zuständigkeitsbereich der zuständigen Stelle berühren.

(4) Der Berufsbildungsausschuss hat die auf Grund dieses Gesetzes von der zuständigen Stelle zu erlassenden Rechtsvorschriften für die Durchführung der Berufsbildung zu beschließen. Gegen Beschlüsse, die gegen Gesetz oder Satzung verstoßen, kann die zur Vertretung der zuständigen Stelle berechtigte Person innerhalb einer Woche Einspruch einlegen. Der Einspruch ist zu begründen und hat aufschiebende Wirkung. Der Berufsbildungsausschuss hat seinen Beschluss zu überprüfen und erneut zu beschließen.

(5) Beschlüsse, zu deren Durchführung die für Berufsbildung im laufenden Haushalt vorgesehenen Mittel nicht ausreichen, bedürfen für ihre Wirksamkeit der Zustimmung der für den Haushaltsplan zuständigen Organe. Das Gleiche gilt für Beschlüsse, zu deren Durchführung in folgenden Haushaltsjahren Mittel bereitgestellt werden müssen, die die Ausgaben für Berufsbildung des laufenden Haushalts nicht unwesentlich übersteigen.

(6) Abweichend von § 77 Abs. 1 haben die Lehrkräfte Stimmrecht bei Beschlüssen zu Angelegenheiten der Berufsausbildungsvorbereitung und Berufsausbildung,

soweit sich die Beschlüsse unmittelbar auf die Organisation der schulischen Berufsbildung auswirken.

§ 80 Geschäftsordnung

Der Berufsbildungsausschuss gibt sich eine Geschäftsordnung. Sie kann die Bildung von Unterausschüssen vorsehen und bestimmen, dass ihnen nicht nur Mitglieder des Ausschusses angehören. Für die Unterausschüsse gelten § 77 Abs. 2 bis 6 und § 78 entsprechend.

Abschnitt 4
Zuständige Behörden

§ 81 Zuständige Behörden

(1) Im Bereich des Bundes ist die oberste Bundesbehörde oder die von ihr bestimmte Behörde die zuständige Behörde im Sinne des § 30 Abs. 6, der §§ 32, 33, 40 Abs. 4 und der §§ 47, 77 Abs. 2 und 3.

(2) Ist eine oberste Bundesbehörde oder eine oberste Landesbehörde zuständige Stelle im Sinne dieses Gesetzes, so bedarf es im Falle des § 40 Abs. 4 sowie der §§ 47 und 77 Abs. 3 keiner Genehmigung.

Kapitel 2
Landesausschüsse für Berufsbildung

§ 82 Errichtung, Geschäftsordnung, Abstimmung

(1) Bei der Landesregierung wird ein Landesausschuss für Berufsbildung errichtet. Er setzt sich zusammen aus einer gleichen Zahl von Beauftragten der Arbeitgeber, der Arbeitnehmer und der obersten Landesbehörden. Die Hälfte der Beauftragten der obersten Landesbehörden muss in Fragen des Schulwesens sachverständig sein.

(2) Die Mitglieder des Landesausschusses werden längstens für vier Jahre von der Landesregierung berufen, die Beauftragten der Arbeitgeber auf Vorschlag der auf Landesebene bestehenden Zusammenschlüsse der Kammern, der Arbeitgeberverbände und der Unternehmerverbände, die Beauftragten der Arbeitnehmer auf Vorschlag der auf Landesebene bestehenden Gewerkschaften und selbständigen Vereinigungen von Arbeitnehmern mit sozial- oder berufspolitischer Zwecksetzung. Die Tätigkeit im Landesausschuss ist ehrenamtlich. Für bare Auslagen und für Zeitversäumnis ist, soweit eine Entschädigung nicht von anderer Seite gewährt wird, eine angemessene Entschädigung zu zahlen, deren Höhe von der Landesregierung oder der von ihr bestimmten obersten Landesbehörde festgesetzt wird. Die Mitglieder können nach Anhören der an ihrer Berufung Beteiligten aus wichtigem Grund abberufen werden. Der Ausschuss wählt ein Mitglied, das den Vorsitz führt, und ein weiteres Mitglied, das den Vorsitz stellvertretend übernimmt. Der Vorsitz und seine Stellvertretung sollen nicht derselben Mitgliedergruppe angehören.

(3) Die Mitglieder haben Stellvertreter oder Stellvertreterinnen. Die Absätze 1 und 2 gelten für die Stellvertreter und Stellvertreterinnen entsprechend.

(4) Der Landesausschuss gibt sich eine Geschäftsordnung, die der Genehmigung der Landesregierung oder der von ihr bestimmten obersten Landesbehörde bedarf. Sie kann die Bildung von Unterausschüssen vorsehen und bestimmen, dass ihnen nicht nur Mitglieder des Landesausschusses angehören. Absatz 2 Satz 2 gilt für die Unterausschüsse hinsichtlich der Entschädigung entsprechend. An den Sitzungen des Landesausschusses und der Unterausschüsse können Vertreter der beteiligten obersten Landesbehörden, der Gemeinden und Gemeindeverbände sowie der Agentur für Arbeit teilnehmen.

(5) Der Landesausschuss ist beschlussfähig, wenn mehr als die Hälfte seiner Mitglieder anwesend ist. Er beschließt mit der Mehrheit der abgegebenen Stimmen.

§ 83 Aufgaben

(1) Der Landesausschuss hat die Landesregierung in den Fragen der Berufsbildung zu beraten, die sich für das Land ergeben. Er hat im Rahmen seiner Aufgaben auf eine stetige Entwicklung der Qualität der beruflichen Bildung hinzuwirken.

(2) Er hat insbesondere im Interesse einer einheitlichen Berufsbildung auf eine Zusammenarbeit zwischen der schulischen Berufsbildung und der Berufsbildung nach diesem Gesetz sowie auf eine Berücksichtigung der Berufsbildung bei der Neuordnung und Weiterentwicklung des Schulwesens hinzuwirken. Der Landesausschuss kann zur Stärkung der regionalen Ausbildungs- und Beschäftigungssituation Empfehlungen zur inhaltlichen und organisatorischen Abstimmung und zur Verbesserung der Ausbildungsangebote aussprechen.

Teil 4
Berufsbildungsforschung, Planung und Statistik

§ 84 Ziele der Berufsbildungsforschung

Die Berufsbildungsforschung soll
1. Grundlagen der Berufsbildung klären,
2. inländische, europäische und internationale Entwicklungen in der Berufsbildung beobachten,
3. Anforderungen an Inhalte und Ziele der Berufsbildung ermitteln,
4. Weiterentwicklungen der Berufsbildung in Hinblick auf gewandelte wirtschaftliche, gesellschaftliche und technische Erfordernisse vorbereiten,
5. Instrumente und Verfahren der Vermittlung von Berufsbildung sowie den Wissens- und Technologietransfer fördern.

§ 85 Ziele der Berufsbildungsplanung

(1) Durch die Berufsbildungsplanung sind Grundlagen für eine abgestimmte und den technischen, wirtschaftlichen und gesellschaftlichen Anforderungen entsprechende Entwicklung der beruflichen Bildung zu schaffen.

(2) Die Berufsbildungsplanung hat insbesondere dazu beizutragen, dass die Ausbildungsstätten nach Art, Zahl, Größe und Standort ein qualitativ und quantitativ ausreichendes Angebot an beruflichen Ausbildungsplätzen gewährleisten und dass sie unter Berücksichtigung der voraussehbaren Nachfrage und des langfristig zu erwartenden Bedarfs an Ausbildungsplätzen möglichst günstig genutzt werden.

§ 86 Berufsbildungsbericht

(1) Das Bundesministerium für Bildung und Forschung hat Entwicklungen in der beruflichen Bildung ständig zu beobachten und darüber bis zum 1. April jeden Jahres der Bundesregierung einen Bericht (Berufsbildungsbericht) vorzulegen. In dem Bericht sind Stand und voraussichtliche Weiterentwicklungen der Berufsbildung darzustellen. Erscheint die Sicherung eines regional und sektoral ausgewogenen Angebots an Ausbildungsplätzen als gefährdet, sollen in den Bericht Vorschläge für die Behebung aufgenommen werden.

(2) Der Bericht soll angeben
1. für das vergangene Kalenderjahr
   a) auf der Grundlage von Angaben der zuständigen Stellen die in das Verzeichnis der Berufsausbildungsverhältnisse nach diesem Gesetz oder der Handwerksordnung eingetragenen Berufsausbildungsverträge, die vor dem 1. Oktober des vergangenen Jahres in den vorangegangenen zwölf Monaten abgeschlossen worden sind und am 30. September des vergangenen Jahres noch bestehen, sowie
   b) die Zahl der am 30. September des vergangenen Jahres nicht besetzten, der Bundesagentur für Arbeit zur Vermittlung angebotenen Ausbildungsplätze und die Zahl der zu diesem Zeitpunkt bei der Bundesagentur für Arbeit gemeldeten Ausbildungsplätze suchenden Personen;
2. für das laufende Kalenderjahr
   a) die bis zum 30. September des laufenden Jahres zu erwartende Zahl der Ausbildungsplätze suchenden Personen,
   b) eine Einschätzung des bis zum 30. September des laufenden Jahres zu erwartenden Angebots an Ausbildungsplätzen.

§ 87 Zweck und Durchführung der Berufsbildungsstatistik

(1) Für Zwecke der Planung und Ordnung der Berufsbildung wird eine Bundesstatistik durchgeführt.

(2) Das Bundesinstitut für Berufsbildung und die Bundesagentur für Arbeit unterstützen das Statistische Bundesamt bei der technischen und methodischen Vorbereitung der Statistik.

(3) Das Erhebungs- und Aufbereitungsprogramm ist im Benehmen mit dem Bundesinstitut für Berufsbildung so zu gestalten, dass die erhobenen Daten für Zwecke der Planung und Ordnung der Berufsbildung im Rahmen der jeweiligen Zuständigkeiten Verwendung finden können.

§ 88 Erhebungen

(1) Die jährliche Bundesstatistik erfasst
1. für jeden Auszubildenden und jede Auszubildende:
   a) Geschlecht, Geburtsjahr, Staatsangehörigkeit;

b) allgemeinbildender Schulabschluss, vorausgegangene Teilnahme an berufsvorbereitender Qualifizierung oder beruflicher Grundbildung, berufliche Vorbildung;

c) Ausbildungsberuf, einschließlich Fachrichtung;

d) Ort der Ausbildungsstätte, Wirtschaftszweig, Zugehörigkeit zum öffentlichen Dienst;

e) Ausbildungsjahr, Abkürzung der Ausbildungsdauer, Dauer der Probezeit;

f) Monat und Jahr des Beginns der Berufsausbildung, Monat und Jahr der vorzeitigen Auflösung des Berufsausbildungsverhältnisses;

g) Anschlussvertrag bei Stufenausbildung mit Angabe des Ausbildungsberufs;

h) Art der Förderung bei überwiegend öffentlich, insbesondere auf Grund des Dritten Buches Sozialgesetzbuch geförderten Berufsausbildungsverhältnissen:

i) Monat und Jahr der Abschlussprüfung, Art der Zulassung zur Prüfung, Monat und Jahr der Wiederholungsprüfung, Prüfungserfolg;

2. für jeden Prüfungsteilnehmer und jede Prüfungsteilnehmerin in der beruflichen Bildung mit Ausnahme der durch Nummer 1 erfassten Auszubildenden: Geschlecht, Geburtsjahr, Berufsrichtung, Vorbildung, Wiederholungsprüfung, art der Prüfung, Prüfungserfolg;

3. für jeden Ausbilder und jede Ausbilderin: Geschlecht, Geburtsjahr, Art der fachlichen Eignung;

4. für jeden Ausbildungsberater und jede Ausbildungsberaterin: Geschlecht, Geburtsjahr, Vorbildung, Art der Beratertätigkeit, fachliche Zuständigkeit, durchgeführte Besuche von Ausbildungsstätten;

5. für jeden Teilnehmer und jede Teilnehmerin an einer Berufsausbildungsvorbereitung, soweit der Anbieter der Anzeigepflicht des § 70 Abs. 2 unterliegt: Geschlecht, Geburtsjahr, Staatsangehörigkeit, Berufsrichtung.

(2) Hilfsmerkmale sind Name und Anschrift der Auskunftspflichtigen. Sie sind zum frühestmöglichen Zeitpunkt, spätestens nach Abschluss der wiederkehrenden Erhebung zu löschen.

(3) Auskunftspflichtig sind die zuständigen Stellen.

(4) Zu Zwecken der Erstellung des Berufsbildungsberichts sowie zur Durchführung der Berufsbildungsforschung nach § 84 sind die nach Absatz 1 Nr. 1 bis 5 erhobenen Einzelangaben vom Statistischen Bundesamt den statistischen Ämtern der Länder an das Bundesinstitut für Bildungsforschung zu übermitteln. Hierzu wird beim Bundesinstitut für Bildungsforschung eine Organisationseinheit eingerichtet, die räumlich, organisatorisch und personell von anderen Aufgabenbereichen des Bundesinstituts für Bildungsforschung zu trennen ist. Die in der Organisationseinheit tätigen Personen müssen Amtsträger oder für den öffentlichen Dienst besonders Verpflichtete sein. Sie dürfen die aus ihrer Tätigkeit gewonnenen Erkenntnisse nur zur Erstellung des Berufsbildungsberichts sowie zur Durchführung der Berufsbildungsforschung verwenden. Die nach Satz 2 übermittelten Daten dürfen nicht mit anderen personenbezogenen Daten zusammen geführt werden. Das Nähere zur Ausführung der Sätze 2 und 3 regelt das Bundesministerium für Bildung und Forschung durch Erlass.

Teil 5
Bundesinstitut für Berufsbildung

§ 89 Bundesinstitut für Berufsbildung

Das Bundesinstitut für Berufsbildung ist eine bundesunmittelbare rechtsfähige Anstalt des öffentlichen Rechts. Es hat seinen Sitz in Bonn.

§ 90 Aufgaben

(1) Das Bundesinstitut für Berufsbildung führt seine Aufgaben im Rahmen der Bildungspolitik der Bundesregierung durch.

(2) Das Bundesinstitut für Berufsbildung hat die Aufgabe, durch wissenschaftliche Forschung zur Berufsbildungsforschung beizutragen. Die Forschung wird auf der Grundlage eines jährlichen Forschungsprogramms durchgeführt; das Forschungsprogramm bedarf der Genehmigung des Bundesministeriums für Bildung und Forschung. Weitere Forschungsaufgaben können dem Bundesinstitut für Berufsbildung von obersten Bundesbehörden im Einvernehmen mit dem Bundesministerium für Bildung und Forschung übertragen werden. Die wesentlichen Ergebnisse der Forschungsarbeit des Bundesinstituts für Berufsbildung sind zu veröffentlichen.

(3) Das Bundesinstitut für Berufsbildung hat die sonstigen Aufgaben:

1. nach Weisung des zuständigen Bundesministeriums

   a) an der Vorbereitung von Ausbildungsordnungen und sonstigen Rechtsverordnungen, die nach diesem Gesetz oder nach dem zweiten Teil der Handwerksordnung zu erlassen sind, mitzuwirken,

   b) an der Vorbereitung des Berufsbildungsberichts mitzuwirken,

   c) an der Durchführung der Berufsbildungsstatistik nach Maßgabe des § 87 mitzuwirken,

   d) Modellversuche einschließlich wissenschaftlicher Begleituntersuchungen zu fördern,

   e) an der internationalen Zusammenarbeit in der beruflichen Bildung mitzuwirken,

   f) weitere Verwaltungsaufgaben des Bundes zur Förderung der Berufsbildung zu übernehmen;

2. nach allgemeinen Verwaltungsvorschriften des zuständigen Bundesministeriums die Förderung überbetrieblicher Berufsbildungsstätten durchzuführen und die Planung, Errichtung und Weiterentwicklung dieser Einrichtungen zu unterstützen;

3. das Verzeichnis der anerkannten Ausbildungsberufe zu führen und zu veröffentlichen;

4. die im Fernunterrichtsschutzgesetz beschriebenen Aufgaben nach den vom Hauptausschuss erlassenen und vom zuständigen Bundesministerium genehmigten Richtlinien wahrzunehmen und durch Förderung von Entwicklungsvorhaben zur Verbesserung und Ausbau des berufsbildenden Fernunterrichts beizutragen.

(4) Das Bundesinstitut für Berufsbildung kann mit Zustimmung des Bundesministeriums für Bildung und Forschung mit Stellen außerhalb der Bundesverwaltung Verträge zur Übernahme weiterer Aufgaben schließen.

§ 91 Organe

Die Organe des Bundesinstituts für Berufsbildung sind:
1. der Hauptausschuss,
2. der Präsident oder die Präsidentin.

§ 92 Hauptausschuss

(1) Der Hauptausschuss hat neben den ihm durch sonstige Vorschriften dieses Gesetzes zugewiesenen Aufgaben folgende weitere Aufgaben:
1. er beschließt über die Angelegenheiten des Bundesinstituts für Berufsbildung, soweit sie nicht dem Präsidenten oder der Präsidentin übertragen sind;
2. er berät die Bundesregierung in grundsätzlichen Fragen der Berufsbildung und kann eine Stellungnahme zu dem Entwurf des Berufsbildungsberichts abgeben;
3. er beschließt das jährliche Forschungsprogramm;
4. er kann Empfehlungen zur einheitlichen Anwendung dieses Gesetzes geben;
5. er kann zu den vom Bundesinstitut vorbereiteten Entwürfen der Verordnungen gemäß § 4 Abs. 1 unter Berücksichtigung der entsprechenden Entwürfe der schulischen Rahmenlehrpläne Stellung nehmen;
6. er beschließt über die in § 90 Abs. 3 Nr. 3 und 4 sowie § 97 Abs. 4 genannten Angelegenheiten des Bundesinstituts für Berufsbildung.

(2) Der Präsident oder die Präsidentin unterrichtet den Hauptausschuss unverzüglich über erteilte Weisungen zur Durchführung von Aufgaben nach § 90 Abs. 3 Nr. 1 und erlassene Verwaltungsvorschriften nach § 90 Abs. 3 Nr. 2.

(3) Dem Hauptausschuss gehören je acht Beauftragte der Arbeitgeber, der Arbeitnehmer und der Länder sowie fünf Beauftragte des Bundes an. Die Beauftragten des Bundes führen acht Stimmen, die nur einheitlich abgegeben werden können; bei der Beratung der Bundesregierung in grundsätzlichen Fragen der Berufsbildung, bei der Stellungnahme zum Entwurf des Berufsbildungsberichts und im Rahmen von Anhörungen nach diesem Gesetz haben sie kein Stimmrecht. An den Sitzungen des Hauptausschusses können je ein Beauftragter oder eine Beauftragte der Bundesagentur für Arbeit, der auf Bundesebene bestehenden kommunalen Spitzenverbände sowie des wissenschaftlichen Beirates mit beratender Stimme teilnehmen.

(4) Die Beauftragten der Arbeitgeber werden auf Vorschlag der auf Bundesebene bestehenden Zusammenschlüsse der Kammern, Arbeitgeberverbände und Unternehmensverbände, die Beauftragten der Arbeitnehmer auf Vorschlag der auf Bundesebene bestehenden Gewerkschaften, die Beauftragten des Bundes auf Vorschlag der Bundesregierung und die Beauftragten der Länder auf Vorschlag des Bundesrates vom Bundesministerium für Bildung und Forschung längstens für vier Jahre berufen.

(5) Der Hauptausschuss wählt auf die Dauer eines Jahres ein Mitglied, das den Vorsitz führt und ein weiteres Mitglied, das den Vorsitz stellvertretend übernimmt. Der oder die Vorsitzende wird der Reihe nach von den Beauftragten der Arbeitgeber, der Arbeitnehmer, der Länder und des Bundes vorgeschlagen.

(6) Die Tätigkeit im Hauptausschuss ist ehrenamtlich. Für bare Auslagen und Verdienstausfälle ist soweit eine Entschädigung nicht von anderer Seite gewährt wird, eine angemessene Entschädigung zu zahlen, deren Höhe vom Bundesinstitut für Berufsbildung mit Genehmigung des Bundesministeriums für Bildung und

Forschung festgesetzt wird. Die Genehmigung ergeht im Einvernehmen mit dem Bundesministerium der Finanzen.

(7) Die Mitglieder können nach Anhören der an ihrer Berufung Beteiligten aus wichtigem Grund abberufen werden.

(8) Die Beauftragen haben Stellvertreter oder Stellvertreterinnen. Die Absätze 4, 6 und 7 gelten entsprechend.

(9) Der Hauptausschuss kann nach näherer Regelung der Satzung Unterausschüsse einsetzen, denen auch andere als Mitglieder des Hauptausschusses angehören können. Den Unterausschüssen sollen Beauftragte der Arbeitgeber, der Arbeitnehmer, der Länder und des Bundes angehören. Die Absätze 4 bis 7 gelten für die Unterausschüsse entsprechend.

(10) Bei der Wahrnehmung seiner Aufgaben unterliegt der Hauptausschuss keinen Weisungen.

§ 93 Präsident oder Präsidentin

(1) Der Präsident oder die Präsidentin vertritt das Bundesinstitut für Berufsbildung gerichtlich und außergerichtlich. Er oder sie verwaltet das Bundesinstitut und führt dessen Aufgaben durch. Soweit er oder sie nicht Weisungen und allgemeine Verwaltungsvorschriften des zuständigen Bundesministeriums zu beachten hat (§ 90 Abs. 3 Nr. 1 und 2), führt er oder sie die Aufgaben nach Richtlinien des Hauptausschusses durch.

(2) Der Präsident oder die Präsidentin wird auf Vorschlag der Bundesregierung, der Ständige Vertreter oder die Ständige Vertreterin des Präsidenten oder der Präsidentin auf Vorschlag des Bundesministeriums für Bildung und Forschung im Benehmen mit dem Präsidenten oder der Präsidentin unter Berufung in das Beamtenverhältnis von dem Bundespräsidenten oder der Bundespräsidentin ernannt.

§ 94 Wissenschaftlicher Beirat

(1) Der wissenschaftliche Beirat berät die Organe des Bundesinstituts für Berufsbildung durch Stellungnahmen und Empfehlungen
1. zum Forschungsprogramm des Bundesinstituts für Berufsbildung,
2. zur Zusammenarbeit des Instituts mit Hochschulen und anderen Forschungseinrichtungen und
3. zu den jährlichen Berichten über die wissenschaftlichen Ergebnisse des Bundesinstituts für Berufsbildung.

(2) Zur Wahrnehmung seiner Aufgaben werden dem Beirat von dem Präsidenten oder der Präsidentin des Bundesinstituts für Berufsbildung die erforderlichen Auskünfte erteilt. Auf Wunsch werden ihm einmal jährlich im Rahmen von Kolloquien die wissenschaftlichen Arbeiten des Bundesinstituts für Berufsbildung erläutert.

(3) Dem Beirat gehören bis zu sieben anerkannte Fachleute auf dem Gebiet der Berufsbildungsforschung aus dem In- und Ausland an, die nicht Angehörige des Bundesinstituts für Berufsbildung sind. Sie werden von dem Präsidenten oder der Präsidentin des Bundesinstituts für Berufsbildung im Einvernehmen mit dem Bundesministerium für Bildung und Forschung auf vier Jahre bestellt. Einmalige Wiederberufung in Folge ist möglich. An den Sitzungen des wissenschaftlichen Beirats können vier Mitglieder des Hauptausschusses, und zwar je ein Beauftrag-

ter oder eine Beauftragte der Arbeitgeber, der Arbeitnehmer, der Länder und des Bundes ohne Stimmrecht teilnehmen.

(4) Der wissenschaftliche Beirat kann sich eine Geschäftsordnung geben.

(5) § 92 Abs. 6 gilt entsprechend.

§ 95 Ausschuss für Fragen behinderter Menschen

(1) Zur Beratung des Bundesinstituts für Berufsbildung bei seinen Aufgaben auf dem Gebiet der beruflichen Bildung behinderter Menschen wird ein ständiger Unterausschuss des Hauptausschusses errichtet. Der Ausschuss hat darauf hinzuwirken, dass die besonderen Belange der behinderten Menschen in der beruflichen Bildung berücksichtigt werden und die berufliche Bildung behinderter Menschen mit den übrigen Leistungen zur Teilhabe am Arbeitsleben koordiniert wird. Das Bundesinstitut für Berufsbildung trifft Entscheidungen über die Durchführung von Forschungsvorhaben, die die berufliche Bildung behinderter Menschen betreffen, unter Berücksichtigung von Vorschlägen des Ausschusses.

(2) Der Ausschuss besteht aus 17 Mitgliedern, die von dem Präsidenten oder der Präsidentin längstens für vier Jahre berufen werden. Eine Wiederberufung ist zulässig. Die Mitglieder des Ausschusses werden auf Vorschlag des Beirats für die Teilhabe behinderter Menschen (§ 64 des Neunten Buches Sozialgesetzbuch) berufen, und zwar

ein Mitglied, das die Arbeitnehmer vertritt,

ein Mitglied, das die Arbeitgeber vertritt,

drei Mitglieder, die Organisationen behinderter Menschen vertreten,

ein Mitglied, das die Bundesagentur für Arbeit vertritt,

ein Mitglied, das die gesetzliche Rentenversicherung vertritt,

ein Mitglied, das die gesetzliche Unfallversicherung vertritt,

ein Mitglied, das die Freie Wohlfahrtspflege vertritt,

zwei Mitglieder, die Einrichtungen der beruflichen Rehabilitation vertreten,

sechs weitere für die berufliche Bildung behinderter Menschen sachkundige Personen, die in Bildungsstätten oder ambulanten Diensten für behinderte Menschen tätig sind.

(3) Der Ausschuss kann behinderte Menschen, die beruflich ausgebildet, fortgebildet oder umgeschult werden, zu den Beratungen hinzuziehen.

§ 96 Finanzierung des Bundesinstituts für Berufsbildung

(1) Die Ausgaben für die Errichtung und Verwaltung des Bundesinstituts für Berufsbildung werden durch Zuschüsse des Bundes gedeckt. Die Höhe der Zuschüsse des Bundes regelt das Haushaltsgesetz.

(2) Die Ausgaben zur Durchführung von Aufträgen nach § 90 Abs. 2 Satz 3 und von Aufgaben nach § 90 Abs. 3 Nr. 1 Buchstabe f werden durch das beauftragende Bundesministerium gedeckt. Die Ausgaben zur Durchführung von Verträgen nach § 90 Abs. 4 sind durch den Vertragspartner zu decken.

§ 97 Haushalt

(1) Der Haushaltsplan wird von dem Präsidenten oder der Präsidentin aufgestellt. Der Hauptausschuss stellt den Haushaltsplan fest.

(2) Der Haushaltsplan bedarf der Genehmigung des Bundesministeriums für Bil-

dung und Forschung. Die Genehmigung erstreckt sich auch auf die Zweckmäßigkeit der Ansätze.

(3) Der Haushaltsplan soll rechtzeitig vor Einreichung der Voranschläge zum Bundeshaushalt, spätestens zum 15. Oktober des vorhergehenden Jahres, dem Bundesministerium für Bildung und Forschung vorgelegt werden.

(4) Über- und außerplanmäßige Ausgaben können vom Hauptausschuss auf Vorschlag des Präsidenten oder der Präsidentin bewilligt werden. Die Bewilligung bedarf der Einwilligung des Bundesministeriums für Bildung und Forschung und des Bundesministeriums der Finanzen. Die Sätze 1 und 2 gelten entsprechend für Maßnahmen, durch die für das Bundesinstitut für Berufsbildung Verpflichtungen entstehen können, für die Ausgaben im Haushaltsplan nicht veranschlagt sind.

(5) Nach Ende des Haushaltsjahres wird die Rechnung von dem Präsidenten oder der Präsidentin aufgestellt. Die Entlastung obliegt dem Hauptausschuss. Sie bedarf nicht der Genehmigung nach § 109 Abs. 3 der Bundeshaushaltsordnung.

§ 98 Satzung

(1) Durch die Satzung des Bundesinstituts für Berufsbildung sind
1. die Art und Weise der Aufgabenerfüllung (§ 90 Abs. 2 und 3) sowie
2. die Organisation
näher zu regeln.

(2) Der Hauptausschuss beschließt mit einer Mehrheit von vier Fünfteln der Stimmen seiner Mitglieder die Satzung. Sie bedarf der Genehmigung des Bundesministeriums für Bildung und Forschung und ist im Bundesanzeiger bekannt zu geben.

(3) Absatz 2 gilt für Satzungsänderungen entsprechend.

§ 99 Personal

(1) Die Aufgaben des Bundesinstituts für Berufsbildung werden von Beamten, Beamtinnen und Dienstkräften, die als Angestellte, Arbeiter und Arbeiterinnen beschäftigt sind, wahrgenommen. Es ist Dienstherr im Sinne des § 2 des Bundesbeamtengesetzes. Die Beamten und Beamtinnen sind Bundesbeamte und Bundesbeamtinnen.

(2) Das Bundesministerium für Bildung und Forschung ernennt und entlässt die Beamten und Beamtinnen des Bundesinstituts, soweit das Recht zur Ernennung und Entlassung der Beamten und Beamtinnen, deren Amt in der Bundesbesoldungsordnung B aufgeführt ist, nicht von dem Bundespräsidenten oder der Bundespräsidentin ausgeübt wird. Das zuständige Bundesministerium kann seine Befugnisse auf den Präsidenten oder die Präsidentin übertragen.

(3) Oberste Dienstbehörde für die Beamten und Beamtinnen des Bundesinstituts ist das Bundesministerium für Bildung und Forschung. Es kann seine Befugnisse auf den Präsidenten oder die Präsidentin übertragen. § 144 Abs. 1 des Bundesbeamtengesetzes und § 83 Abs. 1 des Bundesdisziplinargesetzes bleiben unberührt.

(4) Auf die Angestellten, Arbeiter und Arbeiterinnen des Bundesinstituts sind die für Arbeitnehmer und Arbeitnehmerinnen des Bundes geltenden Tarifverträge und sonstigen Bestimmungen anzuwenden. Ausnahmen bedürfen der vorherigen Zustimmung des Bundesministeriums für Bildung und Forschung; die Zustimmung ergeht im Einvernehmen mit dem Bundesministerium des Innern und dem Bundesministerium der Finanzen.

§ 100 Aufsicht über das Bundesinstitut für Berufsbildung

Das Bundesinstitut für Berufsbildung unterliegt, soweit in diesem Gesetz nicht weitergehende Aufsichtsbefugnisse vorgesehen sind, der Rechtsaufsicht des Bundesministeriums für Bildung und Forschung.

§ 101 Auskunftspflicht

(1) Natürliche und juristische Personen sowie Behörden, die Berufsbildung durchführen, haben den Beauftragten des Bundesinstituts für Berufsbildung auf Verlangen die zur Durchführung ihrer Forschungsaufgaben erforderlichen Auskünfte zu erteilen, die dafür notwendigen Unterlagen vorzulegen und während der üblichen Betriebs- und Geschäftszeit Besichtigungen der Betriebsräume, der Betriebseinrichtungen und der Aus- und Weiterbildungsplätze zu gestatten. Arbeitsrechtliche und dienstrechtliche Verschwiegenheitspflichten bleiben unberührt.
(2) Auskunftspflichtige können die Auskunft über solche Fragen verweigern, deren Beantwortung sie selbst oder einen der in § 52 der Strafprozessordnung bezeichneten Angehörigen der Gefahr strafgerichtlicher Verfolgung oder eines Verfahrens nach dem Gesetz über Ordnungswidrigkeiten aussetzen würde.
(3) Die Auskunft ist unentgeltlich zu geben, soweit nichts anderes bestimmt ist.
(4) Einzelangaben über persönliche oder sachliche Verhältnisse, die dem Bundesinstitut auf Grund des Absatzes 1 bekannt werden, sind, soweit durch Rechtsvorschriften nichts anderes bestimmt ist, geheim zu halten. Veröffentlichungen von Ergebnissen auf Grund von Erhebungen und Untersuchungen dürfen keine Einzelangaben enthalten.

Teil 6
Bußgeldvorschriften

§ 102 Bußgeldvorschriften

(1) Ordnungswidrig handelt, wer
1. entgegen § 11 Abs. 1 Satz 1, auch in Verbindung mit Abs. 4, den wesentlichen Inhalt des Vertrages oder eine wesentliche Änderung nicht, nicht richtig, nicht vollständig, nicht in der vorgeschriebenen Weise oder nicht rechtzeitig niederlegt,
2. entgegen § 11 Abs. 3, auch in Verbindung mit Abs. 4, eine Ausfertigung der Niederschrift nicht oder nicht rechtzeitig aushändigt,
3. entgegen § 14 Abs. 2 Auszubildenden eine Verrichtung überträgt, die dem Ausbildungszweck nicht dient,
4. entgegen § 15 Satz 1, auch in Verbindung mit Satz 2, Auszubildende nicht freistellt,
5. entgegen § 28 Abs. 1 oder 2 Auszubildende einstellt oder ausbildet,
6. einer vollziehbaren Anordnung nach § 33 Abs. 1 oder 2 zuwiderhandelt,
7. entgegen § 36 Abs. 1 Satz 1 oder 2, jeweils auch in Verbindung mit Satz 3, die Eintragung in das dort genannte Verzeichnis nicht oder nicht rechtzeitig beantragt oder eine Ausfertigung der Vertragsniederschrift nicht beifügt oder

8. entgegen § 76 Abs. 2 eine Auskunft nicht, nicht richtig, nicht vollständig oder nicht rechtzeitig erteilt, eine Unterlage nicht, nicht richtig, nicht vollständig oder nicht rechtzeitig vorlegt oder eine Besichtigung nicht oder nicht rechtzeitig gestattet.

(2) Die Ordnungswidrigkeit kann in den Fällen des Absatzes 1 Nr. 3 bis 6 mit einer Geldbuße bis zu fünftausend Euro, in den übrigen Fällen mit einer Geldbuße bis zu tausend Euro geahndet werden.

Teil 7
Übergangs- und Schlussvorschriften

§ 103 Gleichstellung von Abschlusszeugnissen im Rahmen der deutschen Einheit

Prüfungszeugnisse nach der Systematik der Ausbildungsberufe und der Systematik der Facharbeiterberufe und Prüfungszeugnisse nach § 37 Abs. 2 stehen einander gleich.

§ 104 Fortgeltung bestehender Regelungen

(1) Die vor dem 1. September 1969 anerkannten Lehrberufe und Anlernberufe oder vergleichbar geregelten Ausbildungsberufe gelten als Ausbildungsberufe im Sinne des § 4. Die Berufsbilder, die Berufsbildungspläne, die Prüfungsanforderungen und die Prüfungsordnungen für diese Berufe sind bis zum Erlass von Ausbildungsordnungen nach § 4 und der Prüfungsordnungen nach § 47 anzuwenden.

(2) Die vor dem 1. September 1969 erteilten Prüfungszeugnisse in Berufen, die nach Absatz 1 als anerkannte Ausbildungsberufe gelten, stehen Prüfungszeugnissen nach § 37 Abs. 2 gleich.

§ 105 Übertragung von Zuständigkeiten

Die Landesregierungen werden ermächtigt, durch Rechtsverordnung die nach diesem Gesetz den nach Landesrecht zuständigen Behörden übertragenen Zuständigkeiten nach den §§ 27, 30, 32, 33 und 70 auf zuständige Stellen zu übertragen.

Kommentar zum Berufsbildungsgesetz

Teil 1
Allgemeine Vorschriften

§ 1 Ziele und Begriffe der Berufsbildung

(1) Berufsbildung im Sinne dieses Gesetzes sind die Berufsausbildungsvorbereitung, die Berufsausbildung, die berufliche Fortbildung und die berufliche Umschulung.

(2) Die Berufsausbildungsvorbereitung dient dem Ziel, durch die Vermittlung von Grundlagen für den Erwerb beruflicher Handlungsfähigkeit an eine Berufsausbildung in einem anerkannten Ausbildungsberuf heranzuführen.

(3) Die Berufsausbildung hat die für die Ausübung einer qualifizierten beruflichen Tätigkeit in einer sich wandelnden Arbeitswelt notwendigen beruflichen Fertigkeiten, Kenntnisse und Fähigkeiten (berufliche Handlungsfähigkeit) in einem geordneten Ausbildungsgang zu vermitteln. Sie hat ferner den Erwerb der erforderlichen Berufserfahrungen zu ermöglichen.

(4) Die berufliche Fortbildung soll es ermöglichen, die berufliche Handlungsfähigkeit zu erhalten und anzupassen oder zu erweitern und beruflich aufzusteigen.

(5) Die berufliche Umschulung soll zu einer anderen beruflichen Tätigkeit befähigen.

Inhaltsübersicht   Rn.

1.   Vorbemerkung   1
2.   Beruf   5
2.1   Definition des Bundesverfassungsgerichts   5
2.2   Definition der Bundesagentur für Arbeit   6
3.   Berufsbildung als Oberbegriff   7
3.1   Begriff   7
3.2   Abgrenzung zum Begriff der Berufsbildung in anderen Gesetzen   9
3.3   Berufliche Handlungsfähigkeit   15
3.3.1   Kenntnisse   17
3.3.2   Fertigkeiten und Fähigkeiten   18
3.3.3   Zukunftsorientierung   20
4.   Berufsausbildungsvorbereitung   21
4.1   Begriff und Ziel   21
4.2   Abgrenzung von der Berufsausbildung   22
4.3   Abgrenzung von den berufsvorbereitenden Maßnahmen der BA   24
5.   Berufsausbildung   26
5.1   Ziel   27

§ 1 Ziele und Begriffe der Berufsbildung

5.2	Weitere Kriterien	28
5.3	Grundausbildung	29
5.4	Berufserfahrungen	32
6.	Berufliche Fortbildung	33
6.1	Ziel	34
6.2	Erhaltungs- und Anpassungsfortbildung	35
6.3	Erweiterungs- und Aufstiegsfortbildung	36
7.	Berufliche Umschulung	38
8.	Betriebliche Mitbestimmung	40

1. Vorbemerkung

1 Der Gesetzgeber hat durch das Berufsbildungsgesetz seine Gesetzgebungskompetenz aus Art. 74 Abs. 1 Nr. 11 und 12 in Verbindung mit Art. 72 Abs. 2 Grundgesetz wahrgenommen. Art. 74 Abs. 1 Nr. 11 gibt dem Bund die Gesetzgebungskompetenz für das Recht der Wirtschaft. Nach der Rechtsprechung des Bundesverfassungsgerichts gehört zum Recht der Wirtschaft auch der Fragenkreis der praktischen beruflichen Ausbildung, die traditionell und strukturell von den in der Wirtschaft tätigen Arbeitgebern wahrzunehmen ist.[1] Bezogen auf den schuldrechtlichen Teil des Berufsbildungsgesetzes, also die arbeitsvertraglichen Regelungen der §§ 10–26, ergibt sich die Zuständigkeit aus Art. 74 Abs. 1 Nr. 12 Grundgesetz,[2] was dazu führt, dass die zusätzliche Anforderung der Erforderlichkeit einer bundeseinheitlichen Regelung gem. Art. 72 Abs. 2 Grundgesetz entfällt. Für den Bereich der Gesundheits- und Heilberufe sowie für die Ausbildung im öffentlichen Dienst sind speziellere Regelungen für die Gesetzgebungskompetenz in den Art. 74 Abs. 1 Nr. 19, 19a, 27 sowie in Art. 73 Abs. 1 Nr. 8 Grundgesetz vorhanden.

2 Das Berufsbildungsgesetz regelt nicht, wie Berufsbildung in der Bundesrepublik Deutschland stattfindet. Tatsächlich gibt es auch rein schulische Ausbildungen. Diese Ausbildungen sind insbesondere im Bereich des Gesundheitswesens und der sozialen Dienste weit verbreitet, z.B. Logopäde/-in, Erzieher/-in, Physiotherapeut/-in, oder Diätassistent/-in, existieren jedoch auch in anderen Bereichen, zum Beispiel Schauspiel. **Dieser Bereich der rein schulischen Ausbildung wird vom BBiG nicht erfasst.**[3] Die Zulassung der Schulen, ihre Lehrpläne und die Grundlagen ihrer Struktur richten sich gem. Art. 30 und 70 GG nach den Schulgesetzen der Länder.

3 Das Berufsbildungsgesetz geht ganz grundsätzlich davon aus, dass die Berufsbildung im sog. **dualen System** erfolgt, wonach schulische und betriebliche Ausbildung zusammen wirken.[4] Bereits die ersten Entwürfe zu Lehrlingsgesetzen in der Weimarer Republik sahen eine betriebliche Ausbildung begleitet durch Schulunterricht vor.[5] Auch im Berufsausbildungsgesetz für West-Berlin[6] aus dem Jahr 1951 wurde das duale System vorausgesetzt, indem die Zwischenprüfungen in Zusammenarbeit mit den Berufsschulen durchgeführt wurden

---

1 *BVerfGE* 55, 274, 309.
2 *BVerfGE* 106, 62, 153 und 278 f.
3 *Leinemann/Taubert* BBiG, § 1 Rn. 3.
4 *BAG* 29.9.2002, 6 AZR 486/2000, AP Nr. 12 zu § 5 BBiG; 25.4.2001, 5 AZR 509/99, juris.
5 Einen höchst instruktiven Beitrag über die Geschichte des BBiG gibt *Söhner*, Berufsbildungsgesetz, Saarbrücken 2008.
6 Abgedruckt bei: *Söhner*, Berufsbildungsgesetz, Saarbrücken 2008.

und die in der Berufsschule gezeigten Gesamtleistungen bei der Bewertung der Ergebnisse der Abschlussprüfung zu berücksichtigen waren, §§ 27, 28 Abs. 2 Berufsausbildungsgesetz für West-Berlin.

Das BBiG regelt die betriebliche Ausbildung (insbesondere in den Paragrafen 10 **4** bis 26) und die Rahmenbedingungen des Berufsbildungsrechts, soweit dies zur Wahrung der Einheit der Arbeits- und Lebensbedingungen in der Bundesrepublik erforderlich ist. Die Verzahnung zum schulischen Teil der Ausbildung ergibt sich durch die in den Landesschulgesetzen normierte Pflicht, die Berufsschule zu besuchen und die Verpflichtung des Ausbildenden, für den Berufsschulunterricht freizustellen. Durch die Novellierung des BBiG im Jahr 2005 wurde zudem die Lernortkooperation in § 2 Abs. 2 eingeführt, ebenso ein Beteiligungsrecht von Lehrern in den Berufsbildungsausschüssen, § 77 Abs. 1; auch dies zeigt, dass betriebliche und schulische Berufsbildung nicht nebeneinander stehen sondern ineinander greifen. Seit dem Jahr 2005 sind die Länder schon im Vorfeld einer Neuordnungskonzeption von Berufen zu informieren, § 4 Abs. 5, so dass der schulische Teil der Ausbildung gleichwertig und gleichzeitig zu dem Neuordnungsverfahren neu geordnet werden kann.

Im Übrigen unterliegt der gesamte Bereich der schulischen Berufsbildung gem. den Art. 30 und 70 GG dem Recht des Landes, in dem die Berufsschule liegt. Dort entstehen Lehrpläne für die Schulen (in der Regel auf Basis einer Empfehlung der Kultusministerkonferenz), dort erfolgt die Auswahl der Lehrer / -innen, die Bestimmung der Schulfächer, des Stundenumfangs, der Lage der Schulzeiten etc.

2. Beruf

2.1 Definition des Bundesverfassungsgerichts

Der Begriff des Berufs wird im Berufsbildungsgesetz nicht definiert, er wird **5** vorausgesetzt. Sein Inhalt kann rechtlich unter Rückgriff auf Art. 12 GG bestimmt werden.[7] Das Bundesverfassungsgericht definiert ›Beruf‹ in Zusammenhang mit Art. 12 Grundgesetz als **jede auf Dauer angelegte, der Schaffung und Erhaltung einer Lebensgrundlage dienende erlaubte Tätigkeit**.[8] Vom Begriff des Berufs in Art. 12 GG werden nicht nur alle Berufe erfasst, die sich in bestimmten, traditionell oder gar rechtlich fixierten Berufsbildern darstellen, sondern auch die vom Einzelnen frei gewählten, untypischen (erlaubten) Tätigkeiten, aus denen sich dann wieder neue, feste Berufsbilder ergeben mögen.[9] Durch das Merkmal der ›**erlaubten**‹ Tätigkeit wird die Gemeinwohlorientierung der beruflichen Tätigkeit hervorgehoben, durch die Komponente ›Lebensgrundlage‹ erfolgt die Abgrenzung zum Hobby und vom Ehrenamt.

2.2 Definition der Bundesagentur für Arbeit

Die Bundesagentur für Arbeit geht demgegenüber in einem eher arbeitssozio- **6** logischen Ansatz davon aus, dass der Beruf eine Menge an Tätigkeiten ist, die durch zwei Dimensionen konstituiert wird: **Die Berufsfachlichkeit und das**

---

7 *Leinemann/Taubert* BBiG, § 1 Rn. 9.
8 Zum Beispiel: *BVerfGE* 102, 197, 212; *Jarass/Pieroth*, Kommentar zum Grundgesetz, 10. Aufl. 2009, Art. 12 Rn. 4 m. w. N.
9 *BVerfGE* 7, 377, 397.

§ 1 Ziele und Begriffe der Berufsbildung

Anforderungsniveau.[10] Die Bundesagentur für Arbeit unterscheidet vier Anforderungsniveaus (im Gegensatz zum deutschen Qualifikationsrahmen, der acht Niveaus vorsieht[11]). Die Berufsfachlichkeit bedeutet ein auf berufliche Inhalte bezogenes Bündel von **Fachkompetenzen**, zum Beispiel Tätigkeitskompetenzen, Verfahrenskompetenzen oder auch Produktkompetenzen. Eine Fachkompetenz umfasst spezifische Kenntnisse und Fertigkeiten des Berufs, die auf einzelne Arbeitstätigkeiten zugeschnitten und notwendig sind, um berufstypische Aufgaben zu verrichten. Ausgenommen sind Kompetenzen, die fachübergreifend und damit nicht fachspezifisch sind.

3. Berufsbildung als Oberbegriff

3.1 Begriff

7 Berufsbildung ist die umfassende Beschreibung für eine Bildung, die auf die Ausübung des Berufs gerichtet ist. Der Begriff der Berufsbildung wird im Berufsbildungsgesetz nicht grundsätzlich definiert. Definiert wird in § 1 Abs. 1 lediglich, was Berufsbildung im Sinne des Gesetzes ist: Berufsausbildungsvorbereitung, Berufsausbildung, berufliche Fortbildung und berufliche Umschulung. Damit bleiben weite Teile der Berufsbildung, insbesondere das **informelle Lernen** vom Gesetzgeber unerfasst. Sie können sich im deutschen und europäischen Qualifikationsrahmen[12] widerspiegeln und jenseits der Arbeitszeugnisse und Selbstauskünfte damit erstmals systematisch Eingang in einen Bildungsnachweis finden.

8 Der Gesetzgeber verwendet die Begriffe ›Berufsbildung‹ und ›berufliche Bildung‹ (zum Beispiel in § 79 Abs. 1) innerhalb des Berufsbildungsgesetzes synonym.

3.2 Abgrenzung zum Begriff der Berufsbildung in anderen Gesetzen

9 Der Begriff der Berufsbildung ist, wie sich bereits aus den uneinheitlichen Beschreibungen des Begriffs »Beruf« ergibt, schwierig zu definieren und wird in mehreren Gesetzen verwendet – leider nicht immer deckungsgleich:

10 – Das **Bundessozialgericht**[13] orientiert sich bei der Auslegung des Begriffs »Berufsbildung« in § 7 Abs. 2 SGB 4 ganz grundsätzlich an den Definitionen des § 1 BBiG[14].

11 – Das **Bundesarbeitsgericht** fast den Begriff der Berufsbildung in § 98 BetrVG weiter. Maßnahmen der Berufsbildung seien solche, die dem Arbeitnehmer Kenntnisse und Erfahrungen vermitteln, die zur Ausfüllung eines Arbeitsplatzes oder einer beruflichen Tätigkeit notwendig sind.[15] Erforderlich sei

10 Arbeitsgruppe KldB 2010, Das Berufsverständnis der KldB 2010, http://www.pub.
    arbeitsagentur.de/hst/services/statistik/000200/html/kldb2010/berufsverstaendnis_
11 Arbeitskreis deutscher Qualifikationsrahmen, DQR_Diskussionsvorschlag_-1, www.
    deutscherqualifikationsrahmen.de → downloads → AK DQR.
12 Vgl. www.deutscherqualifikationsrahmen.de.
13 Darstellung der Rechtsprechung des BSG zum Begriff der Berufsausbildung unter
    Herkert/Töltl, BBiG, § 1 Rn. 21 ff.
14 *BSG* 1.12.2009, B 12 R 4/08 R, juris, Rn. 18.
15 *BAG* 18.4.2000 und 24.8.2004 AP Nr. 9 und 12 zu § 98 BetrVG.

eine systematische, lehrplanartige Weise der Vermittlung,[16] die von der individuellen Einweisung am Arbeitsplatz abzugrenzen sei. Dieses Verständnis des Begriffs der ›Berufsbildung‹ ist weiter als die Definition in § 1 BBiG.[17] Es umfasst auch Ausbildungen, die vom Geltungsbereich des Berufsbildungsgesetzes ausgenommen sind, und Ausbildungen im Bereich der gesondert gesetzlich geregelten Heilberufe.

– Die Formulierung »der zu ihrer Berufsausbildung Beschäftigten« gem. § 5 **12**
   Abs. 1 BetrVG erfasst sowohl die Berufsausbildungsvorbereitung als auch die Berufsausbildung und die sonstigen Vertragsverhältnisse gem. § 26 BBiG. Auch Studenten, die ein Betriebspraktikum ableisten, sind von dieser Formulierung erfasst, wenn sie eine privatrechtliche Vertragsbeziehung zum Betriebsinhaber haben.[18] Wiederum leicht anders ist der Begriff »der zu ihrer Berufsausbildung Beschäftigten« in § 4 Abs. 1 BPersVG[19] und den Personalvertretungsgesetzen der Länder zu verstehen.

– Die Formulierung »zu ihrer Berufsbildung Beschäftigte« in § 23 KSchG und **13**
   in § 20 Abs. 1 BEEG, § 8 Abs. 6 TzBfG entspricht nach allgemeinem Verständnis § 1 Abs. 1 BBiG.[20] Daher bleibt zum Beispiel eine Praktikantin im Anerkennungsjahr bei der Berechnung der Zahlengrenze nach § 23 Abs. 1 Satz 2 KSchG unberücksichtigt.[21] Eine Umschülerin wird bei der Berechnung der Zahlengrenze gem. § 23 Abs. 1 Satz 2 nicht berücksichtigt, wenn sie im Rahmen eines mehrjährigen Vertragsverhältnisses zu einem anerkannten Ausbildungsberuf ausgebildet wird.[22]

– Noch weiter gefasst ist der Begriff der Berufsausbildung in § 5 Abs. 1 Satz 1 **14**
   ArbGG. Berufsausbildung im Sinne des § 5 Abs. 1 Satz 1 ArbGG sind nicht nur **alle Bereiche** der Berufsbildung nach § 1 Abs. 1 BBiG. Eine Beschäftigung zur Berufsausbildung liegt vielmehr auch vor, wenn der Betreffende aufgrund privatrechtlichen Vertrags im Dienste eines Anderen Arbeit leistet und dies **außerhalb** der betrieblichen Berufsbildung erfolgt. Der Beschäftigte muss dabei dem Weisungsrecht des Ausbildenden hinsichtlich des Inhalts, der Zeit und des Ortes der Tätigkeit unterworfen sein.[23] Das führt dazu, dass selbst Berufsakademiestudenten, die evtl. nicht unter das BBiG fallen (s. dazu § 26 Rn. 14), sich nach § 5 Abs. 1 ArbGG in der Ausbildung befinden und vor dem Arbeitsgericht klagen können.[24] Über dieses erweiterte Verständnis des Begriffs der Berufsausbildung und damit auch der Berufsbildung wird schnell und direkt ein **sachnaher Rechtsweg** zur Verfügung gestellt.[25] Demgegenüber fehlt es an einer Beschäftigung und in der Folge an der Zuständigkeit des Arbeitsgerichts, falls ein Umschüler den Weisungen des Ausbil-

---

16 *BAG* 24.8.2004 AP Nr. 12 zu § 98 BetrVG.
17 *Leinemann/Taubert* BBiG, § 1 Rn. 6.
18 *Fitting* BetrVG, 24. Aufl., § 5 Rn. 267f.
19 GmSOGB 12.3.1987, Az GmS-OGB 6/86, AP Nr. 35 zu § 5 BetrVG 1972.
20 *v. Hoyningen-Huene/Linck* KSchG, § 23 Rn. 8; *Leinemann/Taubert* BBiG, § 1 Rn. 7; *Braun/ Mühlhausen* BBiG, § 1 Rn. 8.
21 GemSOGB 12.3.1987, GmS-OGB 6/86, AP Nr. 35 zu § 5 BetrVG.
22 *BAG* 7.9.1983, 7 AZR 101/82, AP Nr. 3 zu § 23 KSchG 1969; *LAG Köln* 28.9.2000, 5 Sa 1000/00, AP Nr. 23 zu § 23 KschG 1969.
23 *BAG* 27.9.2006, 5 AZB 33/06, juris; 24.9.2002, 5 AZB 12/02.
24 *BAG* 27.9.2006, 5 AZB 33/06, juris.
25 *LAG Chemnitz* 16.3.3006, 3 TaBV 39/06, juris.

dungsbetriebs nicht unterworfen ist, wenn keine über den reinen Leistungsaustausch hinausgehenden Pflichten bestehen.[26]

3.3 Berufliche Handlungsfähigkeit

15   Hauptziel und -zweck der Berufsbildung seit der Novellierung des Berufsbildungsgesetzes im Jahr 2005 ist die **Handlungsfähigkeit**. Abs. 2 enthält hierzu
eine **Legaldefinition**: Berufliche Handlungsfähigkeit sind die für die Ausübung
einer qualifizierten beruflichen Tätigkeit in einer sich wandelnden Arbeitswelt
notwendigen beruflichen Fertigkeiten, Kenntnisse und Fähigkeiten.

16   Der **Gesetzesentwurf**[27] **begründet** dies so: Ziel einer modernen Berufsbildung
ist die Entwicklung der individuellen beruflichen Handlungsfähigkeit. Dabei
geht der Begriff der beruflichen Handlungsfähigkeit von einer ganzheitlichen
Sichtweise menschlicher Arbeits- und Lerntätigkeit aus. Durch ihren Erwerb soll
jeder Mensch über ein Handlungsrepertoire verfügen, das ihn befähigt, die zunehmende Komplexität der beruflichen Umwelt zu begreifen und durch ziel-
und selbstbewusstes, flexibles und verantwortliches Handeln zu gestalten. Dem
Begriffspaar »Fertigkeiten und Kenntnisse« als wesentliche Bestandteile der
Fachbildung sei der Begriff »Fähigkeiten« zur Seite gestellt worden. Zusammen
bildeten diese Elemente die berufliche Handlungsfähigkeit, die in ihrer Gesamtheit das Ergebnis des Qualifizierungsprozesses umschreibt. Immer häufiger
zeige sich bei der Schaffung neuer Ausbildungsberufe und der Neuordnung
bereits bestehender Berufe, dass das Handlungspotenzial dessen, was von Auszubildenden heute erwartet wird, nicht mehr ausreichend durch »Fertigkeiten
und Kenntnisse« umschrieben werden könne. Insbesondere bei Ausbildungsberufen des Dienstleistungssektors rückten Aspekte wie etwa Teamfähigkeit
oder Kommunikationsfähigkeit immer stärker in das Interesse von Arbeitgebern
wie auch der Auszubildenden selbst.

3.3.1 Kenntnisse

17   Berufliche **Kenntnisse** sind die Gesamtheit erfahrener Informationen. Mit dem
Begriff der Kenntnis werden die psychologischen Prozesse des Erinnerns als
Ziel der Ausbildung beschrieben. Erinnern ist vielfältig und kann sich auch in
beruflicher Hinsicht beziehen auf das Erinnern von Einzelheiten und Allgemeinen, das Erinnern von Methoden und Prozessen oder von Stilen, Strukturen
oder Hintergründen; die Fähigkeit zur Erinnerung (aus dem Gedächtnis repro-
duzieren, wiedererkennen) an Ideen, Tatsachen usw. in einer Situation, in der
bestimmte Stichwörter, Signale oder Anhaltspunkte gegeben werden, um festzustellen welches Wissen gespeichert wurde.

3.3.2 Fertigkeiten und Fähigkeiten

18   Berufliche **Fertigkeiten** bezeichnen einen erlernten und angeeigneten Anteil des
handlungsorientierten Verhaltens. Sie sind motorisch orientiert und lassen sich
durch Übung, Erfahrung, Reflexion und erneutes Training aneignen. Sie sind
abzugrenzen von den **Fähigkeiten**. Eine Fähigkeit hat, wer etwas in kognitiver,

---

26 *LAG München* 12.2.2009, 11 Ta 512/08, juris.
27 BT-Drucks. 15/3980, S. 105.

selbstregulativer sowie sozial-kommunikativer Hinsicht zu tun vermag. Fertigkeiten und Fähigkeiten bilden zusammen das »Etwas Können«. Wissen und Können gemeinsam bilden eine Kompetenz. Berufliche Handlungsfähigkeit ist also letztlich berufliche Kompetenz.

Welche beruflichen Fertigkeiten, Kenntnisse und Fähigkeiten für den Beruf als **19** notwendig erachtet werden, ergibt sich für Ausbildungen aus dem jeweiligen Ausbildungsberufbild und der Ausbildungsordnung, § 5 Abs. 1 Nr. 3. Bei Fortbildungen fehlt eine entsprechende Regelung für den Inhalt der Fortbildungsordnung, § 53. Weil auch die Fortbildung auf die berufliche Handlungsfähigkeit ausgerichtet ist, empfiehlt sich eine Definition derjenigen beruflichen Fertigkeiten, Kenntnisse und Fähigkeiten, die den Unterschied gegenüber der Ausgangsqualifikation ausmachen sollen.

3.3.3 Zukunftsorientierung

Durch den Verweis auf die sich wandelnde **Arbeitswelt** wird deutlich, dass die **20** Kenntnisse, Fertigkeiten und Fähigkeiten nicht nur für die aktuelle Arbeitswelt, sondern auch für die Anforderungen der zukünftigen Arbeitswelt genügen müssen. Dies setzt eine Zukunftsorientierung in den Ausbildungsberufen und in der betrieblichen Ausbildung voraus. Zukunftsträchtig dürften vor allen Dingen Fähigkeiten sein, insbesondere diejenigen, sich auf neue Verfahren oder veränderte Rahmenbedingungen einzustellen und sich selbst neue Kenntnisse und Fertigkeiten anzueignen. Demgegenüber hängen Kenntnisse und Fertigkeiten jeweils stark vom derzeitigen Stand der Berufsausübung und der aktuellen Handhabung in den Unternehmen ab.

4. Berufsausbildungsvorbereitung

4.1 Begriff und Ziel

Die Berufsausbildungsvorbereitung wurde durch das Zweite Gesetz für moder- **21** ne Dienstleistungen am Arbeitsmarkt vom 23. 12. 2002 (sog. Hartz II-Gesetz) in das BBiG aufgenommen. Damit sollte verdeutlicht werden, dass sich die Berufsausbildungsvorbereitung inhaltlich und organisatorisch eng an einer anschließenden Berufsausbildung orientiert.[28] § 1 Absatz 2 umschreibt Begriff und Ziel der Berufsausbildungsvorbereitung, die im Vorfeld zu einer beruflichen Erstausbildung durch die Vermittlung von Grundlagen für den Erwerb beruflicher Handlungsfähigkeit an eine Berufsausbildung in einem anerkannten Ausbildungsberuf heranführen soll. Es handelt sich also um eine im **Vorfeld der Berufsausbildung** stattfindende Maßnahme für diejenigen Menschen, bei denen die Grundlagen nicht vorhanden sind, um sich die berufliche **Handlungsfähigkeit** aneignen zu können. Eben diese Grundlagen sollen vermittelt werden. Nach der Gesetzesbegründung[29] eröffnet die Berufsausbildungsvorbereitung besonderen Personengruppen, für die aufgrund persönlicher oder sozialer Gegebenheiten eine Berufsausbildung noch nicht in Betracht zu ziehen ist, die Möglichkeit, schrittweise die Voraussetzungen hierfür zu schaffen. Die Berufsausbildungsmaßnahme hat dadurch einen eigenen **Bildungszweck**.

---

28 BT-Drucks. 15 / 26, S. 29.
29 BT-Drucks. 15 / 3980, S. 105.

4.2 Abgrenzung von der Berufsausbildung

22   Die Berufsausbildungsvorbereitung ist eine eigenständige Bildungsmaßnahme und grenzt sich durch ihren hinführenden Charakter deutlich von der Berufsausbildung gem. Abs. 3 ab. Bei der **betrieblichen Berufsausbildungsvorbereitung** wird zwischen dem Anbieter der Maßnahme und dem jungen Menschen ein **privat-rechtlicher Qualifizierungsvertrag** geschlossen.[30] Es handelt sich weder um ein Berufsausbildungsverhältnis noch um ein Arbeitsverhältnis, sondern um ein »anderes Vertragsverhältnis« im Sinne des § 26 BBiG.[31] Folglich sind §§ 10 bis 23 und 25 BBiG auf die Berufsausbildungsvorbereitung anzuwenden, was sich insbesondere bei der **Entgeltlichkeit** und der **Probezeit** auswirkt.

23   Nach dem Wortlaut kann die Berufsausbildungsvorbereitung nur auf einen anerkannten Ausbildungsberuf vorbereiten. Die ursprüngliche Formulierung »oder eine gleichwertige Berufsausbildung«, mit der zum Beispiel auch auf eine Vorbereitung auf die Ausbildung nach KrPflG vom Geltungsbereich des § 1 Abs. 2 erfasst war, ist entfallen.

4.3 Abgrenzung von den berufsvorbereitenden Maßnahmen der BA

24   Die Berufsausbildungsvorbereitung muss von den berufsvorbereitenden Maßnahmen des § 61 SGB III abgegrenzt werden. Der Begriff in § 61 SGB III ist weiter. Berufsvorbereitende Bildungsmaßnahmen der Bundesagentur für Arbeit nach § 61 SGB III sollen auf die Aufnahme einer Ausbildung vorbereiten oder der beruflichen Eingliederung dienen (§ 61 Abs. 1 Nr. 1 SGB III). Vorrangig wird hiermit die **Vorbereitung** und **Eingliederung** in Ausbildung angestrebt. Auch die Vorbereitung einer Beschäftigungsaufnahme kann ein Ziel berufsvorbereitender Bildungsmaßnahmen sein. Mit diesen Maßnahmen beabsichtigt die Bundesagentur für Arbeit u.a.,

– den Teilnehmenden die Möglichkeit zu geben, ihre Fähigkeiten und Fertigkeiten hinsichtlich einer möglichen Berufswahl zu überprüfen und zu bewerten, sich im Spektrum geeigneter Berufe zu orientieren und eine **Berufswahlentscheidung** zu treffen,

– den Teilnehmenden die erforderlichen Kenntnisse und Fertigkeiten für die Aufnahme einer **beruflichen Erstausbildung** (ggf. auch durch den Erwerb eines Hauptschulabschlusses oder eines gleichwertigen Schulabschlusses) oder – sofern dies (noch) nicht möglich ist – für die **Aufnahme einer Beschäftigung** zu vermitteln,

– die Teilnehmenden möglichst nachhaltig in den Ausbildungs- und/oder Arbeitsmarkt zu integrieren.

– Vermeidung oder schnelle Beendigung von Ausbildungs- und Arbeitslosigkeit.[32]

---

30 *Benecke/Hergenröder* BBiG § 68 Rn. 6; *Leinemann/Taubert* BBiG § 68 Rn. 7.

31 Vgl. die Kommentierung bei § 68 BBiG Rn. 14; vgl. ferner die Gesetzesbegründung, BT-Drucks. 15/26, S. 30; *Leinemann/Taubert* BBiG § 68 Rn. 7; a.A.: *Natzel*, DB 2002, 719, 720f.

32 Fachkonzept für berufsvorbereitende Bildungsmaßnahmen nach §§ 61, 61a SGB III, http://www.arbeitsagentur.de/zentraler-Content/HEGA-Internet/A05-Berufl-Qualifizierung/Publikation/HEGA-11-2009-VA-Erg-BvB-Fachkonzept-Anlage-2.pdf.

Der zeitliche Umfang sowie die Inhalte der Berufsausbildungsvorbereitung sind **25** im Gesetz nicht vorgeschrieben. Nach § 69 sind **Qualifizierungsbausteine**, die aus bestehenden Ausbildungsberufen entwickelt wurden, besonders geeignet für die Berufsausbildungsvorbereitung. Hieraus ergibt sich der grundlegende Unterschied zwischen Berufsausbildung und Berufsausbildungsvorbereitung: Die Berufsausbildung ist vom Grundsatz für alle Auszubildenden und Ausbildenden verbindlich in einer Ausbildungsordnung vorgeschrieben, Abweichungen sind nur zulässig, soweit sie im Gesetz selbst oder in der Ausbildungsordnung geregelt sind. Demgegenüber kann die Berufsausbildungsvorbereitung individuell auf die unterschiedlichen Lernbedürfnisse auch Einzelner, jedenfalls aber unterschiedlicher Personengruppen zugeschnitten werden.[33]

5. Berufsausbildung

Absatz 3 definiert mit dem Begriff der Berufsausbildung das Kernstück des **26** Berufsbildungsgesetzes; Kernstück insoweit, als zu diesem Thema die ausführlichsten Regelungen im Gesetz enthalten sind, z.B. der ausführliche arbeitsrechtliche Teil, §§ 10–26. Kernstück zudem, weil die Berufsausbildung die in der Praxis am häufigsten vorkommende Gestaltung der Berufsbildung ist.[34]

5.1 Ziel

Die Berufsausbildung hat nach § 1 Abs. 3 einen klaren Auftrag durch den Gesetz- **27** geber: Sie hat die berufliche **Handlungsfähigkeit** zu vermitteln und die erforderlichen Berufserfahrungen zu ermöglichen. Die sprachliche Fassung des Absatzes 3 beinhaltet im Gegensatz zu allen anderen Formen der Berufsbildung keine Zielbeschreibung; vielmehr stellt der Gesetzgeber hierbei den Anspruch, dass nach erfolgreich bestandener Abschlussprüfung die volle berufliche Handlungsfähigkeit und Erfahrungen für den jeweiligen Ausbildungsberuf vorhanden sind.

5.2 Weitere Kriterien

§ 1 Abs. 3 definiert den Begriff der Berufsausbildung abschließend. Weitere **28** Kriterien für das Vorliegen einer Berufsausbildung als die in § 1 Abs. 3 genannten müssen nicht erfüllt werden. Dies führt dazu, dass auch die Ausbildung zum Operationstechnischen Assistenten, die aufgrund einer Empfehlung der deutschen Krankenhausgesellschaft planmäßig durchgeführt wird, unter den Begriff der Berufsausbildung fallen kann.[35]

5.3 Grundbildung

Vor der Reform des Gesetzes hatte die Berufsausbildung das Ziel, eine breit **29** angelegte berufliche **Grundbildung** und die für die Ausübung einer qualifizierten beruflichen Tätigkeit erforderliche **Fachbildung** in einem geordneten Ausbildungsgang zu vermitteln. Das gesetzliche Erfordernis der breit angelegten Grundbildung ist entfallen, stattdessen steht nunmehr eine zukunftsorientierte

---

33 *Natzel* DB 2003, 719.
34 *Leinemann/Taubert* BBiG, § 1 Rn. 17.
35 *LAG Berlin-Brandenburg* 18.1.2007, 18 Sa 1600/06, juris, s. § 26 Rn. 9.

berufliche Handlungsfähigkeit im Vordergrund, s. Rn. 15. Dies bedeutet jedoch nicht, dass die breit angelegte berufliche Grundbildung nunmehr verzichtbar ist. Eine Abstufung der Lerninhalte ergibt sich bereits daraus, dass das Gesetz einen **geordneten Ausbildungsgang** anordnet. Ein Ordnungskriterium für den Ausbildungsgang kann eine Differenzierung in eine breite berufliche Grundbildung und eine berufsspezifische Fachbildung sein. Eine berufliche Grundbildung bleibt auch deswegen erforderlich, weil sie größtmögliche Gewähr für **Anpassungsfähigkeit** und **Mobilität** auf dem Arbeitsmarkt bietet, mithin die Anforderung »in einer sich wandelnden Arbeitswelt« zu erfüllen.

30 Die Gefahr eines nicht geordneten Ausbildungsgangs besteht nur in nicht anerkannten Ausbildungsberufen. Basis eines jeden anerkannten Ausbildungsberufs ist eine Ausbildungsordnung, § 4 Abs. 2. Da der Ausbildungsrahmenplan, die zeitliche und sachliche Gliederung zwingender Bestandteil einer Ausbildungsordnung ist, § 5 Abs. 1 Nr. 4, kann bei anerkannten Ausbildungsberufen zumindest die Konzeptionierung einer geordneten Ausbildung unterstellt werden.

31 Jugendliche dürfen gem. § 4 Abs. 3 nur in einem anerkannten Ausbildungsberuf ausgebildet werden. Bei ihnen ist daher davon auszugehen, dass über diesen Weg die Konzeption eines geordneten Ausbildungsgangs gesichert ist.

5.4 Berufserfahrungen

32 Die Berufsausbildung hat zwingend auch den Erwerb von erforderlichen Berufserfahrungen zu ermöglichen. Dies macht einen deutlichen Praxisbezug der Berufsausbildung nach dem BBiG deutlich. Die Ausbildung grenzt sich insoweit von einer rein schulischen Ausbildung ab, die berufliche Handlungsfähigkeit soll in berufspraktischen Zusammenhängen[36] und durch einen ganzheitlichen Ausbildungsprozess vermittelt und erworben werden. Eine Berufsausbildung, die neben dem Besuch einer allgemeinbildenden Schule stattfinden soll, gewährleistet nach der Rechtsprechung zum BBiG in der Fassung vor dem 1.4.2005 **nicht den Erwerb der erforderlichen Berufserfahrungen** und ist daher mit § 1 BBiG unvereinbar.[37] Ob dies seit der Ermöglichung einer Teilzeitausbildung durch § 8 Abs. 1 Satz 2 noch gelten kann, ist unentschieden.

6. Berufliche Fortbildung

33 § 1 Abs. 4 definiert die berufliche Fortbildung. Schon rein begrifflich wird mit der Fortbildung auf die Erstausbildung aufgebaut, die berufliche Handlungsfähigkeit wird »fortentwickelt«. Beide Bildungsmaßnahmen stehen in einem Stufenverhältnis zueinander. Die Fortbildung setzt in der Regel eine angemessene Berufspraxis nebst abgeschlossener Berufsausbildung oder eine entsprechende einschlägige Berufserfahrung voraus.

6.1 Ziel

34 Es handelt sich um eine Soll-Bestimmung. Die Möglichkeiten für den Verordnungsgeber sind hier weiter als im Bereich der Berufsausbildung, in der die berufliche Handlungsfähigkeit zwingend zu vermitteln ist. Im Zentrum des

---

36 *Herkert/Töltl* BBiG, § 1 Rn. 16.
37 *BVerwG* 25.2.1982, 5 C 1/81, juris.

Fortbildungsziels steht wiederum die berufliche Handlungsfähigkeit. Die berufliche Fortbildung soll ermöglichen, die berufliche Handlungsfähigkeit zu **erhalten** und **anzupassen** oder zu **erweitern** und **beruflich aufzusteigen**. Fortbildung betrifft alle Maßnahmen, die an den vorhandenen Wissensgrundstock anknüpfen, fachliche und berufliche Kenntnisse vertiefen und aktualisieren und ein Mehr an Kenntnissen vermitteln.[38] Es werden zwei Arten von beruflichen Fortbildungen unterschieden:

6.2 Erhaltungs- und Anpassungsfortbildung

Die Erhaltungs- und Anpassungsfortbildung[39] hat das Ziel, die berufliche Handlungsfähigkeit zu erhalten oder anzupassen. Deutlich wird bei der Formulierung, dass der Gesetzgeber nicht von einer statischen Arbeitswelt mit gleich bleibenden Anforderungen an die Arbeitnehmer ausgeht. Der Gesetzgeber geht vielmehr davon aus, dass die Arbeitswelt sich **wandelt** und die berufliche Handlungsfähigkeit dadurch an Wert verliert. Die berufliche Handlungsfähigkeit wird durch die Erhaltungs- und Anpassungsfortbildung gegenüber der entsprechenden Berufsausbildung nicht zwingend erweitert sondern den Entwicklungen im Beruf und im Berufsbild angepasst.   **35**

6.3 Erweiterungs- und Aufstiegsfortbildung

Mit der Erweiterungs- und Aufstiegsfortbildung soll gezielt auf Tätigkeiten in einer **höheren Hierarchiestufe**, oftmals verbunden mit höherem Schwierigkeitsgrad oder Komplexität, vorbereitet werden. Die Erweiterungsfortbildung bietet schon rein begrifflich ein Mehr an Kenntnissen, Fertigkeiten und Fähigkeiten gegenüber der entsprechenden Berufsausbildung.   **36**

Die Vorschrift wird durch die §§ 53 bis 57 ergänzt. Dort sind die **Formalia** für die Fortbildungsanerkennung geregelt: Fortbildungsordnungen, Fortbildungsprüfungsregelungen, Vorqualifikationen, Fortbildungsprüfungen sowie Gleichstellung von Prüfungszeugnissen. Die vertragliche Gestaltung von Fortbildungsverhältnissen ist im Berufsbildungsgesetz nicht normiert. Soweit die Fortbildung im Arbeitsverhältnis stattfindet, siehe § 53 Rn. 8 ff. Für Fortbildungen außerhalb eines Arbeitsverhältnisses gelten die Grundsätze des Schuldrechts, sowie ggf. des SGB III und des AFBG.   **37**

7. Berufliche Umschulung

Die Umschulung soll gem. § 1 Abs. 5 zu einer anderen beruflichen Tätigkeit befähigen. Umschulung und Fortbildung grenzen sich dadurch voneinander ab, dass bei der Fortbildung die Kompetenzen aus der Berufsausbildung noch verwendet werden können; sie werden **erweitert oder angepasst**. Bei der Umschulung sind diese Kompetenzen von untergeordneter Bedeutung. Es wird im Ergebnis ein anderer Beruf mit neuem Inhalt erlernt.[40] Daraus ergibt sich, dass der Umschüler vor der Umschulung bereits beruflich tätig gewesen ist. Aufgrund der zeitlichen Vorgaben dürfte es sich bei Umschülern zumeist um   **38**

---

38 *Hamburgisches OVG* 26.11.2001, 8 Bf 373/00. PVL, juris.
39 *VG Frankfurt* 10.9.2007, 23 L 1680/07, juris.
40 *Leinemann/Taubert* BBiG, § 1 Rn. 32.

Erwachsene, nicht um Jugendliche handeln. Eine Umschulung liegt auch dann vor, wenn für den ersten Beruf keine Berufsausbildung durch einen geordneten Ausbildungsgang absolviert wurde. Ausreichend ist, wenn der Bildungswillige einen Status erreicht hat, der ihn zur verantwortlichen Ausübung des bisherigen Berufs befähigt.[41]

39 Die Vorschrift wird durch die §§ 58 bis 63 ergänzt. Dort sind die Formalia für die Umschulungsanerkennung geregelt: Umschulungsordnungen, Umschulungsprüfungsregelungen, Umschulungen für einen anerkannten Ausbildungsberuf, Vorqualifikationen, Umschulungsmaßnahmen und -prüfungen sowie Gleichstellung von Prüfungszeugnissen. Die vertragliche Gestaltung von Umschulungsverhältnissen ist im Berufsbildungsgesetz nicht normiert. Zu der vertraglichen Gestaltung der Umschulungsverhältnisse s. § 58 Rn. 4.

8. Betriebliche Mitbestimmung

40 Der Betriebsrat hat gem. § 98 Abs. 1 BetrVG bei Maßnahmen der beruflichen Bildung mitzubestimmen (vgl. ausführlich die Kommentierung bei § 10 BBiG Rn. 62 ff.). Der Begriff der beruflichen Bildung in § 98 BetrVG ist weiter gefasst als in § 1 BBiG.[42]

41 In Betrieben, die die Berufsbildung als alleinigen Betriebszweck haben (»reine« Ausbildungsbetriebe), gelten die Auszubildenden nicht als Arbeitnehmer/-innen im Sinne des § 5 BetrVG.[43] Diese Auszubildenden gelten nicht als »beschäftigt« im Sinne des § 5 Abs. 1 BetrVG, da sie nicht in den eigentlichen Betriebsablauf, der vom **Betriebszweck** bestimmt wird, eingegliedert sind.

42 Dies gilt auch dann, wenn die Berufsausbildung nicht der alleinige Betriebszweck des Arbeitgebers ist, sondern noch weitere arbeitstechnische Zwecke hinzu kommen. Für die Eingliederung der zu ihrer Berufsausbildung Beschäftigten kommt es nach der Rechtsprechung des Bundesarbeitsgerichts nur darauf an, ob ihr Ausbildungsberuf von den betriebsangehörigen Arbeitern und Angestellten ausgeübt wird. Soweit dies nicht der Fall ist, fehlt es auch in diesen Fällen an einer Eingliederung. Für die Auszubildenden, die keine Arbeitnehmer/-innen im Sinne des § 5 Abs. 1 BetrVG sind, können Vertretungen gem. § 51 BBiG gebildet werden.[44]

§ 2 Lernorte der Berufsbildung

(1) Die Berufsbildung wird durchgeführt
1. **in Betrieben der Wirtschaft, in vergleichbaren Einrichtungen außerhalb der Wirtschaft, insbesondere des öffentlichen Dienstes, der Angehörigen freier Berufe und in Haushalten (betriebliche Berufsbildung),**
2. **in berufsbildenden Schulen (schulische Berufsbildung),**
3. **in sonstigen Berufsbildungseinrichtungen außerhalb der schulischen und betrieblichen Berufsbildung (außerbetriebliche Berufsbildung).**

---

41 *BSG* 30.9.1975, 7 Rar 96/73, juris.
42 *BAG* 23.4.1991, 1 ABR 49/90, juris, 13.6.2007, 7 ABR 44/06, juris m.w.N.
43 *BAG* 13.6.2007, 7 ABR 44/06, juris, m.w.N., grundlegend *BAG* 21.7.1993, 7 ABR 35/92, juris.
44 *BAG* 13.6.2007, 7 ABR 44/06, juris.

(2) Die Lernorte nach Absatz 1 wirken bei der Durchführung der Berufsbildung zusammen (Lernortkooperation).
(3) Teile der Berufsausbildung können im Ausland durchgeführt werden, wenn dies dem Ausbildungsziel dient. Ihre Gesamtdauer soll ein Viertel der in der Ausbildungsordnung festgelegten Ausbildungsdauer nicht überschreiten.

Inhaltsübersicht   Rn.

1.	Allgemeines	1
2.	Lernorte	2
2.1	Betriebliche Berufsbildung	4
2.2	Schulische Berufsbildung	7
2.3	Ausbildungen in sonstigen Berufseinrichtungen	11
3.	Lernortkooperation	12
4.	Ausbildung im Ausland	15
4.1	Ausbildungsstätte im Ausland	16
4.2	Kosten	17
4.3	Auswirkungen auf das Ausbildungsverhältnis	20
4.4	Dauer und Berufsschulfreistellung	23
4.5	Mitbestimmung	25

1. Allgemeines

§ 2 Abs. 1 entspricht § 1 Abs. 5 BBiG 1969. Die Lernorte der Berufsbildung nach **1** dem Berufsbildungsgesetz sind abschließend aufgezählt. Obwohl die Regelungskompetenz für den Bereich der schulischen Berufsbildung bei den Ländern liegt, werden sie als Lernorte der Berufsbildung benannt. Dies ist Ausdruck des dualen Systems der Berufsbildung. Verschiedene Lernorte erfordern eine Koordination und eine Zusammenarbeit bei der Berufsbildung im Allgemeinen sowie im Einzelfall. Vor diesem Hintergrund wurde mit der Novellierung des BBiG Abs. 2 eingefügt. Eingefügt wurde mit der Novellierung auch, dass die Ausbildung teilweise im Ausland absolviert werden kann.

2. Lernorte

Die Berufsbildung wird durchgeführt: **2**
– in Betrieben der Wirtschaft, in vergleichbaren Einrichtungen außerhalb der Wirtschaft, insbesondere des öffentlichen Dienstes, der Angehörigen freier Berufe und in Haushalten (**betriebliche Berufsbildung**),
– in berufsbildenden Schulen (**schulische Berufsbildung**),
– in sonstigen Berufsbildungseinrichtungen außerhalb der schulischen und betrieblichen Berufsbildung (**außerbetriebliche Berufsbildung**).
Die Aufzählung ist abschließend. Kombinationen von Lernorten im Laufe der **3** Ausbildung und Zusammenwirken der Lernorte sind aber möglich. Die abschließende Aufzählung der Lernorte bezieht sich auf alle Berufsbildungsmaßnahmen gem. § 1 BBiG, nicht nur auf die Ausbildung.

2.1 Betriebliche Berufsbildung

4 Die **betriebliche Berufsbildung** steht, wie sich schon aus der Reihenfolge der Aufzählung ergibt, im Vordergrund.[1]

5 Den Betrieb definiert das Bundesarbeitsgericht als die organisatorische Einheit, innerhalb derer ein Arbeitgeber allein oder mit seinen Arbeitnehmern mit Hilfe technischer und immaterieller Mittel bestimmte arbeitstechnische Zwecke fortgesetzt verfolgt.[2] Erfasst werden alle Betriebe der Wirtschaft, also primärer, sekundärer- und folgender Bereiche. Betriebliche Berufsbildung in diesem Sinne liegt auch dann noch vor, wenn Betriebe der Wirtschaft oder vergleichbarer Einrichtungen innerbetriebliche oder überbetriebliche Stätten zur Vermittlung einer berufspraktischen Ausbildung errichten, in denen die Auszubildenden die vertraglich geschuldete Berufsausbildung erfahren, etwa Lehrwerkstätten oder Ausbildungszentren.[3]

6 Auch außerhalb der Wirtschaft kann in vergleichbaren Einrichtungen betriebliche Berufsbildung stattfinden. Es handelt sich, wie das Wort »insbesondere« deutlich macht, nicht um eine abschließende Aufzählung. »**Vergleichbare Einrichtungen**« im öffentlichen Dienst sind die Dienststellen und Betriebe der Verwaltung. Erfasst sind insbesondere die **Dienststellen** der Kommunen, Länder und des Bundes (z. B. Behörden, Körperschaften, Anstalten und Stiftungen des öffentlichen Rechts). Ein Überblick über die derzeit anerkannten »freien Berufe« ergibt sich aus § 18 Abs. 1 Nr. 1 EStG. Zu den freien Berufen gehören zum Beispiel Rechtsanwälte, Ärzte, Architekten, Steuerberater, Wirtschaftsprüfer. Nicht zuletzt kann betriebliche Ausbildung auch in privaten oder ländlichen Haushalten stattfinden.

2.2 Schulische Berufsbildung

7 § 2 Abs. 1 Nr. 2 benennt die berufsbildenden Schulen als **Lernorte** der Berufsbildung. Die Benennung verdeutlicht die Bedeutung der berufsbildenden Schulen bei der Berufsbildung, insbesondere bei der dualen Ausbildung in Betrieb und Schule. Weitere Regelungen der schulischen Berufsbildung enthält das BBiG nicht, weil die Gesetzgebungskompetenz für die berufsbildenden Schulen bei den Ländern liegt.[4]

8 Die schulische Berufsbildung findet statt in berufsbildenden Schulen. Gemeint ist mit dem Begriff »schulisch« eine bestimmte **Organisationsform** der Ausbildungsstätte und nicht eine bestimmte Lehrmethode. Berufsbildende Schulen sind solche, die den Schulgesetzen der Länder unterstehen und solche, die nicht in die Gesetzgebungskompetenz der Länder, sondern in die des Bundes fallen.[5] Die Berufsbildung in ersteren nimmt § 2 Abs. 1 BBiG wegen fehlender Gesetzgebungskompetenz des Bundes vom weiteren Anwendungsbereich des Gesetzes aus. Gleichwohl wird auch dort Berufsbildung im Sinne des BBiG durchgeführt.[6]

---

1 *Leinemann/Taubert* BBiG, § 2 Rn. 5.
2 St. Rspr. *BAG* 13.8.2008, 7 ABR 21/07, juris, m. w. N.; 7.5.2008, 7 ABR 15/07, juris.
3 *BAG* 24.2.1999, 5 AZB 10/98, juris, m. w. N.
4 Art. 30 und 70.
5 *BAG* 24.2.1999, 5 AZB 10/98, juris.
6 *BAG* 24.2.1999, 5 AZB 10/98.

Malottke

Die Kultusministerkonferenz hat durch Beschluss vom 8.12.1975 die Begrifflichkeiten für die Schulen des beruflichen Schulwesens zum Teil vereinheitlicht. Auch wenn ›berufliches Schulwesen‹ und ›berufsbildende Schule‹ unterschiedliche Begriffe sind, kann davon ausgegangen werden, dass alle von der Kultusministerkonferenz als berufliche Schulen anerkannte Schulformen ein Lernort gem. § 2 Abs. 1 Nr. 2 sind, da der Begriff ›berufsbildende Schule‹ in dem Beschluss gar nicht verwendet wird:[7]

Bezeichnungen zur Gliederung des beruflichen Schulwesens   **9**
(Beschluss der Kultusministerkonferenz vom 08.12.1975)
Die Kultusministerkonferenz kommt überein, im beruflichen Schulwesen folgende Bezeichnungen zu verwenden:
Berufsschule, Berufsfachschule, Berufsaufbauschule, Fachoberschule, Fachschule.

I.
1. **Berufsschulen** sind Schulen, die von Berufsschulpflichtigen/Berufsschulberechtigten besucht werden, die sich in der beruflichen Erstausbildung befinden oder in einem Arbeitsverhältnis stehen. Sie haben die Aufgabe, dem Schüler allgemeine und fachliche Lerninhalte unter besonderer Berücksichtigung der Anforderungen der Berufsausbildung zu vermitteln. Der Unterricht erfolgt in Teilzeitform an einem oder mehreren Wochentagen oder in zusammenhängenden Teilabschnitten (Blockunterricht); er steht in enger Beziehung zur Ausbildung in Betrieben einschließlich überbetrieblicher Ausbildungsstätten. Im Rahmen einer in Grund- und Fachstufe gegliederten Berufsausbildung kann die Grundstufe als Berufsgrundbildungsjahr mit ganzjährigem Vollzeitunterricht oder im dualen System in kooperativer Form geführt werden.
2. **Berufsfachschulen** sind Schulen mit Vollzeitunterricht von mindestens einjähriger Dauer, für deren Besuch keine Berufsausbildung oder berufliche Tätigkeit vorausgesetzt wird. Sie haben die Aufgabe, allgemeine und fachliche Lerninhalte zu vermitteln und den Schüler zu befähigen, den Abschluss in einem anerkannten Ausbildungsberuf oder einem Teil der Berufsausbildung in einem oder mehreren anerkannten Ausbildungsberufen zu erlangen oder ihn zu einem Berufsausbildungsabschluss zu führen, der nur in Schulen erworben werden kann.
3. **Berufsaufbauschulen** sind Schulen, die neben einer Berufsschule oder nach erfüllter Berufsschulpflicht von Jugendlichen besucht werden, die in einer Berufsausbildung stehen oder eine solche abgeschlossen haben. Sie vermitteln eine über das Ziel der Berufsschule hinausgehende allgemeine und fachtheoretische Bildung und führen zu einem dem Realschulabschluss gleichwertigen Bildungsstand (»Fachschulreife«). Der Bildungsgang umfasst in Vollzeitform mindestens 1 Jahr, in Teilzeitform einen entsprechend längeren Zeitraum.
4. **Fachoberschulen** sind Schulen, die – aufbauend auf einem Realschulabschluss oder einem als gleichwertig anerkannten Abschluss – allgemeine, fachtheoretische und fachpraktische Kenntnisse und Fähigkeiten vermitteln und zur Fachhochschulreife[8] führen. Die 11. Klasse umfasst Unterricht und fachpraktische Ausbildung; der Besuch der 11. Klasse kann durch eine einschlägige Berufsausbildung ersetzt werden. Der Unterricht in Klasse 12 wird in der Regel in Vollzeitform erteilt; wird er in Teilzeitform erteilt, dauert er mindestens zwei Jahre.
5. **Fachschulen** sind Schulen, die grundsätzlich den Abschluss einer einschlägigen Berufsausbildung oder eine entsprechende praktische Berufstätigkeit voraussetzen; als weitere Voraussetzung wird in der Regel eine zusätzliche Berufsausübung gefordert.

---

7 http://www.kmk.org/fileadmin/veroeffentlichungen_beschluesse/1975/1975_12_08-Bezeichnungen-Gliederung-berufl-Schulwesen.pdf.
8 Erwerb der Fachhochschulreife in Rheinland-Pfalz nur in Verbindung mit einer abgeschlossenen Berufsausbildung.

§ 2 Lernorte der Berufsbildung

Sie führen zu vertiefter beruflicher Fachbildung und fördern die Allgemeinbildung. Bildungsgänge an Fachschulen in Vollzeitform dauern in der Regel mindestens 1 Jahr, Bildungsgänge an Fachschulen in Teilzeitform dauern entsprechend länger.

II.
1. Berufsschulen, Berufsfachschulen und Fachschulen behalten diese Bezeichnung, auch wenn sie unmittelbar oder über ein Angebot von Ergänzungskursen und Zusatzprüfungen weiterführende Abschlüsse ermöglichen.
2. Bildungsgänge in Vollzeitform, die nicht mindestens 1 Jahr dauern, sind als Lehrgänge zu bezeichnen.

Anhang
1. In einigen Ländern werden gegenwärtig folgende Bezeichnungen im beruflichen Schulwesen verwendet:
Berufsoberschule, Fachakademie, Berufskolleg, Berufsakademie.
– **Berufsoberschulen** sind Schulen mit Vollzeitunterricht, die aufbauend auf einer abgeschlossenen Berufsausbildung bzw. einer entsprechenden Berufspraxis und Realschulabschluss bzw. einem gleichwertigen Abschluss – eine allgemeine und fachtheoretische Bildung vermitteln und in mindestens 2 Jahren zur fachgebundenen Hochschulreife führen.
– **Fachakademien** sind berufliche Bildungseinrichtungen, die den Realschulabschluss oder einen gleichwertigen Schulabschluss voraussetzen und in der Regel im Anschluss an eine dem Ausbildungsziel dienende berufliche Ausbildung oder praktische Tätigkeit auf den Eintritt in eine angehobene Berufslaufbahn vorbereiten. Der Ausbildungsgang umfasst bei Vollzeitunterricht mindestens 2 Jahre.
– **Berufskollegs** sind berufliche Bildungseinrichtungen, die den Realschulabschluss oder einen gleichwertigen Schulabschluss voraussetzen. Sie führen in ein bis drei Jahren zu einer beruflichen Erstqualifikation und können bei mindestens zweijähriger Dauer unter besonderen Voraussetzungen auch zur Fachhochschulreife führen. Das Berufskolleg wird in der Regel als Vollzeitschule geführt; es kann in einzelnen Typen in Kooperation mit betrieblichen Ausbildungsstätten auch in Teilzeitunterricht durchgeführt werden.
– **Berufsakademien** sind Einrichtungen des tertiären Bildungsbereichs außerhalb der Hochschule.
Die Ausbildung findet an der Studienakademie (Lernort Theorie) und den betrieblichen Ausbildungsstätten (Lernort Praxis) statt und dauert 3 Jahre. Sie führt Abiturienten in Stufen zu einem wissenschaftlichen und berufsqualifizierenden Abschluss, der mit einem Hochschulabschluss vergleichbar ist.
2. Die in einigen Ländern eingerichteten Fachgymnasien/Berufliche Gymnasien sind Gymnasien in Aufbauform, die aufbauend auf einem Realschulabschluss oder einem als gleichwertig anerkannten Abschluss mit einem beruflichen Schwerpunkt zur allgemeinen oder zur fachgebundenen Hochschulreife führen. Sie können durch das Angebot in beruflichen Schwerpunkten – gegebenenfalls in Verbindung mit Zusatzpraktika – einen Teil der Berufsausbildung vermitteln oder den Abschluss in einem anerkannten Beruf ermöglichen.

10 Soweit Teile der Berufsausbildung in anderen Schulen als den Berufsschulen nach diesem Beschluss der Kultusministerkonferenz absolviert werden, stellen sich immer wieder Fragen nach der Anrechnung auf die Berufsausbildung (s. § 7).

2.3 Ausbildung in sonstigen Berufsbildungseinrichtungen

§ 2 Abs. 1 Nr. 3 anerkennt die Berufsbildung in sonstigen Berufsbildungsein-   **11**
richtungen außerhalb der schulischen und betrieblichen Berufsbildung (**außerbetriebliche Berufsbildung**). Sonstige Berufsbildungseinrichtungen außerhalb
von Schule und Betrieb sind beispielsweise Berufsbildungs- oder Berufsförderungswerke, außerbetriebliche Ausbildungsstätten u. ä.[9] In Betracht kommen
hier beispielsweise Behinderten- und Umschulungswerkstätten, Berufsförderungswerke und Rehabilitationszentren sowie beispielsweise auch das Berufs-
fortbildungswerk des DGB.[10] Charakteristisch ist bei der Ausbildung in den genannten sonstigen Berufsbildungseinrichtungen, dass zu den Vertragspartnern
des Ausbildungsvertrags noch die Bundesagentur für Arbeit als Träger der Ausbildungsmaßnahme tritt, so dass ein **dreiseitiges Rechtsverhältnis**[11] zwischen
– Auszubildender
– Ausbildender und
– Bundesagentur für Arbeit
besteht. Bei einer vollständig durch öffentliche Mittel finanzierten Ausbildung
über den eigenen Ausbildungsbedarf hinaus bestehen hinsichtlich der Vergütung der Auszubildenden Unterschiede (s. § 17 Rn. 23 ff.)

3. Lernortkooperation

In § 2 Abs. 2 wird der Grundsatz der **Lernortkooperation** ausdrücklich nor-   **12**
miert. Die Lernorte nach Absatz 1 wirken danach bei der Durchführung der
Berufsbildung zusammen. Der Ausschuss für Bildung, Forschung und Technologiefolgenabschätzung hat die Aufnahme der Lernortkooperation in § 2
BBiG initiiert. Hierzu hat er ausgeführt:

>»Die duale Berufsausbildung beruht auf den Säulen der betrieblichen und der schu-
>lischen Ausbildung. Beide befinden sich gegenwärtig in einem Wandel, welcher sich in
>neuen Berufsbildern mit veränderten Qualifikationsanforderungen niederschlägt. Neue
>und neu geordnete Ausbildungsberufe orientieren sich stärker an Geschäfts- und Ar-
>beitsprozessen. Die durch Ausbildungsordnung und Rahmenlehrplan aufeinander ab-
>gestimmten Ausbildungsinhalte für die Lernorte Betrieb und Berufsschule können
>diesen neuen Anforderungen besser im Rahmen enger Lernortkooperation begegnen.
>Daher ist die Kooperation zwischen den ausbildenden Betrieben und den zuständigen
>Berufsschulen bei der Durchführung der Berufsbildung als ständige Aufgabe im Gesetz
>aufzunehmen. Deshalb sind auch die Länder aufgefordert, die durch das neue Gesetz
>verbesserten Möglichkeiten (gestreckte Prüfung, Anrechnungs- und Zulassungsmög-
>lichkeiten, gutachterliche Stellungnahmen, etc.) zu nutzen, um die Verknüpfung der
>Lernorte nach Qualität, Quantität und zeitlicher Effizienz der Bildungswege zu opti-
>mieren.«[12]

Das BBiG ordnet die Lernortkooperation zwar an, führt jedoch (bis aus Einzel-   **14**
fälle wie die der Ausschussteilnahme, §§ 77 Abs. 1, 40 Abs. 2, § 82 Abs. 1, § 92)
nicht auf, wie diese zu erfolgen hat. Es bleibt also eine gesetzlich angeordnete

---

9 *BAG* 24.2.1999, 5 AZB 10/98.
10 *Leinemann/Taubert* BBiG, § 2 Rn. 27.
11 *Braun/Mühlhausen* BBiG, § 1 Rn. 93.
12 BT-Drucks. 15/4752, S. 46.

§ 2   Lernorte der Berufsbildung

Aufgabe, deren Intensität, Verfahren und institutionelle Anbindung den Lernortvertretern überlassen bleibt. Der Hauptausschuss des BIBB hat am 27.11.1997 eine Empfehlung zur Lernortkooperation beschlossen:[13]

Empfehlung des Hauptausschusses des Bundesinstituts für Berufsbildung zur Kooperation der Lernorte
Im dualen System der Berufsausbildung erfolgt die Ausbildung an unterschiedlichen Lernorten, die zur Erreichung des gemeinsamen Ausbildungsziels aufeinander angewiesen sind. Die Lernorte Betrieb (einschließlich ergänzender überbetrieblicher Ausbildung) und Berufsschule sollten miteinander kooperieren, um den Ausbildungserfolg zu gewährleisten. Wie Erfahrungen zeigen, führt eine gute Kooperation auch zur Effizienzsteigerung. Die Kooperation der Lernorte kann sich beziehen auf inhaltliche, organisatorische und pädagogische Fragen. Ziel der Ausbildung ist die Vermittlung von Handlungskompetenz, wozu die Lernorte auf je eigene Weise beitragen. Die Kenntnis der Bedingungsfaktoren des jeweils anderen Lernortes ist für Ausbilder und Lehrer (Aus Gründen der Lesbarkeit wird im Folgenden nur die männliche Form verwendet.) wesentlich. In Abhängigkeit vom Ausbildungsberuf sowie den jeweiligen konkreten Bedingungen vor Ort ergeben sich unterschiedliche Anforderungen und Formen der Zusammenarbeit, ein einheitliches Muster für Lernortkooperation gibt es nicht.

Bedeutung der Kooperation der Lernorte
Der Lernortkooperation kommt zur Bewältigung der Anforderungen in der beruflichen Bildung besondere Bedeutung zu. Die enge Zusammenarbeit der beteiligten Lernorte trägt zur Sicherung einer modernen und zukunftsträchtigen Ausbildung bei. Insbesondere handelt es sich dabei um folgende Gesichtspunkte:
– Auszubildende werden an den einzelnen Lernorten mit unterschiedlichen Anforderungen und Lernsituationen konfrontiert. Sie entwickeln dabei über Lernprozesse berufliche Handlungskompetenz. Diese Lernprozesse müssen von den beteiligten Ausbildern und Berufsschullehrern initiiert, begleitet und wirksam unterstützt werden. Ausbilder und Lehrer können diese Hilfestellungen dann besser geben, wenn sie entsprechende Informationen und Kenntnisse über den anderen Lernort haben.
– In der beruflichen Bildung verändern sich die Ausbildungsziele und -inhalte, was insbesondere in der Neuordnung von Ausbildungsberufen zum Ausdruck kommt. Zur Erreichung dieser Ziele sind an den einzelnen Lernorten ganzheitliche und handlungsorientierte Lehr- und Lernkonzepte erforderlich. Durch eine Zusammenarbeit der Lernorte kann die Gestaltung entsprechender Konzepte und die Verbesserung der Ausbildung wirksam gefördert werden. Wechselseitige didaktisch-methodische Innovationen in Betrieb und Berufsschule werden hierdurch begünstigt.
– Die neuen Anforderungen in der beruflichen Bildung führen zu verstärkten Bezügen zwischen den Lernorten. Insbesondere durch die steigende Nutzung der Informations- und Kommunikationstechniken in den bestehenden und neuen Berufen ergibt sich eine wachsende Notwendigkeit zur Verschränkung in der Vermittlung beruflicher Fertigkeiten, Fähigkeiten, Kenntnisse und Verhaltensweisen in und zwischen den Berufen. Dadurch erhöhen sich auch die Berührungspunkte beider Lernorte.
– Betrieb und ergänzende überbetriebliche Ausbildung sowie Berufsschule können Konzepte zur Verbesserung der Ausbildungsqualität sowie zur Differenzierung und Individualisierung der Ausbildung entwickeln.
– Durch eine bessere Lernortkooperation können die an den Lernorten vorhandenen Ressourcen besser genutzt und zusätzliche Ausbildungskapazitäten geschaffen werden.

---

13 Beschluss Nr: 99, http://www.bibb.de/dokumente/pdf/empfehlung_099-kooperation_der_lernorte_880.pdf.

Malottke

Praxis der Kooperation der Lernorte

Wie aus aktuellen Erhebungen zur Lernortkooperation hervorgeht, verläuft die Kooperation zwischen Berufsschulen, Betrieben und ergänzender überbetrieblicher Ausbildung nicht einheitlich, je nach vorliegenden Voraussetzungen und handelnden Personen haben sich unterschiedliche Vorgehensweisen und Grade der Zusammenarbeit herausgebildet. Hierbei spielen der zugrundeliegende Ausbildungsberuf, die Größe des Ausbildungsbetriebes sowie die Klassenstruktur in der Berufsschule eine besondere Rolle. Insgesamt ist zur Kennzeichnung der bisherigen Praxis der Lernortkooperation auf folgende Aspekte hinzuweisen:

– Die Kooperation zwischen den Lernorten erfolgt überwiegend zur Klärung aktueller Fragen und zur Bewältigung auftretender Schwierigkeiten im Ausbildungsprozess. Eine planende, präventive Strategie, in der inhaltliche, organisatorische oder didaktisch-methodische Fragen eine Rolle spielen, kommt noch selten vor.
– Die Kooperation der Lernorte ist in der Praxis überwiegend durch individuelle Kontakte geprägt. Organisierte Formen der Zusammenarbeit in lernortübergreifenden Gremien und Arbeitskreisen finden dagegen selten statt.
– Eine beträchtliche Mehrheit der Auszubildenden bemängelt die unzureichende inhaltliche und organisatorische Abstimmung zwischen Betrieb und Schule. Insbesondere muss die zeitliche Koordinierung der Vermittlung von Ausbildungsinhalten verbessert werden.
– Ausbilder und Berufsschullehrer sind häufig nur unzureichend über den anderen Lernort informiert. Obwohl sie mehrheitlich einen Ausbau der Zusammenarbeit mit den anderen Lernorten wünschen und eine Vielzahl möglicher Formen zur Intensivierung der Kooperation in Selbstorganisation für sinnvoll halten, bestehen zugleich die klassischen Vorurteile gegenüber dem anderen Lernort fort (Kooperationspartner hat zuwenig Zeit; Lehrer sind telefonisch schwer zu erreichen; Lehrer kennen betrieblichen Ablauf zu wenig; Ausbilder interessieren sich nicht für schulische Belange). Dabei werden allerdings generelle Vorgaben zur Gestaltung der Kooperation als einengend empfunden.
– In der Berufsbildungspraxis gibt es Beispiele einer besonders intensiven Zusammenarbeit zwischen den Lernorten, die verallgemeinerungsfähig sind und beim Bundesinstitut für Berufsbildung abgefragt werden können.

Perspektiven der Kooperation der Lernorte

Um den zukünftigen Erfordernissen in der beruflichen Bildung zu entsprechen, sollten die bisherigen Ansätze und Vorgehensweisen zur Lernortkooperation weiterentwickelt werden. Anzustreben ist sowohl eine Verbesserung der Organisation der Berufsausbildung an den einzelnen Lernorten, insbesondere zur Optimierung der Anwesenheitszeiten der Auszubildenden im Betrieb, als auch die Sicherung einer Kommunikation zwischen Ausbildern und Berufsschullehrern. Dabei ist zu beachten, dass die Lernortkooperation in der Praxis des dualen Systems keinem einheitlichen Muster folgen kann, sondern auf die spezifischen Gegebenheiten vor Ort abgestellt sein muss. Die Kooperation ist von Ausbildern und Lehrern vor dem Hintergrund der jeweiligen besonderen Bedingungen gemeinsam zu entwickeln. Hierzu sollten an den einzelnen Lernorten entsprechende kooperationsfördernde Voraussetzungen geschaffen werden. Darüber hinaus sollten Ausbilder und Lehrer in der Weiterentwicklung ihrer Zusammenarbeit durch zuständige Stellen, Schulträger, Schulaufsicht und Berufsbildungsforschung und -politik gestützt und gefördert werden. Hier ist an die Entwicklung, Erprobung und Bereitstellung von didaktischen Hilfen und Elementen zu denken, die lernortübergreifende Sicht- und Vorgehensweisen fördern. Vor Ort sollten im Rahmen eines Ausbaus der Lernortkooperation insbesondere die folgenden Möglichkeiten verstärkt genutzt werden:

– Ein kontinuierlicher Informationsaustausch zwischen Ausbildern und Berufsschullehrern im Hinblick auf organisatorische und didaktisch-methodische Fragen kann durch die Einrichtung von gemeinsamen Arbeitskreisen für Ausbilder und Berufsschullehrer verbessert werden. Hierzu bietet sich auch die Beteiligung von Berufsschullehrern an bereits bestehenden Ausbilderarbeitskreisen an. Solche Arbeitskreise können als Forum zum Austausch über aktuelle Fragen und Probleme an den Lernorten, zur Abstimmung von Vorgehensweisen und zur Planung gemeinsamer Aktivitäten dienen.

– Zur Vertiefung didaktisch-methodischer Aspekte der Zusammenarbeit bietet sich insbesondere die Durchführung gemeinsamer Ausbildungsprojekte an, die Konzeption für solche Projekte wird von den beteiligten Lernorten gemeinsam entwickelt.

– Zum Aufbau gemeinsamer Orientierungslinien und zum Abbau eventuell bestehender gegenseitiger Vorurteile ist die Teilnahme von Ausbildern und Lehrern an gemeinsamen Weiterbildungsveranstaltungen geeignet. Bei spezifischen Weiterbildungsangeboten für Ausbilder bzw. für Lehrer sollten Anbieter von Weiterbildungsveranstaltungen prüfen, inwieweit eine verstärkte Öffnung für den jeweils anderen Bereich sinnvoll wäre.

– Die Landesausschüsse für Berufsbildung, die Berufsbildungs- und Prüfungsausschüsse der zuständigen Stellen sowie die Schulkonferenzen sollten für Fragen der Lernortkooperation intensiver genutzt werden.

– Die Teilnahme von Berufsschullehrern an betrieblichen Praktika ist eine sinnvolle Möglichkeit zur Aktualisierung der Kenntnisse über betriebliche Abläufe und Verfahrensweisen. Außerdem können dadurch die Kontakte zu betrieblichen Ausbildern ausgeweitet und verbessert werden.

– Zur Gewährleistung der Praxisnähe des Berufsschulunterrichts und zur Intensivierung der Kontakte zwischen den Lernorten bietet sich auch die Einbeziehung von Praktikern zu einzelnen im Unterricht zu behandelnden Themen an.

4. Ausbildung im Ausland

15 Durch Absatz 2 wurde mit der Novellierung im Jahr 2005 im Berufsbildungsgesetz die Möglichkeit verankert, zeitlich begrenzte Abschnitte der Berufsausbildung auch im Ausland zu absolvieren. Die Neuregelung bietet so die Option, Auslandsaufenthalte als integralen Bestandteil der Berufsausbildung zu gestalten. Dabei wird der Auslandsaufenthalt rechtlich als Teil der Berufsausbildung behandelt, sofern er dem Ausbildungsziel dient. Dies wird nach der Gesetzesbegründung[14] dann der Fall sein, wenn die im Ausland vermittelten Ausbildungsinhalte im Wesentlichen dem entsprechen, was Gegenstand der heimischen Ausbildung ist, wenn Sprachkenntnisse vermittelt oder sonstige zusätzliche Kompetenzen erworben werden.

4.1 Ausbildungsstätte im Ausland

16 Durch die Ausbildung im Ausland wird der Ort im Ausland, an dem ausgebildet wird, zur Ausbildungsstätte im Sinne des § 27. Denn Ausbildungsstätte ist der betriebliche Ort, an dem die tatsächliche Ausbildung stattfindet.[15] Der Begriff Ausbildungsstätte meint nicht nur den Betrieb oder Betriebsteil sondern auch Filialen und Außenstellen.[16] Zum Schutz des Auszubildenden ist die erforderliche **Eignung** der Ausbildungsstätte auf alle betrieblichen Orte des ausbildenden Unternehmens zu beziehen, mit der der Auszubildende im Rahmen seiner betrieblichen Ausbildung in Kontakt kommt oder kommen kann. Der

---

14 BT-Drucks. 15/3980, S. 43.
15 *Leinemann/Taubert* BBiG, § 27 Rn. 9; *Braun/Mühlhausen* BBiG § 22 Rn. 9.
16 *Braun/Mühlhausen* BBiG, § 22 Rn. 9.

Begriff der Ausbildungsstätte ist nicht deckungsgleich mit dem Begriff des Betriebs etwa im Sinne des Betriebsverfassungsgesetzes.[17] Die zuständige Stelle hat dementsprechend die Ausbildungsstätte im Ausland auf ihre Eignung gemäß § 27 zu überprüfen. Aus der sachlichen und zeitlichen Gliederung gemäß § 11 Abs. 1 Satz 2 Nr. 1 wird sich der Auslandsaufenthalt regelmäßig ergeben müssen. Nur ganz ausnahmsweise ist denkbar, dass eine Ausbildung im Ausland keinerlei Besonderheiten gegenüber der Ausbildung im Inland aufweist, sodass die sachliche und zeitliche Gliederung ohne Änderung im Ausland fortgesetzt werden kann. Regelmäßig werden die Auslandsaufenthalte jedoch durchgeführt, um die **Besonderheiten des Berufs** im Ausland kennen zu lernen. Diese Besonderheiten müssen als Inhalte in der sachlichen Gliederung, die Bestandteil des Ausbildungsvertrags ist, auftauchen. Dauert die Ausbildung im Ausland länger als vier Wochen, ist hierfür ein mit der zuständigen Stelle abgestimmter Plan erforderlich, § 76 Abs. 3.

4.2 Kosten

Nicht ausdrücklich im BBiG geregelt ist die Frage, wer die Kosten des Auslandsaufenthalts tragen muss. Im Berufsbildungsrecht gilt der allgemeine Grundsatz, dass den Auszubildenden keine Kosten auferlegt werden dürfen, die den Ausbildenden bei der Ausbildung entstehen. Der Zugang zu einer durch das Berufsbildungsgesetz geregelten Ausbildung soll nicht von dem finanziellen Leistungsvermögen und -willen der Auszubildenden abhängen.[18] Aus diesem Grundsatz folgert das Bundesarbeitsgericht,[19] dass der Ausbildende **keine Entschädigung** für solche Ausbildungsmaßnahmen außerhalb der Ausbildungsstätte verlangen kann, die in den Ausbildungsgang einbezogen sind. Der Ausbilder habe daher auch die Kosten zu tragen, die für die im Rahmen der Berufsausbildung notwendigen außerbetrieblichen **Lehrgänge** entstehen. Wenn aber der Ausbildende die Kosten für außerbetriebliche Lehrgänge übernehmen muss, gilt dies umso mehr für die Ausbildung innerhalb einer Ausbildungsstätte, weil hier das Verbot der Entschädigung für die Kosten der Ausbildung aus § 12 Abs. 2 Nr. 1 unmittelbar greift. **17**

Die Ausgangslage ist nicht vergleichbar mit den Kosten, die einem Auszubildenden entstehen, wenn er sich einen Ausbildungsplatz an einem **entfernten Ort** sucht: In diesem Fall muss der Auszubildende die Kosten für Unterkunft und Verpflegung selbst tragen.[20] Die Auszubildenden, bei denen ein Auslandsaufenthalt vereinbart wird, haben sich einen inländischen Ausbildungsbetrieb ausgesucht. Der Ausbildungsbetrieb ist selbst verpflichtet, die praktische Ausbildung zu gewährleisten. Wenn er sich hierzu eines auswärtigen Unternehmens oder Betriebes bedient, ändert dies nichts an der grundlegenden Verpflichtung, die Kosten der Ausbildung selbst zu tragen.[21] **18**

Ein Rückgriff auf § 14 Abs. 1 Nr. 3,[22] der ohnehin nur Ausbildungsmittel und nicht Unterbringung und Verpflegung erfasst, ist wegen des vorgenannten Er- **19**

---

17 *Braun/Mühlhausen* BBiG, § 22 a. F. Rn. 9.
18 *BAG* 26.9.2002, 6 AZR 486/00, juris.
19 *BAG* 25.4.1984, 5 AZR 386/83, juris.
20 *BAG* 16.10.1974, 5 AZR 575/73, juris.
21 *BAG* 21.9.1995, 5 AZR 994/94.
22 *Benecke/Hergenröder* BBiG, § 2 Rn. 17.

gebnisses nicht nötig. Ebenso wenig der Rückgriff auf die Anspruchsgrundlagen des Auftragsrechts, §§ 670, 675 BGB.[23]

4.3 Auswirkungen auf das Ausbildungsverhältnis

20 Wurde der Auslandsaufenthalt nicht zwischen Ausbildenden und Auszubildenden vereinbart, kann der Ausbildende den Auszubildenden nicht anweisen, sich zur Ausbildung zur Ausbildungsstätte im Ausland zu begeben. Eine solche Weisung ist vom Weisungsrecht nicht gedeckt.

21 Da der Auslandsabschnitt in diesen Fällen das Ausbildungsverhältnis nicht unterbricht, erübrigten sich im Gesetzgebungsprozess zusätzliche Regelungen etwa zur Vergütungspflicht, zur Anerkennung der im Ausland erworbenen Fertigkeiten, Kenntnisse und Fähigkeiten, oder zum Status als Auszubildender hinsichtlich sozialversicherungs- und steuerrechtlicher Fragen. Die Sozialversicherungspflicht bleibt bei der Auslandsausbildung gem. § 2 Abs. 3 bestehen; es greift die sogenannte Ausstrahlung, § 4 SGB V. Die Auswirkungen im Einzelnen ergeben sich aus dem Sozialversicherungsrecht und es empfiehlt sich, besonders für den Auszubildenden, **vor Antritt der Auslandsausbildung** die Folgen – insbesondere für die Krankenversicherung – abklären zu lassen.[24]

22 Es besteht neben dem Auslandsaufenthalt gem. § 2 Abs. 3, wie schon vor der Änderung des Gesetzes im April 2005, die Möglichkeit, Auslandsaufenthalte Auszubildender im Rahmen von Beurlaubungen / Freistellungen durchzuführen und die zuständige Stelle über eine Anrechnung befinden zu lassen.

4.4 Dauer und Berufsschulfreistellung

23 Die Auslandsaufenthalte sollen im Verhältnis zur Gesamtdauer der Berufsausbildung angemessen sein. Die Dauer von Ausbildungsabschnitten im Ausland soll daher maximal ein Viertel der in der Ausbildungsordnung festgelegten Ausbildungsdauer betragen. Anrechnungen bzw. Verkürzungen nach den §§ 7 und 8 Berufsbildungsgesetz bleiben dabei unberücksichtigt. Bei einer dreijährigen Berufsausbildung wird danach – bei Zustimmung der Ausbildenden – ein bis zu neunmonatiger Auslandsaufenthalt ermöglicht (theoretisch können auch mehrere Auslandsaufenthalte bis zu dieser Gesamtdauer erfolgen). Dieser Zeitrahmen entspricht den Angeboten der Europäischen Berufsbildungsprogramme (insb. LEONARDO) sowie den Regelungen der Kultusministerkonferenz:[25]

Bund-Länder-Vereinbarung
Teilnahme von Berufsschülern/Berufsschülerinnen an Austauschmaßnahmen mit dem Ausland
(Beschluss der Kultusministerkonferenz vom 08.06.1999)
Auslandsaufenthalte, zum Beispiel im Rahmen von Austauschmaßnahmen, stellen eine besondere Möglichkeit zur Vermittlung und Vertiefung fremdsprachlicher Kenntnisse sowie beruflicher und kultureller Erfahrungen dar.
Unter Berücksichtigung der besonderen Gegebenheiten in der dualen Berufsausbildung

---

23 So noch in der Vorauflage *Wohlgemuth* § 2 Rn. 10.
24 Vgl. zum Beispiel *Küttner* Personalbuch 2010, Stichwort ›Auslandtätigkeit‹.
25 http://www.kmk.org/fileadmin/veroeffentlichungen_beschluesse/1999/1999_06_08-BLV-Teiln-Berufsschueler-Austausch-Ausland.pdf.

Malottke

wird für die Teilnahme von Berufsschülern/Berufsschülerinnen an Austauschmaßnahmen mit dem Ausland folgendes vereinbart:

a) Berufsschüler/Berufsschülerinnen können für die Teilnahme an Austauschmaßnahmen (z.B. im Rahmen des Schüleraustausches oder von bilateralen oder EU-Austauschprogrammen) für einen Zeitraum von bis zu drei Wochen vom Teilzeitunterricht oder einen entsprechenden Zeitraum vom Blockunterricht beurlaubt/freigestellt werden.

b) Eine darüber hinausgehende Beurlaubung/Freistellung bis zur Höchstdauer von neun Monaten kann dann erfolgen, wenn

– Berufsschule, Betrieb und zuständige Stelle gemeinsam festgestellt haben, dass die vorübergehend in das Ausland verlagerte Ausbildung überwiegend den inhaltlichen Anforderungen der Ausbildung entspricht und

– sichergestellt ist, dass die im Ausland verbrachten Ausbildungsabschnitte durch die zuständige Stelle auf die Berufsausbildung angerechnet werden.

Bei einer Entscheidung über eine Beurlaubung im letzten Jahr der Ausbildung sollte der bevorstehende Berufsabschluss und der mit dem Abschluss der Berufsschule mögliche Erwerb weiterer schulischer Berechtigungen berücksichtigt werden.

Durch die Abstimmung von Auslandsaufenthaltsdauer und Freistellungsmög- **24** lichkeit in der Berufsschule wird auch denjenigen Auszubildenden ein Auslandsaufenthalt ermöglicht, die noch schulpflichtig sind. Unklar ist indes, wie die Lerninhalte der Berufsschule bei einem längeren Auslandsaufenthalt nachgeholt werden können und wie in diesem Fall die Note berechnet wird, die gem. § 37 Abs. 3 Satz 2 auf Antrag des Auszubildenden auf dem Prüfungszeugnis ausgewiesen wird.

4.5 Mitbestimmung

Zu den Rechten des Betriebsrats bei der Auslandsausbildung s. *Sarge*, AiB 2007, **25** 107.

§ 3 Anwendungsbereich

(1) Dieses Gesetz gilt für die Berufsbildung, soweit sie nicht in berufsbildenden Schulen durchgeführt wird, die den Schulgesetzen der Länder unterstehen.

(2) Dieses Gesetz gilt nicht für

1. die Berufsbildung, die in berufsqualifizierenden oder vergleichbaren Studiengängen an Hochschulen auf der Grundlage des Hochschulrahmengesetzes und der Hochschulgesetze der Länder durchgeführt wird,

2. die Berufsbildung in einem öffentlich-rechtlichen Dienstverhältnis,

3. die Berufsbildung auf Kauffahrteischiffen, die nach dem Flaggenrechtsgesetz die Bundesflagge führen, soweit es sich nicht um Schiffe der kleinen Hochseefischerei oder der Küstenfischerei handelt.

(3) Für die Berufsbildung in Berufen der Handwerksordnung gelten die §§ 4 bis 9, 27 bis 49, 53 bis 70, 76 bis 80 sowie 102 nicht; insoweit gilt die Handwerksordnung.

Inhaltsübersicht   Rn.

1.	Allgemeines	1
2.	Sachlicher Geltungsbereich	3
2.1	Ausschluss rein schulischer Berufsbildung	4
2.2	Spezielle Ausbildungsgesetze vor BBiG	9

§ 3 Anwendungsbereich

3.	Ausnahmen vom Geltungsbereich des BBiG	11
3.1	Hochschulen	12
3.2	Sonderfall: Duales Studium	14
3.2.1	Praxisphasen	15
3.2.2	Studiengang	17
3.3	Öffentlich-rechtliches Dienstverhältnis	18
3.4	Kauffahrteischiffe	22
4.	Berufsbildung in Handwerksberufen	23

1. Allgemeines

1 § 3 regelt den sachlichen Geltungsbereich des Berufsbildungsgesetzes. § 3 Abs. 1 beschreibt den Grundsatz: Das Gesetz gilt für die gesamte Berufsbildung – dieser Begriff ist in § 1 Abs. 1 definiert. Eine Ausnahme bildet der Bereich der Berufsbildung, die der Gesetzgeber im Berufsbildungsgesetz nicht regeln kann, weil er hierfür die Gesetzgebungskompetenz nicht innehat: Der Bereich der schulischen Berufsbildung. Schulbildung, auch schulische Berufsbildung untersteht der Gesetzgebungskompetenz der Länder.

2 Vom Geltungsbereich des Berufsbildungsgesetzes werden in Abs. 2 drei abschließend aufgezählte Berufsbildungsbereiche ausgenommen: Die Berufsbildung an Hochschulen, im öffentlich-rechtlichen Dienstverhältnis und für bestimmte Kauffahrteischiffe. In Abs. 3 werden zudem für den Bereich der Handwerksordnung zahlreiche Vorschriften von der Geltung ausgeschlossen, die nach Abs. 1 erfasst wären: Hier gelten statt des Berufsbildungsgesetzes die entsprechenden Vorschriften der Handwerksordnung.

2. Sachlicher Geltungsbereich

3 Das Berufsbildungsgesetz regelt die gesamte Berufsbildung im Sinne des § 1, also:
- Berufsausbildungsvorbereitung,
- Berufsausbildung in anerkannten wie nicht anerkannten Ausbildungsberufen, in anderen Vertragsverhältnissen, die das Lernen zum Inhalt haben (§ 26),
- Fortbildung und
- Umschulung.

2.1 Ausschluss rein schulischer Berufsbildung

4 Die schulische Berufsbildung ist aus verfassungsmäßigen Gründen vom Geltungsbereich des Berufsbildungsgesetzes ausgeschlossen. Die Gesetzgebungskompetenz des Bundes erstreckt sich wegen der Art. 30 und 70 Grundgesetz nicht auf die rein schulische Ausbildung, die den Ländern obliegt.[1] Zum Begriff der berufsbildenden Schulen siehe § 2 Rn. 9.

5 Die Abgrenzung ist besonders bedeutsam für die Ausbildung in den berufsbildenden Schulen.

6 Klassische Angebotsfelder der rein schulischen Berufsbildung sind der gesamte Bereich der Gesundheitssorge, sowie die Bereiche Labortechnik, Kommunikations- und Gestaltungstechnik, sowie Sekretariat und Fremdsprachen. Die Berufsqualifikation zum »Staatlich Geprüften Assistenten« als alleiniges Bildungs-

---

1 BT-Drucks. V/4260, S. 4.

ziel kann nach zwei Jahren erworben werden. In den Ländern, in denen die Berufsqualifikation in einer Doppelqualifikation mit einer Studienberechtigung verbunden wird, dauert die Ausbildung entsprechend länger. Die Kultusministerkonferenz hat gemeinsame Kriterien vereinbart und damit die Voraussetzung für die gegenseitige Anerkennung in den Ländern geschaffen. Maßgeblich sind folgende Vereinbarungen:
- Rahmenvereinbarung über die Berufsfachschulen vom 28.02.1997 in der jeweils geltenden Fassung;
- Rahmenvereinbarung über die Ausbildung und Prüfung zum staatlich geprüften kaufmännischen Assistenten/zur staatlich geprüften kaufmännischen Assistentin an Berufsfachschulen vom 01.10.1999 in der jeweils geltenden Fassung;
- Rahmenvereinbarung über die Ausbildung und Prüfung zum staatlich geprüften technischen Assistenten/zur staatlich geprüften technischen Assistentin vom 12.06.1992 in der jeweils geltenden Fassung.

Rechtsgrundlage für die Berufsabschlüsse bilden die Schulgesetze der Länder. Einen Überblick über die vorhandenen Ausbildungsberufe in rein schulischer Berufsbildung und über die Vielzahl, die in den Ländern installiert wurde, bietet die **Rahmenvereinbarung** über die Berufsfachschulen vom 28.2.1997 in der jeweils geltenden Fassung,[2] oder das »neue Verzeichnis der Ausbildungsberufe«,[3] das beim Bundesinstitut für Berufsbildung geführt wird.[4]   **7**

Anlässlich einer Entscheidung über die Ausbildung zur Altenpflegerin hat das Bundesarbeitsgericht bei der Frage, ob eine rein schulische Ausbildung oder eine solche nach dem BBiG vorliege, darauf abgestellt, ob die Länder diesen Ausbildungsgang als schulische Ausbildung gestalten, den Ausbildungsgang also ihrem Schulgesetz zuordnen. Bleibt dies offen, ist darauf abzustellen, ob die praktische Ausbildung rein zeitlich die schulische Ausbildung überwiegt.[5]   **8**

2.2 Spezielle Ausbildungsgesetze vor BBiG

Die Ausbildung in den Berufen im Gesundheits- und Sozialwesen ist nur teilweise rein schulisch. Maßgeblich für die Anwendbarkeit des BBiG ist seit der Abschaffung des früheren § 107 BBiG nicht mehr, ob es sich um Heil- oder Heilhilfsberufe handelt, sondern nur noch, ob die Ausbildung rein **schulisch** erfolgt oder nicht. Damit ist der Weg für die Anwendbarkeit des BBiG in vielen Berufen des Heil- und Sozialwesens frei.[6] Das BBiG gilt jedoch da nicht, wo eine **spezialgesetzliche Regelung** mit anderem Inhalt als das BBiG für den jeweiligen Ausbildungsberuf gilt.[7]   **9**

---

2 http://www.kmk.org/fileadmin/veroeffentlichungen_beschluesse/1997/1997_02_28-RV-Berufsfachschulen.pdf.
3 Einschließlich der rein schulischen Berufe im Gesundheitswesen.
4 http://www.bibb.de/dokumente/pdf/a41_neues_verzeichnis_der_ausbildungsberufe_2009.pdf.
5 *BAG* 7.3.1990, 5 AZR 217/89, juris; 18.6.1980, 4 AZR 545/78, juris.
6 So im Ergebnis auch *LAG Berlin-Brandenburg* 18.1.2007 – 18 Sa 1600/06, juris, zur Ausbildung von Operationstechnischen Assistenten/-innen.
7 *LAG Berlin-Brandenburg* 18.1.2007, a.a.O.; *Benecke/Hergenröder* § 3 Rn. 12.

§ 3   Anwendungsbereich

Bundesgesetzlich geregelt sind nach einer Auflistung der Kultusministerkonferenz[8] diese Berufe:
Altenpfleger / Altenpflegerin
Diätassistent / Diätassistentin
Ergotherapeut / Ergotherapeutin
Entbindungspfleger / Hebamme
Gesundheits- und Kinderkrankenpfleger / Gesundheits- und Kinderkrankenpflegerin
Gesundheits- und Krankenpfleger / Gesundheits- und Krankenpflegerin
Logopäde / Logopädin
Masseur und medizinischer Bademeister / Masseurin und medizinische Bademeisterin
Medizinisch-technischer Assistent / Medizinisch-technische Assistentin für Funktionsdiagnostik
Medizinisch-technischer Laboratoriumsassistent / Medizinisch-technische Laboratoriumsassistentin
Medizinisch-technischer Radiologieassistent / Medizinisch-technische Radiologieassistentin
Orthoptist / Orthoptistin
Pharmazeutisch-technischer Assistent / Pharmazeutisch-technische Assistentin
Physiotherapeut / Physiotherapeutin
Podologe / Podologin
Veterinärmedizinisch-technischer Assistent / Veterinärmedizinisch-technische Assistentin

3. Ausnahmen vom Geltungsbereich des BBiG

11 Von den Berufsbildungsgängen, die von § 3 Abs. 1 erfasst sind, werden drei Ausnahmen abschließend aufgezählt.

3.1 Hochschulen

12 Abs. 2 Nr. 1 nimmt vom Geltungsbereich des Gesetzes die Berufsbildung aus, die in berufsqualifizierenden oder vergleichbaren Studiengängen an Hochschulen auf der Grundlage des Hochschulrahmengesetzes oder der Hochschulgesetze der Länder durchgeführt wird. Beim weiten Berufsbildungsbegriff des § 1 BBiG unterlägen ohne diesen Ausschluss vom Geltungsbereich auch die Studiengänge an den Hochschulen als systematische Berufsausbildung dem BBiG. Denn nach den §§ 2 Abs. 1 Satz 1, 7 und 10 Hochschulrahmengesetz (HRG) bereitet das Studium auf ein berufliches Tätigkeitsfeld vor und führt in der Regel zu einem berufsqualifizierenden Abschluss.

13 Hochschulen nach dem HRG sind:
– Universitäten,
– Pädagogische Hochschulen,
– Kunsthochschulen,
– Fachhochschulen,
– sonstige Einrichtungen des Bildungswesens, die nach Landesrecht staatliche Hochschulen sind,
– soweit dies in § 70 bestimmt ist, auch die staatlich anerkannten Hochschulen.

Dementsprechend hat das LAG Baden-Württemberg entschieden, dass das BBiG auf ein Fachhochschulstudium **keine Anwendung** findet.[9]

---

8 http://www.kmk.org/fileadmin/veroeffentlichungen_beschluesse/1997/1997_02_28-RV-Berufsfachschulen.pdf.
9 15.2.2007, 3 Sa 46/06, juris.

3.2 Sonderfall: Duales Studium

In der Praxis bereitete die Abgrenzung zwischen der Berufsausbildung und der **14**
Hochschulausbildung besondere Schwierigkeiten im Bereich des sogenannten
dualen Studiums. Es handelt sich um einen Studiengang mit betriebspraktischen Phasen. Die betriebspraktischen Phasen können je nach Studiengang
einen sehr unterschiedlichen Charakter haben: Von verlängerten Betriebspraktikum bis zur Berufsausbildung in einem anerkannten Ausbildungsberuf nach
dem BBiG.

3.2.1 Praxisphasen

Das Bundesarbeitsgericht hat zur Anwendbarkeit des BBiG auf diese Praxis- **15**
phasen als Abgrenzungskriterium darauf abgestellt, ob die **betriebspraktische
Phase** durch staatliche Entscheidung anerkannt ist.[10] Nicht ausreichend ist,
wenn lediglich die Prüfungsordnung für das Studium staatlicher Aufsicht
unterliegt. Nur wenn die Praxisphase in dieser staatlich beaufsichtigten Prüfungsordnung geregelt ist, kann unterstellt werden, dass die Praxisphase Teil
der Hochschulausbildung und damit dem Geltungsbereich des BBiG entzogen
ist.[11] Die genaueren Anforderungen an die **Regelungsdichte** der staatlichen
Entscheidung für die Praxisphase wurden vom Bundesarbeitsgericht noch nicht
beschrieben. Nicht ausreichend ist die singuläre Regelung in der Prüfungsordnung, dass nach der Prüfungsordnung eine abgeschlossene Ausbildung Voraussetzung für die Zulassung zur Prüfung ist. Mit einer solchen Prüfungsvoraus-
setzung allein wird das Tatbestandsmerkmal des § 3 Abs. 2 Nr. 1, wonach die
Ausbildung »an einer Hochschule« durchgeführt wird, nicht erfüllt. Der anders-
lautenden Rechtsprechung, die vor der Entscheidung des Bundesarbeitsgerichts
ergangen ist, dürfte nicht mehr gefolgt werden. Insbesondere kann nicht mehr
davon ausgegangen werden, dass Praxisphasen und Studienphasen ein einheitliches Rechtsverhältnis darstellen, das im Kern auf den dualen Abschluss zielt.[12]
Auch die bisherige Rechtsprechung, wonach die Ausbildungsstätten für die
Praxisphasen automatisch einen Teil der Ausbildung an der Berufsakademie
leisten,[13] ist mit der Entscheidung vom 18.1.2008[14] überholt. Es kommt darauf
an, dass und wie die praktische Ausbildung tatsächlich Teil der staatlichen
Hochschulausbildung ist.

Ist die Praxisphase nicht durch staatliche Entscheidung anerkannt, ist das BBiG **16**
anwendbar. Die Praxisphase wird regelmäßig in einem geordneten Ausbildungsgang berufliche Handlungsfähigkeit vermitteln. Sie stellt dadurch eine Berufsausbildung im Sinne des § 1 Abs. 3 BBiG dar. Fehlt es an einem geordneten
Ausbildungsgang und liegt auch kein Arbeitsverhältnis vor, stellt die Praxisphase ein »**anderes Vertragsverhältnis**« im Sinne des § 26 dar.

---

10 *BAG* 18.11.2008, 3 AZR 192/07, juris.
11 *BAG* a.a.O.
12 So aber noch *LAG Hamm* 13.10.2006, 2 Ta 6/06, juris.
13 *BAG* 16.10.2002, 4 AZR 429/01, juris.
14 *BAG*, 3 AZR 192/07.

3.2.2 Studiengang

17 Der andere Teil des dualen Studiums, der eigentliche Studiengang, unterliegt regelmäßig den Schulgesetzen der Länder[15] oder dem Hochschulrecht.[16] Beides schließt die Anwendung des BBiG für die Rechtsfragen im Zusammenhang mit dem Studiengang aus. Die Studierenden im dualen Studium sind also in zwei Rechtsverhältnisse eingebunden: In ein **privatrechtliches** Ausbildungsverhältnis, auf das ggf. das Berufsbildungsgesetz anzuwenden ist und in dem sie ansonsten als Arbeitnehmer/-innen zu qualifizieren sind, sowie in ein **öffentlich-rechtliches** Verhältnis zur Dualen Hochschule.[17] Eine derartige Aufspaltung einer Berufsausbildung in einen privatrechtlichen und einen öffentlich-rechtlichen Teil ist der Berufsbildung nicht fremd. Auch die Auszubildenden in einer Berufsausbildung nach § 1 Abs. 3 BBiG unterliegen einem privatrechtlichen Ausbildungsvertrag und einem öffentlich-rechtlichen Schulverhältnis bezüglich des Berufsschulbesuchs.

3.3 Öffentlich-rechtliches Dienstverhältnis

18 Auf die Berufsbildung in öffentlich-rechtlichen Dienstverhältnissen ist das BBiG nicht anzuwenden. Öffentlich-rechtliche Dienstverhältnisse sind durch eine besondere Beziehung zum Dienstherren, durch die Wahrnehmung hoheitlicher Aufgaben und die Besonderheiten des staatlichen Dienstrechts geprägt. Vom Geltungsbereich des BBiG gem. § 3 Abs. 2 Nr. 2 **ausgenommen** sind dadurch Berufsbildungsmaßnahmen durch den Bund, die Länder, die Kreise oder Kommunen, bei Körperschaften, Anstalten oder Stiftungen des öffentlichen Rechts.

19 Nicht alle Formen der Berufsbildung bei den genannten Dienstherren sind vom Geltungsbereich des BBiG ausgeschlossen. Ausgeschlossen ist lediglich die Berufsbildung im **öffentlich-rechtlichen** Dienstverhältnis, also für alle Personen, die eine Berufsbildung als:
– Beamte, auch Beamte auf Probe,[18]
– Richter/-innen sowie
– Soldaten/-innen
erhalten.
Für diese Personengruppen und ihre Berufsbildung bestehen spezielle dienstrechtliche Vorschriften, z.B. in den Beamtengesetzen der Länder, dem DRiG und dem SoldatenG.

20 Die Berufsbildung im privatrechtlichen Dienstverhältnis bei einem Dienstherren unterliegt dem BBiG. Diese Berufsausbildung kann entweder in verwaltungseigenen Berufsbildungsgängen erfolgen, deren Ausbildungsordnungen den

---

15 Zum Beispiel waren die Berufsakademien des Landes Baden-Württemberg bis zur Einbeziehung in das Landeshochschulgesetz am 1.3.2009 den berufsbildenden Schulen zugeordnet: http://www.kmk.org/fileadmin/veroeffentlichungen_beschluesse/1997/1997_02_28-RV-Berufsfachschulen.pdf.

16 *BAG* 16.10.2002, 4 AZR 429/01, juris; so jetzt auch ausdrücklich für die Berufsakademien in Baden-Württemberg § 1 Abs. 2 Nr. 6 LHG-BW (n.F.).

17 *Brecht-Heitzmann*, Rechtlicher Status von Studierenden dualer Studiengänge, AuR 2009, 389 mit zutreffender Beschreibung der Stellung der Studierenden im Tarif- und Betriebsverfassungsrecht; tarifliche Schiedsstelle der baden-württembergische Metall- und Elektroindustrie, Schiedsspruch vom 27.7.2009, AuR 2009, 428.

18 *Wohlgemuth* in Wohlgemuth/Lakies/Malottke, BBiG, 3. Aufl., § 3 Rn. 5.

§§ 4–8 BBiG genügen müssen, oder in einem anderen anerkannten Ausbildungsberuf.[19]
Die Ausbildung im Strafvollzug erfolgt zwar nicht in einem öffentlich-recht- **21**
lichen Dienstverhältnis, aufgrund der Besonderheiten des Strafvollzugs ist dieses Ausbildungsverhältnis jedoch als öffentlich-rechtliches zu charakterisieren.[20]
Die Auszubildenden im Strafvollzug absolvieren eine Externenprüfung nach
§ 45 Abs. 2.

3.4 Kauffahrteischiffe

Keine Anwendung findet das BBiG darüber hinaus auf die Ausbildung auf **22**
Kauffahrteischiffen. Kauffahrteischiffe sind dem **Erwerb** dienende Schiffe, die
auch als Seehandelsschiffe bezeichnet werden.[21] Wegen der längeren Ausfahrten
auf See ist die Ausbildung auf diesen Schiffen im SeemannsG und den aufgrund
der in § 142 SeemannsG erlassenen Verordnungen geregelt. Auf den Schiffen,
die nicht dem in § 1 SeemannsG geregelten Geltungsbereich unterliegen, gilt das
BBiG. Dies sind zum Beispiel Küstenschiffe, Binnenschiffe, Schiffe der kleinen
Hochseefischerei,[22] Yachten oder Schiffe, die hoheitlichen Aufgaben dienen.[23]

4. Berufsbildung in Handwerksberufen

Die Berufsbildung für die Handwerksberufe ist im zweiten Teil der Handwerks- **23**
ordnung geregelt (der Gesetzestext der Handwerksordnung findet sich im
Anhang). Die Handwerksordnung gilt seit der Novellierung des BBiG im Jahr
2005 nunmehr für alle Handwerksberufe, also für zulassungspflichtige Handwerke, zulassungsfreie Handwerke sowie handwerksähnliche Gewerbe. Der
Vorrang der Handwerksordnung ergibt sich bereits aus dem **Grundsatz der
Spezialität**, so dass Abs. 3 lediglich klarstellenden Charakter hat.
Im Ergebnis führt diese Bereichsausnahme dazu, dass für folgende Bereiche die **24**
aufgeführten §§ der Handwerksordnung statt des BBiG gelten:

	statt BBiG	gilt HwO
Ordnung der Berufsbildung	§§ 4–9	§§ 25–27 c
Eignung von Ausbildungsstätte und Ausbildungspersonal,	§§ 27–33	§§ 21–22 b
Verzeichnis der Berufsausbildungs-verhältnisse (Lehrlingsrolle)	§§ 34–36	§§ 28–30
Prüfungswesen (Gesellenprüfung)	§§ 37–49	31–39 a
Fortbildung und Umschulung	53–63	42–42 j
Berufsbildung behinderter Menschen	64–67	42 k–42 n
Berufsausbildungsvorbereitung	68–70	42 o

---

19 *Braun/Mühlhausen* BBiG a. F., § 2 Rn. 26; *Leinemann/Taubert* BBiG, § 3 Rn. 13.
20 *Benecke/Hergenröder* BBiG, § 3 Rn. 7.
21 *Jarass/Pieroth* GG, Art. 27 Rn. 1.
22 *Braun/Mühlhausen* BBiG a. F., § 2 Rn. 27 f.
23 *Jarass/Pieroth* GG, Art. 27 Rn. 1.

§ 3 Anwendungsbereich

	statt BBiG	gilt HwO
Regelung und Überwachung der Berufsausbildung	76	41 a
Berufsbildungsausschuss	77–80	43–44 b
Ordnungswidrigkeiten	102	118

25   Wie auch nach dem BBiG 1969 sind die arbeitsrechtlichen Vorschriften der §§ 10 bis 26 BBiG zur Regelung des Berufsausbildungsverhältnisses auch bei der Ausbildung im Handwerk anzuwenden.

26   Nach dem Willen des Gesetzgebers steht die in § 3 Abs. 3 integrierte **Bereichsausnahme** für die Berufsbildung in Berufen der Handwerksordnung jedoch nicht der gängigen Praxis entgegen, Ausbildungsberufe durch **Rechtsverordnung** sowohl auf der Grundlage des Berufsbildungsgesetzes (§ 4) wie auch zugleich auf der Grundlage der Handwerksordnung (§ 25) zu ordnen.[24]

---

24 Regierungsentwurf, BT-Drucks. 15/3980, S. 109.

Malottke

Teil 2
Berufsbildung

Kapitel 1
Berufsausbildung

Abschnitt 1
Ordnung der Berufsausbildung; Anerkennung von Ausbildungsberufen

§ 4 Anerkennung von Ausbildungsberufen

(1) Als Grundlage für eine geordnete und einheitliche Berufsausbildung kann das Bundesministerium für Wirtschaft und Arbeit oder das sonst zuständige Fachministerium im Einvernehmen mit dem Bundesministerium für Bildung und Forschung durch Rechtsverordnung, die nicht der Zustimmung des Bundesrates bedarf, Ausbildungsberufe staatlich anerkennen und hierfür Ausbildungsordnungen nach § 5 erlassen.

(2) Für einen anerkannten Ausbildungsberuf darf nur nach der Ausbildungsordnung ausgebildet werden.

(3) In anderen als anerkannten Ausbildungsberufen dürfen Jugendliche unter 18 Jahren nicht ausgebildet werden, soweit die Berufsausbildung nicht auf den Besuch weiterführender Bildungsgänge vorbereitet.

(4) Wird die Ausbildungsordnung eines Ausbildungsberufes aufgehoben, so gelten für bestehende Berufsausbildungsverhältnisse die bisherigen Vorschriften.

(5) Das zuständige Fachministerium informiert die Länder frühzeitig über Neuordnungskonzepte und bezieht sie in die Abstimmung ein.

Inhaltsübersicht   Rn.

1.   Vorbemerkung 1
2.   Gesetzesbegründung 2
3.   Rechtsverordnung, Verfahren (Abs. 1 und 5).................. 3
4.   Ausschließlichkeitsgrundsatz................................. 5
5.   Schutz Jugendlicher ....
5.1   Jugendliche 6, 7
5.2   Folgen einer unzulässigen Ausbildung 8
5.3   Verantwortung von Ausbildenden und AusbilderInnen 9
6.   Aufhebung der Ausbildungsordnung (Abs. 4) 10
7.   Beschlüsse des BiBB ....
7.1   Zur Qualitätssicherung und zum Qualitätsmanagement in Ordnungs-
      verfahren 11

§ 4 Anerkennung von Ausbildungsberufen

7.2   Kriterien u. Verfahren für die Anerkennung u. Aufhebung von
        Ausbildungsberufen   12
8.   Parallelvorschrift in der HwO   13
9.   Sondervorschriften für behinderte Menschen   14

1. Vorbemerkung

1 Der Abschnitt »Ordnung der Berufsausbildung wurde mit dem BerBiRefG an den Beginn des Kapitels »Berufsausbildung« gestellt. Er regelt die Begriffe und Grundsätze der Berufsausbildung wie die staatliche Regelung der dualen Berufsausbildung durch Ausbildungsordnungen und die Ermächtigung zu deren Erlass, Grundsätze zur Dauer der Ausbildung und Zuständigkeiten. Durch den grundlegenden Charakter dieser Regelungen ist die Positionierung des ordnungsrechtlichen Abschnitts der Berufsausbildung nachvollziehbar. Innerhalb dieses Teils regelt § 4 BBiG die Grundsätze der Anerkennung von Ausbildungsberufen. Sie enthält zum einen eine Ermächtigung zur Regelung der Ausbildungsberufe durch staatliche Anerkennung und die Folgen, wenn die Anerkennung eines Ausbildungsberufs aufgehoben wird. Zudem haben die Länder einen Informations- und Abstimmungsanspruch gegenüber dem zuständigen Ministerium bei der Neuordnung von Ausbildungsberufen. Die Vorschrift enthält zum anderen den sog. Ausschließlichkeitsgrundsatz, nach dem in anerkannten Ausbildungsberufen nur nach den Ausbildungsordnungen ausgebildet werden darf.

2. Gesetzesbegründung

2 § 4 Abs. 1 hat eine Vorläuferregelung in § 25 Abs. 1 des BBiG 1969. Der Wegfall der Worte »zu ihrer Anpassung an die technischen, wirtschaftlichen und gesellschaftlichen Erfordernisse und deren Entwicklung« trägt nach dem Entwurf der Bundesregierung[1] der Tatsache Rechnung, dass »in der Ermächtigung zur Regelung einer geordneten und einheitlichen Berufsausbildung die Möglichkeit zu Änderungen oder Anpassungen sowie zur vollständigen Aufhebung der Anerkennung durch Rechtsverordnung ohne zusätzliche besondere Bestimmung mit umfasst ist. Absatz 1 ermächtigt das zuständige Fachministerium, Ausbildungsberufe staatlich anzuerkennen. Für die staatliche Anerkennung ist – wie bisher – eine nähere Ausgestaltung der Bezeichnung, der Ausbildungsdauer, des Ausbildungsberufsbildes, des Ausbildungsrahmenplans und der Prüfungsanforderungen erforderlich. Der in diesem Verständnis vorgegebene Ermächtigungsrahmen wird durch den neuen § 5 präzisiert.«

In der Gesetzesbegründung[2] führt die Bundesregierung aus: »Zur Verschlankung und Beschleunigung der Abstimmungsverfahren bei der Modernisierung bestehender und Entwicklung neuer Ausbildungsberufe strebt die Bundesregierung zudem eine zeitgemäße Weiterentwicklung des Gemeinsamen Ergebnisprotokolls von 1972 an, in dem das Verfahren zur Abstimmung der Ausbildungsordnungen des Bundes mit den Rahmenlehrplänen der KMK für den Berufsschulunterricht vereinbart wurde. Dies soll, wie bereits mehrfach praktiziert, durch ergänzende Vereinbarungen geschehen. Für den Bund geht es dabei insbesondere um einen verlässlichen Zeitplan für das Neuordnungsverfahren unter

---

1 BT-Drucks. 15/3980, S. 110.
2 BT-Drucks. 15/3980, S. 110.

Einschluss der Bund-Länder-Abstimmung, um eine verbindliche Festlegung der von der Bund-Länder-Abstimmung nicht betroffenen Regelungsinhalte von Ausbildungsordnungen sowie eine raschere Auflösung von Dissensen in dem auf Arbeitsebene tagenden Bund-Länder-Koordinierungsausschuss durch politische Entscheidungen im Rahmen der sog. Kontaktgespräche«[3]. Die Absätze 2 und 3 entsprechen § 28 Abs. 1 und BBiG 1969. Die Herauslösung aus dem bisherigen Zusammenhang mit § 28 Abs. 3 BBiG 1969 soll nach dem Willen des Gesetzgebers[4] bezwecken, dass sich Erprobungsklauseln gem. § 28 Abs. 3 BBiG 1969 auch auf andere Tatbestände beziehen können.[5] Die Absätze 2 und 3 verfolgen wie ihre Vorgängerregelung das Ziel, unter bildungspolitischen, wirtschaftspolitischen und sozialen Gesichtspunkten insbesondere jugendlichen Auszubildenden die Gewähr dafür zu geben, dass die Berufsausbildung den Erfordernissen beruflicher Anpassungsfähigkeit und Durchlässigkeit genügt.[6] Absatz 4 hat eine Vorläuferregelung in § 25 Abs. 3 BBiG 1969. Abgestellt wird nunmehr entsprechend der bisherigen Verordnungspraxis auf die Aufhebung der Ausbildungsordnung. Ein Bezug auf § 15 Abs. 2 Nr. 2 BBiG ist nach der Begründung der Bundesregierung[7] entbehrlich, da Abs. 4 nur für bestehende Berufsausbildungsverhältnisse gelten kann.

3. Rechtsverordnung, Verfahren (Abs. 1 und 5)

Durch Rechtsverordnungen kann das Bundesministerium für Wirtschaft und **3** Arbeit oder das sonst zuständige Fachministerium nach Abs. 1 der Vorschrift Ausbildungsberufe staatlich anerkennen, die Anerkennung aufheben und für die Ausbildungsberufe Ausbildungsordnungen erlassen. Diese Rechtsverordnungen bedürfen des Einvernehmens mit dem Bundesministerium für Bildung und Forschung. Eine Zustimmung des Bundesrats ist nicht erforderlich. Der Erlass solcher Rechtsverordnungen – insbesondere von Ausbildungsverordnungen – muss im Zusammenhang mit Abs. 3 gesehen werden, nach dem Jugendliche nur in anerkannten Ausbildungsberufen ausgebildet werden dürfen. Um auch Jugendlichen eine Ausbildung zu ermöglichen, besteht somit eine Pflicht zum Erlass der entsprechenden Rechtsverordnungen.

Das **Bundesinstitut für Berufsbildung** (BiBB) hat nach § 90 Abs. 3 Nr. 1 a) BBiG **4** nach Weisung des zuständigen Fachministeriums an der Vorbereitung von Ausbildungsordnungen mitzuwirken. Der Hauptausschuss des BiBB nach § 92 Abs. Abs. 1 Nr. 5 BBiG hat unter anderem die Aufgabe, zu Verordnungsentwürfen Stellung zu nehmen und dabei die hierzu entworfenen Rahmenlehrpläne der Länder zu berücksichtigen.[8]

Um die **Länder frühzeitig einzubeziehen,** wurde auf Vorschlag des Bundesrats und des Ausschusses für Bildung, Forschung und Technologiefolgenabschätzung[9] die Regelung in Abs. 5 neu geschaffen. Leider wurde versäumt, zugleich

---

3 A.a.O.
4 A.a.O.
5 Siehe hierzu § 6 Rn. 3 u. 4.
6 A.a.O.
7 A.a.O.
8 Zum Entstehen einer neuen Ausbildungs-Verordnung: http://www.bibb.de/dokumen te/pdf/leitfaden-entstehung-ausbildungsberufe.pdf.
9 BT-Drucks. 15/4752, S. 10.

einen formellen Informationsanspruch der **Sozialpartner** zu normieren, so dass es für diese bei der Beteiligung über den **Hauptausschuss** des Berufsbildungsinstituts, § 92 Abs. 3 Satz 1 BBiG, verbleibt.

Die Struktur der dualen Berufsausbildung mit verteilten Verantwortlichkeiten auf Bundes- und Länderseite erfordert eine enge Abstimmung bei der Neuordnung von Berufen. Da der Länderausschuss beim Bundesinstitut für Berufsbildung abgeschafft wurde, war es sinnvoll, in Abs. 5 einen Anspruch der Länder zu normieren, frühzeitig informiert zu werden und in die Neuordnungsverfahren vom zuständigen Ministerium einbezogen zu werden. Zusammen mit den VertreterInnen der Länder im Hauptausschuss des Berufsbildungsinstituts, § 92 Abs. 3 Satz 1 BBiG, ist die frühzeitige und formelle Information gesichert.

4. Ausschließlichkeitsgrundsatz (Abs. 2)

5   Mit Abs. 2 wird bestimmt, dass für einen anerkannten Ausbildungsberuf nur nach der Ausbildungsordnung ausgebildet werden darf (sog. **Ausschließlichkeitsgrundsatz**). Ob ein anerkannter Ausbildungsberuf vorliegt, bestimmt sich nach § 4 Abs. 1 und § 5 BBiG. Anerkannt sind nur die Ausbildungsberufe, für die sowohl eine wirksame Rechtsverordnung vorliegt[10] als auch ein Eintrag im Verzeichnis nach § 90 Abs. 3 Nr. 3 BBiG (Das Verzeichnis findet sich auf der Internetseite des Bundesinstituts für Berufsbildung: http://www.bibb.de/de/774.htm). Von der Ausbildungsordnung darf grundsätzlich nicht abgewichen werden. Sie ist in vollem Umfang verbindlich, und zwar sowohl bei der Ausbildung von Jugendlichen als auch von Erwachsenen. Die Vorschrift ist mit dem Grundgesetz vereinbar[11] und europarechtskonform. Abs. 2 ist Verbotsgesetz im Sinne des § 134 BGB. Ein **Anlernvertrag** für einen Beruf, für den es eine Ausbildungsordnung gibt, ist nichtig. Trotzdem eingegangene »Anlernverhältnisse« sind für den Zeitraum ihrer Durchführung entsprechend den Regeln über das Arbeitsverhältnis auf fehlerhafter Vertragsgrundlage (sog. faktisches Arbeitsverhältnis) wie ein Arbeitsverhältnis zu behandeln. Zu zahlen ist die im Sinne von § 612 Abs. 2 BGB für Arbeitsverhältnisse übliche Vergütung. Ob sich der Arbeitgeber ohne weiteres vorzeitig aus dem Rechtsverhältnis lösen kann oder ob dies wegen des Schutzzwecks des Berufsbildungsgesetzes nicht möglich ist, wofür einiges spricht, ist bislang nicht entschieden.[12]

5. Schutz Jugendlicher (Abs. 3)

5.1 Jugendliche

6   In nicht anerkannten Ausbildungsberufen dürfen Jugendliche grundsätzlich nicht ausgebildet werden.[13] Jugendlicher ist, wer 15, aber noch nicht 18 Jahre alt ist, § 2 Abs. 2 JArbSchG. Diese Definition soll zwar nach dem Wortlaut des § 2 Abs. 2 JArbSchG nur für das JArbSchG gelten, wird jedoch im Arbeitsrecht allgemein angewandt, z. B. in § 60 Abs. 1 BetrVG. Für die Ausbildung von Kindern gilt Abs. 3 entsprechend. Dies ergibt sich aus dem Schutzzweck der

---

10 *Leinemann/Taubert* BBiG, § 4 Rn. 20.
11 So zu § 28 Abs. 2 BBiG a. F. *Braun/Mühlhausen* BBiG Rn. 2; a. A. *Weber*, Erl. 4 zu § 28 a. F.
12 *BAG* 27.7.2010, 3 AZR 317/08, nicht veröffentlicht.
13 *LAG Düsseldorf* 21.4.88, EzB § 28 BBiG Nr. 10; *OLG Karlsruhe* v. 26.6.74, BB 1975, 927.

Norm, der den Schutz noch jüngerer Auszubildender »erst recht« gebietet. Kind ist, wer noch nicht 15 Jahre alt ist, § 5 Abs. 1 JArbSchG. Kinder über 13 Jahre, also ab dem 14. Lebensjahr, dürfen mit Einwilligung der Personenberechtigten beschäftigt werden, wenn die Beschäftigung leicht und für Kinder geeignet ist, § 5 Abs. 3 Satz 1 JArbSchG.

Jugendliche dürfen ausnahmsweise außerhalb von anerkannten Ausbildungsberufen ausgebildet werden, wenn die Ausbildung für den Besuch weiterführender Bildungsgänge[14] oder Einrichtungen erforderlich ist, Abs. 3 Satz 2. Diese Ausnahmeregelung war zuvor bereits in § 28 Abs. 2 BBiG a. F. enthalten, so dass hier keine Verschlechterung vorliegt.[15]   **7**

5.2 Folgen einer unzulässigen Ausbildung

Bei einer etwaigen unzulässigen Ausbildung kann keine Umwandlung dieses   **8** Rechtsverhältnisses nach § 26 BBiG in ein Ausbildungsverhältnis für einen anerkannten Ausbildungsberuf vorgenommen werden. Berufsbildungsverträge, die dem Abs. 3 zuwider abgeschlossen werden, sind nach § 134 BGB nichtig.[16] Nichtig ist danach bspw. ein auf drei Jahre befristeter Vertrag, aufgrund dessen einer noch nicht Achtzehnjährigen Kenntnisse in der Hundepflege vermittelt werden sollen. Entsprechend den Grundsätzen über das faktische Arbeitsverhältnis ist hier eine angemessene Vergütung für die Tätigkeit zu zahlen.[17] Nichtig ist auch ein mit einem noch nicht Achtzehnjährigen abgeschlossener »Anlernvertrag«, der sich nicht auf einen staatlich anerkannten Ausbildungsberuf bezieht.[18] Die Vorschrift des Abs. 3 ist ebenso wie die Vorgängervorschrift des § 28 Abs. 2 BBiG a. F. verfassungskonform.[19]

5.3 Verantwortung von Ausbildenden und AusbilderInnen

Die längerfristige, nicht anerkannte Ausbildung von Jugendlichen in einem nicht   **9** anerkannten Ausbildungsberuf lässt an der persönlichen und fachlichen Eignung des/der Ausbildenden und der AusbilderInnen, § 28 BBiG, zweifeln. Die zuständige Stelle kann den/die Ausbildenden deswegen dazu auffordern, die Mängel zu beseitigen, § 32 Abs. 2 BBiG. Sie kann bei beharrlicher Weigerung, die Mängel zu beseitigen, das Einstellen und Ausbilden untersagen. Handelt der/die Ausbildende einer solchen Weisung zuwider und ist diese vollziehbar, greift § 102 Abs. 1 Nr. 6 BBiG. Nach anderer Auffassung soll ein Verstoß gegen § 4 Abs. 2 oder 3 BBiG eine Ordnungswidrigkeit nach § 102 Abs. 1 Nr. 9 BBiG[20] darstellen.[21] Dagegen spricht in dieser Allgemeinheit, dass dies eine Pflicht des/der Ausbildenden zur unaufgeforderten Auskunft über die Ausbildungsverhältnisse in

14 Z. B. Praktika vor dem Besuch von Hochschulen und Fachhochschulen.
15 A. A.: *Nehls*, S. 23.
16 *LAG Schleswig-Holstein* 26.3.1981, 3 Sa 33/81, EzB § 28 BBiG Nr. 3; Erfurter Kommentar-Schlachter, § 4 BBiG Rn. 3.
17 *LAG Schleswig-Holstein* 26.3.81, EzB § 28 BBiG Nr. 3.
18 *ArbG Reutlingen* 16.10.73, EzB § 28 BBiG Nr. 1.
19 Zu § 28 BBiG a. F. *Leinemann/Taubert* BBiG, § 4 Rn. 24; a. A. *Weber*, § 28 a. F. Anm. 4.
20 § 99 Abs. 1 Nr. 9 BBiG a. F.
21 So noch die Vorauflage, § 28 Rn. 5.

nicht anerkannten Berufen voraussetzt. Eine solche besteht nach § 76 Abs. 2 BBiG nicht. Hiernach müssen die Auskünfte lediglich »auf Verlangen« erteilt werden.

6. Aufhebung der Ausbildungsordnung (Abs. 4)

10 Wird eine Ausbildungsordnung aufgehoben, besteht kein zwingender Handlungsbedarf. Das Ausbildungsverhältnis kann schlichtweg nach der alten Ausbildungsordnung fortgesetzt werden, § 4 Abs. 4 BBiG. Denn das nachträgliche Fortfallen der Ermächtigungsgrundlage ist für den Rechtsbestand der vor der Gesetzesänderung ordnungsgemäß erlassenen Rechtsverordnung ohne Einfluss.[22] Der/die Auszubildende hat die Möglichkeit, das Ausbildungsverhältnis nach § 15 Abs. 2 Nr. 2 BBiG zu kündigen. Wird dann ein neues Berufsausbildungsverhältnis abgeschlossen, besteht die Möglichkeit, diese Ausbildungszeit nach § 8 Abs. 1 BBiG abzukürzen.[23] Soweit die Ausbildungsordnung dies vorsieht, kann auch auf Basis der neuen Ausbildungsordnung und einer entsprechenden Vereinbarung zwischen den Parteien fortgesetzt werden.[24] Wird das Berufsausbildungsverhältnis nicht gekündigt noch im gegenseitigen Einvernehmen aufgelöst, so gelten nach § 4 Abs. 4 für die weitere Berufsausbildung die bisherigen Vorschriften fort.

7. Beschlüsse des BiBB

7.1 zur Qualitätssicherung und zum Qualitätsmanagement in Ordnungsverfahren[25]

11 Für die Erstellung von Ausbildungsordnungen hat der Hauptausschuss beim Bundesinstitut am 27. 6. 2008 einen Beschluss zur Qualitätssicherung und zum Qualitätsmanagement in Ordnungsverfahren gefasst

Empfehlung
des Hauptausschusses des Bundesinstituts für Berufsbildung vom 27. 6. 2008 zur Qualitätssicherung und zum Qualitätsmanagement in Ordnungsverfahren[26]

Vorbemerkungen
Grundlage für die Entwicklung eines Konzepts zur Qualitätssicherung und zum Qualitätsmanagement in Ordnungsverfahren ist die Beschreibung eines »idealtypischen« Ordnungsprozesses ab Weisung des Fachministeriums. Die Prozessbeschreibung orientiert sich dabei anden Vorgaben des vom BIBB ausgewählten Qualitätsmanagementsystems LQW (»Lernorientierte Qualitätstestierung in der Weiterbildung«) und soll insbesondere folgende Punkte berücksichtigen:
– Benennung – soweit möglich – von Qualitätskriterien und Indikatoren,
– Darstellung, durch welche Verfahren die Qualität überprüft und gemessen wird und welche Aufgaben / Verantwortungen die einzelnen Beteiligten im Verfahren übernehmen,

---

22 *BVerfG* vom 21. 7. 1971, BVerfGE 31, 357.
23 *Leinemann/Taubert* BBiG, § 4 Rn. 29.
24 § 5 Abs. 2 Satz 1 Nr. 3 BBiG, s. § 5 Rn. 28.
25 http://www.bibb.de/dokumente/pdf/ha-empfehlung_130_qm-in-ordnungsverfahren.pdf.
26 Bundesanzeiger Nr. 129/2008 vom 27. 8. 2008, Zeitschrift »Berufsbildung in Wissenschaft und Praxis«, Nr. 4/2008.

– Vorschlag für einen Zeitrahmen, innerhalb dessen ein Ordnungsverfahren und seine einzelnen Prozessschritte »üblicherweise« abgewickelt werden.
Die erforderliche Dokumentation des Schlüsselprozesses »Ordnungsverfahren« erfolgt zunächst überblicksartig in Form eines Flussdiagramms (Anlage 1) und anschließend – zur näheren Erläuterung der einzelnen Prozessschritte – in Tabellenform (Anlage 2), um die festgelegten Verantwortungen, Schnittstellen sowie Qualitätskriterien (Anforderungen, Nachweise) genauer und konkreter aufzeigen zu können. Die Darstellung geht von einem »idealtypischen Prozess« aus und dient im BiBB als Leitlinie für die künftige Ordnungsarbeit, die auch bei Abweichungen vom Regelfall anwendbar ist. Die Gesamtverantwortung im BIBB trägt die Leitung der Abteilung 4 (Ordnung der Berufsbildung).

Ergebnis
Das Ergebnis des Ordnungsprozesses im BIBB soll ein der Weisung entsprechender, bereits veröffentlichungsreifer Entwurf einer Ausbildungsordnung sein, welcher den zuständigen Bundesministerien (Fachministerium, BMBF) vorgelegt werden kann.

Zweck
Die vorliegende Verfahrensbeschreibung regelt die Abläufe und die Qualitätssicherung der Erarbeitung von Ausbildungsordnungen ab Weisung des Fachministeriums bis zur Zuleitung *des Ergebnisses an Fachministerium und BMBF für die abschließende gemeinsame Sitzung*, in der die Ordnungsmittel des Bundes (Ausbildungsordnung) und der Länder (Rahmenlehrplan) aufeinander abgestimmt werden, sowie auch bis zur Beschlussfassung durch den Hauptausschuss.

Kunden
Für ein modernes Qualitätsmanagementsystem ist die Kundenorientierung eine zentrale Voraussetzung. Für die Beurteilung des Ergebnisses ist entscheidend, wie dieses vom Kunden eingeschätzt wird.
Kunden sind im Rahmen des Ordnungsprozesses aus Sicht des BIBB in erster Linie das zuständige Fachministerium, dem das Ergebnis unmittelbar zu übergeben ist, und das BMBF, das als Einvernehmensministerium eine Koordinierungsfunktion in der Bund-Länder-Zusammenarbeit innehat. Weitere Kunden sind darüber hinaus auch die Organisationen der Wirtschaft und Gewerkschaften sowie die Sachverständigen im Ordnungsverfahren.[27]

Erfolgs-/Qualitätskriterien
Der Ordnungsprozess gilt nach der LQW-Terminologie dann als »*gelungen*«[28], wenn
– die mit der Weisung vorgegebenen Eckwerte umgesetzt worden sind und dabei die Grundlagen für Ordnungsverfahren sowie die einschlägigen Bestimmungen des Berufsbildungsrechtes (BBiG / HwO) beachtet wurden,
– das Ergebnis innerhalb vereinbarter Mindest- und Höchstbearbeitungszeiten erarbeitet wurde, wobei mindestens 7 ½ Monate (Beschluss des Bund-Länder-Koordinierungsausschusses) und längstens 12 Monate bei Modernisierungen und 24 Monate bei Neuentwicklungen von Ausbildungsberufen (Beschluss im Rahmen des »Bündnisses für Arbeit«) zur Verfügung stehen sollten (Anlage 3),
– der Entwurf im Konsens mit den Sachverständigen der beteiligten Sozialparteien erstellt wurde, Stellungnahmen der Spitzenorganisationen der Sozialparteien eingegangen sind und dieser Entwurf die Zustimmung des Hauptausschusses gefunden hat,

---

27 Abnehmer des Ergebnisses sind als Zielgruppen die ausbildende bzw. ausbildungsfähige Wirtschaft und die Auszubildenden sowie die sonstigen an der Berufsbildung beteiligten Institutionen.
28 Zur Beschreibung des Prinzips des Gelungenen als Leitprinzip für die gesamte Qualitätsentwicklung vgl. Rainer ZECH: Lernerorientierte Qualitätstestierung in der Weiterbildung, Leitfaden für die Praxis, Hannover 2006, S. 31 ff.

§ 4 Anerkennung von Ausbildungsberufen

- die Beratungsergebnisse konsistent, stimmig und für die Zielgruppen klar verständlich formuliert wurden, wobei vorgegebene Verfahrensvorschläge (wie z.B. Empfehlungen *des Hauptausschusses, mit den Ressorts abgestimmte Gliederungsstrukturen etc*) sowie auch KMU-Belange angemessen berücksichtigt wurden,
- das Ergebnis durch den Weisungsgeber sowie das Einvernehmensministerium am Ende des Prozesses abgenommen wurde.

Diese Ziele werden durch ein kooperatives Erarbeitungs- und Abstimmungsverfahren aller Akteure angestrebt, das die vorgegebenen Eckwerte umsetzt. Dabei wird das BIBB durch die Expertise der betrieblichen Ausbildungspraxis unterstützt, indem es eine ausreichende Anzahl von Sachverständigen aus den Betrieben in das Verfahren einbezieht.

Geltungsbereich
Die vorliegende Prozessbeschreibung ist in erster Linie eine verbindliche Leitlinie für die beteiligten BIBB-Mitarbeiter/innen. Sie dient darüber hinaus aber auch als Empfehlung für alle Akteure an den entsprechenden Schnittstellen.

Relevante Prozessschritte
Für die Erarbeitung einer Ausbildungsordnung von der Weisung bis zur Vorlage eines veröffentlichungsreifen Verordnungsentwurfs bei den Ministerien und dem Hauptausschuss werden im Folgenden fünf Prozessschritte beschrieben:
1) Eingang der Weisung im BIBB
   a. Zuleitung an die zuständige Fachabteilung und das Büro H
   b. Beauftragung der Vorhabensleitung zur Durchführung des Verfahrens im BIBB
2) Inhaltliche und organisatorische Vorbereitung des Vorhabens
   a. Vorhaben beginnen
   b. Inhaltliche Vorbereitung
   c. Berufung der Sachverständigen
3) Erarbeitung des Verordnungsentwurfs
   a. Vorbereitung der Sachverständigensitzungen
   b. Durchführung der Sachverständigensitzungen
   c. Nachbereitung der Sachverständigensitzungen
4) Abstimmung der Entwürfe der Ordnungsmittel zwischen den Sachverständigengremien von Bund und Ländern
5) Gremiendurchlauf
   a. Anhörung der Sozialparteien und Übergabe des Verordnungsentwurfs an das BMBF und Fachministerium zur gemeinsamen Sitzung
   b. Stellungnahme des Hauptausschusses

Abkürzungsverzeichnis
ABL	Arbeitsbereichsleitung
AL	Abteilungsleitung
AO	Ausbildungsordnung
ARP	Ausbildungsrahmenplan
A.WE.B	Informationssystem im BIBB-Internet zu Aus- und Weiterbildungsberufen
BBiG	Berufsbildungsgesetz
BGBL	Bundesgesetzblatt
BIBB	Bundesinstitut für Berufsbildung
BMBF	Bundesministerium für Bildung und Forschung
BMWi	Bundesministerium für Wirtschaft und Technologie
BSB	Bürosachbearbeiter/-in
Büro H	Büro des Hauptausschusses
Büro P	Büro des Präsidenten
BWP	Zeitschrift BWP – Berufsbildung in Wissenschaft und Praxis
GVPl	Geschäftsverteilungsplan
HA	Hauptausschuss des BIBB

HwO	Handwerksordnung
KLR	Kostenleistungsrechnung
KMK	Ständige Konferenz der Kultusminister der Länder in der Bundesrepublik Deutschland
KMU	Klein- und mittelständische Unternehmen
KoA	Bund-Länder-Koordinierungsausschuss »Ausbildungsordnungen / Rahmenlehrpläne«
NO	Neuordnung
P	Präsident BIBB
RLP	Rahmenlehrplan
SB	Sachbearbeiter / -in
StP	Stellvertretender Präsident BIBB
SV	Sachverständige / r des Bundes
T	Tag
VL	Vorhabensleitung des NO-Verfahrens
WiMi	Wissenschaftliche Mitarbeiter / in des BIBB
Wo	Woche

7.2 Kriterien und Verfahren für die Anerkennung und Aufhebung von Ausbildungsberufen[29]

Empfehlung betr. Kriterien und Verfahren für die Anerkennung und Aufhebung von Ausbildungsberufen   **12**

I. Präambel

Gemäß § 25 BBiG werden Ausbildungsberufe durch Rechtsverordnung der zuständigen Fachminister im Einvernehmen mit dem Bundesminister für Bildung und Wissenschaft staatlich anerkannt bzw. Anerkennungen aufgehoben sowie für die Ausbildungsberufe Ausbildungsordnungen erlassen.

Das Bundesinstitut für Berufsbildungsforschung hat im Rahmen seiner Aufgabe Inhalte und Ziele der Berufsbildung zu ermitteln, materielle Grundlagen für die Anerkennung und Aufhebung von Ausbildungsberufen und den Erlaß von Ausbildungsordnungen zu schaffen. Vorarbeiten in dieser Hinsicht von Antragstellern sind zu prüfen und zu berücksichtigen.

Anträge auf Anerkennung oder Aufhebung von Ausbildungsberufen können bei den zuständigen Bundesministerien stellen:

- Bundesausschuß für Berufsbildung,
- unternehmerische oder gewerkschaftliche Fachorganisationen sowie deren jeweilige Zusammenschlüsse,
- zuständige Stellen gemäß BBiG sowie deren Dachorganisationen.

Bei der Anerkennung bzw. Aufhebung eines Ausbildungsberufes sind bildungspolitische, wirtschafts- und arbeitsmarktpolitische sowie berufspädagogische Gesichtspunkte zu berücksichtigen. Um dem Antragsteller entsprechende Überlegungen zu ermöglichen, sollen die im folgenden festgelegten Kriterien von der Bundesregierung veröffentlicht werden.

II. Kriterien

Kriterien für die Anerkennung und die Beibehaltung anerkannter Ausbildungsberufe sind:

- Hinreichender Bedarf an entsprechenden Qualifikationen, der zeitlich unbegrenzt und einzelbetriebsunabhängig ist

---

29 http:// www.bibb.de / dokumente / pdf / empfehlung_028-kriterien-verfahren_anerkennung_aufhebung_ausb. berufen_203.pdf.

§ 5 Ausbildungsordnung

- Ausbildung für qualifizierte, eigenverantwortliche Tätigkeiten auf einem möglichst breiten Gebiet
- Anlage auf dauerhafte, vom Lebensalter unabhängige berufliche Tätigkeit
- breit angelegte berufliche Grundbildung
- Möglichkeit eines geordneten Ausbildungsganges
- Ausreichende Abgrenzung von anderen Ausbildungsberufen
- Operationalisierbarkeit der Ausbildungsziele
- Ausbildungsdauer zwischen zwei und drei Jahren
- Grundlage für Fortbildung und beruflichen Aufstieg
- Erwerb von Befähigung zum selbständigen Denken und Handeln bei der Anwendung von Fertigkeiten und Kenntnissen

III. Verfahren

Bei der Prüfung von Anträgen und der Vorbereitung von Initiativen der zuständigen Bundesministerien zur Anerkennung bzw. Aufhebung von Ausbildungsberufen sind rechtzeitig die Spitzenorganisationen der Unternehmer und der Gewerkschaften und das Bundesinstitut für Berufsbildungsforschung einzuschalten. Dies gilt entsprechend für den Erlaß von Ausbildungsordnungen.

Zeigen sich bei der Prüfung besondere Probleme, für deren Lösung der Kriterienkatalog nicht ausreicht, ist der Bundesausschuß für Berufsbildung von den zuständigen Bundesministerien zu hören.

Die Prüfung, ob neue Ordnungsmaßnahmen notwendig sind, sollte spätestens ein Jahr nach Antragstellung abgeschlossen sein.

8. Parallelvorschrift in der HwO

13 Für das Handwerk gilt § 25 HwO. Hier wurde eine dem § 4 Abs. 3 BBiG entsprechende Bestimmung aufgenommen. Dies war erforderlich, da durch die inhaltliche Anpassung des § 25 HwO an § 4 BBiG nunmehr auch im Handwerk eine Ausbildung in einem nicht anerkannten Ausbildungsberuf möglich ist.

9. Sondervorschriften für behinderte Menschen

14 Für behinderte Menschen[30] gelten nach §§ 64–67 BBiG Sondervorschriften.

§ 5 Ausbildungsordnung

(1) Die Ausbildungsordnung hat festzulegen

1. die Bezeichnung des Ausbildungsberufes, der anerkannt wird,

2. die Ausbildungsdauer; sie soll nicht mehr als drei und nicht weniger als zwei Jahre betragen,

3. die beruflichen Fertigkeiten, Kenntnisse und Fähigkeiten, die mindestens Gegenstand der Berufsausbildung sind (Ausbildungsberufsbild),

4. eine Anleitung zur sachlichen und zeitlichen Gliederung der Vermittlung der beruflichen Fertigkeiten, Kenntnisse und Fähigkeiten (Ausbildungsrahmenplan),

5. die Prüfungsanforderungen.

(2) Die Ausbildungsordnung kann vorsehen,

1. dass die Berufsausbildung in sachlich und zeitlich besonders gegliederten, aufeinander aufbauenden Stufen erfolgt; nach den einzelnen Stufen soll ein

---

30 Vgl. § 2 SGB IX.

Ausbildungsabschluss vorgesehen werden, der sowohl zu einer qualifizierten beruflichen Tätigkeit im Sinne des § 1 Abs. 3 befähigt als auch die Fortsetzung der Berufsausbildung in weiteren Stufen ermöglicht (Stufenausbildung),

2. dass die Abschlussprüfung in zwei zeitlich auseinander fallenden Teilen durchgeführt wird,

3. dass abweichend von § 4 Abs. 4 die Berufsausbildung in diesem Ausbildungsberuf unter Anrechnung der bereits zurückgelegten Ausbildungszeit fortgesetzt werden kann, wenn die Vertragsparteien dies vereinbaren,

4. dass auf die durch die Ausbildungsordnung geregelte Berufsausbildung eine andere, einschlägige Berufsausbildung unter Berücksichtigung der hierbei erworbenen beruflichen Fertigkeiten, Kenntnisse und Fähigkeiten angerechnet werden kann,

5. dass über das in Absatz 1 Nr. 3 beschriebene Ausbildungsberufsbild hinaus zusätzliche berufliche Fertigkeiten, Kenntnisse und Fähigkeiten vermittelt werden können, die die berufliche Handlungsfähigkeit ergänzen oder erweitern,

6. dass Teile der Berufsausbildung in geeigneten Einrichtungen außerhalb der Ausbildungsstätte durchgeführt werden, wenn und soweit es die Berufsausbildung erfordert (überbetriebliche Berufsausbildung),

7. dass Auszubildende einen schriftlichen Ausbildungsnachweis zu führen haben.

Im Rahmen der Ordnungsverfahren soll stets geprüft werden, ob Regelungen nach Nummer 1, 2 und 4 sinnvoll und möglich sind.

Inhaltsübersicht   Rn.

1.	Vorbemerkung	1
2.	Gesetzesbegründung	2
3.	Mindestinhalte von Ausbildungsordnungen (Abs. 1)	2a
3.1	Empfehlung	3
3.2	Zwingende Inhalte von Ausbildungsordnungen	4
3.2.1	Bezeichnung des Ausbildungsberufs	6
3.2.2	Dauer der Ausbildung	7
3.2.3	Ausbildungsberufsbild	9
3.2.4	Ausbildungsrahmenplan	12
3.2.4.1	Gestalten des Ausbildungsrahmenplans in der Ausbildungsordnung	12
3.2.4.2	Beschluss des Hauptausschusses für Berufsbildung zur zeitlichen Gliederung in Ausbildungsordnungen	12a
3.2.5	Prüfungsanforderungen	13
3.2.5.1	Empfehlung des Hauptausschusses vom 13.12.2006 für die Vereinheitlichung der Prüfungsanforderungen in Ausbildungsordnungen	13a
3.2.5.2	Empfehlung des Bundesausschusses vom 25.10.1974 für die Regelung von mündlichen Prüfungen in Ausbildungsordnungen	13b
4.	Optionale Inhalte von Ausbildungsordnungen (Abs. 2)	
4.1	Stufenausbildung	14
4.1.1	Bewertung der Stufenausbildung	15
4.1.2	Gliederung der Ausbildungsinhalte in der Stufenausbildung	18
4.1.3	Ausbildungsabschluss	19
4.1.4	Bewertung bestehender Stufenausbildungen	23
4.1.5	Rechtsfolgen bzgl. der Ausbildungsdauer	26
4.2	Gestreckte Abschlussprüfung	27
4.3	Weiterführung einer Ausbildung nach neuer Ausbildungsordnung	28
4.4	Anrechnung einer anderen, einschlägigen Ausbildung	29

§ 5 Ausbildungsordnung

4.4.1	Das Anrechnungsmodell	30
4.4.2	Umfang der Anrechnung	32
4.4.3	Rechtsqualität	33
4.5	Zusatzqualifikationen	34
4.6	Überbetriebliche Ausbildung	35
4.6.1	Abgrenzung zur außerbetrieblichen Berufsausbildung	37
4.6.2	Freistellung und Vergütung	40
4.6.3	Mitbestimmungsrecht des Betriebsrats	41
4.6.4	Mitbestimmung des Personalrats	42
4.6.5	Empfehlung des Bundesausschusses zur Gestaltung und Durchführung von Ausbildungsmaßnahmen in überbetrieblichen Berufsbildungsstätten	42 a
4.6.6	Parallelvorschrift in der HwO	43
4.7	Ausbildungsnachweis	44
5.	Zu prüfende optionale Regelungen (Abs. 2 Satz 2)	45

1. Vorbemerkung

1 § 5 BBiG konkretisiert die Ermächtigungsnorm des § 4 BBiG. Durch die Vorschriften in § 5 wird der Verordnungsgeber in seinen Möglichkeiten beschränkt, die Verordnung zu gestalten. Innerhalb der Grenzen des § 5 und der Gesetze kann der Verordnungsgeber die Ausbildung durch neue oder neugefasste Verordnungen gestalten, wie er es für sachgerecht hält. § 5 ist ebenso wie § 4 neu gestaltet worden und setzt sich teils aus bekannten, teils aus neuen Regelungen zusammen. Einen guten Überblick über seine Historie und seine Regelungsabsicht ergibt sich aus dem zweiten Regierungsentwurf vom 20.10.2004,[1] der die Stellungnahme des Bundesrats bereits berücksichtigte.

2. Gesetzesbegründung

2 § 5 Abs. 1 hat eine Vorläuferregelung in § 25 Abs. 2 des geltenden Berufsbildungsgesetzes. Aufgeführt werden die Mindestinhalte, die eine auf der Grundlage des § 4 erlassene Ausbildungsordnung aufweisen muss. Die Änderung in Nr. 1 ist eine Folgeänderung der Neuformulierung des § 4. Die Nr. 3 und 4 greifen die Änderungen in § 1 Abs. 3 auf. Die Formulierung in Nr. 4 »eine Anleitung« eröffnet dem Verordnungsgeber einen weiten Gestaltungsspielraum zur Fassung von Ausbildungsrahmenplänen, die eine Aufgliederung in mehrere Teile wie auch die Zusammenfassung der sachlichen und zeitlichen Gliederung in einer Übersicht zulässt. Nach Nr. 5 sind in der Ausbildungsordnung – wie bisher – die Anforderungen an Zwischen- und Abschlussprüfungen zu regeln. Hiervon umfasst sind damit etwa auch Regelungen zu Teilbefreiungen von einzelnen Prüfungsbestandteilen.

3. Mindestinhalte von Ausbildungsordnungen (Abs. 1)

2a Um die Struktur der Ausbildungsordnungen zu vereinheitlichen und zugleich sicherzustellen, dass die Mindestinhalte in den Ausbildungsordnungen enthalten sind, hat der Bundesausschuss für Berufsbildung am 28.3.1972 eine Emp-

---

1 BT-Drucks. 15/3980, S. 207 ff.

fehlung für ein Schema für Ausbildungsberufe der Monoberufe (ungestufte Ausbildungen für Einzelberufe) beschlossen:

3.1 Empfehlung[2]

Empfehlung eines Schemas für Ausbildungsordnungen der Monoberufe   **3**
Verordnung über die Berufsausbildung zum ... Aufgrund des § 25 Abs. 1 des Berufsbildungsgesetzes vom 14. August 1969 (Bundesgesetzblatt I S. 1112), geändert durch das Gesetz zur Änderung des Berufsbildungsgesetzes vom 12. März 1971 (Bundesgesetzblatt I, S. 185), [(und) des § 25 Abs. 1 des Gesetzes zur Ordnung des Handwerks (Handwerksordnung) vom 28. Dezember 1965 (Bundesgesetzblatt 1966 I S. 1), zuletzt geändert durch das Berufsbildungsgesetz vom 14. August 1969 (Bundesgesetzbl. I S. 1112)], wird im Einvernehmen mit dem Bundesminister für Arbeit und Sozialordnung verordnet:

§ 1
Staatliche Anerkennung des Ausbildungsberufes
Der Ausbildungsberuf ... wird staatlich anerkannt.

§ 2
Ausbildungsdauer
Die Ausbildungsdauer beträgt ... Monate.

§ 3
Ausbildungsberufsbild
Gegenstand der Berufsbildung sind mindestens die folgenden Fertigkeiten und Kenntnisse:

§ 4
Ausbildungsrahmenplan
Die Vermittlung der Fertigkeiten und Kenntnisse nach § 3 soll nach folgender Anleitung sachlich und zeitlich gegliedert werden:

§ 5
Ausbildungsplan
Der Ausbildende hat unter Zugrundelegung des Ausbildungsrahmenplanes für den Auszubildenden einen Ausbildungsplan zu erstellen.

§ 6
Führung des Berichtsheftes
Der Auszubildende hat ein Berichtsheft in der Form eines Ausbildungsnachweises zu führen. Der Ausbildende hat das Berichtsheft regelmäßig durchzusehen.

§ 7
Eignung der Ausbildungsstätte

§ 8
Berufsausbildung außerhalb der Ausbildungsstätte (Merkposten)

§ 9
Erweiterte fachliche Eignung der Ausbilder

---

2 http://www.bibb.de/dokumente/pdf/empfehlung_011-schema_f_r_ausbildungsord nungen_der_monoberufe_173.pdf.

§ 10
Zwischenprüfungen

(1) Es ist/sind ... Zwischenprüfung(en) durchzuführen. Sie soll(en) nach ... Monaten stattfinden.

(2) Die Zwischenprüfung(en) erstreckt/erstrecken sich auf die für die ersten ... Monate in § 4 aufgeführten Kenntnisse und Fertigkeiten sowie auf den im Berufsschulunterricht entsprechend den Rahmenlehrplänen zu vermittelnden Lehrstoff, soweit dieser für die Berufsausbildung wesentlich ist.

(3) Bei der Festlegung der Prüfungsaufgaben sollen insbesondere folgende Schwerpunkte berücksichtigt werden

§ 11 Prüfungsanforderungen für die Abschlußprüfungen

(1) Die Abschlußprüfung erstreckt sich auf die in § 4 aufgeführten Fertigkeiten und Kenntnisse sowie auf den im Berufsschulunterricht vermittelten Lehrstoff, soweit dieser für die Berufsausbildung wesentlich ist.

(2) Als Aufgaben kommen insbesondere in Betracht:
...

§ 12
Ermittlung von Einzel- und Gesamtnoten

§ 13
Aufhebung von Vorschriften

Die bisher im Verwaltungsverfahren festgelegten Berufsbilder, Berufsbildungspläne und Prüfungsanforderungen für die Lehrberufe, Anlernberufe und vergleichbar geregelten Ausbildungsberufe, die in dieser Rechtsverordnung geregelt und, insbesondere die Ausbildungsberufe ..., sind nicht mehr anzuwenden.

§ 14
Übergangsregelung

Erläuterungen zum Schema einer Ausbildungsordnung für Monoberufe
Zu § 1 Staatliche Anerkennung des Ausbildungsberufes
Zu § 2 Ausbildungsdauer

Die Ausbildungsdauer richtet sich nach Umfang, Breite und Tiefe des Ausbildungsinhalts. Sie soll nicht mehr als 36 Monate und nicht weniger als 24 Monate betragen (vgl. § 25 Abs. 2 BBiG).

In der Ausbildungsordnung können für Auszubildende, die bestimmte Voraussetzungen bezüglich allgemeiner Schulbildung, vorausgegangener Berufsausbildung, Alter usw. erfüllen, verkürzte Ausbildungszeiten festgelegt werden. Von solchen generellen Regelungen bleiben die Möglichkeiten der individuellen Verkürzung oder Verlängerung der Ausbildungszeit nach § 29 Abs. 2 und 3 BBiG unberührt.

Zu § 3 Ausbildungsberufsbild

Die zu vermittelnden Kenntnisse und Fertigkeiten sollen in knapper Form, aber konkret und präzise aufgeführt werden. Da eine grundsätzliche Trennung der Fertigkeiten und Kenntnisse, die in der Ausbildungsstätte und in der Berufsschule vermittelt werden, nicht sinnvoll ist, sind in die Ausbildungsordnungen alle Fertigkeiten und Kenntnisse aufzunehmen, die Gegenstand der Berufsausbildung sind. Dabei ist anzugeben, daß die Kenntnisse in der Ausbildungsstätte fachpraktisch und anwendungsbezogen zu vermitteln sind.

Es ist anzustreben, daß die Inhalte der Ausbildungsordnungen und die der Rahmenlehrpläne der Berufsschulen aufeinander abgestimmt werden.

Zu § 4 Ausbildungsrahmenplan
Bei der Gestaltung der sachlichen Gliederung sollen unter dem Aspekt der zeitlichen Umsetzung (Aufstellung der zeitlichen Gliederung) auch pädagogisch-didaktische Gesichtspunkte berücksichtigt werden.
Die zeitliche Gliederung soll den Zeitaufwand für einzelne Ausbildungsabschnitte (z. B. Wochen/Monate) innerhalb größerer Zeitblöcke (z. B. 6 Monate) beinhalten.

Zu § 5 Ausbildungsplan
Bei der Aufstellung des Ausbildungsplanes sind Besonderheiten des Auszubildenden und der Ausbildungsstätte zu berücksichtigen. Auf die vom Bundesausschuß aufgestellten Kriterien für die sachliche und zeitliche Gliederung der Berufsausbildung wird verwiesen.

Zu § 6 Führung des Berichtsheftes
Auf die Empfehlung des Bundesausschusses für Berufsbildung für das Führen von Berichtsheften in Form von Ausbildungsnachweisen vom 24. 8. 1971 wird verwiesen

Zu § 7 Eignung der Ausbildungsstätte
Die Ausbildungsordnung soll eine Aussage über die Eignung der Ausbildungsstätte enthalten. Dabei sind unter Beachtung wissenschaftlich erarbeiteter Ergebnisse sowohl Kriterien für die materielle Ausstattung der Ausbildungsstätte als auch Angaben zum Zahlenverhältnis von Auszubildenden zu Ausbildenden, beschäftigten Fachkräften und vorhandenen Ausbildungsplätzen aufzunehmen. Die unterschiedlichen Gegebenheiten bei produktionsgebundener Ausbildung und bei der Ausbildung in Lehrwerkstätten u. a. sind zu berücksichtigen.

Zu § 8 Berufsausbildung außerhalb der Ausbildungsstätte
Bei Anwendung des § 27 BBiG ist festzulegen, welche Kenntnisse und Fertigkeiten außerbetrieblich zu vermitteln sind.

Zu § 9 Erweiterte fachliche Eignung der Ausbilder
Hier sind die zusätzlichen fachlichen Anforderungen an die Ausbilder entsprechend § 21 BBiG aufzuführen. Im Übrigen erscheint es sinnvoll, daß der Erwerb und Nachweis berufs- und arbeitspädagogischer Kenntnisse von den jeweiligen Fachministerien für alle Berufe ihres Zuständigkeitsbereiches in einer Verordnung geregelt wird.

Zu § 10 Zwischenprüfungen
Zweck der Zwischenprüfung ist die Feststellung des Ausbildungsstandes und die Ermittlung eventuell vorhandener Lücken. Auf die »Grundsätze für die Durchführung von Zwischenprüfungen in der Empfehlung des Bundesausschusses vom 26. 1. 1972« wird verwiesen.

Zu § 11 Prüfungsanforderungen für die Abschlussprüfungen
Im Interesse eines einheitlichen Prüfungsniveaus sollen sachliche Schwerpunkte angeben werden und möglichst auch detaillierte Aufgabenbeispiele sowie die jeweilige Prüfungsdauer und Prüfungsart.

Zu § 12 Ermittlung von Einzel- und Gesamtnoten
Hier sollen fachspezifische Bewertungskriterien aufgenommen werden, z. B. die Gewichtung einzelner Prüfungsleistungen für die Ermittlung von Teil- und Gesamtergebnissen.

Zu § 13–16
Keine Erläuterungen.

3.2 Zwingende Inhalte von Ausbildungsordnungen

4 Absatz 2 zählt darüber hinaus mögliche weitere Inhalte der Ausbildungsordnung auf. Absatz 2 Satz 1 Nr. 1 hat eine Vorläuferregelung in § 26 des alten Berufsbildungsgesetzes. Absatz 2 Satz 1 Nr. 2 schafft seit 2005 die Möglichkeit einer zeitlich gestreckten Abschlussprüfung in zwei Teilen. Nach dem 2005 geschaffenen Absatz 2 Satz 1 Nr. 3 kann der Verordnungsgeber den Vertragsparteien die Möglichkeit einräumen, von § 4 Abs. 4 BBiG abzuweichen. Absatz 2 Satz 1 Nr. 4 hat keine Vorläuferregelung im ursprünglichen Berufsbildungsgesetz. In der Ausbildungsordnung geregelt werden kann nunmehr, ob und inwieweit eine erfolgreich abgeschlossene Berufsausbildung in einem anderen Ausbildungsberuf derselben oder einer ähnlichen Fachrichtung auf die in der Ausbildungsordnung geregelte Ausbildung angerechnet werden kann. Auch Absatz 2 Satz 1 Nr. 5 hat keine Vorläuferregelung im Berufsbildungsgesetz a. F. Die Erweiterung bietet die Möglichkeit, bereits im Rahmen der Ausbildungsordnung im Zusammenhang mit der Ausbildung stehende weitere Kompetenzen zu vermitteln und zu prüfen. Absatz 2 Nr. 6 entspricht § 27 des BBiG 1969. Der Begriff »überbetriebliche Ausbildung« wird nunmehr gesetzlich definiert. Absatz 2 Nr. 7 stellt klar, dass – wie bisher – durch die Ausbildungsordnung das Führen eines Berichtshefts vorgeschrieben werden kann.
Der bislang in § 25 Abs. 2 Satz 2 und 3 enthaltene Verweis auf die Möglichkeit der Vermittlung von Ausbildungsinhalten durch Fernunterricht und auf das Fernunterrichtsschutzgesetz wurde gestrichen, da es sich hierbei um Methoden der Wissensvermittlung handelt, nicht um strukturelle Regelungen. Er gehörte daher nicht in eine Ausbildungsordnung.

5 Die §§ 5 BBiG und 26 HwO umschreiben die möglichen Inhalte von Ausbildungsordnungen. Nach dem Willen des Gesetzgebers soll die Regelung in § 5 BBiG abschließend sein.[3] Der abschließende Charakter kann daraus geschlossen werden, dass ein Hinweis auf eine lediglich exemplarische Aufzählung, z. B., »insbesondere« fehlt. Er ergibt sich auch daraus, dass die Ermächtigung zum Erlass von Ausbildungsordnungen lediglich »Ausbildungsordnungen nach § 5« umfasst, § 4 Abs. 1 BBiG. Noch die Vorgängerregelungen, § 25 Abs. 2 BBiG a. F. und § 25 HwO a. F. waren nicht abschließend, so dass darüber hinausgehende Regelungen erfolgen konnten, wenn sie mit den genannten in unmittelbarem Zusammenhang standen und sich im Rahmen der nach Art. 80 Abs. 1 GG zu messenden Ermächtigung des Verordnungsgebers halten[4]. Die Inhalte, die in § 5 Abs. 1 BBiG aufgezählt werden, sind zwingend. Weitere Inhalte der Ausbildungsordnung aus der Aufzählung des Abs. 2 sind zulässig.

3.2.1 Bezeichnung des Ausbildungsberufs

6 Es ist für jeden Ausbildungsberuf eine besondere Bezeichnung vorzusehen. Die Bezeichnung gewährt, dass einheitlich mit der Nennung des erlernten Berufs eine bestimmt Qualifikation verbunden werden kann. Bei Ausbildungsberufen in Stufenausbildung gilt diese Notwendigkeit für jede einzelne Stufe. Aus der staatlichen Anerkennung eines Ausbildungsberufs folgt nicht zwangsläufig,

---

3 S. Rn. 3.
4 *Braun/Mühlhausen* BBiG, § 25 a. F. Rn. 13.

Malottke

dass die entsprechende Berufsbezeichnung schon allein mit Rücksicht darauf geschützt ist.[5]

3.2.2 Dauer der Ausbildung

Hier wird die Absicht des Gesetzgebers erkennbar, die Ausbildungsdauer in der **7** Regel auf mindestens zwei und höchstens drei Jahre festzusetzen. Die Ausbildungsdauer kann jedoch kürzer oder länger sein. Aufgrund der Formulierung »soll« in Abs. 1 Nr. 2 muss dafür jedoch eine Situation vorliegen, die eine Ausnahme von der Sollvorschrift rechtfertigt. Auf jeden Fall wird die Ausbildungsdauer sich bei einer Unterschreitung der zwei Jahre an dem Gesamtziel der Berufsausbildung nach § 1 Abs. 3 BBiG zu orientieren haben. Insoweit ist eine Ausbildung, die eine regelmäßig kürzere Ausbildungsdauer vorsieht nicht mehr akzeptabel, wenn sie lediglich den Zugang für einen einfachen Beruf eröffnet.[6] Die durch eine solche Ausbildung erreichte Mobilität auf dem Arbeitsmarkt ist insoweit kein Kriterium, da diese gerade für einen einfachen Beruf auch bei ungelernten ArbeitnehmerInnen gegeben sein kann.

Bei der Festlegung der Ausbildungsdauer wird davon auszugehen sein, in **8** welchem Zeitraum ein durchschnittlich begabter und hauptschulisch vorgebildeter Auszubildender in einem durchschnittlich geeigneten Betrieb bei Vollzeitausbildung das Ausbildungsziel normalerweise erreicht. Bei höher qualifizierten BewerberInnen um einen Ausbildungsplatz kann die Ausbildungsdauer gem. § 8 Abs. 1 BBiG verkürzt werden. Um einen Verdrängungswettbewerb bei den Bewerbungen um Ausbildungsplätze zu Lasten der HauptschülerInnen zu vermeiden, sollen deren Eingangsvoraussetzungen jedoch Basis für die Bestimmung der Ausbildungsdauer bleiben.

3.2.3 Ausbildungsberufsbild

Das Ausbildungsberufsbild wird bestimmt durch Fertigkeiten, Kenntnisse und **9** Fähigkeiten, die Gegenstand der Berufsausbildung sind gem. Abs. 1 Nr. 3: Durch das BerBiRefG wurde dem Begriffspaar »Fertigkeiten und Kenntnisse« als wesentliche Bestandteile der Fachbildung der Begriff »Fähigkeiten« zur Seite gestellt. Die Änderung in § 5 Abs. 1 Nr. 3 BBiG vollzieht die grundlegende Änderung in § 1 Abs. 3 BBiG nach. Zusammen bilden diese Elemente die in der Klammerdefinition des § 1 Abs. 3 BBiG aufgeführte berufliche Handlungsfähigkeit, die in ihrer Gesamtheit das Ergebnis des Qualifizierungsprozesses umschreibt. Der Gesetzgeber zeigt in seiner Begründung für die Erweiterung des § 1 Abs. 3 BBiG die Zielrichtung für die Beschreibung der Fähigkeiten auf: »Immer häufiger zeigt sich bei der Schaffung neuer Ausbildungsberufe und der Neuordnung bereits bestehender Berufe, dass das Handlungspotenzial dessen, was von Auszubildenden heute erwartet wird, nicht mehr ausreichend durch »Fertigkeiten und Kenntnisse« umschrieben werden kann. Insbesondere bei Ausbildungsberufen des Dienstleistungssektors rücken Aspekte wie etwa

---

5 *VG Freiburg* 31.5.83, EzB Art. 14 GG Nr. 2; vgl. Verzeichnis der anerkannten Ausbildungsberufe, im Internet unter http://www.bibb.de/de/774.htm.
6 A. A.: *Braun/Mühlhausen* BBiG, § 25 a.F. Rn. 17.

Teamfähigkeit oder Kommunikationsfähigkeit immer stärker in den Fokus von Arbeitgebern wie auch der Auszubildenden selbst«.[7]

10 Fähigkeiten fehlten bislang als zwingender Inhalt für Ausbildungsordnungen. Die bis zum 31.3.2005 erlassenen Ausbildungsordnungen bleiben jedoch wirksam. Die Änderung im Gesetz beseitigt die Wirksamkeit einer vor der Gesetzesänderung wirksam erlassenen Verordnung nicht.[8] Insoweit kommt es nicht darauf an, dass der Gesetzgeber für diesen Fall keine Übergangsregelung geschaffen hat.

11 Es müssen alle fachlichen Fertigkeiten, Kenntnisse und Fähigkeiten präzise, geordnet, übersichtlich und vollständig aufgeführt werden. Dabei handelt es sich um zwingende Mindestinhalte. Darüber hinaus können in sachlichem Zusammenhang stehende, zweckmäßige oder erforderliche Zusatzkenntnisse gefordert werden.[9]

3.2.4 Ausbildungsrahmenplan

3.2.4.1 Gestalten des Ausbildungsrahmenplans in der Ausbildungsordnung

12 Die Ausbildungsordnung muss eine Anleitung zur sachlichen und zeitlichen Gliederung enthalten. Damit soll der Ausbildungsstätte die Erstellung der nach § 11 Abs. 1 Satz 2 Nr. 1 BBiG erforderlichen sachlichen und zeitlichen Gliederung der Berufsausbildung erleichtert werden[10]. »Sachlich« bedeutet, dass die zu vermittelnden Inhalte in Breite und Tiefe beschrieben und in einen Zusammenhang zueinander gestellt werden. »Zeitlich« bedeutet, dass eine zeitlichen Zuordnung vorgenommen werden. D.h., es ist im Sinne zeitlicher Richtwerte[11] anzugeben, in welchem Ausbildungsjahr die Fertigkeiten und Kenntnisse zu vermitteln sind. Nach dem Beschluss des Hauptausschusses des BIBB vom 16.5.1990[12] soll die zeitliche Gestaltung des Rahmenplans nach Ausbildungsjahren mit Zeitrahmen oder nach Ausbildungsjahren mit Zeitrichtwerten erfolgen. Da es sich lediglich um eine »Anleitung« für die sachliche und zeitliche Gliederung handelt, wird die Ausbildungsordnung keine verbindliche sachliche und zeitliche Gliederung vorgeben können, ohne den Ermächtigungsrahmen zu verlassen. Die Inhalte der betrieblichen Ausbildung, die Gegenstand der sachlichen und zeitlichen Gliederung sind, sollen mit den Rahmenschulplänen abgestimmt werden, wie sich aus § 92 Abs. 1 Nr. 5 BBiG ergibt.

---

7 BT-Drucks. 15/3980, S. 207 ff.
8 *BVerfG* 27.7.1971, BVerfGE 31, 357.
9 *Herkert* zu § 25 BBiG a.F. Rn. 18 a.
10 *Leinemann/Taubert* BBiG, § 5 Rn. 13.
11 So *Götz*, Rn. 119.
12 S. Rn. 12 a.

3.2.4.2 Beschluss des Hauptausschusses für Berufsbildung zur zeitlichen Gliederung in Ausbildungsordnungen[13]

Beschluss des Hauptausschusses des Bundesinstituts für Berufsbildung zur zeit- **12a**
lichen Gliederung in Ausbildungsordnungen vom 16. Mai 1990[14]
I. Die Bundesregierung wird gebeten, die Anleitung zur zeitlichen Gliederung der
Ausbildung wie folgt vorzunehmen:
A.
Ein Ausbildungsberufsbild soll im Allgemeinen zwischen fünf und zehn Positionen
umfassen, die jeweils einstufig gegliedert werden können. Erfolgt keine Untergli-
ederung, kann diese Zahl angemessen überschritten werden.
B.
Für die Anleitung zur zeitlichen Gliederung können folgende Methoden angewandt
werden: 1. Gliederung nach Ausbildungsjahren mit Zeitrahmen 2. Gliederung nach
Ausbildungsjahren mit Zeitrichtwerten
C.
1. Ist ein Zeitrahmen vorgegeben, werden im Ausbildungsrahmenplan die Anleitungen
zur sachlichen und zeitlichen Gliederung getrennt.
2. In der Anleitung zur zeitlichen Gliederung wird für jede Berufsbildposition oder Teil-
position der ersten Gliederungsstufe ein Zeitrahmen in Monaten vorgegeben, in dem die
zugeordneten Fertigkeiten und Kenntnisse schwerpunktmäßig vermittelt werden sollen.
3. Der Zeitrahmen soll zwischen zwei und sechs Monaten liegen.
4. Die Anleitung zur zeitlichen Gliederung kann durch weitere Hinweise zeitlicher Art
ergänzt werden, z. B. zur Fortführung, Anwendung und Vertiefung bereits vermittelter
Inhalte, zur Schwerpunktsetzung und zur Kombination einzelner Positionen.
Die Verwendung von Zeitrahmenvorgaben in der Anleitung zur zeitlichen Gliederung
wird in der Anlage veranschaulicht.
D.
Zeitrichtwerte sollen nicht kürzer als zwei Wochen sein.
II. Im Hauptausschuß besteht in folgenden Punkten Übereinstimmung:
1. Die Frage, ob Zeitrahmen oder Zeitrichtwerte vorgegeben werden, wird im Antrags-
gespräch entschieden. Die Festlegung der Zeitrahmen bzw. Zeitrichtwerte erfolgt im
Erarbeitungs- und Abstimmungsverfahren.
2. Durch vorgegebene Zeitrahmen wird der durch den Anleitungscharakter eingeräum-
te Spielraum für die Gestaltung des betrieblichen Ausbildungsplanes ausgenutzt. Diese
Auffassung soll von den zuständigen Stellen im Rahmen ihrer Beratungsaufgabe vertreten werden.
3. Die zuständigen Stellen sollen darauf hinwirken, daß den Berufsausbildungsverträgen betriebliche Ausbildungspläne im Sinne von § 3 Nr. 1 des Musterberufsausbil-
dungsvertrages beigefügt werden, die auf der Grundlage der Anleitung zur sachlichen
und zeitlichen Gliederung (Anlage zur Ausbildungsordnung) erstellt worden sind. Die
Einhaltung der Vorschrift des § 4 Absatz 1 Nr. 1 BBiG soll Gegenstand der Berichterstattung im Berufsbildungsausschuss sein.

3.2.5 Prüfungsanforderungen

Sie sind für die Zwischen- und Abschlussprüfung festzulegen und müssen sich **13**
nach dem Inhalt des Ausbildungsberufsbilds und nach dem Ausbildungsrahmenplan richten.[15] Die einheitliche Bestimmung dient einem bundeseinheitlichen

---

13 http://www.bibb.de/dokumente/pdf/empfehlung_079-zeitliche_gliederung_in_ao_
249.pdf.
14 Beschluss Nr. 79, Fundstelle: BAnz 110/1990; BWP 4/1990.
15 Vgl. auch § 38 BBiG.

§ 5 Ausbildungsordnung

Qualitätsniveau.[16] Die Prüfungsanforderungen, die in der Ausbildungsordnung bestimmt werden, dürfen nur grundsätzlicher Art sein, damit der von der zuständigen Stelle nach § 47 BBiG zu erlassenden Prüfungsordnung nicht vorgegriffen wird.[17] Eine nur grundsätzliche Regelung ist auch deswegen geboten, weil anderenfalls in die Kulturhoheit der Länder bei der Gestaltung der Rahmenlehrpläne eingegriffen wird. Ob zu den Prüfungsanforderungen im Sinne des § 5 Abs. 1 Nr. 5 BBiG auch die Rahmenbedingungen der Prüfung wie ihr Zeitpunkt gehören,[18] ist zweifelhaft. Dem Wortlaut nach handelt es sich bei »Prüfungsanforderungen« nicht um die organisatorischen Bedingungen der Prüfung.

3.2.5.1 Beschluss des Hauptausschuss des Bundesinstituts für Berufsbildung vom 13. Dezember 2006 zur Vereinheitlichung der Prüfungsanforderungen in Ausbildungsordnungen[19]

Empfehlung für die Regelung von Prüfungsanforderungen in Ausbildungsordnungen

Inhalt
Vorbemerkungen
Hinweise für die Berücksichtigung von Differenzierungen in Ausbildungsordnungen
Abschnitt A: Zwischenprüfung
Abschnitt B: Abschlussprüfung
Abschnitt C: »Gestreckte Abschlussprüfung«

Anhang
Übersicht über Prüfungsinstrumente

Vorbemerkungen
Die vorliegende Empfehlung ersetzt die Empfehlung des Hauptausschusses vom 11. Februar 1980 zur Vereinheitlichung von Prüfungsanforderungen in Ausbildungsordnungen. Sie ist Grundlage für die Arbeit in Ordnungsverfahren.
Die Empfehlung erstreckt sich auf die Regelung von Prüfungsanforderungen für Zwischenprüfungen, für Abschlussprüfungen und Gestreckte Abschlussprüfungen.
Sie ist folgendermaßen aufgebaut:
Die Bezeichnungen der zu regelnden Sachverhalte sind eingerahmt aufgeführt. Sie sind in dieser Empfehlung der Übersichtlichkeit halber dargestellt, erscheinen jedoch nicht im Verordnungstext.
Die Regelung des Sachverhaltes ist in Normalschrift gehalten. Es handelt sich hierbei um Formulierungen für die Ausgestaltung des Verordnungstextes. Die in Klammern gesetzten Ziffern beziehen sich auf die Absätze im entsprechenden Paragraphen im Verordnungstext.
Erläuterungen sind kursiv gesetzt.
Der Empfehlung liegt folgendes Begriffsverständnis zugrunde:
Prüfungsbereich: Strukturelement zur Gliederung von Prüfungen. Prüfungsbereiche orientieren sich an Tätigkeitsfeldern der Berufspraxis. Jeder Prüfungsbereich wird durch

13 a

16 *Leinemann/Taubert*, BBiG,§ 5 Rn. 19; Braun/Mühlhausen BBiG, § 25 a.F. Rn. 25.
17 *Leinemann/Taubert* BBiG, § 5 Rn. 20.
18 So *Leinemann/Taubert* BBiG, § 5 Rn. 20.
19 http://www.bibb.de/dokumente/pdf/empfehlung_119-regelung_von_pr_fungsanforderungen_in_ausbildungsordnungen_142.pdf.

eine Beschreibung der nachzuweisenden Qualifikationen (erste Ebene) und die Angabe von Gebieten bzw. Tätigkeiten (zweite Ebene) präzisiert.
Das **Prüfungsinstrument** beschreibt das Vorgehen des Prüfens und den Gegenstand der Bewertung. Für jeden Prüfungsbereich sind die Prüfungsinstrumente festzulegen, wobei auch Kombinationen möglich sind. Dies ist insbesondere beim Betrieblichen Auftrag und bei der Arbeitsaufgabe der Fall.

Hinweise für die Berücksichtigung von Differenzierungen der Ausbildung in den Prüfungsanforderungen
Soweit die Ausbildungsordnung inhaltliche Differenzierungen vorsieht, sind diese in der Abschlussprüfung entsprechend zu berücksichtigen. Das Ausmaß hängt dabei vom Grad der Differenzierung ab.
a) Differenzierung in Fachrichtungen
Über Fachrichtungen erfolgen auf einzelne berufliche Aufgabenbereiche ausgerichtete Differenzierungen im Qualifikationsprofil, die sowohl im Berufsbild als auch im Ausbildungsrahmenplan ausgewiesen sind. Für jede Fachrichtung sind die Prüfungsanforderungen eigenständig und inhaltlich differenziert nach Maßgabe dieser Empfehlung – Abschnitt B – festzulegen.
b) Differenzierung in Schwerpunkte
Schwerpunkte ermöglichen es, einen Teil der identischen Berufsbildpositionen in unterschiedlichen Tätigkeitsfeldern zu absolvieren, wobei die Ausbildungsinhalte jeweils unterschiedlich sind. Sie führen jedoch nicht zu Differenzierungen im Berufsbild. Für alle Schwerpunkte sind dementsprechend die Prüfungsbereiche und die nachzuweisenden Qualifikationen identisch. Eine Berücksichtigung der Schwerpunkte kann innerhalb der Prüfungsbereiche anhand von unterschiedlichen Gebieten bzw. Tätigkeiten – in denen die Qualifikationen nachgewiesen werden sollen – erfolgen; in begründeten Fällen auch durch unterschiedliche Prüfungsbereiche.
c) Differenzierung in Wahlqualifikationen
Je nach Art und Umfang der Wahlqualifikationen können hierfür eigenständige Prüfungsbereiche oder eine Differenzierung auf Ebene der nachzuweisenden Qualifikationen und/oder Gebieten/Tätigkeiten innerhalb von ansonsten einheitlichen Prüfungsbereichen erforderlich sein.
Einsatzgebiete
Einsatzgebiete führen zu keinen inhaltlich-qualitativen Differenzierungen in Ausbildungsordnungen und somit auch nicht in Prüfungsanforderungen und folglich auch nicht zu unterschiedlichen nachzuweisenden Qualifikationen. Dies schließt jedoch eine Berücksichtigung des Einsatzgebietes als thematische Grundlage für die von den Prüfungsausschüssen zu beschließenden Prüfungsaufgaben nicht aus.

ABSCHNITT A
ZWISCHENPRÜFUNG

§ ...
Zwischenprüfung

Ziel und Zeitpunkt der Zwischenprüfung
(1) Zur Ermittlung des Ausbildungsstandes ist eine Zwischenprüfung durchzuführen. Sie soll zum/zur ... [Anfang, Mitte oder Ende] des zweiten Ausbildungsjahres stattfinden.

Bei Ausbildungsberufen mit zweijähriger Ausbildungsdauer soll sich die Zwischenprüfung auf die für das erste Ausbildungsjahr ausgewiesenen Ausbildungsinhalte erstrecken, bei Ausbildungsberufen mit drei- bzw. dreieinhalbjähriger Ausbildungsdauer zusätzlich noch auf die Ausbildungsinhalte des dritten Ausbildungshalbjahres. Bei kaufmännischen Berufen sollen die Inhalte des 1. Ausbildungsjahres prüfungsrelevant sein.

§ 5   Ausbildungsordnung

Gegenstand der Zwischenprüfung
(2) Die Zwischenprüfung erstreckt sich
auf die in der Anlage (...) für das/die ...
Ausbildungs(halb)jahr(e) aufgeführten
Fertigkeiten, Kenntnisse und Fähigkeiten
sowie auf den im Berufsschulunterricht
zu vermittelnden Lehrstoff, soweit er für
die Berufsausbildung wesentlich ist.
Prüfungsbereiche
(3) Die Zwischenprüfung findet im
Prüfungsbereich/in den Prüfungsbereichen
...
...
statt.

*Der Prüfungsbereich der Zwischenprüfung
ist auf der Grundlage ihres Gegenstandes
(vgl. Absatz 2) so konkret zu bezeichnen, dass
sich eine über die Auflistung der nachzuweisenden Qualifikationen hinausgehende
weitere Präzisierung durch die Benennung
von Gebieten/Tätigkeiten erübrigt.
Die Zwischenprüfung kann bis zu zwei berufsbezogene Prüfungsbereiche umfassen.
In diesem Fall ist für jeden Prüfungsbereich
gesondert aufzuführen, welche Qualifikationen in ihm nachzuweisen sind.*

Präzisierung der Prüfungsbereiche,
Prüfungsinstrumente und Prüfungsdauer
(4) Für den Prüfungsbereich (Name)
bestehen folgende Vorgaben:
1. Der Prüfling soll nachweisen, dass er
a) ...
b) ...
c) ...
kann;
2. der Prüfling soll ... (Prüfungsinstrument, ggf. Kombinationen) durchführen (oder ein anderes entsprechendes
Verb);
3. die Prüfungszeit beträgt ... Minuten/
Stunden.

*Prüfungsinstrument/e, Prüfungsdauer und
ggf. Anzahl der Aufgaben sind festzulegen.
Umfasst die Zwischenprüfung mehrere
Prüfungsbereiche, so sind diese Festlegungen
für jeden Prüfungsbereich zu treffen.*

*Die Gesamtdauer der Zwischenprüfung soll
insgesamt nicht weniger als 1 Stunde und
nicht mehr als 7 Stunden betragen. Sofern nur
schriftliche Prüfungsleistungen zu erbringen
sind, soll die Gesamtdauer 120 Minuten nicht
überschreiten.*

**Abschnitt B
ABSCHLUSSPRÜFUNG**

**§ ...
Abschlussprüfung**

Gegenstand der Abschlussprüfung
(1) Durch die Abschlussprüfung ist festzustellen, ob der Prüfling die berufliche
· Handlungsfähigkeit erworben hat. In der
Abschlussprüfung soll der Prüfling
nachweisen, dass er die dafür erforderlichen beruflichen Fertigkeiten beherrscht,

Malottke

die notwendigen beruflichen Kenntnisse
und Fähigkeiten besitzt und mit dem im
Berufsschulunterricht zu vermittelnden,
für die Berufsausbildung wesentlichen
Lehrstoff vertraut ist. Die Ausbildungsordnung ist zugrunde zu legen.
Prüfungsbereiche
(2) Die Abschlussprüfung besteht aus
den Prüfungsbereichen
1. ...,
2. ...,
...,
x. Wirtschafts- und Sozialkunde.

*Die Abschlussprüfung soll nicht weniger
als drei und nicht mehr als fünf Prüfungs-
bereiche, einschließlich des Prüfungsbereichs
Wirtschafts- und Sozialkunde, umfassen.
Für die Prüfungsbereiche sind aussagekräftige
Bezeichnungen zu wählen, die nicht mit
Bezeichnungen von Berufsbildpositionen
identisch sein dürfen.*

Präzisierung der Prüfungsbereiche,
Prüfungsinstrumente und Prüfungsdauer
(3) Für den Prüfungsbereich ... (Name)
bestehen folgende Vorgaben:

1. Der Prüfling soll nachweisen, dass er
a) ...,
b) ...,
...,
x) ...
kann;

*Ebene 1: Präzisierung des Prüfungsbereichs
über eine Auflistung der für den Prüfungsbereich wesentlichen und nachzuweisenden
Qualifikationen.
Die Aufzählung kann auch im Fließtext
erfolgen.*

2. [eine der nachstehenden Varianten]

*Varianten zur weiteren Präzisierung (sofern
erforderlich):
Ebene 2: Die weitere Präzisierung des Prüfungsbereiches erfolgt optional über eine Auflistung von Gebieten oder Tätigkeiten, die für
den Qualifikationsnachweis in Betracht kommen. Hiermit erfolgt eine Festlegung, worin
bzw. woran die Qualifikationen nachgewiesen
werden sollen.*

dem Prüfungsbereich sind folgende
Gebiete / Tätigkeiten zugrunde zu legen.
a) ..., b) ..., ... und n) ...;

*Wenn alle genannten Gebiete/Tätigkeiten
vorkommen müssen*

dem Prüfungsbereich sind folgende
Gebiete / Tätigkeiten zugrunde zu legen:
a) ..., b) ..., ... und n) ...;
andere Gebiete / Tätigkeiten können
zugrunde gelegt werden, wenn sie in
gleicher Breite und Tiefe die in Satz 1
genannten Nachweise ermöglichen;

*Wenn alle genannten Gebiete/Tätigkeiten
vorkommen müssen, einzelne aber durch
(ungenannte) gleichwertige ersetzt werden
können*

hierfür ist aus folgenden Gebieten / Tätigkeiten auszuwählen: a) ..., b) ..., ... und n)
...;

*Wenn bei der Aufgabenstellung nur unter den
genannten Gebieten/Tätigkeiten eine Auswahl
getroffen werden kann*

hierfür ist aus folgenden Gebieten / Tätigkeiten auszuwählen: a) ..., b) ..., ... und n)
...; andere Gebiete / Tätigkeiten können
gewählt werden, wenn sie in gleicher

*Wenn unter den genannten Gebieten/Tätig-
keiten eine Auswahl getroffen werden kann,
einzelne aber durch (ungenannte) gleichwertige ersetzt werden können*

§ 5   Ausbildungsordnung

Breite und Tiefe die in Satz 1 genannten
Nachweise ermöglichen;

hierfür ist aus folgenden Gebieten/Tätig-
keiten a) ..., b) ..., ... und n) ...;
auszuwählen, wobei die Gebiete/Tätig-
keiten
...,
... und
...
in der Auswahl enthalten sein müssen;

Wenn unter den genannten Gebieten/Tätig-
keiten eine Auswahl getroffen werden kann
und bestimmte der genannten Gebiete/Tätig-
keiten aber auf jeden Fall vorkommen müssen

3. der Prüfling soll ... (Prüfungsinstrument, ggf. Kombinationen) durchführen
(oder ein anderes angemessenes Verb);

Für jeden Prüfungsbereich sind das Prü-
fungsinstrument, ggf. Kombinationen und die
Prüfungsdauer festzulegen. Diese Festlegung
erfolgt nach dem Grundsatz der Verhältnis-
mäßigkeit.

4. die Prüfungszeit beträgt ... Minuten/
Stunden.

Die Gesamtzeit aller Prüfungsbereiche, in de-
nen ausschließlich schriftliche Prüfungsleis-
tungen zu erbringen sind, darf insgesamt und
pro Tag 300 Minuten nicht überschreiten.
Die Zeitdauer für jeden einzelnen Prüfungs-
bereich, in dem ausschließlich schriftliche
Prüfungsleistungen zu erbringen sind, be-
trägt mindestens 45 Minuten.
Die Gesamtdauer aller Prüfungsbereiche,
in denen die Prüfungsleistungen in Form
einer Arbeitsprobe und/oder Arbeitsaufgabe
erbracht werden, soll eine Stunde nicht un-
terschreiten und sieben Stunden nicht über-
schreiten (exklusive Vorbereitungs-/Nach-
bereitungszeit).
Für Prüfungsbereiche, in denen die Prü-
fungsleistungen in Form eines Prüfungspro-
dukts/Prüfungsstücks oder eines Betrieblichen
Auftrags erbracht werden, kann die zeitliche
Dauer abweichend hiervon festgelegt werden;
sie soll nur in begründeten Ausnahmefällen
die Dauer von 24 Stunden überschreiten.
Die Prüfungszeit für
a. das situative Fachgespräch soll höchstens
20 Minuten, bei mehreren insgesamt höchs-
tens 30 Minuten,
b. das auftragsbezogene Fachgespräch höchs-
tens 30 Minuten,
c. das fallbezogene Fachgespräch sowie die
Gesprächssimulation (exklusive Vorberei-
tungszeit) höchstens 30 Minuten
d. sowie für die Präsentation höchstens
15 Minuten
betragen.
Bei Kombinationen von b) und d) sowie von c)
und d) sollen 30 Minuten insgesamt nicht
überschritten werden.
Auch bei weiteren Kombinationen innerhalb
eines Prüfungsbereichs muss die Verhältnis-

mäßigkeit der Prüfungsdauer gewahrt werden.

(4) Für den Prüfungsbereich ... (Name) bestehen folgende Vorgaben:
...

Erläuterungen analog zu den Erläuterungen zu Absatz 3)

(5) Für den Prüfungsbereich ... (Name) bestehen folgende Vorgaben:
...

(x) Für den Prüfungsbereich Wirtschafts- und Sozialkunde bestehen folgende Vorgaben:
1. Der Prüfling soll nachweisen, dass er allgemeine wirtschaftliche und gesellschaftliche Zusammenhänge der Berufs- und Arbeitswelt darstellen und beurteilen kann;
2. der Prüfling soll ... (Prüfungsinstrument, ggf. Kombinationen) durchführen (oder ein anderes angemessenes Verb);
3. die Prüfungszeit beträgt ... Minuten.

Gewichtung
(x + 1) Die einzelnen Prüfungsbereiche sind wie folgt zu gewichten:
Prüfungsbereich (Name) ... Prozent
... Prozent
... Prozent
Wirtschafts- und Sozialkunde 10 Prozent

Soweit Wirtschafts- und Sozialkunde um berufsspezifische Inhalte ergänzt wird, können bis zu 20 Prozentpunkte vergeben werden.

Bestehensregelung
(x + 2) Die Abschlussprüfung ist bestanden, wenn die Leistungen
1. im Gesamtergebnis mit mindestens »ausreichend«,
2. in mindestens [Gesamtanzahl – 1] Prüfungsbereichen mit mindestens »ausreichend« und
3. in keinem Prüfungsbereich mit »ungenügend«
bewertet worden sind.

OHNE SPERRFACHWIRKUNG

Die Abschlussprüfung ist bestanden, wenn die Leistungen
1. im Gesamtergebnis mit mindestens »ausreichend«,
2. im Prüfungsbereich [Name] mit mindestens »ausreichend«,
3. in mindestens [Gesamtanzahl – 2] der übrigen Prüfungsbereiche mit mindestens »ausreichend« und
4. in keinem Prüfungsbereich mit »ungenügend«
bewertet worden sind.

MIT SPERRFACHWIRKUNG

Mündliche Ergänzungsprüfung
(x + 3) Auf Antrag des Prüflings ist die Prüfung in einem der mit schlechter als

Erfolgt die mündliche Ergänzungsprüfung in einem Prüfungsbereich, der mehrere Prüfungsinstrumente beinhaltet, wird die

§ 5 Ausbildungsordnung

»ausreichend« bewerteten Prüfungsbereiche, in denen Prüfungsleistungen
mit eigener Anforderung und Gewichtung schriftlich zu erbringen sind, durch
eine mündliche Prüfung von etwa
15 Minuten zu ergänzen, wenn dies für
das Bestehen der Prüfung den Ausschlag
geben kann. Bei der Ermittlung des Ergebnisses für diesen Prüfungsbereich sind
das bisherige Ergebnis und das Ergebnis
der mündlichen Ergänzungsprüfung im
Verhältnis von 2:1 zu gewichten.

*mündliche Prüfung ausschließlich auf das
Prüfungsinstrument »schriftliche Aufgaben«
bezogen. Voraussetzung ist, dass für die
»schriftliche Aufgaben« eigenständige Prüfungsanforderungen und eine eigenständige
Gewichtung vorliegt.*

**ABSCHNITT C
ABSCHLUSSPRÜFUNG, DIE IN ZWEI ZEITLICH AUSEINANDER FALLENDEN
TEILEN DURCHGEFÜHRT WIRD
(»GESTRECKTE ABSCHLUSSPRÜFUNG«)**

**§ ...
Abschlussprüfung**

*Durch die »Gestreckte Abschlussprüfung«
(GAP) sollen die zur beruflichen Handlungsfähigkeit im Sinne des BBiG gehörenden
Fertigkeiten, Kenntnisse und Fähigkeiten,
d. h. die beruflichen Kompetenzen, welche am
Ende der Berufsausbildung erwartet werden
und zum Handeln als Fachkraft befähigen, in
zwei zeitlich auseinander fallenden Teilen
geprüft werden. Teil 1 der GAP kann daher
nur Kompetenzen zum Gegenstand haben,
welche bereits auch Teil der final zu betrach-
tenden Handlungskompetenz sind. Teil 1
unterscheidet sich insoweit von der Zwischenprüfung. Letztere dient zur Mitte der
Ausbildung lediglich der Ermittlung des
Ausbildungsstandes.*

*Um eine unangemessene Erhöhung des Prü-
fungsaufwandes zu vermeiden, sollte zunächst
stets festgelegt werden, welche Kompetenzen
zur Feststellung der »Berufsfähigkeit« gehören. Hierfür ist die notwendige Prüfungszeit
festzulegen. Erst in einem zweiten Schritt
sollte geprüft werden, welche Teile davon
bereits zu einem früheren Zeitpunkt abschließend geprüft werden können. Danach ist die
für die beiden Teile erforderliche Prüfungszeit
festzulegen.*

*Durch die Trennung in zwei Teile soll keine
wesentliche Erhöhung der Prüfungsdauer
erfolgen (maximal 10 % höher als wenn die
Abschlussprüfung punktuell erfolgen würde).*

Ziel der Abschlussprüfung
(1) Die Abschlussprüfung besteht aus
den beiden zeitlich auseinander fallenden
Teilen 1 und 2. Durch die Abschlussprü-

fung ist festzustellen, ob der Prüfling die berufliche Handlungsfähigkeit erworben hat. In der Abschlussprüfung soll der Prüfling nachweisen, dass er die dafür erforderlichen beruflichen Fertigkeiten beherrscht, die notwendigen beruflichen Kenntnisse und Fähigkeiten besitzt und mit dem im Berufsschulunterricht zu vermittelnden, für die Berufsausbildung wesentlichen Lehrstoff vertraut ist. Die Ausbildungsordnung ist zugrunde zu legen.

Dabei sollen Qualifikationen, die bereits Gegenstand von Teil 1 der Abschlussprüfung waren, in Teil 2 der Abschlussprüfung nur insoweit einbezogen werden, als es für die Feststellung der Berufsbefähigung erforderlich ist.

(2) Bei der Ermittlung des Gesamtergebnisses wird Teil 1 der Abschlussprüfung mit … [20 bis 40] Prozent, Teil 2 der Abschlussprüfung mit … [60 bis 80] Prozent gewichtet.

§ …
Teil 1 der Abschlussprüfung

Zeitpunkt von Teil 1 der Abschlussprüfung

Für die Erläuterungen siehe Kapitel A »Zwischenprüfung«

(1) Teil 1 der Abschlussprüfung soll zum / zur … [Anfang, Mitte oder Ende] des zweiten Ausbildungsjahres stattfinden.

(2) Teil 1 der Abschlussprüfung erstreckt sich auf die in der Anlage … für das / die … Ausbildungs(halb)jahr(e) aufgeführten Fertigkeiten, Kenntnisse und Fähigkeiten sowie auf den im Berufsschulunterricht zu vermittelnden Lehrstoff, soweit er für die Berufsausbildung wesentlich ist.

Prüfungsbereiche, Präzisierung der Prüfungsbereiche, Prüfungsinstrumente und Prüfungsdauer sind wie bei der Abschlussprüfung nach Abschnitt B zu regeln.

Für die Erläuterungen siehe Kapitel B »Abschlussprüfung«

(3) Für den Prüfungsbereich … (Name) bestehen folgende Vorgaben:
(4) Für den Prüfungsbereich … (Name) bestehen folgende Vorgaben:
(x) Für den Prüfungsbereich … (Name) bestehen folgende Vorgaben:

Gewichtung
(x + 1) Der / die Prüfungsbereich / e in Teil 1 ist / sind wie folgt zu gewichten:

Die Summe der Gewichtungen des Prüfungsbereichs/der Prüfungsbereiche muss

§ 5 Ausbildungsordnung

1. Prüfungsbereich (Name) ... Prozent
n. Prüfungsbereich (Name) ... Prozent

dem festgelegten Gesamtgewicht von Teil 1
entsprechen (vgl. Abschnitt C, § ... Teil 1
der Abschlussprüfung, Absatz 2).

§ ...
Teil 2 der Abschlussprüfung

Gegenstand der Prüfung
(1) Teil 2 der Abschlussprüfung erstreckt
sich auf die in der Anlage aufgeführten
Fertigkeiten, Kenntnisse und Fähigkeiten
sowie auf den im Berufsschulunterricht
zu vermittelnden Lehrstoff, soweit er für
die Berufsausbildung wesentlich ist.

Für die Erläuterungen siehe Kapitel B
»Abschlussprüfung«

Prüfungsbereiche, Präzisierung der Prüfungsbereiche, Prüfungsinstrumente und
Prüfungsdauer
sind wie bei der Abschlussprüfung nach
Abschnitt B zu regeln.
(3) Für den Prüfungsbereich ... (Name)
bestehen folgende Vorgaben:
(4) Für den Prüfungsbereich ... (Name)
bestehen folgende Vorgaben:
(x) Für den Prüfungsbereich ... (Name)
bestehen folgende Vorgaben:

Gewichtung
(x + 1) Die Prüfungsbereiche in Teil 2
sind wie folgt zu gewichten:
1. Prüfungsbereich (Name) ... Prozent

...

...

n. Prüfungsbereich Wirtschafts- und
Sozialkunde 10 Prozent

Die Summe der Gewichtungen der
Prüfungsbereiche muss dem festgelegten
Gesamtgewicht von Teil 2 entsprechen
(vgl. Abschnitt C, § ... Teil 1 der Abschluss-
prüfung, Absatz 2).
Soweit Wirtschafts- und Sozialkunde um be-
rufsspezifische Inhalte ergänzt wird, können
bis zu 20 Prozentpunkte vergeben werden.

Bestehensregelung
(x + 2) Die Abschlussprüfung ist
bestanden, wenn die Leistungen
1. im Gesamtergebnis von Teil 1 und
Teil 2 mit mindestens »ausreichend«,
2. im Ergebnis von Teil 2 der Abschlussprüfung mit mindestens »ausreichend«,
3. in mindestens [Gesamtanzahl – 1]
Prüfungsbereichen von Teil 2 mit mindestens »ausreichend« und
4. in keinem Prüfungsbereich von Teil 2
mit »ungenügend«
bewertet worden sind.

OHNE SPERRFACHWIRKUNG

Die Abschlussprüfung ist bestanden,
wenn die Leistungen
1. im Gesamtergebnis von Teil 1 und
Teil 2 mit mindestens »ausreichend«,
2. im Prüfungsbereich [Prüfungsbereich
aus Teil 2] mit mindestens »ausreichend«,

MIT SPERRFACHWIRKUNG

Malottke

3. im Ergebnis von Teil 2 der Abschlussprüfung mit mindestens »ausreichend«,
4. in mindestens [Gesamtanzahl – 2] der
übrigen Prüfungsbereichen von Teil 2 mit
mindestens »ausreichend« und
5. in keinem Prüfungsbereich von Teil 2
mit »ungenügend«
bewertet worden sind.

Mündliche Ergänzungsprüfung
(x + 3) Auf Antrag des Prüflings ist die
Prüfung in einem der in Teil 2 der Abschlussprüfung mit schlechter als »ausreichend« bewerteten Prüfungsbereiche,
in denen Prüfungsleistungen mit eigener
Anforderung und Gewichtung schriftlich
zu erbringen sind, durch eine mündliche
Prüfung von etwa 15 Minuten zu ergänzen, wenn dies für das Bestehen der Prüfung den Ausschlag geben kann. Bei der
Ermittlung des Ergebnisses für diesen
Prüfungsbereich sind das bisherige Ergebnis und das Ergebnis der mündlichen
Ergänzungsprüfung im Verhältnis von 2:1
zu gewichten.

*Eine mündliche Ergänzungsprüfung ist
nur in den Prüfungsbereichen aus Teil 2
der Abschlussprüfung zulässig.*

*Erfolgt die mündliche Ergänzungsprüfung
in einem Prüfungsbereich, der mehrere
Prüfungsinstrumente beinhaltet, wird die
mündliche Prüfung ausschließlich auf das
Prüfungsinstrument »schriftliche Aufgaben«
bezogen. Voraussetzung ist, dass für die
»schriftliche Aufgaben« eigenständige
Prüfungsanforderungen und eine eigenständige Gewichtung vorliegt.*

**Anlage zur Empfehlung für die Regelung von Prüfungsanforderungen in Ausbil-
dungsordnungen**
Katalog von Prüfungsinstrumenten

1. Vorbemerkungen
Für jeden Prüfungsbereich wird ein Prüfungsinstrument festgelegt.
Es können auch mehrere Prüfungsinstrumente innerhalb eines Prüfungsbereiches mit-
einander kombiniert werden.
In diesem Fall sind Prüfungszeiten für jedes Prüfungsinstrument festzulegen.
Eine Gewichtung der einzelnen Prüfungsinstrumente ist nur vorzunehmen, wenn mit
den unterschiedlichen Prüfungsinstrumenten verschiedene Kompetenzen nachgewiesen werden sollen.
Das / die gewählte / n Prüfungsinstrument / e für einen Prüfungsbereich muss / müssen es
ermöglichen, dass die Prüflinge anhand von zusammenhängenden Aufgabenstellungen
Leistungen zeigen können, die den Anforderungen (»dabei soll der Prüfling zeigen, dass
er …«) entsprechen.
Die Anforderungen aller Prüfungsbereiche und die dafür jeweils vorgesehenen Prüfungsinstrumente müssen insgesamt für die Feststellung der beruflichen Handlungsfähigkeit in dem jeweiligen Beruf geeignet sein.

2. Prüfungsinstrumente
Schriftliche Aufgaben
Der Prüfling bearbeitet schriftlich berufstypische Aufgaben. Dabei entstehen Ergebnisse
wie z.B. Lösungen zu einzelnen Fragen, Geschäftsbriefe, Stücklisten, Schaltpläne oder
Bedienungsanleitungen. Bewertet werden die fachliche Richtigkeit der Lösungen sowie
das Verständnis für fachliche Zusammenhänge. Zusätzlich können auch die Beachtung
formaler Aspekte wie Gliederung, Aufbau und Stil bewertet werden (z.B. wenn ein
Geschäftsbrief zu erstellen ist).
Fachgespräch
In einem Fachgespräch werden Fachfragen und fachliche Sachverhalte erörtert. Es

handelt sich um die Diskussion von Problemen, Lösungen oder Vorgehensweisen. Es können folgende spezifische Ausprägungen unterschieden werden:

Fallbezogenes Fachgespräch
– Gesonderte eigene Prüfungsanforderungen, daher eigene Gewichtung

Auftragsbezogenes Fachgespräch
– Keine gesonderten eigenen Prüfungsanforderungen, sondern bezieht sich auf dieselben Prüfungsanforderungen wie der Betriebliche Auftrag oder das Prüfungsprodukt/Prüfungsstück
– Erfolgt nach der Durchführung des Betrieblichen Auftrags oder des Prüfungsprodukts/Prüfungsstücks

Situatives Fachgespräch
– Keine gesonderten eigenen Prüfungsanforderungen, sondern bezieht sich auf dieselben Prüfungsanforderungen wie die Arbeitsaufgabe
– Findet während der Aufgabendurchführung statt, um das Handeln besser verstehen zu können

Gesprächssimulation
Die Gesprächssimulation ist ein mündliches Rollenspiel. Der Prüfling agiert dabei in seiner künftigen beruflichen Funktion, während in der Regel ein Prüfer/eine Prüferin die Rolle des Gesprächspartners übernimmt. Dies kann ein inner- oder außerbetrieblicher Kunde, ein Gast, ein Mitarbeiter im Mitarbeitergespräch u.ä. sein. Dabei kann dem Prüfling die Möglichkeit gegeben werden, sich anhand von Unterlagen auf die Situation/Gesprächssimulation vorzubereiten und diese während des Gesprächs zu nutzen. Gegenstand der Bewertung können z.B. fachliche Kompetenzen, Kundenorientierung oder kommunikative Kompetenzen wie etwa Auftreten oder sprachlicher Ausdruck sein. Die Gesprächssimulation wird vom gesamten Prüfungsausschuss abgenommen.

Präsentation
Der Prüfling stellt in einem Vortrag ggf. unter Nutzung von Hilfsmitteln einen berufstypischen Sachverhalt, berufliche Zusammenhänge oder die Lösung einer vorab gestellten Aufgabe dar und beantwortet ggf. auf den Vortrag bezogene Verständnisfragen. Gegenstand der Bewertung können z.B. fachliche und kommunikative Kompetenzen, die Form der Darstellung, Präsentationstechnik sein. Die Präsentation wird vom gesamten Prüfungsausschuss abgenommen.

Prüfungsprodukt/Prüfungsstück
Der Prüfling erhält die Aufgabe, ein berufsspezifisches Produkt zu fertigen. Beispiele für ein solches Prüfungsprodukt/Prüfungsstück sind ein Metall- oder Holzerzeugnis, ein Computerprogramm, ein Marketingkonzept, eine technische Zeichnung, ein Blumenstrauß etc. Zu bewerten ist das Arbeitsergebnis. Während des Arbeitsprozesses kontrolliert eine Aufsichtsperson, ob der Prüfling selbstständig arbeitet und keine unzulässigen Hilfsmittel verwendet. Die Aufsichtsperson muss nicht Mitglied des Prüfungsausschusses sein

Arbeitsprobe
Der Prüfling erhält die Aufgabe, eine berufstypische Arbeit durchzuführen. Es kann sich beispielsweise um eine Dienstleistung oder eine Instandhaltung handeln. Der Prüfungsausschuss bewertet die Arbeits-/Vorgehensweise und das Arbeitsergebnis. Die Durchführung der Arbeitsprobe erfolgt in Anwesenheit des Prüfungsausschusses.
Der Betriebliche Auftrag und die Arbeitsaufgabe sind keine Prüfungsinstrumente; zu deren Bewertung werden in der Regel mehrere Prüfungsinstrumente festgelegt.

Betrieblicher Auftrag
Der Betriebliche Auftrag besteht aus einer im Ausbildungsbetrieb anfallenden berufstypischen Arbeit. Er wird vom Betrieb vorgeschlagen und muss vom Prüfungsausschuss genehmigt werden. Durchgeführt wird der Betriebliche Auftrag im Betrieb bzw. beim Kunden.
Bewertet werden die prozessrelevanten Kompetenzen, Arbeitsergebnisse und/oder Arbeits-/Vorgehensweisen. Grundlage der Bewertung sind die Instrumente Auftragsbezogenes Fachgespräch, Präsentation und/oder Schriftliche Aufgaben. Es ist zusätzlich

möglich, eine Dokumentation, praxisbezogene Unterlagen und die Inaugenscheinnahme des Arbeitsergebnisses in die Bewertung mit einzubeziehen. Sofern die Dokumentation Teil des berufstypischen Arbeitsergebnisses ist, kann eine eigenständige Bewertung erfolgen.

Arbeitsaufgabe

Die Arbeitsaufgabe besteht aus einer vom Prüfungsausschuss entwickelten berufstypischen Aufgabe, bei der im Gegensatz zur Arbeitsprobe und zum Prüfungsprodukt/Prüfungsstück auch die prozessrelevanten Kompetenzen bewertet werden.

Darüber hinaus können auch Arbeitsergebnisse und/oder Arbeits-/Vorgehensweisen bewertet werden. Grundlage der Bewertung sind die Instrumente Situatives Fachgespräch, Präsentation und/oder Schriftliche Aufgaben. Es ist zusätzlich möglich, eine Dokumentation, praxisbezogene Unterlagen, eine Beobachtung der Durchführung und die Inaugenscheinnahme des Arbeitsergebnisses in die Bewertung mit einzubeziehen. Sofern die Dokumentation Teil des berufstypischen Arbeitsergebnisses ist, kann eine eigenständige Bewertung erfolgen.

3.2.5.2 Beschluss des Hauptausschuss des Bundesinstituts für Berufsbildung vom 25. 10. 1974 für die Regelung von mündlichen Prüfungen in Ausbildungsordnungen

Empfehlung für die Regelung der mündlichen Prüfungen in Ausbildungsordnungen[20]   13 b

Die bisherigen Erfahrungen haben gezeigt, daß es notwendig ist, Empfehlungen zur Regelung der mündlichen Prüfungen in Ausbildungsordnungen zu geben. Der Bundesausschuß für Berufsbildung wendet sich daher mit den nachfolgenden Grundsätzen an den Verordnungsgeber.

1. Der Verordnungsgeber hat in den Ausbildungsordnungen zu regeln,
– ob eine mündliche Prüfung stattfinden soll
– was Gegenstand der mündlichen Prüfung ist
– wie die mündliche Prüfung zeitlich zu bemessen und zu gewichten ist.

2. In den Ausbildungsordnungen soll der Verordnungsgeber die mündliche Prüfung vorsehen, wenn sie zur Feststellung bestimmter berufstypischer Kenntnisse und Fertigkeiten notwendig ist, die durch eine schriftliche (konventionelle bzw. programmierte) oder praktische Prüfung nicht sachgerecht beurteilt werden können (z.B. Kundenberatung, Verkaufsgespräch);

Kenntnisse und Fertigkeiten, die durch andere Prüfungsverfahren objektiver, zuverlässiger und gültiger festzustellen und zu beurteilen sind, sollen nicht Gegenstand der mündlichen Prüfung sein. Sonderregelungen gemäß § 13 (3) b und (4) der Musterprüfungsordnung für die Durchführung von Abschlußprüfungen sind jedoch zu berücksichtigen.

3. Falls in der Ausbildungsordnung gemäß Nr. 3 Satz 1 eine mündliche Prüfung vorgesehen wird, muß im einzelnen geregelt werden

3.1 in welchen Prüfungsfächern eine mündliche Prüfung durchzuführen ist; dabei müssen die zu prüfenden Inhalte und Lernziele eindeutig festgelegt sein;

3.2 wie die mündliche Prüfung bei der Ermittlung von Teilergebnissen (mündliche Prüfung als Ergänzung der schriftlichen Prüfung) und Gesamtergebnissen (mündliche Prüfung als eigenständige Prüfung) zu gewichten ist, insbesondere das Ergebnis einer mündlichen Prüfung zum entsprechenden Ergebnis der schriftlichen Prüfung in einem Prüfungsfach;

3.3 Die Mindest- und Höchstdauer für eine mündliche Prüfung pro Prüfungsfach und Prüfungsteilnehmer; sie sollten in der Regel nicht weniger als 15 Minuten und nicht mehr als 30 Minuten betragen.

---

20 http://www.bibb.de/dokumente/pdf/empfehlung_029-regelung_m_ndl._pr_fungen _in_ausb.ordnungen_180.pdf.

4. Beim Festlegen der Gewichtung der mündlichen Prüfung muß die Relation zu den anderen Prüfungsleistungen nach Inhalt, Bedeutung und Prüfungsdauer berücksichtigt werden.
5. Auch bereits bestehende Ausbildungsordnungen sind an die vorstehenden Grundsätze anzupassen.
6. Die vorstehenden Grundsätze sind auch im Bereich der Fortbildung und Umschulung sinngemäß anzuwenden.

4. Optionale Inhalte von Ausbildungsordnungen (Abs. 2)

4.1 Stufenausbildung

14 Als fakultative Inhalte der Ausbildungsordnungen lässt § 5 Abs. 2 BBiG die Stufenausbildung[21] zu: Stufenausbildung bedeutet nunmehr, dass nach den einzelnen Stufen, d. h. zeitlichen und sachlichen Abschnitten einer Ausbildung ein Ausbildungsabschluss vorgesehen werden soll, der sowohl eine qualifizierte berufliche Tätigkeit als auch die Fortsetzung der Ausbildung in der nächsten Stufe ermöglicht. Die noch in § 26 BBiG a. F. vorgesehene Gliederung der Stufenausbildung in Grund- und Fachbildung als wesentliches Merkmal wurde vom Gesetzgeber aufgegeben. Die Ausbildung dauert bis zum Ende der letzten Stufe, § 21 Abs. 1 Satz 2 BBiG. Die Auszubildenden haben ein Sonderkündigungsrecht nach § 22 Abs. 2 Nr. 2 BBiG und können somit nach jeder Stufe entscheiden, ob sie die Ausbildung zu diesem Zeitpunkt beenden oder ob sie sich weiter qualifizieren wollen.

4.1.1 Bewertung der Stufenausbildung

15 Während anfangs von den Arbeitgebern die Einführung der Stufenausbildung grundsätzlich als fortschrittliches Modell der Ausbildung begrüßt wurde, wurde sie zwischenzeitlich von Arbeitgeber- als auch Arbeitnehmerseite kritischer beurteilt.[22] Grund hierfür sind die schlechten Erfahrungen in der Praxis und die schwerwiegenden Nachteile für die Auszubildenden – nach der Stufenausbildung vor der Reform des BBiG –.[23] Von Arbeitgeberseite wird die mit dem BerBiRefG aufgenommene ausbildungsvertragliche Lösung stark kritisiert, nach der der Ausbildungsvertrag über die Dauer aller Stufen geschlossen wird, § 21 Abs. 1 Satz 2 BBiG.[24]

16 Berufsbildungspolitisch ist das Angebot kurzer und gestufter Ausbildungen kritisch zu betrachten. Die Qualifizierung von leistungsschwächeren Jugendlichen lässt sich auch über die seit 2003 neu geregelte Berufsausbildungsvorbeitung[25] erreichen.[26] Letztlich wird es zunächst darauf ankommen, zu untersuchen, ob eine verkürzte Ausbildungsdauer und ein abgesenktes Niveau der Ausbildungsanforderungen tatsächlich dem zukünftigen Fachkräftebedarf ge-

---

21 Abs. 2 Satz 1 Nr. 1.
22 *Dorn/Nackmayr*, S. 16 f.; IG-Metall-Schriftenreihe 111, S. 32.
23 Vgl. dazu auch: BerBiRefG – Bewertung des DGB zum Regierungsentwurf des BBiG Stand: 4.3.2005, S. 6 im Internet unter www.bbig-reform.de / documents / BBiG_Bewertung_DGB.pdf.
24 *Dorn/Nackmayr*, S. 16 f.
25 Nunmehr §§ 68–70 BBiG.
26 *Kath*, Mehr Ausbildung?, BWP 3 / 2005, S. 8.

Malottke

recht werden und damit die Ausbildungsfähigkeit und – bereitschaft der Betriebe gesteigert wird.[27] Die praktische Nutzung der zweijährigen Ausbildungsberufe scheint von den Betrieben weniger hoch eingeschätzt zu werden als von ihren Interessenverbänden: Für die 2004 in Kraft getretenen Berufe Maschinen- und Anlagenführer und Fahrradmonteur hatte die Wirtschaft insgesamt 5000 Ausbildungsplätze prognostiziert; erreicht wurden im ersten Anlauf 715.[28] Nach Auskunft der Bauwirtschaft ist der Anteil der zweijährigen Ausbildungsgänge auch in der Bauwirtschaft nur gering.[29]

Nach Abs. 2 Satz 1 Nr. 1 kann die Ausbildungsordnung eine Stufenausbildung **17** vorsehen. Durch die Aufnahme der Stufenausbildung in den Katalog möglicher Verordnungsinhalte direkt zu Beginn solle die Priorität flexibler Ausbildungsverläufe zum Ausdruck kommen.[30] Die Bundesregierung selbst geht lediglich davon aus, der Stufenausbildung ihren Ausnahmecharakter genommen zu haben, so dass sie »ein Regelfall« der geordneten Berufsausbildung wird.[31] Dies wird durch den Gesetzeswortlaut nicht gedeckt. Es handelt sich um eine Kann-Vorschrift. Hätte der Gesetzgeber tatsächlich eine Priorität der Stufenausbildung gewollt, wäre eine Soll-Vorschrift die einfache und passende Lösung gewesen. Der Verordnungsgeber hat somit frei zu entscheiden, ob er für den speziellen Ausbildungsberuf eine Stufenausbildung verankern will. Diese Auslegung für eine offene Entscheidung bestätigt sich dadurch, dass in Abs. 2 Satz 2 Nr. 1 lediglich eine Prüfungspflicht des Verordnungsgebers normiert wurde.

4.1.2 Gliederung der Ausbildungsinhalte in der Stufenausbildung

Entscheidet sich der Verordnungsgeber für eine Stufenausbildung, muss er **18** zugleich die sachliche und zeitliche Gliederung der aufeinander aufbauenden Stufen bestimmen.[32] Die sachliche und zeitliche Gliederung wird bei einer Stufenausbildung somit verbindlicher Ausbildungsordnungsinhalt, während bei einer nicht gestuften Ausbildung lediglich eine Anleitung zur sachlichen und zeitlichen Gliederung gegeben werden muss.[33]

4.1.3 Ausbildungsabschluss

Nach Abs. 2 Satz 1 Nr. 1 2. Hs. soll ein Ausbildungsabschluss nach den einzel- **19** nen Stufen vorgesehen werden. Dieser Abschluss ist, nachdem das charakteristische Merkmal der Stufenausbildung, die Trennung in Grund- und Fachbildung, § 26 BBiG a.F., aufgegeben wurde, nunmehr kennzeichnend für die Stufenausbildung. Ungeklärt ist, in welcher Form der Ausbildungsabschluss zu erfolgen hat, ob eine Abschlussprüfung erforderlich ist oder ob auch eine Zwischenprüfung oder gar nur eine Bescheinigung über vermittelte Inhalte ausreichend sind. Bereits zu der Vorgängerregelung des § 26 Abs. 1 BBiG a.F.,

---

27 Ders. a.a.O.
28 Ders. a.a.O., S. 3.
29 Ders. a.a.O.
30 Ausschuss für Bildung, Forschung und Technologiefolgenabschätzung, BT-Drucks. 15/4752.
31 BT-Drucks. 15/3980, S. 207 ff.
32 Abs. 2 Satz 1 Nr. 1 1. Hs.
33 S.o. Rn. 12.

die ebenfalls den Begriff des Ausbildungsabschlusses verwandte, bestand Uneinigkeit über den Charakter des Stufenabschlusses.[34] Damals half bei der Auslegung jedoch noch § 26 Abs. 5 BBiG, der »Prüfungen, die vor Abschluss einzelner Stufen abgenommen werden« vorsah. Auch diese Vorschrift ist durch das BBiG 2005 gestrichen worden. Prüfungen am Ende einer Stufe scheinen vom Gesetzgeber nicht mehr vorausgesetzt zu werden. Dafür spricht auch, dass nach § 48 Abs. 1 BBiG nur noch eine Zwischenprüfung zulässig ist. Bei einer derzeit nicht mehr vorhandenen aber denkbaren dreistufigen Ausbildung könnten somit Zwischenprüfungen nicht über die Ausbildungsordnung als Abschlussprüfung für die einzelne Stufe gewertet werden. All dies spricht dafür, dass Ausbildungsordnungen für Stufenausbildungen in der Ausbildungsordnung nicht zwingend eine Prüfung zum Ende einer Stufe vorsehen sollen. In eine ähnliche Richtung weist der Vorschlag, eine echte Stufenausbildung, bei der die neue Regelung (Vertragsabschluss über beide Stufen) greift, liege dann vor, wenn nach dem ersten Teil der Ausbildung lediglich ein »Ausbildungsabschluss« und erst nach dem zweiten Teil der »Abschluss in einem anerkannten Ausbildungsberuf« erreicht wird.[35] Dem Ziel einer Stufenausbildung, den Auszubildenden für eine qualifizierte berufliche Tätigkeit auszubilden, wird diese Lösung kaum gerecht. Hierfür sind einheitliche Ausbildungsstandards, die zur Qualitätssicherung geprüft werden, erforderlich.

20 Der Vorschlag des Bundesrats, einen Ausbildungsabschluss am Ende jeder Stufe zwingend vorzusehen,[36] wurde nicht übernommen, so dass bei vorliegen zwingender Gründe auch Stufenausbildungen ohne Abschluss am Ende der einzelnen Stufen denkbar sein müssten. Es ist davon auszugehen, dass die Frage, wie der Ausbildungsabschluss am Ende einer Stufe zu erzielen ist, bei zukünftigen Neuordnungsverfahren eine erhebliche Rolle spielen wird, wenn eine Stufenausbildung geplant sein sollte. Aufgrund der Vorbehalte der Arbeitgeberseite gegenüber der ausbildungsvertraglichen Bindung nach § 21 Abs. 1 Satz 2 BBiG ist jedoch eher damit zu rechnen, dass diese sowohl bei Neuordnungsverfahren als auch bei Abschluss von Ausbildungsverträgen das Anrechnungsmodell nach Abs. 2 Satz 1 Nr. 4 bevorzugen wird.

21 Der Ausbildungsabschluss nach den einzelnen Stufen soll nach dem Wortlaut des Abs. 2 Satz 1 Nr. 1 die Fortsetzung der Stufenausbildung ermöglichen. Unklar ist, ob dies bedeutet, dass die Inhalte in der Stufenausbildung aufeinander aufbauen sollen oder ob die Stufenabschlussprüfung formelle Voraussetzung für die Zulassung zur nächsten Stufe sein soll. Der Gesetzgeber hat hier für die von ihm erwünschte Gleichstellung der Stufenausbildung mit der nicht gestuften Ausbildung Regelungslücken gelassen, die Hürden für die Stufenausbildung darstellen. Ob dies in der Praxis dazu führt, dass von der Möglichkeit Stufenausbildungen in Ausbildungsordnungen zu verankern, weniger Gebrauch gemacht wird, bleibt abzuwarten.

22 Die Stufen müssen so bestimmt werden, dass nach jedem Abschluss das Ziel der beruflichen Handlungsfähigkeit im Sinne des § 1 Abs. 3 BBiG erreicht wird. Mit dem Abschluss einer Stufe soll eine qualifizierte berufliche Tätigkeit ermöglicht werden, Abs. 2 Satz 1 Nr. 1 2. Hs. Dies ist besonders bei der Gestaltung der ersten und grundlegenden Stufe zu beachten.

---

34 Vgl. *Wohlgemuth* BBiG, 2. Auflage § 26 Rn. 4.

35 *Dorn/Nackmayr*, S. 17.

36 BR-Drucks. 587/04, S. 6.

4.1.4 Bewertung bestehender Stufenausbildungen

In verschiedenen Branchen gibt es derzeit gestufte Ausbildungen, z. B. im **23** Einzelhandel, im Bau, im Maler- und Lackierergewerbe sowie im Gastgewerbe. Ob sie grundsätzlich dem Stufen- oder dem Anrechungsmodell entsprechen, lässt sich nicht pauschal klären. Der Gesetzgeber hat in seiner Legaldefinition des Abs. 2 Nr. 1 die Anforderungen an das Vorliegen einer Stufenausbildung gesenkt.[37] Die vorhandenen Ausbildungsordnungen sind einzeln darauf zu prüfen, ob die Ausbildung danach in sachlich und zeitlich aufeinander folgenden Stufen erfolgt und ob sonstige Anhaltspunkte vorhanden sind, die für oder gegen das Vorliegen einer Stufenausbildung sprechen.

4.1.5 Rechtsfolgen bzgl. der Ausbildungsdauer

Die Rechtsfolgen, wenn eine Ausbildung als Stufenausbildung eingeordnet **26** wird, sind erheblich: Es ist dann zwingend ein bis zum Ende der letzten Stufe dauernde Ausbildungsvertrag abzuschließen, § 21 Abs. 1 Satz 2 BBiG. Handelt es sich hingegen um lediglich gestufte Ausbildungsinhalte, die aufeinander angerechnet werden können, müssen Auszubildende und Ausbildende gemeinsam einen Antrag gem. § 8 BBiG bei der zuständigen Stelle auf Verkürzung der Ausbildungsdauer stellen, über den die zuständige Stelle dann im Einzelfall entscheidet.[38] Ausbildungsverträge, die zum Zeitpunkt des Inkrafttretens des BerBiRef bereits bestanden, sind von den Änderungen nicht berührt. Relevant ist die Einordnung für Ausbildungsverhältnisse, die in einer Stufenausbildung ab dem 1. 4. 2005 abgeschlossen wurden.

4.2 Gestreckte Abschlussprüfung

Es wird nunmehr ausdrücklich die Möglichkeit eröffnet, die Abschlussprüfung **27** in zwei zeitlich auseinander fallenden Teilen durchzuführen.[39] Sofern diese Möglichkeit genutzt wird, müssen entsprechende Regelungen (beispielsweise Zeitpunkt des ersten Teils der Abschlussprüfung, Ausbildungsinhalte bis zu diesem Zeitpunkt, Gewichtung der Teilprüfungen) in der Ausbildungsordnung erfolgen.[40] Sinnvoll ist zudem eine Regelung in der Ausbildungsordnung, wie bei Nichtbestehen der Abschlussprüfung die nach § 37 Abs. 1 Satz 2 BBiG erforderliche gesamte Wiederholung der Abschlussprüfung zu organisieren ist.

4.3 Weiterführung einer Ausbildung nach neuer Ausbildungsordnung

§ 4 Abs. 4 BBiG regelt, dass bei Aufhebung einer Ausbildungsordnung für die **28** bestehenden Ausbildungsverhältnisse die bisherige Ausbildungsordnung weiter gilt. Von diesem Grundsatz kann eine neue Ausbildungsordnung eine Abweichung bestimmen: Das Ausbildungsverhältnis wird auf Basis der neuen

---

37 S. o. Rn. 22.
38 S. § 8 Rn. 3, 4.
39 Sog. gestreckte Abschlussprüfung.
40 So in der Gesetzesbegründung der Bundesregierung, BT-Drucks. 15/3980, S. 112 zur Abs. 2 Satz 1 Nr. 5 des insoweit identischen Gesetzesvorschlags.

Ausbildungsordnung fortgesetzt, wobei die bisher zurück gelegte Ausbildungszeit angerechnet werden kann. Als Voraussetzung dafür, dass eine solche Übergangsregelung greift, ist in der Ausbildungsordnung eine Vereinbarung zwischen Ausbildendem und Auszubildenden vorzusehen. Wird von der
Ermächtigung Gebrauch gemacht, bestimmen folglich die Vertragsparteien, ob
für die weitere Berufsausbildung die neu erlassene Ausbildungsordnung zugrunde gelegt wird. In diesem Fall ist die auf der Grundlage der bisherigen
Ausbildungsordnung bereits zurückgelegte Ausbildungszeit unabhängig von
§§ 7, 8 Abs. 1 BBiG zwingend anzurechnen.

4.4 Anrechnung einer anderen, einschlägigen Ausbildung

29   In der Verordnung kann geregelt werden, dass eine andere, einschlägige Berufsausbildung unter Berücksichtigung der hierbei erworbenen Kenntnisse, Fertigkeiten und Fähigkeiten »auf die durch Ausbildungsordnung geregelte Berufsausbildung« angerechnet werden kann. Nicht geregelt ist, dass die vorhandene
Ausbildung auf die **Ausbildungszeit** angerechnet wird, wie dies auch in der
Anrechnungsvorschrift des § 7 Abs. 1 Satz 1 BBiG formuliert wurde.

4.4.1 Das Anrechnungsmodell

30   Neben der Stufenausbildung wird dem Verordnungsgeber hier durch den Gesetzgeber eine zweite Variante einer schrittweisen Ausbildung zur Verfügung
gestellt: Das sog. Anrechnungsmodell. Der Verordnungsgeber kann regeln, dass
nach Abschluss einer kürzeren, in der Regel weniger qualifizierten Ausbildung,
eine weitere Ausbildung begonnen werden kann, auf deren Ausbildungszeit die
Dauer der kürzeren Ausbildung angerechnet werden kann. Diese Möglichkeit
gab es im BBiG bislang nicht, wohl aber auf Ebene der Ausbildungsordnung.[41]
Der Unterschied zur Stufenausbildung besteht in der Planbarkeit der Ausbildungsdauer für die Auszubildenden einerseits und der Unternehmerfreiheit der
Ausbildenden andererseits: Eine Stufenausbildung endet mit dem Ablauf der
letzten Stufe, § 21 Abs. 1 Satz 2 BBiG. Den Auszubildenden steht ein Sonderkündigungsrecht aus § 22 Abs. 2 Nr. 2 BBiG zu; sie selbst entscheiden, ob sie die
Ausbildung fortsetzen wollen oder nicht. Im sog. Anrechnungsmodell endet die
kürzere Ausbildung mit dem Ablauf ihrer Ausbildungszeit nach § 21 Abs. 1
Satz 1 BBiG. Ob der/die Auszubildende sich weiter qualifizieren kann, hängt
davon ab, ob der Ausbildende ihm einen weiteren Ausbildungsvertrag anbietet,
auf den die vorherige, kürzere Ausbildungszeit anzurechnen ist. Die vom Deutschen Gewerkschaftsbund geäußerte Kritik an diesem Anrechnungsmodell[42] ist
insoweit nachvollziehbar. Es bleibt abzuwarten, wie bei zukünftigen Neuord-
nungen verfahren werden und wird und welche Auswirkungen dies auf Dauer
für das Qualifikationsniveau haben wird.[43]

31   In Betracht kommt eine Anrechnungsvorschrift in der Ausbildungsordnung nur

---

41 S. z. B. Ausbildungsordnung für VerkäuferIn und Kaufmann/Kauffrau im Einzelhan-
     del vom 16.7.2004, § 7.
42 Vgl. dazu auch: BerBiRefG – Bewertung des DGB zum Regierungsentwurf des BBiG
     Stand: 4.3.2005, S. 6 im Internet unter www.bbig-reform.de/documents/BBiG_Bewer
     tung_DGB.pdf.
43 Skeptisch *Nehls* S. 27.

für andere, einschlägige Berufsausbildungen. Dies bedeutet, dass bei den bestehenden Stufenausbildungen[44] die Zeit nicht anzurechnen ist, sondern, dass hier gem. § 21 Abs. 1 BBiG zu verfahren ist. Eine Anrechnung kommt nur da in Betracht, wo in einer Branche (»einschlägig«) mehrere Ausbildungsberufe nebeneinander stehen, ohne dass sie aufeinander aufbauen. Dies kommt zum Beispiel in Betracht für die zweijährige Ausbildung »Produktionsfachkraft Chemie«, deren Lerninhalte sich unter Reduktion theoretischer Inhalte an den Inhalten der Berufsausbildung Chemikant/Chemikatin orientieren.[45]

4.4.2 Umfang der Anrechnung

Unklar ist, in welchem Umfang anzurechnen ist. Abs. 2 Satz 1 Nr. 4 sieht zunächst nur vor, dass die Ausbildungsordnung eine Vorschrift enthält, nach der angerechnet werden kann. Die Ermächtigung dürfte jedoch so zu verstehen sein, dass sie nicht nur zu einer Regelung ermächtigt, die ein »ob« der Anrechnung regelt sondern auch das »wie« und das »was« der Anrechnung. Hierzu gehört sowohl der Umfang der Anrechnung als auch deren Verfahren. Die Anrechnung wird nicht automatisch erfolgen, wie dies in § 7 BBiG in der bis zum 31.7.2009 geltenden Fassung geregelt ist. Hiergegen spricht die Formulierung in Abs. 2 Satz 1 Nr. 4, dass die einschlägige Berufsausbildung angerechnet werden **kann**. Aus der Formulierung ergibt sich ein Ermessensspielraum. Dieser muss durch eine Behörde ausgeübt werden. Es ist daher davon auszugehen, dass die Anrechnung durch die zuständige Stelle, § 71 ff BBiG erfolgen soll. Diese wird entsprechend der Ausbildungsordnung zu überprüfen haben, ob und in welchem Umfang eine Anrechnung von Ausbildungsinhalten oder Ausbildungszeiten in Betracht kommt. Hier zeigt sich ein deutliches Manko der Anrechungsvorschrift des Abs. 2 Satz 1 Nr. 4: Auch nach zweijähriger Ausbildung in einem einschlägigen Beruf kann es passieren, dass bei anschließender weiterer Ausbildung nur Teile dieser Ausbildung angerechnet werden, so dass die Gesamtausbildungszeit länger als drei Jahre ist.

32

4.4.3 Rechtsqualität

Zur Rechtsqualität der Anrechnung und ihrer Wirkung auf das Ausbildungsverhältnis s. § 7 Rn. 31 u. 32.

33

4.5 Zusatzqualifikationen

Nach der Gesetzesbegründung[46] kommen sowohl zusätzliche Wahlbausteine der Ausbildungsordnung als auch Teile anderer Ausbildungs- oder Fortbildungsordnungen in Betracht. Denkbar sind z.B. in kaufmännischen Berufen zusätzliche und formalisierte Kenntnisse im Umgang mit Office-Software, im Bankenbereich vertiefende Kenntnisse aus dem Versicherungsbereich, Physiotherapiekenntnisse bei den Fitnesskaufleuten etc. Denkbar ist auch, sich in Berufen mit Wahlqualifikationseinheiten eine nicht ausgewählte Wahlqualifikationseinheit als Zusatzqualifikation anzueignen. Zusatzqualifikationen haben

34

---

44 S.o. Rn. 29.
45 Siehe unter www.bibb.de/de/15790.htm.
46 BT-Drucks. 15/3980, S. 207ff.

unterschiedliche Ausprägungen, beziehen sich auf einen Ausbildungsberuf und erweitern oder vertiefen dessen Profil in horizontaler oder vertikaler Weise. Dabei lassen sich drei Typen unterscheiden.

- Erstens können Zusatzqualifikationen die beruflichen Qualifikationen horizontal erweitern oder vertiefen, indem berufsübergreifende Qualifikationen, wie z. B. Controlling für kaufmännische Auszubildende oder berufsspezifische Qualifikationen, z. B. E-Business für Kaufleute im Einzelhandel (E-Business-Junior-Assistant), erworben werden. Dabei können es auch Qualifikationen aus anderen bzw. benachbarten Bereichen sein, die angestrebt werden, wie z. B. technische Kompetenzen für kaufmännische Auszubildende.
- Zweitens werden als Zusatzqualifikationen auch berufsunabhängige Qualifikationen angeboten, wie z. B. europäischer Computerführerschein (ECDL), Projektmanagement oder fremdsprachliche Kompetenzen.
- Drittens können Zusatzqualifikationen beruflichen Kompetenzen vertikal erweitern und vertiefen, die häufig auf Aufstiegspositionen vorbereiten und daher umfassend sind, weil mit der Ausbildung eine abschlussbezogene Fortbildung absolviert wird, wie z. B. bei der Kombination der Ausbildung Kaufmann/-frau im Einzelhandel mit der Fortbildung Handelsassistent/-in – Einzelhandel.[47]

Die in Absatz 2 Satz 1 Nr. 5 angesprochenen zusätzlichen Fertigkeiten, Kenntnisse und Fähigkeiten gehören nicht zum Mindestinhalt eines Ausbildungsberufsbilds, sie **können** vermittelt werden. Ein gesetzlicher Anspruch darauf besteht nicht, ein arbeitsvertraglicher oder tarifvertraglicher Anspruch müsste vereinbart werden. Die Auszubildenden sind nicht verpflichtet, eine Zusatzqualifikation zu erwerben, wenn diese Verpflichtung nicht im Ausbildungsvertrag vereinbart wurde.

Die kodifizierten Zusatzqualifikationen, die in Ausbildungsordnungen verankert sind, müssen anhand gesonderter Prüfungsanforderungen einschließlich der Prüfungsbereiche und -verfahren in der Ausbildungsordnung beschrieben werden. Für sie gelten die Regelungen über die Zusammensetzung und Beschlussfassung der Prüfungsausschüsse, über die Notwendigkeit der Erstellung von Prüfungsordnungen bei den zuständigen Stellen sowie über die Gebührenfreiheit für Auszubildende und mögliche Übersetzung von Prüfungszeugnissen bzw. -bescheinigungen gleichermaßen, § 49. Sie müssen als Zusatzqualifikationen gesondert geprüft und bescheinigt werden.[48] Ihr Prüfungsergebnis ändert das Ergebnis der Abschlussprüfung nicht, § 49 Abs. 1 Nr. 2 BBiG.

Durch die Zusatzqualifikationen soll eine noch breitere Verwendung auf dem Arbeitsmarkt wie auch eine engere Verzahnung von Aus- und Weiterbildung unterstützt werden. Die verbindliche Festlegung der Bezeichnung, des Umfangs und der Dauer sowie der konkreten Ausgestaltung der zu vermittelnden Inhalte, erhöht die Einheitlichkeit, Transparenz, Qualität und Verwertbarkeit für den Prüfling bundesweit.[49]

---

47 *Annen/Paulini-Schlottau*, Kodifizierte Zusatzqualifikationen in anerkannten Ausbildungsberufen BWP 3/2009, S. 23.
48 § 49 BBiG.
49 *Annen/Paulini-Schlottau*, Kodifizierte Zusatzqualifikationen in anerkannten Ausbildungsberufen BWP 3/2009, S. 23.

4.6 Überbetriebliche Ausbildung

Die Vorschrift berechtigt den Verordnungsgeber, wie auch schon in § 27 BBiG **35** a. F., in einer Ausbildungsordnung festzulegen, dass die Berufsausbildung teilweise außerhalb der Ausbildungsstätte durchzuführen ist. Der Gesetzgeber hat mit der Neufassung des Abs. 2 Satz 1 Nr. 6 eine **Legaldefinition** des Begriffs der »überbetrieblichen Ausbildung« eingefügt: Teile der Ausbildung werden in geeigneten Einrichtungen außerhalb der Ausbildungsstätte durchgeführt, wenn und soweit es die Berufsausbildung erfordert.

Die Ausbildung am betrieblichen Arbeitsplatz wird bereits seit vielen Jahren **36** ergänzt durch systematische lehrgangsmäßige Ausbildungsabschnitte in außerbetrieblichen Ausbildungsstätten. Auf diesem Weg wird auch den Betrieben, die bestimmte Teile der Berufsausbildung nicht oder nur bedingt durchführen können, die Möglichkeit der Berufsausbildung generell erhalten. Die außerbetriebliche Ausbildung vervollständigt die betriebliche Ausbildung und soll eine umfassende und planmäßige Ausbildung ermöglichen, trotz zunehmender Spezialisierung der Ausbildungsbetriebe. Daneben sollen die außerbetrieblichen Ausbildungsstätten den Auszubildenden Ausbildungsinhalte vermitteln, die im Ausbildungsbetrieb nur schwer oder gar nicht erlernbar sind. Dies ist der Fall, wenn die Ausbildung mangels entsprechender technischer Einrichtungen im Betrieb, oder wegen dessen Spezialisierung nicht in allen Bereichen innerhalb des Ausbildungsbetriebs erfolgen kann. Dies entspricht der in § 2 Abs. 1 BBiG verankerten Pluralität der Lernorte. Ausbildungsmaßnahmen i. S. dieser Vorschrift sind nur solche, die die Berufsausbildung der Ausbildungsstätte ergänzen.

4.6.1 Abgrenzung zur außerbetrieblichen Berufsausbildung

Der Gesetzgeber hat zudem in § 2 Abs. 1 Nr. 3 eine Legaldefinition des Begriffs **37** der »**außerbetrieblichen Berufsbildung**« geschaffen: Ausbildung in Berufsbildungseinrichtungen, außerhalb der schulischen und betrieblichen Berufsbildung. Hierunter ist die Ausbildung[50] zu verstehen, die nicht in der herkömmlichen Form betrieblicher Ausbildung erfolgt. Bei dieser ist Ausbildender ein Betriebsunternehmen, der Auszubildende wird in diesem Betrieb zumindest auch am laufenden Produktions- oder Dienstleistungsprozess ausgebildet, und vom Ausbildenden selbst wird die tarifliche bzw. vertraglich vereinbarte Ausbildungsvergütung finanziert. Unklarheiten bei den Begrifflichkeiten konnten damit beseitigt werden.[51] Die außerbetriebliche Ausbildung ist von Abs. 5 Satz 1 Nr. 6 nicht erfasst.

Ebenfalls nicht unter diese Vorschrift fällt die Ausbildung in einem Ausbil- **38** dungsverbund. Hierunter ist das Zusammenwirken von Betrieben und Verwaltungen zur gemeinsamen Ausbildung in anerkannten Ausbildungsberufen zu verstehen.[52] Im Verbund soll die Ausbildung in anderen Betrieben überwiegen können, wenn der Ausbildende maßgebenden Einfluss auf die Durchführung der Ausbildung hat. Im Gegensatz dazu handelt es sich bei »außerbetrieblichen

---

50 Zumeist mit staatlicher Förderung finanzierte) Erstausbildung in einem anerkannten Ausbildungsberuf (§ 4 Abs. 1 BBiG).
51 Vgl. noch die Darstellung entgegengesetzter Definitionen in der Vorauflage Rn. 2 und 3.
52 *Eule*, S. 11.

Ausbildungsstätten« um solche, die die Ausbildung nur nach §§ 5 Abs. 2 Satz 1
Nr. 6, 27 Abs. 2 BBiG ergänzen und nicht der maßgeblichen Beeinflussung durch
den Ausbildenden unterliegen.[53]

39 Die Ausbildungsordnung hat auch dann noch verbindliche Wirkung, wenn die
Ausbildungsordnung die Berufsausbildung in einer außerbetrieblichen Einrichtung zulässt. Die Ausbildung außerhalb der Ausbildungsstätte muss erforderlich sein, d. h., die Ausbildungsstätte ist nur schwer oder gar nicht in der Lage,
diesen Teil der Ausbildung innerhalb des Betriebs oder der Verwaltung durchzuführen (vgl. auch oben Rn. 36).

4.6.2 Freistellung und Vergütung

40 Eine solche Ausbildung in einer überbetrieblichen Einrichtung muss in der
Vertragsniederschrift nach § 11 Abs. 1 Satz 2 Nr. 3 BBiG vereinbart sein. Der
Ausbildende muss den Auszubildenden an der überbetrieblichen Ausbildung
teilnehmen lassen, ihn also nach § 15 BBiG freistellen und während dieser Zeit
die Vergütung aus § 17 Abs. 1 BBiG weiterzahlen.

4.6.3 Mitbestimmungsrecht des Betriebsrats

41 Die Entscheidung darüber, ob die Ausbildung vollständig im Betrieb oder teilweise auch in überbetrieblichen Einrichtungen durchgeführt wird, unterliegt
nicht der Mitbestimmung des Betriebsrats nach § 98 Abs. 1 BetrVG, sondern
lediglich dem Beratungsrecht nach § 97 BetrVG. Die Betriebsparteien können
jedoch gleichwohl eine freiwillige Betriebsvereinbarung nach § 88 BetrVG abschließen. Ist der Arbeitgeber letztlich im Hinblick auf seinen bestimmenden
Einfluss auf die außerbetriebliche Ausbildung auch insoweit Träger von dieser,
kommt § 98 Abs. 1 BetrVG voll zum Zuge.[54]

4.6.4 Mitbestimmung des Personalrats

42 Die Mitbestimmung des Personalrats besteht nur insoweit, als die Dienststelle
selbst die Berufsausbildung durchführt oder regelt.[55] Die Möglichkeit einer
freiwilligen Dienstvereinbarung besteht für den Personalrat im Geltungsbereich
des BPersVG nicht, da Dienstvereinbarungen nur alle Regelungstatbestände
erfassen dürfen, die nach §§ 75 Abs. 3 und 76 Abs. 2 BPersVG der Mitbestimmung unterliegen. Zulässigkeit und Inhalt von Dienstvereinbarungen sind
gesetzlich abschließend geregelt.[56] Anderes kann sich aus den Personalvertretungsgesetzen der Länder ergeben.

---

53 *Eule* zur Vorgängerregelung des § 27 BBiG a. F., ebenda.
54 *BAG* v. 4.12.90 und 12.11.91, EzA § 98 BetrVG 1972, Nr. 6 und 8.
55 *Altvater* u. a., § 75 Rn. 56.
56 *Altvater* u. a., § 73 Rn. 1 und 2.

4.6.5 Empfehlung des Bundesausschusses zur Gestaltung und Durchführung von Ausbildungsmaßnahmen in überbetrieblichen Berufsbildungsstätten[57]

Empfehlung zum Nachweis über die Gestaltung und Durchführung von Ausbildungsmaßnahmen in überbetrieblichen Berufsbildungsmaßnahmen

42a

Hauptausschuss des Bundesinstituts für Berufsbildung vom 28. Juni 2002[58]
Der Hauptausschuss des Bundesinstituts für Berufsbildung hat auf seiner Sitzung am 28. Juni 2002 einstimmig folgende Empfehlung verabschiedet:

Gestaltung und Durchführung von Ausbildungsmaßnahmen in überbetrieblichen Berufsbildungsstätten

1. Einführung
Der Hauptausschuss des Bundesinstituts für Berufsbildung (BIBB) hat am 28. Juni 2002 die folgende Empfehlung für die Gestaltung und Durchführung von Ausbildungsmaßnahmen in überbetrieblichen Berufsbildungsstätten beschlossen. Sie tritt an die Stelle des am 26. September 1979 vom Hauptausschuss des BIBB verabschiedeten Kriterienkatalogs zur Beurteilung von Lehrgängen für die überbetriebliche Berufsausbildung.
Überbetriebliche Ausbildung ist Teil der betrieblichen Ausbildung und unterstützt diese. Nach § 22 und 27 des Berufsbildungsgesetzes (BBiG) bzw. §§ 23 und 26a der Handwerksordnung (HwO) kann ein Betrieb als Ausbildungsbetrieb anerkannt werden, wenn die eingeschränkte Eignung zur Ausbildung durch ergänzende Ausbildungsmaßnahmen außerhalb des Betriebes ausgeglichen werden kann. Hierdurch besteht die Möglichkeit, Teile der betrieblichen Ausbildung in überbetrieblichen Berufsausbildungsstätten durchzuführen.
Überbetriebliche Ausbildung im Sinne dieser Empfehlung sind Qualifizierungsmaßnahmen auf der Grundlage von Ausbildungsordnungen nach § 25 BBiG sowie § 25 HwO und Ausbildungsgänge gemäß § 108 Abs. 1 BBiG.
Die Empfehlung soll einen Beitrag zur Entwicklung und Sicherung der Qualität der Überbetrieblichen Berufsausbildung leisten. Zu diesem Zweck soll sie auf drei Entscheidungsebenen der Qualitätsentwicklung und -sicherung überbetrieblicher Berufsausbildungsmaßnahmen Einfluss nehmen:
– Konzeptionelle Ebene
– Maßnahmeträger-Ebene
– Durchführungs-Ebene

2. Aufgabe und Ziel überbetrieblicher Berufsausbildung
Die überbetriebliche Berufsausbildung hat die Aufgabe, die mit der Berufsausbildung in Betrieb und Schule verfolgte Zielvorstellung der Förderung beruflicher Handlungskompetenz von Auszubildenden mit speziell dafür entwickelten Ausbildungsmaßnahmen zu unterstützen. Dabei verfolgt sie insbesondere folgende Ziele:
– Verbreiterung der beruflichen Grundbildung sowie Vertiefung und Intensivierung der Fachbildung und damit Unterstützung des Berufsprinzips
– Förderung der betrieblichen Ausbildungsbereitschaft und Ausbildungsfähigkeit durch das Angebot von Ausbildungsmaßnahmen, das die betriebliche Berufsausbildung ergänzt und dazu beiträgt, ein ausreichendes und auswahlfähiges Ausbildungsplatzangebot zu sichern
– Ausrichtung der Berufsausbildung am technologischen, wirtschaftlichen, ökologischen und gesellschaftlichen Fortschritt
– Sicherung und Erhöhung der Qualität der Berufsausbildung durch

---

57 http://www.bibb.de/dokumente/pdf/empfehlung_106-_bs_538.pdf.
58 Bundesanzeiger Nr. 137/2002 vom 26.7.2002, Zeitschrift »Berufsbildung in Wissenschaft und Praxis« Nr. 5/2002, www.bibb.de/dokumente/pdf/a1_bwp-2002-h5-ha2.pdf.

§ 5 Ausbildungsordnung

- den Einsatz handlungsorientierter Lehr- und Lernarrangements
- den Einsatz qualifizierter Ausbilder
- die Initiierung und Förderung der Lernortkooperation.

3. Gestaltung und Durchführung von überbetrieblichen Ausbildungsmaßnahmen

3.1 Umsetzung auf der konzeptionellen Ebene

– Überbetriebliche Ausbildungspläne sollen bedarfsorientiert und zeitnah entwickelt werden. Insbesondere die Fachverbände der Wirtschaft und die Gewerkschaften geben Impulse und fachliche Anregungen. Bei der Erstellung der Konzepte ist der Sachverstand aus Wissenschaft und Praxis einzubeziehen. Bestehende überbetriebliche Ausbildungspläne sollen ebenfalls bedarfsorientiert aktualisiert werden.

– Die Vorgaben für die Vermittlung der Ausbildungsinhalte sollen so formuliert werden, dass eine gestaltungsoffene und flexible, regionale und betriebliche Besonderheiten berücksichtigende überbetriebliche Berufsausbildungsmaßnahme vor Ort möglich ist. Den Möglichkeiten der Lernortkooperation sollen unter Berücksichtigung der für den jeweiligen Lernort geltenden Rahmenbedingungen entsprochen werden.

– Durch überbetriebliche Berufsausbildungsmaßnahmen sollen berufliche Kompetenzen möglichst nach handlungsorientierten Ausbildungskonzepten erworben werden.

– Zur Förderung der Handlungsorientierung sollen überbetriebliche Ausbildungspläne Angaben enthalten über:
- den Ausbildungsabschnitt, in dem die Maßnahme stattfinden soll,
- den Zeitraum, über den diese sich erstrecken soll,
- die Berufsbildpositionen und die dazugehörigen Ausbildungsinhalte, die in der didaktischen Planung des Ausbildungspersonals zu berücksichtigen sind,
- die Kompetenzen, die mit diesem Ausbildungsangebot gefördert werden sollen,
- Empfehlungen für Ausbilderinnen und Ausbilder zu entsprechenden problemhaltigen Handlungssituationen der Praxis (Orientierung an der Struktur von Arbeits- und Geschäftsprozessen), einschließlich methodischer Hinweise und Angaben zum organisatorischen Rahmen sowie ihrer multimedialen Umsetzung.

3.2 Umsetzung auf der Ebene der Maßnahmeträger

– Die Planungen des Ausbildungs- und Führungspersonals der Berufsbildungsstätte zur Umsetzung der überbetrieblichen Berufsausbildungsmaßnahme sollen die Möglichkeiten der Lernortkooperation mit berufsbildenden Schulen und den Ausbildungsbetrieben vor Ort in konzeptioneller und organisatorischer Hinsicht schaffen und effizient nutzen. Ausbilder bzw. Bildungsstättenleiter sollen dazu die Initiative ergreifen und die Bildungsstätte zu einem Ort des Informationsaustauschs zwischen den Lernorten in der Region entwickeln.

– Die überbetrieblichen Berufsausbildungsmaßnahmen sollen nach betrieblichem, branchen- bzw. regionalspezifischem Bedarf inhaltlich, methodisch und zeitlich flexibilisierbar und adressatengerecht aufbereitet werden.

– Die mit der Planung, Durchführung und Nachbereitung der überbetrieblichen Berufsausbildungsmaßnahmen betrauten Ausbilderinnen und Ausbilder sichern ihr Leistungsvermögen bedarfs- und anforderungsgerecht, insbesondere durch kontinuierliche fachlichtechnische und pädagogische Weiterbildung.

– Die Bildungsstätte muss zur Umsetzung der überbetrieblichen Berufsausbildungsmaßnahme die sachlichen Ressourcen, insbesondere den Bedarf an Werkstatt- und Seminarräumen in getrennter und integrierter Form, an Kommunikations- und Informationstechnik sowie an Medien für den methodisch-didaktischen Einsatz in pädagogisch und wirtschaftlich angemessenem Umfang vorhalten. Dabei soll dafür Sorge getragen werden, dass selbstgesteuertes Lernen gefördert wird und die dafür erforderlichen Voraussetzungen geschaffen werden. Von besonderer Bedeutung ist in diesem Zusammenhang die Fähigkeit der Ausbilderinnen und Ausbilder, entsprechende Ausbildungsarrangements für das selbstgesteuerte Lernen zu planen und bedarfsgerecht in überbetrieblichen Berufsausbildungsmaßnahmen einzusetzen.

– Die Anzahl der Teilnehmerinnen und Teilnehmer an einer überbetrieblichen Berufsausbildungsmaßnahme soll in einem pädagogisch angemessenen und wirtschaftlichen Verhältnis zur Anzahl der mit dieser Maßnahme betrauten Ausbilderinnen und Ausbilder stehen. Weichen die Lernvoraussetzungen der Teilnehmerinnen und Teilnehmer bei einer Maßnahme erheblich voneinander ab, sollten binnendifferenzierende Ausbildungsmethoden eingesetzt werden. Möglichkeiten des Teamteaching, auch mit Meistern aus Ausbildungsbetrieben oder mit Lehrern der berufsbildenden Schulen, sollten hinsichtlich ihrer Bedeutung für den Lernerfolg einer überbetrieblichen Ausbildungsmaßnahme geprüft und im Rahmen der Möglichkeiten vor Ort realisiert werden.
– Die Sicherung und Optimierung der Qualität überbetrieblicher Berufsausbildungsmaßnahmen sollte durch ein Qualitätsmanagement unterstützt werden.

3.3 Umsetzung auf der Ebene der Durchführung
– Die Durchführung der überbetrieblichen Berufsausbildungsmaßnahmen sollte sich vorzugsweise nach auftrags- und betriebsorientierten Gesichtspunkten ausrichten. Die didaktische Aufbereitung einer überbetrieblichen Berufsausbildungsmaßnahme soll sich dabei an der Struktur des Kundenauftrags ausrichten. Dadurch können die Auszubildenden die Anforderungen besser bewältigen.
– Die Auftragsorientierung drückt sich vor allem in der methodisch-didaktischen Berücksichtigung des Prinzips der vollständigen Handlung in Lehr- und Lernarrangements aus. Das Lernhandeln der Auszubildenden in komplexen Lernsituationen umfasst dabei die wesentlichen Phasen des Kundenauftrags (Analyse, Planung, Durchführung und Auswertung).
– Die Strukturierung der überbetrieblichen Berufsausbildungsmaßnahme durch das Ausbildungspersonal soll insbesondere vorsehen:
  • die Konkretisierung einzelner Lernziele mit den Auszubildenden,
  • den Einstieg in die jeweilige Ausbildungsmaßnahme. Dabei sollen Handlungsziele vorgegeben bzw. vereinbart werden. Diese Handlungsziele sollen vor Beginn der Ausbildungsphase dokumentiert werden, damit sie überprüft werden können,
  • die selbständige Bearbeitung der Lernaufträge in Einzel- oder Gruppenarbeit, die vom Ausbilder moderierend zu begleiten sind,
  • die Förderung der Selbstlernkompetenz, insbesondere auch durch E-Learning,
  • die Auswertung der Lernergebnisse durch Lernerfolgskontrollen.
– Die Zusammenstellung eines Methodenmixes durch das Ausbildungspersonal soll sich an den Lernvoraussetzungen der Teilnehmer orientieren.

4.6.6 Parallelvorschrift in der HwO

Für das Handwerk gilt die Parallelvorschrift nach § 26 Abs. 2 Satz 1 Nr. 6 HwO.   **43**

4.7 Ausbildungsnachweis

Die Vorschrift stellt nunmehr klar, dass durch die Ausbildungsordnung das   **44**
Führen eines schriftlichen Ausbildungsnachweises (Berichtsheft) verlangt werden kann. Die Ausbildenden haben die Auszubildenden zum Führen des Berichtshefts anzuhalten, § 14 Abs. 1 Nr. 4 BBiG. Die Auszubildenden sind berechtigt, das Berichtsheft während der Ausbildungszeit zu führen, wenn die Ausbildungsordnung das Führen eines Berichtshefts vorschreibt oder der Ausbildende ein solches verlangt.[59] In diesen Fällen ist das Berichtsheft Bestandteil des Ausbildungsverhältnisses geworden. Es ist nicht davon auszugehen, dass

---

59 *Malottke*, JAV-Jugend- und Auszubildendenvertretung, § 6 BBiG Stichwort: »Berichtsheft«, dies., JAV, S. 83.

der Gesetzgeber zugleich mit Abs. 2 Satz 1 Nr. 7 und § 10 Abs. 1 Nr. 4 BBiG dem Ausbildenden einen Anspruch auf Kontrolle einer außerdienstlichen Betätigung geben wollte. Die Begründung einer außerdienstlichen Verpflichtung der Auszubildenden durch die in einer Ausbildungsordnung normierte Pflicht, ein Berichtsheft zu führen, die zugleich – bei Pflichtverstoß – Konsequenzen für den Bestand des Arbeitsverhältnisses haben soll, bedürfte einer ausdrücklich Regelung im Gesetz und nicht lediglich einer Verordnungsermächtigung. Ohne diese bleibt es bei dem Grundsatz, dass die Ausbildung im Betrieb und in der Berufsschule stattfindet, so dass der Arbeitgeber für das Führen des Berichtshefts entweder betriebliche Ausbildungszeit zur Verfügung stellen muss oder die Auszubildenden nach § 13 BBiG freizustellen hat.[60]

5. Zu prüfende optionale Regelungen (Abs. 2 Satz 2)

45 Nach Abs. 2 Satz 1 ist nunmehr in jedem Ordnungsverfahren zu prüfen, ob eine Stufenausbildung,[61] eine Ausbildung nach dem sog. Anrechnungsmodell[62] und eine Regelung über die zeitlich gestreckte Abschlussprüfung[63] möglich und sinnvoll sind. Diese neue Vorschrift hat lediglich klarstellenden Charakter. Denn auch ohne diese Regelung war der Verordnungsgeber verpflichtet, Ausbildungsordnungen im Rahmen der gesetzlichen Vorgaben, Art. 80 Abs. 1 Satz 2 Grundgesetz, ermessensfehlerfrei zu erlassen. Zur fehlerfreien Ausübung des Ermessens gehört auch, die möglichen Gestaltungen des Ausbildungsverlaufs auf ihre Zweckmäßigkeit und ihre Machbarkeit zu überprüfen und entsprechend zu entscheiden. Letztlich bleibt jedoch ein Ermessensspielraum des Verordnungsgebers, was durch den Wortlaut des Abs. 2 Satz bestätigt wird, der lediglich eine Prüfung von Zweckmäßigkeit und Machbarkeit vorschreibt, nicht jedoch ein bestimmtes Ausbildungsmodell präferiert.

§ 6 Erprobung neuer Ausbildungsberufe, Ausbildungs- und Prüfungsformen

Zur Entwicklung und Erprobung neuer Ausbildungsberufe sowie Ausbildungs- und Prüfungsformen kann das Bundesministerium für Wirtschaft und Arbeit oder das sonst zuständige Fachministerium im Einvernehmen mit dem Bundesministerium für Bildung und Forschung nach Anhörung des Hauptausschusses des Bundesinstituts für Berufsbildung durch Rechtsverordnung, die nicht der Zustimmung des Bundesrats bedarf, Ausnahmen von § 4 Abs. 2 und 3 sowie den §§ 5, 37 und 48 zulassen, die auch auf eine bestimmte Art und Zahl von Ausbildungsstätten beschränkt werden können.

Inhaltsübersicht   Rn.

1.   Vorbemerkung   1
2.   Ausnahmeregelungen – Rechtsverordnung   2
2.1   Mögliche Ausnahmen   3
2.2   Ausnahmegründe   4
3.   Konsensverfahren   5

---

60 S. auch Kommentierung zu § 14 Rn. 23.
61 Abs. 2 Satz 1 Nr. 1.
62 Abs. 2 Satz 1 Nr. 4.
63 Abs. 2 Satz 1 Nr. 2.

1. Vorbemerkung

§ 6 knüpft an die sog. Experimentierklausel des § 28 Abs. 3 des geltenden **1** Berufsbildungsgesetzes an. Der Anwendungsbereich dieser Ermächtigungsgrundlage für Erprobungsverordnungen wurde durch das BerBiRefG in mehrfacher Hinsicht erweitert. Zum einen wurde durch Herauslösen der Ermächtigungsgrundlage aus dem Kontext des sog. Ausschließlichkeitsgrundsatzes gem. § 28 Abs. 1 und 2 des geltenden Berufsbildungsgesetzes klargestellt, dass sich Erprobungsverordnungen nicht auf Ausnahmen vom Ausschließlichkeitsgrundsatz beschränken müssen. Zum anderen wurde die Zielsetzung von Erprobungsverordnungen, die bislang auf neue Ausbildungsformen und -berufe gerichtet war, auf neue Prüfungsformen erweitert. Um einen zu extensiven Gebrauch der Ermächtigungsnorm und eine mögliche Zersplitterung des Berufsbildungssystems zu verhindern, werden die für Ausnahmeregelungen bzw. Erprobungsverordnungen in Frage kommenden Bestimmungen des Berufsbildungsgesetzes ausdrücklich aufgeführt.

2. Ausnahmeregelungen – Rechtsverordnung

Die **Ausnahmeregelungen** bedürfen der Form einer RechtsVO, die das BMWA **2** oder das sonst zuständige Fachministerium im Einvernehmen mit dem BMBF erlässt. Einvernehmen bedeutet eine völlige Willensübereinstimmung zwischen den Ministerien in Bezug auf die zu erlassende Rechtsverordnung.[1] Wird diese nicht erreicht, kann die RechtsVO nicht erlassen werden; es soll dadurch erreicht werden, dass die bildungspolitischen Zielsetzungen auf jeden Fall beachtet werden. Der Hauptausschuss des BiBB, § 92 BBiG, ist vor Erlass der Verordnung anzuhören. Er kann zu den Entwürfen, die das BiBB vorbereitet, unter Berücksichtigung der schulischen Rahmenpläne Stellung nehmen, § 92 Abs. 1 Nr. 5 BBiG. Seine Zustimmung ist nicht erforderlich. Die Verordnung bedarf nicht der Zustimmung des Bundesrats. Derartige RechtsVO werden wegen ihres Erprobungscharakters in der Regel nur befristet erlassen[2] und während sowie nach dem Probelauf evaluiert. Die RechtsVO kann diese Evaluation zugleich mit Einführung des neuen Ausbildungsberufs anordnen.

2.1 Mögliche Ausnahmen

Die möglichen Ausnahmen sind nunmehr abschließend aufgezählt: Abwei- **3** chungen
- vom Ausschließlichkeitsgrundsatz, § 4 Abs. 2 BBiG,
- vom Grundsatz, dass Jugendliche lediglich in anerkannten Ausbildungsberufen ausgebildet werden dürfen, § 4 Abs. 3 BBiG,
- von den zwingenden Mindestinhalten und der Begrenzung auf eine abschließende Zahl weiterer Vorgaben in einer Ausbildungsordnung, § 5 BBiG,
- über die Vorschriften zur Abschlussprüfung, § 37 BBBiG,
- über die Vorschrift zur Zwischenprüfung, § 48 BBiG.

Hierdurch hat der Gesetzgeber das noch im Paragrafen zuvor bestimmte, enge Gerüst für die formale Gestaltung von Ausbildungsordnungen wieder erweitert.

---

1 *BVerwG* v. 4.11.60, BVerwGE 11, 195.
2 Z.B. Fachkraft Agrarservice: In Krafttreten der Erprobungsverordnung am 1.8.2005, befristet bis zum 31.7.2009.

2.2 Ausnahmegründe

4 Die Abweichungen sind nur zu bestimmten, ebenfalls abschließend aufgezählten Zwecken zulässig:
Zur Entwicklung und Erprobung neuer
– Ausbildungsberufe,
– Ausbildungsformen,
– Prüfungsformen.
Nicht ausreichend ist, dass Ausbildungs- oder Prüfungsformen für diese Ausbildungsordnung neu sind. Der Wortlaut ist insoweit nicht eindeutig. Die Möglichkeit, bewährte Prüfungsformen anderer Ausbildungsberufe nur probeweise einzuführen, erscheint jedoch weder sinnvoll noch ausreichend für eine ausdrückliche Abweichung von der Ermächtigungsgrundlage. Dies wird weder der grammatikalischen noch der teleologischen Auslegung gerecht. Außer für diese Zwecke und mit den beschrieben Ausnahmen müssen die Vorschriften des BBiG eingehalten werden. Jede Abweichung von den §§ 4 Abs. 2 und 3, 5, 37 und 48 muss durch einen der aufgezählten Zwecke gerechtfertigt sein. Nicht zulässig ist es, anlässlich der Erprobung eines Aspekts zugleich von weiterer der genannten Vorschriften abzuweichen.
Für die **Einzelhandelsberufe** wurde eine **Erprobungsverordnung** zum 1.1.2009 befristet bis zum 31.7.2015 erlassen,[3] aus der sich die Problematik dieser Ermächtigungsgrundlage exemplarisch ablesen lässt.

§ 1 Struktur und Gegenstand der Erprobung
(1) Die Wahlqualifikation»Grundlagen unternehmerischer Selbstständigkeit« soll probeweise in die Ausbildung und Prüfung des Ausbildungsberufes Kaufmann im Einzelhandel/Kauffrau im Einzelhandel einbezogen werden.
(2) Durch die Erprobung soll auch untersucht werden, ob die Durchführung der Abschlussprüfung in zwei zeitlich auseinanderfallenden Teilen die geeignete Prüfungsform für diesen Ausbildungsberuf ist. Darüber hinaus sollen Struktur, Inhalt und Gewichtung von Teil 1 und Teil 2 der Abschlussprüfung erprobt werden.
Beide Ausbildungsberufe existieren bereits seit Jahrzehnten. Neue Ausbildungsformen werden mit der Erprobungsverordnung nicht entwickelt oder erprobt. Lediglich ein neuer Ausbildungsinhalt, die Grundlagen unternehmerischer Selbändigkeit, wurde eingeführt. Es werden auch keine neuen Prüfungsformen eingeführt. Die Stufenprüfung ist keine neue, sondern eine bewährte Prüfungsform. Würden die Definition von Prüfungsstruktur und Prüfungsinhalte sowie die Prüfungsgewichtung eine Erprobung rechtfertigen, hieße dies, jede Änderung in diesem Bereich zunächst vorläufig gestalten zu können. § 6 verliert dann seinen Ausnahmecharakter. Hinzu kommt, dass nicht jede Abweichung von § 5, die die Erprobungsverordnung beinhaltet, zur Erprobung neuer Ausbildungs- oder Prüfungsformen dient:

§ 9 Fortsetzung der Berufsausbildung
(1) Die nach § 11 der Verordnung über die Berufsausbildung im Einzelhandel in den Ausbildungsberufen Verkäufer/Verkäuferin und Kaufmann im Einzelhandel/Kauffrau im Einzelhandel vom 16. Juli 2004[4], die durch die Verordnung vom 22. März 2005[5] geändert worden ist, erfolgreich abgeschlossene Berufsausbildung im Ausbildungsberuf »Verkäufer/Verkäuferin« kann im Ausbildungsberuf »Kaufmann Einzelhandel« nach den Vorschriften für das dritte Ausbildungsjahr fortgesetzt werden.

---

3 BGBl. I 2009, S. 674.
4 BGBl. I S. 1806; 2007 I S. 2203.
5 BGBl. I S. 895.

(2) Bei Fortsetzung der Berufsausbildung nach Absatz 1 gelten die in der Abschluss-prüfung im Ausbildungsberuf »Verkäufer/Verkäuferin« erzielten Leistungen in den Prüfungsbereichen »Verkauf und Marketing«, »Warenwirtschaft und Rechnungs-wesen« sowie »Wirtschafts- und Sozialkunde« als Teil 1 der Abschlussprüfung nach § 6 dieser Verordnung.

Die Fortsetzung der Ausbildung dient nicht der Erprobung der Stufenprüfung, auch nicht den anderen Erprobungszwecken nach § 1 der Erprobungsverord-nung. Eine Ermächtigungsgrundlage für von § 5 abweichende Regelungen zur Erprobung liegt damit nicht vor. Solche werden aber geschaffen. Ein weiterer Vergleich der Ausbildungsordnungen zeigt: Die Inhalte der beiden Ausbil-dungsberufe sind in den ersten beiden Jahren identisch. Die Prüfungsthemen des 1. Teils der Abschlussprüfung für die Kaufleute im Einzelhandel sind identisch mit der schriftlichen Abschlussprüfung der Auszubildenden für den Beruf des Verkäufers/der Verkäuferin. Die Ausbildung findet, wie ein Vergleich der Ausbildungsinhalte zeigt, in Stufen statt. Die erste Stufe entspricht den Ausbildungsinhalten der Ausbildungsordnung zum Verkäufer. Es folgt die zweite Stufe der Ausbildung. Sie besteht aus den Ausbildungsinhalten des dritten Ausbildungsjahres der Auszubildenden zum Kaufmann im Einzelhan-del. Die Inhalt der Ausbildung zur Verkäuferin/zum Verkäufer und für die kaufmännische Ausbildung im Einzelhandel bauen aufeinander auf, wie eine nähere Prüfung des Ausbildungsrahmenplans ergibt.

Die Voraussetzungen der Legaldefinition des § 5 Abs. 2 Satz 1 Nr. 1 für die Stufenausbildung sind somit erfüllt. Dass in beiden Ausbildungsordnungen das Wort »Stufenausbildung« nicht vorkommt, ist nicht relevant. Maßgeblich ist, dass die Legaldefinition des § 5 Abs. 2 Satz 1 Nr. 1 erfüllt ist. Der Verord-nungsgeber hat allerdings keine Stufenausbildung im Sinne des § 5 Abs. 2 Nr. 1 in der Verordnung verankert. Er hat auch davon abgesehen, in die Ausbildungs-ordnung aufzunehmen, dass die Ausbildung zum Verkäufer/zur Verkäuferin angerechnet werden kann[6]. Stattdessen ist in § 9 der Erprobungsverordnung normiert, dass die erfolgreich abgeschlossene Ausbildung Verkäufer/Verkäu-ferin im Ausbildungsberuf »Kaufmann im Einzelhandel« nach den Vorschriften für das dritte Ausbildungsjahr fortgesetzt werden kann. Dem Wortlaut nach handelt es sich um eine Fortsetzungsregelung nach § 5 Abs. 2 Nr. 3. Diese be-steht jedoch nur für den Fall, dass die Ausbildungsordnung eine Übergangs-regelung für bestehende Ausbildungsberufe schafft. Die Möglichkeit, die Be-rufsausbildung nach Abschluss der zweijährigen Ausbildung als drittes Jahr im dritten Ausbildungsjahr fortzusetzen, existiert in der Ermächtigungsnorm nicht. Unklar ist, wie sich dies auswirkt:
- Die Verordnung könnte mangels Ermächtigung vollständig rechtswidrig sein. Die Folgen für die bestehenden Ausbildungsverhältnisse wären fatal, es wird in einem derzeit nicht bestehenden Beruf ausgebildet.
- Die Regelung über die Fortsetzung in § 9 ist mangels Ermächtigungsgrund-lage unwirksam. Es bleibt dann bei zwei getrennten Berufen. Diese stehen zueinander in einem gestuften Verhältnis, die Legaldefinition des Abs. 2 Nr. 1 ist erfüllt. Es kann angenommen werden, dass faktisch beide Ausbildungs-ordnungen eine Stufenausbildung regeln.

---

6 § 5 Abs. 2 Nr. 4.

3. Konsensverfahren

5 Das **Konsensverfahren** zur Erstellung von Ausbildungsordnungen, dessen Schrittfolgen gesetzlich nicht durchgehend normiert sind, aber vom BiBB dargestellt[7] und dem Verordnungsgeber beim BBiG 1969 eingehalten wurden, sollte auch bei der Erprobung neuer Ausbildungsberufe nach der Experimentierklausel des § 28 Abs. 3 a. F. eingehalten werden, so dass die Sozialpartner auch in den Fällen des § 6 BBiG sicher beteiligt werden.[8] Soweit dies in der Praxis nicht umgesetzt wird, empfiehlt sich eine gesetzliche Normierung dieses Verfahrens.

§ 7 Anrechnung beruflicher Vorbildung auf die Ausbildungszeit

(1) Die Landesregierungen können nach Anhörung des Landesausschusses für Berufsbildung durch Rechtsverordnung bestimmen, dass der Besuch eines Bildungsganges berufsbildender Schulen oder die Berufsausbildung in einer sonstigen Einrichtung ganz oder teilweise auf die Ausbildungszeit angerechnet wird. Die Ermächtigung kann durch Rechtsverordnung auf oberste Landesbehörden weiter übertragen werden.

(2) Die Anrechnung nach Absatz 1 bedarf des gemeinsamen Antrags der Auszubildenden und Ausbildenden. Der Antrag ist an die zuständige Stelle zu richten. Er kann sich auf Teile des höchstzulässigen Anrechnungszeitraums beschränken.

Inhaltsübersicht   Rn.

1. Vorbemerkung 1
2. Gesetzesbegründung 2
3. Rechtsverordnungen 3
4. Teilanrechnung des Anrechnungszeitraums 4
5. Anrechnung – Begriff 5
6. Vergütung. 6

1. Vorbemerkung

1 Die regelmäßige Dauer der Berufsausbildung ergibt sich grundsätzlich aus der jeweiligen Ausbildungsordnung. Nach § 25 Abs. 2 Satz 1 Nr. 2 BBiG soll sie nicht mehr als drei und nicht weniger als zwei Jahre bei einem durchschnittlich begabten Auszubildenden betragen. Die Vorschrift regelt die **Anrechnung** beruflicher Vorbildung auf die Ausbildungszeit. Nach der Gesetzesbegründung[1] wird im Gegensatz zu § 29 Abs. 1 BBiG a. F. durch Absatz 1 »die Entscheidung, ob eine Vorbildung in einer berufsbildenden Schule[2] oder einer sonstigen Berufsbildungseinrichtung auf eine sich anschließende Berufsausbildung angerechnet wird, zum einen in den Verantwortungsbereich der Länder übertragen. Diese können durch Rechtsverordnung der Landesregierungen – nach Absatz 1 Satz 2 ggf. durch Rechtsverordnungen oberster Landesbehörden – entscheiden,

---

7 BiBB, Wie entstehen Ausbildungsberufe, S. 6 ff.
8 *Nehls*, S. 28.
1 BT-Drucks. 15/3980, S. 111.
2 In der Regel Berufsfachschulen.

ob und in welchem zeitlichen Umfang Bildungsabschnitte an berufsbildenden Schulen oder in sonstigen Einrichtungen auf die Ausbildungszeit einer betrieblichen Erstausbildung anzurechnen sind. Eine solche Anrechnungsmöglichkeit wird in der Regel nur dann in Betracht zu ziehen sein, wenn diese Bildungsangebote nach ihrer inhaltlichen und zeitlichen Struktur der Ausbildungsordnung eines anerkannten Ausbildungsberufs entsprechen.

2. Gesetzesbegründung

»Zum anderen bedarf eine Anrechnung zukünftig des gemeinsamen Antrages **2** der Vertragsparteien des Berufsausbildungsverhältnisses, da die Anrechnung zwangsläufig eine Verkürzung der betrieblichen Ausbildungsdauer nach sich zieht und hierdurch rechtsgestaltend in die jeweiligen Vertragsbeziehungen eingewirkt wird. Im Gegensatz zu § 43 Absatz 2 BBiG setzt die Anrechnung beruflicher Vorbildung ein bestehendes Ausbildungsvertragsverhältnis voraus, das sich um die Zeit der Anrechnung entsprechend verkürzt. Eine mögliche Anrechnung in einem Umfang von mehr als zwei Jahren wird jedoch in der Regel den Interessen beider Vertragsparteien widersprechen«[3].... »Sofern die Anrechnungsmöglichkeit durch eine Rechtsverordnung nach Landesrecht festgestellt wird und ein entsprechender Antrag der Auszubildenden und Ausbildenden vorliegt, ist die zuständige Stelle etwa bei der Eintragung des Ausbildungsverhältnisses in das Verzeichnis der Berufsausbildungsverhältnisse und bei der Prüfungszulassung in ihrem Ermessens- und Beurteilungsspielraum beschränkt; die Anrechnung wird unmittelbar durch rechtsgestaltenden Akt der Vertragsparteien herbeigeführt. Sofern Auszubildende einen schulischen Bildungsgang in einem Land absolviert haben, dessen Anrechnungsfähigkeit durch dieses Land im Wege einer Rechtsverordnung bestimmt wurde, sind auch die zuständigen Stellen in anderen Ländern verpflichtet, auf Antrag eine Anrechnung vorzunehmen. Durch die Schaffung einer Ermächtigungsgrundlage zum Erlass von Rechtsverordnungen nach Landesrecht sowie der Einführung eines Antragserfordernisses wird das bestehende, weitgehend starre System der Anrechnung auf der Grundlage der sog. Berufsgrundbildungsjahr-Anrechnungsverordnungen abgelöst.«

3. Rechtsverordnungen

Da die Umstellung auf Länderverordnungen in den Ländern vorbereitet werden **3** musste, sind die anzuwendenden, auf der Grundlage des § 29 Abs. 1 des geltenden Berufsbildungsgesetz erlassenen Berufsgrundbildungsjahr-Anrechnungsverordnungen erst am 1. 8. 2006 außer Kraft getreten.[4][5][6] Bis zu diesem Zeitpunkt konnten die Länder parallel zu den bestehenden Anrechnungsverordnungen RechtsVO erlassen, nach denen die erfolgreiche Teilnahme an einem schulischen Bildungsgang obligatorisch auf die Ausbildungszeit anzuerkennen ist.[7] Nun-

---

3 BT-Drucks. 15/3980, S. 112 f.
4 Artikel 8 Absatz 3 des BerBiRefG vom 23. 3. 2005.
5 BGBl. I, S. 931.
6 Eine Übersicht über die bis zum 1. 8. 2006 geltenden Verordnungen gibt *Leinemann/Taubert* BBiG, § 7 Rn. 4.
7 *Nehls*, S. 28.

mehr liegt die Befugnis allein bei den Ländern bzw. auf Basis einer Landesrechtsverordnung bei den obersten Landesbehörden. Die Länder konnten bis zum 31. 7. 2009 in den RechtsVO zusätzlich regeln, dass für die Anrechnung ein gemeinsamer Antrag von Auszubildenden und Ausbildenden erforderlich ist. Seit dem 1. 8. 2009 ist diese Antragserfordernis gesetzlich in § 7 Abs. 2 BBiG geregelt und in Kraft.

Das Bundesverwaltungsamt gibt mit Stand Dezember 2009 folgende Übersicht über die **Verordnungen der Bundesländer** zur Anrechnung beruflicher Vorbildung auf die Ausbildungszeit:[8]

Baden-Württemberg
[Außer Kraft seit 31. 07. 2009]
Bayern
Verordnung zur Umsetzung des Berufsbildungsgesetzes und der Handwerksordnung vom 24. 07. 2007
Fundstelle:
Gesetz- und Verordnungsblatt des Landes Bayern S. 579
Bedingt bindende Anrechnungsvorschrift
Berlin
[Bisher keine]
Brandenburg
[Bisher keine]
Bremen
[Bisher keine]
Hamburg
[Keine]
Hessen
[Außer Kraft seit 01. 08. 2009]
Mecklenburg-Vorpommern
[Bisher keine]
Niedersachsen
Niedersächsische Verordnung über die Anrechnung des Besuchs eines schulischen Berufsgrundbildungsjahres und einer Berufsfachschule auf die Ausbildungszeit in Ausbildungsberufen vom 19. 07. 2005[9], geändert durch Verordnung vom 20. 02. 2006[10]
Fundstelle: www.schure.de/22420/bgj-avo.htm
Bindende Anrechnungsvorschrift
Nordrhein-Westfalen
Verordnung über die Anrechnung vollzeitschulischer beruflicher Bildungsgänge auf die Ausbildungsdauer gemäß Berufsbildungsgesetz (BBiG) und Handwerksordnung (HwO) und die Zulassung von Absolventen vollzeitschulischer beruflicher Bildungsgänge zur Abschlussprüfung in dualen Ausbildungsberufen (Berufskolleganrechnungs- und -zulassungsverordnung) vom 16. 05. 2006
Fundstelle:
www.schulministerium.nrw.de/BP/Schulverwaltung/Schulmail/0605241/VO-BKAZ VO.pdf
Anrechnung nur auf gemeinsamen Antrag von Auszubildenden und Ausbildenden

---

8 http://www.bva.bund.de/nn_375714/DE/Aufgaben/Abt_VIII/Berufsbildung/Publi kationen/r05_anrechnung,templateId=raw,property=publicationFile.pdf/r05_anrech nung.pdf.
9 Nds. GVBl. Nr. 16/2005 S. 255.
10 Nds. GVBl. Nr. 5/2006 S. 59.

Rheinland-Pfalz
[Keine, besondere Vereinbarung mit den Kammern]
Saarland
[Bisher keine]
Sachsen
Sächsische Ausführungsverordnung zum Berufsbildungsgesetz vom 19.06.2006
Fundstelle:
Sächsisches Gesetz- und Verordnungsblatt, Nr. 7 vom 30.06.2006, S. 152
Anrechnung nur auf gemeinsamen Antrag von Auszubildenden und Ausbildenden
Sachsen-Anhalt
[Bisher keine, jedoch in Aussicht gestellt][11]
Schleswig-Holstein
[Bisher keine, besondere Vereinbarung mit Innungen]
Thüringen
Thüringer Verordnung zur Anrechnung beruflicher Vorbildung auf die Ausbildungs-
zeit vom 30.11.2006
Fundstelle:
Gesetz- und Verordnungsblatt für den Freistaat Thüringen, Nr. 17 vom 22.12.2006,
S. 555
Anrechnung nur auf gemeinsamen Antrag von Auszubildenden und Ausbildenden

4. Teilanrechnung des Anrechnungszeitraums

Ebenfalls erst seit dem 1.8.2009 ist die Regelung in Abs. 2 Satz 3 in Kraft, nach **4**
der die Parteien des Ausbildungsverhältnisses ihren Antrag auf Anrechnung
auf Teile des in der Rechtsverordnung festgelegten höchstzulässigen Anrechnungszeitraums beschränken können. Die Gesetzesbegründung[12] hierzu: »Dies
erlaubt den Vertragsparteien weitgehende Flexibilität bei der Gestaltung ihrer
Vertragsverhältnisse.«

5. Anrechnung – Begriff

Anrechnen bedeutet die Berücksichtigung des Besuchs einer dem Abs. 1 ent- **5**
sprechenden Bildungseinrichtung bei der Bemessung der Ausbildungszeit im
Rahmen eines Berufsausbildungsverhältnisses durch den Ausbildenden dergestalt, dass die Ausbildungszeit insoweit als zurückgelegt anzusehen ist. Das
bedeutet eine gesetzliche Fiktion, nach der so verfahren werden muss, als ob die
anzurechnenden Zeiten wirklich in dem nachfolgenden Ausbildungsverhältnis
zurückgelegt worden seien. Dies muss allerdings mit der Maßgabe geschehen,
dass diese Zeiten als an den Beginn der Ausbildung gelegt anzusehen sind und
nicht etwa nur zu einer Verkürzung am Ende des Ausbildungsverhältnisses
führen.[13] Die Anrechnung muss von vornherein bei Abschluss des Ausbildungsvertrags berücksichtigt werden. Dies ist von der zuständigen Stelle zu überwachen, § 76 Abs. 1 Satz 1 Nr. 2 BBiG. Wird ein schulisches Grundbildungsjahr
entgegen einer Verordnung nicht angerechnet, darf das Ausbildungsverhältnis
nicht in das Verzeichnis der Berufsausbildungsverhältnisse, §§ 34 ff. BBiG, eingetragen werden, § 35 Abs. 1 Nr. 1 BBiG.

---

11 Zwischenzeitlich erlassen: http://st.juris.de/st/AusbZAnrV_ST_rahmen.htm.
12 BT-Drucks. 15/3980, S. 113.
13 A.a.O.

6. Vergütung

6 Die **Vergütung** ist folgendermaßen zu berechnen: Die anzurechnende Zeit ist vergütungsmäßig als verbrachte Ausbildungszeit zu werten.[14] Bei einer Anrechnung von einem Jahr erhalten die Auszubildenden also unmittelbar ab Beginn der Ausbildung die Ausbildungsvergütung für das zweite Ausbildungsjahr.

§ 8 Abkürzung und Verlängerung der Ausbildungszeit

(1) Auf gemeinsamen Antrag der Auszubildenden und Ausbildenden hat die zuständige Stelle die Ausbildungszeit zu kürzen, wenn zu erwarten ist, dass das Ausbildungsziel in der gekürzten Zeit erreicht wird. Bei berechtigtem Interesse kann sich der Antrag auch auf die Verkürzung der täglichen oder wöchentlichen Ausbildungszeit richten (Teilzeitberufsausbildung).

(2) In Ausnahmefällen kann die zuständige Stelle auf Antrag Auszubildender die Ausbildungszeit verlängern, wenn die Verlängerung erforderlich ist, um das Ausbildungsziel zu erreichen. Vor der Entscheidung nach Satz 1 sind die Ausbildenden zu hören.

(3) Für die Entscheidung über die Verkürzung oder Verlängerung der Ausbildungzeit kann der Hauptausschuss des Bundesinstituts für Berufsbildung Richtlinien erlassen.

Inhaltsübersicht   Rn.

1.	Vorbemerkung	1
2.	Ausbildungszeitverkürzung nach Absatz 1	2
2.1	Recht auf Anhörung	3
2.2	Verfahren der Anhörung	4
3.	Teilzeitausbildung	5
3.1	Vergütung und Finanzierungsmöglichkeiten	6
3.2	Gemeinsamer Antrag	7
3.3	Wirkung der Genehmigung	8
4.	Ausbildungszeitverlängerung nach Absatz 2	9
4.1	Nachweis der Verlängerungsgründe	10
4.2	Schadensersatz	11
5.	Vergütung	12
6.	Richtlinien/Beschluss des Hauptausschusses für Berufsbildung vom 27.6.2008	13
7.	Parallelvorschrift in der HwO	15
8.	Mitbestimmung des Betriebsrats	16

1. Vorbemerkung

1 Grundsätzlich bestimmt sich die **Dauer der Ausbildung** nach der Ausbildungsordnung. Jenseits der Anrechnung beruflicher Vorbildung gem. § 7 BBiG ist auch eine Veränderung der Ausbildungsdauer durch eine Einzelentscheidung der zuständigen Stelle, § 71 BBiG, möglich. Denkbar ist sowohl eine **Verlängerung** als auch eine **Verkürzung** der Ausbildungszeit. Absatz 1 der Vorschrift entspricht § 29 Abs. 2 des früheren Berufsbildungsgesetzes, enthält jedoch eine

---

14 *BAG* 22.9.82, 4 AZR 719/79, EzB § 10 Abs. 1 BBiG Nr. 28, *BAG* 8.12.82, EzB § 11 Abs. 1 BBiG Nr. 29; *Natzel*, DB 1979, 1361.

wesentliche Veränderung: War vorher der Antrag einer Vertragspartei ausreichend (»auf Antrag«), ist nunmehr ein gemeinsamer Antrag erforderlich. Eingeführt wurde die Möglichkeit einer Genehmigung der Teilzeitausbildung bei berechtigtem Interesse daran. Der Vorschlag erfolgte durch den zuständigen Bundestagsausschuss. Dieser begründete seinen Vorschlag damit, dass dadurch auch eine Teilzeitausbildung unter Beibehaltung der regulären Ausbildungsdauer ermöglicht wird.[1] Eine Verlängerung der Ausbildungszeit ist wie auch nach § 29 Abs. 3 BBiG a. f. nach Absatz 2 in Ausnahmefällen durch einseitigen Antrag Auszubildender möglich. Das Anhörungsrecht der Ausbildenden wurde von § 29 Abs. 4 a. F. in Abs. 2 Satz 2 verlagert.

2. Ausbildungszeitverkürzung nach Absatz 1

Beide Parteien des Ausbildungsvertrages können nach Abs. 1 der Vorschrift **2** gemeinsam beantragen, dass die Ausbildungszeit verkürzt werden soll. Minderjährige Auszubildende werden bei der **Antragstellung** von ihren Personensorgeberechtigten vertreten.[2] Das **Verfahren bei der zuständigen Stelle** folgt allgemeinen verwaltungsrechtlichen Grundsätzen.[3] Die Entscheidung der zuständigen Stelle ist keine Ermessensentscheidung.[4] Aus der Formulierung des Abs. 1 Satz 1 »hat… zu kürzen« ergibt sich ein Anspruch der Antragstellerinnen auf eine Kürzung, wenn hierfür die gesetzlichen Voraussetzungen vorliegen.

2.1 Recht auf Anhörung

Die zuständige Stelle kann vor der Verkürzung der Ausbildungszeit die Beteiligten im Sinne des § 13 Abs. 2 VwVfG **anhören**. Nach der Streichung des § 29 **3** Abs. 4 BBiG a. f. ergibt sich dies aus § 28 VwVfG. **Beteiligte** sind nach § 13 Abs. 2 VwVfG diejenigen, deren rechtliche Interessen durch die Entscheidung berührt werden können. Hierzu gehören der Betriebs- bzw. Personalrat, die Jugend- und Auszubildendenvertretung, AusbilderInnen und die Berufsschule.[5] Das Anhörungsverfahren ist nach dem Fortfall des § 29 Abs. 4 BBiG a. f. nicht mehr zwingend sondern ermessensgerecht auszuüben. Sie muss daher erfolgen, wenn die AntragstellerInnen die möglichen Beteiligten zum Nachweis der Antragsbegründung anbietet und die Behörde Zweifel daran hat, dass der/die Auszubildende das Ausbildungsziel in der verkürzten Zeit erreichen wird. Die **Anhörung** kann ggf. noch im Widerspruchsverfahren und sogar im Klageverfahren nachgeholt werden.

2.2 Verfahren der Anhörung

Die **Verkürzung kann schon bei Vertragsabschluss** vereinbart und der zuständigen Stelle zur Genehmigung vorgelegt werden. Sie kann aber auch noch **im Laufe** **4** **des Ausbildungsverhältnisses** bei der zuständigen Stelle beantragt werden.[6]

---

1 BT-Drucks. 15/4752, S. 47.
2 *Leinemann/Taubert* BBiG, § 8 Rn. 17.
3 *Leinemann/Taubert* BBiG, § 8 Rn. 19.
4 *Braun/Mühlhausen* BBiG § 29 a. F. Rn. 17, *Leinemann/Taubert* BBiG, § 8 Rn. 19.
5 *Braun/Mühlhausen* BBiG § 29 a. F. Rn. 28.
6 *Natzel*, DB 1979, 1358; *Braun/Mühlhausen* BBiG, § 29 a. F. Rn. 13.

§ 8 Abkürzung und Verlängerung der Ausbildungszeit

Kurz vor Abschluss der Ausbildung kommt auch ein Antrag auf vorzeitige Zulassung zur Abschlussprüfung nach § 45 BBiG in Betracht. Dies hat insbesondere den Vorteil, dass der Antrag allein von den Auszubildenden gestellt werden kann, die Ausbildenden sind ebenso wie die Berufsschule lediglich anzuhören.

Im Rahmen eines Berufsausbildungsverhältnisses können **unterschiedliche Verkürzungstatbestände** greifen. Es können **mehrere Anträge** auf Verkürzung gestellt werden und zwar auch aus unterschiedlichen Gründen. Auch ist es möglich, dass neben einer Anrechnung von Ausbildungszeiten nach einer Verordnung im Sinne des § 7 BBiG auch eine weitere Verkürzung nach § 8 Abs. 1 der Vorschrift in Betracht kommt. Zusätzlich hierzu ist es möglich, nach § 45 Abs. 1 BBiG den Auszubildenden vorzeitig zur Abschlussprüfung zuzulassen, da beide Tatbestände unterschiedliche Voraussetzungen haben und unterschiedliche Sachverhalte regeln, weshalb sie unabhängig voneinander kumulativ vorliegen können.[7]

Die AntragstellerInnen haben ihre **Beweismittel** (Urkunden, Zeugnisse, innerbetriebliche Beurteilungen etc.) vorzulegen, damit die zuständige Stelle[8] den Sachverhalt möglichst erschöpfend ermitteln kann. Kann die zuständige Stelle sich kein abschließendes Urteil darüber, ob zu erwarten ist, dass der/die Auszubildende das Ausbildungsziel auch in der gekürzten Ausbildungszeit erreicht, bilden, geht dies zu Lasten der AntragstellerInnen: Der Antrag wird zurückgewiesen. Die Entscheidung der zuständigen Behörde ergeht als **Verwaltungsakt**.[9] Beide AntragstellerInnen sind berechtigt, hiergegen Widerspruch einzulegen. Ausreichend ist, wenn ein der Widerspruch durch eine AntragstellerIn eingelegt wird. Bei ablehnendem Widerspruchsbescheid kann Verpflichtungsklage beim Verwaltungsgericht erhoben werden. Die Fristen für Widerspruch und Klageerhebung ergeben sich aus §§ 68 Abs. 2, 70 sowie 74 VwGO.

Bei der Prüfung des Antrages hat die zuständige Stelle an angebotenen **Nachweisen** zu berücksichtigen:
- innerbetriebliche Beurteilungen oder Ergebnisse der betrieblichen Ausbildungsstandkontrolle
- Schulzeugnisse und andere Schulnoten
- Zwischenzeugnis der/des Ausbildenden
- Ergebnisse aus Zwischenprüfungen[10]
- Auslandspraktika[11]
- schriftliche oder mündliche Auskünfte von AusbilderInnen, LehrerInnen, Sachverständigen
- Auskünfte von Betriebs- oder Personalrat, Jugend- und Auszubildendenvertretung.

Das ökonomische Interesse des Ausbildenden an einer ungekürzten Ausbildung ist dagegen nicht zu berücksichtigen. Es ist insoweit sachfremd, als es nicht dem Ziel des BBiG gem. § 1 Abs. 3 BBIG dient.[12] Dem Antrag ist stattzugeben, wenn aufgrund der Nachweise zu erwarten ist, dass der/die Auszubildende das

---

7 *Natzel*, DB 1985, 1840.
8 § 71 BBiG.
9 *Braun/Mühlhausen* BBiG § 29 a.F. Rn. 18.
10 *Haase/Richard/Wagner*, zu § 29 a.F. zu 2.
11 Näher *Eule*, BB 1992, 986, 990.
12 *Braun/Mühlhausen* BBiG § 29 a.F. Rn. 15.

Ausbildungsziel in der gekürzten Zeit erreicht.[13] Ausreichend ist, wenn das Bestehen der Ausbildungsprüfung zu erwarten ist. Nicht erforderlich ist, dass der/die Auszubildende auch noch einen guten Abschluss erreicht.[14]

3. Teilzeitausbildung

Mit dem BerBiRefG ist nunmehr auch die **Teilzeitausbildung** gesetzlich geregelt. Die Erfahrungen mit der Teilzeitausbildung haben schon vor der BerBiRefG begonnen.[15] Dafür müssen die Auszubildenden ein berechtigtes Interesse nachweisen. Diese liegt zum Beispiel bei Auszubildenden vor, die ein eigenes Kind oder pflegebedürftige nahe Angehörige zu betreuen haben.
Die weitere Voraussetzung für die Kürzung, die Erwartung, dass das Ausbildungsziel auch in der gekürzten Zeit erreicht wird, muss grundsätzlich auch bei der Verkürzung der täglichen oder wöchentlichen Ausbildungszeit erfüllt sein. Dies ergibt sich aus der systematischen Stellung der Regelung unmittelbar im Anschluss an die Verkürzung wegen vorzeitiger Erreichung des Ausbildungsziels und daraus, dass es sich nach dem Willen des Gesetzgebers[16] um eine Verkürzung bei ansonsten unveränderter Ausbildungszeit handeln soll. Dies würde jedoch zu dem Ergebnis führen, dass eine Teilzeitausbildung bei gleichzeitiger Verlängerung der Ausbildungszeit zur Erreichung des Ausbildungsziels nicht zulässig wäre, so dass auch in den genannten besonderen Situationen eine Teilzeitausbildung nicht möglich sein könnte. Es ist daher zu berücksichtigen, dass der Gesetzgeber die Teilzeitausbildung gerade mit Blick auf die schwierigen persönlichen Situationen wie Elternschaft vor Ausbildungsabschluss oder Pflege eigener Eltern einführte; noch im Regierungsentwurf zum BerBiRefG war die Teilzeitausbildung nicht enthalten,[17] sie wurde mit der genannten Motivation erst im Rahmen der Ausschussberatungen eingefügt.[18] Dieser gesetzgeberische Wille ist daher vorrangig vor der systematischen Auslegung zu berücksichtigen, so dass in den im Ausschussverfahren genannten Fällen von Elternschaft und Pflege die Teilzeitausbildung bei gleichzeitiger Verlängerung des Ausbildungsvertrags ausnahmsweise auch dann in Betracht kommt, wenn ansonsten zu befürchten ist, dass das Ausbildungsziel nicht erreicht wird. Dieses Regel-/Ausnahmeverhältnis von Beibehaltung der kalendarischen Gesamtausbildungsdauer zu dessen Verlängerung findet sich auch in den Richtlinien des Hauptausschusses nach Abs. 3.[19] Die Richtlinie bindet gem. Abs. 3 die zuständige Stelle bei ihrer Entscheidung, so dass auf eine vorangegangene Praxis der zuständigen Stellen nicht zurückgegriffen werden kann.

5

---

13 *Leinemann/Taubert* BBiG § 8 Rn. 7.
14 *Braun/Mühlhausen* BBiG § 29 a.F. Rn. 13.
15 Einen Überblick über vorhandene Projektbericht geben *Markus Linten; Sabine Prüstel*, Auswahlbibliografie »Berufsausbildung in Teilzeit«, http://www.bibb.de/dokumente/pdf/a1bud_auswahlbibliographie-berufsausbildung-in-teilzeit.pdf.
16 Beschlussempfehlung und Bericht des Ausschusses für Bildung, Forschung und Technikfolgenabschätzung, BT-Drucks. 15/4752, S. 47.
17 BT-Drucks. 15/3980 § 4.
18 Beschlussempfehlung und Bericht des Ausschusses für Bildung, Forschung und Technikfolgenabschätzung, BT-Drucks. 15/4752.
19 S. Rn. 16.

3.1 Vergütung und Finanzierungsmöglichkeiten

6 Die rechtlichen Folgen der Teilzeitausbildung hat der Gesetzgeber nicht geregelt. Insbesondere ist nicht geregelt, welche Konsequenzen die Teilzeitausbildung auf die **Vergütung** für die Auszubildenden hat. Die Ausbildungsvergütung ist nicht Arbeitsentgelt. Sie folgt nicht dem Grundsatz »Entgelt gegen Arbeit«, sondern stellt eine Unterstützung zur Durchführung der Berufsausbildung dar. Sie soll zudem den Fachkräftenachwuchs sichern und nur zuletzt eine Entlohnung für die Leistungen der Auszubildenden sein.[20] Vor diesem Hintergrund scheidet eine anteilige Kürzung der Ausbildungsvergütung aus.[21] Dieses Ergebnis wird durch den Zweck der Teilzeitausbildung gestützt: Die Teilzeitausbildung dient dazu, einer besonderen Lebenssituation der Auszubildenden gerecht zu werden. Zur Unterstützung bei der Durchführung der Berufsausbildung und um den Fachkräftenachwuchs zu sichern, ist eine ungekürzte Ausbildungsvergütung zielführend.

Im Geltungsbereich eines Tarifvertrags wird sich in der Regel die Situation ergeben, dass der Tarifvertrag keine anteilige Kürzung der Ausbildungsvergütung vorsieht. Soweit der Tarifvertrag für Teilzeitarbeit eine Regelung enthält und diese vorsieht, dass das Arbeitsentgelt anteilig zu kürzen ist, greift diese Regelung nicht unmittelbar, da die Ausbildungsvergütung nicht mit dem Grundsatz »Entgelt gegen Arbeit« folgt. Im Bereich eines Tarifvertrags ist es daher eine Frage der Auslegung, ob die tarifvertragliche Ausbildungsvergütung bei Teilzeitausbildung anteilig gekürzt werden darf. Bei der Auslegung ist die Funktion der Ausbildungsvergütung zu berücksichtigen. Ob die Klärung durch ein Schlichtungsverfahren der Tarifvertragsparteien oder durch Auslegung durch Arbeitsgerichte erfolgt, ist eine Frage, die sich nach § 101 ArbGG sowie dem jeweiligen Tarifvertrag und seinen Konfliktlösungsregularien bestimmt.[22] Soweit ein Tarifvertrag nicht unmittelbar aus den §§ 2 ff. TVG anwendbar ist, bestimmt sich die Ausbildungsvergütung für die Teilzeitausbildung nach § 17 Abs. 1 Satz 1. Die Ausbildungsvergütung muss angemessen sein. Ein einschlägiger, wenn auch nicht unmittelbar anzuwendender Tarifvertrag ist die wichtigste Leitlinie bei der Frage, ob eine Ausbildungsvergütung angemessen im Sinne des § 17 Abs. 1 Satz 1 ist.[23] Aus diesem Grund strahlt die Auslegung des einschlägigen Tarifvertrags auf die Prüfung der Angemessenheit der Teilzeitausbildungsvergütung aus.[24] Lediglich in Branchen ohne Tarifvertrag kann es auf Kammerempfehlungen o. ä. ankommen.[25] Einen Automatismus, wonach bei Teilzeitausbildung nur anteilige Vergütung gezahlt werden muss, existiert auch hier nicht; auch hier muss nach den zuvor dargestellten Grundsätzen überprüft werden, ob die Ausbildungsvergütung angemessen ist.

Auszubildende in einer Teilzeitausbildung wegen eines Kindes haben in der

---

20 *BAG* 8.5.2003, 6 AZR 191/02, juris m.w.N.
21 *Lakies/Nehls* BBiG § 8 Rn. 16; *Benecke/Hergenröder* BBiG § 8 Rn. 15; *Hergenröder*, Teilzeitausbildung – Rechtliche Grundlagen und Möglichkeiten, BWP 2008, 49, a.A. *Hurlebaus*, Vergütung bei Teilzeitausbildung, BWP 2009, 53.
22 *Löwisch*, Richten und Schlichten von Arbeitsstreitigkeiten in Deutschland, in: Recht und Verfahren, Kroeschell (Hrsg.), Heidelberg 1993, 205, 207.
23 S. § 17 Rn. 20; *BAG* 8.5.2003, 6 AZR 191/02, juris.
24 A.A. Hurlebaus, Vergütung bei Teilzeitausbildung, BWP 2009, 53.
25 S. § 17 Rn. 21.

Regel einen Engeltbedarf, der auch durch die volle Ausbildungsvergütung nicht gedeckt werden kann. Sie können in der Regel die folgenden zusätzlichen finanziellen Leistungen beantragen, abhängig von Status und Lebenssituation:[26]

- Berufsausbildungsbeihilfe (BAB),
- BaföG (bei vollschulischen Ausbildungen),
- Kindergeld,
- Kindergeld für die Auszubildende (sofern es durch die Eltern zur Verfügung gestellt wird),
- Kindergeldzuschlag,
- Unterhaltsleistungen für die Kinder: Unterhaltsvorschuss/Regelunterhalt nach der Berliner Tabelle,
- Elterngeld,
- Leistungen nach dem SGB II:
  - Arbeitslosengeld II;
  - Sozialgeld für das Kind/Kinder (§ 28) und Kosten der Unterkunft für das Kind/die Kinder (§ 22 Abs. 1);
  - Mehrbedarf für Alleinerziehende (§ 21 Abs. 3);
  - Zuschuss zu den durch BAB oder Bafög ungedeckten Kosten für Unterkunft und Heizung (§ 22 Abs. 7);
  - Leistungen für schwangere Auszubildende;
  - Leistungen nach dem SGB III;
  - Fahrkostenbeihilfe (§§ 53 ff.) sowie
  - Ausrüstungsbeihilfe (§§ 53 ff).
- Wohngeld,
- Halbwaisen- bzw. Waisenrente bei Tod eines oder beider Elternteile,
- Im Bedarfsfall können noch Sonderleistungen zusätzlich beantragt werden.
  - ALG II als Darlehen
    a) Für Personen, die sich vor der Ausbildung bereits im laufenden ALG II-Bezug befinden, besteht die Möglichkeit nach § 23 Abs. 4 SGB II, für den Monat in dem die Ausbildung beginnt, Arbeitslosengeld II als Darlehen weiter zu zahlen, da in diesem Monat voraussichtlich Einnahmen anfallen. Die Darlehenszahlung ist jedoch – unabhängig von der Bearbeitungszeit, die der BAB-Träger für die Bewilligung seiner Leistung benötigt – nur für diesen Monat möglich.
    b) Darüber hinaus erlaubt es die Öffnungsklausel des § 7 Abs. 5 SGB II, darlehensweise Leistungen zum Lebensunterhalt in Fällen zu bewilligen, in denen Auszubildende zwar Leistungen der Ausbildungsförderung nach dem Bafög oder BAB beantragt haben, diese aber tatsächlich (noch) nicht erhalten. Die Anwendung des § 7 Abs. 5 Satz 2 SGB II erfordert das Vorliegen eines besonderen Härtefalls. Ein Abbruch oder das Nichtantreten der Ausbildung würde vom Bundesministerium für Arbeit und Soziales als Härte anerkannt werden, wenn die betreffende Person keine andere Möglichkeit hat, ihren Lebensunterhalt zu sichern.
  - Kinderbetreuungskosten: Eine Befreiung von den Kinderbetreuungskosten ist im Härtefall möglich (zuständig sind die Jugendämter).

---

26 http://www.berlin.de/imperia/md/content/sen-frauen/teilzeitberufsausbildung/studie_teilzeitberufsausbildung_berlin_2008.pdf?start&ts=1273507431&file=studie_teilzeitberufsausbildung_berlin_2008.pdf.

- Befreiung von den Zuzahlungen der Krankenkasse (zu beantragen bei der jeweiligen Krankenkasse)
- soweit in der Kommune vorhanden: Sozialticket o. ä.
- Zuschuss für Klassenfahrten: Personen, die Sozialhilfe oder ALG II beziehen bzw. Personen mit geringfügigem Einkommen, können einmalige Leistungen für mehrtägige Klassenfahrten im Rahmen der schulrechtlichen Bestimmungen gewährt werden. Diese gesondert zu erbringenden Leistungen werden in pauschalierter Form, d. h. in Form eines festgelegten Geldbetrages, zur Verfügung gestellt. Wichtig ist, dass die Leistungen vorher beantragt werden (§ 23 SGB II, § 31 SGB XII).

3.2 Gemeinsamer Antrag

7   Auszubildende und Ausbildende müssen den Antrag auf Teilzeitausbildung gemeinsam stellen. Ob dieses Erfordernis der **gemeinsamen Antragstellung** von Auszubildenden und Ausbildenden die Verbreitung der Teilzeitausbildung erhöht, ist fraglich. Aus dem Grundsatz von Treu und Glauben kann sich ein arbeitsrechtlicher **Anspruch der Auszubildenden** ergeben, dass der Ausbildende den Antrag bei der zuständigen Stelle mit stellt. Der Grundsatz von Treu und Glauben (§ 242 BGB) prägt jedes Vertragsverhältnis. Nach diesem Grundsatz muss der Schuldner die Leistung so bewirken, wie Treu und Glauben mit Rücksicht auf die Verkehrssitte es erfordern. Zu den letztlich auf § 242 BGB beruhenden arbeitsvertraglichen Nebenpflichten gehört auch die Pflicht, auf die berechtigten Interessen des Vertragspartners Rücksicht zu nehmen.[27] Dies gebietet zum Beispiel dann eine Zustimmung zur Teilzeitausbildung, wenn wegen der Geburt eines Kindes anderenfalls die Ausbildung abgebrochen würde. Denn die Weigerung des Ausbildenden, den Antrag zu stellen, vereitelt, dass der/die Auszubildende das vereinbarte Vertragsziel erreicht: Den erfolgreichen Abschluss der Ausbildung. Insofern gebieten die nicht unmittelbar anwendbaren § 15 Abs. 5 BEEG und § 3PflegeZG sowohl bei der Ausgestaltung der Fürsorgepflicht als auch bei der Entscheidung der zuständigen Stelle einen Anhaltspunkt für die Wertung des Gesetzgebers, in welchen Konstellationen Teilzeit regelmäßig ermöglicht werden soll. Ein Anspruch aus § 8 TzBfG scheidet aus, da § 8 Abs. 1 Satz 2 eine spezieller Regelung für die Berufsausbildung bietet, die die allgemeinere Regelung des TzBfG verdrängt.[28]
Gegenüber dem Arbeitgeber kommt eine Klage beim Arbeitsgericht auf Abgabe der Willenserklärung in Form des Antrags in Betracht, die in Eilfällen durch einen Antrag auf Erlass einer einstweiligen Verfügung begleitet werden kann. Liegt die Willenserklärung des Arbeitgebers vor, kann der Antrag von der zuständigen Stelle ermessensfehlerfrei entschieden werden.

3.3 Wirkung der Genehmigung

8   Umstritten ist die **Wirkung der Genehmigung** durch die zuständige Stelle auf den Ausbildungsvertrag. Sowohl bei der Verkürzung als auch bei der Verlängerung ist der Verwaltungsakt – die Genehmigung der zuständigen Stelle stellt

---

27 *BAG* 6. 8. 1997 – 7 AZR 557 / 96, AP KSchG 1969 § 1 Wiedereinstellung Nr. 2, zu II 1 b der Gründe.
28 *Lakies/Nehls* BBiG § 8 Rn. 15.

einen solchen dar – mit der Bekanntgabe an die Beteiligten wirksam geworden.[29] Er wird zunächst mit dem Inhalt wirksam, mit dem er bekanntgegeben wird.[30] Streitig ist aber, ob sich darin seine Wirkung erschöpft. Zum einen wird die Auffassung vertreten, dass die Entscheidung der zuständigen Stelle als »privatrechtsgestaltender Verwaltungsakt«[31] unmittelbar eine Änderung des Ausbildungsvertrags bedeutet.[32] Dagegen will eine andere Auffassung zusätzlich eine privatrechtliche Abrede hinzutreten lassen, die der Genehmigung der zuständigen Stelle folgen muss.[33] Wegen ihrer überzeugenderen Begründung ist der ersten Auffassung zu folgen. Dies hat zum Ergebnis, dass bereits mit dem Verwaltungsakt eine Anpassung des Berufsausbildungsvertrags erreicht ist, es also keines weiteren Rechtsakts mehr bedarf, dass mit der Rechtskraft des Verwaltungsakts eine Anpassung des Berufsausbildungsvertrags nicht mehr erforderlich ist. Dieser wird bereits durch den Verwaltungsakt geändert.

4. Ausbildungszeitverlängerung nach Absatz 2

Die zuständige Stelle kann in Ausnahmefällen nach Abs. 3 der Vorschrift die **9** Ausbildungszeit verlängern, wenn dies erforderlich ist, um das Ausbildungsziel zu erreichen. Als **Gründe für die Verlängerung** kommen z.B. in Betracht:
– längere Krankheitszeiten;
– Ausfall der Ausbildung aus betrieblichen Gründen;
– längeren Auslandspraktikums;[34]
– Ausbildungsverhältnisse mit behinderten Menschen.[35]
Die Erwartung, dass eine anstehende Abschlussprüfung aufgrund mangelhafter beruflicher Fertigkeiten, Kenntnisse und Fähigkeiten nicht bestanden wird, reicht für sich genommen jedoch als Verlängerungsgrund nicht aus.[36] Die Entscheidung über die Verlängerung ist unabhängig davon, ob der Ausbildende oder der Auszubildende die Verzögerung der Ausbildung zu vertreten hat. Zur Wirkung der Genehmigung eines Verlängerungsantrags s. Rn. 8.

4.1 Nachweis der Verlängerungsgründe

Die Verlängerung kann nur auf Antrag der Auszubildenden erfolgen. Diese **10** müssen die entsprechenden Nachweise erbringen. Gelingt ihnen der Nachweis nicht, kann die zuständige Stelle den Antrag zurückweisen. Gegen den ablehnenden Verwaltungsakt kann Widerspruch und bei ablehnendem Widerspruchsbescheid Verpflichtungsklage erhoben werden.[37] Ein entsprechender Antrag kann mehrmals gestellt werden, sofern ein neuer Verlängerungsgrund gegeben ist. Die Verlängerung der Ausbildungszeit durch die zuständige Stelle

29 §§ 43, 41 VwVfG.
30 § 43 Abs. 1 Satz 2 VwVfG.
31 Zum Begriff *Stelkens/Bonk/Leonhardt*, § 35 Rn. 126.
32 *Braun/Mühlhausen/Munk/Stück*, § 29 a.F. Rn. 19, *Leinemann/Taubert* BBiG § 8 Rn. 33 m.w.N.
33 *Natzel*, DB 1981, 1409 m.w.N.
34 *Eule*, BB 1992, 990.
35 §§ 64 bis 67.
36 *VG Gießen* 27.5.2009, 8 K 1726/08.GI, juris.
37 S. Rn. 6.

hat unmittelbare zivilrechtliche Wirkung.[38] Eine Vereinbarung zwischen Auszubildenden und Ausbildenden bedarf der Zustimmung der zuständigen Stelle, § 71 BBiG.

4.2 Schadensersatz

11 Hat der/die Ausbildende die Gründe für die Verlängerung der Ausbildung zu vertreten, z.B. durch schlechte oder einseitige Ausbildung, ist er dem/der Auszubildenden gegenüber schadenersatzpflichtig. Der Schaden kann in der Differenz zwischen der Ausbildungsvergütung und dem entgangenen Arbeitsentgelt bestehen, das der/die Auszubildende bei rechtzeitiger Beendigung während der Verlängerungszeit verdient hätte.[39] Hierbei muss der/die Auszubildende sich aber ein Mitverschulden nach § 254 BGB anrechnen lassen, wenn er/sie den Pflichten aus § 14 BBiG nicht nachgekommen ist[40] und die schlechte Ausbildung auch nicht schon vor dem Verlängerungsantrag gerügt hat. Eine Ausnahme hiervon ist nur geboten, wenn der/die Ausbildende gegen die Pflichten aus dem Ausbildungsverhältnis ersichtlich oder gar grob verstößt.[41] Zu beachten ist, dass der Schadenersatzanspruch in der Regel den Ausschlussfristen des Tarifvertrags unterliegt. Die Ansprüche müssen daher entsprechend den Vorschriften des anzuwendenden Tarifvertrags geltend gemacht werden. Im nicht tarifgebundenen Ausbildungsverhältnis greift die Verjährung für Schadenersatzansprüche von in der Regel zehn Jahren ab ihrer Entstehung, § 199 Abs. 3 BGB.

5. Vergütung

12 Die Vergütung ist in den durch die Vorschrift geregelten Fällen folgendermaßen zu berechnen:
– Wird die Ausbildung nach Abs. 1 verkürzt, haben die Auszubildenden keinen Anspruch auf eine höhere Vergütung entsprechend der von der üblichen Ausbildungszeit abweichenden Verkürzung.[42] Die Verkürzung führt nicht zu einer fiktiven Vorverlegung des Ausbildungsbeginns mit der Folge eines früheren Anspruchs auf eine für spätere Zeitabschnitte vorgesehene höhere Ausbildungsvergütung.[43] Wird eine Verkürzung im Laufe des Ausbildungsverhältnisses von beiden Vertragspartnern beantragt, kann mit der beantragten Änderung der Ausbildungsdauer auch eine Änderung der Vergütung vereinbart werden.[44] Diese ergibt sich jedoch nicht automatisch mit der Rechtskraft des Verwaltungsakts der zuständigen Stelle nach § 71 BBiG, da dieser Verwaltungsakt sich lediglich auf die Verkürzung bezieht und nur dort kraft Gesetzes privatrechtsgestaltenden Charakter hat.[45]

---

38 Vgl. oben Rn. 10.
39 *Braun/Mühlhausen* BBiG § 29 BBiG a.F. Rn. 25.
40 *Knopp/Kraegeloh*, ebenda; vgl. auch BAG v. 10.6.76, EzA § 611 BGB Haftung des Arbeitgebers Nr. 6.
41 *Braun/Mühlhausen* BBiG § 29 BBiG a.F. Rn. 26.
42 *Natzel*, DB 1979, 1361.
43 *BAG* 8.12.82, EzB § 10 Abs. 1 BBiG Nr. 31.
44 *Natzel*, DB 1979, 1361.
45 S. Rn. 10.

– Wird nach Abs. 2 die Ausbildungszeit verlängert, kann eine weitere Steigerung der Höhe der Ausbildungsvergütung nach § 17 Abs. 1 Satz 2 BBiG nicht verlangt werden.[46]

6. Richtlinien/Beschluss des Hauptausschusses für Berufsbildung vom 27.6.2008

Der auf Veranlassung des zuständigen Ausschusses eingefügte Abs. 3 ermöglicht es dem Hauptausschuss beim Bundesinstituts für Berufsbildung für die Entscheidung über die Verkürzung oder Verlängerung der Ausbildung[47] Richtlinien zu erlassen. Es handelt sich um eine dem Hauptausschuss durch »sonstige Vorschriften« des BBiG zugewiesene Aufgabe im Sinne des § 92 Abs. 1 Einleitungssatz BBiG. Die Richtlinien sollen nach der Vorstellung des Ausschusses gegenüber der zuständigen Stellung Bindungswirkung entfalten.[48] Der Hauptausschuss hat diese Richtlinien am 27.6.2008 beschlossen, sie sind in unter der folgenden Randnummer abgedruckt. **13**

Der nachfolgend abgedruckte Beschluss löst den Beschluss des Bundesausschusses für Berufsbildung vom 25. Oktober 1974 betreffend Kriterien zur Abkürzung und Verlängerung der Ausbildungszeit nach § 29 BBiG a. F.[49] ab, soweit identische Regelungsgegenstände betroffen sind. **14**

Empfehlung des Hauptausschusses des Bundesinstituts für Berufsbildung vom 27.6.2008 zur Abkürzung und Verlängerung der Ausbildungszeit/zur Teilzeitberufsausbildung[50] sowie zur vorzeitigen Zulassung zur Abschlussprüfung (§ 45 Abs. 1 BBiG/§ 37 Abs. 1 HwO)[51]

Übersicht
A. Grundsätze
B. Abkürzung der Ausbildungszeit und Teilzeitausbildung gem. § 8 Abs. 1 BBiG/§ 27b Abs. 1 HwO
C. Vorzeitige Zulassung zur Abschluss-/Gesellenprüfung gem. § 45 Abs. 1 BBiG/§ 37 Abs. 1 HwO
D. Mindestdauer der Ausbildung
E. Verlängerung der Ausbildungszeit gem. § 8 Abs. 2 BBiG/§ 27b Abs. 2 HwO

A. Grundsätze
(1) Die nachstehende Empfehlung soll die Auslegung der gesetzlichen Vorschriften über die Abkürzung der Ausbildungszeit gem. § 8 Abs. 1 S. 1 und 2 Berufsbildungsgesetz (BBiG)/§ 27b Abs. 1 S. 1 und 2 Handwerksordnung (HwO) konkretisieren. Die Abkürzung beinhaltet auch die Teilzeitberufsausbildung, die insbesondere Alleinerziehenden und jungen Eltern durch die Verkürzung der täglichen oder wöchentlichen Ausbildungszeit die Möglichkeit gibt, Berufsausbildung und Familie zu vereinbaren.

---

46 *Natzel*, DB 1979, 1363; *Herkert*, § 29 Rn. 34.
47 Einschließlich der Typisierung von Fällen, in denen ein berechtigtes Interesse an einer Teilzeitausbildung vorliegt.
48 BT-Drucks. 15/4752, S. 47.
49 Abgedruckt in der Vorauflage unter Rn. 17.
50 § 8 BBiG/§ 27 HwO.
51 Bundesanzeiger Nr. 129/2008 vom 27.8.2008; Zeitschrift »Berufsbildung in Wissenschaft und Praxis«, Nr. 4/2008; Internet: http://www.bibb.de/de/49423.htm.

§ 8 Abkürzung und Verlängerung der Ausbildungszeit

Darüber hinaus werden Empfehlungen über die vorzeitige Zulassung zur Abschluss-/Gesellenprüfung gem. § 45 Abs. 1 BBiG i. V. m. § 21 Abs. 2 BBiG/§ 37 Abs. 1 HwO i. V. m. § 21 Abs. 2 BBiG und über die Verlängerung der Ausbildungszeit gem. § 8 Abs. 2 BBiG/§ 27 b Abs. 2 HwO formuliert.

(2) Die Empfehlungen enthalten Maßstäbe für die Entscheidungen der zuständigen Stellen.

(3) Im Einzelfall können besondere Gesichtspunkte eine abweichende Beurteilung erfordern.

B. Abkürzung der Ausbildungszeit und Teilzeitausbildung gem. § 8 Abs. 1 BBiG/§ 27 b Abs. 1 HwO

B.1 Grundsatz und allgemeine Voraussetzungen der Antragstellung

(1) Auf gemeinsamen Antrag des Ausbildenden (Betrieb) und des Auszubildenden[52] hat die zuständige Stelle die Ausbildungszeit gem. § 8 Abs. 1 BBiG/§ 27 b Abs. 1 HwO zu kürzen, wenn zu erwarten ist, dass das Ausbildungsziel in der gekürzten Zeit erreicht wird.

(2) Die Kürzung der Ausbildungszeit soll möglichst bei Vertragsschluss, spätestens jedoch so rechtzeitig beantragt werden, dass noch mindestens ein Jahr Ausbildungszeit verbleibt.

(3) Der Antrag muss gemeinsam von beiden Vertragsparteien[53] schriftlich bei der zuständigen Stelle gestellt werden. Bei Minderjährigen ist die entsprechende Zustimmung der gesetzlichen Vertreter erforderlich.

(4) Die Antragsteller müssen glaubhaft machen, dass das Ausbildungsziel in der gekürzten Zeit erreicht werden kann, z. B. durch Vorlage von (Berufs-)Schul- und Prüfungszeugnissen, Leistungsbeurteilungen, Berufsausbildungsverträgen und betrieblichen Ausbildungsplänen.

B.2 Abkürzungsgründe bei Vertragsabschluss gem. § 8 Abs. 1 S. 1 BBiG/§ 27 b Abs. 1 S. 1 HwO

(1) Nachfolgende Gründe können zu einer Verkürzung in dem angegebenen Zeitrahmen führen:

(2) Im Einzelfall kann die Ausbildungszeit auch wegen eines Lebensalters von mehr als 21 Jahren um bis zu 12 Monaten verkürzt werden.

(3) Darüber hinaus kann bei Nachweis einer einschlägigen beruflichen Grundbildung oder einschlägigen Berufstätigkeit oder Arbeitserfahrung im Berufsfeld diese angemessen berücksichtigt werden.

(4) Bei Fortsetzung der Berufsausbildung in demselben Beruf kann die zurückgelegte Ausbildungszeit ganz oder teilweise für eine Kürzung berücksichtigt werden.

(5) Soweit festgestellt wird, dass nach Abschluss des ersten Ausbildungsjahres bei einem Berufswechsel die Grundausbildung des Erstberufes im Wesentlichen identisch ist mit der Grundausbildung des neuen Ausbildungsberufes, so kann diese in vollem Umfang (12 Monate) berücksichtigt werden.

B.3 Abkürzung während der Berufsausbildung gem. § 8 Abs. 1 S. 1 BBiG/§ 27 b Abs. 1 S. 1 HwO

(1) Die Kürzung der Ausbildungszeit während der laufenden Berufsausbildung ist möglich, wenn Verkürzungsgründe nach B.1 vorliegen, das Ausbildungsziel in der verkürzten Zeit erreicht werden kann und die Ausbildungsinhalte vermittelt werden können.

---

52 Zur besseren Lesbarkeit wird generell auf weibliche Bezeichnungen verzichtet; mit männlichen Wortformen sind männliche und weibliche Personen in gleicher Weise gemeint.

53 Ausbildender und Auszubildender.

Malottke

(2) Wird der Antrag erst im Laufe der letzten 12 Monate der Ausbildungszeit gestellt, so soll dieser vorrangig als Antrag auf vorzeitige Zulassung zur Abschluss-/Gesellenprüfung behandelt werden[54].

B.4 Zusammentreffen mehrerer Verkürzungsgründe

Mehrere Verkürzungsgründe können nebeneinander berücksichtigt werden. Eine vorzeitige Zulassung zur Prüfung[55] ist auch bei verkürzter Ausbildungsdauer gem. § 45 Abs. 1 BBiG/§ 37 Abs. 1 HwO möglich, wenn dadurch die unter **D.** vorgegebene Mindestausbildungsdauer nicht unterschritten wird.

B.5 Abkürzung der täglichen oder wöchentlichen Ausbildungszeit gem. § 8 Abs. 1 S. 2 BBiG/§ 27 b Abs. 1 S. 2 HwO (Teilzeitberufsausbildung)

(1) Bei berechtigtem Interesse ist auf gemeinsamen Antrag des Auszubildenden und Ausbildenden die Ausbildungszeit auch in Form einer täglichen oder wöchentlichen Reduzierung der Arbeitszeit zu kürzen[56]. Ein berechtigtes Interesse ist z.B. dann gegeben, wenn der Auszubildende ein eigenes Kind oder einen pflegebedürftigen Angehörigen zu betreuen hat oder vergleichbar schwerwiegende Gründe vorliegen.

(2) Das berechtigte Interesse ist durch Vorlage geeigneter Belege nachzuweisen.

(3) Da das Berufsbildungsgesetz für die Abkürzung der Ausbildungsdauer keine anteilige Untergrenze festlegt, ist jeweils im Einzelfall zu prüfen, ob die Auszubildenden auch bei einer täglichen oder wöchentlichen Reduzierung der betrieblichen Ausbildungszeiten noch wirklichkeitsnah mit den wesentlichen Betriebsabläufen vertraut gemacht werden können und in dem für die Ausbildung erforderlichen Maß in die betriebliche Praxis eingebunden werden können. Als Richtschnur soll eine wöchentliche Mindestausbildungszeit von 25 Stunden nicht unterschritten werden.

(4) Die Teilzeitberufsausbildung führt grundsätzlich nicht zu einer Verlängerung der kalendarischen Gesamtausbildungsdauer.

(5) Im Einzelfall kann eine verkürzte tägliche oder wöchentliche Arbeitszeit aber mit einer Verlängerung der kalendarischen Ausbildungsdauer verbunden werden[57], wenn die Verlängerung erforderlich ist, um das Ausbildungsziel zu erreichen.

(6) Die Entscheidung über die Verlängerung kann bei noch unsicherer Prognose oder bei veränderten Rahmenbedingungen auch später getroffen werden.

C. Vorzeitige Zulassung zur Abschluss-/Gesellenprüfung gem. § 45 Abs. 1 BBiG/§ 37 Abs. 1 HwO

C.1 Grundsatz und allgemeine Voraussetzungen der Antragstellung

(1) Der Auszubildende kann nach Anhörung des Ausbildenden (Betrieb) und der Berufsschule vor Ablauf seiner Ausbildungszeit zur Abschluss-/Gesellenprüfung zugelassen werden, wenn seine Leistungen dies rechtfertigen[58].

(2) Der Antrag ist schriftlich bei der zuständigen Stelle zu stellen, im Falle der vorzeitigen Zulassung zur Gesellenprüfung bei der Geschäftsstelle des Prüfungsausschusses.

(3) Dem Antrag sind die nach der geltenden Prüfungsordnung erforderlichen Anmeldeunterlagen beizufügen.

C.2 Zulassungsvoraussetzungen

(1) Eine vorzeitige Zulassung ist gerechtfertigt, wenn der Auszubildende sowohl in der Praxis (Betrieb) als auch in der Berufsschule (Durchschnittsnote aller prüfungsrelevanten Fächer oder Lernfelder) überdurchschnittliche Leistungen nachweist.

---

54 Siehe **C.** Vorzeitige Zulassung zur Abschluss-/Gesellenprüfung.
55 Siehe unter **C.**
56 § 8 Abs. 1 S. 2 BBiG/§ 27b Abs. 1 S. 2 HwO.
57 § 8 Abs. 2 BBiG, siehe unter **E.**
58 § 45 Abs. 1 BBiG/§ 37 Abs. 1 HwO.

§ 8   Abkürzung und Verlängerung der Ausbildungszeit

(2) Überdurchschnittliche Leistungen liegen in der Regel vor, wenn das letzte Zeugnis der Berufsschule in den prüfungsrelevanten Fächern oder Lernfeldern einen Notendurchschnitt besser als 2,49 enthält und die praktischen Ausbildungsleistungen als überdurchschnittlich bzw. besser als 2,49 bewertet werden.

(3) Neben dem Zeugnis der Berufsschule sind für den Nachweis das Leistungszeugnis oder eine entsprechende Bescheinigung des ausbildenden Betriebs und die Vorlage der Zwischenprüfungsbescheinigung erforderlich. Der ordnungsgemäß geführte Ausbildungsnachweis ist vorzulegen oder das ordnungsgemäße Führen des Ausbildungsnachweises vom Betrieb und vom Auszubildenden schriftlich zu bestätigen.

C.3 Zulassungsentscheidung

(1) Bei Abschlussprüfungen trifft die zuständige Stelle die Zulassungsentscheidung. Hält sie die Zulassungsvoraussetzungen für nicht gegeben, entscheidet der Prüfungsausschuss[59].

(2) Bei Gesellenprüfungen trifft der Vorsitzende des Prüfungsausschusses die Zulassungsentscheidung. Hält er die Zulassungsvoraussetzungen für nicht gegeben, entscheidet der gesamte Prüfungsausschuss[60].

(3) Die vorgezogene Prüfung soll nicht mehr als 6 Monate vor dem ursprünglichen Prüfungstermin stattfinden. Darüber hinausgehende Anträge sollen von den zuständigen Stellen als Antrag auf Abkürzung der Ausbildungszeit nach §§ 8 Abs. 1 BBiG/27b Abs. 1 HwO behandelt werden[61].

D. Mindestdauer der Ausbildung

Die Ausbildungsvertragsdauer soll in der Regel folgende Mindestzeiten, insbesondere beim Zusammentreffen mehrerer Verkürzungsgründe bzw. bei vorzeitiger Zulassung, nicht unterschreiten:

E. Verlängerung der Ausbildungszeit gem. § 8 Abs. 2 BBiG und § 27 b Abs. 2 HwO
E.1 Grundsatz

(1) In Ausnahmefällen kann die zuständige Stelle auf Antrag des Auszubildenden die Ausbildungszeit verlängern, wenn die Verlängerung erforderlich ist, um das Ausbildungsziel zu erreichen[62]. § 21 Abs. 3 BBiG bleibt unberührt.

(2) Inhaltlich verknüpfte Anträge auf Verkürzung der täglichen oder wöchentlichen Ausbildungszeit und auf Verlängerung der kalendarischen Gesamtausbildungsdauer sollen im Sinne förderlicher Bedingungen für die Vereinbarkeit von Berufsausbildung und Familie entschieden werden.

E.2 Allgemeine Voraussetzungen der Antragstellung

(1) Der Antrag ist vom Auszubildenden schriftlich bei der zuständige Stelle zu stellen. Bei Minderjährigen ist die entsprechende Zustimmung der gesetzlichen Vertreter erforderlich.

(2) Der Antrag soll rechtzeitig vor Ablauf des Berufsausbildungsverhältnisses gestellt werden.

(3) Vor der Entscheidung über den Antrag ist der Ausbildende (Betrieb) zu hören[63]. Die Berufsschule kann gehört werden.

(4) Der Auszubildende muss glaubhaft machen, dass die Verlängerung erforderlich ist, um das Ausbildungsziel zu erreichen. Eine Verlängerung nach § 8 Abs. 2 BBiG/§ 27a Abs. 2 HwO soll nur ausnahmsweise bei Vorliegen besonderer Gründe gewährt werden.

---

59 § 46 Abs. 1 BBiG.
60 § 37 a Abs. 1 HwO.
61 Siehe unter **B.**
62 § 8 Abs. 2 BBiG/§ 27b Abs. 2 HwO.
63 § 8 Abs. 2 BBiG/§ 27b Abs. 2 HwO.

Regelausbildungszeit
Mindestzeit der Ausbildung
3 1/2 Jahre   24 Monate
3 Jahre   18 Monate
2 Jahre   12 Monate

E.3 Verlängerungsgründe
(1) Nachfolgende Gründe können eine Verlängerung erforderlich machen:
– erkennbare schwere Mängel in der Ausbildung,
– Nichterreichen des Leistungszieles der Berufsschulklasse,
– längere, vom Auszubildenden nicht zu vertretende Ausfallzeiten (z.B. infolge Krankheit),
– körperliche, geistige und seelische Behinderung des Auszubildenden, die dazu führen, dass das Ausbildungsziel nicht in der vereinbarten Ausbildungszeit erreicht werden kann,
– Betreuung des eigenen Kindes oder von pflegebedürftigen Angehörigen,
– verkürzte tägliche oder wöchentliche Ausbildungszeit[64].
(2) Bei Festlegung der Verlängerungszeit sind die Prüfungstermine zu berücksichtigen.

7. Parallelvorschrift in der HwO

Für das Handwerk gilt die Parallelvorschrift nach § 27 b HwO. **15**

8. Mitbestimmung des Betriebsrats

Der Betriebsrat hat bei der Festlegung der Dauer der Ausbildung ein Mitbestimmungsrecht aus § 98 Abs. 1 BetrVG. Diese umfasst auch die grundsätzliche Entscheidung des Arbeitgebers, für bestimmt Ausbildungsberufe künftig generell eine nach Maßgabe des § 8 BBiG verkürzte Ausbildung vorzusehen[65]. Eine entsprechende Entscheidung für das inhaltsgleiche Mitbestimmungsrecht der Personalräte steht noch aus. **16**

§ 9 Regelungsbefugnis

Soweit Vorschriften nicht bestehen, regelt die zuständige Stelle die Durchführung der Berufsausbildung im Rahmen dieses Gesetzes.

Inhaltsübersicht   Rn.

1.   Allgemeines   1
2.   Zuständige Stelle   2
3.   Kompetenzverteilung innerhalb der zuständigen Stelle   4
4.   Umfang der Regelungsbefugnis
4.1   Rahmen der Regelungsbefugnis   5
4.2   Regelungsinhalte   8
5.   Rechtliche Formen der Regelungen   10
6.   Parallelvorschrift in der HwO   11

---

64 § 8 Abs. 1 S. 2 BBiG/§ 27 b Abs. 1 S. 2 HwO.
65 *BAG* 24.8.2004, 1 ABR 28/03, juris.

1. Allgemeines

1 § 9 verleiht der zuständigen Stelle eine umfassende Regelungsbefugnis für die Durchführung der Berufsbildung. § 9 entspricht § 44 BBiG 1969. Die Regelungsbefugnis bezieht sich lediglich auf die Durchführung der Berufsausbildung. Das Recht, eigene Ausbildungsregelungen für neue Berufe zu schaffen oder neue Qualifizierungsinhalte für die Berufsausbildung zu regeln, bleibt weiterhin allein dem Verordnungsgeber vorenthalten. Die Regelungsbefugnis für die Berufsausbildung ist umfassender als für Fortbildungen und Umschulungen, §§ 54, 59. Die §§ 54 und 59 verleihen jeweils nur die Möglichkeit, Prüfungsregelungen zu schaffen. Allerdings können in diesem Bereich auch neue Abschlüsse geschaffen werden. Dies ist für den Bereich der Berufsausbildung nicht möglich.

2. Zuständige Stelle

2 Die Regelungsbefugnis wird der zuständigen Stelle eingeräumt. Die Zuständigkeit der zuständigen Stellen ergibt sich aus den §§ 71 ff. Grundsätzlich richtet sich die Zuständigkeit der zuständigen Stelle nach dem Berufsbild. So wird gewährleistet, dass die Fachkompetenz der zuständigen Stelle für einen bestimmten Berufsbereich bei der Berufsbildung gebündelt genutzt werden kann. Lediglich für den Bereich des Handwerks bestimmt § 71 Abs. 7, dass für Handwerksbetriebe und handwerksähnliche Betriebe immer die Handwerkskammer die zuständige Stelle ist.

3 Die mit § 9 erteilte Regelungsbefugnis ist umfassend. Sie ist nicht davon abhängig, ob der Ausbildende oder der Ausbildungsbetrieb Mitglied der jeweiligen Kammer ist.[1]

3. Kompetenzverteilung innerhalb der zuständigen Stelle

4 § 9 trifft keine Aussage darüber, wer innerhalb der zuständigen Stelle befugt ist, eine Regelung zu schaffen. Die Zuständigkeiten innerhalb der zuständigen Stelle sind an unterschiedlichen Stellen geregelt.
– Beim Erlass allgemeiner Rechtsvorschriften steht die alleinige Kompetenz dem Berufsbildungsausschuss gem. § 79 Abs. 4 zu.
– Bei der Abnahme von Prüfungen sind die Prüfungsausschüsse zuständig, § 39.
– Bei der Übertragung von Aufgaben auf andere Kammern, z.B. bei der Bildung gemeinsamer Prüfungsausschüsse gem. § 39 Abs. 1 Satz 2, ist ggf. die Vollversammlung der Kammer zuständig, z.B. nach § 4 Satz 2 Nr. 6 IHKG.
– Soweit die vorgenannten Organe nicht handlungsbefugt sind oder von ihrer Kompetenz keinen Gebrauch gemacht haben, kommt eine Befugnis der Geschäftsführung der zuständigen Stelle in Betracht.

---

1 *Benecke/Hergenröder* BBiG § 9 Rn. 7.

Malottke

4. Umfang der Regelungsbefugnis

4.1 Rahmen der Regelungsbefugnis

Die Regelungsbefugnis besteht nach dem Wortlaut der Vorschrift nur, »soweit **5** Vorschriften nicht bestehen.« Soweit andere Vorschriften eine abschließende Bestimmung treffen, besteht weder eine Befugnis der zuständigen Stelle, eine eigenständige Regelung zu treffen, noch eine Verpflichtung tätig zu werden. Vorschriften im Sinne des § 9 sind alle Normen, die im Rang über dem statuarischen Recht stehen, also Gesetze und Verordnungen. Dabei muss in jedem Einzelfall geprüft werden, ob das höherrangige Recht eine abschließende Regelung beinhaltet oder ob zur Durchführung der Berufsausbildung noch Regelungsspielraum besteht.

Zum BBiG 1969 wirkte sich diese Betrachtungsweise ganz praktisch bei der **6** **Regelungsbefugnis** der zuständigen Stellen über **Vertragsmuster** für die Berufsausbildungsverhältnisse aus. Vielfach wurde vertreten, dass eine Regelungsbefugnis der zuständigen Stelle, wonach diese vorschreiben kann, dass Berufsausbildungsverhältnisse nur dann in das Verzeichnis nach § 34 eingetragen werden können, wenn ein bestimmtes Vertragsmuster verwendet wird, nicht besteht.[2] Seit dem Berufsbildungsreformgesetz lässt sich dies mit dem Willen des Gesetzgebers und dem Wortlaut des § 79 Abs. 2 Nr. 3 nicht mehr vereinbaren. Denn nach § 79 Abs. 2 Nr. 3 besteht ausdrücklich ein Beteiligungsrecht des Berufsbildungsausschusses bei der Änderung des Ausbildungsvertragsmusters. Dies setzt gedanklich voraus, dass die zuständige Stelle für ein Ausbildungsvertragsmuster zuständig ist. Besteht eine solche Zuständigkeit, folgt daraus auch die Regelungsbefugnis, um diese Zuständigkeit praktisch umzusetzen.

Von der Befugnis, Ausbildungsvertragsmuster zu beschließen und auf eine möglichst einheitliche Gestaltung der Ausbildungsvertragsverhältnisse hinzuwirken, ist zu unterscheiden die Befugnis, die Eintragung von Berufsausbildungsverhältnissen gem. § 34 abzulehnen, wenn das **Ausbildungsvertragsmuster** nicht verwendet wird. Die **Eintragungsvoraussetzungen** sind in § 35 Abs. 1 abschließend aufgezählt. Zu prüfen ist die Vereinbarkeit des Ausbildungsvertrags mit dem BBiG und der Ausbildungsordnung. Weitere Voraussetzungen sind in den Ziffern 2 und 3 enthalten. Wegen der Bedeutung der Eintragung für die Zulassung zur Prüfung und damit für die Berufsfreiheit der Prüflinge gem. Artikel 12 GG können weitere Eintragungsvoraussetzungen nicht aufgestellt werden.[3]

Aus dem gleichen Grund können auch andere Eintragungsvoraussetzungen **7** nicht geschaffen werden. Dies gilt auch für festgesetzte **Mindestsätze für die Vergütung** der Auszubildenden.[4] Dem gegenüber lässt sich nicht begründen, es bestünde keine Regelungsbefugnis der zuständigen Stelle, Mindestsätze für die Auszubildendenvergütung verbindlich festzusetzen. Es handelt sich um einen Regelungsgegenstand, der im Gesetz nicht abschließend geregelt ist. Für die Durchführung der Berufsausbildung kann daher eine Regelung gem. § 9 geschaffen werden, soweit eine tarifvertragliche Regelung nicht besteht. Ebenso

2 Übersicht über die Rechtsprechung in *Benecke/Hergenröder* BBiG § 9 Rn. 10.
3 Anderer Ansicht *Wohlgemuth/Lakies* u. a. BBiG, 3. Auflage, Wohlgemuth, § 9 Rn. 9.
4 *BverwG* 26.03.1981, EzB-VjA § 44 BBiG Nr. 5.

wie beim Ausbildungsvertragsmuster handelt es sich um einen Regelungsgegenstand, der die privatrechtliche Beziehung zwischen Ausbildenden und Auszubildenden betrifft. Ebenso wie das Ausbildungsvertragsmuster ist die Ausbildungsvergütung im BBiG nicht abschließend geregelt. Für das Ausbildungsvertragsmuster hat der Gesetzgeber[5] die Zuständigkeit der zuständigen Stelle unterstellt. Besteht die Zuständigkeit der zuständigen Stelle für das Ausbildungsvertragsmuster, sind keine Gründe ersichtlich, warum in dem parallel gelagerten Fall der Ausbildungsvergütung die Befugnis aus § 9 nicht vorliegen soll. Die Zuständigkeit des Berufsbildungsausschusses für die Ausbildungsvergütung musste nicht gesondert geregelt werden. Diese ergibt sich aus § 79 Abs. 4. Die Mindestsätze, die die zuständige Stelle festlegt, wirken sich dann zumindest so aus, dass sie einen Anhaltspunkt für die Angemessenheit der Ausbildungsvergütung bieten.[6] Regelungen über das Satzungsrecht, die die Mitglieder der zuständigen Stelle verpflichten, die festgelegten Mindestsätze für die Ausbildungsvergütung zu zahlen, sind denkbar.

4.2 Regelungsinhalte

8 **Gegenstand der Regelungen** können alle Themen sein, die mit der Durchführung der Berufsausbildung im Zusammenhang stehen. »Durchführung« ist dabei weit zu verstehen[7]. Bereits im Vorfeld des Berufsausbildungsverhältnisses sind daher Regelungen zur **Eignung der Ausbildungsstätte oder des Ausbildungspersonals** zulässig. Weitere Anforderungen, die die praktische Umsetzung der Berufsausbildung in den Betrieben betreffen sind denkbar. So lassen sich die Empfehlungen des Hauptausschusses beim Bundesinstitut für Berufsbildung durch die Regelungsbefugnis des § 9 im Zuständigkeitsbereich der zuständigen Stelle konkretisieren. Denkbar sind konkretisierende Regelungen zur Berücksichtigung der Belange behinderter Menschen, über Anforderungen an **Berichtshefte** oder über die **Tätigkeit der Ausbildungsberater**. Ebenfalls von der Regelungsbefugnis erfasst sind Vorschriften für den **Schlichtungsausschuss** gem. § 111 Abs. 2 ArbGG.[8]

9 Unter »Durchführung der Berufsausbildung« ist auch das gesamte **Prüfungsverfahren** zu verstehen. Die Musterprüfungsordnung[9] verdeutlicht beispielhaft, welche Regelungen zu diesem Thema möglich aber auch erforderlich sind, um wenigstens das Grundgerüst des Prüfungsverlaufes zu regeln.

5. Rechtliche Formen der Regelungen

10 Die zuständige Stelle entscheidet nach pflichtgemäßem Ermessen, ob sie einen Einzelfall regeln will oder ob sie eine generell-abstrakte Regelung schafft. Die zuständige Stelle kann einzelne Sachverhalte durch **Verwaltungsakt** regeln. Bei Verwaltungsakten kommt ein Beteiligungsrecht des Berufsbildungsausschusses nur ganz ausnahmsweise in Betracht, wenn es sich um eine wichtige Angelegenheit der beruflichen Bildung im Sinne des § 79 Abs. 1 Satz 1 handelt. Aus-

---

5 Siehe Rn. 5 f.
6 Siehe § 17 Rn. 21.
7 Vgl. § 76 Rn. 5.
8 *Braun/Mühlhausen* BBiG § 44 a. F. Rn. 10.
9 Siehe § 47 Rn. 20 f.

geschlossen ist sein Unterrichtungs- und Anhörungsanspruch aus § 79 Abs. 1 Satz 1 bei Verwaltungsakten nicht.[10]

Die zuständige Stelle kann den Verwaltungsakt auch als **Allgemeinverfügung** erlassen. Eine Allgemeinverfügung ist ein Verwaltungsakt, der sich an einem nach allgemeinen Merkmalen bestimmten oder bestimmbaren Personenkreis richtet oder die öffentlich-rechtliche Eigenschaft einer Sache oder ihre Benutzung durch die Allgemeinheit betrifft, § 35 Satz 2 VwVf (Bund).

Darüber hinaus kann die zuständige Stelle Verwaltungsvorschriften oder **Verwaltungsrichtlinien** erlassen. Verwaltungsvorschriften sind Anordnungen, die innerhalb der zuständigen Stelle wirken. Sie sollen in der Regel die Ausübung des Ermessens vereinheitlichen, haben jedoch keine unmittelbare Außenwirkung z. B. auf Ausbildende oder Auszubildende. Mit einer Verwaltungsvorschrift kann z. B. die Tätigkeit der Ausbildungsberater definiert werden. Soweit nicht eine besondere Zuständigkeit des Berufsbildungsausschusses sich aus den Absätzen 2 bis 4 des § 79 ergibt, ist der Berufsbildungsausschuss bei Verwaltungsvorschriften nur dann zu unterrichten und zu hören, wenn es sich um wichtige Angelegenheiten der beruflichen Bildung handelt, § 79 Abs. 1.

Darüber hinaus kann die zuständige Stelle ihre Regelungsbefugnis dadurch ausschöpfen, dass **Satzungsrecht** geschaffen wird. Es handelt sich dabei immer um Rechtsvorschriften mit allgemeinem Regelungscharakter, für die der Berufsbildungsausschuss gem. § 79 Abs. 4 eine umfassende Alleinzuständigkeit hat.[11]

6. Parallelvorschrift in der HwO

Die Parallelvorschrift für das **Handwerk** ist § 41 HwO. Der Wortlaut ist nicht **11** identisch. Inhaltlich führt die Abweichung im Text aber zu keinem anderen Regelungsgehalt.

Abschnitt 2
Berufsausbildungsverhältnis

Unterabschnitt 1
Begründung des Ausbildungsverhältnisses

§ 10 Vertrag

(1) Wer eine andere Personen zur Berufsausbildung einstellt (Ausbildende), hat mit den Auszubildenden einen Berufsausbildungsvertrag zu schließen.
(2) Auf den Berufsausbildungsvertrag sind, soweit sich aus seinem Wesen und Zweck und aus diesem Gesetz nichts anderes ergibt, die für den Arbeitsvertrag geltenden Rechtsvorschriften und Rechtsgrundsätze anzuwenden.
(3) Schließen die gesetzlichen Vertreter oder Vertreterinnen mit ihrem Kind einen Berufsausbildungsvertrag, so sind sie von dem Verbot des § 181 des Bürgerlichen Gesetzbuches befreit.

---

10 A. A.: *Leinemann/Taubert* BBiG § 9 Rn. 16.
11 *BVerfG* 14.5.1986, 2 BvL 19/84, AP Nr. 28 zu Artikel 140 GG.

§ 10 Vertrag

(4) Ein Mangel in der Berechtigung, Auszubildende einzustellen oder auszubilden, berührt die Wirksamkeit des Berufsausbildungsvertrages nicht.
(5) Zur Erfüllung der vertraglichen Verpflichtungen der Ausbildenden können mehrere natürliche oder juristische Personen in einem Ausbildungsverbund zusammenwirken, soweit die Verantwortlichkeit für die einzelnen Ausbildungsabschnitte sowie für die Ausbildungszeit insgesamt sichergestellt ist (Verbundausbildung).

Inhaltsübersicht

		Rn.
1.	Überblick	1
2.	Merkmale des Berufsausbildungsverhältnisses	3
3.	Abschluss des Berufsausbildungsvertrags	
3.1	Vertragspartner	7
3.1.1	Ausbildende, Ausbildungsverbund	8
3.1.2	Auszubildende	12
3.2	Zustandekommen des Ausbildungsvertrags	17
3.2.1	Ausbildungsvertrag mit Minderjährigen	19
3.2.2	Form des Ausbildungsvertrags	24
3.2.3	Fragerecht der Ausbildenden	27
3.2.4	Aufklärungspflichten der Ausbildenden	36
4.	Anwendbare arbeitsrechtliche Vorschriften	38
4.1	Insbesondere: AGB-Kontrolle	40
4.2	Insbesondere: Betriebsübergang	43
4.3	Geltung von Tarifverträgen	45
4.4	Geltung von Betriebsvereinbarungen	48
5.	Sozialversicherung	51
6.	Betriebsverfassungsrechtliche Regelungen	53
6.1	Betriebsrat und Jugend- und Auszubildendenvertretung	55
6.2	Rechte des Betriebsrats bei der Berufsbildung	62
6.2.1	Förderung der Berufsbildung	63
6.2.2	Einrichtungen und Maßnahmen der Berufsbildung	66
6.2.3	Durchführung betrieblicher Bildungsmaßnahmen	
6.2.3.1	Maßnahmen der betrieblichen Berufsbildung	70
6.2.3.2	Teilnahme von Arbeitnehmern an Berufsbildungsmaßnahmen	76
6.2.3.3	Entscheidung der Einigungsstelle	78
6.2.3.4	Sonstige Bildungsmaßnahmen	79
6.2.4	Bestellung und Abberufung der Ausbilder und ähnlicher Personen	80
6.3	Rechte des Betriebsrats bei personellen Einzelmaßnahmen	84
6.3.1	Einstellung	85
6.3.2	Versetzung	89
6.3.3	Kündigung	91
7.	Streitigkeiten aus dem Berufsausbildungsverhältnis	
7.1	Öffentlich-rechtliche und privat-rechtliche Streitigkeiten	92
7.2	Rechtsstreitigkeiten zwischen Ausbildenden und Auszubildenden	95
7.2.1	Verfahren vor dem Schlichtungsausschuss	96
7.2.1.1	Zusammensetzung	100
7.2.1.2	Zuständigkeit	103
7.2.1.3	Verfahrensablauf	108
7.2.1.4	Zwangsvollstreckung	115
7.2.1.5	Spruch des Schlichtungsausschusses und Klage vor dem Arbeitsgericht	116
7.2.1.6	Verhältnis von Schlichtungs- und gerichtlichem Verfahren	121
7.2.1.7	Schlichtungsverfahren und materielles Recht	124
7.2.2	Verfahren vor dem Arbeitsgericht	130
7.2.3	Zuständigkeit der Arbeitsgerichte	135

1. Überblick

§ 10 BBiG regelt die vertragliche Begründung des Berufsausbildungsverhält- **1**
nisses, die §§ 11 und 12 BBiG regeln den Vertragsinhalt. Die Regelung ist nicht
abschließend, sie wird durch andere Normen des Bürgerlichen Rechts (BGB)
und des Arbeitsrechts ergänzt. § 10 gilt – wie der gesamte Abschnitt 2 – uneingeschränkt auch für Berufsausbildungsverhältnisse im **Handwerk**.

§ 10 BBiG leitet den Abschnitt 2 des BBiG (§§ 10 bis 26) ein, der das Berufs- **2**
ausbildungsverhältnis regelt. Dieser Abschnitt enthält die wesentlichen privat-
rechtlichen Bestimmungen für das Berufsausbildungsverhältnis und gliedert
sich wiederum in fünf Unterabschnitte. Unterabschnitt 1, zu dem § 10 BBiG
gehört, regelt die **Begründung des Ausbildungsverhältnisses**. Soweit dass
BBiG selbst keine Regelungen enthält, sind ergänzend die Bestimmungen des
BGB und die für den Arbeitsvertrag geltenden Rechtsvorschriften und Rechtsgrundsätze gemäß § 10 Abs. 2 BBiG anzuwenden (vgl. Rn. 38 ff.).

2. Merkmale des Berufsausbildungsverhältnisses

Die gesetzlichen Bestimmungen des BBiG, die verbindliche öffentlich-rechtliche **3**
Regelungen enthalten, wie vor allem über die Eignung von Ausbildungsstätte
und Ausbildungspersonal, das Verzeichnis der Berufsausbildungsverhältnisse
und das Prüfungswesen, sind vertraglichen Vereinbarungen durch die Auszubildenden und Ausbildenden nicht zugänglich. Sie gelten zwingend, ohne dass
davon abgewichen werden könnte. Wegen des **besonderen Schutzbedürfnisses
der Auszubildenden** gilt zudem auch für die privat-rechtliche Gestaltung des
Berufsausbildungsverhältnisses weitgehend **zwingendes Gesetzesrecht**. Einzelvertragliche Bestimmungen, die zuungunsten Auszubildender von den Geset-
zesvorgaben abweichen, sind gemäß § 25 BBiG nichtig. Die **Ausbildung für
einen anerkannten Ausbildungsberuf** darf gemäß § 4 Abs. 2 BBiG nur nach
der Ausbildungsordnung (§§ 4, 5 BBiG) durchgeführt werden. Das hat zur Folge,
das für einen anerkannten Ausbildungsberuf die Ausbildung zwingend in einem
Berufsausbildungsverhältnis stattfinden hat, es dürfen nicht etwa andere
Vertragsverhältnisse, ein »Anlernvertrag« oder ähnliches vereinbart werden.[1]

Das Berufsausbildungsverhältnis ist eine **privat-rechtliche Vertragsbeziehung** **4**
zwischen Ausbildenden und Auszubildenden. Es ist kein Arbeitsverhältnis,
weil nicht Vergütung und Arbeitsleistung im Leistungs-Gegenleistungs-Ver-
hältnis zueinander stehen, sondern der **Ausbildungszweck** im Vordergrund
steht (vgl. § 13 Satz 1, § 14 Abs. 1 Nr. 1 BBiG).[2] Die für den Arbeitsvertrag
geltenden Rechtsvorschriften und Rechtsgrundsätze finden indes grundsätzlich
gemäß § 10 Abs. 2 BBiG Anwendung (vgl. Rn. 38 ff.).

Wegen des Ausbildungszwecks kann **keine Kurzarbeit** für Auszubildende **5**
angeordnet werden.[3] Als Folge davon sind die Regelungen über **Kurzarbeit
auch für Ausbilder nicht anwendbar**, sofern sie einen Auszubildenden zu betreuen haben.

Trotz des Ausbildungszwecks können sich Auszubildende im Rahmen eines **6**
Arbeitskampfes um einen Tarifvertrag, der auch ihre Arbeitsbedingungen re-

---

1 *BAG* 27.7.2010 – 3 AZR 317/08 – juris.
2 Erfk/*Schlachter* § 10 BBiG Rn. 3; *Leinemann/Taubert* BBiG § 10 Rn. 6.
3 *Leinemann/Taubert* BBiG § 10 Rn. 54.

geln soll, an einem **Streik** beteiligen.[4] Auch Auszubildende haben das Recht, einer Gewerkschaft beizutreten, und sie können sich deshalb auf die durch Art. 9 Abs. 3 GG garantierte Koalitionsfreiheit berufen. Da die Ausbildungsvergütung und andere Ausbildungsbedingungen tarifvertraglich geregelt werden können, müssen auch Auszubildende die Möglichkeit haben, auf die Ausgestaltung der tariflichen Regelungen der Ausbildungsbedingungen durch eine Beteiligung an einen Arbeitskampf Einfluss zu nehmen. Soweit Auszubildende berechtigt sind, an einem Streik teilzunehmen, werden sie im Rahmen eines Arbeitskampfes auch ausgesperrt werden dürfen, soweit man die **Aussperrung** als Arbeitskampfmittel als rechtmäßig ansieht.

3. Abschluss des Berufsausbildungsvertrags

3.1 Vertragspartner

7 Das Berufsausbildungsverhältnis kommt durch den Abschluss eines privatrechtlichen Vertrags, dem Berufsausbildungsvertrag, zustande. Vertragsparteien sind die Ausbildenden und die Auszubildenden.

3.1.1 Ausbildende, Ausbildungsverbund

8 Der Ausbildende ist derjenige, der einen anderen zur Berufsausbildung einstellt (§ 10 Abs. 1 BBiG), also die Privatperson oder bei einer Einzelfirma der Betriebsinhaber oder die juristische Person (GmbH, AG, Verein, eingetragene Genossenschaft), die mit dem Auszubildenden den Vertrag schließt. Auch eine BGB-Gesellschaft kann als solche Vertragspartner sein, wie auch eine OHG oder KG.[5]

9 Der **Ausbildende** muss nicht zugleich selbst in eigener Person ausbilden. Bildet der Ausbildende nicht selbst aus, muss dieser allerdings einen **Ausbilder** oder eine Ausbilderin ausdrücklich mit der tatsächlichen Ausbildung beauftragen (vgl. § 14 Abs. 1 Nr. 2 BBiG). Auszubildende darf nur einstellen, wenn er persönlich und fachlich geeignete Ausbilder oder Ausbilderinnen bestellt (vgl. § 28 Abs. 2 BBiG). Die tatsächliche Ausbildung soll also immer gewährleistet sein. Vertragspartner und rechtlich verantwortlich für die ordnungsgemäße Ausbildung ist aber stets der Ausbildende, auch wenn er mit der tatsächlichen Ausbildung einen Dritten beauftragt hat, dieser handelt für den Ausbildenden. Für die Qualität der Ausbildung bürgt der Ausbildende.

10 Die Ausbildungspflichten können auch ganz oder teilweise auf andere (natürliche oder juristische) Personen in einem **Ausbildungsverbund** übertragen werden.[6] Zur Erfüllung der vertraglichen Verpflichtungen der Ausbildenden können danach mehrere natürliche oder juristische Personen in einem Ausbildungsverbund zusammenwirken, soweit die Verantwortlichkeit für die einzelnen Ausbildungsabschnitte sowie für die Ausbildungszeit insgesamt sichergestellt ist (**Verbundausbildung**).

---

4 *BAG* 12.9.1984 – 1 AZR 342/83 – AP GG Art. 9 Arbeitskampf Nr. 81 = NZA 1984, 393; *Leinemann/Taubert* BBiG § 10 Rn. 44 ff.; MünchArbR/*Ricken* § 200 Rn. 18 f.; ErfK/*Schlachter* § 10 BBiG Rn. 8; a. A.: MünchArbR/*Natzel* § 320 Rn. 49.

5 *Benecke/Hergenröder* BBiG § 10 Rn. 3.

6 Ausführlich *Eule/Klubertz*, Rechtsfragen der Verbundausbildung, 2001.

Ausbildender im Rechtssinne kann sowohl das einzelne Mitglied des Ausbildungsverbunds sein oder der Ausbildungsverbund selbst, allerdings nur wenn dieser sich als selbständige juristische Person konstituiert hat (zum Beispiel als GmbH, Verein oder als rechtsfähige BGB-Gesellschaft). Aus dem **Ausbildungsvertrag** muss sich eindeutig ergeben, **wer der Vertragspartner des Auszubildenden ist**, denn nur diesen treffen, auch bei Zusammenarbeit mit anderen Partnern im Ausbildungsverbund, die Rechte und Pflichten aus dem Ausbildungsvertrag.[7] Soweit ein Ausbildungsverbund über keinen gemeinsamen Betrieb verfügt, muss sichergestellt sein, dass er einen geordneten Ausbildungsgang in einer überbetrieblichen Ausbildungsstätte gewährleisten kann.[8]

Auch die **Eltern** oder ein Elternteil eines minderjährigen Kindes können Ausbildende sein. Schließen die Eltern mit ihrem minderjährigen Kind einen Ausbildungsvertrag, sind sie von dem Verbot des § 181 BGB befreit (§ 10 Abs. 3 BBiG). Dies gilt auch für alle anderen gesetzlichen Vertreter des Kindes. Wenn ein Vormund oder Pfleger mit dem minderjährigen Auszubildenden einen Ausbildungsvertrag abschließen will, bedürfen diese der Genehmigung des Vormundschaftsgerichts (§§ 1822 Nr. 6, 1915 Abs. 1 BGB). Wollen die Eltern mit ihrem volljährigen Kind einen Berufsausbildungsvertrag schließen, ist der Volljährige ohnedies selbst Vertragspartner, ohne dass er durch die Eltern vertreten werden müsste. **11**

3.1.2 Auszubildende

Vertragspartner des Ausbildenden ist der Auszubildende, und zwar auch dann, wenn dieser minderjährig ist (vgl. Rn. 19 ff.). Der Auszubildende (zur Abgrenzung zu Praktikanten usw. vgl. § 26 BBiG) ist diejenige Person, die nach der konkreten Ausgestaltung des zugrunde liegenden privat-rechtlichen Vertragsverhältnisses in einer Berufsausbildungseinrichtung eingestellt wird, um ihr im Rahmen einer geregelten Berufsausbildung die Fertigkeiten und Kenntnisse zu vermitteln, die zur Erreichung des Ausbildungsziels erforderlich sind.[9] **12**

Der Begriff der Auszubildenden im Sinne des BBiG ist nicht zwingend identisch mit dem Begriff des Auszubildenden in anderen Regelungszusammenhängen (zum Betriebsverfassungsrecht vgl. Rn. 53 ff.; zur Zuständigkeit der Arbeitsgerichte vgl. Rn. 135 ff.), sondern jeweils eigenständig auszulegen.[10] **13**

Auszubildender kann unabhängig von der Staatsangehörigkeit jede natürliche Person sein, also auch ein **Ausländer**. Für Ausbildungsverträge mit Angehörigen aus Staaten der **Europäischen Union** gelten im Grundsatz keine Besonderheiten. Aus dem Gebot der Freizügigkeit innerhalb der Europäischen Union (EU) folgt, dass die Ausländer aus EU-Staaten, wie auch deutsche Staatsangehörige, keiner Erlaubnis zur Ausübung einer Beschäftigung oder Ausbildung in Deutschland bedürfen. Sie sind wie Deutsche zu behandeln (Verbot der Ausländerdiskriminierung innerhalb der EU). Ausländer aus den **EU-Beitrittslän-** **14**

---

7 *Benecke/Hergenröder* BBiG § 10 Rn. 37; *Leinemann/Taubert* BBiG, § 10 Rn. 89; a. A.: *Hänlein*, NZA 2006, 348, 350 f.; *Stück/Mühlhausen*, NZA-RR 2006, 169, 170; ErfK / *Schlachter* § 10 BBiG Rn. 11.

8 *Benecke/Hergenröder* BBiG § 10 Rn. 36; *Leinemann/Taubert* BBiG, § 10 Rn. 90.

9 *Benecke/Hergenröder* BBiG § 10 Rn. 6; ErfK / *Schlachter* § 10 BBiG Rn. 2.

10 Vgl. *GmS-OBG* 12. 3. 1987, GmS-OGB 6 / 86, DB 1987, 1792 = BB 1987, 1812 = NZA 1987, 663.

dern bedürfen für eine Übergangszeit einer gesonderten »Arbeitsgenehmigung-EU« (§ 284 SGB III). Für **Ausländer aus Staaten, die nicht zu EU gehören**, gilt, dass diese aufgrund der Neuregelungen des Ausländerrechts durch das Aufenthaltsgesetz zum 1.1.2005[11], anders als vorher, keiner gesonderten Arbeitserlaubnis mehr bedürfen, jedoch einer Aufenthaltserlaubnis (die Ausländer aus den EU-Mitgliedsstaaten nicht brauchen), wobei die Aufenthaltserlaubnis das Recht umfasst, eine Beschäftigung aufzunehmen.

15   Liegt die entsprechende »Arbeitsgenehmigung-EU« für Ausländer aus den EU-Beitrittsstaaten oder die Aufenthaltserlaubnis bei **Nicht-EU-Ausländern** nicht vor, ist die Beschäftigung verboten. Der Ausbildungsvertrag ist wegen Verstoßes gegen ein gesetzliches Verbot nichtig (§ 134 BGB).[12] Geht man davon aus, dass »nur« die tatsächliche Beschäftigung verboten ist, der Vertrag selbst aber durchaus wirksam ist, kann der Ausbildende diesen gemäß § 22 Abs. 2 Nr. 1 BBiG aus einem wichtigen Grund (Nichtvorliegen der ausländerrechtlich erforderlichen Erlaubnis) kündigen. Das gilt entsprechend, wenn zwar bei Aufnahme der Ausbildung die Arbeitsgenehmigung oder Aufenthaltserlaubnis vorliegt, diese aber später endet und nicht verlängert wird.

16   Nach dem **Assoziierungsabkommen EWG-Türkei** haben türkische Arbeitnehmer unter bestimmten Voraussetzungen Anspruch auf Erneuerung ihrer Arbeitserlaubnis und daran anknüpfend auch aufenthaltsrechtliche Ansprüche. Voraussetzung ist eine vorherige Beschäftigung in einem bestimmten Umfange, hierzu gehört aber nicht nur die Beschäftigung in einem Arbeitsverhältnis, sondern auch im Rahmen eines Ausbildungsverhältnisses.[13]

3.2 Zustandekommen des Ausbildungsvertrags

17   Der Berufsausbildungsvertrag kommt, wie jeder andere Vertrag, durch Angebot und Annahme zustande (§§ 145 ff. BGB). Auf den Ausbildungsvertrag als privat-rechtlichen Vertrag finden die Bestimmungen des BGB Anwendung, und – soweit sich aus seinem Wesen und Zweck und aus dem BBiG nichts anderes ergibt – die für den Arbeitsvertrag geltenden Rechtsvorschriften und Rechtsgrundsätze (vgl. Rn. 38 ff.). Der Ausbildende hat unverzüglich nach Abschluss des Berufsausbildungsvertrags die Eintragung in das Verzeichnis der Berufsausbildungsverhältnisse zu beantragen (vgl. § 36 Abs. 1 Satz 1 BBiG).

18   Ein **Mangel in der Berechtigung, Auszubildende einzustellen oder auszubilden**, berührt nicht die Rechtswirksamkeit des Berufsausbildungsvertrags (§ 10 Abs. 4 BBiG). Selbst wenn der Ausbildende öffentlich-rechtlich nicht geeignet ist, Auszubildende einzustellen, bleibt der gleichwohl abgeschlossene privat-rechtliche Ausbildungsvertrag rechtswirksam. Wer jedoch entgegen § 28 Abs. 1 oder § 28 Abs. 2 BBiG Auszubildende einstellt oder ausbildet, begeht eine Ordnungswidrigkeit, die mit einer Geldbuße bis zu 5000 Euro geahndet werden kann (§ 102 Abs. 1 Nr. 5, Abs. 2 BBiG). Der insoweit rechtswirksam zustande gekommene Vertrag bedarf zur Beendigung eines Aufhebungsvertrags oder einer Kündigung. Verliert der Ausbildende nach Abschluss des Berufsausbildungsvertrags die Ausbildungsbefugnis, so kann dies für beide Seiten eine

---

11 Artikel 1 des Zuwanderungsgesetzes vom 30.7.2004, BGBl I S. 1950.
12 *Benecke/Hergenröder* BBiG § 10 Rn. 16; ErfK / *Schlachter* § 10 BBiG Rn. 6.
13 *EuGH* 19.11.2002 – C-188/00 – InfAuslR 2003, 41; *BVerwG* 19.9.2000 – 1 C 13/00 – NVwZ 2001, 333.

Kündigung gemäß § 22 BBiG rechtfertigen. Im Regelfall macht sich der Ausbildende in einer solchen Fallkonstellation gemäß § 23 BBiG schadensersatzpflichtig.

3.2.1 Ausbildungsvertrag mit Minderjährigen

Vertragspartner des Ausbildenden ist der Auszubildende. Ist der Auszubildende **minderjährig** (noch nicht 18 Jahre alt), so ist er zwar auch dann selbst der Vertragspartner, kann aber, da nur beschränkt geschäftsfähig (§ 106 BGB), den Vertrag nicht alleine schließen. Vielmehr muss er sich beim Vertragsabschluss durch den oder die gesetzlichen Vertreter vertreten lassen. Es bedarf der vorherigen Einwilligung des gesetzlichen Vertreters in den Vertragsabschluss (§ 107 BGB). Fehlt die erforderliche Einwilligung, ist der Vertrag schwebend unwirksam. Der gesetzliche Vertreter kann ihn nachträglich genehmigen (§ 108 BGB). Wird er nicht genehmigt, bleibt der Vertrag unwirksam.

19

Gesetzliche Vertreter sind im Regelfall die **Eltern** (§§ 1626, 1629 BGB), und zwar bei gemeinsamer Sorge Vater und Mutter gemeinschaftlich, bei Alleinsorge der allein sorgeberechtigte Elternteil. Sind die Eltern miteinander verheiratet, besteht ein gemeinsames Sorgerecht. Sind sie nicht miteinander verheiratet, steht ihnen die elterliche Sorge gemeinsam zu, wenn sie eine gemeinsame Sorgeerklärung abgegeben haben oder (später) einander heiraten, sonst allein der Mutter (§ 1626a BGB). Im Falle der Scheidung besteht die gemeinsame Sorge fort, es sei denn das Familiengericht entscheidet etwas anderes (§ 1671 BGB). Besteht keine elterliche Sorge, wird der Minderjährige durch einen **Pfleger** oder **Vormund** vertreten (§§ 1773 Abs. 1, 1915 Abs. 1 BGB). Der Abschluss eines Ausbildungsvertrags unterliegt dann der Genehmigungspflicht durch das Vormundschaftsgericht (§ 1822 Nr. 6 BGB).

20

Gemäß § 113 BGB kann der gesetzlichen Vertreter den Minderjährigen auch ermächtigen, ein Dienst- oder Arbeitsverhältnis einzugehen, ohne dass der konkrete Vertragsabschluss der Zustimmung bedarf. Diese Norm findet aber auf den Abschluss von Ausbildungsverträgen keine Anwendung, da beim Berufsausbildungsverhältnis der Ausbildungszweck und nicht die Leistung von Arbeit im Vordergrund steht und dieses deshalb kein Dienst- oder Arbeitsverhältnis im Sinne des § 113 BGB ist.[14] Es bedarf also stets einer Einzelzustimmung des gesetzlichen Vertreters, also zumeist der Eltern, zu dem Abschluss eines Berufsausbildungsvertrags, solange der Betroffene minderjährig ist.

21

Daraus folgt aber nicht, dass Minderjährige der Zustimmung der Eltern bedürfen, wenn sie einer **Gewerkschaft** beitreten wollen. Das Grundrecht der Koalitionsfreiheit gemäß Art. 9 Abs. 3 ist höchstpersönlich und steht auch Minderjährigen zu.[15]

22

Minderjährige dürfen die Ausbildung tatsächlich nur aufnehmen, das heißt beschäftigt werden, wenn die Bescheinigung über die sog. **Erstuntersuchung** gemäß § 32 Abs. 1 JArbSchG vorliegt. Ein Jugendlicher darf nur beschäftigt werden, wenn er innerhalb der letzten vierzehn Monate vor Aufnahme der Beschäftigung von einem Arzt untersucht worden ist und dem Arbeitgeber/ Ausbildenden eine von diesem Arzt ausgestellte Bescheinigung vorliegt. Das

23

---

14 ErfK/*Preis* § 113 BGB Rn. 6; Palandt-*Heinrichs* BGB, § 113 Rn. 2; *Leinemann/Taubert* BBiG § 10 Rn. 19, 25; ErfK/*Schlachter* § 10 BBiG Rn. 4.

15 *Jarass/Pieroth*, GG, Art. 9 Rn. 30.

Fehlen der Bescheinigung ändert indes nichts an der Rechtswirksamkeit des Berufsausbildungsverhältnisses.

3.2.2 Form des Ausbildungsvertrags

24 Für den Abschluss des Ausbildungsvertrags besteht **keine Formvorschrift**. Er kann deshalb auch mündlich oder durch schlüssiges Handeln (konkludent) geschlossen werden.[16]

25 Davon zu unterscheiden ist die in § 11 Abs. 1 Satz 1 BBiG geregelte Verpflichtung des Ausbildenden, den wesentlichen Inhalt des Vertrags schriftlich niederzulegen (vgl. § 11 Rn. 5 ff.) – gegebenenfalls nach Vertragsabschluss – und dem Auszubildenden oder dessen gesetzlichem Vertreter die unterzeichnete Niederschrift auszuhändigen (§ 11 Abs. 3 BBiG).

26 Auch durch die Regelung in § 14 Abs. 4 TzBfG, nach der die »Befristung« zu ihrer Wirksamkeit der Schriftform bedarf, hat sich an der Formfreiheit des Ausbildungsvertrags nichts geändert. Insoweit gehen die Regelungen des BBiG vor, denn das Berufsausbildungsverhältnis ist kraft Gesetzes, nicht kraft Vereinbarung, auf die Ausbildungszeit befristet (vgl. § 21 BBiG).

3.2.3 Fragerecht der Ausbildenden

27 Für das Fragerecht der Ausbildenden gelten ähnliche Maßstäbe wie im Arbeitsverhältnis. Die Ausbildenden können den Bewerbern um einen Ausbildungsplatz schriftlich oder mündlich Fragen stellen, deren Beantwortung für die Einstellungsentscheidung von Relevanz sind. Schriftlich ausgearbeitete **Personalfragebögen** bedürfen der Zustimmung des Betriebsrats (§ 94 BetrVG).

28 Die Bewerber müssen nur solche Fragen – zutreffend – beantworten, die der Ausbildende zulässigerweise stellen darf. **Zulässig sind solche Fragen**, die sachlich notwendig sind für die Bewertung der Eignung der Bewerber im Hinblick auf den in Aussicht genommenen Ausbildungsplatz. Der Ausbildende muss ein berechtigtes, billigenswertes und schutzwürdiges Interesse an der (wahrheitsgemäßen) Beantwortung der Frage haben. Unzulässig sind Fragen, die mit der zu besetzenden Ausbildungsstelle nicht in sachlichem Zusammenhang stehen, insbesondere Fragen, die in das Persönlichkeitsrecht der Bewerber eingreifen.[17]

29 Auf unzulässige Fragen brauchen die Bewerber nicht – wahrheitsgemäß – zu antworten. Es besteht, wenn man so will, ein »**Recht auf Lüge**«. Fehlt es an einem berechtigten, billigenswerten und schutzwürdigen Interesse an der (wahrheitsgemäßen) Beantwortung der Frage, ist die wahrheitswidrige Beantwortung nicht rechtswidrig.[18] Die wahrheitswidrige Beantwortung von zulässigen Fragen kann die Anfechtung des Ausbildungsvertrags wegen arglistiger Täuschung rechtfertigen (§ 123 BGB). Das ist nur ausnahmsweise der Fall.

30 **Zulässig** sind allgemeine **Fragen zur Person** (Familienstand, Wohnung) und dazu, ob ein Pflichtdienst (Wehr- oder Zivildienst) bereits abgeleistet worden ist,

---

16 *BAG* 21.8.1997 – 5 AZR 713/96 – AP BBiG § 4 Nr. 1 = NZA 1998, 37 = EzB BBiG § 4 Nr. 29.

17 *Benecke/Hergenröder* BBiG § 10 Rn. 9 ff.; *Leinemann/Taubert* BBiG § 10 Rn. 25 ff.

18 *BAG* 6.2.2003 – 2 AZR 621/01 – AP BGB § 611a Nr. 21 = NZA 2003, 848; *BAG* 28.5.1998 – 2 AZR 549/97 – AP BGB § 123 Nr. 46.

weil dies dafür relevant ist, ob gegebenenfalls eine Unterbrechung der Ausbildung durch Ableistung eines solchen Dienstes zu befürchten steht. Zulässig sind auch Fragen zum Bildungsweg, zum bisherigen Ausbildungsgang, zu sonstigen Qualifikationen und Fragen zur generellen **gesundheitlichen Eignung**. Die Frage nach **Sprachkenntnissen** der Bewerber ist zulässig, wenn diese für die angestrebte Tätigkeit von Bedeutung sind. Zulässig sind auch Fragen nach Vorliegen einer Aufenthalts- oder Arbeitserlaubnis bei Nicht-EU-Ausländern, weil ansonsten ein Ausbildungsverhältnis nicht begründet werden dürfte (vgl. Rn. 15).

Unzulässig ist die Frage nach dem Bestehen einer **Schwangerschaft**.[19]   **31**

Unzulässig sind auch Fragen, die indirekt eine **Diskriminierung** von Frauen   **32** zum Ziel haben können oder in die **Privatsphäre** der Bewerber um einen Ausbildungsplatz eingreifen, wie Fragen nach Heiratsabsichten oder der Familienplanung.

Unzulässig sind grundsätzlich auch Fragen zur **Religionszugehörigkeit** oder   **33** zur Mitgliedschaft in einer **Partei** oder **Gewerkschaft**.[20] Ausnahmen können bei sog. Tendenzträgern gelten, also bei solchen Arbeitgebern / Ausbildenden, die eine bestimmte Tendenz oder weltanschauliche Ausrichtung vertreten und deshalb nur Arbeitnehmer / Auszubildende beschäftigen möchten, die dieser Tendenz nicht entgegen stehen. Wer sich zum Beispiel bei einem kirchlichen Arbeitgeber bewirbt, muss sich die Frage nach der Religionszugehörigkeit gefallen lassen. Wer sich bei der Gewerkschaft um eine Anstellung bewirbt, darf gefragt werden, ob er Mitglied einer Gewerkschaft ist.

Die Vorlage eines **polizeilichen Führungszeugnisses** darf der Arbeitgeber /   **34** Auszubildenden im Allgemeinen nicht verlangen. Zulässig ist es aber, nach **einschlägigen Vorstrafen** zu fragen, das heißt nach solchen Vorstrafen, die für die Ausübung der angestrebten Tätigkeit von Bedeutung sind.[21] So kann zum Beispiel ein Bewerber um einen Ausbildungsplatz als Bankkaufmann nach Vorstrafen gefragt werden, die die Zuverlässigkeit des Bewerbers in finanziellen Dingen betreffen können (Vorstrafen wegen Betrugs, Unterschlagung usw.). Soweit sich der Bewerber zu Recht als nicht vorbestraft bezeichnen darf, weil die Strafe nur geringfügig war oder bereits aus dem Bundeszentralregister gelöscht ist, braucht er solche Strafen auch nicht angeben, selbst wenn sie als einschlägige Vorstrafen angesehen werden könnten. Fragen nach **anhängigen Ermittlungs- oder Strafverfahren** sind unzulässig, weil bis zu einer rechtskräftigen Verurteilung die Unschuldsvermutung gilt.

Die Frage danach, ob ein Bewerber als **schwerbehinderter Mensch** anerkannt   **35** ist, wurde vom *BAG* in der Vergangenheit als zulässig erachtet worden.[22] Das ist in Hinblick auf das nunmehr positivrechtlich verankerte Diskriminierungsverbot zugunsten schwerbehinderter Menschen in § 81 Abs. 2 SGB IX zweifelhaft.[23]

---

19 *EuGH* 3. 2. 2000 – C-207/98 – AP BGB § 611a Nr. 18; *EuGH* 4. 10. 2001 – C-109/00 – NZA 2001, 1241; *BAG* 6. 2. 2003 – 2 AZR 621/01 – AP BGB § 611a Nr. 21 = NZA 2003, 848.
20 *BAG* 28. 3. 2000 – 1 ABR 16/99 – NZA 2000, 1294.
21 *Leinemann/Taubert* BBiG § 10 Rn. 26.
22 *BAG* 3. 12. 1998 – 2 AZR 754/97 – AP BGB § 123 Nr. 49 = NZA 1999, 584.
23 Vgl. *Düwell*, BB 2001, 1527, 1529 f.; *Pahlen*, RdA 2001, 143 ff.

3.2.4 Aufklärungspflichten der Ausbildenden

36 Die Ausbildenden sind weitergehend als im Arbeitsverhältnis in Hinblick auf den besonderen Stellenwert der Berufsausbildung für den Lebensweg der Auszubildenden verpflichtet, ihnen bekannte Umstände offen zu legen, die für die tatsächliche Durchführung der Ausbildung von Bedeutung sind.[24] Verletzt der Ausbildende seine **Aufklärungspflicht** und erleidet der Auszubildende dadurch einen Schaden, weil er zum Beispiel die Berufsausbildung erst verspätet und/oder nur in einem anderen Betrieb zu Ende führen kann, kann er sich schadensersatzpflichtig machen.

37 Die Aufklärungspflicht bezieht sich insbesondere auf Umstände, die einer erfolgreichen Durchführung der Ausbildung entgegenstehen können, wie etwa absehbare wirtschaftliche Schwierigkeiten[25] oder Probleme bei der Eignung der Ausbildungsstätte.[26] Stellt die zuständige Stelle Anforderungen für die künftige Eintragung von Berufsausbildungsverträgen nach den §§ 34 ff. BBiG auf, begründet das eine Aufklärungspflicht des Ausbildenden bei Vertragsschluss nur, wenn sich aus den Anforderungen ein Risiko für die Vertragsdurchführung ergibt.[27]

4. Anwendbare arbeitsrechtliche Vorschriften

38 Auf den Berufsausbildungsvertrag sind, soweit sich aus seinem Wesen und Zweck und aus dem BBiG nichts anderes ergibt, **die für den Arbeitsvertrag geltenden Rechtsvorschriften und Rechtsgrundsätze** gemäß § 10 Abs. 2 BBiG anzuwenden (zu betriebsverfassungsrechtlichen Fragen vgl. Rn. 53 ff.). § 10 Abs. 2 BBiG hat im Wesentlichen nur deklaratorischen Charakter, weil in den meisten arbeitsrechtlichen Gesetzen Berufsausbildungsverhältnisse ohnedies ausdrücklich mit in ihren Anwendungsbereich einbezogen werden,[28] wie zum Beispiel im:
– Allgemeinen Gleichbehandlungsgesetz (§ 6 Abs. 1 Nr. 2 AGG),
– Arbeitsschutzgesetz (§ 2 Abs. 2 Nr. 2 ArbSchG),
– Arbeitszeitgesetz (§ Abs. 2 Abs. 2 ArbZG),
– Entgeltfortzahlungsgesetz (§ 1 Abs. 2 EFZG),
– Bundesurlaubsgesetz (§ 2 Satz 1 BUrlG).
Nach den **Bildungsurlaubsgesetzen der Länder** können Auszubildende einen Anspruch auf Bildungsurlaub haben.

39 Auszubildende unterliegen insbesondere den arbeitsrechtlichen Schutzvorschriften, so für:
– **behinderte Menschen** (§§ 68 ff. SGB IX; vgl. zum Kündigungsschutz § 22 BBiG Rn. 24, 74),
– werdende **Mütter** (MuSchG; vgl. zum Kündigungsschutz § 22 BBiG Rn. 23, 69 ff.),
– **Eltern** die Regelungen des Bundeselterngeld- und Elternzeitgesetzes (BEEG) mit den Regelungen zur Elternzeit (früher: Erziehungsurlaub; vgl. zum Kündigungsschutz § 22 BBiG Rn. 68),

---

24 *Benecke/Hergenröder* BBiG § 10 Rn. 12.
25 *BAG* 8.3.1977 – 4 AZR 700/75 – EzB BBiG § 15 Abs. 1, Nr. 5.
26 *LAG Berlin* 26.10.1978 – 7 Sa 33/78 – EzB BBiG § 22 Nr. 4.
27 *BAG* 17.7.1997 – 8 AZR 257/96 – AP BBiG § 16 Nr. 2 = NZA 1997, 1224.
28 Vgl. *Benecke/Hergenröder* BBiG § 10 Rn. 26.

Lakies

– **Minderjährige** die Normen des Jugendarbeitsschutzgesetzes (§ 1 Nr. 1 JArbSchG).

4.1 Insbesondere: AGB-Kontrolle

Es gelten auch die arbeitsrechtlichen und vertragsrechtlichen Normen des Bürgerlichen Gesetzbuches (BGB). Zu beachten ist insbesondere, dass nunmehr auch im Arbeitsrecht – und damit grundsätzlich auch für Auszubildende – die AGB-Kontrolle gilt. Das heißt, dass vom Arbeitgeber / Ausbildenden **vorformulierte Arbeits-/Ausbildungsverträge** als Allgemeine Geschäftsbedingungen (AGB) der besonderen Kontrolle gemäß den §§ 305–310 BGB unterliegen.[29] Das gilt auch für Musterverträge der zuständigen Stellen oder für andere Musterverträge aus Formularbüchern oder von Arbeitgeberverbänden, die der Ausbildende dem Auszubildenden von sich aus vorlegt, um sie dem Berufsausbildungsverhältnis als vertragliche Vereinbarung zu Grunde zu legen. Zwingendes Gesetzesrecht (vgl. Rn. 3) gilt ohnehin, ohne dass es auf eine AGB-Kontrolle im Einzelfall ankommt. **40**

Bei der AGB-Kontrolle sind die Klauselverbote der §§ 308, 309 BGB für das Berufsausbildungsrecht faktisch ohne Relevanz. Hinsichtlich einzelner Vertragsklauseln kann aber die allgemeine Norm zur **Inhaltskontrolle** in § 307 Abs. 1 BGB greifen. Einseitig vorformulierte Vertragsbestimmungen sind danach unwirksam, wenn sie den Vertragspartner (hier den Auszubildenden) entgegen den Geboten von Treu und Glauben unangemessen benachteiligen (§ 307 Abs. 1 Satz 1 BGB). Eine unangemessene Benachteiligung kann sich auch daraus ergeben, dass die Bestimmung nicht klar und verständlich ist (§ 307 Abs. 1 Satz 2 BGB). Ungewöhnliche Vertragsklauseln, mit denen die Auszubildenden nicht zu rechnen brauchen, werden als überraschende Klauseln nicht Vertragsbestandteil (§ 305 c Abs. 1 BGB). Zweifel bei der Auslegung von einseitig vorformulierten Vertragsklauseln gehen zu Lasten des Verwenders, hier des Ausbildenden (§ 305 c Abs. 2 BGB). **41**

Auch in Ausbildungsverträgen werden häufig **Ausschluss- oder Verfallfristen** (gängig ist auch die Bezeichnung »Verfallklauseln«) vereinbart. Welche rechtlichen Vorgaben hier zu beachten sind, wird in § 11 Rn. 70 ff. erläutert. **42**

4.2 Insbesondere: Betriebsübergang

Wechselt der Inhaber eines Ausbildungsbetriebs, kommt es zu einem Vertragspartnerwechsel kraft Gesetzes gemäß § 613 a BGB. Geht nämlich ein Betrieb oder Betriebsteil durch Rechtsgeschäft auf einen anderen Inhaber über, so tritt dieser gemäß § 613 a Abs. 1 Satz 1 BGB in die Rechte und Pflichten aus den im Zeitpunkt des Übergangs bestehenden Arbeitsverhältnissen ein. Wegen § 10 Abs. 2 BBiG gilt diese Rechtsfolge auch für Berufsausbildungsverhältnisse.[30] **43**

Der neue Inhaber des Ausbildungsbetriebs wird neuer Vertragspartner (neuer Ausbildender) der Auszubildenden. Das Berufsausbildungsverhältnis geht auf den neuen Inhaber über, und zwar in dem Zustand, in dem es sich im Zeitpunkt des Betriebsübergangs befindet. Der Vertragsinhalt ändert sich nicht durch den **44**

---

29 Ausführlich *Lakies*, AGB im Arbeitsrecht, 2006.
30 *BAG* 13.7.2006 – 8 AZR 382/05 – NZA 2006, 1406, 1407; *Mehlich*, NZA 2002, 823 ff.

Betriebsübergang (vgl. zu den Folgen für die Probezeit § 20 Rn. 22).[31] Die von einem Betriebsübergang betroffenen Arbeitnehmer und auch die Auszubildenden sind vom alten oder neuen Inhaber über den Zeitpunkt und die Folgen des Übergangs nach näherer Maßgabe des § 613a Abs. 5 BGB zu informieren. Will der Auszubildende – aus welchen Gründen auch immer – seinerseits verhindern, dass sein Berufsausbildungsverhältnis auf den neuen Betriebsinhaber übergeht, kann er gemäß § 613a Abs. 6 BGB dem Übergang seines Vertragsverhältnisses innerhalb eines Monats nach Zugang der Unterrichtung gemäß § 613a Abs. 6 BGB schriftlich widersprechen.

4.3 Geltung von Tarifverträgen

45   Tarifverträge können in ihren Geltungs- oder Anwendungsbereich auch Auszubildende mit einbeziehen. Das ist, wenn es an einer ausdrücklichen Regelung fehlt, gegebenenfalls durch Auslegung des Tarifvertrags zu klären (vgl. zur Beteiligung an Arbeitskampfmaßnahmen Rn. 6).

46   Tarifverträge gelten nur dann **unmittelbar und zwingend** (wie Gesetze), wenn Auszubildende und Ausbildende beide tarifgebunden sind (§ 3 Abs. 1 in Verbindung mit § 2 Abs. 1 TVG). Tarifgebunden sind die Mitglieder der Tarifvertragsvertragsparteien (Gewerkschaften, Arbeitgeberverbände). Tarifgebundenheit besteht auf Arbeitgeberseite auch, wenn der Arbeitgeber selbst Partei des Tarifvertrags ist, also selbst einen Tarifvertrag mit der Gewerkschaft vereinbart (sog. Haus- oder Firmentarifvertrag). Tarifverträge gelten auch dann unmittelbar und zwingend, wenn der entsprechende Tarifvertrag vom zuständigen Bundes- oder Landesminister gemäß § 5 TVG für allgemeinverbindlich erklärt wird.

47   Anwendbar können Tarifverträge auch aufgrund **einzelvertraglicher Bezugnahme** im Ausbildungsvertrag sein. Das ist in der Praxis häufig der Fall. Gemäß § 11 Abs. 1 Satz 2 Nr. 9 BBiG ist in der Vertragsniederschrift auf die anzuwendenden Tarifverträge hinzuweisen (vgl. § 11 Rn. 62ff.).

4.4 Geltung von Betriebsvereinbarungen

48   **Betriebsvereinbarungen** sind schriftliche Vereinbarungen zwischen Betriebsrat und Arbeitgeber, die unmittelbar und zwingend für alle Arbeitnehmer des Betriebs gelten (§ 77 Abs. 4 BetrVG). Solche Vereinbarungen können nur geschlossen werden, wenn es einen Betriebsrat gibt. Im **öffentlichen Dienst** gibt es entsprechende Vereinbarungen zwischen Personalrat und Dienststelle, die **Dienstvereinbarungen** heißen.

49   Da Arbeitnehmer im Sinne des Betriebsverfassungsrechts auch Auszubildende sind (vgl. Rn. 53ff.), gelten Betriebsvereinbarungen auch für diese, es sei denn, sie sind vom Anwendungsbereich ausgenommen, wie bei Betriebsvereinbarungen zu speziellen Fragen, die für Auszubildende ohne Bedeutung sind (zu den Mitwirkungs- und Mitbestimmungsrechten des Betriebsrats in Fragen der Berufsbildung vgl. Rn. 62ff.; zur Jugend- und Auszubildendenvertretung vgl. Rn. 56).

50   »Betriebsordnungen« oder ähnliche einseitig vom Arbeitgeber aufgestellte Regelungen, die für den Betrieb gelten sollen und nicht mit einem Betriebsrat vereinbart sind, gelten nicht unmittelbar und zwingend, sondern deren Geltung

---

31 *Benecke/Hergenröder* BBiG § 10 Rn. 5.

müsste gegebenenfalls einzelvertraglich mit den Arbeitnehmern oder Auszubildenden vereinbart werden.

5. Sozialversicherung

Auszubildende sind in allen Zweigen der Sozialversicherung kraft Gesetzes **51** versichert (pflichtversichert), das heißt in der:
- Krankenversicherung (§ 2 Abs. 2 Nr. 1 SGB IV, § 5 Abs. 1 Nr. 1 SGB V),
- Rentenversicherung (§ 1 Satz 1 Nr. 1 SGB VI),
- Pflegeversicherung (§ 20 Abs. 1 Nr. 1 SGB XI),
- Arbeitslosenversicherung (§ 25 Abs. 1 SGB III),
- Unfallversicherung (§ 2 Abs. 1 Nr. 2 SGB VII).

Die Beiträge für die Unfallversicherung trägt allein der Arbeitgeber / Ausbilden- **52** de (§ 150 SGB VII). In den anderen Versicherungszweigen werden die Beiträge je zur Hälfte vom Arbeitnehmer / Auszubildenden und Arbeitgeber / Ausbildenden getragen.[32] Der Arbeitgeber / Ausbildende trägt die Beiträge allein, wenn der Auszubildende ein Entgelt erzielt, das auf den Monat bezogen 325 Euro nicht übersteigt (§ 20 Abs. 3 Nr. 1 SGB IV). Wird infolge einmalig gezahlten Arbeitsentgelts die 325-Euro-Grenze überschritten, tragen der Versicherte (Auszubildende) und der Arbeitgeber den Gesamtsozialversicherungsbeitrag von dem diese Grenze übersteigenden Teil des Arbeitsentgelts jeweils zur Hälfte.

6. Betriebsverfassungsrechtliche Regelungen

Zu den Arbeitnehmern im Sinne des § 5 Abs. 1 BetrVG gehören auch die zu ihrer **53** **Berufsausbildung Beschäftigten**. Deshalb hat der Betriebsrat auch die Interessen der Auszubildenden vertreten, diese sind umgekehrt grundsätzlich auch wahlberechtigt zum Betriebsrat und zur Jugend- und Auszubildendenvertretung.

Etwas anderes gilt nach der Rechtsprechung des *BAG* in **reinen Ausbildungs-** **54** **betrieben**.[33] Die Auszubildenden in solchen Ausbildungsstätten gehören nach dieser Rechtsprechung nicht zur Belegschaft des Ausbildungsbetriebs und sind folglich keine Arbeitnehmer im Sinne des BetrVG, weil sie – anders als bei der betrieblichen Berufsbildung – nicht im Rahmen des arbeitstechnischen Zwecks des Betriebs ausgebildet werden. Ihre Berufsausbildung ist vielmehr selbst Gegenstand des Betriebszwecks und der betrieblichen Tätigkeit. Dem ist nunmehr dadurch Rechnung getragen worden, dass eine Beteiligungsmöglichkeit auch für diese Auszubildenden durch eine besondere Interessenvertretung geschaffen worden ist (vgl. § 51).

6.1 Betriebsrat und Jugend- und Auszubildendenvertretung

Da die Auszubildenden zu den Arbeitnehmern im Sinne des § 5 Abs. 1 BetrVG **55** gehören, sind sie bei den Wahlen zum **Betriebsrat** wahlberechtigt und auch wählbar, wenn sie das 18. Lebensjahr vollendet haben.

---

32 Gegen die Einbeziehung von Auszubildenden in die Sozialversicherungspflicht bestehen keine verfassungsrechtlichen Bedenken, auch wenn die Ausbildungsvergütung niedrig ist, vgl. *BSG* 15.7.2009 – B 12 KR 14/08 R – NZA-RR 2010, 381.
33 *BAG* 13.6.2007 – 7 ABR 44/06 – NZA-RR 2008, 19; *BAG* 12.9.1996 – 7 ABR 61/95 – AP BetrVG 1972 § 5 Ausbildung Nr. 11 = NZA 1997, 273; *BAG* 21.7.1993 – 7 ABR 35/92 – AP BetrVG 1972 § 5 Ausbildung Nr. 8 = NZA 1994, 713.

56 Als spezielle Interessenvertretung für Jugendliche und Auszubildende werden in Betrieben, in denen ein Betriebsrat besteht, **Jugend- und Auszubildendenvertretungen (JAV)** gewählt.[34] Besteht kein Betriebsrat, kann auch keine JAV gewählt werden. Voraussetzung für die Wahl einer JAV ist, dass in dem Betrieb mindestens fünf Auszubildende (die das 25. Lebensjahr noch nicht vollendet haben) *oder* Arbeitnehmer (die das 18. Lebensjahr noch nicht vollendet haben) beschäftigt werden (§ 60 Abs. 1 BetrVG). Die Größe der JAV variiert je nach Anzahl der beschäftigten Auszubildenden und Jugendlichen zwischen einer Person und 15 Mitgliedern (§ 62 BetrVG).

57 Bestehen in einem Unternehmen mehrere Jugend- und Auszubildendenvertretungen, so ist nach näherer Maßgabe des § 72 BetrVG eine Gesamt-JAV zu errichten. Bestehen in einem Konzern mehrere Gesamt-Jugend- und Auszubildendenvertretungen, kann durch Beschlüsse der einzelnen Gesamt-Jugend- und Auszubildendenvertretungen nach näherer Maßgabe des § 73 a BetrVG eine Konzern-JAV errichtet werden.

58 Die JAV kann zu allen Betriebsratssitzungen einen Vertreter entsenden. Werden im Betriebsrat Angelegenheiten behandelt, die besonders Jugendliche und Auszubildende betreffen, so hat zu diesen Tagesordnungspunkten die gesamte JAV ein Teilnahmerecht (§ 67 Abs. 1 BetrVG). Die Vertreter der JAV haben im Betriebsrat ein Stimmrecht, soweit die zu fassenden Beschlüsse des Betriebsrats überwiegend Jugendliche und Auszubildende betreffen (§ 67 Abs. 2 BetrVG).

59 Die JAV hat gemäß § 70 Abs. 1 Nr. 1 bis 4 BetrVG folgende allgemeine **Aufgaben**:

– Maßnahmen, die Jugendlichen und Auszubildenden dienen, insbesondere in Fragen der Berufsbildung und der Übernahme der zu ihrer Berufsausbildung Beschäftigten in ein Arbeitsverhältnis, beim Betriebsrat zu beantragen;

– Maßnahmen zur Durchsetzung der tatsächlichen Gleichstellung von Jugendlichen und Auszubildende zu beantragen;

– darüber zu wachen, dass die zugunsten der Jugendlichen und Auszubildenden geltenden Gesetze, Verordnungen, Unfallverhütungsvorschriften, Tarifverträge und Betriebsvereinbarungen durchgeführt werden;

– Anregungen von Jugendlichen und Auszubildenden, insbesondere in Fragen der Berufsbildung, entgegenzunehmen, und, falls sie berechtigt erscheinen, beim Betriebsrat auf eine Erledigung hinzuwirken. Die JAV hat die betroffenen Jugendlichen und Auszubildenden über den Stand und das Ergebnis der Verhandlungen zu informieren;

– die Integration ausländischer Jugendlicher und Auszubildender im Betrieb zu fördern und entsprechende Maßnahmen beim Betriebsrat zu beantragen.

60 Zur Durchführung ihrer Aufgaben ist die JAV gemäß § 70 Abs. 2 BetrVG durch den Betriebsrat rechtzeitig und umfassend zu unterrichten. Die JAV kann verlangen, dass ihr der Betriebsrat die zur Durchführung ihrer Aufgaben erforderlichen Unterlagen zur Verfügung stellt.

61 Die durch die Tätigkeit der JAV entstehenden Kosten hat der Arbeitgeber zu tragen (§ 40 in Verbindung mit § 65 Abs. 1 BetrVG). Für die Sitzungen, die Sprechstunden und die laufende Geschäftsführung hat der Arbeitgeber in erforderlichem Umfang Räume, sachliche Mittel, Informations- und Kommunikationstechnik sowie Büropersonal zur Verfügung zu stellen.

---

34 *Malottke*, Die Jugend- und Auszubildendenvertretung – Geschäftsführung und Mitbestimmung, 2004.

6.2 Rechte des Betriebsrats bei der Berufsbildung

Das Betriebsverfassungsgesetz widmet der Berufsbildung in den §§ 96 bis 98 **62** BetrVG einen eigenen Unterabschnitt.[35] Der Begriff der Berufsbildung nach diesen Bestimmungen geht über den Begriff der Berufsbildung im Sinne des BBiG hinaus. Die Berufsbildung im Sinne des BetrVG umfasst alle Maßnahmen, die einen Bezug zum Beruf des Arbeitnehmers und Bildungscharakter haben.[36] Neben den §§ 96 bis 98 BetrVG spielen im Zusammenhang mit der Berufsbildung vor allem die Mitwirkungsrechte des Betriebsrats bei personellen Einzelmaßnahmen eine Rolle (vgl. Rn. 84 ff.).

6.2.1 Förderung der Berufsbildung

Arbeitgeber und Betriebsrat haben im Rahmen der betrieblichen Personalplanung und in Zusammenarbeit mit den für die Berufsbildung und den für die Förderung der Berufsbildung zuständigen Stellen die Berufsbildung gemäß § 96 Abs. 1 Satz 1 BetrVG zu fördern (**Förderungspflicht**). Der Arbeitgeber hat gemäß § 96 Abs. 1 Satz 2 BetrVG auf Verlangen des Betriebsrats mit diesem Fragen der Berufsbildung der Arbeitnehmer des Betriebs zu beraten (**Beratungspflicht**). Hierzu kann der Betriebsrat Vorschläge machen (**Vorschlagsrecht**).

Zu den Maßnahmen der Berufsbildung gehören solche, die dem Arbeitnehmer **64** gezielt Kenntnisse und Erfahrungen vermitteln, die ihn zur Ausübung einer bestimmten Tätigkeit erst befähigen oder es ermöglichen, die beruflichen Kenntnisse und Fähigkeit zu erhalten. Es geht um die gezielte Vermittlung beruflicher Kenntnisse und Erfahrungen, auf deren Grundlage der Arbeitnehmer im Betrieb eine konkrete Tätigkeit unter Einsatz dieser Kenntnisse und Erfahrungen ausüben kann.[37]

Arbeitgeber und Betriebsrat haben darauf zu achten, dass unter Berücksichtigung der betrieblichen Notwendigkeiten den Arbeitnehmern die Teilnahme an betrieblichen oder außerbetrieblichen Maßnahmen der Berufsbildung ermöglicht wird (§ 96 Abs. 2 BetrVG). Sie haben dabei auch die Belange älterer Arbeitnehmer, Teilzeitbeschäftigter und von Arbeitnehmern mit Familienpflichten zu berücksichtigen.

6.2.2 Einrichtungen und Maßnahmen der Berufsbildung

Der Arbeitgeber hat gemäß § 97 Abs. 1 BetrVG mit dem Betriebsrat über die **66** Errichtung und Ausstattung betrieblicher Einrichtungen zur Berufsbildung, die Einführung betrieblicher Berufsbildungsmaßnahmen und die Teilnahme an außerbetrieblichen Berufsbildungsmaßnahmen zu beraten (**Beratungspflicht**).

Betriebliche – in Abgrenzung zur außerbetrieblichen – **Berufsbildungsmaß-** **67** **nahmen** liegen vor, wenn der Arbeitgeber Träger oder Veranstalter der Maß-

---

35 *Gilberg*, Die Mitwirkung des Betriebsrats bei der Berufsbildung, 1999; *Gilberg*, AiB 2000, 13 ff.; *Malottke*, Die Jugend- und Auszubildendenvertretung – Geschäftsführung und Mitbestimmung, Rn. 148 ff.
36 *Fitting* BetrVG § 96 Rn. 10.
37 *BAG* 28.1.1992 – 1 ABR 41/91 – AP BetrVG 1972 § 96 Nr. 1 = NZA 1992, 707 = EzB BetrVG § 96 Nr. 2.

nahme ist und die Berufsbildungsmaßnahme für seine Arbeitnehmer durchführt. Träger oder Veranstalter der Maßnahme ist der Arbeitgeber auch, wenn er diese in Zusammenarbeit mit einem Dritten durchführt und hierbei auf Inhalt und Organisation rechtlich oder tatsächlich einen beherrschenden Einfluss hat. Für die Arbeitnehmer des Arbeitgebers bestimmt ist eine Berufsbildungsmaßnahme auch, wenn bei einer begrenzten Teilnehmerzahl die Arbeitnehmer des Arbeitgebers den Vorrang haben und andere Personen nur zur Lückenfüllung berücksichtigt werden.[38] Der Arbeitgeber ist Träger einer Berufsbildungsmaßnahme auch dann, wenn er diese zwar von einem anderen Unternehmen durchführen lässt, aber auf Inhalt und Gestaltung den beherrschenden Einfluss hat.[39]

68   Hat der Arbeitgeber Maßnahmen geplant oder durchgeführt, die dazu führen, dass sich die Tätigkeit der betroffenen Arbeitnehmer ändert und ihre beruflichen Kenntnisse und Fähigkeiten zur Erfüllung ihrer Aufgaben nicht mehr ausreichen, so hat der Betriebsrat bei der **Einführung von Maßnahmen der betrieblichen Berufsbildung** gemäß § 97 Abs. 2 Satz 1 BetrVG mitzubestimmen.[40]

69   Kommt eine Einigung nicht zustande, so entscheidet die **Einigungsstelle** (§ 97 Abs. 2 Satz 1 BetrVG). Der Spruch der Einigungsstelle ersetzt die Einigung zwischen Arbeitgeber und Betriebsrat (§ 97 Abs. 2 Satz 3 BetrVG).

6.2.3 Durchführung betrieblicher Bildungsmaßnahmen

6.2.3.1 Maßnahmen der betrieblichen Berufsbildung

70   Der Betriebsrat hat bei der Durchführung von Maßnahmen der betrieblichen Berufsbildung mitzubestimmen (§ 98 Abs. 1 BetrVG). Zu unterscheiden ist das »Ob« und »Wie« solcher Berufsbildungsmaßnahmen.

71   Der Arbeitgeber kann mitbestimmungsfrei entscheiden, ob er Maßnahmen der betrieblichen Berufsbildung durchführt.[41] Wenn er solche Maßnahmen durchführt, besteht hinsichtlich der »Durchführung«, der Art und Weise, ein Mitbestimmungsrecht des Betriebsrats. Der Arbeitgeber entscheidet also frei über das »Ob« von betrieblichen Berufsbildungsmaßnahmen, hinsichtlich des »Wie« besteht ein Mitbestimmungsrecht des Betriebsrats, wenn Spielräume bestehen. So kann der Arbeitgeber frei entscheiden, ob er Ausbildungsplätze anbietet. Bietet er Ausbildungsplätze an, so hat der Betriebsrat bei der Durchführung ein Mitbestimmungsrecht, das soll sich auch auf die Festlegung der Dauer der Ausbildung beziehen.[42] Indes ist zu beachten, dass die Mitbestimmungsrechte des Betriebsrats hinsichtlich der Art und Weise der Berufsausbildung insoweit eingeschränkt sind, wie diese durch zwingende Vorgaben des BBiG oder der Ausbildungsordnung vorgegeben ist, so ist die Dauer der Ausbildung im Re-

---

38 *BAG* 4.12.1990 – 1 ABR 10/90 – AP BetrVG 1972 § 97 Nr. 1 = NZA 1991, 388 = EzB BetrVG § 98 Nr. 10.

39 *BAG* 12.11.1991 – 1 ABR 21/91 – AP BetrVG 1972 § 98 Nr. 8 = DB 1992, 741 = NZA 1992, 657.

40 *Franzen* NZA 2001, 865 ff.

41 *BAG* 8.12.1987 – 1 ABR 32/86 – AP BetrVG 1972 § 98 Nr. 4 = NZA 1988, 401 = EzB BetrVG § 98 Nr. 6.

42 *BAG* 24.8.2004 – 1 ABR 28/03 – AP BetrVG 1972 § 98 Nr. 12 = NZA 2005, 371.

gelfall durch die einschlägige Ausbildungsordnung vorgegeben und eine Abkürzung oder Verlängerung nur im Rahmen der gesetzlichen Vorgaben zulässig (vgl. § 7, § 8 BBiG).

Zur Berufsbildung gehören alle Maßnahmen, die Arbeitnehmern in systematischer, lehrplanartiger Weise Kenntnisse und Erfahrungen vermitteln, die diese zu ihrer beruflichen Tätigkeit im Allgemeinen befähigen.[43] Der Begriff ist weit auszulegen. Er umfasst zumindest alle Maßnahmen der Berufsbildung im Sinne des BBiG, also Berufsausbildung, Berufsausbildungsvorbereitung, berufliche Fortbildung und Umschulung. Zu den Maßnahmen der betrieblichen Berufsbildung gehören auch Seminare, die den Arbeitnehmern die für die Ausfüllung ihres Arbeitsplatzes und ihrer beruflichen Tätigkeit notwendige Kenntnisse und Fähigkeiten verschaffen sollen.[44]   **72**

Die Berufsbildung ist »betrieblich«, wenn der Arbeitgeber die Maßnahme selbst veranstaltet oder trägt. Dies ist der Fall, wenn der Arbeitgeber die Maßnahme alleine durchführt oder auf ihren Inhalt oder ihre Durchführung rechtlich oder tatsächlich einen beherrschenden Einfluss hat. Zudem muss die Maßnahme für die Arbeitnehmer des Betriebs veranstaltet werden.[45]   **73**

Das Mitbestimmungsrecht gemäß § 98 Abs. 1 BetrVG besteht nur bezüglich der »Durchführung« der betreffenden Maßnahme. Der Begriff ist abzugrenzen von dem der »Einführung« von Maßnahmen der betrieblichen Berufsbildung in § 97 Abs. 1, Abs. 2 BetrVG (vgl. Rn. 66), über die mit dem Betriebsrat lediglich zu beraten ist. Bei der »**Einführung**« geht es um die Frage, ob bestimmte Berufsbildungsmaßnahmen im Betrieb überhaupt durchgeführt, also etwa Auszubildende überhaupt eingestellt werden. Die »**Durchführung**« betrifft demgegenüber alle Fragen, die sich nach der Einführung der Maßnahme stellen. Mitbestimmungsfrei sind dabei konkrete Einzelmaßnahmen gegenüber bestimmten Auszubildenden.[46]   **74**

Mitbestimmungspflichtig ist gemäß § 98 Abs. 1 BetrVG etwa auch die **Festlegung der Dauer der Ausbildung**, soweit diese der Disposition des Arbeitgebers / Ausbildenden unterliegt. Das *BAG* hat ein solches Mitbestimmungsrecht angenommen, wenn der Arbeitgeber / Ausbildende *generell* nur eine verkürzte Ausbildung (vgl. § 8 Abs. 1 BBiG) anbieten will.[47] Beantragen Auszubildender und Ausbildender – wie im Regelfall – nur im Einzelfall eine Abkürzung der Ausbildung, so besteht kein Mitbestimmungsrecht des Betriebsrats. Bei einer Anrechnung beruflicher Vorbildung gemäß § 7 BBiG ist ohnehin kein Raum für ein Mitbestimmungsrecht des Betriebsrats, weil es insoweit aufgrund einer generellen Regelung gleichsam automatisch zu einer Abkürzung der Ausbildungszeit kommt, ohne dass insoweit Dispositionsmöglichkeiten des Ausbildenden bestehen.   **75**

---

43 *BAG* 24.8.2004 – 1 ABR 28/03 – AP BetrVG 1972 § 98 Nr. 12 = NZA 2005, 371; *BAG* 18.4.2000 – 1 ABR 28/99 – AP BetrVG 1972 § 98 Nr. 9 = NZA 2001, 167.

44 *BAG* 23.4.1991 – 1 ABR 49/90 – AP BetrVG 1972 § 98 Nr. 7 = NZA 1991, 817 = EzB BetrVG § 98 Nr. 11.

45 *BAG* 24.8.2004 – 1 ABR 28/03 – AP BetrVG 1972 § 98 Nr. 12 = NZA 2005, 371.

46 *BAG* 24.8.2004 – 1 ABR 28/03 – AP BetrVG 1972 § 98 Nr. 12 = NZA 2005, 371.

47 *BAG* 24.8.2004 – 1 ABR 28/03 – AP BetrVG 1972 § 98 Nr. 12 = NZA 2005, 371.

6.2.3.2 Teilnahme von Arbeitnehmern an Berufsbildungs-maßnahmen

76 Führt der Arbeitgeber betriebliche Maßnahme der Berufsbildung durch oder stellt er für außerbetriebliche Maßnahmen der Berufsbildung Arbeitnehmer frei oder trägt er die durch die Teilnahme von Arbeitnehmern an solchen Maßnahmen entstehenden Kosten ganz oder teilweise, so kann der Betriebsrat **Vorschläge für die Teilnahme** von Arbeitnehmern oder Gruppen von Arbeitnehmern des Betriebs an diesem Maßnahmen der beruflichen Bildung machen (§ 98 Abs. 3 BetrVG).

77 Schlagen Arbeitgeber und Betriebsrat für die Teilnahme an Maßnahmen der Berufsbildung im Sinne des § 98 Abs. 3 BetrVG mehr Arbeitnehmer vor als Teilnehmerplätze zur Verfügung stehen, müssen Arbeitgeber und Betriebsrat alle Arbeitnehmer in die Auswahl einbeziehen. Das gilt auch für die Einigungsstelle, wenn Arbeitgeber und Betriebsrat sich nicht einigen. Der Betriebsrat hat dagegen nicht über die Eignung eines einzelnen Arbeitnehmers mitzubestimmen, wenn nur der Arbeitgeber den Arbeitnehmer für die Teilnahme an einer solchen Bildungsmaßnahme vorgeschlagen hat und der Betriebsrat sein Vorschlagsrecht nicht ausgeübt hat.[48]

6.2.3.3 Entscheidung der Einigungsstelle

78 Kommt hinsichtlich der Durchführung betrieblicher Bildungsmaßnahmen (vgl. Rn. 70 ff.) oder die vom Betriebsrat vorgeschlagenen Teilnehmer (vgl. Rn. 76 f.) an außerbetrieblichen Maßnahme keine Einigung zustande, so entscheidet die Einigungsstelle (§ 98 Abs. 4 Satz 1 BetrVG). Der Spruch der Einigungsstelle ersetzt die Einigung zwischen Arbeitgeber und Betriebsrat (§ 98 Abs. 4 Satz 2 BetrVG).

6.2.3.4 Sonstige Bildungsmaßnahmen

79 § 98 Abs. 1 bis 5 BetrVG gilt entsprechend, wenn der Arbeitgeber **sonstige Bildungsmaßnahmen** im Betrieb durchführt (§ 98 Abs. 6 BetrVG).

6.2.4 Bestellung und Abberufung der Ausbilder und ähnlicher Personen

80 Der Betriebsrat kann der Bestellung einer mit der Durchführung der betrieblichen Berufsbildung beauftragten Person (vor allem der Ausbilder im Sinne des BBiG, vgl. § 14 Rn. 5) widersprechen oder ihre Abberufung verlangen, wenn diese die persönliche oder fachliche, insbesondere die berufs- und arbeitspädagogische Eignung im Sinne des BBiG nicht besitzt oder ihre Aufgaben vernachlässigt (§ 98 Abs. 2 BetrVG).

81 Kommt in einem solchen Fall eine Einigung nicht zustande, so kann der Betriebsrat beim Arbeitsgericht beantragen, dem Arbeitgeber aufzugeben, die Bestellung zu unterlassen oder die Abberufung durchzuführen (§ 95 Abs. 5 Satz 1 BetrVG). Daneben hat auch der Arbeitgeber ein eigenes Antragsrecht.[49]

---

48 *BAG* 8. 12. 1987 – 1 ABR 32/86 – AP BetrVG 1972 § 98 Nr. 4 = NZA 1988, 401 = EzB BetrVG 1972 § 98 Nr. 6.
49 *LAG Berlin* 6. 1. 2000 – 10 TaBV 2213/99 – NZA-RR 2000, 370.

Führt der Arbeitgeber die Bestellung einer rechtskräftigen gerichtlichen Entscheidung zuwider durch, so ist er auf Antrag des Betriebsrats vom Arbeitsgericht wegen der Bestellung nach vorheriger Androhung zu einem Ordnungsgeld zu verurteilen; das Höchstmaß des Ordnungsgeldes beträgt 10 000 Euro (§ 98 Abs. 5 Satz 2 BetrVG). **82**

Führt der Arbeitgeber die **Abberufung** einer rechtskräftigen gerichtlichen Entscheidung zuwider nicht durch, so ist auf Antrag des Betriebsrats vom Arbeitsgericht zu erkennen, dass der Arbeitgeber zur Abberufung durch Zwangsgeld anzuhalten sei; das Höchstmaß des Zwangsgeldes beträgt für jeden Tag der Zuwiderhandlung 250 Euro (§ 98 Abs. 5 Satz 3 BetrVG). Die Vorschriften des BBiG über die Ordnung der Berufsbildung bleiben unberührt (§ 98 Abs. 5 Satz 4 BetrVG). **83**

6.3 Rechte des Betriebsrats bei personellen Einzelmaßnahmen

In Unternehmen mit mehr als 20 wahlberechtigten Arbeitnehmern unterliegt gemäß § 99 BetrVG die **Einstellung, Eingruppierung, Umgruppierung** und **Versetzung** eines Arbeitnehmers der Mitbestimmung des Betriebsrats. Diese Mitbestimmungsrecht bezieht sich auch auf Auszubildende, da zu den Arbeitnehmern im Sinne des Betriebsverfassungsrechts auch die zu ihrer Berufsausbildung Beschäftigten zählen (§ 5 Abs. 1 BetrVG). Der Betriebsrat ist, unabhängig von der Größe des Unternehmens, vor jeder Kündigung zu hören (§ 102 Abs. 1 BetrVG), das gilt auch bei der Kündigung von Auszubildenden (vgl. Rn. 91). **84**

6.3.1 Einstellung

»Einstellung« meint die Begründung eines Vertragsverhältnisses durch Abschluss eines Arbeits- oder Ausbildungsvertrags oder auch nur die tatsächliche Eingliederung in den Betrieb, unabhängig davon, ob ein unbefristetes oder befristetes Arbeitsverhältnis begründet wird. Auch die Übernahme eines Auszubildenden in ein Arbeitsverhältnis im Anschluss an die Ausbildung stellt eine Einstellung im Sinne des § 99 BetrVG dar, und zwar auch im Falle der Begründung eines Arbeitsverhältnisses durch tatsächliche Beschäftigung im Sinne des § 24 BBiG. **85**

Mitbestimmungspflichtig ist aber nur die Einstellung als solche, **nicht der Vertragsinhalt.** Nach der Rechtsprechung des *BAG* kann der Betriebsrat seine Zustimmung zur Einstellung eines Arbeitnehmers, oder hier eines Auszubildenden, nicht mit der Begründung verweigern, die vertraglich vorgesehenen Ausbildungsbedingungen seien unzulässig. Das Mitbestimmungsrecht des Betriebsrats bei Einstellungen ist – so das *BAG* – kein Instrument der umfassenden Vertragsinhaltskontrolle. **86**

Virulent geworden ist das bei der **Einstellung von Auszubildenden zu »untertariflichen« Bedingungen.** In einem vom *BAG* entschiedenen Fall wollte der Ausbildungsbetrieb – der Mitglied im Arbeitgeberverband war – »über seinen eigenen Bedarf« hinaus ausbilden und schrieb in einer entsprechenden Zeitungsanzeige u. a.: »Sie … sind bereit, für einen Ausbildungsplatz auf tarifliche Leistungen (zum Beispiel einen Teil der Ausbildungsvergütung) zu verzichten, um Ihre berufliche Zukunftschancen zu verbessern«. Der Betriebsrat verweigerte die Zustimmung zur Einstellung der vom Arbeitgeber ausgewählten fünf Auszubildenden. Der Antrag des Arbeitgebers vor dem Arbeitsgericht, die **87**

Zustimmung zu ersetzen, war letztlich erfolgreich. Zwar – so das *BAG* – darf der Arbeitgeber die Einstellung eines Bewerbers nicht davon abhängig machen, dass dieser nicht Gewerkschaftsmitglied ist. Ein solches Auswahlkriterium verstoße gegen das nach Art. 9 Abs. 3 GG geschützte Recht des Arbeitnehmers, Mitglied einer Gewerkschaft zu sein. Ein solcher Verstoß berechtige den Betriebsrat, die Zustimmung zur Einstellung zu verweigern. Eine solche Konstellation habe hier aber nicht vorgelegen, weil nach den Feststellungen des Landesarbeitsgerichts die Bewerber vor Abschluss der Ausbildungsverträge nicht nach einer Gewerkschaftszugehörigkeit befragt worden seien. Die vereinbarte »untertarifliche« Vergütung berechtige nicht zur Zustimmungsverweigerung. Zur Vermeidung der damit möglicherweise verbundenen Gesetzesverletzung sei es nicht erforderlich, dass die Einstellung unterbleibe. Das Mitbestimmungsrecht des Betriebsrats bei der Einstellung sei kein Instrument der umfassenden »Vertragsinhaltskontrolle«. Der Auszubildende könne mögliche Tarifansprüche nach der Einstellung gegenüber dem Arbeitgeber individualrechtlich durchsetzen.[50]

88 Verweigert der Betriebsrat die Zustimmung zur Einstellung eines Auszubildenden, darf der Arbeitgeber diesen nicht beschäftigen. Der Arbeitgeber muss ein entsprechendes Verfahren beim Arbeitsgericht einleiten auf Ersetzung der Zustimmung des Betriebsrats durch das Arbeitsgericht. Bei Eilbedürftigkeit kann der Arbeitgeber beantragen, die Einstellung vorläufig durchzuführen (§ 100 BetrVG).

6.3.2 Versetzung

89 Der Begriff der Versetzung im betriebsverfassungsrechtlichen Sinne ist in § 95 Abs. 3 BetrVG definiert, diese Definition gilt auch für Auszubildende. Versetzung ist danach die Zuweisung eines anderen Arbeitsbereichs, die voraussichtlich die Dauer von einem Monat überschreitet *oder* die mit einer erheblichen Änderung der Umstände verbunden ist, unter denen die Arbeit zu leisten ist. Werden Arbeitnehmer nach der Eigenart ihres Arbeitsverhältnisses üblicherweise nicht ständig an einem bestimmten Arbeitsplatz beschäftigt, so gilt die Bestimmung des jeweiligen Arbeitsplatzes nicht als Versetzung.

90 In einem Betrieb mit mehreren **Filialen** ist einer Zuweisung einer anderen Ausbildungsstätte (Filiale oder Zentrale) mit einer erheblichen Änderung der Umstände verbunden, unter denen die Ausbildung zu leisten ist. Diese Zuweisung ist eine Versetzung im Sinne des § 95 Abs. 3 Satz 1 BetrVG. Die Zuweisung einer anderen Ausbildungsstätte gilt nur dann nicht als Versetzung, wenn sie in dem Filialbetrieb üblich und zur Erreichung des Ausbildungsziels sachlich geboten ist (§ 95 Abs. 3 Satz 2 BetrVG). Das ist bei ausbildungsbedingten turnusmäßigen – jährlichen – Versetzungen von einer Filiale zur anderen oder zur Zentrale der Fall.[51]

---

50 *BAG* 28.3.2000 – 1 ABR 16/99 – AP BetrVG 1972 § 99 Einstellung Nr. 27 = NZA 2000, 1294.

51 *BAG* 3.12.1985 – 1 ABR 58/83 – AP BetrVG 1972 § 95 Nr. 8 = NZA 1986, 532 = EzB BetrVG § 99 Nr. 5.

6.3.3 Kündigung

Vor einer beabsichtigten Kündigung des Auszubildenden durch den Ausbil- **91**
denden ist der Betriebsrat gemäß § 102 BetrVG anzuhören. Dies gilt unabhängig
davon, zu welchem Zeitpunkt die Kündigung erfolgen soll, also auch bei einer
Kündigung innerhalb der Probezeit gemäß § 22 Abs. 1 BBiG. Zur ordnungsgemäßen Anhörung des Betriebsrats ist es erforderlich, dass dem Betriebsrat im
Einzelnen die Personaldaten des zu Kündigenden und die Gründe mitgeteilt
werden, die aus Sicht des Arbeitgebers / Ausbildenden die Kündigung rechtfertigen sollen. Bei unterbliebener oder nicht ordnungsgemäßer Anhörung des
Betriebsrats ist die Kündigung unwirksam (vgl. § 22 Rn. 22, 66).

7. Streitigkeiten aus dem Berufsausbildungsverhältnis

7.1 Öffentlich-rechtliche und privat-rechtliche Streitigkeiten

Beim Verfahrensrecht und dem gerichtlichen Rechtsschutzes ist wie folgt zu **92**
unterscheiden. Bei einem **Streit der Vertragspartner** (Ausbildende und Auszubildende) aus dem privat-rechtlichen Berufsausbildungsverhältnis ist der
Rechtsweg zu den **Arbeitsgerichten** gegeben, gegebenenfalls mit dem vorge-
schalteten Verfahren vor dem **Schlichtungsausschuss** gemäß § 111 Abs. 2
ArbGG (vgl. Rn. 95 ff.).

Bei einem Streit in der Rechtsbeziehung zwischen Auszubildenden und der **93**
zuständige Stelle oder zwischen Ausbildenden und der zuständige Stelle ist
entscheidend auf die **Funktion der zuständigen Stellen** abzustellen. Diese
handeln als öffentlich-rechtliche Körperschaften. Auf ihre Verwaltungstätigkeit
ist das VwVfG anzuwenden. Die Entscheidungen, die die zuständigen Stellen in
Erfüllung der ihnen zugewiesenen Aufgaben im Einzelfall treffen, sind **Verwaltungsakte**. Für die diesbezüglichen Rechtsstreitigkeiten ist der Rechtsweg
zu den **Verwaltungsgerichten** gegeben. Grundsätzlich ist vorweg das **Widerspruchsverfahren** gemäß den §§ 68 ff. VwGO durchzuführen.

Solche öffentlich-rechtlichen Streitigkeiten liegen zum Beispiel bei folgenden
Fallkonstellationen vor:
– Untersagung des Einstellens und Ausbildens (§ 33 BBiG),
– Entscheidung über den Antrag auf Kürzung der Ausbildungszeit (§ 8 Abs. 2
  BBiG);
– Entscheidung über den Antrag auf Verlängerung der Ausbildungszeit (§ 8
  Abs. 1 BBiG)
– Ablehnung der Eintragung oder Löschung im Verzeichnis der Berufsausbil-
  dungsverhältnisse (§ 35 BBiG),
– Nichtzulassung zur Abschlussprüfung (§ 43 BBiG),
– Bewertung der Abschlussprüfung (§ 37 BBiG).

Bestimmte Verstöße gegen das BBiG stellen gemäß § 102 BBiG **Ordnungswid-** **94**
rigkeiten dar, die mit einer Geldbuße geahndet werden können. Gegen den
Bußgeldbescheid (§ 65 OWiG) kann Einspruch eingelegt werden (§ 67 OWiG).
Über diesen entscheidet das Amtsgericht, in dessen Bezirk die Behörde ihren
Sitz hat (§ 68 OWiG). Gegen die Entscheidung des Amtsgerichts ist unter eingeschränkten Voraussetzungen die Rechtsbeschwerde an das OLG statthaft (§§ 79,
80 OWiG).

7.2 Rechtsstreitigkeiten zwischen Ausbildenden und Auszubildenden

95 Rechtsstreitigkeiten zwischen Ausbildenden und Auszubildenden aus dem privat-rechtlichen Berufsausbildungsverhältnis sind entweder zunächst vor einem Schlichtungsausschuss (vgl. Rn. 96 ff.) oder – wenn ein solcher nicht besteht oder nicht zuständig ist (vgl. Rn. 103 ff.) – direkt vor dem Arbeitsgericht auszutragen (vgl. Rn. 130 ff.). Die Grundzüge dieser Verfahren werden im Folgenden dargestellt.

7.2.1 Verfahren vor dem Schlichtungsausschuss

96 Zur **Beilegung von Streitigkeiten zwischen Ausbildenden und Auszubildenden** aus einem bestehenden Berufsausbildungsverhältnis können gemäß § 111 Abs. 2 Satz 1 ArbGG im Bereich des Handwerks die Handwerksinnungen (§ 67 Abs. 3 HwO; *nicht* die Handwerkskammern), im Übrigen die zuständigen Stellen (vgl. § 71 BBiG) Ausschüsse bilden, denen Arbeitgeber und Arbeitnehmer in gleicher Zahl angehören müssen (**Schlichtungsausschuss**). Der Schlichtungsausschuss ist im Falle seiner Bildung ein Organ der zuständigen Stelle mit besonderem Aufgabenbereich, jedoch ohne rechtliche Eigenständigkeit.[52]

97 Die genannten Stellen »können«, müssen aber nicht entsprechende Schlichtungsausschüsse schaffen. Die Bildung der Schlichtungsausschüsse ist also nicht obligatorisch, sondern steht im Ermessen der zuständigen Stellen. Das ist **rechtspolitisch problematisch**, weil die Betroffenen, um ihre Rechtsschutzmöglichkeiten zu wahren, zunächst Ermittlungen anstellen müssen, ob ein solcher Schlichtungsausschuss gebildet worden ist oder nicht. Besteht bei der zuständigen Stelle ein Schlichtungsausschuss, muss zunächst dieser angerufen werden. Besteht er nicht, ist unmittelbar der Rechtsweg zu den Arbeitsgerichten eröffnet.

98 An der Regelung wird kritisiert, dass sie kompliziert und hinsichtlich der Einzelheiten umstritten sei. Auch bestünden **verfassungsrechtliche Bedenken**. Da den zuständigen Stellen frei stehe, ob sie Schlichtungsausschüsse errichten oder nicht, sei ein gleichmäßiger Zugang zu den Gerichten nicht gegeben.[53] Deshalb wird vorgeschlagen, die Regelung abzuschaffen, mit der Folge, dass für alle Ausbildungsstreitigkeiten direkt die Arbeitsgerichte zuständig wären. Den Bedenken könnte man aber auch dadurch begegnen, dass die Einrichtung der Schlichtungsausschüsse obligatorisch, das heißt verpflichtend, ausgestaltet wäre.

99 Es darf freilich nicht übersehen werden, dass die Schlichtungsausschüsse, so sie denn bestehen, für die Arbeitsgerichte einen Entlastungseffekt haben und eine sachnahe Beilegung von Streitigkeiten ermöglichen. Es besteht etwa die Möglichkeit, dass der Konflikt anders als durch bloße Entscheidung über die Rechtsfrage bereinigt wird, zum Beispiel durch Vermittlung des Auszubildenden in ein anderes Ausbildungsverhältnis.[54]

---

52 GMP/*Prütting* ArbGG § 111 Rn. 13.
53 GMP/*Prütting* ArbGG § 111 Rn. 71; **a. A.:** KDZ/*Zwanziger* KSchR § 111 ArbGG Rn. 27.
54 KDZ/*Zwanziger* KSchR § 111 ArbGG Rn. 1.

7.2.1.1 Zusammensetzung

§ 111 Abs. 2 Satz 1 ArbGG bestimmt, dass dem Schlichtungsausschuss **Arbeit-** **100**
geber und Arbeitnehmer in gleicher Zahl angehören müssen. Die Bestimmungen des ArbGG über die Berufung von ehrenamtlichen Richtern (§§ 21 bis 23
ArbGG) sind analog anzuwenden.[55] Die Arbeitgeber und Arbeitnehmer sind
also von den Gewerkschaften und Arbeitgebervereinigungen zu benennen,
ohne dass die zuständige Stelle Einfluss auf die Auswahl oder Benennung dieser
Vertreter nehmen darf.[56]

Die **Zahl der Mitglieder** des Schlichtungsausschuss ist gesetzlich nicht fest- **101**
gelegt und kann deshalb von der jeweils zuständigen Stelle festgelegt werden.
Das muss aber abstrakt-generell geschehen, darf also nicht jeweils für den
Einzelfall unterschiedlich geregelt werden. Es muss sich um die »**gleiche Zahl**«
von Arbeitnehmern und Arbeitgebern handeln, ein Übergewicht einer Seite ist
nicht zulässig. Da es um Rechtsstreitigkeiten zwischen Auszubildenden und
Ausbildenden geht, ist es konsequent, dass nur diese beiden Seiten im Schlichtungsausschuss vertreten sind. Lehrer von berufsbildenden Schulen können
deshalb nicht Mitglieder des Ausschusses sein.

Die Einzelheiten des Verfahrens und der Zusammensetzung des Schlichtungs- **102**
ausschusses kann die zuständige Stelle im Rahmen der gesetzlichen Vorgaben
selbständig regeln. Insbesondere kann auch vorgesehen werden, dass zusätzlich
zu den Arbeitnehmer- und Arbeitgeber-Vertretern ein **unparteiischer Vorsit-**
zender (neutraler Dritter) bestellt wird. Denkbar ist es auch, auf einen unpar-
teiischen Vorsitzenden zu verzichten und den Schlichtausschuss nur mit Arbeit-
geber- und Arbeitnehmer-Vertretern zu besetzen, wobei dann deren genaue
Zahl festzulegen wäre. Wird kein unparteiischer Vorsitzender bestimmt, kann
es zu einem Patt bei Abstimmung über einen Spruch kommen, so dass das
Schlichtungsverfahren nicht durch einen Spruch beendet werden kann (vgl.
Rn. 112).

7.2.1.2 Zuständigkeit

Der Schlichtungsausschuss ist, so er denn gebildet ist, zuständig für alle **Streitig-** **103**
keiten zwischen Ausbildenden und Auszubildenden aus einem bestehenden
Berufsausbildungsverhältnis. Es geht um Streitigkeiten aus der privat-rechtlichen auf dem Ausbildungsvertrag beruhenden Rechtsbeziehung zwischen
dem Auszubildenden und dem Ausbildenden. Streitigkeiten der Ausbildenden
oder Auszubildenden mit der zuständigen Stelle, zum Beispiel über einen
Antrag auf Kürzung der Ausbildungszeit (vgl. § 8 BBiG) oder über die Eignung
der Ausbildungsstätte (vgl. § 27 BBiG), fallen nicht in die Zuständigkeit des
Schlichtungsausschusses.

Der Schlichtungsausschuss ist zuständig für **Streitigkeiten aus einem »beste-** **104**
henden« Berufsausbildungsverhältnis. Solche liegen vor, wenn das Berufsausbildungsverhältnis besteht und zum Beispiel gestritten wird um:
– die Höhe der Ausbildungsvergütung,
– einen Anspruch auf Fortzahlung der Vergütung,
– einen Anspruch auf Freistellung,

---

55 GMP/*Prütting* ArbGG § 111 Rn. 14.
56 *BAG* 18.10.1961 – 1 AZR 437/60 – AP ArbGG 1953 § 111 Nr. 1.

– die Gewährung von Urlaub,
– Schadenersatzansprüche im bestehenden Ausbildungsverhältnis.

105 Streitigkeiten aus einem »bestehenden« Berufsausbildungsverhältnis liegen aber auch dann vor, wenn gerade im Streite steht, ob das Berufsausbildungsverhältnis noch (fort)besteht oder ob ein Berufsausbildungsverhältnis aufgrund rechtsgeschäftlicher Erklärungen, insbesondere einer Kündigung, beendet ist.[57] Der Schlichtungsausschuss ist, so er denn besteht, deshalb auch zuständig, wenn darum gestritten wird,

– ob sich das Berufsausbildungsverhältnis nach dem Nichtbestehen der Abschlussprüfung gemäß § 21 Abs. 3 BBiG verlängert hat (vgl. § 21 Rn. 32 ff.) oder wenn im Streite ist
– ob das Berufsausbildungsverhältnis durch einen Aufhebungsvertrag oder durch
– eine Kündigung (§ 22 BBiG) beendet worden ist.

106 Eine Streitigkeit aus einem »bestehenden« Berufsausbildungsverhältnis liegt nicht vor, der **Schlichtungsausschuss ist nicht zuständig**, wenn das Berufsausbildungsverhältnis nach Auffassung beider Vertragsparteien beendet ist und um **Ansprüche aus dem beendeten Berufsausbildungsverhältnis** gestritten wird. Das ist der Fall, wenn zum Beispiel gestritten wird, ob:

– ein Anspruch auf Schadensersatz bei vorzeitiger Beendigung gemäß § 23 BBiG besteht,
– das erteilte Zeugnis gemäß § 16 BBiG ordnungsgemäß ist,
– ein Anspruch auf Weiterbeschäftigung in einem Arbeitsverhältnis gemäß § 24 BBiG besteht.

107 **Sachlich und örtlich zuständig** ist der Schlichtungsausschuss der Stelle, bei welcher der Berufsausbildungsvertrag im Verzeichnis der Berufsausbildungsverhältnisse (§§ 34 bis 36 BBiG) eingetragen ist. Ist eine Eintragung noch nicht erfolgt, ist die Stelle maßgebend, bei der die Eintragung vorzunehmen ist.[58]

7.2.1.3 Verfahrensablauf

108 Der Schlichtungsausschuss hat die Parteien mündlich zu hören (§ 111 Abs. 2 Satz 2 ArbGG). Es muss also eine **mündliche Anhörung/Verhandlung** stattfinden, dabei können sich die Parteien durch Bevollmächtigte, auch durch einen Rechtsanwalt, vertreten lassen (§ 11 Abs. 1 ArbGG analog). Den Parteien muss die Möglichkeit gegeben werden, sich zu äußern. Ob sie hiervon Gebrauch machen, ist für die Rechtmäßigkeit des Spruchs des Schlichtungsausschusses ohne Bedeutung.[59]

109 Ziel der mündlichen Verhandlung ist die umfassende Erörterung des Sach- und Streitstandes und nach Möglichkeit eine **einvernehmliche Regelung** der Parteien. Wie sich aus § 111 Abs. 2 Satz 6 ArbGG ergibt, können die Parteien insbesondere einen **Vergleich** schließen. Das ist in der Praxis der Regelfall.

110 Sofern sich die Parteien nicht einigen, entscheidet der Schlichtungsausschuss durch einen **Spruch**. Dies gilt auch dann, wenn eine Partei nicht erscheint. Es

---

57 *BAG* 18.10.1961 – 1 AZR 437/60 – AP ArbGG 1953 § 111 Nr. 1 = BB 1962, 52; *BAG* 25.11.1976 – 2 AZR 751/75 – AP BBiG § 15 Nr. 4.
58 GMP/*Prütting* ArbGG § 111 Rn. 18.
59 GMP/*Prütting* ArbGG § 111 Rn. 29 ff.

ergeht in dem Fall keine Säumnisentscheidung, sondern es wird in der Sache selbst entschieden.[60]

Ergeht ein **Spruch**, muss dieser **schriftlich** abgefasst, mit Gründen und einer **Rechtsmittelbelehrung** (vgl. Rn. 117 f.) versehen und von allen Mitgliedern des Ausschusses **unterschrieben** sowie den Beteiligten zugestellt werden.[61] **111**

Der Schlichtungsausschuss kann in seinem Spruch dem Antrag einer Partei ganz oder teilweise stattgeben, ihn ganz oder teilweise zurückweisen oder – im Falle eines Patts bei der Abstimmung der Mitglieder des Schlichtungsausschusses – auch feststellen, dass **weder ein Spruch noch eine Einigung möglich** war.[62] Die Parteien können anschließend, wenn sie mit der Entscheidung des Schlichtungsausschusses nicht einverstanden sind, Klage vor dem Arbeitsgericht zu erheben (vgl. Rn. 116 ff.). **112**

Der Spruch erwächst in **materielle Rechtskraft** (das heißt: ist für beide Seiten verbindlich) und ist vollstreckbar nur dann, wenn er von beiden Parteien anerkannt wird.[63] Die **Anerkennung des Spruchs** durch die Parteien muss ausdrücklich erklärt werden. Schlüssiges (konkludentes) Handeln reicht nicht. Es ist nicht erforderlich, dass die Parteien den Spruch als inhaltlich richtig anerkennen. »Anerkennung« bedeutet lediglich, dass der Spruch des Schlichtungsausschusses von beiden Seiten als bindend angesehen, also hingenommen wird. Dementsprechend reicht die Erklärung, sich mit dem Spruch abfinden zu wollen.[64] Die Anerkennungserklärung kann nicht widerrufen und darf nicht mit einer Bedingung verbunden werden.[65] Die Anerkennung muss durch beide Seiten erklärt werden, eine einseitige Anerkennung reicht nicht. Die Anerkennung des Spruchs muss binnen einer **Frist von einer Woche** erfolgen (§ 111 Abs. 2 Satz 3 ArbGG). Mit der fristgemäßen Anerkennung des Spruchs durch beide Seiten wird der Spruch bindend für beide Seiten und ist damit rechtswirksam. Eine nach dieser Frist erfolgte Anerkennung vermag die Wirksamkeit des Spruchs nicht mehr herbeizuführen. **113**

Die den Beteiligten entstehenden **Kosten** durch das Verfahren vor dem Schlichtungsausschuss (zum Beispiel durch die Einschaltung eines Rechtsanwalts) haben diese – mangels anderweitiger Regelung – selbst zu tragen. Eine Bewilligung von **Prozesskostenhilfe** kommt nicht in Betracht, da die entsprechenden Vorschriften nur für die Anrufung staatlicher Gerichte gelten.[66] **114**

7.2.1.4 Zwangsvollstreckung

Aus Vergleichen, die vor dem Schlichtungsausschluss geschlossen worden sind, und aus Sprüchen des Ausschusses, die von beiden Seiten anerkannt worden sind, findet die **Zwangsvollstreckung** statt (§ 111 Abs. 2 Satz 6 ArbGG). Gemäß § 111 Abs. 2 Satz 7 ArbGG gelten die §§ 107 und 109 ArbGG entsprechend, so dass der Vergleich oder der Spruch zunächst vom Arbeitsgericht für vollstreck- **115**

---

60 GMP / *Prütting* ArbGG, § 111 Rn. 31; KDZ/*Zwanziger* KSchR § 111 ArbGG Rn. 5.
61 GMP / *Prütting* ArbGG § 111 Rn. 36; KDZ/*Zwanziger* KSchR § 111 ArbGG Rn. 9 f.
62 *Leinemann/Taubert* BBiG § 22 Rn. 163.
63 GMP / *Prütting* ArbGG § 111 Rn. 41.
64 GMP / *Prütting* ArbGG § 111 Rn. 45 ff.
65 *Lakies* ArbGG § 111 Rn. 15.
66 GMP / *Prütting* ArbGG § 111 Rn. 69; KDZ/*Zwanziger* KSchR § 111 ArbGG Rn. 7.

bar erklärt werden muss, bevor aus ihm die Zwangsvollstreckung betrieben werden kann.[67]

7.2.1.5 Spruch des Schlichtungsausschusses und Klage vor dem Arbeitsgericht

116 Wird der vom Ausschuss gefällte **Spruch nicht** innerhalb einer Woche von beiden Parteien **anerkannt**, so kann gemäß § 111 Abs. 2 Satz 3 ArbGG nur binnen zwei Wochen nach ergangenem Spruch **Klage** beim zuständigen Arbeitsgericht erhoben werden. Es geht um eine Klage in der Sache, nicht gegen den Spruch.[68] Deshalb sind die normalen Klageanträge zu stellen, die auch sonst bei Nichtdurchführung eines Schlichtungsverfahrens gestellt worden wären. Einer Aufhebung des Spruchs des Schlichtungsausschusses bedarf es nicht, weil dieser mangels Anerkennung nicht rechtskräftig geworden ist.[69]

117 Die **Klage** muss **binnen zwei Wochen** nach Zustellung des Spruchs erhoben werden, dabei handelt es sich um eine prozessuale Ausschlussfrist.[70] Eine nach Ablauf der Zwei-Wochen-Frist, also verspätet erhobene Klage, ist unzulässig. Wurde die Frist ohne Verschulden versäumt, kann eine Wiedereinsetzung in vorherigen Stand beantragt werden (§ 233 ZPO in Verbindung mit § 46 Abs. 2 ArbGG). Über die Klagemöglichkeit und das zuständige Arbeitsgericht nebst Anschrift und die einzuhaltende Frist und Form hat der Schlichtungsausschuss mit dem Spruch schriftlich eine **Rechtsmittelbelehrung** zu erteilen und diese zu unterschreiben (§§ 111 Abs. 2 Satz 4 ArbGG in Verbindung mit § 9 Abs. 5 ArbGG).

118 *Muster für eine Rechtsmittelbelehrung:*[71]
Wird dieser Spruch nicht von beiden Parteien anerkannt, ist er wirkungslos. Die Streitsache muss dann innerhalb von zwei Wochen ab der Zustellung dieses Spruchs im Wege der Klage beim zuständigen Arbeitsgericht schriftlich oder durch Erklärung zu Protokoll der Geschäftsstelle anhängig gemacht werden. Die Klage muss die Parteien des Verfahrens und das angerufene Gericht bezeichnen. Ferner hat sie in bestimmter Form sowohl den Grund des Streitgegenstandes anzugeben, als auch einen Antrag zu enthalten. Zuständig ist das Arbeitsgericht ... (Bezeichnung und Anschrift des zuständigen Arbeitsgerichts).

119 Fehlt die Rechtsmittelbelehrung oder ist diese nicht ordnungsgemäß im Sinne des § 9 Abs. 5 ArbGG, fehlt zum Beispiel die Unterschrift, so gilt für die Klage die **Jahresfrist** des § 9 Abs. 5 ArbGG.[72]

120 Auch soweit eine Schlichtung vor dem Schlichtungsausschuss stattgefunden hat, findet nach Klageerhebung vor dem **Arbeitsgericht** zunächst eine **Güteverhandlung** statt. Der § 111 Abs. 2 Satz 8 ArbGG, der Gegenteiliges vorsah, ist durch das Arbeitsgerichtsbeschleunigungsgesetz vom 30.3.2000 (BGBl. I, S. 333) mit Wirkung vom 1.5.2000 gestrichen worden.

---

67 GMP/*Prütting* ArbGG § 111 Rn. 56 ff.; KDZ/*Zwanziger* KSchR § 111 ArbGG Rn. 15 ff.
68 *BAG* 9.10.1979 – 6 AZR 776/77 – AP ArbGG 1953 § 111 Nr. 3.
69 *Lakies* ArbGG § 111 Rn. 19.
70 *Lakies* ArbGG § 111 Rn. 19.
71 Formulierungsvorschlag laut KDZ/*Zwanziger* KSchR § 111 ArbGG Rn. 14.
72 *BAG* 30.9.1998 – 5 AZR 690/97 – AP BBiG § 10 Nr. 8 = NZA 1999, 265 = EzA BBiG § 10 Nr. 4.

7.2.1.6 Verhältnis von Schlichtungs- und gerichtlichem Verfahren

Besteht ein Schlichtungsausschuss, muss zunächst dieser angerufen werden **121** (vgl. § 111 Abs. 2 Satz 5 ArbGG). Die vor Anrufung des Schlichtungsausschusses eingereichte **Klage** ist **unzulässig**, sie wird aber nachträglich zulässig, wenn das nach Klageerhebung eingeleitete Schlichtungsverfahren beendet und der Spruch nicht anerkannt wurde.[73] Bei der vorherigen Anrufung des Schlichtungsausschusses handelt es sich eine **unverzichtbare Prozessvoraussetzung** für die Klage, die auch ohne Rüge der Parteien von Amts wegen zu prüfen ist.[74] Die Parteien können nicht auf die Durchführung des Schlichtungsverfahrens verzichten. Sie können auch nicht durch eine rügelose Einlassung im arbeitsgerichtlichen Verfahren die Zuständigkeit des Schlichtungsausschusses umgehen.[75]

Besteht kein Schlichtungsausschuss oder ist dieser nicht zuständig (vgl. **122** Rn. 103 ff.), ist unmittelbar das **Arbeitsgericht** anzurufen (vgl. zur Wahrung der Klagefrist bei einer Kündigungsschutzklage Rn. 124 ff.). Wenn ein angerufener Schlichtungsausschuss es ablehnt, ein Verfahren durchzuführen (zum Beispiel weil er sich nicht für zuständig hält), kann ebenfalls unmittelbar das Arbeitsgericht angerufen werden, selbst wenn die Ablehnung rechtlich unzutreffend war.[76] Da eine **einstweilige Verfügung** (zum Beispiel auf tatsächliche Ausbildung) vom Schlichtungsausschuss nicht rechtswirksam erlassen werden kann, kann insoweit das Arbeitsgericht direkt angerufen werden, auch wenn ein Schlichtungsausschuss besteht.[77]

Für das **Verhältnis von Schlichtungs- und gerichtlichem Verfahren** gilt Fol- **123** gendes[78]:

– Das Schlichtungsverfahren wurde durch Spruch beendet, dieser wurde nicht von beiden Parteien anerkannt und fristgemäß Klage erhoben. In dem Fall ist der Spruch ohne Wirkung.

– Das Schlichtungsverfahren wurde durch Spruch beendet, dieser wurde nicht von beiden Parteien anerkannt, aber innerhalb der Klagefrist wurde keine Klage erhoben. Wegen Versäumung der prozessualen Klagefrist, wäre eine Klage mit demselben Streitgegenstand unzulässig. Es tritt aber keine Rechtskraft ein, so dass bei einem Rechtsstreit um einen anderen Streitgegenstand (zum Beispiel Vergütungsansprüche) die vom Ausschuss entschiedene Frage (zum Beispiel Rechtswirksamkeit einer Kündigung) als Vorfrage vom Gericht anders entschieden werden kann.[79]

– Wurde das Verfahren durch Spruch beendet, der von beiden Parteien anerkannt wurde, liegt eine rechtskräftige Entscheidung vor, die auch für Folgeverfahren bindend ist.

– Bei einem Vergleich vor dem Schlichtungsausschuss ist das Verfahren über

---

73 *BAG* 25.11.1976 – 2 AZR 751/75 – AP BBiG § 15 Nr. 4.
74 *BAG* 26.1.1999 – 2 AZR 134/98 – AP KSchG 1969 § 4 Nr. 43; *BAG* 13.4.1989 – 2 AZR 441/88 – AP KSchG 1969 § 4 Nr. 21.
75 GMP/*Prütting* ArbGG § 111 Rn. 20; KDZ/*Zwanziger* KSchR § 111 ArbGG Rn. 19; **a. A.:** *Leinemann/Taubert* BBiG § 22 Rn. 140.
76 GMP/*Prütting* ArbGG § 111 Rn. 21.
77 GMP/*Prütting* ArbGG § 111 Rn. 63.
78 KDZ/*Zwanziger* KSchR § 111 ArbGG Rn. 20.
79 *BAG* 9.10.1979 – 6 AZR 776/77 – AP ArbGG 1953 § 111 Nr. 3.

den jeweiligen Streitgegenstand abgeschlossen, eine Klage vor dem Arbeitsgericht wäre unzulässig.

– Ist streitig, ob der Vergleich materiell wirksam ist, kann das nur vor dem Arbeitsgericht mittels Klage geklärt werden. Gleiches gilt, wenn streitig ist, ob die Anerkennung materiell wirksam ist.

– Werden im Nachhinein Einwendungen gegen einen anerkannten Spruch oder gegen einen Vergleich geltend gemacht, so sind diese im Klagewege vor dem Arbeitsgericht unter den Voraussetzungen der Vollstreckungsabwehrklage (§ 767 ZPO) geltend zu machen.

7.2.1.7 Schlichtungsverfahren und materielles Recht

124   Wer gegen die Kündigung eines Arbeitsverhältnisses vorgehen will, muss grundsätzlich die **Klagefrist von drei Wochen** einhalten (§ 4 KSchG). § 111 Abs. 2 ArbGG stellt insofern eine Sonderregelung dar. Da § 111 Abs. 2 ArbGG eine Klagefrist nicht vorsieht, gilt die Klagefrist des § 4 KSchG *nicht* bei der **Kündigung eines Berufsausbildungsverhältnisses**, wenn ein **Schlichtungsausschuss** besteht.[80]

125   Die Möglichkeit der Anrufung des Schlichtungsausschusses kann aber nach dem Grundsatz von Treu und Glauben **verwirken** (§ 242 BGB). Da die Klagefrist von drei Wochen gerade nicht gilt, kann diese Frist auch nicht als »Verwirkungsfrist« angesehen werden, so dass eine Verwirkung erst nach dem Ablauf einer längeren Zeitspanne denkbar ist.[81]

126   **Besteht kein Schlichtungsausschuss**, ist ein Rechtsschutz gegen eine Kündigung des Berufsausbildungsverhältnisses nur über die Anrufung des Arbeitsgerichts möglich. Deshalb gilt dann die gesetzliche **Klagefrist** des § 4 KSchG.[82] Gegebenenfalls muss sich der Betroffene nach Erhalt einer Kündigung bei der zuständigen Stelle erkundigen, ob ein Schlichtungsausschuss gebildet ist. Im Zweifelsfall empfiehlt sich auf jeden Fall innerhalb der dreiwöchigen Klagefrist Klage beim Arbeitsgericht zu erheben und falls sich herausstellt, dass doch ein Schlichtungsausschuss besteht, die Aussetzung des Klageverfahrens beim Arbeitsgericht zu beantragen, bis das Schlichtungsverfahren abgeschlossen ist. Versäumt der Auszubildende nach Erhalt einer Kündigung die Frist für die Klageerhebung beim Arbeitsgericht, weil er nicht zügig Erkundigen einholt, ob ein Schlichtungsausschuss besteht, geht dies zu seinen Lasten.[83] Allerdings soll nach dem *BAG* bei **Nichteinhaltung der Klagefrist** des § 4 KSchG eine großzügige Anwendung der Möglichkeit der nachträglichen Klagezulassung gemäß § 5 KSchG geboten sein. Insbesondere seien das jugendliche Alter und die Unerfahrenheit eines Auszubildenden im Arbeitsleben unter Berücksichtigung verfassungsrechtlicher Vorgaben angemessen zu berücksichtigen.[84]

---

80   *BAG* 13.4.1989 – 2 AZR 441/88 – AP KSchG 1969 § 4 Nr. 21; vgl. zum Streitstand ausführlich GMP/*Prütting* ArbGG, § 111 Rn. 22 ff.; *Leinemann/Taubert* BBiG § 22 Rn. 143 ff.

81   KDZ/*Zwanziger* KSchR § 111 ArbGG Rn. 22; **a.A.:** APS/*Biebl* § 111 ArbGG Rn. 9.

82   *BAG* 5.7.1990 – 2 AZR 53/90 – AP KSchG 1969 § 4 Nr. 23; *BAG* 26.1.1999 – 2 AZR 134/98 – AP KSchG 1969 § 4 Nr. 43.

83   *LAG Berlin* 30.6.2003 – 6 Ta 1276/03 – MDR 2004, 160.

84   *BAG* 26.1.1999, 2 AZR 134/98, AP KSchG 1969 § 4 Nr. 43 = EzB KSchG § 4 Nr. 18 = NZA 1999, 934.

Häufig gelten tarifliche oder einzelvertragliche **Ausschlussfristen** (vgl. § 11   **127**
Rn. 71 ff.). Diese sehen vor, dass Ansprüche aus dem Arbeitsverhältnis / Berufsausbildungsverhältnis verfallen, wenn sie nicht rechtzeitig geltend gemacht
werden. Findet ein entsprechender Tarifvertrag Anwendung und gelten die
Ausschlussfristen auch für Ansprüche aus dem Berufsausbildungsverhältnis[85]
oder ist einzelvertragliche eine Ausschlussfrist wirksam vereinbart, ist häufig zu
unterscheiden zwischen der schriftlichen oder gerichtlichen Geltendmachung
von Ansprüchen. Für die **schriftliche Geltendmachung** gilt hinsichtlich der
Anrufung des Schlichtungsausschusses keine Besonderheit. Da die schriftliche
Geltendmachung gegenüber dem Anspruchsgegner zu erfolgen hat, ist der
Zugang der Geltendmachung bei diesem und nicht beim Schlichtungssaus-
schuss entscheidend. Verlangen die Ausschlussfristen eine »**gerichtliche**« **Geltendmachung**, kann diese, wenn ein Schlichtungsausschuss besteht, durch die
Anrufung des Schlichtungsausschusses gewahrt werden, weil dann eine Klage
zunächst unzulässig wäre (vgl. Rn. 121). Denkbar ist aber auch, insoweit davon
auszugehen, dass die Ausschlussfristen, soweit sie eine gerichtliche Geltendmachung verlangen, einschränkend dahin auszulegen sind, dass diese keine Anwendung finden, soweit ein Schlichtungsausschuss gebildet ist, weil die Anrufung eines »Gerichts« unmöglich ist und die Anrufung des Ausschusses dem
nicht gleichsteht.[86] Vorsorglich sollte – die zunächst unzulässige – Klage vor dem
Arbeitsgericht erhoben werden.

Die **Verjährung** von Ansprüchen aus dem Berufsausbildungsverhältnis wird   **128**
durch Klageerhebung vor dem Arbeitsgericht gehemmt (§ 204 Abs. 1 Nr. 1
BGB), selbst wenn die Klage vor Abschluss des Schlichtungsverfahrens unzulässig wäre.[87] Da der Schlichtungsausschuss als Organ der zuständigen Stelle
einer »Behörde« (vgl. § 204 Abs. 1 Nr. 12 BGB) gleichstehen dürfte, kann auch
durch Anrufung des Schlichtungsausschusses die Verjährung unterbrochen
werden, was allerdings nicht gesichert ist.[88]

Weitere **materiell-rechtliche Wirkungen**, die an eine gerichtliche Geltendma-   **129**
chung geknüpft werden (zum Beispiel das Entstehen von Prozesszinsen gemäß
§ 291 BGB), können durch die Anrufung des Schlichtungsausschusses nicht
eintreten, da der Ausschuss kein Gericht ist.[89]

7.2.2 Verfahren vor dem Arbeitsgericht

Besteht kein Schlichtungsausschuss (vgl. Rn. 95 ff.), so sind Rechtsstreitigkeiten   **130**
aus dem Berufsausbildungsverhältnis unmittelbar vor den Gerichten für Arbeitssachen auszutragen. Als erste Instanz zuständig ist das Arbeitsgericht.
Streitigkeiten aus dem Berufsausbildungsverhältnis werden im sog. Urteilsver-
fahren (§ 2 ArbGG) ausgetragen.

Das Verfahren wird eingeleitet durch die schriftliche **Klageerhebung**. In erster   **131**
Instanz vor dem Arbeitsgericht besteht kein Vertretungszwang, sowohl die
Auszubildenden als auch die Ausbildenden können den Rechtsstreit selbst
führen. Sie können sie aber auch vertreten lassen (§ 11 ArbGG), und zwar durch

---

85 *BAG* 25.7.2002 – 6 AZR 381/00 – AP BBiG § 5 Nr. 9 = DB 2003, 510.
86 KDZ/*Zwanziger* KSchR § 111 ArbGG Rn. 23.
87 Palandt/*Heinrichs* BGB § 204 Rn. 5.
88 GMP/*Prütting* ArbGG § 111 Rn. 26 f.
89 GMP/*Prütting* ArbGG § 111 Rn. 28; KDZ/*Zwanziger* KSchR § 111 ArbGG Rn. 26.

jede andere Person, der eine schriftliche Vollmacht erteilt werden muss oder durch einen Rechtsanwalt. Man kann sich auch durch sog. Verbandsvertreter vertreten lassen, wenn man Mitglied des Verbandes (Gewerkschaft oder Arbeitgeberverband) ist.

132 Die Verhandlungen vor dem Arbeitsgericht finden mündlich statt. Die mündliche Verhandlung beginnt mit einer Verhandlung vor dem Vorsitzenden zum Zwecke der gütlichen Einigung (**Güteverhandlung**). Kommt es zu keiner Einigung und endet der Rechtsstreit nicht anderweitig (zum Beispiel durch Klagerücknahme oder Anerkennung des Klageanspruchs), findet eine Verhandlung vor der Kammer (unter Einbeziehung der Ehrenamtlichen Richter) statt, die schriftlich vorzubereiten ist (§ 56 ArbGG). Im Kammertermin können sich die Parteien wiederum gütlich einigen, häufig wird ein Vergleich geschlossen, sonst wird durch Urteil, gegebenenfalls nach einer Beweisaufnahme (zum Beispiel Vernehmung von Zeugen), entschieden.

133 Gegen ein Urteil des Arbeitsgerichts kann **Berufung** eingelegt werden, wenn das Arbeitsgericht die Berufung zugelassen hat oder der Beschwerdewert 600 Euro übersteigt oder um das Bestehen, Nichtbestehen oder die Kündigung eines Arbeitsverhältnisses oder Berufsausbildungsverhältnisses gestritten wird (§ 64 ArbGG). Für die Einlegung der Berufung und der Begründung der Berufung gelten bestimmte Fristen und Formvorschriften. Zuständig für die Verhandlung über die Berufung ist das **Landesarbeitsgericht**. Vor diesem besteht Vertretungszwang, die Parteien können sich nicht mehr wirksam selbst vertreten. Auch vor dem Landesarbeitsgericht kann der Rechtsstreit durch einen Vergleich beendet werden. Geschieht das nicht oder wird das Verfahren in anderer Weise beendet, entscheidet das Landesarbeitsgericht durch Urteil (§ 69 ArbGG).

134 Nur in Ausnahmefällen ist gegen das Urteil eines Landesarbeitsgerichts ein weiteres Rechtsmittel, die **Revision** (§ 72 ArbGG), gegeben, wenn das Landesarbeitsgericht die Revision zugelassen hat. Über die Revision entscheidet das **Bundesarbeitsgericht** mit Sitz in Erfurt. Vor dem Bundesarbeitsgericht besteht Anwaltszwang. Hat das Landesarbeitsgericht die Revision nicht zugelassen, kann diese Entscheidung unter bestimmten Voraussetzungen selbständig durch eine sog. Nichtzulassungsbeschwerde angefochten werden, über die das Bundesarbeitsgericht entscheidet (§ 72 a ArbGG).

7.2.3 Zuständigkeit der Arbeitsgerichte

135 Die Gerichte für Arbeitssachen sind unter anderem zuständig für bürgerliche Rechtsstreitigkeiten zwischen Arbeitnehmern und Arbeitgebern (§ 2 Abs. 1 Nr. 3 ArbGG). Als Arbeitnehmer im Sinne des ArbGG gelten gemäß § 5 Abs. 1 Satz 1 ArbGG auch die zu ihrer Berufsausbildung Beschäftigten. Unter Berufsausbildung im Sinne des § 5 Abs. 1 Satz 1 ArbGG sind alle Bereiche der Berufsbildung nach § 1 Abs. 1 BBiG zu verstehen, also nicht nur die Berufsausbildung im engeren Sinne. Eine Beschäftigung zur Berufsausbildung liegt auch vor, wenn der Betreffende auf Grund eines privatrechtlichen Vertrags im Dienste eines anderen Arbeit leistet und dies außerhalb der betrieblichen Berufsbildung erfolgt. Der Beschäftigte muss dabei dem Weisungsrecht des Ausbildenden hinsichtlich des Inhalts, der Zeit und des Ortes der Tätigkeit unterworfen sein.[90]

136 Geht es nicht um ein Berufsausbildungsverhältnis, aber um eine Fortbildung

---

90 *BAG* 24.9.2002, 5 AZB 12/02, AP ArbGG 1979 § 5 Nr. 56.

oder Umschulung im Sinne des § 1 BBiG, kommt zwar die Zuständigkeit eines Schlichtungsausschusses der zuständigen Stelle gemäß § 111 Abs. 2 ArbGG nicht in Betracht, aber gleichwohl kann die Arbeitsgerichtsbarkeit für entsprechende Streitigkeiten zuständig sein. Auch für Streitigkeiten aus einem **Fortbildungs- oder Umschulungsverhältnis** kann deshalb der Rechtsweg zu den Arbeitssachen eröffnet sein, wenn der Betreffende aufgrund eines privat-rechtlichen Vertrags im Dienste eines anderen tätig ist.[91]

Das gilt auch für **Praktikanten** und **Volontäre**, sofern das Praktikum nicht Teil einer öffentlich-rechtlich geregelten Schul- oder Universitätsausbildung ist. Auch wenn **Berufsakademiestudenten**, deren Ausbildung an der Studienakademie (Lernort Theorie) und an einer betrieblichen Ausbildungsstätte stattfindet, nicht in den Geltungsbereich des BBiG fallen[92], können sie gleichwohl im Rahmen der betrieblichen Ausbildung zu ihrer Berufsausbildung beschäftigt und deshalb Arbeitnehmer im Sinne des § 5 Abs. 1 Satz 1 ArbGG sein. Sie sind während der betrieblichen Ausbildung zu ihrer Berufsausbildung beschäftigt, wenn sie einem Weisungsrecht des Ausbildenden unterliegen.[93] **137**

Es kommt entscheidend darauf an, ob der »Auszubildende« (im weiteren Sinne) aufgrund eines privatrechtlichen Vertrags »beschäftigt« wird. Das kommt auch außerhalb der betrieblichen Berufsbildung gemäß § 2 Abs. 1 BBiG in Betracht.[94] Ausschlaggebend für die Stellung als »Beschäftigter« im Sinne des § 5 Abs. 1 Satz 1 ArbGG ist weder der Lernort noch die Lehrmethode, sondern der Inhalt des Vertrags. Entscheidend ist mithin nicht, wo und wie die »Ausbildung« im weiteren Sinne erfolgt. Ob sie im Betrieb, in der Schule oder in einer sonstigen Einrichtung erfolgt ist ebenso wenig maßgebend wie die Frage, ob sie überwiegend praktisch, innerhalb eines laufenden Produktions- oder Dienstleistungsprozesses oder überwiegend theoretisch, systematisch geordnet und lehrplanmäßig außerhalb eines solchen Prozesses durchgeführt wird. Es kommt vielmehr darauf an, ob die Parteien des Ausbildungsvertrags für die Dauer der »Ausbildung« Rechte und Pflichten begründet haben, die über den reinen Leistungsaustausch hinausgehen und das Ausbildungsverhältnis in die Nähe des Arbeitsverhältnisses rücken. Auch Auszubildende in berufsbildenden Schulen und »**sonstigen Berufsbildungseinrichtungen**« können im Sinne des § 5 Abs. 1 Satz 1 ArbGG »zu ihrer Berufsausbildung Beschäftigte« sein.[95] **138**

Auch Auszubildende oder Umschüler in **überbetrieblichen Ausbildungseinrichtungen** gehören zu diesem Personenkreis der zur Berufsausbildung Beschäftigten im Sinne des § 5 Abs. 1 Satz 1 ArbGG. Die vom *BAG* im Bereich der Betriebsverfassung gemachte Einschränkung[96], nach der Auszubildende nicht zu den Arbeitnehmern solcher Ausbildungseinrichtungen gehören, ist für die Frage der Zuständigkeit der Arbeitsgerichten ohne Belang.[97] **139**

91 *BAG* 21.5.1997, 5 AZB 30/96, NZA 1997, 1013; *BAG* 24.2.1999, 5 AZB 10/98, NZA 1999, 557; *BAG* 24.9.2002, 5 AZB 12/02, AP ArbGG 1979 § 5 Nr. 56.
92 *BAG* 16.10.2002, 4 AZR 429/01, AP TVG § 1 Tarifverträge: Metallindustrie Nr. 181.
93 *BAG* 27.9.2006, 5 AZB 33/06, NZA 2006, 1432.
94 *BAG* 24.9.2002, 5 AZB 12/02, AP ArbGG 1979 § 5 Nr. 56.
95 *BAG* 24.2.1999, 5 AZB 10/98, NZA 1999, 557.
96 *BAG* 21.7.1993 – 7 ABR 35/92 – AP BetrVG 1972 § 5 Ausbildung Nr. 8 = NZA 1994, 713; *BAG* 12.9.1996 – 7 ABR 61/95 – AP BetrVG 1972 § 5 Ausbildung Nr. 11 = NZA 1997, 273.
97 *BAG* 21.5.1997 – 5 AZB 30/96 – AP ArbGG 1979 § 5 Nr. 32 = NZA 1997, 1013 = EzB ArbGG § 5 Nr. 8; *LAG Bremen* 9.8.1996 – 2 Ta 15/96 – AP ArbGG 1979 § 5 Nr. 29 = EzB ArbGG § 5 Nr. 7.

140 Wird in Rahmen des **Strafvollzugs** zwischen dem Träger der Vollzugsanstalt und einem Strafgefangenen ein Berufsausbildungsverhältnis begründet, handelt es sich hierbei nicht um ein privatrechtliches, sondern um ein **öffentlich-rechtliches Rechtsverhältnis**, für das die Gerichte für Arbeitssachen nicht zuständig sind.[98]

§ 11 Vertragsniederschrift

(1) Ausbildende haben unverzüglich nach Abschluss des Berufsausbildungsvertrages, spätestens vor Beginn der Berufsausbildung, den wesentlichen Inhalt des Vertrages gemäß Satz 2 schriftlich niederzulegen; die elektronische Form ist ausgeschlossen. In die Niederschrift sind mindestens aufzunehmen

1. Art, sachliche und zeitliche Gliederung sowie Ziel der Berufsausbildung, insbesondere die Berufstätigkeit, für die ausgebildet werden soll,
2. Beginn und Dauer der Berufsausbildung,
3. Ausbildungsmaßnahmen außerhalb der Ausbildungsstätte,
4. Dauer der regelmäßigen täglichen Ausbildungszeit,
5. Dauer der Probezeit,
6. Zahlung und Höhe der Vergütung,
7. Dauer des Urlaubs,
8. Voraussetzungen, unter denen der Berufsausbildungsvertrag gekündigt werden kann,
9. ein in allgemeiner Form gehaltener Hinweis auf die Tarifverträge, Betriebs- oder Dienstvereinbarungen, die auf das Berufsausbildungsverhältnis anzuwenden sind.

(2) Die Niederschrift ist von den Ausbildenden, den Auszubildenden und deren gesetzlichen Vertretern und Vertreterinnen zu unterzeichnen.

(3) Ausbildende haben den Auszubildenden und deren gesetzlichen Vertreter und Vertreterinnen eine Ausfertigung der unterzeichneten Niederschrift unverzüglich auszuhändigen.

(4) Bei Änderungen des Berufsausbildungsvertrages gelten die Absätze 1 bis 3 entsprechend.

Inhaltsübersicht   Rn.

1.	Überblick	1
2.	Schriftliche Niederlegung des Vertragsinhalts	
2.1	Regelungszusammenhang	4
2.2	Schriftform	9
3.	Mindestinhalt	11
3.1	Art, sachliche und zeitliche Gliederung sowie Ziel der Ausbildung (§ 11 Abs. 1 Satz 2 Nr. 1 BBiG)	12
3.2	Beginn und Dauer der Ausbildung (§ 11 Abs. 1 Satz 2 Nr. 2 BBiG)	16
3.3	Ausbildungsmaßnahmen außerhalb der Ausbildungsstätte (§ 11 Abs. 1 Satz 2 Nr. 3 BBiG)	18
3.4	Dauer der regelmäßigen täglichen Ausbildungszeit (§ 11 Abs. 1 Satz 2 Nr. 4 BBiG)	19
3.5	Dauer der Probezeit (§ 11 Abs. 1 Satz 2 Nr. 5 BBiG)	36
3.6	Zahlung und Höhe der Vergütung (§ 11 Abs. 1 Satz 2 Nr. 6 BBiG)	
3.6.1	Angaben in der Vertragsniederschrift	37

---

[98] *BAG* 18.11.1986 – 7 AZR 311/85 – AP ArbGG 1979 § 2 Nr. 5 = EzB ArbGG § 2 Nr. 2.

3.6.2   Rechtsanspruch auf eine »angemessene« Ausbildungsvergütung gemäß
        § 17 BBiG   38
3.7   Dauer des Urlaubs (§ 11 Abs. 1 Satz 2 Nr. 7 BBiG)
3.7.1   Angaben in der Vertragsniederschrift   39
3.7.2   Gesetzlicher Mindesturlaub   40
3.7.3   Weitere rechtliche Vorgaben für den Urlaub nach dem BUrlG   46
3.8   Kündigungsvoraussetzungen (§ 11 Abs. 1 Satz 2 Nr. 8)   61
3.9   Hinweis auf Tarifverträge, Betriebs- oder Dienstvereinbarungen (§ 11
        Abs. 1 Satz 2 Nr. 9 BBiG)   62
4.   Ausschluss- oder Verfallfristen   70

1. Überblick

§ 11 BBiG gilt – wie auch alle anderen Vorschriften für das Berufsausbildungsverhältnis in Abschnitt 2 (§§ 10 bis 26) – auch für Berufsausbildungsverhältnisse im **Handwerk**. § 11 BBiG steht im Unterabschnitt 1 (»Begründung des Ausbildungsverhältnisses«) und damit im Zusammenhang mit § 10 BBiG, der vor allem die Vertragspartner des Berufsausbildungsverhältnisses näher bestimmt. § 11 BBiG setzt den Abschluss eines Berufsausbildungsverhältnisses voraus und regelt die Pflicht, die wesentlichen Vertragsinhalte schriftlich niederzulegen. **1**

Die Vertragsniederschrift ist vor allem zum **Schutz der Auszubildenden** vorgeschrieben. Sie soll sicherstellen, dass die Vertragsbedingungen für beide Seiten verbindlich feststehen und trägt so zur Vertragstransparenz bei. Sie ist aber auch im Hinblick auf die Eintragung in das Verzeichnis der Berufsausbildungsverhältnisse und für die Überwachung der Berufsausbildung durch die zuständigen Stellen von Bedeutung. Da die Pflicht zur Niederlegung der Vertragsbedingungen zu Lasten der Ausbildenden gilt, habe diese auch alle mit dieser Pflicht im Zusammenhang stehenden **Kosten** zu tragen.[1] **2**

Die Norm entspricht den **europarechtlichen Vorgaben** über den Nachweis der wesentlichen Arbeitsbedingungen. Für Arbeitsverhältnisse gilt das durch das Gesetz zur Anpassung arbeitsrechtlicher Bestimmungen an das EG-Recht vom 20.7.1995 (BGBl. I S. 946) einführte Nachweisgesetz (NachwG). Durch dieses Gesetz wurde auch der vormalige § 4 BBiG geändert. **3**

2. Schriftliche Niederlegung des Vertragsinhalts

2.1 Regelungszusammenhang

Für den Abschluss des Ausbildungsvertrags an sich besteht **keine Formvorschrift**. Er kann deshalb auch mündlich oder durch schlüssiges Handeln (konkludent) geschlossen werden (vgl. § 10 Rn. 24 ff.). Davon zu unterscheiden ist die hier geregelte Verpflichtung des Ausbildenden, den wesentlichen Inhalt des Vertrags schriftlich niederzulegen und dem Auszubildenden oder dessen gesetzlichem Vertreter die unterzeichnete Niederschrift auszuhändigen (§ 11 Abs. 3 BBiG). Ein Verstoß hiergegen führt aber auch nicht zur Nichtigkeit des Berufsausbildungsvertrags, stellt aber eine **Ordnungswidrigkeit** dar, die mit einer Geldbuße bis zu 1000 Euro geahndet werden kann (§ 102 Abs. 1 Nr. 1 und 2, Abs. 2 BBiG). Die Pflicht zur Vertragsniederschrift besteht »**unverzüglich**« (ohne schuldhaftes Zögern) nach Abschluss des Berufsausbildungsvertrags, spätestens vor Beginn der Berufsausbildung. **4**

---

1 *Leinemann/Taubert* BBiG § 11 Rn. 7.

5 Was in die Niederschrift mindestens aufzunehmen ist, wird in § 11 Abs. 1 Satz 2 Nr. 1 bis 9 BBiG bestimmt (vgl. Rn. 12 ff.). Den Vertragsparteien steht es frei, über die **Mindestangaben** hinaus, weitere Abreden zu treffen, die rechtswirksam sind, sofern sie nicht gegen höherrangiges Recht verstoßen. Im Regelfall dürfte es um für den Auszubildenden günstige Regelungen gehen, wie zum Beispiel die Vereinbarung der Übernahme von Fahrtkosten zur Ausbildungsstätte durch den Ausbildenden.

6 Der Ausbildungsvertrag ist auch ohne die Niederschrift des wesentlichen Vertragsinhalts wirksam. In der Praxis werden zumeist die **Musterverträge/Formulare** der jeweils zuständigen Stellen verwendet. Eine rechtliche Verpflichtung hierzu besteht aber nicht. Durch die **Empfehlung des Hauptausschusses des Bundesinstituts für Berufsbildung (BiBB)** vom 21.7.2005 wird ebenfalls ein **Ausbildungsvertragsmuster** nebst Merkblatt zur Verfügung gestellt (www.bibb.de). Auch insoweit besteht keine rechtliche Pflicht, dieses Muster zu verwenden. Auch die für die Eintragung in das Verzeichnis der Ausbildungsverhältnisse zuständige Stelle kann nicht – auch nicht durch Satzungsrecht – die Benutzung der von ihr herausgegebenen Vertragsformulare als formelle Voraussetzung für die Eintragung in das Verzeichnis der Berufsausbildungsverhältnisse vorschreiben.

7 Die **Vertragsniederschrift** ist von den Ausbildenden, den Auszubildenden und, sofern diese minderjährig sind, deren gesetzlichen Vertretern **zu unterzeichnen** (§ 11 Abs. 2 BBiG). Die Ausbildenden haben den Auszubildenden und gegebenenfalls deren gesetzlichen Vertretern eine **Ausfertigung** der unterzeichneten Niederschrift unverzüglich **auszuhändigen** (§ 11 Abs. 3 BBiG). Die **Nichtaushändigung** ändert nichts an der Wirksamkeit des Vertrags, kann aber als Ordnungswidrigkeit mit einer Geldbuße bis zu 1000 Euro geahndet werden (§ 102 Abs. 1 Nr. 2, Abs. 2 BBiG).

8 Bei **Änderungen** des Berufsausbildungsvertrags gelten gemäß § 11 Abs. 4 BBiG die vorgenannten Bestimmungen (§ 11 Abs. 1 bis 3 BBiG) entsprechend.

2.2 Schriftform

9 Für die **Schriftform** gilt § 126 BGB. Der Vertrag muss **von beiden Vertragspartnern** (Ausbildender, oder ein Vertreter, und Auszubildender) **eigenhändig handschriftlich** (im Original) durch Namensunterschrift unterzeichnet werden. Der Vertrag selbst muss nicht handschriftlich sein. Er kann auch mit dem PC geschrieben, gedruckt oder vervielfältigt sein. Nur die Unterschriften müssen eigenhändig geschrieben sein. Notwendig ist die Unterschrift beider Vertragsparteien auf derselben Urkunde (§ 126 Abs. 2 Satz 1 BGB). Werden über den Vertrag mehrere gleichlautende Urkunden aufgenommen, so genügt es, wenn jede Partei die für die andere Partei bestimmte Urkunde unterzeichnet (§ 126 Abs. 2 Satz 2 BGB). Ein Briefwechsel, in dem Ausbildender und Auszubildender wechselseitig die Vertragsbedingungen bestätigen, genügt der Schriftform nicht, weil beide Unterschriften auf der derselben Urkunde (demselben Vertrag) vorliegen müssen.

10 Die in § 126b BGB geregelte **Textform**, bei der es keiner Originalunterschrift bedarf, genügt nicht, weil § 11 BBiG die Schriftform verlangt und die »Textform« nicht erwähnt. Weder reicht die Niederlegung des Vertragsinhalts durch **E-Mail** (ohne qualifizierte elektronische Signatur) noch durch **Telefax**. In beiden Fällen ist die Schriftform nicht gewahrt. Auch die **elektronische Form** (§ 126a BGB, die qualifizierte elektronische Signaturen nach dem Signaturgesetz durch beide

Vertragsparteien verlangt) ist hier nach der ausdrücklichen Regelung in §11 Abs. 1 Satz 1 BBiG **ausgeschlossen**.

3. Mindestinhalt

Zum Mindestinhalt der Niederschrift und damit des Ausbildungsvertrags gehören die in §11 Abs. 1 Satz 2 Nr. 1 bis 9 BBiG genannten Vertragsinhalte. **11**

3.1 Art, sachliche und zeitliche Gliederung sowie Ziel der Ausbildung (§ 11 Abs. 1 Satz 2 Nr. 1 BBiG)

Mit der Angabe der Berufstätigkeit, für die ausgebildet werden soll, wird festgelegt, für welchen Ausbildungsberuf der oder die Auszubildende ausgebildet werden soll. »**Art der Ausbildung**« meint darüber hinaus die Angabe, ob es sich etwa um eine **Stufenausbildung** (vgl. § 5 BBiG Rn. 14) oder um eine **betriebliche** oder **außerbetriebliche Ausbildung** handelt oder die betriebliche durch **außerbetriebliche Ausbildungsmaßnahmen ergänzt** wird. Das **Ziel der Berufsausbildung** ergibt sich ebenso wie die Art der Ausbildung normalerweise aus der Ausbildungsordnung. Die sachliche und zeitliche Gliederung der Ausbildung ergibt sich normalerweise aus dem **betrieblichen Ausbildungsplan**, der der Vertragsniederschrift als Anlage beizufügen ist (vgl. § 14 BBiG Rn. 3). **12**

Da gemäß § 2 Abs. 3 BBiG **Teile der Berufsausbildung im Ausland** durchgeführt werden können, wenn dies dem Ausbildungsziel dient, ist auch eine solche Auslandsausbildung im Ausbildungsvertrag schriftlich niederzulegen, weil sie für die sachliche und zeitliche Gliederung der Berufsausbildung von Bedeutung ist. Das bedeutet insbesondere, dass die Dauer und der genaue Zeitraum der Auslandsausbildung im Ausbildungsvertrag niederzulegen ist. Wird die Auslandsausbildung erst später (nach Abschluss des Ausbildungsvertrags) vereinbart, geht es um eine Änderung des Berufsausbildungsvertrags und ist deshalb ebenfalls schriftlich niederzulegen, wie sich aus § 11 Abs. 4 BBiG ergibt. **13**

Wegen des Ausbildungszwecks kann **keine Kurzarbeit für Auszubildende** angeordnet werden (vgl. § 10 BBiG Rn. 5), auch nicht wegen schlechten Wetters. Gegebenenfalls sind in witterungsabhängigen Betrieben die Ausbildungsabschnitte so zu gestalten, dass während des Winters Ausbildungsteile absolviert werden, die wetterunabhängig sind. Das ist für die sachliche und zeitliche Gliederung der Ausbildung von Bedeutung. **14**

Von besonderer Bedeutung sind die Angaben über die **sachliche und zeitliche Gliederung** der Ausbildung. Die Auszubildenden soll hierdurch erfahren, wie der Ablauf der Ausbildung geplant ist. Ihnen soll die Möglichkeit gegeben werden, ihren vertragsmäßigen Ablauf zu kontrollieren. Die zuständige Stelle muss sich aufgrund dieser Angaben in der Vertragsniederschrift Kenntnisse darüber verschaffen können, ob der Berufsausbildungsvertrag der Ausbildungsordnung und dem Ausbildungsrahmenplan (vgl. § 5 Abs. 1 Nr. 4 BBiG) entspricht. Es reicht aber *nicht* aus, wenn in der Vertragsniederschrift auf den **Ausbildungsrahmenplan** verwiesen wird. Es muss vielmehr eine konkrete Aussage zum Berufsausbildungsverhältnis auf der Grundlage des Ausbildungsplans – insbesondere des Ausbildungsrahmenplans – gemacht werden, da in einem **betrieblichen Ausbildungsplan** nach § 11 Abs. 1 Nr. 1 BBiG die betrieblichen Besonderheiten mit den im Ausbildungsrahmenplan enthaltenen Vorschriften in Einklang zu bringen sind (vgl. § 14 BBiG Rn. 3). **15**

3.2 Beginn und Dauer der Ausbildung
(§ 11 Abs. 1 Satz 2 Nr. 2 BBiG)

16 Der Beginn der Ausbildung ist vom Datum her festzulegen. »**Beginn**« ist der erste Kalendertag, an dem die Ausbildung tatsächlich aufgenommen werden soll. Ist der erste Tag ausbildungsfrei (zum Beispiel ein Sonn- oder Feiertag), kann dies gleichwohl der Tag des (rechtlichen) Beginns des Ausbildungsverhältnisses sein. Die **Dauer** der Ausbildung ist ebenfalls im Vertrag festzuhalten. Sie ergibt sich regelmäßig aus der Ausbildungsordnung.

17 Eine **Kürzung oder Verlängerung der Ausbildung** ist nur im Rahmen der gesetzlichen Vorgaben möglich (vgl. § 7 und 8 BBiG). Die Dauer der Berufsausbildung, wie sie im Vertrag angegeben ist, kann sich später, etwa durch eine Abkürzung der Ausbildungszeit oder eine vorzeitige Zulassung zur Abschlussprüfung, ändern. Das ist durch die Vereinbarung im Ausbildungsvertrag nicht ausgeschlossen.

3.3 Ausbildungsmaßnahmen außerhalb der Ausbildungsstätte
(§ 11 Abs. 1 Satz 2 Nr. 3 BBiG)

18 Auch die Ausbildungsmaßnahmen außerhalb der Ausbildungsstätte ergeben sich regelmäßig aus der Ausbildungsordnung (vgl. § 5 Abs. 2 Nr. 6 BBiG) oder können notwendig sein, wenn innerbetrieblich nicht hinreichend ausgebildet werden kann oder können zudem freiwillig vereinbart werden. In die Niederschrift aufzunehmen sind auch Ausbildungsmaßnahmen in überbetrieblichen Einrichtungen, zum Beispiel in der Form von Lehrgängen.[2]

3.4 Dauer der regelmäßigen täglichen Ausbildungszeit
(§ 11 Abs. 1 Satz 2 Nr. 4 BBiG)

19 Die Dauer der regelmäßigen täglichen Ausbildungszeit kann, so nicht tarifvertragliche Regelungen Anwendung finden, nur im Rahmen der gesetzlichen Arbeitszeitregelungen vereinbart werden. Bei der **Verteilung der Arbeitszeit** für Jugendliche hat der **Betriebsrat** neben den allgemeinen Überwachungsaufgaben gemäß § 80 Abs. 1 Nr. 1 BetrVG auch ein **Mitbestimmungsrecht** (§ 87 Abs. 1 Nr. 2 BetrVG) hinsichtlich der konkreten Umsetzung. Hinzu kommt auf dem Gebiet des Arbeitsschutzes die Mitbestimmung aus § 87 Abs. 1 Nr. 7 BetrVG zur Verhütung von Arbeitsunfällen sowie zum Gesundheitsschutz. Für den Personalrat folgt das Mitbestimmungsrecht aus § 75 Abs. 3 Nr. 1 und Nr. 11 BPersVG.

20 Für **Minderjährige** (Jugendliche) sind die Bestimmungen des JArbSchG maßgeblich. Jugendliche dürfen nicht mehr als acht Stunden täglich und nicht mehr als 40 Stunden wöchentlich beschäftigt werden (§ 8 Abs. 1 JArbSchG). Ausnahmen sind nur gemäß § 8 Abs. 2, Abs. 2a und Abs. 3 JArbSchG, zum Beispiel in der Landwirtschaft, und in Tarifverträgen (§ 21a JArbSchG) zulässig. Gemäß § 15 JArbSchG gilt für Jugendliche die **Fünf-Tage-Woche**, so dass eine Verteilung der 40 Wochenstunden maximal auf fünf Tage zulässig ist. Selbst bei einer Verteilung auf weniger Wochentage bleibt es grundsätzlich bei der Begrenzung auf den Acht-Stunden-Tag. »Fünf-Tage-Woche« bedeutet nicht in allen, aber in

---

2 *Leinemann/Taubert* BBiG § 11 Rn. 28.

vielen, Fällen eine Arbeitszeit von Montag bis Freitag. Eine Beschäftigung Jugendlicher an Samstagen und Sonntagen ist nur in den Grenzen des § 16 und 17 JArbSchG zulässig. § 8 JArbSchG regelt die **gesetzliche Höchstarbeitszeit**, keine Mindestarbeitszeit. Die gesetzliche Höchstarbeitszeit darf nicht überschritten werden. Zu beachten ist, dass gemäß § 48 Abs. 1 JArbSchG der Arbeitgeber verpflichtet ist, einen **Aushang über Beginn und Ende der regelmäßigen täglichen Arbeitszeit und der Pausen** an geeigneter Stelle im Betrieb anzubringen.

Für **volljährige Auszubildende** gelten die Bestimmungen des ArbZG. Regelmäßig beträgt danach die höchstzulässige Ausbildungszeit acht Stunden täglich. Sie kann auf maximal zehn Stunden nur verlängert werden, wenn in einem Ausgleichszeitraum (sechs Kalendermonate oder 24 Wochen) im Durchschnitt acht Stunden werktäglich nicht überschritten werden (§ 3 Satz 2 ArbZG). **21**

Eine kürzere tägliche Ausbildungszeit (zum Beispiel 7 oder 7,5 Stunden) kann einzelvertraglich vereinbart werden oder aufgrund eines anwendbaren Tarifvertrags gelten. Es ist nunmehr gesetzlich ausdrücklich klargestellt, dass auch eine **Teilzeitberufsausbildung** möglich ist, insofern muss aber die zuständige Stelle eingeschaltet werden (vgl. § 8 BBiG Rn. 5 ff.). Wegen des Ausbildungszwecks kann **keine Kurzarbeit für Auszubildende** angeordnet werden (vgl. § 10 BBiG Rn. 5), auch nicht wegen schlechten Wetters. Gegebenenfalls sind in witterungsabhängigen Betrieben die Ausbildungsabschnitte so zu gestalten, dass während des Winters Ausbildungsteile absolviert werden, die wetterunabhängig sind. **22**

Die **Lage der Arbeitszeit**, also die Frage, zu welcher Zeit am Tag zu arbeiten ist, ist gesetzlich nicht vorgegeben, sieht man davon ab, dass gesetzlich die Ruhezeit (§ 13 JArbSchG, § 5 ArbZG) und die Nachtruhe (§ 14 JArbSchG) vorgegeben ist. Zudem sind die **Ruhepausen** (§ 11 JArbSchG, § 4 ArbZG) zu beachten. Eine Beschäftigung an **Sonn- und Feiertagen** ist nur ausnahmsweise zulässig (§ 17, § 18 JArbSchG, § 9, § 10 ArbZG), Jugendliche dürfen auch an **Samstagen** nur ausnahmsweise beschäftigt werden (§ 16 JArbSchG). **23**

Im Vertrag anzugeben ist die »regelmäßige« tägliche Ausbildungszeit. Wie sich das Verhältnis der Ausbildungszeit zum **Berufsschulunterricht** darstellt, muss nicht vertraglich festgesetzt sein, sondern folgt aus allgemeinen Grundsätzen (vgl. § 15 Rn. 21 ff.). **24**

Im Vertrag anzugeben ist die »**tägliche**« Ausbildungszeit, die Angabe nur der wöchentlichen Ausbildungszeit reicht also nicht. Die Festlegung der täglichen Ausbildungszeit ist auch im Hinblick auf die Vergütung oder den Freizeitausgleich für **Mehrarbeit** (vgl. § 17 Rn. 52) von Bedeutung. **25**

Wird im Ausbildungsbetrieb in **Gleitzeit** gearbeitet, können die Auszubildenden in die Gleitzeitregelung mit eingebunden werden, wenn und sichergestellt ist, dass während ihrer Ausbildungszeit ein Ausbilder anwesend ist.[3] **26**

Problematisch kann sein, **welche Zeiten zur »Arbeitszeit«** (Ausbildungszeit) gehören. Grundsätzlich ist maßgeblich die Zeit vom Beginn bis zum Ende der täglichen Beschäftigung, ohne die Ruhepausen. Ob Arbeitszeit vorliegt, richtet sich nicht zwingend danach, ob der Auszubildende tatsächlich arbeitet oder ausgebildet wird, sondern danach, ob er sich an einem vom Ausbildenden vorgegebenen Ort bereithalten muss, um gegebenenfalls tätig zu werden. Zur Arbeitszeit gehört auch die Zeit des Wartens auf Arbeit, wenn zum Beispiel der Materialnachschub stockt oder im Einzelhandel gerade kein Kunde im Laden **27**

---

3 *Leinemann/Taubert* BBiG § 11 Rn. 34.

ist. **Betriebliche Ausbildungsmaßnahmen** sowie zusätzlicher im Betrieb angebotener **theoretischer Unterricht** und **Praxislehrgänge** gehören zur ebenfalls Arbeitszeit.

28 Auch **Vor- und Abschlussarbeiten** gehören zur Arbeitszeit. Vor- und Abschlussarbeiten sind Reinigungs- oder Instandhaltungsarbeiten und Arbeiten zur Erhaltung der betrieblichen Funktion. Die Reinigung des Arbeitsplatzes und der Maschinen gehört damit zu Arbeitszeit. **Umkleidezeiten** gehören normalerweise nicht zur Arbeitszeit. Ausnahmsweise gehören sie zur vertraglich geschuldeten Arbeitsleistung, wenn das Umkleiden einem fremden Bedürfnis dient und nicht zugleich ein eigenes Bedürfnis erfüllt. Selbst das Ankleiden mit vorgeschriebener Dienstkleidung ist in der Regel nicht lediglich fremdnützig (weil auch das eigene Bedürfnis, Kleidung zu tragen, befriedigt wird) und damit keine Arbeitszeit, wenn sie zu Hause angelegt und – ohne besonders auffällig zu sein – auch auf dem Weg zur Arbeitsstätte getragen werden kann.[4] Ist die vorgeschriebene Dienstkleidung jedoch besonders auffällig, ist es allein im Interesse des Arbeitgebers diese zu tragen. Die Zeit, die hierfür aufgewendet, ist in diesen Fällen Arbeitszeit.

29 Teil der Arbeitszeit im arbeitsschutzrechtlichen Sinne sind betrieblich veranlasste **Wegezeiten**, die durch die Beförderung der Auszubildenden vom Betrieb zu einer anderen Arbeitsstätte anfallen oder die Zeit für den Weg zwischen dem Betrieb und einer außerbetrieblichen Ausbildungsstätte oder auch die Zeit von einer Arbeitsstelle (oder Baustelle) zur nächsten (etwa bei Monteursarbeiten) oder bei Außendienstarbeiten von einem Kunden zum nächsten, *nicht* aber sonstige Wegezeiten von zu Hause zum Betrieb oder der Nachhauseweg. Hat der Auszubildende auf Weisung des Ausbildenden die Arbeit nicht im Betrieb aufzunehmen, sondern an einer Montage- oder Baustelle, zählt die von ihm dafür benötigte Wegezeit dann als Arbeitszeit, wenn und soweit die dafür aufgewandte Zeit über die Zeit hinausgeht, die der Auszubildende normalerweise von seiner Wohnung bis zum Betrieb oder zur üblichen Arbeitsstätte benötigt.

30 Für die Teilnahme am **Berufsschulunterricht** und **Prüfungen** ist gemäß § 15 BBiG freizustellen. Die Wegezeiten zur Berufsschule gehören ebenfalls zum Freistellungszeitraum.[5] Diese Zeiten fallen begrifflich nicht unter die »Arbeitszeit«, sind aber gegebenenfalls auf die Arbeitszeit anzurechnen (vgl. § 15 Rn. 21).

31 Zur **Arbeitszeit** gehören auch der **Bereitschaftsdienst** und die **Arbeitsbereitschaft**, nicht dagegen Pausen.[6] Von **Bereitschaftsdienst** spricht man, wenn der Arbeitnehmer sich an einer vom Arbeitgeber bestimmten Stelle innerhalb oder außerhalb des Betriebs aufzuhalten hat, um, sobald es notwendig ist, die Arbeit aufzunehmen.[7] Die inaktiven Zeiten des Bereitschaftsdienstes sind keine Pausen. Beim Bereitschaftsdienst kann der Arbeitgeber den Aufenthaltsort des Arbeitnehmers bestimmen und ihn jederzeit einsetzen. Der Arbeitnehmer kann nicht frei darüber verfügen, wo und wie er die inaktiven Zeiten verbringt. Deshalb ist es keine »Ruhepause« im Sinne des Arbeitszeitrechts.

32 **Ruhepausen oder Pausen** sind nicht Teil der Arbeitszeit. Pausen sind dadurch gekennzeichnet, dass der Arbeitnehmer / Auszubildende frei darüber entscheiden kann, wo und wie er diese Zeit verbringen will. Entscheidendes Merkmal

---

4 *BAG* 11.10.2000, 5 AZR 122/99, NZA 2001, 458, 460.

5 *BAG* 26.3.2001, 5 AZR 413/99, NZA 2001, 892.

6 *BAG* 18.2.2003, 1 ABR 2/02, NZA 2003, 742; *BAG* 16.3.2004, 9 AZR 93/03 NZA 2004, 927.

7 *BAG* 22.11.2000, 4 AZR 612/99, NZA 2001, 451.

der Ruhepause ist, dass der Arbeitnehmer/Auszubildende weder Arbeit zu leisten, noch sich dafür bereithalten hat. Zudem muss spätestens zu Beginn der Arbeitsunterbrechung deren Dauer feststehen, sonst ist es keine Pause. Eine Arbeitsunterbrechung, bei deren Beginn der Arbeitnehmer oder Auszubildende nicht weiß, wie lange sie dauern wird, ist keine Pause. Der Arbeitnehmer/Auszubildende muss sich dann durchgehend zur Arbeit bereithalten.[8]

Arbeitsbereitschaft ist die »wache Achtsamkeit im Zustand der Entspannung«, **33** wenn der Arbeitnehmer an der Arbeitsstelle anwesend ist und jederzeit bereit sein muss, in den Arbeitsprozess einzugreifen (zum Beispiel Arbeit des Pförtners oder ansonsten beim Warten auf notwendige Zuarbeiten, auf Anweisungen oder Material). Arbeitszeitrechtlich ist mittlerweile die Unterscheidung zwischen »Bereitschaftsdienst« und »Arbeitsbereitschaft« ohne Bedeutung. Beides ist Arbeitszeit.

Bei der **Rufbereitschaft** befindet sich Arbeitnehmer an einem von ihm selbst **34** bestimmten Ort, er muss aber für den Arbeitgeber erreichbar sein und sich auf Abruf zur Arbeit bereithalten. Die Rufbereitschaft ist, soweit der Arbeitnehmer nicht zur Arbeit gerufen wird, **keine Arbeitszeit**, weil der Arbeitnehmer für den Arbeitgeber zwar erreichbar sein muss, jedoch frei darin ist, wo er sich konkret aufhält.[9] Wird der Arbeitnehmer zur Arbeit herangezogen, ist die Zeit, in der er Arbeitstätigkeiten ausübt, selbstverständlich Arbeitszeit.

Im Berufsausbildungsverhältnis hat der Ausbildende den Auszubildenden zum **35** Führen von **schriftlichen Ausbildungsnachweisen (Berichtsheften)** anzuhalten, soweit solche im Rahmen der Berufsausbildung verlangt werden, und diese durchzusehen (§ 14 Abs. 1 Nr. 4 BBiG). Das Führen der schriftlichen Ausbildungsnachweisen ist Voraussetzung für die Zulassung zur Abschlussprüfung (§ 43 Abs. 1 Nr. 2 BBiG). Die Berichtshefte/Ausbildungsnachweise sollen stichpunktartig den sachlichen und zeitlichen Ablauf der Ausbildung wiedergeben. Zwar besteht nach dem BBiG kein Anspruch, den schriftlichen Ausbildungsnachweis **während der betrieblichen Ausbildungszeit** zu führen.[10] Jedoch verpflichten die seit 1974 erlassenen Ausbildungsordnungen den Ausbildenden, dem Auszubildenden während der Arbeitszeit/betrieblichen Ausbildungszeit Gelegenheit zum Anfertigen der Berichtshefte/Ausbildungsnachweise zu geben.

3.5 Dauer der Probezeit (§ 11 Abs. 1 Satz 2 Nr. 5 BBiG)

Das Berufsausbildungsverhältnis beginnt mit der Probezeit (§ 20 Satz 1 BBiG). **36** Die Probezeit beginnt mit dem **Tag des vertraglich vereinbarten Beginns der Berufsausbildung** (§ 11 Abs. 1 Satz 2 Nr. 2 BBiG). Auf die tatsächliche Aufnahme der Ausbildung kommt es nicht an. Ein Fernbleiben des Auszubildenden etwa wegen Krankheit oder aus sonstigen Gründen hindert den rechtlichen Beginn des Berufsausbildungsverhältnisses und damit auch der Probezeit nicht (vgl. aber § 20 Rn. 18 ff.). Gemäß § 20 Satz 2 BBiG muss die Probezeit **mindestens einen Monat** und darf **höchstens vier Monate** betragen. Maßgeblich ist aber immer die vertragliche Vereinbarung. Das Gesetz schafft einen Rahmen und regelt eine Höchstfrist, gibt aber nicht automatisch vor, dass die Probezeit immer

---

8 *BAG* 16.12.2009, 5 AZR 157/09, NZA 2010, 505; *BAG* 29.10.2002, 1 AZR 603/01, NZA 2003, 1212; *BAG* 23.9.1992, 4 AZR 562/91, NZA 1993, 752, 753.
9 ErfK/*Schlachter* § 4 JArbSchG Rn. 3; ErfK/*Wank* § 3 ArbZG Rn. 30.
10 *BAG* 11.1.1973, 5 AZR 467/72, AP BBiG § 6 Nr. 1 = EzB BBiG § 6 Abs. 1 Nr. 4, Nr. 1.

vier Monate beträgt. Zu den Einzelheiten ist auf die Kommentierung bei § 20 BBiG zu verweisen.

3.6 Zahlung und Höhe der Vergütung (§ 11 Abs. 1 Satz 2 Nr. 6 BBiG)

3.6.1 Angaben in der Vertragsniederschrift

37   Zahlung und Höhe der Vergütung können, sofern nicht tarifliche Regelungen zu beachten sind, nur im Rahmen der Vorgaben der §§ 17 bis 19 BBiG frei vereinbart werden. Vereinbarungen zu »Zahlung und Höhe der Vergütung« sind in die Vertragsniederschrift aufzunehmen. Mit »**Zahlung**« **der Vergütung** sind die Modalitäten der Vergütungszahlung gemeint, also ob die Vergütung Sachleistungen umfasst (vgl. § 17 Rn. 47), bar oder unbar (Überweisung auf ein Konto) erfolgt und wann sie zu zahlen ist. Hinsichtlich der »**Höhe**« **der Vergütung** ist ein exakter Euro-Betrag (brutto, ohne Abzüge) anzugeben, wobei zusätzlich auf die jeweils geltende Fassung von Tarifverträgen Bezug genommen werden kann. Je nach der Formulierung im Vertrag kann die Angabe eines exakten Euro-Betrags zur Folge haben, dass auch im Falle einer Absenkung der Ausbildungsvergütung im einschlägigen Tarifvertrag, der vertraglich festgeschriebene Betrag in jedem Falle zu zahlen ist (vgl. § 17 Rn. 18). Die Ausbildungsvergütung ist getrennt für die einzelnen Ausbildungsjahre anzugeben, wobei sie jeweils ansteigen muss (vgl. § 17 Rn. 27). Die Höhe der Vergütung muss »angemessen« sein (vgl. § 17 Rn. 3 ff.).

3.6.2 Rechtsanspruch auf eine »angemessene« Ausbildungsvergütung gemäß § 17 BBiG

38   § 17 BBiG gewährt wegen des besonderen Schutzbedürfnisses von Auszubildenden kraft Gesetzes einen **Anspruch auf eine »angemessene Vergütung«**, während im Übrigen Arbeitsrecht ein gesetzlicher Anspruch auf eine bestimmte Mindestvergütung nicht besteht (vgl. im Einzelnen die Kommentierung zu § 17 BBiG).

3.7 Dauer des Urlaubs (§ 11 Abs. 1 Satz 2 Nr. 7 BBiG)

3.7.1 Angaben in der Vertragsniederschrift

39   Die »Dauer« des Urlaubs ist in der Vertragsniederschrift festzuhalten, also konkret anzugeben. Es handelt sich um einen Anspruch auf **bezahlten Erholungsurlaub**. Während des Urlaubs ist die Ausbildungsvergütung fortzuzahlen. Ein Anspruch auf ein zusätzliches **Urlaubsgeld** besteht nur, wenn dies vertraglich vereinbart ist oder sich aus einem anwendbaren Tarifvertrag ergibt.

3.7.2 Gesetzlicher Mindesturlaub

40   Die Dauer des Urlaubs richtet sich nach tariflichen Bestimmungen, wenn sie Anwendung finden, und kann ansonsten nur im Rahmen der zwingenden gesetzlichen Vorgaben vertraglich vereinbart werden. Der Anspruch auf den **gesetzlichen Mindesturlaub** ist zwingend, er kann nicht wirksam durch vertragliche Vereinbarungen unterschritten werden. Auch ein (teilweiser) Verzicht auf den Urlaub im Ausbildungsvertrag oder später durch gesonderte Vereinbarung oder einseitige Erklärung ist nicht zulässig.

Die unterste Grenze für den Urlaub folgt für **minderjährige** (jugendliche) Auszubildende aus § 19 Abs. 1 JArbSchG, er ist je nach Alter gestaffelt. Der gesetzliche Mindesturlaub ist gemäß § 19 Abs. 2 Satz 1 Nr. 1 bis 3 JArbSchG gestaffelt nach Alter. Er beträgt jährlich:

- mindestens 30 Werktage, wenn der Jugendliche zu Beginn des Kalenderjahres noch nicht 16 Jahre alt ist,
- mindestens 27 Werktage, wenn der Jugendliche zu Beginn des Kalenderjahres noch nicht 17 Jahre alt ist,
- mindestens 25 Werktage, wenn der Jugendliche zu Beginn des Kalenderjahres noch nicht 18 Jahre alt ist.

41

Der Stichtag für die Feststellung des Alters des Jugendlichen ist der »Beginn des Kalenderjahres«, also der 1. Januar eines jeden Kalenderjahres, so dass die Vollendung eines neuen Lebensjahres innerhalb des Kalenderjahres ohne Bedeutung für die Altersstufenregelung ist.[11]

42

»**Werktage**« sind die Tage von Montag bis Samstag. Das folgt aus der Verweisung in § 19 Abs. 4 Satz 1 JArbSchG unter anderem auf § 3 Abs. 2 BUrlG. Sind die **Arbeitstage** des Jugendlichen auf weniger als sechs Tage die Woche verteilt, so bedarf es der Umrechnung des Urlaubs auf die Arbeitstage.[12] Für Jugendliche ist die Fünf-Tage-Woche der Normalfall (§ 15 JArbSchG). Die Umrechnung ergibt folgendes:

- 30 Werktage sind 25 Arbeitstage,
- 27 Werktage sind 22,5 Arbeitstage,
- 25 Werktage sind 21 (20,83) Arbeitstage.

43

Für **volljährige** Auszubildende beträgt der gesetzliche Mindesturlaub gemäß § 3 BUrlG 24 Werktage, bei einer Fünf-Tage-Woche ($24 : 6 = 4 \times 5 =$) 20 Arbeitstage.

44

Gegebenenfalls ist noch der **Zusatzurlaub für schwerbehinderte Menschen** gemäß § 125 SGB IX (fünf Arbeitstage) zu beachten. § 125 SGB IX hat folgenden Wortlaut:

45

(1) Schwerbehinderte Menschen haben Anspruch auf einen bezahlten zusätzlichen Urlaub von fünf Arbeitstagen im Urlaubsjahr; verteilt sich die regelmäßige Arbeitszeit des schwerbehinderten Menschen auf mehr oder weniger als fünf Arbeitstage in der Kalenderwoche, erhöht oder vermindert sich der Zusatzurlaub entsprechend. Soweit tarifliche, betriebliche oder sonstige Urlaubsregelungen für schwerbehinderte Menschen einen längeren Zusatzurlaub vorsehen, bleiben sie unberührt.

(2) Besteht die Schwerbehinderteneigenschaft nicht während des gesamten Kalenderjahres, so hat der schwerbehinderte Mensch für jeden vollen Monat der im Beschäftigungsverhältnis vorliegenden Schwerbehinderteneigenschaft einen Anspruch auf ein Zwölftel des Zusatzurlaubs nach Absatz 1 Satz 1. Bruchteile von Urlaubstagen, die mindestens einen halben Tag ergeben, sind auf volle Urlaubstage aufzurunden. Der so ermittelte Zusatzurlaub ist dem Erholungsurlaub hinzuzurechnen und kann bei einem nicht im ganzen Kalenderjahr bestehenden Beschäftigungsverhältnis nicht erneut gemindert werden.

---

11 ErfK / *Schlachter* § 19 JArbSchG Rn. 4.
12 ErfK / *Schlachter* § 19 JArbSchG Rn. 5.

(3) Wird die Eigenschaft als schwerbehinderter Mensch nach § 69 Abs. 1 und 2 rückwirkend festgestellt, finden auch für die Übertragbarkeit des Zusatzurlaubs in das nächste Kalenderjahr die dem Beschäftigungsverhältnis zugrunde liegenden urlaubsrechtlichen Regelungen Anwendung.

3.7.3 Weitere rechtliche Vorgaben für den Urlaub nach dem BUrlG

46 Der volle Urlaubsanspruch wird erstmalig nach sechsmonatigem Bestehen des Ausbildungsverhältnisses erworben (§ 4 BUrlG). Das bezeichnet man als **Wartezeit**. Das bedeutet nicht, dass der Urlaub nicht bereits auch schon in der ersten Monaten (teilweise) gewährt werden kann, es besteht lediglich kein Anspruch auf die Gewährung.

47 § 5 BUrlG regelt den **Teilurlaubsanspruch**. Anspruch auf ein Zwölftel des Jahresurlaubs für jeden vollen Monat des Bestehens des Arbeitsverhältnisses hat der Arbeitnehmer oder Auszubildende gemäß § 5 Abs. 1 BurlG:
a) für Zeiten eines Kalenderjahres, für die er wegen Nichterfüllung der Wartezeit in diesem Kalenderjahr keinen vollen Urlaubsanspruch erwirbt;
b) wenn er vor erfüllter Wartezeit aus dem Arbeitsverhältnis ausscheidet;
c) wenn er nach erfüllter Wartezeit in der ersten Hälfte eines Kalenderjahres aus dem Arbeitsverhältnis ausscheidet.

48 **Bruchteile von Urlaubstagen**, die mindestens einen halben Tag ergeben, sind auf volle Urlaubstage aufzurunden (§ 5 Abs. 2 BUrlG). Hat der Arbeitnehmer oder Auszubildende im Falle des Absatzes 1 Buchstabe c (wenn er nach erfüllter Wartezeit in der ersten Hälfte eines Kalenderjahres aus dem Arbeitsverhältnis ausscheidet) bereits Urlaub über den ihm zustehenden Umfang hinaus erhalten, so kann das dafür gezahlte Urlaubsentgelt nicht zurückgefordert werden (§ 5 Abs. 3 BUrlG).

49 Wichtig ist, dass nur in den genannten Fällen ein Teilurlaubsanspruch entsteht. In allen anderen Fällen hat der Arbeitnehmer oder Auszubildende nach Ende von sechs Monaten jeweils zu Beginn des Kalenderjahres **Anspruch auf den vollen Jahresurlaub**. Ein Anspruch auf den vollen Jahresurlaub besteht insbesondere auch dann, wenn der Arbeitnehmer oder Auszubildende nach erfüllter Wartezeit in der *zweiten* Hälfte eines Kalenderjahres aus dem Arbeitsverhältnis oder Ausbildungsverhältnis ausscheidet, also ab dem 1.7. eines Jahres.

50 § 6 BUrlG regelt den **Ausschluss von Doppelansprüchen**. Der Anspruch auf Urlaub besteht nicht, soweit dem Arbeitnehmer für das laufende Kalenderjahr bereits von einem früheren Arbeitgeber Urlaub gewährt worden ist (§ 6 Abs. 1 BUrlG). Der Arbeitgeber ist verpflichtet, bei Beendigung des Arbeitsverhältnisses dem Arbeitnehmer eine **Bescheinigung** über den im laufenden Kalenderjahr gewährten oder abgegoltenen Urlaub auszuhändigen (§ 6 Abs. 2 BUrlG).

51 § 7 BUrlG regelt **Zeitpunkt, Übertragbarkeit und Abgeltung des Urlaubs**. Bei der **zeitlichen Festlegung** des Urlaubs sind die Urlaubswünsche des Arbeitnehmers oder Auszubildenden zu berücksichtigen, es sei denn, dass ihrer Berücksichtigung dringende betriebliche Belange oder Urlaubswünsche anderer Arbeitnehmer oder Auszubildender, die unter sozialen Gesichtspunkten den Vorrang verdienen, entgegenstehen (§ 7 Abs. 1 Satz 1 BUrlG). Der Urlaub ist zu gewähren, wenn der Arbeitnehmer dies im Anschluss an eine Maßnahme der medizinischen Vorsorge oder Rehabilitation verlangt (§ 7 Abs. 1 Satz 2 BUrlG).

52 Der **Urlaub ist zusammenhängend zu gewähren**, es sei denn, dass dringende betriebliche oder in der Person des Arbeitnehmers oder Auszubildenden liegende Gründe eine Teilung des Urlaubs erforderlich machen (§ 7 Abs. 2 Satz 1 BUrlG). Kann der Urlaub aus diesen Gründen nicht zusammenhängend gewährt werden, und hat der Arbeitnehmer oder Auszubildende Anspruch auf Urlaub von mehr als zwölf Werktagen, so muss einer der Urlaubsteile mindestens zwölf aufeinanderfolgende Werktage umfassen (§ 7 Abs. 2 Satz 2 BUrlG).

Der Urlaub muss **im laufenden Kalenderjahr gewährt und genommen werden** **53** (§ 7 Abs. 3 Satz 1 BUrlG). Eine Übertragung des Urlaubs auf das nächste Kalenderjahr ist nur statthaft, wenn dringende betriebliche oder in der Person des Arbeitnehmers liegende Gründe dies rechtfertigen (§ 7 Abs. 3 Satz 2 BUrlG). Im Fall der Übertragung muss der Urlaub in den **ersten drei Monaten des folgenden Kalenderjahres** gewährt und genommen werden (§ 7 Abs. 3 Satz 3 BUrlG). Das ist insofern wichtig, als daraus folgt, dass der Urlaubsanspruch grundsätzlich an das Kalenderjahr ist. Wird der Urlaub im Kalenderjahr nicht genommen, geht er ersatzlos unter (spätestens mit dem Ende des Übertragungszeitraums).

Auf Verlangen des Arbeitnehmers ist ein nach § 5 Abs. 1 Buchstabe a BUrlG **54** entstehender Teilurlaub (für Zeiten eines Kalenderjahres, für die er wegen Nichterfüllung der Wartezeit in diesem Kalenderjahr keinen vollen Urlaubsanspruch erwirbt) jedoch auf das nächste Kalenderjahr zu übertragen (§ 7 Abs. 3 Satz 4 BUrlG).

Kann der Urlaub wegen Beendigung des Arbeits- oder Ausbildungsverhältnisses ganz oder teilweise nicht mehr gewährt werden, so ist er abzugelten **55** (§ 7 Abs. 4 BUrlG), das heißt in Geld umzurechnen und auszuzahlen. Dieser **Abgeltungsanspruch** entsteht zwingend mit dem Ende des Beschäftigungsverhältnisses, allerdings auch nur in diesem Falle. Unzulässig ist es, im bestehenden Arbeits- oder Ausbildungsverhältnis den Urlaub nicht zu gewähren und stattdessen auszubezahlen. Wird der Auszubildende nach dem Ende der Berufsausbildungsverhältnisses nahtlos **in ein Arbeitsverhältnis übernommen**, hat der Auszubildende keinen Abgeltungsanspruch, vielmehr ist der Urlaub in dem Arbeitsverhältnis zu gewähren. Die Zeit der Ausbildung ist anzurechnen auf das Arbeitsverhältnis, so dass keine neue Wartezeit von sechs Monaten gilt (vgl. § 24 Rn. 5), sondern der Arbeitnehmer (der zuvor Auszubildender war) im Arbeitsverhältnis sogleich einen Anspruch auf den vollen Jahresurlaub hat.

Während des Urlaubs darf der Arbeitnehmer oder Auszubildende **keine dem** **56** **Urlaubszweck widersprechende Erwerbstätigkeit** leisten (§ 8 BUrlG).

Erkrankt ein Arbeitnehmer oder Auszubildende während des Urlaubs, so **57** werden die durch ärztliches Zeugnis nachgewiesenen Tage der Arbeitsunfähigkeit auf den Jahresurlaub nicht angerechnet (§ 9 BUrlG).

Maßnahmen der medizinischen Vorsorge oder Rehabilitation dürfen nicht auf **58** den Urlaub angerechnet werden, soweit ein Anspruch auf Fortzahlung des Arbeitsentgelts nach den gesetzlichen Vorschriften über die Entgeltfortzahlung im Krankheitsfall besteht (§ 10 BUrlG).

Die **Berechnung des Urlaubsentgelts** ergibt sich aus § 11 BUrlG. Das Urlaubs- **59** entgelt bemisst sich nach dem **durchschnittlichen Arbeitsverdienst**, das der Arbeitnehmer in den **letzten dreizehn Wochen** vor dem Beginn des Urlaubs erhalten hat, mit Ausnahme des zusätzlich für Überstunden gezahlten Arbeitsverdienstes (§ 11 Abs. 1 Satz 1 BUrlG). Bei **Verdiensterhöhungen** nicht nur vorübergehender Natur, die während des Berechnungszeitraums oder des Urlaubs eintreten, ist von dem erhöhten Verdienst auszugehen (§ 11 Abs. 1 Satz 2 BUrlG). **Verdienstkürzungen**, die im Berechnungszeitraum infolge von Kurzarbeit, Arbeitsausfällen oder unverschuldeter Arbeitsversäumnis eintreten, bleiben für die Berechnung des Urlaubsentgelts außer Betracht (§ 11 Abs. 1 Satz 3 BUrlG). Zum Arbeitsentgelt gehörende Sachbezüge, die während des Urlaubs nicht weitergewährt werden, sind für die Dauer des Urlaubs angemessen in bar abzugelten (§ 11 Abs. 1 Satz 4 BUrlG). Das Urlaubsentgelt ist **vor Antritt des Urlaubs auszuzahlen** (§ 11 Abs. 2 BUrlG).

60 Unabhängig von dem Erholungsurlaub sind andere **Freistellungsregelungen** zu beachten, wie der Anspruch auf **Elternzeit** (früher Erziehungsurlaub) und der Anspruch auf **Bildungsurlaub**, wie er in den Bundesländern geregelt ist. Weitere Freistellungsansprüche können aus § 15 BBiG folgen.

3.8 Kündigungsvoraussetzungen (§ 11 Abs. 1 Satz 2 Nr. 8)

61 Die Voraussetzungen für die Kündigung ergeben sich abschließend aus § 22 BBiG, sie müssen aber in der Vertragsniederschrift wiedergegeben werden. Ein bloßer Hinweis auf die gesetzliche Regelung ohne eine wörtliche Wiedergabe der Regelung genügt nicht. Über § 22 BBiG hinausgehende Gründe oder die Festlegung von absoluten Kündigungsgründen im Ausbildungsvertrag sind unbeachtlich.[13]

3.9 Hinweis auf Tarifverträge, Betriebs- oder Dienstvereinbarungen (§ 11 Abs. 1 Satz 2 Nr. 9 BBiG)

62 In die Niederschrift aufzunehmen ist schließlich ein in allgemeiner Form gehaltener Hinweis auf die Tarifverträge, Betriebs- oder Dienstvereinbarungen, die auf das Berufsausbildungsverhältnis Anwendung finden (§ 11 Abs. 1 Satz 2 Nr. 9 BBiG). Diese Regelung ist durch Artikel 3 des Gesetzes zur Anpassung arbeitsrechtlicher Bestimmungen an das EG-Recht vom 20.7.1995 (BGBl. I S. 946) erstmals neu mit Wirkung vom 28.7.1995 in das BBiG aufgenommen worden und entspricht der Regelung des § 2 Abs. 1 Satz 2 Nr. 10 NachwG für Arbeitsverhältnisse. Je nach Umfang der gewollten Bezugnahme auf Tarifverträge sind folgende Vertragsformulierungen denkbar.

Auf das Ausbildungsverhältnis findet der Manteltarifvertrag für die z-Branche im Tarifgebiet xy in der jeweils geltenden Fassung Anwendung.

Auf das Ausbildungsverhältnis finden die Bestimmungen der für die xy-Branche im Bundesland X geltenden Tarifverträge Anwendung, soweit dieser Ausbildungsvertrag nichts Abweichendes regelt.

Für das Ausbildungsverhältnis finden die einschlägigen Tarifverträge in der jeweils geltenden Fassung Anwendung.

Für das Ausbildungsverhältnis finden die jeweils geltenden Tarifverträge Anwendung.

63 Bedeutung hat der Verweis auf Tarifverträge vor allem für die Ausbildungsvergütung (vgl. § 17 BBiG) und für tarifliche Ausschluss- oder Verfallfristen (vgl. Rn. 70 ff.). Solche **Ausschlussfristen** sehen regelmäßig vor, dass Ansprüche verfallen, wenn sich innerhalb bestimmten Fristen gegenüber dem Anspruchsgegner geltend gemacht werden. Ausschlussfristen, die zum Beispiel in einem Manteltarifvertrag geregelt sind und »Ansprüche aus dem Arbeitsverhältnis« erfassen, gelten regelmäßig auch für Ansprüche aus einem Berufsausbildungs-

---

13 *LAG Düsseldorf* 29.4.1977 – 16 Sa 1070/76 – EzB BBiG § 15 Abs. 2 Nr. 1, Nr. 18.

verhältnis, sofern der Geltungsbereich des betreffenden Tarifvertrags auch ausdrücklich Auszubildende erfasst.[14]

Wie konkret der – von § 11 Abs. 1 Satz 2 Nr. 9 BBiG geforderte – in »allgemeiner **64** Form gehaltene Hinweis« insbesondere auf Tarifverträge sein muss, ist ungeklärt. In der Vertragspraxis sind typisch Klauseln mit dem Inhalt »Im Übrigen finden auf das Ausbildungsverhältnis die einschlägigen Tarifverträge sowie Betriebsvereinbarungen Anwendung«.

Der Rechtsprechung des *BAG* – die bislang allein Arbeitsverhältnisse betraf – **65** lässt sich entnehmen, dass jedenfalls der **Hinweis auf einen bestimmten Tarifvertrag einer bestimmten Branche** (im Streitfall »Manteltarifvertrag des Bäckerhandwerks Niedersachen/Bremen«) der Nachweispflicht genügen soll, ohne dass näher über den Inhalt des Tarifvertrags in der Niederschrift aufgeklärt werden müsse. Das *BAG* hat insoweit entschieden, dass der Nachweispflicht auch hinsichtlich einer **tarifvertraglichen Ausschlussfrist** genüge getan sei, wenn auf die Anwendbarkeit des einschlägigen Tarifvertrags hingewiesen werde.[15] Eines gesonderten Hinweises auf die in dem Tarifvertrag geregelte Ausschlussfrist bedürfe es nicht.[16]

Die Nachweispflicht gilt dabei aber nicht nur für Tarifverträge, die unmittelbar **66** und zwingend aufgrund von Organisationszugehörigkeit oder Allgemeinverbindlicherklärung nach den Bestimmungen des TVG gelten (vgl. § 10 Rn. 46), sondern auch aufgrund **einzelvertraglicher Vereinbarung der Geltung der tariflichen Normen.**[17]

Erfüllt der Arbeitgeber/Ausbildende seine Nachweispflichten nicht, haftet er **67** dem Arbeitnehmer/Auszubildenden auf **Schadensersatz.**[18] Schaden ist das Erlöschen des Vergütungsanspruchs aufgrund der Ausschlussfrist. Der Auszubildende kann verlangen, so gestellt zu werden, als sei der Vergütungsanspruch nicht untergegangen. Es kann dann also als Schadensersatzanspruch ein Vergütungsersatzanspruch in Höhe des erloschenen Vergütungsanspruchs bestehen. Dieser Schadensersatzanspruch ist begründet, wenn der geltend gemachte Vergütungsanspruch bestanden, nur wegen Versäumung der Ausschlussfrist erloschen ist und bei gesetzmäßigem Nachweis seitens des Arbeitgebers/Ausbildenden nicht untergegangen wäre. Bei einem Verstoß gegen die gesetzliche Nachweispflicht ist zugunsten des Arbeitnehmers/Auszubildenden zu vermuten, dass dieser die tarifliche Ausschlussfrist beachtet hätte, wenn er auf die Geltung des Tarifvertrags hingewiesen worden wäre.[19] Gegebenenfalls ist ein Mitverschulden (§ 254 BGB) des Auszubildenden zu berücksichtigen, wenn diesem die Ausschlussfrist – unabhängig vom unterlassenen Hinweis – bekannt war.[20]

Finden keine Tarifverträge oder Betriebs- oder Dienstvereinbarungen Anwendung, ist – soweit das zutrifft – auch hierauf hinzuweisen. **68**

Da die Hinweispflicht auch bei **Änderungen** besteht (vgl. § 11 Abs. 4 BBiG), ist **69** auch bei späteren Änderungen, etwa der Anwendbarkeit eines Tarifvertrags auf

---

14 *BAG* 25.7.2002 – 6 AZR 381/00 – AP BBiG § 5 Nr. 9 = DB 2003, 510.
15 *BAG* 23.1.2002 – 4 AZR 56/01 – AP NachwG § 2 Nr. 5 = NZA 2002, 800.
16 *BAG* 17.4.2002 – 5 AZR 89/01 – AP NachwG § 2 Nr. 6 = NZA 2002, 1096; *BAG* 29.5.2002
 – 5 AZR 105/01 – EzA § 2 NachwG Nr. 4.
17 *BAG* 17.4.2002 – 5 AZR 89/01 – AP NachwG § 2 Nr. 6 = NZA 2002, 1096.
18 *BAG* 17.4.2002 – 5 AZR 89/01 – AP NachwG § 2 Nr. 6 = NZA 2002, 1096.
19 *BAG* 17.4.2002 – 5 AZR 89/01 – AP NachwG § 2 Nr. 6 = NZA 2002, 1096.
20 *BAG* 29.5.2002 – 5 AZR 105/01 – EzA NachwG § 2 Nr. 4.

das Berufsausbildungsverhältnis, hinzuweisen. So muss der Ausbildende etwa den Auszubildenden auf einen Tarifvertrag hinweisen, der erst nach Beginn der Berufsausbildung infolge Allgemeinverbindlicherklärung (§ 5 TVG) auf das Ausbildungsverhältnis Anwendung findet.[21]

4. Ausschluss- oder Verfallfristen

70 Auch in Ausbildungsverträgen werden häufig Ausschluss- oder Verfallfristen (gängig ist auch die Bezeichnung »Verfallklauseln«) vereinbart. Solche Vertragsklauseln sind aber kein notwendiger Vertragsinhalt. Sie können unter bestimmten Voraussetzungen vereinbart werden, müssen aber nicht. Ausschluss- oder Verfallfristen sind Fristen, innerhalb derer Ansprüche (zum Beispiel auf Zahlung der Ausbildungsvergütung) oder sonstige Rechte geltend gemacht werden müssen, damit sie nicht untergehen. Der Schuldner soll binnen einer bestimmten Frist darauf hingewiesen werden, welche Ansprüche gegen ihn noch geltend gemacht werden. Er soll sich darauf verlassen können, dass nach Fristablauf keine Ansprüche mehr erhoben werden. Wird die Ausschlussfrist nicht gewahrt, führt dies zum Erlöschen des nicht fristgemäß geltend gemachten Anspruchs. Ausschlussfristen sind im Arbeitsrecht, insbesondere in Tarifverträgen, aber auch in Einzelarbeits- oder Ausbildungsverträgen, weit verbreitet. Das gesetzliche Modell der Verjährung von Ansprüchen ist deshalb für die Arbeitsrechtspraxis nur von geringer Bedeutung.

71 **Tarifvertragliche Ausschlussfristen**, mögen sie auch noch so kurz sein, werden als wirksam erachtet. Die Tarifvertragsparteien haben wegen der durch Art. 9 Abs. 3 GG garantierten Tarifautonomie eine weitgehende Gestaltungsfreiheit. Tarifnormen unterliegen nur einer Rechtskontrolle dahingehend, ob sie gegen höherrangiges zwingendes Gesetzesrecht oder gegen die Grundrechte verstoßen.[22]

72 Auch nach der Ausweitung der **AGB-Kontrolle** auf Ausbildungs- und Arbeitsverträge hat sich an der Wirksamkeit von tarifvertraglichen Ausschlussfristen im Grundsatz nichts geändert (vgl. § 10 Rn. 40). Bei der AGB-Kontrolle muss unterschieden werden, ob es sich um tarifvertragliche oder einzelvertragliche Ausschlussfristen handelt. Gelten tarifvertragliche Ausschlussfristen normativ kraft Tarifbindung (§ 4 Abs. 1 TVG) oder aufgrund Allgemeinverbindlicherklärung (§ 5 TVG), unterliegen diese gemäß § 310 Abs. 4 Satz 1 BGB nicht der AGB-Kontrolle. Auch im Falle der einzelvertraglichen Verweisung auf einschlägige Tarifverträge findet in der Regel keine AGB-Kontrolle statt. Die Rechtsprechung hält auch relativ kurz bemessene tarifvertraglich festgelegte Ausschlussfristen für wirksam. So werden Ausschlussfristen von zwei und drei Monaten ohne Weiteres für zulässig erachtet.[23] Auch einseitige tarifliche Ausschlussfristen, die nur zu Lasten der Arbeitnehmer oder Auszubildenden gelten, sollen zulässig sein.[24]

73 Anders ist dies bei **einzelvertraglichen Ausschlussfristen** in vom Arbeitgeber oder Ausbildenden vorformulierten Arbeitsverträgen. Für diese gilt die AGB-

---

21 *BAG* 24.10.2002 – 6 AZR 743/00 – AP BBiG § 4 Nr. 2 = NZA 2004, 105.
22 *BAG* 6.11.1996, 5 AZR 334/95, NZA 1997, 778.
23 *BAG* 22.9.1999, 10 AZR 839/98, NZA 2000, 551; *BAG* 16.1.2002, 5 AZR 430/00, NZA 2002, 746.
24 *BAG* 4.12.1997, 2 AZR 809/96, NZA 1998, 431.

Kontrolle. Ausschlussfristen sind nicht generell unwirksam, unterliegen jedoch der Inhaltskontrolle gemäß § 307 BGB. Die Ausschlussfrist stellt eine von Rechtsvorschriften abweichende Regelung (§ 307 Abs. 3 Satz 1 BGB) dar, denn gesetzlich bleiben Ansprüche – abgesehen von ihrer Verwirkung (§ 242 BGB) – erhalten und können im Rahmen des Verjährungsrechts geltend gemacht werden.[25] Folgende Punkte sind nach der Rechtsprechung insbesondere zu beachten:

– Wegen der weitreichenden Folgen von Ausschlussfristen erfordert das Transparenzgebot (§ 307 Abs. 1 Satz 2 BGB), dass auf die Rechtsfolge bei nicht rechtzeitiger Geltendmachung, dem Erlöschen des Anspruchs, ausdrücklich in der Vertragsklausel hingewiesen wird.[26] Eine optische Hervorhebung solcher Klauseln durch die Überschrift »Ausschlussfrist« oder »Verfallfrist« genügt jedoch.[27]

– Für den **Beginn der Ausschlussfrist** ist abzustellen auf die **Fälligkeit** des Anspruchs. Ausschlussfristen, die allein auf die Beendigung des Arbeitsverhältnisses abstellen, sind unwirksam.[28]

– Eine unangemessene Benachteiligung im Sinne des § 307 Abs. 1 BGB besteht in der Regel bei **einseitigen Ausschlussfristen** zu Lasten der Arbeitnehmer oder Auszubildenden. Solche einseitigen Ausschlussfristen sind unwirksam.[29]

– Nach der Rechtsprechung des BAG muss die **Ausschlussfrist mindestens drei Monate** betragen.[30]

– **Zweistufige Ausschlussfristen** (erste Stufe: Geltendmachung gegenüber dem Arbeitgeber / Ausbildenden, zweite Stufe: gerichtliche Geltendmachung) sind zulässig. Die Mindestfrist für die gerichtliche Geltendmachung der Ansprüche muss **drei Monate** betragen. Das bedeutet, dass bei einer Kombination von ein- und zweistufiger Ausschlussfrist die **Mindestfrist in jeder Stufe** jeweils drei Monate betragen muss.[31]

§ 12 Nichtige Vereinbarungen

(1) Eine Vereinbarung, die Auszubildende für die Zeit nach Beendigung des Berufsausbildungsverhältnisses in der Ausübung ihrer beruflichen Tätigkeit beschränkt, ist nichtig. Dies gilt nicht, wenn sich Auszubildende innerhalb der letzten sechs Monate des Berufsausbildungsverhältnisses dazu verpflichten, nach dessen Beendigung mit dem Ausbildenden ein Arbeitsverhältnis einzugehen.

(2) Nichtig ist eine Vereinbarung über

1. die Verpflichtung Auszubildender, für die Berufsausbildung eine Entschädigung zu zahlen,
2. Vertragsstrafen,
3. den Ausschluss oder die Beschränkung von Schadensersatzansprüchen,
4. die Festsetzung der Höhe eines Schadensersatzes in Pauschbeträgen.

---

25 *BAG* 1.3.2006, 5 AZR 511/05, NZA 2006, 783.
26 *BAG* 31.8.2004, 5 AZR 545/05, NZA 2006, 324.
27 *BAG* 25.5.2005, 5 AZR 572/04, NZA 2005, 1111.
28 *BAG* 1.3.2006, 5 AZR 511/05, NZA 2006, 783.
29 *BAG* 31.8.2005, 5 AZR 545/04, NZA 2006, 324.
30 *BAG* 28.9.2005, 5 AZR 52/05, NZA 2006, 149.
31 *BAG* 25.5.2005, 5 AZR 572/04, NZA 2005, 1111.

§ 12 Nichtige Vereinbarungen

Inhaltsübersicht Rn.

1.	Überblick	1
2.	Schutz der Berufsfreiheit der Auszubildenden	6
2.1	Beschränkung der beruflichen Tätigkeit	9
2.1.1	Insbesondere: Weiterarbeits- oder Übernahmeklauseln	13
2.1.2	Rechtsfolge: Teilnichtigkeit	16
2.2	Begründung eines Arbeitsverhältnisses innerhalb der letzten sechs Monate des Ausbildungsverhältnisses	19
2.2.1	Unbefristeter Arbeitsvertrag	20
2.2.2	Befristeter Arbeitsvertrag	22
2.2.3	Vertragsstrafe im Hinblick auf das Arbeitsverhältnis	23
3.	Finanziell belastende Vereinbarungen	25
3.1	Entschädigung für die Berufsausbildung	26
3.1.1	Umgehungsgeschäfte	29
3.1.2	Ausbildungskosten	30
3.2	Vertragsstrafen	36
3.3	Schadensersatzansprüche	39

1. Überblick

1 § 12 BBiG regelt zum **Schutz der Auszubildenden**, dass bestimmte Vereinbarungen, die für die Auszubildenden von Nachteil sind, unzulässig sind. § 12 BBiG gilt auch für Berufsausbildungsverhältnisse im **Handwerk**. Allerdings ist die Norm nicht abschließend. Es können auch andere vertragliche Vereinbarungen unwirksam sein, die im Widerspruch zu höherrangigem Recht stehen. Wird etwa ein Urlaub unterhalb des gesetzlichen Mindesturlaubs vereinbart, ist eine solche Vereinbarung unwirksam und der Auszubildende hat Anspruch auf den gesetzlichen Mindesturlaub (vgl. § 11 Rn. 40).

2 Vereinbarungen, die im Widerspruch zu § 12 BBiG stehen, sind kraft Gesetzes unwirksam (vgl. auch § 25 BBiG). Der Ausbildende kann aus solchen nichtigen, das heißt unwirksamen Vereinbarungen, nichts zu seinen Gunsten ableiten. Seine **Vertragsfreiheit wird eingeschränkt**, weil der Schutz der Auszubildenden als vorrangig angesehen wird. Der Gesetzgeber geht davon aus, dass die Auszubildenden sich aufgrund der existentiellen Angewiesenheit auf einen Ausbildungsplatz beim Abschluss eines Berufsausbildungsvertrags in einer Situation struktureller Unterlegenheit gegenüber dem Ausbildenden befinden und sie deshalb des besonderen Schutzes vor nachteiligen Vereinbarungen bedürfen.

3 Das entspricht den verfassungsrechtlichen Vorgaben. Das *BVerfG* hat herausgestellt, dass der Grundsatz der Vertragsfreiheit nicht nur formal verstanden werden darf. Es geht vielmehr um eine materielle, gegebenenfalls um den **Ausgleich gestörter Vertragsparität**. Die Vertragsfreiheit beruht auf dem Prinzip der Selbstbestimmung, setzt also voraus, dass die Bedingungen freier Selbstbestimmung tatsächlich gegeben sind. Hat einer der Vertragsteile ein so starkes Übergewicht, dass er den Vertragsinhalt faktisch einseitig bestimmen kann, bewirkt dies für den anderen Vertragsteil Fremdbestimmung.[1]

---

1 *BVerfG* 19.10.1993 – 1 BvR 567/89 u. 1044/89 – BVerfGE 89, 214, 232 = AP GG Art. 2 Nr. 35; *BVerfG* 7.2.1990 – 1 BvR 26/84 – BVerfGE 81, 242, 255 = AP GG Art. 12 Nr. 65 = NZA 1990, 389.

Die Norm geht als zwingendes Gesetzesrecht tariflichen Normen vor. Unwirk **4**
sam sind auch entsprechende »Vereinbarungen«, die sich in einem auf das
Berufsausbildungsverhältnis anwendbaren **Tarifvertrag** befinden.[2] § 12 BBiG
ist eine gesetzliche Verbotsnorm (§ 134 BGB), die auch gegenüber Tarifverträgen
gilt.

Enthält der Ausbildungsvertrag eine gemäß § 12 BBiG nichtige Vereinbarung, **5**
bleibt der **Vertrag im Übrigen wirksam**, sonst würde sich der Schutz zugunsten
Auszubildender, den die Norm bezweckt, in sein Gegenteil verkehren. § 12
BBiG führt also nur zu einer **Teilnichtigkeit** von Vereinbarungen, soweit sie
mit dessen Schutzweck im Widerstreit stehen. Die Teilnichtigkeit führt nicht zur
Unwirksamkeit auch des Teils der Vereinbarung, die die Auszubildenden begünstigt, wie dies insbesondere bei »Weiterarbeitsklauseln« (vgl. Rn. 13ff.) der
Fall ist.[3]

2. Schutz der Berufsfreiheit der Auszubildenden

Eine Vereinbarung, die Auszubildende für die Zeit nach Beendigung des Berufs **6**
ausbildungsverhältnisses in der **Ausübung ihrer beruflichen Tätigkeit beschränkt**, ist nichtig (§ 12 Abs. 1 Satz 1 BBiG). Damit soll die Berufsfreiheit
(Art. 12 Abs. 1 GG) und die Entschlussfreiheit der Auszubildenden geschützt
werden. Die Nichtigkeitsfolge gilt nicht, wenn sich Auszubildende innerhalb
der letzten sechs Monate des Berufsausbildungsverhältnisses dazu verpflichten,
nach dessen Beendigung mit dem Ausbildenden ein Arbeitsverhältnis einzugehen (vgl. Rn. 19).

Die Nichtigkeitsfolge des § 12 Abs. 1 Satz 1 BBiG erfasst entsprechende **Verein **7**
barungen**, die bereits im **Ausbildungsvertrag** getroffen werden, aber auch
spätere Vereinbarungen mit den Auszubildenden. Das Verbot der berufsbeschränkenden Vereinbarung gilt unabhängig vom Alter der Auszubildenden,
also für **Minderjährige** und für **Volljährige**. Die Auszubildenden soll davor
geschützt werden, frühzeitig Verpflichtungen über die weitere berufliche Tätigkeit nach dem Ende der Ausbildung einzugehen.

In der Regel geht es um solche Vereinbarungen, die die Eingehung eines **8**
Arbeitsverhältnisses nach dem Ende des Berufsausbildungsverhältnisses betreffen. Das ist aber keine Tatbestandsvoraussetzung des § 12 Abs. 1 Satz 1 BBiG.
Vielmehr gilt die Norm für alle Vereinbarungen, die die Auszubildenden in
ihrer **beruflichen »Tätigkeit«** beschränken. Das kann auch durch die Verpflichtung zu einer Tätigkeit außerhalb eines Arbeitsverhältnisses erfolgen (zum
Beispiel als »freier Mitarbeiter«). Auch solche Vereinbarungen sind gemäß
§ 12 Abs. 1 Satz 1 BBiG unwirksam.

2.1 Beschränkung der beruflichen Tätigkeit

Unzulässig ist jede Beschränkung der Berufstätigkeit Auszubildender im An **9**
schluss an die Ausbildung, es muss sich nicht in jedem Fall um eine Beschränkung in Bezug auf den (ehemaligen) Ausbildenden handeln. Auch eine **Beschränkung in Bezug auf einen Dritten** ist unzulässig (zum Beispiel die

2 *Leinemann/Taubert* BBiG § 12 Rn. 7.
3 *BAG* 13.3.1975 – 5 AZR 199/74 – AP BBiG § 5 Nr. 2 = BB 1975, 883 = DB 1975, 1417; *BAG*
31.1.1974 – 3 AZR 58/73 – AP BBiG § 5 Nr. 1.

Verpflichtung zur Aufnahme eines Arbeitsverhältnisses mit einem bestimmten anderen Arbeitgeber). Das wird regelmäßig nicht praktisch werden, kann aber im Einzelfall Bedeutung erlangen, etwa bei verschiedenen Unternehmen, die miteinander kooperieren, oder im Konzernverbund.

10 Unzulässig ist auch die Verpflichtung Auszubildender, nach dem Ende der Ausbildung eine **zweite Berufsausbildung in einem anderen Ausbildungsberuf** einzugehen.[4]

11 Eine Vereinbarung, die Auszubildende in der freien Wahl des Arbeitsplatzes nach dem Ende der Ausbildung beschränkt, liegt sowohl bei unmittelbaren wie bei mittelbaren Beschränkungen der Berufsfreiheit vor. Unzulässig ist sowohl eine gänzliche Beschränkung der Berufstätigkeit als auch eine **räumliche oder fachliche Beschränkung**. Der Schutz, den § 12 Abs. 1 Satz 1 BBiG vermitteln will, ist weit zu verstehen. Deshalb ist auch die Vereinbarung eines **Wettbewerbsverbots** (Konkurrenzverbots) für die Zeit nach dem Ende der Ausbildung unzulässig, selbst wenn diese mit einer besonderen Zahlungsverpflichtung seitens des Ausbildenden verbunden ist. Nichtig sind insbesondere auch Vereinbarungen, die Auszubildende verpflichten, nicht am Ort des Ausbildenden oder am Sitz der Ausbildungsstätte eine Berufstätigkeit auszuüben.[5] Während des bestehenden Ausbildungsverhältnisses soll allerdings ein Wettbewerbsverbot bestehen, ohne dass dies vereinbart sein muss (vgl. § 13 Rn. 26).

12 § 12 Abs. 1 Satz 1 BBiG ist entsprechend anzuwenden, wenn **mittelbarer Druck** auf die Auszubildenden ausgeübt wird, insbesondere aufgrund finanzieller Belastungen.[6] Das ist vor allem bei sog. **Rückzahlungsklauseln** der Fall, also solchen Klauseln, die die Auszubildenden verpflichten, einen Teil der Ausbildungskosten zurückzuzahlen, wenn sie nicht in eine bestimmte Zeit beim Ausbildenden in einem Arbeitsverhältnis verbleiben. Solche Vereinbarungen sind unwirksam. Das gilt auch für Klauseln, die die Auszubildenden zur Rückzahlung von bestimmten Vergünstigungen oder gewährten Leistungen (zum Beispiel Weihnachtsgeld oder sonstige Sonderzahlungen) verpflichten, die sie während der Zeit der Berufsausbildung erhalten haben, falls sie nicht im Anschluss an die Ausbildung ein Arbeitsverhältnis im Ausbildungsbetrieb begründen oder vor einem bestimmten Termin aus einem nachfolgenden Arbeitsverhältnis ausscheiden.[7]

2.1.1 Insbesondere: Weiterarbeits- oder Übernahmeklauseln

13 Unzulässig und unwirksam sind Vereinbarungen, durch die sich Auszubildende verpflichten,
– im Anschluss an die Ausbildung beim Ausbildenden ein Arbeitsverhältnis zu begründen (»**Bleibeverpflichtung**«) oder
– spätestens sechs Monate vor Ende des Ausbildungsverhältnisses schriftlich anzuzeigen (»**Anzeigepflicht**«), falls sie mit dem Ausbildenden kein Arbeitsverhältnis eingehen wollen.[8]

14 Nichtig sind auch »**Weiterarbeitsklauseln**«, die beide Parteien zur Anzeige

---

4 *Leinemann/Taubert* BBiG § 12 Rn. 13.
5 *Benecke/Hergenröder* BBiG § 12 Rn. 5; *Leinemann/Taubert* BBiG § 12 Rn. 12.
6 *BAG* 25.4.2001 – 5 AZR 509/99 – AP BBiG § 5 Nr. 8 = DB 2001, 2230 = EzA § 5 BBiG Nr. 8.
7 *Benecke/Hergenröder* BBiG § 12 Rn. 6; *ErfK/Schlachter* § 12 BBiG Rn. 2.
8 *BAG* 31.1.1974 – 3 AZR 58/73 – AP BBiG § 5 Nr. 1 = EzA § 5 BBiG Nr. 1.

verpflichten, falls sie nicht ein Arbeitsverhältnis im Anschluss an die Berufsausbildung eingehen wollen.[9]

Ebenso sind alle Vereinbarungen nichtig, die Auszubildenden für das Arbeitsverhältnis im Anschluss an das Ausbildungsverhältnis **Kündigungsbeschränkungen** auferlegen oder gar die Kündigung ausschließen.[10] **15**

2.1.2 Rechtsfolge: Teilnichtigkeit

Solche **Weiterarbeits- oder Übernahmeklauseln** sind aber **nicht insgesamt** **16**
nichtig. Mit dem Schutzzweck des § 12 Abs. 1 Satz 1 BBiG ist es nicht vereinbar, dass die auf einem Verstoß gegen dieses Schutzgesetz zugunsten des Auszubildenden beruhende Teilnichtigkeit zu einer Nichtigkeit auch des Teils der Vereinbarung führt, die dem Auszubildenden das Recht auf Weiterbeschäftigung einräumt.[11]

Durch § 12 BBiG soll eine Beschränkung der beruflichen Tätigkeit der Auszubil- **17**
denden nach Ende der Ausbildung verhindert, nicht aber die Chancen verbaut werden, die den Auszubildenden durch vertragliche Verpflichtungen eröffnet werden, die die Ausbildenden eingehen. Da es sich bei § 12 BBiG um eine **Schutzvorschrift zugunsten des Auszubildenden** handelt, ist eine Bleibeverpflichtung oder ähnliche Vereinbarung nur nichtig, soweit der Ausbildende aus dieser Rechte herleiten will. Die eingegangene Verpflichtung des Ausbildenden bleibt bestehen, so dass der Auszubildende aus dieser zu seinen Gunsten Rechte herleiten, also den Abschluss eines Arbeitsvertrags verlangen kann.[12]

Eine »Bleibeverpflichtung«, »Weiterarbeitsklausel« oder »Übernahmeklausel« **18**
für die Zeit im Anschluss an die Berufsausbildung ist also **für die Auszubildenden unverbindlich, für die Ausbildenden** aber **verbindlich**, wenn die Auszubildenden die Übernahme in ein Arbeitsverhältnis entsprechend der vertraglichen Vereinbarung wünschen. Eine solche Klausel ist für beide Seiten, also auch für den Auszubildenden, verbindlich, wenn sie innerhalb der letzten sechs Monate des Berufsausbildungsverhältnisses vereinbart wird (vgl. Rn. 19).

2.2 Begründung eines Arbeitsverhältnisses innerhalb der letzten sechs Monate des Ausbildungsverhältnisses

Die Beschränkung in der Ausübung der beruflichen Tätigkeit nach Beendigung **19**
des Berufsausbildungsverhältnisses ist zulässig, wenn die entsprechende Vereinbarung innerhalb der letzten sechs Monate des Berufsausbildungsverhältnisses getroffen wird. Auszubildende können sich also **innerhalb der letzten sechs Monate** des Berufsausbildungsverhältnisses dazu verpflichten, nach dessen Beendigung mit dem Ausbildenden ein **Arbeitsverhältnis** einzugehen (§ 12 Abs. 1 Satz 2 BBiG). Erlaubt ist nicht nur die »Verpflichtung«, ein Arbeitsverhältnis »einzugehen«, sondern auch bereits der unbedingte Vertragsabschluss.[13]

---

9 *BAG* 13.3.1975 – 5 AZR 199/74 – AP BBiG § 5 Nr. 2 = DB 1975, 1417 = EzA § 5 BBiG Nr. 3.

10 *Benecke/Hergenröder* BBiG § 12 Rn. 4; ErfK / *Schlachter* § 12 BBiG Rn. 2.

11 *BAG* 13.3.1975 – 5 AZR 199/74 – AP BBiG § 5 Nr. 2 = DB 1975, 1417 = EzA BBiG § 5 Nr. 3; *BAG* 31.1.1974 – 3 AZR 58/73 – AP BBiG § 5 Nr. 1.

12 *BAG* 13.3.1975 – 5 AZR 199/74 – AP BBiG § 5 Nr. 2.

13 *Benecke/Hergenröder* BBiG § 12 Rn. 9.

Der Gesetzgeber geht davon, dass die Auszubildenden gegen Ende des Berufsausbildungsverhältnisses ausreichend überblicken können, ob sie mit dem Ausbildungsbetrieb eine weitere vertragliche Bindung eingehen wollen oder nicht (zum besonderen Schutz von Mandatsträgern gemäß § 78 a BetrVG vgl. § 24 Rn. 35 ff.).

2.2.1 Unbefristeter Arbeitsvertrag

20   Innerhalb der Sechs-Monats-Frist kann ohne Weiteres ein **unbefristeter Arbeitsvertrag** für die Zeit nach Beendigung des Berufsausbildungsverhältnisses abgeschlossen werden. Die Vereinbarung einer neuen **Probezeit** für das Arbeitsverhältnis ist jedenfalls dann unzulässig, wenn der Auszubildende im erlernten Beruf beschäftigt werden soll. Der Arbeitgeber hatte dann im Rahmen des Berufsausbildungsverhältnisses bereits hinreichend Gelegenheit, den Arbeitnehmer zu »erproben«.[14]

21   Davon abgesehen besteht im betrieblichen Anwendungsbereich des KSchG für den weiterbeschäftigten Auszubildenden, wegen der Anrechnung der Ausbildungszeit auf die Wartezeit des § 1 Abs. 1 KSchG, bereits mit Beginn des Arbeitsverhältnisses **Kündigungsschutz** (vgl. auch § 24 Rn. 5).[15]

2.2.2 Befristeter Arbeitsvertrag

22   Innerhalb der Sechs-Monats-Frist kann auch ein **befristeter Arbeitsvertrag** für die Zeit nach der Ausbildung abgeschlossen werden. Ob eine Befristungsvereinbarung im Anschluss an die Ausbildung zulässig ist, ergibt sich nicht aus § 12 BBiG, sondern aus den entsprechenden Befristungsvorschriften des allgemeinen Arbeitsrechts, vor allem aus § 14 TzBfG (vgl. § 24 Rn. 6).

2.2.3 Vertragsstrafe im Hinblick auf das Arbeitsverhältnis

23   Wird innerhalb der Sechs-Monats-Frist der Abschluss eines Arbeitsvertrags im Anschluss an das Ausbildungsverhältnis vereinbart, so kann insoweit auch eine **Vertragsstrafe** für den Fall des Nichtantritts des Arbeitsverhältnisses vereinbart werden. § 12 Abs. 2 Nr. 2 BBiG (vgl. Rn. 36) steht dem nicht entgegen, denn die Vorschrift verbietet nur Vertragsstrafen in Bezug auf das Ausbildungsverhältnis, nicht in Bezug auf ein Arbeitsverhältnis.[16]

24   Allerdings finden nach der Neuregelung des BGB aufgrund des Gesetzes zur Modernisierung des Schuldrechts vom 26. 11. 2001 (BGBl. I S. 3138) die Regelungen zur Kontrolle von Allgemeinen Geschäftsbedingungen (§§ 305 bis 310 BGB) auch auf Arbeitsverträge Anwendung. Vorformulierte Arbeitsverträge unterliegen damit der **AGB-Kontrolle**. Nach der neuesten Rechtsprechung des *BAG* soll die Vereinbarung von **Vertragsstrafen im Arbeitsverhältnis** zwar nicht gegen § 309 Nr. 6 BGB verstoßen, je nach Vertragsformulierung kann aber eine unangemessene Benachteiligung des Arbeitnehmers vorliegen, die zur Unwirksamkeit einer entsprechenden Vertragsstrafenvereinbarung führt (§ 307 Abs. 1 BGB).

---

14   *Benecke/Hergenröder* BBiG § 12 Rn. 10; *Leinemann/Taubert* BBiG § 12 Rn. 19.
15   KR / *Griebeling* § 1 KSchG Rn. 107; KR-*Fischermeier* § 24 BBiG Rn. 9; KDZ / *Däubler* KSchR § 24 BBiG Rn. 10; *Leinemann/Taubert* BBiG § 24 Rn. 22.
16   *BAG* 23. 6. 1982 – 5 AZR 168 / 80 – AP BBiG § 5 Nr. 4 = EzA BBiG § 5 Nr. 5.

Eine unangemessene Benachteiligung kann sich insbesondere aus der Höhe einer Vertragsstrafe ergeben. Eine Vertragsstrafe in Höhe eines Monatsgehalts ist als genereller Maßstab denkbar. Die Festsetzung einer Vertragsstrafe in Höhe eines vollen Monatsgehalts beeinträchtigt den Arbeitnehmer jedoch typischerweise dann unangemessen, wenn er sich rechtmäßig mit einer kürzeren Kündigungsfrist (zum Beispiel während der Probezeit) vom Vertrag lösen könnte.[17]

3. Finanziell belastende Vereinbarungen

Gemäß § 12 Abs. 2 Nr. 1 bis 4 BBiG sind bestimmte finanziell belastende Ver- **25** einbarungen nichtig. Auch hier kommt es – wie bei Abs. 1 – nicht darauf an, ob die entsprechende Vereinbarung sich bereits im Ausbildungsvertrag findet oder erst später getroffen wird.

3.1 Entschädigung für die Berufsausbildung

Nichtig ist eine Vereinbarung, durch die sich Auszubildende verpflichten, für **26** die Berufsausbildung eine Entschädigung zu zahlen (§ 12 Abs. 2 Nr. 1 BBiG). Durch diese Vorschrift sollen finanzielle Belastungen der Auszubildenden durch die Berufsausbildung vermieden oder jedenfalls so gering wie möglich gehalten werden. Die Entscheidung des Gesetzgebers gegen das früher vielfach übliche »**Lehrgeld**« soll gewährleisten, dass der Zugang zu einer durch das BBiG geregelten Ausbildung nicht von dem finanziellen Leistungsvermögen oder -willen der Auszubildenden oder ihrer Eltern abhängt.[18]

Verpflichtungserklärungen des Auszubildenden, die gegen § 12 Abs. 2 Nr. 1 **27** BBiG verstoßen, sind nichtig.[19] Auch die **Verrechnung** solcher Kosten, die gegen das Verbot des § 12 Abs. 2 Nr. 1 BBiG verstoßen, mit der Ausbildungsvergütung ist unzulässig. Nichtig sind auch **Rückzahlungsvereinbarungen** oder ähnliche Klauseln, durch die sich der Auszubildende verpflichtet, einen Teil der Ausbildungskosten (zum Beispiel für außerbetriebliche Lehrgänge) zurückzuzahlen, wenn er nicht (oder nicht für eine bestimmte Dauer) anschließend in einem Arbeitsverhältnis im Ausbildungsbetrieb verbleibt.[20]

Haben der Auszubildende oder seine Eltern Leistungen an den Ausbildenden **28** gezahlt, die gegen § 12 Abs. 2 Nr. 1 BBiG verstoßen, können sie diese später herausverlangen. Der Ausbildende hat das **Geleistete herauszugeben** (§§ 812, 817 Satz 1 BGB). Das Geleistete ist auch dann vom Empfänger zurückzuzahlen, wenn dem Leistenden das Verbot der Entschädigung bekannt war.[21]

3.1.1 Umgehungsgeschäfte

Das Verbot greift sowohl zugunsten der Auszubildenden als auch ihrer Eltern.[22] **29** Unzulässig sind auch »**Umgehungsgeschäfte**«, wie:

---

17 *BAG* 4.3.2004 – 8 AZR 196/03 – AP BGB § 309 Nr. 3 = NZA 2004, 727.
18 *BAG* 26.9.2002 – 6 AZR 486/00 – AP BBiG § 5 Nr. 12 = NZA 2003, 1403; *BAG* 25.7.2002 – 6 AZR 381/00 – AP BBiG § 5 Nr. 9.
19 *BAG* 29.6.1988 – 5 AZR 450/87 – EzB BBiG § 5 Nr. 25.
20 *BAG* 25.4.1984 – 5 AZR 386/83 – NZA 1985, 184 = AP BBiG § 5 Nr. 5.
21 *BAG* 28.7.1982 – 5 AZR 46/81 – AP BBiG § 5 Nr. 3 = EzB BBiG § 5 Nr. 11.
22 *BAG* 28.7.1982 – 5 AZR 46/81 – AP BBiG § 5 Nr. 3 = DB 1983, 290.

§ 12 Nichtige Vereinbarungen

- die Vereinbarung von Naturalleistungen als Gegenleistung für einen Ausbildungsplatz (zum Beispiel unentgeltliche Fliesenlegerarbeiten),[23]
- die Gewährung eines Darlehens durch die Eltern an den Ausbildenden[24] oder
- der Abschluss eines Kaufvertrags als Gegenleistung für einen Ausbildungsplatz.[25]

3.1.2 Ausbildungskosten

30 Der Begriff der »**Entschädigung**« ist weit auszulegen. § 12 Abs. 2 Nr. 1 BBiG verbietet es auch, dem Auszubildenden Kosten zu überbürden, die der Ausbildende im Rahmen der von ihm geschuldeten Ausbildung zu tragen hat (**Ausbildungskosten**). So gehört etwa der Erwerb der Fahrerlaubnis zur betrieblichen Fachausbildung zum Berufskraftfahrer, die Kosten des Fahrschulunterrichts sind daher vom Ausbildenden und nicht vom Auszubildenden zu tragen.[26] Übernimmt der Ausbildende die Kosten, die mit der Erlangung der Fahrerlaubnis verbunden sind, und verpflichtet sich der Auszubildende, diese Kosten zu erstatten, falls er nach Abschluss der Ausbildung nicht für eine bestimmte Zeit als Arbeitnehmer in dem Ausbildungsbetrieb bleibt, so ist auch eine solche Vereinbarung nichtig.[27]

31 Das Verbot der Auferlegung von Kosten für die »Berufsausbildung« bezieht sich aber nur auf die Kosten, die der Ausbildende normalerweise zu tragen hat. Das sind die Kosten der **betrieblichen Ausbildung**, also nicht die Kosten der schulischen Ausbildung. Die Kosten, die im »dualen System« im Zusammenhang mit der schulischen Ausbildung entstehen, hat nicht der Ausbildende zu tragen, sondern die Berufsschule oder die Auszubildenden selbst.[28]

32 Zu den **Ausbildungskosten**, die der Ausbildende (nicht der Auszubildende) zu tragen hat, gehören die:
- die betrieblichen Personal- und Sachkosten,
- die Kosten für Ausbildungsmaßnahmen und Ausbildungsveranstaltungen außerhalb der Ausbildungsstätte, sofern sie in den Ausbildungsvorgang einbezogen sind,[29]
- die Aufwendungen, die mit der Durchführung außerbetrieblicher Bildungsmaßnahmen im engen Zusammenhang stehen, etwa Übernachtungs- und Verpflegungskosten,[30]
- die Kosten für Verpflegung und Unterkunft des Auszubildenden, die dadurch entstehen, dass die praktische Berufsausbildung nicht im Ausbildungsbetrieb, sondern an einem anderen Ort vorgenommen wird; das gilt auch, wenn sich die gesamte praktische Ausbildung außerhalb des Ausbildungsbetriebs vollzieht.[31]

---

23 *LG Gießen* 27.1.1986 – 4 O 488/85 – EzB BBiG § 5 Nr. 20.
24 *LG Hannover* 1.2.1989 – 11 S 314/88 – NJW-RR 1989, 880 = EzB § 5 Nr. 26.
25 *OLG Hamm* 16.12.1982 – 28 U 198/82 – NJW 1983, 2708 = EzB § 5 Nr. 14.
26 *BAG* 25.4.1984 – 5 AZR 386/83 – AP BBiG § 5 Nr. 5.
27 *LAG Köln* 7.3.1988 – 6 Sa 1247/87 – LAGE BBiG § 5 Nr. 1 = EzB BBiG § 5 Nr. 24.
28 ErfK/*Schlachter* § 12 BBiG Rn. 4.
29 *BAG* 25.7.2002 – 6 AZR 381/00 – AP BBiG § 5 Nr. 9 = DB 2003, 510.
30 *BAG* 9.6.1988 – 5 AZR 450/87 – EzB BBiG § 5 Nr. 25.
31 *BAG* 21.9.1995 – 5 AZR 994/94 – AP BBiG § 5 Nr. 6 = NZA 1996, 205 = EzB BBiG § 5 Nr. 34.

Zu den vom Ausbildenden zu tragenden Ausbildungskosten gehören indes **33** (vorbehaltlich abweichender einzelvertraglicher Vereinbarungen) grundsätzlich nicht die im Zusammenhang mit dem **Berufsschulbesuch und -unterricht** entstehenden Kosten. Diese Kosten sind nicht von den Ausbildenden, sondern von den Auszubildenden zu tragen, das gilt auch für Fahrt-, Verpflegungs- und Unterbringungskosten, die dem schulischen Bereich zuzuordnen sind, zum Beispiel wegen eines Blockunterrichts an einer auswärtigen staatlichen Berufsschule.[32]

Auch hier ist aber zu differenzieren: Aus dem dualen System der Berufsaus- **34** bildung (dem Zusammenwirken von betrieblicher und schulischer Ausbildung) folgt, dass der Ausbildende nur für den betrieblichen Teil der Ausbildung verantwortlich ist. Für den schulischen Teil der Ausbildung hat er deshalb grundsätzlich keine Kosten zu tragen, soweit diese in einer staatlichen Berufsschule erfolgt. Erfolgt der **schulische Teil der Ausbildung auf Veranlassung des Ausbildenden außerhalb des staatlichen Schulsystems**, hat der Ausbildende indes die entstehenden Kosten zu tragen und darf sie wegen § 12 Abs. 2 Nr. 1 BBiG nicht auf den Auszubildenden abwälzen.[33]

Von den Kosten des Berufsschulbesuchs zu unterscheiden sind die Kosten, die **35** dem Ausbildenden dadurch entstehen, dass er dem Auszubildenden für die Zeiten der Freistellung gemäß § 15 BBiG, etwa für die Teilnahme am Berufsschulunterricht, die Vergütung zu zahlen hat (§ 19 Abs. 1 Nr. 1 BBiG). Diese **Vergütungspflicht** kann der Ausbildende nicht auf den Auszubildenden verlagern. Deshalb ist eine Vereinbarung über die Verpflichtung des Auszubildenden, Kosten zu erstatten, die dem Ausbildenden durch die Zahlung der Ausbildungsvergütung während der Freistellung entstanden sind, gemäß § 12 Abs. 2 Nr. 1 BBiG nichtig.[34]

3.2 Vertragsstrafen

Nichtig ist eine Vereinbarung über Vertragsstrafen im Zusammenhang mit der **36** Berufsausbildung (§ 12 Abs. 2 Nr. 2 BBiG). Eine Vertragsstrafenvereinbarung liegt gemäß § 339 BGB vor, wenn sich der Schuldner für den Fall der Nicht- oder Schlechterfüllung einer versprochenen Leistung verpflichtet, eine meist in Geld bestehende Leistung zu erbringen. Das Verbot greift – wie generell § 12 BBiG – zugunsten der Auszubildenden wie auch zugunsten der Eltern.[35]

Nicht ausgeschlossen ist gemäß § 12 Abs. 2 Nr. 2 BBiG die Vereinbarung einer **37** Vertragsstrafe in Bezug auf ein sich an das Ausbildungsverhältnis anschließendes Arbeitsverhältnis, sofern es mit § 12 Abs. 1 Satz 2 BBiG im Einklang steht (vgl. Rn. 19). § 12 Abs. 2 Nr. 2 BBiG findet insoweit keine Anwendung. Eine Vertragsstrafe im Hinblick auf ein Arbeitsverhältnis unterliegt aber der AGB-Kontrolle und kann gemäß § 307 BGB nichtig sein (vgl. Rn. 24).

---

32 *BAG* 25.7.2002 – 6 AZR 381/00 – AP BBiG § 5 Nr. 9 = DB 2003, 510; *BAG* 26.9.2002 – 6 AZR 486/00 – AP BBiG § 5 Nr. 12 = NZA 2003, 1403; *BAG* 5.12.2002 – 6 AZR 537/00 – AP BBiG § 5 Nr. 11.

33 *BAG* 26.9.2002 – 6 AZR 486/00 – AP BBiG § 5 Nr. 12 = NZA 2003, 1403; *BAG* 25.7.2002 – 6 AZR 381/00 – AP BBiG § 5 Nr. 9 = DB 2003, 510; bestätigt durch *BAG* 22.12.2009 – 3 AZR 936/07 – juris.

34 *BAG* 25.7.2002 – 6 AZR 381/00 – AP BBiG § 5 Nr. 9 = DB 2003, 510.

35 *Leinemann/Taubert* BBiG § 12 Rn. 26.

38 Zulässig sind **Vertragsstrafenvereinbarungen zu Lasten der Ausbildenden**, mit denen diese zur Einhaltung der gegenüber den Auszubildenden bestehenden Pflichten angehalten werden.[36] Das ergibt sich aus der Schutzrichtung des § 12 BBiG als Schutznorm zugunsten der Auszubildenden (vgl. Rn. 1 ff.). Auch § 25 BBiG verbietet nur Vereinbarungen, die zuungunsten des Auszubildenden von den Gesetzesvorschriften abweichen, nicht aber Vereinbarungen, die zu ihren Gunsten Pflichten von Ausbildenden begründen.

3.3 Schadensersatzansprüche

39 Unzulässig ist gemäß § 12 Abs. 2 Nr. 3 und 4 BBiG eine Vereinbarung über:
- den Ausschluss oder die Beschränkung von Schadensersatzansprüchen oder
- die vertragliche Festsetzung der Höhe eines Schadensersatzes in Pauschbeträgen.

40 Die gesetzlich Regelung lässt die **Haftungsprivilegierung der Auszubildenden** bei von diesen verursachten Schäden entsprechend der Regelungen wie im Arbeitsverhältnis unberührt (vgl. § 13 Rn. 30).

41 Da § 12 BBiG eine Schutzvorschrift zugunsten der Auszubildenden ist, sind Vereinbarungen, die diese begünstigen, nicht verboten. Zulässig sind Vereinbarungen von **Haftungsbeschränkungen zugunsten Auszubildender**, zum Beispiel die Begrenzung von Schadensersatzansprüchen auf vorsätzliche Handlungen oder die Vereinbarung eines Schadenshöchstbetrags zugunsten Auszubildender.[37]

42 § 12 Abs. 2 Nr. 3 und 4 BBiG hat vor allem Bedeutung für die **Beschränkung der Haftung der Ausbildenden** gegenüber den Auszubildenden. Haben Auszubildende im Einzelfall Schadenersatzansprüche gegen Ausbildende (vgl. § 14 Rn. 35 ff.) dürfen diese durch entgegenstehende Vereinbarungen weder ausgeschlossen noch beschränkt, noch in der Höhe durch Pauschbeträge begrenzt werden.

Unterabschnitt 2
Pflichten der Auszubildenden

§ 13 Verhalten während der Berufsausbildung

Auszubildende haben sich zu bemühen, die berufliche Handlungsfähigkeit zu erwerben, die zum Erreichen des Ausbildungsziels erforderlich ist. Sie sind insbesondere verpflichtet,

1. die ihnen im Rahmen ihrer Berufsausbildung aufgetragenen Aufgaben sorgfältig auszuführen,

2. an Ausbildungsmaßnahmen teilzunehmen, für die sie nach § 15 freigestellt werden,

3. den Weisungen zu folgen, die ihnen im Rahmen der Berufsausbildung von Ausbildenden, von Ausbildern oder Ausbilderinnen oder von anderen weisungsberechtigten Personen erteilt werden,

---

36 *Leinemann/Taubert* BBiG § 12 Rn. 27.
37 *Leinemann/Taubert* BBiG § 12 Rn. 30.

4. die für die Ausbildungsstätte geltende Ordnung zu beachten,
5. Werkzeug, Maschinen und sonstige Einrichtungen pfleglich zu behandeln,
6. über Betriebs- und Geschäftsgeheimnisse Stillschweigen zu wahren.

Inhaltsübersicht   Rn.

1.   Überblick   1
2.   Die Lernpflicht der Auszubildenden (§ 13 Satz 1)   2
3.   Weitere Pflichten
3.1   Sorgfältige Ausführung übertragener Aufgaben (§ 13 Satz 2 Nr. 1)   5
3.2   Teilnahme an Ausbildungsmaßnahmen (§ 13 Satz 2 Nr. 2).   7
3.3   Befolgung von Weisungen (§ 13 Satz 2 Nr. 3)   9
3.4   Beachtung der Ordnung der Ausbildungsstätte (§ 13 Satz 2 Nr. 4)   19
3.5   Pflegliche Behandlung der Einrichtungen (§ 13 Satz 2 Nr. 5).   21
3.6   Stillschweigen über Betriebs- und Geschäftsgeheimnisse (§ 13 Satz 2 Nr. 6) 23
4.   Haftung der Auszubildenden bei Pflichtverstößen   28
4.1   Haftung gegenüber den Ausbildenden   29
4.1.1 Haftungsprivilegierung   30
4.1.2 Haftung je nach Verschuldensgrad   33
4.2   Haftung gegenüber Arbeitskollegen   37
4.3   Haftung gegenüber Dritten   38
4.4   Haftungsbeschränkungen bei Arbeitsunfällen   42

1. Überblick

§ 13 BBiG regelt die Pflichten der Auszubildenden im Rahmen des Ausbildungs- **1**
verhältnisses und gilt auch für Berufsausbildungsverhältnisse im **Handwerk** (vgl.
§ 3 Rn. 25). Die Pflichten bedingen ein entsprechendes Verhalten. Die Auszubildenden haben eine allgemeine Mitwirkungspflicht bei der Ausbildung (§ 13
Satz 1 BBiG). § 13 Satz 2 Nr. 1 bis 6 BBiG nennt beispielhaft, nicht abschließend
(»insbesondere«), weitere Pflichten der Auszubildenden. Die Pflichten sind privat-rechtlicher Natur und kraft Gesetzes **Vertragsinhalt**, ohne dass sie nochmals
ausdrücklich in den Ausbildungsvertrag mit aufgenommen werden müssten.

2. Die Lernpflicht der Auszubildenden (§ 13 Satz 1)

Die zentrale Pflicht der Auszubildenden ergibt sich unmittelbar aus dem **Zweck** **2**
des Berufsausbildungsverhältnisses. Sie haben sich zu bemühen, die berufliche
Handlungsfähigkeit zu erwerben, die erforderlich ist, um das **Ausbildungsziel**
zu erreichen (§ 13 Satz 1). Der Begriff der »**beruflichen Handlungsfähigkeit**«
folgt der Zielbestimmung der Berufsausbildung gemäß § 1 Abs. 3 und hat das
vorherige Begriffspaar der »Fertigkeiten und Kenntnisse« ersetzt. Ob die Auszubildenden dieser – im eigenen Interesse bestehenden – **Lernpflicht** letztlich
hinreichend nachgekommen sind, erweist die Abschlussprüfung. Vermeintliche
Verstöße gegen die Lernpflicht können deshalb die vorherige Kündigung des
Berufsausbildungsverhältnisses im Allgemeinen nicht rechtfertigen, es sei denn,
es kommen Verstöße gegen andere Pflichten hinzu (zum Beispiel unentschuldigtes Fernbleiben von der Berufsschule und / oder der betrieblichen Ausbildung; vgl. zur Kündigung ausführlich § 22). Schadensersatzansprüche des Ausbildenden bei einem (vermeintlichen) Verstoß des Auszubildenden gegen die
Lernpflicht bestehen nicht, weil dem Ausbildendem im Regelfall kein Schaden
entsteht.

3 Das **Bestehen der Abschlussprüfung** ist nicht Ausbildungsziel der betrieblichen (bzw. überbetrieblichen) Ausbildung. Ausbildungsziel ist der Erwerb der notwendigen fachlichen Fertigkeiten und Kenntnisse bzw. der beruflichen Handlungsfähigkeit.[1] Da der Erwerb der notwendigen fachlichen Fertigkeiten und Kenntnisse (der beruflichen Handlungsfähigkeit) durch die bestandene Abschlussprüfung nachgewiesen wird, ist die Berufsausbildung an sich erst mit dem Bestehen der Abschlussprüfung abgeschlossen. Weil aber das Berufsausbildungsverhältnis auch ohne Absolvierung oder Bestehen der Abschlussprüfung – durch Zeitablauf – enden kann (vgl. § 21 Rn. 9), ist die Abschlussprüfung im Rechtssinne nicht als Ausbildungsziel anzusehen.

4 Das **Bemühen** um den Erwerb der beruflichen Handlungsfähigkeit, das den Auszubildenden durch § 13 Satz 1 als Vertragspflicht auferlegt wird, verlangt eine **aktive Mitwirkung** der Auszubildenden. Sie haben aktiv und interessiert auf das Ausbildungsziel hinzuarbeiten.[2] Das *BAG* vertritt die Auffassung, dass der Auszubildende ein bestimmtes Maß an geistigen Bemühungen (zum Beispiel das Lesen von Büchern) auch außerhalb der Ausbildungszeit aufzubringen hat.[3] Da sich § 13 Satz 1 BBiG auf die Ausbildungszeit bezieht, ist die Mitwirkungspflicht der Auszubildenden indes grundsätzlich auf die Ausbildungszeit beschränkt. In der Praxis ist eine objektive Beurteilung, ob der Auszubildende sich hinreichend »bemüht« wegen des subjektiven Charakters dieses Vorgangs schwierig, wenn nicht gar unmöglich.

3. Weitere Pflichten

3.1 Sorgfältige Ausführung übertragener Aufgaben (§ 13 Satz 2 Nr. 1)

5 Gemäß § 13 Satz 2 Nr. 1 sind die Auszubildenden verpflichtet, die im Rahmen ihrer Berufsausbildung aufgetragenen Aufgaben sorgfältig auszuführen (**Sorgfaltspflicht**). Aufgetragen sind Aufgaben nicht nur, wenn sie der Ausbildende oder der Ausbilder verlangt, sondern auch, wenn sie durch die Ausbildungsordnung vorgeschrieben sind (zum Beispiel Führen von Berichtsheften / schriftlichen Ausbildungsnachweisen). Aufgaben, die nicht dem Ausbildungszweck dienen und damit nicht in den Rahmen der Berufsausbildung gehören (vgl. § 14 Rn. 30), dürfen den Auszubildenden nicht aufgetragen werden. Werden solche Aufgaben den Auszubildenden gleichwohl aufgetragen, müssen sie diese nicht ausführen.[4] Nebentätigkeiten, die mit der Ausbildung im Zusammenhang stehen, wie zum Beispiel im angemessenen Umfang die Reinigung des Arbeitsplatzes oder von Werkzeugen, sind indes ebenfalls von den Auszubildenden sorgfältig auszuführen, weil auch diese im Rahmen der Berufsausbildung aufgetragen sind.[5]

6 Die den Auszubildenden durch § 13 Satz 2 Nr. 1 auferlegte **Sorgfalt** bei der Ausführung der aufgetragenen Aufgaben bemisst sich nach der Einsichtsfähig-

---

1 *Benecke/Hergenröder* BBiG § 13 Rn. 6.
2 ErfK / *Schlachter* § 13 BBiG Rn. 1.
3 *BAG* 11.1.1973 – 5 AZR 467/72 – AP BBiG § 6 Nr. 1; *Leinemann/Taubert* BBiG § 13 Rn. 4; ErfK / *Schlachter* § 13 BBiG Rn. 1.
4 *Benecke/Hergenröder* BBiG § 13 Rn. 14; ErfK / *Schlachter* § 13 BBiG Rn. 2.
5 *Benecke/Hergenröder* BBiG § 13 Rn. 14; ErfK / *Schlachter* § 13 BBiG Rn. 2.

keit und den Kenntnissen, die je nach dem Ausbildungsstand von einem durchschnittlich begabten Auszubildenden erwartet werden können.[6] Je umfassender und präziser der Auszubildende in die Ausführung der Aufgaben eingewiesen worden ist, desto mehr Sorgfalt kann man von ihm bei der Ausführung der Arbeiten erwarten. Die Anforderungen an die Sorgfalt nehmen mit fortschreitender Ausbildungsdauer zu.[7]

3.2 Teilnahme an Ausbildungsmaßnahmen (§ 13 Satz 2 Nr. 2)

Gemäß § 13 Satz 2 Nr. 2 BBiG sind die Auszubildenden verpflichtet, an Aus- **7**
bildungsmaßnahmen teilzunehmen, für die sie nach § 15 BBiG freigestellt werden. Hierzu gehören der Besuch der Berufsschule, die Ablegung der vorgesehenen Zwischen- und Abschlussprüfung sowie die Teilnahme an den vereinbarten oder in der Ausbildungsordnung vorgesehenen Ausbildungsmaßnahmen außerhalb der Ausbildungsstätte (vgl. § 15 Rn. 8 ff.).
Eine rechtlich durchsetzbare Teilnahmepflicht an der Abschlussprüfung folgt **8**
aus dieser Norm trotz der missverständlichen Formulierung aber nicht. Melden sich Auszubildende während der Laufzeit des Berufsausbildungsverhältnisses zur Abschlussprüfung an und stellt der Ausbildende sie gemäß § 15 BBiG für diese Prüfung frei, so besteht allerdings an sich eine Teilnahmepflicht, wobei ein Verstoß dagegen sanktionslos bliebe.

3.3 Befolgung von Weisungen (§ 13 Satz 2 Nr. 3)

Gemäß § 13 Satz 2 Nr. 3 sind die Auszubildenden verpflichtet, den **Weisungen** **9**
zu folgen, die ihnen im Rahmen der Berufsausbildung von **Ausbildenden**, von **Ausbildern oder Ausbilderinnen** oder von **anderen weisungsberechtigten Personen** erteilt werden. Andere weisungsberechtigte Personen sind zum Beispiel der zuständige Sachbearbeiter, Abteilungsleiter, Meister, Polier, Vorarbeiter, Sicherheitsbeauftragte oder der Personalleiter.[8] Diese Personen dürfen – wie auch der Ausbildende und die Ausbilder – Weisungen nur im Rahmen der Ausbildung erteilen. Das setzt hinsichtlich der anderen weisungsberechtigten Personen voraus, dass die Auszubildenden bestimmungsgemäß im Rahmen ihrer Ausbildung in dem konkreten Arbeitszusammenhang, etwa im Durchlauf durch die einzelnen Abteilungen des Betriebs, bei diesen tätig sind und mit ihnen zusammenarbeiten oder diesen Personen üblicherweise vom Ausbildenden eine Weisungsbefugnis eingeräumt ist.
Die **Weisungsgebundenheit** der Auszubildenden **im Rahmen der Berufsaus-** **10**
bildung wird als weitergehend angesehen, als die der Arbeitnehmer im Arbeitsverhältnis[9], da die Auszubildenden alle Weisungen zu befolgen hätten, soweit sie dem Ausbildungszweck dienten und ihren körperlichen Kräften angemessen seien (vgl. § 14 Abs. 2 BBiG) und andererseits das Weisungsrecht im Arbeitsverhältnis durch die vertraglichen Bindungen begrenzt sei. Welche Schlussfolgerungen sich daraus im Einzelnen ergeben sollen, bleibt allerdings unklar.

---

6 *LAG Düsseldorf* 23.2.1973 – 8 Sa 598/72 – DB 1973, 974; ErfK / *Schlachter* § 13 BBiG Rn. 2.
7 *Benecke/Hergenröder* BBiG § 13 Rn. 15; *Leinemann/Taubert* BBiG § 13 Rn. 9.
8 *Benecke/Hergenröder* BBiG § 13 Rn. 27; *Leinemann/Taubert* BBiG § 13 Rn. 17; ErfK / *Schlachter*, § 13 BBiG Rn. 4.
9 *Gedon/Hurlebaus* BBiG § 13 Rn. 21; *Leinemann/Taubert* BBiG § 13 Rn. 14.

Insbesondere wird auch übersehen, dass auch Weisungen im Berufsausbildungsverhältnis billigem Ermessen entsprechen müssen (vgl. Rn. 11). Zudem findet die Weisungsgebundenheit in jedem Falle ihre Grenze im Grundrecht der freien Entfaltung der Persönlichkeit der Auszubildenden und den sonstigen Grundrechten.[10]

11 Neben der Voraussetzung, dass das **Weisungsrecht sich nur im Rahmen der Berufsausbildung** bewegen darf, dürfen Weisungen nur erfolgen, soweit nicht spezielle Festlegungen im **Ausbildungsvertrag**, in Bestimmungen einer **Betriebs- oder Dienstvereinbarung**, eines anwendbaren **Tarifvertrags** oder in **gesetzliche Vorschriften** bestehen.[11] Die für Arbeitsverhältnisse geltende Vorschrift des § 106 GewO gilt gemäß § 10 Abs. 2 BBiG auch für Berufsausbildungsverhältnisse. Weisungen dürfen deshalb auch im Rahmen der Ausbildung nur nach **billigem Ermessen** erfolgen. Die Durchsetzung der Befolgung der Weisungen darf selbstverständlich nicht durch körperliche Züchtigung oder sonstige entwürdigende »Erziehungs«maßnahmen verfolgt werden.[12]

12 Nicht zulässig ist es, einem Auszubildenden die Weisung zu erteilen, sich von den **Zielen und Absichten einer Partei** zu distanzieren, auch wenn sie nach Meinung des Ausbildenden verfassungsfeindlich ist, das gilt auch für Berufsausbildungsverhältnisse im öffentlichen Dienst (zur Meinungsfreiheit des Auszubildenden vgl. auch § 24 Rn. 9).[13]

13 Ein Weisungsrecht bezüglich des **äußeren Erscheinungsbilds**, der Haartracht oder Kleidung, besteht nur, soweit dies aus Gründen des Arbeitsschutzes oder zur Unfallverhütung notwendig ist. Für zulässig gehalten werden solche Weisungen auch, wenn diese erforderlich sind, um eine spürbare Beeinträchtigung des Geschäftsbetriebs zu verhindern.[14] Das kann indes nur gelten, soweit der Beruf für den ausgebildet werden soll, ein bestimmtes äußeres Auftreten verlangt oder üblicherweise (auch von den Arbeitnehmern des Betriebs) erwartet wird, wie zum Beispiel bei Bankkaufleuten. Beim **Tragen eines Kopftuchs** durch eine Muslimin, die sich aus religiösen Gründen hierzu verpflichtet sieht, ist zudem die grundrechtlich geschützte Glaubens- und Religionsfreiheit (Art. 4 Abs. 1 GG) zu beachten.[15]

14 Besteht im Betrieb ein generelles **Rauchverbot**, ist dieses auch von den Auszubildenden zu beachten. Im Übrigen ist es zulässig, soweit die Arbeitssicherheit es erfordert, es zum Schutz anderer Arbeitnehmer oder Dritter erforderlich ist oder allgemein in einem anwendbaren Tarifvertrag oder einer Betriebsvereinbarung geregelt ist.

15 »Hausaufgaben« dürfen nur insoweit gestellt werden, als dadurch der Rahmen der vertraglich vereinbarten täglichen Ausbildungszeit bzw. der gesetzlichen Höchstarbeitszeiten nicht überschritten werden.[16]

16 Eine **Versetzung** ist nur zulässig, wenn sie billigem Ermessen entspricht, keinen übermäßigen zusätzlichen Aufwand an Zeit und Kosten für den Auszubildenden

---

10 *Gedon/Hurlebaus* BBiG § 13 Rn. 24.
11 Vgl. *Lakies*, BB 2003, 364 ff. m. w. N.
12 *Benecke/Hergenröder* BBiG § 13 Rn. 35.
13 *LAG Rheinland-Pfalz* 29.5.1978, EzB § 15 Abs. 2 Nr. 1 BBiG Nr. 24.
14 *ArbG Bayreuth* 7.12.1971 – 1 Ca 433/71 – BB 1972, 175.
15 Vgl. bezüglich einer Verkäuferin: *BAG* 10.10.2002 – 2 AZR 472/01 – DB 2003, 830; *BVerfG* 30.7.2003 – 1 BvR 792/03 – DB 2003, 1908.
16 *Benecke/Hergenröder* BBiG § 13 Rn. 30.

bedeutet und der **Betriebsrat** nach § 99 BetrVG zugestimmt hat (für den **Personalrat** folgt das entsprechende Mitbestimmungsrecht aus § 75 Abs. 3 Nr. 6 BPersVG bzw. den Personalvertretungsgesetzen der einzelnen Bundesländer).

Eine **Versetzung** im Sinne des § 95 Abs. 3, § 99 BetrVG (der der Betriebsrat **17** zustimmen muss) liegt vor, wenn dem Auszubildenden ein anderer Ausbildungsbereich zugewiesen wird und wenn die Zuweisung entweder die Dauer von einem Monat überschreitet *oder* mit einer erheblichen Änderung der Umstände verbunden ist, unter denen die Ausbildung stattfinden soll. Dabei gehören zum Ausbildungsbereich die Bedingungen, unter denen ein Auszubildender ausgebildet wird; maßgebend sind der Ort der Ausbildung, der Gegenstand der Ausbildung und die organisatorische Einordnung in den Betriebsablauf. In diesem Sinne ist die Zuweisung einer anderen Ausbildungsstätte die Zuweisung eines anderen Arbeitsbereichs. Die Filialen des Arbeitgebers sind Betriebsteile. Beim **Wechsel von einer Filiale zur anderen** ändert sich – räumlich gesehen – der Arbeitsplatz der Auszubildenden.[17] Die Zuweisung eines Auszubildenden von einer Betriebsstätte zu einer anderen Betriebsstätte ist auch dann eine Versetzung im Sinne des BetrVG, wenn sie die Dauer von einem Monat nicht überschreitet. Denn sie ist jedenfalls mit einer erheblichen Änderung der Umstände verbunden, unter denen die Ausbildung stattzufinden hat. Der Auszubildende hat sich nicht nur an einem anderen Ort ausbilden zu lassen. Er erhält andere Ausbilder und wird Mitarbeiter in einer anderen Arbeitsgruppe. Die Mitbestimmung bei Versetzungen dient u. a. dem Schutz des Arbeitnehmers und Auszubildenden gegen eine unnötige Veränderung seiner ihm vertrauten näheren Arbeitsumwelt. Unter Berücksichtigung dieses Zwecks handelt es sich bei einem Wechsel der Betriebsstätte um eine erhebliche Änderung der Umstände, unter denen der Auszubildende ausgebildet wird.[18]

Bei **ausbildungsbedingten turnusmäßigen Zuweisungen einer anderen Ausbildungsstätte** besteht allerdings kein Mitbestimmungsrecht des Betriebsrats. **18** Es liegt dann der Ausnahmefall des § 95 Abs. 3 Satz 2 BetrVG vor: Ausnahmsweise liegt dann keine Versetzung im Sinne des BetrVG vor, wenn sich im Einzelfall nur der Ausbildungsplatz ändert und der Auszubildende nach der Eigenart seines Ausbildungsverhältnisses üblicherweise nicht ständig an einem bestimmten Arbeitsplatz beschäftigt wird. So ist es, wenn die Ausbildung in einem Betrieb mit mehreren Filialen stattfindet und ausbildungsbedingt ein Wechsel zwischen den Filialen stattfindet.[19]

3.4 Beachtung der Ordnung der Ausbildungsstätte (§ 13 Satz 2 Nr. 4)

Gemäß § 13 Satz 2 Nr. 4 sind die Auszubildenden verpflichtet, die für die **19** Ausbildungsstätte geltende Ordnung zu beachten. »Beachten« bedeutet die Pflicht zur Einhaltung der geltenden Ordnung.[20] Unter »**Ausbildungsstätte**«

---

17 *BAG* 3.12.1985, 1 ABR 58/83, AP BetrVG 1972 § 95 Nr. 8 = NZA 1986, 532 = EzB § 99 BetrVG Nr. 5.

18 *BAG* 3.12.1985, 1 ABR 58/83, AP BetrVG 1972 § 95 Nr. 8 = NZA 1986, 532 = EzB § 99 BetrVG Nr. 5.

19 *BAG* 3.12.1985, 1 ABR 58/83, AP BetrVG 1972 § 95 Nr. 8 = NZA 1986, 532 = EzB § 99 BetrVG Nr. 5.

20 *Benecke/Hergenröder* BBiG § 13 Rn. 37.

ist die Einrichtung zu verstehen, in der gemäß § 2 Abs. 1 Nr. 1 die Ausbildung stattfindet. Es handelt sich um den Ort, der in der Vertragsniederschrift aufgenommen ist (vgl. § 11). Hierzu gehört nicht die Stätte der außerbetrieblichen Ausbildung (vgl. § 11 Rn. 18). Findet die Ausbildung in einer **überbetrieblichen Ausbildungsstätte** statt, ist dies die Ausbildungsstätte im Sinne des Satzes 2 Nr. 4.

20   Die für die Ausbildungsstätte **geltende Ordnung** ergibt sich nicht nur aus der »Betriebsordnung«, sondern aus allen Regelungen, die die Ordnung im Betrieb gewährleisten sollen (zum Beispiel Unfallverhütungs- und sonstige Arbeitssicherheitsvorschriften, Betriebsvereinbarungen über Rauchverbote, Alkoholverbote, Zugangskontrollen, Handynutzung, Arbeitsordnung).[21] Gemeint sind auch generelle Weisungen des Arbeitgebers, die die Ordnung des Betriebs oder das Verhalten der Arbeitnehmer im Betrieb betreffen (vgl. § 106 Satz 2 GewO). Sie muss einen **Bezug auf die Ausbildungsstätte** aufweisen. Hierzu gehören auch Unfallverhütungsbestimmungen. **Allgemeine Reinigungsarbeiten** können durch solche Regelungen vorgesehen werden, allerdings nur, soweit sie noch dem Ausbildungszweck dienen (vgl. auch § 14 Rn. 30 ff.).

3.5 Pflegliche Behandlung der Einrichtungen (§ 13 Satz 2 Nr. 5)

21   Gemäß § 13 Satz 2 Nr. 5 sind die Auszubildenden verpflichtet, Werkzeug, Maschinen und sonstige Einrichtungen pfleglich zu behandeln, auch Werkstoffe fallen hierunter.[22] Unter Einrichtungen sind alle Gegenstände zu verstehen, die den Auszubildenden im Rahmen ihrer Ausbildung zur Verfügung gestellt oder sonst zugänglich gemacht sind.[23]

22   Die **Pflicht zur pfleglichen Behandlung** erfordert die Anwendung des allgemein nötigen Sorgfaltsmaßstabs, der jedoch bei Auszubildenden geringere Anforderungen als bei Arbeitnehmern beinhaltet.[24] Bei gewerblich-technischen Auszubildenden ist die pflegliche Behandlung häufig Bestandteil der beruflichen Ausbildung. Bei einem **Verlust von Werkzeug** und dergleichen kann der Auszubildende sich schadensersatzpflichtig machen, sofern er vorsätzlich oder grob fahrlässig den Verlust zu verantworten hat (zur Haftung ausführlich Rn. 28 ff.). Im Rahmen der pfleglichen Behandlung sind der eigene Ausbildungsplatz aufzuräumen und zu reinigen sowie die benutzten Maschinen und Einrichtungen sauber zu halten und zu pflegen.[25]

3.6 Stillschweigen über Betriebs- und Geschäftsgeheimnisse (§ 13 Satz 2 Nr. 6)

23   Gemäß § 13 Satz 2 Nr. 6 sind die Auszubildenden verpflichtet, über Betriebs- und Geschäftsgeheimnisse Stillschweigen zu wahren. Betriebs- und Geschäftsgeheimnisse sind Tatsachen, die im Zusammenhang mit einem Geschäftsbetrieb stehen, nur einem eng begrenzten Personenkreis bekannt sind und nach dem

---

21 *Benecke/Hergenröder* BBiG § 13 Rn. 39.
22 ErfK / *Schlachter* § 13 BBiG Rn. 5.
23 *Benecke/Hergenröder* BBiG § 13 Rn. 41.
24 *Benecke/Hergenröder* BBiG § 13 Rn. 42.
25 *Benecke/Hergenröder* BBiG § 13 Rn. 42.

bekundeten Willen des Betriebsinhabers geheim zu halten sind. **Betriebs-geheimnisse** beziehen sich auf den technischen Betriebsablauf, insbesondere Herstellung und Herstellungsverfahren; **Geschäftsgeheimnisse** betreffen den allgemeinen Geschäftsverkehr des Unternehmens.[26]

Betriebs- und Geschäftsgeheimnisse im Sinne der Nr. 6 sind zum Beispiel **24** Informationen über Kunden, Lieferanten, Geschäftsbeziehungen, Lagerbestände, Preiskalkulationen, Investitionsvorhaben, patentierbare und nicht patentierbare Neuentwicklungen, Bilanzen. Es kommt nicht darauf an, ob diese Informationen ausdrücklich als »Geheimnis« bezeichnet werden oder dem Auszubildenden als »Geheimnis« anvertraut werden oder er nur sonst Kenntnis von ihnen erlangt. Stillschweigen hat der Auszubildende in jedem Falle zu wahren. Der Begriff der »Betriebs- und Geschäftsgeheimnisse« ist weit zu verstehen, er umfasst alle als vertraulich anzusehenden Daten, auch solche, die mit dem normalen Arbeits-ablauf im Zusammenhang stehen.[27]

»Stillschweigen wahren« bedeutet **Verschwiegenheit** gegenüber jeder dritten **25** Person. Die Pflicht zur Wahrung von Betriebs- und Geschäftsgeheimnissen ist auch über die Beendigung des Berufsausbildungsverhältnisses hinaus zu be-achten.[28]

Da die Verpflichtung zur Verschwiegenheit sich an der vertraglichen Rücksicht- **26** nahmepflicht gemäß § 241 Abs. 2 BGB (»Treuepflicht«) des Arbeitnehmers ge-genüber seinem Arbeitgeber orientieren soll, wird hieraus vom BAG auch ein **Wettbewerbsverbot während der Dauer des Ausbildungsverhältnisses** abge-leitet.[29] Da der Auszubildende keine Arbeitsleistung schuldet, sondern der Ausbildende dem Auszubildenden eine ordnungsgemäße Ausbildung schuldet, fehlt schon vom Ausgangspunkt her jede Grundlage für die Annahme eines zu Lasten des Auszubildenden bestehenden Wettbewerbsverbots. Allerdings wird faktisch aufgrund der zeitlichen Belastung kein Raum für eine Tätigkeit des Auszubildenden für einen anderen Arbeitgeber sein.

Ein **nachvertragliches Wettbewerbsverbot** (das meint ein Wettbewerbsverbot im Anschluss an die Ausbildung) kann mit Auszubildenden wegen der gesetz-lichen Spezialregelung in § 12 Abs. 1 Satz 1 BBiG nicht wirksam vereinbart werden (vgl. § 12 Rn. 11).

Im Einzelfall kann es erforderlich sein, dass sich Auszubildende aus überge- **27** ordneten Gesichtspunkten über die Verschwiegenheitspflicht hinwegsetzen. Zu denken wäre hier an strafbare Handlungen des Ausbildenden oder sonstige Fälle, in denen die schützenswerten Belange einzelner Auszubildender die Inte-ressen des Ausbildenden überwiegen. Früher wurde indes überwiegend die Auffassung vertreten, die **Anrufung betriebsexterner Stellen** stelle sogar dann eine »Treuepflicht«verletzung dar, wenn der Arbeitgeber strafbare Handlungen begehe.[30] Das kann in Ansehung der neueren Rechtsprechung heute so nicht mehr vertreten werden, vielmehr ist im Einzelfall eine Abwägung erforderlich,

---

26 *BAG* 15.12.1987, 3 AZR 474/86, AP BGB § 611 Verschwiegenheitspflicht Nr. 5 = NZA 1988, 502 m. w. N.; ErfK/*Preis* § 611 BGB Rn. 710 ff.

27 *Benecke/Hergenröder* BBiG § 13 Rn. 49.

28 *BAG* 15.12.1987 – 3 AZR 474/86 – AP BGB § 611 Verschwiegenheitspflicht Nr. 5 = NZA 1988, 502.

29 *BAG* 20.9.2006 – 10 AZR 439/05 – NZA 2007, 977.

30 *LAG Baden-Württemberg* 20.10.1976 – 6 Sa 51/76 – EzA § 1 KSchG Verhaltensbedingte Kündigung Nr. 8; *LAG Baden-Württemberg* 3.2.1987 – 7 (13) Sa 95/86 – NZA 1987, 756.

ob die Einschaltung betriebsexterner Stellen zulässig ist.[31] Selbst eine **Strafanzeige** zu Lasten des Ausbildenden (Arbeitgebers) könnte allenfalls dann unzulässig sein, wenn wissentlich oder leichtfertig falsche Angaben gemacht werden.[32]

4. Haftung der Auszubildenden bei Pflichtverstößen

28 Verletzt der Auszubildende seine Pflichten aus § 13 BBiG, kommt in Extremfällen und bei wiederholter Missachtung der Pflichten – im Regelfall erst nach vorheriger Abmahnung – eine Kündigung gemäß § 22 BBiG in Betracht (vgl. § 22 Rn. 31 ff.). Unabhängig davon kann sich der Auszubildende bei einer unerlaubter Handlung gemäß § 823 BGB (Verletzung von Körper, Gesundheit, Freiheit, Eigentum oder eines sonstigen Rechts) schadensersatzpflichtig machen sowie bei einer vertraglichen Pflichtverletzung (§ 280 BGB), wenn durch ein schuldhaftes (vorsätzliches oder fahrlässiges) und pflichtwidriges Verhalten des Auszubildenden beim Ausbildenden oder einer anderen Person ein Schaden eintritt (zum Beispiel bei der Beschädigung von Firmeneigentum).

4.1 Haftung gegenüber den Ausbildenden

29 Verursacht der Auszubildende durch eine unerlaubte Handlung (§ 823 BGB) oder durch eine vertragliche Pflichtverletzung (§ 280 BGB) beim Ausbildenden einen Schaden (zum Beispiel Beschädigung einer Maschine oder von sonstigem Eigentum des Ausbildenden) macht sich der Auszubildende schadensersatzpflichtig, wenn er schuldhaft (vorsätzlich oder fahrlässig) gehandelt hat. Die Haftung kann, je nach Höhe des Schadens, für den Auszubildenden existenzbedrohende Ausmaße annehmen. Deshalb ist anerkannt, dass zu seinen Gunsten Haftungsprivilegierungen greifen müssen.

4.1.1 Haftungsprivilegierung

30 Heute ist es Allgemeingut, dass für die Haftung des Auszubildenden für Pflichtverletzungen und von ihm verursachte Schäden die von Rechtsprechung entwickelten Grundsätze der Haftungsprivilegierung im Arbeitsverhältnis gelten.[33] Das Ausbildungsverhältnis als solches führt nicht zu einer noch weiterreichenden Haftungsfreistellung. Das Haftungsprivileg des Arbeitnehmers und die Vorschrift des § 828 Abs. 3 BGB (Haftungsprivilegierung für Minderjährige) reichen aus (so das *BAG*), um den Besonderheiten des Ausbildungsverhältnisses Rechnung zu tragen und einen Auszubildenden ausreichend zu schützen.[34] Minderjährige sind gemäß § 828 Abs. 3 BGB für den Schaden, den sie einem andern zufügen, nicht verantwortlich, wenn sie bei der Begehung der schädigenden Handlung nicht die zur Erkenntnis der Verantwortlichkeit erforderliche Einsicht hatten.

---

31 *BVerfG* 2.7.2001 – 1 BvR 2049/00 – NZA 2001, 888 = AP BGB § 626 Nr. 170.

32 *BAG* 3.7.2003 – 2 AZR 235/02 – AP KSchG 1969 § 1 Verhaltensbedingte Kündigung Nr. 45 = NZA 2004, 427; zusammenfassend *Stein*, BB 2004, 1961 ff.

33 *BAG* 18.4.2002 – 8 AZR 348/01 – AP BGB § 611 Haftung des Arbeitnehmers Nr. 122 = NZA 2003, 37.

34 *BAG* 20.9.2006 – 10 AZR 439/05 – NZA 2007, 977, 979; *BAG* 18.4.2002 – 8 AZR 348/01 – NZA 2003, 37.

Die **Besonderheiten des Ausbildungsverhältnisses** (das Alter des Auszubil- **31** denden, der Stand der betrieblichen Ausbildung) sind darüber hinaus zugunsten des Auszubildenden zu berücksichtigen. Wird etwa der Auszubildende mit Tätigkeiten betraut, die nicht dem Ausbildungszweck dienen (§ 14 Abs. 2 BBiG; vgl. § 14 Rn. 30 ff.) oder nicht dem Ausbildungsstand entsprechen, ist dies bei der Berechnung des Umfangs des geschuldeten Schadensersatzes zu berücksichtigen, gegebenenfalls kann eine Schadenshaftung auch im vollen Umfang entfallen.[35]

Nach den Grundsätzen der Beschränkung der Arbeitnehmerhaftung hat der **32** Arbeitnehmer, hier der Auszubildende, für alle Arbeiten, die durch den Betrieb veranlasst sind und aufgrund eines Arbeitsverhältnisses (hier Ausbildungsverhältnisses) geleistet werden, nur eingeschränkt zu haften. Voraussetzung für die Haftungserleichterung ist, dass der vom Auszubildenden verursachte Schaden bei einer **betrieblichen Tätigkeit** eingetreten ist. Betrieblich veranlasst ist eine Tätigkeit, die dem Auszubildende entweder ausdrücklich übertragen worden ist oder die er im Interesse des Betriebs ausführt, die in nahem Zusammenhang mit dem Betrieb und seinem betrieblichen Wirkungskreis steht und in diesem Sinne betriebsbezogen ist. Für die betriebliche Veranlassung reicht es, dass die jeweilige Tätigkeit als solche dem vertraglich Geschuldeten entspricht, mag dies für die Durchführung auch nicht gelten. Eine bloße »Spaßfahrt« eines Auszubildenden mit einem Gabelstapler im Betrieb ist allerdings nicht betrieblich veranlasst und deshalb haftungsrechtlich nicht privilegiert.[36]

Grundsätzlich ist zu beachten, dass der Arbeitgeber bzw. Ausbildende zwar nicht verpflichtet ist, eine Versicherung abzuschließen, wenn sich dies nicht aus dem Ausbildungsvertrag oder einer anwendbaren Betriebsvereinbarung oder einem anwendbaren Tarifvertrag ergibt. Bei der Abwägung der für den Haftungsumfang maßgebenden Umstände kann jedoch zu Lasten des Arbeitgebers ins Gewicht fallen, dass dieser bei einem **versicherbaren Risiko** keine Versicherung abgeschlossen hat (zum Beispiel eine Kraftfahrzeugkaskoversicherung). Das kann dazu führen, dass der Auszubildende nur in Höhe einer Selbstbeteiligung haftet, die bei Abschluss einer Kaskoversicherung vereinbart worden wäre.[37]

4.1.2 Haftung je nach Verschuldensgrad

Die Haftung richtet sich nach dem Verschuldensgrad. Das Verschulden hat sich **33** nicht auf die Pflichtverletzung, sondern auch auf den Eintritt eines Schadens zu beziehen.[38]

Zu unterscheiden ist, ob der Auszubildende vorsätzlich oder fahrlässig gehan- **34** delt hat. **Vorsätzlich** verursachte Schäden hat der Auszubildende in vollem Umfang zu tragen. Vorsatz ist anzunehmen, wenn der Auszubildende nicht nur die Pflichtverletzung, sondern auch den Schaden in seiner konkreten Höhe

---

35 *LAG Düsseldorf* 23. 2. 1973 – 8 Sa 598/72 – EzA BGB § 611 Arbeitnehmerhaftung Nr. 16 = DB 1973, 974 = EzB BBiG § 6 Abs. 2 Nr. 1, Nr. 1.
36 *BAG* 18. 4. 2002 – 8 AZR 348/01 – AP BGB § 611 Haftung des Arbeitnehmers Nr. 122 = NZA 2003, 37.
37 *BAG* 24. 11. 1987 – 8 AZR 66/82 – NZA 1988, 584.
38 *BAG* 18. 4. 2002 – 8 AZR 348/01 – AP BGB § 611 Haftung des Arbeitnehmers Nr. 122 = NZA 2003, 37.

zumindest als möglich voraussieht und für den Fall seines Eintritts billigend in Kauf nimmt.[39] Bei Vorsatz hat der Auszubildende den Schaden in vollem Umfang zu tragen. Eine Haftungserleichterung ist grundsätzlich ausgeschlossen.

35 Fahrlässig handelt, wer die im Verkehr erforderliche Sorgfalt außer Acht lässt (§ 276 Abs. 2 BGB). Bei fahrlässigem Handeln ist wiederum je nach dem Grad der Fahrlässigkeit zu unterscheiden: Bei **grober Fahrlässigkeit** des Auszubildenden hat dieser in der Regel den Schaden im vollem Umfang zu tragen. Eine Haftungserleichterung zu seinen Gunsten ist indes nicht ausgeschlossen, sondern von einer Abwägung im Einzelfall abhängig. Bei **normaler Fahrlässigkeit** hat der Auszubildende den Schaden anteilig zu tragen. Das ist nicht zwingend eine 50:50-Teilung. Ob und gegebenenfalls in welchem Umfang der Auszubildende zum Schadensersatz verpflichtet ist, richtet sich im Rahmen einer Abwägung der Gesamtumstände, insbesondere von Schadensanlass und Schadensfolgen, nach Billigkeits- und Zumutbarkeitsgesichtspunkten. Primär ist auf den Grad des dem Auszubildenden zur Last fallenden Verschuldens, die Gefahrgeneigtheit der Arbeit, die Höhe des Schadens, die Versicherbarkeit des Risikos, die Höhe der Vergütung sowie persönliche Umstände und das bisherige Verhalten des Auszubildenden abzustellen. Bei **leichtester Fahrlässigkeit** haftet der Auszubildende nicht.

36 Von der Haftungsverteilung nach den richterrechtlichen Grundsätzen der Arbeitnehmerhaftung zu unterscheiden ist die Frage, ob und inwieweit die Schadenshaftung darüber hinaus durch ein konkretes **Mitverschulden des Ausbildenden** einzuschränken ist. Hier greift die normale Grundregel des § 254 BGB ein. Die Verpflichtung zum Schadensersatz sowie der Umfang des Ersatzes sind insbesondere davon abhängig, inwieweit der Schaden vorwiegend von dem Schädiger oder dem Geschädigten verursacht worden ist. Dabei gilt der Grundsatz, dass bei vorsätzlicher Schadensverursachung durch den Geschädigten oder einen seiner Vertreter die Ersatzpflicht des nur fahrlässig handelnden Schädigers entfällt.[40] Ein Mitverschulden des Ausbildenden kommt vor allem in Betracht bei der Schadensverursachung (zum Beispiel: fehlerhafte Anweisung, Organisationsmängel, Überforderung des Auszubildenden), kann aber auch bei der Schadensabwendung wie auch bei der Schadensminderung vorkommen. Auch die **Unerfahrenheit eines Auszubildenden** kann ein Mitverschulden des Ausbildenden begründen, wenn sie bei der Zuweisung von Tätigkeiten nicht ausreichend berücksichtigt wird.[41]

4.2 Haftung gegenüber Arbeitskollegen

37 Für Schäden bei einem anderen Auszubildenden oder Arbeitnehmer des Betriebs haftet der Auszubildende privat-rechtlich grundsätzlich wie bei jedem anderen Dritten. Bei Personenschäden wird die Haftung aber weitgehend durch das Recht der gesetzlichen Unfallversicherung (§ 105 SGB VII; vgl. Rn. 42) ausgeschlossen, allerdings nur, wenn die schadensersatzauslösende Handlung eine betriebliche Tätigkeit darstellt. Bei Sachschäden haftet der Auszubildende so, wie er auch anderen Privatpersonen gegenüber verpflichtet wäre.

---

39 *BAG* 18. 4. 2002 – 8 AZR 348/01 – AP BGB § 611 Haftung des Arbeitnehmers Nr. 122 = NZA 2003, 37.

40 *BAG* 19. 2. 1998 – 8 AZR 645/96 – AP BGB § 254 Nr. 8 = NZA 1998, 1051.

41 *BAG* 20. 9. 2006 – 10 AZR 439/05 – NZA 2007, 977, 979.

4.3 Haftung gegenüber Dritten

Einen Schaden aufgrund schuldhaften Handelns eines Auszubildenden können **38** nicht nur der Ausbildende oder andere Auszubildende oder Arbeitnehmer des Betriebs erleiden, sondern auch Dritte, die nicht zum Betrieb gehören. Schadensersatzansprüche solcher außen Stehender gegenüber Auszubildenden bleiben nach der Rechtsprechung von den Grundsätzen der Haftungsbegrenzung bei betrieblich veranlassten Tätigkeiten im Ausbildungs- oder Arbeitsverhältnis unberührt (**Grundsatz der unbeschränkten Außenhaftung**).

Die Haftungsmilderungen gelten nur im Innenverhältnis von Auszubildenden **39** (Arbeitnehmer) zum Ausbildenden bzw. Arbeitgeber.[42] Allerdings hat der schadensersatzpflichtige Auszubildende gegen den Ausbildenden einen sog. **Freistellungsanspruch**, wenn es sich um eine betriebliche Tätigkeit gehandelt hat, die im Rahmen eines Ausbildungsverhältnisses ausgeübt worden ist. Insoweit gelten die allgemeinen Grundsätze des innerbetrieblichen Schadensausgleichs, das heißt der Beschränkung der Arbeitnehmerhaftung (vgl. Rn. 30 ff.).

Aufgrund des Freistellungsanspruchs hat der Ausbildende den Auszubilden- **40** den von dessen Haftung gegenüber dem Dritten insoweit durch eigene Leistung freizustellen, wie der Auszubildende den Schaden aufgrund seiner eingeschränkten Haftung nicht zu tragen hätte, falls er beim Ausbildenden eingetreten wäre. Der Freistellungsanspruch ist zugunsten des Geschädigten abtretbar (§§ 398 ff. BGB) sowie pfändbar (§§ 829, 835 ZPO) und verwandelt sich hierdurch in einen direkten **Zahlungsanspruch** des geschädigten Dritten gegen den Ausbildenden. Leistet der Auszubildende selbst an den geschädigten Dritten, kann er statt Freistellung ebenfalls Zahlung vom Arbeitgeber verlangen.

Im Ergebnis kann ein Auszubildender also von einem geschädigten Dritten in **41** Anspruch genommen werden. Der betroffene Auszubildende hat aber im Innenverhältnis einen Freistellungsanspruch gegen den Ausbildenden, wenn der Schaden in Ausübung einer betrieblichen Tätigkeit entstanden ist. Dieser Freistellungsanspruch geht indes ins Leere, wenn der Ausbildende seinerseits zur Leistung nicht in der Lage ist, wie etwa im Insolvenzfall.

4.4 Haftungsbeschränkungen bei Arbeitsunfällen

Die Haftungsbeschränkungen bei Arbeitsunfällen, die früher in den §§ 636, 637 **42** RVO geregelt war, sind seit dem 1.1.1997 in den §§ 104, 105 SGB VII geregelt. Die Regelungen enthalten einen weitgehenden Ausschluss privatrechtlicher Schadensersatzansprüche des durch einen Arbeitsunfall Verletzten gegen den den Unfall verursachenden Unternehmer (§ 104 SGB VII) oder gegen Arbeitskollegen (§ 105 SGB VII). Die Regelungen gelten auch zugunsten und zu Lasten von Auszubildenden. Der Geschädigte bleibt in diesen Fällen zumeist auf die Ansprüche im Rahmen der gesetzlichen Unfallversicherung verwiesen. Die Regelungen gelten nur bei **Personen-, nicht bei Sachschäden**.[43]

Voraussetzung des Ausschlusses privatrechtlicher Ansprüche durch § 104 **43** SGB VII zugunsten des betroffenen **Unternehmers** ist zunächst, dass der Geschädigte Versicherter in der gesetzlichen Unfallversicherung ist und sich das

---

42 *BGH* 19.9.1989 – VI ZR 349/88 – AP BGB § 611 Haftung des Arbeitnehmers Nr. 99; *BGH* 21.12.1993 – VI ZR 103/93 – AP BGB § 611 Haftung des Arbeitnehmers Nr. 104.
43 *BAG* 19.2.1998 – 8 AZR 645/96 – AP BGB § 254 Nr. 8 = NZA 1998, 1051.

schädigende Ereignis für ihn als Versicherungsfall darstellt. Versicherungsfälle sind Arbeitsunfälle (§ 8 SGB VII) und Berufskrankheiten (§ 9 SGB VII). **Arbeitsunfälle** sind gemäß § 8 Abs. 1 Satz 1 SGB VII Unfälle von Versicherten infolge einer den Versicherungsschutz nach § 2, 3 oder 6 SGB VII begründenden Tätigkeit (versicherte Tätigkeit). Zu den kraft Gesetzes Versicherten gehören Beschäftigte (§ 2 Abs. 1 Nr. 1 SGB VII), dazu gehören insbesondere Arbeitnehmer und auch Auszubildende. Der Geschädigte muss für das Unternehmen tätig gewesen oder in einer sonstigen die Versicherung begründenden Beziehung zu dem Unternehmen gestanden haben. Bei Vorliegen dieser Voraussetzungen ist die Haftung des Unternehmers ausgeschlossen, es sei denn dieser hat den Versicherungsfall vorsätzlich herbeigeführt oder er ist auf einem nach § 8 Abs. 2 Nr. 1 bis 4 SGB VII versicherten Weg (Wegeunfälle) eingetreten.

44 Die haftungsausschließende Norm des § 105 SGB VII (Beschränkung der Haftung anderer im Betrieb tätiger Personen) greift nicht nur zugunsten von »Arbeitskollegen«, sondern zugunsten von allen Personen, die durch eine betriebliche Tätigkeit einen Versicherungsfall verursachen. Diese Personen müssen also nicht selbst Versicherte im Sinne des Unfallversicherungsrechts sein. Voraussetzung des Ausschlusses privatrechtlicher Ansprüche durch § 105 SGB VII ist, dass der Geschädigte Versicherter in der gesetzlichen Unfallversicherung (oder nach § 4 Abs. 1 Nr. 1 SGB VII versicherungsfrei – Beamter –) ist und das schädigende Ereignis sich für ihn als Versicherungsfall (Arbeitsunfall) darstellt.

45 Verrichten Versicherte mehrerer Unternehmen vorübergehend betriebliche Tätigkeiten auf einer **gemeinsamen Betriebsstätte**, gelten die §§ 104, 105 SGB VII für die Ersatzpflicht der für die beteiligten Unternehmen Tätigen untereinander (§ 106 Abs. 3 Variante 3 SGB VII). Der Begriff der gemeinsamen Betriebsstätte im Sinne des § 106 Abs. 3 SGB VII erfasst über die Fälle der Arbeitsgemeinschaft hinaus betriebliche Aktivitäten von Versicherten mehrerer Unternehmen, die bewusst und gewollt bei einzelnen Maßnahmen ineinander greifen, miteinander verknüpft sind, sich ergänzen oder unterstützen, wobei es ausreicht, dass die gegenseitige Verständigung stillschweigend durch bloßes Tun erfolgt.[44]

Unterabschnitt 3
Pflichten der Ausbildenden

§ 14 Berufsausbildung

(1) Ausbildende haben

1. dafür zu sorgen, dass den Auszubildenden die berufliche Handlungsfähigkeit vermittelt wird, die zum Erreichen des Ausbildungsziels erforderlich ist, und die Berufsausbildung in einer durch ihren Zweck gebotenen Form planmäßig, zeitlich und sachlich gegliedert so durchzuführen, dass das Ausbildungsziel in der vorgesehenen Ausbildungszeit erreicht werden kann,

2. selbst auszubilden oder einen Ausbilder oder eine Ausbilderin ausdrücklich damit zu beauftragen,

---

44 *BAG* 12.12.2002 – 8 AZR 94/02 – AP SGB VII § 105 Nr. 2 = NZA 2003, 968; *BGH* 16.12.2003 – VI ZR 103/03 – NJW 2004, 947; *BGH* 24.6.2003 – VI ZR 434/01 – NJW 2003, 2984.

3. Auszubildende kostenlos die Ausbildungsmittel, insbesondere Werkzeuge und Werkstoffe zur Verfügung zu stellen, die zur Berufsausbildung und zum Ablegen von Zwischen- und Abschlussprüfungen, auch soweit solche nach Beendigung des Berufsausbildungsverhältnisses stattfinden, erforderlich sind,

4. Auszubildende zum Besuch der Berufsschule sowie zum Führen von schriftlichen Ausbildungsnachweisen anzuhalten, soweit solche im Rahmen der Berufsausbildung verlangt werden, und diese durchzusehen,

5. dafür zu sorgen, dass Auszubildende charakterlich gefördert sowie sittlich und körperlich nicht gefährdet werden.

(2) Auszubildenden dürfen nur Verrichtungen übertragen werden, die dem Ausbildungszweck dienen und ihren körperlichen Kräften angemessen sind.

Inhaltsübersicht   Rn.

1. Überblick   1
2. Ausbildungspflicht.   2
3. Pflicht zur Gewährung kostenloser Ausbildungsmittel   6
4. Pflicht, Auszubildende zum Berufsschulbesuch anzuhalten 13
5. Führen von schriftlichen Ausbildungsnachweisen 20
6. Charakterliche Förderung und Schutzpflichten gegenüber den
   Auszubildenden 24
7. Pflichten bei der Übertragung von Aufgaben an Auszubildende 30
8. Haftung der Ausbildenden 35
8.1 Verschuldensabhängige Haftung 37
8.1.1 Schadensersatzanspruch wegen verspäteter oder Nichterfüllung von
   Pflichten. 38
8.1.2 Sonstige Pflichtverletzungen 42
8.2 Gefährdungshaftung. 45

1. Überblick

§ 14 BBiG regelt die Pflichten der Ausbildenden im Rahmen des Ausbildungsverhältnisses und gilt auch für Berufsausbildungsverhältnisse im **Handwerk** (vgl. § 3 Rn. 25). Die Pflichten sind privat-rechtlicher Natur und kraft Gesetzes **Vertragsinhalt**, ohne dass sie nochmals ausdrücklich in den Ausbildungsvertrag mit aufgenommen werden müssten.   **1**

2. Ausbildungspflicht

Die Ausbildenden haben dafür zu sorgen, dass den Auszubildenden die berufliche Handlungsfähigkeit vermittelt wird, die zum Erreichen des Ausbildungsziels erforderlich ist, und die Berufsausbildung in einer durch ihren Zweck gebotenen Form planmäßig, zeitlich und sachlich gegliedert so durchzuführen, dass das Ausbildungsziel in der vorgesehenen Ausbildungszeit erreicht werden kann (§ 14 Abs. 1 Nr. 1 BBiG).   **2**

Dieser Ausbildungszweck setzt einen **betrieblichen Ausbildungsplan** voraus, der zu unterscheiden ist vom allgemeingültigen Ausbildungsrahmenplan (vgl. § 11 BBiG Rn. 15). Der betriebliche Ausbildungsplan ist konkret auf den jeweiligen Ausbildungsbetrieb bezogen und Bestandteil des Berufsausbildungsvertrags. Der jeweilige Ausbildungsstand ist kontinuierlich durch **Ausbildungs-**   **3** standskontrollen (ASK) festzustellen.[1] Inhalt und Umfang der zu vermittelnden Fertigkeiten und Kenntnisse ergeben sich grundsätzlich aus der Ausbildungsordnung und dem Ausbildungsrahmenplan.

4   Der **Ausbildungspflicht** der Ausbildenden steht ein **Anspruch der Auszubildenden auf tatsächliche Ausbildung** gegenüber, der gegebenenfalls auch gerichtlich geltend gemacht werden kann. In der Praxis dürfte das eher selten vorkommen. Ein entsprechendes Urteil wäre gemäß § 888 Abs. 1 ZPO durch Festsetzung eines Zwangsgelds gegen den Ausbildenden gerichtlich zu vollstrecken, wenn das Urteil hinreichend bestimmt ist.[2] Für die Praxis bedeutsamer ist, dass eine Verletzung der Ausbildungspflicht einen Schadensersatzanspruch des Auszubildenden gegen den Ausbildenden begründen kann (vgl. Rn. 36).

5   Der Ausbildende muss entweder **selbst ausbilden** oder einen **Ausbilder** ausdrücklich damit **beauftragen** (§ 14 Abs. 1 Nr. 2 BBiG). Derjenige, der tatsächlich ausbildet, benötigt hierfür die Eignung gemäß den §§ 28 bis 30 BBiG. Werden mehrere Ausbilder bestellt, so soll ein Ausbilder bestellt werden, der die leitende Verantwortung trägt (**Ausbildungsleiter**). Der Ausbilder muss zwar nicht ständig, jedoch überwiegend im Betrieb anwesend sein, um die Ausbildung tatsächlich überwachen und durchführen zu können.[3] Der Ausbilder ist als Arbeitnehmer des Ausbildenden dessen Erfüllungsgehilfe (§ 278 BGB), so dass weiterhin der Ausbildende als Vertragspartner des Auszubildenden für die Erfüllung der Ausbildungspflicht einzustehen hat. Die Bestellung von Ausbildern ist der zuständige Stelle anzuzeigen (§ 36 Abs. 2 Nr. 2 BBiG), da diese die Durchführung der Berufsausbildung gemäß § 76 Abs. 1 BBiG zu überwachen hat. Bei der Bestellung von Ausbildern hat der **Betriebsrat** ein **Mitbestimmungsrecht** gemäß § 98 Abs. 2 und 5 BetrVG (vgl. § 10 Rn. 80).

3. Pflicht zur Gewährung kostenloser Ausbildungsmittel

6   Die Ausbildenden haben den Auszubildenden **kostenlos** die Ausbildungsmittel, insbesondere Werkzeuge und Werkstoffe zur Verfügung zu stellen, die zur Berufsausbildung und zum Ablegen von Zwischen- und Abschlussprüfungen, auch soweit solche nach Beendigung des Berufsausbildungsverhältnisses stattfinden, erforderlich sind (§ 14 Abs. 1 Nr. 3 BBiG).
Das Bundesinstitut für Berufsbildung (BiBB) unterhält ein Medieninformationssystem (MERKUR) als Auskunfts- und Informationssystem über Ausbildungsmittel und Unterrichtsmedien (www.Ausbilderfoerderung.de).

7   Eine **Kostenbeteiligung** kann von den Auszubildenden oder den Eltern *nicht* verlangt, auch nicht vertraglich vereinbart werden. § 14 BBiG umfasst aber lediglich den betrieblichen Teil der Ausbildung, so dass Ausbildungsmittel, die der Auszubildende für den Berufsschulbesuch benötigt (zum Beispiel Fachbücher), nicht vom Ausbildenden kostenlos zur Verfügung zu stellen sind, es sei denn, diese dienen zugleich der innerbetrieblichen Ausbildung.[4] Eine Pflicht zur kostenlosen Bereitstellung von Ausbildungsmitteln für die Berufsschule könnte

---

1   *Schwarzbach*, AiB 2002, 563 ff.
2   *LAG Berlin* 19.1.1978, 9 Ta 1/78, AP ZPO § 888 Nr. 9 = EzB ZPO § 888 Nr. 1.
3   *Leinemann/Taubert* BBiG § 14 Rn. 21.
4   *BAG* 16.12.1976 – 3 AZR 556/75 – AP BGB § 611 Ausbildungsverhältnis Nr. 3 = EzB BBiG § 6 Abs. 1 Nr. 3, Nr. 1.

jedoch im Ausbildungsvertrag, in einem anwendbaren Tarifvertrag oder in einer Betriebsvereinbarung geregelt werden.

Nicht zu den Ausbildungsmitteln zählt die **Arbeitskleidung**. Diese ist vom **8** Auszubildenden selbst zu stellen und er hat die Kosten hierfür zu tragen, es sei denn einzel- oder kollektivvertraglich (insbesondere durch Tarifvertrag) ist etwas anderes geregelt.[5] Eine Pflicht der Ausbildenden, Schutzausrüstungen und Sicherheitsmittel zur Verfügung zu stellen, kann sich aber aus § 618 BGB und aus Unfallverhütungsvorschriften ergeben, bei Minderjährigen auch aus Vorschriften des JArbSchG.[6]

Kommt der Ausbildende seine Verpflichtung zur Gewährung kostenloser Aus- **9** bildungsmittel nicht nach, so kann der Auszubildende sich diese selbst beschaffen und Ersatz der dafür gemachten Ausgaben vom Ausbildenden verlangen, und zwar Zug um Zug gegen Übereignung der angeschafften Ausbildungsmittel.[7]

Die Ausbildungsmittel müssen vom Ausbildenden nur **leihweise** bereitgestellt, **10** nicht dem Auszubildenden übereignet werden.[8] Sie verbleiben also im Eigentum des Ausbildenden und sind vom Auszubildenden sorgfältig zu behandeln und zurückzugeben. Für die unsachgemäße Behandlung der Ausbildungsmittel haftet der Auszubildende nach den Grundsätzen der Arbeitnehmer-Haftung (vgl. § 13 Rn. 28 ff.).

Werkstücke oder Werkstoffe, die der Auszubildende im Rahmen seiner Aus- **11** bildung herstellt oder verarbeitet, verbleiben im Eigentum des Ausbildenden, weil der Auszubildende sie im Rahmen des Ausbildungsverhältnisses zu fremdnützigen Zwecken herstellt. Der Ausbildende (nicht der Auszubildende) ist deshalb Hersteller im Sinne des § 950 BGB, so dass er hieran Eigentum erwirbt.[9]

Prüfungsstücke gehen grundsätzlich in das Eigentum des Auszubildenden **12** über,[10] es sei denn, der Wert des zur Verfügung gestellten Materials übersteigt die Eigenleistung des Auszubildenden (zum Beispiel bei Goldschmiedearbeiten) oder das Prüfungsstück ist fest mit dem Eigentum eines Dritten verbunden (zum Beispiel Arbeiten am Gebäude) oder wenn die Prüfungsleistung im Zusammenhang steht mit der Durchführung eines Kundenauftrags (zum Beispiel bei einem Kraftfahrzeug).

4. Pflicht, Auszubildende zum Berufsschulbesuch anzuhalten

Die Ausbildenden haben die Auszubildenden zum Besuch der Berufsschule **13** anzuhalten (§ 14 Abs. 1 Nr. 4 BBiG). Diese Verpflichtung folgt aus der Logik des **dualen Ausbildungssystems**, das heißt dem Zusammenwirken von schulischer und betrieblicher Ausbildung. Der Lehrstoff des Berufsschulunterrichts gehört zum Prüfungsstoff der Abschlussprüfung (vgl. § 38 Rn. 12 ff.). Der Ausbildende hat deshalb nicht nur Pflichten hinsichtlich des von ihm zu verantwortenden betrieblichen Teils der Ausbildung, sondern auch – im Rahmen des Möglichen –

---

5 *BAG* 9.5.1998 – 9 AZR 307/96 – AP BGB § 670 Nr. 31 = NZA 1999, 38.
6 ErfK/*Wank* § 618 BGB Rn. 13 ff.; *Leinemann/Taubert* BBiG § 14 Rn. 26.
7 *BAG* 16.12.1976 – 3 AZR 556/75 – AP BGB § 611 Ausbildungsverhältnis Nr. 3 = EzB BBiG § 6 Abs. 1 Nr. 3, Nr. 1.
8 *Benecke/Hergenröder* BBiG § 14 Rn. 32; *Leinemann/Taubert* BBiG § 14 Rn. 31.
9 *Benecke/Hergenröder* BBiG § 14 Rn. 35; *Leinemann/Taubert* BBiG § 14 Rn. 29.
10 *LAG München* 8.8.2002 – 4 Sa 758/01 – NZA-RR 2003, 187.

hinsichtlich des schulischen Teils der Ausbildung.[11] Deshalb hat der Ausbildende den Auszubildenden für die Teilnahme am Berufsschulunterricht freizustellen (vgl. § 15 Rn. 8 ff.) und zudem eine »Überwachungspflicht« hinsichtlich der Wahrnehmung des Berufsschulunterrichts.

14   Die Pflicht, den Auszubildenden zum Besuch der Berufsschule anzuhalten, bezieht sich zum einen auf Auszubildende, die nach dem jeweiligen Schulgesetz des Bundeslandes der Berufsschulpflicht unterliegen, und zum anderen auf Auszubildende, die zwar nicht der Berufsschulpflicht unterliegen, sich aber aufgrund vertraglicher Vereinbarung zum Besuch der Berufsschule verpflichtet haben.[12]

15   Um ihrer Pflicht, die Auszubildenden zum Berufsschulbesucht anzuhalten, nachkommen zu können, haben die Auszubildenden gegenüber den Ausbildenden eine **Auskunftspflicht** hinsichtlich des Berufsschulbesuchs, für den die Auszubildenden ohnehin nur freizustellen sind, wenn sie die Berufsschule auch tatsächlich besuchen (vgl. § 15 Rn. 10).

16   »Anzuhalten« bedeutet eine kontinuierliche und aktive Einflussnahme auf den Auszubildenden, dem Berufsschulbesuch und der Teilnahme am Unterricht nachzukommen. Deshalb muss sich der Ausbildende kontinuierlich, und nicht nur gelegentlich, über den Fortgang in der Berufsschule und das Fortkommen des Auszubildenden informieren und, soweit erforderlich, auf ihn einwirken.[13]

17   Je nach den Erfordernissen des Einzelfalls haben die Ausbildenden auch Dritte einzuschalten, so vor allem die Eltern bei Minderjährigen, und auch gegebenenfalls Rücksprache mit der Schule zu halten. Es kann auch notwendig sein, vertragsrechtliche Sanktionen in Bezug auf das Berufsausbildungsverhältnis zu ergreifen, etwa als milde Form eine »Ermahnung«, sofern dies nicht hinreichend ist, auch eine Abmahnung. In Extremfällen, wenn der Auszubildende sich trotz Abmahnung fortgesetzt weigert, am Berufsschulunterricht teilzunehmen, kann auch eine Kündigung des Berufsausbildungsverhältnisses in Betracht kommen (vgl. § 22 Rn. 44).

18   Ein gesetzlich geregelter Anspruch der Ausbildenden auf Vorlage des Berufsschulzeugnisses durch die Auszubildenden besteht nicht, scheint indes sinnvoll. Möglich ist es, eine entsprechende Vorlagepflicht vertraglich zu vereinbaren.

19   Ein gesetzlicher Anspruch des Auszubildenden auf Übernahme der **Fahrtkosten** zum Besuch der Berufsschule durch den Ausbildenden besteht nicht.[14] Ein solcher Anspruch könnte aber einzelvertraglich oder auch in einer Betriebsvereinbarung oder in einem anwendbaren Tarifvertrag vereinbart werden.

5. Führen von schriftlichen Ausbildungsnachweisen

20   Der Ausbildende hat den Auszubildenden zum Führen von schriftlichen Ausbildungsnachweisen (Berichtsheften) anzuhalten, soweit solche im Rahmen der Berufsausbildung verlangt werden, und diese durchzusehen (§ 14 Abs. 1 Nr. 4 BBiG). Das Führen der schriftlichen Ausbildungsnachweise ist Voraussetzung für die Zulassung zur Abschlussprüfung (§ 43 Abs. 1 Nr. 2 BBiG).

21   Die Berichtshefte / Ausbildungsnachweise sollen stichpunktartig den sachlichen und zeitlichen Ablauf der Ausbildung wiedergeben. Zweckmäßig ist die wö-

---

11 *Leinemann/Taubert* BBiG § 14 Rn. 33.
12 *Leinemann/Taubert* BBiG § 14 Rn. 36.
13 *Leinemann/Taubert* BBiG § 14 Rn. 37.
14 *BAG* 11. 1. 1973 – 5 AZR 467/72 – AP BBiG § 6 Nr. 1 = EzB BBiG § 6 Abs. 1 Nr. 4, Nr. 1.

chentliche Führung durch den Auszubildenden und die – mindestens – monatliche Kontrolle durch den Ausbildenden.[15]

»**Anzuhalten**« bedeutet eine kontinuierliche und aktive Einflussnahme auf den **22** Auszubildenden, die schriftlichen Ausbildungsnachweise zu führen. Vernachlässigt der Auszubildende seine Berichtshefte, hat der Ausbildende auf ordnungsgemäße und vollständige Führung hinzuwirken und bei Minderjährigen gegebenenfalls auch die Eltern einzuschalten. Der Ausbildende hat die Ausbildungsnachweise zudem »durchzusehen«. Das verlangt, dass der Ausbildende die schriftlichen Ausbildungsnachweise nicht nur durchblättert, sondern den Inhalt zur Kenntnis nimmt und den Auszubildenden, sofern angezeigt, zur Korrektur von Schreibfehlern und vor allem von inhaltlichen Fehlern auffordert.[16]

Ein Anspruch, den schriftlichen Ausbildungsnachweis **während der Arbeitszeit** **23** (betrieblichen Ausbildungszeit) führen zu dürfen, besteht zwar nach dem BBiG nicht.[17] Jedoch verpflichten die seit 1974 erlassenen Ausbildungsordnungen den Ausbildenden, dem Auszubildenden während der Arbeitszeit / betrieblichen Ausbildungszeit Gelegenheit zum Anfertigen der Berichtshefte / Ausbildungsnachweise zu geben.

6. Charakterliche Förderung und Schutzpflichten gegenüber den Auszubildenden

Die Ausbildenden haben dafür zu sorgen, dass Auszubildende charakterlich **24** gefördert sowie sittlich und körperlich nicht gefährdet werden (§ 14 Abs. 1 Nr. 5 BBiG). Das wird bisweilen auch als »Erziehungspflicht« bezeichnet und hieraus gefolgert, dass das Ausbildungsverhältnis auch ein »Erziehungsverhältnis« sei. Das wird einem modernen Verständnis von Berufsausbildung als einer beruflichen Qualifizierungsmaßnahme nicht gerecht. Der Ausbildende ist kein »Sittenwächter«, zumal in einer pluralen Gesellschaft in zentralen Fragen kein Konsens über die »sittlichen« Maßstäbe besteht.

Soweit es um die »charakterliche Förderung« geht, gelten entsprechende Einwände. Die Förderung des »Charakters« würde voraussetzen, dass ein Konsens **25** darüber besteht, welche Anforderungen an die gebotene Charakterbildung zu stellen sind. Das dürfte allerdings in einer pluralen Gesellschaft höchst streitig sein und ist zudem vom schichten- und geschlechtsspezifischen Vorverständnis über allgemeine Verhaltenserwartungen abhängig. Jedenfalls ist die »Erziehungspflicht« auf den betrieblichen Bereich beschränkt. Insbesondere ist der Ausbildende nicht berechtigt, den Auszubildenden zum Übertritt zu einem anderen Glauben, etwa zur Lehre der Zeugen Jehovas, zu bekehren.[18]

Unabhängig von den vorstehenden Erwägungen darf jedenfalls das Erziehungsrecht der Eltern bei minderjährigen Auszubildenden, das gemäß Art. 6 Abs. 1 **26** GG auch grundrechtlich abgesichert ist, durch Maßnahmen des Ausbildenden nicht eingeschränkt werden.[19]

Bei **volljährigen Auszubildenden** hat die sog. Erziehungspflicht deswegen **27** zurückzutreten, weil diese in ihrer Eigenständigkeit als vollwertige Rechtssub-

---

15 *Leinemann/Taubert* BBiG § 14 Rn. 44.
16 *Leinemann/Taubert* BBiG § 14 Rn. 43.
17 *BAG* 11.1.1973, 5 AZR 467/72, AP BBiG § 6 Nr. 1 = EzB BBiG § 6 Abs. 1 Nr. 4, Nr. 1.
18 *BVerwG* 9.11.1962 – VII C 84.59 – AP GG Art. 4 Nr. 1.
19 ErfK/*Schlachter* § 14 BBiG Rn. 6.

jekte zu respektieren sind. Das BBiG kann kein »Erziehungsrecht« der Ausbildenden gegenüber den Auszubildenden begründen.

28   Bezüglich der Pflicht zum Schutz vor körperlichen Gefahren kann zur näheren Konkretisierung in Bezug auf Minderjährige auf die §§ 22 bis 31 JArbSchG zurückgegriffen werden. Im Übrigen sind die allgemein geltenden Pflichten zur Ergreifung von Schutzmaßnahmen vor gesundheitlichen Gefahren gemäß § 618 BGB und die einschlägigen Arbeitsschutz- und Unfallverhütungsvorschriften zu beachten. Ein Anspruch auf **Schutz vor sexueller Belästigung** besteht nach §§ 1, 3 Abs. 4, 7 AGG.

29   Im Rahmen des organisatorisch Möglichen besteht ein **Anspruch auf einen rauchfreien Arbeits- und Ausbildungsplatz.**[20] Gemäß § 3a der Arbeitsstättenverordnung hat der Arbeitgeber die erforderlichen Maßnahmen zu treffen, damit die nicht rauchenden Beschäftigten wirksam vor den Gesundheitsgefahren durch Tabakrauch geschützt sind. In Arbeitsstätten mit Publikumsverkehr hat der Arbeitgeber solche Schutzmaßnahmen nur insoweit zu treffen, wie die Natur des Betriebs und die Art der Beschäftigung es zulassen.

7. Pflichten bei der Übertragung von Aufgaben an Auszubildende

30   Den Auszubildenden dürfen nur Aufgaben übertragen werden, die dem **Ausbildungszweck dienen** und ihren **körperlichen Kräften angemessen** sind (§ 14 Abs. 2 BBiG). Hinsichtlich Minderjähriger sind die Beschäftigungsverbote und -beschränkungen nach den §§ 22 bis 31 JArbSchG zu beachten.

31   Eine dem Ausbildungszweck dienende Aufgabe liegt vor, wenn diese geeignet ist, den Ausbildungszweck unmittelbar oder mittelbar zu fördern. Unter Ausbildungszweck ist dabei die systematische Vermittlung der beruflichen Fertigkeiten und Kenntnisse zu verstehen. Die Grenze zwischen den zulässigen und unzulässigen Aufgaben ist im Einzelfall nach dem jeweiligen Berufsbild und seiner berufspädagogischen Zielsetzung festzusetzen. Die Übertragung von berufsfremden Arbeiten, insbesondere von Hilfs- und Nebenarbeiten ist unzulässig.

32   Eine an sich zulässige Verrichtung kann durch Wiederholung von dem Zeitpunkt an unzulässig werden, von dem ab sie keine weiteren beruflichen Fertigkeiten oder Kenntnisse mehr vermittelt. Deshalb dürfen grundsätzlich auch keine Routinearbeiten verlangt werden. Die der Art nach zulässige Arbeit kann somit durch ihren zeitlichen Umfang unzulässig werden. Die Grenze zwischen erlaubt und unerlaubt liegt dort, wo die berufsnotwendigen Fertigkeiten bereits hinreichend gegeben sind und der Einsatz bei bestimmten Verrichtungen dem Mangel entsprechender Arbeitnehmer abhelfen soll.[21]

33   Die gelegentliche Heranziehung von Auszubildenden im Handwerk zur Grundreinigung der Betriebsräume verstößt nicht gegen das Verbot der Beschäftigung mit ausbildungsfremden Verrichtungen, sie muss jedoch in einem angemessenen Verhältnis zu den berufsspezifischen Tätigkeiten stehen und darf nicht dem Zweck dienen, dem Inhaber eine Putzkraft einzusparen.[22]

---

20 *BAG* 17.2.1998, AP BGB § 617 Nr. 26.
21 *OLG Karlsruhe* 5.9.1988 – 1 Ss 134/88 – GewArch 1989, 30 = EzB BBiG § 99 Nr. 3.
22 *OLG Frankfurt* 30.3.1981, 2 Ws (B) 61/81 OWiG, GewArch 1981, 301 = EzB BBiG § 99 Nr. 1.

Werden dem Auszubildenden Aufgaben übertragen, die dem Ausbildungs- **34**
zweck nicht dienen, kann dieser die Verrichtung verweigern, ohne dass der
Ausbildende dies sanktionieren könnte. Auch handelt es sich um eine **Ordnungswidrigkeit**, die mit einer Geldbuße bis zu 5000 Euro geahndet werden
kann (§ 102 Abs. 1 Nr. 3, Abs. 2 BBiG).

8. Haftung der Ausbildenden

Für die Haftung der Ausbildenden gegenüber dem Auszubildenden gelten **35**
entsprechend die Erwägungen wie im Arbeitsverhältnis. Daneben bestehen gegebenenfalls Schadensersatzansprüche wegen Verletzung der Aufklärungspflicht
bei oder vor Vertragsabschluss, wegen Verletzung der Ausbildungspflicht oder
bei vorzeitiger Beendigung des Berufsausbildungsverhältnisses gemäß § 23
BBiG.

Bei **Verletzung der Ausbildungspflicht** schuldet der Ausbildende dem Aus- **36**
zubildenden Ersatz des dadurch entstehenden Schadens gemäß § 280 Abs. 1
BGB, zum Beispiel den entgangenen Verdienst. Der Auszubildende muss sich
allerdings gemäß § 254 BGB mitwirkendes Verschulden zurechnen lassen, wenn
er sich nicht bemüht, das Ausbildungsziel zu erreichen. Zur Darlegung eines
Mitverschuldens genügt jedoch nicht der pauschale Vorwurf der Faulheit oder
Lernunwilligkeit; es muss konkret vorgetragen werden, was der Auszubildende
oder dessen gesetzliche Vertreter versäumt haben.[23] Es kann vom Auszubildenden nicht verlangt werden, dass er einen gescheiterten Prüfungsversuch absolvieren muss, um einen Schadensersatzanspruch zu haben.[24] Der Auszubildende
kann, wenn er unzureichend ausgebildet worden ist und deshalb das Ausbildungsverhältnis wechselt, die Abschlussprüfung auch gegebenenfalls erst später antreten.

8.1 Verschuldensabhängige Haftung

In Betracht kommen Schadensersatzansprüche Auszubildender gegen den Aus- **37**
bildenden aus den Gesichtspunkten der Unmöglichkeit, des Schuldnerverzugs
(§ 286 BGB), der Verletzung einer Pflicht aus dem Schuldverhältnis (§ 280 Abs. 1
BGB) und aus unerlaubter Handlung (§§ 823 ff. BGB). Von Relevanz ist im
Wesentlichen nur eine Haftung für **Sachschäden**. Bei **Personenschäden** wird
das Haftungsrisiko gemäß § 104 SGB VII weitgehend auf die gesetzliche Unfallversicherung verlagert (vgl. § 13 Rn. 42).

8.1.1 Schadensersatzanspruch wegen verspäteter oder Nichterfüllung von Pflichten

Ein Schadensersatzanspruch gegen den Arbeitgeber gemäß § 280 Abs. 1 BGB **38**
kommt in Betracht bei schuldhafter **Nichtbeschäftigung des Auszubildenden**.[25]
Die Vermögenseinbuße, die der Auszubildende / Arbeitnehmer im Falle der

---

23 *BAG* 10.6.1976 – 3 AZR 412/75 – AP BBiG § 6 Nr. 2 = DB 1976, 2216 = EzB BGB § 611
     Haftung des Arbeitgebers Nr. 6.
24 So aber *LAG Köln* 30.10.1998 – 11 Sa 180/98 – NZA 1999, 317.
25 Vgl. für das Arbeitsverhältnis *BAG* 12.9.1985 – 2 AZR 324/84 – AP BetrVG 1972 § 102
     Weiterbeschäftigung Nr. 7.

Nichtbeschäftigung dadurch erleidet, dass der Steuerbefreiungstatbestand des § 3b EStG für Sonntags-, Feiertags- und Nachtarbeit keine Anwendung findet, kann dem Ausbildenden / Arbeitgeber aber regelmäßig nicht als zu ersetzender Schaden zugerechnet werden.[26]

39   Der **Ausspruch einer rechtswidrigen Kündigung** durch den Ausbildenden kann je nach Fallgestaltung eine schuldhafte Pflichtverletzung sein und dann Schadensersatzansprüche des Auszubildenden begründen.[27]

40   Die schuldhaft **verspätete Erfüllung der Vergütungspflicht** des Ausbildenden kann einen Schadensersatzanspruch zugunsten des Auszubildenden (§ 280 Abs. 2 in Verbindung mit § 286 BGB) begründen (sog. Verzugsschaden). Der zu ersetzende Verzugsschaden erfasst auch den durch die verspätete Zahlung entstandenen Steuerschaden.[28]

41   Ein Schadensersatzanspruch kann auch in Betracht kommen, wenn der Ausbildende eine vertraglich vereinbarte Pflicht zur Überlassung von **Sachleistungen** (§ 17 Abs. 2 BBiG) nicht erfüllt. Für das Arbeitsverhältnis sind Fälle entschieden worden, bei denen es um Überlassung eines Dienstwagens mit privater Nutzungsberechtigung ging.[29] Das dürfte für Ausbildungsverhältnisse selten relevant sein. Ähnliche Probleme können sich aber bei der vertraglichen Überlassung von Wohnraum stellen. Dabei ist zu bedenken, dass die Sachleistung Teil des Vergütungsanspruchs ist. Kann dieser für die Vergangenheit tatsächlich nicht mehr erfüllt werden, weil der Ausbildende rechtswidrig die Sachleistung nicht erbracht hat, wandelt sich der Naturalvergütungsanspruch in einen Zahlungsanspruch auf Nutzungsausfallentschädigung.

8.1.2 Sonstige Pflichtverletzungen

42   Im Rahmen eines bestehenden Ausbildungsverhältnisses kommen Schadensersatzansprüche wegen Pflichtverletzung (§ 280 Abs. 1 BGB), vor allem im Zusammenhang mit einer Verletzung der vertraglichen Schutz- und Rücksichtnahmepflicht (vgl. § 241 Abs. 2 BGB) in Betracht. Der Ausbildende ist aufgrund dieser vertraglichen Nebenpflicht (auch als »Fürsorgepflicht« bezeichnet) gehalten, die berechtigterweise auf das Betriebsgelände mitgebrachten Sachen des Arbeitnehmers / Auszubildenden durch zumutbare Maßnahmen vor Verlust und Beschädigung zu schützen. Wie weit diese Pflicht geht, ist im Einzelfall nach Treu und Glauben unter Berücksichtigung der betrieblichen und örtlichen Verhältnisse zu bestimmen. Stellt der Arbeitgeber / Ausbildende zum Beispiel einen Firmenparkplatz zur Verfügung, so hat er für dessen Verkehrssicherheit zu sorgen, eine spezielle Diebstahlsabsicherung ist aber im Regelfall nicht gefordert.[30]

43   Da der Arbeitgeber / Ausbildende verpflichtet ist, die Lohnsteuer richtig zu berechnen und die für die Besteuerung erforderlichen Aufzeichnungen und

---

26 *BAG* 19.10.2000 – 8 AZR 20/00 – AP BGB § 611 Haftung des Arbeitgebers Nr. 11 = NZA 2001, 598.

27 *BAG* 14.2.2002 – 8 AZR 175/01 – AP BGB § 611 Haftung des Arbeitgebers Nr. 21 = NZA 2002, 1027 (im konkreten Fall Schadensersatzanspruch verneint, weil Kündigung nicht rechtswidrig war).

28 *BAG* 20.6.2002 – 8 AZR 488/01 – EzA BGB § 611 Arbeitgeberhaftung Nr. 11 = NZA 2003, 268; *BAG* 19.10.2000 – 8 AZR 20/00 – AP BGB § 611 Haftung des Arbeitgebers Nr. 11 = NZA 2001, 598.

29 *BAG* 5.9.2002 – 8 AZR 702/01 – AP BGB n.F. § 280 Nr. 1 = NZA 2003, 973 m.w.N.

30 *BAG* 25.5.2000 – 8 AZR 518/99 – AP BGB § 611 Parkplatz Nr. 8 = NZA 2000, 1052.

Urkunden zutreffend zu führen und auszustellen, kann bei schuldhafter Pflichtverletzung und Entstehen eines Steuerschadens der Arbeitnehmer/Auszubildende einen entsprechender Schadensersatzanspruch haben.[31]

Auch Ansprüche aus unerlaubter Handlung (§§ 823 ff. BGB) bei Verletzung von Leben, Körper, Gesundheit, Freiheit, Eigentum oder eines sonstiges Rechts des Arbeitnehmers kommen in Betracht. Geschützt ist der Arbeitnehmer/Auszubildende auch vor Eingriffen in sein Persönlichkeitsrecht und vor sexueller Belästigung durch den Ausbildenden. In diesen Fällen kann auch ein Anspruch auf Schmerzensgeld bestehen. Für die systematische Anfeindung eines Arbeitnehmers/Auszubildenden durch andere Arbeitnehmer/Auszubildende oder durch Vorgesetzte hat sich mittlerweile der Begriff Mobbing etabliert. Dem betroffenen Auszubildenden können Schadensersatzansprüche gemäß § 280 Abs. 1 BGB oder § 823 Abs. 1 BGB oder auch ein Schmerzensgeldanspruch gemäß § 253 Abs. 2 BGB zustehen.[32]   **44**

8.2 Gefährdungshaftung

Es ist anerkannt, dass der Arbeitgeber für arbeitsbedingte Eigenschäden des Arbeitnehmers aufkommen muss, ohne dass es auf ein schuldhaftes Handeln von seiner Seite ankommt (Gefährdungshaftung). Ein Verschulden des Arbeitnehmers kann die Haftung begrenzen oder ausschließen. Das *BAG* geht von einer entsprechenden Anwendung des § 670 BGB (Aufwendungsersatzanspruch) aus. Die entsprechenden Regelungen gelten grundsätzlich auch zugunsten von Auszubildenden.   **45**

Dementsprechend hat der Arbeitnehmer/Auszubildende Anspruch auf den Ersatz von Schäden, die bei der Erbringung der Arbeitsleistung ohne Verschulden des Arbeitgebers entstehen. Voraussetzung ist, dass der Schaden dem Betätigungsbereich des Arbeitgebers/Ausbildenden zuzurechnen ist und der Arbeitnehmer/Auszubildende ihn nicht selbst tragen muss, weil er dafür eine besondere Vergütung erhält.[33] Dem Lebensbereich des Arbeitnehmers und nicht dem Betätigungsbereich des Arbeitgebers sind solche Schäden zuzurechnen, bei denen sich lediglich das allgemeine Lebensrisiko des Arbeitnehmers realisiert. Grundsätzlich hat der Arbeitgeber das Schadensrisiko beim betrieblichen Einsatz von Arbeitsmitteln des Arbeitnehmers/Auszubildenden zu tragen und deshalb im Schadensfall vollen Aufwendungsersatz zu leisten. Arbeitgeber und Arbeitnehmer können jedoch eine besondere Vergütung vereinbaren mit der Folge, dass das Schadensrisiko beim Arbeitnehmer/Auszubildenden wie bei einer Nutzung im Eigeninteresse verbleibt. Voraussetzung ist allerdings, dass die aufgrund besonderer Vereinbarung gewährte besondere Vergütung eine adäquate Gegenleistung zur Abdeckung des Unfallrisikos darstellt und die besondere Vergütung gerade zu diesem Zweck gezahlt wird.[34]   **46**

Häufigster Anwendungsfall sind Schäden im Zusammenhang mit dem Einsatz   **47**

---

31 *BAG* 14.5.1998 – 8 AZR 634/96 – NZA-RR 1999, 511.
32 *BAG* 25.10.2007 – 8 AZR 593/06 – NZA 2008, 223; *BAG* 16.5.2007 – 8 AZR 709/06 – NZA 2007, 1154.
33 *BAG* 16.3.1995 – 8 AZR 260/94 – AP BGB § 611 Gefährdungshaftung des Arbeitgebers Nr. 12.
34 *BAG* 17.7.1997 – 8 AZR 480/95 – AP BGB § 611 Gefährdungshaftung des Arbeitgebers Nr. 14.

eines Privatfahrzeugs des Arbeitnehmers im Betätigungsbereich des Arbeitgebers. Der Arbeitgeber hat in diesem Fall dem Arbeitnehmer insbesondere entstandene Unfallschäden an dessen PKW zu ersetzen.[35] Das gilt entsprechend, falls Auszubildende im Betätigungsbereich des Ausbildungsbetriebs ihren privaten PKW zum Einsatz bringen.

§ 15 Freistellung

Ausbildende haben Auszubildende für die Teilnahme am Berufsschulunterricht und an Prüfungen freizustellen. Das Gleiche gilt, wenn Ausbildungsmaßnahmen außerhalb der Ausbildungsstätte durchzuführen sind.

Inhaltsübersicht   Rn.

1.   Überblick   1
2.   Teilnahme am Berufsschulunterricht   8
3.   Teilnahme an Prüfungen 16
4.   Ausbildungsmaßnahmen außerhalb der Ausbildungsstätte 18
5.   Anrechnung der Freistellungszeiten auf die betriebliche Ausbildungszeit . 21
6.   Weitergehende Freistellungspflichten neben § 15 BBiG 27

1. Überblick

1 § 15 BBiG gilt auch für Berufsausbildungsverhältnisse im **Handwerk**.

2 Nach dem dualen System der Berufsausbildung findet diese nicht nur im Betrieb, sondern auch in der Berufsschule statt. Diese Verzahnung der betrieblichen und der außerbetrieblichen Ausbildung spiegelt sich in § 15 BBiG wider. Gemäß § 15 BBiG hat der Ausbildende den Auszubildenden für die Teilnahme am Berufsschulunterricht und an Prüfungen sowie für Ausbildungsmaßnahmen außerhalb der Ausbildungsstätte freizustellen.

3 Diese Verpflichtung gilt (wie sämtliche im BBiG festgelegte Pflichten) sowohl für **Minderjährige** als auch für **Volljährige**.[1] Fraglich ist aber, ob und inwieweit insbesondere die Berufsschulzeit auf betriebliche Ausbildungszeit anzurechnen ist (vgl. Rn. 21 ff.).

4 Für die Zeit der Freistellung ist die **Ausbildungsvergütung** fortzuzahlen (vgl. § 19 Rn. 2). Hieraus folgt bei Überschneidungen von Zeiten des Besuchs der Berufsschule und betrieblicher Ausbildung, dass der Besuch des Berufsschulunterrichts der betrieblichen Ausbildung vorgeht. Dies bedeutet zugleich die **Ersetzung der Ausbildungspflicht**, so dass eine Nachholung der so ausfallenden betrieblichen Ausbildungszeiten von Gesetzes wegen ausgeschlossen ist.[2] Für Minderjährige sind ergänzend die §§ 9 und 10 JArbSchG zu beachten (vgl. Rn. 14, 25 sowie den Anhang).

5 Es besteht indes kein gesetzlicher Anspruch der Auszubildenden gegen den Ausbildenden auf:

---

35 *BAG* 14.12.1995, 8 AZR 875/94, AP BGB § 611 Gefährdungshaftung des Arbeitgebers Nr. 13.
1   *LAG Köln* 18.9.1998 – 12 Sa 549/98 – EzB BBiG § 7 Nr. 31 = AiB 1999, 52; *LAG Hamm* 24.2.1999 – 9 Sa 1273/98 – EzB BBiG § 7 Nr. 32 = AiB 1999, 589.
2   *BAG* 26.3.2001 – 5 AZR 413/99 – AP BBiG § 7 Nr. 1.

– Übernahme solcher Kosten, die durch den Besuch der Berufsschule entstehen[3] oder

– der Fahrt- und Übernachtungskosten, die dadurch entstehen, dass die Abschlussprüfung an einem anderen als dem Ausbildungsort durchgeführt wird.[4]

Jedoch sind insoweit zugunsten der Auszubildenden weitergehende Regelungen im Ausbildungsvertrag oder in kollektivvertraglichen Regelungen, insbesondere in einer Betriebsvereinbarung oder in einem Tarifvertrag, möglich (vgl. zum Begriff der »Ausbildungskosten« auch § 12 BBiG Rn. 30 ff.). **6**

Ein Verstoß gegen die Freistellungsverpflichtung stellt eine **Ordnungswidrigkeit** dar, die mit einer Geldbuße bis zu 5000 Euro geahndet werden kann (§ 102 Abs. 1 Nr. 4, Abs. 2 BBiG). **7**

2. Teilnahme am Berufsschulunterricht

Ausbildende haben Auszubildende »für die Teilnahme am Berufsschulunterricht« freizustellen. Diese Pflicht besteht zum einen dann, wenn der Auszubildende der Berufsschulpflicht unterliegt, was im Einzelnen in den Schulgesetzen der Länder geregelt ist. Die Pflicht besteht zum anderen aber auch dann, wenn der Auszubildende zwar nicht der gesetzlichen Berufsschulpflicht unterliegt, aber die Verpflichtung zum Besuch der Berufsschule im Ausbildungsvertrag vereinbart ist.[5] **8**

Die **Freistellung** für die Teilnahme am **Berufsschulunterricht** umfasst alle Zeiten, die erforderlich sind, um die Berufsschule während der geschuldeten Pflicht, sich betrieblich ausbilden zu lassen, wahrzunehmen. Die Auszubildenden sind nur dann von der Ausbildungspflicht tatsächlich befreit, wenn sie im Ergebnis entfällt und nicht nachgearbeitet werden muss.[6] **9**

Die »**Teilnahme**« am Berufsschulunterricht setzt voraus, dass dieser tatsächlich stattfindet. Die Freistellungspflicht besteht deshalb nur für die tatsächlich stattfindenden Berufsschulstunden. **Zeiten des notwendigen Verbleibs** an der Berufsschule während der unterrichtsfreien Zeit (also vor allem, wenn die ausfallende Unterrichtsstunde zwischen anderen stattfindenden Unterrichtsstunden fällt) werden von der Freistellungspflicht mit umfasst. Bei tatsächlichem Ausfall von Unterrichtszeit muss der Auszubildende nach Ende des Berufsschulunterrichts grundsätzlich in den Betrieb zurückkehren, sofern unter Berücksichtigung der Freistellungsverpflichtung noch tatsächlich zu erbringende Ausbildungszeit im Betrieb verbleibt. Für Minderjährige gelten Besonderheiten (vgl. Rn. 14). Beim **Blockunterricht** besteht die Freistellungspflicht für alle Tage der Berufsschulwoche, an denen der Unterricht tatsächlich stattfindet. **10**

Die Freistellung von der betrieblichen Ausbildung umfasst neben der Zeit des Berufsschulunterrichts auch die Zeiträume, in denen der Auszubildende zwar nicht am Berufsschulunterricht teilnehmen muss, aber wegen des Schulbesuchs aus tatsächlichen Gründen gehindert ist, im Ausbildungsbetrieb an der betrieblichen Ausbildung teilzunehmen. Dies betrifft insbesondere die Zeiten des notwendigen Verbleibs an der Berufsschule während der unterrichtsfreien Zeit und **11**

---

3 *BAG* 26.9.2002 – 6 AZR 486/00 – AP BBiG § 5 Nr. 12 = NZA 2003, 1403.
4 *BAG* 14.12.1983 – 5 AZR 333/81 – AP BBiG § 34 Nr. 1.
5 *Leinemann/Taubert* BBiG § 15 Rn. 4.
6 *LAG Hamm* 24.2.1999 – 9 Sa 1273/98 – EzB BBiG § 7 Nr. 32 = AiB 1999, 589.

die notwendigen **Wegezeiten** zwischen Berufsschule und Ausbildungsbetrieb.[7] Auch notwendige Zeiten zum Waschen und Umkleiden sind in die Freistellungspflicht einbezogen, nicht aber die Zeiten für die Erledigung von schulisch übertragenen Hausaufgaben.

12 Eine Freistellungsverpflichtung wird man in analoger Anwendung des § 15 BBiG auch bejahen können für verbindliche **Schulveranstaltungen**, die zwar nicht »Berufsschulunterricht« sind, aber im Zusammenhang mit diesem stehen und von der Schule durchgeführt werden, zum Beispiel Schulausflüge und Exkursionen.[8] Hierunter fällt *nicht* die Wahrnehmung von Veranstaltungen und Aufgaben der Schülervertretung, es sei denn, das betreffende Schulgesetz enthält eine besondere Regelung.[9] Eine Freistellungsverpflichtung unter Fortzahlung der Vergütung kann sich aber aus § 19 Abs. 1 Nr. 2 b) BBiG ergeben. Für *freiwillige* Schulveranstaltungen besteht keine Freistellungspflicht.

13 Ob und inwieweit die Auszubildenden **vor oder nach dem Berufsschulunterricht** beschäftigt werden dürfen, ist nicht im BBiG, sondern in § 9 Abs. 1 JArbSchG geregelt. Gemäß § 9 Abs. 1 Satz 2 Nr. 1 JArbSchG darf der Auszubildende vor einem vor 9 Uhr beginnenden Unterricht nicht beschäftigt werden; das gilt auch für Volljährige, sofern sich noch berufsschulpflichtig sind.

14 **Minderjährige Auszubildende** dürfen auch nicht beschäftigt werden an einem Berufsschultag mit mehr als fünf Unterrichtsstunden von mindestens je 45 Minuten. Das gilt aber nur für einen Berufsschultag in der Woche, am zweiten Berufsschultag darf der Auszubildende beschäftigt werden (§ 9 Abs. 1 Satz 2 Nr. 2 JArbSchG). In Berufsschulwochen mit einem planmäßigen Blockunterricht von mindestens 25 Stunden an mindestens fünf Tagen darf der minderjährige Auszubildende im Betrieb nicht beschäftigt werden; zusätzliche betriebliche Ausbildungsveranstaltungen bis zu zwei Stunden wöchentlich sind zulässig (§ 9 Abs. 1 Satz 2 Nr. 3 JArbSchG).

15 Für **volljährige Auszubildende** gibt es keine entsprechenden gesetzlichen Vorschriften. Bestehen keine entgegenstehenden kollektiv- oder einzelvertragliche Regelungen dürfen sie nach Ende des Berufsschulunterrichts beschäftigt werden, sofern unter Berücksichtigung der Freistellungsverpflichtung noch tatsächlich zu erbringende Ausbildungszeit im Betrieb verbleibt.

3. Teilnahme an Prüfungen

16 Die Ausbildenden haben die Auszubildenden für die »Teilnahme an Prüfungen« freizustellen. Die Freistellung für **Prüfungen** bezieht sich auf die Zwischen- und Abschlussprüfung (einschließlich von erforderlichen Wiederholungsprüfungen) sowie auch auf andere Prüfungen, die in der Ausbildungsordnung oder im Ausbildungsvertrag vorgesehen sind oder von Seiten der Berufsschule stattfinden.[10] Wie beim Berufsschulunterricht bezieht sich die Freistellungspflicht auch auf erforderliche **Wegezeiten**.[11]

17 Eine Freistellungsverpflichtung zur **Vorbereitung auf Prüfungen** besteht nach dem Gesetz nur für Minderjährige. Einzel- oder kollektivvertraglich sind wei-

---

7 *BAG* 26.3.2001 – 5 AZR 413/99 – AP BBiG § 7 Nr. 1.
8 *Leinemann/Taubert* BBiG § 15 Rn. 14.
9 *Benecke/Hergenröder* BBiG § 15 Rn. 3.
10 *Leinemann/Taubert* BBiG § 15 Rn. 17.
11 *Benecke/Hergenröder* BBiG § 15 Rn. 6.

tergehende Vereinbarungen oder auch Vereinbarungen zugunsten volljähriger Auszubildender möglich. Für **Minderjährige** besteht für den »Arbeitstag«, der der schriftlichen Abschlussprüfung »unmittelbar vorangeht«, ein Freistellungsanspruch gemäß § 10 Abs. 1 Nr. 2 JArbSchG. Die Freistellungsverpflichtung zur Vorbereitung besteht nach dem Gesetz nur hinsichtlich der »**schriftlichen Abschlussprüfung**«, nicht zur Vorbereitung auf andere Prüfungen, auch nicht auf die Zwischenprüfung oder die mündliche oder praktische Abschlussprüfung. Sofern die Ausbildungsordnung vorsieht, dass die Abschlussprüfung in zwei zeitlich auseinander fallenden Teilen durchgeführt wird (§ 5 Abs. 2 Nr. 2 BBiG), kann es gegebenenfalls – je nach Regelung in der Ausbildungsordnung – zwei schriftliche Prüfungen geben, die jeweils beide als Abschlussprüfung im Sinne des § 10 Abs. 1 Nr. 2 JArbSchG anzusehen wären, so das insoweit die Freistellungsverpflichtung besteht. Die Freistellungspflicht besteht auch im Falle der Wiederholung der Abschlussprüfung. Nach dem Wortlaut des Gesetzes besteht die gesetzliche Freistellungspflicht nur für den **Arbeitstag**, der der schriftlichen Abschlussprüfung »**unmittelbar**« vorangeht. Der Ausbildende ist selbstverständlich nicht gehindert, den Jugendlichen auch für Arbeitstage freizustellen, die nicht »unmittelbar« der Prüfung vorangehen. Ein *gesetzlicher Anspruch* auf Freistellung besteht insoweit indes nicht (das gilt ebenso für volljährige Auszubildende).

4. Ausbildungsmaßnahmen außerhalb der Ausbildungsstätte

Die Ausbildenden haben die Auszubildenden auch für die Teilnahme an Ausbildungsmaßnahmen außerhalb der Ausbildungsstätte freizustellen (§ 15 Satz 2 BBiG). Diese Freistellungspflicht besteht für solche Ausbildungsmaßnahmen, die in der Ausbildungsordnung oder im Ausbildungsvertrag vorgesehen sind oder ansonsten notwendig sind, weil in der Ausbildungsstätte die erforderlichen beruflichen Fertigkeiten, Kenntnisse und Fähigkeiten nicht in vollem Umfang vermittelt werden können (vgl. § 27 Rn. 11).   **18**

Die Ausbildenden müssen die Auszubildenden in dem **Umfang** von der betrieblichen Ausbildung freistellen, die zeitlich für die Teilnahme an der Ausbildungsmaßnahme außerhalb der Ausbildungsstätte erforderlich ist. Neben der reinen Ausbildungszeit erstreckt sich die Freistellungspflicht wie beim Berufsschulbesuch (vgl. Rn. 10 f.) auch auf notwendige Nebenzeiten, insbesondere **Wegezeiten**.[12]   **19**

Bei **Minderjährigen** gilt ergänzend § 10 Abs. 1 Nr. 1 JArbSchG. Danach besteht eine Freistellungspflicht für die Teilnahme an Ausbildungsmaßnahmen, die aufgrund öffentlich-rechtlicher oder vertraglicher Bestimmungen außerhalb der Ausbildungsstätte durchzuführen sind. Öffentlich-rechtliche Bestimmungen finden sich in der jeweiligen Ausbildungsordnung oder in Regelungen der zuständigen Stelle gemäß § 9 BBiG. Entsprechende vertragliche Bestimmungen kann der Ausbildungsvertrag enthalten; diese können aber außerhalb des Ausbildungsvertrags zwischen Ausbildenden und Auszubildende vereinbart sein. Findet eine Ausbildungsmaßnahme, für die Minderjährige gemäß § 10 Abs. 1 Nr. 1 JArbSchG freizustellen sind, an einem Samstag statt, ist die Zeit der Teil-   **20**

---

12 *Leinemann/Taubert* BBiG § 15 Rn. 25.

nahme dem Minderjährigen nach Maßgabe des § 10 Abs. 2 Satz 1 Nr. 1 und Satz 2 JArbSchG ohne Entgeltausfall auf seine Arbeitszeit anzurechnen.[13]

5. Anrechnung der Freistellungszeiten auf die betriebliche Ausbildungszeit

21 § 15 BBiG regelt nur die Freistellungspflicht, nicht aber die Anrechnung der Freistellungszeiten auf die betriebliche Ausbildungszeit. Für Minderjährige enthält § 9 JArbSchG eine Anrechnungsvorschrift. Diese galt gemäß § 9 Abs. 4 JArbSchG a. F. auch für volljährige berufsschulpflichtige Auszubildende. Seit dem Außerkrafttreten von § 9 Abs. 4 JArbSchG zum 1.3.1997 fehlt es an einer **Anrechnungsregelung** für volljährige Auszubildende. Das könnte dazu führen, dass der volljährige Auszubildende neben der Berufsschule noch die volle Ausbildungszeit im Betrieb (im Rahmen der tariflichen oder gesetzlichen Höchstgrenzen) zu absolvieren hätte. Dabei würde jedoch übersehen, dass schon aus Gründen des Gesundheitsschutzes eine Begrenzung der Gesamtausbildungszeit notwendig ist und aufgrund des »dualen Systems« die Berufsschulzeiten als Teil der Berufsausbildung gelten. Rechtssystematisch ist insofern das Zusammenspiel von Freistellungspflicht (§ 15 BBiG) und Vergütungspflicht für Zeiten der Freistellung (§ 19 BBiG) zu beachten, woraus geschlussfolgert werden kann, dass die Zeiten der Freistellung (die zu vergüten sind) auf die betriebliche Ausbildungszeit anzurechnen sind.

22 Das *BAG* hat deshalb zu Recht angenommen, dass aus der Freistellungs- und Vergütungspflicht bei Überschneidungen von Zeiten des Besuchs der Berufsschule und betrieblicher Ausbildung folgt, dass der Besuch des Berufsschulunterrichts der betrieblichen Ausbildung vorgeht. Dies bedeutet zugleich die **Ersetzung der Ausbildungspflicht** im Betrieb, so dass eine **Nachholung** der so ausfallenden betrieblichen Ausbildungszeiten von Gesetzes wegen **ausgeschlossen** ist.[14]

23 Da eine Nachholung der Freistellungszeiten ausgeschlossen ist, müssen diese folglich auch auf die betrieblichen Ausbildungszeiten angerechnet worden, ansonsten würde es faktisch doch zu einer Nachholung kommen. Weil die Freistellung von der betrieblichen Ausbildung neben der Zeit des Berufsschulunterrichts auch die Zeiträume umfasst, in denen der Auszubildende zwar nicht am Berufsschulunterricht teilnehmen muss, aber wegen des Schulbesuchs aus tatsächlichen Gründen gehindert ist, im Ausbildungsbetrieb an der betrieblichen Ausbildung teilzunehmen, sind auch diese auf die betriebliche Ausbildungszeit anzurechnen. Dies betrifft insbesondere die Zeiten des notwendigen Verbleibs an der Berufsschule während der unterrichtsfreien Zeit (Pausen und sonstige Übergangszeiten) und die notwendigen Wegezeiten zwischen Berufsschule und Ausbildungsbetrieb.[15]

24 Damit ist aber noch nicht gesagt, in welchem Umfang eine **Anrechnung der Berufsschulzeiten auf die betriebliche Ausbildungszeit** stattfindet, insbesondere im Hinblick auf tarifliche Regelungen, die eine kürzere Wochenarbeitszeit vorsehen als die gesetzlichen Höchstarbeitszeiten. Das führt zu folgenden Konsequenzen:

---

13 *Leinemann/Taubert* BBiG § 15 Rn. 27.
14 *BAG* 26.3.2001 – 5 AZR 413/99 – AP BBiG § 7 Nr. 1 = DB 2001, 1260 = NZA 2001, 892.
15 *BAG* 26.3.2001 – 5 AZR 413/99 – AP BBiG § 7 Nr. 1 = DB 2001, 1260 = NZA 2001, 892.

Für **Minderjährige** gilt die Anrechnungsvorschrift des § 9 JArbSchG. Danach ist **25** der Jugendliche für die Teilnahme am Berufsschulunterricht freizustellen (das entspricht § 15 BBiG). Zudem darf der Jugendliche gemäß § 9 Abs. 1 Satz 2 Nr. 1 bis 3 JArbSchG aber auch nicht beschäftigt werden, vor einem vor 9 Uhr beginnenden Unterricht (das gilt auch für Personen, die über 18 Jahre alt und noch berufsschulpflichtig sind), an einem Berufsschultag mit *mehr* als fünf Unterrichtsstunden von mindestens je 45 Minuten (*einmal* in der Woche), in Berufsschulwochen mit einem planmäßigen Blockunterricht von mindestens 25 Stunden an mindestens fünf Tagen; zusätzliche betriebliche Ausbildungsveranstaltungen bis zu zwei Stunden wöchentlich sind zulässig. Auf die Arbeits-/Ausbildungszeit werden gemäß § 9 Abs. 2 Nr. 1 bis 3 JArbSchG *angerechnet* Berufsschultage (im Sinne des § 9 Abs. 1 Nr. 2 JArbSchG) mit acht Stunden, Berufsschulwochen (im Sinne des § 9 Abs. 1 Nr. 3 JArbSchG) mit 40 Stunden, im Übrigen die Unterrichtszeit einschließlich der Pausen. Die Anrechnung erfolgt unabhängig davon, ob der Unterricht oder die Schulveranstaltung außerhalb oder während der normalen Arbeitszeit stattfindet.[16] Die Anrechnung erfolgt aber nach der Rechtsprechung des *BAG* nur auf die gesetzliche Höchstarbeitszeit, nicht auf die im Regelfall kürzere tarifliche Arbeitszeit.[17] Abweichende tarifliche Regelungen, die eine Anrechnung auf die tarifliche Arbeitszeit regeln, sind zulässig.

Für **Volljährige** fehlt es seit dem Außerkrafttreten von § 9 Abs. 4 JArbSchG zum **26** 1. 3. 1997 an einer Anrechnungsregelung (vgl. Rn. 21). Das hat zur Folge, dass die Summe der Berufsschulzeiten und der betrieblichen Ausbildungszeiten kalenderwöchentlich größer als die regelmäßige tarifliche wöchentliche Ausbildungszeit sein kann,[18] es sei denn die einschlägige tarifliche Regelung sieht eine Anrechnungsregelung zugunsten der Auszubildenden vor. Auch im Ausbildungsvertrag kann eine Anrechnung und der Umfang der Anrechnung zugunsten der Auszubildenden geregelt werden. Denkbar ist auch eine Anrechnungsregelung in einer Betriebsvereinbarung.

Fehlt es an einer ausdrücklichen Anrechnungsregelung, kann das dazu führen, dass dann, wenn die Dauer des Berufsschulunterrichts an einem bestimmten Tag die an sich zu leistende betriebliche (tarifliche) Ausbildungszeit überschreitet, der Auszubildende den Berufsschulunterricht zu absolvieren hat, aber gleichwohl die zusätzliche Zeit nicht auf die (tarifliche) wöchentliche Ausbildungszeit angerechnet wird.[19] Die Höchstgrenze der Arbeitszeit und damit der Ausbildungszeit ergibt sich aus den gesetzlichen Höchstarbeitszeiten nach dem ArbZG. Diese darf auch nicht durch die Addition der Berufsschulzeiten und der betrieblichen Ausbildungszeit überschritten werden. Anzurechnen auf die gesetzliche (oder tarifliche) Höchstarbeitszeit ist die betriebliche Arbeitszeit ohne Pausen sowie die gesamte notwendige Berufsschulzeit. Zur notwendigen Berufsschulzeit gehören nicht nur die Unterrichtsstunden, sondern auch die Pausen in der Berufsschule und der Weg von der Berufsschule zur betrieblichen Ausbildungsstätte, weil der Auszubildende über diese Zeiten nicht frei disponieren kann, sondern sie ihm durch den Berufsschulunterricht, an dem er teilnehmen muss, vorgegeben ist.

---

16 *Leinemann/Taubert* BBiG § 15 Rn. 35.
17 *BAG* 27. 5. 1992 – 5 AZR 252/91 – AP § 8 JArbSchG Nr. 1 = EzA § 8 JArbSchG Nr. 1 = EzB JArbSchG § 9 Nr. 20 = NZA 1993, 453.
18 *BAG* 26. 3. 2001 – 5 AZR 413/99 – AP BBiG § 7 Nr. 1 = DB 2001, 1260 = NZA 2001, 892.
19 *BAG* 13. 2. 2003 – 6 AZR 537/01 – AP BBiG § 7 Nr. 2 = NZA 2003, 984.

6. Weitergehende Freistellungspflichten neben § 15 BBiG

27 Weitergehende Freistellungsverpflichtungen regelt § 15 BBiG nicht, können sich aber im Rahmen des BBiG – indirekt – aus § 19 BBiG ergeben. Daneben sind für **Minderjährige** die §§ 9 und 10 JArbSchG zu beachten (vgl. Rn. 14, 20). **Einzel- oder kollektivvertragliche Vereinbarungen**, insbesondere in einem Tarifvertrag, die weitergehende Freistellungsregelungen vorsehen, sind zulässig.

28 Freistellungsansprüche aufgrund sonstiger gesetzlicher Regelungen bleiben von § 15 BBiG unberührt. Dies gilt namentlich für den Anspruch auf:
– Erholungsurlaub (§ 3 BUrlG, § 19 JArbSchG),
– Elternzeit (früher: Erziehungsurlaub, §§ 15, 20 BEEG),
– Bildungsurlaub nach den Bildungsurlaubsgesetzen der Länder.

§ 16 Zeugnis

(1) Ausbildende haben den Auszubildenden bei Beendigung des Berufsausbildungsverhältnisses ein schriftliches Zeugnis auszustellen. Die elektronische Form ist ausgeschlossen. Haben Ausbildende die Berufsausbildung nicht selbst durchgeführt, so soll auch der Ausbilder oder die Ausbilderin das Zeugnis unterschreiben.

(2) Das Zeugnis muss Angaben enthalten über Art, Dauer und Ziel der Berufsausbildung sowie über die erworbenen Fertigkeiten, Kenntnisse und Fähigkeiten der Auszubildenden. Auf Verlangen Auszubildender sind auch Angaben über Verhalten und Leistung aufzunehmen.

Inhaltsübersicht   Rn.

1.	Überblick	1
2.	Pflicht zur Zeugniserteilung	6
2.1	Aussteller	8
2.2	Form	11
3.	Zeugnisinhalt	17
3.1	Grundsätze	18
3.2	Mindestinhalt (»einfaches« Zeugnis)	24
3.3	Qualifiziertes« Zeugnis	27
3.3.1	Leistung / Notenskala	30
3.3.2	Verhalten	36
3.3.3	»Schlussformel«	38
3.4	Unzulässige Inhalte	40
4.	Durchsetzung des Zeugnisanspruchs / Berichtigung	43
5.	Schadenersatzansprüche bei Pflichtverletzungen	48
6.	Auskunft über Auszubildende an Dritte	51

1. Überblick

1 Die Vorschrift gilt auch für Berufsausbildungsverhältnisse im **Handwerk**. Entsprechende Vorschriften finden sich in § 630 BGB bzw. für Arbeitsverhältnisse (seit 1.1.2003) in § 109 GewO. § 109 GewO ist gegebenenfalls über § 10 Abs. 2 BBiG ergänzend heranzuziehen.

2 Der Zeugnisanspruch gemäß § 16 BBiG richtet sich gegen den privat-rechtlichen Vertragspartner der Auszubildenden, den Ausbildenden. Unabhängig davon besteht gegenüber der zuständigen Stelle ein Anspruch auf das **Zeugnis über**

die bestandene Abschlussprüfung gemäß § 37 Abs. 2 Satz 1 BBiG (vgl. § 37 Rn. 19 ff.).

Zu unterscheiden ist das »**einfache**« Zeugnis (§ 16 Abs. 2 Satz 1 BBiG) und das **3** »**qualifizierte**« Zeugnis (§ 16 Abs. 2 Satz 2 BBiG). Die Grundlagen für den Zeugnisanspruch (Aussteller, Zeitpunkt und Form) ergeben sich aus § 16 Abs. 1 BBiG.

Das Zeugnis ist für Arbeitnehmer ein wichtiger Faktor in seinem Arbeitsleben, **4** insbesondere für seine berufliche Entwicklung. Für Auszubildende hat das Zeugnis die **Funktion, den Einstieg in das Berufsleben zu ermöglichen**, einen ausbildungsadäquaten Arbeitsplatz zu finden. Mit dem Zeugnis können sich Dritte, die eine Einstellung erwägen, über den Bewerber, die Bewerberin unterrichten. Als Entscheidungsgrundlage für künftige Arbeitgeber hat es insbesondere bei der Vorauswahl der Bewerber und der Einladung zu Vorstellungsgesprächen eine erhebliche Bedeutung.[1]

Bei dem Zeugnis handelt es sich rechtlich um eine sog. **Holschuld**, das heißt der **5** Auszubildende hat es beim Ausbildenden abzuholen.[2] In der Praxis dürfte es sich zumeist so verhalten, dass das Zeugnis dem Auszubildende zugeschickt wird. Der Ausbildende ist rechtlich verpflichtet, das Zeugnis dem Auszubildenden zu übersenden, wenn die Abholung einen unverhältnismäßigen Aufwand verursachen würde.[3]

2. Pflicht zur Zeugniserteilung

Auch ohne ausdrückliches Verlangen sind Ausbildende verpflichtet, den Aus- **6** zubildenden bei Beendigung des Ausbildungsverhältnisses ein Zeugnis auszustellen. Der Verpflichtung der Ausbildenden entspricht ein – einklagbarer – **Anspruch der Auszubildenden auf ein Zeugnis**.[4] Ein Zurückbehaltungsrecht wegen etwaiger Ansprüche gegen den Auszubildenden steht dem Ausbildenden nicht zu.

Der Zeugnisanspruch entsteht »bei Beendigung« des Berufsausbildungsverhält- **7** nisses. Auf die Art und Weise oder den Zeitpunkt kommt es nicht an. Auch bei vorzeitiger (gegebenenfalls auch bei rechtswidriger) Beendigung des Ausbildungsverhältnisses besteht ein Zeugnisanspruch, etwa auch bei einer Kündigung gemäß § 22 BBiG.[5] Der Anspruch besteht auch dann, wenn die Auszubildenden nicht aus dem Betrieb ausscheiden, sondern weiter in einem Arbeitsverhältnis beschäftigt werden. Der Anspruch kann nicht vertraglich ausgeschlossen werden. Eine solche vertragliche Abbedingung des Zeugnisanspruchs wäre gemäß § 25 BBiG unwirksam.

2.1 Aussteller

Schuldner des Zeugnisanspruches ist, da Vertragspartner, der **Ausbildende**. **8** Dieser (bei juristischen Personen der gesetzliche Vertreter) hat das Zeugnis zu erteilen und zu unterschreiben. Die Aufgabe der Zeugniserteilung kann auf

---

1 ErfK / *Müller-Glöge* § 109 GewO Rn. 1.
2 *Leinemann/Taubert* § 16 BBiG Rn. 11.
3 *BAG* 8.3.1995 – 5 AZR 848 / 93 – AP BGB § 630 Nr. 21 = NZA 1995, 671.
4 *Leinemann/Taubert* BBiG § 16 Rn. 2.
5 *Leinemann/Taubert* BBiG § 16 Rn. 9.

Bevollmächtigte übertragen werden, was jedenfalls in größeren Unternehmen die Regel ist.[6]

9 Im Fall der Eröffnung des Insolvenzverfahrens über das Vermögen des Unternehmens, mit dem der Ausbildungsvertrag besteht, hat der **Insolvenzverwalter** das Zeugnis auszustellen, wenn das Berufsausbildungsverhältnis über den Zeitpunkt der Insolvenzeröffnung hinaus fortbesteht. Hat es vorher geendet, hat das Zeugnis der Ausbildende (bzw. das Unternehmen), nicht der Insolvenzverwalter zu erteilen.[7]

10 Hat der Ausbildende die Ausbildung nicht selbst durchgeführt, »**so soll auch**« **der Ausbilder oder die Ausbilderin** das Zeugnis unterschreiben (§ 16 Abs. 1 Satz 3 BBiG). Sowohl die Ausbildenden wie auch die Auszubildenden können die Mitunterzeichnung des Ausbilders / der Ausbilderin verlangen.[8] Der Ausbilder / die Ausbilderin darf die Unterschrift nicht willkürlich, aber in dem Fall verweigern, wenn er / sie den Inhalt des Zeugnisses nicht (inhaltlich) mitverantworten will oder kann.[9] § 16 Abs. 1 Satz 3 BBiG ist eine Sollvorschrift, so das ein Tun zwar für den Regelfall, jedoch dann nicht zwingend vorgeschrieben ist, wenn eine Ausnahmekonstellation vorliegt. Bei **mehreren Ausbildern** soll der vom Ausbildenden mit der Überwachung der Ausbildung beauftragte Ausbilder (Ausbildungsleiter) das Zeugnis mit zu unterschreiben.[10]

2.2 Form

11 Das Zeugnis ist – wie sich nunmehr ausdrücklich aus § 16 Abs. 1 Satz 1 BBiG ergibt – **schriftlich** auszustellen. Für die Schriftform gilt § 126 BGB. Es ist also vom Ausbildenden (bzw. dem Vertreter) eigenhändig zu unterschreiben, meist auch von der zuständigen Ausbilderin oder dem Ausbilder (vgl. Rn. 10). Die »elektronische Form« (§ 126 a BGB) ist – wie § 16 Abs. 1 Satz 2 BBiG klarstellt – ausgeschlossen.

12 Das Zeugnis ist in **deutscher Sprache** abzufassen. Eine Verpflichtung des Ausbildenden, eine englisch- oder französischsprachige Übersetzung beizufügen, besteht nicht. Die entsprechende Regelung gilt nur für das Zeugnis über die bestandene Abschlussprüfung gemäß § 37 Abs. 3 Satz 1 BBiG (vgl. § 37 Rn. 48), nicht aber für das durch den Ausbildenden geschuldete Zeugnis gemäß § 16 BBiG. Mag auch eine entsprechende gesetzliche Verpflichtung nicht bestehen, steht es dem Ausbildenden selbstredend frei, eine solche Übersetzung (auch in eine andere Sprache) von sich aus oder auf Wunsch zur Verfügung zu stellen. In Ausbildungsbetrieben, in denen ohnedies zwei Umgangssprachen gepflegt werden (zum Beispiel in einer deutschen Niederlassung eines US-amerikanischen Konzerns oder in einem Betrieb, der von Immigranten betrieben wird und überwiegend oder ausschließlich einen entsprechenden Kundenstamm hat), dürfte sich dies ohnedies von selbst verstehen.

13 Anzugeben ist das **Ausstellungsdatum** des Zeugnisses. Bei Verzögerungen, die in der Sphäre des Ausbildenden liegen, ist das Datum des letzten Tages des Berufsausbildungsverhältnisses anzugeben. Wurde das Zeugnis **nachträglich**

---

6 ErfK / *Müller-Glöge* § 109 GewO Rn. 3.
7 *BAG* 23. 6. 2004 – 10 AZR 495 / 03 – AP BGB § 630 Nr. 29 = NZA 2004, 1392.
8 *Gedon/Hurlebaus* § 16 BBiG Rn. 18.
9 *Leinemann/Taubert* BBiG § 16 Rn. 6.
10 *Leinemann/Taubert* BBiG § 16 Rn. 6.

berichtigt, ist es auf das ursprüngliche Ausstellungsdatum zurückzudatieren, wenn die verspätete Ausstellung nicht vom Auszubildenden zu vertreten ist.[11]

Das Zeugnis muss als solches in einer **Überschrift** bezeichnet werden, sauber **14** und ordentlich, sinnvollerweise in Maschinenschrift oder auf dem PC geschrieben sein, darf keine Flecken, Radierungen, Verbesserungen, Durchstreichungen oder ähnliches aufweisen. Es darf nicht der Eindruck erweckt werden, der Aussteller distanziere sich vom buchstäblichen Wortlaut seiner Erklärung, wie dies etwa beim Weglassen eines in der Branche oder dem Gewerbe üblichen Merkmals oder Zusatzes oder bei der Benutzung sonst nicht üblicher Formulare der Fall wäre.[12] Das Zeugnis ist auf dem **Geschäftsbogen** des Ausbildungsunternehmens zu erstellen.[13]

Übertriebene Anforderungen an die **Zeugnisästhetik** (zum Beispiel Wahl eines **15** besonderen Papiers, einer besonderen Schriftart, eines bestimmten Papierformats) sind nicht anzuerkennen. Nicht ins Gewicht fallende Unvollkommenheiten des Zeugnisses hat der Auszubildende hinzunehmen, ebenso Rechtschreibmängel, sofern nicht negative Auswirkungen auf seine Bewerbungsaussichten zu erwarten sind.[14] Ein Rechtsanspruch auf ein ungefaltetes Zeugnis besteht zwar nicht,[15] es gebietet aber die Höflichkeit, den Auszubildenden nicht ein mehrfach geknicktes Zeugnis anzudienen.

Das Zeugnis muss klar und verständlich formuliert sein. Dieser Grundgedanke **16** ist für Arbeitsverhältnisse in § 109 Abs. 2 Satz 1 GewO ausdrücklich normiert und ist auch für Berufsausbildungsverhältnisse gemäß § 10 Abs. 2 BBiG anzuwenden (vgl. § 10 Rn. 38). Ebenso ist auch § 109 Abs. 2 Satz 2 GewO heranzuziehen. Danach darf das Zeugnis keine Merkmale oder Formulierungen enthalten, die den Zweck haben, eine andere als aus der äußeren Form oder aus dem Wortlaut ersichtliche Aussage über den Arbeitnehmer (hier: den Auszubildenden) zu treffen. So genannte **Geheimzeichen** oder **Geheimcodes** (vgl. Rn. 40 ff.) sind unzulässig. Die Benutzung bestimmter Zeichen, eines besonderen Papiers, einer besonderen Tinte oder Farbe, einer bestimmten Schrift oder eines besonderen Stempels ist daher ebenso unzulässig wie die doppeldeutige Hervorhebung einzelner Textstellen durch Unterstreichung, Benutzung von Anführungs-, Frage- oder Ausrufungszeichen. Zum Beispiel soll ein senkrechter Strich links von der Unterschrift des Ausstellers auf die Mitgliedschaft des Beurteilten in der Gewerkschaft hindeuten.[16]

3. Zeugnisinhalt

Zu unterscheiden ist das »**einfache**« Zeugnis (§ 16 Abs. 2 Satz 1 BBiG) und das **17** »**qualifizierte**« Zeugnis (§ 16 Abs. 2 Satz 2 BBiG). Die Mindestangaben gemäß § 16 Abs. 2 Satz 1 BBiG hat jedes Zeugnis zu enthalten. Ein qualifiziertes Zeugnis im Sinne des § 16 Abs. 2 Satz 2 BBiG ist nur »auf Verlangen« der Auszubildenden zu erteilen. Unabhängig davon, ob ein einfaches oder qualifiziertes Zeugnis zu erteilen ist, gelten für die Zeugniserteilung bestimmte Grundsätze.

---

11 *BAG* 9.9.1992 – 5 AZR 509/91 – AP BGB § 630 Nr. 19 = NZA 1993, 698.
12 ErfK/*Müller-Glöge* § 109 GewO Rn. 14 m.w.N.
13 *BAG* 3.3.1993 – 5 AZR 182/92 – AP BGB § 630 Nr. 20 = NZA 1993, 219.
14 ErfK/*Müller-Glöge* § 109 GewO Rn. 15.
15 *BAG* 21.9.1999 – 9 AZR 893/98 – AP BGB § 630 Nr. 23 = NZA 2000, 257.
16 ErfK/*Müller-Glöge* § 109 GewO Rn. 16.

3.1 Grundsätze

18 Es obliegt dem Ausbildenden, das Zeugnis zu formulieren.[17] Deshalb liegt die **Wortwahl** bei der Zeugnisformulierung im Ermessen des Ausstellers, es ist jedoch der **wohlwollende Maßstab** eines verständigen Ausbildenden anzulegen, denn das Zeugnis hat die Funktion, dem Auszubildenden im beruflichen Fortkommen zu helfen.[18] Die vertragliche Rücksichtnahmepflicht (§ 241 Abs. 2 BGB) verlangt **Zurückhaltung bei ungünstigen Tatsachen.**

19 Bei der Darstellung der Fertigkeiten, Kenntnisse und Fähigkeiten des Auszubildenden (einfaches Zeugnis) wie auch bei der Bewertung von Verhalten und Leistung (qualifiziertes Zeugnis) ist **die gesamte Vertragsdauer** zugrunde zu legen. Deshalb haben einzelne Vorfälle, seien sie positiv oder negativ, in ihrer Bedeutung zurückzutreten und dürfen nicht hervorgehoben werden, wenn sie die Gesamtleistung und Gesamtführung nicht beeinflusst haben.[19]

20 Von besonderer Bedeutung ist der **Grundsatz der Vollständigkeit des Zeugnisses.** Das Zeugnis soll einerseits zugunsten der Auszubildenden formuliert sein, weil es diesen als Bewerbungsunterlage dient, andererseits Dritte, die die Einstellung des Zeugnisinhabers erwägen, möglichst objektiv über den Auszubildenden unterrichten. Das Zeugnis muss deshalb alle wesentlichen Tatsachen und Bewertungen enthalten, die für die Gesamtbeurteilung des Auszubildenden von Bedeutung und für Dritte (künftige Arbeitgeber) von Interesse sind.[20] Zu verlangen ist ein individuell abgefasster Text, der konkret auf die Person des zu Beurteilenden zugeschnitten ist und sich nicht in Textbausteinen oder Allgemeinplätzen erschöpft.

21 Da die Formulierung des Zeugnisses dem Ausbildenden obliegt, ist er einerseits frei bei seiner Entscheidung, welche Leistungen und Eigenschaften des Auszubildenden er mehr hervorheben oder zurücktreten lassen will,[21] andererseits muss das Zeugnis **ausgewogen** sein und die Leistungen des Auszubildenden **angemessen** darstellen, letztlich soll es dem beruflichen **Fortkommen** des ehemaligen Auszubildenden **dienen** und nach Möglichkeit nicht verhindern. Beschreibt das Zeugnis etwa ausführlich die dem Auszubildenden übertragenen Tätigkeiten, muss es sich (beim qualifizierten Zeugnis) entsprechend auch ausführlich zu seinen Leistungen äußern. Andernfalls könnte der Eindruck entstehen, der Auszubildende habe sich bemüht, aber im Ergebnis nichts geleistet. Das gilt insbesondere, wenn nach einer sehr ausführlichen Tätigkeitsbeschreibung abschließend nur die Wendung folgt, der Auszubildende habe »die ihm übertragenen Aufgaben mit großem Fleiß und Interesse ausgeführt«.[22] Das Zeugnis ist **wohlwollend zu fassen.**[23] Das Zeugnis soll die für das Ausbildungsverhältnis **typischen Verhältnisse** nachzeichnen.[24] Einmalige Vorfälle oder Um-

---

17 *BAG* 23.9.1992 – 5 AZR 573/91 – EzA BGB § 630 Nr. 16, *BAG* 29.7.1971 – 2 AZR 250/70, AP BGB § 630 Nr. 6.

18 ErfK/*Müller-Glöge* § 109 GewO Rn. 17, 27.

19 ErfK/*Müller-Glöge* § 109 GewO Rn. 18.

20 ErfK/*Müller-Glöge* § 109 GewO Rn. 19.

21 *BAG* 23.9.1992 – 5 AZR 573/91 – EzA BGB § 630 Nr. 16; *BAG* 29.7.1971 – 2 AZR 250/70, AP BGB § 630 Nr. 6.

22 *BAG* 24.3.1977 – 3 AZR 232/76 – AP BGB § 630 Nr. 12 = EzA BGB § 630 Nr. 9.

23 *BAG* 21.6.2005 – 9 AZR 352/04 – NZA 2006, 104.

24 ErfK/*Müller-Glöge* § 109 GewO Rn. 20.

stände, die für den Auszubildenden, seine Führung und Leistung nicht charakteristisch sind, gehören nicht in das Zeugnis.[25]

Es gilt der **Grundsatz der Zeugniswahrheit**. Entscheidend ist jedoch nicht die **22** subjektive Anschauung des Ausbildenden. Die Angaben müssen objektiv richtig sein. Das Zeugnis muss auch in dem Sinne wahr sein, dass es dort keine Auslassungen enthalten darf, wo der Leser eine positive Hervorhebung erwartet, etwa hinsichtlich der Ehrlichkeit eines Auszubildenden, der mit der Einnahme, Verwaltung von Geld zu tun hatte.[26] Weder Wortwahl noch Satzstellung noch Auslassungen dürfen dazu führen, dass bei Dritten der Wahrheit nicht entsprechende Vorstellungen entstehen.[27] Es ist jedoch nicht zu leugnen, dass hier ein **Spannungsverhältnis** besteht. Der Grundsatz der Wahrheit kann nicht kompromisslos umgesetzt werden, denn er führt vielfach zu Ergebnissen, die sich mit den anderen Grundsätzen des Zeugnisrechts nicht vereinbaren lassen, insbesondere mit der **Pflicht zur wohlwollenden Formulierung** des Zeugnisses.[28]

Ein Zeugnis darf nur Aussagen enthalten, die sich auf **Tatsachen** stützen lassen. **23** Behauptungen, Annahmen oder bloße Verdächtigungen sind zu unterlassen. Die Würdigung ist notwendigerweise subjektiv. Sie darf aber nicht auf Vorurteilen beruhen. Das Zeugnis soll ein objektiv richtiges Urteil fällen.[29] Dabei sollen alle wesentlichen Tatsachen Berücksichtigung finden, die für die Gesamtbeurteilung von Bedeutung und für Dritte von Interesse sind. Das gilt im günstigen wie im ungünstigen Sinn, so dass alle erheblichen Tatsachen, gegebenenfalls auch für den Auszubildenden ungünstige, aufzunehmen sind.[30]

3.2 Mindestinhalt (»einfaches« Zeugnis)

Im Zeugnis ist der oder die Auszubildende mit **Vor- und Familiennamen**, **24** **Geburtsdatum** (gegebenenfalls Geburtsort) und **Wohnort** anzugeben, um Verwechslungen auszuschließen. Das Zeugnis muss die **Anschrift des Ausbildenden** (Geschäftsbogen; vgl. Rn. 14) sowie das **Datum der Ausstellung** (vgl. Rn. 13) enthalten.

Es muss Angaben enthalten über **Art, Dauer und Ziel der Berufsausbildung** **25** sowie über die **erworbenen beruflichen Fertigkeiten, Kenntnisse und Fähigkeiten** der Auszubildenden (§ 16 Abs. 2 Satz 1 BBiG). Die Tätigkeiten, die der Auszubildende im Rahmen seiner Ausbildung auszuüben hatte, und die erworbenen Fertigkeiten, Kenntnisse und Fähigkeiten sind vollständig und gegebenenfalls in chronologischer Reihenfolge aufzuführen. Ein Dritter muss sich anhand des Zeugnisses ein Bild von der absolvierten Ausbildung machen und beurteilen können, welche Tätigkeiten der (ehemalige) Auszubildende im Rahmen eines Arbeitsverhältnisses aufgrund der erworbenen Fertigkeiten, Kenntnisse und Fähigkeiten auszuüben in der Lage ist. Auch erworbene oder sonst vorliegende Spezialkenntnisse sind zu beschreiben. Anfangs- und Enddatum des Berufsausbildungsverhältnisses sind anzugeben.

Kürzere Unterbrechungen der tatsächlichen Ausbildung, etwa durch Krankheit **26**

---

25 *BAG* 21.6.2005 – 9 AZR 352/04 – NZA 2006, 104.
26 *BAG* 29.7.1971 – 2 AZR 250/70 – AP BGB § 630 Nr. 6.
27 ErfK/*Müller-Glöge* § 109 GewO Rn. 22.
28 ErfK/*Müller-Glöge* § 109 GewO Rn. 23.
29 ErfK/*Müller-Glöge* § 109 GewO Rn. 24.
30 ErfK/*Müller-Glöge* § 109 GewO Rn. 24.

und Urlaub, haben unerwähnt zu bleiben. **Längere Unterbrechungen**, wie zum Beispiel durch Elternzeit (Erziehungsurlaub), Wehr- oder Zivildienst oder Freiheitsstrafe, sind wegen des Grundsatzes der Zeugniswahrheit anzugeben.[31]

3.3 »Qualifiziertes Zeugnis«

27 Neben den bereits genannten Angaben (vgl. Rn. 24 ff.) hat der Ausbildende gemäß § 16 Abs. 2 Satz 2 BBiG »**auf Verlangen**« des Auszubildenden auch Angaben über Verhalten und Leistung aufzunehmen (»qualifiziertes Zeugnis«). Verlangt der Auszubildende kein »qualifiziertes« Zeugnis, ist der Ausbildende nur verpflichtet, ihm ein »einfaches« Zeugnis auszustellen. Er darf nicht eigenmächtig ein »qualifiziertes« Zeugnis ausstellen.[32]

28 Dem Ausbildenden steht zwar bei der Bewertung von Verhalten und Leistung ein **Beurteilungsspielraum** zu,[33] doch hat er sich nicht an seinen subjektiven Leistungserwartungen, sondern (objektivierend) an durchschnittlich befähigte vergleichbare Auszubildende zu orientieren.[34] Die Beurteilung muss den gesamten Tätigkeitszeitraum erfassen und darf einzelne Ereignisse nur hervorheben, wenn sie für die Leistung oder das Verhalten des zu beurteilenden Auszubildenden charakteristisch waren. Zudem muss die Beurteilung im Rahmen der Wahrheitspflicht so wohlwollend formuliert sein, dass dadurch der Einstieg des Auszubildenden in das Arbeitsleben oder sein weiteres Fortkommen nicht unnötig erschwert wird.[35]

29 Verlangt ein »belasteter« Auszubildender ein qualifiziertes Zeugnis, muss er gewahr sein, dass auch Nachteiliges zum Ausdruck kommt, insofern trägt er das Risiko für ein »schlechtes« Zeugnis. Auch in einem solchen Fall ist es jedoch geboten, so weit wie möglich den Grundsatz der wohlwollenden Beurteilung zur Anwendung zu bringen. Insbesondere ist die Erwähnung einmaliger Verfehlungen zu unterlassen, weil es um ein **Gesamtbild der Persönlichkeit** geht.[36] Zulässig soll es sein, darauf hinzuweisen, wenn der Auszubildende ein oder gar mehrmals durch die Abschlussprüfung gefallen ist.[37] Dem kann schon deshalb nicht gefolgt werden, weil sich das Zeugnis gemäß § 16 BBiG auf die betriebliche Ausbildung zu beziehen hat, nicht aber auf Erfolg oder Nichterfolg in der Abschlussprüfung. Wobei aufgrund der Daten (Beginn der Ausbildung, Datum des Zeugnisses über die Abschlussprüfung) für jeden Kundigen zu erkennen ist, ob die Abschlussprüfung regulär bestanden worden ist oder nicht.

3.3.1 Leistung/Notenskala

30 Bei der Beurteilung der Leistung erfolgt eine Darstellung der Art und Weise, in der der Auszubildende die ihm übertragenen Aufgaben erledigt hat. Als Einzelmerkmale kommen (je nach Beruf, für den ausgebildet wurde) unter anderem in Betracht die Auffassungsgabe, die Lernwilligkeit, die Leistungsbereitschaft, die

---

31 ErfK/*Müller-Glöge* § 109 GewO Rn. 28; vgl. zur Elternzeit *BAG* 10.5.2005 – 9 AZR 261/04 – NZA 2005, 1237.
32 *Gedon/Hurlebaus* BBiG § 16 Rn. 41.
33 *BAG* 14.10.2003 – 9 AZR 12/03, AP BGB § 630 Nr. 28 = NZA 2004, 843.
34 ErfK/*Müller-Glöge* § 109 GewO Rn. 30.
35 ErfK/*Müller-Glöge* § 109 GewO Rn. 30.
36 *Leinemann/Taubert* BBiG § 16 Rn. 23.
37 *ArbG Darmstadt* 6.4.1967 – 2 Ca 1/67 – BB 1967, 541.

Selbstständigkeit, die Qualität der Arbeit, das Arbeitstempo, die Belastbarkeit, die Eigeninitiative, die Entscheidungsfähigkeit, das Urteils- und Ausdrucksvermögen, der Umgang mit Kunden, wie etwa das Verhandlungsgeschick.[38]

Das Zeugnis muss notwendigerweise eine **zusammenfassende Beurteilung** der Leistung enthalten. Die Schlussnote muss dem Gesamtinhalt des Zeugnisses entsprechen.[39] In der Praxis hat sich eine fünf- oder sechsstufige Notenskala herausgebildet (sehr gut, gut, befriedigend, ausreichend, mangelhaft; die Note ungenügend kommt, da sie quasi keine Bewerbungschancen eröffnet, praktisch nicht vor), weitere Differenzierungen sind nicht ausgeschlossen.[40]   **31**

Dabei drückt die **Note »befriedigend«** an sich eine mittlere Bewertung aus, die einer vollauf durchschnittlichen Leistung entspricht, was an sich nicht als stigmatisierend anzusehen wäre. In der Praxis wird jedoch häufig versucht, eine bessere Beurteilung bescheinigt zu bekommen. Wird etwa im Zeugnis erklärt, der Auszubildende habe die Tätigkeiten »zur Zufriedenheit« erledigt, soll dies eine unterdurchschnittliche, aber ausreichende Leistung ausdrücken.[41] Damit die Bewertung zum »befriedigend« wird, ist ein Zusatz wie »stets«, »immer« oder »jederzeit« erforderlich.[42] Es wird auch vertreten, die Zufriedenheit müsse eine »volle« sein, um der Note »befriedigend« zu entsprechen. Dahinter steht die Vorstellung, der durchschnittliche Auszubildende erbringe seine Tätigkeit zur »vollen Zufriedenheit«. Dementsprechend soll sich eine bessere Note dadurch ausdrücken, dass es auch eine »vollste Zufriedenheit« gibt.[43]   **32**

Durch einen Zusatz wie »stets« wird die »volle Zufriedenheit« zur **»guten«** **Leistung** (»stets zur vollen Zufriedenheit«).[44] Die Spitzenleistung **»sehr gut«** sollte als solche auch bezeichnet werden. In der Praxis wird das meist dahin umschrieben, dass der Auszubildende seine Tätigkeiten »stets zur vollsten Zufriedenheit« erbracht habe.[45]   **33**

Dabei ist darauf zu achten, dass die **Bewertung von Einzelleistungen** sich in der abschließenden **Gesamtbewertung** wiederspiegeln muss. Werden etwa in einem Zeugnis die Einzelleistungen ausnahmslos als »sehr gut« bewertet und wird die Tätigkeit als »sehr erfolgreich« hervorgehoben und findet sich in dem ausführlichen Zeugnis keine einzige Einschränkung, ist damit unvereinbar, wenn abschließend zusammenfassend nur bescheinigt wird, der Auszubildende habe zur »vollen Zufriedenheit« gearbeitet.[46]   **34**

Zusammengefasst ergeben sich folgende Abstufungen:[47] Er/Sie hat die ihm/ihr übertragenen Aufgaben   **35**
– Note »sehr gut«: »stets zu unserer vollsten Zufriedenheit erledigt«, »stets zu unserer vollen Zufriedenheit erledigt und hat unseren Erwartungen in jeder Hinsicht entsprochen«

---

38 ErfK/*Müller-Glöge* § 109 GewO Rn. 40.
39 *BAG* 14.10.2003 – 9 AZR 12/03 – AP BGB § 630 Nr. 28 = NZA 2004, 843; *BAG* 23.9.1992 – 5 AZR 573/91 – EzA BGB § 630 Nr. 16.
40 ErfK/*Müller-Glöge* § 109 GewO Rn. 31 ff. m. w. N.
41 ErfK/*Müller-Glöge* § 109 GewO Rn. 32 m. w. N. aus der Rechtsprechung.
42 *BAG* 14.10.2003 – 9 AZR 12/03 – AP BGB § 630 Nr. 28 = NZA 2004, 843.
43 Kritisch ErfK/*Müller-Glöge* § 109 GewO Rn. 32 f.
44 *BAG* 14.10.2003 – 9 AZR 12/03 – AP BGB § 630 Nr. 28 = NZA 2004, 843.
45 *BAG* 23.9.1992 – 5 AZR 573/91 – EzA BGB § 630 Nr. 16; zusammenfassend, aber kritisch ErfK/*Müller-Glöge* § 109 GewO Rn. 33 m. w. N. aus der Rechtsprechung.
46 *BAG* 23.9.1992 – 5 AZR 573/91 – EzA BGB § 630 Nr. 16.
47 KDZ/*Däubler* KSchR § 109 GewO Rn. 60 ff. m. w. N.

– Note »gut«: »stets zu unserer vollen Zufriedenheit erledigt«
– Note »befriedigend«: »zu unserer vollen Zufriedenheit erledigt«
– Note »ausreichend«: »zu unserer Zufriedenheit erledigt«, »die erbrachten Leistungen gaben zu Beanstandungen keinen Anlass«
– Note »mangelhaft«: »im großen und ganzen zu unserer Zufriedenheit erledigt«
– Note »ungenügend«: »hat sich seinen Aufgaben mit großem Fleiß und Interesse gewidmet«, »hat sich (jede erdenkliche) Mühe geben«, »hat sich im Rahmen seiner Möglichkeiten (Fähigkeiten) engagiert«, »war stets bestrebt gewesen, den Aufgaben gerecht zu werden«; »zu unserer Zufriedenheit zu erledigen versucht«

3.3.2 Verhalten

36 Die für das Berufsausbildungsverhältnis wesentlichen Charaktereigenschaften und Persönlichkeitszüge des Auszubildenden sind in einem qualifizierten Zeugnis zusammenfassend darzustellen. Es ist allein das Verhalten im Berufsausbildungsverhältnis zu bewerten, nicht die sonstige Lebensführung.[48] Auch bei kleineren Auffälligkeiten oder einem einmaligen Fehlverhalten kann zu bescheinigen sein, dass das Verhalten des Auszubildenden »einwandfrei« war, weil es um eine Gesamtbeurteilung geht und deshalb einmalige Vorfälle oder Umstände außer Betracht bleiben müssen.[49] Gab das Verhalten keinerlei Anlass zu Beanstandungen, muss sich dieses positive Moment zusätzlich im Zeugnistext niederschlagen durch Formulierungen wie »immer«, »durchweg« oder »ausnahmslos«.[50]

37 Das Verhalten im Berufsausbildungsverhältnis umfasst auch das Verhalten gegenüber und den Umgang mit Kunden und Geschäftspartnern des Ausbildenden, mit dem Ausbildenden, den Ausbildern, sonstigen Vorgesetzten, anderen Auszubildenden und Arbeitnehmern. Zur Charakterisierung des Verhaltens werden bei mittlerer Bewertung die Begriffe »höflich«, »einwandfrei«, »korrekt« oder »in Ordnung« verwendet. Zur Hervorhebung werden – wie bei der Bewertung der Leistung – Zusätze wie »immer«, »stets« oder »durchweg« (»stets vorbildlich«) oder das Wort »lobenswert« verwendet. Die Herabsetzung wird durch entsprechende Zusätze wie »in der Regel«, »durchaus«, »im Allgemeinen«, »im Großen und Ganzen« oder »zumeist« erreicht. Die Umschreibung »über … ist uns nichts Nachteiliges bekannt geworden« bezeichnet ein unzureichendes Verhalten. Die Beschreibung des Auszubildenden als »anspruchsvoll und kritisch« ist meist als negative Bewertung anzusehen, kann positiv gemeint sein, wenn der Zusammenhang mit dem übrigen Zeugnistext eine positive Bewertung nahelegt.[51]

3.3.3 »Schlussformel«

38 Es ist weithin üblich, Zeugnisse mit der Erklärung besonderen Dankes, des Bedauerns und/oder der Wünsche für die Zukunft abzuschließen. Derartige Schlussformeln wie der Satz »Wir bedauern sein Ausscheiden, danken für die

---

48 ErfK/*Müller-Glöge* § 109 GewO Rn. 43.
49 *BAG* 21.6.2005 – 9 AZR 352/04 – NZA 2006, 104.
50 *BAG* 21.6.2005 – 9 AZR 352/04 – NZA 2006, 104.
51 ErfK/*Müller-Glöge* § 109 GewO Rn. 43.

geleisteten Dienste und wünschen ihm für seinen weiteren Lebensweg alles Gute und (viel) Erfolg« oder kürzer »Wir danken Herrn/Frau … für die gute Zusammenarbeit und wünschen ihm/ihr für die Zukunft alles Gute« können das Zeugnis abrunden, sind aber nach der Rechtsprechung kein rechtlich notwendiger Bestandteil des Zeugnisses. Deshalb soll *kein* Rechtsanspruch auf eine solche »Schlussformel« bestehen.[52] Diese Auffassung wird der Praxis, wie sie sich entwickelt hat, nicht gerecht. Es wird weithin eine solche Schlussformel erwartet. Fehlt sie, werden daraus negative Rückschlüsse gezogen.

Ist die Schlussformel vorhanden, kann sie den sonstigen Zeugnisinhalt bekräf- **39** tigen, andernfalls wird sie ihn abschwächen oder entwerten.[53] Eine vorhandene Schlussformel darf nicht im Widerspruch zum sonstigen Zeugnisinhalt stehen und diesen nicht relativieren.[54] Formulierungen, die erkennen lassen, dass der Ausbildende den Auszubildenden mit der Schlussformel herabsetzen oder andere Aussagen des Zeugnisses relativieren will, sind zu unterlassen, zum Beispiel die Formulierungen »Wir wünschen ihm alles Gute, vor allem Gesundheit«, »für die Zukunft alles nur erdenklich Gute«.[55]

3.4 Unzulässige Inhalte

Unzulässig sind Geheimcodes (vgl. Rn. 16, 42) und alle Angaben zu Umständen, **40** die mit dem Berufsausbildungsverhältnis nichts zu tun haben. Das »außerdienstliche« Verhalten hat also außer Betracht zu bleiben, deshalb dürfen auch Straftaten oder Vorstrafen nicht erwähnt werden, die in keiner Beziehung zum Berufsausbildungsverhältnis stehen. Etwas anderes gilt für **Straftaten**, die im unmittelbaren Zusammenhang mit dem Ausbildungsberuf stehen, gar während der Arbeitszeit begangen worden und nachweisbar sind. Die Erwähnung einer solchen Straftat im Zeugnis hat jedoch zu unterbleiben, wenn sich der Auszubildende nach den Bestimmungen des Bundeszentralregistergesetzes (BZRG) wegen der Geringfügigkeit oder weil die Strafe lange zurückliegt als nicht vorbestraft bezeichnen darf. Ein bloßer Verdacht darf nicht angedeutet werden,[56] ebenso wenig ein Ermittlungsverfahren.[57]

Unzulässig ist die Erwähnung der **Mitgliedschaft im Betriebsrat**/Personalrat **41** oder in der Jugend- und Auszubildendenvertretung (JAV), es sei denn, es wird von dem Zeugnisempfänger gewünscht. Auch die Mitgliedschaft in der Gewerkschaft oder gar die Entfaltung von Aktivitäten in dieser darf nicht, auch nicht verklausuliert, im Zeugnis erwähnt werden.[58]

Unzulässig sind schließlich sog. **Geheimcodes**, mit denen (mit positiven Formulierungen) versteckt negative Aussagen über den Auszubildenden getroffen **42** werden. So steht die Umschreibung, der Auszubildende habe die Aufgaben »in der ihm eigenen Art« erledigt, dafür, dass seine Arbeitsweise uneffektiv war, hat

---

52 *BAG* 20.2.2001 – 9 AZR 44/00 – AP BGB § 630 Nr. 26 = DB 2001, 1674 = NZA 2001, 843.
53 ErfK/*Müller-Glöge* § 109 GewO Rn. 46.
54 *BAG* 20.2.2001 – 9 AZR 44/00 – AP BGB § 630 Nr. 26 = NZA 2001, 843.
55 ErfK/*Müller-Glöge* § 109 GewO Rn. 46.
56 MünchKommBGB/*Henssler* § 630 BGB Rn. 39 m.w.N.
57 *LAG Düsseldorf* 3.5.2005 – 3 Sa 359/05 – DB 2005, 1799.
58 ErfK/*Müller-Glöge* § 109 GewO Rn. 21; *BAG* 19.8.1992 – 7 AZR 262/91 – EzA BGB § 630 Nr. 14 = NZA 1993, 222 zur Erwähnung der Tätigkeit im Personalrat in einer dienstlichen Regelbeurteilung.

er die Tätigkeiten »mit Interesse« ausgeführt, fehlte es am Arbeitserfolg, hat er »im Rahmen seiner Kenntnisse« die Tätigkeiten ausgeübt, waren nur geringe Kenntnisse vorhanden. Eine »genaue Arbeitsweise« umschreibt ein unterdurchschnittliches Arbeitstempo, die »Fähigkeit zu delegieren«, dass der Auszubildende faul war. Wird dem Auszubildenden bescheinigt, er habe sich »für die Interessen der anderen Auszubildenden und Arbeitnehmer engagiert«, darf man darauf schließen, er war Betriebsratmitglied, hat er sich »auch außerhalb des Unternehmens für die Interessen der Arbeitnehmer und Auszubildenden engagiert«, ist er Gewerkschaftsmitglied. Eine »gesellige Art« lässt auf überdurchschnittlichem Alkoholkonsum schließen, »vertrat er immer offen seine Meinungen« soll man annehmen, es habe sich um einen Nörgler oder gar Querulanten gehandelt. »Er war sehr tüchtig und wusste sich gut zu verkaufen« heißt, dass der Auszubildende ein unangenehmer Zeitgenosse und Wichtigtuer war, dem es an Kooperationsbereitschaft fehlte. Wünscht der Ausbildende in der Schlussformel »Gesundheit« soll man auf überdurchschnittliche krankheitsbedingte Fehlzeiten schließen.[59]

4. Durchsetzung des Zeugnisanspruchs/Berichtigung

43 Für den Zeugnisanspruch gilt die regelmäßige **Verjährungsfrist** des § 195 BGB. Diese beträgt drei Jahre. Da die Zeugnisverpflichtung gemäß § 25 BBiG unabdingbar ist, kann der Anspruch auf ein Zeugnis nur ausnahmsweise verwirken, auch wenn er längere Zeit nach dem Ausscheiden nicht geltend gemacht wurde und der Ausbildende mit der Ausstellung des Zeugnisses nicht mehr zu rechnen brauchte.

44 Ist ein Zeugnis erteilt worden, so soll im Arbeitsverhältnis gelten, dass eine **Berichtigung** binnen einer angemessenen Frist geltend gemacht werden müsse, ansonsten sei der Anspruch **verwirkt**.[60] Das mag im Arbeitsverhältnis angängig sein, kann aber für das Ausbildungsverhältnis nicht gelten, weil der Zeugnisanspruch unabdingbar ist (§ 25 BBiG) und es sich bei der Berichtigung letztlich um den Anspruch auf ein richtiges Zeugnis handelt.

45 Tarifliche oder einzelvertragliche **Ausschlussfristen** können für den Zeugnisanspruch nicht gelten, weil es sich um einen höchstpersönlichen Anspruch handelt. Das *BAG* sieht das allerdings möglicherweise anders. Es meint, Ausschlussfristen gelten auch für den Zeugnisanspruch des Arbeitnehmers.[61] Ob das gleichfalls für die Auszubildenden gelten kann, ist bislang vom BAG nicht entschieden. Dagegen spricht die elementare Bedeutung, die das Zeugnis für den Auszubildenden hat und vor allem, dass der Anspruch gemäß § 25 BBiG unabdingbar ist. Der Praxis ist allerdings zu raten, die Erteilung eines Zeugnisses, so es nicht alsbald »freiwillig« erteilt wird, innerhalb kurzer Frist (eines Monats) ausdrücklich vom Ausbildenden schriftlich zu verlangen.

46 Ist das Zeugnis **nicht formgerecht** erteilt (insbesondere nicht unterschrieben), kann der Auszubildende auf die – ordnungsgemäße – Erteilung des Zeugnisses klagen. Zur Erfüllung der Schriftform (§ 16 Abs. 1 Satz 1 BBiG) gehört auch die Unterschrift (vgl. Rn. 11).

---

59 HWK/*Gäntgen* § 109 GewO Rn. 24 ff.; MünchKommBGB/*Henssler* § 630 BGB Rn. 100, jeweils m. w. N.
60 *BAG* 17.2.1988 – 5 AZR 638/86 – NZA 1988, 427 = AP BGB § 630 Nr. 17.
61 *BAG* 4.10.2005 – 9 AZR 507/04 – NZA 2006, 436.

Ist ein Zeugnis erteilt worden, aber aus Sicht des Auszubildenden unrichtig oder **47** nachteilig, kann er verlangen, dass das Zeugnis berichtigt wird, das gilt sowohl hinsichtlich der geschilderten Tatsachen (ausgeführte Tätigkeiten usw.) wie auch bezüglich der Werturteile, vor allem über Leistung und Verhalten des Auszubildenden. Rechtsdogmatisch handelt es sich nicht um eine »Berichtigung«, sondern um die zutreffende Erfüllung des bestehenden Zeugnisanspruchs. Der Zeugnisanspruch wird nur erfüllt durch **Erteilung eines richtigen Zeugnisses**.[62] Macht der Ausbildende geltend, das erteilte Zeugnis sei inhaltlich richtig und er habe demgemäß den Zeugnisanspruch erfüllt, so ist er als Schuldner dafür darlegungs- und beweispflichtig.[63] Hat der Ausbildende im Zeugnis eine gut durchschnittliche Gesamtleistung bescheinigt, so soll indes der Auszubildende die Tatsachen vortragen und beweisen müssen, die eine bessere Schlussbeurteilung rechtfertigen sollen.[64]

5. Schadenersatzansprüche bei Pflichtverletzungen

Entsteht dem Auszubildenden durch die **verspätete Erteilung** eines (ordnungs- **48** gemäßen) Zeugnisses ein Schaden, so kann ein Schadenersatzanspruch des Auszubildenden nach § 286 BGB (Verzug des Schuldners) entstehen.

Entsteht dem Auszubildenden durch eine **unrichtige, unvollständige oder** **49** **sonst fehlerhafte Zeugniserteilung** ein Schaden (zum Beispiel Nichteinstellung bei einem neuen Arbeitgeber), kann er einen Anspruch auf Schadensersatz gegen den Ausbildenden wegen vertraglicher Pflichtverletzung (§ 280 BGB) haben.[65] Der Auszubildende trägt in diesen Fällen aber die Darlegungs- und Beweislast für den Schaden sowie die Rechtswidrigkeit der Pflichtverletzung und das schuldhafte Handeln des Ausbildenden.[66]

Es kann auch ein **Schadenersatzanspruch eines neuen Arbeitgebers** gegenüber **50** dem Ausbildenden entstehen, wenn der Arbeitgeber den (ehemaligen) Auszubildenden in Vertrauen darauf, dass die Angaben im Zeugnis der Wahrheit entsprechen, eingestellt hat und sich herausstellt, diese entsprachen nicht den Tatsachen und wenn dem Arbeitgeber hierdurch ein Schaden entstanden ist. Eine Haftung des Ausbildenden gegenüber dem neuen Arbeitgeber ist in der Rechtsprechung grundsätzlich bejaht worden. Hierzu hat er ausgeführt, dass der Aussteller eines Zeugnisses für einen entstandenen Schaden nach vertraglichen bzw. vertragsähnlichen Grundsätzen haften soll, wenn er nachträglich erkannt habe, dass das Zeugnis grob unrichtig ist und dass ein bestimmter Dritter durch Vertrauen auf dieses Zeugnis Schaden zu nehmen droht.[67] Man muss jedoch sehen, dass es sich jeweils um Extremkonstellationen gehandelt hat (Bescheinigung der »Ehrlichkeit« des Betreffenden, obwohl dieser im erhebli-

---

62 *BAG* 14.10.2003 – 9 AZR 12/03 – NZA 2004, 842; *BAG* 23.9.1992 – 5 AZR 573/91 – EzA BGB § 630 Nr. 16.

63 *BAG* 23.9.1992 – 5 AZR 573/91 – EzA BGB § 630 Nr. 16.

64 *BAG* 14.10.2003 – 9 AZR 12/03 – AP BGB § 630 Nr. 28 = NZA 2004, 843; ausführlich zur Darlegungs- und Beweislast ErfK/*Müller-Glöge* § 109 GewO Rn. 80 ff.

65 *BAG* 26.2.1976 – 3 AZR 215/75 – AP BGB § 252 Nr. 6.

66 *BAG* 24.3.1977 – 3 AZR 232/76 – AP BGB § 630 Nr. 12.

67 *BGH* 15.5.1979 – VI ZR 230/76 – AP BGB § 630 Nr. 13; HWK/*Gäntgen* § 109 GewO Rn. 45. ErfK/*Müller-Glöge* § 109 GewO Rn. 72, meint dagegen zu Recht, der Rechtsprechung könne nicht gefolgt werden.

chen Umfang Geld unterschlagen oder entwendet hatte). Für den »Normalfall« dürfte eine Haftung des Ausbildenden ausscheiden.

6. Auskunft über Auszubildende an Dritte

51 Der Ausbildende ist **auf Verlangen des Auszubildenden** verpflichtet, an Dritte Auskünfte über den ausgeschiedenen Auszubildenden, insbesondere über Leistung und Führung zu geben, wenn der Auszubildende ein berechtigtes Interesse daran hat (wie etwa bei Bewerbungen bei anderen Arbeitgebern). Der Ausbildende kann sich nicht darauf zurückziehen, er habe ein Zeugnis erteilt.[68] Das ist insofern unproblematisch, weil insoweit die Initiative zur Auskunftserteilung vom (ehemaligen) Auszubildenden selbst ausgeht.

52 Problematischer ist, ob der Ausbildende auch berechtigt ist, **Auskünfte an Dritte ohne Einverständnis** des (ehemaligen) Auszubildenden zu erteilen. Das wird wohl überwiegend angenommen, unter der Voraussetzung, dass die Auskünfte wahrheitsgemäß sind und sich auf Leistung und Verhalten beschränken und wenn der Dritte an der Auskunft ein berechtigtes Interesse hat, was aber bereits bei Vorliegen einer Bewerbung anzunehmen ist. In dem Fall dürfen in der Auskunft auch für den Auszubildenden ungünstige Tatsachen mitgeteilt werden.[69] Dieser Auffassung kann nicht gefolgt werden. Vielmehr ist eine Auskunft des Ausbildenden über den Auszubildenden an einen Dritten grundsätzlich nur mit (vorheriger) **Zustimmung des Auszubildenden** zulässig.[70]

53 Geht man davon aus, dass der Ausbildende Auskünfte erteilen darf, so ist er jedenfalls verpflichtet, dem Auszubildenden auf Verlangen über den Inhalt der Auskunft zu unterrichten und den Inhalt einer schriftlichen Auskunft in Kopie vorzulegen.[71] Zudem wird man davon auszugehen davon, dass das **Recht zur Auskunftserteilung allenfalls kurz nach Beendigung des Berufsausbildungsverhältnisses** besteht, nicht aber mehr nach längerer Zeit. In diesen Fällen ist auf das Zeugnis zu verweisen. Davon abgesehen, kann sich der Ausbildende gegenüber dem Auszubildenden verpflichten, keine Auskünfte zu erteilen.[72]

54 Entsteht dem Auszubildenden durch eine **unrichtige, unvollständige oder sonst fehlerhafte Auskunft**, die der Ausbildende rechtswidrig und schuldhaft erteilt hat, ein Schaden (zum Beispiel Nichteinstellung bei einem neuen Arbeitgeber), kann er einen Anspruch auf **Schadensersatz** wegen nachwirkender vertraglicher Pflichtverletzung (§ 280 BGB) haben. Gegebenenfalls besteht auch ein Anspruch auf Unterlassung von bestimmten Behauptungen Dritten gegenüber, der im Wege der Klage geltend gemacht werden kann. Der Auszubildende trägt in diesen Fällen aber die Darlegungs- und Beweislast für die Unrichtigkeit der Auskunft.

---

68 *BAG* 25.10.1957 – 1 AZR 434/55 – AP BGB § 630 Nr. 1.

69 *BAG* 5.8.1976 – 3 AZR 491/75 – AP BGB § 630 Nr. 10; *BAG* 18.12.1984 – 3 AZR 389/83 – NZA 1985, 811 = AP BGB § 611 Persönlichkeitsrecht Nr. 8.

70 Zu Recht kritisch im Ergebnis auch KDZ/*Däubler* KSchR § 109 GewO Rn. 99 ff.; ErfK/ *Müller-Glöge* § 109 GewO Rn. 61.

71 *BGH* 10.7.1959 – VI ZR 149/58 – AP BGB § 630 Nr. 2.

72 Einschränkend für den öffentlichen Dienst *BAG* 15.7.1960 – 1 AZR 496/58 – NJW 1960, 2118.

Unterabschnitt 4
Vergütung

§ 17 Vergütungsanspruch

(1) Ausbildende haben Auszubildenden eine angemessene Vergütung zu gewähren. Sie ist nach dem Lebensalter der Auszubildenden so zu bemessen, dass sie mit fortschreitender Berufsausbildung, mindestens jährlich, ansteigt.
(2) Sachleistungen können in Höhe der nach § 17 Abs. 1 Satz 1 Nr. 4 des Vierten Buches Sozialgesetzbuch festgesetzten Sachbezugswerte angerechnet werden, jedoch nicht über 75 Prozent der Bruttovergütung hinaus.
(3) Eine über die vereinbarte regelmäßige tägliche Ausbildungszeit hinausgehende Beschäftigung ist besonders zu vergüten oder durch entsprechende Freizeit auszugleichen.

Inhaltsübersicht Rn.

1.	Überblick	1
2.	Rechtsanspruch auf eine angemessene Ausbildungsvergütung	
2.1	Rahmenbedingungen	3
2.2	Tarifvertragliche Regelungen der Ausbildungsvergütung	11
2.3	Einzelvertragliche Regelungen der Ausbildungsvergütung	19
2.4	Rechtsfolgen unangemessener Ausbildungsvergütung	26
3.	Vergütungserhöhungen	
3.1	Jährliche Erhöhungen	27
3.2	Sonstige Erhöhungen	29
3.2.1	Anrechung beruflicher Vorbildung	30
3.2.2	Verkürzung der Ausbildungszeit im Einzelfall	31
4.	Sonderzahlungen / Gratifikationen	32
5.	Sachleistungen als Vergütung	47
6.	Zusätzliche Ausbildungszeit (»Mehrarbeit«)	52

1. Überblick

§ 17 BBiG gewährt wegen des besonderen **Schutzbedürfnisses von Auszubil-** **1**
denden kraft Gesetzes einen Anspruch auf eine »**angemessene Vergütung**«,
während im übrigen Arbeitsrecht kein gesetzlicher Anspruch auf eine »angemessene« Vergütung oder Mindestvergütung (Mindestlohn) besteht.[1] § 17 BBiG
gilt auch für die Ausbildung im **Handwerk**. Entsprechende Regelungen gelten
für die **Ausbildung in Krankenpflege-/Gesundheitspflegeberufen** gemäß § 12
Krankenpflegegesetz (KrPflG). Das *BAG* überträgt ausdrücklich die Maßstäbe
des § 17 BBiG auf diesen Bereich.[2]

§ 17 BBiG ist eine Auffangvorschrift, die Rechtsprechung spricht von einer **2**
»**Rahmenvorschrift**« (vgl. Rn. 8), weil in erster Linie die Ausbildungsvergütung
tarifvertraglich geregelt wird und ansonsten den Vertragspartnern aufgegeben
ist, die Höhe der Vergütung zu regeln (vgl. § 11 Abs. 1 Nr. 6 BBiG). § 17 BBiG
regelt eine **Mindesthöhe**, wenn die vertragsautonome Gestaltung zu Lasten der
Auszubildenden versagt, wobei die Mindesthöhe nicht konkret gesetzlich fest-

---

1 Vgl. zur Inhaltskontrolle von Vergütungsvereinbarungen im Arbeitsrecht *Lakies* NZA-RR 2002, 337 ff.
2 *BAG* 19. 2. 2008, 9 AZR 1091 / 06, NZA 2008, 828 = AP BBiG § 17 Nr. 8 = DB 2008, 1684.

gelegt ist. Gegebenenfalls ist im Falle eines Rechtsstreits vom Gericht zu klären, welche Ausbildungsvergütung noch »angemessen« im Sinne des § 17 Abs. 1 BBiG ist. Tatsächlich differiert die Höhe der Vergütung erheblich je nach Branche und Region.[3]

2. Rechtsanspruch auf eine angemessene Ausbildungsvergütung

2.1 Rahmenbedingungen

3 Der Auszubildende hat kraft Gesetzes gemäß § 17 BBiG einen Anspruch auf eine »angemessene« Ausbildungsvergütung. Der Anspruch ist gemäß § 25 BBiG unabdingbar, das heißt der Auszubildende kann darauf nicht rechtswirksam verzichten. Allerdings kann der Anspruch auf die Ausbildungsvergütung im Rahmen der Anwendung von **Ausschlussfristen** (vgl. § 11 Rn. 70 ff.) – soweit sie Anwendung finden – verfallen, wenn er bei Nichtzahlung nicht rechtzeitig geltend gemacht wird. Wie der Anspruch auf Arbeitsentgelt unterliegt der Anspruch auf Ausbildungsvergütung der gesetzlichen **Verjährungsfrist** von drei Jahren (§ 195 BGB).

4 Die Ausbildungsvergütung gehört zu den Einkünften aus nichtselbstständiger Arbeit und unterliegt der **Einkommenssteuerpflicht** (§ 2 Abs. 1 Nr. 4, § 19 EStG), wobei diese durch Abzug vom Arbeitslohn als Lohnsteuer erhoben wird (§ 38 EStG). Die Ausbildungsvergütung unterliegt ferner der **Beitragspflicht** in allen Zweigen der **Sozialversicherung** (Kranken-, Renten-, Pflege- und Arbeitslosenversicherung). Die Beiträge müssen je zur Hälfte vom Auszubildenden und Ausbildenden getragen werden. Der Ausbildende trägt die Beiträge allein, wenn der Auszubildende ein Entgelt erzielt, das auf den Monat bezogen 325 Euro nicht übersteigt (§ 20 Abs. 3 Nr. 1 SGB IV). Wird infolge einmalig gezahlten Arbeitsentgelts die 325-Euro-Grenze überschritten, tragen der Versicherte (Auszubildende) und der Ausbildende den Gesamtsozialversicherungsbeitrag von dem diese Grenze übersteigenden Teil des Arbeitsentgelts jeweils zur Hälfte.

5 Da der Entgeltcharakter der Ausbildungsvergütung nicht im Vordergrund steht, ist diese **nicht pfändbar**, sondern als unpfändbares Erziehungsgeld im Sinne des § 850a Nr. 6 ZPO anzusehen.[4] Die Ausbildungsvergütung kann deshalb weder verpfändet (§ 1274 Abs. 2 BGB) noch abgetreten werden (§ 400 BGB).

6 Die Ausbildungsvergütung hat **drei Funktionen:**[5] Sie soll:
- den Auszubildenden oder den Eltern zur Durchführung der Berufsausbildung eine finanzielle Hilfe sein,
- die Heranbildung eines ausreichenden Nachwuchses an qualifizierten Fachkräften gewährleisten und schließlich
- eine Entlohnung darstellen.

---

3 Vgl. zur Entwicklung der Ausbildungsvergütung seit 1976: *Beicht* WSI-Mitteilungen 1998, 699 ff.; aktuelle Zahlenangaben sind beim Bundesinstitut für Berufsbildung abrufbar, www.bibb.de.

4 *Benecke/Hergenröder* BBiG § 17 Rn. 7; *Leinemann/Taubert* BBiG § 17 Rn. 7.

5 Ständige Rechtsprechung des *BAG*; vgl. nur *BAG* 22.1.2008, 9 AZR 999/06, NZA-RR 2008, 565 = AP BBiG § 17 Nr. 7; *BAG* 15.12.2005, 6 AZR 224/05, AP BBiG § 10 Nr. 15; *BAG* 11.10.1995, 5 AZR 258/94, AP BBiG § 10 Nr. 6 = NZA 1996, 698.

Die Angemessenheit der Ausbildungsvergütung wird der Höhe nach im Gesetz **7**
nicht näher definiert. § 17 Abs. 1 BBiG gibt nur vor, dass die Ausbildungsvergütung angemessen und nach dem Lebensalter des Auszubildenden so zu
bemessen ist, dass sie mit fortschreitender Berufsausbildung, mindestens jährlich, ansteigt. In der Rechtsprechung des *BAG* wird die Ausbildungsvergütung
als angemessen angesehen, wenn sie hilft, die Lebenshaltungskosten zu bestreiten und zugleich eine Mindestentlohnung für die Leistungen des Auszubildenden darstellt.[6]

§ 17 Abs. 1 Satz 1 BBiG enthält eine »**Rahmenvorschrift**«. Zunächst ist es Sache **8**
der Vertragsparteien, die Höhe der Vergütung festzulegen, sofern nicht bei
Tarifbindung beider Parteien oder bei Allgemeinverbindlichkeit (§ 5 TVG) die
tariflichen Regelungen bindend sind (vgl. Rn. 9 ff.). Die Vertragsparteien haben
im Rahmen ihrer vertraglichen Regelung einen Spielraum. Die (gerichtliche)
Überprüfung erstreckt sich darauf, ob die vereinbarte Vergütung die **Mindesthöhe** erreicht, die (noch) als angemessen anzusehen ist.[7] Dabei sind die Interessen beider Vertragspartner abzuwägen und die Umstände des Einzelfalls zu
berücksichtigen. Wichtigster Anhaltspunkt sind die **einschlägigen Tarifverträge**, da anzunehmen ist, dass bei der tariflichen Regelung die Interessen beider
Seiten hinreichend berücksichtigt werden. Ein Tarifvertrag ist dann einschlägig,
wenn beide Vertragsparteien (bei unterstellter Tarifbindung) unter seinen räumlichen, zeitlichen und fachliche Geltungsbereich fallen.[8]

Die Ausbildungsvergütung muss **während der gesamten Ausbildungszeit an** **9**
gemessen sein. Es kommt nicht auf den Zeitpunkt des Vertragsschlusses, sondern
der Fälligkeit der Vergütung an. Die Vergütung steigt mit fortschreitender Berufsausbildung (§ 17 Abs. 1 Satz 2 BBiG). Was angemessen ist, kann sich ändern. Bei
Dauerschuldverhältnissen wie dem Berufsausbildungsverhältnis kann sich die
Prüfung der Angemessenheit nur auf die jeweiligen Zeitabschnitte beziehen.[9]

Die Ausbildungsvergütung ist monatlich geschuldet. § 18 Abs. 1 Satz 1 BBiG **10**
spricht ausdrücklich davon, dass sich die Vergütung nach Monaten bemisst.
Diese monatliche Vergütung ist unabdingbar im Sinne des § 25 BBiG, das heißt
diese ist in jedem Fall zu gewähren. Diese **monatliche Ausbildungsvergütung**
muss der **Höhe nach eindeutig bestimmt sein**.[10] Eine Orientierung der Ausbildungsvergütung am Umsatz oder an der Auftragslage ist unzulässig. Ebenso
unzulässig sind **Zielvereinbarungen**, die die Höhe der Ausbildungsvergütung
davon abhängig machen, dass der Auszubildende innerhalb einer bestimmten
Zeit bestimmte Ausbildungsziele erreichen muss.[11] Zusätzlich zur zwingend zu

---

6 *BAG* 15.12.2005, 6 AZR 224/05, AP BBiG § 10 Nr. 15; *BAG* 8.5.2003, 6 AZR 191/02, AP
   BBiG § 10 Nr. 14 = NZA 2003, 1343; *BAG* 24.10.2002, 6 AZR 626/00, AP BBiG § 10 Nr. 12
   = NZA 2003, 1203; *BAG* 30.9.1998, 5 AZR 690/97, AP BBiG § 10 Nr. 8 = NZA 1999, 265;
   BAG 11.10.1995, 5 AZR 258/94, AP BBiG § 10 Nr. 6; *BAG* 10.4.1991, 5 AZR 226/90, AP
   BBiG § 10 Nr. 3.
7 *BAG* 15.12.2005, 6 AZR 224/05, AP BBiG § 10 Nr. 15; *BAG* 8.5.2003, 6 AZR 191/02, AP
   BBiG § 10 Nr. 14 = NZA 2003, 1343; *BAG* 30.9.1998, 5 AZR 690/97, AP BBiG § 10 Nr. 8 =
   NZA 1999, 265; *BAG* 11.10.1995, 5 AZR 258/94, AP BBiG § 10 Nr. 6; *BAG* 10.4.1991,
   5 AZR 226/90, AP BBiG § 10 Nr. 3.
8 *BAG* 24.10.2002, 6 AZR 626/00, AP BBiG § 10 Nr. 12 = NZA 2003, 1203.
9 *BAG* 25.7.2002, 6 AZR 311/00, AP BBiG § 10 Nr. 11 = EzA BBiG § 10 Nr. 9; *BAG*
   30.9.1998, 5 AZR 690/97, AP BBiG § 10 Nr. 8 = EzA Nr. 4 zu § 10 BBiG.
10 *Benecke/Hergenröder* BBiG § 17 Rn. 8.
11 *Benecke/Hergenröder* BBiG § 17 Rn. 8.

zahlenden monatlichen Ausbildungsvergütung können Zulagen, Sonderzahlungen oder Gratifikationen gezahlt werden (vgl. Rn. 32 ff.).

2.2 Tarifvertragliche Regelungen der Ausbildungsvergütung

11   Weil der Anspruch auf eine angemessene Ausbildungsvergütung gemäß § 25 BBiG unabdingbar ist, gilt die Vorgabe der Angemessenheit nicht nur für einzelvertragliche Vereinbarungen, sondern auch für tarifvertragliche Regelungen. Nach der Rechtsprechung des *BAG* sind aber tarifvertragliche Regelungen der Ausbildungsvergütung stets als angemessen anzusehen.[12] Das folgt aus der im Grundgesetz verankerten **Tarifautonomie** (Art. 9 Abs. 3 GG). Es wird davon ausgegangen, dass die von den Tarifvertragsparteien ausgehandelten Regelungen die Interessen beider Seiten angemessen berücksichtigen.

12   Dem kann in der Regel, aber nicht in jedem Einzelfall gefolgt werden. Es kann durchaus Fälle geben, in denen die tarifvertragliche Regelung der Ausbildungsvergütung unangemessen im Sinne des § 17 Abs. 1 BBiG ist. Tarifvertragliche Regelungen haben zwar die Vermutung der Angemessenheit für sich, nicht aber die Gewähr, dass dem so ist. Je nach Organisationsgrad der Gewerkschaft und sonstiger Durchsetzungskraft in der betreffenden Branche, kann durchaus eine tarifvertragliche Regelung der Ausbildungsvergütung unangemessen niedrig sein. Gegebenenfalls ist auch zu prüfen, ob wirklich ein »Tarifvertrag« im Rechtssinne vorliegt. Das setzt voraus, dass die Gewerkschaft tariffähig, das heißt hinreichend mächtig ist. Das ist insbesondere bei Gewerkschaften mit geringem Organisationsgrad, wie sog. christlichen Gewerkschaften, nicht immer der Fall.

13   **Tarifvertragliche Regelungen** der Ausbildungsvergütung finden **unmittelbar und zwingend** Anwendung bei beiderseitiger **Organisationszugehörigkeit** (§§ 2, 3, 4 TVG). Der Ausbildende muss Mitglied im Arbeitgeberverband und der Auszubildende Gewerkschaftsmitglied sein. Die alleinige Organisationszugehörigkeit des Auszubildenden reicht bei einem **Firmen- oder Haustarifvertrag,** das heißt einem Tarifvertrag, der nur für den entsprechenden Arbeitgeber / Ausbildenden gilt. Entsteht die Tarifbindung erst zeitlich nach Abschluss des Berufsausbildungsvertrags (was in der Praxis häufig der Fall sein wird, weil Auszubildende vor Eintritt in das Berufsleben keiner Gewerkschaft angehören), muss die tarifliche Vergütung (erst) vom Zeitpunkt des Organisationsbeitritts an gezahlt werden.[13] Der Ausbildende darf die Einstellung nicht davon abhängig machen, ob der Bewerber Gewerkschaftsmitglied ist oder nicht. Das folgt aus der durch Art. 9 Abs. 3 GG geschützten Koalitionsfreiheit.[14]

14   Ein Tarifvertrag gilt ferner unmittelbar und zwingend, wenn er gemäß § 5 TVG für **allgemeinverbindlich** erklärt worden ist. Das ist hinsichtlich Ausbildungsvergütungen der Ausnahmefall. Allgemeinverbindliche Tarifverträge über Ausbildungsvergütungen gibt es faktisch nur im Bäcker- und im Friseurhandwerk.

15   Die unmittelbare und zwingende Wirkung der Tarifnormen hat zur Folge, dass die Tarifnormen wie Gesetze auf das Ausbildungsverhältnis einwirken. Das kann zur Folge haben, dass es aufgrund von Tarifänderungen zur Absenkung

---

12 *BAG* 22.1.2008, 9 AZR 999/06, NZA-RR 2008, 565 = AP BBiG § 17 Nr. 7; *BAG* 15.12.2005, 6 AZR 224/05, AP BBiG § 10 Nr. 15; *BAG* 30.9.1998, 5 AZR 690/97, AP BBiG § 10 Nr. 8; *BAG* 11.10.1995, 5 AZR 258/94, AP BBiG § 10 Nr. 6.

13 *Leinemann/Taubert* BBiG § 17 Rn. 13.

14 *BAG* 28.3.2000, 1 ABR 16/99, AP BetrVG 1972 § 99 Einstellung Nr. 27 = NZA 2000, 1294.

der Ausbildungsvergütung kommen kann. Eine **Verschlechterung der tariflichen Ausbildungsvergütung** ist wirksam. Löst ein Tarifvertrag einen anderen ab, gelten von diesem Zeitpunkt an die Regelungen des neuen (des jüngeren) Tarifvertrags. Im Verhältnis zweier gleichrangiger Normen gilt die Zeitkollisionsregel. Es kommt nicht darauf an, ob die jüngeren Regelungen für die Arbeitnehmer/Auszubildenden günstiger oder ungünstiger sind, es sei denn, es würde in unverhältnismäßiger Weise in geschützte Besitzstände der Arbeitnehmer eingegriffen. Das ist bezüglich künftiger Vergütungsansprüche grundsätzlich nicht der Fall.[15]

Die tarifliche Ausbildungsvergütung stellt eine **Mindestvergütung** dar. Einzelvertraglich kann zugunsten des tarifgebundenen Auszubildenden von den tariflichen Sätzen abgewichen werden (**Günstigkeitsprinzip**, § 4 Abs. 3 TVG). Eine Abweichung von den tariflichen Sätzen nach unten zuungunsten der Auszubildenden ist bei Anwendung des Tarifvertrags kraft Tarifbindung im Regelfall unzulässig.   **16**

Bei fehlender Tarifbindung können **einzelvertraglich die tariflichen Regelungen ganz oder teilweise in Bezug genommen werden**.[16] Das ist in der **Praxis** der häufigste Fall der Tarifanwendung. Die tariflichen Regelungen gelten – im Unterschied zur Tarifbindung nach dem TVG – dann nicht wie Gesetze unmittelbar und zwingend, sondern kraft einzelvertraglicher, also freiwilliger, Bindung an die Tarifnormen. Die einzelvertragliche Regelung ist aber ebenfalls bindend für die Partner des Berufsausbildungsvertrags.   **17**

Wie weit die einzelvertragliche Tarifbindung reicht, ist bei unklaren Formulierungen im Vertrag eine Frage der **Auslegung** des Berufsausbildungsvertrags (§§ 133, 157 BGB). So können im Berufsausbildungsvertrag **konkret bezifferte Vergütungssätze** für das jeweilige Ausbildungsjahr mit dem Zusatz ergänzt werden, dass »mindestens die jeweils gültigen Tarifsätze« gelten sollen. Wird in einem solchen Fall nach Vertragsschluss die tarifliche Ausbildungsvergütung gesenkt, verbleibt dem Auszubildenden sein vertraglicher Anspruch auf die (höhere) Ausbildungsvergütung.[17]   **18**

2.3 Einzelvertragliche Regelungen der Ausbildungsvergütung

Eine einzelvertragliche Regelung der Ausbildungsvergütung muss sich unmittelbar an Abs. 1 messen lassen. Die vertragliche Regelung ist nur rechtswirksam, wenn vom Ausbildenden eine »angemessene Vergütung« gewährt wird. Eine Ausbildungsvergütung, die sich an einem entsprechenden **Tarifvertrag** ausrichtet, ist stets als angemessen anzusehen.[18]   **19**

Vertraglich vereinbarte Ausbildungsvergütungen sind im Regelfall jedenfalls dann nicht mehr angemessen, wenn sie die in einem für den Ausbildungsbetrieb   **20**

---

15 *BAG* 13.12.2000, 5 AZR 336/99, Juris.
16 *BAG* 24.10.1984, 5 AZR 615/83, EzB BBiG § 10 Abs. 1 Nr. 37; *LAG Rheinland-Pfalz* 16.6.1982, 2 Sa 121/82, EzB BBiG § 10 Abs. 1 Nr. 33.
17 *BAG* 26.9.2002, 6 AZR 434/00, AP BBiG § 10 Nr. 10 = NZA 2003, 435.
18 *BAG* 18.6.1980, 4 AZR 545/78, AP BGB § 611 Ausbildungsverhältnis Nr. 4; *BAG* 8.12.1982, 5 AZR 474/80, AP BBiG § 29 Nr. 1; *BAG* 11.10.1995, 5 AZR 258/94, AP BBiG § 10 Nr. 6; *BAG* 25.7.2002, 6 AZR 311/00, AP BBiG § 10 Nr. 11; *BAG* 24.10.2002, 6 AZR 626/00, AP BBiG § 10 Nr. 12 = NZA 2003, 1203; *BAG* 8.5.2003, 6 AZR 191/02, AP BBiG § 10 Nr. 14 = NZA 2003, 1343.

einschlägigen Tarifvertrag geregelte Ausbildungsvergütung **um mehr als 20 %** unterschreiten.[19] In **Sonderkonstellationen** gelten Abweichungen (vgl. Rn. 23 ff.). Fehlt eine tarifliche Regelung, sind die **branchenüblichen Sätze** des betreffenden Wirtschaftszweiges zugrunde zu legen.[20]

21 Es kann auch auf die **Empfehlungen der zuständigen Stellen (Kammern)** zurückgegriffen werden. Diese sind zwar nicht verbindlich,[21] jedoch ein wichtiges Indiz für die Angemessenheit der empfohlenen Sätze. Im Einzelfall kann die angemessene Vergütung auch darunter oder – insbesondere bei langer Zeit nicht geänderten Empfehlungen – darüber liegen.[22] Liegt die Ausbildungsvergütung **um mehr als 20 %** unter den Empfehlungen der zuständigen Kammer, so ist zu vermuten, dass sie nicht mehr angemessen im Sinne des § 17 BBiG ist.[23]

22 **Zusammenfassend** gilt für die Angemessenheit der Ausbildungsvergütung: als Vergleichsmaßstab ist auf einschlägige tarifliche Regelungen abzustellen, wenn solche fehlen, auf branchenübliche Sätze oder Empfehlungen der zuständigen Kammern. Eine vertragliche Regelung der Ausbildungsvergütung ist dann nicht mehr angemessen, wenn der jeweils einschlägige **Bezugswert** (Tarifvertrag oder branchenübliche Sätze) **um mehr als 20 % unterschritten** wird. Abzustellen ist dabei auf den Zeitpunkt der Fälligkeit der Ausbildungsvergütung, nicht den Zeitpunkt des Vertragsabschlusses.[24]

23 Von diesen allgemeinen Grundsätzen abweichend hat die Rechtsprechung in **Sonderfällen** eine **weitergehende Abweichung** geduldet. Wird die Ausbildung zu 100 % von der öffentlichen Hand finanziert, sollen auch Vergütungen, die erheblich unter den tariflichen Ausbildungsvergütungen der Ausbildungsbetriebe liegen, noch angemessen im Sinne des § 17 BBiG sein.[25]

24 Bei Ausbildungsverhältnissen, die ausschließlich durch öffentliche Gelder und / oder private Spenden zur **Schaffung zusätzlicher Ausbildungsplätze** finanziert werden und zudem **für den Ausbildenden mit keinerlei finanziellen Vorteilen verbunden** sind, ist die vereinbarte Ausbildungsvergütung nach der Rechtsprechung nicht an der tariflichen geregelten Ausbildungsvergütung zu messen. Entscheidend sei in diesem Fall, ob die Vergütung noch fühlbar zu den Lebenshaltungskosten des Auszubildenden beitragen könne. Das sei auch dann noch zu bejahen, wenn die vereinbarte Vergütung die tarifliche Ausbildungsvergütung deutlich unterschreite.[26] Auch in einem Ausbildungsverhältnis, das durch

---

19 *BAG* 22.1.2008, 9 AZR 999/06, NZA-RR 2008, 565 = AP BBiG § 17 Nr. 7; *BAG* 8.5.2003, 6 AZR 191/02, AP BBiG § 10 Nr. 14 = NZA 2003, 1343; *BAG* 25.7.2002, 6 AZR 311/00, AP BBiG § 10 Nr. 11; *BAG* 11.10.1995, 5 AZR 258/94, AP BBiG § 10 Nr. 6 = NZA 1996, 698; *BAG* 10.4.1991, 5 AZR 226/90, AP BBiG § 10 Nr. 3 = NZA 1991, 773.

20 *BAG* 25.7.2002, 6 AZR 311/00, AP BBiG § 10 Nr. 11; *BAG* 30.9.1998, 5 AZR 690/97, AP BBiG § 10 Nr. 8 = NZA 1999, 265; *BAG* 25.4.1984, 5 AZR 540/82, EzB BBiG § 10 Abs. 1 Nr. 45.

21 *BVerwG* 26.3.1981, 5 C 50/80, BVerwGE 62, 117 = NJW 1981, 2209.

22 *BAG* 25.7.2002, 6 AZR 311/00, AP BBiG § 10 Nr. 11; *BAG* 30.9.1998, 5 AZR 690/97, AP BBiG § 10 Nr. 8 = NZA 1999, 265.

23 *BAG* 30.9.1998, 5 AZR 690/97, AP BBiG § 10 Nr. 8 = NZA 1999, 265.

24 *BAG* 25.7.2002, 6 AZR 311/00, AP BBiG § 10 Nr. 11; *BAG* 30.9.1998, 5 AZR 690/97, AP BBiG § 10 Nr. 8 = NZA 1999, 265.

25 *BAG* 11.10.1995, 5 AZR 258/94, AP BBiG § 10 Nr. 6 = NZA 1996, 698.

26 *BAG* 24.10.2002, 6 AZR 626/00, AP BBiG § 10 Nr. 12 = NZA 2003, 1203; *BAG* 8.5.2003, 6 AZR 191/02, AP BBiG § 10 Nr. 14 = NZA 2003, 1343, in dem letzten Fall betrug die vereinbarte Ausbildungsvergütung 72 % der tariflichen Ausbildungsvergütung.

Lakies

Zuschüsse der Bundesagentur für Arbeit finanziert wird, kann eine Ausbildungsvergütung in Höhe der Leistungssätze noch angemessen sein, selbst wenn das Tarifniveau um 50 % unterschritten wird.[27]

In einem Ausbildungsverhältnis, das vollständig von der Bundesagentur für Arbeit finanziert wird, und das zwischen einer überbetrieblichen Bildungseinrichtung und einem beruflichen **Rehabilitanden** nach § 97 SGB III vereinbart ist (öffentlich finanziertes, dreiseitiges Ausbildungsverhältnis) soll die Nichtanwendung des § 17 BBiG mit der Folge geboten sein, dass *keine* Vergütungsansprüche des auszubildenden Rehabilitanden bestehen.[28] **25**

2.4 Rechtsfolgen unangemessener Ausbildungsvergütung

Ist die vereinbarte Ausbildungsvergütung nicht angemessen im Sinne des § 17 BBiG, ist die Vergütungsvereinbarung gemäß § 25 BBiG unwirksam. Der Ausbildungsvertrag bleibt davon unberührt. Anstelle der unwirksamen vertraglich vereinbarten Vergütung hat der Auszubildende Anspruch auf die angemessene, im Regelfall die tarifliche, Ausbildungsvergütung.[29] Die Ausbildungsvergütung wird in einem solchen Fall auch nicht etwa auf 80 % gekürzt. Eine **geltungserhaltende Reduktion** der vertraglichen Regelung bis zur Grenze dessen, was noch als angemessen anzusehen ist, **ist ausgeschlossen**. Dies würde zu einer Begünstigung der Ausbildenden führen, die dem Schutzzweck des § 17 BBiG widerspräche.[30] **26**

3. Vergütungserhöhungen

3.1 Jährliche Erhöhungen

Die Ausbildungsvergütung ist nach dem Lebensalter der Auszubildenden so zu bemessen, dass sie mit fortschreitender Berufsausbildung, mindestens jährlich, ansteigt (§ 17 Abs. 1 Satz 2). Das Erfordernis der jährlichen Erhöhung bezieht sich auf **Ausbildungsjahre**, nicht auf Kalenderjahre. Die Ausbildungsvergütung muss also im zweiten Ausbildungsjahr gegenüber dem ersten ansteigen und dann noch mal im dritten Ausbildungsjahr. Die **jährliche Steigerung** ist eine Mindestvorgabe. Zugunsten des Auszubildenden können auch kürzere Intervalle vorgesehen werden. Eine Abweichung zum Nachteil des Auszubildenden ist unzulässig. Ein vertraglicher Verzicht auf die jährliche Steigerung wäre gemäß § 25 BBiG unwirksam. **27**

Im Fall der **Verlängerung der Ausbildungszeit** im Einzelfall (vgl. § 8 BBiG) und nach Nichtbestehen der Abschlussprüfung (vgl. § 21 BBiG) besteht kein Anspruch auf eine höhere Ausbildungsvergütung. Die höhere Ausbildungsvergütung für ein weiteres Ausbildungsjahr (zum Beispiel 4. Ausbildungsjahr) ist nur für die Ausbildungsberufe vorgesehen, die von vornherein eine längere als dreijährige Ausbildungszeit haben.[31] **28**

---

27 *BAG* 22.1.2008, 9 AZR 999/06, NZA-RR 2008, 565 = AP BBiG § 17 Nr. 7 = DB 2008, 1326.
28 *BAG* 15.11.2000, 5 AZR 296/99, AP BBiG § 10 Nr. 9 = NZA 2001, 1248; *BAG* 16.1.2002, 6 AZR 325/01, AP BBiG § 10 Nr. 13.
29 *BAG* 25.7.2002, 6 AZR 311/00, AP BBiG § 10 Nr. 11 = EzA BBiG § 10 Nr. 9.
30 *BAG* 25.7.2002, 6 AZR 311/00, AP BBiG § 10 Nr. 11 = EzA BBiG § 10 Nr. 9.
31 *BAG* 8.2.1978, 4 AZR 552/76, AP BBiG § 10 Nr. 1 = EzB BBiG § 10 Abs. 1 Nr. 22.

3.2 Sonstige Erhöhungen

29 Unabhängig von der Pflicht zur jährlichen Erhöhung der Ausbildungsvergütung kann **einzelvertraglich eine Steigerung der Vergütung vereinbart werden**. Häufig ändert sich die Vergütung durch entsprechende **Tarifsteigerungen**. Findet ein entsprechender Tarifvertrag zwingend auf das Ausbildungsverhältnis Anwendung (vgl. Rn. 13), haben die Auszubildenden im Fall der Erhöhung der tariflichen Ausbildungsvergütung einen Anspruch auf die Zahlung. Das gilt auch, wenn einzelvertraglich auf entsprechende Tarifverträge Bezug genommen wird (vgl. Rn. 17). Eine Absenkung der tariflichen Ausbildungsvergütung wirkt sich nur dann zu Lasten des Auszubildenden aus, wenn weder eine »Besitzstandsklausel« im Ausbildungsvertrag vorgesehen ist noch feste Euro-Beträge vereinbart sind, die als Mindestvergütung angesehen werden können (vgl. Rn. 18).

3.2.1 Anrechung beruflicher Vorbildung

30 Bei einer **Anrechnung beruflicher Vorbildung** auf die Ausbildungszeit gemäß § 7 Abs. 1 befindet sich der Auszubildende in einem späteren Ausbildungsabschnitt und hat deshalb Anspruch auf die Vergütung für diesen Ausbildungsabschnitt. Wird zum Beispiel ein ganzes Jahr auf die Ausbildungszeit angerechnet, erhält der Auszubildende bereits ab Beginn des Ausbildungsverhältnisses die Vergütung für das 2. Ausbildungsjahr.[32]

3.2.2 Verkürzung der Ausbildungszeit im Einzelfall

31 Bei einer **Verkürzung der Ausbildungszeit** im Einzelfall durch die zuständige Stelle gemäß § 8 Abs. 1 ändert sich – anders als bei einer Anrechnung beruflicher Vorbildung – der Ausbildungsinhalt nicht. Die Verkürzung führt deshalb *nicht* zu einer Vorverlegung des Ausbildungsbeginns mit der Folge eines früheren Anspruchs auf eine für spätere Zeitabschnitte vorgesehene höhere Ausbildungsvergütung.[33]

4. Sonderzahlungen/Gratifikationen

32 Das Gesetz spricht von der »Vergütung« und meint damit die **monatliche Vergütung**. § 18 Abs. 1 Satz 1 BBiG spricht ausdrücklich davon, dass sich die Vergütung nach Monaten bemisst. Diese monatliche Vergütung ist unabdingbar im Sinne des § 25 BBiG, das heißt diese ist in jedem Fall zu gewähren. **Zusätzlich** zu dieser zwingend zu zahlenden monatlichen Vergütung können sich weitere Vergütungsbestandteile aus einem anwendbaren **Tarifvertrag** ergeben. Üblich ist hier kumulativ oder alternativ die Zahlung eines Urlaubsgeldes, Weihnachtsgeldes oder sonstiger **Sonderzahlungen** (üblich ist auch der Begriff der **Gratifikationen**). Solche Zahlungen können auch, wenn Tarifverträge keine Anwendung finden, **einzelvertraglich vereinbart** werden (auch mündlich oder konkludent, das heißt durch schlüssiges Handeln). Eine gesetzliche Pflicht, zusätzliche Sonderzahlungen zu vereinbaren, besteht nicht. Werden sie aller-

---

32 *BAG* 22.9.1982, 4 AZR 719/79, AP BGB § 611 Ausbildungsverhältnis Nr. 5 = DB 1983, 51 = EzB BBiG § 10 Abs. 1 Nr. 28.
33 *BAG* 8.12.1982, 5 AZR 474/80, AP BBiG § 29 Nr. 1 = EzB BBiG § 10 Abs. 1, Nr. 31.

dings vereinbart, besteht eine bindende vertragliche Vereinbarung, die gegen den Willen des Auszubildenden nicht geändert werden kann. Unter Umständen kann auch durch die mehrmalige Zahlung ein vertraglicher Zahlungsanspruch für die Zukunft entstehen (sog. betriebliche Übung).

Denkbar ist eine vertragliche Vereinbarung auch durch eine sog. Gesamtzusage. **33** Eine **Gesamtzusage** ist die an alle Arbeitnehmer in allgemeiner Form gerichtete Erklärung des Arbeitgebers, zusätzliche Leistungen zu erbringen. Wenn sich aus der Erklärung nicht ausdrücklich etwas anderes ergibt, werden damit in der Regel auch Auszubildende erfasst. Die Arbeitnehmer und Auszubildenden erwerben einen einzelvertraglichen Anspruch auf diese Leistungen, wenn sie die vom Arbeitgeber genannten Anspruchsvoraussetzungen erfüllen.[34] Im Ergebnis bewirkt eine Gesamtzusage dieselbe vertragliche Bindung wie auch ein schriftlicher Ausbildungs- oder Arbeitsvertrag.

Im Unterschied zur Gesamtzusage sind bei der betrieblichen Übung die Ver- **34** tragsbedingungen nicht schriftlich fixiert, sondern ergeben sich aus schlüssigem Handeln. Eine **betriebliche Übung** ist die regelmäßige Wiederholung bestimmter Verhaltensweisen des Arbeitgebers/Ausbildenden, aus denen die Arbeitnehmer und Auszubildenden schließen können, ihnen solle eine Leistung oder eine Vergünstigung auf Dauer gewährt werden. Aus dem Verhalten des Arbeitgebers, das als Willenserklärung zu werten ist, die von dem Arbeitnehmer/Auszubildenden stillschweigend (§ 151 BGB) angenommen wird, erwachsen vertragliche Ansprüche auf die üblich gewordene Leistung oder Vergünstigung. Unerheblich ist, ob der Arbeitgeber mit einem entsprechenden Verpflichtungswillen gehandelt hat. Die Bindungswirkung tritt ein, wenn die Arbeitnehmer/Auszubildenden aufgrund des Verhaltens des Arbeitgebers darauf vertrauen dürfen, die Leistung solle auch für die Zukunft gewährt werden. Will der Arbeitgeber/Ausbildende verhindern, dass der Arbeitnehmer/Auszubildende den Schluss auf einen dauerhaften Bindungswillen zieht, muss ein entsprechender Vorbehalt konkret zum Ausdruck gebracht werden. Da die Vertragsbedingungen, die der betrieblichen Übung zugrunde liegen, vom Arbeitgeber einseitig gesetzt werden und es auf die Form von Allgemeinen Geschäftsbedingungen (AGB) nicht ankommt, findet auch auf solche durch betriebliche Übung gesetzte Arbeitsbedingungen die AGB-Kontrolle Anwendung.[35]

Ein Anspruch aus einer sog. **betrieblichen Übung** entsteht in der Regel nur, **35** wenn eine bestimmte Sonderzahlung drei Jahre hintereinander gewährt wird[36] oder jedenfalls dreimal hintereinander entsprechend dem leistungsbezogenen Anlass (zum Beispiel ein Weihnachtsgeld jeweils im November oder Dezember eines jeden Kalenderjahres). Aufgrund der zeitlichen Begrenzung des Berufsausbildungsverhältnisses kann bei Ausbildungsverhältnissen häufig eine betriebliche Übung nicht entstehen. Wegen der rechtlichen Unterscheidung zwischen Ausbildungs- und Arbeitsverhältnis kann aus der Handhabung bei Arbeitsverhältnissen nicht zwingend eine entsprechende Verpflichtung in Bezug auf die Ausbildungsverhältnisse angenommen werden.

Ist ein Anspruch auf die Gewährung einer Leistung durch betriebliche Übung **36** entstanden (etwa durch jahrelange vorbehaltlose Zahlung eines »Weihnachtsgeldes«), kann diese nicht durch eine sog. »**gegenläufige betriebliche Übung**«

---

34 *BAG* 10.12.2002, 3 AZR 92/02, NZA 2004, 271.
35 *BAG* 5.8.2009, 10 AZR 483/08, NZA 2009, 1105.
36 *BAG* 28.2.1996, 10 AZR 516/95, AP BGB § 611 Gratifikation Nr. 192.

(durch jahrelange Nichtzahlung) beseitigt werden. Dem steht § 308 Nr. 5 BGB entgegen. Der einmal entstandene Anspruch bleibt bestehen, es sei denn, es wird ausdrücklich etwas anderes vertraglich vereinbart.[37]

37 Um mündliche abweichende Vereinbarungen zu verhindern, werden vielfach in Arbeits- oder Ausbildungsverträgen Schriftformklauseln vereinbart, nach denen Änderungen oder Ergänzungen des Vertrags der Schriftform bedürfen. *Beispiel: »Änderungen oder Ergänzung dieses Vertrags sind nur wirksam, wenn sie schriftlich erfolgen.«* Häufig gibt es auch **qualifizierte oder doppelte Schriftformklausel,** durch die auch die Aufhebung der Schriftform wiederum an die Schriftform gebunden werden soll. *Beispiel: »Die Aufhebung, Änderung und Ergänzung dieses Arbeitsvertrags bedürfen der Schriftform. Mündliche Vereinbarungen, auch die mündliche Vereinbarung über die Aufhebung der Schriftform, sind nichtig.«*

38 Solche vorformulierten Schriftformklauseln können jedoch (wie sich aus § 305b BGB ergibt) gerade nicht verhindern, dass durch eine spätere individuelle Vereinbarung die Schriftformklausel aufgehoben wird. Die Individualvereinbarung – gleichgültig ob mündlich, schriftlich oder durch schlüssiges Handeln (konkludent) – hat Vorrang vor der vorformulierten Klausel. Die Vertragsparteien können nämlich einen vereinbarten Formzwang jederzeit wieder aufheben, und zwar auch ohne Beachtung einer Schriftform. Eine stillschweigende Aufhebung ist anzunehmen, wenn die Parteien die Maßgeblichkeit der mündlichen Vereinbarung übereinstimmend gewollt haben. Dies gilt auch dann, wenn sie an den Formzwang nicht gedacht haben.

39 Die auf den Vorrang der Individualabrede gemäß § 305b BGB zielende Argumentation ist dahingehend zu ergänzen, dass einfache wie auch qualifizierte **Schriftformklauseln** schon gemäß § 307 Abs. 1 Satz 1 BGB **unwirksam** sind. Sie benachteiligen den Vertragspartner des Verwenders (hier den Auszubildenden) nämlich insofern unangemessen, weil sie geeignet sind, ihn davon abzuhalten, sich auf die Wirksamkeit von mündlichen Vereinbarungen zu berufen, obwohl diese gemäß § 305b BGB den AGB vorgehen.[38]

40 Der Vorrang der Vertragsänderung durch eine konkludente Vereinbarung gilt auch in Bezug auf eine Anspruchsentstehung durch **betriebliche Übung.** Das *BAG* hat in einer älteren Entscheidung vor Ausweitung der AGB-Kontrolle auf Arbeitsverträge gemeint, dass durch eine qualifizierte oder doppelte Schriftformklausel die Vertragsparteien deutlich machten, dass sie auf die Wirksamkeit ihrer Schriftformklausel besonderen Wert legten.[39] Nunmehr hat aber das BAG erkannt, dass eine solche Schriftformklausel zu weit gefasst und daher gemäß § 307 Abs. 1 Satz 1 BGB unwirksam ist. Sie erweckt beim Arbeitnehmer / Auszubildenden entgegen der Schutzvorschrift des § 305b BGB den Eindruck, auch eine mündliche individuelle Vertragsabrede sei wegen Nichteinhaltung der Schriftform unwirksam.[40] Das bedeutet im Ergebnis, dass vorformulierte **Schriftformklauseln** (seien es einfache oder qualifizierte Klauseln) **unwirksam** sind und eine Anspruchsentstehung durch spätere Vertragsänderungen, auch durch betriebliche Übung, nicht verhindern können.

41 Häufig wird im Zusammenhang mit Sonderzahlungen / Gratifikationen im Ausbildungsvertrag ein »**Freiwilligkeitsvorbehalt**« vereinbart. Mit einer solchen

---

37 *BAG* 18.3.2009, 10 AZR 281/08, NZA 2009, 601.
38 *BAG* 20.5.2008, 9 AZR 382/07, NZA 2008, 1233.
39 *BAG* 24.6.2003, 9 AZR 302/02, NZA 2003, 1145.
40 *BAG* 20.5.2008, 9 AZR 382/07, NZA 2008, 1233.

Lakies

Freiwilligkeitsklausel will sich der Arbeitgeber/Ausbildende vorbehalten, nach freiem Ermessen zu entscheiden, die Zahlung einer Leistung, die er einmalig oder mehrmals erbracht hat (zum Beispiel eine Gratifikation zu Weihnachten), jederzeit wieder einzustellen, ohne ausdrücklich einen Widerruf erklären zu müssen. Der Arbeitgeber will damit jede Vertragsbindung für die Zukunft verhindern. Vertragsrechtlich ist erforderlich, dass sich aus der Vertragsvereinbarung mit hinreichender Deutlichkeit ergibt, dass eine **Leistung ohne Anerkennung einer Rechtspflicht** gewährt werden soll.

Wichtig ist in diesem Zusammenhang vor allem auch die Beachtung des **Transparenzgebots** (§ 307 Abs. 1 Satz 2 BGB). Aus der Aufführung von bestimmten Leistungen unter der Überschrift »Freiwillige soziale Leistungen« folgt allein kein Freiwilligkeitsvorbehalt. Diese Bezeichnung bringt nicht hinreichend deutlich zum Ausdruck, dass keine Rechtspflicht begründet werden soll. Sie kann auch so verstanden werden, dass sich der Arbeitgeber/Ausbildende »freiwillig« zur Erbringung dieser Leistungen verpflichtet, ohne dazu durch Tarifvertrag, Betriebsvereinbarung oder Gesetz gezwungen zu sein. Will ein Arbeitgeber/Ausbildende jede vertragliche Bindung verhindern und sich die volle Entscheidungsfreiheit vorbehalten, so muss er das in seiner Erklärung unmissverständlich deutlich machen.[41] *Beispiel: »Die Zahlung von Gratifikationen und sonstigen zusätzlichen Leistungen erfolgt freiwillig ohne Anerkennung einer Rechtspflicht. Auch bei wiederholter Zahlung entsteht kein Rechtsanspruch für die Zukunft.«* **42**

Erforderlich ist, dass im Arbeitsvertrag unmissverständlich geregelt wird, dass es sich etwa bei einer Sonderzuwendung um eine freiwillige Leistung handelt, die ohne Anerkennung einer Rechtspflicht gezahlt wird.[42] Eine Vertragsklausel, nach der die Zahlung einer Gratifikation unter »Vorbehalt« (ohne nähere Präzisierung) erfolge, ist zu unbestimmt; das ist kein wirksamer Freiwilligkeitsoder Widerrufsvorbehalt. Unwirksam, weil intransparent, sind insbesondere Vertragsklauseln, die Freiwilligkeits- und Widerrufsvorbehalte kombinieren (»die Zahlung erfolgt freiwillig und ist stets widerruflich«).[43] **43**

Ebenso intransparent ist es, eine Sonderzuwendung (etwa Weihnachtsgeld) in einer bestimmten Höhe in einer Vertragsklausel zuzusagen (*Beispiel*: »der Auszubildende erhält eine Weihnachtsgratifikation«, »der Arbeitgeber gewährt ein Weihnachtsgeld«, »der Arbeitgeber zahlt eine Sonderleistung in Höhe von 50 % des Monatsgehalts als Weihnachtsgeld am 1. 12. eines jeden Jahres«) und in derselben oder einer anderen Vertragsklausel die Zahlung als »freiwillig« oder als »freiwillig, stets widerruflich« zu bezeichnen. In dem Fall besteht ein Anspruch des Auszubildenden auf die Zahlung der Sonderzuwendung.[44] **44**

Ist ein Freiwilligkeitsvorbehalt hinreichend klar und verständlich formuliert, ist bei solchen vom Arbeitgeber/Ausbildenden vorformulierten Klauseln zu prüfen, ob sie den Arbeitnehmer/Auszubildenden nicht unangemessen benachteiligen im Sinne des § 307 Abs. 1 BGB. Das *BAG* hat bezüglich einer »**freiwilligen monatlichen Leistungszulage**« die Vereinbarung, dass kein Rechtsanspruch bestehen soll, als unwirksam gewertet mit der Folge, dass ein unbedingter **45**

---

41 *BAG* 19.5.2005, 3 AZR 660/03, NZA 2005, 889.
42 *BAG* 12.1.2000, 10 AZR 840/98, NZA 2000, 944; *BAG* 11.4.2000, 9 AZR 255/99, NZA 2001, 24.
43 *BAG* 30.7.2008, 10 AZR 606/07, NZA 2008, 1173.
44 *BAG* 10.12.2008 – 10 AZR 1/08, NZA-RR 2009, 576; *BAG* 30.7.2008 – 10 AZR 606/07, NZA 2008, 1173.

Rechtsanspruch auf die Zahlung besteht.[45] Freiwilligkeitsvorbehalte bei **Einmal-zahlungen** (wie Gratifikationen) werden vom *BAG* dagegen als zulässig angesehen.[46]

46 Für die Wirksamkeit eines Freiwilligkeitsvorbehalts bei einer Leistung reicht es allerdings nicht aus, dass der Arbeitgeber diese als »**Sonderzahlung**« bezeichnet. Maßgebend ist, dass sie zusätzlich zum laufenden Arbeitsentgelt gewährt wird. Das Erfordernis einer zusätzlichen Leistung ist bei Zahlungen, die aus einem bestimmten Anlass (zum Beispiel einem Jubiläum oder an Weihnachten) oder nur einmal im Jahr erfolgen, in aller Regel erfüllt. Aufgrund der Vielzahl möglicher Fallgestaltungen bei der Zahlung der laufenden Vergütung (die regelmäßig monatlich erfolgt, aber nicht monatlich erfolgen muss) und bei der Gewährung von Sonderzahlungen, die unterschiedliche Ziele verfolgen können und oft jährlich gewährt werden, aber auch mehrmals im Kalenderjahr geleistet werden können, ist eine allgemein gültige Abgrenzung zwischen einer laufenden Zahlung und einer Sonderzahlung allerdings nicht möglich.[47]

5. Sachleistungen als Vergütung

47 Die Ausbildungsvergütung besteht grundsätzlich in Geld. Sie kann aber auch teilweise als Sachleistung vereinbart werden (zum Beispiel Gewährung von Mahlzeiten, Stellung einer Unterkunft), wie § 17 Abs. 2 BBiG klarstellt. Sachbezüge oder Sachleistungen sind alle Zuwendungen des Ausbildenden, die zwar eine geldwerte Leistung darstellen, aber nicht in Geld erbracht werden. Die gewährten Sachleistungen sind – da sie an Stelle der Vergütung in Geld treten – auf die Ausbildungsvergütung anzurechnen. Voraussetzung für die Anrechnung ist, dass Ausbildende und Auszubildende eine entsprechende **Vereinbarung** getroffen haben. Die Anrechnungsbefugnis kann auch tarifvertraglich geregelt sein. Gegen den Willen des Auszubildenden und ohne (tarif-)vertragliche Vereinbarung kann der Ausbildende nicht einseitig anrechnen.[48]

48 Ist eine teilweise Vergütung in Sachleistungen rechtswirksam vereinbart, sind die Sachleistungen in Höhe der nach § 17 Abs. 1 Satz 1 Nr. 4 SGB IV festgesetzten Sachbezugswerte durch die Sachbezugsverordnung (die Werte werden jährlich angepasst) anzurechnen, jedoch nicht über 75 % der Bruttovergütung hinaus. Die Anrechnungsbefugnis ist gemäß § 17 Abs. 2 auf 75 % der Bruttovergütung begrenzt. Mindestens 25 % der Ausbildungsvergütung müssen dem Auszubildenden also in jedem Falle in Geld ausgezahlt werden. Selbst wenn die Sachbezüge diesen Wert überschreiten würden, ist eine abweichende Anrechnungsregelung zu Lasten des Auszubildenden unzulässig. Wird vertraglich eine höhere Anrechnung vereinbart, ist die Anrechnungsklausel wegen § 25 BBiG insgesamt unwirksam, der Berufsausbildungsvertrag bleibt im Übrigen wirksam.[49]

49 Eine geltungserhaltende Reduktion der unwirksamen Anrechnungsklausel kommt wegen des Schutzcharakters des § 17 BBiG zugunsten des Auszubilden-

---

45 *BAG* 25.4.2007, 5 AZR 627/06, NZA 2007, 853.

46 *BAG* 18.3.2009 – 10 AZR 289/08, NZA 2009, 535; *BAG* 21.1.2009 – 10 AZR 219/08, NZA 2009, 310; *BAG* 30.7.2008, 10 AZR 606/07, NZA 2008, 1173.

47 *BAG* 30.7.2008, 10 AZR 606/07, NZA 2008, 1173.

48 *LAG Niedersachsen* 31.10.1973, 6a (6) Sa 263/72, EzB BBiG § 10 Abs. 2 Nr. 1; *Leinemann/Taubert* BBiG § 10 Rn. 33.

49 *Leinemann/Taubert* BBiG § 17 Rn. 37.

den nicht in Betracht, es darf dann gar keine Anrechnung erfolgen. Sachbezüge sind heutzutage eher selten verbreitet, kommen in der Praxis aber durchaus noch vor. Sie beeinträchtigen die Vertragsfreiheit der Auszubildenden insofern, als sie über ihre Vergütung nicht mehr in vollem Umfang frei verfügen können.[50]

Wird den Auszubildenden die Vereinbarung von Sachbezügen als Teil der **50** Vergütung angedient, können sie sich dem in der Praxis häufig nicht entziehen, wenn sie nicht riskieren wollen, dass es gar nicht zum Vertragsabschluss kommt. Deswegen wäre eine weitergehende Einschränkung der Möglichkeit der Vereinbarung von Sachbezügen rechtspolitisch sinnvoll. Im allgemeinen **Arbeitsrecht** ist aufgrund der Neuregelung der Gewerbeordnung zum 1.1.2003 in § 107 Abs. 2 Satz 1 GewO vorgesehen, dass die Arbeitsvertragsparteien Sachbezüge als Teil des Arbeitsentgelts nur vereinbaren können, wenn dies dem **Interesse des Arbeitnehmers** oder der **Eigenart des Arbeitsverhältnisses** entspricht. Bisher gab es eine solche einschränkende Regelung nicht. In der Gesetzesbegründung zur Neuregelung der Gewerbeordnung ist ausgeführt, dass § 107 GewO die Regelung in § 10 (jetzt § 17) BBiG unberührt lasse.[51] Das führt zu einem **Wertungswiderspruch**. Der Ausbildende könnte mit dem rechtlich besonders geschützten Auszubildenden ohne Einschränkung durch dessen Interesse oder die Eigenart des Ausbildungsverhältnisses (Ausbildungsbetriebes) Sachbezüge vereinbaren. Bei einem Arbeitnehmer – gar bei einem leitenden Angestellten – wäre eine solche Vereinbarung nur mit diesen Einschränkungen zulässig.[52]

Im Interesse der durch Art. 12 Abs. 1 GG gesicherten freien Wahl des Ausbil- **51** dungsplatzes führt dies dazu, dass § 17 Abs. 2 BBiG einschränkend auszulegen ist und eine Vereinbarung von Sachbezügen im Ausbildungsverhältnis nur unter den zusätzlichen Voraussetzungen des § 107 Abs. 2 Satz 1 GewO zulässig ist.

6. Zusätzliche Ausbildungszeit (»Mehrarbeit«)

Eine Beschäftigung, die zeitlich über die vereinbarte regelmäßige tägliche Aus- **52** bildungszeit hinausgeht, ist gemäß § 17 Abs. 3 BBiG besonders zu vergüten *oder* durch entsprechende Freizeit auszugleichen. Die regelmäßige tägliche Ausbildungszeit ist im Ausbildungsvertrag zu vereinbaren (vgl. § 11 Rn. 19). Wird diese überschritten, so ist die darüber hinausgehende Zeit als zusätzliche Ausbildungszeit anzusehen. Abzustellen ist nach dem eindeutigen Wortlaut des § 17 Abs. 3 BBiG nicht auf die wöchentliche, sondern auf die regelmäßige »tägliche« Ausbildungszeit.

Häufig wird bei Überschreitung der regelmäßigen täglichen Ausbildungszeit **53** auch von »**Mehrarbeit**« gesprochen. Das ist insofern nicht richtig, weil es nicht um die Erbringung von (zusätzlicher) Arbeitsleistung, sondern um Tätigkeiten geht, die im Zusammenhang mit der Ausbildung stehen. Das folgt schon daraus, dass der Auszubildende nur schuldet, sich ausbilden zu lassen und nur Weisungen folgen muss, die ihm im Rahmen der Berufsausbildung erteilt werden (vgl. § 13 Rn. 9 ff.). Die Anordnung solcher zusätzlichen Ausbildungszeit hat die

---

50 Vgl. auch *BVerfG* 24.2.1992, 1 BvR 980/88, AP GewO § 115 Nr. 5 = BB 1992, 780.
51 BT-Drucksache 14/8796, S. 25.
52 *Bauer/Opolony* BB 2002, 1590, 1593.

Ausnahme zu bleiben und ist nur zulässig, wenn sie unumgänglich ist, um an dem Tag einen bestimmten Teil der Ausbildung zu Ende zu führen. Normale Arbeiten, die nichts mit der Ausbildung zu tun haben, sind nicht erlaubt, zudem muss zwingend eine Ausbildungsperson zugegen sein.

54   Die zusätzliche Ausbildungszeit ist nach der gesetzlichen Vorgabe besonders zu vergüten *oder* durch entsprechende Freizeit auszugleichen. Die besondere **Vergütung** meint, dass diese Ausbildungszeit zusätzlich zu der monatlichen Ausbildungsvergütung zu bezahlen ist. Es ist also die monatliche Ausbildungsvergütung in einen Stundensatz umzurechnen (Bruttomonatsvergütung ./. regelmäßige monatliche Ausbildungsstunden) und dieser mit der Zahl der zusätzlich erbrachten Ausbildungsstunden zu multiplizieren und der sich hieraus ergebende Betrag brutto an den Auszubildenden zu zahlen. Die Zahlung hat mit der »normalen« Ausbildungsvergütung spätestens am letzten Arbeitstag des Monats zu erfolgen, in dem die zusätzliche Ausbildungszeit erbracht worden ist. Eine Zuschlagpflicht ist im BBiG nicht geregelt, kann aber einzelvertraglich vereinbart sein oder sich aus einem anwendbaren Tarifvertrag ergeben.

55   Anstelle der besonderen Vergütung kann der Ausgleich auch durch entsprechende **Freizeitgewährung** erfolgen. Da das Gesetz hier keine weiteren Einschränkungen regelt, ist davon auszugehen, dass der Ausbildende wählen kann, ob er den Ausgleich durch Geldzahlung oder Freizeitgewährung vornimmt. Deshalb wird ein Wahlrecht des Ausbildenden angenommen (§ 262 BGB).[53] Wegen der besonderen Schutzbedürftigkeit von Auszubildenden und deshalb, weil die »Mehrarbeit« die Ausnahme zu sein hat, könnte man allerdings auch vertreten, dass der Auszubildende wählen darf, ob er als Ausgleich für die »Mehrarbeit« Geld oder Freizeit wünscht.

56   Wegen der Fälligkeit der Vergütung im laufenden Kalendermonat (§ 18 Abs. 2 BBiG) muss die Freizeit als Ausgleich für die »Mehrarbeit« auch im laufenden Kalendermonat gewährt werden. Das heißt, dass der Freizeitausgleich grundsätzlich in dem Monat erfolgen muss, in dem auch die zusätzliche Ausbildungszeit erbracht worden ist. Ist das ausnahmsweise nicht möglich, weil die zusätzliche Ausbildungszeit erst am letzten Arbeitstag erbracht worden ist, hat der Freizeitausgleich im darauf folgenden Kalendermonat zu erfolgen.

57   § 17 Abs. 3 BBiG schafft keine Rechtsgrundlage dafür, dass Auszubildende »Mehrarbeit« leisten müssen, sondern regelt nur die Rechtsfolgen. Grundsätzlich ist der Auszubildende nicht zu Leistung von Beschäftigung, die über die Ausbildungszeit hinausgeht, verpflichtet. Deshalb kann die Verweigerung von Mehrarbeit/Überstunden auch keine Kündigung rechtfertigen (vgl. § 22 Rn. 52).

58   Arbeiten, die dem Auszubildenden übertragen werden und die in keinem Sachzusammenhang mit der Ausbildung stehen, sondern einen zusätzlichen Beschäftigungsbedarf im Betrieb abdecken sollen, werden (weil keine Ausbildungszeit) nicht von § 17 Abs. 3 BBiG erfasst. Wenn der Auszubildende diese Arbeiten erbringt (wozu er nicht verpflichtet ist), sind sie als normale Arbeitsleistung so zu vergüten, wie üblicherweise solche Arbeiten vergütet werden (§ 612 Abs. 2 BGB), die Vergütung wird also die Ausbildungsvergütung erheblich überschreiten.[54]

---

53 *Benecke/Hergenröder* BBiG § 17 Rn. 33; *Leinemann/Taubert* BBiG § 17 Rn. 47.
54 *Braun/Mühlhausen/Munk/Stück* BBiG § 10 Rn. 54.

§ 18 Bemessung und Fälligkeit der Vergütung

(1) Die Vergütung bemisst sich nach Monaten. Bei Berechnung der Vergütung für einzelne Tage wird der Monat zu 30 Tagen gerechnet.

(2) Die Vergütung für den laufenden Kalendermonat ist spätestens am letzten Arbeitstag des Monats zu zahlen.

Inhaltsübersicht Rn.

1.	Bemessung der Vergütung	1
2.	Berechnung der Vergütung	3
3.	Auszahlung und Fälligkeit der Vergütung	5

1. Bemessung der Vergütung

Die Vergütung **bemisst sich nach Monaten** (§ 18 Abs. 1 Satz 1 BBiG). Daraus **1** ergibt sich, dass die Ausbildungsvergütung weder als Stunden- oder Schichtlohn vereinbart werden darf noch die Vergütung vom Betriebsergebnis oder sonstigen Umständen abhängig gestaltet werden darf.[1] Die monatliche Ausbildungsvergütung ist unabdingbar im Sinne des § 25 BBiG, das heißt diese ist in jedem Fall zu gewähren und sie muss der Höhe nach eindeutig bestimmt sein (vgl. § 17 Rn. 10).

Zusätzlich zur zwingend zu zahlenden monatlichen Ausbildungsvergütung kön- **2** nen Zulagen, Sonderzahlungen oder Gratifikationen gezahlt werden (vgl. § 17 Rn. 32 ff.). Für solche zusätzlichen Vergütungsbestandteile gilt § 18 BBiG nicht.

2. Berechnung der Vergütung

Die Vergütung bemisst sich grundsätzlich nach vollen Monaten (§ 18 Abs. 1 **3** Satz 1 BBiG). Bisweilen besteht ein Vergütungsanspruch nicht für einen vollen Kalendermonat, wenn etwa das Berufsausbildungsverhältnis vorher endet oder erst zur Monatsmitte beginnt. Bei Berechnung der Vergütung für einzelne Tage **wird der Monat zu 30 Tagen gerechnet** (§ 18 Abs. 1 Satz 2 BBiG). Das gilt aufgrund der gesetzliche Vorgabe auch dann, wenn der Kalendermonat weniger (Februar) oder mehr als 30 Tage hat. Es ist nach der eindeutigen gesetzlichen Vorgabe von Kalender-, nicht von Arbeitstagen auszugehen.

Abweichende Regelungen zuungunsten Auszubildender sind gemäß § 25 BBiG **4** unwirksam. Deshalb darf nicht ein höherer Teiler als 1/30 vereinbart werden. Regelungen zugunsten Auszubildender sind dagegen zulässig. Die Vereinbarung eines kleineren Teilers als 1/30 (zum Beispiel 1/20 oder 1/25) wäre zulässig.[2]

3. Auszahlung und Fälligkeit der Vergütung

Die Vergütung für den laufenden Kalendermonat ist **spätestens am letzten** **5** **Arbeitstag** (nicht Kalendertag) des Monats **zu zahlen** (§ 18 Abs. 2 BBiG). Da die Vergütung spätestens am letzten Arbeitstag »zu zahlen« ist, muss sie dem Auszubildenden an diesem Tag tatsächlich zur Verfügung stehen. Bei unbarer Zahlung (Überweisung auf ein Bankkonto) muss das Geld an diesem Tag bereits

---

1 *Benecke/Hergenröder* BBiG § 18 Rn. 4; ErfK / *Schlachter* BBiG § 18 Rn. 1.
2 *Benecke/Hergenröder* BBiG § 18 Rn. 4; *Leinemann/Taubert* BBiG § 18 Rn. 7.

dem Konto des Auszubildenden gutgeschrieben sein, es reicht nicht, dass der Ausbildende an diesem Tag erst die Überweisung veranlasst. Das Risiko des rechtzeitigen Eingangs der Zahlung hat der Ausbildende zu tragen.[3]

6   Die Vergütung ist an den Auszubildenden zu zahlen, dieser hat den Anspruch auf die Vergütung. Das gilt auch bei **Minderjährigen**. Grundsätzlich sind diese befugt, die Ausbildungsvergütung entgegenzunehmen. Allerdings können die Personensorgeberechtigten, die Ermächtigung des Minderjährigen zum Abschluss des Ausbildungsvertrags hinsichtlich der weiteren Rechtsgeschäfte in der Weise beschränken, dass diese nicht persönlich die Ausbildungsvergütung entgegen nehmen dürfen, sondern diese an die Personensorgeberechtigten zu zahlen ist. In solchen Fällen, muss der Ausbildende die Vergütung an die Personensorgeberechtigten zahlen.[4]

7   Von der gesetzlichen Fälligkeitsregelung abweichende Regelungen zuungunsten Auszubildender sind gemäß § 25 BBiG unwirksam. Unzulässig wäre beispielsweise eine Vereinbarung, nach der die Ausbildungsvergütung erst am 15. des Folgemonats zu zahlen ist. Zulässig, weil zugunsten Auszubildender, wäre es, die Fälligkeit der Ausbildungsvergütung vorzuziehen, so etwa eine Zahlung bereits am 15. für den laufenden Monat. Aus der Fälligkeitsregelung folgt, dass spätestens zu diesem Zeitpunkt die volle Vergütung für den jeweiligen Kalendermonat zu zahlen ist. Das schließt Abschlagszahlungen oder Vorschüsse nicht aus. Eine Zahlung von Restbeträgen erst im Folgemonat oder noch später ist jedoch unzulässig.[5]

8   Erfolgt die Zahlung der Ausbildungsvergütung verspätet, hat der Ausbildende **Verzugszinsen** zu zahlen in Höhe von fünf Prozentpunkten über dem Basiszinssatz der Europäischen Zentralbank (§ 286 Abs. 1, § 286 Abs. 2 Nr. 1, § 288 Abs. 1 BGB).

9   § 18 BBiG regelt nicht die Pflicht zur **Erteilung einer Abrechnung** über die ausgezahlte Vergütung. Diese folgt über § 10 Abs. 2 BBiG aus § 108 GewO.[6] Gemäß § 108 Abs. 1 Satz 1 GewO ist dem Auszubildenden bei Zahlung der Ausbildungsvergütung eine Abrechnung in Textform zu erteilen. Die Abrechnung muss mindestens Angaben über Abrechnungszeitraum und Zusammensetzung der Ausbildungsvergütung enthalten (§ 108 Abs. 1 Satz 2 GewO). Hinsichtlich der Zusammensetzung sind insbesondere Angaben über Art und Höhe der Zuschläge, Zulagen, sonstige Vergütungen, Art und Höhe der Abzüge, Abschlagszahlungen sowie Vorschüsse erforderlich (§ 108 Abs. 1 Satz 3 GewO). Die Verpflichtung zur Abrechnung entfällt, wenn sich die Angaben gegenüber der letzten ordnungsgemäßen Abrechnung nicht geändert haben (§ 108 Abs. 2 GewO).

§ 19 Fortzahlung der Vergütung

(1) Auszubildenden ist die Vergütung auch zu zahlen
1. **für die Zeit der Freistellung (§ 15),**
2. **bis zur Dauer von sechs Wochen, wenn sie**
   a) **sich für die Berufsausbildung bereithalten, diese aber ausfällt oder**

---

3 *Leinemann/Taubert* BBiG § 18 Rn. 14.
4 *Benecke/Hergenröder* BBiG § 18 Rn. 10; *Leinemann/Taubert* BBiG § 18 Rn. 16.
5 *Benecke/Hergenröder* BBiG § 18 Rn. 6.
6 *Benecke/Hergenröder* BBiG § 18 Rn. 2.

b) aus einem sonstigen, in ihrer Person liegenden Grund unverschuldet verhindert sind, ihre Pflichten aus dem Berufsausbildungsverhältnis zu erfüllen.

(2) Können Auszubildende während der Zeit, für welche die Vergütung fortzuzahlen ist, aus berechtigtem Grund Sachleistungen nicht abnehmen, so sind diese nach den Sachbezugswerten (§ 17 Abs. 2) abzugelten.

Inhaltsübersicht   Rn.

1.   Überblick   1
2.   Fortzahlung bei Freistellung (§ 19 Abs. 1 Nr. 1 BBiG)   2
3.   Fortzahlung bei Ausfall der Berufsausbildung (§ 19 Abs. 1 Nr. 2 a) BBiG) .   3
4.   Fortzahlung bei persönlicher Verhinderung (§ 19 Abs. 1 Nr. 2 b) BBiG) . .   6
5.   Fortzahlung im Krankheitsfall und ähnlichen Fällen   7
6.   Fortzahlung bei Urlaub   19
7.   Fortzahlung an Feiertagen   20

1. Überblick

Die Auszubildenden haben in den in § 19 Abs. 1 BBiG genannten Fällen einen **1** **Vergütungsfortzahlungsanspruch**. Kann der Auszubildende während der Zeit, für welche die Vergütung fortzuzahlen ist, aus berechtigtem Grund Sachleistungen nicht abnehmen, so sind diese nach den Sachbezugswerten abzugelten (§ 19 Abs. 2 BBiG). Der Katalog des § 19 BBiG ist **nicht abschließend**, er wird gemäß § 10 Abs. 2 BBiG durch andere arbeitsrechtliche Normen ergänzt. Vergütungsfortzahlung ist insbesondere auch geschuldet während des Urlaubs, an Feiertagen und bei Krankheit (vgl. Rn. 7 ff.) sowie nach den mutterschutzrechtlichen Vorschriften (§§ 11, 16 MuSchG). Der Anspruch auf Vergütungsfortzahlung ist zum Nachteil des Auszubildenden nicht abdingbar (§ 25 BBiG), das heißt, er kann nicht vertraglich ausgeschlossen oder zeitlich oder der Höhe nach begrenzt werden. § 19 BBiG und die anderen Regelungen zur Vergütungsfortzahlung gelten auch für die Ausbildung im **Handwerk**.

2. Fortzahlung bei Freistellung (§ 19 Abs. 1 Nr. 1 BBiG)

Den Auszubildenden ist die Vergütung fortzuzahlen für die Zeit der Freistellung **2** gemäß § 15 BBiG. Welche Fallkonstellationen das sind, ergibt sich aus der Kommentierung des § 15.

3. Fortzahlung bei Ausfall der Berufsausbildung (§ 19 Abs. 1 Nr. 2 a) BBiG)

Den Auszubildenden ist die Vergütung auch zu zahlen **bis zur Dauer von sechs** **3** **Wochen**, wenn sie sich für die Berufsausbildung bereithalten, diese aber ausfällt. Es muss sich um Gründe handeln, die in den **Risikobereich des Ausbildenden** fallen, ohne dass es auf ein Verschulden ankommt. In Betracht kommen insbesondere folgende Konstellationen:[1]

– technische Gründe (zum Beispiel: Maschinenschaden, Stromausfall),
– wirtschaftliche Gründe (zum Beispiel: Auftragsmangel),

---

1 *Braun/Mühlhausen/Munk/Stück* BBiG § 12 Rn. 16.

- personelle Gründe (zum Beispiel: Erkrankung des Ausbildenden oder des Ausbilders),
- behördliche Auflagen (zum Beispiel: Produktionsverbot, Untersagung der Ausbildung),
- sonstige Gründe (zum Beispiel: Zerstörung der Ausbildungsstätte durch Brand oder sonstige Umstände).

4 Problematisch ist das Verhältnis dieser Regelung zu § 615 Satz 3 BGB, der in den Fällen, in denen der Arbeitgeber das Risiko des Arbeitsausfalls trägt, dem Arbeitnehmer einen zeitlich unbeschränkten Anspruch auf die Vergütung einräumt. Die zeitliche Begrenzung der Vergütungsfortzahlung auf die Dauer von sechs Wochen kann jedenfalls in diesen Fällen nicht gelten, weil sonst Auszubildende schlechter stünden als Arbeitnehmer. Das wäre mit § 10 Abs. 2 BBiG nicht vereinbar. Fällt die Ausbildung aus einem Umstand aus, den der Ausbildende zu vertreten hat (sog. es **Betriebs- oder Wirtschaftsrisiko**), haben die betroffenen Auszubildenden einen **zeitlich unbeschränkten Anspruch** auf Vergütungszahlung. Auch bei Nichtausbildung in Folge einer unwirksamen Kündigung durch den Ausbildenden muss § 615 BGB uneingeschränkt Anwendung finden.[2]

5 Der Vergütungsanspruch besteht nur fort, wenn die Auszubildenden sich **für die Berufsausbildung »bereithalten«**. Daran fehlt es, wenn der Auszubildende nicht zur Ausbildung erscheinen kann, zum Beispiel wegen Glatteis, Überschwemmung, behördlicher Fahrverbote, Streik der Verkehrbetriebe. Das sog. **Wegerisiko** liegt bei den Auszubildenden.[3] Erscheint der Auszubildende wegen eines solchen Umstands zu spät oder gar nicht zur Ausbildung, kann die Vergütung für die ausgefallene Zeit gekürzt werden. Das gilt auch, wenn der Auszubildende nicht oder verspätet erscheint wegen eines Umstandes, den er selbst zu vertreten hat, weil er zum Beispiel verschläft.

4. Fortzahlung bei persönlicher Verhinderung (§ 19 Abs. 1 Nr. 2 b) BBiG)

6 Den Auszubildenden ist die Vergütung auch zu zahlen bis zur Dauer von sechs Wochen, wenn sie aus einem sonstigen in ihrer Person liegenden Grund **unverschuldet** verhindert sind, ihre Pflichten aus dem Berufsausbildungsverhältnis zu erfüllen. Diese Regelung entspricht § 616 BGB. Der Unterschied ist, dass der Anspruch nach dem BBiG – anders als nach § 616 BGB – gesetzlich bis zur Dauer von sechs Wochen vorgesehen ist und vertraglich nicht eingeschränkt werden darf (§ 25 BBiG). Im Sinne des § 19 BBiG anerkennenswerte persönliche Gründe der Auszubildenden sind vor allem:[4]

- Arztbesuche, soweit sie nicht außerhalb der normalen Ausbildungszeit erledigt werden können,
- schwerwiegende Erkrankung naher Angehörigen, insbesondere des eigenen Kindes, sofern keine anderweitige Versorgung besteht,
- eigene Hochzeit,
- Niederkunft der Ehefrau,
- Todesfall bei nahen Angehörigen,

---

2 ErfK / *Schlachter* BBiG § 19 Rn. 1.
3 *Leinemann/Taubert* BBiG § 19 Rn. 17.
4 *Braun/Mühlhausen/Munk/Stück* BBiG § 12 Rn. 21.

Lakies

– Wasserschaden in der eigenen Wohnung,
– Vorladung vor Gericht.

5. Fortzahlung im Krankheitsfall und ähnlichen Fällen

Den Auszubildenden ist die Vergütung auch zu zahlen, wenn sie infolge: **7**
– unverschuldeter Krankheit,
– einer Maßnahme der medizinischen Vorsorge oder Rehabilitation,
– einer Sterilisation oder
– eines Abbruchs der Schwangerschaft durch einen Arzt
an der Berufsausbildung nicht teilnehmen können.

Diese Fälle der Vergütungsfortzahlung ergeben sich nicht aus dem BBiG, sondern   **8**
aus dem Entgeltfortzahlungsgesetzes (EFZG), in dessen Anwendungsbereich die
Auszubildenden einbezogen sind (§ 1 Abs. 2 EFZG). Wird ein Auszubildender
durch Arbeitsunfähigkeit infolge Krankheit an seiner Arbeitsleistung verhindert,
ohne dass ihn ein Verschulden trifft, so hat er Anspruch auf Entgeltfortzahlung
im Krankheitsfall durch den Ausbildenden für die Zeit der Arbeitsunfähigkeit **bis
zur Dauer von sechs Wochen** (§ 3 Abs. 1 Satz 1 EFZG). Wird der Auszubildende
infolge derselben Krankheit erneut arbeitsunfähig, so verliert er wegen der erneuten Arbeitsunfähigkeit den Anspruch gemäß § 3 Abs. 1 Satz 1 EFZG für einen
weiteren Zeitraum von höchstens sechs Wochen nicht, wenn er vor der erneuten
Arbeitsunfähigkeit mindestens sechs Monate nicht infolge derselben Krankheit
arbeitsunfähig war oder seit Beginn der ersten Arbeitsunfähigkeit infolge derselben Krankheit eine Frist von zwölf Monaten abgelaufen ist (§ 3 Abs. 1 Satz 2
EFZG). Der Entgeltfortzahlungsanspruch entsteht erst nach vierwöchiger ununterbrochener Dauer des Ausbildungsverhältnisses (§ 3 Abs. 3 EFZG).

Mit der von einem Arzt ausgestellten **Arbeitsunfähigkeitsbescheinigung** kön-   **9**
nen grundsätzlich die Voraussetzungen für den Anspruch auf Vergütungsfortzahlung belegt werden. Die ärztliche Bescheinigung hat die Vermutung der
Richtigkeit für sich. Der Ausbildende, der das Vorliegen einer durch ärztliche
Bescheinigung belegten Arbeitsunfähigkeit bestreiten will, muss Umstände darlegen und gegebenenfalls beweisen, die zu ernsthaften Zweifeln an einer Arbeitsunfähigkeit Anlass geben.[5] Einer Arbeitsunfähigkeitsbescheinigung, die in einem
Land außerhalb der EU ausgestellt wurde, kommt im Allgemeinen der gleiche
Beweiswert zu wie einer in Deutschland ausgestellten Bescheinigung. Die Bescheinigung muss jedoch erkennen lassen, dass der ausländische Arzt zwischen
einer bloßen Erkrankung und einer mit Arbeitsunfähigkeit verbundenen Krankheit unterschieden und damit eine den Begriffen des deutschen Arbeits- und
Sozialversicherungsrechts entsprechende Beurteilung vorgenommen hat.[6]

Ist der Arbeitnehmer innerhalb der Zeiträume des § 3 Abs. 1 Satz 2 EFZG länger   **10**
als sechs Wochen arbeitsunfähig, muss er darlegen, dass keine **Fortsetzungserkrankung** vorliegt. Wird dies vom Arbeitgeber bestritten, obliegt dem Arbeitnehmer die Darlegung der Tatsachen, die den Schluss erlauben, es habe keine
Fortsetzungserkrankung vorgelegen. Der Arbeitnehmer hat dabei den Arzt von
der Schweigepflicht zu entbinden. Die objektive Beweislast für das Vorliegen
einer Fortsetzungserkrankung hat der Arbeitgeber zu tragen.[7]

---

5 *BAG* 15.7.1992, 5 AZR 312/91, NZA 1993, 23.
6 *BAG* 19.2.1997, 5 AZR 83/96, NZA 1997, 652.
7 *BAG* 13.7.2005, 5 AZR 389/04, BB 2005, 2642.

11   Ein »**Verschulden**« **an der Erkrankung**, die den Vergütungsfortzahlungsanspruch ausschließt (§ 3 Abs. 1 EFZG), ist nur in krassen Ausnahmefällen anzunehmen, nämlich dann, wenn ein grober Verstoß gegen das von einem verständigen Menschen im eigenen Interesse zu erwartende Verhalten vorliegt, sog. »Verschulden gegen sich selbst«.[8] Normale Fahrlässigkeit ist kein solcher grober Verstoß. Grundsätzlich kein »Verschulden gegen sich selbst« liegt vor bei »normalen« Erkrankungen, insbesondere bei »verbreiteten« Krankheiten wie etwa Grippe, Erkältungen, Infektionen. Es muss vielmehr ein besonders leichtfertiges, grob fahrlässiges oder vorsätzliches Verhalten gegeben sein. Das ist nur in Ausnahmefällen anzunehmen.

12   Bei **Arbeitsunfällen** liegt ein Verschulden, das einen Anspruch auf Entgeltfortzahlung ausschließen kann, nur vor, wenn der Auszubildende grob gegen die ihm obliegenden Pflichten verstoßen hat.[9] Das kann etwa gegeben sein, wenn ein Auszubildender trotz Belehrung und Aufforderung erforderliche Sicherheitsmaßnahmen nicht einhält. Voraussetzung ist allerdings, dass die erforderlichen Mittel zur Einhaltung der Sicherungsmaßnahmen, zum Beispiel entsprechende Schutzkleidung, vom Ausbildenden zur Verfügung gestellt wird. Ist das nicht der Fall, kann Auszubildenden deren Nichteinhaltung nicht zugerechnet werden. Ein Verschulden ist zu verneinen, wenn die Verletzung auch bei der Benutzung entsprechender Schutzvorkehrungen eingetreten wäre.

13   Erkrankt ein Auszubildender, weil er eine **Nebentätigkeit** unter Verstoß gegen die Bestimmungen des Arbeitszeitrechts ausübt, kann das ein Verschulden darstellen. Ansonsten ist die Ausübung von Nebentätigkeiten nicht geeignet, ein Verschulden zu begründen.[10]

14   Wird ein Auszubildender in Folge einer **Schlägerei** verletzt, bedeutet das nicht automatisch ein Verschulden, das den Entgeltfortzahlungsanspruch ausschließt. Es kommt darauf an, ob der Auszubildende die Schlägerei selbst ausgelöst hat. Das kann der Fall sein, wenn er seine Gegner provoziert, beleidigt oder gekränkt hat.[11]

15   Ein **Selbstmordversuch** ist in der Regel nicht als selbstverschuldet anzusehen. Das folgt daraus, dass bei Suizidversuchen in der Regel von einem Zustand der verminderten Schuldfähigkeit auszugehen ist.[12]

16   Bei einer **Suchtkrankheit** fehlt es in der Regel ebenfalls an der Schuldfähigkeit.[13]

17   Bei **Sportunfällen** kann ein grobes Verschulden kann angenommen werden, wenn eine Sportart ausgeübt wurde, die deutlich die Kräfte oder Fähigkeiten des Auszubildenden übersteigen oder wenn in besonders grober Weise und leichtsinnig gegen anerkannte Regeln der jeweiligen Sportart verstoßen wurde oder wenn eine besonders gefährliche Sportart ausgeübt worden ist. Von einer besonders gefährlichen Sportart ist nur auszugehen, wenn das Verletzungsrisiko bei objektiver Betrachtung so groß ist, dass auch ein gut ausgebildeter Sportler bei sorgfältiger Beachtung aller Regeln dieses Risiko nicht vermeiden kann.[14] In

---

8 *BAG* 30.3.1988, 5 AZR 42/87, NZA 1988, 537.

9 *LAG Hamm* 8.2.2006, 18 Sa 1083/05, NZA-RR 2006, 406.

10 ErfK/*Dörner* EFZG § 3 Rn. 31.

11 *LAG Hamm* 24.9.2003, 18 Sa 785/03, NZA-RR 2004, 68.

12 *BAG* 28.2.1979, 5 AZR 611/77, DB 1979, 1803.

13 *BAG* 27.5.1992, 5 AZR 297/91, EzA § 1 LohnFG Nr. 123; *BAG* 7.8.1991, 5 AZR 410/90, NZA 1992, 69; *BAG* 1.6.1983, 5 AZR 536/80, DB 1983, 2420.

14 *BAG* 7.10.1981, 5 AZR 338/79, DB 1982, 706 = NJW 1982, 1014.

diesem Sinne gefährliche Sportarten gibt es jedoch praktisch kaum. Selbst Sportarten wie Drachenfliegen[15], Fallschirmspringen, Skispringen oder Bungee-Jumping werden als tolerabel angesehen.[16] In Einzelfällen wurde allerdings ein grobes Verschulden angenommen, so beim Kick-Boxen.[17]

Bei **Verkehrsunfällen** kann ein Verschulden vorliegen, wenn zwingende Vorschriften der Straßenverkehrsordnung (StVO) in grober Weise missachtet beachtet wurden, zum Beispiel bei Nichtanlegen des Sicherheitsgurts[18] oder bei Fahrten unter Alkoholeinfluss.[19] Auch ein Beifahrer kann seine Arbeitsunfähigkeit selbst verschuldet haben, wenn er bei einem erkennbar fahruntüchtigen Fahrer mitfährt.[20] Ein Fußgänger kann seine Arbeitsunfähigkeit selbst verschuldet haben, wenn er ohne die gebotenen Vorsichtsmaßnahmen eine Fahrbahn überquert hat.[21] **18**

6. Fortzahlung bei Urlaub

Dem Auszubildenden ist die Vergütung auch zu zahlen, wenn er infolge Urlaubs tatsächlich nicht ausgebildet wird. Insoweit gelten für Minderjährige die gesetzliche Vorschrift des § 19 JArbSchG und für Volljährige die Bestimmungen des BUrlG oder die entsprechenden tarifvertraglichen Regelungen (vgl. § 11 Rn. 40 ff.). **19**

7. Fortzahlung an Feiertagen

Auszubildenden ist die Vergütung auch zu zahlen, wenn die Ausbildung infolge eines gesetzlichen Feiertags ausfällt (§ 2 Abs. 1 EFZG). Auszubildende, die am letzten Arbeitstag vor oder am ersten Arbeitstag nach Feiertagen unentschuldigt der Ausbildung fernbleiben, haben gemäß § 2 Abs. 3 EFZG keinen Anspruch auf die Bezahlung für diese Feiertage. **20**

Unterabschnitt 5
Beginn und Beendigung des Ausbildungsverhältnisses

§ 20 Probezeit

Das Berufsausbildungsverhältnis beginnt mit der Probezeit. Sie muss mindestens einen Monat und darf höchstens vier Monate betragen.

Inhaltsübersicht   Rn.

		Rn.
1.	Überblick	1
2.	Zweck der Probezeit	3

15 *BAG* 7.10.1981, 5 AZR 338/79, DB 1982, 706 = NJW 1982, 1014.
16 ErfK/*Dörner* EFZG § 3 Rn. 26.
17 *ArbG Hagen* 15.9.1989, 4 Ca 648/87, NZA 1990, 311.
18 *BAG* 7.10.1981, 5 AZR 1113/79, NJW 1982, 1013.
19 *BAG* 30.3.1988, 5 AZR 42/87, DB 1988, 1403.
20 *LAG Düsseldorf* 2.10.1968, 3 Sa 185/68, DB 1968, 1908.
21 *LAG Hamm* 5.10.1983, 7 Sa 549/83, DB 1984, 515.

§ 20 Probezeit

3.	Beginn der Probezeit	4
4.	Dauer der Probezeit	6
4.1	Anrechnung von Zeiten in einem vorherigen Ausbildungsverhältnis	12
4.2	Anrechnung von Zeiten in anderen Vertragsverhältnissen	15
4.3	Unterberechung der Probezeit	18
5.	Inhaberwechsel während der Probezeit	22
6.	Kündigung während der Probezeit	24

1. Überblick

1 § 20 BBiG regelt – wie § 13 des alten BBiG – die Probezeit. Im Unterschied zum alten Recht wurde die maximal **zulässige Dauer der Probezeit auf vier Monate** durch das BerBiRefG **verlängert**. § 20 BBiG gilt auch für Berufsausbildungsverhältnisse im **Handwerk**.

2 Das Berufsausbildungsverhältnis beginnt zwingend mit der Probezeit, wie sich aus § 20 Satz 1 BBiG ergibt. Die Probezeit ist **integraler Bestandteil** des Berufsausbildungsverhältnisses, nicht etwa diesem vorgelagert.[1] Deshalb bestehen mit dem Beginn der Probezeit als dem Beginn des Berufsausbildungsverhältnisses auch sämtliche wechselseitigen Rechte und Pflichten aus dem Berufsausbildungsverhältnis. So hat der Auszubildende mit Beginn der Probezeit einen Anspruch auf eine angemessene **Ausbildungsvergütung** gemäß § 17 BBiG. Die Vereinbarung einer geringeren Ausbildungsvergütung für die Probezeit ist wegen § 25 BBiG unwirksam.[2]

2. Zweck der Probezeit

3 **Zweck der Probezeit** ist es, einerseits dem Ausbildenden zu ermöglichen, den Auszubildenden dahingehend zu überprüfen, ob er für den zu erlernenden Beruf voraussichtlich geeignet ist und sich in das betriebliche Geschehen mit seinen Lernpflichten einordnen kann. Diese Prüfung soll andererseits auch der Auszubildende für sich anstellen.[3] Fällt die Prüfung negativ aus, sollen die Vertragsparteien sich trennen können. Deshalb kann das Ausbildungsverhältnis während der Probezeit jederzeit ohne Einhalten einer Kündigungsfrist gemäß § 22 Abs. 1 BBiG gekündigt werden (vgl. § 22 Rn. 10 ff.).

3. Beginn der Probezeit

4 Die Probezeit beginnt mit dem **Tag des vertraglich vereinbarten Beginns der Berufsausbildung** (§ 11 Abs. 1 Satz 2 Nr. 2 BBiG). Auf die tatsächliche Aufnahme der Ausbildung kommt es nicht an.[4]

5 Ein Fernbleiben des Auszubildenden etwa wegen Krankheit oder aus sonstigen Gründen hindert den rechtlichen Beginn des Berufsausbildungsverhältnisses und damit auch der Probezeit nicht (vgl. aber Rn. 18 ff.). Das Berufsausbildungsverhältnis und die Probezeit beginnen rechtlich auch dann mit dem vertraglich

---

1 *Leinemann/Taubert* BBiG § 20 Rn. 2.

2 *Benecke/Hergenröder* BBiG § 20 Rn. 3; *Leinemann/Taubert* BBiG § 20 Rn. 3.

3 *BAG* 27.11.1991 – 2 AZR 263/91 – AP BBiG § 13 Nr. 2 = NZA 1992, 506; *BAG* 16.12.2004 – 6 AZR 127/04 – NZA 2005, 578.

4 *Benecke/Hergenröder* BBiG § 20 Rn. 5; *Leinemann/Taubert* BBiG, § 20 Rn. 7.

vereinbarten Zeitpunkt, wenn dieser Tag auf einen arbeitsfreien Sonnabend, Sonn- oder Feiertag fällt. Eine dem Berufsausbildungsverhältnis vorgeschaltete selbstständige Probezeit ist, weil es sich um eine objektive Umgehung des § 20 BBiG handeln würde, unzulässig, wie sich auch aus § 25 BBiG ergibt.[5]

4. Dauer der Probezeit

Gemäß § 20 Satz 2 BBiG muss die Probezeit **mindestens einen Monat** und darf **höchstens vier Monate** betragen. **Nach altem Recht** betrug die maximale Dauer der Probezeit drei Monate. Nach dem neuen Recht seit dem 1.4.2005 kann die Probezeit bis zu vier Monate dauern. Maßgeblich ist aber immer die vertragliche Vereinbarung. Das Gesetz schafft einen Rahmen und regelt eine Höchstfrist, gibt aber nicht automatisch vor, dass die Probezeit immer vier Monate beträgt. **6**

Bei der **Stufenausbildung** kann nur eine einmalige Probezeit wirksam vereinbart werden. Die Vereinbarung einer (neuen) Probezeit für jede Stufe ist unzulässig (vgl. zur Stufenausbildung auch § 21 Rn. 17).[6] **7**

In dem gesetzlich vorgegebenen Rahmen (mindestens ein Monat, maximal vier Monate) ist die Dauer der Probezeit frei vereinbar. Sie kann also zum Beispiel auch sechs, sieben oder acht Wochen betragen. Die Dauer der Probezeit kann entweder in Tagen, Wochen oder Monaten angegeben oder ein Kalenderdatum benannt werden. **8**

Ebenso wie beim Beginn des Berufsausbildungsverhältnisses ist es für das Ende der Probezeit unerheblich, ob das vereinbarte Datum auf einen arbeitsfreien Tag fällt. Die **Höchstgrenze** von vier Monaten ist vor allem für die Auszubildenden von Bedeutung. Diese sollen innerhalb einer angemessenen Frist Klarheit darüber haben, ob das Berufsausbildungsverhältnis Bestand hat. **9**

Die Vereinbarung einer kürzeren oder längeren Probezeit ist wegen § 25 BBiG unwirksam.[7] Ist die **Mindestgrenze** der Probezeit von einem Monat abgelaufen, sind die Vertragsparteien andererseits frei, eine vorzeitige Abkürzung oder Beendigung einer längeren Probezeitvereinbarung einvernehmlich zu regeln. Ein Anspruch auf eine entsprechende Verkürzung besteht aber nicht.[8] **10**

Die **Probezeit endet** mit Ablauf der vereinbarten Zeit oder des vereinbarten Datums. Überschreitet die vereinbarte Probezeit die zulässige Höchstgrenze, so ist die Probezeitvereinbarung insoweit nichtig (§ 25 BBiG). An die Stelle der nichtigen Probezeitvereinbarung tritt eine Probezeit die vermutlich am ehesten dem vertraglich Gewollten entspricht. Das dürfte im Regelfall eine Probezeit von vier Monaten (Höchstgrenze) sein, weil die Vertragsparteien mit ihrer – nichtigen – Vereinbarung zum Ausdruck gebracht haben, dass sie eine möglichst lange Probezeit wünschen (Umdeutung gemäß § 140 BGB).[9] **11**

5 ErfK/*Schlachter* § 20 BBiG Rn. 1.
6 *BAG* 27.11.1991 – 2 AZR 263/91 – AP BBiG § 13 Nr. 2 = NZA 1992, 506 = EzB BBiG § 13 Nr. 23.
7 *LAG Baden-Württemberg* 15.11.1975 – 6 Sa 68/75 – EzB BBiG § 13 Nr. 5.
8 *Leinemann/Taubert* BBiG § 20 Rn. 11.
9 *Benecke/Hergenröder* BBiG § 20 Rn. 6.

4.1 Anrechnung von Zeiten in einem vorherigen Ausbildungsverhältnis

12 Die Probezeit gilt jeweils für »das« Berufsausbildungsverhältnis. Begründet der Auszubildende ein **neues Ausbildungsverhältnis** mit einem anderen Ausbildenden oder auch mit demselben Ausbildenden, aber für einen anderen Ausbildungsberuf, so kann zulässig eine **neue Probezeit** vereinbart werden.[10] Etwas anderes gilt dann, wenn mit demselben Ausbildenden ein artverwandtes Ausbildungsverhältnis neu begründet wird, oder ein Vertrag für einen Ausbildungsberuf, der auf die vorherige Ausbildung mit demselben Ausbildenden aufbaut. In solchen Fällen hatten die Vertragspartner bereits hinreichend Gelegenheit, die dem Sinn und Zweck der Probezeit entsprechenden Überprüfungen vorzunehmen.

13 Eine Kündigung des Berufsausbildungsverhältnisses durch den Ausbildenden und daran anschließend die erneute Begründung eines Ausbildungsverhältnisses mit denselben Vertragspartnern im selben Ausbildungsberuf ist zwar zulässig. Eine neue Probezeitvereinbarung ist aber wegen objektiver Umgehung des § 20 BBiG, der gemäß § 25 BBiG eine Schutznorm zugunsten des Auszubildenden darstellt, unwirksam. Etwas anderes kann allenfalls dann gelten, wenn für die Kündigung bei objektiver Betrachtung der Rechtslage tatsächlich ein hinreichender wichtiger Kündigungsgrund im Sinne des § 22 Abs. 2 Nr. 1 BBiG vorgelegen hat.[11]

14 Hat der Auszubildende das Berufsausbildungsverhältnis seinerseits gekündigt, kann im Regelfall bei einer erneuten Begründung eines Berufsausbildungsverhältnisses mit demselben Ausbildenden im selben Ausbildungsberuf eine neue Probezeit vereinbart werden, weil der Auszubildende dann nicht schutzwürdig ist, weil er selbst sein Vertragsverhältnis aufgekündigt hat. Etwas anderes kann aber dann gelten, wenn der Ausbildende veranlasst hat, dass der Auszubildende die Kündigung aussprechen soll.

4.2 Anrechnung von Zeiten in anderen Vertragsverhältnissen

15 Ob Zeiten eines **Volontär- oder Praktikantenverhältnisses** auf die Probezeit im Ausbildungsverhältnis in demselben Unternehmen anzurechnen ist, wird unterschiedlich gesehen.[12] Richtigerweise ist von einer Anrechnung auszugehen, jedenfalls wenn die vorherige Tätigkeit und das sich anschließende Berufsausbildungsverhältnis in einem inneren Zusammenhang stehen.[13]

16 Das gilt entsprechend, wenn zuvor ein »**vorläufiges Arbeitsverhältnis**« bestanden hat. In dem Fall ist die Vereinbarung einer Probezeit zumindest insoweit unwirksam, als sie die gesetzliche Mindestprobezeit von einem Monat überschreitet.[14]

17 Ein »normales« vorheriges **Arbeitsverhältnis**, welches nicht im inhaltlichen Zusammenhang mit einer nachfolgenden Ausbildung steht (z. B. Beschäftigung

---

10 *Leinemann/Taubert* BBiG § 20 Rn. 20.
11 *Leinemann/Taubert* BBiG § 20 Rn. 21.
12 Dafür *ArbG Wetzlar* 24.10.1989 – 1 Ca 317/89 – EzA BBiG § 15 Nr. 12 = EzB BBiG § 15 Abs. 1 Nr. 19; dagegen *LAG Berlin* 12.10.1998 – 9 Sa 73/98 – LAGE BBiG § 13 Nr. 2.
13 *Benecke/Hergenröder* BBiG § 20 Rn. 7.
14 *ArbG Wiesbaden* 17.1.1996 – 6 Ca 3242/95 – NZA-RR 1997, 6 = BB 1996, 700 = EzB BBiG § 13 Nr. 24.

als Hilfskraft), ist indes *nicht* auf die Probezeit im Ausbildungsverhältnis anzurechnen, auch nicht, wenn die gesetzliche Mindestprobezeit von einem Monat überschritten wird.[15]

4.3 Unterbrechung der Probezeit

Die in § 20 Satz 2 BBiG vorgeschriebene Probezeit verlängert sich nach der **18** gesetzlichen Regelung **nicht automatisch** um die Dauer einer tatsächlichen Unterbrechung der Ausbildung, gleich aus welchem Grunde diese eintritt (z.B. durch Erkrankung). Allerdings können die Vertragsparteien eine **Verlängerung** der Probezeit **vereinbaren**, auch wenn dadurch die Vier-Monats-Grenze des § 20 Satz 2 BBiG überschritten wird. Die Vereinbarung kann entweder bereits im Berufsausbildungsvertrag oder auch erst während der Probezeit getroffen werden. Dabei soll es nach der Rechtsprechung des *BAG* zwar grundsätzlich im Ermessen der Parteien liegen, die Dauer einer für die Verlängerung der Probezeit relevanten Unterbrechung zu bestimmen. Geringfügige Unterbrechungen der tatsächlichen Ausbildung / Beschäftigung von wenigen Tagen führen indes noch nicht zu einer entsprechenden Verlängerung der Probezeit, vielmehr muss es sich um einen Zeitraum handeln, der im Verhältnis zur vereinbarten Probezeit erheblich ist.[16]

Akzeptiert wurde nach altem Recht eine Vereinbarung, nach der sich die **19** dreimonatige Probezeit bei einer Unterbrechung der Ausbildung um mehr als einen Monat entsprechend verlängern sollte. Da nach neuem Recht die Probzeit maximal vier Monate betragen kann, wird man eine vertragliche Vereinbarung für zulässig halten dürfen, nach der sich die Probezeit verlängern soll, wenn die Ausbildung (wegen Krankheit oder aus anderen Gründen) um **mehr als ein Drittel** der vereinbarten Probzeit tatsächlich unterbrochen ist oder eine Ausbildung nicht stattfinden kann. Die Probezeit kann sich dann um den Zeitraum der tatsächlichen Unterbrechung der Ausbildung verlängern, maximal um ein Drittel der vereinbarten Probezeit. Der Ausbildende kann sich auf eine solche Verlängerungsvereinbarung jedoch dann nicht berufen, wenn er die Unterbrechung der Ausbildung selbst vertragswidrig herbeigeführt hat.[17]

Zu einer Verlängerung der Probezeit wegen tatsächlicher Unterbrechung der **20** Ausbildung kann es jedoch nur kommen, wenn eine entsprechende Vereinbarung zwischen Ausbildenden und Auszubildenden getroffen worden ist. **Fehlt es an einer entsprechenden Vereinbarung** oder ist diese wegen Überschreitens der genannten Grenzen unwirksam, endet die Probezeit mit dem regulären Ende der Probezeit nach dem Kalender, ohne dass es auf tatsächliche Unterbrechungszeiten ankommt.

Da der Besuch der **Berufsschule** Teil der dualen Berufsausbildung ist, werden **21** das Berufsausbildungsverhältnis und damit auch die Probezeit durch den Besuch der Berufsschule *nicht* unterbrochen. Das gilt auch für den **Blockunterricht**, unabhängig von dessen Dauer.[18]

---

15 *BAG* 16.12.2004 – 6 AZR 127/04 – NZA 2005, 578.
16 *BAG* 15.1.1981 -2 AZR 943/78 – AP BBiG § 13 Nr. 1 = DB 1982, 234 = EzB BBiG § 13 Nr. 14.
17 *BAG* 15.1.1981 – 2 AZR 943/78 – AP BBiG § 13 Nr. 1 = DB 1982, 234 = EzB BBiG § 13 Nr. 14.
18 *Leinemann/Taubert* BBiG § 20 Rn. 16.

5. Inhaberwechsel während der Probezeit

22 Wechselt der Inhaber des Ausbildungsbetriebs kommt es zu einem Vertrags-partnerwechsel kraft Gesetzes gemäß § 613 a BGB (**Betriebsübergang**), der ge-mäß § 10 Abs. 2 BBiG auch für Berufsausbildungsverhältnisse gilt (vgl. § 10 Rn. 43). Der neue Inhaber des Ausbildungsbetriebs wird neuer Vertragspartner (neuer Ausbildender) des Auszubildenden. Das Berufsausbildungsverhältnis geht auf den neuen Inhaber über, und zwar in dem Zustand, in dem sich das Berufsausbildungsverhältnis im Zeitpunkt des Betriebsübergangs befindet. Der Vertragsinhalt ändert sich durch den Betriebsübergang nicht. Deshalb beginnt auch nicht etwa eine neue Probezeit. Die Probezeit wird durch den Betriebs-übergang weder unterbrochen noch verlängert sich diese.[19]

23 Wenn die Probezeit im Zeitpunkt des Übergangs des Betriebsübergangs bereits beendet ist, darf keine neue Probezeit vereinbart werden. Eine entsprechende Vereinbarung mit dem neuen Inhaber wäre, weil zum Nachteil der Auszubilden-den, gemäß § 25 BBiG unwirksam. Will der Auszubildende – aus welchen Grün-den auch immer – seinerseits verhindern, dass sein Berufsausbildungsverhältnis auf den neuen Betriebsinhaber übergeht, kann er gemäß § 613 a Abs. 6 BGB dem Übergang seines Vertragsverhältnisses widersprechen (vgl. § 10 Rn. 44).

6. Kündigung während der Probezeit

24 Während der Probezeit kann das Berufsausbildungsverhältnis jederzeit ohne Einhalten einer Kündigungsfrist von beiden Seiten gekündigt werden (§ 22 Abs. 1 BBiG). Es handelt sich um eine ordentliche, allerdings entfristete, Kün-digung, die grundsätzlich keines besonderen Kündigungsgrunds bedarf. Die Kündigung muss schriftlich erfolgen (§ 22 Abs. 3 BBiG). Die Einzelheiten sind dargestellt bei § 22 Rn. 10 ff.

§ 21 Beendigung

(1) Das Berufsausbildungsverhältnis endet mit dem Ablauf der Ausbildungszeit. Im Falle der Stufenausbildung endet es mit Ablauf der letzten Stufe.
(2) Bestehen Auszubildende vor Ablauf der Ausbildungszeit die Abschlussprü-fung, so endet das Berufsausbildungsverhältnis mit Bekanntgabe des Ergeb-nisses durch den Prüfungsausschuss.
(3) Bestehen Auszubildende die Abschlussprüfung nicht, so verlängert sich das Berufsausbildungsverhältnis auf ihr Verlangen bis zur nächstmöglichen Wieder-holungsprüfung, höchstens um ein Jahr.

Inhaltsübersicht   Rn.

1.   Überblick   1
2.   Beendigungstatbestände außerhalb des § 21 BBiG   3
2.1   Tod des Auszubildenden   4
2.2   Tod des Ausbildenden   5
2.3   Aufhebungsvertrag   7
3.   Beendigung durch Zeitablauf (§ 21 Abs. 1 BBiG)
3.1   Ende der Ausbildungszeit   9

---

[19] *Benecke/Hergenröder* BBiG § 20 Rn. 8; *Leinemann/Taubert* BBiG, § 20 Rn. 19.

3.2	Stufenausbildung	14
3.2.1	Frühere Rechtslage	15
3.2.2	Neue Rechtslage	17
3.2.3	Stufenausbildungen in Ausbildungsordnung nach altem Recht	19
4.	Vorzeitige Beendigung mit Bestehen der Abschlussprüfung (§ 21 Abs. 2 BBiG)	25
5.	Rechtsfolgen der Beendigung	29
6.	Verlängerung der Ausbildungsdauer	31
6.1	Verlängerung bei Nichtbestehen der Abschlussprüfung (§ 21 Abs. 3 BBiG)	32
6.1.1	Vergleichbare Fallkonstellationen	33
6.1.2	»Verlangen« der Auszubildenden	36
6.1.3	Rechtsfolgen des Verlängerungsverlangens	43
6.1.4	Nichtbestehen der Wiederholungsprüfung	45
6.2	Verlängerung durch Elternzeit, Wehr- und Zivildienst	48

1. Überblick

§ 21 BBiG normiert, allerdings nicht abschließend, die Beendigung des Berufs- **1**
ausbildungsverhältnisses. § 21 BBiG gilt auch für Berufsausbildungsverhältnisse im **Handwerk**. Das Berufsausbildungsverhältnis ist ein **befristetes Vertragsverhältnis**. Es endet jedenfalls durch Zeitablauf, das heißt mit dem Ende der
Ausbildungszeit.[1] Diesen Grundsatz regelt § 21 Abs. 1 BBiG (vgl. Rn. 9). Es kann
früher enden bei vorzeitigem Bestehen der Abschlussprüfung (§ 21 Abs. 2 BBiG,
vgl. Rn. 25 ff.). Wenn der Auszubildende die Abschlussprüfung nicht besteht,
kann es zur Verlängerung des Berufsausbildungsverhältnisses kommen (§ 21
Abs. 3 BBiG; vgl. Rn. 32 ff.). Vereinbarungen zwischen Auszubildenden und
Ausbildenden, die zuungunsten Auszubildender von § 21 BBiG abweichen,
sind gemäß § 25 BBiG nichtig.

Die Überschrift der Norm »Beendigung« ist im doppelten Sinne irreführend. Zum **2**
einen regelt § 21 BBiG keineswegs abschließend alle Tatbestände, die zu einer
Beendigung des Berufsausbildungsverhältnisses führen können. Zum anderen
regelt jedenfalls Abs. 3 nicht die Beendigung, sondern im Gegenteil die Verlängerung des Ausbildungsverhältnisses bei Nichtbestehen der Abschlussprüfung.

2. Beendigungstatbestände außerhalb des § 21 BBiG

§ 21 BBiG ist insofern nicht abschließend, als es auch andere Beendigungstat- **3**
bestände gibt. So ist eine vorzeitige Beendigung des Berufsausbildungsverhältnisses auch möglich durch **Tod** (vgl. Rn. 4 ff.) oder eine rechtswirksame **An-
fechtungserklärung** (§§ 119, 123 BGB; vgl. § 10 Rn. 29) oder durch **Kündigung**
(§ 22 BBiG) oder durch Abschluss eines **Aufhebungs- oder Auflösungsvertrags**
(vgl. Rn. 7).

2.1 Tod des Auszubildenden

Zur Beendigung des Berufsausbildungsverhältnisses führt auch der **Tod des** **4**
Auszubildenden. Da es sich um eine höchstpersönliche Verpflichtung handelt,
treten nicht etwa die Erben des Auszubildenden in das Berufsausbildungsverhältnis ein.

---

1 *BAG* 13. 3. 2007 – 9 AZR 494/06 – AP BBiG § 14 Nr. 13 = EzB BBiG § 21 Abs. 1 Nr. 1.

2.2 Tod des Ausbildenden

5 Der **Tod des Ausbildenden** (sofern es sich um eine natürliche Person handelt) führt im Regelfall dagegen nicht zur Beendigung des Berufsausbildungsverhältnisses, vielmehr geht es auf den oder die Erben über (§ 1922 BGB), die ihrerseits das Berufsausbildungsverhältnis gemäß § 22 BBiG kündigen können, sofern sie den Betrieb nicht fortführen.

6 Eine **juristische Person** stirbt nicht. Ihre rechtliche Existenz endet durch Auflösung der Gesellschaft. Ändert sich bei einer GmbH nur die Zusammensetzung der Gesellschafter oder gar nur der Gesellschaftsanteil einzelner Gesellschafter, handelt es sich um dieselbe juristische Person wie vorher. Geht der Betrieb auf einen anderen Inhaber über, gehen die Arbeitsverhältnisse und auch die Berufsausbildungsverhältnisse auf den neuen Betriebsinhaber gemäß § 613a BGB über (vgl. § 10 Rn. 43).

2.3 Aufhebungsvertrag

7 Im Rahmen der Vertragsfreiheit kann das Berufsausbildungsverhältnis jederzeit aufgrund einer beiderseitigen Vereinbarung aufgelöst werden, etwa durch einen sog. Aufhebungs- oder Auflösungsvertrag. Die Vereinbarung bedarf gemäß § 623 BGB der **Schriftform** und bei Minderjährigen der Zustimmung des gesetzlichen Vertreters (§ 108 BGB). Fehlt es an der Schriftform, tritt die gewollte Rechtsfolge (die Beendigung des Vertragsverhältnisses) nicht ein.

8 Bei einem **bedingten Aufhebungsvertrag**, durch den ein Berufsausbildungsvertrag unter eine auflösende Bedingung gestellt wird, ist zu prüfen, ob damit nicht das zwingende Kündigungsschutzrecht umgangen wird. So ist eine einzelvertragliche Vereinbarung, nach welcher ein Berufsausbildungsverhältnis enden soll, wenn das Zeugnis des Auszubildenden für das nächste Berufsschulhalbjahr in einem von bestimmten in der Vereinbarung aufgeführten Fächern die Note »mangelhaft« aufweist, unwirksam, weil ein solcher Umstand für eine Kündigung nach § 22 Abs. 2 Nr. 1 BBiG (vgl. § 22 Rn. 43) jedenfalls im Rahmen der einzelfallbezogenen Interessenabwägung nicht ausreichen könnte.[2]

3. Beendigung durch Zeitablauf (§ 21 Abs. 1 BBiG)

3.1 Ende der Ausbildungszeit

9 Der Berufsausbildungsvertrag ist kraft Gesetzes befristet. Er endet in jedem Falle mit »Ablauf der Ausbildungszeit« (§ 21 Abs. 1 BBiG). Einer weiteren Erklärung oder Mitteilung bedarf es insoweit nicht. Die Ausbildungszeit, das heißt die Dauer der Ausbildung, ergibt sich aus der Vertragsniederschrift (§ 11 Abs. 1 Nr. 2 BBiG, vgl. § 11 Rn. 16). Im Regelfall entspricht sie den Vorgaben der einschlägigen Ausbildungsordnung. Sie kann aber auch abgekürzt oder verlängert sein (vgl. § 11 Rn. 17; vgl. zur Stufenausbildung Rn. 14).

10 Die Beendigungswirkung tritt (wie auch sonst bei einem befristeten Vertrag) unabhängig davon ein, ob für die Auszubildenden zum Zeitpunkt der Vertragsbeendigung **besondere arbeitsrechtliche Schutzvorschriften** gelten. Ist eine Auszubildende etwa zum Zeitpunkt des Endes der Ausbildungszeit schwanger und

---

2 *BAG* 5.12.1985 – 2 AZR 61/85 – AP BGB § 620 BGB Bedingung Nr. 10 = NZA 1987, 20.

würde sie deshalb unter die Schutzvorschriften des MuSchG, insbesondere dem Kündigungsverbot des § 9 MuSchG, fallen, so hindert das nicht an der Beendigung des Berufsausbildungsverhältnisses.[3] Es besteht auch allein wegen der Schwangerschaft kein Anspruch auf Weiterbeschäftigung (vgl. § 24 Rn. 10).

Wird der oder die Auszubildende im Anschluss an die Beendigung des Berufs- **11** ausbildungsverhältnisses tatsächlich **weiterbeschäftigt**, so gilt unter den Voraussetzungen des § 24 BBiG ein Arbeitsverhältnis als begründet (zum besonderen Schutz von Mandatsträgern vgl. § 24 Rn. 35).

Das Berufsausbildungsverhältnis endet auch dann mit Ablauf der Ausbildungs- **12** zeit, wenn die Abschlussprüfung erst danach stattfindet oder wenn der Auszubildende zur Abschlussprüfung nicht zugelassen wird oder er an der Prüfung tatsächlich nicht teilnimmt (vgl. aber Rn. 33). Etwas anderes kann dann gelten, wenn es *vor* der Beendigung zu einer Verlängerung gemäß § 8 Abs. 2 BBiG kommt.

Bei **Nichtbestehen der Abschlussprüfung** endet das Berufsausbildungsverhält- **13** nis an sich gemäß § 21 Abs. 1 BBiG, es kann sich aber auf Verlangen des Auszubildenden gemäß § 21 Abs. 3 BBiG verlängern (vgl. Rn. 32 ff.). Verlangt der Auszubildende die Verlängerung nicht, tritt das Ende des Berufsausbildungsverhältnisses mit Ablauf der Ausbildungszeit ein. Weiterer Erklärungen, wie einer Kündigung, bedarf es nicht.

3.2 Stufenausbildung

Die Möglichkeit der Stufenausbildung ist durch das BerBiRefG stärker akzen- **14** tuiert worden (vgl. § 5 Rn. 14 ff.). Die Vereinbarung einer Stufenausbildung unterliegt aber nicht der freien Disposition der Vertragspartner (Ausbildende und Auszubildende), sondern muss sich vielmehr aus der Ausbildungsordnung für den jeweiligen Ausbildungsberuf ergeben. Nur wenn in der einschlägigen Ausbildungsordnung eine Stufenausbildung vorgesehen ist, können die Vertragspartner eine solche vereinbaren. Ist in der einschlägigen Ausbildungsordnung eine Stufenausbildung vorgesehen, stellt sich die Frage der privat-rechtlichen Folgen einer zugelassenen Stufenausbildung für den Abschluss eines Berufsausbildungsvertrags.

3.2.1 Frühere Rechtslage

Die privat-rechtlichen Folgen einer Stufenausbildung waren im **alten BBiG** **15** gesetzlich nicht näher geregelt. Insbesondere war streitig, ob Ausbildende und Auszubildende zulässigerweise zunächst nur einen Vertrag für die erste Stufe schließen konnten und sodann für die Folgestufe ein neuer Ausbildungsvertrag geschlossen werden musste (sog. **Kurzvertrag**) oder ob von vornherein der Ausbildungsvertrag nur für die gesamte Ausbildungszeit (aller Stufen zusammen) geschlossen werden durfte (sog. **Langvertrag**).

Jedenfalls war durch die Rechtsprechung des *BAG* anerkannt, dass selbst bei **16** Vereinbarung eines neuen Ausbildungsvertrags für die Folgestufe nicht jeweils eine neue **Probezeit** (vgl. § 20 Rn. 7) vereinbart werden durfte, sondern als Beginn des Berufsausbildungsverhältnisses die Ausbildung in der ersten Aus-

---

3 *Benecke/Hergenröder* BBiG § 21 Rn. 3; *Leinemann/Taubert* BBiG § 21 Rn. 5; KR/*Weigand* §§ 21–23 BBiG Rn. 21.

bildungsstufe anzusehen war. Die Vereinbarung einer weiteren Probezeit in der Folgestufe war unzulässig.[4]

3.2.2 Neue Rechtslage

17 In § 21 Abs. 1 Satz 2 BBiG wird nun erstmals ausdrücklich gesetzlich geregelt, dass im Falle der Stufenausbildung das Berufsausbildungsverhältnis (erst) mit Ablauf der »letzten Stufe« endet. Da gemäß § 25 BBiG eine Vereinbarung nichtig ist, die zuungunsten Auszubildender von den Vorschriften der §§ 4 bis 24 BBiG abweicht, darf damit zulässigerweise im Falle der Stufenausbildung nur noch ein Ausbildungsvertrag für die gesamte Ausbildungszeit, das heißt aller Stufen zusammen genommen, geschlossen werden (sog. **Langvertrag**).

18 Damit ist für die Auszubildenden gesichert, dass sie nach dem erfolgreichen Abschluss der ersten Stufe die Ausbildung fortsetzen können. Ihre Berufsfreiheit (Art. 12 Abs. 1 GG) ist dadurch gesichert, dass sie gemäß § 22 Abs. 2 Nr. 2 BBiG von sich aus das Berufsausbildungsverhältnis kündigen können, wenn sie die (weitere) Berufsausbildung aufgeben oder sich für eine andere Berufstätigkeit ausbilden lassen wollen. Diese Kündigungsmöglichkeit steht den Ausbildenden nicht zu.

3.2.3 Stufenausbildungen in Ausbildungsordnungen nach altem Recht

19 Im Zusammenhang mit der Verabschiedung des Berufsbildungsreformgesetzes ist die Frage des Verhältnisses der Stufenausbildung (§ 5 Abs. 2 Nr. 1 BBiG) zur Möglichkeit der Anrechnung einer anderen Berufsausbildung (§ 5 Abs. 2 Nr. 4 BBiG) aufgeworfen worden, insbesondere soweit es um Ausbildungsordnungen geht, die vor Inkrafttreten der Neufassung, also vor dem 1.4.2005, erlassen worden sind.

20 § 5 Abs. 2 Satz 1 Nr. 1 BBiG knüpft an die bisherige Regelung in § 26 BBiG a. F. an, während die Regelung in § 5 Abs. 2 Satz 1 Nr. 4 BBiG erstmals durch das Berufsbildungsreformgesetz eingeführt wurde, es also an einer Vorgängerregelung fehlt (vgl. BT-Drucks. 15/3980, S. 44). Für Ausbildungsordnungen, die unter der Geltung des alten BBiG erlassen worden sind, bedeutet das, dass solche Ausbildungsordnungen schon deshalb Regelungen, die dem neuen § 5 Abs. 2 Satz 1 Nr. 4 BBiG entsprechen, nicht enthalten können, weil das bisherige Recht solche Bestimmungen nicht zuließ. Die Annahme, dass Ausbildungsordnungen, die nach dem bisherigen Recht erlassen worden sind, Regelungen enthalten können, die § 5 Abs. 2 Satz 1 Nr. 4 BBiG entsprechen, ist deshalb nicht richtig. Die Verordnung über die Berufsausbildung in der Bauwirtschaft vom 2.6.1999 (BGBl. I S. 1102) und die Verordnung über die Berufsausbildung im Maler- und Lackierergewerbe vom 3.7.2003 (BGBl. I S. 1064) sprechen ausdrücklich von einer »Stufenausbildung« und legen fest, dass die Stufenausbildung »insgesamt 36 Monate« dauert.

21 Daraus ergibt sich im Zusammenhang mit § 21 Abs. 1 Satz 2 BBiG, dass es nur zulässig ist, Berufsausbildungsverträge über diese Gesamtdauer abzuschließen und der Abschluss von Kurzverträgen nur für eine Stufe gemäß § 25 BBiG

---

4 *BAG* 27.11.1991 – 2 AZR 263/91 – AP BBiG § 13 Nr. 2 = NZA 1992, 506 = EzB BBiG § 13 Nr. 23.

unzulässig ist. Das gilt jedenfalls für Berufsausbildungsverträge, die nach dem Inkrafttreten des neuen BBiG am 1.4.2005 geschlossen werden. Für Verträge, die vor diesem Zeitpunkt geschlossen worden sind (»**Altverträge**«), gilt das BBiG in der alten Fassung. Insoweit tritt auch keine automatische Änderung der Rechtslage ein, vielmehr ist für »Altverträge« von den Regelungen im Ausbildungsvertrag auszugehen, wie sie zum Zeitpunkt des Vertragsschlusses vereinbart worden sind, sofern diese zu jenem Zeitpunkt rechtswirksam getroffen werden konnten.

Die auf der Grundlage des noch geltenden BBiG erlassenen Ausbildungsordnungen selbst bleiben im vollen Umfang wirksam und gelten auch für Ausbildungsverträge, die ab Inkrafttreten der Neuregelung des BBiG vereinbart werden. Das ergibt sich jedenfalls aus den Artikeln 5 und 8 des Berufsbildungsreformgesetzes, die die Änderung von Verordnungen und das Außerkrafttreten unter anderem von bestimmten Verordnungen ausdrücklich regeln. Gemäß Artikel 8 Abs. 3 des Berufsbildungsreformgesetzes treten danach die dort aufgezählten Anrechnungs-Verordnungen am 1.8.2006 außer Kraft. Im Übrigen bleiben die erlassen Ausbildungsordnungen in Kraft und sind als geltendes Recht sowohl auf die bisher abgeschlossenen und wie die neu abzuschließenden Berufsausbildungsverhältnisse anzuwenden. **22**

Es kann nicht geltend gemacht werden, dass die in den oben genannten Ausbildungsordnungen ausdrücklich geregelten Stufenausbildungen deshalb nicht als Stufenausbildungen anzusehen seien, weil sie nicht gemäß § 26 BBiG a. F. (= § 26 Handwerksordnung) erlassen worden seien. Einer Zitierung des § 26 BBiG a. F. bei Erlass der Ausbildungsordnung bedurfte es nicht. Bei Erlass einer Rechtsverordnung muss nur die jeweilige Ermächtigungsgrundlage, die Grundnorm, genannt werden. Etwaige ergänzende Regelungen, wie hier § 26 BBiG a. F., müssen nicht benannt werden. Ermächtigungsgrundlage für alle Ausbildungsordnungen, auch soweit sie Stufenausbildungen geregelt haben, war allein § 25 BBiG a. F. (= § 25 Handwerksordnung). **23**

Nicht gefolgt werden kann der Auffassung, in Wahrheit handele es sich bei diesen Ausbildungsordnungen nicht um Stufenausbildungen, sondern um Regelungen, die dem neuen § 5 Abs. 2 Satz 1 Nr. 4 BBiG entsprächen. Eine solche Annahme geht bereits deshalb fehl, weil die Möglichkeit, Ausbildungsordnungen zu erlassen, die dem neuen § 5 Abs. 2 Satz 1 Nr. 4 BBiG entsprechen, nach dem alten BBiG nicht bestand. § 25 BBiG a. F. kann als Ermächtigungsgrundlage nicht § 5 Abs. 2 Satz 1 Nr. 4 BBiG n. F. gleichgesetzt werden. Ermächtigungsgrundlage für den Erlass von Ausbildungsordnungen ist nach neuem Recht vielmehr § 4 Abs. 1 in Verbindung mit § 5 Abs. 1 und 2 BBiG n. F. § 5 Abs. 2 Satz 1 Nr. 4 BBiG n. F. hat im alten Recht keine Vorläuferregelung. **24**

4. Vorzeitige Beendigung mit Bestehen der Abschlussprüfung (§ 21 Abs. 2 BBiG)

Bestehen Auszubildende bereits vor Ablauf der regulären Ausbildungszeit die Abschlussprüfung, so endet das Berufsausbildungsverhältnis **mit Bekanntgabe des Ergebnisses durch den Prüfungsausschuss** (§ 21 Abs. 2 BBiG). **25**

Nach dem Wortlaut des früheren § 14 Abs. 2 BBiG endete das Berufsausbildungsverhältnis »mit Bestehen der Abschlussprüfung«. Bisweilen bestanden Unklarheiten, wann dieses Kriterium erfüllt war. Nach der bisherigen Rechtsprechung war anerkannt, dass die Abschlussprüfung erst dann bestanden war, **26** wenn das Prüfungsverfahren abgeschlossen und zudem das Ergebnis der Prüfung mitgeteilt worden ist.[5] Nunmehr ist im Gesetzeswortlaut des § 21 Abs. 2 BBiG ausdrücklich klargestellt, dass das Berufsausbildungsverhältnis mit Bekanntgabe des Ergebnisses durch den Prüfungsausschuss endet. Findet die Abschlussprüfung an einen bestimmten Tag statt, wird das Ergebnis aber erst später bekannt gegeben, endet das Berufsausbildungsverhältnis erst mit der Bekanntgabe des Ergebnisses. Maßgeblich ist allein die Bekanntgabe des Ergebnisses »durch den Prüfungsausschuss«, also durch das Gremium, das die Prüfung abgenommen hat.

27 Den Ausbildenden werden auf deren Verlangen von der zuständigen Stelle die **Ergebnisse der Abschlussprüfung** der Auszubildenden **übermittelt** (§ 37 Abs. 2 Satz 2 BBiG). Der Ausbildende hat also einen Anspruch auf Übermittlung des Prüfungsergebnisses gegenüber der zuständigen Stelle, er muss es aber ausdrücklich verlangen. Dadurch ist gesichert, dass der Ausbildende von dem Ergebnis der Abschlussprüfung und damit dem Ende des Berufsausbildungsverhältnisses Kenntnis erhält.

28 Davon unabhängig ist auch der Auszubildende verpflichtet, dem Ausbildenden das Prüfungsergebnis mitzuteilen. Diese Verpflichtung ergibt sich jedenfalls als Nebenpflicht aus dem Berufsausbildungsverhältnis. Auch im Berufsausbildungsverhältnis besteht wie in jedem Vertragsverhältnis die Pflicht zur Rücksichtnahme auf die berechtigten Interessen der anderen Vertragspartei (vgl. § 241 Abs. 2 BGB).

5. Rechtsfolgen der Beendigung

29 Mit der wirksamen Beendigung des Berufsausbildungsverhältnisses enden die vertraglichen Beziehungen zwischen Auszubildenden und Ausbildenden (zur Übernahme in ein Arbeitsverhältnis vgl. § 24 Rn. 4 ff.). Bei einer vorzeitigen Beendigung des Berufsausbildungsverhältnisses kann ein **Schadensersatzanspruch** gegenüber dem vertragsbrüchigen Vertragspartner bestehen (vgl. § 23 BBiG).

30 In jedem Falle hat der Auszubildende einen **Abrechnungs- und Zeugnisanspruch**. Der Ausbildende muss das Berufsausbildungsverhältnis vollständig abrechnen, noch offene Vergütungsansprüche ausgleichen und erforderlichenfalls die notwendigen Arbeitspapiere und die Lohnsteuerkarte aushändigen. Zugunsten des Auszubildenden besteht ein Anspruch auf ein Zeugnis (vgl. § 16).

6. Verlängerung der Ausbildungsdauer

31 Eine Verlängerung der Ausbildungsdauer ist möglich:
- im Einzelfall auf Antrag Auszubildender (vgl. § 8 Rn. 9 ff.),
- bei Nichtbestehen der Abschlussprüfung (vgl. Rn. 32 ff.),
- wenn Elternzeit in Anspruch genommen wird oder bei der Ableistung von Wehr- oder Zivildienst (vgl. Rn. 48 f.).

---

5 *BAG* 16.2.1994 – 5 AZR 251/93 – AP BBiG § 14 Nr. 6.

6.1 Verlängerung bei Nichtbestehen der Abschlussprüfung (§ 21 Abs. 3 BBiG)

Bei Nichtbestehen der Abschlussprüfung endet an sich gemäß § 21 Abs. 1 BBiG **32** mit Ablauf der Ausbildungszeit das Berufsausbildungsverhältnis (vgl. Rn. 9). Zum **Schutz der Auszubildenden**, denen die Möglichkeit gegeben werden soll, die begonnene Berufsausbildung abzuschließen, sieht § 21 Abs. 3 BBiG vor, dass sich das Berufsausbildungsverhältnis auf Verlangen des Auszubildenden bis zur nächstmöglichen Wiederholungsprüfung verlängert, höchstens jedoch um ein Jahr.

6.1.1 Vergleichbare Fallkonstellationen

Keine ausdrückliche Regelung enthält das Gesetz, ob sich das Berufsausbil- **33** dungsverhältnis auch dann auf Verlangen der Auszubildenden verlängert, wenn diese **aus persönlichen Gründen** (etwa Krankheit) **an der Teilnahme an der Abschlussprüfung verhindert** sind. Das *BAG* geht von einer analogen Anwendung des § 21 Abs. 3 BBiG aus, so dass sich das Ausbildungsverhältnis auf Verlangen des Auszubildenden entsprechend verlängert.[6]

Nicht ausdrücklich gesetzlich geregelt ist auch der Fall, dass die **Abschluss-** **34** **prüfung** erst **nach dem** ursprünglich vereinbarten **Ende des Ausbildungsver-** **hältnisses** stattfindet. Da der Zeitpunkt der Abschlussprüfung nicht durch den Auszubildenden beeinflussbar ist und es sich bei § 21 Abs. 3 BBiG um eine Schutzvorschrift zugunsten der Auszubildenden handelt, muss den Auszubil-denden ein Anspruch auf Verlängerung des Berufsausbildungsverhältnisses zustehen.

Dabei ist davon auszugehen, dass der Auszubildende zunächst einen Anspruch **35** darauf hat, dass das Berufsausbildungsverhältnis bis zum Zeitpunkt der Ab-schlussprüfung verlängert wird. Besteht er die Abschlussprüfung, endet das Berufsausbildungsverhältnis. Besteht er die Abschlussprüfung nicht, hat er einen Anspruch auf Verlängerung in den Grenzen des § 21 Abs. 3 BBiG, ge-rechnet ab dem Zeitpunkt des Nichtbestehens. Ist der Auszubildende zwischen-zeitlich schon ein anderes Ausbildungs- oder Arbeitsverhältnis mit einem an-deren Arbeitgeber eingegangen, bleibt ihm gleichwohl das Recht nach § 21 Abs. 3 BBiG. Er kann in dem Fall das andere Ausbildungs- und Arbeitsver-hältnis gemäß § 22 BBiG oder § 626 Abs. 2 BGB kündigen. Das **BAG** sieht das allerdings anders: Findet die Abschlussprüfung erst nach dem Ende der Aus-bildungszeit statt, so führe das nicht zu einer Verlängerung der Ausbildungs-zeit.[7]

6.1.2 »Verlangen« des Auszubildenden

Die Verlängerung tritt nicht automatisch ein, sondern nur auf Verlangen des **36** Auszubildenden. Verlangt der Auszubildende die Fortsetzung, verlängert sich das Berufsausbildungsverhältnis aufgrund der **einseitigen Erklärung des Aus-**

---

6 *BAG* 30.9.1998 – 5 AZR 58/98 – AP BBiG § 14 Nr. 9 = NZA 1999, 434 = EzB BBiG § 14 Abs. 3 Nr. 18.
7 *BAG* 14.1.2009 – 3 AZR 427/07 – NZA 2009, 738; *BAG* 13.3.2007 – 9 AZR 494/06 – AP BBiG § 14 Nr. 13 = EzB BBiG § 21 Abs. 1 Nr. 1.

zubildenden. Eine Willenserklärung des Ausbildenden bedarf es nicht, sie kann also gegebenenfalls auch gegen dessen Willen erfolgen.[8] Es kommt auch nicht darauf an, ob zu erwarten ist, der Auszubildende werde die Wiederholungsprüfung bestehen.

37   Für das »Verlangen« besteht **keine Formvorschrift.** Es kann also schriftlich, aber auch mündlich oder durch schlüssiges Verhalten (konkludent) erfolgen, muss aber dem Ausbildenden in jedem Fall zur Kenntnis gelangen. Da es sich um eine Schutzvorschrift zugunsten der Auszubildenden handelt, sind an die Eindeutigkeit des Verlangens keine übertriebenen Anforderungen zu stellen. Im Zweifel ist das Begehren des Auszubildenden so auszulegen, dass dieser die Fortsetzung der Ausbildung wünscht. Verbleiben beim Ausbildenden Zweifel, muss er den Auszubildenden auffordern, sich ausdrücklich zu erklären.

38   Eine Frist oder zeitliche Grenze, binnen derer der Auszubildende sein Fortsetzungsverlangen erklären muss, sieht das Gesetz nicht vor. Es ist indes auch das Interesse des Ausbildenden zu beachten, dass dieser möglichst zeitnah wissen will, ob der Auszubildende im Betrieb verbleibt oder ob er anderweitig disponieren kann. Es wird vertreten, dass dem Auszubildenden eine gewisse **Überlegungsfrist** zustehe, die mit drei bis maximal vier Wochen nach Bekanntgabe des Nichtbestehens der Prüfung angesetzt wird.[9]

39   Das *BAG* hat jüngst betont, dass der Anspruch des Auszubildenden auf Verlängerung des Ausbildungsverhältnisses mit der Kenntnis vom Nichtbestehen der Abschlussprüfung entstehe.[10] Der Gesetzeswortlaut enthalte keine Angaben darüber, ob und gegebenenfalls innerhalb welcher Frist der Auszubildende die Verlängerung fordern müsse. Aus dem Wortlaut des § 21 Abs. 3 (früher § 14 Abs. 3) BBiG werde deutlich, dass das bestehende Berufsausbildungsverhältnis fortgesetzt und im Anschluss an das vereinbarte kein neues Berufsausbildungsverhältnis begründet werde. Eine Verlängerung eines befristeten Rechtsverhältnisses führe regelmäßig zu einer Änderung der Laufzeit des Ausgangsrechtsverhältnisses. Dieses werde über den vorgesehenen Endtermin hinaus zu den bisherigen Bedingungen fortgesetzt.

40   Eine Verlängerung setze – so das *BAG* – demnach voraus, dass sie in einem engen zeitlichen Zusammenhang mit dem bestehenden Rechtsverhältnis erfolge. Andernfalls werde ein neues Rechtsverhältnis begründet. Der Wortlaut »verlängert sich« spreche dafür, dass das Berufsausbildungsverhältnis zum Zeitpunkt der Abschlussprüfung und des Fortsetzungsverlangens des Auszubildenden noch nicht beendet sei und der Auszubildende die Verlängerung vor Ablauf der vereinbarten Ausbildungszeit ohne zeitliche Beschränkung verlangen könne. Begehre er noch während der restlichen Laufzeit des Berufsausbildungsverhältnisses dessen Fortsetzung, liege der erforderliche enge zeitliche Zusammenhang mit dem bestehenden Rechtsverhältnis unabhängig davon vor, wie lange der Auszubildende vom Nichtbestehen der Abschlussprüfung bereits Kenntnis habe.[11]

41   Macht der Auszubildende seinen Verlängerungsanspruch erst **nach Ende der vereinbarten Ausbildungszeit** geltend, verlängere sich das Berufsausbildungsverhältnis nur dann bis zur nächstmöglichen Wiederholungsprüfung, wenn das

---

8 *BAG* 15.3.2000 – 5 AZR 622/98 – AP BBiG § 14 Nr. 10.
9 KDZ/*Däubler* KSchR § 21 BBiG Rn. 16a.
10 *BAG* 23.9.2004 – 6 AZR 519/03 – AP BBiG § 14 Nr. 11 = NZA 2005, 413.
11 *BAG* 23.9.2004 – 6 AZR 519/03 – AP BBiG § 14 Nr. 11 = NZA 2005, 413.

Verlangen unverzüglich gestellt werde. Ob ein Verlängerungsverlangen unverzüglich geäußert worden sei, bestimme sich nach den Verhältnissen des Einzelfalls. Bei der Bemessung dieser Frist sei zu berücksichtigen, dass dem Auszubildenden nach dem Nichtbestehen der Abschlussprüfung ein angemessener Zeitraum verbleiben muss, innerhalb dessen er sich Klarheit verschaffen kann, ob er die Ausbildung überhaupt und ob er sie in seinem bisherigen Ausbildungsbetrieb fortführen wolle. An einem schuldhaften Zögern könne es fehlen, wenn dem Ausbildenden das Fortsetzungsverlangen zwar erst nach Ablauf eines Ausbildungsverhältnisses zugehe, dies jedoch auf Gründen beruhe, die nicht der Risikosphäre des Auszubildenden zuzurechnen seien.[12]

Es ist also wie folgt zu differenzieren: Der Anspruch auf Verlängerung des **42** Berufsausbildungsverhältnisses gemäß § 21 Abs. 3 BBiG entsteht mit Kenntnis des Auszubildenden vom Nichtbestehen der Abschlussprüfung. **Vor Ende der** im Ausbildungsvertrag vereinbarten **Ausbildungszeit** ist die Geltendmachung des Verlängerungsanspruchs **nicht fristgebunden**. Macht der Auszubildende den Anspruch auf Verlängerung, der noch innerhalb der vereinbarten Ausbildungszeit entstanden ist, erst **nach Ende der vereinbarten Ausbildungszeit** geltend, verlängert sich das Berufsausbildungsverhältnis nur dann bis zur nächstmöglichen Wiederholungsprüfung, wenn das Verlangen **unverzüglich** erklärt wird.[13]

6.1.3 Rechtsfolgen des Verlängerungsverlangens

Verlangt der Auszubildende die Fortsetzung, verlängert sich das Berufsausbil- **43** dungsverhältnis kraft Gesetzes aufgrund einseitiger Erklärung ohne jede Willenserklärung des Ausbildenden (vgl. Rn. 36). Die »Verlängerung« hat zur Folge, dass das Berufsausbildungsverhältnis mit den Rechten und Pflichten fortgesetzt wird, wie sie zum Zeitpunkt des Fortsetzungsverlangens bestanden haben. Ein Anspruch auf eine höhere Ausbildungsvergütung besteht nicht (vgl. § 17 Rn. 28). Es darf wegen der Verlängerung aber andererseits auch keine Kürzung der Ausbildungsvergütung vereinbart werden. Anderslautende einzelvertragliche Vereinbarungen wären gemäß § 25 BBiG unwirksam.

Die Verlängerung erfolgt **bis zur nächstmöglichen Wiederholungsprüfung**, **44** höchstens aber um ein Jahr. Wird die Wiederholungsprüfung bestanden, endet das Ausbildungsverhältnis. Gleiches gilt, wenn sie nicht bestanden wird und der Auszubildende kein weiteres Verlängerungsverlangen stellt.

6.1.4 Nichtbestehen der Wiederholungsprüfung

Fraglich ist, ob sich das Berufsausbildungsverhältnis nochmals auf Verlangen **45** des Auszubildenden verlängert, wenn dieser auch die **Wiederholungsprüfung nicht besteht**. Die Frage stellt sich deshalb, weil die Abschlussprüfung zweimal wiederholt werden kann (vgl. § 37 Abs. 1 Satz 2 BBiG). Nach der Rechtsprechung des *BAG* verlängert sich das Berufsausbildungsverhältnis auf ein Verlängerungsverlangen des Auszubildenden auch **bis zur zweiten Wiederholungsprüfung**, aber nur wenn diese noch innerhalb der **Höchstfrist von einem Jahr** nach Ablauf der vertraglich vorgesehenen Ausbildungszeit abgelegt wird.

---

12 *BAG* 23.9.2004 – 6 AZR 519/03 – AP BBiG § 14 Nr. 11 = NZA 2005, 413.
13 *BAG* 23.9.2004 – 6 AZR 519/03 – AP BBiG § 14 Nr. 11 = NZA 2005, 413.

Die Beendigungswirkung tritt unabhängig davon ein, ob die zweite Wiederholungsprüfung bestanden oder nicht bestanden wird.[14]

46 Nach dem Gesetz besteht für die Verlängerungsmöglichkeit also eine **Höchstfrist von einem Jahr.** Darüber hinaus hat der Auszubildende keinen gesetzlichen Anspruch auf Verlängerung des Berufsausbildungsverhältnisses.[15] Einzelvertraglich könnte aber zugunsten des Auszubildenden durchaus eine weitere Verlängerung vereinbart werden. Praktisch relevant ist dies indes nur für solche Fälle, in denen der Auszubildende die erste Wiederholungsprüfung nicht bestanden hat und die zweite Wiederholungsprüfung erst nach Ende der Jahresfrist liegt.

47 Liegt die **zweite Wiederholungsprüfung** noch innerhalb der Jahresfrist, stellt sich die Frage einer weiteren Verlängerung des Berufsausbildungsverhältnisses bei Nichtbestehen dieser zweiten Wiederholungsprüfung faktisch nicht, weil der Auszubildende ohnedies die Berufsausbildung nicht mehr erfolgreich abschließen kann, weil eine weitere Wiederholungsmöglichkeit nicht besteht.

6.2 Verlängerung durch Elternzeit, Wehr- und Zivildienst

48 Zu einer Verlängerung des Berufsausbildungsverhältnisses kann es zudem kommen, wenn der oder die Auszubildende **Elternzeit** (früher: Erziehungsurlaub) in Anspruch nimmt. § 20 Abs. 1 Satz 2 BEEG bestimmt, dass die Elternzeit nicht auf Berufsbildungszeiten angerechnet wird. Während der Elternzeit ruht das Berufsausbildungsverhältnis. Durch die Nichtanrechnung der Elternzeit auf die Zeit des Berufsausbildungsverhältnisses verlängert sich das Berufsausbildungsverhältnis automatisch ohne weiteres Zutun der Vertragsparteien um die Zeit der Elternzeit. Es bedarf keiner Verlängerungserklärung oder -vereinbarung der Vertragspartner oder der zuständigen Stelle.

49 Auch die Zeit des **Grundwehrdienstes** oder einer **Wehrübung** von länger als drei Tagen wird auf die Ausbildungszeit nicht angerechnet (§ 6 Abs. 3, § 11 Abs. 1 Satz 2 ArbPlSchG). Dies gilt entsprechend für die Zeit des **Zivildienstes** (§ 78 Abs. 1 Nr. 1 ZDG).

§ 22 Kündigung

(1) Während der Probezeit kann das Berufsausbildungsverhältnis jederzeit ohne Einhalten einer Kündigungsfrist gekündigt werden.

(2) Nach der Probezeit kann das Berufsausbildungsverhältnis nur gekündigt werden

1. aus einem wichtigen Grund ohne Einhalten einer Kündigungsfrist,

2. von Auszubildenden mit einer Kündigungsfrist von vier Wochen, wenn sie die Berufsausbildung aufgeben oder sich für eine andere Berufstätigkeit ausbilden lassen wollen.

(3) Die Kündigung muss schriftlich und in den Fällen des Absatzes 2 unter Angabe der Kündigungsgründe erfolgen.

(4) Eine Kündigung aus einem wichtigen Grund ist unwirksam, wenn die ihr zugrunde liegenden Tatsachen dem zur Kündigung Berechtigten länger als zwei Wochen bekannt sind. Ist ein vorgesehenes Güteverfahren vor einer außerge-

---

14 *BAG* 15.3.2000 – 5 AZR 622/98 – AP BBiG § 14 Nr. 10.
15 *Leinemann/Taubert* BBiG § 21 Rn. 42 f.

richtlichen Stelle eingeleitet, so wird bis zu dessen Beendigung der Lauf dieser Frist gehemmt.

Inhaltsübersicht

Rn.

1. Überblick 1
2. Besonderheiten bei minderjährigen Auszubildenden
2.1 Kündigung durch minderjährige Auszubildende 2
2.2 Kündigung gegenüber minderjährigen Auszubildenden 5
3. Kündigung vor Beginn der Berufsausbildung 7
4. Kündigung während der Probezeit 10
4.1 Kein Kündigungsgrund erforderlich 11
4.2 »während« der Probezeit 12
4.3 Auslauffrist 13
4.4 Schriftform 16
4.5 Geltung sonstiger Kündigungsschutznormen 22
5. Kündigung nach der Probezeit durch die Ausbildenden 25
5.1 Grundsätzliche Anforderungen an den Kündigungsgrund 26
5.2 Verhaltensbedingte Kündigungsgründe
5.2.1 Verhältnismäßigkeitsgrundsatz 31
5.2.2 Typische Fallkonstellationen 38
5.3 Personenbedingte Kündigungsgründe 54
5.4 Betriebsbedingte Kündigungsgründe 55
5.5 Qualifizierte Schriftform 56
5.6 Zwei-Wochen-Frist.................................. 63
5.7 Geltung sonstiger Kündigungsschutznormen
5.7.1 Anhörung des Betriebsrats 66
5.7.2 Kündigungsschutz während der Elternzeit................. 68
5.7.3 Kündigungsschutz nach dem Mutterschutzgesetz............ 69
5.7.4 Besonderer Kündigungsschutz für schwerbehinderte Menschen 74
5.7.5 Besonderer Kündigungsschutz für Mitglieder des Betriebsrats
und der Jugend- und Auszubildendenvertretung 75
6. Rechtsschutz gegen die Kündigung 76
6.1 Geltung der Drei-Wochen-Frist des § 4 KSchG............. 77
6.2 Anspruch auf die weitere Ausbildung 80
6.3 Kein Anspruch auf Zahlung einer Abfindung 83
7. Kündigung nach der Probezeit durch die Auszubildenden
7.1 Kündigungsmöglichkeit zum Schutz der Berufsfreiheit der
Auszubildenden 84
7.2 Kündigung aus einem »wichtigen Grund« 86
7.3 Qualifizierte Schriftform 87

1. Überblick

§ 22 BBiG regelt, allerdings nicht abschließend, die Kündigung des Berufsaus- **1** bildungsverhältnisses. Zum Schutze der Auszubildenden soll die Kündigung zwar während der Probezeit problemlos möglich sein, danach aber nur ausnahmsweise. Die Norm gilt auch für Berufsausbildungsverhältnisse im **Handwerk**. Neben § 22 BBiG gibt es auch andere Beendigungstatbestände (vgl. § 21 Rn. 1 ff.). Bei der Kündigung des Berufsausbildungsverhältnisses sind **drei Zeiträume** zu unterscheiden:
– vor Beginn der Berufsausbildung (vgl. Rn. 7 ff.),
– während der Probezeit (vgl. Rn. 10 ff.),
– nach Ende der Probezeit (vgl. Rn. 25 ff.).

2. Besonderheiten bei minderjährigen Auszubildenden

2.1 Kündigung durch minderjährige Auszubildende

2 Für eine wirksame Kündigungserklärung ist grundsätzlich Voraussetzung, dass sowohl derjenige, der die Kündigung erklärt, als auch der Erklärungsempfänger volljährig ist. Der Minderjährige ist nur beschränkt geschäftsfähig (§ 106 BGB). Der Minderjährige kann deshalb wirksam nur **mit Einwilligung des gesetzlichen Vertreters** kündigen. »Einwilligung« ist die vorherige Zustimmung, also die zeitlich vor Ausspruch der Kündigungserklärung erteilte Zustimmung (§ 183 BGB). In Einzelfällen kann problematisch sein, wer »gesetzlicher Vertreter« ist (vgl. § 10 Rn. 11 ff.). Eine Kündigung, die der Minderjährige ohne die erforderliche Einwilligung des gesetzlichen Vertreters vornimmt, ist unwirksam (§ 111 Satz 1 BGB).

3 Erklärt der Minderjährige mit Einwilligung der gesetzlichen Vertreter die Kündigung, ist diese gleichwohl unwirksam, wenn der Minderjährige die **Einwilligung** nicht **in schriftlicher Form** vorlegt *und* der andere die Kündigung aus diesem Grunde zurückweist (§ 111 Satz 2 BGB). Liegt die Einwilligung tatsächlich (wenn auch nicht schriftlich) vor und weist der Kündigungsempfänger die Kündigung *nicht* zurück, ist die Kündigung wirksam. Liegt die Einwilligung nicht vor, macht der Kündigungsempfänger gleichwohl von seinem Zurückweisungsrecht keinen Gebrauch, kann die Kündigung vom gesetzlichen Vertreter noch genehmigt werden. **Genehmigung** ist die nachträgliche Zustimmung. Mit Erteilung der Genehmigung wird die Kündigung wirksam (§ 184 Abs. 1 BGB). Verweigert der gesetzliche Vertreter die Genehmigung, ist die Kündigung endgültig unwirksam.[1]

4 Um eine Zurückweisung der Kündigung gemäß § 111 Satz 2 BGB zu vermeiden, empfiehlt es sich, stets eine **schriftliche Einwilligung** vorzulegen. Die Zurückweisung der Kündigung wegen Fehlens einer schriftlichen Einwilligungserklärung ist allerdings gemäß § 111 Satz 3 BGB ausgeschlossen, wenn der gesetzliche Vertreter den anderen (also den Kündigungsempfänger) von der Einwilligung in **Kenntnis** gesetzt hatte.

2.2 Kündigung gegenüber minderjährigen Auszubildenden

5 Ist der oder die Auszubildende zum Zeitpunkt der Kündigungserklärung minderjährig, ist die Kündigung gegenüber dem gesetzlichen Vertreter des Minderjährigen zu erklären (§ 131 BGB). Eine gegenüber dem Minderjährigen erklärte Kündigung ist unwirksam. Die Kündigung wird erst **mit Zugang beim gesetzlichen Vertreter wirksam**.[2]

6 Dem gesetzlichen Vertreter des oder der Minderjährigen sind auch die **Kündigungsgründe** gemäß § 22 Abs. 3 BBiG (vgl. Rn. 56 ff.) mitzuteilen, ansonsten ist die Kündigung unwirksam. Es reicht nicht, wenn nur dem Minderjährigen selbst die Kündigungsgründe mitgeteilt werden.[3]

---

1 KR-*Weigand* §§ 21–23 BBiG Rn. 108.
2 KR-*Weigand* §§ 21–23 BBiG Rn. 109.
3 *BAG* 25.11.1976, 2 AZR 751/75, AP BBiG § 15 Nr. 4; *LAG Nürnberg* 21.6.1994, 2 (4) Sa 510/91, LAGE BBiG § 15 Nr. 8.

Lakies

3. Kündigung vor Beginn der Berufsausbildung

Die Kündigung während und nach der Probezeit ist in § 22 BBiG ausdrücklich **7** gesetzlich geregelt, nicht aber die Kündigung *vor* Beginn der Berufsausbildung. Eine solche Kündigung kann aber für beide Seiten notwendig werden, insbesondere dann, wenn zwischen dem Abschluss des Ausbildungsvertrags und dem vereinbarten Beginn der Ausbildung mehrere Monate liegen. Dann mag aufgrund neuerer Entwicklungen einer der Vertragsparteien nicht mehr an der Vertragsbindung festhalten wollen. Der Auszubildende hat zum Beispiel eine andere Ausbildungsstelle gefunden, die ihm attraktiver erscheint oder er hat sich entschlossen, doch einen anderen Ausbildungsberuf zu wählen. Der Ausbildende etwa gibt seine Betriebstätigkeit auf oder er erhält doch nicht die Subventionen, die er sich bei der Einstellung Auszubildender erhofft hatte.

In der Rechtsprechung ist anerkannt, dass auch bereits vor Beginn der Ausbil- **8** dung das Berufsausbildungsverhältnis von beiden Vertragsparteien ordentlich entfristet (wie während der Probezeit) gekündigt werden kann. Die Kündigung ist jederzeit vor Beginn der Ausbildung zulässig, es ist aber das **Schriftformerfordernis** (vgl. Rn. 16 ff.) zu beachten. Es muss nicht der Beginn der vereinbarten Ausbildung abgewartet werden, um erst dann (innerhalb der Probezeit) kündigen zu können. Eine **Ausnahme** von dieser Kündigungsbefugnis vor Ausbildungsbeginn besteht nur dann, wenn die Vertragsparteien ausdrücklich eine abweichende Regelung vereinbart haben oder sich eine solche aus den konkreten Umständen des Einzelfalls ergibt, zum Beispiel bei Vereinbarung oder dem ersichtlichen gemeinsamen Interesse, die Ausbildung jedenfalls für einen Teil der Probezeit tatsächlich durchzuführen.[4]

Das ist in der Regel nicht anzunehmen. Faktisch führt dies dazu, dass die **9** Vertragsparteien bis zum Beginn der Ausbildung das Risiko haben, ob die Vertragsbeziehung tatsächlich durchgeführt wird. Selbst wenn die Ausbildung aufgenommen wird, bleibt das Risiko, ob es nicht innerhalb der Probezeit »von heute auf morgen« gekündigt wird.

4. Kündigung während der Probezeit

Während der Probezeit kann das Berufsausbildungsverhältnis jederzeit ohne **10** Einhalten einer Kündigungsfrist von beiden Seiten gekündigt werden (§ 22 Abs. 1 BBiG). Es handelt sich um eine ordentliche, allerdings entfristete, Kündigung, die grundsätzlich keines besonderen Kündigungsgrunds bedarf. Die Kündigung muss schriftlich erfolgen (§ 22 Abs. 3 BBiG).

4.1 Kein Kündigungsgrund erforderlich

Da die Probezeit – wie der Begriff schon zum Ausdruck bringt – die Funktion **11** der Erprobung für beide Vertragspartner hat (vgl. § 20 Rn. 3), besteht diese vereinfachte Kündigungsmöglichkeit. Besonderer Gründe bedarf für die Kündigung während dieser Zeit nicht.[5] Gegen diese gesetzlich ausdrücklich zuge-

---

4 *BAG* 17.9.1987, 2 AZR 654/86, AP BBiG § 15 Nr. 7 = NZA 1988, 735.
5 Entgegen dem Wortlaut des Gesetzes und entgegen dem Zweck der Probezeit (vgl. § 20 Rn. 3) wird neuerdings von *Hirdina* die Auffassung vertreten, die Kündigung in der Probezeit wäre nur ausnahmsweise zulässig und sei vom Auszubildenden näher zu begründen (*Hirdina*, NZA-RR 2010, 65 ff.).

lassene vereinfachte Kündigungsmöglichkeit bestehen rechtlich keine, auch keine verfassungsrechtlichen, Bedenken.[6]

4.2 »während« der Probezeit

12 Die erleichterte Kündigungsmöglichkeit besteht »während« der Probezeit. Deshalb muss die – schriftliche – Kündigung noch während dieser Zeit erklärt werden und dem Erklärungsempfänger noch innerhalb der Probezeit zugehen. Geht sie dem Erklärungsempfänger auch nur einen Tag später zu, so kann die Kündigung nur wirksam sein, wenn die erschwerten Voraussetzungen der Kündigung nach der Probezeit vorliegen (vgl. Rn. 25 ff.).

4.3 Auslauffrist

13 Nach dem Gesetz ist eine Kündigungsfrist nicht vorgesehen. Es ist anerkannt, dass während der Probezeit indes auch unter Zubilligung einer Auslauffrist wirksam gekündigt werden. Die Auslauffrist muss allerdings so bemessen sein, dass sie nicht zu einer unangemessen langen Fortsetzung des Berufsausbildungsvertrags führt, der nach dem endgültigen Entschluss des Kündigenden nicht bis zur Beendigung der Ausbildung durchgeführt werden soll.[7]

14 Unproblematisch ist es, um zu einem »runden Ende« zu kommen, die Kündigung erst zum Monatsende auszusprechen. Problematisch ist es, eine längere Auslauffrist zu gewähren. Da der ausdrücklich erklärte Willen jedenfalls darauf zielt, das Berufsausbildungsverhältnis während der Probezeit zu beenden, kann die Gewährung einer zu langen Auslauffrist nicht dazu führen, dass die Kündigung unwirksam ist, vielmehr endet das Berufsausbildungsverhältnis bereits mit Zugang der Kündigung, wenn der Kündigungsempfänger das wünscht. Der gesetzlich vorgesehene Regelfall ist, dass bei einer Kündigung während der Probezeit das Berufsausbildungsverhältnis mit Zugang der Kündigung sofort endet.

15 Problematisch ist folgende **Fallvariante**: Angenommen, ein Berufsausbildungsverhältnis beginnt am 1.3.2010 und die Probezeit beträgt vier Monate (dauert also bis 30.6.2010). Wenn der Ausbildende schriftlich die Kündigung »mit sofortiger Wirkung« erklärt und diese dem Auszubildenden im Betrieb noch am 30.6.2010 übergibt, so ist die Kündigung wirksam. Erklärt der Ausbildende in diesem Fall die Kündigung aber erst »zum 31.7.2010«, ist sie nach der hier vertretenen Auffassung unwirksam. Sie ist zwar noch während der Probezeit erklärt und übergeben worden (zugegangen), das Berufsausbildungsverhältnis soll aber nach dem ausdrücklich erklärten Willen erst zu einem Zeitpunkt enden, der nicht mehr »während der Probezeit« ist. Es handelt daher um eine Kündigung »nach der Probezeit«, für die die verschärften Kündigungsvoraussetzungen gemäß § 22 Abs. 2 und Abs. 3 BBiG gelten. Das *BAG* hat einen vergleichbaren Fall allerdings anders entschieden und die Kündigung für wirksam erachtet.[8]

---

6 BAG 16.12.2004 – 6 AZR 127/04 – NZA 2005, 578.
7 *BAG* 10.11.1988 – 2 AZR 26/88 – AP BBiG § 15 Nr. 8 = NZA 1989, 268 = EzB BBiG § 15 Abs. 1 Nr. 18.
8 *BAG* 10.11.1988 – 2 AZR 26/88 – AP BBiG § 15 Nr. 8 = NZA 1989, 268 = EzB BBiG § 15 Abs. 1 Nr. 18.

4.4 Schriftform

Auch die Kündigung während der Probezeit muss gemäß § 22 Abs. 3 BBiG **16** schriftlich erfolgen. Eine mündliche Kündigung ist unwirksam. Es bedarf allerdings – anders als nach der Probezeit (vgl. Rn. 56 ff.) keiner Angabe von Kündigungsgründen, weil es ja gerade für die Kündigung während der Probezeit keiner besonderen Kündigungsgründe bedarf. Es reicht die Erklärung »*Hiermit wird das Berufsausbildungsverhältnis mit sofortiger Wirkung gekündigt.*«

Für die Schriftform gilt § 126 BGB. Die Kündigung muss vom Aussteller (dem, **17** der die Kündigung erklärt) eigenhändig handschriftlich (im Original) durch Namensunterschrift unterzeichnet werden. Das Erfordernis der **eigenhändigen Unterschrift** verlangt nicht, dass unmittelbar bei Abgabe der schriftlichen Erklärung für den Erklärungsempfänger die Person des Ausstellers feststehen muss. Diese soll nur identifiziert werden können. Hierzu bedarf es nicht der Lesbarkeit der Unterschrift. Vielmehr genügt ein die Identität des Unterschreibenden ausreichend kennzeichnender Schriftzug, der individuelle und entsprechend charakteristische Merkmale aufweist, welche die Nachahmung erschweren. Ein lesbarer Zusatz des Namens des Unterzeichnenden wird nicht verlangt. Der Schriftzug muss sich als Wiedergabe eines Namens darstellen und die Absicht einer vollen Unterschriftsleistung erkennen lassen, selbst wenn er nur flüchtig niedergelegt und von einem starken Abschleifungsprozess gekennzeichnet ist.[9] Bloße Abkürzungen des Namens, Paraphen oder ein sog. Abzeichnungsvermerk genügen nicht der Schriftform. Unzureichend sind die Verwendung von Stempeln, Schreibmaschine, Faksimile oder anderen mechanischen Hilfsmitteln, ebenso eine eingescannte Unterschrift. Empfangsbedürftige Willenserklärungen müssen in der Form zugehen, die für ihre Abgabe erforderlich ist.

Das Kündigungsschreiben muss nicht handschriftlich sein. Es kann auch mit **18** dem PC geschrieben, gedruckt oder vervielfältigt sein. Nur die Unterschrift muss eigenhändig geschrieben sein. Die in § 126 b BGB geregelte Textform, bei der es keiner Originalunterschrift bedarf, genügt nicht, weil § 22 Abs. 3 BBiG ausdrücklich verlangt, dass die Kündigung »schriftlich« erfolgen muss. Der Schriftform genügt nicht eine Kündigung per E-Mail, SMS oder durch Telefax. Auch die elektronische Form gemäß § 126 a BGB (mit einer qualifizierten elektronischen Signatur nach dem Signaturgesetz) ist – entsprechend wie bei § 623 BGB – ausgeschlossen.[10]

Ein **Vertreter** kann **mit dem Namen des Vollmachtgebers** unterschreiben. Die **19** Schriftform ist auch dann gewahrt, wenn ein bevollmächtigter Vertreter die Urkunde ohne Hinweis auf das Vertretungsverhältnis mit dem Namen des Vertretenen unterzeichnet. Die vom Aussteller verlangte eigenhändige Unterzeichnung durch Namensunterschrift schließt nur die Verwendung von Stempeln, Kopien usw. aus. Eigenhändig im Sinne der Vorschrift ist als »handschriftlich« zu verstehen.[11]

Unterzeichnet für eine Vertragspartei **ein Vertreter** die Erklärung **mit seinem** **20** **Namen**, muss das Vertretungsverhältnis in der Urkunde deutlich zum Ausdruck kommen. Dies kann insbesondere durch einen entsprechenden Zusatz bei der Unterschrift erfolgen (i. V.). Ist das Kündigungsschreiben mit dem Zusatz

---

9 *BAG* 24. 1. 2008 – 6 AZR 519 / 07, NZA 2008, 521.
10 *Gotthardt/Beck* NZA 2002, 876, 877.
11 *BAG* 21. 9. 1999 – 9 AZR 893 / 98 – NZA 2000, 257.

»i. A.« (im Auftrag) unterschrieben, mag das im Einzelfall eher dafür sprechen, dass der Unterzeichner nicht selbst handelnd wie ein Vertreter die Verantwortung für den Inhalt des von ihm unterzeichneten Kündigungsschreibens übernehmen will (sondern nur Bote ist), während der Zusatz »i. V.« darauf hindeutet, dass der Erklärende selbst für den Vertretenen handelt. Im allgemeinen, nichtjuristischen Sprachgebrauch wird jedoch nicht immer hinreichend zwischen »Auftrag« und »Vertretung« unterschieden. Deshalb folgt nicht bereits aus dem Zusatz »i. A.«, dass der Erklärende lediglich als Bote und nicht als Vertreter gehandelt hat hat. Maßgeblich sind vielmehr die Gesamtumstände. Ergibt sich aus diesen, dass der Unterzeichner die Erklärung ersichtlich im Namen eines anderen abgegeben hat, ist von einem Handeln als Vertreter auszugehen.[12] Die Erklärung genügt dann der Schriftform. Eine andere Frage ist, ob der Vertreter berechtigt war, für den Vertretenen zu handeln oder ob der Erklärungsempfänger die Erklärung deswegen unverzüglich zurückgewiesen hat, weil der Kündigung keine Vollmachtsurkunde im Original beilag (§ 174 BGB).

21 Bei einer **Gesellschaft bürgerlichen Rechts** (GbR) muss die Kündigung von allen Gesellschaftern persönlich unterzeichnet oder gegebenenfalls die Vertretung für andere offen gelegt sein.[13] Unterschreibt für eine GbR nur ein Gesellschafter und fügt er der Unterschrift keinen Vertretungszusatz hinzu, ist gleichwohl nicht auszuschließen, dass die Unterzeichnung der Urkunde auch durch die anderen Gesellschafter vorgesehen war und deren Unterschrift noch fehlt. In diesem Fall ist zu prüfen, ob die Urkunde erkennen lässt, dass die Unterschrift des handelnden Gesellschafters auch die Erklärung der nicht unterzeichnenden Gesellschafter decken soll, also auch in deren Namen erfolgt ist.[14]

4.5 Geltung sonstiger Kündigungsschutznormen

22 Ausnahmsweise kann die Kündigung während der Probezeit gegen die guten Sitten (§ 138 BGB) oder gegen den Grundsatz von Treu und Glauben (§ 242 BGB) verstoßen. Auch für die Kündigung während der Probezeit sind neben den Bestimmungen des BBiG die sonstigen Kündigungsregelungen in anderen Gesetzen zu beachten. Besteht ein **Betriebsrat**, ist dieser vor Ausspruch der Kündigung gemäß § 102 BetrVG anzuhören (vgl. Rn. 66). Dies gilt unabhängig davon, zu welchem Zeitpunkt die Kündigung erfolgen soll, also auch bei einer Kündigung innerhalb der Probezeit gemäß § 22 Abs. 1 BBiG. Zur ordnungsgemäßen Anhörung des Betriebsrats ist es erforderlich, dass dem Betriebsrat im Einzelnen die Personaldaten des zu Kündigenden und die Gründe mitgeteilt werden, die aus Sicht des Arbeitgebers / Ausbildenden die Kündigung rechtfertigen sollen. Bei unterbliebener oder nicht ordnungsgemäßer Anhörung des Betriebsrats ist die Kündigung unwirksam.

23 Auch die Sonderkündigungsschutznormen sind zu beachten, insbesondere das Kündigungsverbot zugunsten von Frauen während der **Schwangerschaft** und bis zum Ablauf von vier Monaten nach der Entbindung gemäß § 9 Abs. 1 MuSchG (vgl. Rn. 69 ff.).[15]

---

12 *BAG* 12.12.2007 – 6 AZR 145/07 – NZA 2008, 403.
13 *BAG* 21.4.2005 – 2 AZR 162/04, AP BGB § 623 Nr. 4 = NZA 2005, 865.
14 *BAG* 28.11.2007 – 6 AZR 1108/06 – NZA 2008, 348.
15 *LAG Berlin* 1.7.1985 – 9 Sa 28/85 – BB 1986, 62 = LAGE MuSchG § 9 Nr. 6.

Die Sonderregelungen zugunsten von **schwerbehinderten Menschen**, die vor- **24** sehen, dass das Integrationsamt einer solchen Kündigung vor deren Ausspruch zustimmen muss (§§ 85 ff. SGB IX), entfällt allerdings bei einer Kündigung während der Probezeit im Regelfall, weil dieser Schutz erst eingreift, wenn das Vertragsverhältnis länger als sechs Monate besteht (§ 90 Abs. 1 Nr. 1 SGB IX).

5. Kündigung nach der Probezeit durch die Ausbildenden

Das Berufsausbildungsverhältnis kann nach der Probezeit von den Ausbilden- **25** den nur »aus einem wichtigen Grund« ohne Einhalten einer Kündigungsfrist gekündigt werden (Abs. 2 Nr. 1).

5.1 Grundsätzliche Anforderungen an den Kündigungsgrund

Ausgehend von dem Zweck des Berufsausbildungsverhältnisses, den Auszubil- **26** denden das Erlernen eines Berufs zu ermöglichen, und der ohnehin begrenzten zeitlichen Bindung, sind an die Kündigung eines Berufsausbildungsverhält- nisses nach der Probezeit besonders **hohe Anforderungen** zu stellen.[16]

Gründe, die in einem Arbeitsverhältnis einen wichtigen Grund für eine außer- **27** ordentliche Kündigung darstellen, müssen in einem Berufsausbildungsverhält- nis noch lange nicht greifen. Bei der Abwägung, ob bei Berücksichtigung der Interessen beider Vertragsparteien ein wichtiger Grund für die vorzeitige Be- endigung des Berufsausbildungsverhältnisses besteht, ist insbesondere auch die im Zeitpunkt der Kündigung bereits **zurückgelegte Ausbildungszeit** im Ver- hältnis zur Gesamtdauer der Ausbildung zu berücksichtigen.[17]

Neben der Dauer der Ausbildung ist insbesondere auch in Erwägung zu ziehen, **28** dass der Auszubildende in der Regel noch am **Anfang seines Berufslebens** steht und er deshalb häufig noch nicht ausreichend die für einen geregelten Betriebsablauf notwendigen Verhaltensweisen internalisiert hat. Auch das **Alter der Auszubildenden** ist gegebenenfalls zu ihren Gunsten zu berücksichtigen, dies gilt vor allem bei Minderjährigen und jungen Volljährigen, deren Persön- lichkeitsentwicklung noch nicht abgeschlossen ist. In der Regel sind als wichti- ger Grund für eine Kündigung nur solche Umstände geeignet, die bei objekti- vierender Vorausschau ergeben, dass das Ausbildungsziel erheblich gefährdet oder nicht mehr zu erreichen ist.[18]

Je mehr sich das Berufsausbildungsverhältnis seinem Ende, der Abschlussprü- **29** fung nähert, desto schärfer sind die Anforderungen an den wichtigen Grund. Kurz vor dem **Prüfungstermin** wird eine fristlose Kündigung durch die Aus- bildenden nur in krassen Ausnahmefällen zulässig sein.

Grundsätzlich kann man auch bei der Kündigung eines Berufsausbildungsver- **30**

---

16 *BAG* 1.7.1999, 2 AZR 676/98, AP BBiG § 15 Nr. 11 = NZA 1999, 1270 = EzB BBiG § 15 Abs. 2 Nr. 1, Nr. 85; *BAG* 10.5.1973, 2 AZR 328/72, AP BBiG § 15 Nr. 3 = EzB BBiG § 15 Abs. 2 Nr. 1, Nr. 1; *LAG Köln* 11.8.1995, 12 Sa 426/95, NZA-RR 1996, 128 = EzB BBiG § 15 Abs. 2 Nr. 1, Nr. 80; *LAG Berlin* 9.6.1986, 9 Sa 27/86, LAGE BBiG § 15 Nr. 2 = EzB BBiG § 15 Abs. 2 Nr. 1, Nr. 65.

17 *BAG* 10.5.1973, 2 AZR 328/72, AP BBiG § 15 Nr. 3 = EzB BBiG § 15 Abs. 2 Nr. 1, Nr. 1; *LAG Düsseldorf* 15.4.1993, 5 Sa 220/93, EzB BBiG § 15 Abs. 2 Nr. 1, Nr. 76.

18 *LAG Köln* 25.6.1987, 10 Sa 223/87, LAGE BBiG § 15 Nr. 4 = EzB BBiG § 15 Abs. 2 Nr. 1, Nr. 63.

hältnisses verhaltens-, personen- und betriebsbedingte Gründe unterscheiden. Stets ist bei der Abwägung, ob ein hinreichend wichtiger Grund für die Kündigung vorliegt, auf die **Umstände des Einzelfalls** abzustellen, so dass generalisierende Aussagen, in welchen Fällen ein Kündigungsgrund vorliegt, schwer möglich sind. Stets ist zu fragen, ob erstens »an sich« ein wichtiger Grund für die Kündigung eines Berufsausbildungsverhältnisses vorliegt und dieser zweitens auch unter Berücksichtigung der Besonderheiten des Einzelfalls die Kündigung rechtfertigen kann. Insofern ist stets eine abschließende **Interessenabwägung** erforderlich, für die es keine generellen Maßstäbe gibt, sondern die gerade die Besonderheiten des Einzelfalls berücksichtigen soll.

5.2 Verhaltensbedingte Kündigungsgründe

5.2.1 Verhältnismäßigkeitsgrundsatz

31 Verhaltensbedingte Kündigungsgründe liegen vor bei besonders groben oder wiederholten Verstößen (trotz vorheriger Abmahnungen) gegen Pflichten aus dem Berufsausbildungsverhältnis oder sonstigen Verhaltenspflichten, deren Einhaltung für eine gedeihliche Zusammenarbeit unabänderlich notwendig ist. Bevor eine Kündigung zulässig ist, ist zunächst – soweit zumutbar und Erfolg versprechend – mit erzieherischen Mitteln oder mit Abmahnungen auf die Auszubildenden einzuwirken.[19]

32 Falls das nichts bewirken oder von vornherein aussichtslos oder der Pflichtenverstoß so schwerwiegend sein sollte, dass nicht erwartet werden kann, der Ausbildende werde diesen hinnehmen, darf zulässigerweise – gleichsam als »letztes Mittel« (ultima-ratio-Prinzip) – eine Kündigung ausgesprochen werden. Da die Beendigung des Berufsausbildungsverhältnisses wegen eines Pflichtenverstoßes die schärfste Sanktion darstellt, ist es notwendig, dass der Ausbildende zunächst versucht, mit anderen Mitteln auf den Auszubildenden einzuwirken, wenn dies Erfolg versprechend ist (Verhältnismäßigkeitsgrundsatz). Das gilt grundsätzlich auch bei Verstößen der Auszubildenden gegen ihre Pflichten während der Berufsausbildung gemäß § 13. Deshalb bedarf es im Regelfall bei verhaltensbedingten Gründen der vorherigen **Abmahnung**.[20]

33 Bei **minderjährigen Auszubildenden** muss die Abmahnung auch dem gesetzlichen Vertreter zur Kenntnis gebracht werden.[21]

34 Zu den unverzichtbaren Voraussetzungen einer ordnungsgemäßen Abmahnung gehört die konkrete Feststellung des zu beanstandenden Verhaltens, die exakte Rüge der genau zu bezeichnenden Pflichtverletzung, die eindringliche Aufforderung, sich zukünftig vertragstreu zu verhalten sowie der Hinweis, dass im Wiederholungsfall mit einer Kündigung zu rechnen ist.[22]

35 Es gibt – entgegen landläufiger Vorstellung – keinen Grundsatz, dass stets dreimal abzumahnen wäre, bevor rechtswirksam gekündigt werden kann. Für die Zahl der erforderlichen Abmahnungen besteht keine generelle Regel. Je nach Schwere des in Rede stehenden Pflichtenverstoßes kann eine einmalige Abmah-

---

19 *LAG Baden-Württemberg* 31.10.1996, 6 Sa 10/96, NZA-RR 1997, 288.

20 *LAG Hessen* 3.11.1997, 16 Sa 657/97, LAGE BBiG § 15 Nr. 12 = EzB BBiG § 15 Abs. 2 Nr. 1, Nr. 82.

21 *Braun/Mühlhausen/Munk/Stück* BBiG § 15 Rn. 48; *Leinemann/Taubert* BBiG § 22 Rn. 36.

22 *Braun/Mühlhausen/Munk/Stück* BBiG § 15 Rn. 27.

nung reichen, aber auch eine mehrmalige Abmahnung erforderlich sein. Das Instrument der Abmahnung soll sich aber selbstredend auch nicht »abnutzen«. Bei wiederholten Pflichtenverstößen kann es den Ausbildenden nicht »bis in alle Ewigkeit« angedient werden, sie mögen abmahnen, ohne dass weitere Sanktionen zulässig wären.

Funktion der Abmahnung ist es, den Auszubildenden deutlich zu machen, dass **36** ihr konkretes Verhalten nicht hinnehmbar ist, im Wiederholungsfall der Bestand des Vertragsverhältnisses gefährdet ist und sie sich deshalb zukünftig vertragsgemäß verhalten mögen. Dieser Funktion würde es nicht gerecht, wenn stets mehrmalige Abmahnungen verlangt würden. Bei Pflichtverstößen »mittlerer Art und Güte« dürften zweimalige Abmahnungen hinreichen. Zu beachten ist aber, dass eine Kündigung bei einem weiteren Wiederholungsfall nur zulässig ist, wenn die zuvor abgemahnten Verhaltensweisen einen **vergleichbaren Pflichtenkreis** betrafen. Bei der verspäteten Vorlage der Bescheinigung über eine Arbeitsunfähigkeit (vgl. § 5 Abs. 1 EFZG) geht es um eine andere Pflichtverletzung als beim Zuspätkommen zur Arbeit/Ausbildung. Während es bei der Vorlage der Bescheinigung über eine Arbeitsunfähigkeit um eine Nebenpflicht geht, betrifft das Zuspätkommen die Hauptpflicht aus dem Berufsausbildungsverhältnis. Kommt der Auszubildende zu spät, kommt er seiner Hauptpflicht, sich ausbilden zu lassen, für einen bestimmten Zeitraum gar nicht nach.

Bei **besonders schweren Pflichtverletzungen**, deren Pflichtwidrigkeit den Aus- **37** zubildenden ohne weiteres erkennbar und eine Hinnahme durch die Ausbildenden offensichtlich ausgeschlossen ist, ist allerdings auch im Ausbildungsverhältnis eine Abmahnung entbehrlich, weil in diesen Fällen regelmäßig davon auszugehen ist, dass das pflichtwidrige Verhalten auch das für ein Ausbildungsverhältnis notwendige Vertrauen auf Dauer zerstört hat.[23]

5.2.2 Typische Fallkonstellationen

Unter dem Vorbehalt, dass es stets auf eine Abwägung im Einzelfall ankommt, **38** ob eine Kündigung des Berufsausbildungsverhältnisses gerechtfertigt ist, kann auf folgende typische Fallkonstellationen hingewiesen werden:

Die Nichteinhaltung der für die Ausbildungsstätte geltenden Ordnung kann **39** zumeist erst nach erfolglosen Abmahnungen eine Kündigung rechtfertigen. Das gilt zum Beispiel für häufiges **Zuspätkommen** und wiederholtes unentschuldigtes **Fernbleiben**.[24]

Pflichtverletzungen im Zusammenhang mit **Erkrankungen**, die dazu führen, **40** dass der Auszubildende nicht in der Lage ist, im Ausbildungsbetrieb oder in der Berufsschule zu erscheinen, können allenfalls nach vorherigen Abmahnungen eine Kündigung rechtfertigen. Zu beachten ist, dass für Auszubildende insoweit dieselben **Anzeige- und Nachweispflichten** wie für Arbeitnehmer gemäß § 5 Abs. 1 EFZG gelten. Der Auszubildende ist also verpflichtet, dem Ausbildenden die »Arbeitsunfähigkeit« und deren voraussichtliche Dauer unverzüglich anzuzeigen. Dauert die »Arbeitsunfähigkeit« länger als drei Kalendertage, hat der Auszubildende eine ärztliche Bescheinigung über das Bestehen der »Arbeitsunfähigkeit« sowie deren voraussichtliche Dauer spätestens an dem darauf

---

23 *BAG* 1.7.1999, 2 AZR 676/98, AP BBiG § 15 Nr. 11 = NZA 1999, 1270 = EzB BBiG § 15 Abs. 2 Nr. 1, Nr. 85.
24 *Braun/Mühlhausen/Munk/Stück* BBiG § 15 Rn. 109, 115.

folgenden Arbeitstag vorzulegen. Der Ausbildende ist berechtigt, die Vorlage der ärztlichen Bescheinigung früher zu verlangen. Dauert die »Arbeitsunfähigkeit« länger als in der Bescheinigung angegeben, ist der Auszubildende verpflichtet, eine neue ärztliche Bescheinigung vorzulegen. Bei (wiederholten) Verstößen gegen die Anzeige- oder Nachweispflichten kann nach vorherigen Abmahnungen eine Kündigung in Betracht kommen.[25]

41 Strenger sind die Maßstäbe bei einer **Manipulation der Arbeitszeitkontrolle** oder einem **eigenmächtigen Urlaubsantritt** oder dem eigenmächtigen Überschreiten des gewährten Urlaubs durch den Auszubildenden. Es muss jedem Auszubildenden gewahr sein, dass ein solches Verhalten der Ausbildende nicht hinnehmen muss und es deshalb nicht etwa einer vorherigen Abmahnung bedarf, sondern bereits der einmalige Verstoß, vorbehaltlich besonderer Umstände des Einzelfalls, eine Kündigung rechtfertigen kann.[26]

42 Auch das wiederholte verspätete Abliefern oder das Nichtführen der schriftlichen **Ausbildungsnachweise** (Berichtshefte) ist – nach erfolgloser vorheriger Abmahnung – als durchaus hinreichend für eine Kündigung angesehen worden.[27]

43 **Mangelhafte Leistungen** (sowohl im Betrieb wie auch in der Berufsschule) können in der Regel deshalb die Kündigung *nicht* rechtfertigen, weil die Abschlussprüfung erweisen wird, ob der Auszubildende über die erforderlichen Kenntnisse und Fertigkeiten verfügt. Die Möglichkeit zur Teilnahme an dieser sollte ihm nicht genommen werden.[28]

44 Ob die (wiederholte) Verletzung der **Pflicht zum Berufsschulbesuch** die Kündigung rechtfertigen kann, ist umstritten. Da der Auszubildende gemäß § 13 Satz 2 Nr. 2 BBiG in Verbindung mit § 15 BBiG verpflichtet ist, am Berufsschulunterricht teilzunehmen, stellt sich die Nichtteilnahme auch als eine Verletzung seiner Pflichten aus dem privat-rechtlichen Berufsausbildungsverhältnis dar und kann daher – wenn dies wiederholt nach Abmahnung erfolgt – durchaus die Kündigung rechtfertigen.[29]

45 Eine Weitergabe von **Betriebs- oder Geschäftsgeheimnissen** (§ 13 Satz 2 Nr. 6 BBiG) an Dritte kann, wenn dem Auszubildenden hinreichend klar war, auf welche Umstände im Einzelnen sich die Pflicht zum Stillschweigen bezieht, eine Kündigung rechtfertigen.

46 **Straftaten** zu Lasten des Ausbildenden oder auch anderer Arbeitskollegen (insbesondere Diebstahl, Unterschlagung oder gar Gewaltanwendung) rechtfertigen im Regelfall die Kündigung eines Ausbildungsverhältnisses. Beim Diebstahl kommt es auf den Wert des Gegenstands nicht an. So kann etwa auch die Entwendung einer »geringwertigen Sache« die Kündigung eines Berufsausbildungsverhältnisses rechtfertigen. Entscheidend ist der Vertrauensverlust. Der Ausbildende muss sich darauf verlassen können, dass die Auszubildenden nicht ihr Eigentumsrecht und ihre legitimen Vermögensinteressen verletzen.

---

25 *Braun/Mühlhausen/Munk/Stück* BBiG § 15 Rn. 66; KDZ / *Däubler* § 22 BBiG Rn. 21.

26 *Braun/Mühlhausen/Munk/Stück* BBiG § 15 Rn. 66; KDZ / *Däubler* § 22 BBiG Rn. 20.

27 *LAG Hessen* 3.11.1997, 16 Sa 657/97, LAGE BBiG § 15 Nr. 12 = EzB BBiG § 15 Abs. 2 Nr. 1, Nr. 82; *ArbG Wesel* 14.11.1996, 6 Ca 3726/96, NZA-RR 1997, 291; *Braun/Mühlhausen/Munk/Stück* BBiG § 15 Rn. 72.

28 *Braun/Mühlhausen/Munk/Stück* BBiG § 15 Rn. 73, 90; KDZ / *Däubler* § 22 BBiG Rn. 21; KR-*Weigand*, §§ 21, 22 BBiG Rn. 63 f.

29 *LAG Düsseldorf* 15.4.1993, 5 Sa 220/93, EzB BBiG § 15 Abs. 2 Nr. 1, Nr. 76; *Braun/Mühlhausen/Munk/Stück* BBiG § 15 Rn. 74; KR-*Weigand*, §§ 21, 22 BBiG Rn. 64.

Straftaten, die **außerhalb des Berufsausbildungsverhältnisses** begangen wer- **47**
den, können – sofern sie sich nicht auf das Ausbildungsverhältnis auswirken –
keine Kündigung rechtfertigen.[30] Der Auszubildende schuldet keine »tadellose
Lebensführung«. Eine Kündigung kann in Betracht kommen, wenn ein Bezug
zum Ausbildungsberuf besteht. Ein Vermögensdelikt zu Lasten Dritter rechtfertigt durchaus die Kündigung eines Auszubildenden, der im Ausbildungsberuf bestimmungsgemäß mit den Vermögensinteressen etwa von Kunden zu
tun hat, zum Beispiel bei der Ausbildung zum Bankkaufmann.[31]

Im allgemeinen Arbeitsrecht ist unter besonderen Voraussetzungen eine **Ver-** **48**
dachtskündigung zulässig, wenn der Verdacht einer schweren Verfehlung oder
einer Straftat besteht, der Arbeitgeber den Sachverhalt umfassend aufgeklärt hat,
und gewichtige Anhaltspunkte dafür sprechen, der Arbeitnehmer habe sich
pflichtwidrig verhalten. Der bloße Verdacht, der jedoch dringend sein muss,
kann in solchen Fällen die Kündigung rechtfertigen, wenn allein durch den
Verdacht bereits nachhaltig das notwendige Vertrauensverhältnis gestört ist.
Nach der ständigen Rechtsprechung des *BAG* kann nicht nur eine erwiesene
Vertragsverletzung, sondern auch schon der schwerwiegende Verdacht einer
strafbaren Handlung oder einer sonstigen Verfehlung einen wichtigen Grund
zur Kündigung darstellen. Eine Verdachtskündigung liegt vor, wenn und soweit
der Arbeitgeber seine Kündigung damit begründet, gerade der Verdacht eines
(nicht erwiesenen) strafbaren bzw. vertragswidrigen Verhaltens habe das für die
Fortsetzung des Arbeitsverhältnisses erforderliche Vertrauen zerstört. Eine Verdachtskündigung ist dann zulässig, wenn sich starke Verdachtsmomente auf
objektive Tatsachen gründen, die Verdachtsmomente geeignet sind, das für die
Fortsetzung des Arbeitsverhältnisses erforderliche Vertrauen zu zerstören, und
der Arbeitgeber alle zumutbaren Anstrengungen zur Aufklärung des Sachverhalts unternommen, insbesondere dem Arbeitnehmer Gelegenheit zur Stellungnahme gegeben hat.[32] Im Berufsausbildungsverhältnis sind dagegen Verdachts-
kündigungen grundsätzlich nicht zuzulassen. Eine nur in einem sehr engen
Rahmen denkbare Ausnahme ist möglich, wenn der besondere Charakter des
Ausbildungsverhältnisses eine vertiefte Vertrauensbasis zwischen den Vertragspartnern erfordert.[33] In einem normalen Ausbildungsverhältnis ohne besondere
Vertrauenssituation reicht der bloße Verdacht, der Auszubildende habe eine
schwere Pflichtenverletzung oder eine Straftat begangen, nicht aus. Eine Tat
kündigung ist möglich, ein bloßer Verdacht genügt dagegen nicht.

Auch eine grobe **Beleidigung** des Ausbildenden oder Ausbilders oder auch von **49**
Arbeitskollegen oder gar von Kunden kann eine Kündigung rechtfertigen. Bei
minderjährigen Auszubildenden ist möglicherweise deren »Unreife« bzw. ihre
allgemeine (noch nicht ausgereifte) Persönlichkeitsentwicklung zu ihren Gunsten zu berücksichtigen, kann aber sicherlich nicht jedes ungebührliche Benehmen rechtfertigen.[34]

Eine Kündigung wegen des **äußeren Erscheinungsbilds** des Auszubildenden, **50**

---

30 *LAG Berlin-Brandenburg* 13.11.2009 – 13 Sa 1766/09 – LAGE § 22 BBiG Nr. 2.
31 *Braun/Mühlhausen/Munk/Stück* BBiG § 15 Rn. 77, 107 f.; KDZ/*Däubler* § 22 BBiG Rn. 24 f.
32 Vgl. nur *BAG* 13.3.2008, 2 AZR 961/06, NZA 2008, 809.
33 *LAG Köln* 19.9.2006, 9 Sa 1555/05, LAGE § 22 BBiG 2005 Nr. 1 = EzB BBiG § 22 Abs. 2
    Nr. 1 Nr. 64; *Benecke/Hergenröder* BBiG § 22 Rn. 22; *Leinemann/Taubert* BBiG § 22 Rn. 62;
    KR/*Weigand* §§ 21–23 BBiG Rn. 48.
34 *Braun/Mühlhausen/Munk/Stück* BBiG § 15 Rn. 71.

seiner Haartracht oder Kleidung, ist allenfalls nach einer vorherigen Abmahnung denkbar und nur dann, wenn dies aus Gründen des Arbeitsschutzes oder zur Unfallverhütung notwendig ist oder deswegen, weil ansonsten eine spürbare Beeinträchtigung des Geschäftsbetriebs zu besorgen ist. Das kann indes nur gelten, soweit der Beruf für den ausgebildet werden soll, ein bestimmtes äußeres Auftreten verlangt oder üblicherweise (auch von den Arbeitnehmern des Betriebs) erwartet wird, wie zum Beispiel bei Bankkaufleuten. Beim Tragen eines Kopftuchs durch eine Muslimin, die sich aus religiösen Gründen hierzu verpflichtet sieht, ist zudem die grundrechtlich geschützte Glaubens- und Religionsfreiheit (Art. 4 Abs. 1 GG) zu beachten.[35]

51 **Rassistisches Verhalten** eines Auszubildenden gegenüber dem Ausbildenden oder anderen Auszubildenden oder Arbeitnehmern oder gegenüber Kunden während der Ausbildungszeit kann als schwerwiegende vorsätzliche Nebenpflichtverletzung eine Kündigung rechtfertigen.[36]

52 Weigert sich der Auszubildende, Mehrarbeit (**Überstunden**) zu leisten, kann das kein Grund für eine Kündigung sein. Eine Verpflichtung des Auszubildenden, Überstunden zu leisten, besteht nämlich allenfalls in Ausnahmefällen, denn es ist nicht erkennbar, dass die Ableistung von Überstunden zur Erreichung des Ausbildungsziels notwendig ist.[37]

53 Das **außerbetriebliche Verhalten** des Auszubildenden stellt im Regelfall keinen Kündigungsgrund dar, weil der Auszubildende keine »tadellosen Lebenswandel« schuldet. Anders kann es sein, wenn das außerbetriebliche Verhalten in den betrieblichen Bereich überstrahlt.[38]

5.3 Personenbedingte Kündigungsgründe

54 Personenbedingte Gründe, wie vor allem die **Erkrankung** Auszubildender, können nur ausnahmsweise die Kündigung eines Ausbildungsverhältnisses rechtfertigen, weil es in der Regel an den notwendigen betrieblichen Beeinträchtigungen fehlen wird, dies gilt insbesondere hinsichtlich einer Kündigung wegen häufiger Kurzerkrankungen. Eine lang anhaltende Krankheit kann, wenn überhaupt, nur dann die Kündigung rechtfertigen, wenn im Zeitpunkt des Kündigungsausspruchs eine Wiedergenesung bis zum regulären Ende des Ausbildungsverhältnisses nicht zu erwarten ist.[39]

5.4 Betriebsbedingte Kündigungsgründe

55 Betriebsbedingte Gründe, die die Kündigung eines Ausbildungsverhältnisses rechtfertigen könnten, liegen nur dann vor, wenn es an einer tatsächlichen weiteren Ausbildungsmöglichkeit fehlt, wie zum Beispiel bei einer **Betriebs-**

---

35 Vgl. bezüglich einer Verkäuferin (keine Auszubildende): *BAG* 10.10.2002, 2 AZR 472/01, AP KSchG 1969 § 1 Verhaltensbedingte Kündigung Nr. 44 = NZA 2003, 483; *BVerfG* 30.7.2003, 1 BvR 792/03, AP GG Art. 12 Nr. 134 = NZA 2003, 959.

36 *BAG* 1.7.1999, 2 AZR 676/98, AP BBiG § 15 Nr. 11 = NZA 1999, 1270 = EzB BBiG § 15 Abs. 2 Nr. 1, Nr. 85.

37 Zum Teil wird in solchen Fällen in der Literatur ein Kündigungsgrund bejaht; vgl. *Braun/Mühlhausen/Munk/Stück* BBiG § 15 Rn. 92; KR-*Weigand* 7. Aufl., §§ 21, 22 BBiG Rn. 55.

38 *Braun/Mühlhausen/Munk/Stück* BBiG § 15 Rn. 69; KR-*Weigand*, §§ 21, 22 BBiG Rn. 68.

39 APS/*Biebl* Kündigungsrecht § 22 BBiG Rn. 18; *Leinemann/Taubert* BBiG § 22 Rn. 70 ff.

stilllegung. Dies gilt auch im Falle der **Insolvenz**, die als solche keinen Kündigungsgrund darstellt. Bei einer Stilllegung nur von Betriebsteilen oder einer Betriebseinschränkung ist es im Regelfall zumutbar, die Ausbildung fortzusetzen, es sei denn, für den konkreten Ausbildungsberuf gibt es im gesamten Betrieb keine Ausbildungsmöglichkeiten mehr.[40]

5.5 Qualifizierte Schriftform

Die Kündigung muss gemäß § 22 Abs. 3 BBiG **56**
– schriftlich und
– unter Angabe der Kündigungsgründe erfolgen (qualifizierte Schriftform).

Die Regelung soll die kündigende Vertragspartei vor Übereilung bewahren und **57** zum anderen der Rechtsklarheit und der Beweissicherung dienen. Auch soll dem Kündigungsempfänger verständlich gemacht werden, worin der Grund für die Kündigung liegt, um ihm eine Überprüfung der Rechtswirksamkeit der Kündigung zu ermöglichen.[41]

Für die Schriftform gilt § 126 BGB. Die Kündigung muss vom Aussteller (dem, **58** der die Kündigung ausspricht) eigenhändig handschriftlich (im Original) durch Namensunterschrift unterzeichnet werden. Eine mündliche Kündigung ist ebenso unwirksam wie eine Kündigung durch E-Mail, SMS oder per Telefax (ausführlich zur Schriftform Rn. 16 ff.).

Die Kündigung ist nicht nur unwirksam, wenn die Schriftform nicht eingehalten **59** wird, sondern auch dann, wenn die **Kündigungsgründe** nicht oder nicht hinreichend in dem Kündigungsschreiben angegeben werden. Zwar kann der Ausbildende an sich erneut formwirksam kündigen, doch dürfte die Rechtswirksamkeit einer solchen Kündigung häufig daran scheitern, dass mittlerweile die Zwei-Wochen-Frist des § 22 Abs. 4 abgelaufen ist (vgl. Rn. 63).

An die Einhaltung der qualifizierten Schriftform der Kündigung werden **strenge Anforderungen** gestellt. Dabei ist zu beachten, dass die fehlende Angabe der **60** Kündigungsgründe nicht etwa dadurch »geheilt« werden kann, dass diese später, etwa in einem Rechtsstreit um die Wirksamkeit der Kündigung, nachgeholt wird. Nicht ausreichend ist insbesondere die bloße Bezugnahme auf die dem Gekündigten vorher mündlich mitgeteilten Kündigungsgründe, ohne diese im Kündigungsschreiben näher zu erläutern, oder der Hinweis auf die »Ihnen bekannten Gründe«.[42]

Die Kündigungsgründe müssen im Kündigungsschreiben so genau bezeichnet **61** werden, dass der Kündigungsempfänger eindeutig erkennen kann, um welche konkreten Vorfälle es sich handelt, denn nur dann kann er sich darüber schlüssig werden, ob er die Kündigung anerkennen will oder nicht.[43]

Der Kündigende muss in dem Kündigungsschreiben die **Tatsachen** mitteilen, **62** die für die Kündigung maßgebend sind. Werturteile wie »mangelhaftes Benehmen« oder »Störung des Betriebsfriedens« genügen nicht. Wie genau die Kün-

40 KDZ/*Däubler* KSchR § 22 BBiG Rn. 29 ff.; *Leinemann/Taubert* BBiG § 22 Rn. 78 ff.; Münch-ArbR/*Natzel* § 322 Rn. 173.
41 *BAG* 22.2.1972, 2 AZR 205/71, AP BBiG § 15 Nr. 1 = EzB BBiG § 15 Abs. 3 Nr. 1.
42 *LAG Köln* 26.1.1982, 1/8 Sa 710/81, EzA BBiG § 15 Nr. 5 = LAGE BBiG § 15 Nr. 1 = EzB BBiG § 15 Abs. 3 Nr. 17.
43 *BAG* 22.2.1972, 2 AZR 205/71, AP BBiG § 15 Nr. 1 = EzB BBiG § 15 Abs. 3 Nr. 1.

digungsgründe in tatsächlicher Hinsicht geschildert werden müssen, ist eine Frage des Einzelfalls, ein allgemeiner Maßstab lässt sich nicht aufstellen.[44]

5.6 Zwei-Wochen-Frist

63 Eine Kündigung aus einem wichtigen Grund ist unwirksam, wenn die ihr zugrunde liegenden Tatsachen dem zur Kündigung Berechtigten länger als zwei Wochen bekannt sind (§ 22 Abs. 4 Satz 1 BBiG).[45]

64 Kaum nachvollziehbar ist die Regelung in § 22 Abs. 4 Satz 2 BBiG: Ist ein vorgesehenes Güteverfahren vor einer außergerichtlichen Stelle eingeleitet, so wird nach dieser Regelung bis zu dessen Beendigung der Lauf dieser Frist gehemmt. Es ist schon nicht verständlich, welches »Güteverfahren vor einer außergerichtlichen Stelle« hier gemeint sein soll. Das Verfahren vor dem Schlichtungsausschuss (vgl. § 10 Rn. 55 ff.) kann hiermit nicht gemeint sein, weil es zu diesem Verfahren (wenn ein Schlichtungsausschuss überhaupt besteht) erst kommt, wenn eine Kündigung bereits ausgesprochen ist. In der Literatur wird davon ausgegangen, dass eine entsprechende »Gütestelle« im Sinne des Abs. 4 Satz 2 im Berufsausbildungsvertrag, in einer kollektivrechtlichen Vereinbarung (Betriebsvereinbarung, Tarifvertrag) oder in einer Satzung der zuständigen Stelle oder Innung geregelt sein könne.[46]

65 In der Praxis sind solche Regelungen unbekannt. Deshalb ist auf die gesetzliche **Zwei-Wochen-Frist** abzustellen, die mit Kenntnis der Tatsachen beginnt, die die Kündigung rechtfertigen sollen. Innerhalb dieser Frist ist gegebenenfalls der Betriebsrat anzuhören (vgl. § 10 Rn. 53). Die Kündigungserklärung, die der qualifizierten Schriftform des Abs. 3 genügen muss (vgl. Rn. 50 ff.), muss innerhalb der Zwei-Wochen-Frist dem Auszubildenden zugehen. Wird die Frist, aus welchen Gründen auch immer, nicht eingehalten, ist die Kündigung unwirksam, selbst wenn ein wichtiger Grund für diese an sich vorgelegen haben mag. Das gilt entsprechend für den Auszubildenden, wenn dieser aus einem wichtigen Grund kündigen will (vgl. Rn. 86).

5.7 Geltung sonstiger Kündigungsschutznormen

5.7.1 Anhörung des Betriebsrats

66 Die Ausbildenden haben bei der Kündigung Auszubildender neben den Bestimmungen des BBiG alle sonstigen Kündigungsschutzregelungen in anderen Gesetzen zu beachten. Vor einer beabsichtigten Kündigung des Auszubildenden durch den Ausbildenden ist der Betriebsrat gemäß § 102 BetrVG anzuhören. Zur ordnungsgemäßen Anhörung des Betriebsrats ist es erforderlich, dass dem Betriebsrat im Einzelnen die Personaldaten des zu Kündigenden und die Gründe mitgeteilt werden, die aus Sicht des Arbeitgebers / Ausbildenden die Kündigung rechtfertigen sollen. Bei unterbliebener oder nicht ordnungsgemäßer An-

---

44 *BAG* 17. 6. 1998, 2 AZR 741/97, Juris; *BAG* 25. 11. 1976, 2 AZR 751/75, AP BBiG § 15 Nr. 4.

45 *Braun/Mühlhausen/Munk/Stück* BBiG § 15 Rn. 161 ff.; *Leinemann/Taubert* BBiG § 22 Rn. 98 ff.

46 *Braun/Mühlhausen/Munk/Stück* BBiG § 15 Rn. 177 ff.; *Leinemann/Taubert* BBiG § 22 Rn. 107 ff.

hörung des Betriebsrats ist die Kündigung unwirksam. Gegebenenfalls kann problematisch sein, **welcher Betriebsrat für das Anhörungsverfahren zuständig** ist. Beteiligt der Arbeitgeber einen nicht zuständigen Betriebsrat zu einer beabsichtigten Kündigung, so fehlt es an einer ordnungsgemäßen Anhörung der Arbeitnehmervertretung. Der Arbeitgeber muss den Betriebsrat desjenigen Betriebs anhören, zu dessen Belegschaft der zu kündigende Auszubildende / Arbeitnehmer gehört. Als betriebszugehörig sind die Arbeitnehmer anzusehen, die in einem Arbeitsverhältnis / Ausbildungsverhältnis zum Betriebsinhaber stehen und in die Organisation des Betriebs tatsächlich eingegliedert sind.

Die betriebsverfassungsrechtliche Zuordnung von Personen, die allein zum **67** Zweck ihrer Berufsausbildung beschäftigt werden, richtet sich danach, ob die berufspraktische Ausbildung sich im Rahmen der jeweiligen arbeitstechnischen Zwecksetzung des Betriebs, zu deren Erreichen die betriebsangehörigen Arbeitnehmer zusammen wirken, vollzieht. Ist die Berufsausbildung mit dem Produktions- oder Dienstleistungsprozess des Betriebs verknüpft, das heißt wird ein Auszubildender mit Tätigkeiten beschäftigt, die zu den beruflichen Aufgaben der Arbeitnehmer des Betriebs gehören, ist der Auszubildende grundsätzlich dem **Ausbildungsbetrieb** zuzuordnen. Allerdings müssen dann auch die für das Ausbildungsverhältnis wesentlichen, insbesondere die der Beteiligung des Betriebsrats unterliegenden Angelegenheiten im Einsatzbetrieb (Ausbildungsbetrieb) und nicht im »Stammbetrieb« geregelt werden. Wird der zur Ausbildung Beschäftigte nur vorübergehend und partiell in den Ausbildungsbetrieb eingegliedert und bleibt auch bei einer solchen Stationsausbildung der Schwerpunkt seines Ausbildungsverhältnisses beim »**Stammbetrieb**«, ist dessen Betriebsrat zumindest in den Angelegenheiten zu beteiligen, die das Grundverhältnis des zur Berufsausbildung Beschäftigten betreffen. Dabei kommt es zum einen darauf an, ob der Auszubildende im Stammbetrieb eingestellt und der Betriebsrat dieses Betriebs zur Einstellung beteiligt worden ist, und zum anderen, ob vom Stammbetrieb aus die (Gesamt-) Ausbildung im Wesentlichen geleitet und überwacht wird und insbesondere, wo die wesentlichen und grundlegenden Entscheidungen für das Ausbildungsverhältnis getroffen werden. Dem gegenüber rechtfertigt eine nur vorübergehende und partielle Eingliederung eines zur Berufsausbildung Beschäftigten in einen anderen Betrieb zur Ableistung eines bestimmten Ausbildungsabschnitts keine andere Zuordnung.[47]

5.7.2 Kündigungsschutz während der Elternzeit

Auch die sonstigen Kündigungsschutzvorschriften des allgemeinen Arbeits- **68** rechts sind zu beachten, wie das Kündigungsverbot zugunsten von Arbeitnehmern, die in Elternzeit (früher Erziehungsurlaub) sind (§ 18 BEEG). Arbeitnehmer und Arbeitnehmerinnen haben bis zur Vollendung des dritten Lebensjahres des Kindes nach näherer Maßgabe des § 15 BEEG einen Anspruch auf Elternzeit, das gilt auch für Auszubildende. Der Arbeitgeber darf das Arbeitsverhältnis ab dem Zeitpunkt, von dem an Elternzeit verlangt worden ist, höchstens jedoch acht Wochen vor Beginn der Elternzeit und während der Elternzeit **nicht kündigen** (§ 18 Abs. 1 Satz 1 BEEG). In besonderen Fällen kann ausnahmsweise eine Kündigung für zulässig erklärt werden (§ 18 Abs. 1 Satz 2 BEEG). Die **Zulässigkeitserklärung** erfolgt durch die für den Arbeitsschutz zuständige

---

47 *BAG* 12.2.2005, 2 AZR 149/04, NZA 2005, 1358.

oberste Landesbehörde oder die von ihr bestimmte Stelle (§ 18 Abs. 1 Satz 3 BEEG). Eine Kündigung ohne vorherige Zustimmung der Arbeitsschutzbehörde ist unzulässig. Wird sie gleichwohl ausgesprochen, ist sie unwirksam. Das muss der betroffene Arbeitnehmer vor dem Schlichtungsausschuss oder durch Klage vor dem Arbeitsgericht geltend machen (vgl. Rn. 76 ff.).

5.7.3 Kündigungsschutz nach dem Mutterschutzgesetz

69 Gemäß § 9 Abs. 1 Satz 1 MuSchG ist die **Kündigung gegenüber einer Frau während der Schwangerschaft und bis zum Ablauf von vier Monaten nach der Entbindung** unzulässig, wenn dem Arbeitgeber oder Ausbildenden zur Zeit der Kündigung die Schwangerschaft oder Entbindung bekannt war oder innerhalb zweier Wochen nach Zugang der Kündigung mitgeteilt wird; das Überschreiten der Frist ist unschädlich, wenn es auf einem von der Frau nicht zu vertretenden Grund beruht und die Mitteilung unverzüglich nachgeholt wird. Dieser besondere Kündigungsschutz gemäß § 9 MuSchG gilt auch für Auszubildende.[48]

70 Zur Feststellung des Beginns der Schwangerschaft ist von dem Zeugnis eines Arztes oder einer Hebamme auszugehen und von dem darin angegebenen voraussichtlichen Tag der Niederkunft um **280 Tage** zurückzurechnen. Bei der Rückrechnung ist der voraussichtliche Entbindungstag nicht mitzuzählen.[49] Die Schwangere genügt ihrer Darlegungslast für das Bestehen einer Schwangerschaft im Kündigungszeitpunkt zunächst durch **Vorlage einer der ärztlichen Bescheinigung** über den mutmaßlichen Tag der Entbindung, wenn der Zugang innerhalb von 280 Tagen vor diesem Termin liegt.[50]

71 Ist dem Arbeitgeber oder Ausbildenden die Schwangerschaft nicht bekannt, so greift der Kündigungsschutz ein, wenn die Frau innerhalb zweier Wochen nach Zugang der Kündigung ihre Schwangerschaft mitteilt. Die **nachträgliche Mitteilung** nach § 9 Abs. 1 Satz 1 MuSchG muss das Bestehen einer Schwangerschaft im Zeitpunkt des Zugangs der Kündigung oder die Vermutung einer solchen Schwangerschaft zum Inhalt haben. Die Mitteilung der Schwangerschaft ohne Rücksicht darauf, ob der Erklärungsempfänger ihr auch das Bestehen dieses Zustands zu diesem Zeitpunkt entnehmen kann, genügt nicht. Teilt die Auszubildende ausdrücklich nur das Bestehen einer Schwangerschaft mit, so hängt es von den Umständen des Falles ab, ob die Mitteilung dahin verstanden werden musste, dass die Schwangerschaft bereits bei Zugang der Kündigung bestanden habe.[51]

72 Das **Überschreiten der Zwei-Wochen-Frist** durch die Frau ist unschädlich, wenn es auf einem von der Frau nicht zu vertretenden Umstand beruht und die Mitteilung unverzüglich nachgeholt wird, § 9 Abs. 1 Satz 1 Halbsatz 2 MuschG. Diese Norm gilt unabhängig davon, ob die Arbeitnehmerin bei Kündigungszugang Kenntnis von ihrer Schwangerschaft hatte. Geht einer schwangeren Arbeitnehmerin während ihres Urlaubs eine Kündigung zu und teilt sie dem Arbeitgeber unverzüglich nach ihrer Rückkehr aus dem Urlaub ihre Schwangerschaft mit, so ist die Überschreitung der Zwei-Wochen-Frist des § 9

---

48 *LAG Berlin* 1.7.1985, 9 Sa 28/85, BB 1986, 62 = LAGE MuSchG § 9 Nr. 6.
49 *BAG* 7.5.1998, 2 AZR 417/97, NZA 1998, 1049.
50 *BAG* 7.5.1998, 2 AZR 417/97, NZA 1998, 1049.
51 *BAG* 15.11.1990, 2 AZR 270/90, NZA 1991, 669.

Abs. 1 Satz 1 Halbsatz 2 MuSchG nicht allein deshalb als verschuldet anzusehen, weil die Auszubildende es unterlassen hat, dem Arbeitgeber ihre Schwangerschaft vor Urlaubsantritt anzuzeigen.[52]

Die für den Arbeitsschutz zuständige oberste Landesbehörde oder die von ihr **73** bestimmte Stelle kann in besonderen Fällen, die nicht mit dem Zustand einer Frau während der Schwangerschaft oder ihrer Lage bis zum Ablauf von vier Monaten nach der Entbindung in Zusammenhang stehen, **ausnahmsweise die Kündigung für zulässig erklären** (§ 9 Abs. 3 Satz 1 MuSchG). Die Kündigung bedarf der schriftlichen Form und sie muss den zulässigen Kündigungsgrund angeben (§ 9 Abs. 3 Satz 2 MuSchG). Eine Kündigung ohne vorherige Zustimmung der Arbeitsschutzbehörde ist unzulässig. Wird sie gleichwohl ausgesprochen, ist sie unwirksam. Das muss die betroffene Arbeitnehmerin vor dem Schlichtungsausschuss oder durch Klage vor dem Arbeitsgericht geltend machen (vgl. Rn. 76 ff.).

5.7.4 Besonderer Kündigungsschutz für schwerbehinderte Menschen

Sonderregelungen gelten auch zugunsten von schwerbehinderten Menschen. **74** Deren Kündigung ist in der Regel nur zulässig, wenn das zuständige Integrationsamt einer solchen Kündigung vor deren Ausspruch zugestimmt hat (§§ 85 ff. SGB IX). Eine Kündigung ohne vorherige Zustimmung des Integrationsamts ist unzulässig. Wird sie gleichwohl ausgesprochen, ist sie unwirksam. Das muss der betroffene Arbeitnehmer vor dem Schlichtungsausschuss oder durch Klage vor dem Arbeitsgericht geltend machen (vgl. Rn. 76 ff.). Innerhalb der sechs Monate des Ausbildungsverhältnisses gilt dieser besondere Kündigungsschutz allerdings nicht (§ 90 Abs. 1 Nr. 1 SGB IX).

5.7.5 Besonderer Kündigungsschutz für Mitglieder des Betriebsrats und der Jugend- und Auszubildendenvertretung

Einem besonderen Kündigungsschutz unterliegen auch die in § 15 KSchG ge- **75** nannten Mandatsträger, das heißt insbesondere Mitglieder des Betriebsrats oder der Jugend- und Auszubildendenvertretung. Die Kündigung eines Mitglieds eines Betriebsrats, einer Jugend- und Auszubildendenvertretung, einer Bordvertretung oder eines Seebetriebsrats ist unzulässig, es sei denn, dass Tatsachen vorliegen, die den Arbeitgeber zur Kündigung aus wichtigem Grund ohne Einhaltung einer Kündigungsfrist berechtigen, *und* dass die nach § 103 BetrVG erforderliche Zustimmung vorliegt oder durch gerichtliche Entscheidung ersetzt ist. Nach Beendigung der Amtszeit ist die Kündigung eines Mitglieds eines Betriebsrats, einer Jugend- und Auszubildendenvertretung oder eines Seebetriebsrats innerhalb eines Jahres, die Kündigung eines Mitglieds einer Bordvertretung innerhalb von sechs Monaten, jeweils vom Zeitpunkt der Beendigung der Amtszeit an gerechnet, unzulässig, es sei denn, dass Tatsachen vorliegen, die den Arbeitgeber zur Kündigung aus wichtigem Grund ohne Einhaltung einer Kündigungsfrist berechtigen; dies gilt nicht, wenn die Beendigung der Mitgliedschaft auf einer gerichtlichen Entscheidung beruht.

---

52 *BAG* 13.6.1996, 2 AZR 736/95, NZA 1996, 1154.

6. Rechtsschutz gegen die Kündigung

76 Die Auszubildenden, die eine Kündigungserklärung erhalten, aber mit dieser nicht einverstanden sind, können hiergegen vorgehen. Wenn ein Schlichtungsausschuss gemäß § 111 Abs. 2 ArbGG besteht, ist zunächst dieser anzurufen, ansonsten direkt das Arbeitsgericht (vgl. § 10 Rn. 69 ff.).

6.1 Geltung der Drei-Wochen-Frist des § 4 KSchG

77 Fraglich ist die Anwendbarkeit der Vorschriften des KSchG über die fristgebundene Klageerhebung (Drei-Wochen-Frist) bei Streitigkeiten über die Rechtswirksamkeit einer Kündigung des Berufsausbildungsverhältnisses:

– Besteht ein **Schlichtungsausschuss** gemäß § 111 Abs. 2 ArbGG, ist unmittelbar der Ausschuss, nicht das Arbeitsgericht anzurufen. Die Drei-Wochen-Frist des § 4 KSchG findet *keine* Anwendung, weil § 111 Abs. 2 ArbGG eine solche Frist nicht vorsieht.[53]

– Besteht **kein Schlichtungsausschuss**, ist unmittelbar Klage vor dem Arbeitsgericht zu erheben und es gilt gemäß § 13 Abs. 1 Satz 2 KSchG die Drei-Wochen-Frist des § 4 KSchG für die Kündigungsschutzklage.[54]

78 Gegebenenfalls muss sich der Betroffene nach Erhalt einer Kündigung bei der zuständigen Stelle erkundigen, ob ein Schlichtungsausschuss gebildet ist. In Zweifelsfällen empfiehlt sich, innerhalb der dreiwöchigen Klagefrist Klage beim Arbeitsgericht zu erheben und falls sich herausstellt, dass doch ein Schlichtungsausschuss besteht, die Aussetzung des Klageverfahrens beim Arbeitsgericht zu beantragen, bis das Schlichtungsverfahren abgeschlossen ist. Versäumt der Auszubildende nach Erhalt einer Kündigung die Frist für die Klageerhebung beim Arbeitsgericht, weil er nicht zügig Erkundigen einholt, ob ein Schlichtungsausschuss besteht, geht dies zu seinen Lasten.[55]

79 Allerdings soll nach der Rechtsprechung des *BAG* bei Nichteinhaltung der Klagefrist eine großzügige Anwendung der Möglichkeit der nachträglichen Klagezulassung gemäß § 5 KSchG geboten sein. Insbesondere seien das jugendliche Alter und die Unerfahrenheit eines Auszubildenden im Arbeitsleben unter Berücksichtigung verfassungsrechtlicher Vorgaben angemessen zu berücksichtigen.[56]

6.2 Anspruch auf die weitere Ausbildung

80 Bis zum rechtskräftigen Abschluss des Kündigungsschutzverfahrens kann dem Auszubildenden ein Anspruch auf die tatsächliche weitere Ausbildung zustehen. Dies gilt jedenfalls dann, wenn die erste Instanz, das Arbeitsgericht, die

---

53 *BAG* 13. 4. 1989, 2 AZR 441 / 88, AP KSchG 1969 § 4 Nr. 21 = NZA 1990, 395 = EzB ArbGG § 111 Nr. 23; zum Streitstand ausführlich GMP / *Prütting* ArbGG § 111 Rn. 22 ff.; *Zimmerling* in Schwab / Weth ArbGG § 111 Rn. 13 ff., jeweils m. w. N.

54 *BAG* 26. 1. 1999, 2 AZR 134 / 98, AP KSchG 1969 § 4 Nr. 43 = EzB KSchG § 4 Nr. 18 = NZA 1999, 934; *BAG* 5. 7. 1990, 2 AZR 53 / 90, AP KSchG 1969 § 4 Nr. 23 = NZA 1991, 671 = EzB KSchG § 4 Nr. 15.

55 *LAG* Berlin 30. 6. 2003, 6 Ta 1276 / 03, MDR 2004, 160.

56 *BAG* 26. 1. 1999, 2 AZR 134 / 98, AP KSchG 1969 § 4 Nr. 43 = EzB KSchG § 4 Nr. 18 = NZA 1999, 934.

Lakies

Kündigung für unwirksam erklärt hat *oder* die Kündigung offensichtlich unwirksam ist, etwa wegen eines Verstoßes gegen die qualifizierte Schriftform des Abs. 3 (vgl. Rn. 56 ff.).[57]

Zum Teil wird auch darauf abgestellt, dass im Berufsausbildungsverhältnis **81** wegen des Ausbildungszwecks ein besonderes Interesse an der tatsächlichen Ausbildung existiere, so dass stets ein entsprechender Anspruch des Auszubildenden bestehe, selbst wenn die Kündigung nicht offensichtlich unwirksam ist.[58]

Hierbei ist es erforderlich, dass zumindest eine überwiegende Wahrscheinlich- **82** keit für die Unwirksamkeit der Kündigung spricht und nicht besonders schützenswerte Interessen des Ausbildenden entgegenstehen (zum Beispiel beim Vorwurf einer schweren Straftat im Rahmen der betrieblichen Ausbildung). Dies könnte vorliegen, wenn durch den Zwang zur Ausbildung trotz Ausspruchs einer Kündigung in die Rechtssphäre des Ausbildenden eingegriffen wird. Die Durchsetzung des Weiterbeschäftigungsanspruchs kommt auch vor Erlass eines Urteils erster Instanz im Wege der einstweiligen Verfügung in Betracht, wenn ausnahmsweise ein entsprechender Anspruch besteht.[59]

6.3 Kein Anspruch auf Zahlung einer Abfindung

Die Zahlung einer Abfindung als Ausgleich für den Verlust des Ausbildungs- **83** platzes kann lediglich im Wege eines Vergleichs vereinbart, nicht durch gerichtliche Entscheidung erreicht werden. Die Vorschrift des § 13 Abs. 1 Satz 3 KSchG über die Auflösung des Arbeitsverhältnisses und Verurteilung des Arbeitgebers zur Zahlung einer angemessenen Abfindung ist auf das Berufsausbildungsverhältnis nicht anwendbar.[60]

7. Kündigung nach der Probezeit durch die Auszubildenden

7.1 Kündigungsmöglichkeit zum Schutz der Berufsfreiheit der Auszubildenden

Die Auszubildenden haben zum Schutz ihrer Berufsfreiheit (Art. 12 Abs. 1 GG) **84** ein Sonderkündigungsrecht gemäß § 22 Abs. 2 Nr. 2 BBiG. Danach können Auszubildende mit einer **Kündigungsfrist von vier Wochen** kündigen, wenn sie:
– die Berufsausbildung aufgeben oder
– sich für eine andere Berufstätigkeit ausbilden lassen wollen.

Der bloße Wechsel der Ausbildungsstelle fällt nicht hierunter. Das ist einseitig **85** über eine Kündigung nur möglich, wenn Auszubildende einen wichtigen Grund haben. Allein die Tatsache, dass in einem anderen Ausbildungsbetrieb die Vergütung höher ist, stellt keinen wichtigen Grund für eine Kündigung dar.

---

57 *BAG* 11.8.1987, 8 AZR 93/85, AP BBiG § 16 Nr. 1 = NZA 1988, 93 = EzB BBiG § 16 Nr. 12.

58 KDZ/*Däubler* KSchR § 22 BBiG Rn. 53.

59 *LAG Berlin* 22.2.1991, 2 Sa 35/90, NZA 1991, 472.

60 *BAG* 29.11.1984, 2 AZR 354/83, AP KSchG 1969 § 13 Nr. 6 = NZA 1986, 230 = EzB KSchG § 13 Nr. 6.

7.2 Kündigung aus einem »wichtigen Grund«

86 Die Auszubildenden können – wie die Ausbildenden – aus einem wichtigen Grund ohne Einhalten einer Kündigungsfrist kündigen (§ 22 Abs. 2 Nr. 1 BBiG). In dem Fall ist die **Zwei-Wochen-Frist** des § 22 Abs. 4 BBiG einzuhalten (vgl. Rn. 57). **Wichtige Gründe**, die die Auszubildenden nach § 22 Abs. 2 Nr. 1 BBiG zur Kündigung berechtigen, sind zum Beispiel:[61]
- die nicht vorhandene Berechtigung des Ausbildenden zum Einstellen oder Ausbilden,
- die mehrmalige Nichtzahlung der Ausbildungsvergütung nach vorheriger Abmahnung,
- die Anwendung von Gewalt gegenüber dem Auszubildenden,
- sexuelle Belästigungen durch den Ausbildenden, Ausbilder oder Arbeitskollegen,
- Beleidigungen durch den Ausbildenden oder Ausbilder.

Häufig steht den Auszubildenden in diesen Fällen ein Anspruch auf Schadenersatz wegen der vorzeitigen Beendigung des Ausbildungsverhältnisses zu (vgl. § 23 BBiG).

7.3 Qualifizierte Schriftform

87 Für die Kündigung durch die Auszubildenden gilt (wie für die Ausbildenden), dass diese
- schriftlich und
- unter Angabe der Kündigungsgründe erfolgen muss (§ 22 Abs. 3 BBiG, vgl. Rn. 56 ff.).

§ 23 Schadensersatz bei vorzeitiger Beendigung

(1) Wird das Berufsausbildungsverhältnis nach der Probezeit vorzeitig gelöst, so können Ausbildende oder Auszubildende Ersatz des Schadens verlangen, wenn die andere Person den Grund für die Auflösung zu vertreten hat. Dies gilt nicht im Falle des § 22 Abs. 2 Nr. 2.

(2) Der Anspruch erlischt, wenn er nicht innerhalb von drei Monaten nach Beendigung des Berufsausbildungsverhältnisses geltend gemacht wird.

Inhaltsübersicht   Rn.

		Rn.
1.	Überblick	1
2.	Schadenersatz bei vorzeitiger Beendigung	
2.1	»nach der Probezeit«	6
2.2	Vorzeitige »Lösung« des Berufsausbildungsverhältnisses	8
2.3	Schuldhafte Herbeiführung der Auflösung	11
2.4	Frist zur Geltendmachung	18
3.	Rechtsfolge: Schadenersatz	23
3.1	Schadenersatzersatzpflicht des Ausbildenden	27
3.2	Schadenersatzersatzpflicht des Auszubildenden	32
4.	Gerichtliche Geltendmachung	34

---

61 *Braun/Mühlhausen/Munk/Stück* BBiG § 15 Rn. 118 ff.; *Leinemann/Taubert* BBiG § 22 Rn. 85 ff.; KR-*Weigand* §§ 21, 22 BBiG Rn. 75 ff.

1. Überblick

Bei einer wirksamen Beendigung des Berufsausbildungsverhältnisses enden die **1** vertraglichen Beziehungen zwischen Auszubildenden und Ausbildenden. Wird das Berufsausbildungsverhältnis nach der Probezeit vorzeitig gelöst, so können Ausbildende oder Auszubildende Ersatz des Schadens verlangen, wenn der andere den Grund für die Auflösung zu vertreten hat (§ 23 Abs. 1 Satz 1 BBiG). § 23 BBiG regelt **zugunsten beider Vertragsparteien einen Schadensersatzanspruch bei vorzeitiger Auflösung des Berufsausbildungsverhältnisses.** Die Norm gilt – wie der gesamte Abschnitt 2 – auch für Berufsausbildungsverhältnisse im **Handwerk.**

Die Schadensersatzpflicht gilt zugunsten des **vertragstreuen Vertragspartners,** **2** unabhängig davon, wer das Berufsausbildungsverhältnis in welcher Weise aufgelöst hat. Allerdings muss der andere Vertragspartner die Vertragsauflösung verschuldet haben und der Anspruchsteller (der vertragstreue Vertragspartner) muss die in § 23 Abs. 2 BBiG geregelte Drei-Monats-Frist für die Geltendmachung einhalten, ansonsten erlischt der Anspruch (vgl. Rn. 18 ff.). Rechtsfolge ist die Pflicht zur Leistung von Schadensersatz. Das gilt für das sog. **Auflösungsverschulden.** Das ist der Schaden, der durch die vorzeitige Beendigung des Berufsausbildungsverhältnisses entsteht.[1]

Die Verpflichtung zum Schadensersatz ist gemäß § 23 Abs. 1 Satz 2 BBiG aus- **3** geschlossen, wenn der Auszubildende gemäß § 22 Abs. 2 Nr. 2 BBiG gekündigt hat, weil er die Berufsausbildung aufgeben oder sich für eine andere Berufstätigkeit ausbilden lassen will. Da diese Kündigungsmöglichkeit dem **Schutz der Berufsfreiheit** (Art. 12 Abs. 1 GG) der Auszubildenden dient, ist in dem Falle konsequent eine Schadensersatzverpflichtung ausgeschlossen.

§ 23 BBiG verdrängt als **Spezialvorschrift** die für die schuldhafte Lösung von **4** Arbeitsverhältnissen geltende Norm des § 628 BGB.[2] **Schadensersatzansprüche aus einem Grund** (etwa wegen einer unerlaubten Handlung gemäß den §§ 823 ff. BGB, wegen Verletzung vorvertraglicher Pflichten, wegen Verletzung von Vertragspflichten während des bestehenden Berufsausbildungsverhältnisses) oder gegen den Insolvenzverwalter wegen der vorzeitigen Beendigung des Vertragsverhältnisses (§ 113 Satz 3 InsO) bleiben unberührt.

Ein **vertraglicher Ausschluss oder die Beschränkung des Schadensersatz-** **5** **anspruchs** oder die Festsetzung der Höhe des Schadensersatzes in einem Pauschbetrag ist gemäß § 12 Abs. 2 Nr. 3 oder 4 BBiG **unzulässig.**

2. Schadenersatz bei vorzeitiger Beendigung

2.1 »nach der Probezeit«

Wird das Berufsausbildungsverhältnis nach der Probezeit vorzeitig gelöst, so **6** können Ausbildende oder Auszubildende Ersatz des Schadens verlangen, wenn der andere den Grund für die Auflösung zu vertreten hat (§ 23 Abs. 1 Satz 1

---

1 *BAG* 17.7.1997 – 8 AZR 257/96 – AP BBiG § 16 Nr. 2 = NZA 1997, 1224 = EzB BBiG § 16 Nr. 16; *LAG Köln* 30.10.1998 – 11 Sa 180/98 – NZA 1999, 317- = LAGE BBiG § 16 Nr. 2 = EzB § 16 BBiG Nr. 17.
2 *BAG* 8.5.2007 – 9 AZR 527/06 – NJW 2007, 3594; *BAG* 17.7.1997, 8 AZR 257/96, AP BBiG § 16 Nr. 2 = NZA 1997, 1224 = EzB BBiG § 16 Nr. 16.

BBiG). Ein Schadensersatzanspruch wegen »Auflösungsverschuldens« kommt nur in Betracht, wenn das Berufsausbildungsverhältnis »**nach der Probezeit**« aufgelöst wird.

7 Während der Probezeit (§ 20 BBiG) sollen die Vertragsparteien unbelastet von etwaigen Schadensersatzpflichten klären können, ob sie eine längere Vertragsbindung eingehen wollen. Das Gleiche gilt bei einer Lösung vom Berufsausbildungsverhältnis **vor Beginn der Ausbildung**. Deshalb besteht keine Schadensersatzpflicht, wenn der Auszubildende die Ausbildung gar nicht erst antritt.[3] Auch eine **Vertragsstrafe** kann diesbezüglich wegen § 12 Abs. 2 Nr. 2 BBiG nicht wirksam vereinbart werden (vgl. § 12 Rn. 36).

2.2 Vorzeitige »Lösung« des Berufsausbildungsverhältnisses

8 Die Schadensersatzpflicht setzt die vorzeitige Lösung des Berufsausbildungsverhältnisses voraus. Der Begriff der »Lösung« ist weit zu verstehen und erfasst jeden Fall der tatsächlichen Beendigung des Berufsausbildungsverhältnisses vor dem regulären Ende. Eine Kündigung oder eine sonstige Willenserklärung ist nicht erforderlich, vielmehr kommt es allein auf die **faktische Lösung** vom Berufsausbildungsverhältnis an.[4]

9 Eine Lösung vom Berufsausbildungsverhältnis liegt insbesondere vor, wenn:
– ein Vertragspartner schuldhaft einen wichtigen Kündigungsgrund für den anderen Vertragspartner gesetzt hat, oder
– wenn der eine Vertragspartner kündigt und die Erfüllung der Vertragspflichten verweigert, obwohl ein Kündigungsgrund nicht vorliegt, oder
– wenn der eine Vertragspartner ohne Ausspruch einer Kündigung rein tatsächlich (faktisch) die Vertragserfüllung verweigert wird, etwa indem der Auszubildende der Ausbildung einfach fernbleibt.[5]

10 Auch die **Anfechtung** eines Ausbildungsvertrags gemäß den §§ 119 ff. BGB stellt eine »Lösung« dar.[6] Die »Lösung« vom Berufsausbildungsverhältnis kann auch im Abschluss eines **Aufhebungs- oder Auflösungsvertrags** liegen, wobei dann allerdings zu prüfen ist, ob die Parteien, wenn es an einer ausdrücklichen Regelung fehlt, nicht zumindest konkludent (schlüssig) auf die Geltendmachung von Schadensersatzansprüchen verzichtet haben.

2.3 Schuldhafte Herbeiführung der Auflösung

11 Der andere Vertragsteil muss den Grund für die Auflösung zu vertreten haben. Der »andere« Vertragsteil ist der **Anspruchsgegner**, der die Lösung vom Berufsausbildungsverhältnis rechtlich zu vertreten, das heißt verschuldet hat. Zu »vertreten« ist **vorsätzliches und fahrlässiges Handeln** gemäß den §§ 276, 278 BGB.[7] Fahrlässig handelt, wer die im Verkehr erforderliche Sorgfalt außer Acht lässt

---

3 ErfK/*Schlachter* § 23 BBiG Rn. 1; KR-*Weigand* §§ 21–23 BBiG Rn. 131; KDZ/*Däubler* KSchR § 23 BBiG Rn. 3.

4 *BAG* 17.7.2007 – 9 AZR 103/07 – AP BBiG § 14 Nr. 14 = DB 2008, 709 = EzB BBiG § 23 Nr. 14; *BAG* 17.8.2000 – 8 AZR 578/99 – NZA 2001, 150; KR-*Weigand*, §§ 21–23 BBiG Rn. 131; KDZ/*Däubler* KSchR § 23 BBiG Rn. 2; *Leinemann/Taubert* BBiG § 23 Rn. 8.

5 *BAG* 17.8.2000 – 8 AZR 578/99 – NZA 2001, 150.

6 *Leinemann/Taubert* BBiG § 23 Rn. 8.

7 *LAG Schleswig-Holstein* 9.11.1984 – 3 Sa 470/83 – EzB § 16 BBiG Nr. 10.

(§ 276 Abs. 2 BGB). Der Ausbildende hat eigenes wie auch das Verschulden eines Erfüllungsgehilfen (zum Beispiel des Ausbilders) zu vertreten (vgl. 14 Rn. 5).

Nicht entscheidend ist, welcher Vertragsteil sich im Ergebnis vom Berufsausbildungsverhältnis gelöst hat (zum Beispiel durch Kündigung), sondern wer den **Grund für die vorzeitige Vertragslösung** gesetzt hat. Kündigt der Auszubildende rechtmäßig, kann der Ausbildende ersatzpflichtig sein, wenn er sich vertragswidrig verhalten hat. Umgekehrt kann der Auszubildende ersatzpflichtig sein, wenn der Ausbildende rechtmäßig wegen einer Vertragsverletzung des Auszubildenden gekündigt hat. **12**

Kündigt etwa der Auszubildende das Berufsausbildungsverhältnis rechtmäßig wegen solcher Umstände, die in der Sphäre des Ausbildenden liegen, wird in der Regel ein **Verschulden des Ausbildenden** vorliegen. Das ist insbesondere dann anzunehmen, wenn der Auszubildende das Berufsausbildungsverhältnis zu Recht kündigt, weil ein geeigneter Ausbilder fehlt. Der Ausbildende hat in einem solchen Fall die Vertragsauflösung zu vertreten, weil dieser für eine ordnungsgemäße Ausbildung gemäß § 14 BBiG (vgl. § 14 Rn. 36) einzustehen hat.[8] Generell kann man sagen, dass der Ausbildende für alle Umstände einzustehen hat, die in seiner Risikosphäre liegen (Betriebs- oder Wirtschaftsrisiko). Das gilt etwa, wenn wegen einer dauernden Arbeitsunfähigkeit des Ausbildenden, der keinen zusätzlichen Ausbilder eingestellt hat, die Ausbildung tatsächlich nicht stattfinden kann, oder wenn dem Ausbildenden das Ausbilden untersagt worden ist (§ 33 BBiG) oder wenn der einzige Ausbilder aus dem Betrieb ausscheidet und kein Ersatz eingestellt werden kann. **13**

Es wird auch vertreten, dass es bei solchen Umständen, die im Bereich des **Betriebsrisikos des Ausbildenden** liegen, auf ein Verschulden nicht ankomme.[9] Das ist insofern unpräzise, weil zunächst zu klären ist, ob der Ausbildende nicht rechtlich für einen bestimmten Standard (zum Beispiel die faktische Durchführung der Ausbildung) einzustehen hat. Ist das der Fall, hat er etwaige Mängel im Rechtssinne zu »vertreten« und damit mindestens fahrlässig verschuldet. **14**

Ein Verschulden ist regelmäßig ausgeschlossen, wenn die Ausbildung wegen der **Betriebsstilllegung** des gesamten Betriebs nicht stattfinden kann und deshalb der Ausbildende das Berufsausbildungsverhältnis rechtmäßig kündigt (vgl. § 22 Rn. 55). Etwas anderes kann allenfalls dann gelten, wenn der Ausbildende bereits bei Vertragsschluss positiv wusste, dass die Ausbildung wegen einer prekären wirtschaftlichen Lage nicht durchgeführt werden kann.[10] **15**

Bei einer Kündigung des Berufsausbildungsverhältnisses durch den Ausbildenden wegen eines Fehlverhaltens des Auszubildenden (vgl. § 22 Rn. 38 ff.) kommt es für das **Verschulden des Auszubildenden** darauf an, ob die Kündigung zu Recht erfolgt ist und ob der Auszubildende zumindest fahrlässig sein Fehlverhalten zu vertreten hat, was bei einer rechtmäßigen verhaltensbedingten Kündigung im Regelfall gegeben sein dürfte. Bei einem personenbedingten Kündigungsgrund (vgl. § 22 Rn. 54) fehlt es am Verschulden des Auszubildenden.[11] Bleibt der Auszubildende der weiteren Ausbildung einfach fern, ohne eine rechtmäßige Kündigung auszusprechen, ist ebenfalls regelmäßig von einem Verschulden auszugehen. **16**

---

8 KR-*Weigand* §§ 21–23 BBiG Rn. 133.
9 MünchArbR / *Natzel* § 322 Rn. 188; *Leinemann/Taubert* BBiG § 23 Rn. 12.
10 KR-*Weigand* §§ 21–23 BBiG Rn. 134; *Leinemann/Taubert* BBiG § 23 Rn. 17.
11 *Leinemann/Taubert* BBiG § 23 Rn. 13.

17   Schadensersatz kann nur verlangt werden, wenn der von der anderen Seite zu vertretende **Auflösungsgrund kausal (ursächlich) für die vorzeitige Auflösung** des Berufsausbildungsverhältnisses war. Daran fehlt es, wenn der Auszubildende kündigt und sich dabei auf Gründe aus der Sphäre des Ausbildenden beruft, er aber in Wahrheit deshalb kündigt, weil er die Ausbildung ganz aufgeben, den Ausbildungsberuf wechseln will oder schlicht einen anderen Ausbildungsbetrieb bevorzugt.[12] In der Praxis lässt sich dies indes selten nachweisen.

2.4 Frist zur Geltendmachung

18   § 23 Abs. 2 BBiG regelt eine besondere **Ausschlussfrist**. Danach erlischt der Schadensersatzanspruch, wenn er nicht innerhalb von **drei Monaten nach Beendigung des Berufsausbildungsverhältnisses** geltend gemacht wird. Maßgebend für den Beginn der Ausschlussfrist ist das vertragsgemäße rechtliche Ende des Berufsausbildungsverhältnisses.[13] Diese gesetzliche Frist ist von den Arbeitsgerichten von Amts wegen zu beachten und gilt unabhängig davon, ob die Vertragsparteien von ihr Kenntnis haben oder nicht. Eine Wiedereinsetzung in den vorigen Stand bei unverschuldeter Versäumnis der Frist sieht das Gesetz nicht vor.[14]

19   Innerhalb der **Drei-Monats-Frist** ist – wie auch bei einer tariflichen Ausschlussfrist – klarzustellen, ob und inwieweit noch Ansprüche erhoben werden. Der Anspruch muss dabei dem Grunde nach individualisiert werden, so dass der Anspruchsgegner erkennen kann, welche Forderungen erhoben werden. Die Höhe der Forderung ist – soweit möglich – wenigstens annähernd anzugeben.[15]

20   Indes ist zu beachten, dass der Umfang des Schadensersatzanspruchs, soweit er in die Zukunft reicht (vor allem wegen verzögerter Ausbildungsfortführung oder zukünftigen Verdienstausfalls, vgl. Rn. 23 ff.), nur dem Grunde nach angegeben werden kann. Da § 23 Abs. 2 BBiG nur verlangt, dass der »Anspruch« als solcher geltend gemacht wird, muss es ausreichen, wenn in der Geltendmachung, soweit es um den Umfang des Schadensersatzes für die Zukunft geht, der Ersatzanspruch dem Grunde nach geltend und soweit wie möglich konkretisiert wird. Mangels näherer gesetzlicher Vorgaben sind keine zu hohen Anforderungen an den Inhalt der Geltendmachung zu stellen.[16]

21   Für die Geltendmachung ist **keine Form** vorgeschrieben, sie kann daher auch mündlich oder durch schlüssiges Verhalten (konkludent) erfolgen. Aus **Beweisgründen** ist die **Schriftform** zu empfehlen. Eine gerichtliche Geltendmachung innerhalb der Frist ist nicht erforderlich.

22   Die Ausschlussfrist des § 23 Abs. 2 BBiG gilt nur für Ersatzansprüche nach dieser Norm, nicht für andere vertragliche oder Schadensersatzansprüche. Für solche gelten nur die allgemeinen Regeln der Verwirkung und Verjährung.[17]

---

12 *Leinemann/Taubert* BBiG § 23 Rn. 18.
13 *BAG* 17.7.2007 – 9 AZR 103/07 – AP BBiG § 14 Nr. 14 = DB 2008, 709 = EzB BBiG § 23 Nr. 14.
14 *Leinemann/Taubert*, BBiG § 23 Rn. 34.
15 *BAG* 11.8.1987 – 8 AZR 93/85 – AP BBiG § 16 Nr. 1 = NZA 1988, 93 = EzB BBiG § 16 Nr. 12.
16 *Leinemann/Taubert* BBiG § 23 Rn. 37.
17 KR-*Weigand* §§ 21–23 BBiG Rn. 140.

Lakies

3. Rechtsfolge: Schadensersatz

Hat die eine Vertragspartei schuldhaft die Ursache für die vorzeitige Lösung des **23** Berufsausbildungsverhältnisses gesetzt, ist diese zum Schadensersatz verpflichtet. Erfasst wird die Verletzung des bestehenden Vertrags, die zur Erstattung des Erfüllungsschadens verpflichtet. Es ist der Schaden zu ersetzen, der infolge der vorzeitigen Beendigung des Berufsausbildungsverhältnisses entsteht. Maßgebend ist der **Vergleich des vorzeitig beendeten mit einem ordnungsgemäß erfüllten Berufsausbildungsverhältnis.**[18] Der Schaden besteht in der Differenz zwischen der Vermögenslage, die eingetreten wäre, wenn der Schuldner ordnungsgemäß erfüllt hätte und der durch die Nichterfüllung tatsächlich entstandenen Vermögenslage.[19]

Es ist der Zustand herzustellen, der bestehen würde, wenn der zum Ersatz **24** verpflichtende Umstand nicht eingetreten wäre (§ 249 Abs. 1 BGB). Soweit die Herstellung nicht möglich oder zur Entschädigung nicht genügend war, ist der Geschädigte in Geld zu entschädigen (§ 251 Abs. 1 BGB). In Betracht kommt auch der **Ersatz eines entgangenen Gewinns** (§ 252 BGB). Die Ersatzpflicht erstreckt sich auf Aufwendungen des Geschädigten, soweit er sie nach den Umständen des Falls als notwendig ansehen durfte. Die Grenze der Erstattung richtet sich danach, was ein vernünftiger, wirtschaftlich denkender Mensch nach den Umständen des Falls zur Beseitigung der Störung oder zur Schadensverhütung nicht nur als zweckmäßig, sondern als erforderlich unternommen hätte; dabei ist auf den Zeitpunkt abzustellen, zu dem die Maßnahme zu treffen war, insbesondere auf das zu diesem Zeitpunkt Mögliche und Zumutbare.[20]

Mitverschulden der anderen Seite ist gemäß § 254 BGB zu berücksichtigen und **25** kann zu einer Minderung der Pflicht zur Leistung von Schadensersatz führen.[21]

§ 23 BBiG umfasst nur den **Auflösungsschaden**, das heißt den durch die »vorzeitige« Vertragsbeendigung eingetreten Schaden (sog. Verfrühungsschaden). **26** Dieser ist aus der Differenz der Vermögenslage des Geschädigten zu berechnen, wie sie ohne die vorzeitige Auflösung des Berufsausbildungsverhältnisses bestanden hätte und der Vermögenslage, die aufgrund der vorzeitigen Auflösung besteht.[22] Ein Verdienstausfallschaden ist dementsprechend begrenzt auf den Zeitraum, um den sich die Ausbildung konkret verlängert.[23] Von dem Auflösungsschaden **abzugrenzen** ist ein Schaden, der durch eine **unzureichende Ausbildung** entstanden ist, dieser fällt nicht unter § 23 BBiG.[24] Insoweit kann aber eine Schadensersatzpflicht wegen Verletzung der Vertragspflichten im bestehenden Berufsausbildungsverhältnis bestehen (vgl. § 14 Rn. 36).

---

18 *BAG* 17.7.2007 – 9 AZR 103/07 – AP BBiG § 14 Nr. 14 = DB 2008, 709 = EzB BBiG § 23 Nr. 14; *BAG* 8.5.2007 – 9 AZR 527/06 – NJW 2007, 3594; *BAG* 17.8.2000 – 8 AZR 578/99 – AP BBiG § 3 Nr. 7 = NZA 2001, 150; *BAG* 17.7.1997 – 8 AZR 257/96 – AP BBiG § 16 Nr. 2 = NZA 1997, 1224 = EzB BBiG § 16 Nr. 16.

19 *BAG* 8.5.2007 – 9 AZR 527/06 – NJW 2007, 3594.

20 *BAG* 17.8.2000 – 8 AZR 578/99 – AP BBiG § 3 Nr. 7 = NZA 2001, 150 m.w.N.

21 *LAG Niedersachsen* 14.8.2006 – 11 Sa 1899/05 – NZA-RR 2007, 348; KR-*Weigand* §§ 21–23 BBiG Rn. 138; *Leinemann/Taubert* BBiG § 23 Rn. 19.

22 *BAG* 8.5.2007 – 9 AZR 527/06 – NJW 2007, 3594. 3595.

23 *LAG Niedersachsen* 14.8.2006 – 11 Sa 1899/05 – NZA-RR 2007, 348.

24 *LAG Köln* 30.10.1998 – 11 Sa 180/98 – NZA 1999, 317; KR-*Weigand* §§ 21–23 BBiG Rn. 133.

3.1 Schadenersatzersatzpflicht des Ausbildenden

27 Ist der **Ausbildende ersatzpflichtig**, kann der Auszubildende Ersatz des gesamten Schadens verlangen, der ihm durch die vorzeitige Lösung des Berufsausbildungsverhältnisses entstanden ist.[25]

28 Dazu gehören **Aufwendungen für die Begründung eines neuen Berufsausbildungsverhältnisses**, das sind insbesondere die Bewerbungskosten (Portokosten, Aufwendungen für Kopien sowie Fahrtkosten für Vorstellungsgespräche, soweit sie nicht anderweitig erstattet werden). Ersatzpflichtig sind auch die **Mehrkosten**, die durch die Ausbildung an einem anderen Ort verursacht werden, auch, soweit sie vor der rechtlichen Beendigung des alten Berufsausbildungsverhältnisses entstanden sind.[26]

29 Kommt es erst später zur Begründung eines neuen Berufsausbildungsverhältnisses, hat der ersatzpflichtige Ausbildende auch die Ausbildungsvergütung bis zur Aufnahme einer neuen Ausbildung zu zahlen und zudem etwaige **Vergütungsdifferenzen** zwischen der alten und neuen Ausbildungsvergütung.[27] Auszugleichen sind auch etwaige Differenzen, die dadurch verursacht sind, dass der Auszubildende erst zu einem späteren Zeitpunkt Anspruch auf die steigende Ausbildungsvergütung gemäß § 17 Abs. 1 Satz 2 BBiG hat (vgl. § 17 Rn. 27).[28]

30 Kann der Auszubildende wegen der Vertragsauflösung und der notwendigen Neubegründung eines Berufsausbildungsverhältnisses die **Ausbildung erst verspätet beenden**, kann der ersatzpflichtige Ausbildende auch den Ausgleich der Vergütungsdifferenz zur entsprechenden Facharbeitervergütung, die der Auszubildende erst verspätet erzielen konnte, verlangen.[29] Das setzt aber voraus, dass der ehemalige Auszubildende belegen kann, dass er bei regulärer Vertragsdurchführung aufgrund der Arbeitsmarktsituation und seiner Qualifikation auch bereits früher als gelernte Fachkraft oder als Geselle eingestellt worden wäre.[30]

31 Der Schadensersatzanspruch des Auszubildenden gemäß § 23 BBiG ist ein **Bruttoanspruch**. Er ist grundsätzlich aus der Differenz zwischen der erzielten Bruttovergütung und der Bruttovergütung zu ermitteln, die ohne das zum Schadensersatz verpflichtende Verhalten in der maßgeblichen Zeit erzielt worden wäre.[31]

3.2 Schadenersatzersatzpflicht des Auszubildenden

32 Ist der **Auszubildende ersatzpflichtig**, so kann der Ausbildende Ersatz der Aufwendungen verlangen, die er nach den Umständen für erforderlich halten durfte. Dazu gehören nicht die Aufwendungen für die ersatzweise Beschäfti-

---

25 *Leinemann/Taubert* BBiG § 23 Rn. 22 ff.

26 *BAG* 17.7.2007 – 9 AZR 103/07 – AP BBiG § 14 Nr. 14 = DB 2008, 709 = EzB BBiG § 23 Nr. 14; *BAG* 8.5.2007 – 9 AZR 527/06 – NJW 2007, 3594. 3595; *BAG* 11.8.1987 – 8 AZR 93/85 – AP BBiG § 16 Nr. 1 = NZA 1988, 93 = EzB BBiG § 16 Nr. 12.

27 *BAG* 8.5.2007 – 9 AZR 527/06 – NJW 2007, 3594. 3595.

28 *Leinemann/Taubert* BBiG § 23 Rn. 25.

29 *Leinemann/Taubert* BBiG § 23 Rn. 26; KR-*Weigand* §§ 21–23 BBiG Rn. 137.

30 KDZ/*Däubler* KSchR § 23 BBiG Rn. 9.

31 *LAG Nürnberg* 27.10.1987 – 7 Sa 90/86 – LAGE BBiG § 16 Nr. 1 = EzB BBiG § 16 Nr. 13.

gung eines ausgebildeten Arbeitnehmers. Ausbildungsverhältnis und Arbeitsverhältnis können wegen der unterschiedlichen Pflichtenbindung nicht gleichgesetzt werden.[32] Der Ausbildende kann keinen Schadensersatz mit der Begründung verlangen, die bis zur Beendigung des Berufsausbildungsverhältnisses erbrachte Arbeitsleistung entspreche nicht der Ausbildungsvergütung, weil nicht »Arbeitsleistung« und Vergütung im Berufsausbildungsverhältnis im Austauschverhältnis stehen.[33]

Zu den vom Auszubildenden zu erstattenden Aufwendungen können solche gehören, die dem Ausbildenden durch den Abschluss eines neuen Ausbildungsvertrags entstehen. **Inseratskosten** können aber nur verlangt werden, wenn sie auch bei einem rechtmäßigen Alternativverhalten des Auszubildenden entstanden wären.[34]   **33**

4. Gerichtliche Geltendmachung

Für die gerichtliche Geltendmachung des Schadensersatzanspruchs ist der   **34** Rechtsweg zu den Arbeitsgerichten gegeben. Der Schlichtungsausschuss für Berufsausbildungsstreitigkeiten (vgl. § 10 Rn. 106) ist nicht zuständig, weil es sich nicht um eine Streitigkeit aus einem »bestehenden« Berufsausbildungsverhältnis handelt.[35]

Soweit der Ersatzanspruch der Höhe nach (für die Vergangenheit) bereits bezifferbar ist, ist ein entsprechender **Zahlungsantrag** zu stellen. Soweit der Umfang des Ersatzanspruchs abhängig ist von Entwicklungen in der Zukunft (zum Beispiel: verspätete Aufnahme eines Arbeitsverhältnisses infolge vorzeitiger Beendigung des Berufsausbildungsverhältnisses) kann ein **Feststellungsantrag** gestellt werden, gerichtet darauf, dass der Anspruchsgegner verpflichtet ist, alle künftigen Schäden wegen der vorzeitigen Lösung des Berufsausbildungsverhältnisses zu ersetzen.[36]   **35**

Die **Darlegungs- und Beweislast** für die Voraussetzungen des Schadensersatzanspruches und die Höhe des Schadens liegen beim Anspruchssteller, also je danach, wer den Anspruch geltend macht, beim Auszubildenden oder beim Ausbildenden. Die Darlegungs- und Beweislast vor allem hinsichtlich der Höhe des Schadens wird erleichtert durch § 252 BGB und durch § 287 ZPO, wonach gegebenenfalls die Schadenshöhe vom Gericht geschätzt werden kann.[37] Für ein Mitverschulden des Anspruchstellers beim Schadenseintritt oder hinsichtlich der Schadenshöhe ist der Ersatzpflichtige darlegungs- und beweispflichtig.   **36**

---

32 *BAG* 17.8.2000 – 8 AZR 578/99 – AP BBiG § 3 Nr. 7 = NZA 2001, 150.
33 *LAG Düsseldorf* 26.6.1984 – 8 Sa 617/84 – EzB BBiG § 16 Nr. 9.
34 Vgl. für das Arbeitsverhältnis *BAG* 23.3.1984 – 7 AZR 37/81 – NZA 1984, 122 = AP BGB § 276 Vertragsbruch Nr. 8; ähnlich KDZ/*Däubler* KSchR § 23 BBiG Rn. 10.
35 *LAG Düsseldorf* 26.6.1984 – 8 Sa 617/84 – EzB § 16 BBiG Nr. 9.
36 *Leinemann/Taubert* BBiG § 23 Rn. 40.
37 *Leinemann/Taubert* BBiG § 23 Rn. 41 ff.

Unterabschnitt 6
Sonstige Vorschriften

§ 24 Weiterarbeit

Werden Auszubildende im Anschluss an das Berufsausbildungsverhältnis beschäftigt, ohne dass hierüber ausdrücklich etwas vereinbart worden ist, so gilt ein Arbeitsverhältnis auf unbestimmte Zeit als begründet.

Inhaltsübersicht   Rn.

1.	Überblick	1
2.	Vereinbarungen über die Übernahme in ein Arbeitsverhältnis	
2.1	Vertragliche Vereinbarungen	4
2.2	Willkürkontrolle	9
2.3	Sonderfall: schwangere Auszubildende	10
2.4	Tarifvertragliche Regelungen	11
3.	Begründung eines Arbeitsverhältnisses gemäß § 24 BBiG	
3.1	Tatsächliche Beschäftigung ohne Unterbrechung	13
3.2	Kenntnis des Ausbildenden	18
3.3	Fehlen einer abweichenden Vereinbarung, kein Widerspruch	21
3.4	Rechtsfolge: unbefristetes Arbeitsverhältnis	27
3.5	Gerichtliche Geltendmachung	31
4.	Mitbestimmung des Betriebsrats / Personalrats	32
5.	Besonderer Schutz von Mandatsträgern gemäß § 78 a BetrVG	35
5.1	Geschützter Personenkreis	
5.1.1	Mandatsträger	38
5.1.2	Der Begriff des »Auszubildenden« im Sinne des § 78 a BetrVG	40
5.2	Mitteilungspflicht des Arbeitgebers	46
5.3	Verlangen auf Weiterbeschäftigung	48
5.4	Rechtsfolge: unbefristetes Vollzeitarbeitsverhältnis	54
5.5	Entbindung von der Übernahme in ein Arbeitsverhältnis	57
5.6	Vergleichbare Regelung im öffentlichen Dienst	63

1. Überblick

1 Mit dem Ende des Ausbildungsverhältnisses enden die vertraglichen Beziehungen zwischen Auszubildenden und Ausbildenden. Für die Weiterbeschäftigung des Auszubildenden als Arbeitnehmer bedarf es grundsätzlich einer neuen vertraglichen Vereinbarung, der Begründung eines Arbeitsverhältnisses.

2 Nach dem Ende des Berufsausbildungsverhältnisses besteht grundsätzlich **kein Anspruch auf Übernahme in ein Arbeitsverhältnis.**[1] Aus dem Grundsatz der Vertragsfreiheit folgt für beide Vertragspartner die Freiheit, ein Arbeitsverhältnis im Anschluss an die Berufsausbildung zu vereinbaren oder auch nicht. Ein Arbeitsverhältnis kommt dementsprechend durch eine ausdrückliche oder konkludente (schlüssige) Vereinbarung zustande (zu »Weiterarbeitsklauseln« im Ausbildungsvertrag vgl. § 12 Rn. 13 ff.).

3 Wird nichts vereinbart, wird aber der Auszubildende nach Ende der Ausbildung tatsächlich weiterbeschäftigt, gilt ein Arbeitsverhältnis als begründet. Das regelt § 24 BBiG. Es handelt sich um eine **Sonderregelung** gegenüber § 625 BGB.

---

1 *Leinemann/Taubert* BBiG § 24 Rn. 2.

§ 24 BBiG gilt – wie der gesamte Abschnitt 2 – auch für Berufsausbildungs-verhältnisse im **Handwerk**. Ein weitergehender Schutz gilt für **Mandatsträger** nach dem BetrVG oder den Personalvertretungsgesetzen des Bundes und der Länder, vor allem für Mitglieder des Betriebsrats oder des Personalrats oder der Jugend- und Auszubildendenvertretung (vgl. Rn. 35 ff.).

2. Vereinbarungen über die Übernahme in ein Arbeitsverhältnis

2.1 Vertragliche Vereinbarungen

Vom Grundsatz her unproblematisch sind Vereinbarungen innerhalb der letz- **4** ten sechs Monate vor Ende der Ausbildung und auch nach Ende der Ausbildung über die Begründung eines Arbeitsverhältnisses im Anschluss an die Ausbildung (vgl. § 12 Rn. 19 ff.). Möglich ist die Vereinbarung eines unbefristeten oder eines befristeten Arbeitsvertrags.

Wird ein **unbefristetes Arbeitsverhältnis** vereinbart, besteht im betrieblichen **5** Anwendungsbereich des KSchG für die weiterbeschäftigten Auszubildenden, wegen der Anrechnung der Ausbildungszeit auf die Wartezeit des § 1 Abs. 1 KSchG, bereits mit Beginn des Arbeitsverhältnisses **Kündigungsschutz**.[2] Auch bei der Berechnung der Beschäftigungsdauer für die **Kündigungsfrist** gemäß § 622 Abs. 2 BGB im Falle einer Kündigung des späteren Arbeitsverhältnisses ist die Ausbildungszeit mit zu berücksichtigen.[3]

Auch die Wartezeit des § 3 Abs. 3 EFZG von vier Wochen für die Entstehung des Anspruchs auf **Entgeltfortzahlung im Krankheitsfalle** muss von einem (ehe-maligen) Auszubildenden, der unmittelbar im Anschluss an die Berufsausbil-dung als Arbeitnehmer weiterbeschäftigt wird, nicht erneut erfüllt werden. Vielmehr wird die vorherige Zeit der Berufsausbildung auf die Wartezeit ange-rechnet.[4]

Für den **Urlaubsanspruch** gilt folgendes: Schließt sich an ein Berufsausbil-dungsverhältnis unmittelbar ein Arbeitsverhältnis zum gleichen Arbeitgeber an, gibt es keine Urlaubsabgeltung (Auszahlung in Geld) für eventuell nicht erfüllte Urlaubsansprüche aus dem Ausbildungsverhältnis. Vielmehr sind die Urlaubsansprüche in dem sich anschließenden Arbeitsverhältnis nach den für das Arbeitsverhältnis maßgebenden Regelungen zu erfüllen.[5] Die Wartezeit von sechs Monaten für den vollen Urlaubsanspruch (§ 4 BUrlG) gilt wegen der Anrechnung der Ausbildungszeit als erfüllt, so dass der ehemalige Auszubil-dende, jetzt Arbeitnehmer, mit Beginn des Arbeitsverhältnisses einen Anspruch auf den vollen Jahresurlaub hat, und zwar in dem Umfang, wie für das Arbeits-verhältnis maßgebend. Für die Berechnung des Urlaubsentgelts (§ 11 BUrlG) ist die Arbeitsvergütung aus dem Arbeitsverhältnis maßgebend, nicht die vorheri-ge Ausbildungsvergütung.

Für die **Befristung** im Anschluss an die Berufsausbildung gelten die allgemeinen **6** arbeitsrechtlichen Vorschriften des Teilzeit- und Befristungsgesetzes (TzBfG).

---

2 Vgl. *BAG* 18.11.1999 – 2 AZR 89/99, NZA 2000, 529, 530; KR/*Griebeling* § 1 KSchG Rn. 107; KR-*Fischermeier* § 24 BBiG Rn. 9; KDZ/*Däubler* KSchR § 24 BBiG Rn. 10; *Leine-mann/Taubert* BBiG § 24 Rn. 22.
3 *BAG* 2.12.1999 – 2 AZR 139/99 – NZA 2000, 720.
4 *BAG* 20.8.2003 – 5 AZR 436/02 – NZA 2004, 205 = BB 2004, 782.
5 *BAG* 29.11.1984 – 6 AZR 238/82 – NZA 1985, 598.

Insbesondere ist zu beachten, dass die Befristung eines Arbeitsvertrags zu ihrer Wirksamkeit der **Schriftform** bedarf (§ 14 Abs. 4 TzBfG).

7 Auszubildende können nach Ende der Ausbildung **befristet ohne Sachgrund** gemäß § 14 Abs. 2 Satz 1 TzBfG für die Dauer von maximal zwei Jahren eingestellt werden.[6] Zwar ist gemäß § 14 Abs. 2 Satz 2 TzBfG eine Befristung ohne Sachgrund unzulässig, wenn bereits zuvor ein »Arbeitsverhältnis« bestanden hat. Ein Berufsausbildungsverhältnis ist aber kein Arbeitsverhältnis im Sinne des § 14 Abs. 2 Satz 2 TzBfG.[7] Allerdings muss der befristete Vertrag spätestens am Tage nach Beendigung des Ausbildungsverhältnisses unter Beachtung der Schriftform des § 14 Abs. 4 TzBfG begründet werden. Bei tatsächlicher Weiterbeschäftigung ohne schriftliche Befristungsabrede greift ansonsten die Fiktion des § 24 BBiG und es gilt ein unbefristetes Arbeitsverhältnis als begründet.

8 Möglich ist gegebenenfalls auch eine **Befristung mit Sachgrund**, etwa gemäß § 14 Abs. 1 Satz 2 Nr. 2 TzBfG.[8] Ein sachlicher Grund für eine Befristung liegt gemäß § 14 Abs. 1 Satz 2 Nr. 2 TzBfG vor, wenn die Befristung im Anschluss an eine Ausbildung oder ein Studium erfolgt, um den Übergang des Arbeitnehmers in eine Anschlussbeschäftigung zu erleichtern. Die Regelung ist indes rechtspolitisch umstritten und wirft zahlreiche Zweifelsfragen auf. Verlangt wird, dass die Befristung im »**Anschluss**« an eine Ausbildung (oder ein Studium) erfolgt. Zwischen der Beendigung der Ausbildung und der Aufnahme der befristeten Tätigkeit darf sicherlich ein zeitlicher Abstand bestehen, weil das Erfordernis »unmittelbar« nicht im Gesetz genannt ist. Die höchst zulässige Zeitspanne wird man mit sechs Monaten ansetzen dürfen. Voraussetzung für die Befristung ist zudem, dass sie erfolgt, »um den Übergang des Arbeitnehmers in eine Anschlussbeschäftigung zu erleichtern«. Es muss ein **Kausalzusammenhang** bestehen (»um … zu«). Die Anschlussbeschäftigung muss nicht bei demselben Arbeitgeber angestrebt werden (»eine« Anschlussbeschäftigung). Der Übergang in eine Anschlussbeschäftigung soll zwar erleichtert werden, muss aber nicht feststehen. Eine zeitliche Obergrenze für die **Dauer der Befristung** ist in § 14 Abs. 2 Satz 2 Nr. 2 TzBfG nicht festgesetzt, folgt aber aus dem Zweck dieser Befristung, soll es doch darum gehen, dem Arbeitnehmer den »Übergang« in eine »Anschlussbeschäftigung« zu erleichtern. Im Regelfall dürfte eine Befristungsdauer von maximal sechs Monaten sachgerecht sein.

2.2 Willkürkontrolle

9 Die Entscheidung des Ausbildenden, einen Auszubildenden im Anschluss an die Ausbildung *nicht* in ein Arbeitsverhältnis zu übernehmen, kann gemäß § 75 BetrVG unter Berücksichtigung bestehender betrieblicher Auswahlrichtlinien (§ 95 BetrVG) dahin überprüft werden, ob sie willkürlich ist oder den Grundsätzen von Recht und Billigkeit entspricht. Man kann insofern von einer **Willkürkontrolle** sprechen.[9] So darf der Arbeitgeber die Übernahme in ein Arbeitsverhältnis nicht etwa deshalb ablehnen, weil der Auszubildende in zulässiger

---

6 *Lakies* Befristete Arbeitsverträge, Rn. 186 ff.

7 KR / *Lipke* § 14 TzBfG Rn. 421; ErfK / *Müller-Glöge* § 14 TzBfG Rn. 94; **a. A.:** KDZ / *Däubler* KSchR § 14 TzBfG Rn. 160; *Schlachter* NZA 2003, 1180 ff.

8 *Lakies* Befristete Arbeitsverträge, Rn. 273 ff.

9 *BAG* 20.11.2003 – 8 AZR 439/02 – AP BGB § 611 Haftung des Arbeitgebers Nr. 28; *BAG* 5.4.1984 – 2 AZR 513/82 – AP BBiG § 17 Nr. 2 = NZA 1985, 329 = EzB BBiG § 17 Nr. 12.

Weise von seiner verfassungsrechtlich geschützten Meinungsfreiheit Gebrauch gemacht hat.[10] Auch kann die Ablehnung der Übernahme in ein Arbeitsverhältnis eine **unzulässige Maßregelung** im Sinne des § 612a BGB sein. Im Einzelfall kann dies einen Einstellungs- bzw. Weiterbeschäftigungsanspruch begründen.

2.3 Sonderfall: schwangere Auszubildende

Auch schwangere Auszubildende haben am Ende der Ausbildung grundsätzlich **10** keinen Anspruch auf Übernahme in ein Arbeitsverhältnis.[11] Lehnt der Arbeitgeber die Übernahme jedoch allein wegen der Schwangerschaft ab, liegt hierin eine Diskriminierung wegen des Geschlechts gemäß § 7 Abs. 1 AGG. Diese begründet aber keinen Einstellungsanspruch zugunsten der Diskriminierten, sondern lediglich einen Anspruch auf angemessene Entschädigung in Geld gemäß § 15 Abs. 6 AGG. Gleiches gilt, wenn die Übernahme nur wegen des **Geschlechts** abgelehnt wird.[12] In der Praxis dürfte dies nur schwer nachzuweisen sein.

2.4 Tarifvertragliche Regelungen

Bisweilen sehen Regelungen in Tarifverträgen eine zumindest zeitlich befristete **11** »Übernahmegarantie« vor.[13] Diese sind jedoch stets hinsichtlich ihrer **Anspruchsqualität** zu überprüfen. Tarifliche Regelungen, die vorsehen, dass der Ausbildende in einem bestimmten Zeitraum vor dem Ende der Ausbildung dem Auszubildenden eine schriftliche Mitteilung zu machen hat, ob er ihn nach Beendigung des Ausbildungsverhältnisses in ein Arbeitsverhältnis übernehmen will, begründen noch keine vertragliche Bindung auf Abschluss eines Arbeitsvertrags.[14]

Tarifverträge, die »im Grundsatz« eine Übernahme in ein Arbeitsverhältnis nach **12** erfolgreich bestandener Abschlussprüfung »für mindestens sechs Monate« vorsehen, verpflichten den Arbeitgeber nach der *BAG*-Rechtsprechung lediglich, dem Auszubildenden die Übernahme in ein sich unmittelbar anschließendes Arbeitsverhältnis für die Dauer von sechs Monaten anzubieten, sofern kein tariflicher Ausnahmetatbestand gegeben ist.[15] Die Nichterfüllung dieser Pflicht kann den Arbeitgeber zum Schadensersatz verpflichten, die allerdings nur auf Entschädigung in Geld geht, und nicht auf Übernahme in ein Arbeitsverhältnis, das erst später beginnt.[16]

---

10 *BVerfG* 19.5.1992 – 1 BvR 126/85 – BVerfGE 86, 122 = DB 1992, 2638 = AP GG Art. 5 Abs. 1 Meinungsfreiheit Nr. 12 = EzB GG Art. 5 Nr. 8.

11 *Leinemann/Taubert* BBiG § 24 Rn. 6.

12 *Leinemann/Taubert* BBiG § 24 Rn. 6.

13 Vgl. *Kohte*, NZA 1997, 457 ff.; *Schulze*, NZA 2007, 1329 ff.; zur tariflichen Praxis vgl. *Bispinck/Schweizer/Kirsch*, WSI-Mitteilungen 2002, 213 ff.

14 *BAG* 5.4.1984 – 2 AZR 513/82 – AP BBiG § 17 Nr. 2 = NZA 1985, 329 = EzB BBiG § 17 Nr. 12; *BAG* 30.11.1984 – 7 AZR 539/83 – AP MTV Ausbildung § 22 Nr. 1 = DB 1985, 2304 = BB 1985, 2173 = EzB BBiG § 17 Nr. 14a.

15 *BAG* 14.5.1997 – 7 AZR 159/96 – AP BGB § 611 Übernahme in ein Arbeitsverhältnis Nr. 2 = NZA 1998, 50 = EzB TVG § 4 Nr. 43; *BAG* 14.10.1997 – 7 AZR 298/96 – AP TVG § 1 Tarifverträge: Metallindustrie Nr. 154 = BB 1998, 1484 = NZA 1998, 775 = DB 1998, 1469 = EzB BGB § 611 Übernahme ins Arbeitsverhältnis Nr. 1.

16 *BAG* 14.10.1997 – 7 AZR 811/96 – AP TVG § 1 Tarifverträge: Metallindustrie Nr. 155 = NZA 1998, 778 = DB 1998, 1468 = EzB BGB § 611 Übernahme ins Arbeitsverhältnis Nr. 2.

3. Begründung eines Arbeitsverhältnisses gemäß § 24 BBiG

3.1 Tatsächliche Beschäftigung ohne Unterbrechung

13 Einen Sonderfall der Begründung eines Arbeitsverhältnisses regelt § 24 BBiG. Danach gilt ein Arbeitsverhältnis auf unbestimmte Zeit als begründet, wenn Auszubildende im Anschluss an das Berufsausbildungsverhältnis beschäftigt werden, ohne dass hierüber ausdrücklich etwas vereinbart worden ist.

14 Der Auszubildende muss **im Anschluss** an das Berufsausbildungsverhältnis **tatsächlich beschäftigt** werden. Das ist unproblematisch anzunehmen, wenn der Auszubildende an dem (auf die rechtliche Beendigung des Berufsausbildungsverhältnisses folgenden) Arbeitstag erscheint und auf Weisung oder mit Wissen und Willen des Arbeitgebers (ehemaligen Ausbildenden) oder einer zur Vertretung berechtigten Person tätig wird.[17]

15 Da der Auszubildende **tatsächlich beschäftigt** werden muss, reicht das Anbieten der Arbeitskraft, ohne dass tatsächlich Arbeitsleistung erbracht wird, nicht aus.[18]

16 Erforderlich ist die Beschäftigung »im Anschluss« an das Berufsausbildungsverhältnis, also **ohne zeitliche Unterbrechung**. Eine Unterbrechung ist auch gegeben im Fall der Nichtarbeit aufgrund Arbeitsunfähigkeit infolge Erkrankung. Deshalb führt eine Weiterarbeit erst nach Ende der Arbeitsunfähigkeit nicht zur Fiktion des § 24 BBiG.[19]

17 Im **Anschluss »an das Berufsausbildungsverhältnis«** meint im Anschluss an das Ende des Berufsausbildungsverhältnisses. Das Berufsausbildungsverhältnis endet mit Ablauf der Ausbildungszeit (vgl. § 21 Rn. 9). Entscheidend ist also, ob der Auszubildende – unabhängig vom Termin der Abschlussprüfung – nach dem Ablauf der Ausbildungszeit weiterbeschäftigt wird. Findet die Abschlussprüfung erst nach der Ablauf der Ausbildungszeit statt und wird der Auszubildende – gleichwohl – über das Ende der Ausbildungszeit hinaus weiterbeschäftigt, kommt ein Arbeitsverhältnis gemäß § 24 BBiG zustande. Das Vorliegen einer abweichenden Vereinbarung, etwa über die Begründung eines Arbeitsverhältnisses nur bis zur Abschlussprüfung, muss derjenige dartun und beweisen, der sich darauf beruft.[20]

3.2 Kenntnis des Ausbildenden

18 Die Tätigkeit muss erfolgen **mit Wissen des Ausbildenden** oder einer zur Vertretung berechtigten Person. Diese Person muss grundsätzlich auch Kenntnis davon haben, dass die Beschäftigung im Anschluss an das Berufsausbildungsverhältnis erfolgt, also das Berufsausbildungsverhältnis beendet ist.[21] Da

---

17 *BAG* 8. 2. 1978 – 4 AZR 552/76 – BB 1978, 713 = DB 1978, 1039 = EzA BBiG § 10 Nr. 1 = AP BBiG § 10 Nr. 1 = EzB BBiG § 10 Abs. 1 Nr. 22; *LAG Hamm* 14. 7. 1976 – 2 Sa 662/76 – DB 1977, 126.
18 MünchArbR / *Natzel* § 322 Rn. 195.
19 KR-*Fischermeier* § 24 BBiG Rn. 7; **a. A.:** *Benecke/Hergenröder* BBiG § 24 Rn. 4; KDZ / *Däubler* KSchR § 24 BBiG Rn. 2; *Leinemann/Taubert* BBiG § 24 Rn. 11.
20 *LAG Hamm* 13. 8. 1980 – 12 Sa 550/80 – EzB § 17 BBiG Nr. 11.
21 *LAG Berlin-Brandenburg* 20. 4. 2007 – 13 Sa 330/07 – EzB BBiG § 24 Nr. 27; *LAG Hamburg* 12. 9. 1980 – 3 Sa 110/79 – EzB BBiG § 17 Nr. 7.

Lakies

hinsichtlich des Bestehens der Abschlussprüfung gemäß § 21 Abs. 2 BBiG nunmehr ausdrücklich auf die Bekanntgabe des Ergebnisses durch den Prüfungsausschuss abgestellt wird (vgl. Rn. 25), reicht es insoweit, wenn der Ausbildende durch eine Nachfrage bei der zuständigen Stelle vom Bestehen der Prüfung erfährt. Hat der Ausbildende keine Kenntnis von der Bekanntgabe des Ergebnisses der Abschlussprüfung und der dadurch eingetretener Beendigung des Berufsausbildungsverhältnisses, tritt die Fiktion des § 24 BBiG mangels Kenntnis vom Ende der Ausbildung nicht ein. Da § 37 Abs. 2 Satz 2 BBiG den Ausbildenden einen Anspruch gegen die zuständige Stelle auf Übermittlung der Prüfungsergebnisse gibt, ist allerdings zu erwägen, die fahrlässige Unkenntnis vom Bestehen der Abschlussprüfung der Kenntnis gleichzustellen.[22]

Erlangt der Ausbildende oder sein Vertreter erst nach Aufnahme der Arbeit vom Abschluss der Ausbildung aufgrund vorzeitigen Bestehens der Abschlussprüfung Kenntnis, muss er der Weiterbeschäftigung **unverzüglich widersprechen**, um die Folgen des § 24 BBiG abzuwenden.[23] Der Widerspruch kann auch schon vor dem Ende des Berufsausbildungsverhältnisses erfolgen (vgl. Rn. 26).   **19**

Bei **juristischen Personen**, wie einer GmbH, GmbH & Co. KG oder einer Aktiengesellschaft (AG), ist hinsichtlich der Kenntnis von der tatsächlichen Beschäftigung auf die vertretungsberechtigten natürlichen Personen abzustellen. Neben dem Geschäftsführer (oder Vorstand) sind das alle Personen, die personalrechtliche Befugnisse haben, also zur Einstellung von Arbeitnehmern befugt sind. Die Kenntnis eines Vorgesetzten, der solche Befugnisse nicht hat, reicht nicht.[24]   **20**

3.3 Fehlen einer abweichenden Vereinbarung, kein Widerspruch

Weitere Voraussetzung für die Anwendung des § 24 BBiG ist, dass die Weiterbeschäftigung erfolgt, »ohne dass hierüber ausdrücklich etwas vereinbart worden ist«. Liegt eine »Vereinbarung« über die Weiterbeschäftigung vor, geht diese der Fiktion des § 24 BBiG vor. Hinsichtlich der möglichen Vereinbarung ist § 12 BBiG zu beachten, der Vereinbarungen während des Laufs des Berufsausbildungsverhältnisses bestimmte Grenzen setzt (vgl. § 21 Rn. 19 ff.). Auch unterliegt die »Vereinbarung« gegebenenfalls Ihrerseits der Rechtskontrolle. Bei Vereinbarung eines befristeten Arbeitsverhältnisses sind etwa die Vorgaben des TzBfG zu beachten (vgl. Rn. 6).   **21**

Vom Grundsatz her unproblematisch sind Vereinbarungen **innerhalb der letzten sechs Monate vor Ende der Ausbildung** und auch nach Ende der Ausbildung über die Begründung eines Arbeitsverhältnisses im Anschluss an die Ausbildung (vgl. § 21 Rn. 19 ff.). Möglich ist dabei der Abschluss eines unbefristeten, aber auch eines befristeten Arbeitsvertrags. Für die **Befristung** im Anschluss an die Berufsausbildung gelten die allgemeinen arbeitsrechtlichen Vorschriften des TzBfG (vgl. Rn. 6). Allerdings muss der befristete Vertrag vor der tatsächlichen Arbeitsaufnahme nach Beendigung der Ausbildung unter Beachtung der Schriftform des § 14 Abs. 4 TzBfG vereinbart sein. Erfolgt die tatsäch-   **22**

---

22 Vgl. KDZ/*Däubler* KSchR § 24 BBiG Rn. 4.
23 *Leinemann/Taubert* BBiG § 24 Rn. 14.
24 Vgl. zur vergleichbaren Regelung des § 625 BGB: *BAG* 24.10.2001 – 7 AZR 620/00 – NZA 2003, 153.

liche Weiterbeschäftigung, ohne dass eine wirksame schriftliche Befristungsvereinbarung vorliegt, greift ansonsten die Fiktion des § 24 BBiG und es gilt ein unbefristetes Arbeitsverhältnis als begründet. Für die in einem Ausbildungsverhältnis stehenden Mitglieder einer Jugend- und Auszubildendenvertretung gilt § 78a BetrVG, der einen Anspruch auf Übernahme in ein unbefristetes Arbeitsverhältnis gibt (vgl. Rn. 35 ff.).

23 Gemäß § 24 BBiG muss die Vereinbarung »**ausdrücklich**« erfolgen. Der Begriff der »ausdrücklichen« Vereinbarung hindert allerdings nicht die Annahme, dass die Vertragsparteien eine abweichende vertragliche Regelung durch schlüssiges Verhalten (konkludent) geschlossen haben[25], insoweit ist von einem Widerspruch gegen die Begründung eines unbefristeten Arbeitsverhältnisses auszugehen (vgl. Rn. 25 ff.). Erforderlich ist nur eine Vereinbarung, über das »Ob« der Weiterarbeit, nicht über die einzelnen Vertragsbedingungen. Deshalb liegt eine »Vereinbarung« etwa auch dann vor, wenn die Vertragsparteien – schriftlich (§ 14 Abs. 4 TzBfG) – ein befristetes Arbeitsverhältnis im Anschluss an die Ausbildung vereinbart haben, ohne bereits die einzelnen Vertragsbedingungen (Vergütung, Urlaub usw.) festgelegt zu haben.

24 Der vorliegenden **Rechtsprechung** kann nur bedingt gefolgt werden. So ist angenommen worden, die Mitteilung des Ausbildenden, er lehne eine Übernahme ab, sei aber bereit, den Auszubildenden aus sozialen Gründen für zwei Monate weiter zu beschäftigen, stelle keine ausdrückliche Vereinbarung dar, die der Fiktion des § 24 BBiG entgegenstehe.[26] Eine solche Vereinbarung wurde aber angenommen, wenn dem Auszubildenden bereits vor der Abschlussprüfung gesagt wurde, dass er nach dem Ende der Ausbildungszeit nicht weiterbeschäftigt werden könne und er hiergegen nichts eingewendet hat[27] oder wenn der Ausbildende zuvor ausdrücklich erklärt hatte, sich nach Bestehen der Abschlussprüfung vom Auszubildenden trennen zu wollen.[28]

25 Bei dieser Rechtsprechung wird zum Teil übersehen, dass § 24 BBiG das Entstehen eines unbefristeten Arbeitsverhältnisses fingiert. Für die Fiktion ist kein Raum, wenn sich aus den Erklärungen einer Vertragspartei ergibt (die auch durch schlüssiges Handeln erfolgen können), dass die Begründung eines Arbeitsverhältnisses nicht gewollt ist. Die Fiktionswirkung des § 24 BBiG tritt deshalb nicht ein bei einem (unverzüglichen) **Widerspruch** des Ausbildenden gegen die Weiterbeschäftigung.[29]

Der Arbeitgeber muss deutlich machen, dass durch die Weiterbeschäftigung kein Arbeitsverhältnis auf unbestimmte Zeit begründet werden soll. Einem solchen Widerspruch steht nicht § 25 BBiG entgegen, nach dem eine Vereinbarung, die zuungunsten Auszubildender von § 24 BBiG abweicht, nichtig ist. Mit einem solchen Widerspruch wird nicht vorab die Rechtsnorm des § 24 BBiG vertraglich ausgeschlossen, sondern es soll nur zu dem Zeitpunkt, zu dem mangels entgegenstehender Vereinbarungen die Rechtwirkungen des § 24 BBiG eintreten würden, der Eintritt der Rechtsfolge dieser Norm (unbefristetes Arbeitsverhältnis) verhindert werden. Das ist im Rahmen der Vertragsfreiheit zulässig. Nach dem Ende des Ausbildungsverhältnisses ist der ehemalige Aus-

25 *Leinemann/Taubert* BBiG § 24 Rn. 17.
26 *LAG Düsseldorf* 22.10.1985 – 8 Sa 1132/85 – EzB § 17 BBiG Nr. 15.
27 *ArbG Emden* 10.1.1977 – 1 Ca 864/77 – EzB § 17 BBiG Nr. 6.
28 *LAG Hessen* 14.6.1982 – 11 Sa 141/81 – EzB BBiG § 14 Abs. 2 Nr. 13.
29 KDZ/*Däubler* KSchR § 24 BBiG Rn. 5.

zubildende nicht mehr durch die Normen des BBiG vor arbeitsrechtlichen Gestaltungsmöglichkeiten geschützt.

Der **Widerspruch** kann auch schon **vor dem Ende des Berufsausbildungsverhältnisses** erfolgen.[30] Erklärt der Ausbildende bereits vor der Abschlussprüfung, dass der Auszubildende nach dem Ende der Ausbildungszeit nicht weiterbeschäftigt werden könne oder dass man sich nach der Abschlussprüfung vom Auszubildenden trennen wolle, so liegt darin ein Widerspruch, der der Begründung eines Arbeitsverhältnisses gemäß § 24 BBiG entgegensteht. Eine Erklärung des Ausbildenden, er lehne eine Übernahme des Auszubildenden ab, sei aber bereit, diesen aus sozialen Gründen für zwei Monate weiter zu beschäftigen, ist als Widerspruch gegen das Zustandekommen eines unbefristeten Arbeitsverhältnisses anzusehen, mit dem aber zugleich der Abschluss eines befristeten Arbeitsvertrags angeboten wird. Eine solche Befristungsvereinbarung bedarf der Schriftform (§ 14 Abs. 4 TzBfG). Fehlt es an der Schriftform, kommt ein unbefristetes Arbeitsverhältnis zustande (§ 16 Satz 1 TzBfG).

26

3.4 Rechtsfolge: unbefristetes Arbeitsverhältnis

Liegen die dargestellten Voraussetzungen des § 24 BBiG vor, so gilt ein Arbeitsverhältnis auf unbestimmte Zeit als begründet. Es kommt also ein **unbefristetes Arbeitsverhältnis** zustande, und zwar zu den in der Branche üblichen Bedingungen, bei Tarifbindung zu den tariflichen Bedingungen. Bei der Höhe der Arbeitsvergütung gilt bei fehlender Tarifbindung § 612 BGB. Danach ist die »übliche« Vergütung geschuldet, also der übliche »Facharbeiterlohn«, wenn der ehemalige Auszubildende ausbildungsadäquat weiterbeschäftigt wird.[31] In der Regel wird es sich um die tarifliche Vergütung eines einschlägigen Tarifvertrags handeln.[32]

27

Im Normalfall kommt ein unbefristetes **Vollzeitarbeitsverhältnis** zustande.[33] Soll das Arbeitsverhältnis nur befristet oder als Teilzeitarbeitsverhältnis begründet werden, so bedarf es hierzu einer ausdrücklichen Vereinbarung.[34] Wird der bisherige Auszubildende allerdings auf einer **Teilzeitstelle** und auch nur in diesem Umfange tatsächlich weiterbeschäftigt, so gilt nur ein Teilzeitarbeitsverhältnis gemäß § 24 BBiG als begründet.[35]

28

Im betrieblichen Anwendungsbereich des KSchG besteht für den weiterbeschäftigten Auszubildenden, wegen der Anrechnung der Ausbildungszeit auf die Wartezeit des § 1 Abs. 1 KSchG, bereits mit Beginn des Arbeitsverhältnisses **Kündigungsschutz** (vgl. Rn. 5).

29

Ist der Auszubildende zum Zeitpunkt der Weiterarbeit noch **minderjährig,** hindert dies nicht das Entstehen eines Arbeitsverhältnisses gemäß § 24 BBiG.[36] Zum einen ist davon auszugehen, dass die Zustimmung der Personensorgeberechtigten zur Eingehung eines Berufsausbildungsverhältnisses die Billigung

30

---

30 *LAG Hessen* 14.6.1982 – 11 Sa 141/81 – EzB BBiG § 14 Abs. 2 Nr. 13.
31 *BAG* 16.6.2005 – 6 AZR 411/04 – NZA 2006, 680.
32 KDZ/*Däubler* KSchR § 24 BBiG Rn. 8.
33 *Leinemann/Taubert* BBiG § 24 Rn. 21.
34 *LAG Düsseldorf* 22.10.1985 – 8 Sa 1132/85 – EzB § 17 BBiG Nr. 15.
35 KDZ/*Däubler* KSchR § 24 BBiG Rn. 7.
36 KDZ/*Däubler* KSchR § 24 BBiG Rn. 12; MünchArbR/*Natzel* § 322 Rn. 195; *Leinemann/Taubert* BBiG § 24 Rn. 16; **a.A.:** KR-*Fischermeier* § 24 BBiG Rn. 4, der auf die Kenntnis des gesetzlichen Vertreters von der Weiterarbeit abstellt.

zum Abschluss eines Arbeitsvertrags (§ 113 BGB) umfasst und zum anderen erlangt der Minderjährige durch die Begründung eines Arbeitsverhältnisses einen rechtlichen Vorteil. Bei der abweichenden Vereinbarung, die den Eintritt der Fiktion des § 24 BBiG hindert, ist allerdings, da für den Minderjährigen nachteilig, die Zustimmung der gesetzlichen Vertreter erforderlich.

3.5 Gerichtliche Geltendmachung

31 Ist im Einzelfall streitig, ob die Voraussetzungen des § 24 BBiG erfüllt sind und damit ein Arbeitsverhältnis begründet worden ist, muss der ehemalige Auszubildende, der sich auf die Rechtswirkungen des § 24 BBiG beruft, dieses durch **Klage vor dem Arbeitsgericht** geltend machen. Da es sich nicht um eine Streitigkeit aus dem Berufsausbildungsverhältnis handelt, sondern um das Bestehen oder Nichtbestehen eines Arbeitsverhältnisses, ist der Schlichtungsausschuss nicht zuständig (vgl. § 10 Rn. 106).

Zulässige **Klageart** ist eine Feststellungsklage auf das Bestehen eines Arbeitsverhältnisses oder eine Leistungsklage auf tatsächliche Beschäftigung in einem Arbeitsverhältnis oder auf Zahlung der Arbeitsvergütung aus dem Gesichtspunkt des Annahmeverzugs gemäß § 615 BGB.[37]

Eine **Klagefrist** sieht das Gesetz nicht vor, allerdings kann im Einzelfall eine Verwirkung des Klagerechts in Betracht kommen (§ 242 BGB), so dass eine alsbaldige Klageerhebung anzuraten ist.

Die **Darlegungs- und Beweislast** für das Zustandekommen eines Arbeitsverhältnisses gemäß § 24 BBiG liegt beim ehemaligen Auszubildenden und nunmehrigen vermeintlichen Arbeitnehmer, weil dieser sich damit auf die Rechtswirkungen einer für ihn positiven Norm beruft.

4. Mitbestimmung des Betriebsrats/Personalrats

32 Die Übernahme eines Auszubildenden im Anschluss an die Ausbildung stellt eine **Einstellung** im Sinne des § 99 Abs. 1 BetrVG dar und bedarf daher der Mitbestimmung des Betriebsrats.[38] Zwar ist ein ohne Zustimmung des Betriebsrats zustande gekommener Arbeitsvertrag wirksam. Für die »Einstellung« im Sinne des der Mitbestimmungsvorschriften kommt es aber auf die tatsächliche Eingliederung in den Betrieb an. Der Arbeitnehmer darf deshalb tatsächlich nur beschäftigt werden, wenn die Zustimmung des Betriebsrats vorliegt.[39] Das hindert allerdings nicht das Entstehen eines Arbeitsverhältnisses gemäß § 24 BBiG, wenn der Auszubildende im Anschluss an die Ausbildung tatsächlich beschäftigt wird, obwohl der Betriebsrat nicht zugestimmt hat.

33 Der Mitbestimmung des Betriebsrats unterliegt auch die **Eingruppierung** des ehemaligen Auszubildenden, der nunmehr als Arbeitnehmer tätig ist, in eine bei dem Arbeitgeber anzuwendende Vergütungsgruppenordnung (§ 99 BetrVG).

34 Entsprechendes gilt im **öffentlichen Dienst** für die Mitbestimmungsrechte des Personalrats bei der Einstellung und Eingruppierung gemäß § 75 Abs. 1 Nr. 1 BPersVG oder nach den Landespersonalvertretungsgesetzen.

---

37 *Leinemann/Taubert* BBiG § 24 Rn. 14.
38 *LAG* Hamm 14.7.1982 – 12 TaBV 27/82 – EzB § 99 BetrVG Nr. 3; KR-*Fischermeier* § 24 BBiG Rn. 10; KDZ/*Däubler* KSchR § 24 BBiG Rn. 13; *Leinemann/Taubert* BBiG § 24 Rn. 28.
39 *BAG* 2.7.1980 – 5 AZR 1241/79 – AP GG Art. 33 Abs. 2 Nr. 9.

5. Besonderer Schutz von Mandatsträgern gemäß § 78 a BetrVG

Einen Anspruch auf Weiterbeschäftigung regelt § 78 a BetrVG. Es handelt sich **35** um eine Sonderregelung, die den **Schutz von Mandatsträgern** sicher stellen sollen, die aufgrund ihrer Tätigkeit insbesondere in der Jugend- und Auszubildendenvertretung oder dem Betriebsrat mit dem Arbeitgeber in Konflikt geraten können und deshalb zum Schutze ihres Mandats auch eines individual-rechtlichen Schutzes bedürfen. Da das Berufsausbildungsverhältnis kraft Gesetzes befristet ist, schützen die Kündigungsschutzregelungen des § 15 KSchG die Mandatsträger, die in Ausbildung sind, nicht davor, dass sie wegen ihrer Aktivitäten nicht in ein Arbeitsverhältnis übernommen werden. Deshalb sieht § 78 a BetrVG einen Anspruch auf Übernahme vor. Eine entsprechende Regelung besteht für den **öffentlichen Dienst** in § 9 BPersVG und in den Personalvertretungsgesetzen der Bundesländer (vgl. Rn. 63). § 78 a BetrVG (Schutz Auszubildender in besonderen Fällen) hat folgenden Wortlaut:

(1) Beabsichtigt der Arbeitgeber, einen Auszubildenden, der Mitglied der Jugend- und Auszubildendenvertretung, des Betriebsrats, der Bordvertretung oder des Seebetriebsrats ist, nach Beendigung des Berufsausbildungsverhältnisses nicht in ein Arbeitsverhältnis auf unbestimmte Zeit zu übernehmen, so hat er dies drei Monate vor Beendigung des Berufsausbildungsverhältnisses dem Auszubildenden schriftlich mitzuteilen.
(2) Verlangt ein in Absatz 1 genannter Auszubildender innerhalb der letzten drei Monate vor Beendigung des Berufsausbildungsverhältnisses schriftlich vom Arbeitgeber die Weiterbeschäftigung, so gilt zwischen Auszubildendem und Arbeitgeber im Anschluss an das Berufsausbildungsverhältnis ein Arbeitsverhältnis auf unbestimmte Zeit als begründet. Auf dieses Arbeitsverhältnis ist insbesondere § 37 Abs. 4 und 5 entsprechend anzuwenden.
(3) Die Absätze 1 und 2 gelten auch, wenn das Berufsausbildungsverhältnis vor Ablauf eines Jahres nach Beendigung der Amtszeit der Jugend- und Auszubildendenvertretung, des Betriebsrats, der Bordvertretung oder des Seebetriebsrats endet.
(4) Der Arbeitgeber kann spätestens bis zum Ablauf von zwei Wochen nach Beendigung des Berufsausbildungsverhältnisses beim Arbeitsgericht beantragen,
1. festzustellen, dass ein Arbeitsverhältnis nach Absatz 2 oder 3 nicht begründet wird, oder
2. das bereits nach Absatz 2 oder 3 begründete Arbeitsverhältnis aufzulösen,
wenn Tatsachen vorliegen, aufgrund derer dem Arbeitgeber unter Berücksichtigung aller Umstände die Weiterbeschäftigung nicht zugemutet werden kann. In dem Verfahren vor dem Arbeitsgericht sind der Betriebsrat, die Bordvertretung, der Seebetriebsrat, bei Mitgliedern der Jugend- und Auszubildendenvertretung auch diese Beteiligte.
(5) Die Absätze 2 bis 4 finden unabhängig davon Anwendung, ob der Arbeitgeber seiner Mitteilungspflicht nach Absatz 1 nachgekommen ist.

Rechtspolitisch werden in jüngster Zeit wieder verstärkt Bedenken gegen die **36** Regelung von Arbeitgeberseite geltend gemacht. Es handele sich um einen unzulässigen Eingriff in die Vertragsfreiheit der Arbeitgeber.[40]
Dem kann nicht gefolgt werden. Zwar liegt ein Eingriff in die Berufsfreiheit **37** (Art. 12 Abs. 1 GG) der Arbeitgeber vor, doch ist dieser Eingriff einerseits durch das ebenfalls durch Art. 12 Abs. 1 GG geschützte Interesse der Auszubildenden an einer Übernahme in ein Arbeitsverhältnis gerechtfertigt, weil § 78 a BetrVG

---

40 Vgl. *Feudner*, NJW 2005, 1462 ff.; *Blaha/Mehlich*, NZA 2005, 667 ff.

zum anderen der Sicherung einer unabhängigen Amtseinführung der betriebsverfassungsrechtlichen Organe dient. Von einem unverhältnismäßigen Eingriff in die Vertragsfreiheit der Arbeitgeber kann auch deshalb keine Rede sein, weil im Einzelfall die Weiterbeschäftigung gemäß § 78 a Abs. 4 BetrVG abgewendet werden kann, wenn sie dem Arbeitgeber nicht zugemutet werden kann.

5.1 Geschützter Personenkreis

5.1.1 Mandatsträger

38 § 78 a BetrVG schützt Auszubildende, die **Mitglied** sind
  – der Jugend- und Auszubildendenvertretung oder
  – des Betriebsrats oder
  – der Bordvertretung oder
  – des Seebetriebsrats.

39 Der Schutz gilt auch, wenn das Berufsausbildungsverhältnis vor Ablauf eines Jahres nach Beendigung der Amtszeit der Jugend- und Auszubildendenvertretung, des Betriebsrats, der Bordvertretung oder Seebetriebsrats endet (**nachwirkender Schutz** gemäß § 78 a Abs. 3 BetrVG). Geschützt wird auch das vorübergehend nachgerückte **Ersatzmitglied**[41], sofern das Berufsausbildungsverhältnis innerhalb eines Jahres nach dem Vertretungsfall abgeschlossen wird und der Auszubildende innerhalb von drei Monaten vor der Beendigung des Ausbildungsverhältnisses seine Weiterbeschäftigung schriftlich verlangt.

5.1.2 Der Begriff des »Auszubildenden« im Sinne des § 78 a BetrVG

40 Der Begriff des Auszubildenden ist in § 78 a BetrVG nicht ausdrücklich definiert. Die Vorschrift orientiert sich an den Begriffsbestimmungen des BBiG.[42] Sie verwendet nicht den Arbeitnehmerbegriff wie in § 5 Abs. 1 BetrVG (»der zu ihrer Berufsausbildung Beschäftigten«). Deshalb ist der Begriff in § 5 Abs. 1 BetrVG nicht identisch mit dem Begriff des »Auszubildenden« im Sinne des § 78 a BetrVG. § 78 a BetrVG findet Anwendung, wenn eine **Ausbildung im Sinne des BBiG** im weiteren Sinne vorliegt.

41 Die Orientierung an den Bestimmungen des BBiG hat aber nicht zur Folge, dass § 78 a BetrVG nur auf staatlich anerkannte Ausbildungsberufe Anwendung findet. § 78 a BetrVG gilt vielmehr auch für Vertragsverhältnisse, die aufgrund Tarifvertrags oder arbeitsvertraglicher Vereinbarung eine geordnete Ausbildung von mindestens zwei Jahren vorsehen.[43]

42 Ein »Auszubildender« im Sinne des § 78 a BetrVG muss sich dementsprechend auch nicht zwingend in einem Berufsausbildungsverhältnis im Sinne des § 1 Abs. 3 BBiG befinden, es kann sich auch um ein **anderes Vertragsverhältnis im Sinne des § 26 BBiG** handeln. Entscheidend ist, ob (zum Beispiel in einem Volontariatsvertrag) die Arbeitsleistung oder die Ausbildung überwiegt. Steht die Arbeitsleistung im Vordergrund, findet § 78 a BetrVG keine Anwendung; steht die Ausbildung im Vordergrund, findet § 78 a BetrVG Anwendung.[44]

---

41 *BAG* 13.3.1986 – 6 AZR 207/85 – AP BPersVG § 9 Nr. 3 = NZA 1986, 836.
42 *BAG* 1.12.2004 – 7 AZR 129/04 – NZA 2005, 779.
43 *BAG* 1.12.2004 – 7 AZR 129/04 – NZA 2005, 779.
44 *BAG* 1.12.2004 – 7 AZR 129/04 – NZA 2005, 779.

Volontäre können sich in einem Arbeitsverhältnis, aber auch in einem anderen **43**
Vertragsverhältnis im Sinne des § 26 BBiG befinden. Ein Volontariatsverhältnis
als anderes Vertragsverhältnis gemäß § 26 BBiG liegt vor, wenn aufgrund Ausbildungsvertrag und einschlägigen tariflichen Vorschriften ein geordneter Ausbildungsgang vorgeschrieben ist und die Dauer der Ausbildung der gesetzlichen Mindestanforderung für staatlich anerkannte Ausbildungsberufe von
mindestens zwei Jahren entspricht.[45]

Ein **anderes Vertragsverhältnis** besteht nach dem Eingangssatzteil von § 26 BBiG **44**
nicht, wenn die Parteien ein **Arbeitsverhältnis** vereinbart haben. Die Vorschrift
gilt deshalb nur für solche Personen, die sich nicht wie in einem Arbeitsverhältnis überwiegend zur Leistung von Arbeit nach Weisung des Arbeitgebers
verpflichtet haben, sondern bei denen der Lernzweck im Vordergrund steht.
Zwar stellen auch die zur Ausbildung eingestellten Personen in einem gewissen
Umfang ihre Arbeitskraft nach Weisung des Arbeitgebers zur Verfügung; wesentlicher Inhalt und Schwerpunkt ihres Vertragsverhältnisses ist jedoch die
Ausbildung für eine spätere qualifiziertere Tätigkeit. Es kommt auf die Gewichtung der vertraglichen Pflichten an. Überwiegt die Pflicht zu Erbringung der
vertraglich geschuldeten Arbeitsleistung, handelt es sich um ein Arbeitsverhältnis und nicht um ein anderes Vertragsverhältnis im Sinne des § 26 BBiG.[46]

Selbst wenn im Einzelfall ein **anderes Vertragsverhältnis** gemäß § 26 BBiG be **45**
steht, weil die vertraglichen Beziehungen vom Ausbildungszweck beherrscht
wurden, ist § 78a BetrVG nur anwendbar, wenn eine Vergleichbarkeit zu einer
Berufsausbildung im Sinne des BBiG besteht. Das setzt voraus, dass nach dem
zugrunde liegenden Vertrag oder einschlägigen tariflichen Vorschriften ein **geordneter Ausbildungsgang von mindestens zwei Jahren** Dauer vorgeschrieben ist.

5.2 Mitteilungspflicht des Arbeitgebers

Beabsichtigt der **Arbeitgeber** einen solchen Mandatsträger nach Beendigung des **46**
Berufsausbildungsverhältnisses nicht in ein Arbeitsverhältnis auf unbestimmte
Zeit zu übernehmen, so hat er dies drei Monate vor Beendigung des Berufsausbildungsverhältnisses dem Auszubildenden **schriftlich mitzuteilen** (§ 78a
Abs. 1 BetrVG). Unterlässt der Arbeitgeber die rechtzeitige Mitteilung gemäß
§ 78a Abs. 1 BetrVG, führt dies allerdings nicht zu einer automatischen Überleitung des Ausbildungsverhältnisses in ein Arbeitsverhältnis.[47] Die Mitteilungspflicht hat lediglich eine **Hinweisfunktion für den Auszubildenden**.[48]

Der Schutz des Auszubildenden gemäß § 78a Abs. 2 bis 4 BetrVG findet un **47**
abhängig davon Anwendung, ob der Arbeitgeber seiner Mitteilungspflicht nach
§ 78a Abs. 1 BetrVG nachgekommen ist (§ 78a Abs. 5 BetrVG). Der **Auszubildende** muss also unabhängig davon, ob der Arbeitgeber seiner Mitteilungspflicht nachgekommen ist oder nicht, sein **Weiterbeschäftigungsverlangen**
gemäß § 78a Abs. 2 BetrVG geltend machen. Die unterlassene Mitteilung kann
aber unter Umständen Schadensersatzansprüche des Auszubildenden auslösen,
zum Beispiel wenn er eine anderweitig angebotene Stelle ausgeschlagen hat.[49]

---

45 *BAG* 1.12.2004 – 7 AZR 129/04 – NZA 2005, 779.
46 *BAG* 1.12.2004 – 7 AZR 129/04 – NZA 2005, 779.
47 *BAG* 31.10.1985 – 6 AZR 557/84 – AP BetrVG 1972 § 78a Nr. 15.
48 APS/*Künzl* § 78a BetrVG Rn. 45.
49 *BAG* 31.10.1985 – 6 AZR 557/84 – AP BetrVG 1972 § 78a Nr. 15.

5.3 Verlangen auf Weiterbeschäftigung

48 Verlangt ein Auszubildender, der Mitglied einer der genannten Gremien ist (vgl. Rn. 38), innerhalb der letzten drei Monate vor Beendigung des Berufsausbildungsverhältnisses **schriftlich** vom Arbeitgeber die Weiterbeschäftigung, so gilt zwischen Auszubildenden und Arbeitgeber im Anschluss an das Berufsausbildungsverhältnis ein Arbeitsverhältnis auf unbestimmte Zeit als begründet (§ 78 a Abs. 2 Satz 1 BetrVG). Verlangt der gemäß § 78 a BetrVG geschützte Auszubildende nicht (fristgemäß) die Weiterbeschäftigung, so scheidet er mit dem Ende des Berufsausbildungsverhältnisses aus dem Betrieb aus. Allerdings kann bei Vorliegen der Voraussetzungen des § 24 BBiG gleichwohl ein Arbeitsverhältnis begründet werden (vgl. Rn. 13 ff.).

49 Das Weiterbeschäftigungsverlangen muss innerhalb einer **Frist von drei Monaten** vor der Beendigung des Ausbildungsverhältnisses erklärt werden, spätestens am letzten Tag des Ausbildungsverhältnisses. Maßgeblich ist der Zugang beim Arbeitgeber. Die Beendigung des Ausbildungsverhältnisses richtet sich nach § 21 BBiG. Für die Berechnung der Drei-Monats-Frist bei vorzeitigem Ende des Ausbildungsverhältnisses durch Bestehen der Abschlussprüfung ist auf den Zeitpunkt der Bekanntgabe des Prüfungsergebnisses abzustellen (vgl. § 21 Rn. 25).

50 Die Einhaltung der **Frist** und der **Schriftform** (vgl. zur Schriftform § 22 Rn. 16 ff.) ist zwingend, auch wenn der Arbeitgeber seiner Mitteilungspflicht nach § 78 a Abs. 1 BetrVG nicht nachgekommen ist.[50] Bei dem Weiterbeschäftigungsverlangen handelt es sich um eine Willenserklärung, so dass ein **Minderjähriger** der Zustimmung des gesetzlichen Vertreters bedarf (vgl. § 22 Rn. 2 ff.), die allerdings auch nachträglich erteilt werden kann.[51]

51 Das Weiterbeschäftigungsverlangen muss innerhalb der Frist von drei Monaten vor der Beendigung des Ausbildungsverhältnisses erklärt werden. Wird es früher erklärt, ist es nach der Rechtsprechung des BAG unwirksam und muss innerhalb der **zwingenden Drei-Monats-Frist** wiederholt werden.[52]

52 Allerdings korrespondiert die Drei-Monats-Frist in § 78 a BetrVG – anders als früher – nicht mit der Sechs-Monats-Frist in § 12 Abs. 1 BBiG. Deshalb wird vertreten, dass die Drei-Monats-Frist nicht mehr in dem Sinne zwingend sein soll, dass ein **früher gestelltes Verlangen** unwirksam ist.[53] Dem ist zu folgen. Es ist nicht plausibel, dass zwar eine Vereinbarung über die Begründung eines Arbeitsverhältnisses auch schon vier bis sechs Monate vor Ende der Ausbildung wirksam getroffen werden kann, ein entsprechendes Verlangen des durch § 78 a BetrVG besonders geschützten Auszubildenden in diesem Zeitraum aber unwirksam sein soll. Jedenfalls ist der Arbeitgeber, der ein Weiterbeschäftigungsverlangen als unwirksam ansieht, das früher als drei Monate vor Ende der Ausbildung gestellt wird, verpflichtet, das dem Auszubildenden mitzuteilen, damit dieser sein Verlangen innerhalb der Drei-Monats-Frist wiederholen kann.[54] Eine entsprechende Rücksichtnahmepflicht auf die Rechte und Interes-

---

50 APS/*Künzl*, § 78 a BetrVG Rn. 58; a. A.: *Richardi/Thüsing* BetrVG § 78 a Rn. 22 f.

51 *Richardi/Thüsing*, BetrVG, § 78 a Rn. 24; APS-*Künzl*, § 78 a BetrVG Rn. 64.

52 *BAG* 15. 1. 1980 – 6 AZR 621/78 – AP BetrVG 1972 § 78 a Nr. 7.

53 *Fitting* BetrVG § 78 a Rn. 19; APS/*Künzl*, § 78 a BetrVG Rn. 61; HaKo-BetrVG/*Lorenz* § 78 a Rn. 12; a. A.: KR-*Weigand* § 78 a BetrVG Rn. 27 b.

54 *Fitting*, BetrVG § 78 a Rn. 19.

sen des Vertragspartners (vgl. § 241 Abs. 2 BGB) folgt als Nebenpflicht aus dem Berufsausbildungsverhältnis.

Die Zulässigkeit des Weiterbeschäftigungsverlangens gemäß § 78a BetrVG ist **53** (anders als im öffentlichen Dienst gemäß § 9 BPersVG) **nicht** von einem **erfolgreichen Abschluss der Ausbildung** abhängig.[55] Demgegenüber stellt § 9 BPersVG ausdrücklich auf die »erfolgreiche« Beendigung des Berufsausbildungsverhältnisses ab (vgl. Rn. 63, 68). Allerdings kann der fehlende Ausbildungsabschluss die Unzumutbarkeit der Weiterbeschäftigung (vgl. Rn. 57 ff.) begründen, wenn für einen ungelernten Arbeitnehmer kein freier Arbeitsplatz vorhanden ist.

5.4 Rechtsfolge: unbefristetes Vollzeitarbeitsverhältnis

Durch das Übernahmeverlangen des Auszubildenden entsteht ein unbefristetes **54** Vollzeitarbeitsverhältnis, das einen Anspruch auf **ausbildungsgerechte Beschäftigung** im Ausbildungsbetrieb begründet. Hat der Auszubildende die Berufsausbildung erfolgreich abgeschlossen, hat er Anspruch in ein Arbeitsverhältnis übernommen zu werden, dass dem Ausbildungsabschluss entspricht. Eine »unterwertige« Beschäftigung muss der ehemalige Auszubildende nicht hinnehmen, es sei denn, die Arbeitsvertragsparteien einigen sich einvernehmlich auf eine solche »unterwertige« Beschäftigung.

Inhaltliche Änderungen dieses Arbeitsverhältnisses, zum Beispiel die Begrün- **55** dung eines befristeten Arbeitsverhältnisses oder eines Teilzeitarbeitsverhältnisses oder die Beschäftigung auf einem nicht ausbildungsadäquaten Arbeitsplatz, unterliegen dem **Konsensprinzip**, so dass der Auflösungsantrag nach § 78a Abs. 4 BetrVG nicht mit der Begründung abgewiesen werden darf, dem Arbeitgeber wäre es zumutbar gewesen, ein Arbeitsverhältnis zu begründen, das einen anderen Inhalt hat als das Arbeitsverhältnis, das gemäß § 78a Abs. 2 BetrVG entsteht.[56] Das *BAG* vertritt damit ein »**Alles-oder-Nichts-Prinzip**«. Eine Weiterbeschäftigung in einem befristeten und/oder Teilzeitarbeitsverhältnis soll nach dem geltenden Recht nicht möglich sein.[57]

Möglich ist es allerdings, dass der **Auszubildende** sich, gegebenenfalls auch nur **56** hilfsweise, **bereit erklärt, zu anderen Arbeitsbedingungen beschäftigt zu werden**, als denen, die sich aus § 78a Abs. 2 BetrVG ergeben. Das muss er aber dem Arbeitgeber unverzüglich nach dessen Nichtübernahmeerklärung (gemäß § 78a Abs. 1 BetrVG), spätestens mit dem Übernahmeverlangen (gemäß § 78a Abs. 2 BetrVG) mitteilen. Eine Einverständniserklärung erst im gerichtlichen Verfahren genügt nicht.[58] Der Auszubildende darf sich nicht darauf beschränken, sein Einverständnis mit *allen* in Betracht kommenden Beschäftigungen zu erklären oder die Bereitschaftserklärung mit einem Vorbehalt verbinden. Der Auszubil-

---

55 *Fitting* BetrVG § 78a Rn. 24; APS/*Künzl*, § 78a BetrVG Rn. 76; HaKo-BetrVG/*Lorenz* § 78a Rn. 14.

56 *BAG* 17.2.2010 – 7 ABR 89/08 – DB 2010, 1355; *BAG* 16.7.2008 – 7 ABR 13/07 – NZA 2009, 202, 206; *BAG* 15.11.2006 – 7 ABR 15/06 – NZA 2007, 1381, 1386; *BAG* 6.11.1996 – 7 ABR 54/95 – AP BetrVG 1972 § 78a Nr. 26 = NZA 1997, 783.

57 Kritisch *Fitting* BetrVG § 78a Rn. 57.

58 *BAG* 17.2.2010 – 7 ABR 89/08 – DB 2010, 1355; *BAG* 15.11.2006 – 7 ABR 15/06 – NZA 2007, 1381, 1386; *BAG* 6.11.1996 – 7 ABR 54/95 – AP BetrVG 1972 § 78a Nr. 26 = NZA 1997, 783.

dende muss vielmehr – so das *BAG* – die angedachte Beschäftigungsmöglichkeit so konkret beschreiben, dass der Arbeitgeber erkennen kann, wie sich der Auszubildende seine Weiterarbeit vorstellt.[59] Hat der Auszubildende rechtzeitig erklärt, gegebenenfalls auch zu anderen Bedingungen zu arbeiten (befristet, in Teilzeit, nicht ausbildungsadäquat), muss der Arbeitgeber prüfen, ob die anderweitige Beschäftigung möglich und zumutbar ist. Unterlässt er die Prüfung oder verneint er zu Unrecht die Möglichkeit und die Zumutbarkeit, so darf das Arbeitsverhältnis, das gemäß § 78a Abs. 2 BetrVG entstanden ist, nicht gemäß § 78a Abs. 4 BetrVG aufgelöst werden.[60]

5.5 Entbindung von der Übernahme in ein Arbeitsverhältnis

57 Der Arbeitgeber kann gemäß § 78a Abs. 4 Satz 1 BetrVG spätestens bis zum Ablauf von **zwei Wochen nach Beendigung des Berufsausbildungsverhältnisses** beim **Arbeitsgericht** beantragen, festzustellen, dass ein Arbeitsverhältnis nach § 78a Abs. 2 oder 3 BetrVG nicht begründet wird, oder das bereits nach § 78a Abs. 2 oder 3 BetrVG begründete Arbeitsverhältnis aufzulösen. Dieser Antrag ist nur begründet, wenn Tatsachen vorliegen, aufgrund derer dem Arbeitgeber unter Berücksichtigung aller Umstände die **Weiterbeschäftigung nicht zugemutet werden kann.** Für die Feststellung der Unzumutbarkeit eine Weiterbeschäftigung ist abzustellen auf den **Zeitpunkt der Beendigung des Berufsausbildungsverhältnisses.**[61] In dem Beschlussverfahren vor dem Arbeitsgericht sind gemäß § 78a Abs. 4 Satz 2 BetrVG der Betriebsrat, die Bordvertretung, der Seebetriebsrat, bei Mitgliedern der Jugend- und Auszubildendenvertretung auch diese Beteiligte.

58 Unzumutbar kann die Weiterbeschäftigung vor allem aus **betriebsbedingten Gründen** sein, wenn der Arbeitgeber keinen Bedarf an der Beschäftigung eines Arbeitnehmers hat. Die Beschäftigung ist insbesondere unzumutbar, wenn im Betrieb bei der Beendigung des Berufsausbildungsverhältnisses **kein freier Arbeitsplatz** vorhanden ist, auf dem der Auszubildende mit seiner durch die Ausbildung erworbenen Qualifikation dauerhaft beschäftigt werden kann.[62] Bei der Prüfung, ob ein freier Arbeitsplatz vorhanden ist, ist nach der Rechtsprechung des *BAG* auf den **Ausbildungsbetrieb**, nicht auf das Unternehmen abzustellen.[63]

Unzumutbar ist die Weiterbeschäftigung allerdings nicht deswegen, weil sich

---

59 *BAG* 17.2.2010 – 7 ABR 89/08 – DB 2010, 1355; *BAG* 16.7.2008 – 7 ABR 13/07 – NZA 2009, 202, 206; *BAG* 15.11.2006 – 7 ABR 15/06 – NZA 2007, 1381, 1387.

60 *BAG* 17.2.2010 – 7 ABR 89/08 – DB 2010, 1355; *BAG* 16.7.2008 – 7 ABR 13/07 – NZA 2009, 202; 206; *BAG* 6.11.1996 – 7 ABR 54/95 – AP BetrVG 1972 § 78a Nr. 26 = NZA 1997, 783; kritisch *Fitting*, BetrVG § 78a Rn. 58, die einwenden, dass diese Vorgehensweise nicht hilft, wenn sich die Möglichkeit der Weiterbeschäftigung zu geänderten Bedingungen erst im Laufe des Beschlussverfahrens ergibt.

61 *BAG* 17.2.2010 – 7 ABR 89/08 – DB 2010, 1355; *BAG* 16.7.2008 – 7 ABR 13/07 – NZA 2009, 202, 205; *BAG* 15.11.2006 – 7 ABR 15/06 – NZA 2007, 1381, 1383.

62 *BAG* 17.2.2010 – 7 ABR 89/08 – DB 2010, 1355; *BAG* 15.11.2006 – 7 ABR 15/06 – NZA 2007, 1381, 1383; *BAG* 12.11.1997 – 7 ABR 73/96 – AP BetrVG 1972 § 78a Nr. 31 = NZA 1998, 1057.

63 *BAG* 15.11.2006 – 7 ABR 15/06 – NZA 2007, 1381, 1383; a.A.: *LAG Köln* 18.3.2004 – 10 TaBV 74/03 – DB 2004, 1374; DKKW/*Bachner* BetrVG § 78a Rn. 32a; *Fitting* BetrVG § 78a Rn. 54; HaKo-BetrVG/*Lorenz* § 78a Rn. 34; *Richardi/Thüsing* BetrVG § 78a Rn. 39.

der Arbeitgeber entschließt, die im Betrieb anfallenden Arbeiten künftig **Leih-arbeitnehmern** zu übertragen, weil hierdurch weder die Zahl der Arbeitsplätze noch der Beschäftigungsbedarf verändert wird.[64] Entsprechendes gilt, wenn der Arbeitgeber auf dauerhaft eingerichteten, ausbildungsadäquaten Arbeitsplätzen Leiharbeitnehmer beschäftigt. Dann kann es dem Arbeitgeber zumutbar sein, einen solchen Arbeitsplatz für den zu übernehmenden Jugend- und Ausbildungsvertreter freizumachen.[65]

Der Arbeitgeber ist, von Missbrauchsfällen abgesehen, grundsätzlich nicht ge- **59** hindert, durch eine **Änderung der Arbeitsorganisation** Arbeitsplätze wegfallen zu lassen.[66] Der Arbeitgeber ist andererseits nicht verpflichtet, durch eine Änderung seiner Arbeitsorganisation oder sonstige organisatorische Maßnahmen Arbeitsplätze neu zu schaffen, um einen durch § 78 a BetrVG geschützten Auszubildenden weiterbeschäftigen zu können.[67]

Die Weiterbeschäftigung ist zumutbar, wenn der Arbeitgeber den Beschäf- **60** tigungsbedarf für einen durch § 78 a BetrVG geschützten Auszubildenden dadurch hat entfallen lassen, dass er kurz vor dem für die Unzumutbarkeit maßgeblichen Zeitpunkt der Beendigung des Berufsausbildungsverhältnisses einen **Arbeitsplatz**, der sonst zu diesem Zeitpunkt frei gewesen wäre, ohne hinreichend dringende betriebliche Gründe **anderweitig besetzt**. Das gilt indes in der Regel nur, wenn der Arbeitgeber einen Arbeitsplatz anderweitig besetzt **innerhalb von drei Monaten vor dem Ende des Berufsausbildungsverhältnisses**, wie sich aus den in § 78 a BetrVG geregelten Fristen ergibt.[68]

Ist umgekehrt im Zeitpunkt der Beendigung des Ausbildungsverhältnisses ein **61** freier Arbeitsplatz vorhanden, kommt es nicht darauf an, ob **künftig Arbeitsplätze wegfallen**.[69]

Die Weiterbeschäftigung kann von betriebsbedingten Gründen abgesehen auch **62** aus **personen- oder verhaltensbedingten Gründen** unzumutbar sein. Diese Gründe müssen jedoch von einem solchen Gewicht sein, dass sie eine außerordentliche Kündigung rechtfertigen könnten.[70]

5.6 Vergleichbare Regelung im öffentlichen Dienst

Eine entsprechende Regelung wie in § 78 a BetrVG für die Privatwirtschaft gibt **63** es für den **öffentlichen Dienst** in § 9 BPersVG für die Beschäftigten bei den

---

64 *BAG* 16.7.2008 – 7 ABR 13/07 – NZA 2009, 202.
65 *BAG* 17.2.2010 – 7 ABR 89/08 – DB 2010, 1355.
66 *BAG* 17.2.2010 – 7 ABR 89/08 – DB 2010, 1355; *BAG* 16.7.2008 – 7 ABR 13/07 – NZA 2009, 202, 204; *BAG* 12.11.1997 – 7 ABR 73/96 – AP BetrVG 1972 § 78 a Nr. 31 = NZA 1998, 1057.
67 *BAG* 17.2.2010 – 7 ABR 89/08 – DB 2010, 1355; *BAG* 16.7.2008 – 7 ABR 13/07 – NZA 2009, 202, 204; *BAG* 6.11.1996 – 7 ABR 54/95 – AP BetrVG 1972 § 78 a Nr. 26 = NZA 1997, 783.
68 *BAG* 17.2.2010 – 7 ABR 89/08 – DB 2010, 1355; *BAG* 16.7.2008 – 7 ABR 13/07 – NZA 2009, 202, 205; *BAG* 12.11.1997 – 7 ABR 63/96 – AP BetrVG 1972 § 78 a Nr. 30 = NZA 1998, 1056.
69 *BAG* 17.2.2010 – 7 ABR 89/08 – DB 2010, 1355; *BAG* 16.7.2008 – 7 ABR 13/07 – NZA 2009, 202; 205; *BAG* 16.8.1995 – 7 ABR 52/94 – AP BetrVG 1972 § 78 a Nr. 25 = NZA 1996, 493.
70 *Fitting* BetrVG § 78 a Rn. 47 m. w. N.; **a. A.:** *Richardi/Thüsing* BetrVG § 78 a Rn. 43, die meinen, dass im Regelfall nur eine außerordentliche Kündigung in Betracht kommt.

Bundesbehörden sowie in den Personalvertretungsgesetzen der Bundesländer. § 9 BPersVG hat folgenden Wortlaut:

§ 9 BPersVG

(1) Beabsichtigt der Arbeitgeber, einen in einem Berufsausbildungsverhältnis nach dem Berufsbildungsgesetz, dem Krankenpflegegesetz oder dem Hebammengesetz stehenden Beschäftigten (Auszubildenden), der Mitglied einer Personalvertretung oder einer Jugend- und Auszubildendenvertretung ist, nach erfolgreicher Beendigung des Berufsausbildungsverhältnisses nicht in ein Arbeitsverhältnis auf unbestimmte Zeit zu übernehmen, so hat er dies drei Monate vor Beendigung des Berufsausbildungsverhältnisses dem Auszubildenden schriftlich mitzuteilen.

(2) Verlangt ein in Absatz 1 genannter Auszubildender innerhalb der letzten drei Monate vor Beendigung des Berufsausbildungsverhältnisses schriftlich vom Arbeitgeber seine Weiterbeschäftigung, so gilt zwischen dem Auszubildenden und dem Arbeitgeber im Anschluss an das erfolgreiche Berufsausbildungsverhältnis ein Arbeitsverhältnis auf unbestimmte Zeit als begründet.

(3) Die Absätze 1 und 2 gelten auch, wenn das Berufsausbildungsverhältnis vor Ablauf eines Jahres nach Beendigung der Amtszeit der Personalvertretung oder der Jugend- und Auszubildendenvertretung erfolgreich endet.

(4) Der Arbeitgeber kann spätestens bis zum Ablauf von zwei Wochen nach Beendigung des Berufsausbildungsverhältnisses beim Verwaltungsgericht beantragen,

1. festzustellen, dass ein Arbeitsverhältnis nach den Absätzen 2 oder 3 nicht begründet wird, oder

2. das bereits nach den Absätzen 2 oder 3 begründete Arbeitsverhältnis aufzulösen, wenn Tatsachen vorliegen, aufgrund derer dem Arbeitgeber unter Berücksichtigung aller Umstände die Weiterbeschäftigung nicht zugemutet werden kann. In dem Verfahren vor dem Verwaltungsgericht ist die Personalvertretung, bei einem Mitglied der Jugend- und Auszubildendenvertretung auch diese beteiligt.

(5) Die Absätze 2 bis 4 sind unabhängig davon anzuwenden, ob der Arbeitgeber seiner Mitteilungspflicht nach Absatz 1 nachgekommen ist.

64   Es gelten grundsätzlich ähnliche Maßstäbe wie bei § 78a BetrVG. Insbesondere gilt der Schutz des § 9 BPersVG auch dann, wenn der Auszubildende erst kurz vor Ende der Ausbildung zum Mitglied der Jugend- und Auszubildendenvertretung gewählt worden ist.[71]

65   Nach der Rechtsprechung des Bundesverwaltungsgerichts (BVerwG) ist die Fortsetzung des Arbeitsverhältnisses für den öffentlichen Arbeitgeber insbesondere dann unzumutbar, wenn dieser dem Mandatsträger keinen **auf Dauer angelegten Arbeitsplatz** zum Zeitpunkt der Beendigung der Berufsausbildung bereitstellen kann, der dessen Ausbildung entspricht und ihn sowohl hinsichtlich der rechtlichen Ausgestaltung des Arbeitsverhältnisses als auch hinsichtlich der Vergütung und der beruflichen Entwicklungsmöglichkeiten einem Beschäftigten gleichstellt, der vom Arbeitgeber für eine vergleichbare Tätigkeit ausgewählt und eingestellt worden ist.[72] Dabei ist die Weiterbeschäftigungspflicht des öffentlichen Arbeitgebers an das Vorhandensein einer freien Planstelle nicht notwendig gebunden; entscheidend ist vielmehr, ob ein ausbildungsadäquater, auf Dauer angelegter und gesicherter Arbeitsplatz zur Verfügung steht.

66   Die Weiterbeschäftigung eines Jugendvertreters ist unzumutbar, wenn der

---

71 *BVerwG* 22.9.2009 – 6 PB 26/09 – NZA-RR 2010, 222.
72 *BVerwG* 17.5.2000 – 6 P 9/99 – PersR 2000, 421.

Haushaltsgesetzgeber eine **Stellenbesetzungssperre** verhängt und Ausnahmen der Sache nach auf Fälle eines unabweisbaren vordringlichen Personalbedarfs beschränkt hat, ohne dass der Jugendvertreter von der Ausnahmeregelung erfasst wird.[73]

Eine Weiterbeschäftigung von Jugend- und Auszubildendenvertretern ist für den öffentlichen Arbeitgeber trotz Vorhandenseins eines ausbildungsadäquaten Arbeitsplatzes nicht zumutbar, wenn andere Bewerber um diesen Arbeitsplatz **objektiv wesentlich fähiger und geeigneter** sind als der Jugend- und Auszubildendenvertreter. Das ist der Fall, wenn der Jugend- und Auszubildendenvertreter in der maßgeblichen Abschlussprüfung um deutlich mehr als eine volle Notenstufe schlechter abgeschnitten hat als der schwächste sonstige Bewerber, den der öffentliche Arbeitgeber sonst in ein Dauerarbeitsverhältnis übernehmen würde. Die Differenz muss mindestens das 1,33-fache dieser Notenstufe betragen.[74]   **67**

Grundsätzlich kommt es darauf an, ob im **Zeitpunkt des erfolgreichen Abschlusses der Berufsausbildung** ein ausbildungsgerechter freier Dauerarbeitsplatz zu Verfügung steht. Nach diesem Zeitpunkt frei werdende Arbeitsplätze sind nicht zu berücksichtigen.[75] Der Arbeitgeber ist aber nicht gehalten, besondere Vorkehrungen zu treffen, um einem Mitglied der Jugend- und Auszubildendenvertretung auf dessen Verlangen einen geeigneten Arbeitsplatz zur Verfügung stellen zu können.[76] Die Weiterbeschäftigung eines Jugendvertreters kann auch dann zumutbar sein, wenn **innerhalb von drei Monaten vor Ende des Ausbildungsverhältnisses** ein frei werdender Arbeitsplatz besetzt wird und dringende betriebliche Erfordernisse die sofortige Besetzung nicht gebieten.[77]   **68**

Für die Frage, ob ein ausbildungsadäquater Dauerarbeitsplatz für ein Mitglied der *örtlichen* Jugend- und Auszubildendenvertretung zur Verfügung steht, kommt es nur an auf freie Arbeitsplätze in der **Ausbildungsdienststelle**, für ein Mitglied der Stufen-Jugend- und Auszubildendenvertretung kommt es an auf alle Dienststellen im Geschäftsbereich der übergeordneten Dienststelle.[78]   **69**

§ 25 Unabdingbarkeit

Eine Vereinbarung, die zuungunsten Auszubildender von den Vorschriften dieses Teils des Gesetzes abweicht, ist nichtig.

Inhaltsübersicht   Rn.

1. Überblick   1
2. Vereinbarungen zuungunsten der Auszubildenden   3
3. Rechtsfolgen und Verhältnis zum Kontrollrecht der zuständigen Stelle . .   5

---

73 *BVerwG* 30.5.2007 – 6 PB 1/07 – PersR 2007, 355; *BVerwG* 13.9.2001 – 6 P 9/01 – PersR 2001, 524 = NZA-RR 2002, 388.
74 *BVerwG* 17.5.2000 – 6 P 9/99 – PersR 2000, 421; *BVerwG* 9.9.1999 – 6 P 5/98 – BVerwGE 109, 295 = PersR 2000, 156.
75 *BVerwG* 19.1.2009 – 6 P 1/08 – PersR 2009, 205 = NZA-RR 2009, 228; *BVerwG* 29.3.2006 – 6 PB 2/06 – PersR 2006, 308 = NZA-RR 2006, 501.
76 *BVerwG* 15.10.1985 – 6 P 13/84 – BVerwGE 72, 154 = PersR 1986, 173.
77 *BVerwG* 1.11.2005 – 6 P 3/05 – BVerwGE 124, 292, 305 = NZA-RR 2006, 218.
78 *BVerwG* 19.1.2009 – 6 P 1/08 – BVerwGE 133, 42 = PersR 2009, 205 = NZA-RR 2009, 228; *BVerwG* 1.11.2005 – 6 P 3/05 – BVerwGE 124, 292, 296 = NZA-RR 2006, 218.

§ 25 Unabdingbarkeit

1. Überblick

1 § 25 BBiG sichert den **zwingenden Charakter der vertragsrechtlichen Vorschriften** des BBiG, also der §§ 10 bis 24. Die Norm gilt auch für die Ausbildung im **Handwerk**. Von den gesetzlichen Vorgaben darf nicht abgewichen werden. Geschieht dies gleichwohl, sind die abweichenden Vereinbarungen, soweit die Abweichung zuungunsten der Auszubildenden wirkt, nichtig (unwirksam). Die Vertragsfreiheit wird zugunsten Auszubildenden begrenzt. Es um den Schutz der schwächeren Vertragspartei. Die Folgen im Einzelnen sind bei den einzelnen gesetzlichen Vorschriften erläutert.

2 § 25 BBiG regelt die Unabdingbarkeit der vertragsrechtlichen Normen des BBiG. Die anderen Vorschriften des BBiG, insbesondere über die Ordnung der Berufsausbildung, die Anerkennung von Ausbildungsberufen, die Eignung von Ausbildungsstätte und Ausbildungspersonal, das Verzeichnis der Berufsausbildungsverhältnisse, das Prüfungswesen und die Organisation der Berufsbildung, sind ohnedies nicht der vertraglichen Vereinbarung zugänglich, weil es sich um zwingende Normen des öffentlichen Rechts handelt, über die die Bürger als Normunterworfene nicht disponieren können.

2. Vereinbarungen zuungunsten der Auszubildenden

3 Unwirksam sind alle Vereinbarungen, die zuungunsten Auszubildender von den §§ 10 bis 24 BBiG abweichen. Das sind nicht nur individualvertragliche Vereinbarungen, sondern auch kollektivvertragliche, also **Betriebsvereinbarungen**, **Dienstvereinbarungen** und **Tarifverträge**.[1] Unwirksam sind alle Vereinbarungen, die »zuungunsten« Auszubildender von den §§ 10 bis 24 abweichen.

4 Eine **Abweichung zugunsten Auszubildender** ist also **zulässig** (vgl. im Einzelnen die Kommentierung der Vorschriften). Für den erforderlichen »Günstigkeitsvergleich« ist abzustellen auf die jeweilige Gesetzesvorschrift, von der abgewichen wird.[2] Wird etwa eine unangemessene (zu niedrige) Ausbildungsvergütung (§ 17 BBiG) vereinbart, kann das nicht dadurch kompensiert werden, dass ein Urlaubsanspruch vereinbart wird, der oberhalb des gesetzlichen Mindesturlaubs liegt.

3. Rechtsfolgen und Verhältnis zum Kontrollrecht der zuständigen Stelle

5 Abweichende vertragliche Vereinbarungen zuungunsten Auszubildender sind kraft Gesetzes unwirksam. Zugunsten der Auszubildenden gelten die gesetzlichen Vorgaben, soweit sich aus diesen positive Ansprüche ableiten lassen. Diese Ansprüche sind aber im Einzelfall von den Auszubildenden durchzusetzen. Wird etwa eine nicht angemessene Vergütung (§ 17 BBiG) vereinbart oder faktisch nur gezahlt, steht dem Auszubildenden zwar eine höhere Vergütung kraft Gesetzes zu, er müsste sie aber im Einzelfall, wird sie nicht freiwillig gezahlt, einklagen. Ein Klagerecht etwa der zuständigen Stelle oder der Gewerkschaften oder des Betriebsrats an Stelle des Auszubildenden besteht nicht.

6 Unklar ist das Verhältnis dieser individual-rechtlichen Norm zur **Eintragung**

---

1 *Benecke/Hergenröder* BBiG § 25 Rn. 2.
2 *Benecke/Hergenröder* BBiG § 25 Rn. 5.

des Berufsausbildungsverhältnisses in das Verzeichnis der Berufsausbildungsverhältnisse. Die zuständige Stelle hat für anerkannte Ausbildungsberufe ein Verzeichnis der Berufsausbildungsverhältnisse einzurichten und zu führen, in das der Berufsausbildungsvertrag einzutragen ist (§ 34 BBiG). Die Eintragung in das Verzeichnis des Berufsausbildungsverhältnisse ist Voraussetzung für die Zulassung zur Abschlussprüfung (§ 43 Abs. 1 Nr. 3 BBiG). Die Eintragung ist abzulehnen, wenn die Eintragungsvoraussetzungen nicht vorliegen (§ 35 Abs. 2 Satz 1 BBiG). Eintragungsvoraussetzung ist unter anderem, dass der Berufsausbildungsvertrag dem BBiG entspricht (§ 35 Abs. 1 Nr. 1 BBiG).

Nach dem alten BBiG war die Rechtsprechung davon ausgegangen, dass es an **7** dieser Eintragungsvoraussetzung fehlt, wenn die nach dem Ausbildungsvertrag vorgesehene **Ausbildungsvergütung** im Sinne des § 17 Abs. 1 BBiG nicht angemessen ist. Die Prüfungsmöglichkeiten für die zuständige Stelle waren insoweit eingeschränkt, als diese nicht im Rahmen einer ihr eingeräumten Beurteilungsermächtigung befugt war, verbindliche Mindestsätze für die Ausbildungsvergütung festzusetzen und die Eintragung in das Verzeichnis von der Anerkennung der von ihr festgelegten oder zukünftig beschlossenen Mindestsätze abhängig zu machen. Die »Angemessenheit« der Vergütung war vielmehr nach der Verkehrsauffassung zu beurteilen gewesen.[3]

Nach dem (gegenüber der vorherigen Fassung in § 32 BBiG a. F. teilweise ge- **8** änderten) neuen § 35 BBiG ist allerdings davon auszugehen, dass die zuständige Stelle *nicht* befugt ist, die Angemessenheit der Ausbildungsvergütung zu prüfen, weil diese nicht als »wesentlicher Inhalt« der einzutragenden Daten gemäß § 34 Abs. 2 BBiG genannt ist. Vielmehr obliegt es den Vertragsparteien (Auszubildenden und Ausbildenden) im Rahmen ihrer privat-rechtlichen Beziehung die Höhe der Ausbildungsvergütung zu vereinbaren. Ob diese »angemessen« ist im Sinne des § 17 Abs. 1 BBiG unterliegt der (gerichtlichen) Prüfung, allerdings nur, wenn der Auszubildende einen Rechtsstreit (vor dem Arbeitsgericht) einleitet. Das bedeutet, dass die zuständige Stelle nicht die Eintragung in das Verzeichnis der Berufsausbildungsverhältnisse deshalb ablehnen kann, weil sie die Ausbildungsvergütung für unangemessen niedrig hält.

Damit wird aber nicht etwa der Schutz der Auszubildenden beeinträchtigt. **9** Zwar sind diese darauf verwiesen, individuell ihren Anspruch auf angemessene Ausbildungsvergütung gelten zu machen. Würde das Berufsausbildungsverhältnis jedoch nicht in das Verzeichnis des Berufsausbildungsverhältnisse eingetragen, wären die Rechtsfolgen viel gravierender. Faktisch könnten sie nämlich die Ausbildung in diesem Berufsausbildungsverhältnis gar nicht aufnehmen, weil sie bei Nichteintragung nicht zur Abschlussprüfung zugelassen würden. Von daher wäre eine Nichteintragung auch nicht mit dem Schutzzweck des BBiG vereinbar.

§ 26 Andere Vertragsverhältnisse

Soweit nicht ein Arbeitsverhältnis vereinbart ist, gelten für Personen, die eingestellt werden, um berufliche Fertigkeiten, Kenntnisse, Fähigkeiten oder berufliche Erfahrungen zu erwerben, ohne dass es sich um eine Berufsausbildung im

---

3 *BVerwG* 26.3.1981, 5 C 50/80, BVerwGE 62, 117 = NJW 1981, 2209 = GewArch 1981, 299;
  BVerwG 20.5.1986, 1 C 12/86, GewArch 1986, 305 = NVwZ 1987, 411 = EzB BBiG § 10
  Abs. 1 Nr. 48.

§ 26 Andere Vertragsverhältnisse

Sinne dieses Gesetzes handelt, die §§ 10 bis 23 und 25 mit der Maßgabe, dass die gesetzliche Probezeit abgekürzt, auf die Vertragsniederschrift verzichtet und bei vorzeitiger Lösung des Vertragsverhältnisses nach Ablauf der Probezeit abweichend von § 23 Abs. 1 Satz 1 Schadensersatz nicht verlangt werden kann.

Inhaltsübersicht   Rn.

1.	Überblick	1
2.	Erfasste Vertragsverhältnisse	3
2.1	Abgrenzung zum Arbeitsverhältnis und zur Berufsausbildung	5
2.2	Anlernlinge	11
2.3	Volontäre	12
2.4	Praktikanten	14
2.5	Betriebliche Einstiegsqualifizierung	16
3.	Rechtsfolge: Partielle Anwendbarkeit des BBiG	18

1. Überblick

1 § 26 BBiG enthält eine Sonderregelung für sog. andere Vertragsverhältnisse. Die Regelung gilt für Personen, die eingestellt werden, um berufliche Fertigkeiten, Kenntnisse, Fähigkeiten oder berufliche Erfahrungen zu erwerben, wobei es sich allerdings nicht um eine Berufsausbildung im Sinne des BBiG handelt. Für Berufsausbildungsverhältnisse gilt nämlich unmittelbar das BBiG. Zudem darf auch nicht ein Arbeitsverhältnis vereinbart sein. In dem Fall gelten unmittelbar die arbeitsrechtlichen Normen. Es geht also um Personen, die **weder Arbeitnehmer noch Auszubildende** im Sinne des § 1 Abs. 3, § 10 BBiG sind.[1]

2 Die Personen, die in einem anderen Vertragsverhältnis im Sinne des § 26 BBiG beschäftigt werden, sind in aller Regel **Arbeitnehmer im Sinne des § 5 BetrVG** und im Sinne des Personalvertretungsrechts.[2] Der Betriebsrat ist also auch für diese Personen zuständig und sie sind gegebenenfalls auch wahlberechtigt und wählbar. Insbesondere gilt bei Einstellung von Personen im Sinne des § 26 BBiG das Mitbestimmungsrecht des Betriebsrats gemäß § 99 BetrVG.[3]

2. Erfasste Vertragsverhältnisse

3 § 26 BBiG betrifft:
– Personen, die eingestellt werden, um berufliche Fertigkeiten, Kenntnisse, Fähigkeiten oder berufliche Erfahrungen zu erwerben,
– ohne dass es sich um eine Berufsausbildung handelt (§ 1 Abs. 3, § 10 BBiG) und
– es darf kein Arbeitsverhältnis vereinbart sein.

4 Andere Vertragsverhältnisse im Sinne des § 26 BBiG sind insbesondere die Rechtsverhältnisse von Anlernlingen, Praktikanten oder Volontären. Da diese Personen gemäß § 26 BBiG »eingestellt« werden müssen, ist in jedem Fall erforderlich, dass sie einem gewissen Mindestmaß am Betriebszweck mitwirken.[4] Es

---

1 *Benecke/Hergenröder* BBiG § 26 Rn. 1.
2 *Benecke/Hergenröder* BBiG § 26 Rn. 25.
3 *Leinemann/Taubert* BBiG § 26 Rn. 39.
4 *BAG* 17.7.2007, 9 AZR 1031/06, NZA 2008, 416.

genügt nicht, wenn Personen im Betrieb nur betreut und über Betriebsabläufe allgemein informiert werden.[5]

2.1 Abgrenzung zum Arbeitsverhältnis und zur Berufsausbildung

Ein anderes Vertragsverhältnis besteht nach dem Eingangssatzteil von § 26 BBiG **5** *nicht*, wenn die Parteien ein **Arbeitsverhältnis** vereinbart haben. § 26 BBiG gilt deshalb nur für solche Personen, die sich nicht wie in einem Arbeitsverhältnis überwiegend zur Leistung von Arbeit nach Weisung des Arbeitgebers verpflichtet haben, sondern bei denen der **Lernzweck** im Vordergrund steht. Die **Ausbildung für einen anerkannten Ausbildungsberuf** darf gemäß § 4 Abs. 2 BBiG nur nach der Ausbildungsordnung (§§ 4, 5 BBiG) durchgeführt werden. Das hat zur Folge, das für einen anerkannten Ausbildungsberuf die Ausbildung zwingend in einem **Berufsausbildungsverhältnis** stattzufinden hat, es dürfen nicht etwa andere Vertragsverhältnisse, ein »Anlernvertrag« oder ähnliches vereinbart werden.[6] Gleichwohl vereinbarte »Anlernverträge« für einen anerkannten Ausbildungsberuf sind entsprechend den Regeln über das Arbeitsverhältnis auf fehlerhafter Vertragsgrundlage (sog. faktisches Arbeitsverhältnis) wie ein Arbeitsverhältnis zu behandeln, mit den entsprechenden vergütungsrechtlichen Konsequenzen (ortsübliche Vergütung wie im Arbeitsverhältnis, § 612 Abs. 2 BGB).[7]

Neuerdings wird über die rechtliche Einordnung von sog. »**Einfühlungsver-** **6** **hältnissen**« diskutiert. Dabei soll es sich um unentgeltliche Probearbeiten handeln, teilweise ist auch von »**Schnupperverhältnissen**« die Rede. Da ein Ausbildungszweck nicht intendiert ist, stellen sich keine Abgrenzungsfragen zum Volontär und Praktikanten. Vielmehr geht es darum, ob nicht ein »verschleiertes« Arbeitsverhältnis vorliegt, weil eine unentgeltliche Arbeitsleistung gemäß § 611, § 612 BGB rechtlich nicht vorgesehen ist. Zweck des Einfühlungsverhältnisses soll das Kennenlernen des Arbeitsplatzes sein und die Klärung, ob der Betreffende in den Betrieb »passt«. Der Betreffende werde in den Betrieb aufgenommen ohne Pflichten zu übernehmen. Im Rahmen der Vertragsfreiheit soll ein Einfühlungsverhältnis zulässig sein, wenn der Betreffende keine Pflicht zur Arbeitsleistung hat, keinem Weisungsrecht des potenziellen Arbeitgebers unterliegt und maximal für die Dauer von einer Woche eingegangen wird.[8]

Arbeitnehmer ist, wer aufgrund eines privatrechtlichen Vertrags im Dienst **7** eines anderen zur Leistung weisungsgebundener, fremdbestimmter Arbeit in persönlicher Abhängigkeit verpflichtet ist. Der Arbeitnehmer erbringt seine vertraglich geschuldete Leistung im Rahmen einer von Dritten bestimmten Arbeitsorganisation. Seine Eingliederung in die Arbeitsorganisation zeigt sich insbesondere darin, dass er einem Weisungsrecht unterliegt, das Inhalt, Durchführung, Zeit, Dauer und Ort der Tätigkeit betreffen kann. Demgegenüber ist ein **Praktikant** in aller Regel vorübergehend in einem Betrieb praktisch tätig, um sich die zur Vorbereitung auf einen (meist akademischen) Beruf notwendigen praktischen Kenntnisse und Erfahrungen anzueignen. Allerdings findet in ei-

---

5 *Benecke/Hergenröder* BBiG § 26 Rn. 4.
6 *BAG* 27.7.2010 – 3 AZR 317/08 – juris.
7 *BAG* 27.7.2010 – 3 AZR 317/08 – juris.
8 Vgl. *Bertzbach*, FA 2002, 340ff.; *Löw* RdA 2007, 124ff.; weitergehend *Dollmann* ArbRB 2006, 306ff. (auch mehrere Wochen sind zulässig, zwei Monate indes »eindeutig zu lang«).

nem Praktikantenverhältnis keine systematische Berufsausbildung statt. Vielmehr wird eine darauf beruhende Tätigkeit häufig Teil einer Gesamtausbildung sein und beispielsweise für die Zulassung zu Studium oder Beruf benötigt. Demnach steht bei einem Praktikantenverhältnis ein **Ausbildungszweck** im Vordergrund. Die Vergütung ist der Höhe nach deshalb auch eher eine Aufwandsentschädigung oder Beihilfe zum Lebensunterhalt.[9]

8 Zwar stellen auch Personen, die zur Ausbildung eingestellt sind, in einem gewissen Umfang ihre Arbeitskraft nach Weisung des Arbeitgebers zur Verfügung. Wesentlicher Inhalt und Schwerpunkt ihres Vertragsverhältnisses ist jedoch die Ausbildung für eine spätere qualifiziertere Tätigkeit. Es kommt auf die Gewichtung der vertraglichen Pflichten an. Wenn in dem Vertragsverhältnis die **Arbeitsleistung im Vordergrund** steht, nicht der Ausbildungszweck, liegt – unabhängig davon, wie der Vertrag bezeichnet ist – objektiv ein Arbeitsverhältnis vor mit der Folge, dass die allgemeinen arbeitsrechtlichen Normen Anwendung finden.[10] Die Vereinbarung einer niedrigen »Praktikumsvergütung« ist in solchen Fällen unwirksam und es besteht ein Anspruch auf eine übliche Arbeitsvergütung gemäß § 612 Abs. 2 BGB.[11]

9 Für die Abgrenzung eines Arbeitsverhältnisses von einem anderen Vertragsverhältnis im Sinne des § 26 BBiG ist nicht die Bezeichnung des Vertragsverhältnisses maßgeblich, sondern der Zweck der Tätigkeit. Überwiegt der **Ausbildungszweck**, ohne dass es sich um eine Berufsausbildung im Sinne des § 1 Abs. 3 BBiG handelt, wird das Vertragsverhältnis von § 26 BBiG erfasst. Denkbar sind auch sonstige »Ausbildungsverhältnisse«, die nicht eine berufliche Erstausbildung zum Ziel haben oder nicht auf einen staatlich anerkannten Ausbildungsberuf (§ 4 BBiG) zielen, für die jedoch ein sonstiger Ausbildungszweck bestimmend ist. Diese fallen unter § 26 BBiG, so etwa die **Ausbildung zum Operationstechnischen Assistenten** nach Empfehlungen der Deutschen Krankenhaus Gesellschaft (DKG).[12]

10 Ein anderes Vertragsverhältnis im Sinne des § 26 BBiG besteht bei der betrieblichen **Berufsausbildungsvorbereitung** (vgl. § 68 Rn. 14). Für die berufliche **Fortbildung** (vgl. § 53 BBiG) und die berufliche **Umschulung** (vgl. § 58 BBiG) findet § 26 BBiG dagegen *keine* Anwendung, weil die Norm in erster Linie solche Vertragsverhältnisse erfasst, in denen *erstmals* berufliche Fertigkeiten, Kenntnisse, Fähigkeiten angeeignet werden sollen. Das ist bei der Fortbildung und Umschulung gerade nicht der Fall.[13]

2.2 Anlernlinge

11 Anlernlinge sind Personen, die in einem engeren Fachgebiet eine Spezialausbildung erhalten. In Abgrenzung zu Auszubildenden ist die Ausbildung des Anlernlings kürzer, seine persönliche Anbindung an den Ausbildenden geringer.[14] Die **Ausbildung für einen anerkannten Ausbildungsberuf** darf gemäß

---

9 *BAG* 13.3.2003, 6 AZR 564/01, Juris; *LAG Köln* 31.5.2006, 3 Sa 225/06, NZA-RR 2006, 525.
10 *BAG* 1.12.2004, 7 AZR 129/04, NZA 2005, 779.
11 *LAG Baden-Württemberg* 8.2.2008, 5 Sa 45/07, NZA 2008, 768.
12 *LAG Berlin-Brandenburg* 18.1.2007, 18 Sa 1600/06, Juris.
13 *BAG* 15.3.1991, 2 AZR 516/90, AP BBiG § 47 Nr. 2 = NZA 1992, 452 = EzB BBiG § 47 Nr. 19.
14 *Benecke/Hergenröder* BBiG § 26 Rn. 19.

§ 4 Abs. 2 BBiG nur nach der Ausbildungsordnung (§§ 4, 5 BBiG) durchgeführt werden. Das hat zur Folge, das für einen anerkannten Ausbildungsberuf die Ausbildung zwingend in einem **Berufsausbildungsverhältnis** stattzufinden hat, es dürfen nicht etwa andere Vertragsverhältnisse, ein »Anlernvertrag« oder ähnliches vereinbart werden.[15] Geht es um die **Einarbeitung** auf einen bestimmten Arbeitsplatz im Rahmen eines Arbeitsverhältnisses, liegt ein Arbeitsverhältnis vor und kein Vertragsverhältnis im Sinne des § 26 BBiG.[16]

2.3 Volontäre

Volontäre sind Personen, die sich gegenüber dem Vertragspartner (als Quasi-Ausbildenden) zur Leistung von Diensten verpflichten, während sich der Vertragspartner zur Ausbildung verpflichtet, ohne dass mit der Ausbildung eine vollständig abgeschlossene Fachausbildung in einem anerkannten Ausbildungsberuf beabsichtigt ist.[17] **12**

Volontäre können sich in einem Arbeitsverhältnis, aber auch in einem anderen Vertragsverhältnis im Sinne des § 26 befinden. Ein Volontariatsverhältnis als anderes Vertragsverhältnis gemäß § 26 liegt vor, wenn aufgrund Ausbildungsvertrag oder einschlägigen tariflichen Vorschriften ein geordneter Ausbildungsgang vorgeschrieben ist und die Dauer der Ausbildung der gesetzlichen Mindestanforderung für staatlich anerkannte Ausbildungsberufe von mindestens zwei Jahren entspricht.[18] **13**

2.4 Praktikanten

Praktikanten sind Personen, die sich, ohne eine systematische Berufsausbildung zu praktizieren, einer bestimmten betrieblichen Tätigkeit und Ausbildung im Rahmen einer anderweitigen Gesamtausbildung unterziehen.[19] Für solche Personen gilt grundsätzlich § 26 BBiG. Ist die praktische Ausbildung allerdings **Teil eines Fachhochschul- oder Hochschulstudiums**, findet § 26 BBiG *keine* Anwendung.[20] § 26 BBiG findet auch keine Anwendung auf das sog. **Betriebs- oder Schülerpraktikum**. Derartige Praktika werden nach Erlassen der Schulverwaltungen in allen Bundesländern durchgeführt. Bei diesen Betriebspraktika handelt es sich um Schulveranstaltungen, die in dem Betrieb als Unterrichtsort durchgeführt werden und die weder ein Ausbildungs- noch ein Beschäftigungsverhältnis des Schülers zu dem Betriebsinhaber begründen. Die Einzelheiten der mit der Durchführung verbundenen Pflichten und Rechtsbeziehungen ergeben sich aus dem Schulrecht und den für Betriebspraktika erlassenen Richtlinien.[21] **14**

Im Zusammenhang mit der Diskussion um die »**Generation Praktikum**« wird über eine spezielle gesetzliche Normierung von Praktikumsverhältnissen nachgedacht. Nach geltendem Recht ist vor allem die Abgrenzung zum »verschleier- **15**

---

15 *BAG* 27.7.2010 – 3 AZR 317/08 – juris.
16 *Benecke/Hergenröder* BBiG § 26 Rn. 19; *Leinemann/Taubert* BBiG § 26 Rn. 24.
17 ErfK/*Schlachter* § 26 BBiG Rn. 2.
18 BAG 1.12.2004, 7 AZR 129/04, NZA 2005, 779.
19 ErfK/*Schlachter* § 26 BBiG Rn. 3.
20 *BAG* 19.6.1974, 4 AZR 436/73, AP BAT § 3 Nr. 3 = EzA § 19 BBiG Nr. 1; *BAG* 25.3.1981, 5 AZR 353/79, AP BBiG § 19 Nr. 1 = EzB BBiG § 19 Nr. 2.
21 Vgl. *Scherer*, NZA 1986, 284 ff.

ten« Arbeitsverhältnis von Bedeutung. Ist der »Praktikant« nach der tatsächlichen Vertragshandhabung als Arbeitnehmer in das betriebliche Geschehen eingegliedert und unterliegt er faktisch wie ein Arbeitnehmer einem Weisungsrecht des Vertragspartners, ist er als Arbeitnehmer anzusehen mit der Folge, dass alle arbeitsrechtlichen Schutznormen zu seinen Gunsten anzuwenden sind.[22]

2.5 Betriebliche Einstiegsqualifizierung

16 Eine besondere Vertragsvariante im Rahmen des § 26 BBiG ist die **betriebliche Einstiegsqualifizierung**, die gemäß § 235b SGB III durch die Bundesagentur für Arbeit finanziell gefördert werden kann. Die betriebliche Einstiegsqualifizierung dient der **Vorbereitung auf einen anerkannten Ausbildungsberuf** (§ 235b Abs. 2 Nr. 2 SGB III). § 235b Abs. 2 Nr. 1 SGB III verweist hinsichtlich der vertraglichen Gestaltung ausdrücklich auf § 26 BBiG. Das bedeutet, dass zur Vorbereitung auf einen anerkannten Ausbildungsberuf zunächst die betriebliche Einstiegsqualifizierung vereinbart werden kann; dabei handelt es sich um einen Vertrag gemäß § 26 BBiG. Der Abschluss des Vertrags ist der nach dem Berufsbildungsgesetz (im Falle der Vorbereitung auf einen nach dem Altenpflegegesetz anerkannten Ausbildungsberuf der nach Landesrecht) zuständigen Stelle anzuzeigen (§ 235b Abs. 3 Satz 1 SGB III). Die vermittelten Fertigkeiten, Kenntnisse und Fähigkeiten sind vom Betrieb zu bescheinigen (§ 235b Abs. 3 Satz 2 SGB III). Die **zuständige Stelle** stellt über die erfolgreich durchgeführte betriebliche Einstiegsqualifizierung ein Zertifikat aus (§ 235b Abs. 3 Satz 3 SGB III). Erfolgt im Anschluss die betriebliche Einstiegsqualifizierung eine Ausbildung für einen anerkannten Ausbildungsberuf, ist ein Berufsausbildungsvertrag gemäß § 10, 11 BBiG zu vereinbaren. Eine Anrechnungsmöglichkeit der betrieblichen Einstiegsqualifizierung auf die reguläre Ausbildungszeit nach der Ausbildungsordnung ist gesetzlich nicht geregelt. Möglich ist deshalb nur eine Abkürzung im Einzelfall gemäß § 8 Abs. 1 BBiG.

17 § 235b SGB III (Einstiegsqualifizierung) hat folgenden Wortlaut:

(1) Arbeitgeber, die eine betriebliche Einstiegsqualifizierung durchführen, können durch Zuschüsse zur Vergütung bis zu einer Höhe von 212 Euro monatlich zuzüglich eines pauschalierten Anteils am durchschnittlichen Gesamtsozialversicherungsbeitrag des Auszubildenden gefördert werden. Die betriebliche Einstiegsqualifizierung dient der Vermittlung und Vertiefung von Grundlagen für den Erwerb beruflicher Handlungsfähigkeit. Soweit die betriebliche Einstiegsqualifizierung als Berufsausbildungsvorbereitung nach dem Berufsbildungsgesetz durchgeführt wird, gelten die §§ 68 bis 70 des Berufsbildungsgesetzes.

(2) Eine Einstiegsqualifizierung kann für die Dauer von sechs bis längstens zwölf Monaten gefördert werden, wenn

1. auf der Grundlage eines Vertrages im Sinne des § 26 des Berufsbildungsgesetzes mit dem Auszubildenden durchgeführt wird,

2. auf einen anerkannten Ausbildungsberuf im Sinne des § 4 Abs. 1 des Berufsbildungsgesetzes, § 25 Abs. 1 Satz 1 der Handwerksordnung, des Seemannsgesetzes oder des Altenpflegegesetzes vorbereitet und

3. in Vollzeit oder wegen der Erziehung eigener Kinder oder der Pflege von Familienangehörigen in Teilzeit von mindestens 20 Wochenstunden durchgeführt wird.

---

22 Vgl. *Orlowski*, RdA 2009, 38 ff.

(3) Der Abschluss des Vertrages ist der nach dem Berufsbildungsgesetz, im Falle der Vorbereitung auf einen nach dem Altenpflegegesetz anerkannten Ausbildungsberuf der nach Landesrecht zuständigen Stelle anzuzeigen. Die vermittelten Fertigkeiten, Kenntnisse und Fähigkeiten sind vom Betrieb zu bescheinigen. Die zuständige Stelle stellt über die erfolgreich durchgeführte betriebliche Einstiegsqualifizierung ein Zertifikat aus.

(4) Förderungsfähig sind

1. bei der Agentur für Arbeit gemeldete Ausbildungsbewerber mit aus individuellen Gründen eingeschränkten Vermittlungsperspektiven, die auch nach den bundesweiten Nachvermittlungsaktionen keinen Ausbildungsplatz haben,

2. Ausbildungsuchende, die noch nicht in vollem Maße über die erforderliche Ausbildungsreife verfügen, und

3. lernbeeinträchtigte und sozial benachteiligte Ausbildungsuchende.

(5) Die Förderung eines Auszubildenden, der bereits eine betriebliche Einstiegsqualifizierung bei dem Antrag stellenden Betrieb oder in einem anderen Betrieb des Unternehmens durchlaufen hat, oder in einem Betrieb des Unternehmens oder eines verbundenen Unternehmens in den letzten drei Jahren vor Beginn der Einstiegsqualifizierung versicherungspflichtig beschäftigt war, ist ausgeschlossen. Gleiches gilt, wenn die Einstiegsqualifizierung im Betrieb der Ehegatten, Lebenspartner oder Eltern durchgeführt wird.

3. Rechtsfolge: Partielle Anwendbarkeit des BBiG

Besteht ein anderes Vertragsverhältnis im Sinne des § 26 BBiG geht das Gesetz **18** von einem Schutzbedürfnis der betreffenden Personen aus. Deshalb finden die Schutznormen für die Auszubildenden, nämlich die §§ 10 bis 23 und 25 BBiG mit bestimmten Maßgaben Anwendung. Daraus folgt:

– § 10 BBiG (Vertrag) und § 11 BBiG (Vertragsniederschrift) finden Anwendung. Auf die Vertragsniederschrift kann allerdings verzichtet werden.

– § 12 BBiG (Nichtige Vereinbarungen) findet Anwendung. Vereinbarungen im Sinne des § 12 BBiG (zum Beispiel Vertragsstrafen) sind unwirksam.

– Die Regelungen über die Pflichten der »Auszubildenden« und der »Ausbildenden« finden entsprechende Anwendung (§ 13, § 14 BBiG).

– Es bestehen die Freistellungsansprüche gemäß § 15 BBiG.

– Es besteht ein Anspruch auf ein Zeugnis gemäß § 16 BBiG.

– Es besteht ein Anspruch auf eine angemessene Vergütung gemäß §§ 17, 18 BBiG und ein Anspruch auf Fortzahlung der Vergütung gemäß § 19 BBiG.

– § 20 BBiG (Probezeit) findet Anwendung, die Probezeit kann aber abgekürzt werden (eine untere Grenze schreibt das Gesetz nicht vor).

– Die Regelung über die Beendigung des Vertragsverhältnisses (§ 21 BBiG) findet an sich Anwendung, die Vorschriften greifen aber häufig bei anderen Vertragsverhältnissen im Sinne des § 26 BBiG von der Sache her nicht.

– Eine Kündigung ist nur eingeschränkt gemäß § 22 BBiG zulässig.[23]

– Bei vorzeitiger Lösung des Vertragsverhältnisses nach Ablauf der Probezeit kann abweichend von § 23 Abs. 1 Satz 1 BBiG Schadensersatz *nicht* verlangt werden.

– Die Regelung über die Weiterarbeit nach dem Ende des Vertragsverhältnisses gemäß § 24 BBiG findet ausdrücklich *keine* Anwendung.

– Die anwendbaren Vorschriften sind gemäß § 25 BBiG unabdingbar.

---

23 Vgl. *Hirdina*, NZA 2008, 916 ff.

19   Das ist insbesondere für **Praktikanten** wichtig, die entgegen landläufiger Vorstellungen also durchaus einen Anspruch auf eine angemessene Vergütung haben, wobei in der Praxis unklar ist, wie hoch eine »angemessene« Vergütung ist, weil vor allem keine Klarheit über den Vergleichsmaßstab besteht.

Abschnitt 3
Eignung von Ausbildungsstätte und Ausbildungspersonal

§ 27 Eignung der Ausbildungsstätte

(1) Auszubildende dürfen nur eingestellt und ausgebildet werden, wenn
1. die Ausbildungsstätte nach Art und Einrichtung für die Berufsausbildung geeignet ist und
2. die Zahl der Auszubildenden in einem angemessenen Verhältnis zur Zahl der Ausbildungsplätze oder zur Zahl der beschäftigten Fachkräfte steht, es sei denn, dass anderenfalls die Berufsausbildung nicht gefährdet wird.

(2) Eine Ausbildungsstätte, in der die erforderlichen beruflichen Fertigkeiten, Kenntnisse und Fähigkeiten nicht im vollen Umfang vermittelt werden können, gilt als geeignet, wenn diese durch Ausbildungsmaßnahmen außerhalb der Ausbildungsstätte vermittelt werden.

(3) Eine Ausbildungsstätte ist nach Art und Einrichtung für die Berufsausbildung in Berufen der Landwirtschaft, einschließlich der ländlichen Hauswirtschaft, nur geeignet, wenn sie von der nach Landesrecht zuständigen Behörde als Ausbildungsstätte anerkannt ist. Das Bundesministerium für Ernährung, Landwirtschaft und Verbraucherschutz kann im Einvernehmen mit dem Bundesministerium für Bildung und Forschung nach Anhörung des Hauptausschusses des Bundesinstituts für Berufsbildung durch Rechtsverordnung, die nicht der Zustimmung des Bundesrates bedarf, Mindestanforderungen für die Größe, die Einrichtung und den Bewirtschaftungszustand der Ausbildungsstätte festsetzen.

(4) Eine Ausbildungsstätte ist nach Art und Einrichtung für die Berufsausbildung in Berufen der Hauswirtschaft nur geeignet, wenn sie von der nach Landesrecht zuständigen Behörde als Ausbildungsstätte anerkannt ist. Das Bundesministerium für Wirtschaft und Technologie kann im Einvernehmen mit dem Bundesministerium für Bildung und Forschung nach Anhörung des Hauptausschusses des Bundesinstituts für Berufsbildung durch Rechtsverordnung, die nicht der Zustimmung des Bundesrates bedarf, Mindestanforderungen für die Größe, die Einrichtung und den Bewirtschaftungszustand der Ausbildungsstätte festsetzen.

Inhaltsübersicht   Rn.

1.	Allgemeines	1
2.	Ausbildungsstätte – Begriff	2
2.1	Art der Ausbildungsstätte	3
2.2	Einrichtung der Ausbildungsstätte	4
3.	Verhältnis von Auszubildenden zu Ausbildungsplätzen oder Fachkräften	5
3.1	Ausbildungsplätze – Begriff	6
3.2	Fachkräfte – Begriff	7
3.3	Angemessenes Verhältnis	8

3.4	Abweichende Grundsätze	8 a
3.5	Bedeutung von »oder«	9
3.6	Möglichkeit der Abweichung	10
4.	Ausbildungsmaßnahmen außerhalb der Ausbildungsstätte	11
5.	Überwachung durch zuständige Stelle	12
6.	Rechtsfolgen für Auszubildende	13
7.	Rechte der Betriebs-/Personalräte/Jugendvertretungen	14
8.	Empfehlung des BIBB v. 28./29.3.1972	15
9.	Parallelvorschrift für das Handwerk	16
10.	Sondervorschriften	
10.1	Landwirtschaft	17
10.2	Hauswirtschaft	18
10.3	Anerkennung	19

1. Allgemeines

Die Eignung einer Ausbildungsstätte ist eine **Grundvoraussetzung für die Ein-** **1** **stellung von Auszubildenden**. Neben der persönlichen und fachlichen Eignung der an der Berufsausbildung beteiligten Personen[1] wird der Eignung der Ausbildungsstätte eine besondere Bedeutung zugemessen, da die hohen Anforderungen, die das Gesetz an die Berufsausbildung stellt, sich nur verwirklichen lassen, wenn die Ausbildungsstätten hierfür geeignet sind.

2. Ausbildungsstätte – Begriff

Der Begriff der Ausbildungsstätte meint sowohl den Ort, als auch den Träger **2** der Ausbildung, er ist weit auszulegen.[2] Bei der Prüfung der Ausbildungsstätte ist zu beachten, ob die Bestimmungen des JArbSchG und der ArbStättVO eingehalten sind. Die Ausbildungsstätte muss daneben den Unfallverhütungsvorschriften der Berufsgenossenschaft sowie der allgemeinen Anforderung des § 28 Abs. 1 JArbSchG entsprechen. Aus dem Ausbildungsberufsbild und dem Ausbildungsrahmenplan lässt sich unmittelbar entnehmen, unter welchen Voraussetzungen eine Ausbildungsstätte nach Art und Einrichtung geeignet ist.[3]

2.1 Art der Ausbildungsstätte

Unter der geforderten **Art der Ausbildungsstätte** i.S.d. Abs. 1 Nr. 1 der Vor- **3** schrift, nach welcher die Eignung für die Berufsausbildung bestehen muss, ist grundsätzlich das gesamte betriebliche Geschehen bei der Berufsausbildung zu verstehen. Das bedeutet, dass die Ausbildungsstätte alle diejenigen Tätigkeiten aufweisen muss, die dem Auszubildenden nach Maßgabe des Ausbildungsberufes vermittelt werden müssen.[4] Die Beschäftigung von jugendlichen Auszubildenden darf daneben nicht durch ein Verbot z.B. i.S.d. § 27 Abs. 2 JArbSchG beeinträchtigt sein. Zur Eignung der Ausbildungsstätte nach Abs. 1 Nr. 1 gehört auch, dass der Ausbilder in ausreichendem Maße zeitlich zur Verfügung steht. Nicht ausreichend ist, dass der Ausbilder lediglich zehn Wochenstunden zur

---

1 Vgl. §§ 28 bis 30 BBiG.
2 *Benecke/Hergenröder* BBiG § 27 Rn. 8.
3 *VG Arnsberg* 20.5.1976, EzB § 22 BBiG Nr. 2.
4 *Natzel*, S. 409.

Verfügung steht. Dies gilt selbst dann, wenn andere Personen bei Abwesenheit des Ausbilders die praktische Anleitung übernehmen können.[5] In einer solchen Situation müssen für die Eignung der Ausbildungsstätte Maßnahmen nach Abs. 2 geplant werden.

2.2 Einrichtung der Ausbildungsstätte

4   Auch nach der **Einrichtung** muss die Ausbildungsstätte zur Berufsausbildung geeignet sein. Es müssen diejenigen Räume, Maschinen, Vorrichtungen und Geräte vorhanden sein, die eine geordnete Ausbildung nach Maßgabe des Ausbildungsberufs und Ausbildungsrahmenplans zulassen.[6] Unter Einrichtung ist auch die Größe und Organisation des Betriebs einschließlich des Betriebsablaufs zu verstehen. Darüber hinaus müssen Geschäftsumfang und Geschäftsablauf, Produktionsprozesse und die Fertigungsstruktur den Ausbildungserfordernissen entsprechen.[7] Die Ausbildungsstätte muss also ihrer **Gesamtstruktur** nach das Erreichen des Ausbildungszieles gewährleisten.[8]

3. Verhältnis von Auszubildenden zu Ausbildungsplätzen oder Fachkräften

5   Nach Abs. 1 Nr. 2 der Vorschrift muss zwischen der Zahl der Auszubildenden und der Zahl der Ausbildungsplätze oder der Zahl der beschäftigten Fachkräfte ein angemessenes Verhältnis bestehen.

3.1 Ausbildungsplätze – Begriff

6   Als Ausbildungsplatz ist der Ort innerhalb einer Ausbildungsstätte anzusehen, an dem die Auszubildenden kraft Ausstattung und personeller Besetzung in einem bestimmten Ausbildungsberuf ausgebildet werden kann[9]. **Ausbildungsplätze** können dabei sein:
Ausschließlich der Berufsausbildung dienende Einrichtungen wie
– Ausbildungswerkstätten,
– Ausbildungsecken,
– besondere Ausbildungsräume im Rahmen der kaufmännischen Berufsausbildung,
– Plätze in Übungsfirmen.
Des Weiteren alle Arbeitsplätze, an denen die Ausbildenden praxisnah und wirkungsvoll ausbilden können.[10]

---

5 *VG Gelsenkirchen* 27.20.2008 7 L 1181/08, juris.
6 Zur Maßgeblichkeit des Ausbildungsberufsbilds und des Ausbildungsrahmenplans vgl. auch *VG Arnsberg* 20.5.1976, EzB § 22 BBiG a.F. Nr. 2; *VG Oldenburg* v. 18.7.89, EzB § 22 BBiG a.F. Nr. 13.
7 *Malottke* JAV Rn. 267.
8 *Benecke/Hergenröder* BBiG § 27 Rn. 11.
9 Vgl. auch *Leinemann/Taubert* BBiG § 27 Rn. 9; *Braun/Mühlhausen* § 22 BBiG a.F. Rn. 10.
10 *Braun/Mühlhausen* § 22 BBiG a.F. Rn. 10.

3.2 Fachkräfte – Begriff

Fachkräfte sind nicht nur diejenigen ArbeitnehmerInnen, die in dem Ausbil- **7**
dungsberuf bereits eine Abschlussprüfung abgelegt haben, sondern auch solche,
die ohne einen entsprechenden Abschluss eine Tätigkeit ausüben, die derjenigen
ausgebildeter ArbeitnehmerInnen entspricht.[11]

3.3 Angemessenes Verhältnis

Die Zahl der Auszubildenden muss in einem **angemessenen Verhältnis** zur **8**
Zahl der Ausbildungsplätze oder zur Zahl der beschäftigten Fachkräfte stehen.
Dies bedeutet, dass die Zahl der Ausbildungsplätze ausreichend sein muss. Die
Auffassung, man könne in Ausbildungsberufen, die sich neu entwickeln, eine
höhere Zahl von Auszubildenden zulassen, um den Bedarf an Fachkräften zu
decken,[12] ist nicht unbedenklich und widerspricht der Zielsetzung des Gesetzes.
Das Gesetz enthält keine genauere Bestimmung dessen, was unter einem »angemessenen Verhältnis« zu verstehen ist. Es handelt sich um einen unbestimmten Rechtsbegriff, bei dessen Auslegung der zuständigen Stelle ein Beurteilungsspielraum zusteht,[13] der durch die Verwaltungsgerichte nur eingeschränkt
überprüfbar ist. Der frühere Bundesausschuss für Berufsbildung hat Empfehlungen darüber herausgegeben, was unter einem **angemessenen Verhältnis** der
Zahl der Fachkräfte zu der der Auszubildenden zu verstehen ist.[14] In Ziff. 2.5
dieser Empfehlungen wird folgende Relation als angemessen angesehen:
1–2 Fachkräfte zu 1 Auszubildenden,
3–5 Fachkräfte zu 2 Auszubildenden,
6–8 Fachkräfte zu 3 Auszubildenden,
je weitere 3 Fachkräfte zu einem weiteren Auszubildenden.

3.4 Abweichende Grundsätze

Die Rechtsprechung hat ihrerseits in mehreren Entscheidungen hierzu teilweise **8 a**
voneinander abweichende Grundsätze festgelegt:
1. Ein angemessenes Verhältnis der Zahl der Auszubildenden zur Zahl der
   Fachkräfte besteht im Regelfall dann nicht mehr, wenn nicht mehr als zwei
   Fachkräfte auf einen Auszubildenden kommen.[15]
2. Die Berufsausbildung ist gefährdet, wenn der Ausbildende ohne Beschäftigung zusätzlicher Fachkräfte mehr als einen Auszubildenden gleichzeitig
   ausbildet.[16]
3. Eine Zahnarztpraxis, in der neben zwei Zahnärzten zwei Zahnarzthelferin-
   nen tätig sind, ist in der Regel als Ausbildungsstätte jedenfalls für mehr als
   vier Auszubildende nicht geeignet.[17]

---

11 *Natzel*, S. 410.
12 BT-Drucks. V / 4260, S. 13.
13 *Leinemann/Taubert* BBiG § 27 Rn. 17.
14 Vgl. unten Rn. 14 a.
15 *LAG Berlin* 26.10.78, EzB § 22 BBiG a. F. Nr. 4.
16 *VG Freiburg* 26.8.76, EzB § 22 BBiG a. F. Nr. 5.
17 *OVG Münster* 3.3.82, EzB § 22 BBiG a. F. Nr. 6.

4. Die Zahl der Auszubildenden soll in der Regel niedriger sein als die Zahl der beschäftigten Fachkräfte, zumindest nicht höher.[18]

3.5 Bedeutung von »oder«

9 Von einem angemessenen Verhältnis der Zahl der Auszubildenden zur Zahl der Ausbildungsplätze oder zur Zahl der beschäftigten Fachkräfte i. S. d. Abs. 1 Nr. 2 ist aufgrund des im Gesetz verwendeten Wortes »oder« bereits dann auszugehen, wenn es in Bezug auf eines der beiden dort genannten Kriterien besteht.[19]

3.6 Möglichkeit der Abweichung

10 Von dem angemessenen Verhältnis kann nach Abs. 1 Nr. 2 abgewichen werden, wenn die **Berufsausbildung nicht gefährdet** wird. Die Entscheidung darüber ist im Einzelfall eine Tat- und Rechtsfrage, da es sich hier um einen unbestimmten Rechtsbegriff handelt.[20] Die Bestimmung ist aber sehr **eng auszulegen**, da jede Gefährdung der Berufsausbildung von vornherein vermieden werden muss.

4. Ausbildungsmaßnahmen außerhalb der Ausbildungsstätte

11 Können in einer Ausbildungsstätte Kenntnis, Fähigkeiten oder Fertigkeiten nicht in vollem Umfang vermittelt werden, kann dieser Mangel gem. Abs. 2 durch **Ausbildungsmaßnahmen außerhalb der Ausbildungsstätte** behoben wird. Geschieht dies, wird die Eignung fingiert. Hierbei ist in erster Linie an Maßnahmen in außerbetrieblichen Ausbildungsstätten gedacht.[21] Aber auch Maßnahmen in Filialbetrieben, anderen Betrieben, kooperierenden Unternehmen und im Rahmen eines Ausbildungsverbundes[22] können ggf. die Geeignetheit wieder herstellen. Wird die Ausbildung jedoch in mehreren Ausbildungsstätten durchgeführt, so muss jede dieser Ausbildungsstätten für den jeweiligen Ausbildungsabschnitt den Kriterien der §§ 27 bis 30 BBiG entsprechen.[23] Keine geeignete außerbetriebliche Ausbildungsstätte ist die Berufsschule.[24] Die Berufsschule hat im dualen System der Berufsausbildung eigene Vermittlungsaufgaben und ist weder zuständig noch geeignet, die berufspraktische Ausbildung des Ausbildungsrahmenplans zu vermitteln. Der außerbetriebliche Teil der Berufsausbildung darf aber stets nur eine Ergänzung bleiben.[25] Die Vorschrift setzt nämlich voraus, dass die Ausbildungsstätte **überwiegend** für die Berufsausbildung geeignet ist.[26]

---

18 *VG Kassel* 16.2.84, EzB § 22 BBiG a. F. Nr. 11.
19 *Götz* Rn. 486; *VG Kassel* 16.2.84, EzB § 22 BBiG a. F. Nr. 11.
20 *Herkert* § 27 BBiG Rn. 16.
21 Vgl. auch oben § 15 Rn. 15.
22 Vgl. zu den einzelnen Möglichkeiten *Bergmann*, GewB 1989, 78 und *Heidemann*, GewB 1989, 76.
23 *Braun/Mühlhausen* § 22 BBiG a. F. Rn. 27.
24 *LAG München* 17.1.1990, EzB § 12 Abs. 1 Satz 1 Nr. 1 BBiG a. F. Nr. 1.
25 *Braun/Mühlhausen* § 22 BBiG a. F. Rn. 28.
26 So richtig *Götz* Rn. 488.

5. Überwachung durch zuständige Stelle

Die zuständige Stelle hat darüber **zu wachen**, dass die Eignung der Ausbildungsstätte während der gesamten Dauer des Ausbildungsverhältnisses vorliegt.[27] Die zuständige Stelle hat nach § 32 Abs. 2 die nach Landesrecht zuständige Behörde einzuschalten. Diese kann das Ausbilden untersagen, wenn die Ausbildungsstätte nicht geeignet ist.[28] Gegen die Entscheidung der Behörde kann nach Durchführung des Widerspruchsverfahrens Verpflichtungsklage beim Verwaltungsgericht erhoben werden. Auch ein Antrag nach § 123 VwGO ist möglich. Für eine fehlerhafte Beratung zur Eignung der Ausbildungsstätte haftet die zuständige Stelle aus Amtspflichtverletzung.[29] Die Eignungsfeststellung sollte in regelmäßigen Abständen wiederholt werden.[30] Die außerbetriebliche Ausbildung muss bereits bei Abschluss des Ausbildungsvertrags in diesen aufgenommen werden, § 11 Abs. 1 Satz 2 Nr. 3 BBiG.

12

6. Rechtsfolgen für Auszubildende

Ein Verstoß gegen Abs. 1 gibt den Auszubildenden einen Grund zur **fristlosen Kündigung**,[31] lässt aber die Wirksamkeit des Berufsausbildungsvertrags unberührt.[32]

13

Ausbildende **ArbeitgeberInnen**, die schuldhaft entgegen Abs. 1 Nr. 2 Ausbildungsverträge abschließen, **haften** gegenüber den Auszubildenden **für den Schaden**, den diese dadurch erleiden, dass sie im Hinblick auf den Abschluss dieses – später abgebrochenen – Ausbildungsvertrags einen anderen Ausbildungsvertrag mit einem/einer geeigneten Ausbildenden erst zu einem späten Zeitpunkt nach Abbruch der Ausbildung abgeschlossen hat. Mussten sich den Ausbildenden im Hinblick auf das Verhältnis von Fachkräften zu Auszubildenden Zweifel an dem Vorliegen der Voraussetzungen des Abs. 1 Nr. 2 aufdrängen, so liegt ihr Verschulden (auch) darin, dass sie die Auszubildenden vor Abschluss des Ausbildungsvertrages nicht auf das Risiko einer unzulänglichen Ausbildung hinweisen.[33]

7. Rechte der Betriebs-/Personalräte/Jugendvertretungen

Betriebs- und Personalräte haben im Zusammenhang mit der Sicherung der Ausbildungsqualität und dem Arbeitsschutz der Auszubildenden besondere Rechte und Pflichten,[34] die im Rahmen dieser Vorschrift zu beachten sind. Liegt die Eignung nicht vor, besteht für Betriebs- und Personalräte ein Zustimmungs-

14

---

27 Vgl. *Nehls* S. 49.
28 S. § 33 Rn. 2 ff.
29 *OLG Zweib*rücken 28.05. 2009 6U 1/08, juris; vorgehend *LG Frankenthal* 06.12. 2007, 3 O 377/07.
30 Vgl. unten die Erläuterungen zu § 32 BBiG.
31 Siehe schon oben § 15 Rn. 13.
32 § 10 Abs. 4 BBiG.
33 *LAG Berlin* 26.10.78, EzB § 22 BBiG a.F. Nr. 4; zu weiteren Rechtsfolgen von Eignungsmängeln näher *Götz* Rn. 490.
34 § 80 Abs. 1 Nr. 1, §§ 87 Abs. 1 Nr. 7, 88 Nr. 1, 89 ff., 98 BetrVG, § 68 Abs. 1 Nr. 2, § 75 Abs. 3 Nr. 6, 11 BPersVG.

verweigerungsrecht bei der Einstellung der Auszubildenden gem. § 99 Abs. 2 Nr. 1 BetrVG, §§ 75 Abs. 1 Satz 1 Nr. 1 i. V. m. 77 Abs. 2 Nr. 1BPersVG. Die **Jugend- und Auszubildendenvertretung** hat daneben im Rahmen der gesetzlichen Vorschriften die besonderen Belange der jugendlichen Auszubildenden und derjenigen Auszubildenden, die das 25. Lebensjahr noch nicht vollendet haben, wahrzunehmen.[35] Zur Zusammenarbeit zwischen Betriebs-/ Personalrat und der Aufsichtsbehörde sowie den technischen Aufsichtsbeamten der BG vgl. § 89 BetrVG, § 81 BPersVG.

8. Empfehlung des BIBB v. 28./29. 3. 1972

15 Die in der Vorschrift niedergelegten Anforderungen an die Eignung der Ausbildungsstätte werden in einer Empfehlung des Bundesausschusses für Berufsbildung vom 28./29. 3. 1972[36] näher erläutert und konkretisiert:

> Geeignete Ausbildungsstätten sind eine wesentliche Voraussetzung für eine qualifizierte, den gesetzlichen Bestimmungen entsprechende Berufsausbildung. Berufsbildungsgesetz und Handwerksordnung verpflichten die zuständige Stelle, die Eignung der Ausbildungsstätten festzustellen und zu überwachen. Mit der Eintragung in das Verzeichnis der Berufsausbildungsverhältnisse bestätigen sie die Eignung der Ausbildungsstätte für die beantragte Ausbildung.
>
> In Erfüllung seiner Aufgabe gemäß § 51 Abs. 2 Nr. 2 BBiG, Grundsätze für die Eignung und Überwachung der Ausbildungsstätten aufzustellen, legt der Bundesausschuss für Berufsbildung hiermit Kriterien für die Eignung der Ausbildungsstätten vor. Sie sollen den zuständigen Stellen als Grundlage für die Eignungsbeurteilung dienen und eine sorgfältige Auswahl sowie einheitliche Entscheidungen fördern.
>
> Der Bundesausschuss für Berufsbildung geht davon aus, dass die Feststellung und Überwachung der Eignung von Ausbildungsstätten eine den zuständigen Stellen unmittelbar obliegende Aufgabe ist, die sie nicht übertragen können. Er hält insbesondere bei Ausbildungsstätten, in denen erstmalig oder nach längerer Unterbrechung ausgebildet werden soll, und bei Ausbildungsstätten, in denen der beantragte Beruf noch nicht ausgebildet wurde, eine vorherige Eignungsfeststellung in der Ausbildungsstätte und durch andere geeignete Mittel für erforderlich.
>
> Die Eignungsfeststellung sollte in der Regel während der Dauer eines Berufsausbildungsverhältnisses mindestens einmal wiederholt werden. Sie kann sich auf Feststellungen, die auf andere Weise gewonnen wurden, z. B. Prüfungsergebnisse, Ausbildungsberatung, stützen.
>
> **1. Die gesetzlichen Bestimmungen**
>
> **1.1 Eignung der Ausbildungsstätte**
> Eine Ausbildungsstätte muss nach Art und Einrichtung für die Berufsausbildung geeignet sein.[37]
> Können die in der Ausbildungsordnung genannten erforderlichen Kenntnisse und Fertigkeiten nicht in vollem Umfang in der Ausbildungsstätte vermittelt werden, gilt sie als geeignet, wenn dieser Mangel durch Ausbildungsmaßnahmen außerhalb der Ausbildungsstätte behoben wird.[38] Diese Maßnahmen müssen im Berufsausbildungsvertrag ausdrücklich vereinbart sein.[39]

---

35 §§ 60 ff. BetrVG, §§ 57 ff. BPersVG.
36 Beschluss Nr. 13, http://www.bibb.de/de/32327.htm.
37 Vgl. § 22 Abs. 1 Nr. 1 BBiG, § 23 Abs. 1 Nr. 1 HwO.
38 Vgl. § 22 Abs. 2 BBiG, § 23 Abs. 2 HwO.
39 Vgl. § 4 BBiG.

Eignungsvoraussetzung ist außerdem, dass die Zahl der Auszubildenden in einem angemessenen Verhältnis zur Zahl der Ausbildungsplätze oder zur Zahl der beschäftigten Fachkräfte steht. Eine Abweichung von dieser Bestimmung ist zulässig, wenn dadurch die Berufsausbildung nicht gefährdet wird.[40]

1.2 Eignungsfeststellung – Überwachung

Der Ausbildende hat der zuständigen Stelle ohne Aufforderung jede Änderung der Eignung der Ausbildungsstätte mitzuteilen, die dazu führen kann, dass das Erreichen des Ausbildungszieles oder die Durchführung des Ausbildungsganges beeinträchtigt wird. Werden bei der Überwachung Mängel der Eignung festgestellt, so hat die zuständige Stelle, falls der Mangel zu beheben und eine Gefährdung des Auszubildenden nicht zu erwarten ist, den Ausbildenden aufzufordern, innerhalb einer von ihr gesetzten Frist den Mangel zu beseitigen. Ist der Mangel der Eignung nicht zu beheben oder ist eine Gefährdung des Auszubildenden zu erwarten oder wird der Mangel nicht innerhalb der gesetzten Frist beseitigt, so hat die zuständige Stelle dies der nach Landesrecht zuständigen Behörde mitzuteilen.[41]

1.3 Löschen

Werden die bei der Überwachung festgestellten oder vom Ausbildenden mitgeteilten Mängel nicht innerhalb einer gesetzten Frist beseitigt oder ist eine Gefährdung des Auszubildenden zu erwarten, so ist die Eintragung zu löschen.[42]
Um Nachteile für den Auszubildenden zu vermeiden, sollte in diesen Fällen die zuständige Stelle in Zusammenarbeit mit der Berufsberatung darum bemüht sein, dass die begonnene Berufsausbildung in einer geeigneten Ausbildungsstätte fortgesetzt werden kann. Die Verantwortung des bisherigen Ausbildenden bleibt davon unberührt.

2. Allgemeine Kriterien für die Eignung der Ausbildungsstätte

2.1
Für jeden Ausbildungsberuf, für den die Eintragung eines Ausbildungsverhältnisses beantragt wird, müssen der Ausbildungsstätte die einschlägigen gültigen Ausbildungsordnungen bzw. nach § 108 Abs. 1 BBiG anzuwendenden Berufsbilder, Berufsbildungspläne und Prüfungsanforderungen oder nach § 122 Abs. 4 und 5 HwO anzuwendenden Berufsbilder und fachlichen Vorschriften vorliegen.

2.2
In der Ausbildungsstätte ist eine Übersicht zu führen, aus der erkennbar ist, dass die Ausbildung systematisch durchgeführt wird. Diese Übersicht sollte je nach der Struktur der Ausbildungsstätte und des Ausbildungsberufes Angaben enthalten über die Ausbildungsplätze, ihre Ausstattung, die Ausbildungsabschnitte, die zu vermittelnden Ausbildungsinhalte und zugeordneten Ausbildungszeiten, gegebenenfalls über die Unterrichtsplätze und Unterrichtsmaßnahmen.

2.3
Art und Umfang der Produktion, des Sortiments und der Dienstleistungen sowie die Produktions- bzw. Arbeitsverfahren müssen gewährleisten, dass die Kenntnisse und Fertigkeiten entsprechend der Ausbildungsordnung vermittelt werden können.

2.4
Die Ausbildungsstätte muss über eine ausreichende Einrichtung und Ausstattung verfügen, insbesondere müssen die für die Vermittlung der in der Ausbildungsordnung vorgesehenen Kenntnisse und Fertigkeiten erforderlichen Einrichtungen vorhanden

---

40 Vgl. § 22 Abs. 1 Nr. 2 BBiG, § 23 Abs. 2 Nr. 3 HwO.
41 Vgl. § 23 Abs. 2 BBiG, § 23a Abs. 2 HwO.
42 Vgl. § 32 Abs. 2 BBiG, § 29 Abs. 2 HwO.

sein. Dazu gehören insbesondere die Grundausstattungen an Werkzeugen, Maschinen, Apparaten und Geräten, Pflege- und Wartungseinrichtungen, bürotechnische Einrichtungen, Büroorganisationsmittel und Bürohilfsmittel, sowie andere notwendige Ausbildungsmittel wie Lehrgänge, Programme, Übungsstücke.

Für die berufliche Grundbildung müssen in der Regel Ausbildungsplätze oder Ausbildungseinrichtungen zur Verfügung stehen, an denen die Auszubildenden unabhängig von den normalen Bedingungen des Arbeitsablaufs in der Ausbildungsstätte ausgebildet werden können. Als Ausbildungseinrichtungen sind insbesondere Ausbildungswerkstätten oder -ecken, Ausbildungslabors, betriebs- oder bürotechnische Unterweisungs- und Übungsräume anzusehen.

Für die berufliche Fachbildung müssen in der Regel ausgewählte Ausbildungsplätze für die Auszubildenden vorhanden sein. Dabei muss gesichert werden, dass die dazu geeigneten Maschinen, Geräte, Apparate und Materialien die notwendige Zeit für die berufliche Fachbildung zur Verfügung stehen.

2.5
Als angemessenes Verhältnis der Zahl der Auszubildenden zur Zahl der Fachkräfte im Sinne der §§ 22 Abs. 1 Nr. 2 BBiG, § 23 Abs. 1 Nr. 2 HwO gilt in der Regel:
- Eine bis zwei Fachkräfte: 1 Auszubildender
- Drei bis fünf Fachkräfte: 2 Auszubildende
- Sechs bis acht Fachkräfte: 3 Auszubildende
- Je weitere drei Fachkräfte: 1 weiterer Auszubildender

Als Fachkraft gelten der Ausbildende, der bestellte Ausbilder oder wer eine Ausbildung in einer dem Ausbildungsberuf entsprechenden Fachrichtung abgeschlossen hat oder mindestens das Zweifache der Zeit, die als Ausbildungszeit vorgeschrieben ist, in dem Beruf tätig gewesen ist, in dem ausgebildet werden soll.

Diese Kriterien beziehen sich nicht auf einzelne Ausbildungsmaßnahmen, sondern auf den gesamten Ausbildungsgang. Die Relation von Ausbildern und Fachkräften zu Auszubildenden kann überschritten bzw. unterschritten werden, wenn dadurch die Ausbildung nicht gefährdet wird.

2.6
Ausbildende und Ausbilder, die neben der Aufgabe des Ausbildens noch weitere betriebliche Funktionen ausüben, sollen durchschnittlich nicht mehr als drei Auszubildende selbst ausbilden. Es muss sichergestellt sein, dass ein angemessener Teil der Arbeitszeit für die Tätigkeit als Ausbilder zur Verfügung steht.

Bei gefahrenanfälligen Tätigkeiten, z. B. an Werkzeugmaschinen, ist die Zahl der Auszubildenden entsprechend geringer anzusetzen. Die Art des Ausbildungsberufs oder die Gestaltung der Ausbildung können eine höhere Zahl der Auszubildenden rechtfertigen. Eine Abweichung von dem angegebenen Zahlenverhältnis ist insbesondere dann zulässig, wenn und soweit besondere betriebliche oder überbetriebliche Maßnahmen zur Förderung der Ausbildung durchgeführt werden.

Ausbilder, denen ausschließlich Ausbildungsaufgaben übertragen sind, sollen nicht mehr als 16 Auszubildende in einer Gruppe unmittelbar selbst ausbilden. Bei gefahrenanfälligen Tätigkeiten, z. B. an Werkzeugmaschinen, ist diese Zahl entsprechend geringer anzusetzen. Die Art des Ausbildungsberufs oder die Gestaltung der Ausbildung können eine höhere Zahl der Auszubildenden rechtfertigen. Eine Abweichung von dem angegebenen Zahlenverhältnis ist insbesondere dann zulässig, wenn und soweit besondere betriebliche oder überbetriebliche Maßnahmen zur Förderung der Ausbildung durchgeführt werden.

2.7
Voraussetzung für die Eignung der Ausbildungsstätte ist, dass der Auszubildende gegen die Gefährdung von Leben, Gesundheit und sittlicher Haltung ausreichend geschützt ist.

2.8

Auszubildende dürfen nicht eingestellt werden, wenn über die Ausbildungsstätte ein Konkurs- oder Vergleichsverfahren eröffnet worden ist oder wenn eine Gewerbeuntersagung rechtskräftig ausgesprochen oder für vorläufig vollziehbar erklärt worden ist.

2.9

Wird die Ausbildung in mehreren Ausbildungsstätten durchgeführt, so muss jede dieser Ausbildungsstätten für den jeweiligen Ausbildungsabschnitt den vorstehenden Kriterien entsprechen. Kann eine Ausbildungsstätte die Anforderungen der jeweiligen Ausbildungsordnung nicht in vollem Umfang erfüllen, so muss eine notwendige Ausbildungsmaßnahme außerhalb der Ausbildungsstätte, z.B. in einer geeigneten anderen Ausbildungsstätte oder überbetrieblichen Einrichtung vorgesehen werden.

9. Parallelvorschrift für das Handwerk

Für das **Handwerk** gilt die Parallelvorschrift des § 21 HwO.　　　**16**

10. Sondervorschriften

10.1 Landwirtschaft

Abs. 3 entspricht weitgehend § 82 BBiG a. F. Im Bereich der Landwirtschaft muss **17**
eine **Ausbildungsstätte** anerkannt werden. Ihre Geeignetheit allein ist nicht ausreichend. Erforderlich ist ein Verwaltungsakt, mit dem die zuständige Behörde die Geeignetheit anerkennt. Zuständig für die Anerkennung ist die nach Landesrecht bestimmte zuständige Behörde. Dieser obliegt dadurch auch eine Überwachungspflicht. Eine Anerkennung kann nur erfolgen, wenn die Ausbildungsstätte tatsächlich nach Art und Einrichtung im Sinne des Abs. 1 geeignet ist.[43]
Nach Abs. 3 Satz 2 kann das Bundesministerium für Verbraucherschutz, Ernährung und Landwirtschaft durch RechtsVO **Mindestanforderungen für die Ausbildungsstätte** festlegen. Dies hat im Einvernehmen mit dem Bundesministerium für Bildung und Forschung zu geschehen. Der Hauptausschuss des BiBB ist vor Erlass der RechtsVO anzuhören, Abs. 3 Satz 2. Eine diesbezügliche RechtsVO bedarf nach Abs. 3 Satz 2 nicht der Zustimmung des Bundesrats. Durch RechtsVO nach Abs. 3 Satz 2 sind **Mindestanforderungen** für die Größe, die Einrichtungen und den Bewirtschaftungszustand der Ausbildungsstätte für eine Reihe von landwirtschaftlichen Betrieben erlassen worden, um eine bundeseinheitliche Handhabung sicherzustellen.[44] Die RechtsVO bleiben auch nach dem BerBiRefG in Kraft.

10.2 Hauswirtschaft

Abs. 4 entspricht weitgehend § 96 BBiG. Auch für die Berufsbildung in der **18**
Hauswirtschaft ist eine ausdrückliche Anerkennung der **Ausbildungsstätte** als geeignet erforderlich. Die zuständige Behörde muss die Ausbildungsstätte i.S.d. Abs. 1 Nr. 1 BBiG nach Art und Einrichtung als geeignet angesehen werden und einen entsprechenden Verwaltungsakt erlassen. Da die Anerkennung nur dann erfolgen kann, wenn die Ausbildungsstätte tatsächlich unter

---

43　*Braun/Mühlhausen* BBiG § 82 a. F. Rn. 1.
44　Vgl. *Braun/Mühlhausen* BBiG § 82 a. F. Rn. 5.

Berücksichtigung objektiver Maßstäbe geeignet ist,[45] setzt dies eine **regelmäßige Überwachung** der Ausbildungsstätte voraus.[46]

Nach Abs. 4 Satz 2 kann das Bundesministerium für Wirtschaft durch RechtsVO **Mindestanforderungen für die Ausbildungsstätte** festlegen. Dies hat im Einvernehmen mit dem Bundesministerium für Bildung und Forschung zu geschehen. Der Hauptausschuss des BiBB ist vor Erlass der RechtsVO anzuhören, Abs. 4 Satz 2. Eine diesbezügliche RechtsVO bedarf nach Abs. 4 Satz 2 nicht der Zustimmung des Bundesrats. Bisher ist eine solche RechtsVO nicht erlassen worden.[47]

10.3 Anerkennung

19 Die Anerkennung im Sinne der Abs. 3 und 4 erfolgt bei Vorliegen der Voraussetzungen **durch die nach Landesrecht zuständige Behörde** durch Verwaltungsakt. Wird die Anerkennung verweigert, können die InhaberInnen der Ausbildungsstätte hiergegen Widerspruch einlegen und die Anerkennung ggf. durch Verpflichtungsklage verfolgen. Die Erfordernis, die zuständigen Stellen im Sinne der §§ 71 Abs. 3, 72 BBiG anzuhören, ist im BBiG nicht mehr normiert.[48]

§ 28 Eignung von Ausbildenden und Ausbildern oder Ausbilderinnen

(1) Auszubildende darf nur einstellen, wer persönlich geeignet ist. Auszubildende darf nur ausbilden, wer persönlich und fachlich geeignet ist.

(2) Wer fachlich nicht geeignet ist oder wer nicht selbst ausbildet, darf Auszubildende nur dann einstellen, wenn er persönlich und fachlich geeignete Ausbilder oder Ausbilderinnen bestellt, die die Ausbildungsinhalte in der Ausbildungsstätte unmittelbar, verantwortlich und in wesentlichem Umfang vermitteln.

(3) Unter der Verantwortung des Ausbilders oder der Ausbilderin kann bei der Berufsausbildung mitwirken, wer selbst nicht Ausbilder oder Ausbilderin ist, aber abweichend von den besonderen Voraussetzungen des § 30 die für die Vermittlung von Ausbildungsinhalten erforderlichen beruflichen Fertigkeiten, Kenntnisse und Fähigkeiten besitzt und persönlich geeignet ist.

Inhaltsübersicht

		Rn.
1.	Allgemeines	1
2.	Einstellung	2
3.	Persönliche und fachliche Eignung zur Ausbildung	3
3.1	Bestellung eines Ausbilders	4
3.2	Weitere Ausbildungsmitwirkende	5
4.	Rechtsfolgen fehlender Eignung	8

---

45 Vgl. *Herkert*, § 96 BBiG a. F. Rn. 1.

46 Vgl. Abschnitt IV Satz 2 der Empfehlung des Bundesausschusses für Berufsbildung vom 24.8.1973, abgedruckt unter § 76 Rn. 13: »… dass … Ausbildungsstätten mindestens in jährlichem Turnus aufgesucht werden.«.

47 Vgl. aber die vom Bundesausschuss für Berufsbildung beschlossene Empfehlung über die Eignung von Ausbildungsstätten, abgedruckt unter Rn. 15.

48 Vgl. noch §§ 82, 96 BBiG 1969, die eine solche Verpflichtung vorsahen.

5.   Parallelvorschrift in der HwO   10
6.   Mitbestimmung   11

1. Allgemeines

Die Vorschrift regelt die Eignung von Ausbildenden sowie AusbilderInnen und   **1**
macht diese von besonderen Kriterien abhängig. So muss derjenige, der Auszubildende einstellt, persönlich und derjenige, der ausbildet, persönlich und
fachlich geeignet sein. Diese Unterscheidung ermöglicht es, dass jemand, der
nur persönlich, nicht aber fachlich geeignet ist, Auszubildende einstellen kann,
wenn er für geeignete AusbilderInnen sorgt. Das BerBiRefG hat hier keine
wesentlichen inhaltlichen Änderungen gebracht, sondern im Wesentlichen definiert und umstrukturiert:»In § 28 Abs. 1 wird die Regelung des § 20 Abs. 1 des
geltenden Berufsbildungsgesetzes im Wortlaut übernommen. Absatz 2 entspricht dem bisherigen § 21 Abs. 4 mit dem Zusatz, dass durch den Begriff
»Ausbilder/Ausbilderin« diejenige Person definiert wird, die im Gegensatz
zum Ausbildenden die Ausbildungsinhalte in der Ausbildungsstätte unmittelbar, verantwortlich und in wesentlichem Umfang selbst vermittelt. Absatz 3
regelt erstmals die in der Praxis übliche partielle Vermittlung von Ausbildungsinhalten durch Personen, die zwar nicht alle Erfordernisse für die fachliche
Eignung der Ausbilder erfüllen, jedoch neben ihrer persönlichen Eignung die
beruflichen Fertigkeiten, Kenntnisse und Fähigkeiten besitzen, die für die Vermittlung einzelner Ausbildungsgegenstände erforderlich ist«.[1]

2. Einstellung

Nach Abs. 1 Satz 1 darf Auszubildende nur **einstellen, wer persönlich geeignet**   **2**
ist. Der Begriff der Einstellung ist gesetzlich nicht definiert. Da nicht auf den
Abschluss des Berufsausbildungsvertrags abgestellt wird, muss davon ausgegangen werden, dass Einstellung etwas anderes meint. Insoweit kann auf
die Rechtsprechung des Bundesarbeitsgerichts zu diesem Begriff in § 99 Abs. 1
Satz 1 BetrVG und des Bundesverwaltungsgerichts zu § 75 Abs. 1 Satz 1 Nr. 1
BPersVG zurückgegriffen werden.
Unter Einstellung ist danach sowohl die Begründung eines Ausbildungsverhält
nisses als auch die damit zusammenfallende, vorgehende oder nachträgliche
tatsächliche Arbeitsaufnahme in einem bestimmten Betrieb zu verstehen.[2] Dieser weite Einstellungsbegriff entspricht dem Schutzgedanken des § 28 BBiG,
nach dem möglichst umfassend vor einer persönlichen Gefährdung oder einer
mangelhaften Ausbildung geschützt werden soll.
Einstellen können grundsätzlich alle natürlichen und juristischen Personen, die
über eine Ausbildungsstätte i.S.d. § 2 BBiG verfügen. Bei juristischen Personen
müssen alle vertretungsberechtigten Personen persönlich geeignet sein, da der
Hauptzweck der Vorschrift der Schutz des Auszubildenden vor Personen ist,
die nicht geeignet sind.[3] Nach herrschender Meinung wird z.B. Großunterneh-
men, in denen der persönlich nicht geeignete Unternehmer mit dem Auszubil-

---

1 BT-Drucks. 15/3980, S. 207 ff.
2 Vgl. *BAG* 15.4.74, EzA § 99 BetrVG 1972 Nr. 6.
3 *VGH Baden-Württemberg* 22.12.88, EzB §§ 20, 21 BBiG a.F. Nr. 22,; *Braun/Mühlhausen*
BBiG § 20 a.F. Rn. 5.

denden nicht in direkten Kontakt kommt, das Einstellen von Auszubildenden nicht in jedem Fall versagt werden müssen,[4] wenn andererseits die Vertretung, die mit dem Auszubildenden in unmittelbaren Kontakt kommt, über die persönliche Eignung verfügen.[5] Dieser Auffassung kann wegen des Schutzzwecks der Norm nicht gefolgt werden.

3. Persönliche und fachliche Eignung zur Ausbildung

3 Nach Abs. 1 Satz 2 der Vorschrift darf ausbilden nur, wer persönlich und fachlich geeignet ist.

Ausbilden i.S. Abs. 1 der Vorschrift bedeutet die Vermittlung der beruflichen Fertigkeiten, Kenntnisse Fähigkeiten und Erfahrungen, die erforderlich sind, um das Ausbildungsziel zu erreichen. Ein gelegentliches »nach dem Rechten sehen« durch eine ausbildungsberechtigte Person reicht nicht.[6] Zur Wahrnehmung des Ausbildungsrechts muss nach Abs. 1 Satz 2 der Bestimmung der/die Ausbildende oder, falls dieser selbst nicht ausbildet, der/die AusbilderIn persönlich und fachlich geeignet sein.

Zum Begriff der persönlichen Eignung s. § 29 BBiG, zum Begriff der fachlichen Eignung s. § 30 BBiG.

3.1 Bestellung eines Ausbilders

4 Ausbildende, die entweder fachlich nicht geeignet sind oder selbst nicht ausbilden, dürfen nach Abs. 2 der Vorschrift Auszubildende nur einstellen, wenn sie einen **AusbilderIn bestellen**, der/die persönlich und fachlich geeignet ist. Es ist dabei gleichgültig, warum die Ausbildenden selbst nicht ausbilden. Der/die AusbilderIn muss vor der Einstellung von Auszubildenden bestellt werden, wobei der Ausbildende zu überprüfen hat, ob der Ausbilder persönlich und fachlich geeignet ist.

3.2 Weitere Ausbildungsmitwirkende

5 Erstmals durch das BerBiRefG zum 1.4.2005 wurde in das BBiG eine Mitwirkung weiterer Personen an der Ausbildung aufgenommen. Abs. 3 stellt klar, dass die Verantwortung der AusbilderInnen bestehen bleibt, dass jedoch weitere Personen an der Ausbildung mitwirken können. Diese müssen persönlich geeignet im Sinne des § 29 BBiG sein. An die fachliche Eignung werden geringere Anforderungen gestellt: Ausreichend ist, dass die Ausbildungsmitwirkenden die für die Vermittlung erforderlichen Fertigkeiten, Kenntnisse und Fähigkeiten besitzen. In Abgrenzung zu § 30 BBiG wird damit deutlich gemacht, dass ein einschlägiger Berufsabschluss nicht erforderlich ist, wenn die zur Vermittlung erforderlichen Voraussetzungen bei dem/der Ausbildungsmitwirkenden vorhanden sind. Dabei ist ausreichend, wenn die Voraussetzungen nur für bestimmte Ausbildungsinhalte vorhanden sind, wenn die Ausbildungsmitwirkenden nur an der Vermittlung dieser speziellen Ausbildungsinhalte beteiligt

---

4 *Leinemann/Taubert* BBiG § 28 Rn. 12.
5 Vgl. dazu *Herkert* BBiG § 28 a.F. Rn. 5, 6; *Götz* a.a.O., *Weber* a.a.O.
6 *VG Gelsenkirchen* 27.10.2008, 7 L 1181/08, juris.

Malottke

sind. Auch BerufsanfängerInnen ohne angemessene Zeit der berufspraktischen Tätigkeit im Beruf können an der Ausbildung mitwirken.

Die gesetzliche Regelung stellt klar, dass auch an die Eignung Ausbildungs-   **5a** mitwirkender erhöhte Anforderungen gestellt werden. Die Eignung der Ausbildungsmitwirkenden unterliegt der Überwachung durch die zuständige Stelle, § 73 Abs. 1 Satz 1 Nr. 1 BBiG. Skeptisch zu beobachten wird sein, ob in der Folge des neuen Abs. 3 auf AusbilderInnen verzichtet und statt dessen mit Ausbildungsmitwirkenden ausgebildet wird, um so sowohl Ausbildungskosten für die AusbilderInnen als auch ggf. tarifliche Zulagen für AusbilderInnen abzusenken. Unter den Begriff der »Mitwirkung« fällt jede Beteiligung an der Ausbildung, die auf die Vermittlung von Inhalten gerichtet ist. Von der Mitwirkung erfasst sind daher zum Beispiel:

- Personen, die Auszubildende am Arbeitsplatz praktisch unterweisen,
- LehrerInnen im innerbetrieblichen Unterricht,
- Unterweisende in Ausbildungszentren sowie
- Unterweisende in außer- und überbetrieblichen Ausbildungsmaßnahmen.

Wird eine AusbilderIn bestellt, der/dem die persönliche oder fachliche Eignung   **6** fehlt und hat die zuständige Stelle nach § 33 BBiG eine Untersagungsanordnung erlassen, liegt nach § 102 Abs. 1 Nr. 6 BBiG eine **Ordnungswidrigkeit sowohl der Ausbildenden als auch der AusbilderInnen** vor.

BetriebsinhaberInnen, die mangels Eignung nicht berechtigt sind, Ausbildungs-   **7** verträge zu erfüllen, sind gegenüber Auszubildenden **schadensersatzpflichtig**. Ein Ausbildungsvertrag muss dann in ein rechtswirksames Arbeitsverhältnis umgedeutet werden.[7]

4. Rechtsfolgen fehlender Eignung

Wird einem/einer Ausbildenden die Befugnis zur Ausbildung entzogen, so   **8** stellt dies einen wichtigen Grund zur fristlosen Kündigung für den/die Auszubildenden dar, auch wenn diese Entscheidung wenige Tage später aufgehoben wird.[8]

Falls ohne Verschulden der Ausbildenden durch Umstände, die in ihrem Risiko-   **9** bereich[9] liegen, die Erreichung des Ausbildungsziels nicht mehr möglich ist, verletzt der/die Ausbildende die Vertragspflicht, wenn er/sie nicht alles tut, um schädliche Folgen der vorzeitigen Beendigung für den/die Auszubildenden auszuschalten.[10] Wird ein Berufsausbildungsverhältnis gekündigt, weil auf Seiten der Ausbildenden die Eignungsvoraussetzungen nicht vorlagen und sich dieser auch nicht ausreichend bemüht hatte, die Befähigung zur Ausbildung zu erhalten, so sind die Ausbildenden schadensersatzpflichtig.[11]

5. Parallelvorschrift in der HwO

Für das **Handwerk** gilt die entsprechende Vorschrift des § 22 HwO.   **10**

---

7 *ArbG Wilhelmshaven* 16.3.72, EzB § 611 BGB Haftung des Arbeitgebers Nr. 1.
8 *ArbG Celle* 15.12.71, EzB § 15 Abs. 2 Nr. 1 BBiG Nr. 39; vgl. auch oben § 15 Rn. 13.
9 Z. B. Kündigung des/der Ausbilders/Ausbilderin.
10 *LAG Rhld.-Pfalz* 15.8.74, EzB § 611 BGB Haftung des Arbeitgebers Nr. 4.
11 *ArbG Detmold* 31.7.79, EzB § 16 BBiG Nr. 5.

6. Mitbestimmung

11 **Betriebs- und Personalräte** haben ein Mitbestimmungsrecht nach § 98 Abs. 2 BetrVG bzw. § 75 Abs. 3 Nr. 6 BPersVG, d. h. sie können der Bestellung einer mit der Durchführung der betrieblichen Berufsausbildung beauftragten Person widersprechen oder ihre Abberufung verlangen, wenn diese die persönliche oder fachliche, insbesondere die berufs- und arbeitspädagogische Eignung i. S. d. BBiG nicht besitzt.[12] Die Mitbestimmung bezog sich auch bislang schon auf alle an der Ausbildung beteiligten Personen, so dass durch die Ergänzung in § 28 Abs. 3 BBiG keine Erweiterung der Mitbestimmung erfolgte. Der Prüfungsmaßstab der Betriebs- und Personalräte für die Eignung der Ausbildungsmitwirkenden richtet sich wie auch bislang nach den § 98 Abs. 2 BetrVG bzw. § 75 Abs. 3 Nr. 6 BPersVG und bezieht sich auf Ausbilder und Ausbildungsmitwirkende.

§ 29 Persönliche Eignung

Persönlich nicht geeignet ist insbesondere, wer
1. Kinder und Jugendliche nicht beschäftigen darf oder
2. wiederholt oder schwer gegen dieses Gesetz oder die auf Grund dieses Gesetzes erlassenen Vorschriften und Bestimmungen verstoßen hat.

Inhaltsübersicht Rn.

1.	Regelungsbereich der Vorschrift – Persönliche Eignung	1
2.	§ 25 JArbSchG	2
3.	Wiederholter Verstoß gegen das BBiG	3
4.	Andere Gründe.	5

1. Regelungsbereich der Vorschrift – Persönliche Eignung

1 Das Gesetz sagt nicht positiv, wer **persönlich geeignet** ist, generell sind aber insoweit hohe Anforderungen zu stellen.[1] § 29 BBiG nennt beispielhaft nur Gründe, die eine persönliche Eignung ausschließen. Zur Verneinung der Anerkennung der persönlichen Eignung durch die zuständige Stelle s. § 32 BBiG.

2. § 25 JArbSchG

2 Persönlich nicht geeignet nach Nr. 1 der Vorschrift ist, wer **Kinder und Jugendliche nicht beschäftigen** darf.
Die Vorschrift bezieht sich vor allem auf § 25 JArbSchG mit der Folge, dass sie im Berufsausbildungsverhältnis auch für die Einstellung von **nicht mehr jugendlichen** Auszubildenden gilt.[2] Straftaten werden nach § 25 Abs. 1 Satz 2 und 3 JArbSchG nicht mehr berücksichtigt, wenn seit dem Tag der Rechtskraft und nach Verbüßung der Strafe fünf Jahre verstrichen sind. Da die 5-Jahres-Frist einer Art Bewährungsfrist gleichzusetzen ist,[3] ist die Fristangabe des § 25

---

12 *Schneider* in DKK, BetrVG. § 98 Rn. 9.

1 *VGH Baden-Württemberg* 22.12.88, EzB §§ 20, 21 BBiG a. F. Nr. 22.

2 Näher *Schoden* § 25 Rn. 4.

3 *Borrmann* Rn. 177 m. w. N.

Malottke

JArbSchG zwingend und kann auch nicht durch die Vorschriften des BZRG verändert werden.

3. Wiederholter Verstoß gegen das BBiG

Persönlich ist auch nicht geeignet, wer wiederholt oder schwer gegen dieses Gesetz oder aufgrund dieses Gesetzes erlassene **Vorschriften** und Bestimmungen **verstoßen hat**.[4]

3

Ein wiederholter Verstoß setzt mindestens zwei Verletzungshandlungen voraus, wobei es aber nicht auf die Schwere des Verstoßes ankommt. Mehrere Verstöße können deshalb auch wiederholte Verstöße i. S. d. Nr. 2 sein, wenn alle Verletzungshandlungen für sich keinen sonderlichen Unrechtsgehalt ausmachen.[5] Einen anderen Schluss lässt das Wort »oder« nicht zu. Verstöße gegen das Gesetz oder Vorschriften der zuständigen Stelle[6] können auch dann zum Verlust der Eignung führen, wenn diese Verstöße weder eine Ordnungswidrigkeit darstellen noch gem. § 102 BBiG geahndet worden sind.

Bei der Beurteilung, ob ein schwerer Gesetzesverstoß nach Nr. 2 vorliegt, ist insbesondere zu berücksichtigen, ob für den Auszubildenden ein schwerer Schaden entstanden ist.[7] Ein solcher Verstoß reicht deshalb aus, weil es nicht mehr zumutbar erscheint, den Auszubildenden wegen der mangelnden persönlichen Integrität des Ausbildenden bzw. des Ausbilders in dessen Obhut zu belassen.[8]

Es muss gegen das BBiG selbst oder aufgrund des BBiG erlassene **Vorschriften oder Bestimmungen** verstoßen worden sein. Da § 100 BBiG a. F. gestrichen wurde, zählen hierzu nicht mehr Verstöße gegen die HwO und die dazu erlassenen Vorschriften. Das ist insoweit bedenklich, als hierdurch der Eindruck entstehen könnte, eine Nichteignung im Bereich der Handwerksordnung könnte bei der persönlichen Eignung gem. § 29 BBiG außer Acht bleiben. Richtigerweise wird man die fehlende persönliche Eignung nach § 22a HwO bei der Gesamtwürdigung[9] zu berücksichtigen haben und so zu dem Ergebnis kommen, dass auch die persönliche Eignung gem. § 29 BBiG fehlt.

4

4. Andere Gründe

Durch das Wort **insbesondere** im ersten Halbsatz des § 29 BBiG ist zum Ausdruck gebracht, dass die Aufzählung nicht abschließend ist. In Bezug auf ihre Art kommen nach dem Schutzzweck der Vorschrift grundsätzlich auch solche Tatsachen in Betracht, die eine charakterliche, sittliche oder körperliche Gefährdung befürchten lassen.[10] So ist zum Beispiel persönlich ungeeignet, wer Arbeitnehmer/-innen, insbesondere Auszubildende sexuell, belästigt.[11]

5

---

4 Nr. 2 der Bestimmung.
5 So wohl auch *Götz*, Rn. 469; a. A. wohl *Leinemann/Taubert* BBiG § 29 Rn. 20.
6 § 71 BBiG.
7 *Leinemann/Taubert* BBiG § 29 Rn. 18.
8 *Natzel*, S. 395.
9 S. nächste Rn.
10 *Leinemann/Taubert* BBiG § 29 Rn. 21 m. w. N.; *Braun/Mühlhausen* § 20 BBiG a. F. Rn. 25 ff. m. w. N.
11 *VG Gelsenkirchen* 1.9.2010, 7 K 903/09, juris.

§ 30 Fachliche Eignung

(1) Fachlich geeignet ist, wer die beruflichen sowie die berufs- und arbeitspädagogischen Fertigkeiten, Kenntnisse und Fähigkeiten besitzt, die für die Vermittlung der Ausbildungsinhalte erforderlich sind.

(2) Die erforderlichen beruflichen Fertigkeiten, Kenntnisse und Fähigkeiten besitzt, wer

1. die Abschlussprüfung in einer dem Ausbildungsberuf entsprechenden Fachrichtung bestanden hat,

2. eine anerkannte Prüfung an einer Ausbildungsstätte oder vor einer Prüfungsbehörde oder eine Abschlussprüfung an einer staatlichen oder staatlich anerkannten Schule in einer dem Ausbildungsberuf entsprechenden Fachrichtung bestanden hat oder

3. eine Abschlussprüfung an einer deutschen Hochschule in einer dem Ausbildungsberuf entsprechenden Fachrichtung bestanden hat

und eine angemessene Zeit in seinem Beruf praktisch tätig gewesen ist.

(3) Das Bundesministerium für Wirtschaft und Technologie oder das sonst zuständige Fachministerium kann im Einvernehmen mit dem Bundesministerium für Bildung und Forschung nach Anhörung des Hauptausschusses des Bundesinstituts für Berufsbildung durch Rechtsverordnung, die nicht der Zustimmung des Bundesrates bedarf, in den Fällen des Absatzes 2 Nr. 2 bestimmen, welche Prüfungen für welche Ausbildungsberufe anerkannt werden.

(4) Das Bundesministerium für Wirtschaft und Technologie oder das sonst zuständige Fachministerium kann im Einvernehmen mit dem Bundesministerium für Bildung und Forschung nach Anhörung des Hauptausschusses des Bundesinstituts für Berufsbildung durch Rechtsverordnung, die nicht der Zustimmung des Bundesrates bedarf, für einzelne Ausbildungsberufe bestimmen, dass abweichend von Absatz 2 die für die fachliche Eignung erforderlichen beruflichen Fertigkeiten, Kenntnisse und Fähigkeiten nur besitzt, wer

1. die Voraussetzungen des Absatzes 2 Nr. 2 oder 3 erfüllt und eine angemessene Zeit in seinem Beruf praktisch tätig gewesen ist oder

2. die Voraussetzungen des Absatzes 2 Nr. 3 erfüllt und eine angemessene Zeit in seinem Beruf praktisch tätig gewesen ist oder

3. für die Ausübung eines freien Berufes zugelassen oder in ein öffentliches Amt bestellt ist.

(5) Das Bundesministerium für Bildung und Forschung kann nach Anhörung des Hauptausschusses des Bundesinstituts für Berufsbildung durch Rechtsverordnung, die nicht der Zustimmung des Bundesrates bedarf, bestimmen, dass der Erwerb berufs- und arbeitspädagogischer Fertigkeiten, Kenntnisse und Fähigkeiten gesondert nachzuweisen ist. Dabei können Inhalt, Umfang und Abschluss der Maßnahmen für den Nachweis geregelt werden.

(6) Die nach Landesrecht zuständige Behörde kann Personen, die die Voraussetzungen des Absatzes 2, 4 oder 5 nicht erfüllen, die fachliche Eignung nach Anhörung der zuständigen Stelle widerruflich zuerkennen.

Inhaltsübersicht   Rn.

1.	Fachliche Eignung	1
2.	Berufliche Fertigkeiten, Kenntnisse, Fähigkeiten	2
2.1	Berufserfahrung	4
2.2	Einschlägige Abschlussprüfung	5

2.3   Einschlägige Berufsabschlüsse (Abs. 3)   8
2.4   Erhöhte Anforderungen (Abs. 4)   9
3.   Erweiterte Anforderungen an die pädagogische Eignung / AEVO   11
3.1   Erweiterung des Anforderungsprofils   12
3.2   Verfahren zum Verordnungserlass   13
3.3   Ausbilder-Eignungsverordnung für die gewerbl. Wirtschaft (Abs. 5) . . .   15
3.4   Rahmenstoffplan   16
4.   Härtefallregelung (Abs. 6)   17
5.   Überwachung   18
6.   Mitbestimmungsrecht von Betriebs- und Personalrat   19
7.   Parallelverordnung in der HwO   20

1. Fachliche Eignung

§ 30 bildet das Kernstück der Eignungsbestimmungen.   **1**
Absatz 1 enthält im Gegensatz zum § 20 Abs. 3 BBiG 1969 nunmehr eine positive Formulierung der fachlichen Eignung. Sie liegt vor, wenn die Ausbildenden oder AusbilderInnen die für die Vermittlung der Ausbildungsinhalte erforderlichen beruflichen sowie berufs- und arbeitspädagogischen Fertigkeiten, Kenntnisse und Fähigkeiten besitzen.

2. Berufliche Fertigkeiten, Kenntnisse, Fähigkeiten

Absatz 2 konkretisiert und definiert das Teileelement »berufliche Fertigkeiten,   **2**
Kenntnisse und Fähigkeiten« und bestimmt in den Nr. 1 bis 3 unterschiedliche Nachweismöglichkeiten. Gemeinsame Anforderung ist stets, dass der Nachweis in einer dem Ausbildungsberuf entsprechenden Fachrichtung erbracht worden ist und das Ausbildungspersonal eine angemessene Zeit in dem Beruf praktisch tätig gewesen ist. Ob der Nachweis in der »entsprechenden Fachrichtung« erbracht wurde, entscheidet die zuständige Stelle. Es handelt sich um einen unbestimmten Rechtsbegriff,[1] der gerichtliche voll überprüfbar ist.

2.1 Berufserfahrung

Wie lange die praktische Berufstätigkeit ausgeübt worden sein muss, um an   **3**
gemessen zu sein, ist nach dem konkreten Einzelfall zu beurteilen.[2] Die zuständige Stelle wird im Einzelfall zu entscheiden haben, ob die berufliche, praktische Tätigkeit ausreicht, um die nach der Ausbildungsordnung vorgesehenen Inhalte zu vermitteln. Eine typisierende Beurteilung ist möglich.[3] Die zuständige Stelle muss den persönlichen Ausbildungsgang der Ausbildenden oder AusbilderInnen berücksichtigen. Sie muss dabei darauf achten, welche Ausbildungsinhalte lediglich theoretisch und welche auch praktisch vermittelt wurden. Dabei ist z. B. ausschlaggebend, in welchem Umfang ein Studiengang Defizite hinsichtlich der praktischen Ausbildung aufweist; je geringer diese Defizite, umso kürzer ist auch die angemessene Berufstätigkeit. Auch bei denjenigen, die eine Ausbildungseignung durch eine betriebliche Ausbildung nach einer Ausbildungsordnung erlangt haben, verlangt das Gesetz nunmehr eine angemessene

---

1 *Leinemann/Taubert* BBiG § 30 Rn. 9.
2 *Braun/Mühlhausen* BBiG § 76 a. F. Rn. 19.
3 *Braun/Mühlhausen* a. a. O.

berufspraktische Erfahrung. Die Ansprüche an die Qualifikation der Ausbilden-
den und AusbilderInnen haben sich hierdurch erhöht. Konnte zuvor für den
Begriff der Angemessenheit auf § 22 HwO a. F. zurückgegriffen werden, der vier
Jahre Berufserfahrung verlangt, ist dies ohne Weiteres nicht mehr möglich. Die
Parallelvorschrift des § 22 b Abs. 3 HwO stellt jetzt ebenfalls auf eine »angemes-
sene Zeit« ab.

4   Die Entscheidung der zuständigen Stelle darüber, ob sie die fachliche Eignung
verneint,[4] ist eine Ermessensentscheidung.

2.2 Einschlägige Abschlussprüfung

5   Nach Nr. 1 besitzt die erforderlichen beruflichen Fertigkeiten, Kenntnisse und
Fähigkeiten, wer die Abschlussprüfung vor der zuständigen Stelle in einem
anerkannten Ausbildungsberuf bestanden hat.

6   Nach Nr. 2 kann der Nachweis durch eine anerkannte Prüfung an einer Ausbildungsstätte oder vor einer Prüfungsbehörde geführt werden. Hierunter sind
insbesondere Fortbildungsabschlüsse nach den §§ 53 und 54 sowie Prüfungen zu
verstehen, die tatsächlich oder rechtlich im jeweiligen Wirtschafts- oder Berufs-
zweig anerkannt sind. Nr. 2 schafft zudem die Möglichkeit, den Eignungsnach-
weis durch eine Abschlussprüfung an einer staatlichen oder staatlich anerkannten Schule zu erbringen, wonach auch Absolventen vollzeitschulischer Bildungsgänge die Möglichkeit erhalten, im dualen Ausbildungssystem als Ausbildende
bzw. Ausbilder tätig zu werden. Das Erfordernis, dass die schulische Abschlussprüfung in einer dem Ausbildungsberuf entsprechenden Fachrichtung abgelegt
wurde, stellt dabei sicher, dass der schulische Ausbildungsgang nach Struktur,
Inhalt und Qualität einer betrieblichen Ausbildung entsprechen muss. Bei der
fachlichen Eignung der SchulabsolventInnen wird durch die zuständige Stelle
verstärkt auf eine angemessene berufliche Tätigkeit zu achten sein.

7   § 30 Absatz 2 Nr. 3 greift die Regelung der §§ 76 Abs. 1 BBiG a. F. (IHK-Berufe)
und 80 Abs. 2 BBiG a. F. (Landwirtschaft) des geltenden Berufsbildungsgesetzes
auf, wonach die für die fachliche Eignung erforderlichen beruflichen Fertigkeiten, Kenntnisse und Fähigkeiten auch besitzt, wer eine Abschlussprüfung an
einer deutschen Hochschule in einer dem Ausbildungsberuf entsprechenden
Fachrichtung bestanden hat. Ein Verweis auf öffentliche oder staatlich anerkannte deutsche Ingenieursschulen oder höhere Wirtschaftsfachschulen ist nicht
mehr erforderlich, da diese Einrichtungen in Fachhochschulen und damit in eine
deutsche Hochschule nach dem Hochschulrahmengesetz überführt wurden.

2.3 Einschlägige Berufsabschlüsse (Abs. 3)

8   Absatz 3 sieht für das zuständige Fachministerium im Einvernehmen mit dem
Bundesministerium für Bildung und Forschung die Möglichkeit vor, durch
Rechtsverordnung zu bestimmen, welche Prüfungen nach Absatz 2 Nr. 2 anerkannt werden. Er entspricht den §§ 76 Abs. 2 und 80 Abs. 2 des BBiG a. F. Durch
die neue systematische Stellung im Gefüge der fachlichen Eignung und nicht
mehr im Teil der besonderen Vorschriften für einzelne Wirtschafts- und Berufszweige, besteht die Möglichkeit des Eignungsnachweises durch anerkannte
Prüfungen und den Erlass entsprechender Verordnungen nunmehr in allen

---

4   Zum Rechtsschutz s. § 32 Rn. 4 a.

Ausbildungsberufen. Die im BBiG a. F. enthaltene Beschränkung auf sog. IHK-Berufe und den Bereich der Landwirtschaft wurde aufgehoben.

2.4 Erhöhte Anforderungen (Abs. 4)

Nach der Gesetzesbegründung[5] trägt Absatz 4 »dem Bedürfnis Rechnung, dass **9** für die Ausbildung in einzelnen Berufen über die Vorgaben des Absatzes 2 hinaus höhere Mindestanforderungen an die im Rahmen der fachlichen Eignung erforderlichen Fertigkeiten, Kenntnisse und Fähigkeiten zu stellen sind. Höhere Mindestanforderungen werden gegenwärtig bei der Berufsausbildung im Bereich der Landwirtschaft, der freien Berufe und der Hauswirtschaft gestellt. Nach Nr. 1 kann demnach wie bisher die Ausbildereignung vom Bestehen einer landwirtschaftlichen bzw. hauswirtschaftlichen Meisterprüfung abhängig gemacht werden, wobei durch die Formulierung »wer die Voraussetzungen des Absatzes 2 Nr. 2 oder 3 erfüllt« der Nachweis durch anderweitige Hochschulprüfungen nicht ausgeschlossen wird.« Absatz 4 Nr. 2 schafft die Möglichkeit, die AusbilderInneneignung an eine bestandene Hochschulprüfung zu knüpfen. Erforderlich ist in diesem Fall jedoch zusätzlich eine angemessene Zeit der praktischen Berufserfahrung. Nach Abs. 4 Nr. 3 besteht zudem die Möglichkeit, die AusbilderInneneignung an die Zulassung zu einem freien Beruf zu knüpfen, womit den besonderen Bedürfnissen bei der Berufsausbildung der Fachangestellten bei Rechts- und Patentanwälten, Notaren, Wirtschafts- und Steuerberatern sowie Ärzten, Zahnärzten, Veterinärärzten und Apothekern[6] Rechnung getragen werden kann.

Durch die neue systematische Stellung der Ermächtigung zum Erlass einer **10** RechtsVO über zusätzliche Anforderungen an die AusbilderInneneignung sind solche nunmehr für alle Berufe außerhalb der bislang in den §§ 73–97 BBiG a. F. zulässig. Es bleibt abzuwarten, ob vereinzelte Branchen diese Möglichkeit nutzen, um das Qualifikationsniveau der Fachkräfte anzuheben und so möglicherweise einem Mangel an BewerberInnen entgegenzuwirken. Die Bestimmung von erhöhten Anforderungen bedarf der Rechtsverordnung des zuständigen Fachministeriums im Einvernehmen mit dem Bundesministerium für Bildung und Forschung.

3. Erweitere Anforderungen an die pädagogische Eignung/AEVO

Abs. 5 ermöglicht im Interesse einer Qualifizierung der Auszubildenden, die **11** **Anforderungen an die fachliche Eignung** zur Ausbildung zu erhöhen. Absatz 5 greift damit die Bestimmung § 21 Abs. 1 des geltenden Berufsbildungsgesetzes auf. Der Gesetzgeber hatte in der Vergangenheit die bisherigen Bemühungen der Wirtschaft um die AusbilderInnenförderung vermutlich wegen ihrer Freiwilligkeit und der unterschiedlichen Maßnahmen im Hinblick auf die etwaigen steigenden Anforderungen als nicht zureichend angesehen. Die Vorschrift wurde durch Gesetz v. 18. 3. 1975[7] in zwei Absätze gefasst und teilweise (bezüglich der Zuständigkeit) geändert. Durch Art. 5 Nr. 1 des Gesetzes v. 20. 12. 1993[8]

---

5 BT-Drucks. 15/3980, S. 121.
6 §§ 88, 90 und 92 BBiG a. F.
7 BGBl. I, S. 705.
8 BGBl. I, S. 2256.

wurde die Vorschrift hinsichtlich der Anhörungszuständigkeit erneut geändert.[9]
Die Zuständigkeit änderte sich durch das BerBiRefG nicht erneut.

3.1 Erweiterung des Anforderungsprofils

12 Abs. 5 **ermächtigt das Bundesministerium für Bildung und Forschung,** durch RechtsVO zu bestimmen, dass über § 30 BBiG und § 22b HwO hinaus der **Erwerb berufs- und arbeitspädagogischer Fertigkeiten, Kenntnisse** und **Fähigkeiten** nachzuweisen ist. Da die Beherrschung der notwendigen Fertigkeiten, Kenntnisse und Fähigkeiten allein für die Gewährleistung einer guten Berufsausbildung nicht mehr genügt, entspricht es einer vernünftigen Erwägung des Gemeinwohls, darüber hinaus für die fachliche Eignung der Ausbildenden und Ausbilder auch den Besitz berufs- und arbeitspädagogischer Eignung zu fordern.[10] Die AEVO begegnet keinen verfassungsrechtlichen Bedenken.[11]

3.2 Verfahren zum Verordnungserlass

13 Eine RechtsVO nach Abs. 5 kann das Bundesministerium für Bildung und Forschung erlassen. Vor dem Erlass einer RechtsVO ist der Hauptausschuss des BiBB zwingend anzuhören.[12] Die RechtsVO bedarf **nicht der Zustimmung des Bundesrats.**

14 **Anhören** umfasst die Verpflichtung, dem Anzuhörenden Gelegenheit zur Äußerung über die zur Entscheidung stehende Angelegenheit zu geben, und zwar zum Sachverhalt wie auch zur rechtlichen Beurteilung. Die Anhörungspflicht umfasst die Verpflichtung, die Meinungsäußerung des Hauptausschusses des BIBB entgegenzunehmen und sich mit dieser, insbesondere mit etwaigen Bedenken oder Anregungen, auseinanderzusetzen. Diese brauchen aber nicht akzeptiert zu werden; soweit sie jedoch abgelehnt werden, müssen hierfür entsprechende Gründe gegeben sein.

3.3 Ausbilder-Eignungsverordnung für die gewerbliche Wirtschaft (Abs. 5)

15 Nachdem die Ausbildereignungsverordnung für Ausbildungsverhältnisse, die vom 1.8.2003 bis zum 31.07.2009 abgeschlossen wurden, nicht anzuwenden war (Ausbilder sind »von der Pflicht zum Nachweis von Kenntnissen nach der AEVO befreit«), wurde am 21. Januar 2009 eine neue AEVO erlassen. Für die Ausbilder, die vor dem 31. Juli 2009 ausbildeten und keinen Nachweis ihrer berufspädagogischen Kompetenzen erbringen mussten, sieht § 7 AEVO unter bestimmten Voraussetzungen auch weiterhin eine Ausnahme vom Nachweis nach § 30 Abs. 5 vor.

---

9 Vgl. unten Rn. 13.
10 *BayVGH* 18.8.75, EzB § 20, 21 BBiG Nr. 1.
11 *Weber* § 21 Anm. 9; so zu den Vorgänger AVEOen: BayVGH 10.8.76, EzB §§ 20, 21 BBiG Nr. 2; *OVG Lüneburg* 25.2.76, EzB §§ 6, 7 AEVO gewerbliche Wirtschaft Nr. 5.
12 Vgl. dazu § 92 BBiG.

Ausbilder-Eignungsverordnung
AusbEignV 2009 – »Ausbilder-Eignungsverordnung vom 21. Januar 2009 (BGBl. I S. 88)«

Eingangsformel
Auf Grund des § 30 Absatz 5 des Berufsbildungsgesetzes vom 23. März 2005[13] verordnet das Bundesministerium für Bildung und Forschung nach Anhörung des Hauptausschusses des Bundesinstituts für Berufsbildung:

§ 1 Geltungsbereich
Ausbilder und Ausbilderinnen haben für die Ausbildung in anerkannten Ausbildungsberufen nach dem Berufsbildungsgesetz den Erwerb der berufs- und arbeitspädagogischen Fertigkeiten, Kenntnisse und Fähigkeiten nach dieser Verordnung nachzuweisen. Dies gilt nicht für die Ausbildung im Bereich der Angehörigen der freien Berufe.

§ 2 Berufs- und arbeitspädagogische Eignung
Die berufs- und arbeitspädagogische Eignung umfasst die Kompetenz zum selbstständigen Planen, Durchführen und Kontrollieren der Berufsausbildung in den Handlungsfeldern:
1. Ausbildungsvoraussetzungen prüfen und Ausbildung planen,
2. Ausbildung vorbereiten und bei der Einstellung von Auszubildenden mitwirken,
3. Ausbildung durchführen und
4. Ausbildung abschließen.

§ 3 Handlungsfelder
(1) Das Handlungsfeld nach § 2 Nummer 1 umfasst die berufs- und arbeitspädagogische Eignung, Ausbildungsvoraussetzungen zu prüfen und Ausbildung zu planen. Die Ausbilder und Ausbilderinnen sind dabei in der Lage,
1. die Vorteile und den Nutzen betrieblicher Ausbildung darstellen und begründen zu können,
2. bei den Planungen und Entscheidungen hinsichtlich des betrieblichen Ausbildungsbedarfs auf der Grundlage der rechtlichen, tarifvertraglichen und betrieblichen Rahmenbedingungen mitzuwirken,
3. die Strukturen des Berufsbildungssystems und seine Schnittstellen darzustellen,
4. Ausbildungsberufe für den Betrieb auszuwählen und dies zu begründen,
5. die Eignung des Betriebes für die Ausbildung in dem angestrebten Ausbildungsberuf zu prüfen sowie, ob und inwieweit Ausbildungsinhalte durch Maßnahmen außerhalb der Ausbildungsstätte, insbesondere Ausbildung im Verbund, überbetriebliche und außerbetriebliche Ausbildung, vermittelt werden können,
6. die Möglichkeiten des Einsatzes von auf die Berufsausbildung vorbereitenden Maßnahmen einzuschätzen sowie
7. im Betrieb die Aufgaben der an der Ausbildung Mitwirkenden unter Berücksichtigung ihrer Funktionen und Qualifikationen abzustimmen.
(2) Das Handlungsfeld nach § 2 Nummer 2 umfasst die berufs- und arbeitspädagogische Eignung, die Ausbildung unter Berücksichtigung organisatorischer sowie rechtlicher Aspekte vorzubereiten. Die Ausbilder und Ausbilderinnen sind dabei in der Lage,
1. auf der Grundlage einer Ausbildungsordnung einen betrieblichen Ausbildungsplan zu erstellen, der sich insbesondere an berufstypischen Arbeits- und Geschäftsprozessen orientiert,
2. die Möglichkeiten der Mitwirkung und Mitbestimmung der betrieblichen Interessenvertretungen in der Berufsbildung zu berücksichtigen,
3. den Kooperationsbedarf zu ermitteln und sich inhaltlich sowie organisatorisch mit den Kooperationspartnern, insbesondere der Berufsschule, abzustimmen,

---

13 BGBl. I, S. 931.

4. Kriterien und Verfahren zur Auswahl von Auszubildenden auch unter Berücksichtigung ihrer Verschiedenartigkeit anzuwenden,

5. den Berufsausbildungsvertrag vorzubereiten und die Eintragung des Vertrages bei der zuständigen Stelle zu veranlassen sowie

6. die Möglichkeiten zu prüfen, ob Teile der Berufsausbildung im Ausland durchgeführt werden können.

(3) Das Handlungsfeld nach § 2 Nummer 3 umfasst die berufs- und arbeitspädagogische Eignung, selbstständiges Lernen in berufstypischen Arbeits- und Geschäftsprozessen handlungsorientiert zu fördern. Die Ausbilder und Ausbilderinnen sind dabei in der Lage,

1. lernförderliche Bedingungen und eine motivierende Lernkultur zu schaffen, Rückmeldungen zu geben und zu empfangen,

2. die Probezeit zu organisieren, zu gestalten und zu bewerten,

3. aus dem betrieblichen Ausbildungsplan und den berufstypischen Arbeits- und Geschäftsprozessen betriebliche Lern- und Arbeitsaufgaben zu entwickeln und zu gestalten,

4. Ausbildungsmethoden und -medien zielgruppengerecht auszuwählen und situationsspezifisch einzusetzen,

5. Auszubildende bei Lernschwierigkeiten durch individuelle Gestaltung der Ausbildung und Lernberatung zu unterstützen, bei Bedarf ausbildungsunterstützende Hilfen einzusetzen und die Möglichkeit zur Verlängerung der Ausbildungszeit zu prüfen,

6. Auszubildenden zusätzliche Ausbildungsangebote, insbesondere in Form von Zusatzqualifikationen, zu machen und die Möglichkeit der Verkürzung der Ausbildungsdauer und die der vorzeitigen Zulassung zur Abschlussprüfung zu prüfen,

7. die soziale und persönliche Entwicklung von Auszubildenden zu fördern, Probleme und Konflikte rechtzeitig zu erkennen sowie auf eine Lösung hinzuwirken,

8. Leistungen festzustellen und zu bewerten, Leistungsbeurteilungen Dritter und Prüfungsergebnisse auszuwerten, Beurteilungsgespräche zu führen, Rückschlüsse für den weiteren Ausbildungsverlauf zu ziehen sowie

9. interkulturelle Kompetenzen zu fördern.

(4) Das Handlungsfeld nach § 2 Nummer 4 umfasst die berufs- und arbeitspädagogische Eignung, die Ausbildung zu einem erfolgreichen Abschluss zu führen und dem Auszubildenden Perspektiven für seine berufliche Weiterentwicklung aufzuzeigen. Die Ausbilder und Ausbilderinnen sind dabei in der Lage,

1. Auszubildende auf die Abschluss- oder Gesellenprüfung unter Berücksichtigung der Prüfungstermine vorzubereiten und die Ausbildung zu einem erfolgreichen Abschluss zu führen,

2. für die Anmeldung der Auszubildenden zu Prüfungen bei der zuständigen Stelle zu sorgen und diese auf durchführungsrelevante Besonderheiten hinzuweisen,

3. an der Erstellung eines schriftlichen Zeugnisses auf der Grundlage von Leistungsbeurteilungen mitzuwirken sowie

4. Auszubildende über betriebliche Entwicklungswege und berufliche Weiterbildungsmöglichkeiten zu informieren und zu beraten.

§ 4 Nachweis der Eignung

(1) Die Eignung nach § 2 ist in einer Prüfung nachzuweisen. Die Prüfung besteht aus einem schriftlichen und einem praktischen Teil. Die Prüfung ist bestanden, wenn jeder Prüfungsteil mit mindestens »ausreichend« bewertet wurde. Innerhalb eines Prüfungsverfahrens kann eine nicht bestandene Prüfung zweimal wiederholt werden. Ein bestandener Prüfungsteil kann dabei angerechnet werden.

(2) Im schriftlichen Teil der Prüfung sind fallbezogene Aufgaben aus allen Handlungsfeldern zu bearbeiten. Die schriftliche Prüfung soll drei Stunden dauern.

(3) Der praktische Teil der Prüfung besteht aus der Präsentation einer Ausbildungssituation und einem Fachgespräch mit einer Dauer von insgesamt höchstens 30 Minu-

ten. Hierfür wählt der Prüfungsteilnehmer eine berufstypische Ausbildungssituation aus. Die Präsentation soll 15 Minuten nicht überschreiten. Die Auswahl und Gestaltung der Ausbildungssituation sind im Fachgespräch zu erläutern. Anstelle der Präsentation kann eine Ausbildungssituation auch praktisch durchgeführt werden.

(4) Im Bereich der Landwirtschaft und im Bereich der Hauswirtschaft besteht der praktische Teil aus der Durchführung einer vom Prüfungsteilnehmer in Abstimmung mit dem Prüfungsausschuss auszuwählenden Ausbildungssituation und einem Fachgespräch, in dem die Auswahl und Gestaltung der Ausbildungssituation zu begründen sind. Die Prüfung im praktischen Teil soll höchstens 60 Minuten dauern.

(5) Für die Abnahme der Prüfung errichtet die zuständige Stelle einen Prüfungsausschuss. § 37 Absatz 2 und 3, § 39 Absatz 1 Satz 2, die §§ 40 bis 42, 46 und 47 des Berufsbildungsgesetzes gelten entsprechend.

§ 5 Zeugnis
Über die bestandene Prüfung ist jeweils ein Zeugnis nach den Anlagen 1 und 2 auszustellen.

§ 6 Andere Nachweise
(1) Wer die Prüfung nach einer vor Inkrafttreten dieser Verordnung geltenden Ausbilder-Eignungsverordnung bestanden hat, die auf Grund des Berufsbildungsgesetzes erlassen worden ist, gilt für die Berufsausbildung als im Sinne dieser Verordnung berufs- und arbeitspädagogisch geeignet.

(2) Wer durch eine Meisterprüfung oder eine andere Prüfung der beruflichen Fortbildung nach der Handwerksordnung oder dem Berufsbildungsgesetz eine berufs- und arbeitspädagogische Eignung nachgewiesen hat, gilt für die Berufsausbildung als im Sinne dieser Verordnung berufs- und arbeitspädagogisch geeignet.

(3) Wer eine sonstige staatliche, staatlich anerkannte oder von einer öffentlich-rechtlichen Körperschaft abgenommene Prüfung bestanden hat, deren Inhalt den in § 3 genannten Anforderungen ganz oder teilweise entspricht, kann von der zuständigen Stelle auf Antrag ganz oder teilweise von der Prüfung nach § 4 befreit werden. Die zuständige Stelle erteilt darüber eine Bescheinigung.

(4) Die zuständige Stelle kann von der Vorlage des Nachweises über den Erwerb der berufs- und arbeitspädagogischen Fertigkeiten, Kenntnisse und Fähigkeiten auf Antrag befreien, wenn das Vorliegen berufs- und arbeitspädagogischer Eignung auf andere Weise glaubhaft gemacht wird und die ordnungsgemäße Ausbildung sichergestellt ist. Die zuständige Stelle kann Auflagen erteilen. Auf Antrag erteilt die zuständige Stelle hierüber eine Bescheinigung.

§ 7 Fortführen der Ausbildertätigkeit
Wer vor dem 1. August 2009 als Ausbilder im Sinne des § 28 Absatz 1 Satz 2 des Berufsbildungsgesetzes tätig war, ist vom Nachweis nach den §§ 5 und 6 dieser Verordnung befreit, es sei denn, dass die bisherige Ausbildertätigkeit zu Beanstandungen mit einer Aufforderung zur Mängelbeseitigung durch die zuständige Stelle geführt hat. Sind nach Aufforderung die Mängel beseitigt worden und Gefährdungen für eine ordnungsgemäße Ausbildung nicht zu erwarten, kann die zuständige Stelle vom Nachweis nach den §§ 5 und 6 befreien; sie kann dabei Auflagen erteilen.

§ 8 Übergangsregelung
Begonnene Prüfungsverfahren können bis zum Ablauf des 31. Juli 2010 nach den bisherigen Vorschriften zu Ende geführt werden. Die zuständige Stelle kann auf Antrag des Prüfungsteilnehmers oder der Prüfungsteilnehmerin die Wiederholungsprüfung nach dieser Verordnung durchführen; § 4 Absatz 1 Satz 5 findet in diesem Fall keine Anwendung. Im Übrigen kann bei der Anmeldung zur Prüfung bis zum Ablauf des 30. April 2010 die Anwendung der bisherigen Vorschriften beantragt werden.

§ 9 Inkrafttreten, Außerkrafttreten
Diese Verordnung tritt am 1. August 2009 in Kraft.

Anlage 1 (zu § 5) Muster
(Fundstelle: BGBl. I 2009, 91) (Bezeichnung der zuständigen Stelle)
Zeugnis
Herr/Frau ... geboren am ... in ... hat am ... die Prüfung nach der Ausbilder-Eignungs-verordnung vom 21. Januar 2009[14] bestanden.
Damit wurden die berufs- und arbeitspädagogischen Fertigkeiten, Kenntnisse und Fähigkeiten im Sinne des § 30 des Berufsbildungsgesetzes nachgewiesen. Ort/Datum
... Unterschrift(en) ...
(Siegel der zuständigen Stelle)

Anlage 2 (zu § 5) Muster
(Fundstelle: BGBl. I 2009, 92) (Bezeichnung der zuständigen Stelle)
Zeugnis Herr/Frau ...
geboren am ... in hat am ... die Prüfung nach der Ausbilder-Eignungsverordnung vom
21. Januar 2009[15]
mit folgenden Ergebnissen bestanden:
Punkte 1. Schriftlicher Prüfungsteil ... 2. Praktischer Prüfungsteil ...
Note ...
Damit wurden die berufs- und arbeitspädagogischen Fertigkeiten, Kenntnisse und Fähigkeiten im Sinne des § 30 des Berufsbildungsgesetzes nachgewiesen.
Ort/Datum Unterschrift(en)
(Siegel der zuständigen Stelle)

3.4. Rahmenstoffplan

16   Für die Umsetzung der Qualifizierung nach der AVEO hat der Hauptausschuss für Berufsbildung eine Empfehlung für einen **Rahmenstoffplan** beschlossen, die die unter § 2 der AVEO aufgelisteten Inhalte näher beschreibt und in zeitliche Relation zueinander setzt.

Empfehlung des Hauptausschusses des Bundesinstituts für Berufsbildung vom 25. 6. 2009[16]
Rahmenplan für die Ausbildung der Ausbilder und Ausbilderinnen

Inhalt
Einleitung
Empfohlene Lehrgangsdauer
Rahmenplan

Einleitung
Am 1. August 2009 ist eine novellierte Ausbilder-Eignungsverordnung (AEVO) in Kraft getreten. Das Kompetenzprofil von Ausbildern und Ausbilderinnen wird darin vor dem Hintergrund der aktuellen wirtschaftlichen, gesellschaftlichen und der berufs- und arbeitspädagogischen Entwicklungen in vier Handlungsfeldern beschrieben, die sich am Ablauf der Ausbildung orientieren. Um Ausbilder und Ausbilderinnen noch besser auf ihre neuen Aufgaben vorzubereiten, wurde ein modernisierter Rahmenplan (früher Rahmenstoffplan) entwickelt, der von einem Fachbeirat unter der Leitung des Bundes-instituts für Berufsbildung (BIBB) erarbeitet wurde. Zentrales Ziel des Rahmenplans ist

---

14 BGBl. I, S. 88.
15 BGBl. I, S. 88.
16 www.bibb.de/dokumente/pdf/empfehlung_135_rahmenplan_aevo.pdf.

die Sicherung von bundesweit einheitlichen Qualitätsstandards bei der Durchführung von Lehrgängen zum Erwerb der Ausbildereignung.

Dem Fachbeirat gehörten Sachverständige der Arbeitgeber und der Arbeitnehmer aus folgenden Institutionen an:

– Bildungswesen Edeka Aktiengesellschaft,
– Currenta GmbH & Co. OHG,
– DIHK-Gesellschaft für berufliche Bildung,
– FBH – Forschungsinstitut für Berufsbildung im Handwerk,
– Gewerkschaft TRANSNET,
– Gewerkschaft ver.di,
– IG BAU / Handwerkskammer des Saarlandes,
– IG Bergbau Chemie Energie,
– IG Metall,
– Landwirtschaftskammer Nordrhein-Westfalen,
– Vereinigung der kommunalen Arbeitgeberverbände,
– ZWH – Zentralstelle für die Weiterbildung im Handwerk.

Leitgedanken der neuen AEVO

Das wirtschaftliche Handeln der Betriebe vollzieht sich in einem komplexen, dynamischen und globalisierten Umfeld, welches gekennzeichnet ist durch kurze technologische Innovationszyklen, veränderte Formen der Arbeitsorganisation, mehr Kundennähe und eine stärkere Kundenbindung, ein gestiegenes Qualitätsbewusstsein sowie ein ausgeprägteres Bewusstsein für nachhaltige Wirkungen im Umweltschutz. Die sich daraus ergebenden erweiterten Anforderungen an die Fachkräfte nicht nur im Hinblick auf die fachlichen Qualifikationen, sondern vor allem hinsichtlich ihrer fachübergreifenden Kompetenzen wie Selbstständigkeit, Verantwortungsbereitschaft, Flexibilität und Initiative mit dem Ziel lebenslangen Lernens, stellen auch für die Ausbildung eine große Herausforderung dar. Ausbilder und Ausbilderinnen stehen nicht nur diesen gestiegenen Qualifikationsanforderungen gegenüber. Sie müssen darüber hinaus den demografischen Veränderungen (so wird in den nächsten Jahren die Gruppe potenzieller Auszubildender nicht nur kleiner, sondern auch deren Heterogenität nimmt durch Migrationsbewegungen zu), dem zunehmenden Einsatz der Informations- und Kommunikationstechnik sowie der stärkeren Arbeits- und Prozessorientierung in der Ausbildung Rechnung tragen.

Mit der Novellierung der AEVO wurde die Struktur der Handlungsfelder den gegenwärtigen Anforderungen an die Ausbilder und Ausbilderinnen angepasst.

Die vier neuen Handlungsfelder orientieren sich am Ablauf der Ausbildung:

1. Ausbildungsvoraussetzungen prüfen und Ausbildung planen,
2. Ausbildung vorbereiten und bei der Einstellung von Auszubildenden mitwirken,
3. Ausbildung durchführen und
4. Ausbildung abschließen.

Die von den Ausbildern und Ausbilderinnen für die Ausbildung in anerkannten Ausbildungsberufen nach dem Berufsbildungsgesetz (BBiG) zu erwerbenden berufs- und arbeitspädagogischen Fertigkeiten, Kenntnisse und Fähigkeiten sind in der novellierten AEVO für alle vier Handlungsfelder als Kompetenzen formuliert. Auch die im vorliegenden Rahmenplan vorgenommenen Spezifizierungen sind kompetenzbasiert formuliert. Zusätzlich werden für den Erwerb der betreffenden Fertigkeiten, Kenntnisse und Fähigkeiten »Beispielhafte Inhalte« benannt. Diese erheben nicht den Anspruch auf Vollständigkeit, sondern sind als Anregungen für die Gestaltung der Lehrgänge zu verstehen. Dabei können teilnehmerspezifische Schwerpunkte je nach Zusammensetzung der Lehrgänge gesetzt werden. Hauptziel der Lehrgänge ist der Erwerb berufs- und arbeitspädagogischer Fertigkeiten, Kenntnisse und Fähigkeiten. Darauf sind die Lehrgänge auszurichten.

Die Qualifikationsanforderungen an Ausbilder und Ausbilderinnen unterscheiden sich je nach Betriebsgröße, Wirtschaftsbereich, Branche und Funktion. Während es in den

Großbetrieben überwiegend eine Arbeitsteilung zwischen der Ausbildungsleitung, hauptberuflichen Ausbildern und ausbildenden Fachkräften gibt, werden in den kleinen und mittleren Unternehmen diese Aufgaben meistens vollständig von einzelnen verantwortlichen Ausbildern übernommen. Als zukünftiger Lernprozessbegleiter müssen sich Ausbilder und Ausbilderinnen auf die unterschiedlichen Ausbildungssituationen einstellen und vorbereiten können. Von großer Bedeutung ist, dass die Lehrgänge zum Erwerb der Ausbildereignung in ihrer inhaltlichen Gestaltung die unterschiedlichen Rahmenbedingungen der einzelnen Wirtschaftsbereiche bedarfsgerecht berücksichtigen.

In § 1 der AEVO ist geregelt, dass Ausbilder und Ausbilderinnen aller Wirtschaftsbereiche (mit Ausnahme der freien Berufe) für die Ausbildung in anerkannten Ausbildungsberufen nach dem BBiG den Erwerb der berufs- und arbeitspädagogischen Fertigkeiten, Kenntnisse und Fähigkeiten nach dieser Verordnung nachzuweisen haben. Insgesamt wird auch mit dem Rahmenplan angestrebt, eine gleichwertige inhaltliche Grundlage für die Vorbereitung auf berufs- und arbeitspädagogische Prüfungsteile von Meisterprüfungen zu schaffen.

Die wichtigsten Neuerungen der novellierten AEVO

Beschreibung des Anforderungsprofils in Form von Kompetenzen
Im Hinblick auf Zukunftsfähigkeit, Transparenz und Mobilität sind die Qualifikationsanforderungen in der AEVO und im Rahmenplan als Kompetenzen formuliert.

Damit wird die bildungspolitische Diskussion im Zusammenhang mit dem europäischen Qualifikationsrahmen und der damit verbundenen Forderung nach einer stärkeren Transparenz und Vergleichbarkeit ebenso berücksichtigt wie die nationale Entwicklung.

Bei der Erarbeitung der neuen AEVO wurde die Definition des Kompetenzbegriffs zugrunde gelegt, mit der auch der deutsche Qualifikationsrahmen entwickelt wird. Der Kompetenzbegriff bezeichnet demnach die Fähigkeit und Bereitschaft, Fertigkeiten und Kenntnisse sowie persönliche, soziale und methodische Fähigkeiten in Arbeits- oder Lernsituationen und für die berufliche und persönliche Entwicklung zu nutzen. Kompetenz wird in diesem Sinne als Handlungskompetenz verstanden. Wesentliches Merkmal der kompetenzorientierten Darstellung ist eine genauere Beschreibung der Aufgaben der Ausbilder und Ausbilderinnen sowie des Umfelds, in dem sie diese wahrnehmen.

Lehren und Lernen in Arbeits- und Geschäftsprozessen
Moderne Ausbildungsordnungen fordern, die Ausbildung prozessorientiert zu gestalten. Die Orientierung der Ausbildung an Arbeits- und Geschäftsprozessen ist im Kompetenzprofil der Ausbilder und Ausbilderinnen festgelegt und wird insbesondere in den Handlungsfeldern 2 und 3 in der AEVO explizit behandelt. Mit der Orientierung an Arbeits- und Geschäftsprozessen soll vor allem die Ausbildung am Arbeitsplatz stärker berücksichtigt werden.

Ausbildung im Verbund, in überbetrieblichen Berufsbildungsstätten und im Ausland
Viele Kleinbetriebe verfügen über gute Voraussetzungen für eine qualitativ hochwertige Ausbildung, können aber nicht alle Ausbildungsinhalte entsprechend der Ausbildungsordnung vollständig abdecken. Für sie bietet sich eine Kooperation mit anderen Betrieben oder Ausbildungsstätten an. Mit der Novellierung des BBiG im Jahre 2005 sind die Möglichkeiten der Verbundausbildung und der überbetrieblichen Berufsausbildung besonders hervorgehoben worden. Bei der Formulierung der erforderlichen Kompetenzen für Ausbilder und Ausbilderinnen findet dies im Rahmenplan Berücksichtigung.

Im Rahmenplan wird außerdem der durch die Novellierung des BBiG erweiterten Regelung entsprochen, dass Teile der Berufsausbildung im Ausland durchgeführt werden können.

Berücksichtigung heterogener Zielgruppen bei den Auszubildenden

Vor dem Hintergrund der zunehmenden Heterogenität der Bewerber und Bewerberinnen auf dem Ausbildungsmarkt (z.B. Jugendliche mit Migrationshintergrund, Lernbeeinträchtigte, Abiturienten, Realschüler, Hauptschüler) kommt der spezifischen Orientierung an den unterschiedlichen Zielgruppen, Kulturen und Vorkenntnissen eine besondere Bedeutung zu. In der neuen AEVO wird dieser Entwicklung noch stärker Rechnung getragen.

Empfohlene Lehrgangsdauer

Die Lehrgangsdauer, die benötigt wird, um die erforderlichen Ausbilderkompetenzen zu erwerben, beträgt 115 Unterrichtsstunden. Die methodischen Ausgestaltungen der Lernzeiten obliegen dem Anbieter und können zielgruppenspezifisch angepasst werden. Eine Maßnahme kann unter dem Einsatz von geeigneten Medien mit Selbstlernphasen organisiert und durchgeführt werden, so dass die Präsenzphasen auf nicht weniger als 90 Unterrichtsstunden verkürzt werden können. Es muss seitens des Bildungsträgers sichergestellt werden, dass der Selbstlernprozess aktiv gesteuert und der Lernfortschritt durch die Konzeption der Präsenzphasen überprüfbar ist. Alle Qualifikationsinhalte sind prüfungsrelevant – unabhängig von der Vermittlungsform bzw. der Vorbereitungsart.

Mit Blick auf die unterschiedlichen inhaltlichen Anforderungen wird folgende Aufteilung der Lehrgangsdauer empfohlen:

Handlungsfeld	Empfohlene Aufteilung der Lehrgangsdauer
1. Ausbildungsvoraussetzungen prüfen und Ausbildung planen	20 %
2. Ausbildung vorbereiten und bei der Einstellung von Auszubildenden mitwirken	20 %
3. Ausbildung durchführen	45 %
4. Ausbildung abschließen	15 %

Der Hauptausschuss des Bundesinstituts für Berufsbildung hat nach eingehender Beratung den vorliegenden Rahmenplan beschlossen und empfiehlt seine Anwendung.

Bonn, 25. Juni 2009

Rahmenplan zum Erwerb der Ausbildereignung gemäß AEVO

Handlungsfeld 1: Ausbildungsvoraussetzungen prüfen und Ausbildung planen (20 %)		
Kompetenzen	Fertigkeiten, Kenntnisse und Fähigkeiten	Beispielhafte Inhalte
Die Ausbilder und Ausbilderinnen sind in der Lage		
1.1 die Vorteile und den Nutzen betrieblicher Ausbildung darstellen und begründen zu können,	• die Ziele und Aufgaben der Berufsausbildung, insbesondere die Bedeutung der beruflichen Handlungskompetenz, für Branche und Betrieb herauszustellen, • die Vorteile und den Nutzen betrieblicher Ausbildung für junge	• Fachkräftenachwuchs, • gesellschaftliche Verantwortung, • Wettbewerbsvorteil, Flexibilität, Innovationskraft, direkter und indirekter Nutzen, • Ausbildungsvergütung, Sozialversicherung, Berufsschule,

Handlungsfeld 1: Ausbildungsvoraussetzungen prüfen und Ausbildung planen (20 %)		
Kompetenzen	Fertigkeiten, Kenntnisse und Fähigkeiten	Beispielhafte Inhalte
Die Ausbilder und Ausbilderinnen sind in der Lage		
	Menschen, Wirtschaft und Gesellschaft zu beschreiben, • den Nutzen der Ausbildung auch unter Berücksichtigung der Kosten für den Betrieb herauszustellen,	
1.2 bei den Planungen und Entscheidungen hinsichtlich des betrieblichen Ausbildungsbedarfs auf der Grundlage der rechtlichen, tarlfvertraglichen und betrieblichen Rahmenbedingungen mitzuwirken,	• den Ausbildungsbedarf mit Blick auf die Unternehmensentwicklung und die betrieblichen Rahmenbedingungen zu erläutern, • den Personalbedarf zu beachten, • die Bedeutung der Ausbildung im Rahmen der Personalentwicklung herauszustellen, • die für die Berufsausbildung relevanten rechtlichen Regelwerke bei der Entscheidung für die Ausbildung zu beachten,	• Ausbildungsplanung unter Berücksichtigung des qualitativen und quantitativen Personalbedarfs, • rechtliche Rahmenbedingungen der Ausbildung, insbesondere Berufsbildungsgesetz, Handwerksordnung, Jugendarbeitsschutzgesetz, Tarifrecht, • Empfehlungen des BIBB-Hauptausschusses,
1.3 die Strukturen des Berufsbildungssystems und seine Schnittstellen darzustellen,	• die Einbindung des Berufsbildungssystems in die Struktur des Bildungssystems zu beschreiben, • das Duale System der Berufsausbildung bezüglich Struktur, Zuständigkeiten, Aufgabenbereiche und Kontrolle zu beschreiben, • weitere Formen der beruflichen Erstausbildung zu überblicken, • die Schnittstellen und Durchlässigkeiten im Bildungssystem zu erläutern,	• grundlegende Anforderungen an das Bildungssystem: insbesondere Chancengleichheit, Durchlässigkeit, Transparenz, Gleichwertigkeit, • Abschlüsse der schulischen Berufsausbildung, • Duale Studiengänge, • die berufliche Bildung als Zugang zu Studiengängen,
1.4 Ausbildungsberufe für den Betrieb aus-	• die Entstehung von Ausbildungsberufen	• Verzeichnis staatlich anerkannter

Handlungsfeld 1: Ausbildungsvoraussetzungen prüfen und Ausbildung planen (20 %)		
Kompetenzen	Fertigkeiten, Kenntnisse und Fähigkeiten	Beispielhafte Inhalte
Die Ausbilder und Ausbilderinnen sind in der Lage		
zuwählen und zu begründen,	im Dualen System zu beschreiben, • Aufbau und Verbindlichkeit von Ausbildungsordnungen zu beachten, • Struktur, Funktionen und Ziele von Ausbildungsordnungen zu beschreiben, • die Ausbildungsberufe für den Betrieb anhand von Ausbildungsordnungen zu bestimmen und Flexibilisierungsmöglichkeiten zu nutzen,	Ausbildungs-berufe, • Ausbildungsmöglichkeiten im Betrieb, • Ausbildungsregelungen der zuständigen Stellen bzgl. der Berufsausbildung behinderter Menschen,
1.5 die Eignung des Betriebes für die Ausbildungin dem angestrebten Ausbildungsberuf zu prüfen sowie, ob und inwieweit Ausbildungsinhalte durch Maßnahmen außerhalb der Ausbildungsstätte, insbesondere Ausbildung im Verbund, überbetriebliche und außerbetriebliche Ausbildung, vermittelt werden können,	• die persönliche und fachliche Eignung für das Einstellen und Ausbilden zu klären, • die Eignung der Ausbildungsstätte für die Durchführung der Ausbildung zu prüfen und ggf. erforderliche Maßnahmen zur Herstellung der Eignung darzustellen, • die Aufgaben der zuständigen Stelle zur Überwachung der Eignung zu erläutern, • die Folgen bei Verstößen gegen Eignungsvoraussetzungen zu überblicken, • die Notwendigkeit von Maßnahmen außerhalb der Ausbildungsstätte zu erkennen und geeignete Möglichkeiten zu bestimmen, • die Möglichkeiten der zuständigen Stellen zur Unterstützung der Betriebe in Ausbildungsangelegenheiten zu beschreiben,	• Anforderungen des BBiG und der HwO: persönliche und fachliche Eignung, Eignung der Ausbildungsstätte, • Aufgaben der zuständigen Stelle zur Förderung und Überwachung der Ausbildung, • außerbetriebliche und überbetriebliche Ausbildung, Verbundausbildung sowie Teilzeitausbildung,

Handlungsfeld 1: Ausbildungsvoraussetzungen prüfen und Ausbildung planen (20 %)		
Kompetenzen	Fertigkeiten, Kenntnisse und Fähigkeiten	Beispielhafte Inhalte
Die Ausbilder und Ausbilderinnen sind in der Lage		
1.6 die Möglichkeiten des Einsatzes von auf die Berufsausbildung vorbereitenden Maßnahmen einzuschätzen,	• betriebliche Aktivitäten zur Unterstützung von Berufsorientierung zu planen, • Zielgruppen, Voraussetzungen und rechtliche Grundlagen für berufsorientierende Aktivitäten und berufsvorbereitende Maßnahmen, • die Bedeutung berufsvorbereitender Maßnahmen für die Nachwuchsgewinnung zu beurteilen und Fördermöglichkeiten zu benennen, • die Möglichkeiten der betrieblichen Umsetzung berufsvorbereitender Maßnahmen zu klären,	• zielgruppenspezifische berufsvorbereitende Maßnahmen in die Ausbildungsplanung einzubeziehen, • inhaltliche Strukturierung berufsvorbereitender Maßnahmen (Qualifizierungsbausteine), • Kooperationspartner in der Berufsorientierung und Berufsvorbereitung wie Schulen, Agentur für Arbeit, Bildungsträger, • betriebliche Aktivitäten wie z. B. Schulpraktika, Schnupperlehre, Tag der offenen Tür, Berufsmessen, Netzwerkarbeit, • Berufsgrundschuljahr, Berufsvorbereitungsjahr,
1.7 im Betrieb die Aufgaben der an der Ausbildung Mitwirkenden unter Berücksichtigung ihrer Funktionen und Qualifikationen abzustimmen,	• die Aufgaben und Verantwortungsbereiche der an der Ausbildung Mitwirkenden aufzuzeigen, • Rolle und Funktion des Ausbilders und der Ausbilderin im Spannungsfeld unterschiedlicher Erwartungen darzustellen, • die Mitbestimmungsrechte der Arbeitnehmervertretung zu berücksichtigen, • die Aufgaben mitwirkender Fachkräfte zu klären und deren Einbindung in die Ausbildung abzustimmen, • die Zusammenarbeit mit externen Beteiligten vorzubereiten,	• Abgrenzung: Ausbildender, Ausbilder, Ausbildungsbeauftragte,

Handlungsfeld 2: Ausbildung vorbereiten und bei der Einstellung von Auszubildenden mitwirken (20 %)		
Kompetenzen	Fertigkeiten, Kenntnisse und Fähigkeiten	Beispielhafte Inhalte
Die Ausbilder und Ausbilderinnen sind in der Lage		
2.1 auf der Grundlage einer Ausbildungsordnung einen betrieblichen Ausbildungsplan zu erstellen, der sich insbesondere an berufstypischen Arbeits- und Geschäftsprozessen orientiert,	• Bedeutung, Ziel und Inhalt eines betrieblichen Ausbildungsplans für eine geordnete Ausbildung zu erläutern, • die Struktur der Ausbildung bei der Ausbildungsplanung zu beachten, • den Bezug zwischen der sachlichen und zeitlichen Gliederung im Ausbildungsrahmenplan und den Arbeits- und Geschäftsprozessen des Betriebes herzustellen, • den betrieblichen Ausbildungsplan unter Berücksichtigung betrieblicher Anforderungen und individueller Lernvoraussetzungen zu erstellen; zeitliche und organisatorische Rahmenbedingungen der unterschiedlichen Lernorte zu beachten, • mit ausbildenden Fachkräften die Durchführbarkeit der Ausbildung zu prüfen, • die Umsetzung von Ausbildungsplänen zu überwachen und die Pläne ggf. anzupassen,	• Ausbildungsordnung als Grundlage des betrieblichen Ausbildungsplanes, insbesondere sachliche und zeitliche Gliederung der Ausbildung, • rechtliche Grundlage, Planungsbedarf und Grenzen der Ausbildungsplanung, • betrieblicher und individueller Ausbildungsplan, Gesamtversetzungspläne, • Bedeutung berufstypischer Arbeits- und Geschäftsprozesse sowie Funktionsbereiche und individueller Lernvoraussetzungen für die Erreichung der Ausbildungsziele, • Berufe mit Spezialisierungen, • Klassifikation und Arten von Lernorten: dezentrale, zentrale und externe; Arbeitsplatz, Lernecke, Lerninsel, Ausbildungswerkstatt,
2.2 die Möglichkeiten der Mitwirkung und Mitbestimmung der betrieblichen Interessenvertretungen in der Berufsbildung zu berücksichtigen,	• die Möglichkeiten der betrieblichen Interessenvertretung in der Berufsbildung zu beschreiben, • die Mitwirkungsmöglichkeiten der Jugend- und Auszubildendenvertretung im Bereich der Berufsbildung darzustellen,	• betriebliche Interessenvertretung: Jugend- und Auszubildendenvertretung, Betriebs- bzw. Personalrat, Schwerbehindertenvertretung, Gleichstellungsbeauftragte, • Betriebsverfassungsgesetz, Personalvertretungsgesetz,

Handlungsfeld 2: Ausbildung vorbereiten und bei der Einstellung von Auszubildenden mitwirken (20 %)		
Kompetenzen	Fertigkeiten, Kenntnisse und Fähigkeiten	Beispielhafte Inhalte
Die Ausbilder und Ausbilderinnen sind in der Lage		
	• die betriebliche Interessenvertretung über die beabsichtigte Durchführung der Berufsbildung zu informieren, • die Rechte der betrieblichen Interessenvertretung bei der Auswahl und Einstellung von Auszubildenden sowie bei der Durchführung und Beendigung der Ausbildung zu beachten,	• besondere Rechte der Mitglieder der Jugend- und Auszubildendenvertretung,
2.3 den Kooperationsbedarf zu ermitteln und sich inhaltlich sowie organisatorisch mit den Kooperationspartnern, insbesondere der Berufsschule, abzustimmen,	• die Möglichkeiten der Zusammenarbeit mit den an der Ausbildung beteiligten Partnern zu klären, • Kooperationsnetzwerke zu bilden und zu nutzen, • die Lernortkooperation Betrieb und Berufsschule sicherzustellen • die Kooperation mit außer- und überbetrieblichen Partnern bedarfsgerecht herzustellen,	• Netzwerk wesentlicher Kooperationspartner in der Ausbildung: Berufsschule, zuständige Stelle, Agentur für Arbeit, Träger überbetrieblicher und außerbetrieblicher Maßnahmen, • Ziele (Abstimmung der Ausbildung an den Lernorten), Inhalte (Lernfelder und Handlungsfelder) und Formen der Lernortkooperation (z. B. Projektausbildung),
2.4 Kriterien und Verfahren zur Auswahl von Auszubildenden auch unter Berücksichtigung ihrer Verschiedenartigkeit anzuwenden,	• die Möglichkeiten zur Anwerbung von Ausbildungsinteressenten darzustellen und zu bewerten, • die Anforderungen des Ausbildungsberufs sowie des Betriebes und Eignungsvoraussetzungen als Auswahlkriterien herauszustellen, • geeignete Verfahren zur Auswahl von Bewerbern unter Berücksichtigung verschiedener	• zielgruppengerechte Ansprache, • Planung und Durchführung von Auswahlverfahren unter Berücksichtigung des AGG, • anforderungsgerechte Kriterien für die Bewerberauswahl, • Verfahren für die Bewerberauswahl, wie Potenzialanalyse, Assessment, Einstellungstest, Einstellungsgespräche,

Handlungsfeld 2: Ausbildung vorbereiten und bei der Einstellung von Auszubildenden mitwirken (20 %)		
Kompetenzen	Fertigkeiten, Kenntnisse und Fähigkeiten	Beispielhafte Inhalte
Die Ausbilder und Ausbilderinnen sind in der Lage		
	Bewerbergruppen anzuwenden, • die rechtlichen Regelungen im Kontext des Auswahlverfahrens zu beachten, • Ausbildungsbewerbern die mit der Berufsbildung verbundenen Berufslaufbahnperspektiven aufzuzeigen,	• Ablauf und Auswertung eines strukturierten Einstellungsgesprächs,
2.5 den Berufsausbildungsvertrag vorzubereiten und die Eintragung des Vertrages bei der zuständigen Stelle zu veranlassen,	• wesentliche Inhalte eines Ausbildungsvertrages darzustellen, • die aus dem Vertrag sich ergebenden Rechte und Pflichten des Ausbildenden und der Auszubildenden darzustellen, • die Voraussetzungen für die Eintragung des Ausbildungsvertrages in das Ausbildungsverzeichnis zu erläutern, • Auszubildende bei der Berufsschule anzumelden,	• rechtliche Grundlagen und Inhalte (sachliche und zeitliche Gliederung, Verkürzung, Ausbildungsbeginn, -dauer) des Ausbildungsvertrages, Formvorschriften, • Ordnungswidrigkeiten bei Vertragsabschluss, • Vorschriften des JArbSchG, • Rechte und Pflichten des Ausbildenden und des Auszubildenden, • rechtliche Möglichkeiten der Kündigung von Ausbildungsverhältnissen, • Beendigung des Ausbildungsverhältnisses: Bestehen der Prüfung, Ablauf der Ausbildungsdauer, Vertragsaufhebung, • länderspezifische Regelungen zur Berufsschulpflicht,
2.6 die Möglichkeiten zu prüfen, ob Teile der Berufsausbildung im Ausland durchgeführt werden können,	• die Vorteile und mögliche Risiken von Ausbildungsabschnitten im Ausland für Auszubildende und den Betrieb auszuloten, • die Rechtsgrundlagen für die Entscheidungsfindung heranzuziehen,	• Grundzüge der wesentlichen Ausbildungssysteme in Europa, • Informationsquellen über Berufsausbildung in anderen europäischen Ländern, • Beratungs- und Unterstützungsmöglich-

Handlungsfeld 2: Ausbildung vorbereiten und bei der Einstellung von Auszubildenden mitwirken (20 %)		
Kompetenzen	Fertigkeiten, Kenntnisse und Fähigkeiten	Beispielhafte Inhalte
Die Ausbilder und Ausbilderinnen sind in der Lage		
	• die Formen und Inhalte der Berufsausbildung in anderen Ländern bei der Planung der Ausbildung im Ausland einzubeziehen, • die Beratungs- und Unterstützungsmöglichkeiten für die Durchführung der Ausbildung im Ausland darzustellen, • die Dokumentation der Ausbildung im Ausland nachzuvollziehen,	keiten: Mobilitätsberatung, Förderprogramme (z.B. Leonardo da Vinci), • europaweit anerkannte Zertifikate: z.B. Europass,

Handlungsfeld 3: Ausbildung durchführen (45 %)		
Kompetenzen	Fertigkeiten, Kenntnisse und Fähigkeiten	Beispielhafte Inhalte
Die Ausbilder und Ausbilderinnen sind in der Lage		
3.1 lernförderliche Bedingungen und eine motivierende Lernkultur zu schaffen, Rückmeldungen zu geben und zu empfangen,	• die individuellen Voraussetzungen der Auszubildenden für die Gestaltung von Lernprozessen zu berücksichtigen, • für äußere lernförderliche Rahmenbedingungen zu sorgen, • die Entwicklung einer Lernkultur des selbst gesteuerten Lernens zu unterstützen sowie die Rolle des Ausbilders als Lernprozessbegleiter zu reflektieren, • das Lernen durch Beachtung grundlegender didaktischer Prinzipien zu fördern, • die Lernprozesse durch Zielvereinbarungen, Stärkung der Motivation und Transfersicherung zu unterstützen,	• Lernvoraussetzungen, Lernförderung und Lernkultur, • Lernumgebung: organisatorisch, räumlich, zeitlich, • Tagesleistungskurve, Ermüdung und Erholung, • Grundlagen der Motivation, Lernmotive und Bestandteile, Eigen- und Fremdmotivation, • Behalten und Vergessen, • Formen und Notwendigkeit des Feedbacks, Feedbackregeln,

Handlungsfeld 3: Ausbildung durchführen (45 %)		
Kompetenzen	Fertigkeiten, Kenntnisse und Fähigkeiten	Beispielhafte Inhalte
Die Ausbilder und Ausbilderinnen sind in der Lage		
	• das Lernen durch Vermittlung von Lern- und Arbeitstechniken zu fördern, • die Lernergebnisse zu ermitteln und dem Auszubildenden seine Kompetenzentwicklung durch geeignetes Feedback deutlich zu machen, • Rückmeldungen der Auszubildenden zu empfangen, • das eigene Führungsverhalten im Rahmen der Ausbildung zu reflektieren,	
3.2 die Probezeit zu organisieren, zu gestalten und zu bewerten,	• die inhaltliche und organisatorische Gestaltung der Probezeit festzulegen; die rechtlichen Grundlagen zu beachten, • die Lern- und Arbeitsaufgaben für die Probezeit auszuwählen, die Anhaltspunkte zur Eignung und Neigung des Auszubildenden für die Ausbildung geben können, • die Einführung der Auszubildenden in den Betrieb zu planen, • die Entwicklung der Auszubildenden während der Probezeit zu bewerten und mit den Auszubildenden rückzukoppeln, • die Durchführung und das Ergebnis der Probezeit zu bewerten,	• Einführung in den Betrieb: Arbeitssicherheit, Betriebsinformationen, Aufbau und Organisation, Arbeitsplatz, • berufstypische Inhalte, • Einführungs- und Auswertungsgespräche, • Kündigungsmöglichkeiten, Fortsetzung der Ausbildung, • organisatorische und didaktische Gestaltung von Rahmenbedingungen,
3.3 aus dem betrieblichen Ausbildungsplan und den berufstypischen Arbeits-	• die Bedeutung des Lernens in Arbeits- und Geschäftsprozessen herauszustellen,	• Ausbildung in berufstypischen Aufträgen bzw. Geschäftsprozessen,

Handlungsfeld 3: Ausbildung durchführen (45 %)		
Kompetenzen	Fertigkeiten, Kenntnisse und Fähigkeiten	Beispielhafte Inhalte
Die Ausbilder und Ausbilderinnen sind in der Lage		
und Geschäftsprozessen betriebliche Lern- und Arbeitsaufgaben zu entwickeln und zu gestalten,	• den Ausbildungsplan sowie Arbeits- und Geschäftsprozesse zu analysieren, Lernziele zu formulieren und hieraus geeignete Lern- und Arbeitsaufgaben abzuleiten, • die Auszubildenden unter Berücksichtigung individueller Voraussetzungen in Arbeitsaufgaben einzubinden, • didaktische und methodische Prinzipien bei der Gestaltung der Lern- und Arbeitsaufgaben zu beachten,	• Lernzielformulierung, -konkretisierung und -überprüfung (Lernzielstufen, Lernbereiche), • vollständige Handlung, • didaktische Prinzipien: Lernen und Arbeiten verknüpfen, Lernen an realen Betriebsabläufen,
3.4 Ausbildungsmethoden und -medien zielgruppengerecht auszuwählen und situationsspezifisch einzusetzen,	• Ausbildungsmethoden und deren Einsatzmöglichkeiten darzustellen, • Kriterien für die Auswahl von Methoden zu beschreiben und die Methodenauswahl zu begründen, • die methodische Gestaltung von Ausbildungsinhalten zu planen, umzusetzen und zu bewerten, • die Größe und die Zusammensetzung der Lerngruppe anforderungsgerecht festzulegen, • die Funktion von Ausbildungsmedien und -mitteln zu beschreiben und diese methodengerecht auszuwählen und einzusetzen, • den Einsatz von E-Learning für die Ausbildung zu beurteilen,	• Ausbildungsmethoden / Methoden-Mix: Kurzvortrag, Präsentation, Lehrgespräch, 4-Stufen-Methode, Lernauftrag, Planspiel, Rollenspiel, Gruppenarbeit, Moderation, Projektmethode, Leittext-Methode (Modell der vollständigen Handlung), • Kriterien für die Auswahl: Lernvoraussetzungen, Praktikum, Ausbildungsstand, Alter, Entwicklungsphase, Familie, Ausbildungsziele und Rahmenbedingungen, Lernorte,
3.5 Auszubildende bei Lernschwierigkeiten	• typische Lernschwierigkeiten in der Ausbil-	• Erscheinungsformen (Konzentrationsschwie-

Handlungsfeld 3: Ausbildung durchführen (45 %)		
Kompetenzen	Fertigkeiten, Kenntnisse und Fähigkeiten	Beispielhafte Inhalte
Die Ausbilder und Ausbilderinnen sind in der Lage		
durch individuelle Gestaltung der Ausbildung und Lernberatung zu unterstützen, bei Bedarf ausbildungsunterstützende Hilfen einzusetzen und die Möglichkeit zur Verlängerung der Ausbildungszeit zu prüfen,	dung zu erkennen und mögliche Ursachen festzustellen, • Lernvoraussetzungen zu überprüfen, • bei Lernschwierigkeiten Beratung anzubieten und individuelle Hilfestellung zu geben, • Fördermaßnahmen einzuleiten, • den Bedarf von ausbildungsbegleitenden Hilfen (abH) zu erkennen und Maßnahmen zu organisieren, • die Möglichkeit zur Verlängerung der Ausbildungszeit zu prüfen,	rigkeiten, fehlende Motivation, Abstraktionsprobleme), • Ursachen (Über- u. Unterforderung, Interesselosigkeit, Krankheit, persönlichkeitsbedingte Faktoren, externe Faktoren) von Lernschwierigkeiten und darauf abgestimmte Lernhilfen, • mögliche Lernhilfen: Motivationsförderung, individuell erreichbare Lernziele, Eigeninitiative des Auszubildenden im Lernprozess, Selbstvertrauen,
3.6 Auszubildenden zusätzliche Ausbildungsangebote, insbesondere in Form von Zusatzqualifikationen, zu machen und die Möglichkeit der Verkürzung der Ausbildungsdauer und die der vorzeitigen Zulassung zur Abschlussprüfung zu prüfen,	• besondere Voraussetzungen und Begabungen bei Auszubildenden zu erkennen und sie durch Angebote z.B. von Zusatzqualifikationen zu fördern, • Möglichkeiten der Verkürzung der Ausbildungsdauer sowie der vorzeitigen Zulassung zur Abschlussprüfung für diese Auszubildenden zu klären sowie den restlichen Ausbildungszeitraum zu gestalten,	• Fördermaßnahmen, rechtliche Voraussetzungen, formeller Antrag an zuständige Stelle, • Förderangebote für leistungsstarke Auszubildende, • Anpassung des individuellen Ausbildungsplanes,
3.7 die soziale und persönliche Entwicklung von Auszubildenden zu fördern, Probleme und Konflikte rechtzeitig zu erkennen sowie auf eine Lösung hinzuwirken,	• die soziale Instanz Betrieb im Rahmen der Sozialisationsinstanzen einzuordnen, • die Entwicklungsaufgaben Jugendlicher in der Ausbildung zu beschreiben, entwicklungstypisches Verhalten von Auszubildenden sowie maßgebliche Umwelteinflüsse	• Vorbild, Vorbildfunktion des Ausbilders, • Werte und Normen, • Entwicklungsaufgaben im Jugendalter und entwicklungstypisches Verhalten Auszubildender sowie Umwelteinflüsse, • Verhaltensauffälligkeiten: Angst, Aggression, Süchte,

Handlungsfeld 3: Ausbildung durchführen (45 %)		
Kompetenzen	Fertigkeiten, Kenntnisse und Fähigkeiten	Beispielhafte Inhalte
Die Ausbilder und Ausbilderinnen sind in der Lage		
	bei der Gestaltung der Ausbildung zu berücksichtigen, • die Kommunikationsprozesse während der Ausbildung zu gestalten, die Kommunikationsfähigkeit der Auszubildenden zu fördern, • auffälliges Verhalten und typische Konfliktsituationen in der Ausbildung rechtzeitig zu erkennen, zu analysieren und Strategien zum konstruktiven Umgang mit Konflikten anzuwenden, • interkulturell bedingte Ursachen für Konflikte zu erkennen und konstruktiv damit umzugehen, • häufige Ursachen für Ausbildungsabbrüche zu reflektieren und Maßnahmen zu ihrer Vermeidung zu ergreifen, • Schlichtungsmöglichkeiten während der Ausbildung zu nutzen,	• Individualkonflikte, Gruppenkonflikte, interkulturelle Aspekte,
3.8 Leistungen feststellen und zu bewerten, Leistungsbeurteilungen Dritter und Prüfungsergebnisse auszuwerten, Beurteilungsgespräche zu führen, Rückschlüsse für den weiteren Ausbildungsverlauf zu ziehen,	• Formen der Erfolgskontrolle zur Feststellung und Bewertung von Leistungen in der Ausbildung auszuwählen und Erfolgskontrollen durchzuführen, • Lernprozesse im Zusammenhang von Lern- und Arbeitsaufgaben zu kontrollieren und Rückschlüsse daraus zu ziehen, • das Verhalten der Auszubildenden regelmäßig kriterienorien-	• Erfolgskontrollen: Beobachtung, Arbeitsprobe, Präsentationen, Selbstbeurteilungen, Arbeitsergebnisse, • grundlegende Anforderungen an Erfolgskontrollen: Gültigkeit, Transparenz, Wirtschaftlichkeit, • Beurteilungsbogen, • Berufsschulzeugnisse, über- und außerbetriebliche Leistungsnachweise, Zwischen- und Abschlussprüfung,

Handlungsfeld 3: Ausbildung durchführen (45 %)		
Kompetenzen	Fertigkeiten, Kenntnisse und Fähigkeiten	Beispielhafte Inhalte
Die Ausbilder und Ausbilderinnen sind in der Lage		
	tiert zu beurteilen und dazu Beurteilungsgespräche zu führen, • die Ergebnisse außerbetrieblicher Erfolgskontrollen auszuwerten, • Ausbildungsnachweise zur Kontrolle und Förderung sowie zum Abgleich mit dem Ausbildungsplan zu nutzen,	• Ausbildungsnachweise/Berichtsheft,
3.9 interkulturelle Kompetenzen zu fördern,	• anderen Kulturkreisen offen zu begegnen und kulturell bedingte Unterschiede positiv aufzugreifen (interkulturelles Lernen), • Auszubildende mit Migrationshintergrund bedarfsorientiert zu fördern,	• kulturelle Unterschiede und interkulturelle Kompetenzen, • Integration, Toleranz, Empathie und Zusammenarbeit, • Sozialisationsprozesse in verschiedenen Kulturen,

Handlungsfeld 4: Ausbildung abschließen (15 %)		
Kompetenzen	Fertigkeiten, Kenntnisse und Fähigkeiten	Beispielhafte Inhalte
Die Ausbilder und Ausbilderinnen sind in der Lage		
4.1 Auszubildende auf die Abschluss- oder Gesellenprüfung unter Berücksichtigung der Prüfungstermine vorzubereiten und die Ausbildung zu einem erfolgreichen Abschluss zu führen,	• aus der Ausbildungsordnung die Anforderungen der Zwischen- und Abschluss-/Gesellenprüfung herauszustellen, • die Bedeutung und den Ablauf der gestreckten Abschluss-/Gesellenprüfung darzustellen, • Hilfen zur Prüfungsvorbereitung und zur Vermeidung von Prüfungsversagen anzubieten, • die Besonderheiten einer Prüfungssituation zu vermitteln,	• spezifische Hilfen und Techniken zur Prüfungsvorbereitung: Azubi-Runden, Kurse zur Prüfungsvorbereitung, Üben an realen Prüfungsaufgaben, • Überwindung von Prüfungsangst: Denkblockaden, Zeitmanagement in einer Prüfungssituation und Terminplanung, • Zusammensetzung und Aufgaben von Prüfungsausschüssen (BBiG, Prüfungsordnung),

Handlungsfeld 4: Ausbildung abschließen (15 %)		
Kompetenzen	Fertigkeiten, Kenntnisse und Fähigkeiten	Beispielhafte Inhalte
Die Ausbilder und Ausbilderinnen sind in der Lage		
	• das Bereitstellen der erforderlichen Prüfungsmittel sicherzustellen,	• Prüfungsmittel: Material, Werkzeuge, Ausstattung,
4.2 für die Anmeldung der Auszubildenden zu Prüfungen bei der zuständigen Stelle zu sorgen und diese auf durchführungsrelevante Besonderheiten hinzuweisen,	• rechtliche Vorgaben für die Anmeldung der Auszubildenden zu den Prüfungen und für die Freistellung zu beachten; bei der Anmeldung mitzuwirken, • rechtliche Bedingungen für eine vorzeitige Zulassung zur Abschlussprüfung zu beachten, • prüfungsrelevante Besonderheiten der Auszubildenden der zuständigen Stelle mitzuteilen, • bei Nichtbestehen der Prüfung rechtliche Vorgaben zur Wiederholungsprüfung und zur Verlängerung der Ausbildungszeit zu berücksichtigen, • die Verlängerung der Ausbildung bei nicht bestandener Prüfung zu gestalten,	• Anmeldeformular, Anmeldetermine, Ausbildungsnachweise, Teilabschlussprüfung, • vorzeitige Zulassung zur Abschlussprüfung: Antrag, Anhörung, überdurchschnittliche Leistungen, Ausbildungsplanung verändern, • prüfungsrelevante Besonderheiten von Auszubildenden: Behinderungen, Beeinträchtigungen (Rechtschreibschwäche), • Freistellung: BBiG, JArbSchG, Tarifverträge,
4.3 an der Erstellung eines schriftlichen Zeugnisses auf der Grundlage von Leistungsbeurteilungen mitzuwirken,	• gesetzliche und betriebliche Vorgaben zu beachten sowie die arbeitsrechtliche Bedeutung von Zeugnissen für die Auszubildenden herauszustellen, • verschiedene Arten von Zeugnissen zu unterscheiden, • Zeugnisse auf der Grundlage betrieblicher Beurteilungen vorzubereiten und rechtliche Konsequenzen zu beachten,	• einfaches und qualifiziertes Zeugnis, • Formulierung von Zeugnissen: erlaubte und nicht erlaubte Inhalte, • Rechtsfolgen von Zeugnissen,

Handlungsfeld 4: Ausbildung abschließen (15 %)		
Kompetenzen	Fertigkeiten, Kenntnisse und Fähigkeiten	Beispielhafte Inhalte
Die Ausbilder und Ausbilderinnen sind in der Lage		
4.4 Auszubildende über betriebliche Entwicklungswege und berufliche Weiterbildungsmöglichkeiten zu informieren und zu beraten.	• den Stellenwert der beruflichen Fort- und Weiterbildung zu begründen, • berufliche und betriebliche Entwicklungsmöglichkeiten aufzuzeigen, • über Fördermöglichkeiten für berufliche Fort- und Weiterbildung zu informieren.	• lebenslanges Lernen, Mobilität, • berufs-, betriebsspezifische Angebote, Weiterbildungswege, • Übernahme, Karriereplan, • finanzielle Förderung beruflicher Bildungsmaßnahmen: Begabtenförderung, Meister-BAföG, Stipendien.

4. Härtefallregelung (Abs. 6)

Um Härtefälle zu vermeiden, kann nach Absatz 6 die nach Landesrecht zuständige Behörde, § 81 BBiG, in Ausnahmefällen Personen, die die für die fachliche Eignung erforderlichen beruflichen oder berufs- und arbeitspädagogischen Fertigkeiten, Kenntnisse und Fähigkeiten nicht nach den Absätzen 2, 4 (soweit erforderlich) oder 5 nachweisen können, die fachliche Eignung nach Anhörung der zuständigen Stelle widerruflich zuerkennen. Die Zuerkennung kann gegebenenfalls davon abhängig gemacht werden, dass ein etwa erforderlicher Nachweis innerhalb eines bestimmten Zeitraums zu erbringen ist.[17] **17**

5. Überwachung

Die **Überwachung** der persönlichen und fachlichen Eignung der Ausbildenden **18**
und der Ausbilder obliegt nach § 32 BBiG[18] der zuständigen Stelle, die zu diesem Zweck Ausbildungsberater zu bestellen hat. Bei fehlender persönlicher oder fachlicher Eignung hat die nach Landesrecht zuständige Behörde **das Einstellen und Ausbilden zu untersagen.**[19] Zur Einleitung und zur Durchführung dieses Verwaltungsverfahrens, s. § 32 BBiG.

6. Mitbestimmungsrecht von Betriebs- und Personalrat

Betriebs- und Personalräte haben ein Mitbestimmungsrecht nach § 98 Abs. 2 **19**
BetrVG bzw. § 75 Abs. 3 Nr. 6 BPersVG, d.h. sie können der Bestellung einer mit der Durchführung der betrieblichen Berufsausbildung beauftragten Person widersprechen oder ihre Abberufung verlangen, wenn diese die persönliche oder fachliche, insbesondere die berufs- und arbeitspädagogische Eignung i.S.d. BBiG nicht besitzt.[20]

---

17 § 76 Abs. 1 Satz 2 BBiG.
18 S. dort.
19 S. § 33 BBiG.
20 Schneider in DKK, § 98 Rn. 9.

7. Parallelverordnung in der HwO

20 Für den Bereich des **Handwerks** existiert mit § 22 b Abs. 4 HwO nunmehr eine
entsprechende Regelung.

§ 31 Europaklausel

**(1) In den Fällen des § 30 Abs. 2 und 4 besitzt die für die fachliche Eignung
erforderlichen beruflichen Fertigkeiten, Kenntnisse und Fähigkeiten auch, wer
die Voraussetzungen für die Anerkennung seiner Berufsqualifikation nach der
Richtlinie 2005/36/EG des Europäischen Parlaments und des Rates vom 7. September 2005 über die Anerkennung von Berufsqualifikationen (ABl. EU Nr. L 255
S. 22) erfüllt, sofern er eine angemessene Zeit in seinem Beruf praktisch tätig
gewesen ist. § 30 Abs. 4 Nr. 3 bleibt unberührt.
(2) Die Anerkennung kann unter den in Artikel 14 der in Absatz 1 genannten
Richtlinie aufgeführten Voraussetzungen davon abhängig gemacht werden,
dass der Antragsteller oder die Antragstellerin zunächst einen höchstens dreijährigen Anpassungslehrgang ableistet oder eine Eignungsprüfung ablegt.
(3) Die Entscheidung über die Anerkennung trifft die zuständige Stelle. Sie kann
die Durchführung von Anpassungslehrgängen und Eignungsprüfungen regeln.**

Inhaltsübersicht   Rn.

1.	Allgemeines	1
2.	Fachliche Eignung bei europäischen Berufsqualifikationen (Abs. 1)	3
3.	Ausgleichsmaßnahmen (Abs. 2)	6
4.	Kompetenzen der zuständigen Stelle (Abs. 3)	9
4.1	Anerkennungsakt	10
4.2	Regelungen über Anpassungslehrgänge und Eignungsprüfungen	13
5.	Parallelvorschrift im Handwerk	15

1. Allgemeines

1 Die Vorschrift wurde durch das zweite Gesetz zum Abbau bürokratischer
Hemmnisse, insbesondere in der mittelständischen Wirtschaft (MEG II)[1] neu
gefasst. Die Gesetzesbegründung[2] stellt den Hintergrund dar:
»Mit der Richtlinie 2005/36 EG/EG vom 7. September 2005 des Europäischen
Parlaments und des Rats über die Anerkennung von Berufsqualifikationen[3]
wurde die Anerkennung von Berufsqualifikationen, die in den anderen Mit-
gliedstaaten der Europäischen Union (EU) erworben wurden, neu geregelt. Die
Richtlinie muss bis zum 20. Oktober 2007 in deutsches Recht umgesetzt werden.
Für den Bereich des Handwerksrechts ist dafür eine Änderung der EU-/EWR-
Handwerk-Verordnung erforderlich, die die bislang geltenden Anerkennungs-
richtlinien umgesetzt hat. Voraussetzung für die Änderung der EU-/EWR-
Handwerk-Verordnung ist eine Neufassung und Aktualisierung der bisherigen
Verordnungsermächtigung in § 9 Abs. 1 der Handwerksordnung (HwO).
Gleichzeitig sollen zur Umsetzung der Richtlinie 2005/36 EG/EG bestimmte

---

1 Vom 7. September 2007, BGBl. I, S. 2246.
2 BT-Drucks. 16/5522 zu Art. 9 a (neu) und 9 b (neu).
3 ABl. EG Nr. L 255 S. 22.

ausländische Diplome deutschen Hochschulabschlüssen gleichgestellt werden. Die Anerkennung ausländischer Berufsqualifikationen für die Ausbildungsbefugnis soll weiterhin in der Handwerksordnung und im Berufsbildungsgesetz parallel geregelt und der neuen Anerkennungsrichtlinie angepasst werden. In den Gesetzentwurf sollen daher folgende Regelungen aufgenommen werden:

– Neufassung der Verordnungsermächtigung in der Handwerksordnung für die Umsetzung von Anerkennungsrichtlinien der EU;

– Gleichstellung bestimmter in der EU, dem Europäischen Wirtschaftsraum (EWR) oder der Schweiz ausgestellter Diplome mit deutschen Hochschulabschlüssen;

– Regelung der Anerkennung ausländischer Berufsqualifikationen für die fachliche Eignung zum Ausbilden (in der Handwerksordnung und im Berufsbildungsgesetz).

Die Gesetzgebungskompetenz des Bundes im Rahmen der konkurrierenden Gesetzgebung ergibt sich aus Artikel 74 Abs. 1 Nr. 11 des Grundgesetzes (GG) (Recht der Wirtschaft). Eine bundeseinheitliche Regelung der vorgesehenen Änderungen ist zur Wahrung der Rechtseinheit im gesamtstaatlichen Interesse im Sinne des Artikels 72 Abs. 2 GG erforderlich.«

Die Neufassung des § 31 wird vom Gesetzgeber so begründet:

»Die Neufassung von § 31 BBiG dient der Umsetzung der Richtlinie 2005/36 EG/EG vom 7. September 2005 über die Anerkennung von Berufsqualifikationen. Die Richtlinie erfordert im Berufsbildungsgesetz zwar keine Änderungen hinsichtlich der einzelnen BBiG-Ausbildungsberufe, da diese Berufe keine sog. reglementierten Berufe sind, bei denen die Berufsausübung staatlicherseits an einen Qualifikationsnachweis geknüpft ist. Durch Neufassung des § 31 muss aber die sog. Europaklausel des BBiG an die neue Richtlinie angepasst werden. Denn das BBiG macht jedenfalls die Tätigkeit von Ausbilderinnen und Ausbildern von einer beruflichen Qualifikation abhängig. § 31 regelt die Voraussetzungen, unter denen im Ausland erworbene Qualifikationen bei dem Nachweis fachlicher Eignung anerkannt werden können.«

2

Richtlinie 2005/36 EG/EG des Europäischen Parlaments und des Rates vom 7. September 2005 über die Anerkennung von Berufsqualifikationen (Text von Bedeutung für den EWR) (Auszug) Amtsblatt Nr. L 255 vom 30/09/2005 S. 0022 – 0142
DAS EUROPÄISCHE PARLAMENT UND DER RAT DER EUROPÄISCHEN UNION
gestützt auf den Vertrag zur Gründung der Europäischen Gemeinschaft, insbesondere auf Artikel 40, Artikel 47 Absatz 1, Artikel 47 Absatz 2 Sätze 1 und 3 und Artikel 55,
auf Vorschlag der Kommission [1],
nach Stellungnahme des Europäischen Wirtschafts- und Sozialausschusses [2],
gemäß dem Verfahren des Artikels 251 des Vertrags [3],
in Erwägung nachstehender Gründe:
…
(9) Die Grundsätze und Garantien für die Niederlassungsfreiheit, die in den verschiedenen derzeit geltenden Anerkennungsregelungen enthalten sind, sollen aufrechterhalten werden, wobei aber die Vorschriften dieser Anerkennungsregeln im Lichte der Erfahrungen verbessert werden sollten. Außerdem sind die einschlägigen Richtlinien mehrfach geändert worden, und es sollte daher durch eine Vereinheitlichung der geltenden Grundsätze eine Neuordnung und Straffung ihrer Bestimmungen vorgenommen werden. Es ist daher erforderlich, folgende Richtlinien aufzuheben und in einem einzigen neuen Text zusammenzufassen: die Richtlinien 89/48/EWG [5] und 92/51/ EWG [6] des Rates sowie die Richtlinie 1999/42/EG des Europäischen Parlaments und

des Rates über die allgemeine Regelung zur Anerkennung beruflicher Befähigungsnachweise [7] sowie die Richtlinien 77/452/EWG [8], 77/453/EWG [9], 78/686/EWG [10], 78/687/EWG [11], 78/1026/EWG [12], 78/1027/EWG [13], 80/154/EWG [14], 80/155/EWG [15], 85/384/EWG [16], 85/432/EWG [17], 85/433/EWG [18] und 93/16/EWG [19] des Rates, die die Tätigkeiten der Krankenschwester und des Krankenpflegers, die für die allgemeine Pflege verantwortlich sind, des Zahnarztes, des Tierarztes, der Hebamme, des Architekten, des Apothekers bzw. des Arztes betreffen.

(10) Diese Richtlinie hindert die Mitgliedstaaten nicht daran, gemäß ihren Rechtsvorschriften Berufsqualifikationen anzuerkennen, die außerhalb des Gebiets der Europäischen Union von einem Staatsangehörigen eines Drittstaats erworben wurden. In jedem Fall sollte die Anerkennung unter Beachtung der Mindestanforderungen an die Ausbildung für bestimmte Berufe erfolgen.

(11) Für die Berufe, die unter die allgemeine Regelung zur Anerkennung von Ausbildungsnachweisen – nachstehend »allgemeine Regelung« genannt – fallen, sollten die Mitgliedstaaten die Möglichkeit behalten, das Mindestniveau der notwendigen Qualifikation festzulegen, um die Qualität der in ihrem Hoheitsgebiet erbrachten Leistungen zu sichern. Nach den Artikeln 10, 39 und 43 des Vertrags sollten sie einem Angehörigen eines Mitgliedsstaates jedoch nicht vorschreiben, dass er Qualifikationen, die sie in der Regel durch schlichte Bezugnahme auf die in ihrem innerstaatlichen Bildungssystem ausgestellten Diplome bestimmen, erwirbt, wenn die betreffende Person diese Qualifikationen bereits ganz oder teilweise in einem anderen Mitgliedstaat erworben hat. Deshalb sollte vorgesehen werden, dass jeder Aufnahmemitgliedstaat, in dem ein Beruf reglementiert ist, die in einem anderen Mitgliedstaat erworbenen Qualifikationen berücksichtigen und dabei beurteilen muss, ob sie den von ihm geforderten Qualifikationen entsprechen. Dieses allgemeine System zur Anerkennung steht jedoch dem nicht entgegen, dass ein Mitgliedstaat jeder Person, die einen Beruf in diesem Mitgliedstaat ausübt, spezifische Erfordernisse vorschreibt, die durch die Anwendung der durch das allgemeine Interesse gerechtfertigten Berufsregeln begründet sind. Diese betreffen insbesondere die Regeln hinsichtlich der Organisation des Berufs, die beruflichen Standards, einschließlich der standesrechtlichen Regeln, die Vorschriften für die Kontrolle und die Haftung. Schließlich zielt diese Richtlinie nicht auf einen Eingriff in das berechtigte Interesse der Mitgliedstaaten ab, zu verhindern, dass einige ihrer Staatsangehörigen sich in missbräuchlicher Weise der Anwendung des nationalen Rechts im Bereich der Berufe entziehen.

(12) Diese Richtlinie regelt die Anerkennung von in anderen Mitgliedstaaten erworbenen Berufsqualifikationen durch die Mitgliedstaaten. Sie gilt jedoch nicht für die Anerkennung von aufgrund dieser Richtlinie gefassten Anerkennungsbeschlüssen anderer Mitgliedstaaten durch die Mitgliedstaaten. Eine Person, deren Berufsqualifikationen aufgrund dieser Richtlinie anerkannt worden sind, kann sich somit nicht auf diese Anerkennung berufen, um in ihrem Herkunftsmitgliedstaat Rechte in Anspruch zu nehmen, die sich nicht aus der in diesem Mitgliedstaat erworbenen Berufsqualifikation ableiten, es sei denn, sie weist nach, dass sie zusätzliche Berufsqualifikationen im Aufnahmemitgliedstaat erworben hat.

(13) Um den Anerkennungsmechanismus aufgrund der allgemeinen Regelung festzulegen, müssen die einzelstaatlichen Systeme der allgemeinen und beruflichen Bildung in Niveaus unterteilt werden. Diese Niveaus, die nur zum Zweck der Anwendung der allgemeinen Regelung festgelegt werden, haben keine Auswirkungen auf die einzelstaatlichen Strukturen der allgemeinen und beruflichen Bildung oder auf die Zuständigkeit der Mitgliedstaaten auf diesem Gebiet.

(14) Der durch die Richtlinien 89/48/EWG und 92/51/EWG eingeführte Anerkennungsmechanismus ändert sich nicht. Folglich sollte der Inhaber eines Zeugnisses, das den erfolgreichen Abschluss einer postsekundären Ausbildung von mindestens einem Jahr bescheinigt, Zugang zu einem reglementierten Beruf in einem Mitgliedstaat erhalten, in dem dieser Zugang von der Vorlage eines Zeugnisses über den erfolgreichen Abschluss einer Hochschul- oder Universitätsausbildung von vier Jahren abhängt,

unabhängig von dem Niveau, zu dem der im Aufnahmemitgliedstaat verlangte Ausbildungsabschluss gehört. Umgekehrt sollte der Zugang zu einem reglementierten Beruf, soweit er vom erfolgreichen Abschluss einer Hochschul- oder Universitätsausbildung von mehr als vier Jahren abhängt, nur den Inhabern eines Zeugnisses über den erfolgreichen Abschluss einer Hochschul- oder Universitätsausbildung von mindestens drei Jahren gewährt werden.

(15) Da die Mindestanforderungen an die Ausbildung für die Aufnahme und Ausübung der unter die allgemeine Regelung fallenden Berufe nicht harmonisiert sind, sollte der Aufnahmemitgliedstaat die Möglichkeit haben, eine Ausgleichsmaßnahme vorzuschreiben. Diese Maßnahme sollte dem Grundsatz der Verhältnismäßigkeit entsprechen und insbesondere die Berufserfahrung des Antragstellers berücksichtigen. Die Erfahrung zeigt, dass die Möglichkeit, dem Migranten nach seiner Wahl einen Eignungstest oder einen Anpassungslehrgang vorzuschreiben, hinreichende Garantien hinsichtlich seines Qualifikationsniveaus bietet, so dass jede Abweichung von dieser Wahlmöglichkeit in jedem Einzelfall durch einen zwingenden Grund des Allgemeininteresses gerechtfertigt sein müsste.

(16) Um die Freizügigkeit von Berufstätigen zu fördern und gleichzeitig ein angemessenes Qualifikationsniveau zu gewährleisten, sollten verschiedene Berufsverbände und -organisationen oder die Mitgliedstaaten auf europäischer Ebene gemeinsame Plattformen vorschlagen können. Unter bestimmten Voraussetzungen und unter Beachtung der Zuständigkeit der Mitgliedstaaten für die Festlegung der für die Ausübung der Berufe in ihrem Hoheitsgebiet erforderlichen beruflichen Qualifikationen sowie für den Inhalt und die Organisation ihrer Systeme für die allgemeine und berufliche Bildung und unter Beachtung des Gemeinschaftsrechts, insbesondere des gemeinschaftlichen Wettbewerbsrechts, sollte diese Richtlinie diesen Initiativen Rechnung tragen, während sie gleichzeitig einen stärkeren Automatismus der Anerkennung im Rahmen der allgemeinen Regelung fördert. Die Berufsverbände, die gemeinsame Plattformen vorlegen können, sollten auf einzelstaatlicher und europäischer Ebene repräsentativ sein. Eine gemeinsame Plattform besteht in einer Reihe von Kriterien, mit denen wesentliche Unterschiede, die zwischen den Ausbildungsanforderungen in mindestens zwei Dritteln der Mitgliedstaaten, einschließlich all jener Mitgliedstaaten, in denen der Beruf reglementiert ist, festgestellt wurden, möglichst umfassend ausgeglichen werden können. Zu den Kriterien könnten beispielsweise Anforderungen wie eine Zusatzausbildung, ein Anpassungslehrgang in der Praxis unter Aufsicht, eine Eignungsprüfung, ein vorgeschriebenes Minimum an Berufserfahrung oder eine Kombination solcher Anforderungen gehören.

(17) Damit alle Sachverhalte berücksichtigt werden, die bisher keiner Regelung zur Anerkennung von Berufsqualifikationen unterliegen, sollte die allgemeine Regelung auf die Fälle ausgedehnt werden, die nicht durch eine Einzelregelung abgedeckt werden, entweder weil der Beruf unter keine der Regelungen fällt oder weil der Beruf zwar unter eine bestimmte Regelung fällt, der Antragsteller aus besonderen und außergewöhnlichen Gründen die Voraussetzungen für die Inanspruchnahme dieser Regelung jedoch nicht erfüllt.

(18) Es ist geboten, die Vorschriften zu vereinfachen, die in den Mitgliedstaaten, in denen die betreffenden Berufe reglementiert sind, die Aufnahme bestimmter Tätigkeiten in Industrie, Handel und Handwerk ermöglichen, sofern die entsprechenden Tätigkeiten in einem Mitgliedstaat während eines angemessenen, nicht zu weit zurückliegenden Zeitraums ausgeübt worden sind; gleichzeitig gilt es aber, an einem System der automatischen Anerkennung auf der Grundlage der Berufserfahrung für diese Tätigkeiten festzuhalten.

…

HABEN FOLGENDE RICHTLINIE ERLASSEN:

§ 31 Europaklausel

TITEL I
ALLGEMEINE BESTIMMUNGEN

Artikel 1
Gegenstand

Diese Richtlinie legt die Vorschriften fest, nach denen ein Mitgliedstaat, der den Zugang zu einem reglementierten Beruf oder dessen Ausübung in seinem Hoheitsgebiet an den Besitz bestimmter Berufsqualifikationen knüpft (im Folgenden »Aufnahmemitgliedstaat« genannt), für den Zugang zu diesem Beruf und dessen Ausübung die in einem oder mehreren anderen Mitgliedstaaten (im Folgenden »Herkunftsmitgliedstaat« genannt) erworbenen Berufsqualifikationen anerkennt, die ihren Inhaber berechtigen, dort denselben Beruf auszuüben.

Artikel 2
Anwendungsbereich

(1) Diese Richtlinie gilt für alle Staatsangehörigen eines Mitgliedstaats, die als Selbstständige oder abhängig Beschäftigte, einschließlich der Angehörigen der freien Berufe, einen reglementierten Beruf in einem anderen Mitgliedstaat als dem, in dem sie ihre Berufsqualifikationen erworben haben, ausüben wollen.

(2) Jeder Mitgliedstaat kann in seinem Hoheitsgebiet nach Maßgabe seiner Vorschriften den Staatsangehörigen der Mitgliedstaaten, die eine Berufsqualifikation gemäß Artikel 3 Absatz 1 Buchstabe a vorweisen können, die nicht in einem Mitgliedstaat erworben wurde, die Ausübung eines reglementierten Berufs gestatten. Für die Berufe in Titel III Kapitel III erfolgt diese erste Anerkennung unter Beachtung der dort genannten Mindestanforderungen an die Ausbildung.

(3) Wurden für einen bestimmten reglementierten Beruf in einem gesonderten gemeinschaftlichen Rechtsakt andere spezielle Regelungen unmittelbar für die Anerkennung von Berufsqualifikationen festgelegt, so finden die entsprechenden Bestimmungen dieser Richtlinie keine Anwendung.

Artikel 3
Begriffsbestimmungen

(1) Für die Zwecke dieser Richtlinie gelten folgende Begriffsbestimmungen:

a) »reglementierter Beruf« ist eine berufliche Tätigkeit oder eine Gruppe beruflicher Tätigkeiten, bei der die Aufnahme oder Ausübung oder eine der Arten der Ausübung direkt oder indirekt durch Rechts- und Verwaltungsvorschriften an den Besitz bestimmter Berufsqualifikationen gebunden ist; eine Art der Ausübung ist insbesondere die Führung einer Berufsbezeichnung, die durch Rechts- oder Verwaltungsvorschriften auf Personen beschränkt ist, die über eine bestimmte Berufsqualifikation verfügen. Trifft Satz 1 dieser Begriffsbestimmung nicht zu, so wird ein unter Absatz 2 fallender Beruf als reglementierter Beruf behandelt;

b) »Berufsqualifikationen« sind die Qualifikationen, die durch einen Ausbildungsnachweis, einen Befähigungsnachweis nach Artikel 11 Buchstabe a Ziffer i und/oder Berufserfahrung nachgewiesen werden;

c) »Ausbildungsnachweise« sind Diplome, Prüfungszeugnisse und sonstige Befähigungsnachweise, die von einer Behörde eines Mitgliedstaats, die entsprechend dessen Rechts- und Verwaltungsvorschriften benannt wurde, für den Abschluss einer überwiegend in der Gemeinschaft absolvierten Berufsausbildung ausgestellt werden. Findet Satz 1 keine Anwendung, so sind Ausbildungsnachweise im Sinne des Absatzes 3 den hier genannten Ausbildungsnachweisen gleichgestellt;

d) »zuständige Behörde«: jede von den Mitgliedstaaten mit der besonderen Befugnis ausgestattete Behörde oder Stelle, Ausbildungsnachweise und andere Dokumente oder Informationen auszustellen bzw. entgegenzunehmen sowie Anträge zu erhalten und Beschlüsse zu fassen, auf die in der vorliegenden Richtlinie abgezielt wird;

e) »reglementierte Ausbildung« ist eine Ausbildung, die speziell auf die Ausübung eines bestimmten Berufes ausgerichtet ist und aus einem abgeschlossenen Ausbildungsgang oder mehreren abgeschlossenen Ausbildungsgängen besteht, der gegebenenfalls durch eine Berufsausbildung, durch ein Berufspraktikum oder durch Berufspraxis ergänzt wird;

Der Aufbau und das Niveau der Berufsausbildung, des Berufspraktikums oder der Berufspraxis müssen in den Rechts- und Verwaltungsvorschriften des jeweiligen Mitgliedstaats festgelegt sein oder von einer zu diesem Zweck bestimmten Behörde kontrolliert oder genehmigt werden;

f) »Berufserfahrung« ist die tatsächliche und rechtmäßige Ausübung des betreffenden Berufs in einem Mitgliedstaat;

g) »Anpassungslehrgang« ist die Ausübung eines reglementierten Berufs, die in dem Aufnahmemitgliedstaat unter der Verantwortung eines qualifizierten Berufsangehörigen erfolgt und gegebenenfalls mit einer Zusatzausbildung einhergeht. Der Lehrgang ist Gegenstand einer Bewertung. Die Einzelheiten des Anpassungslehrgangs und seiner Bewertung sowie die Rechtsstellung des beaufsichtigten zugewanderten Lehrgangsteilnehmers werden von der zuständigen Behörde des Aufnahmemitgliedstaats festgelegt. Die Rechtsstellung des Lehrgangsteilnehmers im Aufnahmemitgliedstaat, insbesondere im Bereich des Aufenthaltsrechts sowie der Verpflichtungen, sozialen Rechte und Leistungen, Vergütungen und Bezüge wird von den zuständigen Behörden des betreffenden Mitgliedstaats gemäß dem geltenden Gemeinschaftsrecht festgelegt;

h) »Eignungsprüfung« ist eine ausschließlich die beruflichen Kenntnisse des Antragstellers betreffende und von den zuständigen Behörden des Aufnahmemitgliedstaats durchgeführte Prüfung, mit der die Fähigkeit des Antragstellers, in diesem Mitgliedstaat einen reglementierten Beruf auszuüben, beurteilt werden soll. Zur Durchführung dieser Prüfung erstellen die zuständigen Behörden ein Verzeichnis der Sachgebiete, die aufgrund eines Vergleichs zwischen der in ihrem Staat verlangten Ausbildung und der bisherigen Ausbildung des Antragstellers von dem Diplom oder den sonstigen Ausbildungsnachweisen, über die der Antragsteller verfügt, nicht abgedeckt werden.

Bei der Eignungsprüfung muss dem Umstand Rechnung getragen werden, dass der Antragsteller in seinem Heimatmitgliedstaat oder dem Mitgliedstaat, aus dem er kommt, über eine berufliche Qualifikation verfügt. Die Eignungsprüfung erstreckt sich auf Sachgebiete, die aus dem Verzeichnis ausgewählt werden und deren Kenntnis eine wesentliche Voraussetzung für die Ausübung des Berufs im Aufnahmemitgliedstaat ist. Diese Prüfung kann sich auch auf die Kenntnis der sich auf die betreffenden Tätigkeiten im Aufnahmemitgliedstaat beziehenden berufsständischen Regeln erstrecken.

Die Durchführung der Eignungsprüfung im Einzelnen sowie die Rechtsstellung des Antragstellers im Aufnahmemitgliedstaat, in dem er sich auf die Eignungsprüfung vorzubereiten wünscht, werden von den zuständigen Behörden des betreffenden Mitgliedstaats festgelegt;

I) »Betriebsleiter« ist eine Person, die in einem Unternehmen des entsprechenden Berufszweigs

I) die Position des Leiters des Unternehmens oder einer Zweigniederlassung innehat oder

II) Stellvertreter eines Inhabers oder Leiters eines Unternehmens ist, sofern mit dieser Position eine Verantwortung verbunden ist, die der des vertretenen Inhabers oder Leiters vergleichbar ist, oder

III) in leitender Stellung mit kaufmännischen und/oder technischen Aufgaben und mit der Verantwortung für eine oder mehrere Abteilungen des Unternehmens tätig ist.

(2) Einem reglementierten Beruf gleichgestellt ist ein Beruf, der von Mitgliedern von Verbänden oder Organisationen im Sinne des Anhangs I ausgeübt wird.

Die in Unterabsatz 1 genannten Verbände oder Organisationen verfolgen insbesondere das Ziel der Wahrung und Förderung eines hohen Niveaus in dem betreffenden Beruf. Zur Erreichung dieses Ziels werden sie von einem Mitgliedstaat in besonderer Form anerkannt; sie stellen ihren Mitgliedern einen Ausbildungsnachweis aus, gewähren, dass ihre Mitglieder die von ihnen vorgeschriebenen berufsständischen Regeln beachten und verleihen ihnen das Recht, einen Titel zu führen, eine bestimmte Kurzbezeichnung zu verwenden oder einen diesem Ausbildungsnachweis entsprechenden Status in Anspruch zu nehmen.

Die Mitgliedstaaten unterrichten die Kommission über jede Anerkennung eines Verbandes oder einer Organisation im Sinne des Unterabsatzes 1; die Kommission veröffentlicht eine entsprechende Bekanntmachung im Amtsblatt der Europäischen Union.

(3) Einem Ausbildungsnachweis gleichgestellt ist jeder in einem Drittland ausgestellte Ausbildungsnachweis, sofern sein Inhaber in dem betreffenden Beruf drei Jahre Berufserfahrung im Hoheitsgebiet des Mitgliedstaats, der diesen Ausbildungsnachweis nach Artikel 2 Absatz 2 anerkannt hat, besitzt und dieser Mitgliedstaat diese Berufserfahrung bescheinigt.

Artikel 4
Wirkungen der Anerkennung

(1) Die Anerkennung der Berufsqualifikationen durch den Aufnahmemitgliedstaat ermöglicht der begünstigten Person, in diesem Mitgliedstaat denselben Beruf wie den, für den sie in ihrem Herkunftsmitgliedstaat qualifiziert ist, aufzunehmen und unter denselben Voraussetzungen wie Inländer auszuüben.

(2) Für die Zwecke dieser Richtlinie ist der Beruf, den der Antragsteller im Aufnahmemitgliedstaat ausüben möchte, derselbe wie derjenige, für den er in seinem Herkunftsmitgliedstaat qualifiziert ist, wenn die Tätigkeiten, die er umfasst, vergleichbar sind.

...

TITEL III
NIEDERLASSUNGSFREIHEIT

KAPITEL I
Allgemeine Regelung für die Anerkennung von Ausbildungsnachweisen

Artikel 10
Anwendungsbereich

Dieses Kapitel gilt für alle Berufe, die nicht unter Kapitel II und III dieses Titels fallen, sowie für die folgenden Fälle, in denen der Antragsteller aus besonderen und außergewöhnlichen Gründen die in diesen Kapiteln genannten Voraussetzungen nicht erfüllt:

a) für die in Anhang IV aufgeführten Tätigkeiten, wenn der Migrant die Anforderungen der Artikel 17, 18 und 19 nicht erfüllt,

b) für Ärzte mit Grundausbildung, Fachärzte, Krankenschwestern und Krankenpfleger für allgemeine Pflege, Zahnärzte, Fachzahnärzte, Tierärzte, Hebammen, Apotheker und Architekten, wenn der Migrant die Anforderungen der tatsächlichen und rechtmäßigen Berufspraxis gemäß den Artikeln 23, 27, 33, 37, 39, 43 und 49 nicht erfüllt,

c) für Architekten, wenn der Migrant über einen Ausbildungsnachweis verfügt, der nicht in Anhang V Nummer 5.7. aufgeführt ist,

d) unbeschadet des Artikels 21 Absatz 1 und der Artikel 23 und 27 für Ärzte, Krankenschwestern und Krankenpfleger, Zahnärzte, Tierärzte, Hebammen, Apotheker und Architekten, die über einen Ausbildungsnachweis für eine Spezialisierung verfügen, der nach der Ausbildung zum Erwerb einer der in Anhang V Nummern 5.1.1., 5.2.2., 5.3.2., 5.4.2., 5.5.2., 5.6.2. und 5.7.1 aufgeführten Bezeichnungen erworben worden sein muss, und zwar ausschließlich zum Zwecke der Anerkennung der betreffenden Spezialisierung,

e) für Krankenschwestern und Krankenpfleger für allgemeine Pflege und für spezialisierte Krankenschwestern und Krankenpfleger, die über einen Ausbildungsnachweis für eine Spezialisierung verfügen, der nach der Ausbildung zum Erwerb einer der in Anhang V Nummer 5.2.2. aufgeführten Bezeichnungen erworben wurde, wenn der Migrant die Anerkennung in einem anderen Mitgliedstaat beantragt, in dem die betreffenden beruflichen Tätigkeiten von spezialisierten Krankenschwestern und Krankenpflegern, die keine Ausbildung für die allgemeine Pflege absolviert haben, ausgeübt werden,

f) für spezialisierte Krankenschwestern und Krankenpfleger, die keine Ausbildung für die allgemeine Pflege absolviert haben, wenn der Migrant die Anerkennung in einem anderen Mitgliedstaat beantragt, in dem die betreffenden beruflichen Tätigkeiten von Krankenschwestern und Krankenpflegern für allgemeine Pflege, von spezialisierten Krankenschwestern und Krankenpflegern, die keine Ausbildung für die allgemeine Pflege absolviert haben, oder von spezialisierten Krankenschwestern und Krankenpflegern, die über einen Ausbildungsnachweis für eine Spezialisierung verfügen, der nach der Ausbildung zum Erwerb einer der in Anhang V Nummer 5.2.2. aufgeführten Bezeichnungen erworben wurde, ausgeübt werden,

g) für Migranten, die die Anforderungen nach Artikel 3 Absatz 3 erfüllen.

Artikel 11
Qualifikationsniveaus

Für die Anwendung von Artikel 13 werden die Berufsqualifikationen den nachstehenden Niveaus wie folgt zugeordnet:

a) Befähigungsnachweis, den eine zuständige Behörde des Herkunftsmitgliedstaats, die entsprechend dessen Rechts- und Verwaltungsvorschriften benannt wurde, ausstellt

I) entweder aufgrund einer Ausbildung, für die kein Zeugnis oder Diplom im Sinne der Buchstaben b, c, d oder e erteilt wird, oder einer spezifischen Prüfung ohne vorhergehende Ausbildung oder aufgrund der Ausübung des Berufs als Vollzeitbeschäftigung in einem Mitgliedstaat während drei aufeinander folgender Jahre oder als Teilzeitbeschäftigung während eines entsprechenden Zeitraums in den letzten zehn Jahren;

II) oder aufgrund einer allgemeinen Schulbildung von Primär- oder Sekundarniveau, wodurch dem Inhaber des Befähigungsnachweises bescheinigt wird, dass er Allgemeinkenntnisse besitzt.

b) Zeugnis, das nach Abschluss einer Ausbildung auf Sekundarniveau erteilt wird,

I) entweder einer allgemein bildenden Sekundarausbildung, die durch eine Fach- oder Berufsausbildung, die keine Fach- oder Berufsausbildung im Sinne des von Buchstabe c ist, und / oder durch ein neben dem Ausbildungsgang erforderliches Berufspraktikum oder eine solche Berufspraxis ergänzt wird;

II) oder einer technischen oder berufsbildenden Sekundarausbildung, die gegebenenfalls durch eine Fach- oder Berufsausbildung gemäß Ziffer i und / oder durch ein neben dem Ausbildungsgang erforderliches Berufspraktikum oder eine solche Berufspraxis ergänzt wird.

c) Diplom, das erteilt wird nach Abschluss

I) einer postsekundären Ausbildung von mindestens einem Jahr oder einer Teilzeitausbildung von entsprechender Dauer, die keine postsekundäre Ausbildung im Sinne der Buchstaben d und e ist und für die im Allgemeinen eine der Zugangsbedingungen der Abschluss einer zum Universitäts- oder Hochschulstudium berechtigenden Sekundarausbildung oder eine abgeschlossene entsprechende Schulbildung der Sekundarstufe II ist, sowie der Berufsausbildung, die gegebenenfalls neben der postsekundären Ausbildung gefordert wird;

II) oder – im Falle eines reglementierten Berufs – eines dem Ausbildungsniveau gemäß Ziffer i entsprechenden besonders strukturierten in Anhang II enthaltenen Ausbildungsgangs, der eine vergleichbare Berufsbefähigung vermittelt und auf eine vergleichbare berufliche Funktion und Verantwortung vorbereitet. Das Verzeichnis in Anhang II kann nach dem in Artikel 58 Absatz 2 genannten Verfahren geändert werden, damit Ausbildungsgängen Rechnung getragen wird, die den Voraussetzungen des vorstehenden Satzes genügen.

d) Diplom, das erteilt wird nach Abschluss einer postsekundären Ausbildung von mindestens drei und höchstens vier Jahren oder einer Teilzeitausbildung von entsprechender Dauer an einer Universität oder Hochschule oder einer anderen Ausbildungseinrichtung mit gleichwertigem Ausbildungsniveau sowie der Berufsausbildung, die gegebenenfalls neben dem Studium gefordert wird.

e) Nachweis, mit dem dem Inhaber bestätigt wird, dass er einen postsekundären Ausbildungsgang von mindestens vier Jahren oder eine Teilzeitausbildung von entsprechender Dauer an einer Universität oder einer Hochschule oder in einer anderen Ausbildungseinrichtung mit gleichwertigem Niveau und gegebenenfalls die über den postsekundären Ausbildungsgang hinaus erforderliche berufliche Ausbildung erfolgreich abgeschlossen hat.

Artikel 12
Gleichgestellte Ausbildungsgänge

Jeder Ausbildungsnachweis oder jede Gesamtheit von Ausbildungsnachweisen, die von einer zuständigen Behörde in einem Mitgliedstaat ausgestellt wurde, sofern sie eine in der Gemeinschaft erworbene Ausbildung abschließen und von diesem Mitgliedstaat als gleichwertig anerkannt werden und in Bezug auf die Aufnahme oder Ausübung eines Berufs dieselben Rechte verleihen oder auf die Ausübung dieses Berufs vorbereiten, sind Ausbildungsnachweisen nach Artikel 11 gleichgestellt, auch in Bezug auf das entsprechende Niveau.

Unter den Voraussetzungen des Absatzes 1 sind solchen Ausbildungsnachweisen Berufsqualifikationen gleichgestellt, die zwar nicht den Erfordernissen der Rechts- oder Verwaltungsvorschriften des Herkunftsmitgliedstaats für die Aufnahme oder Ausübung eines Berufs entsprechen, ihrem Inhaber jedoch erworbene Rechte gemäß diesen Vorschriften verleihen. Dies gilt insbesondere, wenn der Herkunftsmitgliedstaat das Niveau der Ausbildung, die für die Zulassung zu einem Beruf oder für dessen Ausübung erforderlich ist, hebt und wenn eine Person, die zuvor eine Ausbildung durchlaufen hat, die nicht den Erfordernissen der neuen Qualifikation entspricht, aufgrund nationaler Rechts- oder Verwaltungsvorschriften erworbene Rechte besitzt; in einem solchen Fall stuft der Aufnahmemitgliedstaat zur Anwendung von Artikel 13 diese zuvor durchlaufene Ausbildung als dem Niveau der neuen Ausbildung entsprechend ein.

Artikel 13
Anerkennungsbedingungen

(1) Wird die Aufnahme oder Ausübung eines reglementierten Berufs in einem Aufnahmemitgliedstaat von dem Besitz bestimmter Berufsqualifikationen abhängig gemacht, so gestattet die zuständige Behörde dieses Mitgliedstaats den Antragstellern, die den Befähigungs- oder Ausbildungsnachweis besitzen, der in einem anderen Mitgliedstaat erforderlich ist, um in dessen Hoheitsgebiet die Erlaubnis zur Aufnahme und Ausübung dieses Berufs zu erhalten, die Aufnahme oder Ausübung dieses Berufs unter denselben Voraussetzungen wie Inländern.

Die Befähigungs- oder Ausbildungsnachweise müssen

a) in einem Mitgliedstaat von einer entsprechend dessen Rechts- und Verwaltungsvorschriften benannten zuständigen Behörde ausgestellt worden sein;

b) bescheinigen, dass das Berufsqualifikationsniveau des Inhabers zumindest unmittelbar unter dem Niveau nach Artikel 11 liegt, das der Aufnahmemitgliedstaat fordert.

(2) Die Aufnahme und die Ausübung eines Berufs gemäß Absatz 1 müssen dem Antragsteller ebenfalls gestattet werden, wenn er diesen Beruf vollzeitlich zwei Jahre lang in den vorhergehenden zehn Jahren in einem anderen Mitgliedstaat, der diesen Beruf nicht reglementiert, ausgeübt hat, sofern er im Besitz eines oder mehrerer Befähigungs- oder Ausbildungsnachweise ist.

Die Befähigungs- oder Ausbildungsnachweise müssen

a) in einem Mitgliedstaat von einer entsprechend dessen Rechts- und Verwaltungsvorschriften benannten zuständigen Behörde ausgestellt worden sein;

b) bescheinigen, dass das Berufsqualifikationsniveau des Inhabers zumindest unmittelbar unter dem Niveau nach Artikel 11 liegt, das der Aufnahmemitgliedstaat fordert;

c) bescheinigen, dass der Inhaber auf die Ausübung des betreffenden Berufs vorbereitet wurde.

Die in Unterabsatz 1 genannte zweijährige Berufserfahrung darf nicht gefordert werden, wenn der Ausbildungsnachweis des Antragstellers eine reglementierte Ausbildung im Sinne des Artikels 3 Absatz 1 Buchstabe d der Qualifikationsniveaus gemäß Artikel 11

Buchstaben b, c, d oder e abschließt. Als reglementierte Ausbildungen werden die in Anhang III aufgeführten Ausbildungsgänge des Niveaus nach Artikel 11 Buchstabe c betrachtet. Das Verzeichnis in Anhang III kann nach dem in Artikel 58 Absatz 2 genannten Verfahren geändert werden, damit reglementierten Ausbildungsgängen Rechnung getragen wird, die eine vergleichbare Berufsbefähigung vermitteln und auf eine vergleichbare berufliche Verantwortung und Funktion vorbereiten.

(3) Abweichend von Absatz 1 Buchstabe b und Absatz 2 Buchstabe b gewährt der Aufnahmemitgliedstaat den Zugang zu einem reglementierten Beruf und erlaubt dessen Ausübung, wenn in seinem Hoheitsgebiet für den Zugang zu diesem Beruf ein Ausbildungsnachweis verlangt wird, der eine Hochschul- oder Universitätsausbildung von vier Jahren abschließt, und der Antragsteller über einen Ausbildungsnachweis des Niveaus gemäß Artikel 11 Buchstabe c verfügt.

Artikel 14
Ausgleichsmaßnahmen

(1) Artikel 13 hindert den Aufnahmemitgliedstaat nicht daran, in einem der nachstehenden Fälle vom Antragsteller zu verlangen, dass er einen höchstens dreijährigen Anpassungslehrgang absolviert oder eine Eignungsprüfung ablegt:
a) wenn die Ausbildungsdauer, die er gemäß Artikel 13 Absatz 1 oder 2 nachweist, mindestens ein Jahr unter der im Aufnahmemitgliedstaat geforderten Ausbildungsdauer liegt;
b) wenn seine bisherige Ausbildung sich auf Fächer bezieht, die sich wesentlich von denen unterscheiden, die durch den Ausbildungsnachweis abgedeckt werden, der im Aufnahmemitgliedstaat vorgeschrieben ist;
c) wenn der reglementierte Beruf im Aufnahmemitgliedstaat eine oder mehrere reglementierte berufliche Tätigkeiten umfasst, die im Herkunftsmitgliedstaat des Antragstellers nicht Bestandteil des entsprechenden reglementierten Berufs im Sinne des Artikels 4 Absatz 2 sind, und wenn dieser Unterschied in einer besonderen Ausbildung besteht, die im Aufnahmemitgliedstaat gefordert wird und sich auf Fächer bezieht, die sich wesentlich von denen unterscheiden, die von dem Befähigungs- oder Ausbildungsnachweis abgedeckt werden, den der Antragsteller vorlegt.
(2) Wenn der Aufnahmemitgliedstaat von der Möglichkeit nach Absatz 1 Gebrauch macht, muss er dem Antragsteller die Wahl zwischen dem Anpassungslehrgang und der Eignungsprüfung lassen.
Wenn ein Mitgliedstaat es für erforderlich hält, für einen bestimmten Beruf vom Grundsatz der Wahlmöglichkeit des Antragstellers nach Unterabsatz 1 zwischen Anpassungslehrgang und Eignungsprüfung abzuweichen, unterrichtet er vorab die anderen Mitgliedstaaten und die Kommission davon und begründet diese Abweichung in angemessener Weise.
Wenn die Kommission nach Erhalt aller nötigen Informationen zu der Ansicht gelangt, dass die in Unterabsatz 2 bezeichnete Abweichung nicht angemessen ist oder nicht dem Gemeinschaftsrecht entspricht, fordert sie den betreffenden Mitgliedstaat binnen drei Monaten auf, von der geplanten Maßnahme Abstand zu nehmen. Wenn die Kommission innerhalb dieser Frist nicht tätig wird, darf der Mitgliedstaat von der Wahlfreiheit abweichen.
(3) Abweichend vom Grundsatz der freien Wahl des Antragstellers nach Absatz 2 kann der Aufnahmemitgliedstaat bei Berufen, deren Ausübung eine genaue Kenntnis des einzelstaatlichen Rechts erfordert und bei denen Beratung und/oder Beistand in Bezug auf das einzelstaatliche Recht ein wesentlicher und beständiger Teil der Berufsausübung ist, entweder einen Anpassungslehrgang oder eine Eignungsprüfung vorschreiben.
Dies gilt auch für die Fälle nach Artikel 10 Buchstaben b und c, für die Fälle nach Artikel 10 Buchstabe d – betreffend Ärzte und Zahnärzte –, für die Fälle nach Artikel 10 Buchstabe f – wenn der Migrant die Anerkennung in einem anderen Mitgliedstaat beantragt, in dem die betreffenden beruflichen Tätigkeiten von Krankenschwestern und Krankenpflegern für allgemeine Pflege oder von spezialisierten Krankenschwestern

und Krankenpflegern, die über einen Ausbildungsnachweis für eine Spezialisierung verfügen, der nach der Ausbildung zur Erlangung einer der in Anhang V Nummer 5.2.2. aufgeführten Berufsbezeichnungen erworben wurde, ausgeübt werden – sowie für die Fälle nach Artikel 10 Buchstabe g.

In den Fällen nach Artikel 10 Buchstabe a kann der Aufnahmemitgliedstaat einen Anpassungslehrgang oder eine Eignungsprüfung verlangen, wenn Tätigkeiten als Selbstständiger oder als Betriebsleiter ausgeübt werden sollen, die die Kenntnis und die Anwendung der geltenden spezifischen innerstaatlichen Vorschriften erfordern, soweit die zuständige Behörde des Aufnahmemitgliedstaats für die eigenen Staatsangehörigen die Kenntnis und die Anwendung dieser innerstaatlichen Vorschriften für den Zugang zu den Tätigkeiten vorschreibt.

(4) Für die Zwecke der Anwendung des Absatzes 1 Buchstaben b und c sind unter »Fächer, die sich wesentlich unterscheiden«, jene Fächer zu verstehen, deren Kenntnis eine wesentliche Voraussetzung für die Ausübung des Berufs ist und bei denen die bisherige Ausbildung des Migranten bedeutende Abweichungen hinsichtlich Dauer oder Inhalt gegenüber der im Aufnahmemitgliedstaat geforderten Ausbildung aufweist.

(5) Bei der Anwendung des Absatzes 1 ist nach dem Grundsatz der Verhältnismäßigkeit zu verfahren. Insbesondere muss der Aufnahmemitgliedstaat, wenn er beabsichtigt, dem Antragsteller einen Anpassungslehrgang oder eine Eignungsprüfung aufzuerlegen, zunächst prüfen, ob die vom Antragsteller im Rahmen seiner Berufspraxis in einem Mitgliedstaat oder einen Drittland erworbenen Kenntnisse den wesentlichen Unterschied nach Absatz 4 ganz oder teilweise ausgleichen können.

Artikel 15
Befreiung von Ausgleichsmaßnahmen auf der Grundlage gemeinsamer Plattformen

(1) Für die Zwecke dieses Artikels bezeichnet der Ausdruck »gemeinsame Plattformen« eine Reihe von Kriterien in Bezug auf Berufsqualifikationen, die geeignet sind, wesentliche Unterschiede, die zwischen den Ausbildungsanforderungen der verschiedenen Mitgliedstaaten für einen bestimmten Beruf festgestellt wurden, auszugleichen. Diese wesentlichen Unterschiede werden durch einen Vergleich von Dauer und Inhalt der Ausbildung in mindestens zwei Dritteln der Mitgliedstaaten, einschließlich all jener Mitgliedstaaten, die diesen Beruf reglementieren, ermittelt. Die Unterschiede im Inhalt der Ausbildung können durch wesentliche Unterschiede im Umfang der beruflichen Tätigkeiten begründet sein.

(2) Gemeinsame Plattformen gemäß Absatz 1 können der Kommission von den Mitgliedstaaten oder von auf nationaler oder europäischer Ebene repräsentativen Berufsverbänden oder -organisationen vorgelegt werden. Ist die Kommission nach Anhörung der Mitgliedstaaten der Auffassung, dass ein Entwurf einer gemeinsamen Plattform die gegenseitige Anerkennung von Berufsqualifikationen erleichtert, so kann sie Entwürfe für Maßnahmen vorlegen, damit diese nach dem in Artikel 58 Absatz 2 genannten Verfahren angenommen werden.

(3) Erfüllen die Berufsqualifikationen des Antragstellers die Kriterien, die in den gemäß Absatz 2 angenommenen Maßnahmen vorgegeben sind, so verzichtet der Aufnahmemitgliedstaat auf die Anwendung von Ausgleichsmaßnahmen gemäß Artikel 14.

(4) Die Absätze 1 bis 3 berühren weder die Zuständigkeit der Mitgliedstaaten für die Festlegung der für die Ausübung der Berufe in ihrem Hoheitsgebiet erforderlichen Berufsqualifikationen noch den Inhalt und die Organisation ihrer Systeme für die allgemeine und berufliche Bildung.

(5) Ist ein Mitgliedstaat der Auffassung, dass die in einer Maßnahme gemäß Absatz 2 festgelegten Kriterien hinsichtlich der Berufsqualifikationen keine hinreichenden Garantien mehr bieten, so unterrichtet er die Kommission davon; diese legt nach dem Verfahren gemäß Artikel 58 Absatz 2 gegebenenfalls einen Entwurf einer Maßnahme vor.

(6) Die Kommission unterbreitet dem Europäischen Parlament und dem Rat bis zum 20. Oktober 2010 einen Bericht über die Anwendung dieses Artikels und erforderlichenfalls geeignete Vorschläge zu seiner Änderung.

KAPITEL II
Anerkennung der Berufserfahrung

Artikel 16
Erfordernisse in Bezug auf die Berufserfahrung

Wird in einem Mitgliedstaat die Aufnahme einer der in Anhang IV genannten Tätigkeiten oder ihre Ausübung vom Besitz allgemeiner, kaufmännischer oder fachlicher Kenntnisse und Fertigkeiten abhängig gemacht, so erkennt der betreffende Mitgliedstaat als ausreichenden Nachweis für diese Kenntnisse und Fertigkeiten die vorherige Ausübung der betreffenden Tätigkeit in einem anderen Mitgliedstaat an. Die Tätigkeit muss gemäß den Artikeln 17, 18 und 19 ausgeübt worden sein.

2. Fachliche Eignung bei europäischen Berufsqualifikationen (Abs. 1)

Abs. 1 enthält eine Ergänzung zur fachlichen Eignung gemäß § 30 Abs. 2 und 4 **3** für Personen, die in einem anderen Mitgliedstaat der Europäischen Union einen Befähigungsnachweis in einer dem Ausbildungsberuf entsprechenden Fachrichtung erworben haben. Soweit die Voraussetzungen für eine Anerkennung dieser Berufsqualifikationen nach der genannten Richtlinie vorliegen, sind diese Abschlüsse bei der Feststellung der fachlichen Eignung deutschen Abschlüssen gleichzustellen.

Welche Abschlüsse im europäischen Ausland welchen inländischen Abschlüssen entsprechen und welche Fächer der deutschen Ausbildungsvorschrift mit **4** dem Abschluss nicht abgedeckt sind, ist für die zuständige Stelle oft schwer zu entscheiden. Die RL 2005/36 EG bestimmt daher in Art. 3 h) Satz 2, dass die zuständige Behörde ein Verzeichnis der Sachgebiete erstellt, die aufgrund eines Vergleichs zwischen der in ihrem Staat verlangten Ausbildung und der bisherigen Ausbildung des Antragstellers von dem Diplom oder den sonstigen Ausbildungsnachweisen, über die der Antragsteller verfügt, nicht abgedeckt werden. Die Vergleichbarkeit lässt sich regelmäßig mit Hilfe der behördlichen Version der Datenbank »anabin« des Sekretariats der ständigen Konferenz der Kultusminister der Länder / Zentralstelle für ausländisches Bildungswesen feststellen. **Anabin** ist das Akronym für »Anerkennung und Bewertung ausländischer Bildungsnachweise«. In dieser Datenbank ist für eine Vielzahl ausländischer Staaten eine umfangreiche Dokumentation über ihr Bildungswesen, die verschiedenen Abschlüsse und die akademischen Grade sowie deren Wertigkeit geschaffen worden.[4] Über Art. 3 Abs. 3, Art. 2 Abs. 2 RL 2005/36 EG sind auch die Ausbildungsnachweise aus Drittländern zu akzeptieren, die von Mitgliedstaaten anerkannt wurden, wenn der Mitgliedsstaat drei Jahre Berufserfahrung in diesem Beruf innerhalb des Hoheitsgebiets des Mitgliedsstaates bescheinigt.

Ebenso wie nach § 30 Abs. 2 und 4 müssen auch Personen mit europäischen **5** Berufsqualifikationen eine angemessene Zeit in ihrem Beruf praktisch tätig gewesen sein.[5]

---

4 www.anabin.de.
5 S. § 30 Rn. 3.

3. Ausgleichsmaßnahmen (Abs. 2)

6 Die Anerkennung kann nach Absatz 2 unter den Voraussetzungen des Artikels 14 der genannten Richtlinie von der Durchführung bestimmter Ausgleichsmaßnahmen abhängig gemacht werden. Artikel 14 gestattet den Mitgliedstaaten Ausgleichsmaßnahmen in Gestalt eines Anpassungslehrgangs oder einer Eignungsprüfung, und zwar bei signifikanten Unterschieden in der Dauer oder in der fachlichen Struktur der Berufsausbildung zwischen dem Herkunftsstaat und dem Aufnahmestaat. Die genauen Voraussetzungen, wann die zuständige Stelle Ausgleichsmaßnahmen verlangen kann, sind in Art. 14 Abs. 1 der RL 2005/26 dargestellt. Die Anpassungsmaßnahmen stehen alternativ zueinander, d.h. ein absolvierter Anpassungslehrgang kann nicht mit dem Erfordernis einer Eignungsprüfung gekoppelt werden. Dem Antragsteller ist die Wahl zwischen Anpassungslehrgang und Eignungsprüfung zu lassen, Art. 14 Abs. 2 Satz 1.

7 Dabei meint nach Art. 3g) RL 2005/36 EG »Anpassungslehrgang« die Ausübung eines reglementierten Berufs, die in dem Aufnahmemitgliedstaat unter der Verantwortung eines qualifizierten Berufsangehörigen erfolgt und gegebenenfalls mit einer Zusatzausbildung einhergeht. Der Lehrgang ist nach der Richtlinie »Gegenstand einer Bewertung«, d.h., er schließt mit einer Abschlussprüfung ab.

8 »Eignungsprüfung« bedeutet nach Art. 3h) RL 2005/36 EG EG eine ausschließlich die beruflichen Kenntnisse des Antragstellers betreffende und von den zuständigen Behörden des Aufnahmemitgliedstaats durchgeführte Prüfung, mit der die Fähigkeit des Antragstellers, in diesem Mitgliedstaat einen reglementierten Beruf auszuüben, beurteilt werden soll.

4. Kompetenzen der zuständigen Stelle (Abs. 3)

9 Absatz 3 stellt klar, dass die Zuständigkeit für die Anerkennung der fachlichen Eignung und für die Durchführung etwaiger Ausgleichsmaßnahmen bei der zuständigen Stelle im Sinne des § 71 ff. BBiG liegt. Aus Sicht des Gesetzgebers[6] ist eine Konkretisierung der Anwendungsfälle des § 31 BBiG bzw. der ausländischen Berufsqualifikationen, mit denen um eine Ausbildungsberechtigung in einzelnen Ausbildungsberufen ersucht wird, nicht möglich. Um der Verwaltungspraxis Raum zu geben und der zuständigen Stelle als Entscheidungsträger ausreichenden Ermessensspielraum zu geben, kann die Umsetzung der Richtlinie in § 31 BBiG aus Sicht des Gesetzgebers nur in abstrakter Form erfolgen.

4.1 Anerkennungsakt

10 Europäische Berufsqualifikationen müssen für die Aufnahme oder die Ausübung eines reglementierten Berufs anerkannt werden. Die Voraussetzungen, unter denen die Anerkennung erfolgt, sind in Art. 13 der RL 2005/36 EG geregelt. Danach hat die zuständige Behörde die Berufsaufnahme und -ausübung zu gestatten, wenn die Voraussetzungen vorliegen. Dies setzt voraus, dass ein **Antrag** gestellt wird, nur so ist eine Gestattung durch die zuständige Stelle möglich. Die Formulierung in Abs. 1, nach der ausreichend sein soll, wenn die Voraussetzungen für die Anerkennung vorliegen, ist daher irreführend. Eine

---

6 BT-Drucks. 16/5522 zu Art 9a (neu) und 9b (neu).

Anerkennung durch die zuständige Behörde wäre nach diesem Wortlaut nicht erforderlich. Hingegen regelt Abs. 3 Satz 1, dass die Entscheidung über die Anerkennung die zuständige Behörde trifft. Eine solche Entscheidung setzt ebenfalls einen Antrag voraus. Regelungen über den Antrag sind nicht vorhanden, jedoch ist die zuständige Stelle befugt, Vorgaben für den Antrag und das Antragsverfahren durch den Berufsbildungsausschuss nach § 79 Abs. 4 beschließen zu lassen.

Die Entscheidung über die Anerkennung ist ein **Verwaltungsakt** i.S.d. § 35 **11** VwVfG. Wird die Anerkennung durch Verwaltungsakt der zuständigen Behörde verneint, kann nach Durchführung des Widerspruchsverfahrens Verpflichtungsklage vor dem Verwaltungsgericht erhoben werden. Wegen der komplizierten aber eindeutigen Vorschriften der Richtlinien zur Anerkennung kann hier ausnahmsweise sogar in Betracht kommen, die Antragsgegnerin zur Anerkennung und nicht nur zur Neubescheidung unter Berücksichtigung der Rechtsauffassung der Behörde zu verpflichten.

4.2 Regelungen über Anpassungslehrgänge und Eignungsprüfungen

Nach Abs. 3 Satz 2 ist die zuständige Stelle befugt, Regelungen zur Durchfüh- **13** rung der Anpassungslehrgänge sowie der Eignungsprüfungen zu schaffen. Hierzu ist kraft seiner ihm durch § 79 Abs. 4 Satz 1 BBiG verliehenen Normsetzungsbefugnis der Berufsbildungsausschuss der zuständigen Stelle berufen.[7] [8]
Nach Art. 3 g) RL 2006/36 EG sind die Einzelheiten des Anpassungslehrgangs und seiner Bewertung sowie die Rechtsstellung des beaufsichtigten zugewanderten Lehrgangsteilnehmers von der zuständigen Stelle festzulegen. Nach derselben Vorschrift ist ebenso eine Regelung zu schaffen, die die Rechtsstellung des Lehrgangsteilnehmers, insbesondere im Bereich des Aufenthaltsrechts sowie der Verpflichtungen, sozialen Rechte und Leistungen, Vergütungen und Bezüge gemäß dem geltenden Gemeinschaftsrecht festgelegt, soweit eine solche nicht bereits nach anderen Vorschriften von den zuständigen Behörden geschaffen wurde.
Für die Durchführung der Eignungsprüfung sind ebenfalls Regelungen durch **14** die zuständige Stelle und damit durch den Berufsbildungsausschuss zu schaffen. Der Berufsbildungsausschuss muss mit bei der Eignungsprüfung dem Umstand Rechnung tragen, dass der Antragsteller in seinem Heimatmitgliedstaat oder dem Mitgliedstaat, aus dem er kommt, über eine berufliche Qualifikation verfügt. Die Eignungsprüfung erstreckt sich auf Sachgebiete, die aus dem Verzeichnis ausgewählt werden und deren Kenntnis eine wesentliche Voraussetzung für die Ausübung des Berufs im Aufnahmemitgliedstaat ist. Diese Prüfung kann sich auch auf die Kenntnis der sich auf die betreffenden Tätigkeiten im Aufnahmemitgliedstaat beziehenden berufsständischen Regeln erstrecken. Zu regeln ist die Durchführung der Eignungsprüfung im Einzelnen sowie die Rechtsstellung des Antragstellers im Aufnahmemitgliedstaat, in dem er sich auf die Eignungsprüfung vorzubereiten wünscht (Art. 3h) Sätze 3 und 4 RL 2005/36 EG).

---

7 S. § 79 Rn. 23.
8 *Leinemann/Taubert* BBiG, § 31 Rn. 16.

5. Parallelvorschrift im Handwerk

15 Diese Regelung ist parallel zur neuen Regelung für die handwerklichen Ausbildungsberufe in § 22 c HwO.

§ 32 Überwachung der Eignung

(1) Die zuständige Stelle hat darüber zu wachen, dass die Eignung der Ausbildungsstätte sowie die persönliche und fachliche Eignung vorliegen.
(2) Werden Mängel der Eignung festgestellt, so hat die zuständige Stelle, falls der Mangel zu beheben und eine Gefährdung Auszubildender nicht zu erwarten ist, Ausbildende aufzufordern, innerhalb einer von ihr gesetzten Frist den Mangel zu beseitigen. Ist der Mangel der Eignung nicht zu beheben oder ist eine Gefährdung Auszubildender zu erwarten oder wird der Mangel nicht innerhalb der gesetzten Frist beseitigt, so hat die zuständige Stelle dies der nach Landesrecht zuständigen Behörde mitzuteilen.

Inhaltsübersicht   Rn.

1.	Überwachungspflicht (Abs. 1)	1
2.	Mängelfeststellung (Abs. 2)	3
2.1	Aufforderung zur Mängelbeseitigung	4
2.2	Verwaltungsakt	5
2.3	Mitteilungspflicht	6
3.	Erfordernis der Zusammenarbeit	7
4.	Parallelvorschrift für das Handwerk	8
5.	Umschulung	9

1. Überwachungspflicht (Abs. 1)

1 Abs. 1 der Vorschrift **verpflichtet die zuständige Stelle, darüber zu wachen**, ob die persönliche und fachliche Eignung sowie die Eignung der Ausbildungsstätte vorliegen. Die Eignungsvoraussetzungen des Abs. 1 sind spätestens vor Eintragung in das Verzeichnis der Berufsausbildungsverhältnisse,[1] auf jeden Fall aber vor Beginn einer Ausbildung zu prüfen.[2] Ggf. ist eine Mängelbeseitigung gem. Abs. 2 der Vorschrift zu veranlassen; gelingt dies nicht, ist die Eintragung nach § 35 Abs. 2 Satz 1 BBiG abzulehnen. Zu diesem Zweck sind Ausbildungsberater zu bestellen.[3] Die Ausbildenden sind gem. § 76 Abs. 2 BBiG verpflichtet, die für die Überwachung notwendigen Auskünfte zu erteilen und Unterlagen vorzulegen sowie die Besichtigung der Ausbildungsstätte zu gestatten.[4] Bei jeder Eintragung eines Berufsausbildungsverhältnisses muss sich die zuständige Stelle immer wieder ein entsprechendes Bild von dem Vorhandensein aller Eignungsvoraussetzungen machen. Die **Überwachungspflicht** erstreckt sich als Pflichtaufgabe auch auf die gesamte Dauer der Berufsausbildungsverhältnisse, wobei jedes Berufsausbildungsverhältnis gesondert der Überwachungspflicht unterliegt.[5]

---

1 § 35 Abs. 1 Nr. 2 BBiG.
2 *Braun/Mühlhausen* BBiG § 23 a. F. Rn. 2.
3 § 76 Abs. 1 Satz 2 BBiG.
4 Dazu näher unten § 76 Rn. 4.
5 *Leinemann/Taubert* BBiG § 31 Rn. 4.

Zuständige Stellen für die Überwachung sind für den Bereich des Handwerks **2**
nach § 71 Abs. 1 BBiG die Handwerkskammern, für den Bereich der sonstigen
Gewerbebetriebe die Industrie- und Handelskammern,[6] für den Bereich der
Landwirtschaft einschließlich der ländlichen Hauswirtschaft die Landwirtschaftskammern.[7] Für den öffentlichen Dienst,[8] den kirchlichen Bereich,[9] die
rechtsberatenden und notariellen[10] sowie die wirtschafts- und steuerberatenden
Berufe,[11] die ärztlichen Berufe[12] gelten insoweit Sondervorschriften.

2. Mängelfeststellung (Abs. 2)

Werden Mängel in der persönlichen oder fachlichen Eignung des/der Ausbil- **3**
denden bzw. der bestellten und beauftragten AusbilderInnen oder der Ausbildungsstätte festgestellt, so sind **unterschiedliche Vorgehensweisen** vorgegeben:

2.1 Aufforderung zur Mängelbeseitigung

Ist der Mangel zu beheben und eine Gefährdung der Auszubildenden nicht zu **4**
erwarten, hat die zuständige Stelle den/die **Ausbildenden nach Abs. 2 Satz 1
aufzufordern**, innerhalb einer von ihr gesetzten Frist **den Mangel zu beseitigen**.
Die Frist muss angemessen sein, wobei eine Gefährdung der Auszubildenden
während der Frist ausgeschlossen sein muss. Dies gilt sowohl für Mängel in der
persönlichen und fachlichen Eignung der Ausbildenden bzw. der Ausbilder-
Innen als auch bei Mängeln, die die Eignung der Ausbildungsstätte betreffen.
Der Mangel muss von dem/der Ausbildenden zu beheben sein. Ein Mangel in
der persönlichen Eignung ist in der einzelnen Person kaum behebbar, wohl aber
ein Mangel in der fachlichen Eignung z.B. durch Prüfungsablegung nach § 30
Abs. 2 BBiG, nicht hingegen durch Zuerkennung nach § 30 BBiG Abs. 6, da diese
nicht in der Hand der Ausbildenden liegt.[13] Ist der Mangel nicht behebbar,
bedarf es keiner Aufforderung.

2.2 Verwaltungsakt

Die unter einer Fristsetzung ergangene Aufforderung der zuständigen Stelle **5**
stellt einen **Verwaltungsakt** dar, der anfechtbar ist[14]. Beim Vorliegen der Voraussetzungen ist die zuständige Stelle zur Einleitung des Verfahrens von Amts
wegen verpflichtet.[15] Der Widerspruch gegen die Aufforderung nach Abs. 2 hat
aufschiebende Wirkung. Ist eine Gefährdung der Auszubildenden zu befürchten, hat eine Aufforderung nicht zu ergehen. Das Gesetz sieht dann nach Abs. 2
Satz 2 eine Information von der zuständigen Stelle an die nach Landesrecht

---

6 § 71 Abs. 2 BBiG.
7 § 71 Abs. 3 BBiG.
8 § 73 BBiG.
9 § 74 BBiG.
10 § 71 Abs. 4 BBiG.
11 § 71 Abs. 5 BBiG.
12 § 71 Abs. 6 BBiG.
13 *VG Aachen* 20.2.74, zu § 76 BBiG a.F. Nr. 2.
14 *Braun/Mühlhausen* § 23 BBiG a.F. Rn. 8; *Leinemann/Taubert* BBiG § 32 Rn. 18.
15 *Braun,/Mühlhausen* a.a.O.

zuständige Behörde vor. Um dem Schutzzweck der Regelung zu genügen, hat diese Information unverzüglich nach Kenntnis der zuständigen Stelle von der Möglichkeit der Gefährdung der Auszubildenden zu erfolgen. Die Auffassung, es könne noch eine Aufforderung ergehen, den Mangel zu beheben und zugleich die sofortige Vollziehbarkeit des Verwaltungsakts nach § 80 Abs. 2 Nr. 4 VwGO angeordnet werden, wobei die zuständige Stelle das besondere Interesse an der sofortigen Vollziehung schriftlich zu begründen hat, § 80 Abs. 3 Satz 1 VwGO,[16] ist daher nicht zutreffend.

2.3 Mitteilungspflicht

6 Nach Abs. 2 Satz 2 der Vorschrift hat die zuständige Stelle der zuständigen Behörde[17] **Mitteilung zu machen**, wenn:
- der festgestellte Mangel nicht behebbar ist,
- eine Gefährdung des Auszubildenden zu erwarten ist oder
- der Mangel innerhalb der gesetzten Frist nicht beseitigt wird.

Die **Mitteilungspflicht** besteht bereits, wenn einer der drei Gründe vorliegt. Die Mitteilung ist unverzüglich[18] nach Feststellung der Voraussetzung hierfür zu machen, da eine weitere Gefährdung des Auszubildenden zu vermeiden ist. Die **Mitteilung** an die nach Landesrecht zuständige Behörde hat keinen eigenständigen Regelungsgehalt. Sie ist **kein Verwaltungsakt** gegenüber dem / der Ausbildenden und kann deshalb nicht im Verwaltungsrechtsweg angefochten werden.[19]

3. Erfordernis der Zusammenarbeit

7 Die Überwachung der Berufsausbildung erfordert im Übrigen eine **ständige Zusammenarbeit** zwischen den an der beruflichen Bildung Beteiligten:
- den betrieblichen Stellen (insbesondere Betriebsleitung, Betriebsrat, Jugend- und Auszubildendenvertretung und Ausbilder),
- den berufsbildenden Schulen,
- den zuständigen Stellen,
- Behörden sowie
- den in der beruflichen Bildung tätigen Verbänden, insbesondere Gewerkschaften.

4. Parallelvorschrift für das Handwerk

8 Für das **Handwerk** gilt die parallele Vorschrift des § 23 HwO.

5. Umschulung

9 Auf die **Umschulung** findet die Vorschrift entsprechende Anwendung.[20]

---

16 *Braun/Mühlhausen* a.a.O. Rn. 9.
17 § 33 BBiG.
18 *Leinemann/Taubert* BBiG § 32 Rn. 17.
19 *Braun/Mühlhausen* BBiG § 23 a.F. Rn. 10.
20 § 60 Satz 2 BBiG und § 42 g Satz 2 HwO.

Malottke

§ 33 Untersagung des Einstellens und Ausbildens

(1) Die nach Landesrecht zuständige Behörde kann für eine bestimmte Ausbildungsstätte das Einstellen und Ausbilden untersagen, wenn die Voraussetzungen nach § 27 nicht oder nicht mehr vorliegen.

(2) Die nach Landesrecht zuständige Behörde hat das Einstellen und Ausbilden zu untersagen, wenn die persönliche oder fachliche Eignung nicht oder nicht mehr vorliegt.

(3) Vor der Untersagung sind die Beteiligten und die zuständige Stelle zu hören. Dies gilt nicht im Falle des § 29 Nr. 1.

Inhaltsübersicht   Rn.

1.   Allgemeines... 1
2.   Untersagen bei Mängeln der Ausbildungsstätte (Abs. 1) 3
3.   Untersagen bei fehlender Eignung (Abs. 2)...................... 4
4.   Anhörungspflicht (Abs. 3) 5
5.   Rechtsfolgen der Untersagung .... 6, 6 a
6.   Parallelvorschrift nach der HwO........................ 7

1. Allgemeines

§ 33 entspricht § 24 BBiG a. F. Die Reihenfolge der Absätze 1 und 2 wurde getauscht, um die Regelung an die Systematik der §§ 27 ff. anzupassen.[1] Abs. 1 bezieht sich auf die Ausbildungsstätte. Absatz 2 bezieht sich auf die Überwachung der Eignung des Ausbildungspersonals und verpflichtet die nach Landesrecht zuständige Behörde, eine Untersagungsverfügung auszusprechen, wenn die persönliche oder fachliche Eignung nicht oder nicht mehr vorliegt. Nach Absatz 3 sind im Regelfall die Beteiligten und die zuständigen Stellen zu hören. Auf die **Umschulung** findet die Vorschrift entsprechende Anwendung.[2]

Die Vorschrift regelt die **Zuständigkeit** für das **Untersagungsverfahren**, wenn der nach Landesrecht zuständigen Behörde Mängel bekannt geworden sind. Dies kann zum einen dadurch geschehen, dass sie durch die zuständige Stelle von dem Mangel erfährt oder zum anderen auf andere Weise von einem Mangel in der Eignung Kenntnis erlangt. Bei einem Mangel nach § 30 BBiG ist das Eingreifen der zuständigen Landesbehörde subsidiär; hier hat zuerst die zuständige Stelle tätig zu werden. Kann so keine Abhilfe erreicht werden oder ist eine Gefährdung von Auszubildenden zu erwarten, muss die zuständige Landesbehörde tätig werden.

Die nach **Landesrecht zuständige Behörde** ist in der Regel die höhere Verwaltungsbehörde, z. B. die Bezirksregierung oder das Regierungspräsidium. Die zuständigen Behörden sind in den nachfolgenden Ländervorschriften bestimmt:
Baden-Württemberg: VO v. 03. Juli 2007, Ges. Bl. 2007, S. 342, zuletzt geändert durch VO v. 29. Juni 2010, Ges. Bl. S. 502, 503
Bayern: BbiGHwOV vom 24. Juli 2007, GVBL. S. 579
Berlin: ZustKat AZG, Anlage 1 zum Allgemeinen Zuständigkeitsgesetz vom 22. Juli 1996, zuletzt geändert durch Gesetz vom 8. Juli 2010, GVBl. S. 361
Bremen: Bekanntmachung v. 8.3.1976, ABl. S. 127;

---

1 BT-Drucks. 15/3980, S. 123.
2 § 60 Satz 2 BBiG und § 42 g Satz 2 HwO.

Hamburg: BbiGZustVO vom 3. Dezember 2005, GVOBl. 2005, 556

Mecklenburg-Vorpommern: BbiZustLVO M-V vom 27. August 2007, GVOBl M-V 2007, S. 320

Niedersachsen: VO v. 19. Juli 2005, GVBl. 2005, 246

Nordrhein-Westfalen: VO v. 23.6.1970, GVBl. S. 515, zuletzt geändert durch VO v. 15.6.1982, GVBL S. 300 sowie VO vom 3.12.1991 (GVBl. S. 53), sowie durch VO vom 5. September 2006, GVBl. S. 69, befristet auf den 31. Dezember 2010

Rheinland-Pfalz: VO v. 4. März 2009, GVBl. 2009, S. 108

Saarland: VO v. 16. August 2007, Amtsbl. S. 1733, befristet bis zum 31. Dezember 2010

Sachsen-Anhalt: Bbi ZustVO vom 19. Juli 2006 unter www.landesrecht.sachsen-anhalt.de

Schleswig-Holstein: VO v. 3. Dezember 2005, GVOBL S. 556,

Im Bereich des Bundes ist die oberste Bundesbehörde zuständige Behörde, § 81 BBiG. Sie kann eine andere Behörde bestimmen, § 81 BBiG. Die Landesregierungen wurden durch § 105 BBiG ermächtigt, durch Rechtsverordnungen die Zuständigkeiten von den zuständigen Behörden auf die zuständigen Stellen im Sinne der §§ 71 ff. BBiG zu übertragen.[3] Für den **Bergbau** ist die in § 78 BBiG a. F. normierte Zuständigkeit entfallen, so dass nunmehr durch Landesrecht die zuständige Behörde bestimmt werden kann.

2. Untersagen bei Mängeln der Ausbildungsstätte (Abs. 1)

3 Bei **mangelnder Eignung der Ausbildungsstätte** bleibt der zuständigen Behörde nach Abs. 1 der Vorschrift ein Ermessensspielraum für ihre Entscheidung. Hierbei handelt es sich um ein **Entschließungsermessen**, da es der Behörde überlassen bleibt, ob sie überhaupt tätig wird. Einschlägig sind insoweit die §§ 40 VwVfG und 114 VwGO: Ist einer Behörde Ermessen zugestanden, so hat sie dieses dem Zweck der Ermächtigung entsprechend auszuüben und die gesetzlichen Grenzen des Ermessens einzuhalten. Das Verwaltungsgericht überprüft ggf., ob die Behörde ihr Ermessen überhaupt gebraucht hat, ob sie die gesetzlichen Grenzen des Ermessens überschritten oder unterschritten oder ob sie von dem Ermessen in einer dem Zweck der Ermächtigung nicht entsprechenden Weise Gebrauch gemacht hat.[4] Adressat der Untersagung kann hier nur der/die Ausbildende als für die Ausbildungsstätte Verantwortlicher sein.

3. Untersagen bei fehlender Eignung (Abs. 2)

4 Eine **Untersagungspflicht** zum Einstellen und Ausbilden von Auszubildenden besteht nach Abs. 2 der Vorschrift. Ein Ermessensspielraum der Behörde, ob sie tätig werden will oder nicht, ist nicht gegeben. Die Behörde muss bei Vorliegen der entsprechenden Voraussetzungen die Untersagung aussprechen.[5] Die Untersagung ist auszusprechen, wenn die persönliche oder fachliche Eignung zur Berufsausbildung nicht oder nicht mehr vorliegt; fehlt dem/der Ausbildenden nur die fachliche Eignung, kann dieser Mangel hinsichtlich des Ausbildens gem. § 28 Abs. 1BBiG durch Einstellung geeigneter AusbilderInnen geheilt werden.

---

3 S. Kommentierung zu § 71 BBiG.

4 *Kopp* VwGO, § 114 Rn. 4.

5 Vgl. *BayVGH* 28.8.74, zit. nach *Herkert*, § 24 BBiG a. F. Rn. 4.

Die Untersagung richtet sich gegen den/die AusbilderIn, denen das Ausbilden verboten werden kann, wenn sie nicht über die persönliche und fachliche Eignung verfügen. In diesem Fall hat der/die Ausbildende unverzüglich mindestens eine/n geeignete/n AusbilderIn zu bestellen, da ihm sonst das Einstellen und Ausbilden zu untersagen ist.

Fehlt dem Ausbildenden die persönliche Eignung, so ist ihm das Einstellen und Ausbilden grundsätzlich zu untersagen.[6]

4. Anhörungspflicht (Abs. 3)

Die Beteiligten und die zuständige Stelle sind nach Abs. 3 der Vorschrift vor einer **5** Untersagung **anzuhören**. Als Beteiligte gelten von der beabsichtigten Maßnahme betroffene Ausbildende, AusbilderInnen, Auszubildende, soweit durch die beabsichtigte Maßnahme Ausbildungsplätze entfallen können sowie deren gesetzliche Vertreter.[7] Im Einzelfall kann auch der Betriebs- bzw. Personalrat Beteiligter im Sinne des Abs. 3 sein.[8] Insbesondere kann der Betriebs- oder Personalrat das Untersagungsverfahren nach § 34 BBiG durch eine entsprechende Mitteilung an die zuständige Behörde in Gang setzen.[9]

Die Anhörung ist nach Abs. 3 Satz 2 in den Fällen des § 29 Nr. 1 BBiG entbehrlich, da in diesem Fall bereits eine bestandskräftige Untersagung vorliegt, ansonsten ist die Anhörungspflicht zwingend. Eine Entscheidung ohne vorherige Anhörung macht diese zwar nicht nichtig, sie ist aber fehlerhaft und somit grundsätzlich auf Anfechtungsklage hin aufhebbar. Die Anhörung ist als Verfahrensfehler jedoch grundsätzlich heilbar, wenn sie vor dem Schluss der letzten Verhandlung nachgeholt wird, § 45 Abs. 1 Nr. 3, Abs. 2 VwVfG.[10] Die Behörde kann nach der verspäteten Anhörung die Belange der Beteiligten noch berücksichtigen. Eine Anfechtung, die materiell rechtmäßig ist, kann nicht allein auf die fehlende Anhörung gestützt werden. Dies ergibt sich aus dem Charakter der Anhörung als Verfahrensvorschrift und aus § 46 VwVfG.

5. Rechtsfolgen der Untersagung

Die Untersagung nach Abs. 2 stellt einen **anfechtbaren Verwaltungsakt** mit **6** Dauerwirkung dar.[11] Bei einer Untersagung aufgrund fehlender Eignung der Ausbildungsstätte nach Abs. 1 kann eine Verpflichtungsklage auf Feststellung der Eignung im Sinne des § 30 BBiG erhoben werden.[12] Die Formulierung in § 30 Abs. 1 BBiG »Fachlich geeignet ist …« spricht dafür. Bei ähnlichen Formulierungen im Bereich der Zuverlässigkeit haben die Verwaltungsgerichte regelmäßig eine Verpflichtungsklage und damit im einstweiligen Rechtsschutz einen schwer zu erhaltenden Antrag nach § 123 VwGO verlangt.

Die Ablehnung einer Untersagung durch die zuständige Behörde kann einen **6a** belastenden Verwaltungsakt für Auszubildende darstellen. § 33 BBiG schützt

---

6 *Leinemann/Taubert* BBiG § 33 Rn. 15.
7 *VGH Baden-Württemberg* 9.10.1987 zit. nach Leinemann/Taubert, BBiG § 33 Rn. 19.
8 *Braun/Mühlhausen* BBiG § 33 a.F. Rn. 15.
9 *Fitting* u.a. § 98 Rn. 26.
10 A.A. *Leinemann/Taubert* BBiG § 33 Rn. 24.
11 *VG Gelsenkirchen* 1.9.2010, 7 K 903/09, juris.
12 *VG Gelsenkirchen* 27.10.2008, 7L 1181/08, juris.

nicht nur die Ordnung der Berufsausbildung, sondern auch die Auszubildenden. Nicht vom Schutz des § 33 BBiG erfasst sind hingegen Betriebs- und Personalräte oder die zuständigen Stellen. Wollen Auszubildende eine Untersagungsverfügung erreichen, müssen sie Widerspruch einlegen und ggf. Verpflichtungsklage auf Erlass der Untersagungsverfügung erheben. Wird der Behörde der nachträgliche Wegfall des Mangels der Eignung bekannt, so kann sie den Untersagungsbescheid gem. § 49 Abs. 1 VwVfG widerrufen.

Die Untersagung wird nach Zustellung (Bekanntgabe) des Bescheides wirksam.[13] Eine Zuwiderhandlung ist eine **Ordnungswidrigkeit** nach § 102 Abs. 1 Nr. 6 BBiG. Diese setzt einen wirksamen Bescheid voraus. Das ist zum einen der Fall, wenn der Empfänger nach Bekanntgabe keinen Rechtsbehelf eingelegt hat, anderenfalls, wenn die Behörde beim Erlass des Bescheids die sofortige Vollziehung angeordnet hat; zum anderen ist dies wegen der aufschiebenden Wirkung von Rechtsbehelfen dann zu bejahen, wenn der Verwaltungsakt bestandskräftig geworden ist.[14]

Wird dem/der Ausbildenden die Befugnis zur Ausbildung entzogen, so stellt dies auch dann einen **wichtigen Grund zur fristlosen Kündigung** des Ausbildungsverhältnisses für die Auszubildenden dar, wenn diese Entscheidung wenige Tage später aufgehoben wird.[15]

Im Falle eines bestandskräftigen Bescheids oder der Anordnung der sofortigen Vollziehung treten daneben privatrechtliche Konsequenzen ein: Der/die Ausbildende kann das Berufsausbildungsverhältnis kündigen;[16] er ist schadenersatzpflichtig aus § 23 Abs. 1 BBiG.[17] Der/die Auszubildende kann das Ausbildungsverhältnis aus demselben Grunde außerordentlich kündigen und zudem von dem/der Ausbildenden **Schadensersatz** verlangen, da diese/r die Auflösung des Ausbildungsverhältnisses zu vertreten hat, § 23 Abs. 1 BBiG.[18] Bestehende Ausbildungsverträge sind nach § 35 Abs. 2 BBiG im Verzeichnis der Berufsausbildungsverhältnisse zu löschen.

6. Parallelvorschrift nach der HwO

7 Für das **Handwerk** gilt die Parallelvorschrift des § 24 HwO.

Abschnitt 4
Verzeichnis der Berufsausbildungsverhältnisse

§ 34 Einrichten, Führen

(1) Die zuständige Stelle hat für anerkannte Ausbildungsberufe ein Verzeichnis der Berufsausbildungsverhältnisse einzurichten und zu führen, in das der Berufs-

---

13 § 43 Abs. 1 VwVfG.
14 Vgl. im einzelnen § 80 VwGO.
15 *ArbG Celle* 15.12.71, EzB § 15 Abs. 1 BBiG a.F. Nr. 39.
16 § 22 Abs. 2 Nr. 1 BBiG.
17 Vgl. dazu § 23 Rn. 23 ff.
18 Vgl. dazu § 23 Rn. 23 ff.

ausbildungsvertrag einzutragen ist. Die Eintragung ist für Auszubildende gebührenfrei.

(2) Die Eintragung umfasst für jedes Berufsausbildungsverhältnis

1. Name, Vorname, Geburtsdatum, Anschrift der Auszubildenden;
2. Geschlecht, Staatsangehörigkeit, allgemeinbildender Schulabschluss, vorausgegangene Teilnahme an berufsvorbereitender Qualifizierung oder beruflicher Grundbildung, berufliche Vorbildung;
3. erforderlichenfalls Name, Vorname und Anschrift der gesetzlichen Vertreter oder Vertreterinnen;
4. Ausbildungsberuf einschließlich Fachrichtung;
5. Datum des Abschlusses des Ausbildungsvertrages, Ausbildungsdauer, Dauer der Probezeit;
6. Datum des Beginns der Berufsausbildung;
7. Art der Förderung bei überwiegend öffentlich, insbesondere auf Grund des Dritten Buches Sozialgesetzbuch geförderten Berufsausbildungsverhältnissen;
8. Name und Anschrift der Ausbildenden, Anschrift der Ausbildungsstätte, Wirtschaftszweig, Zugehörigkeit zum öffentlichen Dienst;
9. Name, Vorname, Geschlecht und Art der fachlichen Eignung der Ausbilder und Ausbilderinnen.

Inhaltsübersicht   Rn.

1.   Allgemeines...   1
2.   Zuständige Stelle – Begriff   2
3.   Örtliche Zuständigkeit...   3
4.   Berufsausbildungsverhältnisse in anerkannten Ausbildungsberufen   4
4.1   Einrichten – Begriff   5
4.2   Führen – Begriff   6
5.   Gebührenfreiheit für den Auszubildenden   7
6.   Auskünfte..   8
7.   Parallelvorschrift in der HwO   10

1. Allgemeines

§ 34 BBiG entspricht § 31 BBiG a. F. Neu hinzugefügt wurde Absatz 2, in dem **1** der wesentliche Inhalt, der in das Verzeichnis der Berufsausbildungsverhältnisse einzutragen ist, durch einen Merkmalskatalog näher bestimmt wird. Jede zuständige Stelle i. S. d. BBiG hat nach dieser Vorschrift ein **Verzeichnis der Berufsausbildungsverhältnisse** einzurichten und zu führen. Zweck dieses Verzeichnisses ist es in erster Linie, die Beratung und Überwachung durch die zuständige Stelle zu ermöglichen. Die Vorschrift ist zwingend.

2. Zuständige Stelle – Begriff

Wer **zuständige Stelle** ist, ergibt sich aus den besonderen Vorschriften für **2** einzelne Wirtschafts- und Berufszweige.[1] Im Einzelnen kommen dabei Industrie- und Handelskammern, die Handwerkskammern, die Landwirtschaftskammern, die Rechtsanwaltskammern, die Notarkammern, die Notarkasse, die Pa-

---

1 §§ 71 ff. BBiG.

tentanwaltskammern, die Ärzte- und die Zahnärztekammern in Betracht. Hinzu kommen ferner zumeist durch RechtsVO bestimmte Stellen für sonstige Berufszweige.[2]

3. Örtliche Zuständigkeit

3 Die zuständige Stelle muss das Verzeichnis im Rahmen ihrer örtlichen und fachlichen Zuständigkeit führen.[3] Die örtliche Zuständigkeit ergibt sich gem. § 3 Abs. 1 Nr. 2 VwVfG aus der **Lage der Ausbildungsstätte**, nicht etwa aus dem Wohnsitz des Auszubildenden oder Ausbildenden,[4] während sich die fachliche Zuständigkeit nach den gesetzlichen Bestimmungen in den §§ 71 ff. BBiG und dem statutarischen Recht bestimmt.

4. Berufsausbildungsverhältnisse in anerkannten Ausbildungsberufen

4 Über die **Berufsausbildungsverhältnisse in anerkannten Ausbildungsberufen** ist ein Verzeichnis einzurichten und zu führen. Das sind solche Ausbildungsberufe, die nach § 4 BBiG im Wege einer RechtsVO durch den Bundesgesetzgeber staatlich anerkannt wurden. Soweit Ausbildungsberufe noch nicht diese Anerkennung gefunden haben, gelten die früheren Regelungen nach § 104 BBiG weiter. Praktikantenverträge, Verträge mit Volontären oder Umschülern werden nicht in das Verzeichnis eingetragen. Dies ergibt sich bereits aus dem Begriff des Verzeichnisses der »Berufsausbildungsverhältnisse«, zusätzlich auch aus der systematischen Ansiedlung der Vorschrift im Teil 2 des BBiG, der sich mit der Berufsausbildung beschäftigt.

Soweit die zuständige Stelle für weitere Berufsverhältnisse, z. B. für Umschüler/-innen auf **freiwilliger Basis** ein zusätzliches oder erweitertes Verzeichnis führen will, bedarf es für die elektronische Datensammlung der **Zustimmung der Betroffenen** oder einer anderen **Ermächtigungsgrundlage** nach den Datenschutzgesetzen.

4.1 Einrichten – Begriff

5 **Einrichten** bedeutet das Anlegen eines Verzeichnisses. Es bleibt der jeweiligen zuständigen Stelle überlassen, in welcher Form dies geschieht (Listenform, Karteiform, EDV usw.). Werden die Daten – wie mittlerweile wohl selbstverständlich – elektronisch gespeichert, sind die Bestimmungen des Datenschutzes zu beachten.[5]

4.2 Führen – Begriff

6 Führen bedeutet, dass das Verzeichnis durch Neueintragungen, Löschungen, Änderungen und Berichtigungen auf dem Laufenden zu halten ist, vgl. auch § 35 BBiG.

---

2 Vgl. insgesamt auch unten § 72.
3 *Herkert* § 31 BBiG a. F. Rn. 8.
4 *Leinemann/Taubert* § 34 BBiG Rn. 8.
5 S. Rn. 8.

5. Gebührenfreiheit für den Auszubildenden

Die Eintragung in das Verzeichnis ist nach Satz 2 der Vorschrift **für die Aus-** **7**
zubildenden gebührenfrei. Von den Ausbildenden darf, wenn die zuständige
Stelle eine Kammer ist,[6] nach Maßgabe zulässigen Satzungsrechts eine Gebühr
für die Eintragung erhoben werden. Ist die zuständige Stelle keine Kammer,
hängt die Zulässigkeit einer Gebühr unmittelbar von einer gesetzlichen Grundlage ab.[7]

6. Auskünfte

Fraglich ist, ob die zuständige Stelle **Auskünfte** aus dem Verzeichnis geben darf. **8**
So spricht zum einen für die Vertraulichkeit die Zweckbestimmung des Verzeichnisses zur Überwachung und Beratung durch die zuständige Stelle.[8] Zum
anderen muss sich die Zulässigkeit der Auskunftserteilung an den Vorschriften
der Datenschutzgesetze unter besonderer Berücksichtigung der Entscheidung
des BVerfG zum informationellen Selbstbestimmungsrecht[9] orientieren. Diese
greift auch dann, wenn die Daten nicht technisch erfasst werden. Der Datenschutz für die nunmehr umfangreich und flächendeckend erhobenen personenbezogenen Daten wurde durch das Berufsbildungsreformgesetz in § 35 Abs. 3
BBiG geregelt. Danach dürfen die nach Abs. 2 Nr. 1, 4, 6 und 7 erhobenen Daten
zur Verbesserung der Ausbildungsvermittlung, zur Verbesserung der Zuverlässigkeit und Aktualität der Ausbildungsvermittlungsstatistik sowie zur Verbesserung der Feststellung von Angebot und Nachfrage auf dem Ausbildungsmarkt an die Bundesagentur für Arbeit übermittelt werden.[10]

Durch das Berufsbildungsreformgesetz wurde Abs. 2 in die Vorschrift einge- **9**
fügt. Damit ist nunmehr klargestellt, welche Daten in das Verzeichnis aufgenommen werden müssen. Durch den einheitlichen Erfassungsstandard kann so
eine Datensammlung erreicht werden, mit der eine bessere Ausbildungsvermittlung und ein genaueres Erfassen des Ausbildungsmarktes erreicht werden
kann. Es lässt sich auf Basis des so gesammelten Datenmaterials feststellen,
welche geschlechtsspezifischen Entwicklungen oder Mechanismen es in einzelnen Ausbildungsberufen oder Branchen gibt, so dass auf Basis der Daten gezielt
Maßnahmen der Nachwuchs-Akquise oder des gender-mainstreamings eingeleitet werden können.

7. Parallelverordnung in der HwO

Für das **Handwerk** gilt die sachlich vergleichbare Vorschrift des § 28 Abs. 1 **10**
HwO. Durch Art. 1 Nr. 18 des Gesetzes v. 20.12.1993[11] wurde § 28 HwO um
detaillierte Datenschutzbestimmungen in seinen jetzt hinzugekommenen Absätzen 2 bis 7 ergänzt.

---

6 Zum Begriff der zuständigen Stelle vgl. oben Rn. 2 sowie unten § 71 BBiG.
7 *Knopp/Kraegeloh* § 34 BBiG Rn. 4.
8 *Leinemann/Taubert* BBiG § 31 Rn. 16.
9 *BVerfG* 15.12.83, NJW 1984, 419.
10 Vgl. Kommentierung zu § 35 BBiG Rn. 10.
11 BGBl. I S. 2256.

§ 35 Eintragen, Ändern, Löschen

(1) Ein Berufsausbildungsvertrag und Änderungen seines wesentlichen Inhalts sind in das Verzeichnis einzutragen, wenn

1. der Berufsausbildungsvertrag diesem Gesetz und der Ausbildungsordnung entspricht,
2. die persönliche und fachliche Eignung sowie die Eignung der Ausbildungsstätte für das Einstellen und Ausbilden vorliegen und
3. für Auszubildende unter 18 Jahren die ärztliche Bescheinigung über die Erstuntersuchung nach § 32 Abs. 1 des Jugendarbeitsschutzgesetzes zur Einsicht vorgelegt wird.

(2) Die Eintragung ist abzulehnen oder zu löschen, wenn die Eintragungsvoraussetzungen nicht vorliegen und der Mangel nicht nach § 32 Abs. 2 behoben wird. Die Eintragung ist ferner zu löschen, wenn die ärztliche Bescheinigung über die erste Nachuntersuchung nach § 33 Abs. 1 des Jugendarbeitsschutzgesetzes nicht spätestens am Tage der Anmeldung der Auszubildenden zur Zwischenprüfung oder zum ersten Teil der Abschlussprüfung zur Einsicht vorgelegt und der Mangel nicht nach § 32 Abs. 2 behoben wird.

(3) Die nach § 34 Abs. 2 Nr. 1, 4, 6 und 8 erhobenen Daten dürfen zur Verbesserung der Ausbildungsvermittlung, zur Verbesserung der Zuverlässigkeit und Aktualität der Ausbildungsvermittlungsstatistik sowie zur Verbesserung der Feststellung von Angebot und Nachfrage auf dem Ausbildungsmarkt an die Bundesagentur für Arbeit übermittelt werden. Bei der Datenübermittlung sind dem jeweiligen Stand der Technik entsprechende Maßnahmen zur Sicherstellung von Datenschutz und Datensicherheit zu treffen, die insbesondere die Vertraulichkeit, Unversehrtheit und Zurechenbarkeit der Daten gewährleisten.

Inhaltsübersicht   Rn.

		Rn.
1.	Allgemeines	1
2.	Eintragung in das Verzeichnis der Berufsausbildungsverhältnisse	2
2.1	Berufsausbildungsvertrag, BBiG und Ausbildungsordnung	3
2.2	Persönliche und fachliche Eignung des Ausbildenden / Ausbilders und Eignung der Ausbildungsstätte	4
2.3	Ärztliche Bescheinigung bei Jugendlichen	5
3.	Ablehnung und Löschung der Eintragung	6
4.	Prüfungsrecht der zuständigen Stelle	7
5.	Rechtliche Wirkungen der Ablehnung und Löschung	8
6.	Übermitteln von Daten an die Bundesagentur für Arbeit	9
7.	Parallelverordnung in der HwO	11

1. Allgemeines

1 Die Vorschrift benennt abschließend die Voraussetzungen, unter denen die zuständige Stelle den Berufsausbildungsvertrag und Änderungen seines wesentlichen Inhalts in das Verzeichnis der Berufsausbildungsverhältnisse einzutragen hat. Sie entspricht inhaltlich § 32 BBiG a. F.

Bei Erfüllung der unter Abs. 1 Nr. 1 bis 3 genannten Voraussetzungen muss die zuständige Stelle den Ausbildungsvertrag in das Verzeichnis aufnehmen. Die Eintragung in das Verzeichnis ist u. a. Voraussetzung für die Zulassung zur

Abschlussprüfung.[1] Die Löschung bzw. Ablehnung der Eintragung muss die zuständige Stelle durchführen, wenn die Bedingungen des Abs. 2 erfüllt sind und die gesetzlichen Fristen zur Mängelbeseitigung nicht eingehalten wurden oder eine Gefährdung des Auszubildenden zu erwarten ist.

2. Eintragung in das Verzeichnis der Berufsausbildungsverhältnisse

Abs. 1 der Vorschrift benennt die **Bedingungen**, die erfüllt sein müssen, **damit der Berufsausbildungsvertrag** in das Verzeichnis **aufzunehmen** ist. Nur die Bestimmungen des Gesetzes selbst kommen als Eintragungsvoraussetzungen in Betracht. Die zuständige Stelle soll nicht durch Satzung als zusätzliche formelle Voraussetzung für die Eintragung die Benutzung eines von ihr herausgegebenen Vertragsformulars verlangen dürfen.[2] **2**

2.1 Berufsausbildungsvertrag, BBiG und Ausbildungsordnung

Sowohl die Ausbildenden als auch die Auszubildenden haben einen **Rechtsanspruch** auf Eintragung in das Verzeichnis der Berufsausbildungsverhältnisse, wenn die Voraussetzungen zum Zeitpunkt der Entscheidung vorliegen.[3] Weitere als die in Abs. 1 genannten Voraussetzungen dürfen wegen der Bedeutung der Eintragung für die Zulassung zur Abschlussprüfung, § 43 Abs. 1 Nr. 3, und damit für die Berufsfreiheit der Prüflinge gem. Art. 12 GG nicht aufgestellt werden. Im Wege der einstweiligen Anordnung nach § 123 VwGO kann die vorläufige Eintragung erreicht werden.[4] Ansonsten ist – da es sich bei der Eintragung in das Verzeichnis der Berufsausbildungsverhältnisse um einen **Verwaltungsakt** handelt[5] – Verpflichtungsklage gem. § 42 VwGO zu erheben. **3**

Zu den einzelnen Eintragungsvoraussetzungen gehört zunächst nach Abs. 1 Nr. 1 dieser Vorschrift, dass der **Berufsausbildungsvertrag diesem Gesetz (BBiG) und der Ausbildungsordnung entspricht**.

Dem BBiG entspricht ein Berufsausbildungsvertrag, wenn er zum einen den vertragsrechtlichen Anforderungen genügt und zum anderen keine Festlegung trifft, die nach § 12 und § 25 BBiG oder aus einem sonstigen Grund nichtig ist. Eine Befugnis der zuständigen Stelle, durch Verweigerung der Eintragung eine höhere Vergütung anzustreben, besteht dann, wenn die vereinbarte Vergütung die unterste Grenze der Angemessenheit nicht mehr einhält.[6] Eine zuständige Stelle soll aber nicht berechtigt sein, Mindestsätze für die Ausbildungsvergütung verbindlich festzusetzen und die Eintragung in das Verzeichnis von der Anerkennung der von ihr festgelegten oder zukünftig beschlossenen Mindestsätze abhängig zu machen.[7]

---

1 § 43 Abs. 1 Nr. 3 BBiG und § 36 HwO.
2 *VG Hannover* 21.6.74, EzB § 4 BBiG a.F. Nr. 4; *OVG Rhld.-Pfalz* 26.4.76, EzB § 4 BBiG a.F. Nr. 3.
3 Vgl. *VG Kassel* 31.1.80, EzB § 32 BBiG a.F. Nr. 13; *BayVGH* 5.3.82, EzB § 32 BBiG a.F. Nr. 15.
4 *VG Stuttgart* v. 1.10.74, EzB § 32 BBiG a.F. Nr. 9.
5 *BVerwG* 20.3.59, BB 1959, 536.
6 *VG Würzburg* 2.7.74, DB 1974, 15 83; zur Angemessenheit der Vergütung vgl. oben § 17 Rn. 21.
7 *BVerwG* 26.3.81, EzB § 44 BBiG Nr. 5; vgl. § 17.

Der Berufsausbildungsvertrag muss auch den ordnungs- bzw. öffentlich-rechtlichen Vorschriften des BBiG entsprechen. Er darf nicht den nach § 10 Abs. 2 BBiG zur Anwendung kommenden Rechtsvorschriften und Rechtsgrundsätzen widersprechen.[8] Haben die Auszubildenden ein Berufsgrundschuljahr absolviert, muss die Anrechnung entsprechend einer Landes-RechtsVO nach § 7 BBiG erfolgen.

Da nach dem Ausschließlichkeitsgrundsatz[9] für einen anerkannten Ausbildungsberuf nur nach der einschlägigen Ausbildungsordnung ausgebildet werden darf, muss der Vertrag auch dieser entsprechen. Hier ist insbesondere zu prüfen, ob der individuelle Ausbildungsplan mit dem Ausbildungsrahmenplan in Einklang steht, wobei die meisten Ausbildungsordnungen individuelle Abweichungen aufgrund betrieblicher Notwendigkeiten zulassen.[10] Nicht ausreichend ist es, statt eines individuellen Ausbildungsplans für den/die Auszubildende lediglich auf den Ausbildungsrahmenplan der Ausbildungsordnung zu verweisen.[11]

Die Rechtmäßigkeit i.S.d. Nr. 1 kann weitgehend durch die Verwendung eines von der zuständigen Stelle herausgegebenen Musters eines Berufsausbildungsvertrags sichergestellt werden. Die zuständige Stelle soll aber nicht befugt sein, die Benutzung des von ihr herausgegebenen Vertragsformulars als formelle Voraussetzung für die Eintragung vorzuschreiben.[12]

2.2 Persönliche und fachliche Eignung des Ausbildenden/ Ausbilders und Eignung der Ausbildungsstätte

4 Als Eignungsvoraussetzungen nach Abs. 1 Nr. 2 müssen vorliegen:
a) Die **persönliche und fachliche Eignung** des Ausbildenden bzw. des bestellten Ausbilders,[13]
b) die **Eignung der Ausbildungsstätte**.[14]

2.3 Ärztliche Bescheinigung bei Jugendlichen

5 Als weitere Eintragungsvoraussetzung sieht Abs. 1 in Nr. 3 vor, dass für **Auszubildende unter 18 Jahren** die **ärztliche Bescheinigung** über die Erstuntersuchung nach § 32 Abs. 1 JArbSchG zur Einsicht vorgelegt wird. Damit soll bewirkt werden, dass Verstöße gegen die Vorschriften über diese Untersuchung im Interesse der Gesundheit der Jugendlichen nicht mehr vorkommen. Die zuständige Stelle kann gem. § 76 Abs. 1 im Rahmen ihrer allgemeinen Beratungsfunktion auf der Grundlage der ärztlichen Bescheinigung überprüfen, ob die Jugendlichen die für sie geeignete Berufsausbildung gewählt haben, und ggf. auf eine Änderung der Berufswahl hinwirken. Eine Verpflichtung oder ein

---

8 Vgl. auch die Beispiele bei *Herkert* BBiG § 35 Rn. 5.
9 § 4 Abs. 2 BBiG.
10 *Braun/Mühlhausen* § 32 BBiG a.F. Rn. 9.
11 *Malottke* JAV, Rn. 234.
12 Vgl. schon oben Rn. 2 m.w.N. aus der Rechtsprechung.
13 Vgl. §§ 28–33 BBiG.
14 Vgl. §§ 27, 32, 33 BBiG; vgl. auch Empfehlung des früheren Bundesausschusses für Berufsbildung v. 28./29.3.72 über die Eignung der Ausbildungsstätten, abgedr. in § 27 Rn. 2 ff.

Recht der zuständigen Stelle, die Eintragung zu verweigern, weil Bedenken gegen die Eignung der Jugendlichen für den erwählten Beruf bestehen, besteht nicht.[15] Tätigkeitsbeschränkungen, die sich aus der Bescheinigung ergeben, muss die zuständige Stelle im Rahmen der allgemeinen Überwachungs- und Beratungspflicht nach § 76 berücksichtigen und darauf hinwirken, dass diese Tätigkeiten im Rahmen der Ausbildung nicht ausgeübt werden.

Wird keine Bescheinigung vorgelegt – auch nicht nach einer gem. § 76 BBiG möglichen befristeten Aufforderung an die Ausbildenden –, oder liegt die bestätigte Erstuntersuchung vor der 14-Monats-Frist des § 32 Abs. 1 Nr. 1 JArb-SchG, und wird sie auf die mit Fristsetzung versehene Aufforderung nicht nachgeholt und die fristgerechte Nachholung nicht durch eine neue zur Einsicht vorgelegte Bescheinigung bestätigt, ist insoweit die Eintragung abzulehnen.[16] Die Nichtvorlage führt dann mittelbar auch dazu, dass der Auszubildende nicht zur Abschlussprüfung zugelassen werden darf, § 43 Abs. 1 Nr. 3.

Der Ausbildungsvertrag, der aufgrund fehlender ärztlicher Bescheinigung nach § 32 JArbSchG nicht eingetragen werden darf, ist schwebend unwirksam.[17] Der Ausbildende ist nicht verpflichtet, bereits auszubilden und hierfür Ausbildungsvergütung zu leisten. Würde dennoch ausgebildet, ist der Ausbildende verpflichtet, seine Verpflichtungen aus dem Ausbildungsvertrag zu erfüllen.

3. Ablehnung und Löschung der Eintragung

Abs. 2 Satz 1 der Vorschrift **verpflichtet** die zuständige Stelle, die Eintragung **abzulehnen oder zu löschen**, wenn eine der Eintragungsvoraussetzungen nach Abs. 1 nicht oder nicht mehr vorliegt und der Mangel nicht nach § 32 Abs. 2 BBiG behoben wird.[18]   **6**

Die Eintragungsvoraussetzungen liegen beispielsweise nicht bzw. nicht mehr vor, wenn der Vertrag im berufsordnungsrechtlichen Teil so abgeändert wurde, dass er nicht mehr den gesetzlichen Bestimmungen entspricht. Gleiches gilt für den Fall, dass die Eignung der Ausbildungsstätte, des/der Ausbildenden oder der AusbilderInnen nicht bzw. nicht mehr vorliegen. Ferner muss der Vertrag gelöscht werden, wenn die ärztliche Bescheinigung über die erste Nachuntersuchung nach § 33 Abs. 1 JArbSchG nicht spätestens am Tage der Anmeldung des Auszubildenden zur Zwischenprüfung vorgelegt oder ein sonstiger Mangel nicht nach § 32 Abs. 2 BBiG behoben wird.[19]

Die Ablehnung oder Löschung der Eintragung ist ein **Verwaltungsakt**, der sowohl den Ausbildenden als auch den Auszubildenden und ggf. den gesetzlich Vertretern bekannt gegeben werde muss.[20] Gegen den Verwaltungsakt ist der Verwaltungsrechtsweg eröffnet. Dieser steht sowohl dem Ausbildenden als auch dem Auszubildenden offen.[21] Dabei ist zunächst Widerspruch bei der zuständigen Stelle einzulegen. Bei ablehnendem Widerspruchsbescheid kann bei Ablehnung der Eintragung die Verpflichtungsklage und bei Löschung aus

---

15 A. A. Vorauflage, § 32 BBiG a. F. Rn. 5.
16 *Leinemann/Taubert* BBiG § 35 Rn. 22.
17 *BAG* 22.02.1972, AP Nr. 1 zu § 15 BBiG.
18 *Leinemann/Taubert* BBiG § 35 Rn. 27 f.
19 *Braun/Mühlhausen* § 32 BBiG a. F. Rn. 15.
20 *Leinemann/Taubert* BBiG § 35 Rn. 35.
21 *Braun/Mühlhausen* § 32 BBiG a. F. Rn. 17.

dem Verzeichnis die Anfechtungsklage gem. § 42 VwGO erhoben werden. Gegen die Ablehnung einer Eintragung kann der Erlass einer einstweiligen Anordnung nach § 123 VwGO beantragt werden, um eine vorläufige Eintragung zu erreichen und bis zum Abschluss des Verfahrens die Durchführung der Ausbildung zu sichern.[22] Ordnet die zuständige Stelle die sofortige Vollziehung einer Löschung gem. § 80 Abs. 2 Nr. 4 VwGO an, kann hiergegen nach § 80 Abs. 5 beim Verwaltungsgericht Antrag auf Wiederherstellung der aufschiebenden Wirkung beantragt werden.[23]

4. Prüfungsrecht der zuständigen Stelle

7   Die Voraussetzungen des Abs. 1 Nr. 1 bis 3 schließen ein **Prüfungsrecht** der zuständigen Stelle ein, was auch im Hinblick auf § 76 BBiG notwendig ist.[24] Einer Eintragung muss in jedem Falle eine eingehende Prüfung vorausgehen. Alle der zuständigen Stelle zur Verfügung stehenden oder zugänglichen Möglichkeiten der Überprüfung sind auszuschöpfen. Nach der Erstprüfung sind weitere planvolle Überprüfungen in zeitlichen Abständen auch unter Einschaltung der Ausbildungsberater vorzunehmen.

Die zuständige Stelle hat demnach bei der Eintragung von Berufsausbildungsverträgen in das Verzeichnis der Berufsausbildungsverhältnisse ein eigenes Recht zur **Nachprüfung** der Eignung und kann die Eintragung auch dann ablehnen, wenn die nach Landesrecht zuständige Behörde den Ausbildenden für geeignet hält.[25]

Umstritten ist die Frage nach dem **Umfang des Prüfungsrechts**. Es wird zum Teil die Auffassung vertreten, dass den zuständigen Stellen ein Prüfungs- und Überwachungsrecht im Rahmen des Abs. 1 Nr. 1 nur in Bezug auf die Angaben zum Berufsordnungsrecht zustehe.[26] Demgegenüber wird vertreten, dass den zuständigen Stellen auch im privatrechtlichen Bereich ein Prüfungsrecht zukommt. Letzterer Auffassung ist zuzustimmen, da die zuständige Stelle zu prüfen hat, ob die Voraussetzungen des Abs. 1 Nr. 1 bis 3 vorliegen und im Falle des Vorliegens ein Rechtsanspruch auf Eintragung besteht.[27]

5. Rechtliche Wirkungen der Ablehnung und Löschung

8   Die Ablehnung und Löschung der Eintragung hat keine **unmittelbare privatrechtliche Wirkung** auf den Berufsausbildungsvertrag. Er kann jedoch in diesem Fall von den Auszubildenden fristlos gekündigt werden, und zwar ohne Rücksicht darauf, ob die Auffassung der zuständigen Stelle letztendlich begründet ist oder nicht.[28] Den Auszubildenden ist nicht zuzumuten den Ausgang des verwaltungsgerichtlichen Verfahrens abzuwarten. Ist die Eintragung wegen fehlender persönlicher und/oder fachlicher Eignung abgelehnt oder gelöscht

---

22 *Leinemann/Taubert* BBiG § 35 Rn. 36.
23 Vgl. auch *OVG NW* 12.3.92, EzB § 32 Nr. 33.
24 *Braun/Mühlhausen* § 32 BBiG a. F. Rn. 2.
25 *VG Hannover* 16.10.73, EzB § 32 BBiG a. F. Nr. 3.
26 *Natzel*, DB-Beilage 23/80, S. 7.
27 Ebenso im Ergebnis *Leinemann/Taubert* BBiG § 35 Rn. 11.
28 *Benecke/Hergenröder* BBiG § 35 Rn. 23.

worden, muss der Ausbildende dem Auszubildenden kündigen, da er sich sonst einer Ordnungswidrigkeit nach § 102 Abs. 1 Nr. 5 BBiG schuldig macht.

Ist die Eintragung aus Gründen, die der/die Ausbildende zu vertreten hat, abgelehnt bzw. gelöscht worden, so kann sich eine **Schadensersatzpflicht** nach § 23 BBiG ergeben.[29]

6. Übermitteln von Daten an die Bundesagentur für Arbeit

Der neu eingefügte Absatz 3 ermöglicht es aus Sicht des Gesetzgebers (BT-Drucks. 15/3980, S. 118) für die Zukunft, dass bestimmte Daten aus dem Verzeichnis der Berufsausbildungsverhältnisse an die Bundesagentur für Arbeit übermittelt werden. Diese dürfen – insbesondere auf der Grundlage des in das Dritte Buch Sozialgesetzbuch ebenfalls neu eingefügten § 282 b – von der Arbeitsverwaltung zu Zwecken der Verbesserung der Ausbildungsvermittlung, der Verbesserung der Zuverlässigkeit und Aktualität der Ausbildungsvermittlungsstatistik und zur Verbesserung der Feststellung von Angebot und Nachfrage auf dem Ausbildungsmarkt verwendet werden.

Die Industrie- und Handelskammern unterliegen den Landesdatenschutzgesetzen, nicht dem BDSG. Sie sind keine öffentlichen Stellen des Bundes im Sinne des § 2 Abs. 1 BDSG. Nach den Landesdatenschutzgesetzen gelten diese für die sonstigen der Aufsicht des Landes unterstehenden juristischen Personen des öffentlichen Rechts (z. B. § 2 Abs. 1 Satz 1 LDSG NRW). Die Kammern unterliegen nach § 11 Abs. 1 IHKG der Aufsicht des Landes. Sie sind Personen des öffentlichen Rechts, § 3 Abs. 1 IHKG. § 9 Abs. 4 IHKG enthält lediglich eine abschließende Regelung bezogen auf die Mitgliederdaten der IHK. Eine Regelung bezogen auf die Daten der Berufsausbildungsverzeichnisse findet sich im IHK-Gesetz nicht. Diese findet sich nunmehr in § 35 Abs. 2 BBiG. Eine weitere Regelung findet sich in § 86 BBiG zum Berufsbildungsbericht. Nach dessen Abs. 1 und 2 wird man die IHK für berechtigt halten müssen, auch ohne Einwilligung der Betroffenen Daten zu den Ausbildungsverträgen an das Bundesministerium für Bildung und Forschung weiter zu geben. Eine über den dort beschriebenen Zweck und die dort bestimmte Datenempfängerin hinausgehende Datenverarbeitung ist damit nur noch mit Einwilligung der betroffenen Person zulässig (z. B. § 4 Abs. 1 LDSG NRW). Da die Auszubildenden in der Regel nicht den Antrag auf Eintragung stellen (zur Antragsbefugnis s. Rn. 1a, 2), kann auch ihre konkludente Einwilligung in die Datenweitergabe nicht vermutet werden. Eine Einwilligung gegenüber den Ausbildenden in die Datenverarbeitung dürfte den von den Kammern verfolgten Zweck der Datenverarbeitung in der Regel nicht erfassen.

7. Parallelverordnung in der HwO

Für das **Handwerk** gilt die Parallelvorschrift nach § 29 HwO. Dort wird jedoch der Begriff »Lehrlingsrolle« anstelle der Worte »Verzeichnis der Berufsausbildungsverhältnisse« verwendet.

---

29 Vgl. auch *LAG Düsseldorf*, BB 1957, 1277 zum früheren Recht.

§ 36 Antrag und Mitteilungspflichten

(1) Ausbildende haben unverzüglich nach Abschluss des Berufsausbildungsvertrages die Eintragung in das Verzeichnis zu beantragen. Eine Ausfertigung der Vertragsniederschrift ist beizufügen. Entsprechendes gilt bei Änderungen des wesentlichen Vertragsinhalts.
(2) Ausbildende und Auszubildende sind verpflichtet, den zuständigen Stellen die zur Eintragung nach § 34 erforderlichen Tatsachen auf Verlangen mitzuteilen.

Inhaltsübersicht   Rn.

1.   Allgemeines...   1
2.   Antrag auf Eintragung des Ausbildungsvertrags
2.1   Antragsbefugnis..   3
2.2   Zeitpunkt der Antragsstellung..................................   6
2.3   Form und Inhalt des Antrags....................................   9
2.4   Änderung des wesentlichen Vertragsinhalts......................   11
2.5   Kosten der Eintragung   13
3.   Mitteilungspflicht der Vertragsparteien (Abs. 2)...............   14
4.   Verstöße...   16

1. Allgemeines

1 Nach § 36 ist der Ausbildende verpflichtet, unverzüglich nach Abschluss des Berufsausbildungsvertrags zu beantragen, dass das Ausbildungsverhältnis in das Verzeichnis der **anerkannten Ausbildungsberufe** eingetragen wird. Diese Verpflichtung bestand bereits nach § 33 BBiG 1969. Durch das Berufsbildungsreformgesetz sind die Mitteilungspflichten nach Absatz 2 erweitert worden; nach § 33 Absatz 2 BBiG 1969 hatte der Ausbildende lediglich eine vorausgegangene allgemeine und berufliche Ausbildung des Auszubildenden so wie die Bestellung von Ausbildern anzuzeigen.

2 Die Antragspflicht bezieht sich lediglich auf Berufsausbildungsverhältnisse. Dies ergibt sich bereits aus dem Wortlaut, darüber hinaus jedoch auch aus der systematischen Stellung der Vorschrift in Kapitel 1 des Teils 2: »Berufsausbildung«. Soweit die zuständige Stelle für weitere Berufsbildungsverhältnisse eigenständige Verzeichnisse führt,[1] muss sie hierfür **Satzungsrecht** erlassen, in dem eine Antragspflicht normiert werden könnte.

2. Antrag auf Eintragung des Ausbildungsvertrags

2.1 Antragsbefugnis

3 Nach Absatz 1 hat der Ausbildende den Antrag auf Eintragung in das Verzeichnis zu stellen. Die Antragsbefugnis steht damit jedenfalls dem Ausbildenden zu. Streitig ist, ob auch Auszubildende den Antrag auf Eintragung in das Verzeichnis stellen können. Nach Leinemann/Taubert, BBiG, § 36 Rn. 7f. soll das Antragsrecht ausschließlich dem **Ausbildenden** zustehen. Auszubildende hätten hingegen einen einklagbaren privatrechtlichen Anspruch gegen die Aus-

1 Zur Zulässigkeit vgl § 34 Rn. 4.

bildenden, diesen Antrag zu stellen. Stelle der Ausbildende den Antrag nicht, mache dieser sich gegenüber den Auszubildenden schadenersatzpflichtig.

Nach anderer Auffassung steht das Antragsrecht auch dem Auszubildenden zu.[2] Die frühe Antragsstellung soll die zuständige Stelle in die Lage versetzen, frühzeitig zu überprüfen, ob die **Voraussetzungen** für eine ordnungsgemäße Berufsausbildung des Auszubildenden vorliegen und das Ausbildungsverhältnis folglich in das Verzeichnis eingetragen werden kann. Die Regelung dient in erster Linie dem **Schutz** der Auszubildenden auf ordnungsgemäße Durchführung der Ausbildung.[3]   **4**

Nach dem Wortlaut des § 36 Abs. 1 besteht für Ausbildende eine Antragspflicht. Nicht geregelt ist, wem ein Antragsrecht zusteht. Aus dem Schutzzweck der Vorschrift ergibt sich, dass der von der Eintragung unmittelbar betroffene Auszubildende ebenfalls befugt ist, den Antrag zu stellen.[4]   **5**

2.2 Zeitpunkt der Antragsstellung

Nach Absatz 1 ist der Ausbildende verpflichtet, den Antrag unverzüglich nach Abschluss des Berufsausbildungsvertrags zu stellen. Unverzüglich bedeutet gem. § 121 BGB, dass der Antrag **ohne schuldhaftes Zögern** gestellt wird. Hintergrund ist, dass die zuständige Stelle möglichst frühzeitig prüfen soll, ob Eintragungshindernisse bestehen. Nur so verbleibt ausreichend Zeit, um ggf. noch Mängel zu beseitigen.   **6**

Der Antrag ist unverzüglich nach Abschluss des Ausbildungsvertrags zu stellen. Der Ausbildungsvertrag kann auch mündlich abgeschlossen werden.[5] Nach Vertragsschluss ist eine **Vertragsniederschrift** gem. § 11 anzufertigen. Haben Ausbildender und Auszubildende sich darauf geeinigt, dass ein Ausbildungsverhältnis begründet wird, hat der Ausbildende gem. Absatz 1 die Pflicht, die Eintragung in das Verzeichnis unverzüglich zu beantragen. Dementsprechend muss er die Vertragsniederschrift ebenfalls kurzfristig nach dem Vertragsschluss ausfertigen, damit er sie dem Antrag beifügen kann. Erfolgt die Vertragsniederschrift nicht unverzüglich nach Abschluss des Ausbildungsvertrags, muss der Ausbildende den Antrag dennoch unverzüglich nach Vertragsschluss stellen und die Vertragsniederschrift ohne schuldhaftes Zögern nachreichen.   **7**

Wird der Antrag auf Eintragung in das Verzeichnis vom Auszubildenden gestellt, besteht keine Frist für diese Antragsstellung.   **8**

2.3 Form und Inhalt des Antrags

Absatz 1 sieht keine Form für den Antrag vor. Der Antrag kann daher auch **mündlich** bei der zuständigen Stelle gestellt werden. **Die Einhaltung der Schriftform empfiehlt sich jedoch**. Eine Schriftformerfordernis ergibt sich auch nicht aus Absatz 1 Satz 2. Dieser regelt lediglich, dass die Vertragsniederschrift beizufügen ist, trifft jedoch keine Aussage über die Form des Antrages. Denkbar ist somit, dass der Ausbildende mit einer Kopie des Berufsausbil-   **9**

---

2 *Braun/Mühlhausen* BBiG § 33 a. F. Rn. 2; *Wohlgemuth* in Wohlgemuth / Lakies / Malottke BBiG § 36 Rn. 7.
3 *Braun/Mühlhausen* BBiG § 33 a. F. Rn. 2.
4 *VG Stuttgart* 1. 10. 1974 – VRS III 134 / 74, EzB BBiG 1969 § 32 Nr. 9.
5 Vgl. § 11 Rn. 5.

dungsvertrags bei der zuständigen Stelle erscheint, mündlich seinen Antrag auf Eintragung stellt und die Ausfertigung des Berufsausbildungsvertrags übergibt. Fraglich ist, ob Satzungsrecht der zuständigen Stelle zulässig ist, mit dem eine bestimmte Form für den Antrag vorgeschrieben wird.

10 Absatz 1 Satz 2 regelt keinen Inhalt für den Antrag. Insofern ist ausreichend, wenn sich aus dem Schreiben des Ausbildenden entnehmen lässt, dass die Eintragung in das Verzeichnis gewünscht wird. Wird diesem Schreiben eine Kopie des Ausbildungsvertrags beigefügt, ist der Antragspflicht nach Absatz 1 Satz genügt. In der Folge wird es allerdings zu Nachfragen der zuständigen Stelle kommen, die über die Angaben verfügen muss, die gem. § 34 für die Eintragung erforderlich sind.

2.4 Änderung des wesentlichen Vertragsinhalts

11 Nach Absatz 1 Satz 3 gilt die Antragspflicht für den Ausbildenden auch bei Änderungen des wesentlichen Vertragsinhalts. Auch bei derartigen Änderungen besteht also eine Pflicht, diese unverzüglich nach der Vertragsänderung der zuständigen Stelle mitzuteilen – möglichst, bevor die Änderungen wirksam werden. Es besteht darüber hinaus ein Antragsrecht des Auszubildenden. Die Niederschrift der Vertragsänderung ist vom Ausbildenden beizufügen.

12 Änderungen des wesentlichen Vertragsinhalts sind alle Änderungen des Mindestinhalts der Vertragsniederschrift gem. § 11 Abs. 1 Satz 2.[6] Damit sind auch Änderungen des Ausbildungsplans mitzuteilen. Die zuständige Stelle wird so in die Lage versetzt zu überprüfen, ob mit dem geänderten Ausbildungsplan der **Ausbildungsordnung noch entsprochen wird** und das Ausbildungsziel erreicht werden kann. Dies kann z.B. in Fällen gelten, in dem die Ausbildung in einem bestimmten Bereich durch die Ausbildung in einem anderen Bereich oder eine verlängerte Ausbildungsdauer in einem bereits absolvierten Bereich ersetzt wird oder in solchen Fällen, in denen im Laufe des Ausbildungsverhältnisses eine Ausbildung im Ausland (§ 2 Abs. 3) vereinbart wird. Die Antragspflicht bezieht sich nur auf Änderungen des wesentlichen Vertragsinhalts. Danach sind Änderungen anderer Normen, die auf das Berufsausbildungsverhältnis wirken, ausgeschlossen. Keine Antragspflichten bestehen damit bei der Änderung von Betriebs- oder Dienstvereinbarungen, Tarifverträgen oder Gesetzen.

2.5 Kosten der Eintragung

13 Gemäß § 34 Absatz 1 Satz 2 ist die Eintragung für Auszubildende gebührenfrei. Für Ausbildende kann die zuständige Stelle für jede Eintragung Gebühren verlangen, soweit hierfür eine satzungsrechtliche Grundlage besteht.

3. Mitteilungspflicht der Vertragsparteien (Abs. 2)

14 Ausbildende und Auszubildende sind nach Absatz 2 verpflichtet, der zuständigen Stelle die Tatsachen auf Verlangen mitzuteilen, die die zuständige Stelle zur Eintragung nach § 34 benötigt. Die Mitteilungspflicht besteht **nicht als Bringschuld**. Vielmehr sind die Informationen lediglich auf **Verlangen** der zuständigen Stelle zu machen. Das Verlangen kann formfrei ausgesprochen werden.

---

6 *Leinemann/Taubert* BBiG § 36 Rn. 16.

Die zuständige Stelle entscheidet nach pflichtgemäßem Ermessen, von welchem **15** Vertragspartner sie die Auskünfte verlangt. Ausbildende und Auszubildende müssen die erforderlichen Tatsachen mitteilen. Nicht erforderlich ist, dass sie weitere Unterlagen vorlegen. Der Anspruch der zuständigen Stelle bezieht sich lediglich auf die nach § 34 erforderlichen Angaben für die Eintragung. Darüber hinaus gehende Angaben können nach dieser Vorschrift nicht beansprucht werden.

4. Verstöße

Nach § 102 Abs. 1 Nr. 7 handelt ordnungswidrig, wer als Ausbildender den **16** Antrag nicht unverzüglich stellt oder die Ausfertigung der Vertragsniederschrift nicht beifügt. Auch handelt ordnungswidrig, wer Änderungen gem. Absatz 1 Satz 3 nicht rechtzeitig in das Verzeichnis aufnehmen lässt. Die Pflicht betrifft jeweils nur den Ausbildenden, nicht die Auszubildenden, da diese gem. § 36 Abs. 1 Satz 1 nicht verpflichtet sind, den Antrag zu stellen. Die Ordnungswidrigkeit kann gem. § 102 Abs. 2 mit einer **Geldbuße bis zu 1000,00 €** belegt werden.

Verstößt der Ausbildende gegen seine Antragspflicht gem. Absatz 1 Satz 1 oder **17** gem. Satz 3 i. V. m. Satz 1, verstößt er gegen ein zugunsten des Auszubildenden bestehendes Schutzgesetz und ist schadenersatzpflichtig, soweit aus der Nichteintragung ein Schaden entstanden ist (zur Schadensberechnung siehe § 23 Rn. 23 ff.).

Abschnitt 5
Prüfungswesen

§ 37 Abschlussprüfung

(1) In den anerkannten Ausbildungsberufen sind Abschlussprüfungen durchzuführen. Die Abschlussprüfung kann im Falle des Nichtbestehens zweimal wiederholt werden. Sofern die Abschlussprüfung in zwei zeitlich auseinander fallenden Teilen durchgeführt wird, ist der erste Teil der Abschlussprüfung nicht eigenständig wiederholbar.
(2) Dem Prüfling ist ein Zeugnis auszustellen. Ausbildenden werden auf deren Verlangen die Ergebnisse der Abschlussprüfung der Auszubildenden übermittelt. Sofern die Abschlussprüfung in zwei zeitlich auseinander fallenden Teilen durchgeführt wird, ist das Ergebnis der Prüfungsleistungen im ersten Teil der Abschlussprüfung dem Prüfling schriftlich mitzuteilen.
(3) Dem Zeugnis ist auf Antrag der Auszubildenden eine englischsprachige und eine französischsprachige Übersetzung beizufügen. Auf Antrag der Auszubildenden kann das Ergebnis berufsschulischer Leistungsfeststellungen auf dem Zeugnis ausgewiesen werden.
(4) Die Abschlussprüfung ist für Auszubildende gebührenfrei.

Inhaltsübersicht   Rn.

1.   Allgemeines und Überblick zum Prüfungswesen 1
2.   Anspruch auf Durchführung einer Abschlussprüfung 3

2.1	Abschlussprüfung	6
2.2	Durchführen	7
3.	Wiederholen der Abschlussprüfung	9
4.	Wiederholungsprüfung bei zeitlich gestreckter Abschlussprüfung	14
5.	Prüfungstermin	16
6.	Zeugnis	19
6.1	Zeugnisinhalt	20
6.2	Form des Zeugnisses	27
6.3	Zustellung und Rechtsmittel	28
6.3.1	Widerspruchsverfahren	29
6.3.2	Gerichtliche Kontrolle	35
6.3.3	Maßstab bei der Überprüfung des Zeugnisses	37
6.3.3.1	Einhalten von Verfahrensvorschriften	39
6.3.3.2	Kontrolle der Prüfungsentscheidung	45
6.4	Gestreckte Abschlussprüfung	47
6.5	Übersetzung des Zeugnisses	48
7.	Gebührenfreiheit	50
8.	Geltung für andere Prüfungen	55

1. Allgemeines und Überblick zum Prüfungswesen

1   Abschnitt 5 des 1. Teiles dieses Gesetzes regelt das Prüfungswesen für die Berufsausbildung. Den Vorschriften zur Prüfung an sich (§§ 37, 38) folgen die Regelungen zum Prüfungsausschuss (§§ 39–42), die Paragrafen über die Zulassung zur Abschlussprüfung (§§ 43–46), der Hinweis auf die erforderliche Prüfungsordnung (§ 47), sonstige Prüfungen und Bescheinigungen (§§ 48, 49) sowie Vorschriften über gleichwertige Berufsabschlüsse (§ 50).

2   Gesetzessystematisch ist der 5. Abschnitt über das Prüfungswesen unübersichtlich gestaltet. Dies zeigt sich bereits an § 37, der mit dem Anspruch auf eine Abschlussprüfung für anerkannte Ausbildungsberufe beginnt, sich unmittelbar deren Nichtbestehen zuwendet und sodann Zeugnisfragen klärt, die ja den Abschluss des Verfahrens darstellen. Der Einstieg in das Prüfungsverfahren, die Zulassung zur Prüfung, wird im Anschluss an diese Fragen erläutert.

2. Anspruch auf Durchführung einer Abschlussprüfung

3   Nach § 37 hat jeder Azubi in einem anerkannten Ausbildungsberuf einen Anspruch auf eine Abschlussprüfung. In anerkannten Ausbildungsberufen müssen Abschlussprüfungen durchgeführt werden. Die Anerkennung der Ausbildungsberufe richtet sich nach § 4. Berufe, die bereits vor Inkrafttreten des BBiG am 1. September 1969 bestanden, gelten gem. § 104 Abs. 1 Satz 1 als anerkannt. Alle anerkannten oder als anerkannt geltenden Ausbildungsberufe finden sich im Verzeichnis der anerkannten Ausbildungsberufe[1] nach § 90 Abs. 3 oder in der hierzu vom Bundesinstitut für Berufsbildung herausgegebenen Liste.[2]

4   Eine gesetzliche Pflicht zur Teilnahme an der Abschlussprüfung, quasi als Gegen-

---

1   Bekanntmachung des Verzeichnisses der anerkannten Ausbildungsberufe und des Verzeichnisses der zuständigen Stellen vom 9. Juli 2009; Bundesanzeiger, Beilagennummer 146 a, 30. 09. 2009.

2   http://www2.bibb.de/tools/aab/aabberufeliste.php.

stück zum Anspruch auf Durchführung der Prüfung, existiert nicht.[3] Eine solche Verpflichtung kann allerdings durch den Ausbildungsvertrag begründet werden. Voraussetzung für den Anspruch auf Teilnahme an der Abschlussprüfung ist, **5** dass die Zulassungsvoraussetzungen alle erfüllt sind (s. §§ 43 ff.).

2.1 Abschlussprüfung

Obwohl § 37 die Überschrift ›Abschlussprüfung‹ trägt, ist der Begriff dort nicht **6** näher erläutert. Der Gegenstand und der Zweck der Abschlussprüfung sind in § 38 näher bestimmt: Es soll festgestellt werden, ob die berufliche **Handlungsfähigkeit** nach § 1 Abs. 3 erworben wurde. Die Wirkung der Abschlussprüfung ergibt sich aus § 21 Abs. 2. Wird die Abschlussprüfung vor dem vertraglichen Ende der Ausbildungszeit bestanden, endet das Berufsausbildungsverhältnis mit der Bekanntgabe des Bestehens, des positiven Ergebnisses, durch den Prüfungsausschuss.

2.2 Durchführen

Die Abschlussprüfung ist ›**durchzuführen**‹. Dies bedeutet, dass die Abschluss- **7** prüfung vorzubereiten, durchzuführen im engeren Sinne, sowie nachzubereiten ist.

Zur **Vorbereitung** gehört zum Beispiel die Einrichtung von Prüfungsausschüs- **8** sen gem. § 39, die Erstellung der Prüfungsaufgaben, die rein organisatorische Vorbereitung wie das Bereitstellen von Prüfungsräumen und Einladungen. Zur **Nachbereitung** gehört insbesondere das Aus- und Zustellen der Zeugnisse aber auch die Einsichtnahme in die Prüfungsakte sowie die Bearbeitung eines eventuellen Widerspruchs.

3. Wiederholen der Abschlussprüfung

Wird die Abschlussprüfung nicht bestanden, kann sie **zweimal** wiederholt **9** werden. Dies setzt ein entsprechendes Verlangen des Prüflings gegenüber dem Arbeitgeber gem. § 21 Abs. 3 (s. § 21 Rn. 36) voraus. Zu den Anforderungen an das Verlangen s. § 21 Rn. 37. Für den Fall des Verlangens verlängert sich das Ausbildungsverhältnis bis zur nächstmöglichen Wiederholungsprüfung, **längstens um ein Jahr**, § 21 Abs. 3.[4] Besteht der Prüfling auch diese erste Wiederholungsprüfung nicht und stellt er ein erneutes Verlangen, das Ausbildungsverhältnis zu verlängern, an den Ausbildenden, verlängert sich das Ausbildungsverhältnis bis zur zweiten Wiederholungsprüfung, längstens jedoch bis zum Ablauf eines Jahres von der Mitteilung des Prüfungsergebnisses der ersten Prüfung an. Zu den Folgen dieses Verlangens für den Fortbestand des Ausbildungsverhältnisses s. § 21 Rn. 43 ff.

Streitig ist, ob eine Wiederholung zur **Verbesserung der Abschlussnote** (sog. **10** ›Freischussregelung‹) zulässig ist. Sie ist, soviel ist unstreitig, vom Gesetz **nicht ausdrücklich vorgesehen**. Geht man davon aus, dass die ausgiebig beschriebenen Zulassungsvoraussetzungen in den §§ 43–46 die Voraussetzungen abschließend aufzählen, ist eine freiwillige Wiederholungsprüfung möglich. Denn eine

---

3 *Leinemann/Taubert* BBiG § 37 Rn. 12.
4 *BAG* 15. 3. 2000, 5 AZR 622/98, juris.

Voraussetzung, wonach die Ausbildung noch nicht erfolgreich abgeschlossen wurde oder ein Ausbildungsverhältnis noch besteht, findet sich in den §§ 43–46 nicht.[5] Auch der Wortlaut des § 37 Abs. 1 Satz 2 »kann im Falle des Nichtbestehens zweimal wiederholt werden« führt nicht zwingend zu dem Schluss, dass nur im Falle des Nichtbestehens eine Wiederholung möglich ist. Ebenso gut ist eine Lesart denkbar, dass im Falle des Nichtbestehens nicht nur eine sondern eben gar zwei Wiederholungen möglich sind. Oder dass im Falle des Nichtbestehens ein Anspruch auf Wiederholung besteht, wohingegen zur Verbesserung des Prüfungsergebnisses nur ein Anspruch auf ermessensfehlerfreie Entscheidung über die erneute Zulassung zur Prüfung besteht. Der Hinweis auf den seit dem 1.9.2005 geänderten Wortlaut des Textes zur Begründung der nunmehr angeblich ausgeschlossenen Verbesserungsmöglichkeit geht fehl: Der Wortlaut ist gerade nicht so eindeutig, wie die Gesetzesbegründung: »nur im Fall des Nichtbestehens«[6] eindeutig.[7] Auch der Hinweis auf die **Musterprüfungsordnung** geht insoweit fehl. Die Musterprüfungsordnung darf einen vorhandenen Anspruch auf Prüfungszulassung zur Verbesserung nicht ausschließen, wenn dieser nach dem BBiG besteht. Ein etwaiger Ausschluss der Wiederholensprüfung in der Musterprüfungsordnung zeigt also lediglich die Rechtsauffassung des Hauptausschusses beim Bundesinstitut für Berufsbildung bzw. des Berufsbildungsausschusses der zuständigen Stelle, dass eine Wiederholensprüfung zur Notenverbesserung nicht im § 37 Abs. 1 Satz 2 vorgesehen sei.

11 Eine dritte Wiederholungsprüfung ist **nicht möglich**. Hat der Prüfling an der zweiten Wiederholungsprüfung nicht teilnehmen können, zum Beispiel krankheitsbedingt, bedeutet dies einen Nichtantritt oder Abbruch der zweiten Wiederholungsprüfung. Diese wurde nicht etwa nicht bestanden, sondern ist noch zu absolvieren. Der Prüfling ist zu dieser **zuzulassen**.[8]

12 Wurde nach der zweiten nicht bestandenen Wiederholungsprüfung ein neues Ausbildungsverhältnis eingegangen, auch unter Anrechnung von Vorkenntnissen aus dem vorangegangenen Ausbildungsverhältnis,[9] endet dieses neue Ausbildungsverhältnis gem. § 37 mit der **Abschlussprüfung** – verbunden mit dem Anspruch auf zwei Wiederholungsprüfungen bei Nichtbestehen.

13 Wird die Ausbildungsordnung aufgehoben, gelten nach § 4 Abs. 4 für die bestehenden Berufsausbildungsverhältnisse die bisherigen Vorschriften. Daraus ergibt sich, dass auch die **Prüfungsanforderungen** dem bisherigen Berufsbild und der Ausbildungsordnung zu entnehmen sind. Dies gilt entsprechend auch, wenn das Berufsausbildungsverhältnis wegen Ablaufs des Ausbildungsvertrags gem. § 21 Abs. 1 geendet hat, die Abschlussprüfung aber noch nicht abgelegt werden konnte, weil die Abschlussprüfung nach dem vereinbarten Vertragsende liegt. Gleiches gilt sinngemäß, wenn die Ausbildungsordnung nicht aufgehoben sondern geändert wird.[10]

---

5 Anderer Ansicht: *Leinemann/Taubert* BBiG § 37 Rn. 19; Erf-Kommentar – *Schlachter* § 37 BBiG Rn. 2; *Bennecke/Hergenröder* § 37 Rn. 10; *Wohlgemuth* – Wohlgemuth/Lakies BBiG 3. Aufl., § 37 Rn. 7.

6 Amtl. Begründung der Bundesregierung BT-Drucks. 15/3980 zu § 37.

7 *Leinemann/Taubert* BBiG § 37 Rn. 19.

8 *Benecke/Hergenröder* BBiG § 37 Rn. 9; *Leinemann/Taubert* BBiG § 36 Rn. 22.

9 *Wohlgemuth* in Wohlgemuth/Lakies BBiG 3. Aufl., § 37 Rn. 8.

10 *VGH Baden-Württemberg* 31.5.1994, EzB § 34 BBiG 1969 Nr. 20; *Leinemann/Taubert* BBiG § 37 Rn. 24.

4. Wiederholungsprüfung bei zeitlich gestreckter Abschlussprüfung

Bei einer zeitlich gestreckten Abschlussprüfung gem. § 5 Abs. 2 Nr. 2 werden **14** die Teilergebnisse nicht einzeln zertifiziert. Das bedeutet, dass Teil 1 der Prüfung nicht als eigenständige Prüfung angesehen wird. Der erste Prüfungsteil kann nach § 37 Abs. 1 Satz 3 nicht eigenständig wiederholt werden, da er ein Teil der **Gesamtprüfung** ist. Über seine Leistungen im Teil 1 der Prüfung wird der Prüfling informiert. Der zweite Teil der Prüfung erfolgt am Ende der Ausbildungszeit. Das Gesamtergebnis der Abschlussprüfung setzt sich aus den Ergebnissen der beiden Teilprüfungen zusammen. Wird die Prüfung insgesamt nicht bestanden, besteht ein Anspruch auf eine **Wiederholungsprüfung**.

Über die Zulassung zu beiden Teilen der Prüfung wird jeweils gesondert ent- **15** schieden. Zulassungsvoraussetzung für den zweiten Teil ist in der Regel die Teilnahme am ersten Teil der Abschlussprüfung (§ 44 BBiG). Die Einzelheiten der Prüfungen im gestreckten Verfahren sind in den Ausbildungs- und Prüfungsordnungen zu definieren. Regelbar soll nach dem Gesetzesentwurf auch sein, dass sich die Wiederholungsprüfung auf den ersten Teil der Abschlussprüfung beschränkt.[11] Für die Durchführung der Abschlussprüfung in zwei Teilen (›gestreckte Abschlussprüfung‹, ›GAP‹) hat der Hauptausschuss beim Bundesinstitut für Berufsbildung eine Empfehlung erlassen, die unter § 5 Rn. 27 abgedruckt ist.

5. Prüfungstermin

Eine zeitliche Regelung, innerhalb welcher Zeitspannen die Prüfung angeboten **16** werden muss, ist im Gesetz nicht geregelt. Die Prüfungstermine werden von der zuständigen Stelle nach eigenem Ermessen bestimmt.[12] Dies gilt auch für die Wiederholungsprüfung. Dabei muss die zuständige Stelle berücksichtigen, dass unnötige **Wartezeiten** für die Prüflinge vermieden werden. Zwar ist zulässig, mehrere Prüfungstermine für mehrere Prüflinge zusammenzufassen. Auch können mehrere zuständige Stellen gemeinsame Prüfungsausschüsse bilden, § 39 Abs. 1 Satz 2.[13] Dies darf jedoch nicht dazu führen, dass die zumutbare Wartezeit für den einzelnen Prüfling überschritten wird.

In der Musterprüfungsordnung (s. § 47 Rn. 21) wird vorgeschlagen, dass die **17** Wiederholungsprüfung frühestens zum nächsten Prüfungstermin gem. § 7 MPO stattfinden kann. Prüfungstermine sollen gem. § 7 MPO zweimal jährlich in Abstimmung mit dem Ablauf des Ausbildungsvertrags und des Schuljahres bestimmt werden. Rein faktisch bedeutet dies, dass ein Nichtbestehen der Abschlussprüfung jeweils zu einer halbjährlichen **Verlängerung** des Ausbildungsverhältnisses führt. Ein längeres Zuwarten wird schwerlich als zumutbar und damit ermessensfehlerfrei angesehen werden können, weil dies automatisch dazu führen würde, dass eine zweite Wiederholungsprüfung nach der Verlängerung des Ausbildungsverhältnisses gem. § 21 Abs. 3 zu absolvieren wäre. Damit passte aber die gesetzliche Wertung, dass die Wiederholungsprü-

---

11 Amtl. Begründung zum Regierungsentwurf, BT-Drucks. 15/3980 zu § 37.
12 *Leinemann/Taubert* BBiG § 37 Rn. 16.
13 Dies soll sogar übergreifend von mehreren Prüfungsausschüssen mehrerer zuständiger Stellen zulässig sein: *Leinemann/Taubert* BBiG § 37 Rn. 15; s. aber § 39 Rn. 9 f.

fungen in der Regel innerhalb eines Jahres absolviert werden können, nicht zu der Terminierung dieser Prüfungen.

18   Bei einer Untätigkeit der zuständigen Stelle bleiben den Prüflingen eine **Verpflichtungsklage** nach § 42 Abs. 1 VwGO,[14] bei Eilbedürftigkeit auch eine einstweilige Anordnung gem. § 123 VwGO sowie ein Schadenersatzanspruch gegen die zuständige Stelle aus Amtspflichtverletzung.[15] Der Ausbildende ist durch einen ermessensfehlerhaft späten Prüfungstermin dadurch belastet, dass er ggf. Ausbildungsvergütung bei Fortsetzung des Ausbildungsverhältnisses gem. § 21 Abs. 3 zahlen muss. Ihm steht ggf. ein Schadenersatzanspruch gegen die zuständige Stelle zu. Ein eigenständiges Klagerecht des Ausbildenden setzte voraus, dass das Recht auf alsbaldige Terminierung der Wiederholungsprüfung auch ein Recht des Ausbildenden ist. Dies ist jedoch nicht der Fall, wie sich aus den Zulassungsvoraussetzungen für die Prüfung ergibt, die sämtlich auf Voraussetzungen bei den Auszubildenden abstellen.

6. Zeugnis

19   Nach der Prüfung hat der Prüfling einen Anspruch darauf, dass ihm ein Zeugnis über die Prüfung ausgestellt wird, § 37 Abs. 2 Satz 1. Der Begriff des Zeugnisses ist im Gesetz nicht weiter konkretisiert. Das Zeugnis ist von der formlosen Mitteilung zum Ende der Prüfung zu unterscheiden, mit der der Prüfling darüber informiert wird, ob die Prüfung bestanden oder nicht bestanden wurde. Diese Mitteilung ist vorläufig[16] und formlos, **beendet** jedoch das Ausbildungsverhältnis gem. § 21 Abs. 2.[17] Das Zeugnis ist demgegenüber eine Mitteilung, mit der die zuständige Stelle das Prüfungsverfahren abschließend beurteilt, es ist ein Verwaltungsakt im Sinne des § 35 VwVfG, den die zuständige Stelle erlässt.[18]

6.1 Zeugnisinhalt

20   In der Regel wird die **Prüfungsordnung** gem. § 47 hierzu Aussagen enthalten. § 27 II der Musterprüfungsordnung[19] bestimmt für die Form und den Inhalt des Prüfungszeugnisses:

21   *(2) Das Prüfungszeugnis enthält*
- *die Bezeichnung »Prüfungszeugnis nach § 37 Abs. 2 BBiG« oder »Prüfungszeugnis nach § 62 Abs. 3 BBiG in Verbindung mit § 37 Abs. 2 BBiG«,*
- *die Personalien des Prüflings (Name, Vorname, Geburtsdatum),*
- *die Bezeichnung des Ausbildungsberufs mit Fachrichtung oder prüfungsrelevantem Schwerpunkt. Weitere in der Ausbildungsordnung ausgewiesene prüfungsrelevante Differenzierungen können aufgeführt werden.*
- *die Ergebnisse (Punkte) der Prüfungsbereiche und das Gesamtergebnis (Note), soweit ein solches in der Ausbildungsordnung vorgesehen ist,*
- *das Datum des Bestehens der Prüfung,*

---

14   *Gedon/Hurlebaus* § 37 Rn. 8.
15   *OLG Zweibrücken* 28.5.2009, 6 U 1/08, juris.
16   *Leinemann/Taubert* BBiG § 21 Rn. 17.
17   S. § 21 Rn. 26.
18   *Benecke/Hergenröder* BBiG § 37 Rn. 21; *Leinemann/Taubert* BBiG § 37 Rn. 34; a.A. *VG Darmstadt* 15.2.1980, EzB/EzB-VjA § 35 BBiG 1969 Nr. 13.
19   Abgedruckt unter § 47 Rn. 20 ff.

– *die Namenswiedergaben (Faksimile) oder Unterschriften des Vorsitzes des Prüfungsausschusses und der beauftragten Person der zuständigen Stelle mit Siegel.*
– *Im Prüfungszeugnis können darüber hinaus die selbstständigen Prüfungsleistungen eines Prüfungsbereichs (§ 23 Abs. 2 Satz 2) ohne Bewertung aufgeführt werden.*

Das Zeugnis kann zusätzlich auch das **Ergebnis der Berufsschulleistungen** **22** enthalten, wenn der Auszubildende das beantragt, § 37 Abs. 2 Satz 2. Der Antrag kann durch den Auszubildenden ohne eine bestimmte Form gestellt werden. Ein mündlicher Antrag ist möglich. Der Antrag ist an die zuständige Stelle zu richten. Diese hat dann bei der Berufsschule das Ergebnis der berufsschulischen Leistungen zu erfragen.

Die Kultusministerkonferenz hat folgende Empfehlung ausgesprochen, um das **23** Ergebnis der berufsschulischen Leistungen zu beschreiben:

Empfehlung zum Einbringen der in der Berufsschule erbrachten Leistungen in das Kammerzeugnis
(Beschluss der Kultusministerkonferenz vom 10.05.2007)
Auf dem Zeugnis über die Abschlussprüfung der Berufsausbildung der zuständigen Stelle kann gemäß § 37 Abs. 3 Satz 2 Berufsbildungsgesetz und § 31 Abs. 3 Satz 2 Handwerksordnung auf Antrag des Auszubildenden/der Auszubildenden das Ergebnis berufsschulischer Leistungsfeststellungen ausgewiesen werden.
Entsprechend ihrer »Empfehlungen zur Umsetzung des Berufsbildungsgesetzes« vom 02.06.2005[20] vereinbart die Kultusministerkonferenz unter Berücksichtigung ihrer Beschlüsse über den Unterricht und den Abschluss der Berufsschule)
die nachfolgenden Kriterien zu deren Ermittlung:
1. Zur Bildung des Ergebnisses berufsschulischer Leistungsfeststellungen werden die Bewertungen sowohl aus dem berufsbezogenen als auch aus dem berufsübergreifenden/allgemeinen Unterricht herangezogen.
2. Die Bewertung wird in einer Note bis auf eine Stelle hinter dem Komma ermittelt; es wird nicht gerundet.
3. Die Ermittlung der Note erfolgt im Wege des arithmetischen Mittels der Fächer, Lernfelder oder Lernbereiche; eine besondere Gewichtung ist möglich.

Unklar bleibt auch nach dieser Empfehlung, wie und unter welchen Voraus- **25** setzungen die besondere Gewichtung einzelner Fächer erfolgt. Die **Darstellung** des Ergebnisses der berufsschulischen Leistungen ersetzt nicht das Abschluss- oder Abgangszeugnis der Berufsschule.

Ein **Anspruch** auf ein Zeugnis besteht auch dann, wenn die Prüfung nicht bestanden wird. Das Zeugnis wird dann als Bescheinigung über das Nichtbestehen erteilt (s. § 28 der Musterprüfungsordnung).[21] Diese Bescheinigung ist ein rechtsmittelfähiger Bescheid, gegen den **Widerspruch** eingelegt werden kann.

Soweit Auszubildende Fremdsprachenkenntnisse erworben haben, können sie **26** sich diese von der Berufsschule zertifizieren lassen. Die Kultusministerkonferenz hat hierzu beschlossen:

---

20 http://www.kmk.org/fileadmin/veroeffentlichungen_beschluesse/2005/2005_06_02-Empfehlungen-BBRG.pdf.
21 Abgedruckt unter § 47 Rn. 20 ff.

**Rahmenvereinbarung über die
Zertifizierung von Fremdsprachenkenntnissen
in der beruflichen Bildung**[22]
(Beschluss der Kultusministerkonferenz vom 20.11.1998 i.d.F. vom 27.06.2008)

1. Grundsatz
Berufliche Schulen können auf freiwilliger Basis – unabhängig von einer Benotung im
Zeugnis – eine Prüfung anbieten, in der sich Schülerinnen und Schüler ihre Fremd-
sprachenkenntnisse zertifizieren lassen können.

2. Prüfungsniveaus und Berufsbezug
Die Prüfung wird jeweils in einer der vier Stufen I, II, III oder IV durchgeführt. Diese
Stufen orientieren sich an den Gemeinsamen Referenzniveaus A2, B1, B2 und C1, die im
»Gemeinsamen Europäischen Referenzrahmen für Sprachen: Lernen, Lehren, Beurteilen« des Europarates beschrieben werden. Kompetenzbeschreibungen der Stufen I, II, III
und IV sind in der Anlage 1 *[nicht abgedruckt]* ausgewiesen.
Je Stufe soll die Prüfung differenziert nach den Erfordernissen der verschiedenen
Bereiche, wie zum Beispiel
– kaufmännisch-verwaltende Berufe
– gewerblich-technische Berufe
– gastgewerbliche Berufe
– sozialpflegerische, sozialpädagogische und Gesundheitsberufe
durchgeführt werden. Innerhalb der jeweiligen Bereiche können weitere berufsbezogene Konkretisierungen vorgenommen werden.

3. Prüfungsteile
Die Prüfung besteht aus einem schriftlichen und einem mündlichen Teil. Es werden die
folgenden Kompetenzbereiche zu Grunde gelegt:
– Rezeption (Fähigkeit, gesprochene und geschriebene fremdsprachliche Mitteilungen
  zu verstehen)
– Produktion (Fähigkeit, sich schriftlich in der Fremdsprache zu äußern)
– Mediation (Fähigkeit, durch Übersetzung oder Umschreibung schriftlich zwischen
  Kommunikationspartnern zu vermitteln)
– Interaktion (Fähigkeit, Gespräche zu führen).

4. Prüfungsdurchführung und Gewichtung der einzelnen Teile
Die Länder treffen geeignete Maßnahmen (zum Beispiel Vergleichsarbeiten oder überregionale Prüfungen), um eine Gewährleistung der Prüfungsstandards sicherzustel-
len.
Die Prüfungen werden an beruflichen Schulen durchgeführt und unter Beachtung der
Anforderungen der jeweiligen Stufe auf der Basis des folgenden Punkte-Schlüssels
bewertet:
– schriftliche Prüfung   100 Punkte
– mündliche Prüfung   30 Punkte.
Im Rahmen der schriftlichen Prüfung sollen die schriftlichen Aufgabenanteile für die
drei Kompetenzbereiche wie folgt gewichtet werden:
– Rezeption   40 %
– Produktion   30 %
– Mediation   30 %.
Eine Abweichung von jeweils bis zu 10 Prozent-Punkten ist möglich.
In der mündlichen Prüfung wird der Kompetenzbereich Interaktion geprüft.

---

22 http://www.kmk.org/fileadmin/veroeffentlichungen_beschluesse/1998/1998_11_20-
    RV-Fremdsprachen-berufliche-Bildung_02.pdf.

Die in den Teilen der schriftlichen und in der mündlichen Prüfung jeweils erreichbare Punktzahl ist im Zertifikat anzugeben.

Die schriftliche und die mündliche Prüfung sind bestanden, wenn jeweils mindestens die Hälfte der ausgewiesenen Punktzahl erreicht wird, ein Ausgleich ist nicht möglich.

Für die schriftliche Prüfung in den einzelnen Stufen gelten die folgenden Zeiten:
- Stufe I   60 Minuten
- Stufe II   90 Minuten
- Stufe III   120 Minuten
- Stufe IV   150 Minuten

Die mündliche Prüfung soll als Gruppenprüfung durchgeführt werden.

Für die mündliche Prüfung gelten die folgenden Zeitrichtwerte:
- Stufe I   15 Minuten pro Gruppenprüfung
- Stufe II   20 Minuten pro Gruppenprüfung
- Stufe III   25 Minuten pro Gruppenprüfung
- Stufe IV   30 Minuten pro Gruppenprüfung

Die Zeitrichtwerte beziehen sich auf eine Prüfung mit zwei Prüflingen. Bei mehr als zwei Prüflingen kann der Zeitrichtwert entsprechend angepasst werden.

Für die mündliche Prüfung kann eine angemessene Zeit zur Vorbereitung gegeben werden.

5. Zertifikat

Wer die Prüfung bestanden hat, erhält ein Zertifikat nach beiliegendem Muster (Anlage 2, *nicht abgedruckt*). Das Zertifikat weist die Sprache und den Bereich, in dem geprüft wird, aus. Die Ergebnisse des schriftlichen und des mündlichen Prüfungsteils werden durch die Zuordnung der jeweiligen Sprachaktivitäten ausgewiesen und durch die Kompetenzbeschreibungen der geprüften Stufe verdeutlicht. (*Fußnote im Original:* Es ist den Ländern überlassen, auf Seite 3 des Zertifikats kontrastiv Kompetenzbeschreibungen weiterer Stufen auszuweisen.)

Die Beschreibung der Stufe und Kompetenzbereiche ist Bestandteil des Zertifikats.

6.2 Form des Zeugnisses

Das Ausstellen des Zeugnisses ist Teil der Nachbereitung der Prüfung und obliegt der zuständigen Stelle, nicht dem Prüfungsausschuss.[23] Es ist das **Briefpapier** oder ein von der zuständigen Stelle bestimmtes Papier, das die zuständige Stelle als Ausstellerin erkennen lässt, zu verwenden. Dies ist bereits aus Rechtsschutzgründen zweckmäßig, damit der Prüfling ggf. erkennen kann, gegen wen der Widerspruch gegen das Zeugnis zu richten ist. Das Zeugnis muss die Unterschrift des/der Vorsitzenden des Prüfungsausschusses sowie eines Beauftragten der zuständigen Stelle tragen.[24] Ein Anspruch auf ein mit dem Computer ausgestelltes Zeugnis soll nach der Rechtsprechung nicht existieren,[25] wobei im Zuge der wohl flächendeckenden Verbreitung der EDV davon ausgegangen werden kann, dass eine solche Entscheidung nicht wiederholt getroffen würde.

27

---

23 *Leinemann/Taubert* BBiG § 37 Rn. 29.

24 *Leinemann/Taubert* BBiG § 37 Rn. 30.

25 *VG Karlsruhe* 28.2.1992, EzB § 34 BBiG 1969 Nr. 18; zitiert nach *Leinemann/Taubert* BBiG § 37 Rn. 30.

6.3 Zustellung und Rechtsmittel

28 Das Prüfungszeugnis muss dem Prüfling selbst ausgehändigt oder zugestellt werden. Eine Übermittlung durch den Ausbildenden ist ohne Zustimmung des Prüflings nicht zulässig.[26]

6.3.1 Widerspruchsverfahren

29 Gegen das Zeugnis und die Mitteilung, dass die Prüfung nicht bestanden wurde, kann der **Auszubildende** Widerspruch einlegen. Auszubildende sind nicht nur dann in ihren Rechten auf ein korrektes Prüfen und Bewerten ihrer Leistung verletzt, wenn sie die Prüfung nicht bestanden haben sollen, sondern auch dann, wenn die Note schlechter ist als sie bei korrekter Prüfung hätte sein müssen, wenn sie also **fehlerhaft** zustande gekommen ist. Denn der Anspruch der Auszubildenden aus dem Prüfungsrechtsverhältnis richtet sich nicht auf das Bestehen der Prüfung sondern auf die Einhaltung aller **Prüfungsvorschriften**.[27]

30 Der **Ausbildende** kann Widerspruch einlegen, wenn auch er durch das **Prüfungsergebnis** in seinen Rechten betroffen ist.[28] Das ist dann der Fall, wenn die Prüfung nicht bestanden wurde und dadurch ein Anspruch des Auszubildenden besteht, das Ausbildungsverhältnis durch einseitiges Verlangen gem. § 21 Abs. 3 zu verlängern. Denn die **Klagebefugnis** aus § 42 Abs. 2 VwGO ist nur dann zu verneinen, wenn unter Zugrundelegung des Klagevorbringens offensichtlich und eindeutig nach keiner Betrachtungsweise durch den angefochtenen Verwaltungsakt Rechte des Klägers verletzt sein können, wenn eine Verletzung subjektiver Rechte des Klägers also nicht in Betracht kommt.[29] Ist der Verwaltungsakt nicht an den Kläger gerichtet, muss dieser vortragen, in eigenen Rechten verletzt zu sein. Es muss die Möglichkeit bestehen, dass der angefochtene Verwaltungsakt gegen eine Rechtsnorm verstößt, die zumindest auch den Schutz individueller Interessen des Drittbetroffenen bezweckt.[30] Eine Anfechtungsbefugnis ist also gegeben, wenn der maßgeblichen Norm ein Rechtssatz zu entnehmen ist, der zumindest auch den Individualinteressen des Anfechtenden zu dienen bestimmt ist und dem Betroffenen eine geschützte Rechtsposition zuweist.[31] Nicht ausreichend ist eine Reflexwirkung in dem Sinne, dass sich aus einer im Interesse eines anderen erlassenen Norm zugleich auch eine Begünstigung einzelner Dritter ergibt.[32]

31 Ausgehend von diesen Maßstäben ist – entgegen zahlreichen Stimmen in Literatur und Rechtsprechung[33] – eine Berechtigung des Ausbildenden zu Widerspruch und Klage gegen ein Prüfungszeugnis für den Auszubildenden zu verneinen. Denn die Regelung zur Verlängerung der Ausbildung bei Nichtbestehen der Abschlussprüfung in § 21 Abs. 3 ist nicht dazu bestimmt, zumin-

---

26 *Leinemann/Taubert* BBiG § 37 Rn. 29.
27 *Zimmerling/Brehm* Prüfungsrecht Rn. 130.
28 *Stolpmann/Teufer* Prüfungsrecht für Auszubildende und ihre Prüfer, S. 193.
29 *BVerfG* 9.1.1991, 1 BvR 207/87, juris; *BVerwG* 19.9.2000, 1 C 17/99, juris, m. w. N.
30 *BVerwG* 16.6.1994, 3 C 12/93, juris m. w. N.
31 *BVerwG* vom 3.8.2000, 3 C 30/99, juris.
32 *BSG* vom 19.12.2001, B 11 AL 57/01, juris, mit Verweis auf *BVerwG* vom 3.8.2000, 3 C 30/99, juris.
33 *Benecke/Hergenröder* BBiG § 37 Rn. 31; *Leinemann/Taubert* BBiG § 37 Rn. 38; *Stolpmann/Teufer* S. 194; *OVG Lüneburg* 8.4.1974, *VII OVG A* 4/73, zit. nach *Stolpmann/Teufer* a. a. O.

dest auch den Individualinteressen der vom Nichtbestehen mittelbar betroffenen Ausbildenden zu dienen. Bei den sich aus § 21 Abs. 3 für die Ausbildenden ergebenden Konsequenzen handelt es sich vielmehr um Reflexwirkungen, die nach Sinn und Zweck der Norm nicht einer Anfechtung durch Ausbildende unterliegen.

Das Widerspruchsverfahren richtet sich nach den §§ 68 VwGO. Der Widerspruch ist gem. § 70 bei der Behörde zu erheben, die das Zeugnis ausgestellt hat, also bei der zuständigen Stelle. Mangels einer Anordnung der sofortigen Vollziehbarkeit eines Zeugnisses hat der Widerspruch aufschiebende Wirkung. Der Widerspruch ist binnen eines Monats nach der Zustellung des Zeugnisses einzulegen. Wurde über die Widerspruchsmöglichkeit, die zuständige Behörde für den Widerspruch oder die Widerspruchsfrist nicht ordnungsgemäß gem. § 58 VwGO belehrt, **verlängert** sich die Frist, um den Widerspruch einzulegen, auf einen Monat nach Zustellung des Zeugnisses. **32**

Das Widerspruchsverfahren wird durch den **Widerspruchsbescheid** beendet. Diesen erlässt die zuständige Stelle – unabhängig davon, ob mit dem Widerspruchsbescheid das Zeugnis verbessert wird oder nicht, § 73 Abs. 1 Nr. 3 VwGO.[34] **33**

In einigen Bundesländern existieren Regelungen, nach denen ein Widerspruchsverfahren gar nicht oder nicht in dem dargestellten Umfang durchzuführen ist. Die Regelungen sind unterschiedlich und zum Teil befristet, so dass sich für Rechtsberatungen eine genauere Überprüfung empfiehlt.[35] **34**

Für Auszubildende dürfte in der Regel der Blick auf die **Rechtsmittelbelehrung** am Ende des Zeugnisses genügen.

6.3.2 Gerichtliche Kontrolle

Nachdem der Widerspruchsbescheid zugestellt wurde, besteht die Möglichkeit, das Zeugnis vor dem **Verwaltungsgericht** anzufechten. Nur ganz ausnahmsweise dürfte es möglich sein, die zuständige Stelle verpflichten zu lassen, ein bestimmtes Zeugnis auszustellen. Auch in diesem Fall empfiehlt es sich, die Anfechtung des Zeugnisses zumindest als Hilfsantrag »mitlaufen zu lassen.« **35**

Die Klage beim Verwaltungsgericht richtet sich gegen die zuständige Stelle im Sinne des § 71, nicht gegen den Prüfungsausschuss.[36] Das Klageverfahren folgt den Vorschriften der VwGO. Zur Klageberechtigung der Ausbildenden wird auf die Ausführungen zum Widerspruchsverfahren (s. Rn. 29 ff.) verwiesen. **36**

6.3.3 Maßstab bei der Überprüfung des Zeugnisses

Bei der Überprüfung des Prüfungsergebnisses im Widerspruchs- und im Klageverfahren gelten einheitliche Maßstäbe. Grundlage ist das **Prüfungsrechtsverhältnis**. Es entsteht durch die Zulassung zur Prüfung und begründet für den Prüfling und für die Prüfungsbehörde verschiedene Pflichten.[37] **37**

Aus dem Prüfungsrechtsverhältnis hat der Prüfling einen Anspruch auf Einhaltung aller Prüfungsvorschriften. Bei einer Verletzung von Pflichten aus dem

---

34 *Stolpmann/Teufer* S. 203.
35 Einen guten Überblick zu den Ausführungsgesetzen bieten *Stolpmann/Teufer* S. 205 ff.
36 *Stolpmann/Teufer* S. 211.
37 *Zimmerling/Brehm* Prüfungsrecht Rn. 126.

Prüfungsrechtsverhältnis besteht gegenüber der zuständige Stelle als Prüfungsbehörde ein **Schadenersatzanspruch** gem. Art. 34 GG i. V. m. § 839 BGB.[38] Aus dem Prüfungsrechtsverhältnis entstehen zahlreiche **Mitwirkungspflichten** für den Prüfling. So hat er Störungen, Mängel und Behinderungen unverzüglich geltend zu machen. Dies gilt vor allem bei Bestehen einer **Prüfungsunfähigkeit**.[39] Der Prüfling verletzt die Mitwirkungspflicht (nur), wenn er ihr hätte nachkommen können und müssen, die Verletzung also im Sinne eines Verschuldens gegen sich selbst vorwerfbar ist.[40]

38 Die Fragestellungen, mit denen Prüfungen gerichtlich kontrolliert werden, lassen in etwa so zusammenfassen:[41]
– Wurde der Sachverhalt richtig und vollständig ermittelt?
– Wurden die allgemeinen Bewertungsgrundsätze beachtet?
– Wurden das Gebot der Sachlichkeit und das Willkürverbot eingehalten?
– Wurde fachwissenschaftlich korrekt gefragt und beurteilt?
– Wurde der Antwortspielraum des Prüflings respektiert?
– Wurden die Vorgaben der Prüfungs- und der Ausbildungsordnung eingehalten?

6.3.3.1 Einhalten von Verfahrensvorschriften

39 Für die Abschlussprüfungen wird der Verfahrensrahmen in erster Linie durch die jeweilige Prüfungsordnung bestimmt, die selbst jeweils den Maßstab des § 47 entsprechen muss. Die Prüflinge haben Anspruch auf eine ordnungsgemäße Zusammensetzung des Prüfungsausschusses. Diese richtet sich nach § 40. Nur ein ordnungsgemäß zusammengesetzter und beschlussfähiger Ausschuss, § 41 Abs. 2, erfüllt den **Anspruch** des Prüflings auf einen rechtmäßigen Prüfungsausschuss.[42] Insbesondere ist darauf zu achten, dass entsprechend § 40 Abs. 2 jede Mitgliedsgruppe im Prüfungsausschuss vertreten ist. Der Prüfungsausschuss besteht durch die paritätische Besetzung von Arbeitgeber- und Arbeitnehmerbeauftragten, sowie mindestens einer Lehrkraft einer berufsbildenden Schule aus mindestens drei Mitgliedern.[43]
Eine Prüfung durch lediglich zwei Mitglieder des Prüfungsausschusses ist dem gegenüber nicht zulässig.[44]

40 Die Mitglieder des Prüfungsausschusses müssen **geeignet** sein. Die Anforderungen an die Eignung ergeben sich aus § 40 Abs. 1 Satz 2.[45] Fehlende Sachkunde oder fehlende Eignung für die Prüfung stellt einen **Verfahrensfehler** dar, der zur Anfechtung der Prüfungsentscheidung berechtigt.[46]

41 Wurden mehr als drei Prüfungsausschussmitglieder benannt, ist nicht erforderlich, dass alle Mitglieder an einer Prüfung teilnehmen müssen. Ausreichend ist, dass die genannten Grundsätze von Beschlussfähigkeit und Wahrung des Pari-

---

38 *Zimmerling/Brehm* Prüfungsrecht Rn. 130; *Stolpmann/Teufer* Prüfungsrecht für Auszubildende und ihre Prüfer, S. 221 f.
39 BVerwG 22. 10. 1982, 7 C 119.81, juris; *Zimmerling/Brehm* Prüfungsrecht Rn. 131 m. w. N.
40 A. a. O.
41 *Stolpmann/Teufer* Prüfungsrecht für Auszubildende und ihre Prüfer, S. 213.
42 *Braun/Mühlhausen* BBiG § 34 Rn. 73.
43 *Benecke/Hergenröder* BBiG § 40 Rn. 6.
44 *Braun/Mühlhausen* BBiG § 34 Rn. 74.
45 S. § 40 Rn. 27.
46 *Benecke/Hergenröder* BBiG § 40 Rn. 13.

tätsprinzips eingehalten werden und dass während der gesamten Prüfungsdauer die Anzahl der Prüfer gleich bleibt.[47]

Wirken an der Prüfung ausgeschlossene oder befangene Prüfer mit, verletzt dies **42** den Anspruch des Prüflings auf **Chancengleichheit** aus Art. 3 Abs. 1 GG so wie das Rechtsstaatsprinzip, Art. 20 Abs. 3 GG. Wann ein Prüfer von der Prüfung auszuschließen oder befangen ist, diese abzunehmen, ist im Berufsbildungsgesetz nicht geregelt. Die Musterprüfungsordnung enthält hierzu in § 3 eine Regelung.[48] Die Besorgnis der Befangenheit liegt nahe, wenn ein Prüfungsausschussmitglied einem Prüfling besonders gesonnen oder abgeneigt ist. In der Regel dürfte sich dieses aus einem besonderen Verhältnis zwischen den beiden ergeben. Problematisch ist zum Beispiel ein **Verwandtschaftsverhältnis**, weswegen § 3 Abs. 1 der Musterprüfungsordnung (MPO) einen **Ausschluss** von der Mitwirkung von Angehörigen der Prüflinge vorsieht. Dabei kommt es nicht darauf an, ob zu erwarten ist, dass der Prüfer den Prüfling bevorzugt. Eine besondere Nähe zwischen Prüfling und Prüfer kann dem Prüfling auch zum Nachteil gereichen, etwa weil der Prüfer das Näheverhältnis durch besondere Strenge »überkompensiert«.[49] Ganz allgemein regelt § 21 des Verwaltungsverfahrensgesetzes (VwVfG), dass die Besorgnis der Befangenheit vorliegt, wenn ein objektiver Grund vorliegt, der geeignet ist Misstrauen gegen eine unparteiische Amtsausübung zu rechtfertigen. Dabei geht es nicht um das empfinden des Prüflings im Einzelnen, sondern um eine – soweit wie möglich – »objektive Betrachtung aus der Sicht eines verständigen Prüflings.«[50]

Streitig ist, ob ein Prüfer befangen ist, dem die Neubewertung der Prüfung nach **43** erfolgreich durchgeführten Verwaltungsstreitverfahren aufgetragen wird. Nach der Rechtsprechung kann die Befangenheit hier nicht ohne Weiteres angenommen werden.[51] Hiergegen wird zu Recht eingewendet, dass diese Sicht der Dinge zu idealistisch ist und verkennt, dass die neue Bewertung letztlich auch eine Entscheidung in eigener Sache des Prüfers ist.[52] Liegen objektive Anhaltspunkte vor, dass der Prüfer sich bei der neuerlichen Bewertung nicht von seinem früheren, unzutreffenden Bewertungsmaßstab lösen will, nimmt auch die Rechtsprechung Befangenheit an.[53]

Aus dem Grundsatz der Chancengleichheit und dem Rechtsstaatsprinzip lassen **44** sich die Gebote der Fairness und der Sachlichkeit für die Prüfung entwickeln.[54] Ein Prüfling muss daher nicht hinnehmen, wenn der Prüfer ihn der Lächerlichkeit preisgibt, mögen seine Leistungen auch noch so unzulänglich sein.[55] Allerdings ist die Rechtsprechung bei unsachlichen Kommentaren der Prüfer ausgesprochen großzügig, bis eine Verletzung des Fairnessgebots bejaht wird.[56] Die Rechtsprechung unterschätzt insoweit die Wirkung, die ein derartiges Verhalten

---

47 *Braun/Mühlhausen* BBiG § 34 Rn. 75.
48 Abgedruckt unter § 47 Rn. 20 ff.
49 *Braun/Mühlhausen* BBiG § 34 Rn. 79.
50 *BVerwG* 11.11.1998, 6 C 8.97, NVwZ-RR 1999, 438; *Zimmerling/Brehm* Prüfungsrecht Rn. 272 m. w. N.
51 Überblick über die Rechtsprechung in *Braun/Mühlhausen* BBiG § 34 Rn. 80; *Zimmerling/Brehm* Prüfungsrecht Rn. 275.
52 *Braun/Mühlhausen* BBiG § 34 Rn. 80.
53 S. Übersicht in *Zimmerling/Brehm* Der Prüfungsprozess, Rn. 88.
54 *Zimmerling/Brehm* Prüfungsrecht, Rn. 280.
55 *BVerwG* 28.04.1978, 7 C 50/75, NJW 1978, 2408.
56 S. die Übersicht in *Zimmerling/Brehm* Prüfungsrecht Rn. 284.

der Prüfer auf die weiteren Leistungen der Prüflinge haben. Ein echtes Abbild der **Kompetenzen** des Prüflings lässt sich in der Prüfung nach einem solchen Verhalten nicht mehr erreichen.[57] Für die Besorgnis der Befangenheit trägt der **Prüfling** im vollen Umfang die Darlegungs- und Beweislast.[58] Wegen der schon dargestellten Mitwirkungspflichten des Prüflings muss die Voreingenommenheit eines Prüfers grundsätzlich vor der Prüfung und unverzüglich geltend gemacht werden.[59] Allerdings ist einhellige Meinung, dass es dem Prüfling nicht zugemutet werden kann, dass dieser während der mündlichen Prüfung einen Befangenheitsantrag stellen muss. Vielmehr soll er sich auf das Prüfungsgespräch konzentrieren, zumal für ihn nicht abschätzbar ist, wie sich ein Befangenheitsantrag im weiteren Prüfungsgespräch auswirken wird.[60]

6.3.3.2 Kontrolle der Prüfungsentscheidung

45 Bis zum Anfang der 90-Jahre konnten Prüfungsentscheidungen lediglich eingeschränkt gerichtlich überprüft werden.[61] Seit den Beschlüssen des Bundesverfassungsgerichts vom 17. 04. 1991[62] können die Gerichte die Bewertungen von fachlichen Fragen insoweit überprüfen, als eine vertretbare und mit gewichtigen Argumenten **folgerichtig** begründete Lösung nicht als falsch gewertet werden darf. Sachfragen sind solche, die einer fachwissenschaftlichen Erörterung zugänglich sind.[63] Unerheblich ist, ob die Fachfragen in der Fachwissenschaft als geklärt gelten oder kontrovers behandelt werden.[64] Nur bei prüfungsspezifischen Wertungen verbleibt der Prüfungsbehörde ein Bewertungsspielraum. Dazu zählen Prüfungssituationen, die nicht wiederholbar sind, weil der Prüfungsablauf unwiederbringlich ist, die Einschätzung des Schwierigkeitsgrads, der Beurteilungsmaßstab, die Bewertung der Darstellungsweise und die Auswahl der Prüfungsaufgaben.[65] Der Grundsatz, dass dem Prüfling ein **Antwortspielraum** zusteht, wenn seine Antwort begründet wird und zumindest als vertretbar anerkannt worden ist, stößt im Multiple-Choice-Verfahren an seine Grenzen. Anerkannt ist, dass vom Prüfling nicht die Wahl der am ehesten zutreffenden Antwort verlangt werden kann. Es kommt ausschließlich darauf an, ob die vom Prüfling gegebene Antwort vertretbar ist.[66] Irreführende oder thematisch verfehlte Fragen lassen sich nicht völlig ausschließen. Insofern können die prüfenden Stellen auffällige Fehlerhäufungen feststellen, die auf Mängel bei der **Aufgabenerstellung** hindeuten.

46 Die Fragen, bei denen sich über diesen Weg herausstellt, dass sie **nicht eindeutig beantwortbar** und damit als Prüfungsfrage im Multiple-Choice-Verfahren ungeeignet sind, können von der Bewertung ausgenommen werden.[67]

---

57 So auch *Braun/Mühlhausen* BBiG § 34 Rn. 85.
58 *VG Düsseldorf* 5. 1. 1999, 15 K 2675/98, EzB, § 41 BBiG Befangenheit Nr. 6.
59 *Zimmerling/Brehm* Prüfungsrecht Rn. 292 m. w. N.
60 *OVG Münster*, Urteil vom 05. 12. 1986, 22 A 780, 85, NVwZ 1988, 458, *Zimmerling/Brehm* Prüfungsrecht Rn. 295.
61 Siehe Rechtsprechungsübersicht in *Braun/Mühlhausen* BBiG § 34 Rn. 59.
62 1 BvR 419/81 und 213/83, BVerfGE 84, 30.
63 *Braun/Mühlhausen* BBiG § 34 Rn. 61.
64 *BVerwG* 17. 12. 1997, 6 B 55/97, NvwZ 1998, 738.
65 *Braun/Mühlhausen* BBiG § 34 Rn. 60.
66 *Zimmerling/Brehm* Prüfungsrecht Rn. 578 m. d. H. auf *OVG Münster* 18. 3. 1998, 22 B 368/99, n. v.
67 *BVerwG* 28. 11. 1991, NVwZ 1992 421; *Wohlgemuth/Lakies* u. a. BBiG 3. Aufl., § 38 Rn. 8 d.

Alternativ können die Antworten des Prüflings als zutreffend bewertet werden.[68] Dies wird vor allen Dingen bei den Prüfungsaufgaben gelingen, die für eine Vielzahl von Prüfungen und ggf. auch überregional oder von einem Aufgabenerstellungsausschuss, § 47 Abs. 2 Satz 2, erstellt werden. Aufgrund der größeren statistischen Grundlage lassen sich signifikante Fehlerhäufungen so einfacher feststellen. Denn dem Prüfling soll durch die Auswahl eines Multiple-Choice-Verfahrens als Prüfungsmethode kein Nachteil entstehen.

6.4 Gestreckte Abschlussprüfung

Bei der sog. gestreckten Abschlussprüfung erhält der Auszubildende über den **47** ersten Teil der Abschlussprüfung kein gesondertes Zeugnis. Das Ergebnis des ersten Prüfungsteils ist gem. § 37 Abs. 2 Satz 3 **schriftlich** mitzuteilen. Zur Möglichkeit, den ersten Prüfungsteil bei mangelhafter Leistung isoliert zu wiederholen siehe Rn. 14.

6.5 Übersetzung des Zeugnisses

Damit die Auszubildenden grenzüberschreitend tätig sein können und die **48** Zeugnisse innerhalb der europäischen Union transparent sind, besteht ein Anspruch der Auszubildenden darauf, dass sie das Abschlusszeugnis auch in einer englischsprachigen und in einer französischsprachigen **Übersetzung** erhalten. Nach dem Willen des Gesetzgebers dient die Vorschrift der grenzüberschreitenden Mobilität und der Transparenz der **Befähigungsnachweise**. Zusammen mit einem ggf. vorhandenen Ausbildungsprofil in englischer und französischer Sprache können Arbeitgeber und zuständige Stellen im europäischen Ausland einen Eindruck von den vorhandenen Kompetenzen der Bewerber erhalten.[69] Der Antrag kann formlos gestellt werden. Eine Frist für den Antrag ist nicht vorgesehen, so dass eine Übersetzung auch noch im weiteren Verlauf des Berufslebens angefordert werden kann, wenn sich herausstellt, dass der ehemalige Auszubildende in einem anderen Land tätig sein will.

Eine Kostenregelung für eine Übersetzung des Zeugnisses liegt nicht vor. Nach **49** dem Willen des Gesetzgebers sollen für die Auszubildenden keine Gebühren für die Übersetzung des Zeugnisses anfallen.[70]

7. Gebührenfreiheit

Nach Absatz 4 ist die Abschlussprüfung für Auszubildende **gebührenfrei**. Die **50** Gebührenfreiheit bezieht sich sowohl auf die erste Abschlussprüfung als auch auf Wiederholungsprüfungen und wegen § 48 Abs. 1 Satz 2 auch für Zwischenprüfungen. Der Begriff der »Abschlussprüfung« ist weit zu verstehen. Daher ist auch die Ausstellung des Zeugnisses so wie die Übersetzung des Zeugnisses gebührenfrei.[71] Für die Übersetzung des Zeugnisses gilt dies jedoch nur dann, wenn der Antrag auf Aushändigung von Übersetzungen so zeitnah im Anschluss an die Prüfung erfolgt, dass die Übersetzung noch als Teil der

---

68 *Wohlgemuth* in Wohlgemuth/Lakies u. a. BBiG § 38 Rn. 8 d.
69 Amtliche Begründung zum Regierungsentwurf BT-Drucks. 15/3980 zu § 37.
70 A. a. O.
71 *Benecke/Hergenröder* BBiG § 37 Rn. 23.

Abschlussprüfung angesehen werden kann. Auch Prüfungen über Zusatzqualifikationen gem. § 49 sind gem. § 49 Absatz 2 für die Auszubildenden kostenfrei.

51 Tatbestandsvoraussetzungen für die Gebührenfreiheit gem. Absatz 4 ist, dass der Prüfling Auszubildender ist. Die Gebührenfreiheit besteht daher nicht für Prüflinge, die nach § 45 Absatz 2 und Absatz 3 oder nach § 43 Absatz 2 an der Prüfung teilnehmen.[72] Prüfungen von Umschülern können für diese kostenpflichtig sein, da § 62 Abs. 3 Satz 2 nicht auf § 37 Abs. 4 verweist.

52 Streitig ist, ob die Prüfung auch für diejenigen Prüflinge, die **nach Ablauf ihrer Ausbildungszeit** ihre Prüfung absolvieren, gebührenfrei ist. Nach Ablauf der Ausbildung ist das Ausbildungsverhältnis beendet.[73] Wird die Abschlussprüfung bestanden, war der Prüfling somit zum Zeitpunkt der Prüfung kein Auszubildender. Denn Auszubildende sind die Vertragspartner der Ausbildenden, § 10 Abs. 1. Ist der Vertrag beendet, endet auch die Eigenschaft als Auszubildender. Dennoch sind die Prüfungen für die ehemalige Auszubildende, die nach Ablauf ihrer Ausbildungszeit die Prüfung bestehen, gebührenfrei. Anderenfalls entstünde ein Wertungswiderspruch: Auszubildende, die ihre Prüfung nach Ablauf der regulären Ausbildungszeit absolvieren, diese aber nicht bestehen, können ihre Weiterbeschäftigung gem. § 21 Abs. 3 verlangen.[74] Mit diesem Verlangen lebt das Ausbildungsverhältnis wieder auf, es verlängert sich bis zum Bestehen der nächsten Wiederholungsprüfung, längstens um ein Jahr, § 21 Abs. 3. Damit gelten diejenigen Auszubildenden, die nach Ablauf ihrer regulären Ausbildungszeit die Prüfung **nicht** bestehen, als Auszubildende. Für sie ist die Prüfung **gebührenfrei**. Prüflinge, die nach Ablauf der regulären Ausbildungszeit ihre Prüfung bestehen, werden »bestraft«, würden sie nicht unter den Schutz des § 37 Abs. 4 gestellt. Für dieses Ergebnis spricht zudem, dass die Prüflinge den Prüfungstermin nicht bestimmen können. Es läge also an der zuständigen Stelle, ob sie durch die Festlegung des Prüfungstermins eine Gebührenfreiheit für die Auszubildenden herbeiführt oder verhindert.[75]

53 Eine Vereinbarung, mit der das Verbot der Gebührenfreiheit für Auszubildende umgangen werden soll, ist nichtig. Sie wird von § 12 Abs. 2 Nr. 1 erfasst.[76]
Die zuständige Stelle kann festlegen, dass und in welcher Höhe Beiträge für die Prüfung von Ausbildenden geleistet werden müssen. Eine Regelung in einer solchen Gebührenordnung, die Beiträge von Auszubildenden verlangt, deren Ausbildungsverhältnis vor Ablegung der Prüfung geendet hat, ist wegen eines Verstoßes gegen § 37 Abs. 4 in der gebotenen Auslegung (siehe Rn. 52) **nicht zulässig.**[77]

54 Die Kosten, die für die Teilnahme an der Prüfung anderweitig noch anfallen können, müssen Auszubildende selbst tragen. Dies gilt besonders für Fahrt- und Übernachtungskosten.[78] Die Kosten für die Ausbildungsmittel, die für die Teil-

---

72 *Leinemann/Taubert* BBiG § 37 Rn. 45.
73 *BAG* 18. 3. 2007, 9 AZR 494/06, juris.
74 Zu den Anforderungen an das Verlangen siehe § 21 BBiG.
75 Im Ergebnis so auch *Benecke/Hergenröder* BBiG § 38 Rn. 23; *Wohlgemuth* in: Wohlgemuth/Lakies u.a., BBiG 3. Aufl., § 37 Rn. 12; anderer Ansicht: *Leinemann/Taubert* BBiG § 37 Rn. 44; offen gelassen von *LAG Köln* 4. 5. 2006, 9 Ta 128/06, juris.
76 *Benecke/Hergenröder* BBiG § 37, Rn. 25; *Leinemann/Taubert* BBiG § 37 Rn. 47.
77 A. A.: *Leinemann/Taubert* BBiG § 37 Rn. 46.
78 BAG 14. 12. 1983, 5 AZR 333/81, juris.

nahme an der Prüfung benötigt werden, trägt gem. § 14 Abs. 1 Nr. 3 der Ausbildende.

8. Geltung für andere Prüfungen

§ 37 gilt für die Zwischenprüfung entsprechend, wie § 48 Abs. 1 Satz 2 dies **55** anordnet. Die Regelungen über das Zeugnis in den Abs. 2 und 3 gelten für berufliche Fortbildungen (§ 56 Abs. 1 Satz 2) sowie für die Prüfungen bei Umschulungen (§ 62 Abs. 3 Satz 2) entsprechend.

Die Vorschrift gilt nicht im Handwerk. Die Abschlussprüfung für Handwerks- **56** berufe (Gesellenprüfung) ist in § 31 Handwerksordnung geregelt.

§ 38 Prüfungsgegenstand

Durch die Abschlussprüfung ist festzustellen, ob der Prüfling die berufliche Handlungsfähigkeit erworben hat. In ihr soll der Prüfling nachweisen, dass er die erforderlichen beruflichen Fertigkeiten beherrscht, die notwendigen beruflichen Kenntnisse und Fähigkeiten besitzt und mit dem im Berufsschulunterricht zu vermittelnden, für die Berufsausbildung wesentlichen Lehrstoff vertraut ist. Die Ausbildungsordnung ist zugrunde zu legen.

Inhaltsübersicht   Rn.

1.	Allgemeines	1
2.	Prüfungsstoff	7
2.1	Beherrschen der erforderlichen Fertigkeiten	10
2.2	Berufliche Kenntnisse und Fähigkeiten	11
2.3	Kenntnis des wesentlichen Lernstoffs des Berufsschulunterrichts	12
3.	Ausbildungsordnung als Grundlage	16
4.	Anwendung für weitere Prüfungen	18

1. Allgemeines

§ 38 definiert den Prüfungsgegenstand und das Ziel der Prüfung. Das Ziel der **1** Prüfung ist die Feststellung, ob die berufliche Handlungsfähigkeit im Sinne des § 1 Abs. 2 erworben wurde. Dementsprechend konkretisiert § 38 Satz 2 das Ziel der Prüfung damit, dass der Nachweis folgender Kompetenzen erfolgen soll:

– Beherrschen der erforderlichen beruflichen Fertigkeiten **2**
– Besitzen der notwendigen beruflichen Kenntnisse und Fähigkeiten.

Zusätzlich zu diesen Teilaspekten der beruflichen Handlungsfähigkeit ist in der **3** Prüfung auch der Nachweis zu erbringen, dass der Prüfling mit dem wesentlichen Lehrstoff des berufsbezogenen Berufsschulunterrichts vertraut ist. Durch die Beschreibung des Prüfungsziels macht der Gesetzgeber deutlich, dass eine einheitliche Prüfung für den Abschluss der Berufsausbildung festgelegt wird. Es gilt der Grundsatz der **Prüfungseinheit**. Eine gesonderte Abschlussprüfung für die Berufsschule erfolgt nicht. Ebenso wenig erfolgt eine besondere Anerkennung des Berufsschulabschlusszeugnisses durch die zuständige Stelle. Beides widerspräche dem Grundsatz der Prüfungseinheit. Durch die Teilnahme der Berufsschulkräfte an der Abschlussprüfung (§ 40) können die in der Berufsschule erworbenen Kompetenzen ausreichend in der Prüfung kontrolliert werden.

4 Der Grundsatz der Prüfungseinheit führt dazu, dass sich in der abschließenden Prüfungsnote lediglich diejenigen Leistungen niederschlagen dürfen, die in der Abschlussprüfung gezeigt wurden. Damit sind Berufsschulzeugnisse ebenso ausgeschlossen wie betriebliche Beurteilungen, Berichtsheft/Ausbildungsnachweise oder sonstige Zusatzqualifikationen.[1]

5 In inhaltlicher Hinsicht gibt es vom Grundsatz der Prüfungseinheit keine Ausnahme. Damit werden alle für die Prüfung relevanten Kompetenzen im Sinne des § 38 Satz 2 zu einer gemeinsamen Prüfungsnote verbunden. In zeitlicher Hinsicht kann von der Prüfungseinheit abgewichen werden, als die einschlägige Prüfungsordnung für Wiederholungsprüfungen die Möglichkeit vorsehen kann, **frühere Prüfungsleistungen** anzurechnen, so dass nicht die komplette Prüfung wiederholt werden muss.[2]

6 Eine weitere Ausnahme vom Grundsatz der Prüfungseinheit in zeitlicher Hinsicht ist die Möglichkeit einer gestreckten Prüfung gem. § 5 Abs. 2 Nr. 2.

2. Prüfungsstoff

7 Der Prüfungsstoff ergibt sich aus der Ausbildungsordnung. Sie ist der Prüfung zugrunde zu legen, § 38 Satz 3. In der Ausbildungsordnung finden sich im Ausbildungsrahmenplan die Kompetenzen, die während der Ausbildung erworben werden sollen. Ob sie vorliegen, soll mit der Prüfung festgestellt werden. Ebenfalls in der Ausbildungsordnung finden sich die Prüfungsanforderungen.[3] Die Kompetenzen, die in der Berufsschule erlernt werden sollen, sind im Ausbildungsrahmenlehrplan bestimmt.

8 Durch die Prüfung muss der Prüfling anhand seiner Leistungen nachweisen, dass er die für die konkrete Berufsausübung erforderlichen Kompetenzen besitzt.[4] Die inhaltlichen Anforderungen an die Prüfung werden auf Basis des § 4 in der Ausbildungsordnung geregelt, die § 38 Satz 3 zum Prüfungsgegenstand macht. In diesem Rahmen steht es dem Prüfungsausschuss frei, die Prüfungsthemen zu bestimmen, Prüfungsaufgaben nach dem vorgesehenen Verfahren[5] zu stellen und das Prüfungsgespräch in eine bestimmte Richtung zu lenken.[6] Der Prüfungsstoff ist gem. § 38 i.V.m. der Ausbildungsordnung nicht auf die Themen beschränkt, die in der Ausbildung oder in der Berufsschule durchgenommen wurden. Geprüft werden kann alles, was in der Ausbildungsordnung und im Ausbildungsrahmenlehrplan enthalten ist. Allerdings haftet der Ausbildende ggf. dem Auszubildenden auf Schadenersatz, wenn der Auszubildende wegen schlechter Ausbildung die Prüfung nicht besteht. Auch eine Haftung der Schule wegen schlechter Ausbildung aus § 839 BGB ist nicht ausgeschlossen.

9 Prüfungsgegenstand sind die berufliche Handlungsfähigkeit einerseits und der Lehrstoff des Berufsschulunterrichts andererseits. Die berufliche Handlungsfähigkeit definiert sich gem. § 1 Abs. 3 Satz 1 aus den notwendigen beruflichen Fertigkeiten, Kenntnissen und Fähigkeiten.

---

1 *Braun/Mühlhausen* BBiG § 35 Rn. 26, *Leinemann/Taubert* § 38 Rn. 7 f.
2 S. § 29 Musterprüfungsordnung, abgedruckt unter § 47, Rn. 20.
3 Muster abgedruckt unter § 5 Rn. 13.
4 *Zimmerling/Brehm* Prüfungsrecht Rn. 348.
5 Siehe § 47.
6 *Zimmerling/Brehm* Prüfungsrecht Rn. 349 m.w.H.

2.1 Beherrschen der erforderlichen Fertigkeiten

Fertigkeiten sind erlerntes oder erworbenes Verhalten. Es handelt sich um **10**
Arbeitstechniken, um Kompetenzen im überwiegend **psychomotorischen Lern-
zielbereich**. Die Fertigkeiten, die für den Ausbildungsberuf erwartet werden,
ergeben sich aus der Ausbildungsordnung. In der Abschlussprüfung müssen
die praktischen Fertigkeiten geprüft und vom Auszubildenden bewiesen werden.

2.2 Berufliche Kenntnisse und Fähigkeiten

Auch die nach dem Ausbildungsberufsbild erforderlichen Kenntnisse und Fä- **11**
higkeiten sind in der Abschlussprüfung nachzuweisen. Sie ergeben sich im
Einzelnen aus dem Ausbildungsberufsbild und der Ausbildungsordnung. Wegen des Verweises auf die Fähigkeiten ist es nicht ausreichend, in der Abschlussprüfung lediglich Kenntnisse abzufragen. Zu den Fähigkeiten zählen auch sog.
Softskills, soweit sie in der Ausbildungsordnung verankert sind.[7]

2.3 Kenntnis des wesentlichen Lernstoffs des Berufsschulunterrichts

Durch das Prüfen des wesentlichen Lernstoffs des Berufsschulunterrichts wird **12**
die betriebliche mit der schulischen Ausbildung verzahnt. Dem entspricht, dass
Ausbildungsordnung und Ausbildungsrahmenlernplan im Verfahren zur Entwicklung oder Modifizierung eines Berufs[8] eng abgestimmt werden. Unter
Anderem zu diesem Zweck sitzen Vertreter der Länder im Hauptausschuss,
§ 92 Abs. 3.
Prüfungsgegenstand ist der wesentliche Inhalt des Lehrstoffs. Es muss somit **13**
nicht alles gewusst werden, was in der Berufsschule behandelt wurde. Fraglich
ist, was der wesentliche Inhalt des Lehrstoffs ist und wie der Prüfling dies
erkennen kann. Die Bestimmung des Prüfungsstoffs ist erforderlich, um den
verfassungsrechtlichen Anforderungen (Artikel 12 Absatz 1 und Artikel 20 Absatz 3 Grundgesetz) gerecht zu werden.
Soweit der wesentliche Lehrstoff sich vom übrigen Lehrstoff dadurch abgrenzen **14**
lässt, ob er relevant für die berufliche Handlungsfähigkeit ist, ist der Prüfungsgegenstand mit der Formulierung »wesentlicher Lehrstoff« ausreichend bestimmt. Es muss dann für den jeweiligen Ausbildungsberuf unter Berücksichtigung des Lehrplans und der Ausbildungsordnung durch den Prüfungsausschuss
festgestellt werden, ob die beabsichtigte Prüfungsaufgabe aus dem Bereich des
Berufsschulunterrichts zugleich einen Teil der beruflichen Handlungsfähigkeit in
diesem Beruf ausmacht. Wesentlicher Lehrstoff liegt für den Berufsschulunterricht also dann vor, wenn zwischen dem Berufsschulthema und dem einzelnen
Ausbildungsberuf ein sachlicher Zusammenhang besteht.[9] Der **sachliche Bezug**
zum Ausbildungsberufsbild darf nicht zu eng beurteilt werden. Eine Berufsausbildung legt den Grundstein für die weitere berufliche Tätigkeit in einer sich

---

7 Zum Begriff der Fähigkeiten s. § 1.
8 Bundesinstitut für Berufsbildung (Herausgeber), Verfahren zur Erarbeitung und Abstimmung von Ausbildungsordnung und Rahmenlehrplan, abgedruckt unter § 4 Rn. 12.
9 *Leinemann/Taubert* BBiG § 38 Rn. 19.

wandelnden Arbeitswelt (§ 1 Abs. 3). Insofern sind auch allgemein bildende Fächer, die für das weitere Berufsleben grundlegend sein können, prüfbar.[10]

15 Auch für den Lehrstoff des Berufsschulunterrichts gilt: Geprüft werden kann alles, was hätte vermittelt werden sollen, nicht nur das, was vermittelt wurde.[11]

3. Ausbildungsordnung als Grundlage

16 Bei berufsbezogenen Prüfungen beruht die verfassungsrechtlich gebotene Aufgabe des Gesetz- und Verordnungsgebers auf der Grundlage einer entsprechenden Ermächtigungsnorm.[12] Die Ermächtigungsnorm ist § 4 Abs. 1. Durch § 38 Satz 3 wird sicher gestellt, dass die **Prüfungsanforderungen** in den Ausbildungsordnungen näher definiert werden. Damit wird dem Grundsatz der Bestimmtheit des Prüfungsgegenstands entsprochen. Zugleich wird sichergestellt, dass das Prüfungsniveau bundeseinheitlich soweit wie möglich gleich ist.[13]

17 Findet sich weder in der Ausbildungsordnung noch in der entsprechenden Prüfungsordnung der zuständigen Stelle eine nähere Beschreibung des Prüfungsgegenstands, so muss der Prüfungsausschuss selbst die Prüfungsanforderungen durch eine Prüfungsordnung festlegen.[14] Der Hauptausschuss beim Bundesinstitut für Berufsbildung hat eine »Empfehlung für die Regelung von Prüfungsanforderungen in Ausbildungsordnungen« beschlossen. Damit wird die Arbeit im Ordnungsverfahren, also in dem Verfahren zur Erstellung oder Modifizierung eines Ausbildungsberufs dahingehend gesteuert, dass Prüfungsinstrumente und Prüfungsanforderungen in ähnlicher Weise in den Ausbildungsordnungen geregelt sind (abgedruckt unter § 5 Rn. 13).

4. Anwendung für weitere Prüfungen

18 § 38 gilt entsprechend auch für Zwischenprüfungen, § 48 Abs. 1 Satz 2, soweit keine gestreckte Prüfung für den Ausbildungsberuf vorgesehen ist. In diesem Fall entfällt die Zwischenprüfung, so dass eine entsprechende Anwendung nicht möglich ist.

19 Die Vorschrift gilt nicht im Handwerk. Der Prüfungsgegenstand bei Handwerksberufen ist in § 32 (Abschlussprüfung) sowie in den § 39, 32 (Zwischenprüfung) Handwerksordnung geregelt. Allerdings haben die Vorschriften annähernd den selben Wortlaut.

20 Soweit behinderte Menschen (§ 2 Abs. 1 Satz 1 SGB IX) geprüft werden, ist bei der Bestimmung des Prüfungsgegenstands auf ihre besonderen Bedingungen Rücksicht zu nehmen. Dies darf jedoch nicht dazu führen, dass das **Anforderungsniveau** für den Abschluss in anerkannten Ausbildungsberuf für behinderte Menschen gesenkt wird.

---

10 *VG Braunschweig* 9.1.1976, EzB-VjA § 35 BBiG 1969 Nr. 4; *Leinemann/Taubert* BBiG § 38 Rn. 19.

11 *VG Köln* 25.11.1992 und 2.6.1993, EzB-VjA § 38 BBiG 1969, Nr. 15.

12 *Zimmerling/Brehm* Prüfungsrecht Rn. 348.

13 *Leinemann/Taubert* BBiG § 38 Rn. 23.

14 *VGH Baden-Württemberg* 31.3.1977, EzB-VjA § 35 BBiG 1969 Nr. 9; *Wohlgemuth* in Wohlgemuth/Lakies BBiG 3. Auflage § 38 Rn. 8.

§ 39 Prüfungsausschüsse

(1) Für die Abnahme der Abschlussprüfung errichtet die zuständige Stelle Prüfungsausschüsse. Mehrere zuständige Stellen können bei einer von ihnen gemeinsame Prüfungsausschüsse errichten.

(2) Der Prüfungsausschuss kann zur Bewertung einzelner, nicht mündlich zu erbringender Prüfungsleistungen gutachterliche Stellungnahmen Dritter, insbesondere berufsbildender Schulen, einholen.

(3) Im Rahmen der Begutachtung nach Absatz 2 sind die wesentlichen Abläufe zu dokumentieren und die für die Bewertung erheblichen Tatsachen festzuhalten.

Inhaltsübersicht   Rn.

1.	Allgemeines	1
2.	Rechtliche Stellung des Prüfungsausschusses	2
3.	Errichten der Prüfungsausschüsse (Abs. 1)	3
3.1	Errichtung der Prüfungsausschüsse	4
3.2	Gesetzliche Zuständigkeit der Prüfungsausschüsse	6
3.3	Weitere Aufgaben der Prüfungsausschüsse	8
3.4	Errichten gemeinsamer Prüfungsausschüsse	9
4.	Gutachterliche Stellungnahme Dritter (Abs. 2 und 3)	11
5.	Geltung für andere Prüfungen	13

1. Allgemeines

Die §§ 39–42 regeln die Organisation der Prüfungsausschüsse. Dabei behandeln **1** die §§ 39 und 40 die Errichtung der Prüfungsausschüsse und die Berufung ihrer Mitglieder, die §§ 41 und 42 die Willensbildung innerhalb des Prüfungsausschusses. Im Einzelnen wird diese Gliederung leider nicht durchgehalten, so dass in § 39 Absätze 2 und 3 die Beteiligung Dritter an der Beurteilung der Prüfungsleistung vorsieht, § 41 den Vorsitz des Prüfungsausschusses regelt. Der Prüfungsausschuss ist das Gremium, das – als Kollegialorgan [1] – die Prüfung abnimmt. Die Vorschriften in den §§ 39–42, mit denen die Besetzung des Prüfungsausschusses sowie die Willensbildung im Prüfungsausschuss geregelt werden, dienen ausschließlich der Regelung des Prüfungsverfahrens und der verfahrensrechtlichen Absicherung der Grundrechte der Prüflinge. [2]

2. Rechtliche Stellung der Prüfungsausschüsse

Der Prüfungsausschuss ist keine Behörde im Sinne der §§ 68 ff. VwGO. Er ist **2** internes Organ der zuständigen Stelle, die eine Behörde ist. [3] Dies ergibt sich daraus, dass es den Prüfungsausschüssen an dem erforderlichen Maß an Selbstständigkeit mangelt, insbesondere hinsichtlich der sächlichen und personellen Ausstattung, die im BBiG nicht weiter geregelt ist.

Mangels einer Normierung im Gesetzestext fehlt es dem Prüfungsausschuss auch an einer Ermächtigung, seine Entscheidungen nach außen in eigenem

---

1 *Zimmerling/Brehm* Prüfungsrecht Rn. 254.
2 *Zimmerling/Brehm* Prüfungsrecht Rn. 254 zu Prüfungsordnungen im Allgemeinen.
3 *Braun/Mühlhausen* BBiG § 36 a.F. Rn. 7; *Benecke/Hergenröder* BBiG § 39 Rn. 6; *Leinemann/Taubert* BBiG § 39 Rn. 6.

Namen zu treffen.[4] Der Prüfungsausschuss kann allerdings für die zuständige Stelle Verwaltungsakte im Rahmen seiner Zuständigkeit erlassen. Ein solcher Verwaltungsakt ist die Entscheidung des Prüfungsausschusses über die Gesamtprüfungsleistung.[5] Widerspruchsgegner ist die zuständige Stelle, nicht jedoch der Prüfungsausschuss. Das BBiG schreibt nicht vor, dass über den Widerspruch gegen einen Prüfungsbescheid der Prüfungsausschuss zu entscheiden habe. Auch hieraus lässt sich begründen, dass Prüfungsausschüsse nicht Behörde im Sinne der §§ 68 ff. VwGO sind.[6] Unerheblich ist für die Frage, ob der Prüfungsausschuss eine Behörde ist, dass ein Prüfungsausschuss ebenso wie ein Zwischenprüfungsausschuss im Rahmen eines Organstreitverfahrens beteiligungsfähig sein kann und die Verletzung ihm zustehender Rechte geltend machen kann. Die Beteiligtenfähigkeit ist insoweit von der Behördeneigenschaft gem. §§ 68 ff. VwGO zu unterscheiden. Auch wenn die Klage sich gegen die betreffende Körperschaft richtet, berührt dies nicht die Unabhängigkeit des Prüfungsausschusses.[7]

3. Errichten der Prüfungsausschüsse (Abs. 1)

3 Die zuständige Stelle (§§ 71 ff.) errichtet für die Abnahme der Abschlussprüfungen Prüfungsausschüsse. Als Faktum formuliert, beinhaltet das Gesetz eine Verpflichtung der zuständigen Stellen, die Prüfungsausschüsse zu errichten.

3.1 Errichtung der Prüfungsausschüsse

4 Die Errichtung der Prüfungsausschüsse erfolgt durch die Vollversammlung der Kammer (soweit nicht die Satzung etwas anderes bestimmt, vgl. z. B. § 4 IHKG). Die Errichtung erfolgt einmalig für den jeweiligen Berufsabschluss und die jeweilige Prüfung. Nach dem Grundsatz der Amtskontinuität bleibt der Prüfungsausschuss bestehen, bis er von der Stelle, die ihn errichtet hat, wieder abberufen oder aufgelöst wird. Von der Errichtung des Prüfungsausschusses zu unterscheiden, ist die Berufung der Mitglieder des Prüfungsausschusses (siehe § 40 Rn. 43).

5 Nach dem Wortlaut von Absatz 1 Satz 1 sind Prüfungsausschüsse zu bilden. Daraus ergibt sich, dass es nicht ausreichend ist, wenn lediglich ein Prüfungsausschuss für alle Ausbildungsberufe gebildet wird und dieser in unterschiedlichen Besetzungen tagt. Vielmehr sind für alle Ausbildungsberufe jeweils Prüfungsausschüsse zu bilden. Das schließt aber nicht aus, für mehrere Ausbildungsberufe einen Prüfungsausschuss zu errichten, wenn die Ausbildungsberufe tätigkeitsverwandt sind und die in den Ausschuss berufenen Mitglieder die berufliche Handlungsfähigkeit aller zu prüfenden Ausbildungsberufe prüfen können.[8] Bei großen Kammern und einer großen Anzahl von Auszubildenden ist es zudem zulässig, für einen Ausbildungsberuf mehrere Prüfungsausschüsse zu bilden.[9]

---

4 *BVerwG* 20.7.1984, 7 C 28.38, *BVerwGE* 70, 4; *Mühlhausen/Braun* BBiG § 36 a.F. Rn. 7.

5 *BVerwG* 21.1.1955, BVerwGE 2, 22 ff.; *Leinemann/Taubert* BBiG § 39 Rn. 12 m.w.N.

6 *BVerwG* 20.7.1984, 7 C 28.83, NVwZ 1985, 577.

7 *Zimmerling/Brehm* Prüfungsrecht Rn. 259.

8 Vgl. *Leinemann/Tauber* BBiG § 39 Rn. 8.

9 *Knopp/Kraegeloh* BBiG § 39 Rn. 4.

3.2 Gesetzliche Zuständigkeit der Prüfungsausschüsse

Die Prüfungsausschüsse sind »für die Abnahme der Abschlussprüfung« zu **6**
errichten. Die Abnahme der Prüfung beinhaltet jedenfalls das Ermitteln und
Bewerten der Leistungen aufgrund der in der Prüfungsordnung festgelegten
Prüfungsanforderungen. Streitig ist in der Rechtsprechung sowie in der Literatur, ob die Zuständigkeit des Prüfungsausschusses aus § 39 Abs. 1 Satz 1 sich
auch auf die **Erstellung von Prüfungsaufgaben** erstreckt oder ob es hierzu eine
Ermächtigung durch die Prüfungsordnung gem. § 47 Abs. 1 Satz 1 bedarf. Nach
der bisherigen Rechtsprechung gehörte zu der Regelungsbefugnis der zuständigen Stellen nach § 47, die Aufgaben des Prüfungsausschusses festzulegen.[10]
Demzufolge kann die zuständige Stelle den Prüfungsausschuss damit beauftragen, Prüfungsaufgaben zu erstellen. Von der Regelungsbefugnis war logischerweise auch umfasst, Prüfungsaufgaben überregionaler Prüfungsaufgabenerstellungsausschüsse übernehmen zu müssen; wer Aufgaben zuweisen kann,
kann sie auch begrenzen. Auf die Entscheidungen kann nach dem Berufsbildungsreformgesetz im Jahre 2005 nur noch bedingt zurückgegriffen werden.
Durch die Änderung im Jahr 2005 wurde § 47 Abs. 2 Satz 2 eingefügt. Durch die
Regelung in § 47 Abs. 2 Satz 2 wird klargestellt, dass Prüfungsaufgaben, die
nicht vom Prüfungsausschuss selbst erstellt wurden, nur unter bestimmten
Voraussetzungen vom Prüfungsausschuss zu übernehmen sind. Die eingefügte
Regelung entsprach der Rechtsprechung des Bundesverwaltungsgerichtes (siehe Fußnote 10). Das Bundesverwaltungsgericht war ja der Auffassung, dass das
Erstellen von Prüfungsaufgaben durch Prüfungsordnung den Prüfungsausschuss zugewiesen werden kann. Ergo konnte es ihm auch entzogen werden.
Schafft der Gesetzgeber eine Vorschrift, nach der Aufgaben unter bestimmten
Voraussetzungen dem Prüfungsausschuss wieder entzogen werden können, ist
davon auszugehen, dass er hierfür eine Notwendigkeit sieht. Es kann also unterstellt werden, dass der Gesetzgeber eine gesetzliche Zuständigkeit des Prüfungsausschusses für das Erstellen der Prüfungsaufgaben annimmt, die nur
durch die vom Gesetzgeber im Jahr 2005 geschaffene Regelung wieder entzogen
werden kann.

Aus der Regelung in § 47 Abs. 2 Satz 2 ist auch erkennbar, dass die Prüfungs- **7**
aufgaben durch einen paritätisch besetzten Ausschuss erstellt werden müssen.
Eine Auslegung des § 39, die dazu führt, dass durch eine Prüfungsordnung
Aufgaben nicht paritätisch besetzter Prüfungsausschüsse übernommen werden
müssen, ist mit dem Willen des Gesetzgebers nicht zu vereinbaren. Die Formulierung »Abnahme der Abschlussprüfung« ist weit zu verstehen. Eine enge
Auslegung, die lediglich die eigentliche Prüfungssituation in der originären
Zuständigkeit der Prüfungsausschüsse ansiedelt, entspricht nicht dem Grundgedanken der Parität, der über § 79 Abs. 4 und die Zuständigkeit des Berufsbildungsausschusses für die Prüfungsordnung das gesamte Prüfungsrecht des
BBiG durchzieht.[11]

---

10 *BVerwG* 13.03.1990, 7 B 172.89 EzB-VjA § 34 BBiG 1969 Nr. 15; *OVG Nordrhein-Westfalen*
   01.09.1989, EzB PO-AP Prüfungsaufgaben Nr. 15.
11 Siehe auch *Wohlgemuth/Lakies* u. a. BBiG 3. Auflage, *Wohlgemuth*, § 39 Rn. 14 ff. m. w. N.

3.3 Weitere Aufgaben der Prüfungsausschüsse

8 Den Prüfungsausschüssen obliegen neben der Abnahme der Prüfung verschiedene Aufgaben, die im Berufsbildungsgesetz und in der jeweiligen Prüfungsordnung festgelegt sind. Dies sind z.B.:

- Die Entscheidung über die Zulassung zur Abschlussprüfung, wenn die zuständige Stelle die Zulassungsvoraussetzungen für nicht gegeben sieht, § 46 Abs. 1 Satz 2 BBiG;
- Das Beschließen der Prüfungsaufgaben auf Grundlage der Ausbildungsordnung oder der Umschulungsordnung, § 18 Abs. 1 MPO;[12]
- Die Bewertung einzelner Prüfungsleistungen und der Prüfung insgesamt, § 42 Abs. 1;
- Die Entscheidung über das Bestehen und Nichtbestehen der Abschlussprüfung, § 42 Abs. 1;
- Das Feststellen des Prüfungsergebnisses und dessen Niederschrift, § 26 Abs. 1 MPO;[13]
- Das Ausstellen einer Bescheinigung über das Bestehen oder Nichtbestehen der Prüfung, § 26 Abs. 3 MPO;[14]
- Das Anfertigen einer Niederschrift der Prüfung, § 20 Abs. 3 MPO;[15]
- Sich hierauf beziehende Vor- und Nachbereitungen.

Die Vor- und Nachbereitungen obliegen in der inhaltlichen Gestaltung dem Prüfungsausschuss. Da der Prüfungsausschuss selbst jedoch nicht Behörde ist, kann er sie nicht umsetzen. Die Umsetzung erfolgt durch die zuständige Stelle.

3.4 Errichten gemeinsamer Prüfungsausschüsse

9 Nach Absatz 1 Satz 2 können mehrere zuständige Stellen einen gemeinsamen Prüfungsausschuss errichten. Dieser ist bei »einer von ihnen« zu errichten. Hierdurch ist gewährleistet, dass der organisatorische Hintergrund für diesen Prüfungsausschuss bei dieser zuständigen Stelle liegt. Zudem ist geklärt, gegen wen sich ggf. der Widerspruch gegen Bescheide dieses Ausschusses richtet: Zuständig für den Widerspruch gegen eine Entscheidung eines gemeinsamen Prüfungsausschusses ist die zuständige Stelle, bei der dieser Prüfungsausschuss errichtet wurde.[16]

Mit der Vorschrift wird vermieden, dass bei schwacher Besetzung eines Ausbildungsberufs dennoch in jedem Bezirk ein Prüfungsausschuss errichtet werden muss. Dies ist bei zahlenmäßig schwachen Ausbildungsberufen weder ökonomisch sinnvoll, noch angenehm für die Prüflinge.

10 Für die Errichtung eines gemeinsamen Ausschusses bedarf es einer Beschlussfassung durch die Vollversammlung der Kammer, soweit es sich um eine Industrie- und Handelskammer handelt, § 4 Satz 2 Nr. 6 IHKG. Voraussetzung ist ein entsprechender Beschluss des Berufsbildungsausschusses gem. § 79 Abs. 4. Nicht ausreichend ist eine Verständigung der Kammergeschäftsführer.[17] Bei

---

12 Abgedruckt unter § 47 Rn. 21.
13 Abgedruckt unter § 47 Rn. 21.
14 Abgedruckt unter § 47 Rn. 21.
15 Abgedruckt unter § 47 Rn. 21.
16 A.A. *Leinemann/Taubert* BBiG § 39 Rn. 24.
17 So aber *Herkert/Töltl* BBiG § 39 Rn. 26.

den Kammern, bei denen ein Beschluss der Vollversammlung nicht erforderlich ist, kann die gesetzliche Aufgabe der Errichtung der Prüfungsausschüsse lediglich durch eine Verwaltungsvereinbarung auf eine zuständige Stelle übertragen werden. Eine weniger förmliche Übertragung der Zuständigkeit für die Abnahme der Abschlussprüfung ist mit Artikel 12 GG nicht vereinbar.

4. Gutachterliche Stellungnahme Dritter (Abs. 2 und 3)

Nach § 39 Abs. 1 hat ausschließlich der Prüfungsausschuss die Prüfungsleistung zu bewerten. Dies schließt es aus, das Ergebnis der berufsschulischen Leistungen des Prüflings in die Abschlussnote des Prüfungsausschusses aufzunehmen. Ebenso bleiben die betrieblichen Leistungen der Azubis bei der Abschlussnote durch den Prüfungsausschuss unberücksichtigt. Zulässig ist jedoch, wenn der Prüfungsausschuss sich zur Bewertung einzelner Prüfungsleistungen der gutachterlichen Stellungnahme von Dritten, die an der Berufsausbildung beteiligt sind, bedient. Die gutachterliche Stellungnahme ist rechtlich unverbindlich. Der Prüfungsausschuss hat jederzeit das Recht, vorgeschlagene Noten zu ändern. Ausgeschlossen hiervon sind mündliche Prüfungsleistungen, die der Prüfungsausschuss selbst und unmittelbar abnimmt. **11**

Die gutachterliche Stellungnahme bezieht sich auf Prüfungsleistungen. Unerheblich ist also, wie die Berufsschule oder der Ausbildende den Prüfling im Verlauf der Ausbildung einschätzen. Bei schriftlichen Prüfungsaufgaben ist eine gutachterliche Stellungnahme durch die Berufsschule oder den Ausbildenden bzw. andere Ausbildende oder Ausbildungspersonal problemlos möglich. Bei praktischen Prüfungsaufgaben kann eine gutachterliche Stellungnahme durch diejenigen sinnvoll sein, die die Entstehung der Prüfungsleistung begleitet und verfolgt haben. Über diesen Weg ist es möglich, nicht nur das fertige Produkt der Prüfungsaufgabe zu beurteilen, sondern auch die berufliche Handlungskompetenz bezogen auf die Herangehensweise an die Prüfungsaufgabe einzuschätzen. Um die Begutachtung im Rahmen der Bewertung der Prüfungsleistung verwerten zu können, ist gem. Absatz 3 eine Dokumentation der wesentlichen Abläufe erforderlich. Es sind die für die Bewertung erheblichen Tatsachen festzuhalten. **12**

5. Geltung für andere Prüfungen

Die Vorschrift gilt nicht im Handwerk. Gesellenprüfungsausschüsse sind in § 33 Handwerksordnung geregelt. Nach § 48 Abs. 1 Satz 2 gilt § 39 entsprechend für Zwischenprüfungen. Daraus ergibt sich, dass für Zwischenprüfungen eigene Prüfungsausschüsse je Ausbildungsberuf zu errichten sind. Gemeinsame Ausschüsse einer zuständigen Stelle für Zwischen- und Abschlussprüfungen sind von der Regelung in Abs. 1 Satz 2 nicht gedeckt. Gem. § 56 Abs. 1 und § 62 Abs. 3 ist § 39 für Umschulungen und Fortbildungen entsprechend anzuwenden. Für die Abschlussprüfungen von Umschulungen und Fortbildungen sind daher ebenfalls gesonderte Prüfungsausschüsse zu bilden. **13**

§ 40 Zusammensetzung, Berufung

(1) Der Prüfungsausschuss besteht aus mindestens drei Mitgliedern. Die Mitglieder müssen für die Prüfungsgebiete sachkundig und für die Mitwirkung im Prüfungswesen geeignet sein.

(2) Dem Prüfungsausschuss müssen als Mitglieder Beauftragte der Arbeitgeber und der Arbeitnehmer in gleicher Zahl sowie mindestens eine Lehrkraft einer berufsbildenden Schule angehören. Mindestens zwei Drittel der Gesamtzahl der Mitglieder müssen Beauftragte der Arbeitgeber und der Arbeitnehmer sein. Die Mitglieder haben Stellvertreter oder Stellvertreterinnen.

(3) Die Mitglieder werden von der zuständigen Stelle längstens für fünf Jahre berufen. Die Beauftragten der Arbeitnehmer werden auf Vorschlag der im Bezirk der zuständigen Stelle bestehenden Gewerkschaften und selbständigen Vereinigungen von Arbeitnehmern mit sozial- oder berufspolitischer Zwecksetzung berufen. Die Lehrkraft einer berufsbildenden Schule wird im Einvernehmen mit der Schulaufsichtsbehörde oder der von ihr bestimmten Stelle berufen. Werden Mitglieder nicht oder nicht in ausreichender Zahl innerhalb einer von der zuständigen Stelle gesetzten angemessenen Frist vorgeschlagen, so beruft die zuständige Stelle insoweit nach pflichtgemäßem Ermessen. Die Mitglieder der Prüfungsausschüsse können nach Anhören der an ihrer Berufung Beteiligten aus wichtigem Grund abberufen werden. Die Sätze 1 bis 5 gelten für die stellvertretenden Mitglieder entsprechend.

(4) Die Tätigkeit im Prüfungsausschuss ist ehrenamtlich. Für bare Auslagen und für Zeitversäumnis ist, soweit eine Entschädigung nicht von anderer Seite gewährt wird, eine angemessene Entschädigung zu zahlen, deren Höhe von der zuständigen Stelle mit Genehmigung der obersten Landesbehörde festgesetzt wird.

(5) Von Absatz 2 darf nur abgewichen werden, wenn anderenfalls die erforderliche Zahl von Mitgliedern des Prüfungsausschusses nicht berufen werden kann.

Inhaltsübersicht   Rn.

1.	Allgemeines	1
2.	Größe und Zusammensetzung des Prüfungsausschusses	
2.1	Größe	3
2.2	Zusammensetzung	8
2.3	Ersatzmitglieder	11
2.4	Ausnahmen	17
3.	Mitglieder des Prüfungsausschusses	
3.1	Qualifikation	21
3.1.1	Sachkundig für die Prüfungsgebiete	25
3.1.2	Geeignet für die Mitwirkung im Prüfungswesen	27
3.1.3	Überprüfung der Eignungsvoraussetzungen	32
3.1.4	Empfehlung des Hauptausschusses des BIBB	34
3.2	Ehrenamtlichkeit	35
3.2.1	Grundsätze des Ehrenamts	38
3.2.2	Aufwandsentschädigung	41
4.	Berufungsverfahren (Abs. 3)	44
4.1	Berufung der Arbeitgebermitglieder	48
4.2	Berufung der Arbeitnehmermitglieder	49
4.3	Berufung der Lehrkräfte	53
4.4	Berufung bei fehlenden Vorschlägen	55

4.5   Abberufung   57
5.   Anwendbarkeit auf andere Prüfungen   59

1. Allgemeines

In § 40 (entspricht inhaltlich § 37 BBiG 1969) sind die Einzelheiten der Zusam- **1**
mensetzung der Prüfungsausschüsse geregelt. Eine solche Regelung ist nötig, da
die §§ 88–93 Bundesverwaltungsverfahrensgesetz aufgrund des ausdrücklichen
Ausschlusses des Bundesverwaltungsverfahrensgesetzes für die Prüfungsentscheidungen (§ 2 Abs. 3 Nr. 2 VwVfG) nicht anwendbar sind. Als Kernstück
kann dabei der Grundsatz der Parität in Abs. 2 angesehen werden.[1] Dieser
Grundgedanke liegt auch bei der Besetzung bei den Berufsbildungsausschüssen, § 77 Abs. 1, zugrunde. Er prägt die Auslegung des § 79.[2]
§ 40 regelt die Besetzung des Prüfungsausschusses und dient damit wie andere **2**
Vorschriften mit diesem Regelungsinhalt ausschließlich der Regelung des Prüfungsverfahrens und der Verfahrensrechtlichen Absicherung der Grundrechte
des Prüfungskandidaten.[3]

2. Größe und Zusammensetzung des Prüfungsausschusses

2.1 Größe

Der Prüfungsausschuss besteht aus **mindestens** drei Mitgliedern, § 40 Abs. 1 **3**
Satz 1. Bereits aus der Formulierung »mindestens« ergibt sich, dass der Ausschuss auch aus mehr Mitgliedern bestehen kann. Eine Begrenzung gibt es
durch die Formulierung in § 40 Abs. 2, dass Beauftragte der Arbeitgeber und
der Arbeitnehmer in **gleicher Zahl**, sowie mindestens eine Lehrkraft den Prüfungsausschuss angehören müssen. Zwei Drittel der Gesamtzahl der Mitglieder
müssen Beauftragte der Arbeitgeber und der Arbeitnehmer sein, § 40 Abs. 2
Satz 2. Eine Regel, wie groß der »ideale Prüfungsausschuss« ist, stellt das Gesetz
nicht auf. Dies richtet sich nach der Anzahl der abzunehmenden Prüfungen und
auch nach der Anzahl der Personen, die als Prüfer und Prüferinnen zur Verfügung stehen. Die Größe des Prüfungsausschusses ergibt sich aus der Bestellung durch die zuständige Stelle gem. § 40 Abs. 3. Ihre Aufgabe ist es, die Größe
des Prüfungsausschusses durch die entsprechende Bestellung zu bestimmen.
Dabei hat sie ermessensfehlerfrei zu entscheiden.[4]
Bei der Abwägung, wie groß der Prüfungsausschuss sein soll, hat die Kammer **4**
zwingend darauf zu achten, dass die Prüfungen reibungslos und rechtsfehlerfrei
durchgeführt werden und von der Sachkunde und Prüfungskompetenz der
Prüfer und Prüferinnen geprägt werden. Bei der Festlegung der Mitgliederzahl
im Prüfungsausschuss wird daher auch zu berücksichtigen sein, dass ein zu
großer Prüfungsausschuss nicht immer **effizient** arbeiten kann. So kann zum
Beispiel nicht jedes Ausschussmitglied seinen Einfluss auf die Prüfungsabnahme noch ausreichend geltend machen. Zu befürchten ist auch, dass bei der

---

1 *Leinemann/Taubert* BBiG § 40, Rn. 1; *Bennecke/Hergenröder* BBiG § 40 Rn. 1.
2 S. Kommentierung § 79, Rn. 29.
3 *VG Karlsruhe, Beschluss* 12.08.2004, 7 K1803/04, juris, bestätigt durch *VGH Mannheim,*
   Beschluss 29.10.2004, 9 S 2089/04, zitiert nach *Zimmerling/Brehm* Prüfungsrecht Rn. 254.
4 *Leinemann/Taubert* BBiG § 40, Rn. 7.

Beratung zur Bewertung der Prüfungsleistung das einzelne Ausschussmitglied nicht mehr ausreichend mit seinen Argumenten durchdringt. Eine Vielzahl von Ausschussmitgliedern bürgt zudem die Gefahr von Schwierigkeiten bei der Terminfindung und in der Folge zu Problemen bei der Beschlussfähigkeit.[5]

5 Andererseits können sehr kleine Prüfungsausschüsse ebenfalls zu organisatorischen Mängeln führen. Die Prüfungstätigkeit für die Ausschussmitglieder kann durch die **Konzentration** auf wenige Prüfer zu einer Überbelastung führen. Es fehlt möglicherweise an einer Meinungsvielfalt oder ganz schlicht an Menschen, um komplexere Prüfungsformen durchzuführen.[6]

6 Zudem hängt die Größe des Prüfungsausschusses auch vom zu prüfenden Prüfungsbild, den Prüfungsanforderungen und -formen ab. Der Gesetzgeber hat daher nur die Mindestgröße des Prüfungsausschusses geregelt und lässt sie durch eine **Ermessensentscheidung** der zuständigen Stelle ausfüllen. Der Prüfling hat Anspruch auf eine ermessensfehlerfreie Entscheidung. Bereits die Größe des Prüfungsausschusses kann so zum Gegenstand einer Überprüfung der Prüfungsentscheidung selbst werden.

7 Aufgrund der Vorgaben über die Zusammensetzung in § 40 Abs. 2 ergibt sich die Größe des Prüfungsausschusses aus dieser Formel: (2-mal) x plus (1 bis x).

2.2 Zusammensetzung

8 Im Prüfungsausschuss müssen alle **drei** Mitgliedergruppen vertreten sein: Arbeitnehmer, Arbeitgeber sowie Lehrkräfte berufsbildender Schulen. Dabei müssen immer gleich viele Beauftragte, der Arbeitgeber und der Arbeitnehmer im Prüfungsausschuss anwesend sein. Dies soll eine **ausgewogene** Leistungsbeurteilung gewähren.[7]

9 Als zusätzlicher Grund für die paritätische Besetzung der Prüfungsausschüsse sowie der Berufsbildungsausschüsse dürfte die sozialpolitische Erwägung dienen, dass die Berufsausbildung gleichermaßen Angelegenheit der Arbeitgeber – wie der Arbeitnehmerseite ist.[8]

10 Zusätzlich zu den Sozialpartnern ist der Prüfungsausschuss mit mindestens einem Lehrer oder einer Lehrerin einer berufsbildenden Schule zu besetzen.[9] Eine größere Anzahl von Lehrerinnen oder Lehrern im Prüfungsausschuss ist denkbar, jedoch muss die Relation gem. § 40 Abs. 2 Satz 2 gewahrt bleiben, so dass maximal **ein Drittel** der Mitglieder im Prüfungsausschuss Lehrer oder Lehrerin sein kann.

2.3 Ersatzmitglieder

11 Nach § 40 Abs. 2 Satz 3 sind Stellvertreter und Stellvertreterinnen für die Mitglieder des Prüfungsausschusses zu berufen. Soweit ersichtlich herrscht Einigkeit in der Literatur bei der Frage, ob die Stellvertreter individualisiert für die einzelnen Mitglieder berufen werden oder ob eine Berufung jeweils für die

---

5 *Stolpmann/Teufer* Prüfungsrecht für Auszubildende und ihre Prüfer, S. 61.
6 *Stolpmann/Teufer* Prüfungsrecht für Auszubildende und ihre Prüfer, S. 63.
7 *BVerwG* 20.07.1984, 7 C 28.83 DVBl. 1985, 57, 59; *Braun/Mühlhausen* BBiG § 37 a. F. Rn. 6.
8 *Braun/Mühlhausen* BBiG § 37 a. F. Rn. 6 m. w. H.; *Leinemann/Taubert* BBiG § 40 Rn. 27.
9 Zum Begriff der berufsbildenden Schule s. § 2 Rn. 9.

Sozialpartnergruppe (Arbeitgeber, Arbeitnehmer, Lehrer) ausreichend ist.[10] Aus dem Wortlaut des § 40 Abs. 2 Satz 3 ergibt sich dies nicht zwingend. Der Wortlaut lässt viel mehr darauf schließen, dass die einzelnen Mitglieder des Prüfungsausschusses individualisierte d. h. für exakt sie bestimmte Stellvertreter oder Stellvertreterinnen haben. Nur, wenn feststeht, wer exakt welches Mitglied des Prüfungsausschusses vertritt, »hat« das Prüfungsausschussmitglied eine Stellvertretung.

Die Anzahl der Stellvertreter und Stellvertreterinnen ist im Berufsbildungs-**12** gesetz nicht geregelt. Es ist jedoch zu beachten, dass bei der Bestellung mehrerer Stellvertreter und Stellvertreterinnen eine Reihenfolge bestimmt wird.[11] Anderenfalls ist der verfahrensrechtliche Anspruch des Prüflings darauf, dass die Prüfer entsprechend § 40 ausgewählt werden, nicht erfüllt: Die Prüfer werden, soweit sie nicht verhindert sind, für fünf Jahre fest bestimmt. Daraus lässt sich der Grundsatz entnehmen, dass die Zuteilung eines Prüfers nicht im Ermessen der zuständigen Stelle steht. Von diesem Grundsatz wird jedoch abgewichen, wenn im Verhinderungsfall des ordentlichen Prüfungsausschussmitglieds bei der Stellvertretung eine Auswahl unter verschiedenen Stellvertretern getroffen werden kann.

Der Grundsatz der Parität führt nicht dazu, dass eine gleiche Anzahl von Stell-**13** vertretern und Stellvertreterinnen jeweils für die Gruppe der Arbeitgeber und für die Gruppe der Arbeitnehmer / Innen bestellt werden muss. Die Anzahl der Stellvertreter und Stellvertreterinnen liegt im pflichtgemäßen **Ermessen** der Kammer.[12]

Im Gesetz ist nicht geregelt, wann Stellvertreter und Stellvertreterinnen die **14** ordentlichen Mitglieder des Prüfungsausschusses vertreten. Als Verhinderungsfall kommen zum Beispiel in Betracht:

– **Krankheit:** Ein gesonderter Nachweis im Sinne einer Arbeitsunfähigkeitsbescheinigung ist nicht erforderlich, soweit die Prüfungsordnung hierzu keine Regelung trifft. Ein arbeitsunfähiger Prüfer kann als Prüfer durchaus tätig sein, wenn die Arbeitsunfähigkeit lediglich die Ausübung seiner arbeitsvertraglich geschuldeten Tätigkeit, nicht jedoch die Tätigkeit als Prüfer beeinträchtigt.
– Urlaub: Die zuständige Stelle kann grundsätzlich von den Mitgliedern der Prüfungsausschüsse nicht verlangen, dass diese ihren Urlaub unterbrechen oder bestimmte Urlaubszeiten einhalten.[13]
– **Befangenheit** und Selbstablehnung.[14]

Sind die ordentlichen Mitglieder des Prüfungsausschusses nicht verhindert, dür-**15** fen die Stellvertreter nicht an der Prüfung teilnehmen. Damit würde die Verfahrensvorschrift des § 40, mit der die Besetzung des Prüfungsausschusses geregelt wird, zu Lasten des Prüflings ausgehebelt. Der Prüfling hat grundsätzlich Anspruch darauf, dass der gesetzliche Prüfer seine Prüfungsleistung abnimmt.

---

10 *Leinemann/Taubert* BBiG § 40 Rn. 38; *Stolpmann/Teufer* Prüfungsrecht für Auszubildende und ihre Prüfer, S. 67; *Wohlgemuth / Lakies / Malottke* u. a., BBiG 3. Auflage, § 40, Rn. 6.
11 A. A.: *Leinemann/Taubert* BBiG § 40 Rn. 41.
12 *Stolpmann/Teufer* Prüfungsrecht für Auszubildende und ihre Prüfer, S. 67; *Leinemann/ Taubert* BBiG § 40 Rn. 39.
13 *OVG Hamburg* 8.12.1972, EzB PO-AP Prüfungstermine Nr. 1; *Leinemann/Taubert* BBiG § 40 Rn. 79.
14 S. § 37 Rn. 42 f.

16 Scheiden ordentliche Mitglieder des Prüfungsausschusses aus dem Prüfungs-ausschuss vorzeitig aus oder verstirbt ein ordentliches Mitglied, muss ein neues Berufungsverfahren durchgeführt werden.[15] Ist der Prüfungsausschuss voll-ständig besetzt, dürfen die stellvertretenden Mitglieder an der Prüfung **nicht mitwirken**. Es handelt sich um einen erheblichen Verfahrensmangel im Prü-fungsverfahren,[16] der zur Anfechtbarkeit der Prüfungsentscheidung führen kann.

2.4 Ausnahmen

17 Von der Vorschrift des § 40 Abs. 2 darf grundsätzlich nicht abgewichen werden. Die einzige **Ausnahme** von diesem Grundsatz bildet § 40 Abs. 5. Danach darf von den **Besetzungsvorschriften** des Abs. 2 unter der Voraussetzung abge-wichen werden, wenn anderenfalls die erforderliche Zahl von Mitgliedern des Prüfungsausschusses nicht berufen werden kann. Absatz 5 gestattet ein Abwei-chen von allen Besetzungsvorschriften des Absatzes 2 und somit von:

18 – dem Grundsatz der paritätischen Besetzung der Mitglieder der Gruppen der Arbeitgeber und der Arbeitnehmer;
– dem Erfordernis, dass eine Lehrkraft einer berufsbildenden Schule dem Prüfungsausschuss angehört;
– dem Grundsatz, dass zwei Drittel der Prüfungsausschussmitglieder den Sozialpartnern angehören müssen sowie
– dem Grundsatz, dass für die Mitglieder Stellvertreter und Stellvertreterinnen zu benennen sind.

19 Ein Abweichen von Absatz 1, also von der Mindestgröße des Prüfungsausschus-ses, ist ebenso wenig zulässig,[17] wie von den Voraussetzungen des Absatz 1, Satz 2 also den Anforderungen an die Sachkunde der Prüfungsausschussmit-glieder.

20 Die Voraussetzung für ein Abweichen von den Vorgaben des Absatzes 2 ist in Absatz 5 abschließend aufgeführt: Das Abweichen ist nur zulässig, wenn auf anderem Wege die Besetzung des Prüfungsausschusses nicht möglich ist.[18] Dies gilt nicht nur für die Besetzung des Prüfungsausschusses im Allgemeinen, sondern auch für die Bestimmung der Prüfungsausschussmitglieder für eine einzelne Prüfung im Besonderen.[19]
Damit die Ausnahme nach Absatz 5 greift, muss die zuständige Stelle vorher alles daran setzen, die gesetzlich vorgeschriebene Zusammensetzung nach Ab-satz 2 zu erreichen. Hat die zuständige Stelle versäumt, rechtzeitig einen Stell-vertreter für ein ausgeschiedenes Mitglied zu bestellen, liegt kein Ausnahmefall nach Absatz 5 vor.[20] Der Prüfungsausschuss ist dann fehlerhaft besetzt. Dies stellt einen Verfahrensmangel im Prüfungsverfahren dar, der grundsätzlich zur Aufhebung der Prüfungsentscheidung führen kann, da er wesentlich ist und

---

15 *Braun/Mühlhausen* BBiG § 37 a. F. Rn. 46.
16 *VG Oldenburg* 10. 12. 2001, 12 A 818/01 zitiert nach *Leinemann/Taubert* BBiG § 40 Rn. 42.
17 *VGH Baden-Württemberg* 22. 10. 1982, 9 S 1933/81 EzB BBiG 1969, § 37 Nr. 18.
18 *VG Schleswig-Holstein* 22. 1. 1975, 10 A 342/73 EzB BBiG 1969, § 37 Nr. 3; *Benecke/Her-genröder* BBiG § 40 Rn. 41.
19 *OVG Lüneburg* 1. 12. 1976, EzB § 37 BBiG 1969 Nr. 3; *Leinemann/Taubert* BBiG § 40 Rn. 45.
20 *OVG Lüneburg* 1. 12. 1976 EzB § 37 BBiG 1969 Nr. 3; *Leinemann/Taubert* BBiG § 40 Rn. 46.

damit Einfluss auf das Prüfungsergebnis nicht ausgeschlossen werden kann.[21] Liegen die Voraussetzungen für eine Ausnahmeregelung nach Absatz 5 vor, kann die zuständige Stelle bei fehlen stellvertretender Mitglieder einer Gruppe auch ein Mitglied der anderen Gruppe berufen, z.B. einen Vertreter der Gruppe der Arbeitgeber für einen Arbeitnehmersitz im Prüfungsausschuss.[22] Es gilt dann jedoch nicht etwa als Vertreter der Gruppe der Arbeitnehmer, sondern muss als Vertreter der Gruppe der Arbeitgeber kenntlich gemacht werden. Nur so ist es für den Prüfling nachvollziehbar, ob der Prüfungsausschuss ordnungsgemäß besetzt war, oder ob die zuständige Stelle die Ausnahmeregelung des Absatzes 5 beansprucht hat.

3. Mitglieder des Prüfungsausschusses

3.1 Qualifikation

Nach § 40 Abs. 1 Satz 2 müssen die Mitglieder der Prüfungsausschüsse für die **21** Prüfungsgebiete sachkundig und für die Mitwirkung im Prüfungswesen geeignet sein. Absatz 1 Satz 2 bringt damit einen **allgemeinen Rechtsgrundsatz** des Prüfungsrechts zum Ausdruck. Das Gebot der **Chancengleichheit** (Art. 3, Abs. 1 GG) gebietet, dass der Prüfling sachkundig gewertet wird. Daraus ergibt sich das Recht des Prüflings, dass über seine Leistung letztendlich von hinreichend sachkundigen Personen entschieden wird.[23] Bei einer berufsbezogenen Prüfung wie der Abschlussprüfung einer Berufsausbildung ist es zudem mit Art. 12 Abs. 1 GG nicht zu vereinbaren, wenn der Misserfolg der Prüfung auf einer Beurteilung beruht, für die der Beurteilende selbst nicht zumindest gleichwertig qualifiziert ist.[24]

Nicht erforderlich ist, dass der Prüfer die Prüfung selbst abgelegt hat. Ein **22** solcher Prüfungsgrundsatz existiert nicht.[25] Um den verfassungsrechtlichen Ansprüchen zu genügen, ist eine **gleichwertige** Qualifikation eines Prüfers ausreichend.

Neben den Anforderungen »sachkundig im Prüfungsgebiet« und »geeignet zur **23** Mitwirkung im Prüfungswesen« stellt das Gesetz keine Anforderungen an die Mitglieder des Prüfungsausschusses. Es handelt sich um **unbestimmte** Rechtsbegriffe.[26] Die **Prüfungsordnung** kann die Begriffe weiter konkretisieren.

Mangels einer Aufzählung im Gesetz ist das **Alter** der Prüfer weder nach oben, **24** noch nach unten begrenzt.[27] Als Prüfer kommen daher auch Rentner und Pensionäre in Frage. Allerdings ist durch die zuständige Stelle genau zu prüfen, ob der Prüfer – trotz seines Alters – noch mitten in der Berufspraxis steht oder diese nur noch am Rande verfolgt.[28] Irrelevant ist ferner, in welchem Ort die Prüfungsausschussmitglieder leben oder arbeiten oder welche Staatsangehörig-

---

21 *VG Oldenburg* 10.12.2002, 12 A 818/01 – n.v., zitiert nach *Leinemann/Taubert* BBiG § 40 Rn. 43.

22 *VG Schleswig-Holstein* 22.01.1975, 10 A 342/73 EzB BBiG 1969, § 37 Nr. 3.

23 *BVerfG* 16.1.1995, 1 BvR 1505/94, NVwZ 1995, 469; *Zimmerling/Brehm*, Prüfungsrecht Rn. 232 m.w.N.

24 *Zimmerling/Brehm* Prüfungsrecht Rn. 232 m.w.N.

25 *BVerwG* 27.3.1992, 6 B 6/92 NVwZ 1992, 1199; *Zimmerling/Brehm* Prüfungsrecht Rn. 233.

26 *Leinemann/Taubert* BBiG § 40 Rn. 11.

27 *Leinemann/Taubert* BBiG § 40 Rn. 23; *Benecke/Hergenröder* BBiG § 40 Rn. 13.

28 *Zimmerling/Brehm* Prüfungsrecht Rn. 243.

keit sie besitzen.[29] Über die Prüfungsordnung kann ausgeschlossen werden, was im Gesetz nicht ausdrücklich untersagt ist. So ist es gesetzlich nicht eingeschränkt, als Ausbilder oder Lehrer eigene Azubis oder Schüler zu prüfen. Durch die **Prüfungsordnung** kann diese Konstellation als Ausschlussgrund für die Prüfertätigkeit definiert werden. Ist dennoch einer der Prüfer Ausbilder oder Lehrer einer der Prüflinge, können die anderen Prüflinge dies als Verstoß gegen die Prüfungsordnung rügen und das Prüfungsergebnis anfechten.[30] Wegen der Besorgnis der Befangenheit steht ein Anfechtungsrecht auch dem Prüfling zu, wenn er den Eindruck hat, durch den Ausbilder oder Lehrer in der Prüfung benachteiligt worden zu sein.

3.1.1 Sachkundig für die Prüfungsgebiete

25   »Sachkundig« ist ein **unbestimmter** Rechtsbegriff. Er ist durch die zuständige Stelle auszufüllen und kann in vollem Umfang durch die Verwaltungsgerichte überprüft werden. Der Begriff der Sachkunde ist im § 40 nicht näher definiert. Maßgeblich für die Begriffsbestimmung ist der Zweck einer Qualifikationsanforderung an die Mitglieder des Prüfungsausschusses: Diese sollen in der Lage sein, grundrechtskonform eine Prüfung für einen qualifizierten Beruf abzunehmen. Aus dem Regelungszweck ergibt sich auch, dass die Sachkunde sich nicht lediglich auf Fachwissen bezieht sondern auch Fähigkeiten und Fertigkeiten, die nach der Ausbildungsordnung für den jeweiligen Ausbildungsberuf vorliegen müssen. Sachkundig »für die Prüfungsgebiete« bedeutet, dass die nötigen Kompetenzen in allen Prüfungsgebieten bei jedem einzelnen Prüfer vorhanden sind.[31]

Im Gegensatz zu § 34 Abs. 3 Handwerksordnung, der die Anforderungen an die Mitglieder des Prüfungsausschuss normiert, hat der Gesetzgeber in § 40 Abs. 1 Satz 2 keine Hinweise darauf gegeben, wann die Sachkunde vorliegt. Ist die vorgeschlagene Person in den Prüfungsgebieten tätig und hat sie hierzu entsprechendes Erfahrungswissen sowie Kompetenzen erworben, ist die ebenso sachkundig wie eine Person, die eine Ausbildung in dem entsprechenden Ausbildungsberuf erfolgreich abgeschlossen hat. In neugeschaffenen Berufen oder in neuen Branchen, aus denen noch keine geprüften Fachkräfte hervorgegangen sind, wird das Kriterium des einschlägigen Berufsabschlusses an Bedeutung verlieren. Es muss dann immer auf die Sachkunde von Quereinsteigern zurückgegriffen werden. In einem solchen Fall kann es ausnahmsweise ausreichen, wenn die berufenen Mitglieder in ihrer Gesamtheit die für das Berufsbild notwendigen Fachgebiete **gemeinsam** abdecken.[32]

26   Sachkunde im Sinne des § 40 Abs. 1 Satz 2 hat nicht nur derjenige, der auch die für die Ausbildung geltenden Eignungsvoraussetzungen gem. den §§ 28–31 erfüllt. Mit dieser Begründung wurde die Entscheidung der zuständigen Stelle aufgehoben, von der Gewerkschaft vorgeschlagene Prüfungsausschussmitglieder, die die Gehilfenprüfungen im einschlägigen Fach erfolgreich bestanden hatten und im Anschluss hieran eine mindestens dreijährige Berufspraxis in

---

29 *Leinemann/Taubert* BBiG § 40 Rn. 23; *Benecke/Hergenröder* BBiG § 40 Rn. 13.
30 OVG RLP 14.07.1976, 2 A 8/75 EzB, BBiG 1969, § 41 Befangenheit Nr.; *Benecke/Hergenröder* BBiG § 40, Rn. 10.
31 S. Rn. 21.
32 *Stolpmann/Teufer* Prüfungsrecht für Auszubildende und ihre Prüfer, S. 69.

ihrem Ausbildungsberuf vorweisen konnten, wegen fehlender Sachkunde bei der Berufung zu übergehen, aufgehoben.[33] Dass der einschlägige Berufsabschluss vom Prüfer nicht zwingend verlangt werden darf,[34] ergibt sich bereits aus den ständigen und vielfältigen Veränderungen im Bereich der beruflichen Bildung.[35]

3.1.2 Geeignet für die Mitwirkung im Prüfungswesen

Nach Absatz 1 Satz 2 müssen die Mitglieder des Prüfungsausschuss für die Mitwirkung im Prüfungswesen **geeignet** sein. Das Merkmal der Eignung bezieht sich ebenso wie die Sachkunde auf **jedes einzelne Mitglied** des Prüfungsausschusses. Nicht ausreichend ist, dass lediglich der Prüfungsausschuss insgesamt für die Mitwirkung im Prüfungswesen geeignet ist. **27**

Bei dem Begriff der Eignung handelt es sich um einen unbestimmten Rechtsbegriff, der in vollem Umfang der Überprüfung durch die Verwaltungsgerichte unterliegt. Dies gilt auch dann, wenn die Entscheidung der Verwaltung zwar vertretbar ist, das Verwaltungsgericht den unbestimmten Rechtsbegriff aber anders auslegt. Eine Ausnahme von diesem Grundsatz liegt nicht vor. Insbesondere kann nicht darauf abgestellt werden, dass es sich hier um eine Prüfungsentscheidung handelt. Gegenstand der Entscheidung der zuständigen Stelle ist die Besetzung des Prüfungsausschusses, nicht die Bewertung der Leistung eines Prüflings. Diese Entscheidung ist in vollem Umfang gerichtlich überprüfbar.[36] **28**

Die Einigung für die Mitwirkung im Prüfungswesen setzt voraus, dass der Prüfer sich in die Prüfungssituation **einfühlen** kann. Er muss in der Lage sein, den besonderen Gegebenheiten gerecht zu werden, die sich für den Prüfling aus der Prüfungssituation ergeben.[37] Erforderlich sind darüber hinaus Kenntnisse über die eigene Rolle und Funktion in der Prüfung sowie über die Formalia des Prüfungsablaufs, soweit der Prüfungsausschuss daran beteiligt ist. Über die Sachkunde hinaus muss der Prüfer als Metakompetenz in der Lage sein, Leistungen abzufragen und, bezogen auf die Anforderungen der Ausbildungsordnung, bewerten zu können.[38] **29**

Wem die persönliche Eignung zum Ausbilden nach § 29 entzogen wurde, der ist für das Prüfungswesen nicht geeignet.[39] Sicherlich ist auch eine **charakterliche Eignung** für die Funktion im Prüfungsausschuss wünschenswert. Insofern sind Anforderungen wie »Verantwortungsgefühl«, »Menschlichkeit und Zuverlässigkeit«[40] wünschenswert. Soweit ihr Nichtvorliegen sich jedoch nicht so auswirkt, dass dem Prüfer die Fähigkeit abgesprochen werden kann, sich in der Prüfungssituation und für den Prüfling angemessen zu verhalten, können diese Kriterien mangels Bestimmtheit nicht dazu führen, dass ein Prüfer nicht bestellt **30**

33 *Verwaltungsgericht Stuttgart*, Urteil vom 15.12.1989, 10 K 2064/88, EzB, § 37 BBiG 1969, Nr. 26.
34 *BVerwG*, 18.6.1981, 7 ZB 22.81, *Buchholz* 421.0 Prüfungswesen Nr. 149; 27.03.1992, 6 B 6/92, NVwZ 1992, 1199; *OVG Münster* 18.12.1997, 19 A 381/95, juris.
35 So auch die Vorauflage: *Wohlgemuth/Lakies* u.a. BBiG 3. Auflage, § 40 Rn. 10.
36 So auch die Vorauflage, *Wohlgemuth/Lakies* u.a. BBiG 3. Auflage, § 40 Rn. 11.
37 *Leinemann/Taubert* BBiG § 40 Rn. 22.
38 *Braun/Mühlhausen* BBiG § 37 a.F., Rn. 17.
39 *Stolpmann/Teufer* Prüfungsrecht für Auszubildende und ihre Prüfer, S. 70; *Leinemann/Taubert* BBiG § 40, Rn. 26.
40 *Leinemann/Taubert* BBiG § 40, Rn. 25.

werden kann. Wirkt sich das Fehlen dieser Charaktereigenschaften konkret aus, mangelt es bereits an dem erforderlichen Einfühlungsvermögen für die Prüfung und die Prüflinge. Es braucht die genannten Kriterien dann nicht. Gibt ein Prüfer einem Prüfling durch herabsetzende Bemerkungen der Lächerlichkeit preis, zeigt er **Befangenheitszüge**[41] und ist als Prüfer ungeeignet.[42] Auch in diesem Fall[43] braucht es den Rückgriff auf die Charaktereigenschaften nicht.

31 Nach allgemeiner Auffassung ist das Lebensalter eines Prüfers kein geeignetes Kriterium für eine Eignung zur Mitwirkung im Prüfungswesen.[44] Maßgeblich wird es darauf ankommen, die erforderlichen Prüfungskompetenzen zu besitzen. Dies kann bei einzelnen Prüfern auch bereits nach lediglich kurzer Berufstätigkeit der Fall sein. Starre Grenzen in Form eines Mindestalters lassen sich daher nicht ziehen. Sie wären ohnehin in Hinblick auf § 2 Abs. 1 Nr. 3 AGG bedenklich.[45]

3.1.3 Überprüfung der Eignungsvoraussetzungen

32 Die zuständige Stelle muss bei der Berufung der Prüfungsausschussmitglieder **prüfen**, ob diese die Voraussetzungen des § 40 Abs. 1 Satz 2 erfüllen. Bestehen Zweifel an der Eignung als Prüfer, muss die zuständige Stelle von sich aus im Rahmen des **Amtsermittlungsgrundsatzes** der Verwaltung Nachforschungen anstellen, um abschließend darüber befinden zu können, ob die Voraussetzungen des § 40 Abs. 1 Satz 2 erfüllt sind. Eine **Auskunftspflicht** der Prüfer besteht nicht, auch nicht gem. § 76 Abs. 2, da die Mitglieder der Prüfungsausschlüsse hier nicht als **Auskunftspflichtige** genannt werden. Jedoch ist die zuständige Stelle berechtigt, bei verbleibenden Zweifeln den vorgeschlagenen Prüfer nicht zu bestellen. Offen bleibt, ob ein abgelehnter Prüfer gegen seine Nichtbestellung **Verpflichtungsklage**, mit dem Ziel, als Prüfer bestellt zu werden, erheben kann.

33 Die Voraussetzungen des § 40 Abs. 1 Satz 2 müssen bei jedem einzelnen Prüfungsausschussmitglied vorliegen.

3.1.4 Empfehlung des Hauptausschusses des BIBB

34 Der Hauptausschuss des Bundesinstituts für Berufsbildung hat zur Sicherung der Qualität beruflicher Prüfungen die unter der nächsten Randnummer abgedruckte Empfehlung zur **Qualifizierung des Prüfungspersonals** beschlossen. Damit sollen Prüfer befähigt werden, z. B. Prüfungen durch zu führen, Prüfungsleitungen zu bewerten und da Ergebnis festzustellen. Der Hauptausschuss hat die Qualifizierung des Prüfungspersonals als notwendig erachtet. Den dort unter II abgedruckten »Vorschläge für eine Weiterentwicklung und Intensivierung der Qualifizierung des Prüfungspersonals« lässt sich entnehmen, dass ein besonderes Augenmerk auf die breite Qualifizierung des Prüfungspersonals

---

41 Vergleiche die Übersicht bei: *Stolpmann/Teufer* Prüfungsrecht für Auszubildende und ihre Prüfer, S. 99.

42 A. a. O.

43 Dargestellt bei: *Braun/Mühlhausen* BBiG § 37 a. F., Rn. 20.

44 *Benecke/Hergenröder* BBiG § 40, Rn. 12; *Leinemann/Taubert* BBiG § 40, Rn. 23; *Braun/Mühlhausen* BBiG § 37, a. F., Rn. 19.

45 *Benecke/Hergenröder* BBiG § 40, Rn. 12; *Leinemann/Taubert* BBiG § 40 Rn. 23.

einschließlich der stellvertretenden Mitglieder der Prüfungsausschüsse gelegt wird.

Qualifizierung des Prüfungspersonals[46]   **35**
Empfehlung des Hauptausschusses des Bundesinstituts für Berufsbildung vom 29.11.1990 zur Qualifizierung des Prüfungspersonals

Vorbemerkung
Die Qualität beruflicher Prüfungen hängt wesentlich davon ab, inwieweit die daran beteiligten Personen auf ihre schwierige Aufgabe vorbereitet wurden. Diese Qualifizierung ist insbesondere notwendig, um die gesetzlichen Anforderungen an die Mitglieder von Prüfungsausschüssen zu erfüllen (»Die Mitglieder müssen für die Prüfungsgebiete sachkundig und für die Mitwirkung im Prüfungswesen geeignet sein«, § 37 (1) BBiG/§ 34 (1) HwO). Zu den Aufgaben, für die Prüfer befähigt werden müssen, gehört u. a., Prüfungsaufgaben zu erstellen, Prüfungen durchzuführen, Prüfungsleistungen zu bewerten und das Ergebnis festzustellen.
Hohe Anforderungen an die Prüfer ergeben sich u. a. durch sich verändernde Prüfungsinhalte, neue Richtlinien und Empfehlungen zur Prüfungsdurchführung und die Weiterentwicklung der Prüfungsmethoden.
Gut vorbereitete und korrekt durchgeführte Prüfungen kommen den Auszubildenden als Prüfungsteilnehmern unmittelbar zugute. Darüber hinaus ergeben sich positive Rückwirkungen auf die Qualität der Ausbildung. Daher hat die Qualifizierung des Prüfungspersonals einen hohen Stellenwert.
Eine Qualifizierung des Prüfungspersonals ist notwendig. Diese Empfehlung soll dazu beitragen, daß bisherige Maßnahmen zur Qualifizierung des Prüfungspersonals weiterentwickelt werden.

I. Situation bei der Qualifizierung des Prüfungspersonals
1. Ausgangssituation
Die Ausgangssituation für eine Qualifizierung der Personen, die Prüfungen auf der Grundlage des Berufsbildungsgesetzes und der Handwerksordnung vorbereiten und durchführen sollen, ist durch eine Reihe von Bedingungen bestimmt.
Hervorzuheben sind
– die große Zahl von Prüfungen, die in jedem Jahr durchgeführt werden und die Vielzahl von Ausbildungsberufen, in denen geprüft wird,
– die große Zahl beteiligter Personen (personalintensiv angelegtes Prüfungssystem) und die unterschiedlichen Personengruppen, die mit Prüfungen befaßt sind,
– die rechtlichen Vorgaben für Prüfungen (unterschiedliche inhaltliche Vorgaben sowie teilweise unterschiedliche Verfahrensnormen je nach Ausbildungsberuf),
– die Notwendigkeit, neue Prüfungsanforderungen, die sich aus der Neuordnung von Ausbildungsgängen ergeben, unverzüglich in entsprechende Prüfungen umzusetzen,
– die engen Zeiträume für Vorbereitung, Durchführung und Auswertung der Prüfungen,
– die Probleme bei der Freistellung für bzw. der Teilnahme an ehrenamtlichen Prüfertätigkeiten und Qualifizierungsmaßnahmen,
– die unterschiedliche personelle Zusammensetzung der Prüfungsausschüsse und die Kooperation zwischen betrieblichen und schulischen Experten,
– die unterschiedlichen Prüfungsinhalte, -arten und -methoden und die sich daraus ergebenden Anforderungen,
– die integrierte Verwendung von Ausbildungsrahmenplan (Betrieb) und Rahmenlehrplan (Schule) als inhaltliche Prüfungsgrundlage für eine ganzheitliche Prüfung,

---

46 Vom Hauptausschuss des Bundesinstituts für Berufsbildung, 28. November 1990, BAnz 236/1990; BWP 1/1991, http://www.bibb.de/dokumente/pdf/empfehlung_081-qua lifizierung_des_pr_fungspersonals_391.pdf.

- die veränderte Struktur der Prüfungsteilnehmer,
- die Situation bei der Prüfung von Personen, bei denen besondere Bedingungen zu berücksichtigen sind.

2. *Prüfungsprobleme aus der Sicht des Prüfers*

Die in Abschnitt 1 beschriebene Ausgangssituation spiegelt sich wider in einer Reihe von Problemen, die sich bei der Vorbereitung und Durchführung von Prüfungen für die daran beteiligten Personen ergeben.

Aus der Sicht des Prüfers stehen hier u. a. folgende Bereiche im Vordergrund:

- Die Umsetzung von Prüfungsvorgaben insbesondere bei neugeordneten Ausbildungsberufen, dabei besonders die Berücksichtigung neuer Qualifikationsanforderungen.
- Die Berücksichtigung der besonderen Belange spezieller Personengruppen im Rahmen der rechtlichen Vorgaben für Prüfungen.
- Die qualifizierte Anwendung der Prüfungsmethoden.
- Der Zeitdruck, unter dem die Vorbereitung und Durchführung von Prüfungen sowie die Bewertung der Prüfungsleistungen stattfindet.
- Die Schwierigkeit, in jedem einzelnen Fall zu einer »gerechten« Bewertung und Prüfungsentscheidung zu kommen.
- Die sachgerechte Auswahl und Variation der Prüfungsinhalte im Rahmen der vorgesehenen Prüfungsanforderungen.

3. *Bisherige Maßnahmen zur Qualifizierung des Prüfungspersonals*

Für die Qualifizierung von Prüfungspersonal gibt es bisher eine Reihe von Lösungen, die sich jedoch beträchtlich unterscheiden hinsichtlich des Umfangs, der Inhalte und Ziele, der Adressaten von Qualifizierungsmaßnahmen und der dabei verwendeten Konzepte und Methoden.

Neben den Informationsveranstaltungen und Fortbildungsseminaren für das Prüfungspersonal sind besonders typische Ansätze z. B.

- regionale Einführungsveranstaltungen für neu berufene Prüfer,
- jährlicher Erfahrungsaustausch zwischen parallel arbeitenden Prüfungsausschüssen,
- Multiplikatorenmodelle als überregional konzipiertes Qualifizierungskonzept (z. B. als gestufte Prüferseminare),
- Entwicklung und Verwendung von Hilfen für Prüfer und Referenten,
- Einführungsveranstaltungen und Erfahrungsaustausch für »Aufgabenersteller«,
- Informationsveranstaltungen für Prüfungsausschußvorsitzende und deren Vertreter über die Prüfungsabläufe,
- Seminare für Prüfer, in denen Prüfungssituationen simuliert werden.

Von besonderer Bedeutung sind die von den Sozialparteien, den zuständigen Stellen und deren Spitzenorganisationen entwickelten und durchgeführten Maßnahmen zur Prüferqualifizierung.

4. *Probleme bei der Durchführung der Qualifizierung des Prüfungspersonals*

Bei der Planung und Durchführung von Qualifizierungsmaßnahmen sind u. a. folgende Fragenkomplexe zu klären:

- Zielgruppe für eine Qualifizierungsmaßnahme (z. B. neu berufene Prüfer, »Aufgabenersteller«, Vorsitzende von Prüfungsausschüssen),
- Hauptziel der Maßnahme (z. B. Information über die rechtlichen Grundlagen, Umsetzung einer »neuen« Ausbildungsordnung in Prüfungen, Erstellung von praxisorientierten Aufgaben unter Berücksichtigung übergreifender Qualifikationen),
- einzelne Ziele und Inhalte,
- Konzeption und methodischer Ansatz,
- organisatorischer Ablauf,
- Erfolgskontrolle der Qualifizierungsmaßnahme.
- Unmittelbare Verknüpfung der Qualifizierung mit der Vorbereitung und Durchführung einer Prüfung.
  So könnte z. B. eine Qualifizierung von Aufgabenerstellern direkt bei der Aufgabenerstellung erfolgen (Qualifizierung in der Ernstsituation).

– Orientierung der Qualifizierungsmaßnahmen an den spezifischen Anforderungen der verschiedenen, mit unterschiedlichen Funktionen am Prüfungsgeschehen beteiligten Personengruppen.
– Anwendung von Baukasten- und Stufensystemen als Organisationsprinzip bei Qualifizierungsmaßnahmen.

II. Vorschläge für eine Weiterentwicklung und Intensivierung der Qualifizierung des Prüfungspersonals

Die bisherigen Maßnahmen zur Qualifizierung des Prüfungspersonals haben sich bewährt und bieten eine gute Basis für einen weiteren Ausbau und die notwendige Intensivierung.

Es kommen hierzu insbesondere folgende Maßnahmen in Betracht:

1. Rahmenbedingungen und Voraussetzungen verbessern
– Möglichst viele Prüfer sollten an Qualifizierungsmaßnahmen teilnehmen. Erreicht werden könnte dies z.B. durch eine breit angelegte Information über Veranstaltungen, durch die das Problembewußtsein der Prüfer zu wecken wäre. Es sollten auch die stellvertretenden Mitglieder in Prüfungsausschüssen und sonstige, am Prüfungsgeschehen beteiligte Personen angesprochen werden.
– Eine Freistellung mit praktikablen Regelungen für Teilnehmer sollte ermöglicht werden.

2. Konzepte und Materialien für spezielle Zwecke und Zielgruppen entwickeln
– Konzepte für typische Qualifizierungsbedürfnisse sollten erarbeitet werden, beispielsweise für Einführungsveranstaltungen für neu berufene Prüfer (vgl. Abschnitt I.3.).
– Für Prüfer sollten Handreichungen und Trainingsmaterial bereitgestellt werden, z.B. eine Prüfer-Grundsatzmappe mit Informationen über rechtliche und pädagogische Grundlagen.
– Für Veranstalter und Referenten wären entsprechende Materialien zu entwickeln.

3. Übergreifende Konzepte und Kriterien für die Qualifizierung des Prüfungspersonals entwickeln
Für die weitere Entwicklung der Qualifizierung von Prüfungspersonal und für die Lösung der oben genannten Probleme sind übergreifende Konzepte und Kriterien wichtig, die generell bei der Planung und Durchführung von Qualifizierungsmaßnahmen verwendet werden können.

Solche Konzepte und Kriterien sollen insbesondere den Praxisbezug von Qualifizierungsmaßnahmen verstärken. Sie können umfassen
– Verbindung von Qualifizierungsmaßnahmen mit einer inhaltlichen und methodischen Weiterentwicklung und einer Verbesserung der Qualitätsanforderungen der entsprechenden Prüfungen.
Beispielsweise wäre die Entwicklung neuer Formen von Arbeitsproben und Prüfungsstücken, mit denen z.B. die Planungsfähigkeit besser erfaßt werden kann, mit einer entsprechenden Qualifizierung der Prüfer zu verbinden.
– Zeitliche und inhaltliche Anpassung von Qualifizierungsmaßnahmen an den Ablauf bei Prüfungen.
Beispielsweise wäre ein kurzer Zeitabstand zwischen Prüferqualifizierung und Anwendung in der Prüfungssituation wünschenswert.

4. Wichtige inhaltliche Schwerpunkte der Qualifizierung beachten
Solche Schwerpunkte könnten beispielsweise sein
– rechtliche Vorgaben für den Prüfungsablauf,
– inhaltliche Vorgaben im Rahmen neugeordneter Ausbildungsberufe,
– Grundsätze und Vorgehensweise bei der Aufgabenerstellung,
– Bewertung der Vorgehensweise bei Prüfungen mit Arbeitsproben,
– Durchführung mündlicher Prüfungen,
– Prüfung von Personen, bei denen besondere Bedingungen zu beachten sind,
– fachliche Weiterqualifizierung von Prüfern.

5. *Methoden der Qualifizierung des Prüfungspersonals weiterentwickeln*
– Die Qualifizierungsmaßnahmen sollten erfahrungs- und situationsorientiert angelegt sein.
Beispielsweise sollten in den Seminaren konkrete Probleme und Situationen aus der Prüfungspraxis zugrunde gelegt werden (Verwendung von Fallsammlungen).
– Es sollten zusätzliche Modelle der Prüfungspersonal-Qualifizierung entwickelt werden.
Beispiele wären Hospitationen und Prüfungspraktika.
– Die Vermittlungsformen sollten vielfältig sein und die Möglichkeiten erwachsenengerechter Lernmethoden berücksichtigen.
Kurzreferat, Gruppenarbeit mit Anwendungsaufgaben, Rollenspiele und videogestützte Prüferqualifizierung sind dafür Beispiele.
– Praxisgeeignete Verfahren zur Erfolgskontrolle von Qualifizierungsmaßnahmen sollten entwickelt und angewandt werden.
6. *Wissenschaftliche Unterstützung bei der Planung und Durchführung von Qualifizierungsmaßnahmen in Anspruch nehmen*
– Bisherige Erfahrungen bei Qualifizierungsmaßnahmen sollten aufbereitet und ausgewertet werden. Dazu gehört auch die Nachbereitung von Seminaren.
– Forschungsergebnisse, die für die Prüfungspraxis von Bedeutung sind, sollten für die Qualifizierung des Prüfungspersonals nutzbar gemacht werden.
Die wissenschaftliche Unterstützung sollte in enger Kooperation mit der Qualifizierungspraxis erfolgen.
7. *Referenten gewinnen und schulen bzw. kommerzielle Qualifizierungsangebote auswählen und nutzen*
– Die Qualifizierung des Prüfungspersonals stellt eine Daueraufgabe dar. Es ist daher sinnvoll, einen Referentenstab aufzubauen.
– Schulung, Weiterbildung und Erfahrungsaustausch der Referenten sollten sichergestellt werden.
– Ergänzend können auch kommerzielle Qualifizierungsangebote genutzt werden.
8. *Finanzielle Förderung sicherstellen*
Die bewährten Fördermaßnahmen des Bundesministeriums für Bildung und Wissenschaft sollten verstärkt fortgeführt werden. Darüber hinaus sollten für die wichtige Aufgabe der Qualifizierung des Prüfungspersonals weitere Möglichkeiten der Förderung aus öffentlichen Mitteln erschlossen werden.

3.2 Ehrenamtlichkeit

36 Die Tätigkeit im Prüfungsausschuss ist gemäß Absatz 4 **ehrenamtlich**. In Absatz 4 Satz 2 wird angeordnet, dass für bare Auslagen und für Zeitversäumnis eine **Entschädigung** zu zahlen ist, soweit diese nicht bereits von anderer Seite gewährt wird.

37 Prüfer haben für die Tätigkeit im Prüfungsausschuss Anspruch auf **bezahlte Freistellung** aus § 616 BGB.[47] Der Anspruch kann auch durch eine **einstweilige Verfügung** durchgesetzt werden.[48] Dies gilt jedoch nur dann, wenn § 616 BGB nicht durch eine schlechtere tarifvertragliche Regelung abbedungen wurde; mehrere Tarifverträge bestimmen durch abschließende Aufzählung, in welchen Fällen und in welchem Umfang der Anspruch auf bezahlte Freistellung von der Arbeit aus § 616 Satz 1 BGB besteht. Andere Fälle der Arbeitsverhinderung

---

47 So allgemein für die Übernahme von Pflichten im ehrenamtlichen Bereich: Erfurter Kommentar-*Dörner*, § 616 BGB Rn. 5; *Küttner* Personalbuch 2010, ehrenamtliche Tätigkeit, Rn. 4.
48 *ArbG Köln* 18.10.1983, 13 Ga 148/83, juris.

können dann einen Vergütungsanspruch aus § 616 Satz 1 BGB nicht begründen.[49] Nach der Rechtsprechung des Bundesarbeitsgerichts ist die Tätigkeit im Prüfungsausschuss ein öffentliches Ehrenamt.[50] § 616 BGB kann auch einzelvertraglich abbedungen werden. Entsprechende Klauseln müssen einer Inhaltskontrolle nach den § 305 ff. BGB Bestand halten, weil der Arbeitgeber den Ausschluss der § 616 BGB in Formulararbeitsverträgen vornimmt.[51] Die Mitglieder im Prüfungsausschuss sind nicht als Interessenvertreter der Gruppe der Arbeitnehmer oder der Gruppe der Arbeitgeber anzusehen, sie müssten ihr Amt gewissenhaft und unparteiisch ausüben.

3.2.1 Grundsätze des Ehrenamts

Die ehrenamtliche Tätigkeit der Prüfer umfasst alle Aufgaben, die in ihren **38** Pflichtbereich fallen. Hierzu gehört nicht nur die **Abnahme** der Prüfungen und deren **Bewertung** sondern auch die Tätigkeiten, die den Prüfern zum Beispiel durch die **Prüfungsordnung** auferlegt werden.[52]

Die ehrenamtliche Tätigkeit wird durch den Gesetzgeber durch verschiedene **39** Einzelmaßnahmen **gefördert**. Soweit Aufwandsentschädigung gezahlt wird, ist diese nach § 3 Nr. 12 EStG **steuerbefreit**. Der Aufwendungsersatz ist nicht steuerbar.[53] Für Unfälle während der Prüfertätigkeit bietet die gesetzliche Unfallversicherung nach § 2 Abs. 1 Nr. 10 SGB VII **Versicherungsschutz**.

Die Übernahme eines öffentlichen Ehrenamts rechtfertigt keine personenbe- **40** dingte Kündigung, auch wenn mit der Ausübung der Tätigkeit Versäumnisse der Arbeitszeit und möglicherweise auch ein **Entgeltfortzahlungsanspruch** aus § 616 BGB entstehen.[54] Dies gilt umso mehr, als die Tätigkeit in einem Prüfungsausschuss mittelbar auch dem Interesse des Arbeitgebers an qualifiziertem Nachwuchs dient.

3.2.2 Aufwandsentschädigung

Die Mitglieder des Prüfungsausschusses erhalten für ihre Tätigkeit den Ersatz **41** ihrer baren Auslagen und eine Entschädigung für ihre Zeitversäumnis. Dies gilt jedoch nur insoweit, als sie nicht von anderer Seite entschädigt werden. Wird der Prüfer unter Fortzahlung seiner Bezüge von der Arbeit freigestellt, besteht ein Anspruch auf Entschädigung für Zeitversäumnis nicht.[55]

Die Höhe der Entschädigung wird durch die zuständige Stelle festgesetzt. Dies **42** erfolgt durch Beschluss des Berufsbildungsausschusses im Rahmen seiner Zuständigkeit gem. § 79 Abs. 4 Satz 1, wobei der Haushaltsvorbehalt in § 79 Abs. 5 zu beachten ist. Die **Genehmigungspflicht** durch die oberste Landesbehörde stellt eine landeseinheitliche Ausgewogenheit sicher.

Die Entschädigung muss **angemessen** sein. Dabei ist zu berücksichtigen, dass **43**

---

49 Vergleiche *BAG* 13.12.2001, 6 AZR 30/01, juris; 09.03.1983, 4 AZR 62/80, juris sowie 18.1.2001 6 AZR 492/99, juris.
50 *BAG* 7.11.1991, 6 AZR 496/89, juris.
51 Erfurter Kommentar-*Dörner*, § 616 BGB Rn. 13.
52 *Leinemann/Taubert* BBiG § 40 Rn. 80.
53 *Küttner* Personalbuch 2010, ehrenamtliche Tätigkeit, Rn. 13.
54 *Küttner* Personalbuch 2010, ehrenamtliche Tätigkeit, Rn. 5.
55 *Braun/Mühlhausen* BBiG § 37 a. F. Rn. 49; *Leinemann/Taubert* BBiG § 40 Rn. 83.

die Prüfer die Entschädigung ohnehin nur dann beanspruchen können, wenn sie nicht bezahlt freigestellt werden. In diesem Fall haben sie möglicherweise **Entgeltabzüge.** Dies ist bei der Angemessenheit zu berücksichtigen. Nicht erforderlich ist, dass die Entschädigung im Sinne einer adäquaten Gegenleistung bemessen ist; die Entschädigung ist kein Prüferhonorar.[56]

4. Berufungsverfahren (Absatz 3)

44 Absatz 3 regelt das Verfahren zur Berufung der Prüfungsausschussmitglieder. Die Berufung erfolgt durch einen Verwaltungsakt. Dieser begründet ein öffentlich rechtliches Auftragsverhältnis zwischen der zuständigen Stelle und dem Mitglied des Prüfungsausschusses.[57]

45 Das Berufungsverfahren ist für die unterschiedlichen Gruppen von Prüfungsausschussmitgliedern (Arbeitgeber, Arbeitnehmer, Lehrer) unterschiedlich geregelt. Gemeinsam ist allen Berufungsverfahren, dass die Tätigkeit im Prüfungsausschuss grundsätzlich **freiwillig** ist.[58] Eine Ausnahme gilt nur, soweit die Übernahme des öffentlichen Ehrenamtes generell oder für einzelne Personengruppen, z. B. für Beamte, landesgesetzlich vorgeschrieben ist.[59]

46 Vor Erlass des Verwaltungsakts, mit dem das öffentlich-rechtliche Auftragsverhältnis gegründet wird, hat die zuständige Stelle zu überprüfen, ob eine **Bereitschaft** zur Übernahme des Amtes besteht oder eine verbindliche Verpflichtung hierzu existiert. Außerdem muss die Eignung im Sinne des § 40 Abs. 1 Satz 2 vorliegen.[60]

47 Gemäß Absatz 3 Satz 1 werden die Ausschussmitglieder für längstens fünf Jahre berufen. Ob die zuständige Stelle diesen maximal Zeitraum wählt, um eine möglichst große Kontinuität bei den Prüfern zu erreichen, oder ob sie einen kürzeren Zeitraum wählt, um leichter Prüfer gewinnen zu können, kann sie nach pflichtgemäßen Ermessen entscheiden. Der Berufsbildungsausschuss der zuständigen Stelle kann hierzu gem. § 79 Abs. 4 eine Regelung treffen.

4.1 Berufung der Arbeitgebermitglieder

48 Für die Berufung der Arbeitgebermitglieder ist in Absatz 3 kein besonderes Verfahren vorgesehen. Es bleibt damit bei den allgemeinen Grundsätzen, dass die Zustimmung zur Mitgliedschaft im Prüfungsausschuss ebenso vorliegen muss wie die Sachkunde und die Eignung. Ein Vorschlagsrecht von Arbeitgeberverbänden wurde im Gesetz nicht normiert. Nicht erforderlich ist, dass die Arbeitgebermitglieder unmittelbar aus dem Kreis der Kammerzugehörigen stammen.[61] Eine derartige Einschränkung lässt sich dem Gesetz nicht entnehmen und mit § 39 Abs. 2 nicht vereinbaren, wenn mehrere zuständige Stellen gemeinsame Prüfungsausschüsse bilden können, die dann zwingend nicht allen zuständigen Stellen angehören können.

---

56 *BVerwG* 4. 4. 1979, EzB-VjA § 37 BBiG 1969 Nr. 10.
57 *Benecke/Hergenröder* BBiG § 40 Rn. 23.
58 *Benecke/Hergenröder* BBiG § 40 Rn. 22.
59 *Leinemann/Taubert* BBiG § 40 Rn. 48; zum hessischen Beamtenrecht VG Frankfurt 10. 1. 2002, 9 E1089 / 01 (V), juris.
60 *Benecke/Hergenröder* BBiG § 40 Rn. 23; *Leinemann/Taubert* BBiG § 40 Rn. 52.
61 A. A. *Braun/Mühlhausen*, BBiG § 37 a. F. Rn. 26.

4.2 Berufung der Arbeitnehmermitglieder

Nach Absatz 3 Satz 2 werden die Arbeitnehmermitglieder im Prüfungsaus- **49**
schuss auf Vorschlag der in dem Bezirk der zuständigen Stelle bestehenden
Gewerkschaften und selbstständigen **Vereinigungen von Arbeitnehmern** mit
sozial- oder berufspolitischer Zwecksetzung berufen. Gewerkschaften sind frei-
gebildete, gegnerfreie, unabhängige und auf überbetrieblicher Grundlage organisierte Vereinigungen, die nach ihrem Satzungszweck die Interessen ihrer
Mitglieder ihrer Eigenschaft als Arbeitnehmer wahrnehmen. Sie müssen **tariffähig** sein.[62] Der Begriff der »selbstständigen Vereinigungen von Arbeitnehmern
mit sozial- oder berufspolitischer Zwecksetzung« entspricht der Formulierung in
§ 11 Absatz 1 Satz 3, § 20 Absatz 2, § 23 Absatz 2 Arbeitsgerichtsgesetz. Insoweit
kann auf die hierzu ergangene Rechtsprechung verwiesen werden. Damit sind
auch Arbeitnehmervereinigungen vorschlagsberechtigt, denen die Tariffähigkeit
fehlt.[63] Vorschlagsberechtigt sind damit z. B. die katholische Arbeitnehmerbe-
wegung, die christlichen Gewerkschaften, soweit konfessionelle Zwecke nicht
überwiegen, und der Verband der Bergmanns-Versorgungsscheininhaber.[64]

Die Gewerkschaften und Vereinigungen sind im Bezirk der zuständigen Stelle **50**
vertreten, wenn sie in deren räumlichen Zuständigkeitsbereich mehr als nur
einige wenige Mitglieder besitzen und durch eine Geschäftsstelle oder wenigstens einen Repräsentanten verfügen.[65] Aufgrund moderner Kommunikations-
mittel ist jedoch eine Präsenz der Gewerkschaftsmitarbeiter für eine Präsenz vor
Ort nicht mehr in demselben Maße erforderlich wie früher.[66] Werden **gemeinsame** Prüfungsausschüsse gem. § 39 Abs. 1 Satz 2 gebildet, können alle in den
Bezirken der beteiligten Stellen ansässigen Organisationen Vorschläge einrei-
chen.

Nach Abs. 3 Satz 2 werden die Beauftragten der Arbeitnehmer auf **Vorschlag** **51**
der Gewerkschaften und selbstständigen Vereinigungen von Arbeitnehmern
mit sozial- oder berufspolitischer Zwecksetzung berufen. Damit ist die zuständige Stelle an diese Vorschläge gebunden.[67] Die Bindung ergibt sich auch aus
Absatz 3 Satz 4: Werden keine oder nicht ausreichend viele Vorschläge für
Arbeitnehmermitglieder unterbreitet, beruft die zuständige Stelle nach pflichtgemäßen Ermessen. Dies bedeutet im Umkehrschluss, dass bei vorliegen von
qualifizierten Vorschlägen kein Ermessen besteht.[68] Das Vorliegen der Sachkunde sowie der Eignung für die Prüfung muss von der zuständigen Stelle
dennoch eigenständig überprüft werden.[69] Das Vorschlagsrecht der Gewerkschaften und Vereinigungen von Arbeitnehmern mit sozial- oder berufspoliti-

---

62 Zum Gewerkschaftsbegriff siehe *BAG* 28.3.2006, 1 ABR 58/04, juris, Vergleiche auch
   Vertrag über die Schaffung einer Wirtschafts-, Währungs- und Sozialunion zwischen
   der BRD und der DDR vom 18.5.1990, gemeinsames Protokoll über Leitsätze, Leitsatz
   III, 2, BGBl. II, S. 537.
63 Erfurter Kommentar-*Koch*, § 11 ArbG Rn. 10.
64 *LAG Hamm* 19.12.1956, 4 Ta 99/56, juris.
65 *Braun/Mühlhausen* BBiG § 37 a. F. Rn. 31.
66 *BAG* 28.3.2006, 1 ABR 58/04, juris.
67 Erfurter Kommentar-*Schlachter*, § 41 BBiG Rn. 4; *VG Stuttgart* vom 15.12.1989, EzB § 37
   BBiG 1969, Nr. 26; *Leinemann/Taubert* BBiG § 40 Rn. 59.
68 *Wohlgemuth/Lakies* u. a. BBiG 3. Auflage, § 40 Rn. 22.
69 *Braun/Mühlhausen* BBiG § 37 a. F., Rn. 32; *Leinemann/Taubert* BBiG § 40 Rn. 60.

scher Zwecksetzung bezieht sich auch auf die Reihenfolge, in der die Vorschläge unterbreitet werden.[70] Unterbreiten mehrere vorschlagsberechtigte Organisationen Vorschläge und **übersteigt** die Anzahl der vorgeschlagenen die Zahl der zu besetzenden Prüferstellen, entscheidet die zuständige Stelle nach pflichtgemäßem Ermessen.[71] Ermessensfehlerhaft ist, wenn die zuständige Stelle bei ihrer Entscheidung nach dem **zeitlichen** Eingang der Vorschläge vorgeht.[72] Das Vorschlagen von Prüfern ist kein Wettlauf. Anerkannt ist, dass die zuständige Stelle die Bedeutung der vorschlagsberechtigten Organisationen in ihrem Zuständigkeitsbereich berücksichtigen muss. Damit wird die **Mitgliederzahl** der vorschlagsberechtigten Organisation im örtlichen Zuständigkeitsbereich der zuständigen Stelle zum maßgeblichen Kriterium.[73]

52 Die fachliche Ausrichtung der vorschlagsberechtigten Organisation ist nur insoweit von Bedeutung, als eine Organisation, die für den maßgeblichen Beruf nach ihrem Statut nicht zuständig ist, an der Qualität der Berufsausbildung in diesem Beruf kein originäres Interesse haben wird. Es ist damit ermessensfehlerfrei, diese Organisation bei den Prüferstellen zu berücksichtigen. Bei der Zusammensetzung der Ausschüsse geht es nicht um gesellschaftliche Repräsentanz sondern darum, dass diejenigen, die von den Prüfungen betroffen sind, mittelbar, d.h. durch Vertreter ihrer Organisationen, beteiligt werden. Eine Organisation leitender Angestellter vertritt niemanden, der von der Durchführung der beruflichen Bildung und vom Prüfungsverfahren unmittelbar **betroffen** ist. Sie kommt daher von vornherein nicht als vorschlagsberechtigte Organisation in Betracht.[74] Um die vorschlagsberechtigten Organisationen in die Lage zu versetzen, Vorschläge zu unterbreiten, benötigen diese sämtliche wesentlichen Informationen, die für die Vorschläge erforderlich sind. Es muss also von der zuständigen Stelle mitgeteilt werden, wie viele Prüfungsausschüsse mit wie vielen Mitgliedern, aus welchen Mitgliedsgruppen und mit wie vielen Stellvertretern für jeweils welche Berufe, gebildet werden. Nach dem Berufungsverfahren muss mitgeteilt werden, wie die Prüfungsausschüsse besetzt wurden. Dabei sind auch die Mitglieder der übrigen Gruppen zu benennen. Nur mit diesen Informationen ist die vorschlagsberechtigte Organisation in der Lage, die ordnungsgemäße Besetzung der Prüfungsausschüsse und die Berücksichtigung ihrer eigenen Vorschläge zu überprüfen. Gegen eine Nicht-Berücksichtigung oder nicht vollständige Berücksichtigung der Vorschläge der vorschlagsberechtigten Organisationen haben sowohl diese als auch nicht berücksichtigte Prüfer eine Klagebefugnis gem. § 42 VwGO.[75] Der vorgeschlagene Prüfer ist von der ablehnenden Entscheidung unmittelbar und selbst betroffen. Die Gewerkschaft ist in ihrem Vorschlagsrecht und in ihrem Anspruch auf Berücksichtigung dieser Vorschläge möglicherweise betroffen, so dass die Klagebefugnis gem. § 42 VwGO bejaht werden kann. Daher kann eine vorschlagende Organisation

---

70 *Leinemann/Taubert* BBiG § 40 Rn. 60; *Wohlgemuth/Lakies* u. a., BBiG 3. Auflage, § 40 Rn. 23 m. w. N.

71 *Leinemann/Taubert* BBiG § 40 Rn. 61; *Braun/Mühlhausen* BBiG § 37 a. F. Rn. 33.

72 *Leinemann/Taubert* BBiG § 40, Rn. 61.

73 *Wohlgemuth/Lakies* u. a. BBiG 3. Auflage, § 40 Rn. 25 ff.

74 *Wohlgemuth/Lakies* u. a. BBiG 3. Auflage, § 40, Rn. 27.

75 A. A. *VG Karlsruhe* 27.1.1983, EzB § 58 BBiG Nr. 7; *VG Düsseldorf* 29.1.1982, EzB § 36. BBiG Nr. 5.

Malottke

nach Durchführung eines Vorverfahrens gem. §§ 68 ff. VwGO Klage gegen die Nicht-Berücksichtigung eines vorgeschlagenen Prüfers erheben.[76]

4.3 Berufung der Lehrkräfte

Gemäß Absatz 3 Satz 3 wird die Lehrkraft einer berufsbildenden Schule im Einvernehmen mit der Schulaufsichtsbehörde oder einer von ihr bestimmten Stelle berufen. Zum Begriff der berufsbildenden Schule siehe § 2 Rn. 9. Die Schulen und die Schulaufsichtsbehörde haben **kein Vorschlagsrecht**. Die zuständige Stelle kann Prüfer auswählen, muss sodann um die Zustimmung der Schulaufsichtsbehörde bzw. der von ihr bestimmten Stelle anfragen und nach Vorliegen der Zustimmung berufen. Liegt die Zustimmung nicht vor, ist der Ausschuss nicht richtig besetzt.[77] Vom Einvernehmen mit der Schulaufsichtsbehörde oder der von ihr bestimmten Stelle zu unterscheiden ist die Frage, ob der Lehrer der berufsbildenden Schule arbeits- oder dienstrechtlich **verpflichtet** ist, die Prüfertätigkeit auszuüben. Die Tätigkeit als Prüfer in einem Prüfungsausschuss der zuständigen Stelle ist für Lehrkräfte staatlicher Schulen eine Nebentätigkeit.[78] Eine dienstliche Pflicht zur Übernahme dieser Nebentätigkeit kann nach den beamtenrechtlichen Vorschriften begründet werden, wenn die oberste Dienstbehörde oder die von ihr bestimmte zuständige Behörde ihr Ermessen ordnungsgemäß ausgeübt hat.[79]

53

Unterschiedliche landesrechtliche Normen im Beamtenrecht[80] bieten die Möglichkeit, beamtete Lehrer durch **Weisung** zur Prüfertätigkeit zu verpflichten. Die Weisung an einen beamteten Lehrer ist ein Verwaltungsakt.[81] Die rechtswidrige Weisung an einen Lehrer, als Prüfer tätig zu werden, berührt nicht die Rechtmäßigkeit dessen Berufung und damit der Zusammensetzung des Prüfungsausschusses, wenn der Verwaltungsakt zur Berufung **nach** Herstellung des Einvernehmens mit der Schulaufsichtsbehörde oder der von ihr bestimmten Stelle erfolgte und der Prüfer die Anforderungen gem. § 40 Abs. 1 erfüllt.

54

4.4 Berufung bei fehlenden Vorschlägen

Für den Fall, dass Mitglieder nicht oder nicht in ausreichender Zahl innerhalb einer von der zuständigen Stelle gesetzten, angemessenen Frist vorgeschlagen werden, beruft die zuständige Stelle die Prüfungsausschussmitglieder nach pflichtgemäßem Ermessen. Wie lang die angemessene Frist mindestens sein muss, ist gesetzlich nicht geregelt. Nach dem Zweck der Bestimmung muss sie jedenfalls so lang sein, dass auch eine **mitgliedsstarke** Organisation in die Lage versetzt wird, sich zu erkundigen, wer aus dem Kreis der Mitglieder als Prüfer geeignet und sachkundig ist oder welche Nicht-Mitglieder von der vorschlagsberechtigten Organisation vorgeschlagen werden könnten. Die zuständige Stelle

55

---

76 *VG Stuttgart* 15. 12. 1989, EzB § 37 BBiG Nr. 26; *Wohlgemuth/Lakies* u. a. BBiG 3. Auflage, § 40 Rn. 30.
77 *Leinemann/Taubert* BBiG § 40 Rn. 62.
78 *VG Frankfurt* 10. 1. 2002, 9 E 1089 / 01 (V), juris.
79 *VG Frankfurt* 10. 1. 2002, 9 E 1089 / 01 (V), juris.
80 S. Übersicht bei *Stolpmann/Teufer* Prüfungsrecht für Auszubildende und ihre Prüfer, S. 66.
81 *Stolpmann/Teufer* Prüfungsrecht für Auszubildende und ihre Prüfer, S. 66.

muss daher den Ablauf der Amtszeiten berücksichtigen und die Vorschläge so zeitig anfordern, dass ausreichend Zeit verbleibt, entsprechende Anfragen durchzuführen, und Sachkunde, sowie Eignung bei Prüfern selbst zu überprüfen.

56 Bei der Berufung gem. Absatz 3 Satz 4 hat die zuständige Stelle pflichtgemäßes Ermessen walten zu lassen. Hierzu gehört auch, dass sie den Grundsatz der **paritätischen** Besetzung des Prüfungsausschusses auch weiterhin berücksichtigt.[82] Für Prüfer, die der Gruppe der Arbeitnehmer angehören, ist daher grundsätzlich ein Arbeitnehmer als Prüfer zu berufen. Nur wenn kein Arbeitnehmer zur Mitwirkung im Prüfungsausschuss verfügbar ist, kann **ausnahmsweise ein Arbeitgeber als Prüfungsausschussmitglied für die Arbeitnehmerseite** tätig werden.[83] Die Berufung eines Arbeitgebers bedeutet dann zugleich, dass von den Besetzungsgrundsätzen des Absatzes 2 abgewichen wird. Maßstab hierfür ist die Regelung in Absatz 5.

4.5 Abberufung

57 Nach Abs. 3 Satz 4 können die Mitglieder der Prüfungsausschüsse nach Anhören der an ihrer Berufung Beteiligten aus wichtigem Grund abberufen werden. Obwohl eine ausdrückliche Regelung nicht vorhanden ist, kann die Abberufung nur durch die zuständige Stelle erfolgen. Die zuständige Stelle kann von sich aus oder auf Anregung von außen das Verfahren zur Abberufung einleiten. Erfährt die zuständige Stelle von wichtigen Gründen, muss sie von Amts wegen tätig werden.
Diejenigen, die an der Berufung des Ausschussmitglieds beteiligt waren, sind anzuhören. Dies sind:
– Das Ausschussmitglied selbst und
– die Gruppierung, die ihn vorgeschlagen hat.
Unterbleibt die Anhörung, kann sie im Laufe eines gerichtlichen Verfahrens noch nachgeholt werden. Das Nachholen heilt den Mangel in der Entscheidung, § 45 Abs. 1 Nr. 3 Verwaltungsverfahrensgesetz des Bundes bzw. die entsprechenden Regelungen der Länder. Die Entscheidung durch die Behörde ist ebenso ein Verwaltungsakt wie die Berufung in den Ausschuss. Sie kann nach Durchführen des Widerspruchsverfahrens durch eine Anfechtungsklage überprüft werden. Die Abberufung verletzt, wenn sie fehlerhaft ist, nicht nur das abberufene Mitglied in seinen Rechten sondern auch die Organisation, die das Ausschussmitglied vorgeschlagen hat. Beide sind daher klagebefugt.

58 Ein wichtiger Grund ein Mitglied abzuberufen ist gegeben, wenn ein Umstand vorliegt, aufgrund dessen die Mitarbeit im Prüfungsausschuss mit Blick auf die Aufgaben des Ausschusses oder für die an der Berufung beteiligten Stellen oder die übrigen Mitglieder des Ausschusses unzumutbar ist oder absehbar wird oder unmöglich wird. Ein Verschulden des Mitglieds ist nicht erforderlich.[84] Die Voraussetzung der Unzumutbarkeit oder der Unmöglichkeit der weiteren Mitarbeit ist nicht erfüllt, wenn das Mitglied der Organisation, dies vorgeschlagen hat, nicht mehr angehört. Die Mitglieder sind zwar von den Organisationen vorgeschlagen worden, sie sind jedoch keine echten Mandatsträger.[85] Eine dau-

---

82 *Braun/Mühlhausen* BBiG § 37 a. F. Rn. 37.
83 *Braun/Mühlhausen* BBiG § 37 a. F. Rn. 37.
84 *Herkert/Töltl* BBiG § 77 Rn. 21.
85 *Gedon/Hurlebaus* BBiG § 77 Rn. 24.

Malottke

erhafte Unzumutbarkeit oder Unmöglichkeit liegt nicht vor, wenn das Ausschussmitglied lediglich erkrankt ist. Aus Absatz 2 Satz 3, der die Stellvertretung regelt, ergibt sich, dass der Gesetzgeber den Fall einer befristeten Verhinderung nicht als Grund für die Abberufung, sondern als Fall der Stellvertretung gesehen hat. Etwas anderes kann sich lediglich dann ergeben, wenn durch eine dauerhafte Erkrankung die Ausübung des Amts unmöglich wird. Der dauerhaften Erkrankung steht dabei eine Erkrankung bis zum Ende der Amtszeit des Ausschusses gleich.[86]
Gesetzlich nicht geklärt ist der Rücktritt eines Ausschussmitglieds. Dieser ist jederzeit möglich. Der Rücktritt erfolgt durch Erklärung gegenüber der zuständigen Stelle, die das Mitglied berufen hat. In beiden Fällen, Rücktritt wie Abberufung rückt der Stellvertreter dauerhaft nach. Für die verbleibende Amtszeit muss dann ggf. eine neue Stellvertretung bestimmt werden.

5. Anwendbarkeit auf andere Prüfungen

Die Vorschrift gilt nicht im Handwerk. Die Zusammensetzung und die Berufung von Gesellenprüfungsausschüssen sind in § 34 Handwerksordnung geregelt. Dieser ist zum Teil abweichend oder detailreicher als § 40 BBiG. § 40 gilt entsprechend für die **Umschulung** (§ 62 Abs. 3 Satz 2), für die Fortbildung (§ 65 Abs. 1 Satz 2) sowie für die Prüfung von Zusatzqualifikationen (§ 49, Abs. 2). Für Zwischenprüfungen gilt § 40 mangels einer Verweisung in § 48 nicht.

59

§ 41 Vorsitz, Beschlussfähigkeit, Abstimmung

(1) Der Prüfungsausschuss wählt ein Mitglied, das den Vorsitz führt, und ein weiteres Mitglied, das den Vorsitz stellvertretend übernimmt. Der Vorsitz und das ihn stellvertretende Mitglied sollen nicht derselben Mitgliedergruppe angehören.

(2) Der Prüfungsausschuss ist beschlussfähig, wenn zwei Drittel der Mitglieder, mindestens drei, mitwirken. Er beschließt mit der Mehrheit der abgegebenen Stimmen. Bei Stimmengleichheit gibt die Stimme des vorsitzenden Mitglieds den Ausschlag.

Inhaltsübersicht   Rn.

1.	Allgemeines	1
2.	Vorsitz und Stellvertretung	3
2.1	Wahl des Vorsitzes und Stellvertretung	4
2.1.1	Ordentliche Mitglieder	8
2.1.2	Wahlverfahren	9
2.1.3	Rücktrittsfall	11
2.1.4	Abwahl	12
2.1.5	Gruppenzugehörigkeit	13
2.2	Stellung und Aufgaben des Vorsitzenden und der Stellvertretung	15
2.3	Sitzungen des Prüfungsausschusses	17
3.	Beschlussfähigkeit	19
4.	Abstimmungen	20
5.	Protokoll der Prüfungsausschusssitzung	22
6.	Anwendbarkeit auf andere Prüfungen	28

---

86 Ähnlich: *Leinemann/Taubert* BBiG § 77 Rn. 22.

1. Allgemeines

1 § 41 regelt den Vorsitz, die Beschlussfähigkeit und die Modalitäten der Abstimmung. Inhaltlich entspricht § 41 dem § 38 BBiG 1969.

2 Soweit § 41 eine Regelung schafft, sind die entsprechenden Vorschriften der Landesverwaltungsverfahrensgesetze nicht anwendbar. Trifft das Berufsbildungsgesetz keine spezielle Regelung für den Prüfungsausschuss, können die allgemeinen Regelungen in den Landesverwaltungsverfahrensgesetzen anwendbar sein. Regelmäßig muss jedoch der Anwendungsbereich der Verwaltungsverfahrensgesetze berücksichtigt werden, wonach die Regelungen für Ausschüsse der zuständigen Stellen bei Prüfungen von Personen nicht anwendbar sind. Bezieht sich eine Entscheidung des Ausschusses nicht auf die Prüfung, z. B. die Wahl des Vorsitzenden, ist das Landesverwaltungsverfahrensgesetz des Landes, das die Aufsicht über die zuständige Stelle führt, anzuwenden. Der Einfachheit halber wird im Folgenden – soweit erforderlich – auf das Verwaltungsverfahrensgesetz **des Bundes** Bezug genommen. Zu beachten ist, dass die Regelungen zu den Ausschüssen zwischen Landesverwaltungsverfahrensgesetzen und dem Bundesverwaltungsverfahrensgesetz im Detail unterschiedlich sind.

2. Vorsitz und Stellvertretung

3 Die Bestimmung des Vorsitzes des Prüfungsausschusses ist keine »Tätigkeit (…) bei Leistungs-, Eignungs- und ähnlichen Prüfungen von Personen« (§ 2 Absatz 3 Nr. 2 BVwVfG). Soweit Absatz 1 keine abschließende Regelung zum Vorsitz trifft, ist auf die Vorschriften des jeweiligen Verwaltungsverfahrensgesetzes (s. o.) zurückzugreifen.

2.1 Wahl des Vorsitzes und Stellvertretung

4 Nach Absatz 1 Satz 1 ist ein Mitglied des Prüfungsausschusses zu wählen, das den **Vorsitz** führt. Weitere Vorschriften für die Wahl sind im Gesetz nicht enthalten, so dass auf § 92 Verwaltungsverfahrensgesetz des Bundes zurückgegriffen werden kann.

§ 92 BVwVfG – Wahlen durch Ausschüsse

5 *(1) Gewählt wird, wenn kein Mitglied des Ausschusses widerspricht, durch Zuruf oder Zeichen, sonst durch Stimmzettel. Auf Verlangen eines Mitglieds ist geheim zu wählen.*

(2) Gewählt ist, wer von den abgegebenen Stimmen die meisten erhalten hat. Bei Stimmengleichheit entscheidet das vom Leiter der Wahl zu ziehende Los.

(2) Sind mehrere gleichartige Wahlstellen zu besetzen, so ist nach dem Höchstzahlverfahren d'Hondt zu wählen, außer wenn einstimmig etwas anderes beschlossen worden ist. Über die Zuteilung der letzten Wahlstelle entscheidet bei gleicher Höchstzahl das vom Leiter der Wahl zu ziehende Los.

6 Von diesen Vorschriften **abweichende** Regelungen können in der Prüfungsordnung nicht geschaffen werden.

7 Das Gesetz ordnet die Wahl eines Mitglieds für den Vorsitz an. Das bedeutet, dass der Prüfungsausschuss zwingend einen Vorsitzenden oder eine Vorsitzende bestimmen muss. Prüfungsausschüsse ohne Vorsitzende sind nicht zulässig. Durch die Formulierung »ein« Mitglied wird zu dem deutlich gemacht, dass wechselnde Vorsitzende mit Neuwahl zu Beginn jeder Sitzung oder durch Rotation nicht zulässig sind.[1]

2.1.1 Ordentliche Mitglieder

Noch in § 38 BBiG 1969 war die Formulierung enthalten »aus seiner Mitte«. Damit **8** wurde deutlich, dass nur **ordentliche Mitglieder** des Prüfungsausschusses den Vorsitz übernehmen konnten. Dieser Zweck wird in Absatz 1 Satz 1 durch die Formulierung »wählt ein Mitglied« ebenso erfüllt. Mitglieder des Prüfungsausschusses sind die ordentlichen Mitglieder.[2] Dem entspricht, dass der Gesetzgeber bei der Formulierung des § 41 davon ausgegangen ist, lediglich einige Änderungen zur sprachlichen **Gleichbehandlung von Frauen und Männern** vorgenommen zu haben.[3] Wahlberechtigt sind damit alle ordentlichen Mitglieder des Prüfungsausschusses, also auch Berufsschullehrer.[4] Ein ordentliches Mitglied des Prüfungsausschusses ist auch in Abwesenheit für den Vorsitz wählbar.

2.1.2 Wahlverfahren

Aktiv wahlberechtigt sind alle ordentlichen Prüfungsausschussmitglieder bzw. **9** im Fall ihrer Verhinderung ihre Stellvertreter. Wahlberechtigt ist auch das Mitglied des Prüfungsausschusses, das für den Vorsitz kandidiert.[5] Vor Beginn der Wahl müssen die Mitglieder des Prüfungsausschusses sich darüber einigen, wer die Wahl des Vorsitzenden leitet. Üblicherweise wird auf die Regelung in der Geschäftsordnung des deutschen Bundestages zurückgegriffen, nach deren § 1 Abs. 2 das älteste Mitglied den Vorsitz übernimmt. Ist der Vorsitz bestimmt, übernimmt dieser die Leitung der Sitzung. Aus diesem Grund ist es nicht zulässig, Vorsitz und Stellvertretung zugleich zu wählen; bei der Wahl der Stellvertretung hat der Vorsitz bereits die Sitzung zu leiten. Gewählt ist, wer die Mehrheit, also die Mehrheit der abgegebenen Stimmen auf sich vereinen kann, § 92 Abs. 2 Satz 1 BVwVfG. Bei Stimmengleichheit entscheidet das Los, das die zuvor bestimmte Wahlleitung zieht, § 92 Abs. 2 Satz 2 BVwVfG. Dieses Verfahren ist auch bei der Wahl der Stellvertretung anzuwenden, da Absatz 2 Satz 3 nur für Abstimmungen und nicht für Wahlen gilt.[6] Voraussetzung für die Wahl ist, dass der Prüfungsausschuss **beschlussfähig** ist (hierzu Rn. 19).

Das Wahlverfahren ergibt sich im Wesentlichen durch § 92 Bundesverwaltungs- **10** verfahrensgesetz.[7] Danach sind grundsätzlich offene Abstimmungen durch **Zuruf oder Zeichen** möglich. Widerspricht dem ein Mitglied des Prüfungsausschusses, wobei in diesem Fall auch das stellvertretende Mitglied, das ein ordentliches Mitglied vertritt, gemeint ist, hat die Abstimmung durch Stimmzettel, also **schriftlich** zu erfolgen. Die schriftliche Wahl ist noch nicht zwingend

---

1 *Leinemann/Taubert* BBiG § 41 Rn. 4.
2 *Benecke/Hergenröder* BBiG § 41 Rn. 3; *Leinemann/Taubert* BBiG § 41 Rn. 4; *Stolpmann/Teufer* Prüfungsrecht für Auszubildende und ihre Prüfer, S. 68.
3 Regierungsentwurf, BT-Drucks. 15/3980, S. 126.
4 *Leinemann/Taubert* BBiG § 41 Rn. 5.
5 *Wohlgemuth/Lakies* u. a. BBiG 3. Auflage, § 41 Rn. 3.
6 *Leinemann/Taubert* BBiG § 41 Rn. 6; *Braun/Mühlhausen* BBiG § 38 a. F., Rn. 15.
7 Zum Vorrang der Landesverwaltungsverfahrensgesetze siehe Rn. 2.

geheim. Wird geheime Wahl von einem Mitglied (oder im Verhinderungsfall dessen Stellvertretung) verlangt, ist nicht nur schriftlich, sondern geheim zu wählen. Dies bedeutet, dass Vorkehrungen dafür zu treffen sind, dass der Stimmzettel unbeobachtet gekennzeichnet und gefaltet werden kann. Für die Aufnahme des Stimmzettels ist eine Wahlurne zu verwenden oder anderweitig die Wahrung des **Wahlgeheimnisses** sicher zu stellen. Insoweit kann auf die Bestimmung in § 33 Bundeswahlgesetz zurückgegriffen werden.

2.1.3 Rücktrittsfall

11 Vorsitz und Stellvertretung werden für die Amtszeit des Prüfungsausschusses gewählt.[8] Wird der Vorsitz niedergelegt, übernimmt die Stellvertretung kurzfristig die Aufgaben des Vorsitzenden. Der hat sodann erneut ein Mitglied zu wählen, dass den Vorsitz führt. Die Stellvertretung übernimmt nicht automatisch und auf Dauer die Aufgaben des Vorsitzenden. Der Rücktritt ist gegenüber dem **Prüfungsausschuss** zu erklären, also gegenüber dem Gremium, das den Vorsitz gewählt hat. Eine Erklärung gegenüber der zuständigen Stelle ist nicht ausreichend. Die zuständige Stelle wirkt dann lediglich als Bote des Erklärenden.

2.1.4 Abwahl

12 Obwohl § 41 die Abwahl des Vorsitzes nicht regelt, ist eine solche zulässig. Es handelt sich nicht um eine bewusste Nicht-Regelung in dem Sinne, dass die Abberufung ausgeschlossen sein soll. Die Abberufung ist der »Actus Contrarius« für die Wahl des Vorsitzenden.[9] Weitere Voraussetzungen für die Abwahl als die einfache Mehrheit der anwesenden Mitglieder des beschlussfähigen Prüfungsausschusses müssen nicht erfüllt sein.

2.1.5 Gruppenzugehörigkeit

13 Nach Absatz 1 Satz 2 sollen Vorsitz und seine Stellvertretung **nicht derselben Mitgliedergruppe angehören.**
Eine Abweichung von dieser Sollvorschrift ist nur zulässig, wenn zwingende Gründe hierfür sprechen. Nicht erforderlich ist, dass alle Mitgliedergruppen dem zugestimmt haben.[10] Eine Sollvorschrift ist dadurch gekennzeichnet, dass im Regelfall die Anordnung des Gesetzes zu befolgen ist. Lediglich wenn ein atypischer Fall gegeben ist – dessen Vorliegen gerichtlich uneingeschränkt überprüfbar ist – kann eine abweichende Entscheidung im Ermessenswege zulässig sein. Liegt ein atypischer Fall vor, ist eine Zustimmung aller Mitgliedergruppen nicht mehr erforderlich. Eine Zustimmung der Mitgliedergruppen ist auch nicht erforderlich. Diese geben nicht etwa freiwillig eine Rechtsposition auf, vielmehr ordnet das Gesetz eine bestimmte Verteilung der Ämter auf die Mitgliedergruppen an, von der unter bestimmten Voraussetzungen abgewichen werden kann. Eine Abweichung ist z. B. denkbar, wenn sich aus den anderen Mitgliedergruppen niemand bereit erklärt, für das zweite Amt zu kandidieren.

---

8 *Braun/Mühlhausen* BBiG § 38 a. F. Rn. 17.
9 *Wohlgemuth/Lakies* u. a. BBiG 3. Auflage, § 41 Rn. 7.
10 A. A.: *Leinemann/Taubert* BBiG § 41 Rn. 8; *Wohlgemuth/Lakies* u. a. BBiG 3. Auflage, § 41 Rn. 11.

Wurde die Sollvorschrift des Absatzes 1 Satz 2 nicht berücksichtigt, obwohl kein **14** atypischer Fall vorliegt, ist der Prüfungsausschuss nicht korrekt besetzt.[11]

2.2 Stellung und Aufgaben des Vorsitzenden und der Stellvertretung

Das Gesetz enthält keine ausdrückliche Regelung über die Kompetenzen und **15** Aufgaben des Vorsitzes. Mangels einer solchen speziellen Regelung ist das jeweilige Landesverwaltungsverfahrensgesetz anzuwenden, soweit es sich nicht um die Prüfung selbst, sondern um eine Sitzung handelt. Exemplarisch sei hier auf § 89 BVwVfG verwiesen:

§ 89 BVwVfG – Ordnung in den Sitzungen
Der Vorsitzende eröffnet, leitet und schließt die Sitzungen; er ist für die Ordnung verantwortlich.

Soweit es sich um die Prüfungsabnahme selbst handelt, sind die Verwaltungs- **16** verfahrensgesetze nicht anzuwenden.[12] Stattdessen sollte eine Regelung in der Prüfungsordnung enthalten sein. § 16 der Musterprüfungsordnung (abgedruckt unter § 47 Rn. 20 ff.) enthält hierzu einen Regelungsvorschlag.

2.3 Sitzungen des Prüfungsausschusses

Die Sitzungen werden durch den Vorsitz eröffnet und geschlossen. Dem Vorsitz **17** obliegt auch die Leitung. Nicht geregelt ist, wie Termin und Tagesordnung einer Sitzung bestimmt werden. Für den Fall, dass die Sitzung ausfällt, oder der Prüfungsausschuss nicht beschlussfähig ist (Absatz 2), empfiehlt sich, eine Regelung in der Prüfungsordnung, wie und durch wen der Termin für die nächste Prüfungsausschusssitzung bestimmt wird und die Tagesordnung vorgeschlagen wird. In der Praxis wird bei Streitigkeiten in einem Gremium gerne auf die sehr ausführliche **Geschäftsordnung des deutschen Bundestages** zurückgegriffen, die dann entsprechend angewendet wird.

Der Vorsitzende des Prüfungsausschusses hat keinen Anspruch darauf, die **18** Prüfungsaufgaben ausschließlich selbst auszuwählen oder den Ort der Prüfung und die Art der Prüfungsaufsicht an seine Zustimmung zu binden.[13] Dem Vorsitz kommt bei Abstimmungen ein besonderes Gewicht zu: Bei **Stimmengleichheit** gibt die Stimme des vorsitzenden Mitglieds den Ausschlag, Absatz 2 Satz 3. Ist der Vorsitzende bei der Sitzung nicht anwesend, übernimmt die Stellvertretung das Amt mit allen Funktionen und Rechten.

3. Beschlussfähigkeit.

Nach Absatz 2 ist der Prüfungsausschuss beschlussfähig, wenn **2/3 der Mit-** **19** **glieder, mindestens jedoch drei Mitglieder**, an dem Beschluss mitwirken. Die Beschlussfähigkeit muss nicht nur zu Beginn der Sitzung, sondern bei jedem

---

11 *Wohlgemuth/Lakies* u. a. BBiG 3. Auflage, § 41, Rn. 12; *Benecke/Hergenröder* BBiG § 41 Rn. 6; a. A. *Leinemann/Taubert* BBiG § 41 Rn. 8 m. w. N.
12 S. Rn. 2.
13 *VG München* 2.6.1976, EzB PO-AP Prüfungsaufgaben Nr. 4; *Leinemann/Taubert* BBiG § 41 Rn. 11.

Beschluss vorliegen. Besteht ein Prüfungsausschuss lediglich aus drei Mitgliedern, müssen alle Prüfungsausschussmitglieder bzw. die Stellvertreter an dem Beschluss mitwirken. Mitwirken bedeutet, dass die Mitglieder sich an der **Abstimmung** beteiligen – durch Zustimmung, Ablehnung oder Enthaltung. Nicht ausreichend ist, wenn lediglich 2/3 der Mitglieder anwesend sind.[14] Befangene Mitglieder des Prüfungsausschusses wirken an der Abstimmung nicht mit.[15] Unerheblich ist, ob die zahlenmäßigen Proportionen zwischen den Mitgliedergruppen bei dem Beschluss verschoben sind.[16] Es kommt allein auf die Einhaltung der beiden unter Grenzen des Absatzes 2 Satz 1 an.

4. Abstimmungen

20   Der Prüfungsausschuss hält Abstimmungen mit der Mehrheit der abgegebenen Stimmen (Absatz 2 Satz 2). Ausreichend ist damit die einfache Mehrheit: Der vom Vorsitz zur Abstimmung gestellte Antrag braucht für seine Annahme mehr ja-Stimmen als nein-Stimmen des beschlussfähigen Ausschusses. Rechtswidrig nicht abgegebene Stimmen, also Enthaltungen (zur Rechtswidrigkeit s. Rn. 21) zählen als Nein-Stimmen. Als Mitglieder des Prüfungsausschusses können Vorsitz und Stellvertretung selbstverständlich mit abstimmen. Bei Stimmengleichheit gibt die Stimme des **vorsitzenden** Mitglieds des Prüfungsausschusses den Ausschlag (Absatz 2 Satz 3). Die Stimme des vorsitzenden Mitglieds ist in streitigen Situationen damit von besonderem Gewicht.

21   **Stimmenthaltungen** sind im Prüfungsausschuss nicht bei jedem Abstimmungsgegenstand zulässig. Die Rechtsprechung vertritt die Auffassung, dass im Prüfungsrecht eine Stimmenthaltung generell nicht zulässig ist. Jedes Mitglied einer Prüfungskommission habe sein höchstpersönliches Urteil über den Wert der Prüfungsleistung abzugeben.[17] Die Prüfer hätten die Aufgabe, dass der Prüfling seine Fähigkeit vor dem zuständigen Prüfer beweise, der Prüfer sei dem gegenüber dazu berufen, die Leistungen des Prüflings zu beurteilen. Würde er einer solchen Verpflichtung nicht nachkommen, könnte eine positive Prüfungsentscheidung nicht gefällt werden. **Stimmenthaltungen bei Prüfungsentscheidungen wirken deshalb wie Nein-Stimmen.**[18]

5. Protokoll der Prüfungsausschusssitzung

22   Eine Regelung über ein Sitzungsprotokoll ist im Berufsbildungsgesetz nicht enthalten. Insoweit greift § 93 BVwVfG bzw. die entsprechenden Verwaltungsverfahrensgesetze der Länder, soweit Nicht-Prüfungsentscheidungen betroffen sind. Bei Prüfungsentscheidungen sind die Verwaltungsverfahrensgesetze nicht anzuwenden. Zum Verhältnis zwischen Bundes- und LandesVwVfG und dem Ausschluss der Verwaltungsverfahrensgesetze für den Bereich der Prüfungsentscheidungen (siehe Rn. 2).

---

14   *Benecke/Hergenröder* BBiG § 41 Rn. 7.
15   *Benecke/Hergenröder* BBiG § 41 Rn. 8.
16   *Leinemann/Taubert* BBiG § 41 Rn. 15.
17   *OVG Münster* 8.9.2005, 14 A 3934/03, DVBl. 2005, 1532; *Zimmerling/Brehm* Prüfungsrecht Rn. 248 f.
18   *Zimmerling/Brehm* Prüfungsrecht, Rn. 249 m. w. N.; a. A. *Braun/Mühlhausen* BBiG § 38 a. f. Rn. 26; *Wohlgemuth/Lakies* u. a. BBiG 3. Auflage, § 41 Rn. 17.

§ 93 BVwVfG – Niederschrift

Über die Sitzung ist eine Niederschrift zu fertigen. Die Niederschrift muss Angaben **23**
enthalten über:
1. *den Ort und den Tag der Sitzung,*
2. *die Namen des Vorsitzenden und der anwesenden Ausschussmitglieder,*
3. *den behandelten Gegenstand und die gestellten Anträge,*
4. *die gefassten Beschlüsse,*
5. *das Ergebnis von Wahlen.*

Die Niederschrift ist von dem Vorsitzenden und, soweit ein Schriftführer hinzugezogen worden ist, auch von diesem zu unterzeichnen.

Soweit Prüfungsentscheidungen betroffen sind, ist ein **Prüfungsprotokoll** an- **24**
zufertigen, das den Anforderungen der Prüfungsordnung standhält. Die Musterprüfungsordnung schlägt hierzu in § 20 Abs. 3 vor, dass über den Ablauf der
Prüfung eine Niederschrift zwingend anzufertigen ist und dass die Feststellung
der einzelnen Prüfungsergebnisse in einer gesonderten Niederschrift an die
zuständige Stelle weitergeleitet werden (§ 26 Abs. 1 MPO, abgedruckt unter
§ 47 Rn. 20 f.).

Die Regelung in der Musterprüfungsordnung stellt den Umfang des Prüfungs- **25**
protokolls nicht frei. Zu berücksichtigen ist die Rechtsprechung, die aus dem
grundrechtlich gewährleisteten effektiven Rechtsschutz im Bereich des Grund-
rechts auf freie Berufswahl (Artikel 12 Absatz 1, Artikel 19 Absatz 4 GG) eine
Begründungspflicht bei Prüfungsentscheidungen folgert. Nur so werde der
Prüfling in die Lage versetzt, die Prüfungsentscheidung zu überprüfen und seine
Rechte zu verfolgen.[19] Soweit schriftliche Prüfungsleistungen bewertet werden,
müssen die maßgebenden Gründe des einzelnen Prüfers festgehalten werden
und zwar:
– schriftlich; **26**
– unter Hinweis auf die für das Ergebnis ausschlaggebenden Gesichtspunkte;
– zumindest kurz, aber verständlich.[20]

Auch bei der Bewertung mündlicher Prüfungsleistungen müssen dem Prüfling **27**
die wesentlichen Gründe, mit denen die Prüfer zu einer bestimmten Bewertung
der mündlichen Prüfungsleistung gelangt sind, bekanntgegeben werden. Eine
schriftliche Begründung muss nur dann angefertigt werden, wenn der Prüfling
dies verlangt und zu dem Zeitpunkt seines Verlangens eine schriftliche Zusammenfassung der Gründe noch möglich ist.[21] Weitergehende Anforderungen an
das Verlangen des Prüflings sind nicht zu stellen. Insbesondere ist nicht erforderlich, dass der Prüfling bereits darlegen muss, aus welchen Gründen und
bezogen auf welche seiner Teilleistungen er die Bewertung anzweifelt. Die zuständige Stelle hat den Prüfling über sein Begründungsverlangen aufzuklären.
Ausreichend ist ein allgemeiner Hinweis in der Ladung zur Prüfung. Verlangt
der Prüfling eine Begründung und wird eine solche vom Prüfungsausschuss
nicht erteilt, leidet das Prüfungsverfahren an einem Mangel, der zur Rechtswidrigkeit führt.[22]

---

19 *BVerwG* 9.12.1992, 6 C 3.92, NVwZ 1993, 677; *Zimmerling/Brehm* Prüfungsrecht
Rn. 629 ff. m. w. N.
20 *Zimmerling/Brehm* Prüfungsrecht Rn. 633 m. w. N. und Ausführungen zu den Anforderungen an die Begründung.
21 *Zimmerling/Brehm* Prüfungsrecht Rn. 642.
22 *Stolpmann/Teufer* Prüfungsrecht für Auszubildende und ihre Prüfer, S. 181.

6. Anwendbarkeit auf andere Prüfungen

28 § 41 gilt entsprechend für Umschulungsprüfungen (§ 62 Absatz 3 Satz 2) und für Fortbildungsprüfungen (§ 56 Absatz 1 Satz 2) und für die Prüfung von Zusatzqualifikationen (§ 49 Absatz 2). Für Zwischenprüfungen gilt § 41 mangels einer Verweisung in § 48 nicht.

29 Die Vorschrift gilt nicht im Handwerk. Vorsitz und Stellvertretung der Prüfungsausschüsse für das Handwerk sind in § 35 Handwerksordnung geregelt.

§ 42 Beschlussfassung, Bewertung der Abschlussprüfung

(1) Beschlüsse über die Noten zur Bewertung einzelner Prüfungsleistungen, der Prüfung insgesamt sowie über das Bestehen und Nichtbestehen der Abschlussprüfung werden durch den Prüfungsausschuss gefasst.

(2) Zur Vorbereitung der Beschlussfassung nach Absatz 1 kann der Vorsitz mindestens zwei Mitglieder mit der Bewertung einzelner, nicht mündlich zu erbringender Prüfungsleistungen beauftragen. Die Beauftragten sollen nicht derselben Mitgliedergruppe angehören.

(3) Die nach Absatz 2 beauftragten Mitglieder dokumentieren die wesentlichen Abläufe und halten die für die Bewertung erheblichen Tatsachen fest.

Inhaltsübersicht   Rn.

1.	Allgemeines	1
2.	Bewertung von Prüfungsleistungen	5
2.1	Anwesenheit des Prüfers	6
2.2	Eigenverantwortliche Bewertung durch den Prüfer	8
2.3	Gleichbehandlung / Grundsatz der Sachlichkeit	10
2.4	Fiktive Prüfungsleistungen und Entwürfe	11
2.5	Unauffindbarkeit von Prüfungsleistungen	13
3.	Willensbildung im Gremium	15
3.1	Delegation der Bewertung	16
3.2	Beschlussfassung	21
3.3	Verfahren zur Notenbildung	22
4.	Anwendbarkeit auf andere Prüfungen	23

1. Allgemeines

1 § 42 bestimmt, bei welchen Entscheidungen, für die der Prüfungsausschuss nach § 39 zuständig ist, der Prüfungsausschuss als **Kollegialorgan** tätig werden muss. Der für die Abnahme der Abschlussprüfung zuständige Prüfungsausschuss muss alle Entscheidungen, die das Grundrecht der Berufsfreiheit des Prüflings aus Art. 12 GG berühren können, in seiner Gesamtheit und unter Mitwirkung all seiner Mitglieder treffen. Diese Entscheidungen beschreibt der 2005 neu geschaffene § 42. Es handelt sich um Beschlüsse:
- über die Noten zur Bewertung einzelner Leistungen in der Abschlussprüfung und der Abschlussprüfung insgesamt sowie
- über das Bestehen oder Nichtbestehen der Abschlussprüfung insgesamt.

2 Der Gesetzgeber macht hierdurch zugleich deutlich, dass andere Entscheidungen es Prüfungsausschusses, die ebenfalls die Abnahme der Abschlussprüfung betreffen, nicht zwingend dem **Kollegialprinzip**, also der Mitwirkung aller

Mitglieder des Prüfungsausschusses unterliegen. Hierzu gehören Entscheidungen wie z.B. die Auswahl und Bestimmung der Prüfungsaufgaben sowie sonstige vorbereitende Handlungen.[1]

Alle Entscheidungen, die das **Grundrecht der Berufsfreiheit** des Prüflings **3** berühren können, muss der Prüfungsausschuss als Kollegialorgan treffen. Nach dem Willen des Gesetzgebers müssen sämtliche Prüfungsleistungen vom Gesamtausschuss bewertet werden.[2]

Absatz 1 definiert, welche Entscheidungen aus Sicht des Gesetzgebers das **4** Grundrecht der Berufsfreiheit des Prüflings berühren können. Es handelt sich um Beschlüsse über die Noten zur Bewertung einzelner Leistungen in der Abschlussprüfung und der Abschlussprüfung insgesamt sowie über das Bestehen oder Nichtbestehen der Abschlussprüfung insgesamt. Von diesem Grundsatz enthält Absatz 2 eine Abweichung, die im BBiG 1969 noch nicht enthalten war. Danach kann der Vorsitz für schriftliche und praktische Prüfungsteile die Bewertung einzelner Prüfungsleistungen auf mindestens zwei Mitglieder des Prüfungsausschusses delegieren. Die mündliche Prüfung unterliegt weiter zwingend dem Kollegialprinzip.

2. Bewertung von Prüfungsleistungen

Nach welchen Grundsätzen, in welchen Verfahren und mit welchen Noten- **5** systemen die Prüfungsleistung bewertet wird, ist gesetzlich nicht vorgegeben. Die Rechtsprechung gibt dem Gesetz- oder Verordnungsgeber einen weiten Gestaltungsspielraum, eine Lösung zu finden, die dem besonderem Charakter der jeweiligen Leistungskontrolle gerecht wird und zu sachgerechten Ergebnissen führt.[3]

2.1 Anwesenheit des Prüfers

Die Beurteilung einer Prüfungsleistung vollzieht sich in vier Schritten:[4] **6**
1. Prüfer informieren sich über den Inhalt der anzuwendenden Normen (Ausbildungsordnung, Prüfungsordnung, BBiG) und über die Prüfungsanforderungen;
2. Prüfer verschaffen sich Klarheit über die konkreten Prüfungsaufgaben oder konzipieren eigene Fragen;
3. Prüfer nehmen die Prüfungsleistung des Prüflings zur Kenntnis sowie
4. Prüfer bewerten die abgegebenen Prüfungsleistungen und legen dabei die vorgegebenen rechtlichen Maßstäbe zugrunde.

Daraus ergibt sich, dass die Prüfer **körperlich und geistig** bei der Prüfungs- **7** leistung anwesend sind. Etwas anderes gilt bei mehrtägigen praktischen Prüfungen.[5] Die Prüfungsleistung muss unmittelbar und vollständig zur Kenntnis genommen werden. Damit müssen alle für die Bewertung verantwortlichen

---

1 Regierungsentwurf BT-Drucks. 15/3980, S. 127.
2 Regierungsentwurf BT-Drucks. 15/3980, S. 127.
3 *BVerwG* 15.12.1987 7 B 216. 87, *NVwZ* 1988, 437; *Zimmerling/Brehm* Prüfungsrecht, Rn. 584.
4 *Stolpmann/Teufer* Prüfungsrecht für Auszubildende und ihre Prüfer, S. 171; *Zimmerling/Brehm* Prüfungsrecht, Rn. 592 m.w.N.
5 *Zimmerling/Brehm* Prüfungsrecht, Rn. 592.

Personen während einer mündlichen Prüfung im Prüfungsraum anwesend sein und das Prüfungsgeschehen verfolgen. Nicht zulässig ist, wenn der Prüfer den Prüfungsraum auch nur minutenlang verlässt. Es ist auch nicht ausreichend, wenn der Prüfer erst gegen Ende der praktischen Prüfungsleistung erscheint oder sich vom Prüfungsgeschehen soweit entfernt, dass er das konkrete Prüfungsgespräch nicht mehr verfolgen kann.[6]

2.2 Eigenverantwortliche Bewertung durch den Prüfer

8 Die vom Prüfer selbst, unmittelbar und vollständig zur Kenntnis genommene Prüfungsleistung muss er **selbstständig** beurteilen. Für schriftliche und praktische Arbeiten kann die Ausnahme des Absatzes 2 gelten. Da Beschlüsse über die Noten zur Bewertung einzelner Prüfungsleistungen nach Absatz 1 dem Prüfungsausschuss als Kollegialorgan vorbehalten sind, hat die Bewertung einzelner Prüfungsleistungen durch beauftragte Prüfungsausschussmitglieder lediglich den Charakter einer **Berichterstattung**. Dem Prüfungsausschuss als Kollegialorgan bleiben Bewertungsänderungen vorbehalten, vor allem bei erheblichen Bewertungsunterschieden durch die beauftragten Ausschussmitglieder. Dabei können auch gutachterliche Stellungnahmen von Dritten gem. § 39 Absatz 2 berücksichtigt werden. Das letzte Entscheidungsrecht verbleibt stets beim Prüfungsausschuss.[7]

9 Die eigenverantwortliche Bewertung der Prüfungsleistung verbietet es nicht, dass die Prüfer, die die Prüfungsleistung schon wahrgenommen haben, Randbemerkungen oder Bewertungen notieren, die die folgenden Prüfer sehen können. Ein Anspruch auf persönliche, voneinander unabhängige Bewertungen oder auf verdeckte mehrfache Korrektur besteht nur dann, wenn dies normiert ist. Die Musterprüfungsordnung schlägt lediglich eine »selbstständige« Bewertung der Prüfungsleistung durch jedes Mitglied des Prüfungsausschusses vor. Die Rechtsprechung unterstellt, dass ein Einzelprüfer vorhandene Wertungen als unverbindliche Hinweise oder Ratschläge begreift.[8] Ergeben sich Hinweise darauf, dass keine eigenständige Bewertung der Prüfungsleistung mehr stattgefunden hat, sondern die Vorbemerkungen als verbindlich angenommen wurden, ist dies unzulässig.

2.3 Gleichbehandlung/Grundsatz der Sachlichkeit

10 Der Gleichbehandlungsgrundsatz gebietet es nicht nur, dass alle Prüflinge gleiche äußere Prüfungsbedingungen erhalten.[9] Der Grundsatz gebietet auch, die schriftlichen Arbeiten zumindest bis zum Abschluss der vorläufigen Bewertung **anonym** zu behandeln.[10] Aus dem Gleichbehandlungsgrundsatz kann auch abgeleitet werden, dass eine Neubewertung der Prüfungsleistung grundsätzlich durch dieselben Prüfer zu erfolgen hat. Ausnahmsweise kann eine Neubewertung durch andere Prüfer bzw. durch einen anderen Prüfungsaus-

6 *Zimmerling/Brehm* Prüfungsrecht, Rn. 594.
7 Regierungsentwurf zum BBiG 2005 BT-Drucks. 15/3980, S. 126.
8 *OVG Bautzen* 14.10.2003 – 4 BS 221/03 NVwZ-RR 2004, 188.
9 *Zimmerling/Brehm* Prüfungsrecht, Rn. 99; *Stolpmann/Teufer* Prüfungsrecht für Auszubildende und ihre Prüfer, S. 109.
10 *BVerwG* 14.3.1979, 7 B 16.79, DÖV 1979, 752.

schuss geboten sein, wenn die Neubewertung durch die bisherigen Prüfer tatsächlich oder rechtlich unmöglich ist.[11] Eine weitere Ausnahme ergibt sich dann, wenn die ursprünglichen Prüfer sich bereits dahingehend festgelegt haben, dass eine Änderung der Note nicht in Betracht kommt.[12]

2.4 Fiktive Prüfungsleistungen und Entwürfe

Nur tatsächlich erbrachte Leistungen können bewertet werden. Deswegen dürfen Leistungen, die der Prüfling vermutlich erbracht hätte, wenn er beispielsweise nicht zeitweilig erkrankt gewesen wäre, nicht berücksichtigt werden. Aus demselben Grund können richtige Lösungen auf Entwurfsbögen nicht als Prüfungsleistung anerkannt werden, wenn die Lösungen sich nicht zugleich auf dem offiziellen Antwortbogen finden. Dies ergibt sich bereits aus dem Grundsatz der Chancengleichheit. Zu den Aufgaben des Prüflings gehört es nicht nur, die richtigen Antworten zu finden, sondern auch, sie in der vorgegebenen Zeit und in der vorgegebenen Weise schriftlich in den Antwortbögen zu **vermerken**. Dürfte ein Prüfling hierauf verzichten und die Antworten seines Konzepts verwenden, könnte er sich gegenüber den Prüflingen, die die Antwortbögen ausfüllen, einen zeitlichen Vorteil verschaffen.[13] Ausnahmsweise sollen Konzeptblätter zu berücksichtigen sein, wenn der Prüfling gegenüber der Prüfungsaufsicht unmissverständlich zum Ausdruck bringt, eine auf Konzeptpapier geschriebene Gliederung gehöre zu seiner Klausur. Dann soll die Prüfungsaufsicht diese Blätter als Teil der Arbeit entgegennehmen müssen.[14] Ansonsten gilt der Grundsatz, dass mitabgelieferte Konzeptblätter keine verbindlichen Äußerungen des Prüflings darstellen, die zur Kenntnis zu nehmen und zu bewerten sind. Sie vermitteln keinen hinreichenden zuverlässigen Eindruck von den Kenntnissen des Prüflings und seiner Fähigkeit, eine Aufgabe nach Aufbau, Weg, Abwägung, Begründung und Ergebnis zumindest vertretbar zu lösen. Eine Prüfungsarbeit muss eine aus sich heraus geschlossene, verständliche Bearbeitung umfassen, ohne dass es eines Rückblicks auf das Konzept oder spätere Erklärungen zu einzelnen Punkten bedarf.[15]

11

Das Bewerten fiktiver Prüfungsleistungen ist auch zum Ausgleich von Behinderungen nicht zulässig. Es entspricht dem Wunsch des Gesetzgebers, dass auch behinderte Menschen in anerkannten Ausbildungsberufen ausgebildet werden. Dieser Wille ist in § 64 normiert. Dies darf jedoch nicht dazu führen, dass fiktive Prüfungsleistungen bewertet werden. Anderenfalls würden die Abschlüsse behinderter Menschen faktisch entwertet. Vielmehr müssen ungleiche Startchancen anderweitig ausgeglichen werden. In Betracht kommen Unterstützungen durch z. B. Vorlesehilfen und Zeitzugaben.[16]

12

---

11 *OVG Münster* 6.7.1998, 22 A 1566/96, www.prueferportal.org → recht → rechtsprechung → bewertung/begruendung.

12 *Leinemann/Taubert* BBiG § 41 Rn. 54.

13 *OVG Münster* 20.4.2005, 14 B 651/05, http://www.justiz.nrw.de/RB/nrwe2/index.php mit Verweis auf VGH Mannheim, 15.12.1981, 9 S 2431/81.

14 *Zimmerling/Brehm* Prüfungsrecht, Rn. 597.

15 *VerwG Düsseldorf*, 15 K 51/21/00, www.justiz.nrw.de/RB/nrwe2/index.php.

16 *Stolpmann/Teufer* Prüfungsrecht für Auszubildende und ihre Prüfer, S. 183.

2.5 Unauffindbarkeit von Prüfungsleistungen

13 Gehen vollständige Prüfungsleistungen oder Prüfungsteile verloren, die noch nicht bewertet wurden, darf **keine Bestehensentscheidung** zugunsten des Prüflings erfolgen. Stattdessen muss ihm nochmals Gelegenheit gegeben werden, seine Prüfungsleistung zu erbringen. Anderenfalls fehlt es an der persönlichen Wahrnehmung der Prüfungsleistung durch den Prüfer (siehe Rn. 6 ff.). Ist die Bewertung mangels Prüfungsunterlagen unmöglich, kann das Prüfungsverfahren nicht ordnungsgemäß zum Abschluss gebracht werden und muss wiederholt werden. Auch der Grundsatz, dass fiktive Prüfungsleistungen nicht berücksichtigt werden können (siehe Rn. 11) verbietet es, ein Bestehen der Prüfung zu unterstellen.[17]

14 Sind Prüfungsunterlagen erst nach der Leistungsbewertung abhanden gekommen, führt dies nicht zwingend zur Anfechtbarkeit des Prüfungsergebnisses. Zwar ist möglich, dass exakt die fehlenden Prüfungsteile Prüfungsfehler enthielten, die nunmehr nicht mehr aufgedeckt werden könnten. Eine solche Möglichkeit führe jedoch nicht dazu, dass die Prüfungsfehler vermutet werden können und von der Prüfungsbehörde bewiesen werden muss, dass Prüfungsfehler nicht vorlagen. Dies gilt jedenfalls dann, wenn die Prüfer gegenüber dem Verwaltungsgericht auf Anfrage angeben, die Prüfungsleistung sei beim Bewertungsvorgang noch vollständig gewesen.[18]

3. Willensbildung im Gremium

15 Auf Basis der eigenverantwortlichen Bewertung der Prüfungsleistung durch die Prüfer fasst der Prüfungsausschuss Beschlüsse über die **Noten**. Nicht zulässig ist, dass der Prüfungsausschuss **zentrale Prüfungsaufgaben** nicht nur zentral korrigieren lässt, sondern auch darüber entscheiden lässt, wie viel von den von jeder Aufgabe zu vergebenen Punkten für die falsche Beantwortung von Einzelfragen abgezogen werden soll. Die Prüfer müssen die Lösungsvorschläge überprüfen und feststellen, ob sie mit der zentral vorgesehenen Punktevergabe für einzelne Aufgaben einverstanden sind. Dies kann nicht dadurch erfolgen, dass die Prüfer sich z. B. eine halbe Stunde vor einer mündlichen Prüfung treffen und die Prüfungsaufgaben »in einer Art Schnellverfahren querlesen« und sodann die Benotung des Erstkorrektors bestätigen. In diesem Fall kann nicht davon ausgegangen werden, dass die Prüfer die Prüfungsleistungen **unmittelbar und vollständig** zur Kenntnis genommen und gedanklich nachvollzogen haben. Es muss vielmehr unterstellt werden, dass sie der Sachkunde und der Zuverlässigkeit des Erstkorrektors vertraut haben. Dies gilt selbst dann, wenn die Prüfer auch fachfremde Klausuren bewerten und der Erstkorrektor unbestritten kompetenter ist als sie.[19]

---

17 *Stolpmann/Teufer* Prüfungsrecht für Auszubildende und ihre Prüfer, S. 184.
18 *BVerwG* 18.12.1987, 7 C 49/87, zitiert nach: *Stolpmann/Teufer* Prüfungsrecht für Auszubildende und ihre Prüfer, S. 185.
19 *OVG NRW* 28.2.1997, 19 A 2626/96, www.justiz.nrw.de/RB/nrwe2/index.php.

Malottke

3.1 Delegation der Bewertung

Absatz 2 lässt unter bestimmten Voraussetzungen eine Ausnahme von dem **16** Grundsatz zu, dass alle Prüfer die Prüfungsleistung unmittelbar und persönlich wahrgenommen haben müssen. Der Vorsitz kann mindestens zwei Mitglieder mit der Bewertung einzelner Prüfungsleistungen, nicht jedoch der mündlichen Prüfungsleistung, beauftragen. Grund für diese Regelung ist, dass die **praktischen Prüfungsteile**, in denen nicht nur das Ergebnis, sondern auch die **Ergebnisgewinnung** bewertungsrelevant ist (z. B. Arbeitsprobe), einen erheblichen Prüfungsaufwand erfordern, der das Engagement fachlich und sachlich hochqualifizierter Prüferinnen und Prüfer behindern kann. Aus diesem Grund hat der Gesetzgeber für bestimmte Bereiche der Abschlussprüfung das **Berichterstatterprinzip** eingeführt.[20]

Nach der Formulierung in Absatz 2 kann der Vorsitz zur Vorbereitung der **17** Beschlussfassung mindestens zwei Mitglieder des Prüfungsausschusses mit der Bewertung einzelner Prüfungsleistungen beauftragen. Der Vorsitz hat das Recht, diese Entscheidung zu fällen. Eine Pflicht hierzu besteht nicht. Dabei hat der Vorsitz die Gründe, die für oder gegen eine Delegation sprechen, abzuwägen. Er muss insbesondere abwägen, ob es ausreicht, wenn die Bewertung von nur zwei Mitgliedern des Prüfungsausschusses vorgenommen wird. Besteht der Prüfungsausschuss aus mehr als drei Mitgliedern, ist bei der Ausübung des pflichtgemäßen Ermessens durch den Vorsitz auch abzuwägen, ob mehr als zwei Prüfungsausschussmitglieder mit der Bewertung der Prüfungsleistung beauftragt werden sollen. Nach Absatz 3 sollen die beauftragten Mitglieder des Prüfungsausschusses verschiedenen Mitgliedergruppen angehören. Damit wird dem Grundsatz der **paritätischen Besetzung** der Prüfungsausschüsse als einem wesentlichen Element für eine ausgewogene Leistungsbeurteilung im Recht der beruflichen Bildung[21] kaum noch genügt. Bestehen gewichtige Gründe dagegen, das zweite Prüfungsausschussmitglied aus einer anderen als der bereits bestimmten Mitgliedergruppe zu wählen, wird die Prüfungsleistung lediglich von einer Mitgliedergruppe wahrgenommen und zur Bewertung vorgeschlagen. Es ist zweifelhaft, ob die Delegation auf Mitglieder der gleichen Mitgliedergruppe auch bei einem Vorbehalt der letztlichen Entscheidung über die einzelne Prüfungsleistung in Absatz 1 durch den paritätisch besetzten Prüfungsausschuss dem Grundgedanken der paritätischen Vertretung im Prüfungsverfahren noch gerecht wird. Insofern ist die Regelung in Absatz 2 zwar als **Sollvorschrift** ausgestaltet. Eine Abweichung von dem Prinzip der paritätischen Beteiligung im Prüfungsverfahren kommt jedoch nur in Ausnahmefällen in Betracht.[22]

Die Berichterstattung ist nur zulässig bei Prüfungsleistungen, die nicht münd- **18** lich erfolgen. Dieser Teil der Prüfung ist vom Prüfungsausschuss in seiner Gesamtheit abzunehmen.

Für die Bewertung der Prüfungsleistungen durch die beauftragten Prüfungs- **19** ausschussmitglieder gelten die unter 2. dargelegten Grundsätze.

Nach Absatz 3 sind die mit der Berichterstattung beauftragten Mitglieder ver- **20** pflichtet, die wesentlichen Abläufe der Prüfung zu **dokumentieren** und die für die Bewertung erheblichen Tatsachen festzuhalten. Dies ist von besonderer

---

20 Regierungsentwurf BT-Drucks. 15/3980, S. 127.
21 *OVG NRW* 28. 2. 1997, www.justiz.nrw.de/RB/nrwe2/index.php.
22 *Leinemann/Taubert* BBiG § 43 Rn. 11.

Bedeutung, weil die beauftragten Mitglieder lediglich einen Vorschlag für die Bewertung der Prüfungsleistung unterbreiten. Die Beschlussfassung über die Bewertung dieser Prüfungsleistungen erfolgt gem. Absatz 1 durch den Prüfungsausschuss. Die Dokumentation wird von besonderer Bedeutung, wenn die Prüfungsleistung, die die Berichterstatter wahrgenommen haben, erheblich von den übrigen Prüfungsleistungen divergiert oder wenn die Berichterstatter zu unterschiedlichen Bewertungen gelangen. Besonders in diesen Fällen muss der Prüfungsausschuss in der Lage sein, den Bewertungsvorschlag nachzuvollziehen. In welcher Art und Weise die Dokumentation erfolgt, ist nicht bestimmt. Letztlich richtet sich das Medium der Dokumentation danach, ob die erforderliche **Transparenz** für den vollständigen Prüfungsausschuss sichergestellt wird. Außer der schriftlichen Dokumentation, die sich besonders bei den schriftlichen Aufgaben anbietet, kommen Fotos oder Videos von Arbeitsproben und ihrer Anfertigung in Betracht.[23] Die Dokumentation ist zu den Prüfungsakten zu nehmen und Teil der Prüfungsunterlagen. Für diese schlägt § 31 der Musterprüfungsordnung[24] eine Aufbewahrungsfrist von 10 Jahren vor.

3.2 Beschlussfassung

21 Dem Prüfungsausschuss obliegt die Beschlussfassung über die Bewertung einzelner Prüfungsleistungen, über die Bewertung der Prüfung insgesamt sowie über das Bestehen und Nichtbestehen der Abschlussprüfung. Von der Rechtsprechung wird nicht einheitlich beurteilt, wie der Prüfungsausschuss bei dieser Beschlussfassung besetzt sein muss. Das Verwaltungsgericht Köln hat entschieden, dass für die Beurteilung der einzelnen Prüfungsaufgaben und die Feststellung des Gesamtergebnisses Beschlussfähigkeit genüge. Eine Entscheidung des vollständigen Prüfungsausschusses sei nicht erforderlich.[25] Dem gegenüber hat das Verwaltungsgericht Stade entschieden, der Prüfungsausschuss sei fehlerhaft besetzt, wenn von zwei Prüfern einer Gruppe beide zwar bei der mündlichen Prüfung, aber nur einer bei der Feststellung des Gesamtergebnisses mitwirken.[26] Der Prüfungsausschuss muss eine **feste Zusammensetzung und eine beständige Anzahl** von Prüfern aufweisen. Diese darf sich nicht willkürlich ändern, sodass der Verlauf der Prüfung für den Prüfling berechenbar ist. Die an der Prüfung teilnehmenden Mitglieder müssen auch bei der Feststellung des Gesamtergebnisses mitwirken.[27] Auch im Berufsbildungsrecht gilt der Grundsatz der Kontinuität der Prüfungsausschüsse. Es ist daher unzulässig, die Prüfung von zwei verschiedenen Prüfungsausschüssen abnehmen zu lassen.[28] Der Auffassung des Verwaltungsgerichts Köln in der Entscheidung vom 20.04.1994 (FN 25) kann daher nicht gefolgt werden. Die Beschlussfähigkeit des Prüfungsausschusses kann für einen Bewertungsbeschluss allenfalls dann reichen, wenn der Prüfungsausschuss mehr Mitglieder als nach § 40 Abs. 1 erfor-

---

23 *Leinemann/Taubert* BBiG § 42 Rn. 15.

24 Abgedruckt unter § 47 Rn. 20.

25 *VG Köln*, 20.04.1994, 10 K 6661/92, www.prueferportal.org → recht → rechtsprechung → pruefungsausschuss.

26 *VerwG Stade*, 28.05.1999, 6 A 30/99, www.prueferportal.org → recht → rechtsprechung → pruefungsausschuss.

27 *Braun/Mühlhausen* BBiG § 34 a.F. Rn. 73 m.w.N.

28 *Zimmerling/Brehm* Prüfungsrecht, Rn. 1289.

derlich aufweist, alle beschließenden Mitglieder die Prüfungsleistung wahrgenommen haben und genau diese Mitglieder auch an der Beschlussfassung mitwirken. Denn es ist nicht erforderlich, dass alle in den Ausschuss berufenen Mitglieder an einer Prüfung teilnehmen müssen.[29]

3.3 Verfahren zur Notenbildung

Bildet sich jeder Prüfer ein eigenständiges Bild von der Prüfungsleistung, stellt sich bei der Beschlussfassung über die Bewertung dieser Prüfungsleistung regelmäßig die Frage, wie der Prüfungsausschuss von verschiedenen Einzelbewertungen zu einer gemeinsamen Bewertung gelangen kann. Soweit in der Ausbildungsordnung Angaben zur Gewichtung der Prüfungsleistungen enthalten sind, darf der Prüfungsausschuss davon nicht abweichen. In der Ausbildungsordnung ist regelmäßig jedoch lediglich enthalten, wie sich das Endergebnis durch die jeweiligen Teilergebnisse berechnet. Die Bewertung der Teilergebnisse durch einen Beschluss des Prüfungsausschusses bleibt Sache des Prüfungsausschusses. Eine Regelung in der Musterprüfungsordnung ist hierzu nicht enthalten. Hier findet sich lediglich der Hinweis in § 25 Abs. 1 Satz 2,[30] dass bei der gemeinsamen Feststellung der Ergebnisse die Einzelbewertungen der Prüfungsausschussmitglieder als Grundlage dienen. Grundsätzlich kann dies z.B. dadurch geschehen, dass die Bewertung der Prüfungsleistungen zusammengefasst und über das **arithmetische Mittel** ein endgültiges Bewertungsergebnis errechnet wird. Ebenso zulässig ist jedoch ein **Konsensprinzip**, sodass bei unterschiedlichen Bewertungen die Prüfer versuchen müssen, einen Konsens zu finden. Gelingt dies nicht, sind die Prüfungsleistungen von ihnen erneut zu bewerten. Denkbar ist ferner, dass ein Prüfungsausschussmitglied einen Bewertungsvorschlag unterbreitet und begründet, der von allen diskutiert und abgewogen wird. Auch hier handelt es sich letztlich um ein Konsensverfahren.[31]

22

4. Anwendbarkeit auf andere Prüfungen

§ 42 gilt auch für die berufliche Fortbildung (§ 56 Abs. 1), für die berufliche Umschulung (§ 62 Abs. 3) und für die Prüfung von Zusatzqualifikationen (§ 49 Abs. 2). § 42 gilt nicht für die Ausbildung im Handwerk. Jedoch enthält § 35 a HwO eine inhaltsgleiche Vorschrift.

23

§ 43 Zulassung zur Abschlussprüfung

(1) Zur Abschlussprüfung ist zuzulassen,
1. wer die Ausbildungszeit zurückgelegt hat oder wessen Ausbildungszeit nicht später als zwei Monate nach dem Prüfungstermin endet,
2. wer an vorgeschriebenen Zwischenprüfungen teilgenommen sowie vorgeschriebene schriftliche Ausbildungsnachweise geführt hat und
3. wessen Berufsausbildungsverhältnis in das Verzeichnis der Berufsausbildungsverhältnisse eingetragen oder aus einem Grund nicht eingetragen ist, den

---

29 *Braun/Mühlhausen* BBiG § 34 a.F. Rn. 75.
30 Abgedruckt unter § 47 Rn. 20.
31 Eine Übersicht über die Verfahren zur Bewertung durch den Prüfungsausschuss *Stolpmann/Teufer* Prüfungsrecht für Auszubildende und ihre Prüfer, S. 177.

weder die Auszubildenden noch deren gesetzliche Vertreter oder Vertreterinnen zu vertreten haben.

(2) Zur Abschlussprüfung ist ferner zuzulassen, wer in einer berufsbildenden Schule oder einer sonstigen Berufsbildungseinrichtung ausgebildet worden ist, wenn dieser Bildungsgang der Berufsausbildung in einem anerkannten Ausbildungsberuf entspricht. Ein Bildungsgang entspricht der Berufsausbildung in einem anerkannten Ausbildungsberuf, wenn er

1. nach Inhalt, Anforderung und zeitlichem Umfang der jeweiligen Ausbildungsordnung gleichwertig ist,

2. systematisch, insbesondere im Rahmen einer sachlichen und zeitlichen Gliederung, durchgeführt wird und

3. durch Lernortkooperation einen angemessenen Anteil an fachpraktischer Ausbildung gewährleistet.

Die Landesregierungen werden ermächtigt, im Benehmen mit dem Landesausschuss für Berufsbildung durch Rechtsverordnung zu bestimmen, welche Bildungsgänge die Voraussetzungen der Sätze 1 und 2 erfüllen. Die Ermächtigung kann durch Rechtsverordnung auf oberste Landesbehörden weiter übertragen werden.

(Abs. 2 Sätze 3 und 4 treten am 1.8.2011 außer Kraft)

Inhaltsübersicht Rn.

1.	Allgemeines.	1
2.	Zulassung nach dualer Ausbildung (Abs. 1)	5
2.1	Zurücklegen oder Ablauf der Ausbildungszeit (Abs. 1 Nr. 1)	6
2.1.1	Zurücklegen der Ausbildungszeit (Abs. 1 Nr. 1 erster Halbs.).	7
2.1.2	Ablaufen der Ausbildungszeit nicht später als zwei Monate nach dem Prüfungstermin (Abs. 1 Nr. 1 zweiter Halbs.)	13
2.2	Teilnahme an Zwischenprüfungen/Führen von Berichtsheften (Abs. 1 Nr. 2)	15
2.3	Eintragung in das Verzeichnis der Berufsbildungsverhältnisse (Abs. 1 Nr. 3)	17
3.	Zulassung nach vollzeitschulischer Ausbildung	18
3.1	Ausbildung an einer berufsbildenden Schule oder sonstigen Berufsbildungseinrichtungen	19
3.2	Bildungsgang entspricht einem anerkannten Ausbildungsberuf	21
3.3	Bestimmung der Bildungsgänge durch Verordnung	26
4.	Rechtsmittel gegen die Zulassungsentscheidung	31
5.	Anwendbarkeit auf andere Prüfungen	36

1. Allgemeines

1 Die §§ 43–45 regeln die Zulassung zur Abschlussprüfung. Dabei werden verschiedene Sachverhalte zur Prüfungszulassung unterschieden:

– Prüfungszulassung nach dualer Ausbildung (§ 43 Abs. 1),

– Prüfungszulassung nach vollzeitschulischer Ausbildung (§ 43 Abs. 2),

– gestreckte Abschlussprüfung (§ 44),

– Vorzeitige Zulassung (§ 45 Abs. 1),

– Prüfungszulassung nach einschlägiger Berufserfahrung (§ 45 Abs. 2 Sätze 1, 2),

– Prüfungszulassung wegen anderweitig erlangter beruflicher Handlungsfähigkeit (§ 45 Abs. 2 Satz 3) sowie

– Prüfungszulassung nach Kompetenzerwerb als Soldat (§ 45 Abs. 3).

2 Die Zulassung zu einer Prüfung, mit deren Bestehen der Abschluss in einem anerkannten Ausbildungsberuf erworben wird, berührt das Grundrecht auf **freie**

Berufswahl aus Artikel 12 Abs. 1 GG. Daraus ergibt sich ein »Recht auf Prüfung«,[1] aus dem sich wiederum ein Anspruch auf **Zulassung** zur Prüfung ableiten lässt, wenn der Prüfling die rechtsgültigen **Zulassungsvoraussetzungen** erfüllt.

Die Aufzählung der Voraussetzungen, unter denen zur Prüfung zuzulassen ist, ist **abschließend**. (Dies ergibt sich bereits aus dem Wortlaut »und«, Abs. 1 Nr. 2 a. E.; Absatz 2 Satz 2 Nr. 2 a. E.). Weitere materielle Bedingungen dürfen nicht aufgestellt werden.[2]   **3**

Die Zulassung zur Prüfung erfolgt auf **Antrag** des Prüflings.[3] Obwohl der   **4** Antrag als Voraussetzung für die Zulassung in Abs. 1 nicht genannt wird, ergibt sich die Antragserfordernis aus der Formulierung »zuzulassen«. Nur wer ein Begehren stellt, kann auch zugelassen werden. Die Musterprüfungsordnung (§ 47 Rn. 20) schlägt in § 12 Abs. 1 vor, dass der Antrag schriftlich innerhalb der von der zuständigen Stelle bestimmten Fristen und unter Verwendung der von ihr vorgesehenen Formularen zu stellen ist. Bei der Bestimmung von Fristen muss der Grundsatz der **Verhältnismäßigkeit** beachtet werden.[4] Eine Erschöpfung der Prüfungskapazität ist nur bei kurzfristigen Ausfällen von Prüfern ein Grund, die Zulassung zur Prüfung zur verweigern.[5]

2. Zulassung nach dualer Ausbildung (Abs. 1)

Die in Abs. 1 aufgeführten materiellen Voraussetzungen für die Zulassung zur   **5** Prüfung müssen sämtlich erfüllt sein, damit ein Anspruch auf Zulassung zur Prüfung besteht. Dieser kumulative Charakter ergibt sich aus der Formulierung »und« (Nr. 2 am Ende). Ist eines der Merkmale nicht erfüllt, besteht kein Anspruch auf Zulassung zur Prüfung. Nicht ausdrücklich geregelt ist, dass wer ein Merkmal nicht erfüllt, dennoch im Rahmen einer Ermessensentscheidung der zuständigen Stelle bzw. Prüfungsausschuss zur Prüfung zugelassen werden **kann**. Wegen der Bedeutung der Zulassung für die Berufsfreiheit des Prüflings wird stets zu prüfen sein, ob auch bei Nichtvorliegen einer der Voraussetzungen eine Zulassung zur Prüfung in Betracht kommt. Dies ist insbesondere dann der Fall, wenn der Prüfling nachweisen kann, dass er die berufliche Handlungsfähigkeit erworben hat, die für die Zulassung zur Prüfung gem. § 45 Abs. 2 Satz 3 als Zulassungsvoraussetzung ausreicht. Denn es ist mit Artikel 12 GG nicht zu vereinbaren, dass die Anforderungen für die Prüfungszulassung bei Auszubildenden in dualer Ausbildung strenger sind als für externe Prüflinge. Insofern liegt es im Ermessen der zuständigen Stelle bzw. des Prüfungsausschusses, ob und in wieweit er auch bei Fehlen der Voraussetzungen zur Prüfung zulässt. Bei der Ausübung des Ermessens ist wiederum das Grundrecht der **Berufsfreiheit** zu berücksichtigen.

2.1 Zurücklegen oder Ablauf der Ausbildungszeit (Abs. 1 Nr. 1)

In Abs. 1 Nr. 1 werden zwei Voraussetzungen für die Prüfung normiert, von   **6** denen **eine** erfüllt sein muss.

---

1 *Zimmerling/Brehm,* Prüfungsrecht, Rn. 15.
2 *Leinemann/Taubert* BBiG § 43 Rn. 4.
3 *Zimmerling/Brehm* Prüfungsrecht, Rn. 159.
4 *OVG Bautzen* 06. 03. 1997, 4 S 13597, DÖV 1997, 649.
5 *Zimmerling/Brehm* Prüfungsrecht, Rn. 160 f. m. w. N.

2.1.1 Zurücklegen der Ausbildungszeit (Abs. 1 Nr. 1 erster Halbsatz)

7 Maßgeblich für die »Ausbildungszeit« ist nicht die Ausbildungsdauer nach der Ausbildungsordnung, (§ 5 Abs. 1 Nr. 2) sondern die im Ausbildungsvertrag vereinbarte **Ausbildungsdauer**. Verkürzungen oder Verlängerungen der Ausbildungszeit (§ 8), Anrechnungen (§ 7) oder die Zulassung zur vorzeitigen Prüfung (§ 45 Abs. 1) sind zu berücksichtigen.[6] Als unbestimmter Rechtsbegriff unterliegt der Begriff »Zurücklegen« in vollem Umfang der Überprüfung durch die Verwaltungsgerichte.[7] Da das Gesetz ausdrücklich zwischen Zurücklegen der Ausbildungszeit und ihrem alsbaldigen Ablauf unterscheidet, wird überwiegend angenommen, »Zurücklegen« bedeutet in diesem Fall, dass die Ausbildung bis auf eine Geringfügigkeitsgrenze auch vollständig praktisch und theoretisch absolviert wurde.[8]

8 Die Auffassung wird im Wesentlichen damit begründet, dass nach dem Sinn und Zweck des Abs. 1 Nr. 1 erster Halbsatz die Ausbildungszeit nur dann zurückgelegt ist, wenn der Auszubildende tatsächlich aktiv ausgebildet worden ist. Das Ziel der Berufsausbildung, die berufliche Handlungsfähigkeit in einen geordneten Ausbildungsrang zu vermitteln und den Erwerb der erforderlichen Berufserfahrung zu ermöglichen (§ 1 Abs. 3 Satz 2), werde regelmäßig nur erreicht, wenn eine tatsächlich **aktive** Ausbildung erfolgt sei. Geringfügige Fehlzeiten stünden allerdings einer Zulassung zur Abschlussprüfung nicht entgegen. Dies ergebe sich aus dem Grundsatz der **Verhältnismäßigkeit**, solange die Fehlzeiten den Ausbildungserfolg nicht gefährdeten.[9] Eine starre Grenze für die Fehlzeiten ließe sich nicht festlegen. Auch zahlenmäßig geringe Fehlzeiten könnten den Ausbildungserfolg gefährden, wenn sie wesentliche Ausbildungsabschnitte betreffen; zahlenmäßig hohe Fehlzeiten könnten noch als geringfügig angesehen werden, wenn sie etwa auf den letzten Ausbildungsabschnitt entfallen und die erforderliche Berufserfahrung bereits in den vorhergehenden Ausbildungsabschnitten erlangt worden sei.

9 Der Auffassung ist **nicht** zu folgen. Die zweite Alternative des Abs. 1 Nr. 1 soll eine Zulassung ermöglichen, wenn zum vertragsmäßigen Ablauf des Ausbildungsverhältnisses noch bis zu zwei Monate fehlen. Darauf soll sich der Auszubildende einstellen können. Demgegenüber beschreibt »Zurücklegen«, dass die Ausbildungszeit bereits vollständig abgelaufen ist. Denn auch in diesem Fall einer Prüfung nach Vertragsende ist der Prüfling gem. § 45 Abs. 1 zur Prüfung zuzulassen.[10] »Zurücklegen« hat also lediglich eine rein **zeitliche** Komponente, nicht auch eine inhaltlich-qualitative. Falls längere Fehlzeiten zu einer Verfehlung des Ausbildungsziels führen, so kann nach § 8 Abs. 2 in Ausnahmefällen die zuständige Stelle auf Antrag des Auszubildenden die Ausbildungszeit verlängern, wenn die Verlängerung erforderlich ist, um das Ausbildungsziel zu erreichen. Dies ist aber nur auf Antrag des Auszubildenden möglich. Macht er von diesem Antragsrecht kein Gebrauch, so ist es sein Risiko, wenn er sich der Prüfung stellt und möglicherweise scheitert. Die zuständige Stelle bzw. der

---

6 *VG Stuttgart* 14.11.1984, 10 K 4658/94, EzB § 39 BBiG 1969 Nr. 17.

7 *VG Stuttgart* 14.11.1994, 10 K 4658/94, LexisNexis, LNR 1994, 17567.

8 OVG NRW 5.12.2007, 19 B 1523/07, Lexis Nexis, LNR 2007, 45834; *Leinemann/Taubert* BBiG § 43, Rn. 10 m.w.N.

9 *OVG NRW* 5.12.2007, 19 B 1523/07, Lexis Nexis, LNR 2007, 45834.

10 Vgl. die Fallkonstellation in der Entscheidung des *BAG* 13.3.2007, 9 AZR 494/06, juris.

Prüfungsausschuss kann aber nicht gegen den Willen des Auszubildenden ihm dieses Risiko abnehmen und indirekt durch die Nichtzulassung zur Abschlussprüfung zu erreichen suchen, dass er einen Verlängerungsantrag stellt.

Dass es auf den Umfang der tatsächlich geleisteten Ausbildung nicht ankommt, **10** ergibt sich auch vor dem Hintergrund der Möglichkeit einer Teilzeitausbildung gem. § 8 Abs. 1 Satz 2. Bei einer Teilzeitausbildung wird in erheblich geringerem Maße praktisch und theoretisch ausgebildet. Es ist jedoch nicht einzusehen, dass zur Prüfung zuzulassen ist, wer täglich sechs statt acht Stunden ausgebildet wird, demjenigen die Zulassung zur Prüfung jedoch zu verweigern, der 15 Prozent der Ausbildungszeit versäumt hat.[11] Damit könnten Absolventen dualer Studiengänge, die neben ihrer dualen Berufsausbildung auch noch ein Studium absolviert haben, nicht mangels berufspraktischer Ausbildung nicht mehr zur Prüfung zugelassen werden. Letztlich hieße ein Bestehen auf tatsächlich abgeleisteter Ausbildungszeit auch, die Überprüfung durch die zuständige Stelle bzw. den Prüfungsausschuss, ob denn während der Ausbildungszeit tatsächlich im Sinne der Ausbildungsordnung ausgebildet wurde. Zeiten mit ausbildungsfremden Tätigkeiten müssten unberücksichtigt bleiben und zur **Verweigerung** der Prüfungszulassung führen. Ausbildungsfremde Tätigkeiten bedeuten nämlich gerade nicht, dass die Berufsausbildung tatsächlich systematisch durchgeführt wurde, wie dies die überwiegende Rechtsprechung[12] verlangt.

Da es nicht auf das tatsächliche Absolvieren der Ausbildung ankommt, sind **11** **Mutterschutzfristen** unbeachtlich. Soweit eine Auszubildende den Eindruck hat, sie könne wegen Ausbildungsversäumnisse während des Mutterschutzes die Prüfung nicht bestehen, kann sie einen Verlängerungsantrag nach § 8 Abs. 2 stellen.

Auszubildende in Elternzeit können hingegen nicht verlangen, dass sie nach **12** dem ursprünglichen Ablauf des Ausbildungsvertrags zur Prüfung zugelassen werden. Denn Elternzeit ist gem. § 20 Abs. 1 Satz 2 BEEG ausdrücklich nicht Ausbildungszeit. Die vertraglichen Ausbildungszeiten müssen gem. § 43 Abs. 1 Nr. 1 jedoch zurückgelegt werden. Der Ausbildungsvertrag von Auszubildenden in Elternzeit verlängert sich gem. § 20 Abs. 1 Satz 2 BEEG automatisch. Die Auszubildenden können nach Ablauf dieser verlängerten Ausbildungszeit ihre Prüfungszulassung beanspruchen. Dass der Gesetzgeber für den Fall der Elternzeit ausdrücklich eine Regelung geschaffen hat, dass diese nicht auf die Ausbildungszeit angerechnet wird, in allen anderen Fällen der Ausbildungsverhinderung (Arbeitsunfähigkeit, Mutterschutz u.a.) jedoch nicht, spricht ebenfalls dafür, dass es allein auf das Ablaufen der Ausbildungszeit und nicht auf eine tatsächliche systematische Berufsausbildung ankommt. Für Prüflinge, die während ihrer Ausbildungszeit Elternzeit hatten, kommt jedoch immer noch eine **vorzeitige** Zulassung zur Prüfung gem. § 45 Abs. 1 in Betracht.

2.1.2 Ablaufen der Ausbildungszeit nicht später als zwei Monate nach dem Prüfungstermin (Abs. 1 Nr. 1 zweiter Halbsatz)

Außer nach Ablauf der Ausbildungszeit kann zur Abschlussprüfung auch zu- **13** gelassen werden, wessen Ausbildungszeit nicht später als zwei Monate nach dem Prüfungstermin endet.

---

11 *OVG NRW* 5.12.2007, 19 B 1523/07, LexisNexis, LNR 2007, 45834.
12 *OVG NRW* 5.12.2007, 19 B 1523/07, LexisNexis, LNR 2007, 45834; *OVG Hamburg* 3.12.1991, Bf VI 113/90 EzB § 40 Abs. 1 BBiG Nr. 32.

14 Da die Prüfung in der Regel nicht an einem einzigen Tag absolviert wird, stellt sich die Frage, wie der Prüfungstermin zu bestimmen ist. Nach allgemeiner Auffassung ist nicht der erste Tag der Prüfung, sondern der letzte Prüfungstag maßgeblich.[13] Der Prüfling hat keinen Anspruch darauf, an einem bestimmten Tag geprüft zu werden, um so noch vor Absolvieren der gesamten Ausbildungszeit seine Prüfung beenden zu können.[14] Die zuständige Stelle hat die Prüfungstermine aber nach **pflichtgemäßen Ermessen** zu bestimmen. Das Abstellen auf den letzten Prüfungstag bringt insofern praktische Probleme mit sich, als die genauen individuellen Prüfungstermine zum Zeitpunkt der Entscheidung über die Zulassung noch nicht festgelegt sind.[15] Stellt sich im Nachhinein heraus, dass ein Prüfling zur Abschlussprüfung zugelassen wurde, obwohl er weder die gesamte Ausbildungszeit zurückgelegt hat, noch der letzte Prüfungstag zwei Monate vor Ablauf seiner Prüfungszeit lag, so beeinträchtigt dieser Verstoß die Rechtmäßigkeit des Prüfungsverfahrens nur unwesentlich. Die erbrachten Prüfungsleistungen sind anzuerkennen.[16]

2.2 Teilnahme an Zwischenprüfungen/Führen von Berichtsheften (Abs. 1 Nr. 2)

15 Weitere Zulassungsvoraussetzung ist die Teilnahme an vorgeschriebenen **Zwischenprüfungen**. Nicht maßgeblich ist, ob die Zwischenprüfung auch bestanden wurde. Nicht ausreichend soll sein, wenn der Auszubildende bei der Zwischenprüfung nur körperlich anwesend ist.[17] Vorgeschrieben im Sinne von Nr. 2 erster Halbsatz sind Zwischenprüfungen, wenn eine verbindliche Anordnung besteht.
Nach § 5 Abs. 2 Satz 1 Nr. 7 kann die Ausbildungsordnung vorsehen, dass Auszubildende einen **schriftlichen Ausbildungsnachweis** zu führen haben. Die Ausbildungsnachweise müssen von den Ausbildenden gem. § 14 Abs. 1 Nr. 4 durchgesehen werden.

16 Gem. § 5 Abs. 2 Satz 1 Nr. 7 liegt die Zuständigkeit für die Anordnung von Ausbildungsnachweisen beim **Verordnungsgeber**. Enthält die Verordnung keine Regelung zu den Ausbildungsnachweisen, kann eine Anordnung durch die zuständige Stelle oder den Berufsbildungsausschuss der zuständigen Stelle nicht erfolgen. § 79 Abs. 4 erfordert eine gesetzliche Ermächtigung für den Beschluss einer Rechtsvorschrift durch den Berufsbildungsausschuss. § 9 weist der zuständigen Stelle lediglich eine Kompetenz zu, soweit Vorschriften nicht bestehen. Regelt eine Ausbildungsordnung die schriftlichen Nachweise nicht, kann jedoch nicht von einer versehentlichen Nichtregelung ausgegangen werden. Es ist dann vielmehr davon auszugehen, dass es sich um ein bewusstes Weglassen dieses Erfordernisses handelt. Eine solche Regelung durch die zuständige Stelle hätte zur Folge, dass sie damit eine eigene **Zulassungsvoraussetzung** schaffen würde. Die Zulassungsvoraussetzungen sind jedoch in § 43

---

13 *Braun/Mühlhausen* BBiG § 39 a. F., Rn. 11; *Leinemann/Taubert* BBiG § 43 Rn. 14; *VG Aachen* 24.1.1990, EzB-VjA § 39 BBiG 1969 Nr. 15.
14 *OVG Hamburg* 8.12.1972, OVG Bf I 46/72, EzB, § 37 BBiG 1969 Nr. 1.
15 »noch nicht festlegbar«: *Braun/Mühlhausen* BBiG § 39 a. F. Rn. 11.
16 *VGH Baden-Württemberg* 13.10.1976, VI 819/76, EzB § 35 BBiG 1969 Nr. 7.
17 *Leinemann/Taubert* BBiG § 43 Rn. 21; *Braun/Mühlhausen* BBiG § 39 Rn. 14.

Malottke

Abs. 1 abschließend genannt.[18] Vorgeschriebene Berichtshefte sind nur dann im Sinne der Vorschrift geführt, wenn durch **regelmäßige** Eintragungen in nachvollziehbarer Weise der Ablauf der Ausbildung verfolgt werden kann.[19] Offen bleiben kann, wie die Berichtshefte / Ausbildungsnachweise geführt werden sollen. Dies kann der Berufsbildungsausschuss näher festlegen.[20] Der Bundesausschuss für Berufsbildung hat hierzu eine Empfehlung ausgesprochen.[21] Zu berücksichtigen ist dabei, dass die Anforderungen an das Führen des Berichtsheftes nicht zu hoch geschraubt werden sollten.[22]

2.3 Eintragung in das Verzeichnis der Berufsausbildungsverhältnisse (Abs. 1 Nr. 3)

Nach Abs. 1 Nr. 3 können Auszubildende nur dann zur Prüfung zugelassen **17** werden, wenn ihr Ausbildungsverhältnis in das Verzeichnis der Berufsausbildungsverhältnisse bei der zuständigen Stelle eingetragen wurde oder aus einem Grund nicht eingetragen wurde, den weder die Auszubildenden noch deren gesetzliche Vertreter oder Vertreterinnen zu vertreten haben. Mit dieser Regelung wird berücksichtigt, dass grundsätzlich Ausbildende die Pflicht haben, die Eintragung des Ausbildungsverhältnisses in das Verzeichnis zu beantragen (§ 36 Abs. 1 Satz 1). Stellt der Ausbildende den Antrag auf Eintragung nicht, soll dies bei der Zulassung zur Abschlussprüfung nicht dem Prüfling zum Nachteil gereichen. Die Zulassung zur Abschlussprüfung kann daher nur dann verweigert werden, wenn das Verschulden für die Nichteintragung auf Seiten des **Prüflings** liegt. Eine solche Konstellation kann nur dann vorliegen, wenn die ärztliche Bescheinigung über die Erstuntersuchung bei jugendlichen Auszubildenden nicht vorgelegt wird oder die ärztliche Bescheinigung über die erste Nachuntersuchung nicht spätestens am Tag der Anmeldung zur Zwischenprüfung oder zum ersten Teil der Abschlussprüfung vorgelegt und auch nicht nachgereicht wird (§ 35). Alle anderen Gründe, weswegen der Ausbildungsvertrag nicht in das Verzeichnis eingetragen wird oder eingetragenes Ausbildungsverhältnis wieder gelöscht wird, liegen stets in der Verantwortung des Ausbildenden, so die fehlende Eignung von Ausbildungsstätte oder Ausbildenden, § 35 Abs. 1 Nr. 2, der fehlende Antrag auf Eintragung, § 36 Abs. 1 oder ein Ausbildungsvertrag, der nicht dem Gesetz und der Ausbildungsordnung entspricht, § 35 Abs. 1 Nr. 1. Ist das Berufsausbildungsverhältnis nicht eingetragen worden, kann die Eintragung noch im **Zulassungsverfahren** nachgeholt werden.[23] Wurde zur Prüfung zugelassen, dessen Berufsausbildungsverhältnis nicht eingetragen wurde, ist dieser Verstoß gegen die Zulassungsvoraussetzungen nicht so wesentlich, dass dem Prüfling die Anerkennung der erbrachten Prüfungsleistungen deswegen zu versagen ist.

---

18 *Braun/Mühlhausen* BBiG § 39 Rn. 13.
19 *Braun/Mühlhausen* BBiG § 39 Rn. 15.
20 *Leinemann/Taubert* BBiG § 43 Rn. 26.
21 Empfehlung des Bundesausschusses für Berufsbildung vom 24.08.1971 über das »Führen von Berichtsheften in Form von Ausbildungsnachweisen«. Beschluss Nr. 3 unter: http://www.bibb.de/de/32327.htm.
22 *Braun/Mühlhausen* BBiG § 39 Rn. 15.
23 *Leinemann/Taubert* BBiG § 43 Rn. 31.

3. Zulassung nach vollzeitschulischer Ausbildung

18   Nach Abs. 2 ist zur Abschlussprüfung auch zu zulassen, wer in einer berufsbildenden Schule oder in einer sonstigen Berufsbildungseinrichtung ausgebildet
worden ist. Dieser Ausbildungsgang muss der Berufsausbildung in einem
anerkannten Ausbildungsberuf entsprechen. Wann dies der Fall ist, definiert
Abs. 2 Satz 2 durch drei Kriterien. Befristet bis zum 01.08.2011 werden die
Länder durch die Absätze 3 und 4 ermächtigt, zu bestimmen welche Bildungsgänge die Kriterien erfüllen, wobei sie diese Kompetenz auf ihre obersten
Landesbehörden übertragen können.

3.1 Ausbildung an einer berufsbildenden Schule oder sonstigen Berufsbildungseinrichtungen

19   Berufsbildende Schulen sind Orte der Berufsbildung gem. § 2 Abs. 1 Nr. 2. Sonstige Berufsbildungseinrichtungen können ebenfalls Lernorte der Berufsbildung
sein, § 2 Abs. 1 Nr. 3. Zur Definition der berufsbildenden Schule siehe § 2 Rn. 8,
zur Definition der sonstigen Berufsbildungseinrichtung siehe § 2 Rn. 11.

20   Absatz 2 Satz 1 gibt demjenigen einen Anspruch auf Zulassung zur Prüfung, der
einen mit der Berufsausbildung vergleichbaren Bildungsgang an einer berufsbildenden Schule oder in einer sonstigen Berufsbildungseinrichtung absolviert
hat. Die Bestimmung verschafft Bewerbern einen Anspruch auf Zulassung,
wobei der zuständigen Stelle ein Beurteilungsspielraum bei der Frage verbleibt,
ob die Ausbildung in der berufsbildenden Schule / sonstigen Berufsbildungseinrichtung einem **anerkannten Ausbildungsgang** entspricht. Ausgenommen
sollen Schulen sein, deren Besuch nach § 7 Abs. 1 auf die Ausbildungszeit
anzurechnen ist.[24] Zwingend ist dies indessen nicht. Allerdings schließen sich
die Anerkennung nach § 43 Abs. 2 und die Anrechnung nach § 7 Abs. 1 aus.
Für die sonstigen Berufsbildungseinrichtungen kommen zum Beispiel in Betracht:

– Berufliche Rehabilitationseinrichtungen (Berufsbildungs- und Berufsförde-
  rungswerke);
– Einrichtungen des Strafvollzugs;
– Einrichtungen der Jugendsozialhilfe;
– Einrichtungen der Bundeswehr oder der Bundespolizei und
– außerbetriebliche Ausbildungsstätten.

Die Rechtsform des Trägers der Einrichtung ist für Abs. 2 ohne Bedeutung.[25]

3.2 Bildungsgang entspricht einem anerkannten Ausbildungsberuf

21   Absatz 2 Satz 2 definiert, wann ein Bildungsgang der Berufsausbildung in einem
anerkannten Ausbildungsberuf entspricht. Es handelt sich um eine abschließende Definition. Weitere Voraussetzungen dürfen an den Bildungsgang nicht gestellt werden. Dies wäre weder mit dem Wortlaut des Absatzes 2, noch mit der
Systematik, noch mit dem grundgesetzlich geschützten Zulassungsanspruch des
Bewerbers zu vereinbaren.

---

24 *Leinemann/Taubert* BBiG § 43 Rn. 37.
25 *Eule*, Betriebsberater 1990, 1337.

Dass die in Abs. 2 Satz 1 genannten Bildungsgänge mit den praktischen Aus- **22** bildungen in den Betrieben und der theoretischen Ausbildung in der Berufsschule nicht identisch sind, ergibt sich bereits daraus, dass auch vollzeitschulische Bildungsgänge vom Gesetzgeber akzeptiert werden. Die Qualifikation, die erworben wird, **muss** der Qualifikation in einem anerkannten Ausbildungsberuf entsprechen, auch wenn sie nicht auf dem herkömmlichen Ausbildungsweg erworben wurde.[26] Umfang, Inhalt und Schwierigkeitsgrad der schulischen Ausbildung müssen systematisch vermittelt und der Berufsausbildung **gleichwertig** sein.[27]

Die in Abs. 2 Satz 2 aufgezählten Kriterien, wann ein Bildungsgang der Berufs- **23** ausbildung in einem anerkannten Ausbildungsberuf entspricht, können durch Beschluss des Berufsbildungsausschusses konkretisiert werden, soweit eine Verordnung gem. der Sätze 3 und 4 nicht vorliegt. Das Kuratorium der deutschen Wirtschaft für Berufsbildung hat am 01.07.2005 einen Kriterienkatalog für vollzeitschulische Ausbildungsgänge mit Zulassungsrecht zur Kammerprüfung beschlossen.[28] Der DIHT hat im Dezember 1986 zur Vorgängerregelung in § 40 Abs. 3 BBiG 1969 Kriterien für die Zulassung zur Abschlussprüfung erarbeitet.[29] Beide Kriterienkataloge sind **nicht verbindlich**. Sie können der zuständigen Stelle als Leitlinie für die Ausübung ihres Beurteilungsspielraums dienen und ihr Verwaltungshandeln vereinheitlichen.

Der Bildungsgang muss nach Inhalt, Anforderung und zeitlichem Umfang der **24** jeweiligen Ausbildungsordnung gleichwertig sein. Es dürfen also weder bei den Bildungsgängen an den berufsbildenden Schulen noch in den sonstigen Berufsbildungseinrichtungen Inhalte weggelassen werden. Die Anforderungen dürfen nicht angesenkt werden. Es darf auch nicht – mit der Begründung geringerer praktischer Ausbildung oder nachzuholender berufspraktischer Tätigkeit – der Bildungsgang verkürzt oder verlängert werden, wenn dadurch die Gleichwertigkeit mit dem anerkannten Ausbildungsberuf gefährdet ist.

Der Bildungsgang muss **systematisch**, insbesondere im Rahmen einer sachli- **25** chen und zeitlichen Gliederung durchgeführt werden. Die sachliche und zeitliche Gliederung entspricht insoweit dem Ausbildungsplan gem. § 11 Abs. 1 Satz 2 Nr. 1. Damit soll vermieden werden, dass die Ausbildung ohne Plan erfolgt und von Zufälligkeiten abhängig ist. Erfolgt die Ausbildung nicht systematisch, kann sie der Ausbildung nach einem anerkannten Ausbildungsberufsbild mit seiner zeitlichen und inhaltlichen Strukturierung nicht entsprechen.[30] Der Bildungsgang braucht zudem einen angemessenen Anteil an fachpraktischer Ausbildung. Dies ist durch Lernortkooperation zu gewährleisten. Mit dieser Vorschrift soll vermieden werden, dass zur Prüfung zugelassen wird, wer lediglich theoretische Kenntnisse des Berufs besitzt. Da gerade die berufsbildenden Schulen berufspraktischer Erfahrungen nicht werden bieten können, muss der Mangel durch Lernortkooperationen ausgeglichen werden.[31]

---

26 *VG Münster* 18.8.1978, 1 K 1268/77, EzB BBiG 1969 § 40 Abs. 3 Nr. 2.

27 *VGH Baden-Württemberg* 30.5.1979, IX 3213/77, EzB BBiG 1969 § 40 Abs. 3 Nr. 3; *Benecke/Hergenröder* BBiG § 43 Rn. 20.

28 Abgedruckt bei *Leinemann/Taubert* BBiG § 43 Anhang.

29 Abgedruckt bei *Braun/Mühlhausen* BBiG Anhang Nr. 34.

30 *VG Ansbach*, 25.04.1986, EzB/EzB-VjA § 40 Abs. 3 BBiG 1969 Nr. 6; *Eule*, Betriebsberater 1990, 1337.

31 *Leinemann/Taubert* BBiG § 43 Rn. 46.

3.3 Bestimmung der Bildungsgänge durch Verordnung

26   Nach Absatz 2 Sätze 3 und 4 können die Landesregierungen durch Rechtsverordnung bestimmen, welche Bildungsgänge dir Voraussetzungen der Sätze 1 und 2 erfüllen.

27   Satz 2 der Vorgängerregelung in § 40 Abs. 3 BBiG 1969 enthielt bereits eine Ermächtigung für das Bundesministerium für Wirtschaft und Arbeit, durch Rechtsverordnung zu bestimmen, welche Schulen und Einrichtungen dem BBiG entsprechende Bildungsgänge anbieten. Von dieser Verordnungsermächtigung wurde kein Gebrauch gemacht. Der Gesetzgeber hat die Verordnungsermächtigung nunmehr auf die Landesregierungen übertragen. Damit sollten die Länder die Chance erhalten, durch vollzeitschulische Ausbildungsgänge **arbeitsmarktverwertbare** Qualifizierungen auf hohem Niveau anzubieten und einer Abschlussprüfung nach dem Berufsbildungsgesetz zuzuführen. Durch die Übertragung auf die Länder sollten die regionalen Ausbildungsmarktsituationen und der Fachkräftebedarf für die regionale Wirtschaft besser berücksichtigt werden. Die Verordnungsermächtigung sollte außerdem die Verweilzeiten im Bildungssystem abkürzen, indem Absolventen von Bildungsgängen nicht auf spätere Ausbildungsberufe in Betrieben verwiesen werden müssen sondern eine Anerkennung für den Bildungsgang an der berufsbildenden Schule erhalten.[32] Die Geltungsdauer der Sätze 3 und 4 des Absatzes 2 treten am 01.08.2011 außer Kraft. Nach dem Willen des Gesetzgebers soll die **gesamte** externe Prüfung und damit auch die Regelung in § 43 Abs. 2 evaluiert werden.[33] Das Forschungsprojekt »*Anerkennung beruflicher Kompetenzen am Beispiel der Zulassung zur Abschlussprüfung im Rahmen der Externenregelung*« wird vom Jahr 2009 bis zum 2. Quartal 2011 beim Bundesinstitut für Berufsbildung durchgeführt. Regelt eine Verordnung eines Landes die Entsprechung eines Bildungsgangs mit der Ausbildung in einem anerkannten Ausbildungsberuf, haben die Absolventen dieses Bildungsgangs einen **Prüfungszulassungsanspruch** nach dem Willen des Gesetzgebers auch bei den Kammern, die im Zuständigkeitsbereich anderer Länder liegen.[34] Woraus sich dieser Prüfungszulassungsanspruch ergeben soll, ist indessen nicht klar. Zwar kann die Anerkennung durch eine Verordnung ein Indiz dafür sein, dass der Bildungsgang einem anerkannten Ausbildungsberuf entspricht. Ein Prüfungszulassungsanspruch ohne weiteren Beurteilungsspielraum durch die zuständige Stelle ergibt sich hieraus jedoch nicht. Der Gesetzgeber hat ja gerade auf eine bundeseinheitliche Anerkennung oder sonstige Regelung verzichtet. Soweit Absprachen zwischen den Ländern über die Verordnungen nicht existieren, verbleibt es also beim Beurteilungsspielraum der zuständigen Stelle.[35] Bis zum Juli 2010 haben von der Verordnungsermächtigung lediglich drei Bundesländer Gebrauch gemacht: Bayern, Nordrhein-Westfalen und Thüringen. Dabei wurde in Bayern durch die »Verordnung zur Umsetzung des Berufsbildungsgesetzes und der Handwerksordnung« vom 24. Juli 2007[36] die bestehende Rechtslage fortgeschrieben. Es wurden 10 Ausbildungsgänge ausgewählt, für die es bereits vor der BBiG-Novelle die Möglichkeit der Zulassung zur Kammerprüfung gab.

---

32 Regierungsentwurf BT-Drucks. 15/3980, S. 128.
33 Regierungsentwurf BT-Drucks. 15/3980, S. 129.
34 Regierungsentwurf BT-Drucks. 15/3980, S. 129.
35 *Leinemann/Taubert* BBiG § 43 Rn. 52.
36 GVBl. S. 579.

In Nordrhein-Westfalen wurde durch die Berufskolleganrechnungs- und Zulassungsverordnung (BKAZVO)[37] bestimmt, welche **Kriterien** Bildungsgänge erfüllen müssen, um einem anerkannten Ausbildungsberuf gleichwertig zu sein. Außerdem existierte zu diesem Zeitpunkt eine Regelung im Land Thüringen. Die übrigen Länder haben von der Verordnungsermächtigung keinen Gebrauch gemacht und sich zum Teil entsprechend bisheriger Praxis anderer Instrumente bedient, um Bildungsleistungen der vollzeitschulischen Berufsbildung für eine Kammerprüfung zugänglich zu machen, z. B. die sog. Externenzulassung nach § 45 Abs. 2 BBiG (z. B. Sachsen und Schleswig-Holstein) oder unmittelbare Vereinbarungen zwischen Bildungsträgern und Kammern (z. B. in Niedersachsen, Schleswig-Holstein, Sachsen und Rheinland-Pfalz).[38] **28**

Die Landesregierungen können ihre Verordnungskompetenz durch Rechtsverordnung auf oberste Landesbehörden weiter übertragen, Abs. 2 Satz 4. **29**

Für ihre Rechtswirksamkeit muss die Rechtsverordnung »im Benehmen mit dem Landesausschuss für Berufsbildung« erlassen werden. »Im Benehmen« bedeutet, dass der Landesbildungsausschuss (§§ 82 f.) vor Erlass der Verordnung anzuhören ist. Dem Landesausschuss steht ein **Erörterungsrecht** mit der Landesregierung bzw. der obersten Landesbehörde zu. Ein Einvernehmen über die Verordnung ist jedoch nicht herzustellen, dieses Erfordernis ergibt sich aus dem Wortlaut des Gesetzes nicht.[39] Die Verordnung muss sich zudem im Rahmen der **gesetzlichen Ermächtigung** halten. Das bedeutet, dass lediglich eine Bestimmung erfolgen kann, welche Bildungsgänge die Voraussetzungen des Abs. 2 Sätze 1 und 2 erfüllen. Dies kann (wie in Bayern) durch die Benennung konkreter Bildungsgänge erfolgen. Alternativ können (wie z. B. in Nordrhein-Westfalen) allgemeine Kriterien aufgestellt werden. **30**

4. Rechtsmittel gegen die Zulassungsentscheidung

Die Zulassungsentscheidung ist ein Verwaltungsakt, der nach Durchführung des Vorverfahrens **verwaltungsgerichtlich** überprüft werden kann. **31**

Der Widerspruch ist gegen die zuständige Stelle zu richten, die auch den Widerspruchsbescheid erlässt. Die zuständige Stelle ist auch **Anfechtungsgegner**. **32**

Anfechtungsberechtigt ist jeder, der durch die Entscheidung in eigenen Rechten verletzt sein kann. Eine Verletzung in eigenen Rechten kommt sowohl bei den Auszubildenden als auch beim Ausbildenden in Betracht, dessen Ausbildungsverhältnis sich ggf. verlängert oder der mit Schadenersatzforderungen rechnen muss, wenn die Nichtzulassung mit seinen Versäumnissen begründet wird. **33**

Richtige Klageart ist die **Verpflichtungsklage**. In Betracht kommt auch ein Antrag auf Erlass einer einstweiligen Anordnung nach § 123 VwGO. Durch eine entsprechende einstweilige Anordnung kann der abgelehnte Prüfungsbewerber ohne endgültige Entscheidung über die Zulassung das Recht erstreiten, die Prüfungsleistung erbringen zu dürfen.[40] Hierfür verlangen die Gerichte die Glaubhaftmachung des Anordnungsanspruchs auf Zulassung zur Prüfung. **34**

---

37 Vom 16. Mai 2006, GV. NRW. S. 217, in Kraft getreten am 01.08.2006.
38 Antwort der Bundesregierung auf die kleine Anfrage der Abgeordneten Willi Brase u. a., BT-Drucks. 17/735.
39 *Leinemann/Taubert* BBiG § 43 Rn. 53.
40 OVG Münster 27.11.1974, XV B 194/74, EzB § 40 Abs. 1 BBiG 1969 Nr. 3; OVG Lüneburg 07.07.1983, 8 OVG B 8/83, EzB § 95 Nr. 1.

An das Maß der Glaubhaftmachung sind keine hohen Anforderungen zu stellen, da sich die Zulassung zur Prüfung ausschließlich auf das Prüfungsrechtsverhältnis auswirkt und dem zu Folge eine rechtliche und faktische Vorwegnahme der **Hauptsache** nicht in Betracht kommt. Zudem bleibt noch die Bestätigung im Hauptsachenverfahren als Kontrolle.[41] Ein Anordnungsgrund liegt vor, wenn dem Antragsteller unter Berücksichtigung seiner Interessen sowie der öffentlichen Interessen und der Interessen anderer Personen wie dem Ausbildenden nicht zu zumuten ist, die Hauptsachenentscheidung abzuwarten. Das ist jedenfalls dann zu bejahen, wenn anderenfalls eine erhebliche Ausbildungsverzögerung eintreten würde. Dabei ist zu berücksichtigen, dass das verwaltungsgerichtliche Verfahren regelmäßig erst nach mehreren Jahren abgeschlossen ist. Die abgeschlossene Prüfungsvorbereitung verliert bis zu diesem Zeitpunkt fast völlig ihren Wert und der Antragsteller müsste die prüfungsrelevanten Fähigkeiten und Kenntnisse über Jahre hinweg auf dem aktuellen Stand halten, was besonders im praktischen Bereich ohne Ausbildungsverhältnis Probleme bereiten dürfte.[42]

35 Die Frage, ob der Bildungsgang einem anerkannten Ausbildungsberuf entspricht, ist in vollem Umfang gerichtlich überprüfbar. Ein Ermessensspielraum der zuständigen Stelle besteht nicht.

5. Anwendbarkeit auf andere Prüfungen

36 Die Vorschrift gilt nicht im Handwerk. Die Zulassung zur Gesellenprüfung ist in § 36 Handwerksordnung geregelt. Behinderte Menschen sind zur Abschlussprüfung auch zu zulassen, wenn die Voraussetzungen des § 43 Abs. 1 Nr. 2 und 3 nicht vorliegen, § 65 Abs. 2 Satz 2.

§ 44 Zulassung zur Abschlussprüfung bei zeitlich auseinander fallenden Teilen

(1) Sofern die Abschlussprüfung in zwei zeitlich auseinander fallenden Teilen durchgeführt wird, ist über die Zulassung jeweils gesondert zu entscheiden.
(2) Zum ersten Teil der Abschlussprüfung ist zuzulassen, wer die in der Ausbildungsordnung vorgeschriebene, erforderliche Ausbildungszeit zurückgelegt hat und die Voraussetzungen des § 43 Abs. 1 Nr. 2 und 3 erfüllt.
(3) Zum zweiten Teil der Abschlussprüfung ist zuzulassen, wer über die Voraussetzungen in § 43 Abs. 1 hinaus am ersten Teil der Abschlussprüfung teilgenommen hat. Dies gilt nicht, wenn Auszubildende aus Gründen, die sie nicht zu vertreten haben, am ersten Teil der Abschlussprüfung nicht teilgenommen haben. In diesem Fall ist der erste Teil der Abschlussprüfung zusammen mit dem zweiten Teil abzulegen.

Inhaltsübersicht   Rn.

1. Allgemeines 1
2. Zeitlich auseinanderfallende Prüfungsteile (Abs. 1) 2
3. Zulassung zum ersten Teil der Abschlussprüfung (Abs. 2) 3

---

41 *Zimmerling/Brehm* Der Prüfungsprozess, Rn. 339.
42 *Braun/Mühlhausen* BBiG § 39 a. F. Rn. 34, m. w. N.

4.	Zulassung zum zweiten Teil der Abschlussprüfung (Abs. 3)	6
5.	Anwendbarkeit auf andere Prüfungen	9

1. Allgemeines

§ 44 wurde durch das Berufsbildungsreformgesetz im Jahr 2005 neu eingefügt. **1** Er regelt die Zulassung zur Abschlussprüfung bei zeitlich auseinanderfallenden Teilen. Eine solche Regelung war nötig, nachdem in § 5 Abs. 2 Nr. 2 aufgenommen wurde, dass Ausbildungsordnungen vorsehen können, dass die Abschlussprüfung in zwei zeitlich **auseinanderfallenden** Teilen durchgeführt wird. Die allgemeinen Voraussetzungen zur Prüfungszulassung sind in § 43 geregelt. § 44 enthält über § 43 hinaus gehende Sonderregelungen der Zulassung für den Fall, dass die Abschlussprüfung in gestreckter Form durchgeführt wird. Dabei zerfällt die Abschlussprüfung in zwei Teile.

2. Zeitlich auseinanderfallende Prüfungsteile (Abs. 1)

Beide Teile der gestreckten Abschlussprüfung nach einer Ausbildungsordnung **2** sind Teile der Abschlussprüfung. Gemäß Absatz 1 müssen für jeden Teil der Abschlussprüfung die Zulassungsvoraussetzungen vorliegen. Über die Zulassung der Prüflinge wird für jeden Teil der Abschlussprüfung **getrennt** entschieden. Die **Voraussetzungen** für die Prüfungszulassung, die in den Absätzen 2 und 3 sowie in § 43 konkretisiert sind, müssen bei Zulassung zu jedem Prüfungsteil vorliegen. Die Zulassungsentscheidung für jeden der beiden Prüfungsteile ist isoliert anfechtbar. Fraglich ist jedoch, ob bei einer Nichtzulassung zum 1. Prüfungsteil ein Verfahren gem. § 123 VwGO durchgeführt werden kann oder ob dies nicht ein Fall des Absatzes 3 ist, so dass der Verfügungsgrund wegen der Möglichkeit, die Prüfung regulär aber später zu absolvieren, entfällt.

3. Zulassung zum ersten Teil der Abschlussprüfung (Abs. 2)

Sieht die Ausbildung gem. § 5 Abs. 2 Nr. 2 vor, dass die Abschlussprüfung in **3** zwei zeitlich auseinanderfallenden Teilen durchgeführt wird, sind die Prüfungsanforderungen für die einzelnen Prüfungsteile gem. § 5 Abs. 1 Nr. 5 ebenfalls festzulegen. Insbesondere ist festzulegen, nach welcher Ausbildungszeit der erste Teil der Abschlussprüfung erfolgen soll. Absatz 2 stellt darauf ab, dass die nach der Ausbildungsordnung »vorgeschriebene, erforderliche« Ausbildungszeit zurückgelegt wurde. Eine Anrechnung von Vorbildungszeiten bleibt unberücksichtigt, soweit dies in der Ausbildungsordnung nicht vorgesehen ist. Nicht maßgeblich ist die individuelle Vertragszeit des Ausbildungsvertrags. Maßgeblich ist aufgrund der ausdrücklichen gesetzlichen Anforderung, ob die Ausbildungszeit, die in der Ausbildungsordnung vorgesehen wurde, **zurückgelegt** wurde. Auch hier kommt es nicht darauf an, ob die Ausbildung während dieser Zeit praktisch absolviert wurde. Insofern gilt das zu § 43 Rn. 7 Gesagte.

Über das Zurücklegen der vorgesehenen Ausbildungszeit hinaus sollen noch die Voraussetzungen des § 43 Abs. 1 Nr. 2 und 3 erfüllt sein. Das Erfordernis, die Zwischenprüfung abgelegt zu haben (§ 43 Abs. 1 Nr. 2), wird praktisch jedoch unberücksichtigt bleiben. Es handelt sich um ein redaktionelles Versehen des Gesetzgebers. In § 48 Abs. 2 ist ausdrücklich geregelt, dass bei der gestreckten Abschlussprüfung eine Zwischenprüfung **nicht** stattzufinden hat.

4 In § 43 Abs. 1 Nr. 2 ist auch das Erfordernis, vorgeschriebene schriftliche Ausbildungsnachweise geführt zu haben, um zur Prüfung zugelassen werden zu können, enthalten. Insofern behält die Verweisung auf § 43 Abs. 1 Nr. 2 eine eigenständige Bedeutung. Auch bei der gestreckten Abschlussprüfung ist für jeden einzelnen Prüfungsteil zu prüfen, ob die Ausbildungsnachweise geführt wurden. Auch hier ist jedoch bei Nichtvorliegen der Ausbildungsnachweise das Grundrecht der Berufsfreiheit (Artikel 12 GG) zu berücksichtigen (siehe § 43 Rn. 16).

5 Durch den Verweis auf § 43 Abs. 1 Nr. 3 wird zudem deutlich, dass nur zur Prüfung zugelassen wird, wessen Berufsausbildungsverhältnis in das **Verzeichnis des Berufsausbildungsverhältnisses** eingetragen ist oder aus einem Grund nicht eingetragen ist, den weder die Auszubildenden noch ihre gesetzlichen Vertreter zu vertreten haben. Auch hier ist jedoch zu beachten, dass die Verantwortung für die Eintragung in das Verzeichnis bei den Ausbildenden liegt, so dass ein Ausschluss von der Prüfung aus diesem Grund regelmäßig nicht in Betracht kommt (siehe § 43 Rn. 17).

4. Zulassung zum zweiten Teil der Abschlussprüfung (Abs. 3)

6 Absatz 3 stellt klar, dass der erste Teil der Abschlussprüfung nicht bestanden sein muss, um zum zweiten Teil zugelassen zu werden. Vielmehr ist lediglich die Teilnahme am ersten Teil der Abschlussprüfung erforderlich. Eine Zulassung zum zweiten Teil ist auch möglich, wenn Auszubildende **ohne Verschulden nicht** am ersten Teil der Abschlussprüfung teilgenommen haben. In diesem Fall sind die beiden Teile zeitlich zusammengefasst durchzuführen.[1] Zum zweiten Teil der Abschlussprüfung zuzulassen ist, wer:

7 – Die Ausbildungszeit zurückgelegt hat oder wessen Ausbildungszeit nicht später als zwei Monate nach dem Prüfungstermin endet (Absatz 3 i.V.m. § 43 Absatz 1 Nr. 1 zu der Problematik von Fehlzeiten siehe § 43 Rn. 8 ff.).

– Wer an vorgeschriebenen Zwischenprüfungen teilgenommen sowie vorgeschriebene schriftliche Ausbildungsnachweise geführt hat (Absatz 3 i.V.m. § 43 Abs. 1 Nr. 2). Auch hier ist der Verweis auf die Zwischenprüfung überflüssig, da § 48 II die Zwischenprüfung für den Fall der gestreckten Abschlussprüfung ausdrücklich ausschließt. Es bleibt jedoch beim Erfordernis regelmäßig geführter Ausbildungsnachweise.

– Wessen Berufsausbildungsverhältnis in das Verzeichnis der Berufsausbildungsverhältnisse eingetragen ist oder ohne eigenes Verschulden nicht eingetragen ist (Absatz 3 i.V.m. § 43 Abs. 1 Nr. 3). Siehe § 43 Rn. 17.

– Wer am ersten Teil der Abschlussprüfung teilgenommen hat (Absatz 3 Satz 1). Teilnehmen meint in diesem Fall nicht nur körperliche Anwesenheit sondern auch ernsthaftes Bemühen, aktive Teilnahme.[2] Nicht erforderlich ist, dass der erste Teil der Abschlussprüfung auch bestanden wurde.

8 Hat der Prüfling am ersten Teil der Abschlussprüfung nicht teilgenommen, hat er dennoch einen Anspruch darauf, zur Prüfung zugelassen zu werden, wenn er aus Gründen nicht teilgenommen hat, die er **nicht zu vertreten hatte**. Als Gründe kommen z.B. in Betracht: eine Erkrankung, die beim Ablegen der Prüfung hindert; eine fehlerhafte Nichtzulassung zum erste Prüfungsteil. In diesem Fall ordnet das Gesetz in Abs. 3 Satz 3 an, dass der erste Teil der Abschlussprüfung

---

1 Regierungsentwurf, BT-Drucks. 15/3980, S. 129.
2 *Benecke/Hergenröder*, BBiG § 44 Rn. 8; siehe § 43 Rn. 15.

zusammen mit dem zweiten Teil abzulegen ist. Zusammen meint hier in zeitlicher Nähe. Ein Absolvieren am identischen Prüfungstag ist nicht erforderlich. Eine Reihenfolge für die beiden Prüfungsteile ordnet das Gesetz nicht an. Empfohlen wird, Teil 1 vor Teil 2 der Abschlussprüfung stattfinden zu lassen, da in Teil 1 regelmäßig die **grundlegenden** Kompetenzen abgeprüft werden.[3]

5. Anwendbarkeit auf andere Prüfungen

Die Vorschrift gilt nicht im Handwerk. Die für die zweigeteilte Gesellenprüfung **9** gilt § 36a Handwerksordnung. Für Zwischenprüfungen, Umschulungen und Fortbildungen gilt § 44 mangels einer Verweisung auf diese Vorschrift nicht. Bei Prüfung von behinderten Menschen in anerkannten Ausbildungsberufen sollen die besonderen Verhältnisse behinderter Menschen berücksichtigt werden, § 65 Abs. 1 Satz 1.

§ 45 Zulassung in besonderen Fällen

(1) Auszubildende können nach Anhörung der Ausbildenden und der Berufsschule vor Ablauf ihrer Ausbildungszeit zur Abschlussprüfung zugelassen werden, wenn ihre Leistungen dies rechtfertigen.

(2) Zur Abschlussprüfung ist auch zuzulassen, wer nachweist, dass er mindestens das Eineinhalbfache der Zeit, die als Ausbildungszeit vorgeschrieben ist, in dem Beruf tätig gewesen ist, in dem die Prüfung abgelegt werden soll. Als Zeiten der Berufstätigkeit gelten auch Ausbildungszeiten in einem anderen, einschlägigen Ausbildungsberuf. Vom Nachweis der Mindestzeit nach Satz 1 kann ganz oder teilweise abgesehen werden, wenn durch Vorlage von Zeugnissen oder auf andere Weise glaubhaft gemacht wird, dass der Bewerber oder die Bewerberin die berufliche Handlungsfähigkeit erworben hat, die die Zulassung zur Prüfung rechtfertigt. Ausländische Bildungsabschlüsse und Zeiten der Berufstätigkeit im Ausland sind dabei zu berücksichtigen.

(3) Soldaten oder Soldatinnen auf Zeit und ehemalige Soldaten oder Soldatinnen sind nach Absatz 2 Satz 3 zur Abschlussprüfung zuzulassen, wenn das Bundesministerium der Verteidigung oder die von ihm bestimmte Stelle bescheinigt, dass der Bewerber oder die Bewerberin berufliche Fertigkeiten, Kenntnisse und Fähigkeiten erworben hat, welche die Zulassung zur Prüfung rechtfertigen.

Inhaltsübersicht   Rn.

1.	Allgemeines	1
2.	Vorzeitige Zulassung (Abs. 1)	3
2.1	Voraussetzungen für die vorzeitige Zulassung	6
2.2	Antrag der Auszubildenden	8
2.3	Anhörung der Ausbildenden und der Berufsschule	9
2.4	Entscheidung der zuständigen Stelle	11
3.	Zulassung von Externen (Abs. 2)	14
3.1	Nachweis früherer Berufstätigkeit (Abs. 1 Satz 1)	16
3.2	Weitere Zeiten der Berufstätigkeit (Abs. 1 Satz 2)	20
3.3	Ausnahmen von der Mindestzeit nach Abs. 2 Satz 1	22
3.4	Berücksichtigung von Bildungsabschlüssen und Berufstätigkeit im Ausland	24

---

3 *Leinemann/Taubert* BBiG § 44 Rn. 8.

§ 45 Zulassung in besonderen Fällen

4.   Zulassung von Soldatinnen und Soldaten (Abs. 3)   27
5.   Empfehlungen des Hauptausschusses beim Bundesinstitut für
     Berufsbildung   29
6.   Anwendbarkeit auf andere Prüfungen   37

1. Allgemeines

1 Durch das Berufsbildungsreformgesetz wurde § 45 neu gefasst. § 45 Abs. 1 entspricht § 40 Abs. 1 des BBiG 1969, der die Möglichkeit der vorzeitigen Zulassung zur Abschlussprüfung regelt. Absatz 2 knüpft an die sog. **Externenzulassung** des § 40 Abs. 2 des BBiG 1969 an. Er beinhaltet jedoch einige Modifikationen, die die Externenprüfungen leichter ermöglichen sollen als nach dem BBiG 1969. Absatz 3 nimmt die Regelung des § 86 Abs. 1 BBiG 1969 auf.

2 Nach dem Berufsbildungsbericht 2008[1] haben über 29 000 Personen über die Externenregelung an den Abschlussprüfungen teilgenommen. Das entspricht einem Anteil von 7,2 % aller Prüfungsteilnehmer. 77,1 % der Externen haben die Prüfung bestanden (insgesamt bestanden 85,7 % der Teilnehmer die Prüfung). Diese Zahlen beziehen sich nicht auf das Handwerk, da für das Handwerk keine isolierten Daten nach einer Externenregelung erfasst werden.

2. Vorzeitige Zulassung (Abs. 1)

3 Nach Absatz 1 können Auszubildende nach Anhörung der Ausbildenden und der Berufsschule vor Ablauf ihrer Ausbildungszeit zur Abschlussprüfung zugelassen werden, wenn ihre Leistungen dies rechtfertigen. Absatz 1 normiert eine **Ausnahme** vom Grundsatz des § 43 Abs. 1 Nr. 1, wonach die Ausbildungszeit vollständig oder bis auf zwei Monate absolviert werden muss. Für leistungsstarke Prüflinge soll eine vorzeitige Prüfungszulassung möglich sein.

4 § 45 Abs. 1 eröffnet eine eigenständige Möglichkeit, die Ausbildung zu verkürzen. Sie besteht neben den beiden anderen Möglichkeiten, die Ausbildungsdauer nach der Ausbildungsordnung abzukürzen: Anrechnung gem. § 7 und Abkürzung des § 8 Abs. 1. Auch Ausbildungsverhältnisse, deren Dauer zu **Beginn** bereits durch Anrechnung oder Abkürzung abgesenkt wurde, können durch eine vorzeitige Zulassung zur Prüfung gem. Abs. 1 erneut verkürzt werden. Die Voraussetzungen sind jeweils unterschiedlich, die Verkürzungsmöglichkeiten bestehen unabhängig nebeneinander:[2] § 7 anerkennt berufsschulische Vorbildung, § 8 lässt den Ausbildungsparteien und der zuständigen Stelle einen Motivations- und Beurteilungsspielraum bei der Frage, in welcher Zeit der erfolgreiche Ausbildungsabschluss **voraussichtlich** zu schaffen ist. Demgegenüber stellt Abs. 1 auf die Leistungen während der Ausbildung ab.

5 Nicht geregelt ist, in welchem Umfang die Ausbildung nach Abs. 1 verkürzt wird. Letztlich richtet sich dies danach, für wann der Zulassungsantrag gestellt wird. Um dem Regel-Ausnahmeverhältnis zwischen § 43 Abs. 1 Nr. 1 und § 45 Abs. 1 gerecht zu werden, wird üblicherweise eine Verkürzung um ein **halbes Jahr**, in Ausnahmefällen auch um ein **ganzes Jahr** in Betracht kommen.[3] Die genannten Zeiträume dürften in erster Linie dem Organisationsinteresse der

---

1 www.bmbf.de/pub/bbb_08.pdf.
2 *Leinemann/Taubert* BBiG § 45 Rn. 4.
3 *Benecke/Hergenröder* BBiG § 45 Rn. 4.

zuständigen Stellen entsprechen, keine zusätzlichen Prüfungstermine einrichten zu müssen. Da jedoch lediglich ein Anspruch auf ermessensfehlerhafte Entscheidung durch die zuständige Stelle besteht (siehe Rn. 11), ist ein Anspruch auf eine Verkürzung um beispielsweise vier Monate kaum begründbar.

2.1 Voraussetzungen für die vorzeitige Zulassung

Vorzeitig zur Prüfung zugelassen werden kann nur, wer bestimmte **Voraussetzungen** erfüllt: 6
– die Leistungen müssen die vorzeitige Zulassung zur Prüfung rechtfertigen.
»Wenn seine Leistungen dies rechtfertigen« ist ein unbestimmter Rechtsbegriff. Die Auslegung dieses unbestimmten Rechtsbegriffs ist in vollem Umfang durch die **Verwaltungsgerichtsbarkeit** überprüfbar. Der Gesetzessystematik nach stehen § 43 Abs. 1 Nr. 1 und § 45 in einem Regel-Ausnahmeverhältnis. Das vollständige oder zumindest doch fast vollständige Absolvieren der vertraglichen Ausbildungszeit bildet die Regel, die vorzeitige Zulassung zur Prüfung gem. Abs. 1 bildet die Ausnahme. Über die Menge derjenigen Auszubildenden, die gem. Absatz 1 vorzeitig zur Prüfung zugelassen werden können, besagt dies indessen nichts. Insbesondere lässt sich daraus nicht ableiten, dass die Zulassung nach Abs. 1 wenigen »Spitzenkönnern« vorbehalten bleibt.[4] Nach dem Wortlaut kommt es alleine darauf an, ob die Leistungen eine vorzeitige Zulassung zur Prüfung rechtfertigen. Wann ein Rechtfertigungsgrund vorliegt und welche Maßstäbe dafür anzusetzen sind, ergibt sich aus dem Wortlaut nicht. Insofern ließe sich mit dem Wortlaut auch eine Auslegung begründen, mit der all diejenigen, bei denen aufgrund ihrer Leistungen damit gerechnet werden kann, dass sie die Prüfung auch zu einem vorgezogenen Zeitpunkt bestehen, zur vorzeitigen Prüfung zugelassen werden müssen. Sinn und Zweck der Vorschrift soll es nach der Rechtsprechung sein, besonders **befähigten** Auszubildenden die Möglichkeit zu geben, an einem früheren als den vertraglich vorgesehenen Prüfungstermin teilzunehmen und so die Ausbildung vorzeitig beenden zu können.[5] Vor diesem Hintergrund wird von Teilen der Rechtsprechung gefordert, dass die Leistungen wesentlich über dem Durchschnitt liegen müssen.[6] Die Leistungen in der betrieblichen und in der schulischen Ausbildung liegen demnach uber den Durchschnitt, wenn sie mindestens mit der Note »gut« beurteilt worden sind.[7] Berücksichtigt man bei der Auslegung die Systematik des Gesetzes hat sich die Rechtfertigung der vorzeitigen Zulassung am **Ziel** der Berufsausbildung zu orientieren. Nach § 1 Abs. 3 hat die Berufsausbildung die für die Ausübung einer qualifizierten beruflichen Tätigkeit in einer sich wandelnden Arbeitswelt notwendigen beruflichen Fertigkeiten, Kenntnisse und Fähigkeiten (berufliche Handlungsfähigkeit) in einem geordneten Ausbildungsgang zu vermitteln und den Erwerb der erforderlichen Berufserfahrungen zu ermöglichen. Dabei kann es auf die Menge der Berufserfahrungen nicht im Wesentlichen ankommen. Denn bereits die Vorschriften zur Anrechnung von Vorbildungs-

---

4 *Braun/Mühlhausen* BBiG § 40 a.F., Rn. 11.
5 *VGH Hessen*, 18.06.1971, II TG 50/71 EzB § 40 Abs. 1 BBiG Nr. 2; *Braun/Mühlhausen*, BBiG § 40 Rn. 6 m.w.N.
6 Siehe Rechtsprechungsübersicht unter www.prueferportal.org → recht → rechtsprechung → pruefungszulassung → vorzeitigezulassung.
7 *Leinemann/Taubert* BBiG § 45 Rn. 9.

zeiten wie zur Abkürzung der regulären Ausbildungszeit (§ 7, 8 BBiG) verkürzen den Zeitraum, innerhalb dessen Erfahrungen erworben werden können, erheblich. Bereits die Tatsache, dass darüber hinaus eine vorzeitige Zulassung zur Prüfung möglich ist, relativiert die Notwendigkeit, eine bestimmte Menge an beruflichen Erfahrungen vorweisen zu können, um zur Prüfung zugelassen zu werden. Demzufolge wird es maßgeblich darauf ankommen, ob die Leistungen erkennen lassen, dass die berufliche **Handlungsfähigkeit** erworben wurde. Hierfür müssen die wesentlichen Teile der für den Beruf vorgeschriebenen Ausbildungsschritte durchlaufen worden sein. Bei dieser quantitativen Beurteilung können Fehlzeiten durchaus als Indiz dafür gewertet werden, dass die Fertigkeiten nicht in der ganzen Breite des Ausbildungsberufs erworben wurden. Da Fertigkeiten und Fähigkeiten eine gewisse Übung brauchen, um **selbstständig** angewendet werden zu können, ist es auch nicht ausreichend, wenn die jeweiligen Ausbildungsteile nur sehr kurz durchlaufen wurden.[8] Nach der Empfehlung des Hauptausschusses vom 27. Juni 2008 (abgedruckt unter § 8 Rn. 17) liegen überdurchschnittliche Leistungen vor, wenn sowohl im Betrieb als auch in der Berufsschule (Durchschnittsnote aller Prüfungsrelevanten Fächer oder Lernfelder) jeweils ein Notendurchschnitt von besser als 2,49 erreicht wird. Der Hauptausschuss folgt damit der herrschenden Rechtsprechung, wonach mindestens ein »gut« erreicht werden muss. Für die Berufsschule lässt sich dies unproblematisch aufgrund der verpflichtenden Notensysteme feststellen. Bei der praktischen Ausbildungsleistung wird entweder auf eine Bewertung besser als 2,49 abgestellt oder auf eine überdurchschnittliche Bewertung. Damit kann der Nachweis überdurchschnittlicher Leistungen auch anhand der gängigen Beurteilungssysteme erfolgen. Fehlt eine systematische Leistungsbeurteilung für die Auszubildenden, ist der Auszubildende darauf angewiesen, dass der Ausbildende ihm ein entsprechendes **Leistungszeugnis** oder eine entsprechende **Bescheinigung** vorlegt. Ein solcher Nachweis ist gem. C. 2 Abs. 3 der Empfehlung des Hauptausschusses bei der zuständigen Stelle vorzulegen. Der Nachweis überdurchschnittlicher Leistungen wird so für Auszubildende von größeren Betrieben, die regelmäßig über ein Beurteilungssystem für Auszubildende verfügen, einfacher als für Auszubildende aus kleineren Betrieben. In diesen ist ein Beurteilungssystem – insbesondere ein solches, das dem Schulnotensystem entspricht – weniger häufig anzutreffen. Die Auszubildenden sind dann darauf angewiesen, zur vorzeitigen Zulassung zur Prüfung eine entsprechende Bescheinigung des Ausbildenden zu erhalten. Damit haben es die Ausbildenden jedoch »in der Hand« die vorzeitige Zulassung ihrer Auszubildenden zu **verzögern**. Dies ist mit Abs. 1, wonach die Ausbildenden den Antrag nicht unterstützen müssen, sondern lediglich angehört werden, nicht zu vereinbaren. Weigert sich der Ausbildende, einen Leistungsnachweis oder eine Beurteilung vorzulegen, verliert das Erfordernis des Nachweises überdurchschnittliche betrieblicher Leistungen daher an Gewicht. Die zuständige Stelle ist dann verpflichtet, sich **ohne** diesen Nachweis ein Bild von den Leistungen des Auszubildenden zu machen.

7 Gemäß der Empfehlung des Hauptausschusses (abgedruckt unter § 8 Rn. 17) soll die Ausbildungsdauer folgende Zeiten nicht unterschreiten: Bei einer Regelausbildungszeit von dreieinhalb Jahren, soll mind. 24 Monate ausgebildet werden, bei einer Regelausbildungszeit von drei Jahren soll mindestens 18

---

8 *Braun/Mühlhausen* BBiG § 40 a.F. Rn. 7.

Monate ausgebildet werden und bei einer Regelausbildungszeit von zwei Jahren soll die Mindestausbildungszeit zwölf Monate betragen. Soweit der Wortlaut der Empfehlung auf die »Ausbildungsvertragsdauer« abstellt, handelt es sich um ein **Formulierungsversehen**. Da die vorzeitige Zulassung ausdrücklich mit als Ursache für eine Verkürzung der regulären Ausbildungsdauer benannt wird, handelt es sich nicht um die vertragliche Ausbildungsdauer, sondern um die **faktische** Ausbildungsdauer die sich bei Vorliegen mehrerer Verkürzungsgründe ergeben kann. Die zeitliche Staffel führt im Wesentlichen zu dem Ergebnis, dass die Ausbildungszeit nicht weniger als die Hälfte der Regelausbildungszeit betragen soll.

2.2 Antrag der Auszubildenden

Zur vorzeitigen Zulassung bedarf es eines Antrags des **Prüflings**. Weitere Voraussetzungen sieht das Gesetz nicht vor. Die Empfehlung des Hauptausschusses zur vorzeitigen Zulassung zur Abschlussprüfung sieht vor, dass der Antrag **schriftlich** bei der zuständigen Stelle gestellt wird, und dass ihm die erforderlichen Anmeldeunterlagen beizufügen sind (C. 1 der Empfehlung). Weder im Gesetz noch in der Empfehlung des Hauptausschusses ist geklärt, wer den Antrag zu stellen hat. Richtigerweise können den Antrag sowohl der Auszubildende **als auch der Ausbildende** stellen.[9]

8

2.3 Anhörung der Ausbildenden und der Berufsschule

Die Anhörung ist formale Voraussetzung für die vorzeitige Zulassung zur Prüfung. Soweit der Ausbildende selbst den Antrag gestellt hat, kann er als angehört gelten, weil durch den Antrag seine **Einschätzung** über den Auszubildenden kundgetan wurde.[10] Mit der Anhörung erhalten die Beteiligten die Gelegenheit, ihre Meinung zu dem Antrag auf vorzeitige Zulassung zur Abschlussprüfung gegenüber der zuständigen Stelle kundzutun. Sobald die zuständige Stelle zugleich Informationen über die Leistungsbeurteilung einfordert, sind die Beteiligten gem. § 76 Abs. 2 verpflichtet, die notwendigen Auskünfte zu erteilen und Unterlagen vorzulegen. Unterbleibt die Anhörung der Beteiligten, ist die Zulassungsentscheidung anfechtbar. Die unterlassene Anhörung der Berufsschule ist ausdrücklich kein Nichtigkeitsgrund für die Zulassungsentscheidung, § 44 Abs. 3 Nr. 4 VwfG.

9

Das Ergebnis der Anhörung ist für die zuständige Stelle nicht bindend. Die zuständige Stelle hat sich vielmehr ein eigenes Bild von den Leistungen des Prüflings zu verschaffen. Dies kann grundsätzlich auch durch eine Befragung, die sich auch auf Inhalte des Ausbildungsberufsbilds beziehen kann, erfolgen. Selbst »Pre-Tests« auf Basis einer **Zulassungsregelung** in der Prüfungsordnung sind denkbar, wenngleich sie auch wenig praktikabel erscheinen. Letztlich hat die zuständige Stelle eine Ermessensentscheidung zutreffen, für die sie Anhaltspunkte benötigt. Der Inhalt der »Pre-Tests« hat sich an ihrem **Zweck** zu orientieren: Zu überprüfen sind die Leistungen der Prüflinge, nicht ihre Person.[11]

10

---

9 *Leinemann/Taubert* BBiG § 45 Rn. 12.
10 *Leinemann/Taubert* BBiG § 45 Rn. 14.
11 Vgl. *Wohlgemuth/Lakies* u. a. BBiG, 3. Auflage, § 45 Rn. 7.

2.4 Entscheidung der zuständigen Stelle

11   Die vorzeitige Zulassung zur Prüfung ist eine Ermessensentscheidung der zuständigen Stelle. Dies ergibt sich aus dem Wortlaut des Abs. 1: »Können ... zugelassen werden.«

12   Die zuständige Stelle hat zunächst zu überprüfen, ob die Tatbestandsvoraussetzungen für die vorzeitige Zulassung (siehe 2.2.) erfüllt sind. Liegen die Voraussetzungen sämtlich vor, muss die zuständige Stelle ihr Ermessen pflichtgemäß ausüben. Übt sie ihr Ermessen nicht aus, weil sie sich zum Beispiel an die Empfehlung des Hauptausschusses vom 26.07.2008 (abgedruckt unter § 8 Rn. 17) gebunden fühlt oder übt sie ihr Ermessen rechtsfehlerhaft aus, ist die Entscheidung über den Antrag auf vorzeitige Zulassung rechtsfehlerhaft. Der Anspruch des Auszubildenden auf eine ermessensfehlerfreie Entscheidung über den Antrag ist noch nicht erfüllt. Nach Durchführung des Widerspruchsverfahrens kann **Verpflichtungsklage** erhoben werden.

13   Der Antrag kann wegen der Ermessenshoheit der Verwaltung nur auf Neubescheidung unter Beachtung einer bestimmten Rechtsauffassung gestellt werden (§ 113 Abs. 1 Satz 4 VwGO). Lediglich bei Reduzierung des Ermessens auf Null, d.h., wenn die einzig richtige Ermessensentscheidung in der beantragten Zulassung zur Prüfung liegt, ist ein Prozessantrag auf vorzeitige Zulassung zur Prüfung gem. Absatz 1 sinnvoll.[12]

3. Zulassung von Externen (Abs. 2)

14   Absatz 2 ermöglicht die Anerkennung in formellen Lernens. Es wird Menschen die Zulassung zur Abschlussprüfung in einem bestimmten Ausbildungsberuf ermöglicht, die mindestens das **eineinhalbfache** der Zeit, die als Ausbildungszeit vorgeschrieben ist, in dem Beruf tätig gewesen sind, in dem die Prüfung abgelegt werden soll. So können auch Erwerbstätige, die keine Berufsausbildung im Sinne des BBiG abgeschlossen haben, ihre berufliche Qualifikation nachweisen.

15   Nach dem Berufsbildungsbericht 2008,[13] S. 146, haben mehr als **29 000** externe Prüflinge an den Prüfungen teilgenommen. Das sind **7,2 %** aller Prüfungsteilnehmer/-innen. **77,1 %** der externen Prüfungsteilnehmer bestanden die Prüfung. Bei den Prüflingen insgesamt beträgt die Erfolgsquote **85,7 %**. Beim Bundesinstitut für Berufsbildung wird die Anerkennung beruflicher Kompetenzen am Beispiel der Zulassung zur Abschlussprüfung im Rahmen der externen Regelung mit dem Ziel untersucht, in welcher Form durch die Zulassung zur Abschlussprüfung tatsächlich informelles Lernen anerkannt wird. Dabei wird auch untersucht, wie berufliche Kompetenzen, die außerhalb des formalen Ausbildungsprozesses erworben wurden, erfasst und bewertet werden.[14]

3.1 Nachweis früherer Berufstätigkeit (Abs. 1 Satz 1)

16   Zuzulassen ist, wer nachweisen kann, dass er mindestens das Eineinhalbfache der Zeit, die als Ausbildungszeit vorgeschrieben ist, in dem Beruf tätig gewesen ist, in dem die Prüfung abgelegt werden soll. Die erforderliche **Mindestzeit**

---

12 *Wohlgemuth/Lakies* u. a. BBiG, 3. Auflage, § 45, Rn. 11.
13 www.bmbf.de / pub / bbb_08.pdf.
14 Forschungsprojekt 4.3301 (JFP2009) www.2.bibb.de / tools / fodb / pdf / at_43301.pdf.

wurde durch das Berufsbildungsreformgesetz auf das eineinhalbfache der Ausbildungszeit abgesenkt. Dadurch soll das Lernen im Arbeitsprozess stärker als bisher berücksichtigt werden.[15] Für den Anspruch auf Zulassung sind danach zwei Elemente bedeutend: Zum einen muss die maßgebliche Zeit nachgewiesen werden. Zum anderen ist es nötig, in dem Beruf, in dem die Prüfung abgelegt werden soll, tätig gewesen zu sein.

Berufstätigkeit im Sinne des Absatzes 2 für die Zulassung als Externer setzt voraus, dass der Prüfungsbewerber in dem Beruf tätig gewesen sein muss, in dem er die Prüfung ablegen will. Es müssen die Arbeiten einer **entsprechend qualifizierten Fachkraft** verrichtet worden sein. Reine Hilfstätigkeiten können nicht den Schluss zulassen, der Prüfungskandidat habe sinngemäße praktische Fertigkeiten erworben. Die geforderten Tätigkeiten müssen über eine gewisse Dauer und bestenfalls wiederholt ausgeübt werden, da nur so die entsprechenden Fertigkeiten erlangt werden können.[16] Ob die Tätigkeiten tatsächlich mehrfach ausgeübt wurden, lässt sich im Einzelfall nur spärlich nachweisen. Die Rechtsprechung gestattet daher einen Rückschluss von der nachgewiesenen Gesamttätigkeit in Stunden auf die Wiederholungsrate und den Umfang der Tätigkeiten.[17]

17

»In dem Beruf tätig gewesen« bedeutet, dass Tätigkeiten ausscheiden, die in der Freizeit lediglich als Hobby oder Liebhaberei erbracht werden. Bei der Zulassung externer Prüfungsbewerber handelt es sich um eine Ausnahmeregelung, die auszulegen ist. Es ist daher nicht ausreichend, wenn der Prüfungsbewerber entsprechende Zeit überhaupt irgendwie einschlägig gewesen ist. Nach dem Sinn und Zweck der externen Zulassung muss ein Grad an **Qualifizierung und Erfahrung** erworben worden sein, wie es das Ziel der regulären Berufsausbildung ist. Dadurch ist es gerechtfertigt, den Außenseiter in Bezug auf den Anspruch auf Zulassung zur Prüfung den Auszubildenden, die ihre berufsbezogene Ausbildung im Betrieb durchlaufen haben, ausnahmsweise gleich zu stellen. Dabei geht es letztlich nicht nur um die notwendigen fachlichen Fertigkeiten und Kenntnisse. Der Zweck der Ausbildung erschöpft sich auch nicht in die Vermittlung des Prüfungsstoffs für die Abschlussprüfung. Die Ausbildung hat auch den Zweck, die Auszubildenden mit den täglichen Betriebsabläufen möglichst **wirklichkeitsnah** vertraut zu machen. Dieser Zweck kann nur erreicht werden, wenn die Ausbildung während der regulären Arbeitszeit stattfindet. Damit soll verhindert werden, dass eine die Arbeitswirklichkeit außer Betracht lassende Ausbildung oder eine Ausbildung lediglich in der Art einer Nebentätigkeit betrieben wird.[18] Eine Ausbildung ist nicht gleichbedeutend mit Berufstätigkeit, deshalb hat die Rechtsprechung zu der Vorgängerregelung des § 40 Abs. 2 entschieden, dass die Ausbildungszeit nicht mitrechnet. Ihr käme eine Schutzfunktion in Bezug auf den Ausbildungszweck und die körperlichen Kräfte zu. Dies sei keine vollwertige Berufsausübung.[19] Diese Auffassung kann so nicht mehr aufrecht erhalten werden. Nach Absatz 2 Satz 2 ist nunmehr selbst

18

15 Regierungsentwurf, BT-Drucks. 15/3980, S. 130.
16 *VG Gießen* 27.5.2002, 8 G 1705/02, Landesrechtsprechungsdatenbank Hessen: www.lareda.hessenrecht.hessen.de.
17 *VG Gießen* 27.5.2002, 8 G 1705/02, Landesrechtsprechungsdatenbank Hessen: www.lareda.hessenrecht.hessen.de.
18 *VG Düsseldorf* 12.9.2005, 15 L 1564/05, www.justiz.nrw.de/RB/nrw2/index.php.
19 *VG Köln*, 28.6.1977, 10 K 1052/76, EzB § 45 Abs. 2 BBiG Nr. 3.

die Ausbildungszeit in einem anderen, einschlägigen Ausbildungsberuf als **berufliche Tätigkeit** anzuerkennen. Wird jedoch bereits Ausbildungszeit in einem anderen Ausbildungsberuf anerkannt, muss dies umso mehr für Ausbildungszeiten im maßgeblichen Beruf gelten. Einen Anspruch auf Zulassung hat daher auch, wer die Ausbildung begonnen hat, sie jedoch ohne bestandene Abschlussprüfung beendete.

19   Derjenige, der als Externer zur Prüfung zugelassen werden will, hat den Nachweis dafür zu führen, dass er die erforderliche Zeit der Berufstätigkeit in dem Beruf zurückgelegt hat, in dem er die Prüfung ablegen will. Der Nachweis muss nicht unbedingt durch Arbeitsbescheinigungen und Zeugnisse des Arbeitgebers geführt werden. Auch andere Beweismittel können genügen. Insbesondere kommt ein **Zeugenbeweis** in Betracht.[20] Ist der Nachweis einer ausreichend langen Zeit einschlägiger Berufstätigkeit gelungen, besteht ein Anspruch auf Zulassung zur Prüfung. Es verbleibt bereits nach dem Wortlaut von Absatz 2 Satz 1 kein Ermessensspielraum für die zuständige Stelle.[21]

3.2   Weitere Zeiten der Berufstätigkeit (Abs. 2 Satz 2)

20   Absatz 2 Satz 2 enthält eine wesentliche Erneuerung durch das Berufsbildungsreformgesetz. Es können auch Ausbildungszeiten als Zeiten der Berufstätigkeit angerechnet werden, sofern sie in anderen einschlägigen, das heißt **anverwandten** Ausbildungsberufen absolviert wurden. Hiervon sollen nach dem Willen des Gesetzgebers insbesondere die Absolventen zweijähriger Berufe profitieren. Sie können bei einschlägiger Berufstätigkeit nun mehr zweieinhalb Jahre nach dem Bestehen der Abschlussprüfung in einem zweijährigen Beruf die Zulassung zur Abschlussprüfung in einem verwandten dreijährigen Beruf verlangen. Dadurch soll das Berufsbildungssystem **durchlässiger** werden.[22] In dieser Konstellation wird es besonders darauf ankommen, nachzuweisen, dass die Berufstätigkeit nicht nur Inhalte des zweijährigen Ausbildungsberufs zum Gegenstand hatte. Andererseits ist auch nicht erforderlich, dass die Berufstätigkeit sich ausschließlich auf Tätigkeiten bezieht, die die Differenz zwischen der drei- und der zweijährigen Berufsausbildung ausmachen.

21   Welche Berufe »einschlägig« sind, ist gesetzlich nicht geregelt. »Einschlägig« ist ein unbestimmter Rechtsbegriff. Er muss von der zuständigen Stelle ausgefüllt werden. Ob dies richtig geschehen ist, unterliegt in vollem Umfang der Überprüfung durch die Verwaltungsgerichte. Liegt aufgrund einer einschlägigen Ausbildung insgesamt eine Berufstätigkeit im Umfang der Mindestdauer des Absatzes 2 Satz 1 vor, besteht ein Anspruch auf Zulassung zur Prüfung. Eine weitere Überprüfung, ob der Antragsteller die berufliche Handlungsfähigkeit für den Ausbildungsberuf besitzt, in dem er zur Abschlussprüfung zugelassen werden will, hat nicht zu erfolgen.

---

20   *VG Köln* 2.6.1977, 10 K 1052/76, EzB § 45 Abs. 2 BBiG Nr. 3.
21   *VGH Hessen* 13.2.1973, II OE 129/72, EzB § 45 Abs. 2 BBiG Nr. 1.
22   Regierungsentwurf, BT-Drucks. 15/3980, S. 130.

3.3 Ausnahmen von der Mindestzeit nach Abs. 2 Satz 1 (Abs. 2 Satz 3)

Nach Absatz 2 Satz 3 kann vom Nachweis der Mindestzeit (Anderthalbfaches **22** der Ausbildungszeit) ganz oder teilweise abgesehen werden, wenn die berufliche Handlungsfähigkeit anderweitig glaubhaft gemacht wird und die Zulassung zur Prüfung dadurch gerechtfertigt ist. Die Regelung erscheint widersprüchlich. Zum einen wird auf die Mindestzeit der Berufstätigkeit nicht nur teilweise, sondern sogar ganz verzichtet. Andererseits soll dann auf andere Art und Weise glaubhaft gemacht werden, dass die berufliche Handlungsfähigkeit erworben wurde. Soweit in der Rechtsprechung und in der Literatur[23] die Auffassung vertreten wird, durch die Ausnahmeregelung in Absatz 2 Satz 3 könne lediglich auf den **vollständigen** Nachweis der Mindestzeit einschlägiger Berufstätigkeit verzichtet werden, kann dieser Auffassung nicht gefolgt werden. Die Rechtsprechung erging zur Vorgängerregelung § 40 Abs. 2 a.F. Der Wortlaut des § 45 Abs. 2 Satz 3 wurde nunmehr konkretisiert, sodass auf den Nachweis der **Mindestzeit** auch vollständig **verzichtet werden kann. Maßgeblich ist, dass der Prüfungsbewerber ausreichende berufliche Handlungskompetenz nachweisen kann.** Insofern ist bei der Ausnahmeregelung des Absatzes 2 Satz 3 auch die in der Ausbildungsordnung vorgesehene Ausbildungszeit nicht relevant. Die Ausnahmeregelung kann z.B. greifen, wenn die Berufstätigkeit nicht als Beruf erbracht wurde, sondern z.B. durch ehrenamtliche Tätigkeit oder Mithilfe im elterlichen Betrieb.[24]

Nach dem Wortlaut (»kann«) steht die Zulassung zur Abschlussprüfung unter **23** Verzicht auf die Mindestzeit einschlägiger Berufspraxis im Ermessen der zuständigen Stelle.[25] Maßgebliches Kriterium für die Ausübung des Ermessens ist, ob die berufliche Handlungsfähigkeit erlangt wurde. Dabei ist die Wertung des Gesetzgebers, die berufliche Handlungsfähigkeit auch bei Unterschreiten der Mindestzeit für erwerbbar zu halten, zu berücksichtigen. Es dürfen daher keine überspannten Forderungen an den Nachweis der beruflichen Handlungsfähigkeit gestellt werden.

3.4 Berücksichtigung von Bildungsabschlüssen und Berufstätigkeit im Ausland (Abs. 2 Satz 4)

Absatz 2 Satz 4 ersetzt die Bezugnahme auf § 40 Abs. 2 a.F. in § 112 a.F. (Europaklausel). Durch die Ergänzung wird klargestellt, dass bei der Zulassung zur **24** Abschlussprüfung auch Kenntnisse und Fertigkeiten zu Berücksichtigen sind, die ganz oder teilweise im **Ausland** erworben wurden. Die Berücksichtigung erfolgt nicht allein bei Abschlüssen oder Berufstätigkeit im EU-Ausland. Zu berücksichtigen sind Abschlüsse und Berufstätigkeit im **gesamten** Ausland. Die Berücksichtigung wird **zwingend** angeordnet. Sie steht nicht im Ermessen der zuständigen Stelle. Eine Nichtberücksichtigung ist in vollem Umfang durch das Verwaltungsgericht überprüfbar.

Absatz 2 Satz 4 bezieht sich auf den gesamten Inhalt des Absatzes 2. Bildungs- **25**

23 *VG Braunschweig* 24.1.2002, 1 A 221/01, EzB § 45 Abs. 2 BBiG Nr. 14; *Leinemann/Taubert* BBiG § 45 Rn. 31.

24 *Leinemann/Taubert* BBiG § 45 Rn. 32.

25 *Leinemann/Taubert* BBiG § 45 Rn. 34 m.w.N.

abschlüsse und Berufstätigkeit im Ausland sind dabei sowohl beim Nachweis der Mindestzeit als auch beim Nachweis der beruflichen Handlungsfähigkeit nach Absatz 2 Satz 3 zu berücksichtigen.

26 Das Bundeskabinett hat am 9. Dezember 2009 Eckpunkte zur »Verbesserung der Feststellung und Anerkennung von im Ausland erworbenen beruflichen Qualifikationen und Berufsabschlüssen« beschlossen.[26] Ziel ist, über ein **Anerkennungsgesetz** die vielfältigen Qualifikationen der zugewanderten Bevölkerung besser als bisher zur Geltung zu bringen und so einen Beitrag zur Sicherung des Fachkräftebedarfs und zur besseren Arbeitsmarktintegration zu leisten.

4. Zulassung von Soldatinnen und Soldaten (Abs. 3)

27 Absatz 3 greift die Regelung des § 86 Abs. 1 BBiG 1969 auf und enthält eine besondere Zulassungsbestimmung für Soldaten und Soldatinnen auf Zeit sowie ehemalige Soldaten und Soldatinnen. Wer Soldatin oder Soldat auf Zeit ist, ergibt sich aus den Vorschriften des **Soldatengesetzes**. Das Bundesministerium der Verteidigung hat den Berufsförderungsdienst der Bundeswehr als zuständige Stelle bestimmt.[27] Die Bescheinigung muss lediglich enthalten,
– für welchen Beruf die berufliche Handlungsfähigkeit erworben wurde und
– dass die berufliche Handlungsfähigkeit erworben wurde, die die Zulassung zur Prüfung rechtfertigt.

28 Die Bescheinigung muss nicht enthalten, welche Tätigkeiten verrichtet wurden, die dazu führen, dass die berufliche Handlungsfähigkeit erworben worden sein soll. Die zuständige Stelle ist an den Inhalt der Bescheinigung **gebunden**.[28] Liegt die Bescheinigung vor, besteht ein Anspruch auf Zulassung zur Prüfung. Dadurch werden im militärischen Bereich erworbene Kompetenzen zivil- und verwaltungsrechtlich anerkannt und die Eingliederung ehemaliger Soldatinnen und Soldaten auf dem Arbeitsmarkt erleichtert.

5. Empfehlungen des Hauptausschusses beim Bundesinstitut für Berufsbildung

29 Der Hauptausschuss beim Bundesinstitut für Berufsbildung hat eine Empfehlung zur Förderung des Abschlusses in einem anerkannten Ausbildungsberuf durch die Externenprüfung beschlossen.[29]

I. Ausgangslage

30 Der Wirtschaftsstandort Deutschland verdankt seine Wettbewerbs- und Innovationsfähigkeit vor allem dem hohen **Qualifikationsniveau** der Erwerbsbevölkerung. Seit Jahren zeichnet sich ein Trend zu höheren schulischen und beruflichen Bildungsabschlüssen ab. Der Abschluss in einem anerkannten Ausbildungsberuf gilt heute als »Mindestvoraussetzung« für einen erfolgreichen Berufseinstieg und eine stabile Beschäftigung und bleibt deshalb grundlegendes Ziel berufsbildungspolitischer Aktivitäten. Personen ohne Ausbildungsabschluss tragen ein besonderes Arbeitsmarktrisiko. Durch den Abbau von Einfacharbeitsplätzen werden sie zunehmend aus dem Arbeitsmarkt herausgedrängt.

---

26 www.bmbf.de/pub/Pm1209-294Eckpunkte-Papier.pdf.
27 Erlass des BMVG 8.10.1969, VMBl. 1969, S. 415.
28 *Leinemann/Taubert* BBiG § 46 Rn. 40.
29 Beschluss Nr. 96, 13. Juni 1996, BWP 5/1996.

Ziel der Bildungspolitik sollte es deshalb auch sein, die beruflichen Entwicklungs- und Arbeitsmarktchancen vor allem der Un- und Angelernten durch Qualifizierungsmaßnahmen zu verbessern. Dabei kommt dem **Nachholen** von Ausbildungsabschlüssen eine verstärkte Bedeutung zu. Die **Externenprüfung** ist hierfür ein wichtiges Instrument. Als Zielgruppen für diesen Qualifizierungsweg kommen insbesondere in Frage:

- Personen ohne formalen Ausbildungsabschluss, die über einen längeren Zeitraum eine bestimmte berufliche Tätigkeit ausüben oder ausgeübt haben und dabei vielfältige berufspraktische Qualifikationen erworben haben;
- Erwerbspersonen, die zwar einen Beruf erlernt haben, diesen aber – aus individuellen Gründen oder weil auf dem Arbeitsmarkt dafür keine Nachfrage besteht – seit längerer Zeit nicht mehr ausüben, die sich vielmehr in ein anderes Aufgabengebiet eingearbeitet haben.

Der nachträglich erworbene Ausbildungsabschluss eröffnet dem einzelnen bei entsprechender Leistung bessere Berufs- und Arbeitsmarktchancen durch:

- größere Arbeitsplatzsicherheit;
- günstigere Aufstiegschancen;
- günstigere Voraussetzungen für weitere berufliche Qualifizierungen;
- höhere Flexibilität auf dem Arbeitsmarkt;
- Verbesserung der individuellen Voraussetzungen im Hinblick auf tarif- und sozialrechtliche Möglichkeiten;
- bessere Vermittlungsfähigkeit im Falle von Arbeitslosigkeit.

II. Rechtliche Grundlagen und gegenwärtige Praxis der Externenprüfung

Nach dem **Berufsbildungsgesetz** (BBiG § 40 Abs. 2 und 3) und der **Handwerksordnung** **31** (HwO § 37 Abs. 2 und 3) können Personen im Rahmen der Externenregelung zur Abschlussprüfung für einen anerkannten Ausbildungsberuf zugelassen werden, ohne eine reguläre Berufsausbildung durchlaufen zu haben. Voraussetzung hierfür ist der Nachweis einer **vorangegangenen** Tätigkeit in dem Beruf, in dem die Prüfung abgelegt werden soll. Die Dauer dieser Berufstätigkeit muss mindestens das Doppelte der regulären Ausbildungszeit betragen. Von dieser Zeiterfordernis kann abgesehen werden, wenn durch Vorlage von Zeugnissen oder auf andere Weise **glaubhaft** dargetan wird, dass der Bewerber / die Bewerberin Kenntnisse und Fertigkeiten erworben hat, die die Zulassung zur Prüfung rechtfertigen.

Die Externenregelung als Zulassung zur Abschlussprüfung in besonderen Fällen zielt vor allem auf Erwerbspersonen mit **Berufserfahrung** ab. Der sich im Berufsalltag vollziehende Lernprozess ist abhängig von den betrieblichen Rahmenbedingungen und den jeweiligen aktuellen Arbeitszusammenhängen. Um die notwendigen Fertigkeiten und Kenntnisse des Berufsbildes zu erwerben, werden bundesweit von unterschiedlichen Trägern Lehrgänge angeboten: Auf der Grundlage der Ausbildungsordnung und des Rahmenlehrplans eines anerkannten Ausbildungsberufes wird systematisch auf die Prüfung vorbereitet, da die externen Prüfungsteilnehmer / -innen den gleichen Prüfungsanforderungen wie die regulären Auszubildenden unterliegen.

Untersuchungsergebnisse weisen darauf hin, dass die Vorbereitungslehrgänge über- **32** wiegend **berufsbegleitend** durchgeführt werden. Sie finden meist abends oder am Wochenende, außerhalb der Arbeitszeit statt. Dieser zeitliche Rahmen kommt den Interessen der meisten Teilnehmer und Teilnehmerinnen entgegen, zumal sie dadurch ihre Berufstätigkeit weder unterbrechen noch aufgeben müssen. Die berufsbegleitenden Teilzeitlehrgänge dauern zwischen einem und zwei Jahren.

Allerdings ist dieser Weg, einen Ausbildungsabschluss über die Externenprüfung zu erwerben, für Personen mit weniger kontinuierlichen Berufsverläufen und größeren Unsicherheiten in den beruflichen Vorstellungen und Lebensentwürfen ohne ergänzende

Unterstützungsmaßnahmen bzw. Verbesserung der Rahmenbedingungen nur **schwie-** **33** **rig** umzusetzen:

- die Vorbereitung auf die Prüfung steht unter hohem Erfolgsdruck;

– der umfangreiche Unterrichtsstoff ist in einem knapp bemessenen Zeitrahmen zu bewältigen;
– die Doppelbelastung durch Berufstätigkeit und Lehrgangsbesuch erfordert ein hohes Maß an Disziplin und Durchhaltevermögen.

34 Jährlich erwerben zwischen **25 000** und **30 000** Personen einen Berufsabschluss über die Externenprüfung. Gemessen an der hohen Zahl von un- und angelernten Erwerbspersonen und dem aktuellen und zukünftigen Bedarf der Wirtschaft an qualifizierten Fachkräften, ist dies ein **geringer** Anteil. Das Instrument der Externenprüfung zum Nachholen eines Ausbildungsabschlusses ist weitgehend unbekannt. Besonders bei den potentiellen Zielgruppen fehlen darüber Informationen. Um diesen Qualifizierungsweg einem größeren Personenkreis zu öffnen, müssen auf unterschiedlichen Ebenen **Hilfen und Unterstützung** zum nachträglichen Erwerb eines Ausbildungsabschlusses angeboten werden.

III. Maßnahmen und Handlungsfelder

35 Der Hauptausschuss gibt deshalb folgende Empfehlungen:

1. Die Möglichkeit und Bedeutung des **nachträglichen** Erwerbs eines anerkannten Ausbildungsabschlusses über den Weg der Externenprüfung soll durch eine verstärkte Aufklärungs- und Öffentlichkeitsarbeit von Seiten der Bundesanstalt für Arbeit, der Sozialparteien und der zuständigen Stellen nach dem Berufsbildungsgesetz bekannter gemacht werden.

2. Die Zielgruppen sollten verstärkt **Anstöße und Informationen** in den Betrieben und öffentlichen Verwaltungen, auch über eine direkte Ansprache, erhalten. Außerdem sind Informationen über diese Möglichkeit des Nachholens von Ausbildungsabschlüssen bei Arbeitsämtern, Kammern und anderen zuständigen Stellen, Gewerkschaften etc. an die Zielgruppen heranzutragen. Entsprechende Handreichungen sollen insbesondere Hinweise geben zu:

– dem Nutzen und den Vorteilen dieses Qualifikationserwerbs,
– den erforderlichen Voraussetzungen für die Zulassung zur Externenprüfung,
– den finanziellen Fördermöglichkeiten,
– dem regional vorhandenen Kursangebot der Bildungsträger,
– dem regionalen Bedarf an Fachkräften,
– den konkret einzuleitenden Schritten der Interessenten zur Prüfungsvorbereitung.

3. Betriebe und öffentliche Verwaltungen sollten gezielt durch Kammern und andere zuständige Stellen, Betriebs- und Ausbildungsberater, Fachverbände und technische Berater über die Möglichkeiten der Externenprüfung **informiert** werden. Insbesondere private und öffentliche Unternehmen / Institutionen mit einem hohen Anteil an un- und angelernten Beschäftigten sollten unter der Zielsetzung angesprochen werden, die Qualifizierung dieser Mitarbeitergruppe im Rahmen ihrer Möglichkeiten besonders zu **unterstützen** und damit den bestehenden Bedarf an qualifizierten Fachkräften, neben der regulären Ausbildung, auch auf diesem Wege zu decken. Die Betriebe sollten auch darauf hingewiesen werden, dass – im Falle von sonst notwendigen Neueinstellungen – entstehende Kosten und Aufwendungen bei der Vorbereitung von Mitarbeitern und Mitarbeiterinnen auf die Externenprüfung durch Einsparungen von Rekrutierungs- und Einarbeitungskosten kompensiert werden können.

4. Die Gruppe der Un- und Angelernten sollte sich bei ihren Qualifizierungsbemühungen stärker als bisher über ihre weiteren beruflichen **Entwicklungschancen** durch den nachträglichen Ausbildungsabschluss informieren und beraten lassen. Dabei kommt den Beratungsangeboten der Arbeitsämter, der Verbände, Kammern und anderen zuständigen Stellen sowie der Gewerkschaften, aber auch der Beratung in den Betrieben durch Personalabteilungen und Betriebsräte wachsende Bedeutung zu.

5. Eine wichtige Rahmenbedingung für eine verstärkte Nutzung der Externenprüfung ist ein regional ausgewogenes Angebot an **Vorbereitungslehrgängen**, das sich am Bedarf der Betriebe in der Region orientiert. Dazu bedarf es einer engeren Zusammenarbeit zwischen den Arbeitsämtern, Bildungsträgern, Kammern und anderen zuständigen Stellen sowie den Betrieben vor Ort.

6. Vorbereitungsmaßnahmen auf die Externenprüfung sollten didaktisch, methodisch und lernorganisatorisch auch auf lernungewohnte Personen ausgerichtet werden, um den unterschiedlichen Lebenslagen, Lernvoraussetzungen und -bedingungen der Lehrgangsteilnehmer/-innen gerecht zu werden und die Externenprüfung damit für eine größere Zielgruppe zu erschließen. Soweit es nötig ist, sollten auch **übergreifende** Inhalte (z. B. Deutsch, Mathematik) eingeplant werden.

7. Um die Zahl der Personen **auszuweiten**, die sich berufsbegleitend auf die Externenprüfung vorbereiten, sollten Betriebe und öffentliche Verwaltungen, abhängig vom jeweiligen betrieblichen Qualifikationsbedarf und den Möglichkeiten, Anreize schaffen und erwägen:

– Mitarbeiter und Mitarbeiterinnen ohne entsprechenden beruflichen Abschluss stärker in die betriebliche Personalentwicklungsplanung einzubeziehen und ihnen Perspektiven aufzuzeigen;

– das berufliche Erfahrungsfeld dieser Personen durch eine entsprechende Arbeitseinsatzplanung im Betrieb gezielt zu erweitern;

– die Teilnahmemöglichkeit an innerbetrieblichen Bildungsmaßnahmen auch für die Prüfungsbewerber und -bewerberinnen zu öffnen bzw. zu erleichtern;

– sich gegebenenfalls an den Kursgebühren der Vorbereitungslehrgänge auf die Externenprüfung zu beteiligen;

– die Teilnehmer und Teilnehmerinnen beispielsweise durch eine entsprechende Arbeitszeitgestaltung zu entlasten.

8. Die **förderrechtlichen** Regelungen nach dem Arbeitsförderungsgesetz sowie nach den Förderprogrammen der Länder und dem Europäischen Sozialfonds sollten bei berufsbegleitenden (Teilzeit)Lehrgängen zur Vorbereitung auf die Externenprüfung geprüft und im Rahmen der Möglichkeiten genutzt werden. Insbesondere für erwerbstätige Bewerber und Bewerberinnen der Externenprüfung, die während der Prüfungsvorbereitung ihre Arbeitszeit verkürzen oder vorübergehend ihre Arbeit ganz aufgeben möchten, sollten die Förderrichtlinien entsprechend angewandt werden.

9. Un- und Angelernte sollten die Möglichkeiten, im Rahmen von Kurzarbeit an Qualifizierungsmaßnahmen teilzunehmen (§ 63 Abs. 1 und 4 AFG), dazu nutzen, solche Inhalte zu erlernen, die zum Nachholen eines Ausbildungsabschlusses führen können.

Auch der Beschluss Nr. 94 vom 28. Februar 1996 des **Hauptausschuss des** **Bundesinstituts für Berufsbildung** (BIBB)»Empfehlung des Hauptausschusses des Bundesinstituts für Berufsbildung zur Qualifizierung von Personen ohne formalen Berufsabschluss durch Nachholen von anerkannten Ausbildungsabschlüssen im Verbund mit Beschäftigung«[30] beinhaltet eine Empfehlung für die Externenprüfung. **36**

6. Anwendbarkeit auf andere Prüfungen

Die Vorschrift gilt nicht im Handwerk. Die Zulassung zur Gesellenprüfung in besonderen Fällen ist in § 37 Handwerksordnung geregelt. Für Zwischenprüfungen, Fortbildungs- oder Umschulungsprüfungen gilt § 45 mangels einer Verweisung nicht. **37**

§ 46 Entscheidung über die Zulassung

(1) Über die Zulassung zur Abschlussprüfung entscheidet die zuständige Stelle. Hält sie die Zulassungsvoraussetzungen nicht für gegeben, so entscheidet der Prüfungsausschuss.

---

30 BWP 3/1996.

(2) Auszubildenden, die Elternzeit in Anspruch genommen haben, darf bei der Entscheidung über die Zulassung hieraus kein Nachteil erwachsen.

Inhaltsübersicht Rn.

1.	Allgemeines.	1
2.	Antrag auf Zulassung	2
3.	Entscheidung durch die zuständige Stelle (Abs. 1 Satz 1)	6
4.	Entscheidung durch den Prüfungsausschuss (Abs. 1 Satz 2).	10
5.	Rechtsmittel.	12
6.	Benachteiligungsverbot bei Elternzeit (Abs. 2)	13
7.	Rücktritt, Nichtteilnahme	14
8.	Anwendbarkeit auf andere Prüfungen	16

1. Allgemeines

1 § 46 greift die Regelung des ehemaligen § 39 Abs. 2 auf und weist die Entscheidung über die Zulassung zur Abschlussprüfung der zuständigen Stelle zu. Lehnt diese die ab, so hat der Prüfungsausschuss zu entscheiden. Die Entscheidung über die Zulassung bezieht sich auf **alle** in den § 43 bis 45 vorgesehenen Zulassungsvarianten.

2. Antrag auf Zulassung

2 Das Zulassungsverfahren wird durch einen **Antrag** eingeleitet. Antragsberechtigt ist jedenfalls der Prüfungsbewerber, auch wenn er noch nicht in vollem Umfang geschäftsfähig sein sollte. Die Einwilligung der Erziehungsberechtigten zum Ausbildungsverhältnis gem. § 113 BGB umfasst auch den Antrag auf Zulassung zur Prüfung durch den Minderjährigen. In Prüfungsordnungen könne vorgesehen werden, dass auch Ausbildende den Antrag mit Zustimmung der Auszubildenden stellen dürfen.

3 Die Einzelheiten des Antragsverfahrens werden sinnvollerweise in Prüfungsordnungen geregelt. Das Gesetz enthält zum Zulassungsverfahren lediglich die Regelung in § 46 über die **Entscheidungskompetenz.** Soweit in der Prüfungsordnung für den Antrag auf Zulassung zur Prüfung förmliche Bedingungen durch Fristen und Formulare aufgestellt werden, muss berücksichtigt werden, dass eine Verweigerung der **Prüfungszulassung** für den Prüfling das Grundrecht auf Berufsfreiheit aus Art. 12 GG berührt. Dies gilt umso mehr, als die Norm, mit der zum Erlass von Prüfungsordnungen ermächtigt wird (§ 47), eine ausdrückliche Kompetenz zur Schaffung von materiell rechtlichen Ausschlussfristen, nicht normiert ist. Das Einhalten von Fristen ist daher als **Mitwirkungshandlung** des Prüflings zu verstehen. Vereitelt der Prüfling durch pflichtwidriges Unterlassen der ihm obliegenden Mitwirkungshandlung das Prüfungszulassungsverfahren, kann die Zulassung zur Prüfung **verweigert** werden.[1]

4 Die Musterprüfungsordnung verlangt in § 12 Abs. 1 das Stellen des Antrags auf bestimmten Formularen. Auch hier ist fraglich, ob das Nichtbenutzen eines Formulars dazu führen kann, dass zur Prüfung nicht zugelassen wird. Formu-

---

1 *Zimmerling/Brehm* Prüfungsrecht Rn. 218; a. A.: *VG Darmstadt,* 13.05.1986, III/1 G 1032/86, EzB § 47 BBiG Anmeldung Nr. 4.

lare haben regelmäßig den Zweck, sicherzustellen, dass alle erforderlichen Angaben gemacht werden und diese in einer für die Verwaltung sinnvolle Reihenfolge zu bringen. Es handelt sich um eine Erleichterung für die Verwaltung, in diesem Fall für die zuständige Stelle. Wer bei seinem Antrag auf Zulassung zur Prüfung das Formular nicht nutzt und alle erforderlichen Angaben anderweitig unterbreitet, **vereitelt das Zulassungsverfahren nicht**. Eine Ablehnung des Antrags auf Zulassung zur Prüfung wegen des Nichtnutzens von Formularen kommt daher nicht in Betracht. Gleiches gilt für das in § 12 Abs. 1 MPO bestimmte Erfordernis, den Antrag schriftlich zu stellen. Liegen alle Unterlagen und Informationen vor, die die zuständige Stelle benötigt, um die Zulassung zur Prüfung beurteilen zu können, kann die Zulassung zur Prüfung nicht mit dem Grund verweigert werden, der Antrag liege nicht schriftlich vor. Zulässig ist daher auch, den Antrag zu Protokoll bei der zuständigen Stelle zu geben.

Grundsätzlich kann die Zulassung zu einer Prüfung auch von der Zahlung einer **5** **Prüfungsgebühr** abhängig gemacht werden.[2] Für Auszubildende besteht jedoch ein Verbot, Gebühren zu verlangen, § 37 Abs. 4. Die Ablehnung der Zulassung zur Prüfung wegen Nichtzahlung der Prüfungsgebühr ist jedoch nur dann mit dem Grundrecht aus Art. 12 Abs. 1 GG vereinbar, wenn erfolglos eine **Fristsetzung** mit Ablehnungsandrohung vorausgegangen ist. Die Prüfungsgebühr fällt nicht unter das Verbot, vom Auszubildenden eine Entschädigung für die Berufsausbildung zu verlangen, § 12 Abs. 2 Nr. 1. Die Prüfungsgebühr muss in der Prüfungsordnung verankert und von der Ermächtigungsgrundlage des § 47 gedeckt sein. Sie muss als Gebühr dem **Kostendeckungsprinzip** und dem **Äquivalenzprinzip** entsprechen. Dabei ist der Wert der Amtshandlung nicht allein die Durchführung, sondern auch in den durch das Bestehen der Prüfung eröffneten Berufsaussichten zu sehen.[3] Der Antrag kann vor der Entscheidung ohne Weiteres zurückgenommen werden.[4] Der Antrag kann auch nach Entscheidung der zuständigen Stelle noch zurückgenommen werden, wenn die Entscheidung der zuständigen Stelle noch nicht unanfechtbar geworden ist.[5]

3. Entscheidung durch die zuständige Stelle (Abs. 1 Satz 1)

Der Antrag auf Zulassung zur Abschlussprüfung ist an die zuständige Stelle zu **6** richten. Diese entscheidet gem. Absatz 1 Satz 1 über die Zulassung.

Welche Stelle die zuständige Stelle im Sinne des Absatz 1 Satz 1 ist, ist im Gesetz **7** nur unvollständig beschrieben. Die funktionelle **Zuständigkeit** ergibt sich aus den §§ 71 ff. Die örtliche Zuständigkeit wird üblicherweise in der **Prüfungsordnung** geregelt (siehe § 12 Abs. 3 der Musterprüfungsordnung[6]). Soweit die Prüfungsordnung zur örtlichen Zuständigkeit eine Regelung enthält, ist **ausschließlich diese**, nicht jedoch eine entgegenstehende Praxis der zuständigen Stelle beachtlich.[7]

Die Entscheidung über die Zulassung trifft die **zuständige Stelle**. Innerhalb dieser entscheidet, da es sich regelmäßig um Einzelfälle handelt, nicht der Berufs- **8**

---

2 *Zimmerling/Brehm* Prüfungsrecht Rn. 206.
3 *Zimmerling/Brehm* Prüfungsrecht Rn. 207.
4 *Braun/Mühlhausen* BBiG § 39 a.F. Rn. 20.
5 *Braun/Mühlhausen* BBiG § 39 a.F. Rn. 20.
6 Abgedruckt unter § 47 Rn. 20.
7 *VG Düsseldorf* 11.3.1988, 15 L 466/88, EzB § 47 BBiG Anmeldung Nr. 5.

bildungsausschuss oder einer seiner Unterausschüsse.[8] In welcher Form dem Auszubildenden mitgeteilt wird, dass er zur Prüfung zugelassen wurde, ist gesetzlich nicht normiert. § 13 der Musterprüfungsordnung (siehe § 47) macht hierzu einen Vorschlag. Falls in der Prüfungsordnung keine konkreten Vorgaben enthalten sind, liegt die Form im Ermessen der zuständigen Stelle.[9] Zu der Frage, unter welchen Voraussetzungen zur Prüfung zu zulassen ist s. §§ 43 bis 45.

9   Die Entscheidung der zuständigen Stelle über die Zulassung können nach den Vorschriften des jeweiligen Landesverwaltungsverfahrensgesetzes zurückgenommen oder widerrufen werden oder nichtig sein. Die Formulierung in § 13 Abs. 4 Musterprüfungsordnung, die Zulassung könne widerrufen werden, wenn sie aufgrund von gefälschten Unterlagen oder falschen Angaben ausgesprochen wurde, ist insofern irreführend, als das **Verwaltungsverfahrensgesetz** in den Fällen, in denen ein Verwaltungsakt durch Täuschung erwirkt wird, von der Rücknahme eines rechtswidrigen Verwaltungsakts spricht. Die Regelung in § 13 Abs. 4 Musterprüfungsordnung ist auch nicht abschließend. Die Entscheidung über den Antrag auf Zulassung zur Abschlussprüfung ist ein Verwaltungsakt, der dem Verwaltungsverfahrensgesetz des jeweiligen Bundeslands unterliegt, so dass die beschriebenen Möglichkeiten zur Aufhebung des Verwaltungsakts bestehen bleiben.

4. Entscheidung durch den Prüfungsausschuss (Abs. 1 Satz 2)

10   Kommt die zuständige Stelle bei ihren Prüfungen zu dem Ergebnis, dass die **Zulassungsvoraussetzungen** nicht vorliegen, sie also den Antrag auf Zulassung zur Abschlussprüfung ablehnen möchte, entscheidet der Prüfungsausschuss. Der Prüfungsausschuss ist nicht lediglich zuständig, wenn materielle Zulassungsvoraussetzungen nicht vorliegen. Nach dem Wortlaut von Absatz 1 Satz 2 ist er immer dann zuständig, wenn Zulassungsvoraussetzungen im Allgemeinen nicht vorliegen. Dies bedeutet, dass der Prüfungsausschuss auch dann zuständig ist, wenn die zuständige Stelle meint, formelle Voraussetzungen für die Zulassung, z.B. die fristgemäße Antragsstellung, sei nicht erfüllt.[10] Zuständig ist der Prüfungsausschuss, der im Fall der Zulassung die Prüfung **abnimmt**. Ist ein gemeinsamer Prüfungsausschuss mehrerer zuständiger Stellen gem. § 39 Abs. 1 Satz 2 errichtet, ist dieser zuständig.

11   Die Entscheidung des Prüfungsausschusses über die Zulassung zur Abschlussprüfung ist für die zuständige Stelle **bindend**. Die zuständige Stelle muss die Entscheidung des Prüfungsausschusses umsetzen. Ist der Beschluss des Prüfungsausschusses aus Sicht der zuständigen Stelle offenkundig rechtswidrig, kann sie diesen in einem Organstreitverfahren vor dem Verwaltungsgericht aufheben lassen. Eine eigenmächtige Abänderung des Beschlusses des Prüfungsausschusses durch die zuständige Stelle kommt auch in einem solchen Fall nicht in Betracht.[11]

---

8   *Braun/Mühlhausen* BBiG § 39 a.F. Rn. 24.
9   *Braun/Mühlhausen* BBiG § 39 a.F. Rn. 25.
10   A.A.: *Leinemann/Tauber* BBiG § 46 Rn. 12; *Benecke/Hergenröder* BBiG § 46 Rn. 7.
11   A.A.: VG Hamburg 3.5.1983, 6 VG 1110/83, EzB § 43 Abs. 1 BBiG Nr. 5.

5. Rechtsmittel

Wurde der Antrag auf Zulassung zur Abschlussprüfung abgelehnt, ist dies dem **12** Prüfungsbewerber mitzuteilen. § 13 Abs. 3 der Musterprüfungsordnung sieht vor, dass die Entscheidung **schriftlich** mitgeteilt wird. Eine ablehnende Entscheidung ist nach dem Vorschlag des § 13 Abs. 3 Satz 2 MPO sowie nach dem jeweiligen Landesverwaltungsverfahrensgesetz zu **begründen**. Gegen die ablehnende Entscheidung kann **Widerspruch** eingelegt werden. Die Widerspruchsfrist beträgt einen Monat, nachdem die ablehnende Entscheidung dem Prüfungsbewerber bekannt gegeben worden ist. Wurde auf die Widerspruchsfrist im Bescheid der zuständigen Stelle nicht hingewiesen, verlängert sie sich regelmäßig auf ein Jahr, §§ 70, 58, 60 Absätze 1–4 VwGO. Der Widerspruch ist an die zuständige Stelle zu richten. Sie entscheidet darüber, ob er zulässig und begründet ist, dem Prüfungsausschuss steht keine erneute Entscheidungsbefugnis entsprechend Absatz 1 Satz 2 zu, falls die zuständige Stelle den Widerspruch zurückweisen will.[12] Ändert die zuständige Stelle auf den Widerspruch des Prüfungsbewerbers den Verwaltungsakt nicht ab, sondern ergeht ein bestätigender **Widerspruchsbescheid**, kann der Prüfungsbewerber gegen diesen Bescheid bei dem Verwaltungsgericht klagen. Auch der Ausbildende kann durch den Antrag auf Nichtzulassung beschwert sein, sodass ihm ein eigenes Klagerecht zusteht. Dies gilt insbesondere dann, wenn die Zulassung aus einem Grund verweigert wird, den der **Ausbildende** zu vertreten hat und der Ausbildende damit rechnen muss, hierfür in Anspruch genommen zu werden. Das Ziel der Klage ist, die zuständige Stelle zu verpflichten, den Prüfungsbewerber zur Prüfung zu zulassen. Wegen anstehender Prüfungstermine besteht häufig Eilbedürftigkeit, so dass ein Verfügungsgrund für den Erlass einer einstweiligen Anordnung gem. § 123 VwGO bestehen kann. In diesem Fall wird aufgrund einer vorläufigen Anordnung zur Prüfung zugelassen. Grundsätzlich kann daher im sich anschließenden Hauptsacheverfahren noch festgestellt werden, dass die Voraussetzungen für die Zulassung zur Prüfung nicht vorlagen. In diesem Fall sind die Prüfungsleistungen nicht, auch nicht teilweise, anzuerkennen.[13] Etwas anderes gilt nur für den Fall, dass die Zulassung zur Prüfung mit dem Grund verweigert wurde, die Ausbildungszeit sei noch nicht zurückgelegt worden, weswegen es an der erforderlichen beruflichen Handlungsfähigkeit fehle. Diese Annahme ist durch das Bestehen der Prüfung, zu der man vorläufig zugelassen wurde, widerlegt. Der Verstoß beeinträchtigt die Rechtmäßigkeit des Prüfungsverfahrens nicht so wesentlich, dass den Prüfungsteilnehmer später die Anerkennung der erbrachten Prüfungsleistung zu versagen ist.[14] Enthält die einstweilige Anordnung keine Einschränkung erstreckt sie sich auch auf die mündliche Prüfung.[15]

6. Benachteiligungsverbot bei Elternzeit (Abs. 2)

Nach Absatz 2 ist eine Benachteiligung von Auszubildenden, die **Elternzeit** in **13** Anspruch genommen haben, bei der Zulassung zur Prüfung verboten. Es han-

---

12 *Leinemann/Taubert* BBiG § 46 Rn. 17.
13 *Leinemann/Taubert* BBiG § 46 Rn. 19.
14 *VGH Baden-Württemberg* 13.10.1976, VI 819/76, EzB § 43 Abs. 1 BBiG Nr. 3.
15 *OVG Hamburg* 29.12.1989, Bs VI 93/89, EzB § 39 BBiG 1969 Nr. 14.

delt sich um eine Regelung, mit der die Betreuung und Erziehung eines Kindes in den ersten Lebensjahren durch ein Elternteil gefördert werden soll. Die zuständige Stelle und der Prüfungsausschuss haben daher darauf zu achten, dass die Zeiten von Elternzeit bei der Zulassung zur Abschlussprüfung nicht negativ bewerten. Nicht negativ berücksichtigt werden darf daher, wenn durch die Inanspruchnahme der Elternzeit die Ausbildungszeit sehr lange ist oder die Erfüllung der Zulassungsvoraussetzungen längere Zeit zurückliegt.[16] Auch eine Zulassung zur **Abschlussprüfung** während der Elternzeit muss wegen Absatz 2 ermöglicht werden.[17]

Obgleich im Gesetz nicht ausdrücklich benannt, bestehen weitere **Benachteiligungsverbote**. Zu beachten ist z.B. § 2 Abs. 1 Nr. 1, 7 AGG. Wenngleich die zuständige Stelle nicht Normadressat des § 612a BGB ist, gebietet es der Grundsatz der Vermeidung von Wertungswidersprüchen bei der Entscheidung über die Zulassung zur Abschlussprüfung § 612a BGB i.V.m. Mutterschutzzeiten, Pflegezeiten nach dem Pflegezeitgesetz oder Fehlzeiten aufgrund der Bildungsurlaubsgesetze der Länder nicht nachteilig zu werten.

7. Rücktritt, Nichtteilnahme

14 Im Gesetz nicht ausdrücklich geregelt ist, welche Folgen es für die Zulassung zur Abschlussprüfung hat, wenn der Prüfling vor Beginn der Prüfung von dieser **zurücktritt**. § 23 Abs. 1 der Musterprüfungsordnung (abgedruckt unter § 47 Rn. 20) lässt dies ausdrücklich zu. Ausreichend ist nach diesem Vorschlag eine schriftliche Erklärung. Die Prüfung gilt dann als nicht abgelegt, sodass erneut der Antrag auf Zulassung zur Abschlussprüfung gestellt werden kann. Die **Rücktrittserklärung** ist vom Prüfling selbst abzugeben. Adressat der Rücktrittserklärung ist die zuständige Stelle, nicht der Prüfungsausschuss oder einzelne Prüfer. Allerdings darf der Prüfling erwarten, dass anwesendes Prüfungspersonal seine Rücktrittserklärung alsbald an die zuständige Stelle weiterleitet. Der Rücktritt von der Prüfung ist als rechtsgestaltende Willenserklärung unwiderruflich. Ein Teilrücktritt lediglich von einzelnen Prüfungsteilen ist nicht zulässig.[18]

15 Nach der Regelung in § 23 Absätze 2–5 der Musterprüfungsordnung ist ein Rücktritt nach Beginn der Prüfung nicht mehr möglich. Die Prüfung wird dann mit null Punkten bewertet. Nimmt ein Prüfling an der Prüfung nicht teil, kann hierfür jedoch einen wichtigen Grund unverzüglich nachweisen, werden bereits erbrachte, selbstständige Prüfungsleistungen anerkannt. Die Zulassung zur Abschlussprüfung bleibt erteilt, nicht abgelegte Teile werden – obwohl dies in der Musterordnung nicht ausdrücklich normiert ist – nachgeholt. Dabei ist zu beachten, dass der wichtige Grund unverzüglich **mitzuteilen und nachzuweisen** ist. Im Krankheitsfall ist die Vorlage eines ärztlichen Attestes erforderlich. Ausdrücklich nicht verlangt wird ein amtsärztliches Attest. Das Attest muss sich darauf beziehen, dass Prüfungsunfähigkeit vorliegt. Eine Bescheinigung über Arbeitsunfähigkeit ist nicht ausreichend. Nicht ausreichend ist, wenn ein Leiden bescheinigt wird, dass gerade durch die **Prüfungssituation** verursacht wurde. Leistungsbeeinträchtigungen, die in den spezifischen Belastungen der Prüfung

---

16 *Braun/Mühlhausen* BBiG § 39 a.F. Rn. 41.
17 *Braun/Mühlhausen* BBiG § 39 Rn. 41.
18 *Zimmerling/Brehm* Prüfungsrecht Rn. 455 ff.

liegen und denen jeder Prüfling je nach Konstitution mehr oder weniger stark ausgesetzt sind, gehören zum **Risikobereich** des Prüflings.[19]

8. Anwendbarkeit auf andere Prüfungen

Die Vorschrift gilt nicht im Handwerk. Die Entscheidung über die Zulassung **16** zur Gesellenprüfung ist in § 37 a Handwerksordnung geregelt. § 46 gilt auch für Prüfungen bei Fortbildungen (§ 56 Abs. 1 Satz 2), Umschulungen (§ 62 Abs. 3 Satz 2) und über Zusatzqualifikationen (§ 49 Abs. 2), mangels einer Verweisung in § 48 jedoch nicht für Zwischenprüfungen.

§ 47 Prüfungsordnung

(1) Die zuständige Stelle hat eine Prüfungsordnung für die Abschlussprüfung zu erlassen. Die Prüfungsordnung bedarf der Genehmigung der zuständigen obersten Landesbehörde.

(2) Die Prüfungsordnung muss die Zulassung, die Gliederung der Prüfung, die Bewertungsmaßstäbe, die Erteilung der Prüfungszeugnisse, die Folgen von Verstößen gegen die Prüfungsordnung und die Wiederholungsprüfung regeln. Sie kann vorsehen, dass Prüfungsaufgaben, die überregional oder von einem Aufgabenerstellungsausschuss bei der zuständigen Stelle erstellt oder ausgewählt werden, zu übernehmen sind, sofern diese Aufgaben von Gremien erstellt oder ausgewählt werden, die entsprechend § 40 Abs. 2 zusammengesetzt sind.

(3) Der Hauptausschuss des Bundesinstituts für Berufsbildung erlässt für die Prüfungsordnung Richtlinien.

Inhaltsübersicht | Rn.

1.	Allgemeines	1
2.	Pflicht zum Erlass von Prüfungsanordnungen (Abs. 1)	2
3.	Inhalt der Prüfungsordnung (Abs. 2)	5
3.1	Mindestinhalte von der Prüfungsordnung (Abs. 2 Satz 1)	6
3.1.1	Zulassung zur Abschlussprüfung	7
3.1.2	Gliederung der Prüfungen	8
3.1.3	Bewertungsmaßstäbe	9
3.1.4	Erteilung der Prüfungszeugnisse	12
3.1.5	Verstöße gegen die Prüfungsordnung	13
3.1.6	Wiederholungsprüfung	16
3.2	Freiwillige Regelungsinhalte	17
4.	Richtlinien	
4.1	Musterprüfungsordnung für die Durchführung von Abschluss- und Umschulungsprüfungen	19
4.2	Empfehlung des Hauptausschusses für programmierte Prüfungen	22
4.3	Empfehlung des Hauptausschusses zur Durchführung von mündlichen Prüfungen	23
5.	Anwendbarkeit auf andere Prüfungen	24

---

19 *Zimmerling/Brehm* Prüfungsrecht Rn. 466.

1. Allgemeines

1 § 47 knüpft an § 41 BBiG 1969 an. Ebenso wie diese Vorgängervorschrift sind nach § 41 zwingend **Prüfungsordnungen** durch die zuständigen Stellen zu erlassen. Die zwingenden und fakultativen Inhalte der Prüfungsordnung werden beschrieben. Wie auch in § 41 BBiG 1969 wird der Hauptausschuss des Bundesinstituts für Berufsbildung verpflichtet, für die Prüfungsordnung Richtlinien zu erlassen.

2. Pflicht zum Erlass von Prüfungsordnungen (Abs. 1)

2 Nach Absatz 1 hat die zuständige Stelle eine Prüfungsordnung für die Abschlussprüfung zu erlassen. Die Vorschrift ist **zwingend**. Zuständig für den Erlass der Prüfungsordnung ist gem. § 79 Abs. 4 der **Berufsbildungsausschuss** der zuständigen Stelle. Hierfür ist zunächst ein ordnungsgemäßer **Beschluss** des Berufsbildungsausschusses zu fassen. Dies setzt die Beachtung der Formalia gem. der §§ 77, 78 voraus. Nach dem Mehrheitsbeschluss durch den Berufsbildungsausschuss muss die **Genehmigung** der zuständigen obersten Landesbehörde gem. Absatz 1 Satz 1 eingeholt werden. Als dritter Schritt für den Erlass der Prüfungsordnung muss diese veröffentlicht werden. Dies erfolgt üblicherweise im amtlichen Teil des Mitteilungsblattes der zuständigen Stelle.[1] Die Verkündung im Mitteilungsblatt der zuständigen Stelle ist ausreichend, sofern niemand von der Bezugsmöglichkeit des Blattes ausgeschlossen ist.[2] Die Aufsichtsbehörde der zuständigen Stelle hat zu überwachen, ob die Pflicht zum Erlass einer Prüfungsordnung erfüllt wurde. Die zuständige Aufsichtsbehörde ergibt sich bei Industrie- und Handwerkskammern aus § 11 Abs. 1 IHKG i. V. m. den jeweiligen Ausführungsgesetz des Landes.

3 Die Prüfungsordnung bedarf der Genehmigung durch die zuständige oberste Landesbehörde, Absatz 1 Satz 2. Welche oberste Landesbehörde zuständig ist, ergibt sich aus den entsprechenden landesrechtlichen Bestimmungen, mit denen die Zuständigkeiten nach dem BBiG geregelt werden. Die Regelung in § 84 Absatz 3 Satz 2 BBiG 1969, wonach die Zustimmung der obersten Landesbehörde entfallen kann, wenn diese selbst zuständige Stelle ist, findet sich im BBiG 2005 nicht mehr. Es bleibt bei der Zuständigkeit der zuständigen Stelle, wenn Bund oder Länder in nicht-handwerklichen Gewerbeberufen oder in Handwerksberufen ausbilden.[3]

4 Im Gesetz ist nicht geregelt, welche **Maßstäbe** die Genehmigungsbehörde anzulegen hat, wenn ihr die Prüfungsordnung zur Genehmigung vorgelegt wird. In Betracht kommt daher allein eine Kontrolle der Prüfungsordnung darauf, ob sie rechtmäßig ist. Überprüft werden muss also, ob die Prüfungsordnung die Mindestinhalte des § 47 Abs. 2 beinhaltet und ob die darüber hinausgehenden Inhalte rechtmäßig **normiert** wurden. Nicht zulässig ist, wenn die oberste Landesbehörde Abweichungen der Musterprüfungsordnung gem. Absatz 3 rügt, es sich hierbei jedoch nicht um die Auslassung zwingender Inhalte gem. Absatz 2 Satz 1 und auch nicht um rechtswidrige Regelungen handelt. Die Musterprüfungsordnung setzt Absatz 3 um und hat demzufolge lediglich den

---

1 *Leinemann/Taubert* BBiG § 47 Rn. 10.
2 *Braun/Mühlhausen* BBiG § 41 Rn. 31.
3 *Leinemann/Taubert* BBiG § 73 Rn. 3.

Charakter einer Richtlinie. Aufgrund der fehlenden Bindungswirkung der Richtlinie ist die oberste Landesbehörde nicht verpflichtet und auch nicht berechtigt, im Genehmigungsverfahren die Übereinstimmung mit der Richtlinie zu prüfen oder zu rügen.[4] Die Genehmigung ist kein Verwaltungsakt.[5]

3. Inhalt der Prüfungsordnung (Abs. 2)

Absatz 2 beschreibt Inhalte der Prüfungsordnung vor. In Absatz 2 Satz 1 sind zwingende Inhalte abschließend aufgelistet. In Satz 2 werden fakultative Inhalte exemplarisch angeboten. **5**

3.1 Mindestinhalte von der Prüfungsordnung (Abs. 2 Satz 1)

Der Mindestinhalt der Prüfungsordnung in § 47 Abs. 2 entspricht der Regelung in § 41 Satz 2 BBiG. **6**

3.1.1 Zulassung zur Abschlussprüfung

Die Prüfungsordnung soll die Zulassung zur Abschlussprüfung präzisieren. Die **7** Regelungsbefugnis der zuständigen Stelle erstreckt sich lediglich auf die Bereiche, die nicht abschließend gesetzlich geregelt sind. Materielle Zulassungsvoraussetzungen, die über die §§ 43 bis 45 hinausgehen, dürfen nicht aufgestellt werden.[6] Der Regelungspunkt »Zulassung zur Abschlussprüfung« bezieht sich dadurch im Wesentlichen auf die Regelung des **formellen Zulassungsverfahrens**. Soweit darin keine grundrechtsrelevante Zugangsbeschränkung enthalten ist, kann z. B. die Form der Anmeldung geregelt werden. Das Bestimmen von Fristen für den Antrag auf Zulassung zur Prüfung ist zulässig, wenn die Fristversäumnis nicht zum Aufschluss von der Abschlussprüfung, sondern lediglich zur **Teilnahme** erst am nächsten Prüfungstermin führt. Auch bei der Bestimmung von Unterlagen, die dem Antrag auf Zulassung zur Abschlussprüfung beigefügt werden müssen, ist darauf zu achten, dass der Zugang zum Beruf nicht endgültig verschlossen bleibt, sondern die Vorgaben der Strukturierung des Verwaltungsverfahrens dienen. Anspruch auf eine bestimmte zuständige Stelle, die für die Abschlussprüfung zuständig sein soll, besteht nicht. Insofern kann die Zuständigkeit in der **Prüfungsordnung** geregelt werden. Eine Bestimmung in der Prüfungsordnung, wonach bei Anträgen auf Zulassung aufgrund praktischer Berufstätigkeit die Industrie- und Handelskammer für die Anmeldung örtlich zuständig ist, in deren Bezirk die Arbeitsstätte des Prüfungsbewerbers liegt, ist wirksam. Das Vertrauen in den Fortbestand einer rechtswidrigen – weil hiergegen verstoßenden – Verwaltungspraxis ist unter rechtsstaatlichen Gesichtspunkten nicht geschützt und vermag auch keine Selbstbindung der Verwaltung herbeizuführen.[7] Regelungen zur Zulassung zur Abschlussprüfung sind nicht nur für die sog. **Regelzulassung**, § 43 Abs. 1 sinnvoll, sondern auch für die Zulassung von Außenseitern, § 43 Absatz 2, für die Zulassung zu ge-

---

4 *Braun/Mühlhausen* BBiG § 41 Rn. 30; a. A.: *Leinemann/Taubert* BBiG § 47 Rn. 12.
5 *Leinemann/Taubert* BBiG § 47 Rn. 13.
6 *Braun/Mühlhausen* BBiG § 41 Rn. 8.
7 *VG Düsseldorf* 11.3.1988, 15 L 466/88, EzB § 47 BBiG Anmeldung Nr. 5.

streckten Prüfungen, § 45, für die Zulassung in besonderen Fällen, § 45, sowie für Wiederholungsprüfungen.

3.1.2 Gliederung der Prüfungen

8 Der Verlauf der Prüfung muss für den Prüfling berechenbar sein.[8] Damit müssen die Aufteilung und die zeitliche Abfolge von schriftlichen und soweit erforderlich mündlichen Prüfungen festgelegt sein. Soweit **Fertigkeitsprüfungen** stattfinden, ist auch hier ihre Eingliederung in den zeitlichen Verlauf festzulegen. Auch die zeitliche Dauer der einzelnen Prüfungen ist festzulegen. Eine geringfügige, etwa zehnminütige Überschreitung der Prüfungszeit führt nicht zur **Fehlerhaftigkeit** der Prüfung, wenn für die längere Dauer sachliche Gründe vorliegen.[9] Die Musterprüfungsordnung sieht in § 15 für die Gliederung der Prüfung lediglich einen Verweis auf die Ausbildungsordnung der zuständigen Stelle vor. Ferner ist in ihr der allgemeine Hinweis enthalten, dass die Prüfung sich, soweit nichts anderes bestimmt ist, in eine **Fertigkeits- und eine Kenntnisprüfung** gliedert. Soweit alle Ausbildungsordnungen eine ausreichende Gliederung der Prüfung enthalten, liegt bei dieser Vorgehensweise wenigstens keine Regelungslücke vor. Der Hauptausschuss vom Bundesinstitut für Berufsbildung hat zur Regelung der Prüfungen in Ausbildungsordnungen eine Empfehlung ausgesprochen (abgedruckt unter § 5 Rn. 13). Die Ausbildungsordnung geht als Verordnung der Prüfungsordnung der zuständigen Stelle vor. Die Prüfungsordnung ist Rechtsnorm mit **Satzungscharakter**, nicht jedoch Rechtsverordnung und nicht lediglich interne, allgemeine Verwaltungsvorschrift.[10] Insofern beschränkt die Ausbildungsordnung die Regelungsmöglichkeit in der Prüfungsordnung. Trifft die Ausbildungsordnung eine abschließende Regelung zur Gliederung der Prüfung, kann eine solche in der Prüfungsordnung der zuständigen Stelle nicht mehr erfolgen.

3.1.3 Bewertungsmaßstäbe

9 Die Prüfungsordnung muss für alle Prüflinge festlegen, welche Bewertungsmaßstäbe gelten. Möglich und in der Musterprüfungsordnung, § 24, verwendet, ist eine Schulnotenskala von **sechs Noten** (sehr gut, gut, befriedigend, ausreichend, mangelhaft, ungenügend). Ebenfalls möglich ist ein **Punktesystem**, bei dem erreichte Punkte einer Note zugeordnet werden. § 24 MPO kombiniert beide Systeme, in dem Punkte von 0–100 den Schulnoten zugewiesen werden. In der Prüfungsordnung muss dann noch unzweifelhaft geklärt werden, wann die Prüfungsordnung **bestanden** oder **nicht bestanden** wurde. Werden die Schulnoten verwendet und keine weitere **Bestehensregelung** getroffen, ist die Prüfung nicht bestanden, wenn die gezeigten Leistungen ausnahmslos mit »mangelhaft« oder »ungenügend« bewertet worden sind.[11] Um das Bestehen feststellen zu können, müssen die einzelnen Prüfungsbereiche zueinander **gewichtet** werden. Die Bestehensregelung beinhaltet üblicherweise nicht nur eine Gesamtnote sondern auch **Mindestnoten** in den verschiedenen Prüfungsberei-

---

8 *VG Düsseldorf* 21.10.1976, 11 K 2867/75, EzB § 108 BBiG 1969 Nr. 2.
9 *Leinemann/Taubert* BBiG § 47 Rn. 21 m.w.N.
10 *VG Köln* 26.10.2007, 4 K 63/07 www.justiz.nrw.de/RB/nrw2/index.php.
11 *Braun/Mühlhausen* BBiG § 41 Rn. 15.

chen. Zulässig ist es, sog. »Sperrfächer« zu definieren, in denen die Note mindestens »ausreichend« betragen muss. Dementsprechend hat der Hauptausschuss beim Bundesinstitut für Berufsbildung in seiner Empfehlung für die Regelung von Prüfungsanforderungen in Ausbildungsordnungen (abgedruckt unter § 5 Rn. 13) beide Alternativen als möglich aufgenommen. Ebenfalls zulässig ist es, bestimmte Fächer von der Wirkung für die Abschlussprüfung vollständig auszunehmen oder **Ergänzungsprüfungen** zu ermöglichen, falls Prüfungsbereiche schlechter als »ausreichend« bewertet wurden. In diesem Fall muss präzise geregelt werden, ob es für die mündliche Ergänzungsprüfung eines Antrags bedarf, wie umfangreich die Ergänzungsprüfung ist, in welchem Fach sie erfolgt und wie ihr Ergebnis gewertet wird.

Die Bewertungsmaßstäbe sind bis auf den Notenschlüssel aufgrund der Empfehlung des Hauptausschusses zur Regelung von Prüfungsanforderungen in Ausbildungsordnungen regelmäßig in Ausbildungsordnungen enthalten. Dies dient der Einheitlichkeit der Bewertungsmaßstäbe im Ausbildungsberuf. Raum für die gesetzlich angeordnete **Definition** von Bewertungsmaßstäben durch die zuständige Stelle verbleibt so allerdings kaum. **10**

Trotz der vorhandenen Regelungen zu den **Bewertungsmaßstäben** verbleibt bei jeder Prüfung noch ein Bewertungsspielraum für die Prüfer.[12] Da jeder Prüfer selbst bei vorheriger Absprache zu den Erwartungen in Bezug auf die Lösungen zu den Prüfungsaufgaben individuelle Bewertungsmaßstäbe hat, ist erforderlich, dass zunächst jeder Prüfer die Prüfungsleistung selbstständig bewertet. Eine selbstständige Bewertung bedeutet jedoch nicht, dass die weiteren Prüfer die Randbemerkungen oder Bewertungen des ersten Prüfers nicht zur Kenntnis nehmen dürfen. Eine solche persönliche, voneinander unabhängige Bewertung muss in der Prüfungsordnung **normiert** werden.[13] Die Musterprüfungsordnung setzt lediglich die selbstständige Bewertung jedes Mitglieds des Prüfungsausschusses voraus (§ 25 Abs. 1 MPO). Um die Bewertung im Überprüfungsverfahren, im Widerspruchsverfahren sowie ggf. im Klageverfahren nachvollziehen zu können, bedarf es einer **Begründung** für die Bewertung. Die Grundlage und die wesentlichen Kriterien des Bewertungsvorgangs, prüfungsspezifische Wertungen, Einschätzung zum Schwierigkeitsgrad der Aufgaben, Überzeugungskraft der Argumente müssen offengelegt werden. Dies gilt jedenfalls dann, wenn der Prüfling hierzu substantiierte Einwendungen erhebt oder nach einer mündlichen Prüfung danach fragt.[14] **11**

3.1.4 Erteilung der Prüfungszeugnisse

In der Prüfungsordnung ist der Inhalt des nach § 34 Abs. 2 BBiG zu erteilenden Zeugnisses festzulegen. Üblicherweise wird als Anhang zu der Prüfungsordnung ein **Zeugnisvordruck** verwendet. Die Angaben auf dem Prüfungszeugnis sind verbindlich festzulegen. Dem Zeugnis muss klar zu entnehmen sein, ob die Abschlussprüfung bestanden wurde. Das Gesetz unterscheidet weder in § 37 noch in § 47 zwischen einem Prüfungszeugnis für die **bestandene** Prüfung noch einem Bescheid für die nicht bestandene Prüfung. Die Prüfungsordnung hat daher auch zu bestimmen, wie das Prüfungszeugnis bei nicht bestandener **12**

---

12 *Leinemann/Taubert* BBiG § 47 Rn. 26 m. w. N.
13 *Zimmerling/Brehm* Prüfungsrecht, Rn. 613 f.
14 *Zimmerling/Brehm* Prüfungsrecht, Rn. 630 m. w. N.

Prüfung auszusehen hat. Die Musterprüfungsordnung enthält hierzu in § 28 den Vorschlag, dass ein Bescheid über die nicht bestandene Prüfung erteilt wird, welche Angaben dieser enthält und, dass hierfür ein von der zuständigen Stelle vorgeschriebenes Formular zu verwenden ist.

3.1.5 Verstöße gegen die Prüfungsordnung

13 Die Prüfungsordnung muss Regelungen enthalten, welche Folgen Verstöße gegen die Prüfungsordnung haben. Hierbei ist insbesondere zu regeln, welche Folgen **Täuschungshandlungen oder Störungen des Prüfungsablaufs** nach sich ziehen. Es bestehen keine Bedenken dagegen, bereits die Vorbereitung einer Täuschungshandlung mit dem Nichtbestehen zu sanktionieren,[15] soweit der Versuch der Täuschungshandlung bereits begonnen hat. Insofern lässt sich auf die vorhandene Rechtsprechung zur Abgrenzung zwischen Vorbereitungshandlung und Beginn des Versuchs zu § 23 StGB zurückgreifen. Die Folgen einer Täuschungshandlung, unabhängig davon ob versucht oder beendet, sind in der Prüfungsordnung eindeutig zu beschreiben. Es muss bestimmt werden, ob lediglich die Prüfungsleistung, bei der die Täuschungshandlung festgestellt wurde, als ungenügend bewertet wird oder ob die gesamte Prüfung mit ungenügend bewertet wird. Die Entscheidung, dass der Prüfling wegen eines Täuschungsversuchs die Prüfung nicht bestanden hat, setzt voraus, dass dem Prüfling zuvor **Gelegenheit** gegeben worden ist, sich dazu zu äußern.[16] Nicht erforderlich ist, dass eine Liste von Täuschungshandlungen erstellt wird.

14 Ebenfalls zu regeln ist, wie mit festgestellten Täuschungshandlungen oder Störungen im Prüfungsablauf umzugehen ist. Dabei ist zu berücksichtigen, dass es nicht nur auf den Umfang des Täuschungsversuchs ankommt, sondern auch auf die inhaltliche **Bedeutung**. Insofern bleibt es beim Grundsatz der Verhältnismäßigkeit, bei dem der Grad der Verletzung der Wettbewerbsregeln durch den Prüfling und die Beeinträchtigung der Chancengleichheit berücksichtigt werden müssen. Dem Prüfungsausschuss steht dementsprechend ein **Ermessen** zu. Dies spiegelt § 22 Abs. 3 der Musterprüfungsordnung kaum wieder. Hier wird als Mindestsanktion die Bewertung der betroffenen Prüfungsleistung mit »ungenügend« angeordnet. Zwingend ist dies nicht. Übt der Prüfungsausschuss kein Ermessen aus, sondern hält er sich fälschlicherweise für verpflichtet, in jedem Fall täuschenden Verhaltens einschreiten zu müssen, führt dieser Ermessensnichtgebrauch zu einer fehlerhaften und **angreifbaren** Entscheidung.[17]

15 Fraglich ist auch, ob dem Prüfling abverlangt werden darf, die Prüfung bei einem vermuteten Täuschungsversuch vorbehaltlich der Entscheidung des Prüfungsausschusses über die Täuschungshandlung **fortzusetzen**. Die Prüfungsbedingungen für diesen Prüfling sind nach Erklärung des Vorbehalts andere als für die übrigen Prüflinge. Der Verdacht einer Täuschungshandlung mit der entsprechenden Sanktion führt zu einer erheblichen psychischen Belastung, die über den Prüfungsstress aller anderen Prüflinge **weit** hinausgeht. Der Täuschungsversuch muss daher aufgeklärt werden und eine Entscheidung während der Prüfung getroffen werden. Dies soll jedenfalls dann gelten, wenn die

---

15 *Braun/Mühlhausen* BBiG § 41 Rn. 19 m. w. N.
16 *Zimmerling/Brehm* Prüfungsrecht, Rn. 387.
17 *Zimmerling/Brehm* Prüfungsrecht, Rn. 399.

Aufklärung der Prüfung lediglich geringfügig **verzögert** wird.[18] § 47 ordnet an, dass die Folgen von Verstößen gegen die Prüfungsordnung in der Musterprüfungsordnung normiert werden. Damit sind nicht nur die Folgen von Täuschungshandlungen und Prüfungsstörungen zu definieren, sondern auch die Folgen weiterer Verstöße wie Fristversäumnis beim Antrag auf Zulassung zur Prüfung, fehlende Unterlagen beim Antrag auf Zulassung zur Prüfung. Die Folgen von Verstößen gegen die Prüfungsordnung durch die zuständige Stelle bzw. dem Prüfungsausschuss müssen nicht definiert werden. Sie ergeben sich daraus, dass der Prüfling Anspruch auf Einhaltung der Prüfungsordnung hat. Wird hiergegen verstoßen, liegt ein **Verfahrensfehler** vor, der zur Anfechtung des Prüfungsergebnisses berechtigt.

3.1.6 Wiederholungsprüfung

Prüfungsordnungen müssen auch die Wiederholung der Abschlussprüfung **16** regeln. Die Abschlussprüfung kann bei Nichtbestehen gem. § 37 Abs. 1 Satz 2 2× wiederholt werden. In der Prüfungsordnung ist zu regeln, wenn die Wiederholungsprüfung erst nach Ablauf eines bestimmten Zeitraums erfolgen kann oder wann spätestens die Prüfung **wiederholt** werden muss. Es ist auch zu regeln, ob die gesamte Prüfung oder lediglich einzelne Teile zu wiederholen sind. Nötig ist auch eine Regelung darüber, ob ein erneutes Zulassungsverfahren erforderlich ist.

3.2 Freiwillige Regelungsinhalte

§ 47 Abs. 2 Satz 2 lässt zu, dass in der Prüfungsordnung eine Regelung zu **17** **Prüfungsaufgaben** enthalten ist. Sofern dies in der Prüfungsordnung enthalten ist, ist eine Verpflichtung des Prüfungsausschusses, überregional erstellte oder ausgewählte Prüfungsaufgaben ohne Einsichtnahme und Beschlussfassung zu übernehmen, rechtmäßig, wenn die Prüfungsaufgaben von paritätisch zusammengesetzten Gremien erstellt oder ausgewählt worden sind.[19] Dementsprechend enthält § 18 Abs. 2 der Musterprüfungsordnung eine entsprechende Anordnung.

Weitere Regelungsinhalte in der Prüfungsordnung sind zulässig, § 47 Abs. 2 **18** Satz 1 enthält lediglich die **Mindestinhalte**. Denkbar sind also Regelungen zu folgenden Themen:
- Befangenheit von Prüfern
- Prüfungsunfähigkeit
- Rücktritt und Nichtteilnahme an der Prüfung
- Richtlinien des Hauptausschusses

4. Richtlinien

Nach Absatz 3 erlässt der Hauptausschuss des Bundesinstitutes für Berufsbil- **19** dung für die Prüfungsordnungen Richtlinien. Durch Beschluss vom 08.03.2007 empfiehlt der Hauptausschuss eine Musterprüfungsordnung für die Durchführung von Abschluss- und Umschulungsprüfungen. Außerdem existiert ei-

---

18 *OVG Münster* 27.11.1987, 22 B 3064/87, NVwZ 1988, 455.
19 *BVG* 13.3.1990 7 B 172/89, 7 B 176/89, juris.

ne Empfehlung des Hauptausschusses für programmierte Prüfungen sowie eine Empfehlung des Hauptausschusses zur Durchführung von mündlichen Prüfungen:

20   **Empfehlung des Hauptausschusses des Bundesinstituts für Berufsbildung zur Musterprüfungsordnung für die Durchführung von Abschluss- und Umschulungsprüfungen[20]**

21   **4.1 Musterprüfungsordnung für die Durchführung von Abschluss- und Umschulungsprüfungen**

aufgrund des Beschlusses des Berufsbildungsausschusses vom 08.03.2007 gemäß den Richtlinien des Hauptausschusses vom 8. März 2007 erlässt die/der/das ... (z. B. Industrie- und Handelskammer) als zuständige Stelle nach § 47 Abs. 1 Satz 1 und § 79 Abs. 4 Satz 1 des Berufsbildungsgesetzes vom 23. März 2005 (BGBl. I S. 931) die folgende Prüfungsordnung für die Durchführung von Abschluss- und Umschulungsprüfungen:

Erster Abschnitt: Prüfungsausschüsse

Inhaltsverzeichnis

§ 1   Errichtung
§ 2   Zusammensetzung und Berufung
§ 3   Ausschluss von der Mitwirkung
§ 4   Vorsitz, Beschlussfähigkeit, Abstimmung
§ 5   Geschäftsführung
§ 6   Verschwiegenheit

Zweiter Abschnitt: Vorbereitung der Prüfung

§ 7   Prüfungstermine
§ 8   Zulassungsvoraussetzungen für die Abschluss- und Umschulungsprüfung
§ 9   Zulassungsvoraussetzungen für die Abschlussprüfung in zwei zeitlich
       auseinanderfallenden Teilen
§ 10   Zulassung von Absolventen schulischer und sonstiger Bildungsgänge
§ 11   Zulassungsvoraussetzungen in besonderen Fällen
§ 12   Zulassung zur Prüfung
§ 13   Entscheidung über die Zulassung

Dritter Abschnitt: Durchführung der Prüfung

§ 14   Prüfungsgegenstand
§ 15   Gliederung der Prüfung
§ 16   Besondere Verhältnisse behinderter Menschen
§ 17   Befreiung von vergleichbaren Prüfungsbestandteilen bei der Umschulungs-
       prüfung
§ 18   Prüfungsaufgaben
§ 19   Nichtöffentlichkeit
§ 20   Leitung, Aufsicht und Niederschrift
§ 21   Ausweispflicht und Belehrung
§ 22   Täuschungshandlungen und Ordnungsverstöße
§ 23   Rücktritt, Nichtteilnahme

**Vierter Abschnitt: Bewertung, Feststellung und Beurkundung des Prüfungs-
ergebnisses**

§ 24   Bewertungsschlüssel
§ 25   Bewertungsverfahren, Feststellung der Prüfungsergebnisse
§ 26   Ergebnisniederschrift, Mitteilung über Bestehen oder Nichtbestehen
§ 27   Prüfungszeugnis
§ 28   Bescheid über nicht bestandene Prüfung

Fünfter Abschnitt: Wiederholungsprüfung

---

20 Vom 8. März 2007, http://www.bibb.de/de/29297.htm.

§ 29 Wiederholungsprüfung
Sechster Abschnitt: Schlussbestimmungen
§ 30 Rechtsbehelfsbelehrung
§ 31 Prüfungsunterlagen
§ 32 Prüfung von Zusatzqualifikationen
§ 33 Inkrafttreten

Erster Abschnitt: Prüfungsausschüsse
§ 1 Errichtung
(1) Die zuständige Stelle errichtet für die Abnahme der Abschluss- und Umschulungsprüfungen Prüfungsausschüsse (§ 39 Abs. 1 Satz 1 BBiG / § 62 Absatz 3 Satz 1 BBiG).
(2) Für einen Ausbildungsberuf können bei Bedarf, insbesondere bei einer großen Anzahl von Prüfungsbewerbern und bei besonderen Anforderungen in der Ausbildungsordnung, mehrere Prüfungsausschüsse errichtet werden.
(3) Mehrere zuständige Stellen können bei einer von ihnen gemeinsame Prüfungsausschüsse errichten (§ 39 Abs. 1 Satz 2 BBiG).

§ 2 Zusammensetzung und Berufung
(1) Der Prüfungsausschuss besteht aus mindestens drei Mitgliedern. Mitglieder müssen für die Prüfungsgebiete sachkundig und für die Mitwirkung im Prüfungswesen geeignet sein (§ 40 Abs. 1 BBiG).
(2) Dem Prüfungsausschuss müssen als Mitglieder Beauftragte der Arbeitgeber und der Arbeitnehmer in gleicher Zahl sowie mindestens eine Lehrkraft einer berufsbildenden Schule angehören. Mindestens zwei Drittel der Gesamtzahl der Mitglieder müssen Beauftragte der Arbeitgeber und der Arbeitnehmer sein (§ 40 Abs. 2 Sätze 1 und 2 BBiG).
(3) Die Mitglieder werden von der zuständigen Stelle für eine einheitliche Periode, längstens für fünf Jahre berufen (§ 40 Abs. 3 Satz 1 BBiG).
(4) Die Beauftragten der Arbeitnehmer werden auf Vorschlag der im Bezirk der zuständigen Stelle bestehenden Gewerkschaften und selbstständigen Vereinigungen von Arbeitnehmern mit sozial- oder berufspolitischer Zwecksetzung berufen (§ 40 Abs. 3 Satz 2 BBiG).
(5) Lehrkräfte von berufsbildenden Schulen werden im Einvernehmen mit der Schulaufsichtsbehörde oder der von ihr bestimmten Stelle berufen (§ 40 Abs. 3 Satz 3 BBiG).
(6) Werden Mitglieder nicht oder nicht in ausreichender Zahl innerhalb einer von der zuständigen Stelle gesetzten angemessenen Frist vorgeschlagen, so beruft die zuständige Stelle insoweit nach pflichtgemäßem Ermessen (§ 40 Abs. 3 Satz 4 BBiG).
(7) Die Mitglieder der Prüfungsausschüsse können nach Anhörung der an ihrer Berufung Beteiligten aus wichtigem Grunde abberufen werden (§ 40 Abs. 3 Satz 5 BBiG).
(8) Die Mitglieder haben Stellvertreter oder Stellvertreterinnen(§ 40 Abs. 2 Satz 3 BBiG). Die Absätze 3 bis 7 gelten für sie entsprechend.
(9) Die Tätigkeit im Prüfungsausschuss ist ehrenamtlich. Für bare Auslagen und für Zeitversäumnis ist, soweit eine Entschädigung nicht von anderer S. gewährt wird, eine angemessene Entschädigung zu zahlen, deren Höhe von der zuständigen Stelle mit Genehmigung der obersten Landesbehörde festgesetzt wird (§ 40 Abs. 4 BBiG).
(10) Von den Absätzen 2 und 8 darf nur abgewichen werden, wenn andernfalls die erforderliche Zahl von Mitgliedern des Prüfungsausschusses nicht berufen werden kann (§ 40 Abs. 5 BBiG).

§ 3 Ausschluss von der Mitwirkung
(1) Bei der Zulassung und Prüfung dürfen Angehörige der Prüfungsbewerber nicht mitwirken. Angehörige im Sinne des Satz 1 sind:
1. Verlobte,
2. Ehegatten,
3. eingetragene Lebenspartner,
4. Verwandte und Verschwägerte gerader Linie,

5. Geschwister,
6. Kinder der Geschwister,
7. Ehegatten der Geschwister und Geschwister der Ehegatten,
8. Geschwister der Eltern,
9. Personen, die durch ein auf längere Dauer angelegtes Pflegeverhältnis mit häuslicher Gemeinschaft wie Eltern und Kind miteinander verbunden sind (Pflegeeltern und Pflegekinder).

Angehörige sind die im Satz 2 aufgeführten Personen auch dann, wenn:
1. in den Fällen der Nummern 2, 3, 4 und 7 die die Beziehung begründende Ehe oder die Lebenspartnerschaft nicht mehr besteht;
2. in den Fällen der Nummern 4 bis 8 die Verwandtschaft oder Schwägerschaft durch Annahme als Kind erloschen ist;
3. im Falle der Nummer 9 die häusliche Gemeinschaft nicht mehr besteht, sofern die Personen weiterhin wie Eltern und Kind miteinander verbunden sind.

(2) Hält sich ein Prüfungsausschussmitglied nach Absatz 1 für ausgeschlossen oder bestehen Zweifel, ob die Voraussetzungen des Absatz 1 gegeben sind, ist dies der zuständigen Stelle mitzuteilen, während der Prüfung dem Prüfungsausschuss. Die Entscheidung über den Ausschluss von der Mitwirkung trifft die zuständige Stelle, während der Prüfung der Prüfungsausschuss. Im letzteren Fall darf das betroffene Mitglied nicht mitwirken. Ausgeschlossene Personen dürfen bei der Beratung und Beschlussfassung nicht zugegen sein.

(3) Liegt ein Grund vor, der geeignet ist, Misstrauen gegen eine unparteiische Ausübung des Prüfungsamtes zu rechtfertigen, oder wird von einem Prüfling das Vorliegen eines solchen Grundes behauptet, so hat die betroffene Person dies der zuständigen Stelle mitzuteilen, während der Prüfung dem Prüfungsausschuss. Absatz 2 Sätze 2 bis 4 gelten entsprechend.

(4) Ausbilder und Ausbilderinnen des Prüflings sollen, soweit nicht besondere Umstände eine Mitwirkung zulassen oder erfordern, nicht mitwirken.

(5) Wenn in den Fällen der Absätze 1 bis 3 eine ordnungsgemäße Besetzung des Prüfungsausschusses nicht möglich ist, kann die zuständige Stelle die Durchführung der Prüfung einem anderen oder einem gemeinsamen Prüfungsausschuss übertragen. Erforderlichenfalls kann eine andere zuständige Stelle ersucht werden, die Prüfung durchzuführen. Das gleiche gilt, wenn eine objektive Durchführung der Prüfung aus anderen Gründen nicht gewährleistet erscheint.

§ 4 Vorsitz, Beschlussfähigkeit, Abstimmung
(1) Der Prüfungsausschuss wählt ein Mitglied, das den Vorsitz führt und ein weiteres Mitglied, das den Vorsitz stellvertretend übernimmt. Der Vorsitz und das ihn stellvertretende Mitglied sollen nicht derselben Mitgliedergruppe angehören (§ 41 Abs. 1 BBiG).

(2) Der Prüfungsausschuss ist beschlussfähig, wenn zwei Drittel der Mitglieder, mindestens drei, mitwirken. Er beschließt mit der Mehrheit der abgegebenen Stimmen. Bei Stimmengleichheit gibt die Stimme des vorsitzenden Mitgliedes den Ausschlag (§ 41 Abs. 2 BBiG).

§ 5 Geschäftsführung
(1) Die Geschäftsführung des Prüfungsausschusses liegt in Abstimmung mit dem Prüfungsausschuss bei der zuständigen Stelle. Einladungen, (Vorbereitung, Durchführung, Nachbereitung), Protokollführung und Durchführung der Beschlüsse werden im Einvernehmen mit dem Vorsitz des Prüfungsausschusses geregelt.

(2) Zu den Sitzungen des Prüfungsausschusses sind die ordentlichen Mitglieder rechtzeitig einzuladen. Stellvertretende Mitglieder werden in geeigneter Weise unterrichtet. Kann ein Mitglied an einer Sitzung nicht teilnehmen, so soll es dies unverzüglich der zuständigen Stelle mitteilen. Für ein verhindertes Mitglied ist ein stellvertretendes Mitglied einzuladen, welches derselben Gruppe angehören soll.

(3) Die Sitzungsprotokolle sind von der Protokoll führenden Person und dem Vorsitz zu unterzeichnen. § 26 Abs. 1 bleibt unberührt.

§ 6 Verschwiegenheit

Unbeschadet bestehender Informationspflichten, insbesondere gegenüber dem Berufsbildungsausschuss, haben die Mitglieder des Prüfungsausschusses und sonstige mit der Prüfung befassten Personen über alle Prüfungsvorgänge Verschwiegenheit gegenüber Dritten zu wahren.

Zweiter Abschnitt: Vorbereitung der Prüfung
§ 7 Prüfungstermine

(1) Die zuständige Stelle bestimmt in der Regel zwei für die Durchführung der Prüfung maßgebende Zeiträume im Jahr. Diese Zeiträume sollen auf den Ablauf der Berufsausbildung und des Schuljahres abgestimmt sein. Die zuständige Stelle setzt die einzelnen Prüfungstage fest.

(2) Die zuständige Stelle gibt die Zeiträume im Sinne des Abs. 1 Satz 1 einschließlich der Anmeldefristen in geeigneter Weise öffentlich mindestens einen Monat vor Ablauf der Anmeldefrist bekannt. Wird die Anmeldefrist überschritten, kann die zuständige Stelle die Annahme des Antrags verweigern.

(3) Werden für schriftlich durchzuführende Prüfungsbereiche einheitliche überregionale Aufgaben verwendet, sind dafür entsprechende überregional abgestimmte Prüfungstage anzusetzen.

§ 8 Zulassungsvoraussetzungen für die Abschluss- und Umschulungsprüfung

(1) Zur Abschlussprüfung ist zuzulassen(§ 43 Abs. 1 BBiG),
1. wer die Ausbildungszeit zurückgelegt hat oder wessen Ausbildungszeit nicht später als zwei Monate nach dem Prüfungstermin endet,
2. wer an vorgeschriebenen Zwischenprüfungen teilgenommen sowie vorgeschriebene schriftliche Ausbildungsnachweise geführt hat und
3. wessen Berufsausbildungsverhältnis in das Verzeichnis der Berufsausbildungsverhältnisse

eingetragen oder aus einem Grund nicht eingetragen ist, den weder die Auszubildenden noch deren gesetzliche Vertreter oder Vertreterinnen zu vertreten haben.

(2) Behinderte Menschen sind zur Abschlussprüfung auch zuzulassen, wenn die Voraussetzungen des Absatz 1 Nr. 2 und 3 nicht vorliegen (§ 65 Abs. 2 Satz 2 BBiG).

(3) Die Zulassungsvoraussetzungen für die Umschulungsprüfung richten sich nach der Umschulungsordnung oder der Umschulungsprüfungsregelung der zuständigen Stelle (§§ 58, 59 BBiG).

§ 9 Zulassungsvoraussetzungen für die Abschlussprüfung in zwei zeitlich auseinander fallenden Teilen

(1) Sofern die Abschlussprüfung in zwei zeitlich auseinander fallenden Teilen durchgeführt wird, ist über die Zulassung jeweils gesondert zu entscheiden (§ 44 Abs. 1 BBiG).

(2) Zum ersten Teil der Abschlussprüfung ist zuzulassen (§ 44 Abs. 2 in Verbindung mit § 43 Abs. 1 Nr. 2 und 3 BBiG),
1. wer die in der Ausbildungsordnung vorgeschriebene, erforderliche Ausbildungszeit zurückgelegt hat,
2. wer vorgeschriebene schriftliche Ausbildungsnachweise geführt hat und
3. wessen Berufsausbildungsverhältnis in das Verzeichnis der Berufsausbildungsverhältnisse eingetragen oder aus einem Grund nicht eingetragen ist, den weder die Auszubildenden noch deren gesetzliche Vertreter oder Vertreterinnen zu vertreten haben.

(3) Zum zweiten Teil der Abschlussprüfung ist zuzulassen,
1. wer die Ausbildungszeit zurückgelegt hat oder wessen Ausbildungszeit nicht später als zwei Monate nach dem Prüfungstermin endet,

2. wer am ersten Teil der Abschlussprüfung teilgenommen hat
3. und wer die Voraussetzungen des Absatzes 2 Nr. 2 und 3 erfüllt.

Dies gilt nicht, wenn Auszubildende aus Gründen, die sie nicht zu vertreten haben, am ersten Teil der Abschlussprüfung nicht teilgenommen haben. In diesem Fall ist der erste Teil der Abschlussprüfung zusammen mit dem zweiten Teil abzulegen (§ 44 Abs. 3 BBiG).

§ 10 Zulassung von Absolventen schulischer und sonstiger Bildungsgänge
Zur Abschlussprüfung ist ferner zuzulassen (§ 43 Abs. 2 BBiG),
1. wer in einer berufsbildenden Schule oder einer sonstigen Berufsbildungseinrichtung ausgebildet worden ist, wenn dieser Bildungsgang der Berufsausbildung in einem anerkannten Ausbildungsberuf entspricht. Ein Bildungsgang entspricht der Berufsausbildung in einem anerkannten Ausbildungsberuf, wenn er
   a) nach Inhalt, Anforderung und zeitlichem Umfang der jeweiligen Ausbildungsordnung gleichwertig ist,
   b) systematisch, insbesondere im Rahmen einer sachlichen und zeitlichen Gliederung durchgeführt wird und
   c) durch Lernortkooperation einen angemessenen Anteil an fachpraktischer
2. wer einen Bildungsgang absolviert hat, welcher nach der Rechtsverordnung eines Landes die Voraussetzungen nach Nummer 1 erfüllt.

§ 11 Zulassungsvoraussetzungen in besonderen Fällen
(1) Auszubildende können nach Anhörung der Ausbildenden und der Berufsschule vor Ablauf ihrer Ausbildungszeit zur Abschlussprüfung zugelassen werden, wenn ihre Leistungen dies rechtfertigen (§ 45 Abs. 1 BBiG).

(2) Zur Abschlussprüfung ist auch zuzulassen, wer nachweist, dass er mindestens das Eineinhalbfache der Zeit, die als Ausbildungszeit vorgeschrieben ist, in dem Beruf tätig gewesen ist, in dem die Prüfung abgelegt werden soll. Als Zeiten der Berufstätigkeit gelten auch Ausbildungszeiten in einem anderen, einschlägigen Ausbildungsberuf. Vom Nachweis der Mindestzeit nach Satz 1 kann ganz oder teilweise abgesehen werden, wenn durch Vorlage von Zeugnissen oder auf andere Weise glaubhaft gemacht wird, dass der Bewerber oder die Bewerberin die berufliche Handlungsfähigkeit erworben hat, die die Zulassung zur Prüfung rechtfertigt. Ausländische Bildungsabschlüsse und Zeiten der Berufstätigkeit im Ausland sind dabei zu berücksichtigen (§ 45 Abs. 2 BBiG).

(3) Soldaten oder Soldatinnen auf Zeit und ehemalige Soldaten oder Soldatinnen sind nach Absatz 2 Satz 3 zur Abschlussprüfung zuzulassen, wenn das Bundesministerium der Verteidigung oder die von ihm bestimmte Stelle bescheinigt, dass der Bewerber oder die Bewerberin berufliche Fertigkeiten, Kenntnisse und Fähigkeiten erworben hat, welche die Zulassung zur Prüfung rechtfertigen (§ 45 Abs. 3 BBiG).

§ 12 Zulassung zur Prüfung
(1) Der Antrag auf Zulassung zur Prüfung ist durch die Auszubildenden schriftlich nach den von der zuständigen Stelle bestimmten Fristen und Formularen zu stellen. Die Auszubildenden haben die Ausbildenden über die Antragstellung zu unterrichten.

(2) In den Fällen der §§ 8 Abs. 3, 10 und 11 Abs. 2 und 3 ist der Antrag auf Zulassung zur Prüfung von den Prüfungsbewerbern einzureichen.

(3) Örtlich zuständig für die Zulassung ist die zuständige Stelle, in deren Bezirk
1. in den Fällen der §§ 8, 9 und 11 Abs. 1 die Ausbildungs- oder Umschulungsstätte liegt,
2. in den Fällen der §§ 10, 11 Abs. 2 und 3 der gewöhnliche Aufenthalt der Prüfungsbewerber liegt,
3. in den Fällen des § 1 Abs. 3 der gemeinsame Prüfungsausschuss errichtet worden ist.

(4) Dem Antrag auf Zulassung sind beizufügen:
a) in den Fällen der §§ 8 Abs. 1 und Abs. 2, 9 Abs. 3
   – Bescheinigung über die Teilnahme an vorgeschriebenen Zwischenprüfungen oder am ersten Teil der Abschlussprüfung,
   – vorgeschriebene schriftliche Ausbildungsnachweise,

b) in den Fällen des § 9 Abs. 2
- vorgeschriebene schriftliche Ausbildungsnachweise, c) im Fall des § 11 Abs. 1
- zusätzlich zu den Unterlagen nach a) oder b) das letzte Zeugnis oder eine aktuelle Leistungsbeurteilung der zuletzt besuchten berufsbildenden Schule,
d) in den Fällen des § 10
- Bescheinigung über die Teilnahme an dem schulischen oder sonstigen Bildungs-gang und in den Fällen des § 10 Nr. 1 zusätzlich
- Bescheinigung über die Teilnahme an der fachpraktischen Ausbildung im Rahmen des schulischen oder sonstigen Bildungsganges,
e) in den Fällen des § 11 Abs. 2 Sätze 1 und 2
- Tätigkeitsnachweis und ggf. Nachweis der Dauer der Berufsausbildung in dem oder in einem anderen einschlägigen Ausbildungsberuf und ggf. glaubhafte Dar-legung über den Erwerb der beruflichen Handlungsfähigkeit,
f) in den Fällen des § 11 Abs. 2 Satz 3 und Abs. 3
- glaubhafte Darlegung über den Erwerb der beruflichen Handlungsfähigkeit oder Bescheinigung über den Erwerb der beruflichen Fertigkeiten, Kenntnisse und Fähigkeiten.
(5) Für Wiederholungsprüfungen genügt die form- und fristgerechte Anmeldung zur Prüfung.

§ 13 Entscheidung über die Zulassung

(1) Über die Zulassung zur Abschluss- und Umschulungsprüfung entscheidet die zuständige Stelle. Hält sie die Zulassungsvoraussetzungen nicht für gegeben, so ent-scheidet der Prüfungsausschuss (§ 46 Abs. 1 BBiG und § 62 Abs. 3 BBiG).

(2) Sofern eine Umschulungsordnung (§ 58BBiG) oder eine Umschulungsprüfungsrege-lung (§ 59 BBiG) der zuständigen Stelle Zulassungsvoraussetzungen vorsieht, sind ausländische Bildungsabschlüsse und Zeiten der Berufstätigkeit im Ausland zu berück-sichtigen (§ 61 BBiG).

(3) Die Entscheidung über die Zulassung ist den Prüfungsbewerbern rechtzeitig unter Angabe des Prüfungstages und -ortes einschließlich der erlaubten Arbeits- und Hilfs-mittel schriftlich mitzuteilen. Die Entscheidung über die Nichtzulassung ist dem Prü-fungsbewerber schriftlich mit Begründung bekannt zu geben.

(4) Die Zulassung kann von der zuständigen Stelle im Einvernehmen mit dem Prü-fungsausschuss bis zur Bekanntgabe des Prüfungsergebnisses widerrufen werden, wenn sie aufgrund von gefälschten Unterlagen oder falschen Angaben ausgesprochen wurde.

Dritter Abschnitt: Durchführung der Prüfung
§ 14 Prüfungsgegenstand

(1) Durch die Abschlussprüfung ist festzustellen, ob der Prüfling die berufliche Hand-lungsfähigkeit erworben hat. In ihr soll der Prüfling nachweisen, dass er die erforder-lichen beruflichen Fertigkeiten beherrscht, die notwendigen beruflichen Kenntnisse und Fähigkeiten besitzt und mit dem im Berufsschulunterricht zu vermittelnden, für die Berufsausbildung wesentlichen Lehrstoff vertraut ist. Die Ausbildungsordnung ist zu-grunde zu legen (§ 38 BBiG).

(2) Der Gegenstand der Umschulungsprüfung ergibt sich aus der jeweiligen Umschu-lungsordnung oder Umschulungsprüfungsregelung der zuständigen Stelle.

(3) Sofern sich die Umschulungsordnung oder die Umschulungsprüfungsregelung der zuständigen Stelle auf die Umschulung für einen anerkannten Ausbildungsberuf richtet, sind das Ausbildungsberufsbild, der Ausbildungsrahmenplan und die Prüfungsanfor-derungen zugrunde zu legen (§ 60 BBiG).

(4) Die Prüfungssprache ist Deutsch soweit nicht die Ausbildungsordnung, die Um-schulungsordnung oder die -prüfungsregelung der zuständigen Stelle etwas anderes vorsieht.

§ 15 Gliederung der Prüfung

(1) Die Gliederung der Prüfung richtet sich nach der Ausbildungsordnung oder der Umschulungsordnung oder -prüfungsregelung der zuständigen Stelle.

(2) Soweit Fachliche Vorschriften (§ 104 BBiG) nichts anderes bestimmen, gliedert sich die Prüfung in eine Fertigkeits- und Kenntnisprüfung.

§ 16 Besondere Verhältnisse behinderter Menschen

Bei der Durchführung der Prüfung sollen die besonderen Verhältnisse behinderter Menschen berücksichtigt werden. Dies gilt insbesondere für die Dauer der Prüfung, die Zulassung von Hilfsmitteln und die Inanspruchnahme von Hilfeleistungen Dritter wie Gebärdensprachdolmetscher für hörbehinderte Menschen (§ 65 Abs. 1 BBiG). Die Art der Behinderung ist mit dem Antrag auf Zulassung zur Prüfung (§ 12) nachzuweisen.

§ 17 Befreiung von vergleichbaren Prüfungsbestandteilen bei der Umschulungsprüfung

Bei der Umschulungsprüfung (§§ 58, 59 BBiG) ist der Prüfling auf Antrag von der Ablegung einzelner Prüfungsbestandteile durch die zuständige Stelle zu befreien, wenn er eine andere vergleichbare Prüfung vor einer öffentlichen oder staatlich anerkannten Bildungseinrichtung oder vor einem staatlichen Prüfungsausschuss erfolgreich abgelegt hat und die Anmeldung zur Umschulungsprüfung innerhalb von fünf Jahren nach der Bekanntgabe des Bestehens der anderen Prüfung erfolgt (§ 62 Abs. 4 BBiG).

§ 18 Prüfungsaufgaben

(1) Der Prüfungsausschuss beschließt auf der Grundlage der Ausbildungsordnung oder der Umschulungsordnung oder -prüfungsregelung der zuständigen Stelle die Prüfungsaufgaben.

(2) Überregional oder von einem Aufgabenerstellungsausschuss bei der zuständigen Stelle erstellte oder ausgewählte Aufgaben sind vom Prüfungsausschuss zu übernehmen, sofern diese Aufgaben von Gremien erstellt oder ausgewählt und beschlossen wurden, die entsprechend § 2 Abs. 2 zusammengesetzt sind und die zuständige Stelle über die Übernahme entschieden hat.

(3) Sind an einem Tag ausschließlich schriftliche Prüfungsleistungen zu erbringen, soll die Dauer der Prüfung 300 Minuten nicht überschreiten.

§ 19 Nichtöffentlichkeit

Die Prüfungen sind nicht öffentlich. Vertreter und Vertreterinnen der obersten Landesbehörden, der zuständigen Stelle sowie die Mitglieder des Berufsbildungsausschusses der zuständigen Stelle können anwesend sein. Der Prüfungsausschuss kann im Einvernehmen mit der zuständigen Stelle andere Personen als Gäste zulassen. An der Beratung über das Prüfungsergebnis im Sinne des § 25 Abs. 1 Satz 2 dürfen nur die Mitglieder des Prüfungsausschusses beteiligt sein.

§ 20 Leitung, Aufsicht und Niederschrift

(1) Die Prüfung wird unter Leitung des Vorsitzes vom gesamten Prüfungsausschuss unbeschadet der Regelungen in § 25 Abs. 2 und 3 abgenommen.

(2) Die zuständige Stelle regelt im Einvernehmen mit dem Prüfungsausschuss die Aufsichtsführung, die sicherstellen soll, dass die Prüfungsleistungen selbstständig und nur mit erlaubten Arbeits- und Hilfsmitteln durchgeführt werden.

(3) Über den Ablauf der Prüfung ist eine Niederschrift zu fertigen.

§ 21 Ausweispflicht und Belehrung

Die Prüflinge haben sich auf Verlangen des Vorsitzes oder der Aufsichtsführung über ihre Person auszuweisen. Sie sind vor Beginn der Prüfung über den Prüfungsablauf, die zur Verfügung stehende Zeit, die erlaubten Arbeits- und Hilfsmittel, die Folgen von

Täuschungshandlungen und Ordnungsverstößen, Rücktritt und Nichtteilnahme zu belehren.

§ 22 Täuschungshandlungen und Ordnungsverstöße

(1) Unternimmt es ein Prüfling, das Prüfungsergebnis durch Täuschung oder Benutzung nicht zugelassener Hilfsmittel zu beeinflussen oder leistet er Beihilfe zu einer Täuschung oder einem Täuschungsversuch, liegt eine Täuschungshandlung vor.

(2) Wird während der Prüfung festgestellt, dass ein Prüfling eine Täuschungshandlung begeht oder einen entsprechenden Verdacht hervorruft, ist der Sachverhalt von der Aufsichtsführung festzustellen und zu protokollieren. Der Prüfling setzt die Prüfung vorbehaltlich der Entscheidung des Prüfungsausschusses über die Täuschungshandlung fort.

(3) Liegt eine Täuschungshandlung vor, wird die von der Täuschungshandlung betroffene Prüfungsleistung mit »ungenügend« (= 0 Punkte) bewertet. In schweren Fällen, insbesondere bei vorbereiteten Täuschungshandlungen, kann der Prüfungsausschuss den Prüfungsteil oder die gesamte Prüfung mit »ungenügend« (= 0 Punkte) bewerten.

(4) Behindert ein Prüfling durch sein Verhalten die Prüfung so, dass die Prüfung nicht ordnungsgemäß durchgeführt werden kann, ist er von der Teilnahme auszuschließen. Die Entscheidung hierüber kann von der Aufsichtsführung getroffen werden. Die endgültige Entscheidung über die Folgen für den Prüfling hat der Prüfungsausschuss unverzüglich zu treffen. Absatz 3 gilt entsprechend. Gleiches gilt bei Nichtbeachtung der Sicherheitsvorschriften.

(5) Vor Entscheidungen des Prüfungsausschusses nach den Absätzen 3 und 4 ist der Prüfling zu hören.

§ 23 Rücktritt, Nichtteilnahme

(1) Der Prüfling kann nach erfolgter Anmeldung vor Beginn der Prüfung durch schriftliche Erklärung zurücktreten. In diesem Fall gilt die Prüfung als nicht abgelegt.

(2) Versäumt der Prüfling einen Prüfungstermin, so werden bereits erbrachte selbstständige Prüfungsleistungen anerkannt, wenn ein wichtiger Grund für die Nichtteilnahme vorliegt. Selbstständige Prüfungsleistungen sind solche, die thematisch klar abgrenzbar und nicht auf eine andere Prüfungsleistung bezogen sind sowie eigenständig bewertet werden.

(3) Erfolgt der Rücktritt nach Beginn d r Prüfung oder nimmt der Prüfling an der Prüfung nicht teil, ohne dass ein wichtiger Grund vorliegt, so wird die Prüfung mit 0 Punkten bewertet.

(4) Bei den zeitlich auseinanderfallenden Teilen einer Abschlussprüfung gelten die Absätze 1 bis 3 für den jeweiligen Teil.

(5) Der wichtige Grund ist unverzüglich mitzuteilen und nachzuweisen. Im Krankheitsfall ist die Vorlage eines ärztlichen Attestes erforderlich.

Vierter Abschnitt: Bewertung, Feststellung und Beurkundung des Prüfungsergebnisses

§ 24 Bewertungsschlüssel

Die Prüfungsleistungen sind wie folgt zu bewerten:

Eine den Anforderungen in besonderem Maße entsprechende Leistung = 100–92 Punkte = Note 1 = sehr gut

Eine den Anforderungen voll entsprechende Leistung = unter 92–81 Punkte = Note 2 = gut

Eine den Anforderungen im Allgemeinen entsprechende Leistung = unter 81–67 Punkte = Note 3 = befriedigend

Eine Leistung, die zwar Mängel aufweist, aber im Ganzen den Anforderungen noch entspricht = unter 67–50 Punkte = Note 4 = ausreichend

Eine Leistung, die den Anforderungen nicht entspricht, jedoch erkennen lässt, dass

gewisse Grundkenntnisse noch vorhanden sind = unter 50–30 Punkte = Note 5 = mangelhaft
Eine Leistung, die den Anforderungen nicht entspricht und bei der selbst Grundkenntnisse fehlen = unter 30–0 Punkte = Note 6 = ungenügend.
Der 100-Punkte-Schlüssel ist der Bewertung aller Prüfungsleistungen sowie der Ermittlung von Zwischen- und Gesamtergebnissen zugrunde zu legen.

§ 25 Bewertungsverfahren, Feststellung der Prüfungsergebnisse

(1) Jede Prüfungsleistung ist von jedem Mitglied des Prüfungsausschusses selbstständig zu bewerten. Beschlüsse über die Bewertung einzelner Prüfungsleistungen, der Prüfung insgesamt sowie über das Bestehen und Nichtbestehen der Abschlussprüfung werden vom Prüfungsausschuss gefasst. Bei der gemeinsamen Feststellung der Ergebnisse dienen die Einzelbewertungen der Prüfungsausschussmitglieder als Grundlage.

(2) Zur Vorbereitung der Beschlussfassung nach Absatz 1 kann der Vorsitz mindestens zwei Mitglieder mit der Bewertung einzelner, nicht mündlich zu erbringender Prüfungsleistungen beauftragen. Die Beauftragten sollen nicht derselben Mitgliedergruppe angehören. Die beauftragten Mitglieder dokumentieren die wesentlichen Abläufe und halten die für die Bewertung erheblichen Tatsachen fest (§ 42 Abs. 2 und 3 BBiG). Die übrigen Mitglieder des Prüfungsausschusses sind bei der Beschlussfassung nach Absatz 1 nicht an die Einzelbewertungen der beauftragten Mitglieder gebunden.

(3) Der Prüfungsausschuss kann zur Bewertung einzelner, nicht mündlich zu erbringender Prüfungsleistungen gutachterliche Stellungnahmen Dritter, insbesondere berufsbildender Schulen, einholen. Im Rahmen der Begutachtung sind die wesentlichen Abläufe zu dokumentieren und die für die Bewertung erheblichen Tatsachen festzuhalten (§ 39 Abs. 2 und 3 BBiG). Die Beauftragung erfolgt nach den Verwaltungsgrundsätzen der zuständigen Stelle. Personen, die nach § 3 von der Mitwirkung im Prüfungsausschuss auszuschließen sind, sollen nicht als Gutachter tätig werden.

§ 26 Ergebnisniederschrift, Mitteilung über Bestehen oder Nichtbestehen

(1) Über die Feststellung der einzelnen Prüfungsergebnisse ist eine Niederschrift auf den von der zuständigen Stelle genehmigten Formularen zu fertigen. Sie ist von den Mitgliedern des Prüfungsausschusses zu unterzeichnen und der zuständigen Stelle unverzüglich vorzulegen.

(2) Soweit Fachliche Vorschriften (§ 104BBiG) nichts anderes regeln, ist die Prüfung insgesamt bestanden, wenn in den einzelnen Prüfungsteilen gemäß § 15 Abs. 2 mindestens ausreichend Leistungen erbracht sind.

(3) Dem Prüfling soll unmittelbar nach Feststellung des Gesamtergebnisses der Prüfung mitgeteilt werden, ob er die Prüfung »bestanden« oder »nicht bestanden« hat. Hierüber erhält der Prüfling eine vom Vorsitz zu unterzeichnende Bescheinigung. Kann die Feststellung des Prüfungsergebnisses nicht am Tag der letzten Prüfungsleistung getroffen werden, so hat der Prüfungsausschuss diese unverzüglich zu treffen und dem Prüfling mitzuteilen.

(4) Sofern die Abschlussprüfung in zwei zeitlich auseinanderfallenden Teilen durchgeführt wird, ist das Ergebnis der Prüfungsleistungen im ersten Teil der Abschlussprüfung dem Prüfling schriftlich mitzuteilen (§ 37 Abs. 2 Satz 3 BBIG). Der erste Teil der Abschlussprüfung ist nicht eigenständig wiederholbar (§ 37 Abs. 1 Satz 3 BBiG).

(5) Dem Ausbildenden werden auf Verlangen die Ergebnisse der Zwischen- und Abschlussprüfung des Auszubildenden übermittelt (§ 37 Abs. 2 Satz 2 BBiG).

§ 27 Prüfungszeugnis

(1) Über die Prüfung erhält der Prüfling von der zuständigen Stelle ein Zeugnis (§ 37 Abs. 2 BBiG). Der von der zuständigen Stelle vorgeschriebene Vordruck ist zu verwenden.

(2) Das Prüfungszeugnis enthält

– die Bezeichnung »Prüfungszeugnis nach § 37 Abs. 2 BBiG« oder »Prüfungszeugnis nach § 62 Abs. 3 BBiG in Verbindung mit § 37 Abs. 2 BBiG«,
– die Personalien des Prüflings (Name, Vorname, Geburtsdatum),
– die Bezeichnung des Ausbildungsberufs mit Fachrichtung oder prüfungsrelevantem Schwerpunkt. Weitere in der Ausbildungsordnung ausgewiesene prüfungsrelevante Differenzierungen können aufgeführt werden.
– die Ergebnisse (Punkte) der Prüfungsbereiche und das Gesamtergebnis (Note), soweit ein solches in der Ausbildungsordnung vorgesehen ist,
– das Datum des Bestehens der Prüfung,
– die Namenswiedergaben (Faksimile) oder Unterschriften des Vorsitzes des Prüfungsausschusses und der beauftragten Person der zuständigen Stelle mit Siegel.
Im Prüfungszeugnis können darüber hinaus die selbstständigen Prüfungsleistungen eines Prüfungsbereichs (§ 23 Abs. 2 Satz 2) ohne Bewertung aufgeführt werden.
(3) Dem Zeugnis ist auf Antrag des Auszubildenden eine englischsprachige und eine französischsprachige Übersetzung beizufügen. Auf Antrag der Auszubildenden kann das Ergebnis berufsschulischer Leistungsfeststellungen auf dem Zeugnis ausgewiesen werden (§ 37 Abs. 3 BBiG).

§ 28 Bescheid über nicht bestandene Prüfung

(1) Bei nichtbestandener Prüfung erhalten der Prüfling und seine gesetzlichen Vertreter von der zuständigen Stelle einen schriftlichen Bescheid. Darin ist anzugeben, welche Prüfungsleistungen in einer Wiederholungsprüfung nicht mehr wiederholt werden müssen (§ 29 Abs. 2 bis 3). Die von der zuständigen Stelle vorgeschriebenen Formulare sind zu verwenden.
(2) Auf die besonderen Bedingungen der Wiederholungsprüfung gemäß § 29 ist hinzuweisen.

Fünfter Abschnitt: Wiederholungsprüfung
§ 29 Wiederholungsprüfung

(1) Eine nichtbestandene Abschlussprüfung kann zweimal wiederholt werden (§ 37 Abs. 1 Satz 2 BBiG). Es gelten die in der Wiederholungsprüfung erzielten Ergebnisse.
(2) Hat der Prüfling bei nichtbestandener Prüfung in einer selbstständigen Prüfungsleistung (§ 23 Abs. 142 Satz 2) mindestens ausreichende Leistungen erbracht, so ist dieser auf Antrag des Prüflings nicht zu wiederholen, sofern der Prüfling sich innerhalb von zwei Jahren – gerechnet vom Tage der Feststellung des Ergebnisses der nicht bestandenen Prüfung an – zur Wiederholungsprüfung anmeldet. Die Bewertung in einer selbstständigen Prüfungsleistung (§ 23 Abs. 2 Satz 2) ist im Rahmen der Wiederholungsprüfung zu übernehmen.
(3) Die Prüfung kann frühestens zum nächsten Prüfungstermin (§ 7) wiederholt werden.

Sechster Abschnitt: Schlussbestimmungen
§ 30 Rechtsbehelfsbelehrung

Maßnahmen und Entscheidungen der Prüfungsausschüsse der zuständigen Stelle sind bei ihrer schriftlichen Bekanntgabe an den Prüfungsbewerber bzw. den Prüfling mit einer Rechtsbehelfsbelehrung gemäß § 70 VwGO zu versehen.

§ 31 Prüfungsunterlagen

Auf Antrag ist dem Prüfling binnen der gesetzlich vorgegebenen Frist zur Einlegung eines Rechtsbehelfs Einsicht in seine Prüfungsunterlagen zu gewähren. Die schriftlichen Prüfungsarbeiten sind ein Jahr, die Niederschriften gemäß § 26 Abs. 1 10 Jahre aufzubewahren. Die Aufbewahrungsfrist beginnt mit dem Zugang des Prüfungsbescheides nach § 27 Abs. 1 bzw. § 28 Abs. 1. Der Ablauf der vorgenannten Fristen wird durch das Einlegen eines Rechtsmittels gehemmt.

§ 32 Prüfung von Zusatzqualifikationen
Die Vorschriften dieser Prüfungsordnung gelten entsprechend für die Abnahme von Prüfungen gem. § 49 BBiG (Zusatzqualifikationsprüfungen). Das Ergebnis der Prüfung nach § 37 BBiG bleibt unberührt.

§ 33 Inkrafttreten
Diese Prüfungsordnung tritt am Tag der Veröffentlichung im Mitteilungsblatt der zuständigen Stelle in Kraft. Gleichzeitig tritt die bisherige Abschluss-/Umschulungs-prüfungsordnung außer Kraft. Die Prüfungsordnung wurde am ... gemäß § 47 Abs. 1 BBiG von ... (zuständige Behörde) genehmigt.

4.2 Empfehlung des Hauptausschusses für programmierte Prüfungen

22   Empfehlungen des Hauptausschusses des Bundesinstituts für Berufsbildung für programmierte Prüfungen vom 14. Mai 1987[21]

Vorbemerkungen
Programmierte Prüfungsaufgaben sind dadurch gekennzeichnet, daß die Beantwortung der Aufgaben nicht frei erfolgt, sondern an vorgegebene Antwortmöglichkeiten (beispielsweise Mehrfach-, Zweifachwahlaufgaben und Zuordnungsaufgaben) gebunden ist.
Die Anwendung programmierter Aufgaben beinhaltet Vor- und Nachteile, die bei der Entscheidung für dieses Prüfungsverfahren abzuwägen sind.
Zu den Vorzügen programmierter Prüfungen zählen:
1. Die Auswertung der Aufgaben erfolgt unabhängig vom Urteil des Bewerters, so daß die Auswertungsobjektivität relativ hoch ist.
2. Da in der gleichen Prüfungszeit im Vergleich zu anderen Aufgabentypen ein breiteres Themenspektrum angesprochen werden kann, wird das Zufallsrisiko der Prüfung für die Kandidaten gemindert.
3. Mehrfachauswahlaufgaben können Angstblockaden bei den Prüflingen herabsetzen, da die Ergebnisse bereits vorformuliert sind.
4. Programmierte Aufgaben leisten einen Beitrag zum Abbau von Sprachbarrieren, da Ausdrucksschwierigkeiten nicht das Ergebnis der Prüfung beeinträchtigen.
5. Der Aufwand bei der Auswertung auch für sehr große Gruppen von Prüflingen ist vergleichsweise gering.
Programmierte Prüfungen sind dagegen problematisch unter folgenden Aspekten:
1. Der Entwicklungs- und Testaufwand für Prüfungsaufgaben, die auf Verständnis, Interpretation, Problemlösen, Anwenden und sonstige intellektuelle Leistungen gerichtet sind, ist sehr hoch.
2. Programmierte Aufgaben reduzieren die Anforderungen auf passives Sprachverständnis und passives Aufgabenlösen:
– Die Richtigkeit der Lösungswege wird nicht honoriert.
– Es müssen keine Begründungen für gewählte Antworten gegeben werden (Falschantworten).
– Die Notwendigkeit, für gute Distraktoren sprachliche Ausdifferenzierungen zu finden, kann erneut Barrieren für das Sprachverständnis entstehen lassen.
3. Der notwendige Einbau von Falschantworten ruft eine lernpsychologisch problematische Verhaltensweise hervor, da er Prüflinge zwingt, sich mit Falschem zu befassen.
4. Sofern bestimmte Qualifikationen nicht oder nur schwer durch programmierte Prü-

---

21 Vom Hauptausschuss des Bundesinstituts für Berufsbildung (BIBB), 13. Mai 1987, BWP 2/1987, http://www.bibb.de/dokumente/pdf/empfehlung_071-programmierte_pr_fungen_189.pdf.

fungsaufgaben erfaßt werden können, wird die Einbeziehung anderer Prüfungsmethoden empfohlen.

1. Anforderungen an die programmierten Prüfungsaufgaben

1.1. Die Aufgaben für programmierte Prüfungen müssen inhaltlich gültig sein (Validität), d.h. Lernzielen bzw. Inhalten entsprechen, die in Ausbildungsordnungen festgelegt sind und sich auf den auf der Grundlage der KMK-Rahmenlehrpläne im Berufsschulunterricht vermittelten, für die Berufsausbildung wesentlichen Lehrstoff beziehen.

1.2. Anerkannte Formulierungsregelungen sind zu beachten.

Insbesondere sollten folgenden Kriterien erfüllt sein: – Aufgaben sind so einfach und verständlich wie möglich zu formulieren;

– Negativfragen sollten vermieden werden;

– die Aufgaben müssen alle Informationen enthalten, die für die richtige Lösung notwendig sind;

– Antwortmöglichkeiten sind eindeutig als falsch oder richtig einzuordnen;

– zum Finden der Lösung muß die fachliche Kompetenz – nicht das Sprachverständnis – entscheidend sein;

– soweit sinnvoll sollten Aufgaben mit Abbildungen veranschaulicht werden;

– programmierte Prüfungsteile sollten überwiegend aus Mehrfachwahlaufgaben bestehen (eine richtige Antwort bei vier oder fünf Auswahlalternativen). Programmierte Prüfungsaufgabensätze sollten aus mindestens 20 solcher Aufgaben bestehen.

1.3. Die Aufgaben müssen so einfach und übersichtlich gestaltet werden, daß sich bei der Kennzeichnung und Eintragung der Lösungen keine Schwierigkeiten ergeben.

1.4. Die Aufgaben sind vor der Prüfung in der Regel repräsentativ zu erproben.

Für jede Aufgabe müssen folgende statistische Kennwerte vorliegen:

– Umfang und Zusammensetzung der Erprobungsgruppe,

– Schwierigkeitsgrad (Prozentanteil der richtigen Lösung),

– Häufigkeitsverteilung der Antwortmöglichkeiten.

Aufgaben mit negativer Trennschärfe, d.h. Aufgaben, die von Prüfungsteilnehmern mit schwachen Leistungen gelöst werden, nicht dagegen von solchen, die sonst gute Prüfungsleistungen aufweisen, dürfen nicht verwendet werden.

Die auf dem Markt angebotenen programmierten Aufgabenansätze sollten in Prüfungen nur verwendet werden, wenn zu jeder einzelnen Aufgabe die einschlägigen aufgabenanalytischen Angaben veröffentlicht sind und das statistische Verfahren genannt ist, mit dessen Hilfe die Analysekriterien ermittelt worden sind.

2. Zusammenstellung von Prüfungs- und Aufgabensätzen

2.1. Die Aufgaben müssen in ihrer Gesamtheit hinsichtlich der Prüfungsanforderungen (nach den Ausbildungsordnungen und dem auf der Grundlage der KMK-Rahmenlehrpläne im Berufsschulunterricht vermittelten, für die Berufsausbildung wesentlichen Lehrstoff) nach Inhalt und Schwierigkeitsgrad repräsentativ sein.

2.2. Ein Prüfungssatz besteht in der Regel aus mehreren Aufgabensätzen.

Innerhalb des programmierten Teils eines Aufgabensatzes sollten die Aufgaben hinsichtlich der Lösungstechnik (Aufgabentypen) möglichst einheitlich sein. Innerhalb eines Prüfungssatzes können verschiedene Aufgabentypen verwendet werden, wenn dies notwendig ist. Der Wechsel der Aufgabentypen darf nicht zu Verständnisschwierigkeiten führen.

Bei der Anordnung der Prüfungsaufgaben innerhalb eines Aufgabensatzes sollte neben inhaltlichen Gesichtspunkten aus prüfungspsychologischen Gründen auch das Prinzip »wachsender Schwierigkeitsgrad« berücksichtigt werden.

2.3. Zwischen Fragen zum Faktenwissen einerseits und Fragen und Aufgaben, die Verständnis, Interpretation, Problemlösen, Anwenden und sonstige intellektuelle Leistungen andererseits betreffen, soll im Hinblick auf die zu prüfenden Qualifikationen ein Verhältnis bestehen, in dem höchstens bis zur Hälfte Aufgaben enthalten sind, die sich ausschließlich auf Wissensfragen beziehen.

2.4. Den Aufgaben ist ein Bewertungsvorschlag beizufügen, Aufgaben innerhalb eines Aufgabensatzes sind gleich zu gewichten.

Unvollständige bzw. nur teilweise richtige Lösungen sind zu berücksichtigen, wenn es sich um unabhängige und sinnvolle Teillösungen im Rahmen der gestellten Aufgabe handelt.

Dem Prüfungsteilnehmer sind die zu erreichenden Punktezahlen bekanntzugeben.

3. Bedingungen für die Durchführung und Auswertung programmierter Prüfungen

3.1. Die Prüfungsteilnehmer sollen vor der Prüfung über das Prüfungsverfahren und die Art der Aufgabenbeantwortung (Lösungstechnik) informiert sein.

3.2. Es ist sicherzustellen, daß die Prüfungsteilnehmer schriftlich, vor Beginn der Prüfung einheitliche und ausreichende Instruktionen zum Prüfungsablauf und zur Prüfungstechnik erhalten. Mündliche Lösungshilfen zu den einzelnen Aufgaben sind nicht zulässig.

3.3. Die äußeren Bedingungen für die Abwicklung der Prüfungen müssen so geregelt sein, daß sie

– einheitliche Prüfungstermine bei überregionalen Prüfungen,
– Platzbedarf der Prüfungsteilnehmer,
– Arbeits- und Hilfsmittel,
– störungsfreier Ablauf,
– Einhaltung der vorgegebenen Bearbeitungszeiten,
– vollständige und rechtzeitige Unterrichtung der Aufsichtspersonen über die Abwicklung der Prüfung.

3.4. Für die Auswertung durch EDV-Anlagen sind Maßnahmen zu treffen, die Auswertungsfehler ausschließen.

3.5. Die Ergebnisse der Prüfung sollen so aufbereitet werden, daß sie sowohl individuell als auch in ihrer Gesamtheit ausgewertet werden können; sie sollten auch in bezug auf statistische Gütekriterien Aussagen erlauben. Die Gesamtauswertung in aggregierter Form ist auf Anforderung den an der Ausbildung und Prüfung beteiligten Institutionen zugänglich zu machen.

3.6. Im Interesse einer kontinuierlichen Entwicklung und Verbesserung von programmierten Prüfungen ist sicherzustellen, daß die Prüfungs- und Aufgabenerstellungsausschußmitglieder die Ergebnisse der Aufgabenanalysen rechtzeitig zur Nachbereitung erhalten.

folgenden Mindestanforderungen genügen:

4. Hinweise für die weitere Entwicklung programmierter Prüfungen

4.1. Die bei Prüfungen verwendeten Verfahren sollten wegen der Bedeutung der damit getroffenen Entscheidungen hinsichtlich ihrer Gütemerkmale standardisierten Berufsleistungstests mit Lernzielorientierung möglichst nahekommen.

Es ist zweckmäßig, bei der Entwicklung und Verwendung von Prüfungsverfahren Experten für die Testkonstruktion zu beteiligen und mit öffentlichen und privaten Institutionen zusammenzuarbeiten, die Erfahrungen bei der wissenschaftlichen Entwicklung von Testprogrammen haben.

23 4.3 Empfehlung des Hauptausschusses für die Durchführung von mündlichen Prüfungen[22]

1. Vorbemerkung

Bei der Vorbereitung und Durchführung von mündlichen Prüfungen*) gelten insbesondere folgende allgemeine Grundsätze:

---

22 Vom Bundesausschuss fur Berufsbildung, 20. Januar 1976, BWP 2/1976, http://www. bibb.de/dokumente/pdf/empfehlung_033-durchf_hrung_m_ndl.pr_fungen_205.pdf.

1. Mündliche Prüfungen sollten sich auf Leistungen beziehen, für deren Erfassung dieses Prüfungsverfahren besonders geeignet ist.
2. Kenntnisse und Fertigkeiten, die durch andere Prüfungsverfahren besser und objektiver festgestellt und beurteilt werden können, sollten nicht Gegenstand der mündlichen Prüfung sein.
3. Mündliche Prüfungen bieten sich insbesondere bei der Erfassung folgender Leistungen an:
– Fachkenntnisse in beruflichen Gesprächssituationen anwenden (Verkaufsgespräche u. ä.).
– Probleme aus der beruflichen Praxis darstellen und daraus begründete Lösungsvorschläge ableiten.
– Komplexe Sachverhalte (wirtschaftliche und betriebliche Zusammenhänge) verständlich darstellen.
– Spezielle eigene berufliche Erfahrung mit dem allgemeinen Berufswissen in Beziehung bringen.
– Arbeitsvollzüge und Produkte erläutern.

2. Vorbereitung der mündlichen Prüfung
2.1 Vorbereitende Sitzung des Prüfungsausschusses
2.1.1 Zur Vorbereitung der mündlichen Prüfung werden die Mitglieder des Prüfungsausschusses rechtzeitig vor der Prüfung zu einer Sitzung eingeladen. Dazu sollen jedem Prüfer die erforderlichen Unterlagen zugänglich sein, z. B. Zusammenstellung der bisherigen Prüfungsleistungen.
2.1.2 Es ist darauf zu achten, daß in der vorbereitenden Sitzung gefaßte Beschlüsse in einer Niederschrift festgehalten werden.

2.2 Entscheidungen des Prüfungsausschusses in der vorbereitenden Sitzung
2.2.1 Es ist darüber zu befinden, ob besondere persönliche Belange des Prüfungsteilnehmers für die Prüfung von Bedeutung sind (vgl. § 13 Abs. 4 der Musterprüfungsordnung für die Durchführung von Abschlußprüfungen**).
2.2.2 Soweit in den Ordnungsmitteln eine mündliche Prüfung nicht zwingend für alle Prüfungsteilnehmer vorgeschrieben ist, entscheidet der Prüfungsausschuß, in welchen Fächern und Prüfungsgebieten der einzelne Prüfungsteilnehmer geprüft wird. Dabei sind folgende Fragen zu klären:
– Sind die bisher erbrachten Prüfungsleistungen eindeutig oder ist für die Bewertung eine Entscheidung durch eine mündliche Prüfung erforderlich?
– Stehen die in der Berufsschule oder im Betrieb gezeigten Leistungen in erheblichem Widerspruch zu dem bisherigen Prüfungsergebnis (vgl. § 13 Abs. 3 Buchst. b der o. a. Musterprüfungsordnung)?
2.2.3 Der Prüfungsausschuß entscheidet darüber, in welcher Form die mündliche Prüfung durchgeführt wird (Einzel- oder Gruppenprüfung).
2.2.4 Um Zufallsfragen und »Steckenpferde« zu vermeiden, hat sich der Prüfungsausschuß hinsichtlich der Prüfungsinhalte abzustimmen (z. B. stichwortartige Zuteilung von Themenbereichen an die einzelnen Prüfer, methodische Gestaltung der Prüfung etwa anhand von Situations- und Fallaufgaben).
2.2.5 Für die Bewertung und Gewichtung der Prüfungsteile, -fächer und -gebiete sind die Vorschriften der in Betracht kommenden Ordnungsmittel (insbesondere Aus- und Fortbildungsordnungen sowie Prüfungsordnungen) und bindende Beschlüsse über Bewertungsrichtlinien maßgebend.
Soweit derartige Regelungen nicht vorliegen, hat sich der Prüfungsausschuß über Bewertungskriterien und ggf. über folgende Gewichtungen zu verständigen:
– Gewichtung von schriftlichen zu mündlichen Prüfungsleistungen,
– Gewichtung der Bewertungskriterien (vgl. 4.1.2),
– Gewichtung der Prüfungsleistungen innerhalb der mündlichen Prüfung.
Beim Festlegen von Gewichtungen muß die Relation der Prüfungsleistungen zueinander nach Inhalt, Bedeutung und Prüfungsdauer berücksichtigt werden.

2.2.6 Der Prüfungsausschuß legt die Funktionen seiner Mitglieder für die mündliche Prüfung im voraus fest und klärt die Art ihrer Beteiligung, insbesondere
– wer jeweils das Prüfungsgespräch führt und welche Eingreifmöglichkeiten die anderen Mitglieder des Prüfungsausschusses haben sollen,
– wer jeweils das Prüfungsprotokoll führt (vgl. § 5 Abs. 1 der o. a. Musterprüfungsordnung).
2.2.7 Bei der Regelung des zeitlichen Ablaufs der Prüfung ist insbesondere folgendes zu beachten:
– Der Prüfungsausschuß entscheidet über die zur Feststellung der Prüfungsleistung erforderliche Prüfungsdauer; die mündliche Prüfung sollte in der Regel eine Prüfungsdauer von 15 Minuten je Teilnehmer nicht unterschreiten und von 30 Minuten nicht überschreiten.
– Bei der zeitlichen Gestaltung sind auch etwaige Vorbereitungszeiten für die Prüfungsteilnehmer, Beratungszeiten und Pausen zu berücksichtigen.
– Die Wartezeiten für die Prüfungsteilnehmer sind möglichst gering zu halten.
– Bei der Festlegung der Zahl der Prüfungsteilnehmer pro Prüfungstag ist auch eine Überbeanspruchung der Prüfer zu vermeiden, um möglichen Beurteilungsunterschieden und Beurteilungsfehlern vorzubeugen.
2.2.8 Der Prüfungsraum sollte einen möglichst störungsfreien Ablauf gewährleisten; die Sitzordnung soll ein zwangloses Prüfungsgespräch ermöglichen.

3. Durchführung der mündlichen Prüfung
3.1 Die Prüfer sollten alles tun, um eine gelöste Prüfungsatmosphäre herzustellen. Prüfungsangst und Prüfungshemmungen sollten bereits in der Eingangsphase der Prüfung abgebaut werden.
Im Verlauf der Prüfung kann es angezeigt sein, die Prüfungsteilnehmer zu ermuntern und ihnen abgewogene Hilfestellungen zu geben; derartige Erleichterungen müssen allen Prüfungsteilnehmern in gleichem Maße zugute kommen.
3.2 Die Prüfer müssen Selbstkontrolle üben, insbesondere
– ihre eigene Sprechzeit möglichst gering halten,
– einen ausgewogenen Gesprächston wahren,
– Vorhaltungen und Belehrungen vermeiden,
– unterschiedliche Auffassungen über Prüfungsfragen und -antworten nicht in Anwesenheit der Prüfungsteilnehmer erörtern,
– kritischen Stellungnahmen der Prüfungsteilnehmer mit Toleranz begegnen.
3.3 Die Prüfer sollten bei der Befragung der Prüfungsteilnehmer
– verständliche und eindeutige Fragen stellen sowie für Antworten genügend Bedenkzeit lassen;
– suggestive und stereotype Fragen vermeiden;
– im Schwierigkeitsgrad zunächst vom gleichen Niveau ausgehen, vom Leichteren zum Schwereren fortschreiten;
– bei erkennbarer Überforderung eines Prüfungsteilnehmers das Frageniveau angemessen reduzieren, andere Prüfungsthemen verwenden oder zeitweilig auf andere Prüfungsteilnehmer übergehen;
– an die Erfahrungen der betrieblichen Praxis anknüpfen und dabei verschiedene Fragenkategorien verwenden, z. B. Kenntnis-, Anwendungs- und Verständnisfragen;
– bei Weitergabe unbeantworteter Fragen an andere Prüfungsteilnehmer berücksichtigen, daß sich durch die Weitergabe von Fragen Verunsicherungen und Bewertungsschwierigkeiten ergeben können (ggf. Reihenfolge der Weitergabe wechseln).

4. Bewertung, Niederschrift und Mitteilung des Prüfungsergebnisses
4.1 Bewertung
4.1.1 Es ist eine Bewertung aufgrund der gezeigten Leistungen nach dem 100-Punkte-System vorzunehmen. Die Bewertung der Prüfungsleistungen darf nicht pauschal nach dem Gesamteindruck der Prüfung erfolgen.

4.1.2 Bei der Bewertung stehen Richtigkeit und Vollständigkeit als Kriterien im Vordergrund (z. B. richtig – teilweise bzw. mit Hilfestellung richtig – falsch bzw. nicht gewußt); dabei ist der Schwierigkeitsgrad zu berücksichtigen. Außerdem können z. B. Argumentationsfähigkeit und Ausdrucksvermögen in die Bewertung miteinbezogen werden.

4.1.3 Bei der Bewertung ist darauf zu achten, daß aus einer einseitigen leistungsmäßigen Zusammensetzung der zuerst geprüften Gruppe keine falschen Bewertungsmaßstäbe für die folgenden Prüfungsgruppen gesetzt werden.

4.1.4 Es ist zweckmäßig, für die Niederschrift der Bewertung der Prüfungsleistungen standardisierte Bewertungsbogen zu verwenden. Dabei empfiehlt es sich, auch stichwortartige Angaben oder Kennzeichnungen des Prüfungsgegenstandes aufzunehmen.

4.2 Niederschrift

4.2.1 Die Niederschrift ist auf einem Vordruck zu fertigen und von den Mitgliedern des Prüfungsausschusses zu unterschreiben (vgl. § 21 Abs. 4 der o. a. Musterprüfungsordnung).

4.2.2 Der Prüfungsausschuß sollte in der Niederschrift mögliche Gründe für das Versagen bei der Prüfung festhalten, soweit ihm diese bekannt werden und für die zuständige Stelle von Interesse sein können (z. B. für Maßnahmen, für Beratung und Überwachung).

Außer den Aufzeichnungen über den Verlauf der Prüfung einschließlich der Feststellung der einzelnen Prüfungsergebnisse (vgl. § 21 Abs. 4 der o. a. Musterprüfungsordnung) hat die Niederschrift stichwortartige Angaben oder Kennzeichnungen des Prüfungsgegenstandes zu enthalten, sofern nicht bereits die Bewertungsbogen (vgl. 4.1.4) zum Bestandteil der Niederschrift gemacht werden.

4.3 Feststellung und Mitteilung des Prüfungsergebnisses

4.3.1 Unmittelbar nach der mündlichen Prüfung einer Gruppe stellt der Prüfungsausschuß die Ergebnisse dieser Prüfung fest.

4.3.2 Bildet die mündliche Prüfung den Abschluß der Prüfung, so teilt der Prüfungsausschuß das Prüfungsergebnis unverzüglich den Prüfungsteilnehmern mit.

Das Prüfungszeugnis sollte möglichst sofort ausgehändigt werden (vgl. § 22 der o. a. Musterprüfungsordnung). Falls dies nicht möglich ist, stellt der Vorsitzende eine Bescheinigung über das Bestehen oder Nichtbestehen der Prüfung aus (vgl. § 21 Abs. 5 der o. a. Musterprüfungsordnung).

4.3.3 Bildet die mündliche Prüfung den Abschluß der Prüfung, so ist der Prüfungsteilnehmer bei nicht bestandener Prüfung zugleich – unbeschadet der schriftlichen Mitteilung vgl. § 23 der o. a. Musterprüfungsordnung) – über die Möglichkeiten der Wiederholungsprüfung sowie über die Anrechnung von Prüfungsleistungen in der Wiederholungsprüfung zu unterrichten.

  *) Vgl. auch die Empfehlung des Bundesausschusses für Berufsbildung für die Regelung von mündlichen Prüfungen in Ausbildungsordnungen vom 25. Oktober 1974 (Zeitschrift »Berufsbildung in Wissenschaft und Praxis«, Heft 5/1974).

  **) Anlage 1 a zu den Richtlinien des Bundesausschusses für Berufsbildung für Prüfungsordnungen gemäß § 41 Berufsbildungsgesetz/§ 38 Handwerksordnung vom 9. Juni 1971 (BArb. Bl. Heft 10/1971), geändert durch Beschluß des Bundesausschusses für Berufsbildung vom 2. November 1971 (BArb. Bl. Heft 12/1971).

5. Anwendbarkeit auf andere Prüfungen

Die Vorschrift gilt nicht im Handwerk. Die Prüfungsordnung der Handwerkskammer für die Gesellenprüfung ist in § 38 Handwerksordnung geregelt. Auch hierfür hat der Hauptausschuss beim Bundesinstitut für Berufsbildung eine **24**

Musterprüfungsordnung beschossen.[23] Für Fortbildungen und Umschulungen gelten jeweils gesonderte Vorschriften zur Anordnung von Prüfungsordnungen, § 54 und § 59.

§ 48 Zwischenprüfungen

(1) Während der Berufsausbildung ist zur Ermittlung des Ausbildungsstandes eine Zwischenprüfung entsprechend der Ausbildungsordnung durchzuführen. Die §§ 37 bis 39 gelten entsprechend.
(2) Sofern die Ausbildungsordnung vorsieht, dass die Abschlussprüfung in zwei zeitlich auseinander fallenden Teilen durchgeführt wird, findet Absatz 1 keine Anwendung.

Inhaltsübersicht   Rn.

1.	Allgemeines	1
2.	Durchführen der Zwischenprüfung	3
3.	Geltung der §§ 37–39	8
4.	Keine Zwischenprüfung bei gestreckter Abschlussprüfung	12
5.	Rechtsmittel	13
6.	Anwendbarkeit auf andere Prüfungen	14

1. Allgemeines

1 § 48 Abs. 1 entspricht § 42 BBiG 1969. Absatz 2 ist durch die Einführung der Möglichkeit der gestreckten Abschlussprüfung erforderlich geworden. Er stellt klar, dass in den Fällen einer **gestreckten Abschlussprüfung** keine Zwischenprüfung mehr durchgeführt wird.

2 § 48 ordnet – soweit nicht eine gestreckte Abschlussprüfung durchgeführt wird – zwingend für alle Ausbildungen eine **Zwischenprüfung** an. Sie erfolgt »zur Ermittlung des Ausbildungsstandes« und ist Zulassungsvoraussetzung nach § 43 Abs. 1 für die Teilnahme an der Abschlussprüfung.

2. Durchführen der Zwischenprüfung

3 Die Zwischenprüfung dient zur Ermittlung des Ausbildungsstands. Dadurch erhält der Auszubildende eine Rückmeldung darüber, welche Defizite im weiteren Verlauf der Ausbildung ausgeglichen werden müssen. So können sowohl der Auszubildende als auch der Ausbildende **Fehlentwicklungen** rechtzeitig vorbeugen. Zum Begriff des »Durchführens« siehe die Kommentierung zu § 37 Rn. 7.

4 Zwingend vorgeschrieben während der Berufsausbildung ist **eine** Zwischenprüfung. Damit ein Umsteuern im Lernverhalten des Auszubildenden und dem Lehrverhalten des Ausbildenden noch sinnvoll ist, findet die Zwischenprüfung üblicherweise nach dem ersten Ausbildungsjahr statt. Der Zeitpunkt ist jedoch nicht vorgeschrieben. Weitere als die eine, zwingend vorgeschriebene Zwischenprüfung können stattfinden. Als Zwischenprüfung im Sinne § 48 ist nur diejenige Prüfung anzusehen, die von der zuständigen Stelle entsprechend den §§ 37–39 durchgeführt wird. Um diese Regelungen zu konkretisieren, kann

---

23 http://www.bibb.de/de/29297.htm.

eine **Prüfungsordnung** für die Zwischenprüfung erlassen werden. Streitig ist, ob hierzu die Geschäftsführung der zuständigen Stelle gem. § 9 befugt ist oder ob dies dem Berufsbildungsausschuss gem. § 79 Abs. 4 allein vorbehalten ist. Zwar hat die zuständige Stelle eine Regelungsbefugnis, soweit Vorschriften nicht bestehen, § 9. Insofern könnte angenommen werden, es handelt sich um eine Auffangvorschrift mit der Folge, dass bei Nichtvorhandensein eine Prüfungsordnung für die Zwischenprüfung die zuständige Stelle eine solche erlassen kann.[1] Die Regelungsbefugnis steht der zuständigen Stelle jedoch nur zu, »**soweit Vorschriften nicht bestehen**«. Vorschriften meint nicht nur von anderer Stelle erlassene Verordnungen, Satzungen oder satzungsähnliche Regelungen mit Außenwirkung. Vorschriften meint auch die konkreten **Zuständigkeitszuweisungen**, die z.B. im BBiG enthalten sind. § 79 Abs. 4 weist die Zuständigkeit für zu erlassende Rechtsvorschriften dem Berufsbildungsausschuss abschließend zu. Der zuständigen Stelle obliegt hier lediglich eine **Rechtmäßigkeitskontrolle** mit einem in Abs. 4 vorgesehenen Einspruchsverfahren. Im Ergebnis bleibt damit kein Raum für eine Regelungsbefugnis der zuständigen Stelle bei der Prüfungsordnung für die Zwischenprüfung.[2] Eine von der zuständigen Stelle erlassene Prüfungsordnung für die Zwischenprüfung ist mangels Regelungsbefugnis unwirksam.

Die **Inhalte** der Zwischenprüfung ergeben sich entweder aus der Ausbildungsordnung oder aus der Prüfungsordnung für die Zwischenprüfung. Aufgrund der Empfehlung für die Regelung von Prüfungsanforderungen in Ausbildungsordnungen durch den Hauptausschuss des Bundesinstitutes für Berufsbildung vom 13.12.2006 (abgedruckt unter § 5 Rn. 13) sind in den Ausbildungsordnungen regelmäßig Regelungen über die Zwischenprüfung enthalten. Die Prüfungsordnung für die Zwischenprüfung kann dann nur noch die ungeregelten oder nicht abschließend geregelten Fragen der Zwischenprüfung normieren. **5**

Der Bundesausschuss für Berufsbildung hat Grundsätze für die Durchführung von Zwischenprüfungen am 26.01.1972 beschlossen, deren Umsetzungsempfehlung an die Berufsbildungsausschüsse nach wie vor Wirkung entfaltet: **6**

Grundsätze für die Durchführung von Zwischenprüfungen[3] **7**
Empfehlung des Bundesausschusses für Berufsbildung (§ 50 BBiG) vom 26. Januar 1972
Der Bundesausschuss für Berufsbildung empfiehlt, dass von den zuständigen Stellen der nachfolgende Beschluss gefasst wird:
Der Berufsbildungsausschuss der zuständigen Stelle … der … Kammer in … hat in seiner Sitzung am … folgende Grundsätze für die Durchführung von Zwischenprüfungen beschlossen:

1. Zweck
Zweck der Zwischenprüfung ist die Ermittlung des jeweiligen Ausbildungsstandes, um ggf. korrigierend auf die weitere Ausbildung einwirken zu können.

2. Gegenstand
Gegenstand der Zwischenprüfung sind die in der Ausbildungsordnung[1] für die Zeit bis zur Ablegung der Zwischenprüfung vorgesehenen Kenntnisse und Fertigkeiten, die sich

---

1 *Leinemann/Taubert* BBiG § 48 Rn. 9; *Braun/Mühlhausen* BBiG § 42 Rn. 10.
2 So auch *OVG Berlin* 25.6.1992, 8 B 3.92, EzB § 42 BBiG Nr. 5.
3 Vom Bundesausschuss für Berufsbildung, 26. Januar 1972, BABl 3/1972, S. 181, http://www.bibb.de/dokumente/pdf/empfehlung_009-durchf_hrung_von_zwischenpr_fungen_215.pdf.

aus der dem Ausbildungsrahmenplan entsprechenden sachlichen und zeitlichen Gliederung ergeben, sowie der im Berufsschulunterricht entsprechend den Rahmenlehrplänen[2] zu vermittelnde Lehrstoff, soweit er für die Berufsausbildung wesentlich ist.

3. *Durchführung*
Soweit die Ausbildungsordnung nichts anderes bestimmt, sollen in der Zwischenprüfung Kenntnisse und Fertigkeiten geprüft werden.
Bei der Prüfung der Fertigkeiten können kleinere Arbeitsproben oder ein einfaches Prüfungsstück oder beides vorgesehen werden. Von einer besonderer Prüfung der Fertigkeiten kann abgesehen werden, wenn dieses für die Ermittlung des Ausbildungsstandes nicht erforderlich ist.
Die Prüfung der Kenntnisse soll schriftlich, gegebenenfalls auch in programmierter Form, durchgeführt werden. Falls es die Art des Ausbildungsberufes erfordert, kann ausnahmsweise neben der schriftlichen Prüfung eine mündliche Prüfung durchgeführt werden.

4. *Aufgabenstellung*
Der Prüfungsausschuss beschließt auf der Grundlage der Ausbildungsordnung die Prüfungsaufgaben; soweit die Ausbildungsordnung keine Anforderungen für die Zwischenprüfung enthält, beschließt er die Prüfungsaufgaben im Sinne der Ziff. 2 dieser Grundsätze.
Der Prüfungsausschuss soll überregional – insbesondere bezirks-, landes- oder bundeseinheitlich – erstellte Prüfungsaufgaben übernehmen, soweit diese von Gremien erstellt oder ausgewählt werden, die entsprechend § 37 BBiG/§ 34 HwO zusammengesetzt sind.

5. *Prüfungsausschüsse*
Für die Durchführung der Zwischenprüfung kann die zuständige Stelle Prüfungsausschüsse, die bereits für Abschlussprüfungen/Gesellenprüfungen errichtet sind, für zuständig erklären oder besondere Prüfungsausschüsse errichten. Die Handwerkskammer kann Handwerksinnungen ermächtigen, Zwischenprüfungsausschüsse zu errichten, wenn die Leistungsfähigkeit der Handwerksinnung die ordnungsgemäße Durchführung der Prüfung sicherstellt. In diesem Falle gilt die Innung als zuständige Stelle im Sinne dieser Grundsätze. Bei der Zusammensetzung und Berufung sind die sich aus den §§ 37, 38 BBiG/§§ 34, 35 HwO ergebenden Grundsätze zu wahren.

6. *Zeitpunkt*
Der Zeitpunkt der Zwischenprüfung soll so bestimmt werden, dass einerseits die Ausbildung so weit fortgeschritten ist, dass hinreichende Kenntnisse und Fertigkeiten abprüfbar sind und andererseits ggf. notwendige Korrekturen in der Ausbildung noch erfolgen können.
Soweit die Ausbildungsordnung nichts anderes bestimmt, findet eine Zwischenprüfung für Ausbildungsberufe mit 3- und 3½jähriger Ausbildungszeit in der Regel vor dem Ende des 2. Ausbildungsjahres, für Ausbildungsberufe mit 2- und 2½jähriger Ausbildungszeit in der Regel nach dem 1. Ausbildungsjahr statt. Für das Ausbildungsverhältnis mit abweichender Ausbildungszeit kann eine entsprechende Regelung getroffen werden[3].

7. *Anmeldung zur Teilnahme*
Die zuständige Stelle fordert den Ausbildenden rechtzeitig zur Anmeldung des Auszubildenden für die Teilnahme an der Zwischenprüfung auf.

8. *Feststellung des Ausbildungsstandes*
Mängel im Ausbildungsstand sind gegeben, wenn die Leistungen den Anforderungen im Allgemeinen nicht entsprechen.

9. Niederschrift
Über den Verlauf der Prüfung einschließlich der Feststellung des Leistungsstandes, insbesondere etwaiger Mängel, ist eine Niederschrift zu fertigen. Sie ist von den Mitgliedern des Prüfungsausschusses zu unterschreiben. Für die Niederschrift stellt die zuständige Stelle einen Vordruck zur Verfügung.

10. Prüfungsbescheinigung
Über die Teilnahme wird eine Bescheinigung ausgestellt. Sie enthält eine Feststellung über den Ausbildungsstand, insbesondere Angaben über Mängel, die bei der Prüfung festgestellt wurden. Die Bescheinigung erhalten der Auszubildende, der gesetzliche Vertreter, der Ausbildende und die Berufsschule. Der Nachweis der Teilnahme ist Zulassungsvoraussetzung für die Abschlussprüfung/Gesellenprüfung, soweit Zwischenprüfungen vorgeschrieben und durchgeführt sind.

1 Der Begriff »Ausbildungsordnung« bezieht sich auch auf die gem. § 108 BBiG/§ 122 Abs. 5 HwO weiter anzuwendenden Vorschriften

2 Der Begriff »Rahmenlehrplan« bezieht sich auf alle amtlich erlassenen Stoffpläne

3 Hierbei wird es sich insbesondere um Kürzungen oder Verlängerungen im Einzelfall gem. § 29 Abs. 2 und 3 BBiG/§ 27a Abs. 2 und 3 HwO handeln

3. Geltung der §§ 37–39

In Absatz 1 Satz 2 wird auf die §§ 37 (Abschlussprüfung), 38 (Prüfungsgegenstand) sowie auf § 39 (Prüfungsausschüsse) verwiesen. **8**

Aus der Verweisung auf den vollständigen § 37 (Abschlussprüfung) ergibt sich, **9** dass die Zwischenprüfung ebenso wie die Abschlussprüfung lediglich in **anerkannten** Ausbildungsberufen durchzuführen ist. Soweit bei der Zwischenprüfung ein Bestehen festgestellt wird, kann auch die Zwischenprüfung ebenso wie die Abschlussprüfung **zweimal** wiederholt werden (§ 37 Abs. 1 Satz 2 entsprechend). Entsprechend der Regelung über das Prüfungszeugnis in § 37 Abs. 2 ist auch für die Teilnahme an der Zwischenprüfung ein **Zeugnis** auszustellen. Das Ergebnis der Zwischenprüfung des Ausbildenden auf ihr Verlangen mitzuteilen, § 37 Abs. 2 Satz 2 entsprechend. Insoweit entspricht die Empfehlung des Bundesausschusses für Berufsbildung vom 26. Januar 1972 in Ziffer 10. nicht der Rechtslage, wenn dort angeordnet wird, dass die **Prüfungsbescheinigungen** auch der Ausbildende und die Berufsschule erhalten. Ebenfalls entsprechend gelten die Regelungen in Absatz 3, dass die Prüfungsbescheinigung auf Verlangen auch in einer englischsprachigen und in einer französischsprachigen **Übersetzung** auszuhändigen ist und die Regelung in Abs. 4, dass die Zwischenprüfung **gebührenfrei** für den Auszubildenden ist.

Der Prüfungsgegenstand der Zwischenprüfung ist entsprechend § 38 zu bestim- **10** men. Danach ist durch die Zwischenprüfung festzustellen, ob der Auszubildende die für seinen Ausbildungsstand **berufliche Handlungsfähigkeit** erworben hat. Dabei ist die Ausbildungsordnung zugrunde zu legen, aus der sich regelmäßig ergibt, welche Anforderungen zum Zeitpunkt der Zwischenprüfung an einem Auszubildenden in diesem Ausbildungsberuf gestellt werden können.

Durch die Verweisung auf § 39 wird deutlich, dass die Zwischenprüfung durch **11** die bei der zuständigen Stelle errichteten **Prüfungsausschüsse** abgenommen wird. Auch bei der Bewertung der Zwischenprüfung können gutachterliche Stellungnahmen Dritter, insbesondere **berufsbildender Schulen** eingeholt werden. Die für die Begutachtung erheblichen Tatsachen und Abläufe sind zu dokumentieren. Allerdings gelten hier **abgesenkte** Anforderungen im Vergleich zur Abschlussprüfung, da dass Ergebnis der Zwischenprüfung, soweit es nicht in die Abschlussnote einfließt, rechtlich nicht angreifbar ist. Nachvollziehbarkeit sollte jedoch dennoch gewährleistet sein, da das Ergebnis der Zwischenprüfung z. B. bei der **vorzeitigen Zulassung** zur Abschlussprüfung relevant sein kann.

4. Keine Zwischenprüfung bei gestreckter Abschlussprüfung

12 Durch Absatz 2 wird klargestellt, dass eine Zwischenprüfung nicht stattzufinden hat, wenn eine **gestreckte** Abschlussprüfung stattfindet. Dies wertet einerseits die Prüfung im Verlauf der Ausbildung auf, da sie erheblich an Bedeutung gewinnt. Andererseits fehlt es dadurch an einer Anordnung, den Ausbildungsstand festzustellen, um korrigierend eingreifen zu können und eine gute Abschlussnote so zu ermöglichen. Vor diesem Hintergrund empfiehlt sich, den Ausbildungsstand in den Berufen, in denen keine Zwischenprüfung mehr stattfindet, **betrieblich** festzustellen.

5. Rechtsmittel

13 Die in der Zwischenprüfung erzielten Ergebnisse sind nicht verwaltungsgerichtlich angreifbar. Angreifbar ist lediglich das **Ergebnis** der Abschlussprüfung. Auch in den Berufen, in denen die Zwischenprüfung in die Abschlussnote einfließt, kann lediglich das Gesamtergebnis vor dem Verwaltungsgericht angegriffen werden. Den einzelnen Entscheidungen fehlt es an der erforderlichen Rechtswirkung. Eine solche Rechtswirkung hat die Zwischenprüfung gerade nicht. Insbesondere hat sie keine Auswirkungen auf den Bestand des Ausbildungsverhältnisses.[4]

6. Anwendbarkeit auf andere Prüfungen

14 Die Vorschrift gilt nicht im Handwerk. Die Zwischenprüfung für Handwerksberufe ist in § 39 Handwerksordnung geregelt.

§ 49 Zusatzqualifikationen

(1) Zusätzliche berufliche Fertigkeiten, Kenntnisse und Fähigkeiten nach § 5 Abs. 2 Nr. 5 werden gesondert geprüft und bescheinigt. Das Ergebnis der Prüfung nach § 37 bleibt unberührt.
(2) § 37 Abs. 3 und 4 sowie die §§ 39 bis 42 und 47 gelten entsprechend.

Inhaltsübersicht   Rn.

1.   Allgemeines.   1
2.   Gesonderte Prüfung und Bescheinigung   2
3.   Entsprechende Anwendungen einzelner Vorschriften über das Prüfungs-
     wesen   4
4.   Anwendbarkeit für andere Prüfungen   9

---

4 Vgl. *ArbG Essen* 27.9.2005, 2 Ca 2427/05; www.justiz.nrw.de/RB/nrwe/index.php.

1. Allgemeines

Der durch das Berufsbildungsreformgesetz 2005 neu eingefügte § 49 stellt si- **1**
cher, dass nach § 5 Abs. 2 Nr. 5 vermittelte **zusätzliche** berufliche Fertigkeiten,
Kenntnisse und Fähigkeiten (s. § 5 Rn. 34) von einem Prüfungsausschuss geprüft und zertifiziert und auf diese Weise für den Prüfling **verwertbar** gemacht
werden.

2. Gesonderte Prüfung und Bescheinigung

Die Prüfung der Zusatzqualifikationen hat gesondert stattzufinden; dies kann **2**
jedoch in unmittelbarem Zusammenhang mit der Abschlussprüfung nach § 37
erfolgen. Absatz 1 Satz 2 stellt klar, dass das Ergebnis dieser zusätzlichen Prüfung keinen Einfluss auf Bestehen oder Nichtbestehen der **eigentlichen Abschlussprüfung** hat.

Über die bestandene Prüfung wird kein Zeugnis ausgestellt. Der Prüfling erhält **3**
lediglich eine **Bescheinigung**. Mit dieser Bescheinigung wird das Vorhandensein der zusätzlichen beruflichen Fertigkeiten, Kenntnisse und Fähigkeiten
bestätigt. Daraus folgt, dass die Bescheinigung keine Note enthält; entweder
die zusätzlichen Kompetenzen liegen vor oder nicht. Wird die Prüfung bestanden, wird das Vorliegen der zusätzlichen Kompetenzen bescheinigt, anderenfalls erhält der Prüfling keine Bescheinigung.

3. Entsprechende Anwendungen einzelner Vorschriften über das Prüfungswesen

Absatz 2 verweist auf einzelne Vorschriften aus den Prüfungswesen, die ent- **4**
sprechend anzuwenden sind.

Auf die Prüfung für die Zusatzqualifikation sind die Absätze 3 und 4 des § 37 **5**
entsprechend anzuwenden. Damit haben die Auszubildenden einen Anspruch
auf eine englisch- und eine französischsprachige Übersetzung ihrer Bescheinigung über die Zusatzqualifikation. Soweit sie die Themen der Zusatzqualifikation auch in der Berufsschule behandelt haben, kann das Ergebnis berufsschulischer Leistungsfeststellungen auf Antrag der Auszubildenden auf dem
Zeugnis ausgewiesen werden. Die Prüfung über die Zusatzqualifikation ist
für die Auszubildenden **gebührenfrei**.

Durch den Verweis auf § 39 wird deutlich, dass die Zusatzqualifikationen durch **6**
Prüfungsausschüsse geprüft werden müssen. Die zuständige Stelle hat die Prüfungsausschüsse einzurichten. Ob es sich dabei um vorhandene Prüfungsausschüsse handelt, deren Kompetenz erweitert wird, oder ob für die Zusatzqualifikationen Zusatzprüfungsausschüsse gebildet werden, ist nicht festgelegt. Die
Musterprüfungsordnung enthält keine gesonderte Regelung über die Zuständigkeit des Prüfungsausschusses für die Zusatzqualifikation. Mehrere zuständige
Stellen können auch für die Zusatzqualifikationen **gemeinsame Prüfungsausschüsse** errichten. Ebenfalls entsprechend anwendbar ist die Vorschrift über die
vorbereitende gutachterliche Stellungnahme Dritter im Prüfungsausschuss (Absatz 2, § 39 Absatz 2). Auch bei der Prüfung über die Zusatzqualifikation sind
die wesentlichen Abläufe zu dokumentieren und die für die Bewertung erheblichen Tatsachen festzuhalten (Absatz 2, § 39 Abs. 3).

§ 40, auf den Absatz 2 ebenfalls verweist, bestimmt, dass auch bei der Prüfung **7**

der Zusatzqualifikationen der Prüfungsausschuss ordnungsgemäß im Sinne des § 40 besetzt sein muss (vgl. Kommentierung zu § 40). Die Formalia innerhalb des Prüfungsausschusses, insbesondere bei der Bewertung der Abschlussprüfung sind bei der Prüfung der Zusatzqualifikation genauso präzise einzuhalten wie bei der Abschlussprüfung (Absatz 2, §§ 41 f.).
Die zuständige Stelle ist verpflichtet, für die Zusatzqualifikationen eine **Prüfungsordnung** zu erlassen. Diese Prüfungsordnung bedarf der Genehmigung der zuständigen obersten Landesbehörde. Für die Prüfungsordnung erlässt der Hauptausschuss des Bundesinstitutes für Berufsbildung **Richtlinien**. Zuständig für den Erlass der Prüfungsordnung für Zusatzqualifikationen ist gem. § 79 Abs. 4 der Berufsbildungsausschuss. Die zuständige Stelle ist auch dann nicht befugt, eine Prüfungsordnung für die Zusatzqualifikationen zu erlassen, wenn der Berufsbildungsausschuss dies pflichtwidrig unterlässt. Die Verpflichtung kann ggf. in einem Organstreitverfahren ausgesprochen werden.

8 Absatz 2 verweist nicht auf die §§ 43–45, sondern auf die **umliegenden** Paragrafen. Damit wird deutlich, dass der Gesetzgeber ganz bewusst darauf verzichtet hat, die Vorschriften über die Zulassung zur Abschlussprüfung für die Zusatzqualifikationen entsprechend anzuwenden. Prüfungsordnungen, in denen materielle Zulassungsvoraussetzungen definiert werden, sind damit unzulässig. Sie sind weder von § 79 Abs. 4 noch – mangels Zuständigkeit – von § 9 gedeckt.

4. Anwendbarkeit für andere Prüfungen

9 Die Vorschrift gilt nicht im Handwerk. Zusätzliche Fertigkeiten, ihre Prüfung und Bescheinigung sind in § 39 a Handwerksordnung geregelt.

§ 50 Gleichstellung von Prüfungszeugnissen

(1) Das Bundesministerium für Wirtschaft und Technologie oder das sonst zuständige Fachministerium kann im Einvernehmen mit dem Bundesministerium für Bildung und Forschung nach Anhörung des Hauptausschusses des Bundesinstituts für Berufsbildung durch Rechtsverordnung außerhalb des Anwendungsbereichs dieses Gesetzes erworbene Prüfungszeugnisse den entsprechenden Zeugnissen über das Bestehen der Abschlussprüfung gleichstellen, wenn die Berufsausbildung und die in der Prüfung nachzuweisenden beruflichen Fertigkeiten, Kenntnisse und Fähigkeiten gleichwertig sind.
(2) Das Bundesministerium für Wirtschaft und Technologie oder das sonst zuständige Fachministerium kann im Einvernehmen mit dem Bundesministerium für Bildung und Forschung nach Anhörung des Hauptausschusses des Bundesinstituts für Berufsbildung durch Rechtsverordnung im Ausland erworbene Prüfungszeugnisse den entsprechenden Zeugnissen über das Bestehen der Abschlussprüfung gleichstellen, wenn die in der Prüfung nachzuweisenden beruflichen Fertigkeiten, Kenntnisse und Fähigkeiten gleichwertig sind.

Inhaltsübersicht   Rn.

1.   Allgemeines   1
2.   Gleichstellung inländischer Prüfungszeugnisse (Abs. 1)   3
3.   Gleichstellung ausländischer Prüfungszeugnisse (Abs. 2)   6

1. Allgemeines

§ 50 beruht auf § 43 des BBiG 2005. In Absatz 1 wird klargestellt, dass dieser sich **1**
auf Prüfungszeugnisse bezieht, die **außerhalb** des **Anwendungsbereichs** des
Berufsbildungsgesetzes erworben wurden. Absatz 2 dagegen bezieht sich auf
Prüfungszeugnisse, die außerhalb des **Geltungsbereichs** des Berufsbildungsgesetzes, also im **Ausland** erworben wurden. Für die Zukunft ist vorgesehen,
die Gleichstellung dieser Prüfungszeugnisse nicht mehr zeitlich zu befristen.
Nach beiden Absätzen kann das Bundesministerium für Wirtschaft und Tech- **2**
nologie oder das sonst zuständige Fachministerium im Einvernehmen mit dem
Bundesministerium für Bildung und Forschung nach Anhörung des Hauptausschusses des Bundesinstituts für Berufsbildung eine **Rechtsverordnung** erlassen. Einvernehmen bedeutet, dass das Bundesministerium für Bildung und
Forschung seine **Zustimmung** zu der Rechtsverordnung erteilt hat. Der Hauptausschuss des Bundesinstituts für Berufsbildung ist lediglich **anzuhören**. Seine
Zustimmung zu der Rechtsverordnung ist nicht erforderlich. Die Rechtsverordnung muss zu ihrer Wirksamkeit **verkündet** worden sein. Durch die Rechtsverordnung wird das betreffende Prüfungszeugnis dem entsprechenden Zeugnis nach dem BBiG gleichgestellt. Dies bedeutet, dass der Verordnungsgeber
erklärt, dass er den Abschluss für gleichwertig hält. Die Verordnung hat nicht
den Inhalt, dass durch das Prüfungszeugnis der entsprechende Berufsabschluss
nach dem BBiG erteilt wird. Dies heißt in der Folge einer Verordnung, dass die
Gleichstellung den zuständigen Stellen und den Teilnehmern am Arbeitsmarkt
bekanntgemacht werden muss, damit die Chancen der Bewerber mit gleichgestellten Prüfungszeugnisses denen der Bewerber mit Abschlüssen nach dem
BBiG entsprechen.

2. Gleichstellung inländischer Prüfungszeugnisse (Abs. 1)

Voraussetzung für eine Verordnung gem. Absatz 1 ist, dass die Berufsausbil- **3**
dung und die in der Prüfung nachzuweisenden beruflichen Fertigkeiten, Kenntnisse und Fähigkeiten **gleichwertig** sind. Abzugleichen sind sowohl der Prozess
der Berufsausbildung als auch die Prüfungsanforderungen. Beides muss in den
beiden Ausbildungsgängen gleichwertig sein. Ist einer der beiden Bestandteile
nicht gleichwertig, fehlt es an der Voraussetzung für die **Gleichstellungsver-
ordnung**. Zu vergleichen sind die Lehr- und Lerninhalte mit dem Ausbildungs-
bild und dem Ausbildungsplan. Die Gegenüberstellung muss zeigen, dass eine
Ausbildung in Inhalt, Umfang und Schwierigkeitsgrad des Ausbildungsberufsbilds und des Ausbildungsrahmenplans absolviert wurde. Außerdem muss eine
Prüfung mit den sich aus der Ausbildungsordnung ergebenden Prüfungsanforderungen durchgeführt worden sein.[1] Dabei ist zu berücksichtigen, dass es nicht
ausreichend ist, wenn lediglich der theoretische Teil der Ausbildung gleich-
wertig ist, auch der praktische Teil der Ausbildung muss gleichwertig sein.
Dem Verordnungsgeber steht ein **Beurteilungsspielraum** bei der Frage zu, ob **4**
Berufsausbildung und Prüfungszeugnis gleichwertig sind. Ein Anspruch auf
Erlass einer Verordnung zur Gleichstellung des Prüfungszeugnisses mit einer
Berufsausbildung besteht nicht. Gleichgestellte Prüfungszeugnisse werden im

---

1 *Leinemann/Taubert* BBiG § 50 Rn. 6.

Verzeichnis der anerkannten Ausbildungsberufe nach § 90 Abs. 3 Nr. 3 veröffentlicht.

5   Der Bundesausschuss für Berufsbildung hat ansonsten am 20. Januar 1976 eine Empfehlung von Kriterien zur Prüfung der Gleichwertigkeit von Abschlüssen an Berufsfachschulen mit dem Abschluss und Gesellenprüfungen in Ausbildungsberufen beschlossen (Rn. 7). Sie bilden nach wie vor die Grundlage bei der Überprüfung der Gleichwertigkeit, die in der Praxis durch das Bundesinstitut für Berufsbildung vorgenommen wird.

3. Gleichstellung ausländischer Prüfungszeugnisse (Abs. 2)

6   Nach Absatz 2 können auch Prüfungszeugnisse, die im Ausland erworben wurden, den entsprechenden Zeugnissen über das Bestehen der Abschlussprüfung gleichgestellt werden. Im Gegensatz zu der Gleichstellung inländischer Abschlüsse außerhalb des Anwendungsbereichs des BBiGs ist in diesem Fall lediglich erforderlich, dass die Prüfungsanforderungen denjenigen des Ausbildungsberufs gleichwertig sind. Auf die tatsächliche Berufsausbildung kommt es in diesem Fall nicht an. Die gleichgestellten ausländischen Prüfungszeugnisse sind ebenfalls in das **Verzeichnis der anerkannten Ausbildungsberufe** gem. § 90 Abs. 3 Nr. 3 aufzunehmen.

7   Empfehlung von Kriterien zur Prüfung der Gleichwertigkeit von Abschlüssen an Berufsfachschulen mit den Ausbildungsabschluss- oder Gesellenprüfungen In Ausbildungsberufen[2]
Prüfungszeugnisse von Berufsfachschulen werden mit den Zeugnissen über das Bestehen der Abschluss- oder Gesellenprüfungen in Ausbildungsberufen gleichgestellt, wenn
1. die Vermittlung der in der Ausbildungsordnung vorgeschriebenen Fertigkeiten und Kenntnisse sichergestellt wird;
2. die gleichen zum Erwerb der Berufsqualifikation notwendigen Lernziele und Lerninhalte für die Ausbildungsberufe vermittelt werden, für die gleichgestellt werden soll;
3. der Anteil der fachbezogenen (fachpraktisch/fachtheoretisch) Ausbildung durch einen Mindestzeitanteil von 26 Wochenstunden gewährleistet ist;
4. die Prüfungszulassung nach Kriterien erfolgt, die denen bei den Abschlussprüfungen oder Gesellenprüfungen der zuständigen Stellen entsprechen;
5. die Durchführung von Lernfortschrittskontrollen (Zwischenprüfungen) gewährleistet ist;
6. die Prüfungsanforderungen und das Prüfungsverfahren den Prüfungsanforderungen und dem Prüfungsverfahren der Abschluss- oder Gesellenprüfung gleichwertig sind;
7. bei Änderungen von Lerninhalten und Lernzielen, von Prüfungsanforderungen und Prüfungsverfahren diese von den Schulen berücksichtigt werden, deren Zeugnisse gleichgestellt sind.
Einer endgültigen Anerkennung sollte eine befristete Erprobungsphase, die in Verbindung mit der Berufspraxis durchzuführen ist, vorausgehen.
Die Gleichstellung ist aufzuheben, wenn die Berufsausbildung und die in den Prüfungen nachzuweisenden Fertigkeiten und Kenntnisse der außerschulischen Ausbildung nicht mehr den Punkten 1 bis 7 entsprechen.

---

2 Vom Bundesausschuss für Berufsbildung, 20.1.1976, BWP 2/1976, http://www.bibb. de/dokumente/pdf/empfehlung_034-ausb.abschluss-gesellenpr_fungen_ausb.berufen _226.pdf.

Einigungsvertrag
Art 37 Bildung

(1) In der Deutschen Demokratischen Republik erworbene oder staatlich anerkannte schulische, berufliche und akademische Abschlüsse oder Befähigungsnachweise gelten in dem in Artikel 3 genannten Gebiet weiter. In dem in Artikel 3 genannten Gebiet oder in den anderen Ländern der Bundesrepublik Deutschland einschließlich Berlin (West) abgelegte Prüfungen oder erworbene Befähigungsnachweise stehen einander gleich und verleihen die gleichen Berechtigungen, wenn sie gleichwertig sind. Die Gleichwertigkeit wird auf Antrag von der jeweils zuständigen Stelle festgestellt. Rechtliche Regelungen des Bundes und der Europäischen Gemeinschaften über die Gleichstellung von Prüfungen oder Befähigungsnachweisen sowie besondere Regelungen in diesem Vertrag haben Vorrang. Das Recht auf Führung erworbener, staatlich anerkannter oder verliehener akademischer Berufsbezeichnungen, Grade und Titel bleibt in jedem Fall unberührt.

(2) Für Lehramtsprüfungen gilt das in der Kultusministerkonferenz übliche Anerkennungsverfahren. Die Kultusministerkonferenz wird entsprechende Übergangsregelungen treffen.

(3) Prüfungszeugnisse nach der Systematik der Ausbildungsberufe und der Systematik der Facharbeiterberufe und Abschlussprüfungen und Gesellenprüfungen in anerkannten Ausbildungsberufen stehen einander gleich.

(4) Die bei der Neugestaltung des Schulwesens in dem in Artikel 3 genannten Gebiet erforderlichen Regelungen werden von den in Artikel 1 genannten Ländern getroffen. Die notwendigen Regelungen zur Anerkennung von Abschlüssen schulrechtlicher Art werden in der Kultusministerkonferenz vereinbart. In beiden Fällen sind Basis das Hamburger Abkommen und die weiteren einschlägigen Vereinbarungen der Kultusministerkonferenz.

(5) Studenten, die vor Abschluss eines Studiums die Hochschule wechseln, werden bisher erbrachte Studien- und Prüfungsleistungen nach den Grundsätzen des § 7 der Allgemeinen Bestimmungen für Diplomprüfungsordnungen (ABD) oder im Rahmen der für die Zulassung zu Staatsprüfungen geltenden Vorschriften anerkannt.

(6) Die auf Abschlusszeugnissen der Ingenieur- und Fachschulen der Deutschen Demokratischen Republik bestätigten Hochschulzugangsberechtigungen gelten gemäß Beschluss der Kultusministerkonferenz vom 10. Mai 1990 und seiner Anlage B. Weitergehende Grundsätze und Verfahren für die Anerkennung von Fachschul- und Hochschulabschlüssen für darauf aufbauende Schul- und Hochschulausbildungen sind im Rahmen der Kultusministerkonferenz zu entwickeln.

Zur Gleichstellung von französischen und österreichischen Prüfungszeugnissen **8** mit Zeugnissen über die bestandene Abschlussprüfung existieren Verordnungen gem. Abs. 2:

– Dritte Verordnung zur Änderung der Verordnung zur Gleichstellung französischer Prüfungszeugnisse mit Zeugnissen über das Bestehen der Abschlussprüfung oder Gesellenprüfung in anerkannten Ausbildungsberufen, BGBl. I 1986, 1306

– Dritte Verordnung zur Änderung der Verordnung zur Gleichstellung österreichischer Prüfungszeugnisse mit Zeugnissen über das Bestehen der Abschlussprüfung oder Gesellenprüfung in anerkannten Ausbildungsberufen, BGBl. I 1995, 899

Darüber hinaus wurde mit beiden Ländern vereinbart, Abschlüsse auch formlos als gleichwertig anzuerkennen:

9   Gemeinsame Erklärung[3]
des Bevollmächtigten der Bundesrepublik Deutschland für kulturelle Angelegenheiten im Rahmen des Vertrages über die deutsch-französische Zusammenarbeit, der
Bundesministerin für Bildung und Forschung der Bundesrepublik Deutschland
und
des Ministers für Bildung, Hochschulwesen und Forschung der Französischen Republik auf dem Gebiet der beruflichen Bildung
über die generelle Vergleichbarkeit von französischen Abschlusszeugnissen in der
Berufsausbildung und
deutschen Abschlusszeugnissen in der Berufsausbildung nach Berufsbildungsgesetz, Handwerksordnung sowie Schulrecht der Länder
...
erklären, dass nach gemeinsamer Auffassung

10   – das französische certificat d'aptitude professionelle (CAP) als Abschlusszeugnis einer
französischen Berufsfachschule vergleichbar sei mit einem in der dualen Berufsausbildung mit einer Regelausbildungsdauer von zwei Jahren nach § 25 Berufsbildungsgesetz und § 25 Handwerksordnung erhaltenen deutschen Abschlusszeugnis in der
Berufsausbildung

11   – und das französische Brevet professionnel sowie das französische Baccalauréat professionnel vergleichbar seien mit einem in der dualen Berufsausbildung mit einer
Regelausbildungsdauer von drei bis dreieinhalb Jahren nach § 25 Berufsbildungsgesetz und § 25 Handwerksordnung erhaltenen deutschen Abschlusszeugnis in der
Berufsausbildung sowie einem gleichwertigen Abschlusszeugnis in der Berufsausbildung nach dem Schulrecht der Länder der Bundesrepublik Deutschland, entsprechend dem vom Bundesinstitut für Berufsbildung herausgegebenen Verzeichnis der
anerkannten Ausbildungsberufe.
Beide Seiten weisen darauf hin,

12   – dass sich diese Gemeinsame Erklärung zur generellen Vergleichbarkeit der genannten Abschlusszeugnisse in der Berufsausbildung auf die grenzüberschreitende berufliche Mobilität beim Zugang zum Arbeitsmarkt und auf die Möglichkeit der Fortführung in der beruflichen Weiterbildung im Partnerland beziehe,

13   – und dass sie diese Gemeinsame Erklärung unverzüglich den Sozialpartnern, Kammern und Verbänden nach Maßgabe der im jeweiligen Land üblichen Verfahren
übermitteln sowie die interessierten Bürgerinnen und Bürgern beider Länder in
deutscher beziehungsweise französischer Sprache entsprechend in geeigneter Weise
über die sich dadurch für sie ergebenden Möglichkeiten informieren wollen.
...

14   Gemeinsame Erklärung[4]
der Bundesministerin für Bildung und Forschung sowie des Bundesministers für
Wirtschaft und Arbeit der Bundesrepublik Deutschland
und
des Bundesministers für Wirtschaft und Arbeit sowie der Bundesministerin für
Bildung, Wissenschaft und Kultur der Republik Österreich
auf dem Gebiet der beruflichen Bildung
über die grundsätzliche Vergleichbarkeit von Ausbildungsabschlüssen im beruflichen Bereich
...

15   stellen fest,
– dass die berufliche Qualifizierung in Deutschland und Österreich in der Form der
dualen Berufsausbildung in den nach dem Berufsbildungsgesetz und der Hand-

---

3 http://www.bmwi.de/BMWi/Redaktion/PDF/G/geimeinsame-erklaerung-abschlues
   se-deutschland-frankreich,property=pdf,bereich=bmwi,sprache=de,rwb=true.pdf.
4 http://www.bmwi.de/BMWi/Redaktion/PDF/G/gemeinsame-erklaerung-abschlues
   se-deutschland-oesterreich,property=pdf,bereich=bmwi,sprache=de,rwb=true.pdf.

werksordnung der Bundesrepublik Deutschland anerkannten Ausbildungsberufen beziehungsweise nach § 1 des Berufsausbildungsgesetzes der Republik Österreich und die mit dem Ausbildungsniveau der dualen Ausbildung vergleichbaren schulischen Ausbildungen nach dem Schulrecht (berufsbildende mittlere Schulen) des Bundes der Republik Österreich in ihren Berechtigungen für das Beschäftigungssystem grundsätzlich vergleichbar sind,

– sowie dass die bisher auf der Grundlage des oben genannten Abkommens von 1989 **16** gleichgestellten Berufsabschlüsse in ihren Berechtigungen davon unberührt bleiben.

Sie werden diese Gemeinsame Erklärung unmittelbar nach ihrer Unterzeichnung den Sozialpartnern, Kammern und Verbänden nach Maßgabe der im jeweiligen Land üblichen Verfahren übermitteln sowie die genannte grundsätzliche Vergleichbarkeit der Abschlüsse in den beiden Berufsbildungssystemen den Interessenten leicht zugänglich machen.

Abschnitt 6
Interessenvertretung

§ 51 Interessenvertretung

(1) Auszubildende, deren praktische Berufsbildung in einer sonstigen Berufsbildungeinrichtung außerhalb der schulischen und betrieblichen Berufsbildung (§ 2 Abs. 1 Nr. 3) mit in der Regel mindestens fünf Auszubildenden stattfindet und die nicht wahlberechtigt zum Betriebsrat nach § 7 des Betriebsverfassungsgesetzes, zur Jugend- und Auszubildendenvertretung nach § 60 des Betriebsverfassungsgesetzes oder zur Mitwirkungsvertretung nach § 36 des Neunten Buches Sozialgesetzbuch sind (außerbetriebliche Auszubildende), wählen eine besondere Interessenvertretung.

(2) Absatz 1 findet keine Anwendung auf Berufsbildungseinrichtungen von Religionsgemeinschaften sowie auf andere Berufsbildungseinrichtungen, soweit sie eigene gleichwertige Regelungen getroffen haben.

Inhaltsübersicht   Rn.

1.	Vorbemerkung	1
2.	Sonderregelung für gem. § 2 Abs. 1 Nr. 3 BBiG Beschäftigte	2
2.1	Fehlende Interessenvertretung	3
2.2	Regelmäßig mehr als fünf Auszubildende	4
2.3	Interessenvertretung	6
3.	Ausnahmen	
3.1	Religionsgemeinschaften	7
3.2	Andere Berufsbildungseinrichtungen mit gleichwertigen Regelungen . . .	8

1. Vorbemerkung

§ 51 entspricht § 18a BBiG a. F. Dieser wurde bereits mit dem Betriebsverfas- **1** sungsreformgesetz zum 15.8.2002 in das BBiG eingefügt. Hintergrund:
Aufgrund der fehlenden Ausbildungsplätze und Förderangebote in den Betrieben wurden – oftmals unterstützt durch Fördermöglichkeiten nach dem SGB III – eine Reihe von Ausbildungsstätten im Sinne des § 2 Abs. 1 Nr. 3 BBiG gegründet, **deren eigentlicher Betriebszweck das Ausbilden ist**. Es gibt sie in unter-

schiedlichen Konstellationen: Zum Teil als Ausbildungswerkstätten, in denen unternehmensweit oder in einem Unternehmen regional ausgebildet wird. Zum Teil wurden extra für den Zweck der Ausbildung Träger der Berufsausbildung gegründet. Diese schließen den Ausbildungsvertrag mit den Auszubildenden. Allen Konstellationen ist eines gemeinsam: Die Ausbildung erfolgt nicht wie in anderen Betrieben, für den Betriebszweck, sondern sie **ist** der Betriebszweck.

2. Sonderregelung für gem. § 2 Abs. 1 Nr. 3 BBiG Beschäftigte

2   Hieraus ergibt sich betriebsverfassungsrechtlich eine Besonderheit: § 5 Abs. 1 BetrVG definiert als ArbeitnehmerInnen im Sinne des BetrVG unter anderem »die zu ihrer Berufsausbildung Beschäftigten.« § 5 BetrVG erfasst alle, die einen Vertrag abgeschlossen haben, der eine Ausbildung zum Gegenstand hat. Damit sind alle Verträge gemeint, die berufliche **Kenntnisse, Fertigkeiten und Fähigkeiten** vermitteln sollen. Für Auszubildende in einer »sonstigen Bildungseinrichtung« nach § 1 Abs. 5 BBiG a. F., nunmehr § 2 Abs. 1 Nr. 3 BBiG, hat das Bundesarbeitsgericht eine Sonderregelung getroffen: »Ist der Zweck des Betriebs, in dem die Auszubildenden tätig werden, allein oder hauptsächlich darauf gerichtet, anderen Personen eine berufspraktische Ausbildung zu vermitteln, dann sind die Auszubildenden nicht in vergleichbarer Weise wie die Arbeiter und Angestellten des Betriebs in das Betriebsgeschehen eingebunden und in den Betrieb integriert;… Vielmehr sind sie selbst Gegenstand des Betriebszwecks und der betrieblichen Tätigkeit, die auf sie und ihre Berufsausbildung hin ausgerichtet ist. Da sie nicht im Rahmen des auf Verschaffung einer Berufsausbildung gerichteten Betriebszwecks beschäftigt werden, sind sie nicht in den Betrieb eingegliedert und gehören deshalb auch betriebsverfassungsrechtlich nicht zu den Arbeitnehmern des Betriebs im Sinne des § 5 Abs. 1 BetrVG«.[1]

2.1 Fehlende Interessenvertretung

3   Die Auszubildenden in den sonstigen Bildungseinrichtungen werden also weder durch den Betriebsrat dieser Einrichtung vertreten, noch sind sie an der Wahl zum Betriebsrat oder zur Jugend- und Auszubildendenvertretung zu beteiligen. Das ist insoweit unbefriedigend, als beim Bildungsträger die maßgeblichen Entscheidungen zum Beispiel über **Ausbildungszeiten, Urlaubsregelungen, Ordnung im Betrieb** und so weiter getroffen werden. Zur Lösung dieses Problems fügte der Gesetzgeber bei der Betriebsverfassungsreform die Vorgängerregelungen, §§ 18 a, 18 b, in das Berufsbildungsgesetz a. F. ein.

2.2 Regelmäßig mehr als fünf Auszubildende

4   Voraussetzung für die Wahl zur Interessenvertretung ist die regelmäßige Beschäftigung von **mindestens fünf** Auszubildenden. Die Formulierung »in der Regel« entspricht der Formulierung in § 1 BetrVG und wiederholt sich in vielen anderen kollektivrechtlichen Vorschriften.[2] Auszugehen ist nicht nur von dem zum Zeitpunkt der Betrachtung vorliegenden Zustand. Es kommt auf den im

---

1 *BAG* 26.1.1994, AP Nr. 54 zu § 5 BetrVG 1972.
2 Vgl. §§ 99 Abs. 1, 106 Abs. 1, 111 Satz 1 BetrVG sowie § 1 Abs. 1 Nr. 2 MitbestG.

größten Teil des Jahres bestehenden »normalen« Zustand an.[3] Da die Auszubildendenzahlen typischerweise aufgrund der Einstellung nach den Sommerferien und den Abschlussprüfungen im Winter und im Sommer regelmäßig und stark schwanken, kann hilfsweise auf die Anzahl der vorhandenen Ausbildungsplätze zurückgegriffen werden.

Weitere Voraussetzung ist zudem, dass die Auszubildenden **nicht wahlberech-** **5** **tigt** zur Wahl des Betriebsrats, der Jugend- und Auszubildendenvertretung oder zur Mitwirkungsvertretung nach § 36 SGB IX sind. Damit werden diejenigen Auszubildenden aus dem Geltungsbereich herausgenommen, die bei der Bildungseinrichtung nicht in der Ausbildungsmaßnahme, sondern am eigentlichen Betriebszweck ausgebildet werden. Die besondere Rechtsstellung behinderter Menschen, die an beruflichen Rehabilitationsmaßnahmen teilnehmen, ergibt sich aus § 36 SGB IX. Die TeilnehmerInnen sind ausdrücklich **keine ArbeitnehmerInnen** im Sinne des BetrVG, § 36 Satz 2 SGB IX. § 36 SGB IX normiert eine eigenständige Vertretung der Rehabilitanden. Letztlich kann es durch diese Abgrenzung der Beschäftigtengruppen – ArbeitnehmerInnen, Auszubildende und Rehabilitanden – zu **drei verschiedenen Beschäftigtenvertretungen** in einer sonstigen Bildungseinrichtung kommen – Betriebsrat, Interessenvertretung der Auszubildenden und VertreterInnen der Rehabilitanden.

2.3 Interessenvertretung

Liegen die Voraussetzungen vor, wählen die Auszubildenden eine besondere **6** Interessenvertretung. Das Gesetz ordnet die Wahl **zwingend** an, die Möglichkeit für die Auszubildenden oder den Träger der Berufsbildungseinrichtung, dass nicht gewählt wird, besteht nicht.

Die Wahl zur Interessenvertretung ist nicht geregelt. Es gibt auch keinen Verweis auf das BetrVG, so dass die anspruchsvollen Wahlvorschriften des BetrVG und der Wahlordnung nicht anzuwenden sind. Die Wahl muss jedoch den **allgemeinen Wahlgrundsätzen** folgen: Frei, geheim, unmittelbar, direkt und gleich. Diese Voraussetzungen werden erfüllt, wenn:

– allgemein erreichbar für die Betriebsöffentlichkeit zu einer Wahlversammlung eingeladen wird;
– dort jemand für die Leitung der Wahl und zum Auszählen der Stimmen gewählt wird;
– die Kandidaten und Kandidatinnen vorgeschlagen werden;
– es möglich ist, sich vorab auf eine Anzahl der zu Wählenden zu einigen; anderenfalls sind alle gewählt, die die Mehrheit der abgegebenen Stimmen erhalten haben;
– aufgrund der Vorschläge geheim, also schriftlich und ohne dass andere das Ergebnis wahrnehmen können, gewählt wird sowie
– die Stimmen ausgezählt werden und alle den gleichen Wert haben.

Die Größe der Interessenvertretung ist nicht normiert, letztlich bestimmt dies die Versammlung, wenn keine Verordnung vorhanden ist. Es ist möglich, die abwesenden Auszubildenden noch nachträglich abstimmen zu lassen. Dann allerdings darf das Wahlergebnis auf der Versammlung nicht mitgeteilt werde, auch nicht als vorläufiges Wahlergebnis. Anderenfalls wäre das **Wahlgeheimnis** der Briefwähler gefährdet.

---

3 *Fitting* u.a. BetrVG § 1 Rn. 272 m.w.N.

Die gewählte Interessenvertretung muss ihre Rechte mit dem Ausbildungsbetrieb vereinbaren, wenn es keine Verordnung gibt. Denkbar sind Regelungen
über ihre Beteiligungsrechte, über Auszubildendenversammlungen sowie Regelungen zu den eigenen Arbeitsbedingungen. Eine Leitlinie können die Vorschriften des BetrVG oder der erste Entwurf der Verordnung[4] sein. Nicht
zulässig ist es, der besonderen Interessenvertretung eine Regelungskompetenz
ähnlich der Wirkung von Betriebsvereinbarungen zuzusprechen. Für eine unmittelbare Wirkung der Vereinbarungen auf das Ausbildungsverhältnis fehlt es
an einer Anordnung in einem Gesetz oder in einer Verordnung aufgrund eines
Gesetzes.
Die Interessenvertretungen sind gem. § 10 ArbGG im arbeitsgerichtlichen Beschlussverfahren **beteiligtenfähig**. Sie können damit vor dem Arbeitsgericht die
Wahrung ihrer Rechte, die sich aus der nach § 52 BBiG zu erlassenden RechtsVO
oder aus einer Vereinbarung mit dem Ausbildenden ergeben, durchsetzen.

3. Ausnahmen

3.1 Religionsgemeinschaften

7   Abs. 2 nimmt die Berufsbildungseinrichtungen der Religionsgemeinschaften
von der Interessenvertretung der außerbetrieblichen Auszubildenden aus, da
die Kirchen befugt sind, ihre **innerkirchliche Vertretung** selbst zu regeln. Entscheidungen der Kirchengerichte zur Frage, ob die Auszubildenden in sonstigen
Bildungseinrichtungen der Kirchen MitarbeiterInnen im Sinne der Mitarbeiter-
vertretungsgesetze sind, stehen noch aus.

3.2 Andere Berufsbildungseinrichtungen mit gleichwertigen Regelungen

8   Ebenfalls von der Wahl einer besonderen Interessenvertretung ausgenommen
sind andere Bildungseinrichtungen, soweit sie eigene **gleichwertige Regelungen** getroffen haben. Eine solche Regelung kann von der Arbeitgeberin einseitig
erlassen werden oder auch in einem Tarifvertrag enthalten sein.

9   Beispielhaft sei hier der Tarifvertrag »Mitbestimmung TTC (TV 122)« vom
26.11.2001 genannt. Dieser regelt für das Telekom Training Center (TTC) die
Einrichtung von Auszubildendenvertretungen sowie einer Konzern-Auszubildendenvertretung, § 1 TV TTC. Die Rechte der Auszubildendenvertretung entsprechen den Rechten einer Jugend- und Auszubildendenvertretung nach dem
Betriebsverfassungsgesetzes, soweit im Tarifvertrag nichts anderes geregelt ist,
§ 2 Abs. 1 TV TTC. Anders als nach dem Betriebsverfassungsgesetz stehen den
Auszubildendenvertretungen jedoch eigene Beteiligungsrechte gegenüber der
Telekom zu, z. B. die Beteiligungsrechte bei beruflicher Bildung oder bei Einstellungen und Versetzungen, § 3 Abs. 2 und 3 TV TTC. Die Einigungsstellen
werden entgegen der Regelungen im BetrVG nicht durch den Betriebsrat sondern von der Konzern-Auszubildendenvertretung selbst durchgeführt. § 3
Abs. 2 Satz 2 TV TTC. Eine so umfangreiche tarifliche Regelung kann als gleichwertige Regelung im Sinne des Abs. 2 angesehen werden, so dass die Telekom

---

4 S. § 52 Rn. 1.

Training Center auch bei Vorliegen einer RechtVO keine gesonderte Interessenvertretung nach den §§ 51, 52 BBiG bilden müssen. Das Bundesarbeitsgericht hat die Konzern-Auszubildendenvertretung für beteiligtenfähig im arbeitsrechtlichen Beschlussverfahren erachtet.[5]

§ 52 Verordnungsermächtigung

Das Bundesministerium für Bildung und Forschung kann durch Rechtsverordnung, die nicht der Zustimmung des Bundesrates bedarf, die Fragen bestimmen, auf die sich die Beteiligung erstreckt, die Zusammensetzung und die Amtszeit der Interessenvertretung, die Durchführung der Wahl, insbesondere die Feststellung der Wahlberechtigung und der Wählbarkeit sowie Art und Umfang der Beteiligung.

§ 52 entspricht § 18 b BBiG a. F. Allerdings wurde die Zustimmungspflichtigkeit **1** durch den Bundesrat gestrichen, weil nach Ansicht des Gesetzgebers in die Angelegenheiten der Länder durch § 52 BBiG nicht eingegriffen wird.[1] Zur rechtlichen Hintergrund und der Historie der Vorschrift vgl. § 51 Rn. 1.

In der alten Fassung des § 18 b bedurfte die RechtsVO der Zustimmung des Bundesrats. Der vom Bundesforschungsministerium vorgelegt Entwurf[2] wurde vom Bundesrat jedoch abgelehnt, ein neuer Entwurf wurde noch nicht veröffentlicht.

Nach dem Wortlaut kann das Bundesministerium für Bildung und Forschung **2** durch Rechtsverordnung die Einzelheiten der Vertretung regeln. Eine Pflicht hierzu besteht nicht.

---

5 *BAG* 24.8.2004, 1 ABR 28/03 unter www.bundesarbeitsgericht.de.
1 BT-Drucks. 15/3980, S. 126 f.
2 BR-Drucks. 339/02, S. 1 ff.

Kapitel 2
Berufliche Fortbildung

§ 53 Fortbildungsordnung

(1) Als Grundlage für eine einheitliche berufliche Fortbildung kann das Bundesministerium für Bildung und Forschung im Einvernehmen mit dem Bundesministerium für Wirtschaft und Technologie oder dem sonst zuständigen Fachministerium nach Anhörung des Hauptausschusses des Bundesinstituts für Berufsbildung durch Rechtsverordnung, die nicht der Zustimmung des Bundesrates bedarf, Fortbildungsabschlüsse anerkennen und hierfür Prüfungsregelungen erlassen (Fortbildungsordnung).

(2) Die Fortbildungsordnung hat festzulegen
1. die Bezeichnung des Fortbildungsabschlusses,
2. das Ziel, den Inhalt und die Anforderungen der Prüfung,
3. die Zulassungsvoraussetzungen sowie
4. das Prüfungsverfahren.

(3) Abweichend von Absatz 1 werden Fortbildungsordnungen in Berufen der Landwirtschaft, einschließlich der ländlichen Hauswirtschaft, durch das Bundesministerium für Ernährung, Landwirtschaft und Verbraucherschutz im Einvernehmen mit dem Bundesministerium für Bildung und Forschung, Fortbildungsordnungen in Berufen der Hauswirtschaft durch das Bundesministerium für Wirtschaft und Technologie im Einvernehmen mit dem Bundesministerium für Bildung und Forschung erlassen.

Inhaltsübersicht   Rn.

1.	Fortbildung als Berufsbildungsmaßnahme	1
2.	Fortbildungsordnungen gemäß § 53 BBiG	5
3.	Fort- und Weiterbildung im bestehenden Arbeitsverhältnis und Rückzahlungsklauseln	8
3.1	Notwendigkeit einer klaren Vereinbarung	10
3.2	Kriterien für die Inhaltskontrolle	
3.2.1	Einschränkung der Berufsfreiheit	15
3.2.2	Beruflicher Vorteil	21
3.2.3	Weiterbildungs- und Bindungsdauer	23
3.2.4	Beendigungstatbestände	27
3.2.5	Höhe der Rückzahlung	31
3.3	Rechtsfolgen unzulässiger Rückzahlungsklauseln	33
3.4	Kollektivvertragliche Rückzahlungsklauseln	38

1. Fortbildung als Berufsbildungsmaßnahme

1   In der Praxis spielen Maßnahmen der Fort- und Weiterbildung eine erhebliche Rolle.[1] Es geht darum, die beruflichen Kenntnisse und Fertigkeiten zu erhalten, zu erweitern und der technischen und sonstigen Entwicklung anzupassen. Jenseits der Definition des § 1 Abs. 3 BBiG kann man allgemein von beruflicher **Weiterbildung** sprechen. Solche Maßnahmen können von unterschiedlicher

---

1 Vgl. *Beicht/Walden* WSI-Mitteilungen 2006, 327 ff.; *Wilkens/Leber* MittAB 2003, 329 ff.

Intensität und Dauer sein, mit oder ohne Prüfungen abschließen. Dabei ist auch und gerade die öffentliche Verantwortung in der Weiterbildung zu betonen.[2] Die Regelungen im BBiG sind nur fragmentarisch. Ein umfassendes Weiterbildungsgesetz steht aus.

Bei **Weiterbildungsmaßnahmen im bestehenden Arbeitsverhältnis** verbindet   **2** der Arbeitgeber mit der Weiterbildung und der Kostentragung die Erwartung, der Arbeitnehmer werde die Kenntnisse und Fähigkeiten zu seinen Gunsten nutzen, also im Arbeitsverhältnis verbleiben. Erfüllt sich diese Erwartung nicht, geht das Interesse des Arbeitgebers dahin, die entstandenen Kosten zumindest zum Teil vom Arbeitnehmer zurückzuerhalten. Häufig werden deshalb auf Veranlassung des Arbeitgebers einzelvertraglich Regelungen getroffen, die den Arbeitnehmer zur Rückzahlung der vom Arbeitgeber aufgewandten Kosten verpflichten, jedenfalls wenn dieser vor dem Ende bestimmter Fristen aus dem Arbeitsverhältnis ausscheidet (vgl. Rn. 8 ff.).[3]

Mitbestimmungsrechtlich ist die Frage der betrieblichen Weiterbildung nur in   **3** Ansätzen geregelt.[4] **Tarifpolitisch** gibt es verschiedene Ansätze, die Qualifizierung und Weiterbildung verstärkt tarifvertraglich zu regeln.[5]

Berufliche Fortbildung setzt den vorausgegangenen Erwerb der beruflichen   **4** Handlungsfähigkeit voraus, die durch eine abgeschlossene Berufsausbildung oder eine angemessene Berufserfahrung erworben wurde. Die berufliche Fortbildung (§ 1 Abs. 4 BBiG) soll es ermöglichen, die berufliche Handlungsfähigkeit zu erhalten und anzupassen oder zu erweitern und beruflich aufzusteigen. Dementsprechend wird unterschieden zwischen der Fortbildung, die einen beruflichen Aufstieg ermöglicht (**Aufstiegsfortbildung**) und einer Fortbildung, die die beruflichen Kompetenzen den technischen bzw. wirtschaftlichen Entwicklungen anpassen soll (**Anpassungsfortbildung**). Anpassungsfortbildungen enden in der Regel mit keiner Prüfung, allenfalls mit einem Zertifikat oder einer Teilnahmebestätigung. Aufstiegsfortbildungen sind geordnete Bildungsgänge, die in der Regel mit einer Prüfung bei der zuständigen Stelle abschließen. Die Fortbildung kann stattfinden:
– in einem bestehenden Arbeitsverhältnis oder
– in einem gesonderten Vertragsverhältnis oder
– berufsbegleitend in gesonderten Fortbildungsmaßnahmen entsprechender Fortbildungsträger.

---

2 Vgl. *Faulstich* Lernzeiten – Für ein Recht auf Weiterbildung, Hamburg 2002; *Faulstich/Bayer* Lerngelder – Für öffentliche Verantwortung in der Weiterbildung, Hamburg 2005.
3 Vgl. *Lakies* AiB 2008, 135 ff.; *Wilkens/Leber* MittAB 2003, 329 ff.; *Alewell/Koller* MittAB 2002, 107 ff.
4 Vgl. kritisch und mit rechtspolitischen Vorschlägen *Däubler* BB 2000, 1190 ff.
5 Vgl. *Bahnmüller*, WSI-Mitteilungen 2002, 38 ff.; vgl. zu Qualifizierungstarifverträgen *Bahnmüller/Jentgen* Weiterbildung durch Tariffonds, Hamburg 2006; *Bahnmüller/Fischbach* Qualifizierung und Tarifvertrag, Hamburg 2006; zusammenfassend: *Bahnmüller/Fischbach/Jentgens* WSI-Mitteilungen 2006, 71 ff.; *Bahnmüller/Fischbach* WSI-Mitteilungen 2004, 182 ff.; zum Zusammenhang von Arbeitszeitpolitik und Weiterbildung *Seifert/Mauer* WSI-Mitteilungen 2004, 190 ff.; zu Lernzeitkonten *Dobischat/Seifert* Sozialer Fortschritt 2005, 266 ff.

2. Fortbildungsordnungen gemäß § 53 BBiG

5 Zur Berufsbildung im Sinne des BBiG gehört die berufliche Fortbildung. Die Rahmenbedingungen sind in Kapitel 2 (§§ 53 bis 57 BBiG) näher umschrieben. Berufliche Fortbildung ist ein wesentliches Element der Berufs- und Arbeitswelt. Sie fördert die Entwicklung beruflicher Handlungskompetenz und die reflexive Handlungsfähigkeit des einzelnen. § 53 BBiG beschreibt, wie staatlich anerkannte Fortbildungsordnungen mit bundesweiter Gültigkeit zu erlassen sind und wie die Struktur einer Fortbildungsordnung aussieht. Davon zu unterscheiden sind Fortbildungsregelungen der zuständigen Stellen, die nur regionale Gültigkeit besitzen (§ 54 BBiG). Im Hinblick auf § 53 Abs. 1 und 2 BBiG gilt für das **Handwerk** die sachlich entsprechende Regelung des § 42 HwO.

6 Als Grundlage für eine einheitliche berufliche Fortbildung kann gemäß § 53 Abs. 1 BBiG das Bundesministerium für Bildung und Forschung im Einvernehmen mit dem Bundesministerium für Wirtschaft und Technologie oder dem sonst zuständigen Fachministerium nach Anhörung des Hauptausschusses des Bundesinstituts für Berufsbildung durch **Rechtsverordnung,** die nicht der Zustimmung des Bundesrats bedarf, Fortbildungsabschlüsse anerkennen und hierfür Prüfungsregelungen erlassen (**Fortbildungsordnung**). Die Inhalte der Fortbildungsordnung sind in § 53 Abs. 2 Nr. 1 bis 4 BBiG festgelegt. § 53 BBiG stellt eine **Ermächtigungsgrundlage** für den Erlass solcher Rechtsverordnungen (Fortbildungsordnungen) durch die Exekutive (Ministerium) dar. Daraus ergibt sich kein Zwang, solche Rechtsverordnungen zu erlassen. Bislang sind keine erlassen worden. Fehlt es an solchen Rechtsverordnungen, können die **zuständigen Stellen** gemäß § 59 BBiG **Umschulungsprüfungsregelungen** erlassen.

7 Abweichend von § 53 Abs. 1 BBiG sind Fortbildungsordnungen in Berufen der Landwirtschaft, einschließlich der ländlichen Hauswirtschaft, durch das Bundesministerium für Ernährung, Landwirtschaft und Verbraucherschutz im Einvernehmen mit dem Bundesministerium für Bildung und Forschung, Fortbildungsordnungen in Berufen der Hauswirtschaft durch das Bundesministerium für Wirtschaft und Technologie im Einvernehmen mit dem Bundesministerium für Bildung und Forschung zu erlassen (§ 53 Abs. 3 BBiG).

3. Fort- und Weiterbildung im bestehenden Arbeitsverhältnis und Rückzahlungsklauseln

8 Betriebliche Fort- und Weiterbildungsmaßnahmen sind heute aufgrund der technologischen Entwicklung und anderer Innovationen unerlässlich. Der Arbeitgeber verbindet mit Weiterbildungsmaßnahmen die Erwartung, die Arbeitnehmer werden die (zusätzlichen) Kenntnisse und Fähigkeiten zu seinen Gunsten nutzen. Für die Arbeitnehmer sind sie von Vorteil, weil sie ihre berufliche Entwicklung, ggf. nicht nur beim derzeitigen Vertragsarbeitgeber, fördern können. Bietet der Arbeitgeber Weiterbildungsmaßnahmen an und stellt er die Teilnahme daran frei, bestehen grundsätzlich keine Bedenken, dass die Arbeitnehmer die Kosten der Weiterbildung selbst tragen.

9 Übernimmt der Arbeitgeber die Kosten der Weiterbildung, behält er sich zumeist vor, dass der Arbeitnehmer die Kosten zurückzahlen muss, wenn er das Arbeitsverhältnis kündigt. Mit solchen Rückzahlungsklauseln will der Arbeitgeber die Erträge seiner »**Humankapitalinvestitionen**« sichern. Das Interesse ist nachvollziehbar, führt aber zu einer **Einschränkung der Berufsfreiheit der**

Arbeitnehmer. Durch Rückzahlungsklauseln wird das Recht der Arbeitnehmer auf Arbeitsplatzwechsel (Art. 12 Abs. 1 GG) eingeschränkt. Die Beschränkung der Berufsfreiheit ist nur dann angemessen, wenn und soweit schützenswerte Interessen des Arbeitgebers überwiegen.[6] Zulässig sind solche Rückzahlungsklauseln, wenn die Bildungsmaßnahme für den Arbeitnehmer einen **geldwerten Vorteil** hat (der Marktwert der Arbeitskraft muss sich erhöhen) und der Arbeitnehmer nicht unangemessen lange an das Arbeitsverhältnis gebunden wird.[7]

3.1 Notwendigkeit einer klaren Vereinbarung

Einzelvertraglich vereinbarte Rückzahlungsklauseln unterliegen der Kontrolle **10** gemäß den §§ 305 bis 310 BGB (AGB-Kontrolle), wenn es sich um vorformulierte Vertragsbedingungen (Allgemeine Geschäftsbedingungen, AGB) handelt, die der Arbeitgeber dem Arbeitnehmer einseitig offeriert (§ 305 Abs. 1 Satz 1 BGB). Davon ist in der Regel auszugehen. Wirklich ausgehandelte Rückzahlungsklauseln sind in der betrieblichen Praxis faktisch nicht anzutreffen: der Arbeitgeber bestimmt die Vertragsbedingungen, der Arbeitnehmer muss die Vereinbarung so wie angeboten akzeptieren, muss er doch sonst befürchten, an der betrieblichen Weiterbildungsmaßnahme nicht teilnehmen zu dürfen. Es ist für die Anwendung der AGB-Kontrolle gleichgültig, ob eine Rückzahlungsklausel bereits allgemein im Arbeitsvertrag vereinbart wird oder erst später im Zusammenhang mit der konkreten Weiterbildungsmaßnahme.

Grundvoraussetzung für einen Anspruch auf Rückerstattung von Weiterbil- **11** dungskosten ist die Existenz einer ausdrücklichen Vereinbarung zwischen Arbeitgeber und Arbeitnehmer. Die Vereinbarung könnte zwar an sich auch formfrei (also auch mündlich) geschlossen werden, muss aber **hinreichend klar und bestimmt** sein, weshalb in der Regel eine schriftliche Vereinbarung erforderlich sein wird.[8] Zur notwendigen Transparenz von Rückzahlungsklauseln gehört, dass sie erkennen lassen, welche konkreten Vor- und Nachteile mit ihnen verbunden sind, insbesondere in Bezug auf Rückzahlungstatbestände und Kostenrisiken.[9] Es bedarf einer eindeutigen vertraglichen Festlegung,
– welche Fort- oder Weiterbildungsmaßnahme durchgeführt werden soll,
– welche Kosten hierdurch entstehen und in welcher Höhe der Arbeitgeber diese übernimmt,
– ob, in welchem Umfang und unter welchen Voraussetzungen die Kosten vom Arbeitnehmer zurückzuzahlen sind und
– wann die etwaige Rückzahlung (in einem Betrag oder ratenweise) fällig ist.

Der **Arbeitnehmer muss die Folgen erkennen** können, die sich für ihn aus dem **12** Abschluss einer solchen Vereinbarung ergeben. Nur dann ist er in der Lage abzuwägen, ob die mit der Qualifikationsmaßnahme verbundenen beruflichen Vorteile die finanziellen Belastungen im Falle einer vorzeitigen Beendigung des

---

6 Grundlegend *BAG* 16.3.1994, 5 AZR 339/92, AP BGB § 611 Ausbildungsbeihilfe Nr. 18 = NZA 1994, 937; vgl. aus der neueren Rechtsprechung *BAG* 11.4.2006, 9 AZR 610/05, NZA 2006, 1042.
7 *BAG* 15.9.2009 – 3 AZR 173/08, NZA 2010, 342; *BAG* 14.1.2009 – 3 AZR 900/07, NZA 2009, 666; *BAG* 11.4.2006 – 9 AZR 610/05, NZA 2006, 1042.
8 Vgl. *Düwell/Ebeling* DB 2008, 406, 410.
9 Vgl. *Düwell/Ebeling* DB 2008, 406, 410.

Arbeitsverhältnisses rechtfertigen oder eine zeitlich begrenzte Bindung seinen Interessen entspricht.[10]

13 Die Rückzahlungsvereinbarung muss, um eine freie Entscheidung des Arbeitnehmers zu ermöglichen, zeitlich **vor Beginn der Weiterbildungsmaßnahme** getroffen werden. Die Vereinbarung darf nicht unter dem Druck der bereits begonnenen Qualifizierungsmaßnahme faktisch »erzwungen« werden. Der Arbeitnehmer muss auf die Folgen, die sich für ihn aus dem Abschluss einer solchen Vereinbarung ergeben, vor Beginn der vereinbarten Qualifizierung klar und unmissverständlich hingewiesen werden. Soll ausnahmsweise die Rückzahlungsvereinbarung nach Beginn der Weiterbildungsmaßnahme getroffen werden, muss der Arbeitgeber dem Arbeitnehmer eine angemessene Überlegungsfrist einräumen, innerhalb derer sich der Arbeitnehmer ohne Kostenrisiko entscheiden kann, ob er die Qualifizierung fortsetzen oder aufgeben will.[11]

14 Je nach Gestaltung des Vertrags ist zunächst zu prüfen, ob die Rückzahlungsklausel überhaupt Vertragsbestandteil geworden oder nicht vielmehr aufgrund der Umstände, insbesondere aufgrund des äußeren Erscheinungsbilds des Vertrags so ungewöhnlich ist, dass der Arbeitnehmer mit ihr nicht zu rechnen brauchte. Solche »überraschenden Klauseln« im Sinne des § 305 c Abs. 1 BGB[12] werden, ohne dass geprüft wird, ob diese inhaltlich zumutbar wären, schon nicht wirksamer Vertragsbestandteil: sie gelten gleichsam als nicht vereinbart. Insbesondere ist es unzulässig, eine Rückzahlungsklausel in einem längeren Vertragswerk unter einer falschen oder missverständlichen Überschrift ohne besonderen Hinweis oder drucktechnische Hervorhebung (z. B. »Fettdruck«) zu »verstecken«.

3.2 Kriterien für die Inhaltskontrolle

3.2.1 Einschränkung der Berufsfreiheit

15 Die Vereinbarung von Rückzahlungsklauseln in vorformulierten Verträgen unterliegt der Angemessenheitskontrolle gemäß § 307 BGB. Rückzahlungsklauseln sind danach unwirksam, wenn sie den Arbeitnehmer entgegen den Geboten von Treu und Glauben unangemessen benachteiligen. Der Arbeitnehmer muss vor übermäßigen Beeinträchtigungen seiner Berufsfreiheit geschützt werden. Die Benachteiligung des Arbeitnehmers liegt darin, dass er in seinem Recht auf Arbeitsplatzwechsel beschränkt wird. Bei einem Wechsel des Arbeitsplatzes müsste er fürchten, erheblichen Rückzahlungsforderungen ausgesetzt zu sein. Die Beschränkung der Berufsfreiheit des Arbeitnehmers durch Rückzahlungsklauseln ist nur dann angemessen im Sinne des § 307 Abs. 1 BGB, wenn und soweit schützenswerte Interessen des Arbeitgebers überwiegen.[13]

16 Die Grundaussagen der früheren Rechtsprechung aus der Zeit vor Ausweitung der AGB-Kontrolle auf Arbeitsverträge im Jahr 2002 können übernommen werden, sind aber angesichts der Vorgaben des AGB-Rechts zum Teil zu mo-

---

10 *BAG* 21.11.2002, 6 AZR 77/01, EzA BGB 2002 § 611 Ausbildungsbeihilfe Nr. 2.

11 *BAG* 20.2.1975, 5 AZR 240/74, AP BGB § 611 Ausbildungsbeihilfe Nr. 2; *BAG* 19.3.1980, 5 AZR 362/78, AP BGB § 611 Ausbildungsbeihilfe Nr. 5.

12 Vgl. *Lakies* AGB im Arbeitsrecht, 2006, Rn. 226 ff.

13 *BAG* 11.4.2006, 9 AZR 610/05, AP BGB § 307 Nr. 16 = NZA 2006, 1042; *BAG* 24.10.2002, 6 AZR 632/00, AP HGB § 89 Nr. 3 = NZA 2003, 668.

difizieren. Im Rahmen der Angemessenheitskontrolle vorformulierter Rückzahlungsklauseln ist zunächst die grundsätzliche Zulässigkeit der Rückzahlungsklausel zu prüfen. Bei der notwendigen Abwägung der wechselseitigen Interessen ist einerseits die **Einschränkung der beruflichen Bewegungsfreiheit** durch die Rückzahlungsklausel zu berücksichtigen. Andererseits sind die **beruflichen Vorteile**, die der Arbeitnehmer durch die Qualifizierungsmaßnahme erlangt, zu würdigen sowie die dem Arbeitgeber hierdurch entstehenden Kosten.

Ist die grundsätzliche Zulässigkeit einer Rückzahlungsklausel zu bejahen, ist sodann der Grad der mit der Rückzahlungsvereinbarung verbundenen **Bindungsintensität** zu Lasten des Arbeitnehmers zu prüfen. Dabei steht die zulässige Bindungsdauer wiederum in Abhängigkeit zu Umfang und Dauer der Weiterbildungsmaßnahme. Bindungsdauer meint den Zeitraum, den der Arbeitnehmer nach Ende der Weiterbildungsmaßnahme beim Arbeitgeber mindestens verbleiben muss, um eine Rückzahlung der Kosten der Weiterbildung zu verhindern. **17**

Zu den Umständen, die für die Zulässigkeit einer Bindung des Arbeitnehmers durch Rückzahlungsklauseln maßgebend sind, gehören: **18**
- die Dauer der Bindung,
- der Umfang der Weiterbildungsmaßnahme,
- das Verhältnis von Bildungs- und Bindungsdauer,
- die Höhe des Rückzahlungsbetrags und dessen Abwicklung.[14]

Diese Maßstäbe für die Angemessenheitskontrolle von Rückzahlungsvereinbarungen gelten auch, wenn vereinbart wird, dass der Rückzahlungsbetrag als **Darlehen** (§ 607 Abs. 2 BGB) geschuldet werden soll.[15] **19**

Die bisherigen Erwägungen des *BAG* können für vom Arbeitgeber vorformulierte Rückzahlungsklauseln nunmehr als Abwägungsgesichtspunkte im Rahmen der Angemessenheitskontrolle nach § 307 BGB übernommen werden. Es kommt entscheidend darauf an, ob und inwieweit der Arbeitnehmer mit der Bildungsmaßnahme eine angemessene Gegenleistung, einen **geldwerten Vorteil** erlangt, ob und inwieweit durch die Bildungsmaßnahme der Marktwert seiner Arbeitskraft erhöht wird.[16] **20**

3.2.2 Beruflicher Vorteil

Eine Beteiligung an den Weiterbildungskosten ist dem Arbeitnehmer umso eher zuzumuten, je größer der mit der Bildungsmaßnahme verbundene berufliche Vorteil für ihn ist. Der Arbeitnehmer erlangt einen beruflichen Vorteil, wenn und soweit er durch die Fort- oder Weiterbildungsmaßnahme eine Qualifikation erhält, die ihm auf dem allgemeinen Arbeitsmarkt oder bei seinem jetzigen Arbeitgeber berufliche Möglichkeiten eröffnet, die ihm zuvor verschlossen waren. Das ist insbesondere anzunehmen, wenn der Arbeitnehmer die Voraus- **21**

---

14 *BAG* 20.2.1975, 5 AZR 240/74, AP BGB § 611 Ausbildungsbeihilfe Nr. 2; *BAG* 18.8.1976, 5 AZR 399/75, AP BGB § 611 Ausbildungsbeihilfe Nr. 3; *BAG* 23.2.1983, 5 AZR 531/80, AP BGB § 611 Ausbildungsbeihilfe Nr. 6; *BAG* 24.7.1991, 5 AZR 443/90, AP BGB § 611 Ausbildungsbeihilfe Nr. 16 = NZA 1992, 405.

15 *BAG* 18.3.2008, 9 AZR 186/07, NZA 2008, 1004; *BAG* 23.1.2007, 9 AZR 482/06, NZA 2007, 748.

16 *BAG* 15.9.2009 – 3 AZR 173/08, NZA 2010, 342; *BAG* 11.4.2006, 9 AZR 610/05, AP BGB § 307 Nr. 16 = NZA 2006, 1042; *BAG* 21.11.2002, 6 AZR 77/01, EzA BGB 2002 § 611 Ausbildungsbeihilfe Nr. 2.

setzungen einer höheren Tarifgruppe bei seinem bisherigen Arbeitgeber erfüllt und die erworbenen Kenntnisse auch für andere Arbeitsverhältnisse (oder auch für eine selbstständige Tätigkeit) nutzbar machen kann. Das gilt auch dann, wenn der Arbeitgeber den Erwerb allgemein verwertbarer Kenntnisse und Fertigkeiten finanziert (zum Beispiel Erwerb eines Omnibusführerscheins).[17]

22 Andererseits sind Rückzahlungsklauseln *unwirksam*, wenn die durch die Fort- oder Weiterbildung vermittelte Qualifikation:
- lediglich der Einarbeitung für einen bestimmten Arbeitsplatz dient,[18]
- ausschließlich (oder ganz überwiegend) innerbetrieblich von Nutzen ist oder
- lediglich der Auffrischung vorhandener Kenntnisse oder der Anpassung der Kenntnisse an vom Arbeitgeber veranlasste oder zu vertretende neue betriebliche Gegebenheiten dient.[19]

3.2.3 Weiterbildungs- und Bindungsdauer

23 Die Zulässigkeit einzelvertraglicher Rückzahlungsklauseln hängt wesentlich von der Weiterbildungsdauer im Verhältnis zur Bindungsdauer ab. Beide müssen im **angemessenen Verhältnis** stehen. Die Dauer einer Fort- oder Weiterbildung ist ein Indiz für die Qualität der erworbenen Qualifikation. Besteht die Bildungsmaßnahme aus mehreren Unterrichtsabschnitten, sind die dazwischen liegenden Zeiten bei der Berechnung der Dauer *nicht* mit zu berücksichtigen.[20] Eine praktische Unterweisung des Arbeitnehmers ist bei der Berechnung der Lehrgangsdauer nur dann (mit) zu berücksichtigen, wenn sie einen erheblichen Anteil der Arbeitszeit ausmacht und der Arbeitnehmer dadurch keine der Vergütung angemessene Arbeitsleistung erbringt.[21]

24 Hinsichtlich der zulässigen Bindungsdauer kam es nach der früheren Rechtsprechung auf die Umstände des Einzelfalls an, wobei sich aber bestimmte Orientierungsgrößen ergaben. Es sollte zwar keinen Grundsatz geben, dass die **Bindungsdauer höchstens sechs mal so lang** sein darf **wie die Dauer der Bildungsmaßnahme**, doch konnten die entschiedenen Fälle durchaus in diese Richtung interpretiert werden.[22]

25 Da nach § 307 BGB eine generelle Klauselkontrolle stattzufinden hat, ist auf eine **generalisierende, typisierende Betrachtungsweise**, nicht auf die Umstände des Einzelfalls abzustellen.[23] Auf die sich aus der bisherigen Rechtsprechung abzu-

---

17 *BAG* 18.8.1976, 5 AZR 399/75, AP BGB § 611 Ausbildungsbeihilfe Nr. 3; *BAG* 5.12.2002, 6 AZR 539/01, AP BGB § 611 Ausbildungsbeihilfe Nr. 32 = NZA 2003, 559.

18 *BAG* 16.1.2003, 6 AZR 384/01, EzA BGB 2002 § 611 Ausbildungsbeihilfe Nr. 4.

19 *BAG* 18.8.1976, 5 AZR 399/75, AP BGB § 611 Ausbildungsbeihilfe Nr. 3; *BAG* 24.7.1991, 5 AZR 443/90, AP BGB § 611 Ausbildungsbeihilfe Nr. 16 = NZA 1992, 405; *BAG* 30.11.1994, 5 AZR 715/93, AP BGB § 611 Ausbildungsbeihilfe Nr. 20 = NZA 1995, 727; *BAG* 5.12.2002, 6 AZR 539/01, AP BGB § 611 Ausbildungsbeihilfe Nr. 32 = NZA 2003, 559.

20 *BAG* 6.9.1995, 5 AZR 241/94, AP BGB § 611 Ausbildungsbeihilfe Nr. 23 = NZA 1996, 314; *BAG* 5.12.2002, 6 AZR 539/01, AP BGB § 611 Ausbildungsbeihilfe Nr. 32 = NZA 2003, 559.

21 *BAG* 15.12.1993, 5 AZR 279/93, AP BGB § 611 Ausbildungsbeihilfe Nr. 17 = NZA 1994, 835.

22 Zurückhaltend hinsichtlich einer generellen Aussage: *BAG* 6.9.1995, 5 AZR 241/94, AP BGB § 611 Ausbildungsbeihilfe Nr. 23 = NZA 1996, 314.

23 Vgl. *Lakies* AGB im Arbeitsrecht, 2006, Rn. 281 ff.

leitenden Orientierungspunkte kann mit der Maßgabe zurückgegriffen werden, dass die bisherigen Einzelfallabwägungen in generalisierende Erwägungen zu überführen sind. Aus der bisherigen Rechtsprechung ergeben sich folgende Orientierungspunkte:[24]

Tabelle

Dauer der Fort- oder Weiterbildungsmaßnahme	Bindungsdauer
bis zu 1 Monat	bis zu 6 Monaten[25]
bis zu 2 Monaten	Bis zu 12 Monaten[26]
bis zu 4 Monaten	Bis zu 24 Monaten[27]
6 bis 12 Monate	Bis zu 36 Monaten[28]
Mehr als 24 Monate	Bis zu 60 Monaten[29]

Das *BAG* hat jedoch auch folgende konkretisierenden Einzelfallerwägungen angestellt: **26**

– Eine Lehrgangsdauer bis zu zwei Monaten kann eine längere Bindungsdauer als ein Jahr nach Abschluss der Qualifizierung rechtfertigen, wenn durch die Teilnahme am Lehrgang eine *besonders hohe Qualifikation* verbunden mit überdurchschnittlichen Vorteilen für den Arbeitnehmer erworben wird *oder* wenn die Fortbildung besonders kostenintensiv ist.[30]

– Ein sechsmonatiger *Sprachaufenthalt* bei Mitarbeit in einem Unternehmen im Ausland kann eine Bindung des Arbeitnehmers an den Arbeitgeber bis zu zwei Jahren rechtfertigen.[31]

– Eine Ausbildungsdauer von einem Jahr rechtfertigt (mindestens) eine einjährige Bindungsdauer.[32]

– Eine Lehrgangsdauer bis zu zwölf Monaten rechtfertigt eine längere Bindungsdauer als drei Jahre nach Abschluss der Ausbildung nur, wenn durch die Teilnahme am Lehrgang eine *besonders hohe Qualifikation* erworben wird verbunden mit überdurchschnittlichen Vorteilen für den Arbeitnehmer.[33]

---

24 Vgl. *Düwell/Ebeling* DB 2008, 406, 409 f.; *Lakies* BB 2004, 1903, 1907 f.; *Schmid*, NZA 2004, 1002, 1005.

25 *BAG* 5.12.2002, 6 AZR 539/01, AP BGB § 611 Ausbildungsbeihilfe Nr. 32 = NZA 2003, 559.

26 *BAG* 15.12.1993, 5 AZR 279/93, AP BGB § 611 Ausbildungsbeihilfe Nr. 17 = NZA 1994, 835.

27 *BAG* 6.9.1995, 5 AZR 241/94, AP BGB § 611 Ausbildungsbeihilfe Nr. 23 = NZA 1996, 314.

28 *BAG* 23.2.1983, 5 AZR 531/80, AP BGB § 611 Ausbildungsbeihilfe Nr. 6; *BAG* 30.11.1994, 5 AZR 715/93, AP BGB § 611 Ausbildungsbeihilfe Nr. 20 = NZA 1995, 727.

29 *BAG* 11.4.1984, 5 AZR 430/82, AP BGB § 611 Ausbildungsbeihilfe Nr. 8 = NZA 1984, 288.

30 *BAG* 15.12.1993, 5 AZR 279/93, AP BGB § 611 Ausbildungsbeihilfe Nr. 17 = NZA 1994, 835.

31 *BAG* 23.2.1983, 5 AZR 531/80, AP BGB § 611 Ausbildungsbeihilfe Nr. 6; *BAG* 30.11.1994, 5 AZR 715/93, AP BGB § 611 Ausbildungsbeihilfe Nr. 20 = NZA 1995, 727.

32 *BAG* 5.12.2002, 6 AZR 216/01, AP BBiG § 19 Nr. 2 = EzA BBiG § 19 Nr. 4.

33 *BAG* 11.4.1984, 5 AZR 430/82, AP BGB § 611 Ausbildungsbeihilfe Nr. 8 = NZA 1984, 288.

- Erstreckt sich die Ausbildung zur examinierten *Altenpflegerin* über drei Jahre, in denen 24,9 % der gesamten Arbeitszeit für Schulungsmaßnahmen ausfällt und der Arbeitgeber die Vergütung weiterzahlt, kann die lange Ausbildungsdauer unter diesen Umständen eine Bindungsdauer von zwei Jahren rechtfertigen.[34]
- Wegen der Besonderheiten der Musterberechtigungen zum Führen von Flugzeugen (gegenständliche Begrenzung usw.) hatte das *BAG* zunächst unabhängig von deren Art und der vom Arbeitgeber aufgewandten Kosten regelmäßig nur eine Bindungsdauer von einem Jahr für zulässig erachtet[35], diese Rechtsprechung aber später aufgegeben und eine Bindung bis zu drei Jahren für zulässig erachtet.[36]

3.2.4 Beendigungstatbestände

27 Rückzahlungsklauseln sind – von den anderen Voraussetzungen abgesehen – nur zulässig, wenn der Arbeitnehmer die Fort- oder Weiterbildungsmaßnahme vorzeitig abbricht *oder* der Arbeitnehmer:
- das Arbeitsverhältnis vor Ablauf bestimmter Fristen von sich aus beendet oder
- es auf seine Veranlassung beendet wird oder
- er die Beendigung zu vertreten hat.[37]

28 Eine Rückzahlungsvereinbarung auch für den Fall einer (betriebsbedingten oder anderen) Kündigung durch den Arbeitgeber, für die der Arbeitnehmer *keine* Ursache gesetzt hat, ist nicht zulässig.[38] Es liegt dann nicht am Arbeitnehmer, dass sich die Bildungsinvestition des Arbeitgebers nicht amortisiert.[39]

29 Es muss in der Rückzahlungsklausel ausdrücklich formuliert sein, dass die Rückzahlungspflicht nur gilt, wenn das Arbeitsverhältnis durch den Arbeitnehmer selbst oder wegen eines von ihm zu vertretenden Grundes beendet wird. Wird die Rückzahlungspflicht unterschiedslos für jeden Fall der Beendigung des Arbeitsverhältnisses vereinbart, ist eine solche Rückzahlungsklausel, weil zu weitgehend, unwirksam.[40] Soll die Verpflichtung zur Rückzahlung der Ausbildungskosten ohne jede Einschränkung durch jede **Eigenkündigung des**

---

34 *BAG* 21.7.2005, 6 AZR 452/04, AP BGB § 611 Ausbildungsbeihilfe Nr. 37 = NZA 2006, 542.

35 *BAG* 16.3.1994, 5 AZR 339/92, AP BGB § 611 Ausbildungsbeihilfe Nr. 18 = NZA 1994, 937.

36 *BAG* 19.2.2004, 6 AZR 552/02, AP BGB § 611 Ausbildungsbeihilfe Nr. 33.

37 *BAG* 20.2.1975, 5 AZR 240/74, AP BGB § 611 Ausbildungsbeihilfe Nr. 2; *BAG* 16.3.1994, 5 AZR 339/92, AP BGB § 611 Ausbildungsbeihilfe Nr. 18 = NZA 1994, 937; *BAG* 6.9.1995, 5 AZR 241/94, AP BGB § 611 Ausbildungsbeihilfe Nr. 23 = NZA 1996, 314; *BAG* 6.5.1998, 5 AZR 535/97, AP BGB § 611 Ausbildungsbeihilfe Nr. 28 = NZA 1999, 79; *BAG* 5.12.2002, 6 AZR 539/01, AP BGB § 611 Ausbildungsbeihilfe Nr. 32 = NZA 2003, 559.

38 *BAG* 6.5.1998, 5 AZR 535/97, AP BGB § 611 Ausbildungsbeihilfe Nr. 28 = NZA 1999, 79; *BAG* 5.7.2000, 5 AZR 883/98, AP BGB § 611 Ausbildungsbeihilfe Nr. 29 = NZA 2001, 394.

39 *BAG* 24.6.2004, 6 AZR 383/03, AP BGB § 611 Ausbildungsbeihilfe Nr. 34 = NZA 2004, 1035; *BAG* 24.6.2004, 6 AZR 320/03, Juris.

40 *BAG* 23.1.2007, 9 AZR 482/06, NZA 2007, 748; *BAG* 11.4.2006, 9 AZR 610/05, AP BGB § 307 Nr. 16 = NZA 2006, 1042.

Arbeitnehmers ausgelöst werden, so ist eine solche Vereinbarung zu weit gefasst und unwirksam, weil eine Kündigung des Arbeitnehmers auch auf ein rechtswidriges Verhalten des Arbeitgebers zurückzuführen sein kann.[41] Die Zulässigkeit von Rückzahlungsklauseln bei erfolgloser Beendigung der Weiterbildungsmaßnahme ist in der Rechtsprechung noch nicht geklärt.[42] Bei besonderen Qualifikationsmaßnahmen, wie zum Beispiel bei Piloten, kann auch von vornherein eine anteilige Kostenbeteiligung des Arbeitnehmers zulässig sein.[43] **30**

3.2.5 Höhe der Rückzahlung

Der Arbeitgeber kann nur den Betrag zurückverlangen, den er tatsächlich aufgewendet hat, höchstens jedoch den vereinbarten Betrag. Eine **Pauschalvereinbarung** losgelöst von den tatsächlichen Kosten ist unwirksam. Der Arbeitgeber muss vielmehr offen legen, wie sich der Rückzahlungsbetrag im Einzelnen zusammensetzt.[44] **31**

Je länger der Arbeitnehmer im Unternehmen bleibt und der Arbeitgeber seine Bildungsinvestition nutzen kann, umso geringer darf der Arbeitnehmer im Falle seines Ausscheidens an den Kosten beteiligt werden. Deswegen ist in der Regel eine ratierliche Kürzung des Rückzahlungsbetrags erforderlich, die in der Rückzahlungsvereinbarung bereits getroffen werden muss. Fehlt eine solche ratierliche Kürzungsregelung, ist die Vereinbarung unwirksam. Anderes kann gelten, wenn die Rückzahlung von vornherein beschränkt wird auf einen verhältnismäßig geringen Teil der Weiterbildungskosten.[45] **32**

3.3 Rechtsfolgen unzulässiger Rückzahlungsklauseln

Ist eine Rückzahlungsklausel nicht Vertragsbestandteil geworden (weil es sich um eine überraschende Klausel im Sinne des § 305c Abs. 1 BGB handelt) oder gemäß § 307 BGB unwirksam, bleibt der Arbeitsvertrag im Übrigen wirksam. Enthält die Rückzahlungsvereinbarung unzulässige Inhalte, wird sie nicht geltungserhaltend reduziert, das heißt soweit aufrechterhalten, wie ihr Inhalt noch angemessen wäre, sondern sie ist insgesamt unwirksam.[46] **33**

Das *BAG* ging vor der Ausweitung der AGB-Kontrolle auf Arbeitsverträge bei Rückzahlungsklauseln im Ergebnis von einer geltungserhaltenden Reduktion überschießender Vertragsbedingungen aus. Vereinbarten die Arbeitsvertragsparteien eine unzulässig lange Bindungsdauer oder einen unangemessen hohen Rückzahlungsbetrag, führte dies nicht zur Unwirksamkeit der Rückzahlungsvereinbarung insgesamt, sondern die Bindungsdauer oder die Höhe der Rückzahlungsverpflichtung wurde auf das jeweils noch zulässige Maß zurückgeführt.[47] **34**

---

41 Vgl. *Düwell/Ebeling* DB 2008, 406, 409.
42 Vgl. *Meier/Schulz* NZA 1996, 742.
43 *BAG* 21.11.2001, 5 AZR 158/00, AP BGB § 611 Ausbildungsbeihilfe Nr. 31 = NZA 2002, 551.
44 *BAG* 16.3.1994, 5 AZR 339/92, AP BGB § 611 Ausbildungsbeihilfe Nr. 18 = NZA 1994, 937.
45 Vgl. *Düwell/Ebeling* DB 2008, 406, 410.
46 Vgl. *Lakies* AGB im Arbeitsrecht 2006, Rn. 363 ff.
47 *BAG* 11.4.1984, 5 AZR 430/82, AP BGB § 611 Ausbildungsbeihilfe Nr. 8 = NZA 1984, 288.

35   Diese Rechtsprechung ist mit dem AGB-Recht nicht vereinbar. Auch bei unzulässigen Rückzahlungsklauseln gilt das **Verbot der geltungserhaltenden Reduktion**, wie das *BAG* jüngst auch ausdrücklich entschieden hat. Das gilt insbesondere, wenn eine Rückzahlungsklausel zu weitgehend formuliert ist, wenn etwa nicht ausdrücklich formuliert ist, dass die Rückzahlungspflicht nur gilt, wenn das Arbeitsverhältnis durch den Arbeitnehmer selbst oder wegen eines von ihm zu vertretenden Grundes beendet wird. Das hat zur Folge, dass vom Arbeitgeber vorformulierte Rückzahlungsklauseln, die den Arbeitnehmer unangemessen benachteiligen, insgesamt unwirksam sind und für den Arbeitnehmer keine – auch keine reduzierte – Rückzahlungspflicht besteht.[48]

36   Es wird die Auffassung vertreten, dass zwar die geltungserhaltende Reduktion von unzulässigen Rückzahlungsklauseln mit dem AGB-Recht unvereinbar sei, aber durch das Institut der **ergänzenden Vertragsauslegung** ersetzt werden könne.[49] Das ist abzulehnen. Die Lücke in einem Vertrag, der durch die Unwirksamkeit einer AGB-Klausel entsteht, darf im Wege der ergänzenden Vertragsauslegung nur dann geschlossen werden, wenn die ersatzlose Streichung der unwirksamen Klausel nicht zu einer angemessenen, den typischen Interessen des Klausel-Verwenders *und* der Kunden (hier der Arbeitnehmer) Rechnung tragenden Lösung führt. Davon kann unter Berücksichtigung der Interessenlage der Arbeitnehmer jedoch nicht ausgegangen werden. Diese sollen gerade vor unangemessen hohen Rückzahlungsklauseln, die die Berufsfreiheit einschränken, bewahrt werden. Das Institut der ergänzenden Vertragsauslegung soll gerade nicht zu einer gerichtlichen Vertragshilfe führen und damit die Möglichkeit schaffen, das Verbot der geltungserhaltenden Reduktion zu umgehen.

37   Das gilt insbesondere auch, wenn der Arbeitgeber mit dem Arbeitnehmer eine **zu lange Bindungsdauer** vereinbart. Die Vereinbarung wird nicht auf die zulässige Bindungsdauer (geltungserhaltend) reduziert, sondern die Vereinbarung ist unwirksam und es besteht für den Arbeitnehmer keine Pflicht zur Rückzahlung.[50] Kann es für den Arbeitgeber im Einzelfall objektiv schwierig sein, die zulässige Bindungsdauer zu bestimmen, kann es – so das *BAG* – in Ausnahmefällen geboten sein, die noch zulässige Bindungsdauer durch eine sogenannte ergänzende Vertragsauslegung zu bestimmen.[51]

3.4 Kollektivvertragliche Rückzahlungsklauseln

38   Rückzahlungsklauseln in normativ geltenden **Tarifverträgen** (aufgrund von beiderseitiger Tarifbindung oder Allgemeinverbindlicherklärung) unterliegen gemäß § 310 Abs. 4 Satz 1 BGB *nicht* der Inhaltskontrolle nach dem AGB-Recht. Häufig gelten Tarifverträge nicht normativ, sondern aufgrund vertraglicher Vereinbarung. Vertragsklauseln, die Bezug nehmen auf einen Tarifvertrag, sollen – wie bei normativer Geltung – nicht der Inhaltskontrolle nach dem AGB-Recht unterliegen. Die Kontrollfreiheit gilt aber nur bei der Globalverweisung auf einen gesamten einschlägigen Tarifvertrag der entsprechenden Branche, nicht

---

48 *BAG* 23.1.2007, 9 AZR 482/06, NZA 2007, 748; *BAG* 11.4.2006, 9 AZR 610/05, AP BAG § 307 Nr. 16 = NZA 2006, 1042.

49 Vgl. *Krebs* SAE 2004, 66, 69 f.; *Schmidt* NZA 2004, 1002, 1010.

50 *BAG* 15.9.2009 – 3 AZR 173/08, NZA 2010, 342.

51 *BAG* 14.1.2009 – 3 AZR 900/07, NZA 2009, 666.

bei der Verweisung auf branchen- oder ortsfremde Tarifverträge oder bei der Verweisung nur auf einzelne Normen eines Tarifvertrags.[52] Tarifvertragliche Regelungen über Weiterbildung und Rückzahlungsbestim- **39** mungen sind allerdings bislang wenig verbreitet. Eine Ausnahme bilden die Tarifverträge des öffentlichen Dienstes.[53] Auch wenn tarifliche Regelungen nicht der AGB-Kontrolle unterliegen, so findet eine Inhaltskontrolle der Tarifnormen insoweit statt, als die Gerichte auch bei der Anwendung von Tarifnormen die Schutzfunktion der Grundrechte zu beachten haben. Das Grundrecht der Berufsfreiheit (Art. 12 Abs. 1 GG) ist auch bei faktischen Erschwerungen von Arbeitnehmerkündigungen, wie durch Rückzahlungsklauseln, zu beachten.

Entsprechende Regelungen in **Betriebsvereinbarungen** sind noch weniger pra- **40** xisrelevant. Betriebsvereinbarungen, die gemäß § 77 Abs. 4 Satz 1 BetrVG un- mittelbar und zwingend gelten, unterliegen gemäß § 310 Abs. 4 Satz 1 BGB wie Tarifverträge nicht der AGB-Inhaltskontrolle. Indes ist ungeklärt, ob die Be- triebsparteien im Hinblick auf Art. 12 Abs. 1 GG überhaupt legitimiert wären, durch Betriebsvereinbarungen Rückzahlungsklauseln zu Lasten der Arbeitneh- mer festzulegen. Der Betriebsrat hat bei der Durchführung von Maßnahmen der betrieblichen Berufsbildung gemäß § 98 BetrVG mitzubestimmen. In dem Zu- sammenhang haben die Betriebsräte die Möglichkeit darauf hinzuwirken, dass Rückzahlungsklauseln vom Arbeitgeber möglichst zurückhaltend vereinbart werden. Ein zwingendes Mitbestimmungsrecht, das sich auch auf den Inhalt entsprechender vertraglicher Regelungen zwischen dem Arbeitgeber und den einzelnen Arbeitnehmern bezieht, lässt sich aus § 98 BetrVG allerdings nicht herleiten.

§ 54 Fortbildungsprüfungsregelungen der zuständigen Stellen

Soweit Rechtsverordnungen nach § 53 nicht erlassen sind, kann die zuständige Stelle Fortbildungsprüfungsregelungen erlassen. Die zuständige Stelle regelt die Bezeichnung des Fortbildungsabschlusses, Ziel, Inhalt und Anforderungen der Prüfungen, die Zulassungsvoraussetzungen sowie das Prüfungsverfahren.

Soweit Rechtsverordnungen nach § 53 BBiG nicht erlassen sind, kann gemäß **1** § 54 die zuständige Stelle Fortbildungsprüfungsregelungen erlassen. Für das **Handwerk** gilt die entsprechende Regelung des § 42 a HwO. Die zuständige Stelle regelt die Bezeichnung des Fortbildungsabschlusses, Ziel, Inhalt und Anforderungen der Prüfungen, die Zulassungsvoraussetzungen sowie das Prü- fungsverfahren. Den zuständigen Stellen wird damit ermöglicht, auf der Grund- lage solcher Fortbildungsprüfungsregelungen öffentlich-rechtliche Prüfungen durchzuführen. Sie sind regional ausgerichtet, sie gelten nur im Geltungsbereich der jeweiligen zuständigen Stelle. Die Struktur der Fortbildungsprüfungsrege-

52 Vgl. *Lakies* AGB im Arbeitsrecht 2006, Rn. 149 ff.
53 Hierzu gibt es auch vergleichsweise viel Rechtsprechung; vgl. *BAG* 15.5.1985, 5 AZR 161/84, AP BGB § 611 Ausbildungsbeihilfe Nr. 9; *BAG* 14.6.1995, 5 AZR 960/93, AP BGB § 611 Ausbildungsbeihilfe Nr. 21 = NZA 1995, 1108; *BAG* 6.9.1995, 5 AZR 174/94, AP BGB § 611 Ausbildungsbeihilfe Nr. 22 = NZA 1996, 437; *BAG* 23.4.1997, 5 AZR 29/96, AP BGB § 611 Ausbildungsbeihilfe Nr. 25 = NZA 1997, 1002; *BAG* 6.11.1996, 5 AZR 498/95, AP BAT § 2 SR 2a Nr. 7 = NZA 1997, 663; *BAG* 6.11.1996, 5 AZR 334/95, AP AVR Caritasverband § 10 a Nr. 1 = NZA 1997, 778.

lung richtet sich nach den Erfordernissen, wie sie in § 54 Satz 2 BBiG (in Anlehnung an § 53 Abs. 2 BBiG) bestimmt sind. **Zuständig** für den Erlass von Fortbildungsprüfungsregelungen ist der **Berufsbildungsausschuss** der zuständigen Stelle (§ 79 BBiG).

§ 55 Berücksichtigung ausländischer Vorqualifikationen

Sofern die Fortbildungsordnung (§ 53) oder eine Regelung der zuständigen Stelle (§ 54) Zulassungsvoraussetzungen vorsieht, sind ausländische Bildungsabschlüsse und Zeiten der Berufstätigkeit im Ausland zu berücksichtigen.

Sofern die Fortbildungsordnung (§ 53 BBiG) oder eine Regelung der zuständigen Stelle (§ 54 BBiG) Zulassungsvoraussetzungen vorsieht, sind gemäß § 55 BBiG ausländische Bildungsabschlüsse und Zeiten der Berufstätigkeit im Ausland zu berücksichtigen. Die internationale Ausrichtung der beruflichen Fortbildung wird damit gestärkt. Hierzu gehört die Anrechnungsmöglichkeit von zertifizierten Fortbildungsleistungen, wenn die Zertifikate international geltenden Normen entsprechen oder nach von den Spitzenverbänden der Gewerkschaften und Arbeitgeberverbänden vereinbarten Normen erworben wurden. Fremdsprachenkenntnisse sollen bei Aufstiegsfortbildungen angemessen berücksichtigt werden. Für das **Handwerk** gilt die entsprechende Parallelvorschrift in § 42 b HwO.

§ 56 Fortbildungsprüfungen

(1) Für die Durchführung von Prüfungen im Bereich der beruflichen Fortbildung errichtet die zuständige Stelle Prüfungsausschüsse. § 37 Abs. 2 und 3 sowie die §§ 40 bis 42, 46 und 47 gelten entsprechend.
(2) Der Prüfling ist auf Antrag von der Ablegung einzelner Prüfungsbestandteile durch die zuständige Stelle zu befreien, wenn er eine andere vergleichbare Prüfung vor einer öffentlichen oder staatlich anerkannten Bildungseinrichtung oder vor einem staatlichen Prüfungsausschuss erfolgreich abgelegt hat und die Anmeldung zur Fortbildungsprüfung innerhalb von fünf Jahren nach der Bekanntgabe des Bestehens der anderen Prüfung erfolgt.

Inhaltsübersicht   Rn.

1.   Fortbildungsprüfungen   1
2.   Empfehlung des Hauptausschusses des Bundesinstituts für
      Berufsbildung vom 27.6.2008   3

1. Fortbildungsprüfungen

1 Für die Durchführung von Prüfungen im Bereich der beruflichen Fortbildung errichtet die zuständige Stelle gemäß § 565 Abs. 1 Satz 1 BBiG Prüfungsausschüsse. Bestimmte Regelungen über die Abschlussprüfung bei der Berufsausbildung gelten gemäß § 56 Abs. 1 Satz 2 BBiG entsprechend, nämlich die Regelungen über:
– das Prüfungszeugnis (§ 37 Abs. 2 und 3 BBiG),
– die Zusammensetzung und Berufung des Prüfungsausschusses (§ 40 BBiG),

– den Vorsitz, die Beschlussfähigkeit und Abstimmung im Prüfungsausschuss (§ 41 BBiG),
– die Beschlussfassung im Prüfungsausschuss und Bewertung der Abschlussprüfung (§ 42 BBiG),
– die Entscheidung über die Zulassung zur Prüfung (§ 46 BBiG) und über
– den Erlass einer Prüfungsordnung (§ 47 BBiG).

Der Prüfling ist auf Antrag von der Ablegung einzelner Prüfungsbestandteile **2** durch die zuständige Stelle zu befreien, wenn er eine andere vergleichbare Prüfung vor einer öffentlichen oder staatlich anerkannten Bildungseinrichtung oder vor einem staatlichen Prüfungsausschuss erfolgreich abgelegt hat und die Anmeldung zur Fortbildungsprüfung innerhalb von fünf Jahren nach der Bekanntgabe des Bestehens der anderen Prüfung erfolgt (§ 56 Abs. 2 BBiG). Für das **Handwerk** gilt die entsprechende Vorschrift des § 42 c HwO.

2. Empfehlung des Hauptausschusses des Bundesinstituts für Berufsbildung vom 27. 6. 2008

Empfehlung des Hauptausschusses des Bundesinstituts für Berufsbildung vom **3** 27. 6. 2008
Musterprüfungsordnung für Fortbildungsprüfungen gemäß § 56 Absatz 1 in Verbindung mit § 47 Absatz 1 Berufsbildungsgesetz (MPO-F-BBiG)[1]
Diese Prüfungsordnung gilt für die Durchführung von Prüfungen gemäß § 56 Abs. 1 in Verbindung mit § 47 Berufsbildungsgesetz (BBiG) und ist für die Durchführung von Prüfungen nach den aufgrund des § 30 Abs. 5 Berufsbildungsgesetz erlassenen Rechtsverordnungen über den Nachweis über den Erwerb berufs- und arbeitspädagogischer Fertigkeiten, Kenntnisse und Fähigkeiten entsprechend anzuwenden.
Inhaltsverzeichnis

Erster Abschnitt: Prüfungsausschüsse
§ 1 Errichtung
§ 2 Zusammensetzung und Berufung
§ 3 Ausschluss von der Mitwirkung
§ 4 Vorsitz, Beschlussfähigkeit, Abstimmung
§ 5 Geschäftsführung
§ 6 Verschwiegenheit
Zweiter Abschnitt: Vorbereitung der Fortbildungsprüfung
§ 7 Prüfungstermine
§ 8 Zulassung zur Fortbildungsprüfung
§ 9 Befreiung von vergleichbaren Prüfungsbestandteilen
§ 10 Entscheidung über die Zulassung und über Befreiungsanträge
§ 11 Prüfungsgebühr
Dritter Abschnitt: Durchführung der Fortbildungsprüfung
§ 12 Prüfungsgegenstand, Prüfungssprache
§ 13 Gliederung der Prüfung
§ 14 Prüfungsaufgaben
§ 15 Nachteilsausgleich für behinderte Menschen
§ 16 Nichtöffentlichkeit
§ 17 Leitung, Aufsicht und Niederschrift
§ 18 Ausweispflicht und Belehrung
§ 19 Täuschungshandlungen und Ordnungsverstöße
§ 20 Rücktritt, Nichtteilnahme

---

1 Quelle: Bundesanzeiger Nr. 129/2008 vom 27. 8. 2008, Zeitschrift »Berufsbildung in Wissenschaft und Praxis«, Nr. 4/2008, Internet: http://www.bibb.de/de/49433.htm.

§ 56 Fortbildungsprüfungen

Vierter Abschnitt: Bewertung, Feststellung und Beurkundung des Prüfungsergebnisses
§ 21 Bewertungsschlüssel
§ 22 Bewertungsverfahren, Feststellung der Prüfungsergebnisse
§ 23 Ergebnisniederschrift, Mitteilung über das Bestehen oder Nichtbestehen
§ 24 Prüfungszeugnis
§ 25 Bescheid über nicht bestandene Prüfung
Fünfter Abschnitt: Wiederholungsprüfung
§ 26 Wiederholungsprüfung
Sechster Abschnitt: Schlussbestimmungen
§ 27 Rechtsbehelfsbelehrung
§ 28 Prüfungsunterlagen
§ 29 Inkrafttreten, Genehmigung

Erster Abschnitt: Prüfungsausschüsse

§ 1 Errichtung

(1) Für die Durchführung von Prüfungen im Bereich der beruflichen Fortbildung errichtet die zuständige Stelle Prüfungsausschüsse (§ 56 Abs. 1 Satz 1 BBiG).

(2) Soweit die Fortbildungsregelungen nach §§ 53 und 54 BBiG selbstständige Prüfungsteile beinhalten, können zur Durchführung der Teilprüfungen eigene Prüfungsausschüsse gebildet werden.

(3) Mehrere zuständige Stellen können bei einer von ihnen gemeinsame Prüfungsausschüsse errichten.

§ 2 Zusammensetzung und Berufung

(1) Der Prüfungsausschuss besteht aus mindestens drei Mitgliedern. Die Mitglieder von Prüfungsausschüssen sind hinsichtlich der Beurteilung der Prüfungsleistungen unabhängig und nicht an Weisungen gebunden. Die Mitglieder müssen für die Prüfungsgebiete sachkundig und für die Mitwirkung im Prüfungswesen geeignet sein (§ 40 Abs. 1 BBiG).

(2) Dem Prüfungsausschuss müssen als Mitglieder Beauftragte der Arbeitgeber und der Arbeitnehmer in gleicher Zahl sowie mindestens eine Person, die als Lehrkraft im beruflichen Schul- oder Fortbildungswesen tätig ist, angehören. Mindestens zwei Drittel der Gesamtzahl der Mitglieder müssen Beauftragte der Arbeitgeber und der Arbeitnehmer sein (§ 40 Abs. 2 Sätze 1 und 2 BBiG).

(3) Die Mitglieder werden von der zuständigen Stelle für eine einheitliche Periode, längstens für fünf Jahre berufen (§ 40 Abs. 3 Satz 1 BBiG).

(4) Die Beauftragten der Arbeitnehmer werden auf Vorschlag der im Bezirk der zuständigen Stelle bestehenden Gewerkschaften und selbstständigen Vereinigungen von Arbeitnehmern mit sozial- oder berufspolitischer Zwecksetzung berufen (§ 40 Abs. 3 Satz 2 BBiG).

(5) Lehrkräfte im beruflichen Schul- oder Fortbildungswesen werden im Einvernehmen mit der Schulaufsichtsbehörde oder der von ihr bestimmten Stelle berufen (§ 40 Abs. 3 Satz 3 BBiG). Soweit es sich um Lehrkräfte von Fortbildungseinrichtungen handelt, werden sie von den Fortbildungseinrichtungen benannt.

(6) Werden Mitglieder nicht oder nicht in ausreichender Zahl innerhalb einer von der zuständigen Stelle gesetzten angemessenen Frist vorgeschlagen, so beruft die zuständige Stelle insoweit nach pflichtgemäßem Ermessen (§ 40 Abs. 3 Satz 4 BBiG).

(7) Die Mitglieder der Prüfungsausschüsse können nach Anhörung der an ihrer Berufung Beteiligten aus wichtigem Grunde abberufen werden (§ 40 Abs. 3 Satz 5 BBiG).

(8) Die Mitglieder haben Stellvertreter oder Stellvertreterinnen (§ 40 Abs. 2 Satz 3 BBiG). Die Absätze 3 bis 7 gelten für sie entsprechend.

(9) Die Tätigkeit im Prüfungsausschuss ist ehrenamtlich. Für bare Auslagen und für Zeitversäumnis ist, soweit eine Entschädigung nicht von anderer Seite gewährt wird,

eine angemessene Entschädigung zu zahlen, deren Höhe von der zuständigen Stelle mit Genehmigung der obersten Landesbehörde festgesetzt wird (§ 40 Abs. 4 BBiG).

(10)Von den Absätzen 2 und 8 darf nur abgewichen werden, wenn andernfalls die erforderliche Zahl von Mitgliedern des Prüfungsausschusses nicht berufen werden kann (§ 40 Abs. 5 BBiG).

§ 3 Ausschluss von der Mitwirkung
(1) Bei der Zulassung und Prüfung dürfen Angehörige der Prüfungsbewerberinnen/ Prüfungsbewerber nicht mitwirken. Angehörige im Sinne des Satz 1 sind:
1. Verlobte,
2. Ehegatten,
3. eingetragene Lebenspartner,
4. Verwandte und Verschwägerte gerader Linie,
5. Geschwister,
6. Kinder der Geschwister,
7. Ehegatten der Geschwister und Geschwister der Ehegatten,
8. Geschwister der Eltern,
9. Personen, die durch ein auf längere Dauer angelegtes Pflegeverhältnis mit häuslicher Gemeinschaft wie Eltern und Kind miteinander verbunden sind (Pflegeeltern und Pflegekinder).
Angehörige sind die im Satz 2 aufgeführten Personen auch dann, wenn
1. in den Fällen der Nummern 2, 3, 4 und 7 die die Beziehung begründende Ehe oder die Lebenspartnerschaft nicht mehr besteht;
2. in den Fällen der Nummern 4 bis 8 die Verwandtschaft oder Schwägerschaft durch Annahme als Kind erloschen ist;
3. im Falle der Nummer 9 die häusliche Gemeinschaft nicht mehr besteht, sofern die Personen weiterhin wie Eltern und Kind miteinander verbunden sind.
(2) Hält sich ein Prüfungsausschussmitglied nach Absatz 1 für ausgeschlossen oder bestehen Zweifel, ob die Voraussetzungen des Absatzes 1 gegeben sind, ist dies der zuständigen Stelle mitzuteilen, während der Prüfung dem Prüfungsausschuss. Die Entscheidung über den Ausschluss von der Mitwirkung trifft die zuständige Stelle, während der Prüfung der Prüfungsausschuss. Im letzteren Fall darf das betroffene Mitglied nicht mitwirken. Ausgeschlossene Personen dürfen bei der Beratung und Beschlussfassung nicht zugegen sein.
(3) Liegt ein Grund vor, der geeignet ist, Misstrauen gegen eine unparteiische Ausübung des Prüfungsamtes zu rechtfertigen, oder wird von einer Prüfungsteilnehmerin/ einem Prüfungsteilnehmer das Vorliegen eines solchen Grundes behauptet, so hat die betroffene Person dies der zuständigen Stelle mitzuteilen, während der Prüfung dem Prüfungsausschuss. Absatz 2 Sätze 2 bis 4 gelten entsprechend.
(4) Personen, die gegenüber der Prüfungsteilnehmerin/dem Prüfungsteilnehmer Arbeitgeberfunktionen innehaben, sollen, soweit nicht besondere Umstände eine Mitwirkung zulassen oder erfordern, nicht mitwirken.
(5) Wenn in den Fällen der Absätze 1 bis 3 eine ordnungsgemäße Besetzung des Prüfungsausschusses nicht möglich ist, kann die zuständige Stelle die Durchführung der Prüfung einem anderen oder einem gemeinsamen Prüfungsausschuss übertragen. Erforderlichenfalls kann eine andere zuständige Stelle ersucht werden, die Prüfung durchzuführen. Das Gleiche gilt, wenn eine objektive Durchführung der Prüfung aus anderen Gründen nicht gewährleistet erscheint.

§ 4 Vorsitz, Beschlussfähigkeit, Abstimmung
(1) Der Prüfungsausschuss wählt ein Mitglied, das den Vorsitz führt, und ein weiteres Mitglied, das den Vorsitz stellvertretend übernimmt. Der Vorsitz und das ihn stellvertretende Mitglied sollen nicht derselben Mitgliedergruppe angehören (§ 41 Abs. 1 BBiG).
(2) Der Prüfungsausschuss ist beschlussfähig, wenn zwei Drittel der Mitglieder, mindestens drei, mitwirken. Er beschließt mit der Mehrheit der abgegebenen Stimmen. Bei

§ 56 Fortbildungsprüfungen

Stimmengleichheit gibt die Stimme des vorsitzenden Mitgliedes den Ausschlag (§ 41 Abs. 2 BBiG).

§ 5 Geschäftsführung

(1) Die Geschäftsführung des Prüfungsausschusses liegt in Abstimmung mit dem Prüfungsausschuss bei der zuständigen Stelle. Einladungen (Vorbereitung, Durchführung, Nachbereitung), Protokollführung und Durchführung der Beschlüsse werden im Einvernehmen mit dem Vorsitz des Prüfungsausschusses geregelt.

(2) Zu den Sitzungen des Prüfungsausschusses sind die ordentlichen Mitglieder rechtzeitig einzuladen. Stellvertretende Mitglieder werden in geeigneter Weise unterrichtet. Kann ein Mitglied an einer Sitzung nicht teilnehmen, so soll es dies unverzüglich der zuständigen Stelle mitteilen. Für ein verhindertes Mitglied ist ein stellvertretendes Mitglied einzuladen, welches derselben Gruppe angehören soll.

(3) Die Sitzungsprotokolle sind von der protokollführenden Person und dem Vorsitz zu unterzeichnen. § 23 Abs. 1 bleibt unberührt.

§ 6 Verschwiegenheit

Unbeschadet bestehender Informationspflichten, insbesondere gegenüber dem Berufsbildungsausschuss, haben die Mitglieder des Prüfungsausschusses und sonstige mit der Prüfung befassten Personen über alle Prüfungsvorgänge Verschwiegenheit gegenüber Dritten zu wahren.

Zweiter Abschnitt: Vorbereitung der Fortbildungsprüfung
§ 7 Prüfungstermine

(1) Die zuständige Stelle legt die Prüfungstermine je nach Bedarf fest. Die Termine sollen nach Möglichkeit mit den betroffenen Fortbildungseinrichtungen abgestimmt werden.

(2) Die zuständige Stelle gibt die Prüfungstermine einschließlich der Anmeldefristen in geeigneter Weise öffentlich mindestens einen Monat vor Ablauf der Anmeldefrist bekannt. Wird die Anmeldefrist überschritten, kann die zuständige Stelle die Annahme des Antrags verweigern.

(3) Werden für schriftlich durchzuführende Prüfungsbereiche einheitliche überregionale Aufgaben verwendet, sind dafür entsprechende überregional abgestimmte Prüfungstage anzusetzen.

§ 8 Zulassung zur Fortbildungsprüfung

(1) Der Antrag auf Zulassung zur Prüfung ist schriftlich nach den von der zuständigen Stelle bestimmten Fristen und Formularen zu stellen. Dem Antrag auf Zulassung sind beizufügen.
1. Angaben zur Person und
2. Angaben über die in den Absätzen 2 bis 4 genannten Voraussetzungen.

(2) Örtlich zuständig für die Zulassung zur Fortbildungsprüfung ist die zuständige Stelle, in deren Bezirk die Prüfungsbewerberin / der Prüfungsbewerber
a) an einer Maßnahme der Fortbildung teilgenommen hat oder
b) in einem Arbeitsverhältnis steht oder selbstständig tätig ist oder
c) seinen/ihren Wohnsitz hat.

(3) Zur Fortbildungsprüfung ist zuzulassen, wer die Zulassungsvoraussetzungen einer Fortbildungsregelung nach § 53 oder § 54 BBiG erfüllt.

(4) Sofern die Fortbildungsordnung (§ 53 BBiG) oder eine Regelung der zuständigen Stelle (§ 54 BBiG) Zulassungsvoraussetzungen vorsieht, sind ausländische Bildungsabschlüsse und Zeiten der Berufstätigkeit im Ausland zu berücksichtigen (§ 55 BBiG).

§ 9 Befreiung von vergleichbaren Prüfungsbestandteilen

(1) Die Prüfungsteilnehmerin / der Prüfungsteilnehmer ist auf Antrag von der Ablegung einzelner Prüfungsbestandteile durch die zuständige Stelle zu befreien, wenn sie/er eine andere vergleichbare Prüfung vor einer öffentlichen oder staatlich anerkannten Bil-

dungseinrichtung oder vor einem staatlichen Prüfungsausschuss erfolgreich abgelegt hat und die Anmeldung zur Fortbildungsprüfung innerhalb von fünf Jahren nach Bekanntgabe des Bestehens der anderen Prüfung erfolgt (§ 56 Abs. 2 BBiG).

(2) Anträge auf Befreiung von Prüfungsbestandteilen sind zusammen mit dem Zulassungsantrag schriftlich bei der zuständigen Stelle zu stellen. Die Nachweise über Befreiungsgründe im Sinne von Abs. 1 sind beizufügen.

§ 10 Entscheidung über die Zulassung und über Befreiungsanträge

(1) Über die Zulassung sowie über die Befreiung von Prüfungsbestandteilen entscheidet die zuständige Stelle. Hält sie die Zulassungsvoraussetzungen oder die Befreiungsgründe nicht für gegeben, so entscheidet der Prüfungsausschuss (§ 46 Abs. 1 BBiG).

(2) Die Entscheidungen über die Zulassung und die Befreiung von Prüfungsbestandteilen sind der Prüfungsbewerberin / dem Prüfungsbewerber rechtzeitig unter Angabe des Prüfungstages und -ortes einschließlich der erlaubten Arbeits- und Hilfsmittel mitzuteilen. Die Entscheidungen über die Nichtzulassung und über die Ablehnung der Befreiung sind der Prüfungsbewerberin / dem Prüfungsbewerber schriftlich mit Begründung bekannt zu geben.

(3) Die Zulassung und die Befreiung von Prüfungsbestandteilen können von der zuständigen Stelle bis zur Bekanntgabe des Prüfungsergebnisses widerrufen werden, wenn sie aufgrund gefälschter Unterlagen oder falscher Angaben ausgesprochen wurde.

§ 11 Prüfungsgebühr

Die Prüfungsteilnehmerin / der Prüfungsteilnehmer hat die Prüfungsgebühr nach Aufforderung an die zuständige Stelle zu entrichten. Die Höhe der Prüfungsgebühr bestimmt sich nach der Gebührenordnung der zuständigen Stelle.

Dritter Abschnitt: Durchführung der Fortbildungsprüfung
§ 12 Prüfungsgegenstand, Prüfungssprache

(1) Soweit keine Fortbildungsordnungen nach § 53 BBiG erlassen sind, regelt die zuständige Stelle die Bezeichnung des Fortbildungsabschlusses, Ziel, Inhalt und Anforderungen der Prüfungen, die Zulassungsvoraussetzungen sowie das Prüfungsverfahren durch Fortbildungsprüfungsregelungen nach § 54 BBiG.

(2) Die Prüfungssprache ist Deutsch soweit nicht die Fortbildungsordnung oder die -prüfungsregelung der zuständigen Stelle etwas anderes vorsieht.

§ 13 Gliederung der Prüfung

Die Gliederung der Prüfung ergibt sich aus den Fortbildungsordnungen oder Fortbildungsprutungsregelungen gemäß §§ 53, 54 BBiG (Prüfungsanforderungen).

§ 14 Prüfungsaufgaben

(1) Der Prüfungsausschuss beschließt auf der Grundlage der Prüfungsanforderungen die Prüfungsaufgaben.

(2) Überregional oder von einem Aufgabenerstellungsausschuss bei der zuständigen Stelle erstellte oder ausgewählte Aufgaben sind vom Prüfungsausschuss zu übernehmen, sofern diese Aufgaben von Gremien erstellt oder ausgewählt und beschlossen wurden, die entsprechend § 2 Abs. 2 zusammengesetzt sind und die zuständige Stelle über die Übernahme entschieden hat.

§ 15 Nachteilsausgleich für behinderte Menschen

Bei der Durchführung der Prüfung sollen die besonderen Verhältnisse behinderter Menschen berücksichtigt werden. Dies gilt insbesondere für die Dauer der Prüfung, die Zulassung von Hilfsmitteln und die Inanspruchnahme von Hilfeleistungen Dritter wie Gebärdensprachdolmetscher für hörbehinderte Menschen (§ 65 Abs. 1 BBiG). Die Art der Behinderung ist mit dem Antrag auf Zulassung zur Prüfung (§ 8 Abs. 1) nachzuweisen.

§ 16 Nichtöffentlichkeit

Die Prüfungen sind nicht öffentlich. Vertreter und Vertreterinnen der obersten Landes-behörden, der zuständigen Stelle sowie die Mitglieder des Berufsbildungsausschusses der zuständigen Stelle können anwesend sein. Der Prüfungsausschuss kann im Einver-nehmen mit der zuständigen Stelle andere Personen als Gäste zulassen. An der Beratung über das Prüfungsergebnis im Sinne des § 22 Abs. 1 Satz 2 dürfen nur die Mitglieder des Prüfungsausschusses beteiligt sein.

§ 17 Leitung, Aufsicht und Niederschrift

(1) Die Prüfung wird unter Leitung des Vorsitzes vom gesamten Prüfungsausschuss unbeschadet der Regelungen in § 22 Abs. 3 abgenommen.

(2) Die zuständige Stelle regelt im Einvernehmen mit dem Prüfungsausschuss die Aufsichtsführung, die sicherstellen soll, dass die Prüfungsleistungen selbstständig und nur mit erlaubten Arbeits- und Hilfsmitteln durchgeführt werden.

(3) Störungen durch äußere Einflüsse müssen von Prüfungsteilnehmern ausdrücklich gegenüber der Aufsicht oder dem Vorsitz gerügt werden. Entstehen durch die Störungen erhebliche Beeinträchtigungen, entscheidet der Prüfungsausschuss über Art und Umfang von geeigneten Ausgleichsmaßnahmen. Bei der Durchführung von schriftlichen Prüfun-gen kann die Aufsicht über die Gewährung einer Zeitverlängerung entscheiden.

(4) Über den Ablauf der Prüfung ist eine Niederschrift zu fertigen.

§ 18 Ausweispflicht und Belehrung

Die Prüfungsteilnehmerin / der Prüfungsteilnehmer hat sich auf Verlangen des Vorsitzes oder der Aufsichtsführung über ihre / seine Person auszuweisen. Sie / er ist vor Beginn der Prüfung über den Prüfungsablauf, die zur Verfügung stehende Zeit, die erlaubten Arbeits- und Hilfsmittel, die Folgen von Täuschungshandlungen, Ordnungsverstößen, Rücktritt und Nichtteilnahme zu belehren.

§ 19 Täuschungshandlungen und Ordnungsverstöße

(1) Unternimmt es eine Prüfungsteilnehmerin / ein Prüfungsteilnehmer, das Prüfungs-ergebnis durch Täuschung oder Benutzung nicht zugelassener Hilfsmittel zu beein-flussen oder leistet sie / er Beihilfe zu einer Täuschung oder einem Täuschungsversuch, liegt eine Täuschungshandlung vor.

(2) Wird während der Prüfung festgestellt, dass eine Prüfungsteilnehmerin / ein Prü-fungsteilnehmer eine Täuschungshandlung begeht oder einen entsprechenden Verdacht hervorruft, ist der Sachverhalt von der Aufsichtsführung festzustellen und zu protokol-lieren. Die Prüfungsteilnehmerin / der Prüfungsteilnehmer setzt die Prüfung vorbehalt-lich der Entscheidung des Prüfungsausschusses über die Täuschungshandlung fort.

(3) Liegt eine Täuschungshandlung vor, wird die von der Täuschungshandlung betrof-fene Prüfungsleistung mit »ungenügend« (= 0 Punkte) bewertet. In schweren Fällen, insbesondere bei vorbereiteten Täuschungshandlungen, kann der Prüfungsausschuss den Prüfungsteil oder die gesamte Prüfung mit »ungenügend« (= 0 Punkte) bewerten.

(4) Behindert eine Prüfungsteilnehmerin / ein Prüfungsteilnehmer durch ihr / sein Ver-halten die Prüfung so, dass die Prüfung nicht ordnungsgemäß durchgeführt werden kann, ist sie / er von der Teilnahme auszuschließen. Die Entscheidung hierüber kann von der Aufsichtsführung getroffen werden. Die endgültige Entscheidung über die Folgen für die Prüfungsteilnehmerin / den Prüfungsteilnehmer hat der Prüfungsausschuss un-verzüglich zu treffen. Absatz 3 gilt entsprechend. Gleiches gilt bei Nichtbeachtung der Sicherheitsvorschriften.

(5) Vor Entscheidungen des Prüfungsausschusses nach den Absätzen 3 und 4 ist die Prüfungsteilnehmerin / der Prüfungsteilnehmer zu hören.

§ 20 Rücktritt, Nichtteilnahme

(1) Die Prüfungsteilnehmerin / der Prüfungsteilnehmer kann nach erfolgter Anmeldung vor Beginn der Prüfung (bei schriftlichen Prüfungen vor Bekanntgabe der Prüfungs-

aufgaben) durch schriftliche Erklärung zurücktreten. In diesem Fall gilt die Prüfung als nicht abgelegt.

(2) Versäumt die Prüfungsteilnehmerin/der Prüfungsteilnehmer einen Prüfungstermin, so werden bereits erbrachte selbstständige Prüfungsleistungen anerkannt, wenn ein wichtiger Grund für die Nichtteilnahme vorliegt. Selbstständige Prüfungsleistungen sind solche, die thematisch klar abgrenzbar und nicht auf eine andere Prüfungsleistung bezogen sind sowie eigenständig bewertet werden.

(3) Erfolgt der Rücktritt nach Beginn der Prüfung oder nimmt die Prüfungsteilnehmerin/der Prüfungsteilnehmer an der Prüfung nicht teil, ohne dass ein wichtiger Grund vorliegt, so wird die Prüfung mit »ungenügend« (= 0 Punkte) bewertet.

(4) Der wichtige Grund ist unverzüglich mitzuteilen und nachzuweisen. Im Krankheitsfall ist die Vorlage eines ärztlichen Attestes erforderlich.

Vierter Abschnitt: Bewertung, Feststellung und Beurkundung des Prüfungsergebnisses

§ 21 Bewertungsschlüssel
Die Prüfungsleistungen sind wie folgt zu bewerten:
Eine den Anforderungen in besonderem Maße entsprechende Leistung
= 100–92 Punkte = Note 1 = sehr gut;
eine den Anforderungen voll entsprechende Leistung
= unter 92–81 Punkte = Note 2 = gut;
eine den Anforderungen im Allgemeinen entsprechende Leistung
= unter 81–67 Punkte = Note 3 = befriedigend;
eine Leistung, die zwar Mängel aufweist, aber im Ganzen den Anforderungen noch entspricht
= unter 67–50 Punkte = Note 4 = ausreichend;
eine Leistung, die den Anforderungen nicht entspricht, jedoch erkennen lässt, dass gewisse Grundkenntnisse noch vorhanden sind
= unter 50–30 Punkte = Note 5 = mangelhaft;
eine Leistung, die den Anforderungen nicht entspricht und bei der selbst Grundkenntnisse fehlen
= unter 30–0 Punkte = Note 6 = ungenügend.
Der Hundert-Punkte-Schlüssel ist der Bewertung aller Prüfungsleistungen sowie der Ermittlung von Zwischen- und Gesamtergebnissen zugrunde zu legen.

§ 22 Bewertungsverfahren, Feststellung der Prüfungsergebnisse
(1) Jede Prüfungsleistung ist von jedem Mitglied des Prüfungsausschusses selbstständig zu bewerten. Beschlüsse über die Bewertung einzelner Prüfungsleistungen, der Prüfung insgesamt sowie über das Bestehen und Nichtbestehen der Prüfung werden vom Prüfungsausschuss gefasst. Bei der gemeinsamen Feststellung der Ergebnisse dienen die Einzelbewertungen der Prüfungsausschussmitglieder als Grundlage.

(2) Bei der Feststellung von Prüfungsergebnissen bleiben Prüfungsleistungen, von denen befreit worden ist (§ 9), außer Betracht.

(3) Zur Vorbereitung der Beschlussfassung nach Absatz 1 kann der Vorsitz mindestens zwei Mitglieder mit der Bewertung einzelner, nicht mündlich zu erbringender Prüfungsleistungen beauftragen. Die Beauftragten sollen nicht derselben Mitgliedergruppe angehören. Die beauftragten Mitglieder dokumentieren die wesentlichen Abläufe und halten die für die Bewertung erheblichen Tatsachen fest (§ 42 Abs. 2 und 3 BBiG). Die übrigen Mitglieder des Prüfungsausschusses sind bei der Beschlussfassung nach Absatz 1 nicht an die Einzelbewertungen der beauftragten Mitglieder gebunden.

§ 23 Ergebnisniederschrift, Mitteilung über Bestehen oder Nichtbestehen
(1) Über die Feststellung der einzelnen Prüfungsergebnisse ist eine Niederschrift auf den Formularen der zuständigen Stelle zu fertigen. Sie ist von den Mitgliedern des Prüfungsausschusses zu unterzeichnen und der zuständigen Stelle unverzüglich vorzulegen.

(2) Die Prüfung ist vorbehaltlich der Fortbildungsregelungen nach §§ 53, 54 BBiG insgesamt bestanden, wenn in jedem der einzelnen Prüfungsbestandteile mindestens ausreichende Leistungen erbracht worden sind.

(3) Der Prüfungsteilnehmerin/dem Prüfungsteilnehmer soll unmittelbar nach Feststellung des Gesamtergebnisses der Prüfung mitgeteilt werden, ob sie/er die Prüfung »bestanden« oder »nicht bestanden« hat. Kann die Feststellung des Prüfungsergebnisses nicht am Tag der letzten Prüfungsleistung getroffen werden, so hat der Prüfungsausschuss diese unverzüglich zu treffen und der Prüfungsteilnehmerin/dem Prüfungsteilnehmer mitzuteilen.

(4) Über das Bestehen eines Prüfungsteils erhält die Prüfungsteilnehmerin/der Prüfungsteilnehmer Bescheid, wenn für den Prüfungsteil ein eigener Prüfungsausschuss gemäß § 1 Abs. 2 gebildet werden kann.

§ 24 Prüfungszeugnis

(1) Über die Prüfung erhält die Prüfungsteilnehmerin/der Prüfungsteilnehmer von der zuständigen Stelle ein Zeugnis (§ 37 Abs. 2 BBiG). Der von der zuständigen Stelle vorgeschriebene Vordruck, soweit keine Bestimmungen der Fortbildungsordnungen nach § 53 BBiG entgegenstehen, ist zu verwenden.

(2) Das Prüfungszeugnis enthält
– die Bezeichnung »Zeugnis« und die Angabe der Fortbildungsregelung,
– die Personalien der Prüfungsteilnehmerin/des Prüfungsteilnehmers (Name, Vorname, Geburtsdatum),
– die Bezeichnung der Fortbildungsprüfung mit Datum und Fundstelle,
– die Ergebnisse der Fortbildungsprüfung nach Maßgabe der jeweiligen Fortbildungsregelung sowie Angaben zu Befreiungen von Prüfungsbestandteilen,
– das Datum des Bestehens der Prüfung,
– die Namenswiedergaben (Faksimile) oder Unterschriften des Vorsitzes des Prüfungsausschusses und der beauftragten Person der zuständigen Stelle mit Siegel.

(3) Dem Zeugnis ist auf Antrag der Prüfungsteilnehmerin/des Prüfungsteilnehmers eine englischsprachige und eine französischsprachige Übersetzung beizufügen (§ 37 Abs. 3 Satz 1 BBiG).

§ 25 Bescheid über nicht bestandene Prüfung

(1) Bei nicht bestandener Prüfung erhält die Prüfungsteilnehmerin/der Prüfungsteilnehmer von der zuständigen Stelle einen schriftlichen Bescheid. Darin ist anzugeben, welche Prüfungsleistungen in einer Wiederholungsprüfung nicht mehr wiederholt werden müssen (§ 26 Abs. 2 bis 3). Die von der zuständigen Stelle vorgeschriebenen Formulare sind zu verwenden.

(2) Auf die besonderen Bedingungen der Wiederholungsprüfung gemäß § 26 ist hinzuweisen.

Fünfter Abschnitt: Wiederholungsprüfung
§ 26 Wiederholungsprüfung

(1) Eine Fortbildungsprüfung, die nicht bestanden ist, kann zweimal wiederholt werden. Ebenso können Prüfungsteile, die nicht bestanden sind, zweimal wiederholt werden, wenn ihr Bestehen Voraussetzung für die Zulassung zu einem weiteren Prüfungsteil ist. Es gelten die in der Wiederholungsprüfung erzielten Ergebnisse.

(2) Hat die Prüfungsteilnehmerin/der Prüfungsteilnehmer bei nicht bestandener Prüfung in einer selbstständigen Prüfungsleistung (§ 20 Abs. 2 Satz 2) mindestens ausreichende Leistungen erbracht, so ist diese auf Antrag der Prüfungsteilnehmerin/des Prüfungsteilnehmers nicht zu wiederholen, sofern die Prüfungsteilnehmerin/der Prüfungsteilnehmer sich innerhalb von zwei Jahren – gerechnet vom Tage der Feststellung des Ergebnisses der nicht bestandenen Prüfung an – zur Wiederholungsprüfung anmeldet. Die Bewertung einer selbstständigen Prüfungsleistung (§ 20 Abs. 2 Satz 2) ist im Rahmen der Wiederholungsprüfung zu übernehmen.

(3) Die Prüfung kann frühestens zum nächsten Prüfungstermin (§ 7) wiederholt werden.

Sechster Abschnitt: Schlussbestimmungen
§ 27 Rechtsbehelfsbelehrung
Maßnahmen und Entscheidungen der Prüfungsausschüsse sowie der zuständigen Stelle sind bei ihrer schriftlichen Bekanntgabe an die Prüfungsbewerberin/den Prüfungsbewerber bzw. die Prüfungsteilnehmerin/den Prüfungsteilnehmer mit einer Rechtsbehelfsbelehrung gemäß § 70 VwGO zu versehen.

§ 28 Prüfungsunterlagen
(1) Auf Antrag ist der Prüfungsteilnehmerin/dem Prüfungsteilnehmer binnen der gesetzlich vorgegebenen Frist zur Einlegung eines Rechtsbehelfs Einsicht in seine Prüfungsunterlagen zu gewähren. Die schriftlichen Prüfungsarbeiten sind ein Jahr, die Niederschriften gemäß § 23 Abs. 1 10 Jahre aufzubewahren. Die Aufbewahrungsfrist beginnt mit dem Zugang des Prüfungsbescheides nach § 24 Abs. 1 bzw. § 25 Abs. 1. Der Ablauf der vorgenannten Fristen wird durch das Einlegen eines Rechtsmittels gehemmt.
(2) Die Aufbewahrung kann auch elektronisch erfolgen. Landesrechtliche Vorschriften zur Archivierung bleiben unberührt.

§ 29 Inkrafttreten, Genehmigung
Diese Prüfungsordnung tritt am Tag der Veröffentlichung im Mitteilungsblatt der zuständigen Stelle in Kraft. Gleichzeitig tritt die bisherige Fortbildungsprüfungsordnung außer Kraft. Die Prüfungsordnung wurde am … gemäß § 47 Abs. 1 BBiG von … (zuständige Behörde) genehmigt.

§ 57 Gleichstellung von Prüfungszeugnissen

Das Bundesministerium für Wirtschaft und Technologie oder das sonst zuständige Fachministerium kann im Einvernehmen mit dem Bundesministerium für Bildung und Forschung nach Anhörung des Hauptausschusses des Bundesinstituts für Berufsbildung durch Rechtsverordnung außerhalb des Anwendungsbereichs dieses Gesetzes oder im Ausland erworbene Prüfungszeugnisse den entsprechenden Zeugnissen über das Bestehen einer Fortbildungsprüfung auf der Grundlage der §§ 53 und 54 gleichstellen, wenn die in der Prüfung nachzuweisenden beruflichen Fertigkeiten, Kenntnisse und Fähigkeiten gleichwertig sind.

Das Bundesministerium für Wirtschaft und Technologie oder das sonst zuständige Fachministerium kann im Einvernehmen mit dem Bundesministerium für Bildung und Forschung nach Anhörung des Hauptausschusses des Bundesinstituts für Berufsbildung durch **Rechtsverordnung** außerhalb des Anwendungsbereichs dieses Gesetzes oder im Ausland erworbene Prüfungszeugnisse den entsprechenden Zeugnissen über das Bestehen einer Fortbildungsprüfung auf der Grundlage der §§ 53 und 54 gleichstellen, wenn die in der Prüfung nachzuweisenden beruflichen Fertigkeiten, Kenntnisse und Fähigkeiten gleichwertig sind (§ 57 BBiG). Für das **Handwerk** gilt die entsprechende Vorschrift in § 42 d HwO.

Kapitel 3
Berufliche Umschulung

§ 58 Umschulungsordnung

Als Grundlage für eine geordnete und einheitliche berufliche Umschulung kann das Bundesministerium für Bildung und Forschung im Einvernehmen mit dem Bundesministerium für Wirtschaft und Technologie oder dem sonst zuständigen Fachministerium nach Anhörung des Hauptausschusses des Bundesinstituts für Berufsbildung durch Rechtsverordnung, die nicht der Zustimmung des Bundesrates bedarf,

1. die Bezeichnung des Umschulungsabschlusses,

2. das Ziel, den Inhalt, die Art und Dauer der Umschulung,

3. die Anforderungen der Umschulungsprüfung und die Zulassungsvoraussetzungen sowie

4. das Prüfungsverfahren der Umschulung

unter Berücksichtigung der besonderen Erfordernisse der beruflichen Erwachsenenbildung bestimmen (Umschulungsordnung).

Inhaltsübersicht   Rn.

1.	Umschulung als Berufsbildungsmaßnahme	1
2.	Umschulungsordnungen gemäß § 58 BBiG	6

1. Umschulung als Berufsbildungsmaßnahme

1   In der Praxis spielen Maßnahmen der beruflichen Umschulung durchaus eine bedeutende Rolle. Die Regelungen im BBiG sind nur fragmentarisch. Eine umfassende gesetzliche Regelung der beruflichen Umschulung fehlt ebenso wie ein Weiterbildungsgesetz (vgl. § 53 Rn. 1).

2   Die berufliche Umschulung (§ 1 Abs. 5 BBiG) soll zu einer anderen als der zuvor erlernten beruflichen Tätigkeit befähigen. Der Begriff der »Umschulung« setzt nicht zwingend eine vorherige Ausbildung des Umzuschulenden im Sinne des § 1 Abs. 3 BBiG voraus. Anders als die Erstausbildung, ist die Umschulung auf eine schnelle Wiedereingliederung des Umschülers in den Arbeitsprozess angelegt.

3   Umschulungsmaßnahmen können in **überbetrieblichen Einrichtungen** oder auf der Grundlage vertraglicher Regelungen mit **Unternehmen** stattfinden. Auf **betriebliche Umschulungsverhältnisse** sind die Vorschriften des BBiG über Berufsausbildungsverhältnisse *nicht* anwendbar.[1]

4   Erfolgt die **Umschulung im Rahmen eines Arbeitsverhältnisses**, gelten unter Berücksichtigung der gleichzeitig übernommenen Umschulungsverpflichtung die allgemeinen arbeitsrechtlichen Bestimmungen. Gleichwohl ist der **Umschulungsvertrag kein Arbeitsvertrag,** weil nicht die Arbeitsleistung, sondern der Umschulungszweck im Vordergrund steht.[2] Schließt der Arbeitnehmer mit seinem Arbeitgeber einen Umschulungsvertrag, ohne dass das Arbeitsverhältnis ausdrücklich gekündigt oder beendet wird, so ruht es für die Dauer der

---

1 *BAG* 19.1.2006, 6 AZR 638/04, DB 2006, 1739.
2 *BAG* 19.1.2006, 6 AZR 638/04, DB 2006, 1739.

Umschulung und lebt nach Beendigung der Umschulung automatisch wieder auf.[3]

Ein Umschulungsvertrag endet grundsätzlich erst mit **Zweckerfüllung**, das   5
heißt mit dem erfolgreichen Abschluss der Umschulung. Ist der Umschulungsvertrag für eine bestimmte Zeit geschlossen, endet er mit Zeitablauf (§ 620 BGB).
Ein Recht zur ordentlichen Kündigung ist in der Regel ausgeschlossen. Der
Umschulungsvertrag kann ausnahmsweise bei Vorliegen eines wichtigen Grundes im Sinne des § 626 BGB fristlos gekündigt werden.[4] Die gesetzliche Schriftform des § 623 BGB gilt *nicht* für die Kündigung des Umschulungsvertrags, weil
es sich eben gerade nicht um ein Arbeitsverhältnis handelt.[5]

2. Umschulungsordnungen gemäß § 58 BBiG

Als Grundlage für eine geordnete und einheitliche berufliche Umschulung kann   6
das Bundesministerium für Bildung und Forschung im Einvernehmen mit dem
Bundesministerium für Wirtschaft und Arbeit oder dem sonst zuständigen Fachministerium nach Anhörung des Hauptausschusses des Bundesinstituts für Berufsbildung gemäß § 58 BBiG durch **Rechtsverordnung**, die nicht der Zustimmung
des Bundesrats bedarf, **Umschulungsordnungen** erlassen. Der Inhalt der Umschulungsordnung wird in § 58 Nr. 1 bis 4 BBiG benannt. Die besonderen Erfordernisse
der beruflichen Erwachsenenbildung sind dabei zu berücksichtigen.

§ 58 BBiG stellt eine **Ermächtigungsgrundlage** für den Erlass solcher Rechts-   7
verordnungen durch die Exekutive (Ministerium) dar. Daraus ergibt sich kein
Zwang, solche Rechtsverordnungen zu erlassen. Bislang sind keine erlassen
worden. Fehlt es an solchen Rechtsverordnungen, können die **zuständigen
Stellen** gemäß § 59 BBiG **Umschulungsprüfungsregelungen** erlassen.

Von der Struktur her lehnt sich die Regelung zur Umschulungsordnung an die   8
Regelung zur Fortbildungsordnung an (vgl. § 53 Abs. 2 Nr. 1 bis 4 BBiG). Für
das **Handwerk** gilt die entsprechende Vorschrift des § 42e HwO. Die **Über-
wachungs- und Beratungsfunktion der zuständigen Stelle**n für die Durchführung von Umschulungsmaßnahmen ist in § 76 BBiG geregelt.

§ 59 Umschulungsprüfungsregelungen der zuständigen Stellen

**Soweit Rechtsverordnungen nach § 58 nicht erlassen sind, kann die zuständige
Stelle Umschulungsprüfungsregelungen erlassen. Die zuständige Stelle regelt die
Bezeichnung des Umschulungsabschlusses, Ziel, Inhalt und Anforderungen der
Prüfungen, die Zulassungsvoraussetzungen sowie das Prüfungsverfahren unter
Berücksichtigung der besonderen Erfordernisse beruflicher Erwachsenenbildung.**

Die zuständigen Stellen haben gemäß § 59 BBiG die Möglichkeit, eigene Umschulungsprüfungsregelungen für ihren Geltungsbereich zu erlassen, soweit
keine bundeseinheitlichen Regelungen durch Rechtsverordnungen nach § 58
BBiG bestehen. Den zuständigen Stellen wird damit ermöglicht, auf der Grundlage solcher Umschulungsprüfungsregelungen öffentlich-rechtliche Prüfungen

---

3 *BAG* 19.1.2006, 6 AZR 638/04, DB 2006, 1739.
4 *BAG* 19.1.2006, 6 AZR 638/04, DB 2006, 1739; *BAG* 15.3.1991, 2 AZR 516/90, AP BBiG
§ 47 Nr. 2 = NZA 1992, 452 = EzB BBiG § 47 Nr. 19.
5 *BAG* 19.1.2006, 6 AZR 638/04, DB 2006, 1739.

durchzuführen. Das entspricht der Regelung in § 54 BBiG für Fortbildungsprüfungsregelungen. Die Regelungsgegenstände gemäß § 59 Satz 2 BBiG entsprechen § 58 Nr. 1 bis 4 BBiG. Für das **Handwerk** gilt die entsprechende
Regelung des § 42 f HwO. Zuständig für den Erlass von Umschulungsprüfungsregelungen ist der **Berufsbildungsausschuss** der zuständigen Stelle (§ 79 BBiG).

§ 60 Umschulung für einen anerkannten Ausbildungsberuf

**Sofern sich die Umschulungsordnung (§ 58) oder eine Regelung der zuständigen
Stelle (§ 59) auf die Umschulung für einen anerkannten Ausbildungsberuf richtet, sind das Ausbildungsberufsbild (§ 5 Abs. 1 Nr. 3), der Ausbildungsrahmenplan (§ 5 Abs. 1 Nr. 4) und die Prüfungsanforderungen (§ 5 Abs. 1 Nr. 5) zugrunde
zu legen. Die §§ 27 bis 33 gelten entsprechend.**

Bei der Umschulung für einen anerkannten Ausbildungsberuf sind die Anforderungen des entsprechenden Berufsbilds zu erfüllen. Deshalb wird in § 60
BBiG ausdrücklich auf das Ausbildungsberufsbild, den Ausbildungsrahmenplan und die Prüfungsanforderungen gemäß § 5 Abs. 1 Nr. 3, 4 und 5 BBiG
verwiesen. Damit werden Qualitätskriterien zugrunde gelegt wie in der regulären Berufsausbildung. Darüber hinaus müssen die Träger von Umschulungsmaßnahmen über die Eignungsvoraussetzungen verfügen, wie sie auch für
Ausbildungsstätten und Ausbildungspersonal im Rahmen der Berufsausbildung gelten. § 27 bis § 33 BBiG gelten gemäß § 60 Satz 2 BBiG entsprechend.
Für das **Handwerk** gilt die entsprechende Vorschrift des § 42 g HwO.

§ 61 Berücksichtigung ausländischer Vorqualifikationen

**Sofern die Umschulungsordnung (§ 58) oder eine Regelung der zuständigen
Stelle (§ 59) Zulassungsvoraussetzungen vorsieht, sind ausländische Bildungsabschlüsse und Zeiten der Berufstätigkeit im Ausland zu berücksichtigen.**

Bei der Prüfung von Zulassungsvoraussetzungen für die Umschulungsordnung
(§ 58 BBiG) und für Regelungen der zuständigen Stelle (§ 59 BBiG) sind die im
Ausland erworbenen Kompetenzen ganz oder teilweise anzuerkennen. Sachlich
entspricht die Vorschrift § 55 BBiG. Für das **Handwerk** gilt die entsprechende
Vorschrift § 42 h HwO.

§ 62 Umschulungsmaßnahmen; Umschulungsprüfungen

**(1) Maßnahmen der beruflichen Umschulung müssen nach Inhalt, Art, Ziel und
Dauer den besonderen Erfordernissen der beruflichen Erwachsenenbildung entsprechen.
(2) Umschulende haben die Durchführung der beruflichen Umschulung vor Beginn der Maßnahme der zuständigen Stelle schriftlich anzuzeigen. Die Anzeigepflicht erstreckt sich auf den wesentlichen Inhalt des Umschulungsverhältnisses.
Bei Abschluss eines Umschulungsvertrages ist eine Ausfertigung der Vertragsniederschrift beizufügen.
(3) Für die Durchführung von Prüfungen im Bereich der beruflichen Umschulung
errichtet die zuständige Stelle Prüfungsausschüsse. § 37 Abs. 2 und 3 sowie die
§§ 40 bis 42, 46 und 47 gelten entsprechend.**

(4) Der Prüfling ist auf Antrag von der Ablegung einzelner Prüfungsbestandteile durch die zuständige Stelle zu befreien, wenn er eine andere vergleichbare Prüfung vor einer öffentlichen oder staatlich anerkannten Bildungseinrichtung oder vor einem staatlichen Prüfungsausschuss erfolgreich abgelegt hat und die Anmeldung zur Umschulungsprüfung innerhalb von fünf Jahren nach der Bekanntgabe des Bestehens der anderen Prüfung erfolgt.

Inhaltsübersicht | Rn.

1.	Übersicht	1
2.	Maßnahmen der beruflichen Umschulung	2
3.	Anzeigepflicht gegenüber der zuständigen Stelle	3
4.	Errichtung von Prüfungsausschüssen	4
5.	Befreiung von einzelnen Prüfungsteilen	5

1. Übersicht

§ 62 BBiG verlangt besondere Voraussetzungen für Maßnahmen der beruflichen **1** Umschulung mit Erwachsenen. Die Maßnahmen müssen nach Inhalt, Art, Ziel und Dauer den besonderen Erfordernissen der beruflichen Erwachsenenbildung entsprechen. Darüber hinaus werden die Aufgaben der zuständigen Stellen im Zusammenhang mit Maßnahmen der beruflichen Umschulung beschrieben. Für das **Handwerk** gilt die entsprechende Vorschrift des § 42 i HwO.

2. Maßnahmen der beruflichen Umschulung

§ 62 Abs. 1 BBiG weist auf die besondere Zielgruppe von Umschulungsmaß- **2** nahmen hin. Die Maßnahmen der beruflichen Umschulung müssen nach Inhalt, Art, Ziel und Dauer den besonderen Erfordernissen der beruflichen Erwachsenenbildung entsprechen. Ziel der Maßnahmen muss sein, die langfristige Beschäftigungsfähigkeit zu unterstützen.

3. Anzeigepflicht gegenüber der zuständigen Stelle

»Umschulende«, das heißt die Träger von Umschulungsmaßnahmen oder das **3** Unternehmen, bei dem die Umschulung durchgeführt wird, müssen die zuständige Stelle vor Beginn der beruflichen Umschulungsmaßnahme schriftlich über die Durchführung der beruflich Umschulung informieren (§ 62 Abs. 2 Satz 1 BBiG). Die zuständige Stelle muss informiert sein, wo die Umschulung stattfindet und auf welcher Grundlage umgeschult wird, um ihrer Verpflichtung zur Überwachung nachkommen zu können. Sofern ein schriftlicher Vertrag über die Umschulungsmaßnahme abgeschlossen wurde, ist der zuständigen Stelle eine Kopie des Vertrags vorzulegen.

4. Errichtung von Prüfungsausschüssen

Für die Durchführung von Prüfungen im Bereich der beruflichen Umschulung **4** errichtet die zuständige Stelle gemäß § 62 Abs. 3 Satz 1 BBiG Prüfungsausschüsse. Bestimmte Regelungen über die Abschlussprüfung bei der Berufsausbildung gelten gemäß § 63 Abs. 3 Satz 2 BBiG entsprechend, nämlich die Regelungen über:

- das Prüfungszeugnis (§ 37 Abs. 2 und 3 BBiG),
- die Zusammensetzung und Berufung des Prüfungsausschusses (§ 40 BBiG),
- den Vorsitz, die Beschlussfähigkeit und Abstimmung im Prüfungsausschuss (§ 41 BBiG),
- die Beschlussfassung im Prüfungsausschuss und Bewertung der Abschlussprüfung (§ 42 BBiG),
- die Entscheidung über die Zulassung zur Prüfung (§ 46 BBiG) und über
- den Erlass einer Prüfungsordnung (§ 47 BBiG).

5. Befreiung von einzelnen Prüfungsteilen

5   Der Prüfling ist auf Antrag von der Ablegung einzelner Prüfungsbestandteile durch die zuständige Stelle zu befreien, wenn er eine andere vergleichbare Prüfung vor einer öffentlichen oder staatlich anerkannten Bildungseinrichtung oder vor einem staatlichen Prüfungsausschuss erfolgreich abgelegt hat und die Anmeldung zur Umschulungsprüfung innerhalb von fünf Jahren nach der Bekanntgabe des Bestehens der anderen Prüfung erfolgt (§ 62 Abs. 4 BBiG).

§ 63 Gleichstellung von Prüfungszeugnissen

Das Bundesministerium für Wirtschaft und Technologie oder das sonst zuständige Fachministerium kann im Einvernehmen mit dem Bundesministerium für Bildung und Forschung nach Anhörung des Hauptausschusses des Bundesinstituts für Berufsbildung durch Rechtsverordnung außerhalb des Anwendungsbereichs dieses Gesetzes oder im Ausland erworbene Prüfungszeugnisse den entsprechenden Zeugnissen über das Bestehen einer Umschulungsprüfung auf der Grundlage der §§ 58 und 59 gleichstellen, wenn die in der Prüfung nachzuweisenden beruflichen Fertigkeiten, Kenntnisse und Fähigkeiten gleichwertig sind.

Das Bundesministerium für Wirtschaft und Arbeit kann bestimmen, welche Prüfungszeugnisse den Zeugnissen über das Bestehen einer Umschulungsprüfung gleichgestellt werden. Die Vorschrift entspricht sachlich § 57 BBiG. Für das **Handwerk** gilt entsprechend § 42 j HwO.

Kapitel 4
Berufsbildung für besondere Personengruppen

Abschnitt 1
Berufsbildung behinderter Menschen

§ 64 Berufsausbildung

Behinderte Menschen (§ 2 Abs. 1 Satz 1 des Neunten Buches Sozialgesetzbuch) sollen in anerkannten Ausbildungsberufen ausgebildet werden.

Inhaltsübersicht   Rn.

1. Ausbildung in anerkannten Ausbildungsberufen als Regelfall   1
2. Begriff der Behinderung.   3

1. Ausbildung in anerkannten Ausbildungsberufen als Regelfall

Behinderte – ebenso wie nichtbehinderte – Menschen sollen in anerkannten **1** Ausbildungsberufen nach der für alle geltenden Ausbildungsordnung gemäß § 4 BBiG ausgebildet werden. Eine Unterscheidung findet grundsätzlich nicht statt. Behinderten Menschen sollen in der Regel gemäß den allgemein gültigen Vorschriften des Berufsbildungsgesetzes ausgebildet werden. Nur soweit dies nach Art und Schwere der Behinderung nicht möglich ist, finden die Ausnahmen gemäß § 66 und § 67 BBiG Anwendung. § 64 BBiG knüpft an die Regelung des Art. 3 Abs. 3 Satz 2 GG an, dass niemand wegen seiner Behinderung benachteiligt werden darf. Für das **Handwerk** gilt die entsprechende Vorschrift des § 42 k HwO.

Die Ausbildung nach den allgemein gültigen Regeln soll die Arbeitsmarktchan- **2** cen für Menschen mit Behinderung verbessern. Derzeit existieren bundesweit über 900 Sonderausbildungsregelungen für Menschen mit Behinderung, die nur eingeschränkte Beschäftigungsmöglichkeiten bieten. Ausgehend von anerkannten Ausbildungsordnungen sollen bundesweit gültige Durchführungsregelungen erarbeitet werden, die die besonderen Verhältnisse behinderter Menschen berücksichtigen (vgl. § 65 BBiG).

Für Ausbildungsverträge mit behinderten Menschen gelten **privatrechtlich** **3** **keine Besonderheiten**, die §§ 10 bis 26 BBiG sind anwendbar.

2. Begriff der Behinderung

Der Begriff der Behinderung ist in § 2 SGB IX definiert. Danach sind Menschen **3** behindert, wenn ihre körperliche Funktion, geistige Fähigkeit oder seelische Gesundheit mit hoher Wahrscheinlichkeit länger als sechs Monate von dem für das Lebensalter typischen Zustand abweichen und daher ihre Teilhabe am Leben in der Gesellschaft beeinträchtigt ist. Einbezogen sind auch Menschen, die von Behinderung bedroht sind.

§ 65 Berufsausbildung in anerkannten Ausbildungsberufen

(1) Regelungen nach den §§ 9 und 47 sollen die besonderen Verhältnisse behinderter Menschen berücksichtigen. Dies gilt insbesondere für die zeitliche und sachliche Gliederung der Ausbildung, die Dauer von Prüfungszeiten, die Zulassung von Hilfsmitteln und die Inanspruchnahme von Hilfeleistungen Dritter wie Gebärdensprachdolmetscher für hörbehinderte Menschen.

(2) Der Berufsausbildungsvertrag mit einem behinderten Menschen ist in das Verzeichnis der Berufsausbildungsverhältnisse (§ 34) einzutragen. Der behinderte Mensch ist zur Abschlussprüfung auch zuzulassen, wenn die Voraussetzungen des § 43 Abs. 1 Nr. 2 und 3 nicht vorliegen.

Inhaltsübersicht Rn.

1. Berücksichtigung der besonderen Verhältnisse Behinderter bei Regelungen
   nach § 9 und § 47 BBiG 1
2. Eintragung in das Verzeichnis der Berufsausbildungsverhältnisse 3
3. Besonderheiten bei der Zulassung zur Abschlussprüfung 4

1. Berücksichtigung der besonderen Verhältnisse Behinderter bei Regelungen nach § 9 und § 47 BBiG

1 Die zuständigen Stellen regeln gemäß § 9 BBiG die Durchführung der Berufsausbildung, soweit keine gesetzlichen Vorschriften bestehen. Regelungen der zuständigen Stellen nach § 9 BBiG und die Prüfungsordnungen (§ 47 BBiG) sollen die besonderen Verhältnisse behinderter Menschen berücksichtigen. Dies gilt insbesondere für die zeitliche und sachliche Gliederung der Ausbildung, die Dauer von Prüfungszeiten, die Zulassung von Hilfsmitteln und die Inanspruchnahme von Hilfeleistungen Dritter wie Gebärdensprachdolmetscher für hörbehinderte Menschen. Obwohl § 65 BBiG als Soll-Vorschrift formuliert ist, ist § 65 BBiG als Pflichtauftrag für die zuständigen Stellen anzusehen.[1]

2 Die Berücksichtigung der besonderen Verhältnisse behinderter Menschen bei **Prüfungsordnungen** berechtigt nicht dazu, geringere Leistungen als in den Prüfungsanforderungen vorgesehen zu verlangen oder eine günstigere Beurteilung der Prüfungsleistung vorzunehmen.[2]

2. Eintragung in das Verzeichnis der Berufsausbildungsverhältnisse

3 Der Berufsausbildungsvertrag mit einem behinderten Menschen ist gemäß § 65 Abs. 2 Satz 1 BBiG in das Verzeichnis der Berufsausbildungsverhältnisse (§ 34 BBiG) einzutragen. Die **Eintragungspflicht** ist zwingend.[3] Sie gilt auch dann, wenn die Ausbildung in außerbetrieblichen Ausbildungsstätten, etwa in Bildungswerken für Behinderte, durchgeführt wird.[4]

---

1 *Benecke/Hergenröder* BBiG § 65 Rn. 3; *Leinemann/Taubert* BBiG § 65 Rn. 3.
2 *VGH Baden-Württemberg* 31.3.1977, EzB §§ 48, 49 BBiG Nr. 1.
3 *Benecke/Hergenröder* BBiG § 65 Rn. 6.
4 *Leinemann/Taubert* BBiG § 65 Rn. 9.

3. Besonderheiten bei der Zulassung zur Abschlussprüfung

Gemäß § 65 Abs. 2 BBiG gelten die Vorschriften zur Zulassung zur Abschluss- **4** prüfung (§ 43 Abs. 1 BBiG) bei behinderten Menschen nur eingeschränkt. Die Zulassung zur Abschlussprüfung regelt sich gemäß § 43 Abs. 1 BBiG, wobei § 65 Abs. 2 Satz 2 BBiG Abweichungen zulässt. Auch behinderte Menschen müssen gemäß § 43 Abs. 1 Nr. 1 BBiG die Ausbildungszeit zurückgelegt haben oder ihre Ausbildungszeit darf nicht später als zwei Monate nach dem Prüfungstermin enden (vgl. § 43 Rn. 6 ff.). Die Zulassungsvoraussetzungen gemäß § 43 Abs. 1 Nr. 2 und 3 BBiG (vgl. § 43 Rn. 15 ff.) müssen jedoch bei behinderten Menschen nicht zwingend vorliegen.

§ 66 Ausbildungsregelungen der zuständigen Stellen

(1) Für behinderte Menschen, für die wegen Art und Schwere ihrer Behinderung eine Ausbildung in einem anerkannten Ausbildungsberuf nicht in Betracht kommt, treffen die zuständigen Stellen auf Antrag der behinderten Menschen oder ihrer gesetzlichen Vertreter oder Vertreterinnen Ausbildungsregelungen entsprechend den Empfehlungen des Hauptausschusses des Bundesinstituts für Berufsbildung. Die Ausbildungsinhalte sollen unter Berücksichtigung von Lage und Entwicklung des allgemeinen Arbeitsmarktes aus den Inhalten anerkannter Ausbildungsberufe entwickelt werden. Im Antrag nach Satz 1 ist eine Ausbildungsmöglichkeit in dem angestrebten Ausbildungsgang nachzuweisen.
(2) § 65 Abs. 2 Satz 1 gilt entsprechend.

Inhaltsübersicht   Rn.

1. Ausbildungsregelungen für behinderte Menschen   1
2. Eintragung in das Verzeichnis der Berufsausbildungsverhältnisse   4
3. Empfehlung des Hauptausschusses des Bundesinstituts für Berufsbildung
   vom 20. 6. 2006   5

1. Ausbildungsregelungen für behinderte Menschen

Nur soweit es nach Art und Schwere der Behinderung nicht möglich ist, behin- **1** derte Menschen gemäß den allgemein gültigen Ausbildungsvorschriften auszubilden, findet § 66 BBiG Anwendung. Die zuständigen Stellen treffen in diesen Fällen besondere Ausbildungsregelungen auf der Grundlage der Empfehlungen des Hauptausschusses beim Bundesinstitut für Berufsbildung. Die entsprechenden Ausbildungsregelungen und -angebote müssen den Neigungen und Fähigkeiten von behinderten Menschen entsprechen, um ihnen dadurch Chancen auf dem allgemeinen Arbeitsmarkt und zum lebenslangen Lernen zu eröffnen. Für das **Handwerk** gilt die entsprechende Vorschrift des § 42 m HwO.

Auf Antrag von Menschen mit Behinderung sind die zuständigen Stellen gehal- **2** ten, besondere Ausbildungsregelungen festzulegen. Es liegt nicht im Ermessen der zuständigen Stellen zu entscheiden, ob sie besondere Ausbildungsregelungen treffen, sie müssen bei Vorliegen eines Antrags handeln. Andererseits dürfen sie entsprechende Regelungen auch nur treffen, wenn ein solcher Antrag vorliegt. Anträge können nur von Einzelpersonen gestellt werden. Im Antrag ist eine Ausbildungsmöglichkeit in dem angestrebten Ausbildungsgang nachzuweisen.

Hiermit soll sichergestellt werden, dass die angestrebte Ausbildung auch tatsächlich absolviert werden kann.

3 Der Erlass einer Ausbildungsregelung nach § 66 BBiG (§ 42 m HwO) ist als wichtige Angelegenheit im Sinne des § 79 BBiG anzusehen.[1] Der Berufsbildungsausschuss ist insofern über Ausbildungsregelungen gemäß § 66 BBiG (§ 42 m HwO) zu unterrichten und anzuhören.

2. Eintragung in das Verzeichnis der Berufsausbildungsverhältnisse

4 Der Berufsausbildungsvertrag im Sinne des § 66 BBiG ist ebenfalls in das Verzeichnis der Berufsausbildungsverhältnisse (§ 34 BBiG) einzutragen, wie sich aus § 66 Abs. 2 mit dem Verweis auf die entsprechende Anwendung des § 65 Abs. 2 Satz 1 BBiG ergibt. Die **Eintragungspflicht** ist zwingend.

3. Empfehlung des Hauptausschusses des Bundesinstituts für Berufsbildung vom 20. 6. 2006

5 Empfehlung des Hauptausschusses des Bundesinstituts für Berufsbildung zu den »Rahmenrichtlinien für Ausbildungsregelungen nach § 66 BBiG und § 42 m HwO für behinderte Menschen« vom 20. 6. 2006 und zugehörige Erläuterungen[2]

1. Präambel

Die dauerhafte Eingliederung von behinderten Menschen in Arbeit und Gesellschaft ist eine zentrale sozial- und bildungspolitische Aufgabe. Es ist dabei erforderlich, für die besonderen Bedürfnisse dieser heterogenen Personengruppe geeignete Maßnahmen zu entwickeln und einzusetzen.
Vorrangiges Ziel bei allen Bemühungen insbesondere um Jugendliche mit Behinderungen muss es sein, sie zu einem berufsqualifizierenden Abschluss in einem anerkannten Ausbildungsberuf zu führen. Dieses Ziel ist auch dann zu verfolgen, wenn die Befähigung für einen allgemein anerkannten Ausbildungsberuf erst mit Hilfe ausbildungsvorbereitender und -begleitender Maßnahmen erreicht werden kann. Wenn dies jedoch trotz geeigneter Maßnahmen und Hilfen wegen Art und Schwere der Behinderung nicht möglich ist, können Ausbildungsregelungen der zuständigen Stellen Anwendung finden. Deshalb müssen entsprechende Ausbildungsregelungen und -angebote geschaffen werden, die den Neigungen und Fähigkeiten von behinderten Menschen entsprechen, um ihnen dadurch Chancen auf dem allgemeinen Arbeitsmarkt und zum Lebenslangen Lernen zu eröffnen.
Die Berufsschule hat maßgeblich zum Ausbildungserfolg beizutragen. Dies erfordert, dass sich die Berufsschule auf die besonderen Belange von Jugendlichen mit Behinderungen ein-stellt und deren Förderbedürfnissen unterrichtlich gerecht wird.

---

1 Vgl. Empfehlung des Hauptausschusses des Bundesinstituts für Berufsbildung, Rahmenrichtlinien für Ausbildungsregelungen nach § 66 BBiG und § 42 m HwO für behinderte Menschen, Ziffer 3.3.

2 Quelle: Bundesanzeiger vom 14. 7. 2006, Nummer 130, S. 5043 ff. = http://www.bibb.de /de/25856.htm.

2. Ziel der Rahmenrichtlinien

Ziel der Rahmenrichtlinien ist es, Benachteiligungen von behinderten Menschen im Sinne von Artikel 3 des Grundgesetzes in Ausbildung, Umschulung und Prüfung zu verhindern. Eine Benachteiligung liegt vor, wenn behinderte und nicht behinderte Menschen ohne zwingenden Grund unterschiedlich behandelt werden und behinderte Menschen dadurch in der gleichberechtigten Teilhabe an der beruflichen Bildung unmittelbar oder mittelbar beeinträchtigt werden.

Mit den Rahmenrichtlinien soll eine Überprüfung, Abstimmung und bundesweite Vereinheitlichung von Ausbildungsregelungen in demselben Berufsbereich initiiert werden, um in der Praxis erprobte Ausbildungsregelungen für behinderte Menschen zu vereinheitlichen und zu vereinfachen sowie in Zahl und Übersichtlichkeit deutlich zu konzentrieren.

3. Ausbildungsmöglichkeiten und -bedingungen für behinderte Menschen

3.1 Personenkreis

Behinderung, gesetzliche Definition

Der Begriff der Behinderung ist mit § 2 des Sozialgesetzbuches – Neuntes Buch – (SGB IX) – Rehabilitation und Teilhabe behinderter Menschen – für alle Leistungsträger einheitlich definiert. Danach sind Menschen behindert, wenn ihre körperliche Funktion, geistige Fähigkeit oder seelische Gesundheit mit hoher Wahrscheinlichkeit länger als sechs Monate von dem für das Lebensalter typischen Zustand abweichen und daher ihre Teilhabe am Leben in der Gesellschaft beeinträchtigt ist. Einbezogen sind auch Menschen, denen eine Behinderung droht. Für Leistungen zur Teilhabe am Arbeitsleben nach dem Dritten Buch Sozialgesetzbuch gilt § 19 SGB III.[3]

Die Zugehörigkeit zu diesem Personenkreis ist im Einzelfall festzustellen. Darüber hinaus wird empfohlen, die gutachterliche Stellungnahme der Schule in den Entscheidungsprozess einzubeziehen.

3.2 Rechtslage

Berufsausbildung nach § 64 Berufsbildungsgesetz (BBiG) und § 42 k Handwerksordnung (HwO)

Behinderte Menschen (§ 2 Abs. 1 Satz 1 des Neunten Buches Sozialgesetzbuch) sollen in anerkannten Ausbildungsberufen ausgebildet werden.

Berufsausbildung in anerkannten Ausbildungsberufen nach § 65 BBiG und § 42 l HwO

(1) Regelungen nach den §§ 9 und 47 BBiG (§§ 38 und 41 HwO) sollen die besonderen Verhältnisse behinderter Menschen berücksichtigen. Dies gilt insbesondere für die zeitliche und sachliche Gliederung der Ausbildung, die Dauer von Prüfungszeiten, die Zulassung von Hilfsmitteln und die Inanspruchnahme

---

3 § 19 SGB III Behinderte Menschen
   (1) Behindert im Sinne dieses Buches sind Menschen, deren Aussichten, am Arbeitsleben teilzuhaben oder weiter teilzuhaben, wegen Art oder Schwere ihrer Behinderung im Sinne von § 2 Abs. 1 des Neunten Buches nicht nur vorübergehend wesentlich gemindert sind und die deshalb Hilfen zur Teilhabe am Arbeitsleben benötigen, einschließlich lernbehinderter Menschen.
   (2) Behinderten Menschen stehen Menschen gleich, denen eine Behinderung mit den in Absatz 1 genannten Folgen droht.

von Hilfeleistungen Dritter wie Gebärdensprachdolmetscher für hörbehinderte Menschen.

(2) Der Berufsausbildungsvertrag mit einem behinderten Menschen ist in das Verzeichnis der Berufsausbildungsverhältnisse (§ 34 BBiG, § 28 HwO) einzutragen. Der behinderte Mensch ist zur Abschlussprüfung auch zuzulassen, wenn die Voraussetzungen des § 43 Abs. 1 Nr. 2 und 3 BBiG und des § 36 Abs. 1 Nr. 2 und 3 HwO nicht vorliegen.

Ausbildungsregelungen der zuständigen Stellen nach § 66 BBiG und § 42 m HwO

(1) Für behinderte Menschen, für die wegen Art und Schwere ihrer Behinderung eine Ausbildung in einem anerkannten Ausbildungsberuf nicht in Betracht kommt, treffen die zuständigen Stellen / trifft die Handwerkskammer auf Antrag der behinderten Menschen oder ihrer gesetzlichen Vertreter oder Vertreterinnen Ausbildungsregelungen entsprechend den Empfehlungen des Hauptausschusses des Bundesinstituts für Berufsbildung. Die Ausbildungsinhalte sollen unter Berücksichtigung von Lage und Entwicklung des allgemeinen Arbeitsmarktes aus den Inhalten anerkannter Ausbildungsberufe entwickelt werden. Im Antrag nach Satz 1 ist eine Ausbildungsmöglichkeit in dem angestrebten Ausbildungsgang nachzuweisen.

(2) § 65 Abs. 2 Satz 1 (§ 42l Abs. 2 Satz 1 HwO) gilt entsprechend.

Berufliche Fortbildung, berufliche Umschulung nach § 67 BBiG und § 42 n HwO

Für die berufliche Fortbildung und die berufliche Umschulung behinderter Menschen gelten die §§ 64 bis 66 BBiG und §§ 42 k bis 42 m HwO entsprechend, soweit es Art und Schwere der Behinderung erfordern.

3.3 Feststellung zur Ausbildung nach einer Ausbildungsregelung für behinderte Menschen (§ 66 BBiG und § 42 m HwO)

Die Feststellung, dass Art und Schwere der Behinderung eine Ausbildung nach einer Ausbildungsregelung der zuständigen Stellen erfordert, soll auf der Grundlage einer differenzierten, bundesweit einheitlichen Eignungsuntersuchung erfolgen. Sie ist durch die Dienststellen der Bundesagentur für Arbeit unter Berücksichtigung der Gutachten ihrer Fachdienste und

- von Stellungnahmen der abgebenden Schule, unter Beteiligung von dafür geeigneten Fachleuten (Ärzte / Ärztinnen, Psychologen / Psychologinnen, Pädagogen / Pädagoginnen, Berater / Beraterinnen für behinderte Menschen) aus der Rehabilitation bzw.

- gegebenenfalls unter Vorschaltung einer Maßnahme der Berufsfindung und Arbeitserprobung

durchzuführen. Dabei hat die Bundesagentur für Arbeit die Vorschriften des § 31 SGB III zu beachten. Für andere Leistungsträger gilt das Verfahren entsprechend.

Behinderte Menschen sind über ihr Antragsrecht zu informieren.

Eine gründliche Diagnose in Zusammenarbeit mit der abgebenden Schule kann zu folgenden Verbesserungen führen:

- Reduzierung der Informationsverluste an den Schnittstellen zwischen Schule und Berufsberatung für behinderte Jugendliche,

- vereinheitlichte Terminologie und Bewertungsmaßstäbe (Bezug: SGB IX § 2 und SGB III § 19),

- Verbesserung der Transparenz des Handelns aller am Entscheidungsprozess zur Feststellung des individuellen Förderbedarfs beteiligten Personen.

Lehrkräfte, die über einen relativ langen Zeitraum ihre behinderten Schüler und Schülerinnen kennen gelernt oder gefördert haben, können unter Wahrung des Datenschutzes des Berufsberaters/der Berufsberaterin für behinderte Menschen wichtige Hinweise zu den Stärken, aber auch zu den behinderungsspezifischen Einschränkungen geben. Solche Hinweise könnten beispielsweise sein: Art und Auswirkungen der Behinderung sowie Hilfen und Unterstützungsmaßnahmen, die nach Abgang von der Schule weiterhin erforderlich sind.

Der Erlass einer Ausbildungsregelung nach § 66 BBiG/§ 42 m HwO ist als wichtige Angelegenheit nach § 79 BBiG anzusehen.

3.4 Annahme und Bearbeitung des Antrags eines behinderten Menschen zur Ausbildung nach einer Ausbildungsregelung für behinderte Menschen (§ 66 BBiG und § 42 m HwO) durch die zuständigen Stellen

Maßgeblich für die Ausbildungsregelungen nach § 66 BBiG und § 42 m HwO der zuständigen Stellen sind Empfehlungen des Hauptausschusses des Bundesinstituts für Berufsbildung: sowohl diese Rahmenrichtlinien für Ausbildungsregelungen für behinderte Menschen nach § 66 BBiG und § 42 m HwO als auch noch zu entwickelnde bzw. zu aktualisierende Empfehlungen des Hauptausschusses des BIBB zu Ausbildungsregelungen für konkrete Berufsbereiche (»Musterregelungen«).

Unabhängig vom Vorliegen einer Empfehlung des Hauptausschusses des BIBB für einen konkreten Berufsbereich sollen die zuständigen Stellen zugunsten des antragstellenden behinderten Menschen eine Ausbildungsregelung treffen, die den in diesen Richtlinien formulierten Intentionen und Kriterien entspricht.

3.5 Eintragung der Ausbildungsverträge für behinderte Menschen in das Verzeichnis der Berufsausbildungsverhältnisse

Die zuständige Stelle trägt Ausbildungsverträge für behinderte Menschen gemäß § 35 BBiG in Verbindung mit § 66 BBiG (entsprechend HwO) in das Verzeichnis der Berufsausbildungsverhältnisse ein, wenn festgestellt worden ist, dass die Ausbildung in einem solchen Ausbildungsgang nach Art und Schwere der Behinderung erforderlich ist.

4. Die Ausbildungsregelung nach § 66 BBiG bzw. § 42 m HwO hat mindestens festzulegen

4.1 Die Bezeichnung des Ausbildungsberufs

Die Bezeichnung einer Ausbildungsregelung für behinderte Menschen soll ihren Inhalt zutreffend wiedergeben. Sie soll eine möglichst kurze und allgemein verständliche Aussage der beruflichen Funktionen und Tätigkeiten sein und dem vorgesehenen Abschluss entsprechen. Die Bezeichnungen der Ausbildungsregelungen der zuständigen Stellen müssen sich jedoch von den für anerkannte Ausbildungsberufe verwendeten Bezeichnungen unterscheiden. Zur besseren Transparenz und Vergleichbarkeit der Berufsabschlüsse sollen die Kernkompetenzen für jede Ausbildungsregelung in einem kurz gefassten Ausbildungsprofil ausgewiesen werden. Dabei sollen die Abschlussbezeichnungen bei gleichem Ausbildungsprofil bundes-einheitlich sein. Zur Unterstützung der zuständigen Stellen vergleicht das Bundesinstitut für Berufsbildung die Ausbildungsprofile und macht Vorschläge für bundeseinheitliche Abschlussbezeichnungen.

4.2 Ausbildungsdauer

Die Ausbildungsdauer soll nicht mehr als drei und nicht weniger als zwei Jahre betragen. Eine Verlängerung der Ausbildungszeit ist auf Antrag der Auszubildenden möglich, sofern die Verlängerung erforderlich ist, um das Ausbildungsziel zu erreichen.

Auf gemeinsamen Antrag der Auszubildenden und Ausbildenden hat die zuständige Stelle die Ausbildungszeit zu kürzen, wenn zu erwarten ist, dass das Ausbildungsziel in der gekürzten Zeit erreicht wird. Bei berechtigtem Interesse kann sich der Antrag auch auf die Verkürzung der täglichen oder wöchentlichen Ausbildungszeit richten (Teilzeitberufsausbildung).

4.3 Die beruflichen Fertigkeiten, Kenntnisse und Fähigkeiten (berufliche Handlungsfähigkeit), die mindestens Gegenstand der Berufsausbildung sind (Ausbildungsberufsbild)

Grundsätzlich sollen die Ausbildungsinhalte unter Berücksichtigung von Lage und Entwicklung des allgemeinen Arbeitsmarktes aus den Inhalten anerkannter Ausbildungsberufe entwickelt werden. Das Ausbildungsberufsbild fasst die Ausbildungsinhalte übersichtlich und in knapper Form zusammen.

4.4 Sachliche und zeitliche Gliederung der Vermittlung der Fertigkeiten, Kenntnisse und Fähigkeiten (Ausbildungsrahmenplan)

Die Ausbildungsregelung muss eine Anlage zur sachlichen und zeitlichen Gliederung der zu vermittelnden Fertigkeiten, Kenntnisse und Fähigkeiten enthalten. Diese Anlage ist Bestandteil der Ausbildungsregelung. Die Lerninhalte sind in einen sachlichen und zeitlichen Zusammenhang zu stellen, nach welchem die Ausbildungsstätten den Ausbildungsplan aufstellen. Die Formulierungen des Ausbildungsberufsbildes werden im Ausbildungsrahmenplan wörtlich aufgeführt.

Der Ausbildungsrahmenplan zeigt auf, welche Fertigkeiten, Kenntnisse und Fähigkeiten in einem bestimmten Zeitraum (z. B. Jahresgliederung mit Zeitrichtwerten in Wochen) vermittelt werden sollen. Die für die Besonderheiten der Ausbildung erforderliche Flexibilität soll gewährleistet sein. Für die Ausbildungspraxis bedeutet dies, dass in den individuellen betrieblichen Ausbildungsplänen die Zeitrichtwerte der einzelnen Ausbildungsinhalte unter- oder überschritten werden können.

4.5 Prüfungen

Die Prüfungen sind entsprechend der Regelungen im Berufsbildungsgesetz bzw. in der Handwerksordnung, in den Ausbildungsordnungen, in den Prüfungsordnungen der zuständigen Stellen und den entsprechenden Empfehlungen des Hauptausschusses zu gestalten. So könnte beispielsweise die Abschlussprüfung in zwei zeitlich auseinander fallenden Teilen durchgeführt werden. Bei behinderten Menschen sind darüber hinaus unter Berücksichtigung der Art und Schwere der Behinderung und der besonderen Behinderungsauswirkungen entsprechende Prüfungskonzepte, -methoden und -verfahren anzuwenden.

4.5.1 Zwischenprüfung

(1) Während der Berufsausbildung ist zur Ermittlung des Ausbildungsstandes eine Zwischenprüfung durchzuführen.

(2) Sofern die Ausbildungsregelung vorsieht, dass die Abschlussprüfung in

zwei zeitlich auseinander fallenden Teilen durchgeführt wird, findet Absatz 1 keine Anwendung.

4.5.2 Abschlussprüfung

Die besonderen Belange behinderter Prüfungsteilnehmer und Prüfungsteilnehmerinnen sind zur Wahrung ihrer Chancengleichheit bei der Durchführung der Prüfung insbesondere inhaltlich, organisatorisch-technisch und methodisch-didaktisch zu berücksichtigen.[4]

(1) In den Ausbildungsgängen nach § 66 BBiG und § 42 m HwO sind Abschlussprüfungen durchzuführen. Die Abschlussprüfung kann im Fall des Nichtbestehens zweimal wiederholt werden.

Sofern die Abschlussprüfung in zwei zeitlich auseinander fallenden Teilen (sog. Gestreckte Abschlussprüfung) durchgeführt wird, ist der erste Teil der Abschlussprüfung nicht eigenständig wiederholbar.

(2) Dem Prüfungsteilnehmer / Der Prüfungsteilnehmerin ist ein Zeugnis auszustellen. Ausbildenden werden auf deren Verlangen die Ergebnisse der Abschlussprüfung der Auszubildenden übermittelt. Sofern die Abschlussprüfung in zwei zeitlich auseinander fallenden Teilen durchgeführt wird, ist das Ergebnis der Prüfungsleistungen im ersten Teil der Abschlussprüfung dem Prüfungsteilnehmer / der Prüfungsteilnehmerin schriftlich mitzuteilen.

(3) Dem Zeugnis ist auf Antrag des Prüfungsteilnehmers / der Prüfungsteilnehmerin eine englischsprachige und französischsprachige Übersetzung beizufügen. Auf Antrag des Prüfungsteilnehmers / der Prüfungsteilnehmerin kann das Ergebnis berufsschulischer Leistungsfeststellungen auf dem Zeugnis ausgewiesen werden.

(4) Die Abschlussprüfung ist für Auszubildende gebührenfrei.

4.5.3 Prüfungsziel

Durch die Abschlussprüfung ist festzustellen, ob der / die Prüfungsteilnehmer / Prüfungsteil-nehmerin die berufliche Handlungsfähigkeit erworben hat. In der Abschlussprüfung soll er / sie nachweisen, dass er / sie über die erforderlichen beruflichen Fertigkeiten, Kenntnisse und Fähigkeiten – einschließlich der im Berufsschulunterricht zu vermittelnden – für die Be-rufsausbildung wesentlichen Qualifikationen verfügt. Die Ausbildungsregelung ist zugrunde zu legen.

4.6 Gutachterliche Stellungnahmen

Der Prüfungsausschuss kann zur Bewertung einzelner, nicht mündlich zu erbringender Prüfungsleistungen gutachterliche Stellungnahmen von Dritten wie Berufsschulen, aber auch von Betrieben oder Einrichtungen der beruflichen Rehabilitation einholen. Dies kann bei Prüfungsteilnehmern und Prüfungsteilnehmerinnen mit Behinderungen von entscheidender Bedeutung für Erfolg oder Nichterfolg der Prüfung sein. Der Prüfungsausschuss ist dabei jedoch nicht an Vorgaben gebunden. Er hat das Letztentscheidungsrecht über die Bewertung und über das Bestehen oder Nichtbestehen der Prüfung.

---

4 Vgl.: *Keune, S., Frohnenberg, C.* Nachteilsausgleich für behinderte Prüfungsteilnehmerinnen und Prüfungsteilnehmer – Handbuch mit Fallbeispielen und Erläuterungen für die Prüfungspraxis, Bundesinstitut für Berufsbildung (Hrsg.). Bonn 2004, Bertelsmann Verlag, Band 116.

4.7 Zeugnis
Ausbildende haben dem/der Auszubildenden bei Beendigung des Berufsausbildungsverhältnisses ein schriftliches Zeugnis auszustellen. Auf Wunsch ist es
zusätzlich in elektronischer Form zuzustellen. Das Zeugnis muss Angaben über
Art, Dauer und Ziel der Berufsausbildung sowie über die erworbenen Fertigkeiten, Kenntnisse und Fähigkeiten des/der Auszubildenden enthalten.
Sofern durch den Auszubildenden/die Auszubildende gewünscht, sind in das
Zeugnis zudem besondere Angaben zu Führung und Leistung mit aufzunehmen. Hiernach können neben Verhaltensangaben etwa auch herausgehobenes
Geschick bei der Arbeit oder den Ausbildungsstandard übertreffendes Fach-
wissen dokumentiert werden.

5. Weitere Regelungen
5.1 Betrieblicher Ausbildungsplan
Bei der Aufstellung des betrieblichen Ausbildungsplanes durch den Ausbilden-
den/die Ausbildende sind Besonderheiten des/der Auszubildenden und der
Ausbildungsstätte zu berücksichtigen. Der den betrieblichen und individuellen
Gegebenheiten angepasste Ausbildungs-plan soll sowohl den sachlichen Aufbau und die Lerninhalte als auch die zeitliche Folge der Berufsausbildung
ausweisen. Er ist aus dem Ausbildungsrahmenplan der Ausbildungsregelung
zu entwickeln und ist Bestandteil des Berufsausbildungsvertrages.

5.2 Schriftlicher Ausbildungsnachweis
Es ist sicherzustellen, dass der zeitliche und sachliche Ablauf der Ausbildung
für alle Beteiligten – für Auszubildende, ihre gesetzlichen Vertreter und Vertreterinnen sowie für die Ausbildungsstätten und Berufsschulen – in möglichst
einfacher Form (stichwortartige Angaben, gegebenenfalls als Loseblatt-System)
nachweisbar gemacht wird (Ausbildungsnachweis). Eine Bewertung in der
Abschlussprüfung ist nicht zulässig.
Der Ausbildungsnachweis ist während der Ausbildungszeit zu führen. Bei der
Führung des Ausbildungsnachweises sind Art und Schwere der Behinderung
zu berücksichtigen.

5.3 Berufsausbildung außerhalb der Ausbildungsstätte
Die Ausbildungsregelung kann festlegen, dass die Berufsausbildung in geeigneten Einrichtungen/Betrieben außerhalb der Ausbildungsstätte durchgeführt
wird, wenn und soweit die Berufsausbildung und/oder die Behinderungsauswirkungen dies erfordern.

5.4 Kooperation zwischen Ausbildungsstätte und Berufsschule
Im Interesse einer umfassenden behindertengerechten Ausbildung ist eine enge
Kooperation zwischen Ausbildungsstätte und Berufsschule zu praktizieren.
Theoretische und praktische Lerninhalte sind eng miteinander zu verzahnen
und bei der Durchführung zeitlich zu synchronisieren und zwar sowohl in den
einzelnen Lernorten als auch zwischen den beiden Lernorten.

6. Spezielle Hinweise

6.1 Lernorte

Die Ausbildung und Umschulung kann in Betrieben und Dienststellen privater und öffentlicher Arbeitgeber, Einrichtungen von Trägern von Maßnahmen der beruflichen Ausbildung und Einrichtungen nach § 35 SGB IX erfolgen. Findet die Ausbildung in Einrichtungen der beruflichen Rehabilitation statt, sollen die Einrichtungen entsprechend § 35 Abs. 2 SGB IX darauf hinwirken, dass Teile dieser Ausbildung auch in Betrieben durchgeführt werden.

6.2 Eignung der Ausbilder/Ausbilderinnen und der Ausbildungsstätte für die Ausbildung von behinderten Menschen

Behindertenspezifische Fertigkeiten, Kenntnisse und Fähigkeiten
Ausbilder / Ausbilderinnen, die behinderte Menschen ausbilden, haben über zusätzliche behindertenspezifische Fertigkeiten, Kenntnisse und Fähigkeiten zu verfügen.
Eignung der Ausbildungsstätte
Behinderte Menschen dürfen nach Ausbildungsregelungen gemäß § 66 BBiG bzw. § 42 m HwO nur dann ausgebildet werden, wenn die Ausbildungsstätte dafür geeignet ist. Bei der Eignungsfeststellung sind die allgemeinen Kriterien zugrunde zu legen, soweit nicht die Ausbildungsregelung weitergehende Anforderungen aufstellt.

6.3 Barrierefreiheit in der Ausbildung

Barrierefrei sind bauliche und sonstige Anlagen, technische Gebrauchsgegenstände, Systeme der Informationsverarbeitung, akustische und visuelle Informationsquellen und Kommunikationseinrichtungen etc. dann, wenn sie für behinderte Auszubildende in der allgemein üblichen Weise, ohne besondere Erschwernis und ohne fremde Hilfe zugänglich sind. So sind beispielsweise Internet- und Intranetseiten sowie grafische Programmoberflächen, die mit Mitteln der Informationstechnik dargestellt werden, so zu gestalten, dass sie auch von behinderten Menschen uneingeschränkt genutzt werden können.

6.4 Vermittlung in Ausbildung und Umschulung

Die Agenturen für Arbeit sind die örtlichen Dienststellen der Bundesagentur für Arbeit. Ihre enge Zusammenarbeit mit externen Stellen (z.B. Betrieben, Schulen, Einrichtungen der beruflichen Rehabilitation und anderen Bildungsträgern und zuständigen Stellen) ist unerlässlich. Besondere Fachdienste der Agenturen für Arbeit wie der ärztliche und psychologische Dienst sowie technische Berater / Beraterinnen (Technische Hilfen) unterstützen die Reha-Fachkräfte bei der Klärung der beruflichen Eignung und auch in Fragen der behinderungsgerechten Ausstattung von Ausbildungs- und Arbeitsplätzen. Untersuchungen oder eine Begutachtung erfolgen nur mit Einverständnis der betreffenden Personen. Gleiches gilt für die Mitteilung von entsprechenden Ergebnissen an Dritte.

7. Muster einer Ausbildungsregelung für die Berufsausbildung von behinderten Menschen nach §§ 9, 66 Berufsbildungsgesetz (bzw. §§ 41, 42 m Handwerksordnung)

Ausbildungsregelung über die Berufsausbildung
[männliche Ausbildungsberufsbezeichnung/]
[weibliche Ausbildungsberufsbezeichnung]
Vom ... 2006

Eingangsformel
Text bei Zuständigkeit von Industrie- und Handelskammern ([5])
Die Industrie- und Handelskammer ... erlässt aufgrund des Beschlusses des Berufsbildungsausschusses vom ... als zuständige Stelle nach § 66 Abs. 1 in Verbindung mit 79
Abs. 4 Berufsbildungsgesetz (BBiG) vom 23. März 2005 (BGBl. I S. 931), folgende Ausbildungsregelung für die Ausbildung von behinderten Menschen
zum [männliche Ausbildungsberufsbezeichnung/]
zur [weibliche Ausbildungsberufsbezeichnung/]
Text bei Zuständigkeit von Handwerkskammern
Die Handwerkskammer ... erlässt aufgrund des Beschlusses des Berufsbildungsausschusses vom ... und der Vollversammlung vom ... als zuständige Stelle nach den §§ 41,
42 m, 91 Abs. 1 Ziffer 4 und 106 Abs. 1 Ziffer 10 Handwerksordnung (HwO) in der
Fassung der Bekanntmachung vom 24. September 1998 (BGBl. I S. 3074) zuletzt – geändert durch das Berufsbildungsreformgesetz vom 23. März 2005 (BGBl. I, S. 931) für die
Berufsausbildung behinderter Menschen nachstehende besondere Regelung.

§ 1
Ausbildungsberuf
Die Berufsausbildung
zum [männliche Ausbildungsberufsbezeichnung/]
zur [weibliche Ausbildungsberufsbezeichnung/]
erfolgt nach dieser Ausbildungsregelung.

§ 2
Ausbildungsdauer
Die Ausbildung dauert
[Dauer der Berufsausbildung Anzahl Jahre bei 2- oder 3-jähriger Ausbildungsdauer]
Jahre.
[Dauer der Berufsausbildung Anzahl Jahre und Monate bei dreieinhalbjähriger Aus-
bildungsdauer]
Jahre Monate.

§ 3
Zielsetzung der Berufsausbildung
Die in dieser Ausbildungsregelung genannten Fertigkeiten, Kenntnisse und Fähigkeiten
sollen so vermittelt werden, dass die Auszubildenden zur Ausübung einer qualifizierten
beruflichen Tätigkeit im Sinne von § 1 Abs. 3 des Berufsbildungsgesetzes befähigt
werden, die insbesondere auf selbstständiges Planen, Durchführen und Kontrollieren
abzielt sowie das Handeln im betrieblichen Gesamtzusammenhang einschließt.([6])
Diese Befähigung ist auch in den Prüfungen nach den §§
[Nennung des § Zwischenprüfung]
und
[Nennung des § Abschlussprüfung] nachzuweisen.

---

5 Entsprechendes gilt auch für die übrigen zuständigen Stellen.
6 Dabei ist die besondere Situation von Menschen mit Behinderungen zu berücksichtigen.

§ 4
Ausbildungsberufsbild
Gegenstand der Berufsausbildung sind mindestens die Fertigkeiten, Kenntnisse und Fähigkeiten der folgenden Ausbildungsberufsbildpositionen:
1. [Nennung der Ausbildungsberufsbildposition],
2. [Nennung der Ausbildungsberufsbildposition],
3. [Nennung der Ausbildungsberufsbildposition],
4. [...]
•
•
•

§ 5
Ausbildungsrahmenplan
(1) Die in § 4 genannten Fertigkeiten, Kenntnisse und Fähigkeiten (Ausbildungsberufsbild) sollen nach der in der Anlage enthaltenen Anleitung zur sachlichen und zeitlichen Gliederung der Berufsausbildung (Ausbildungsrahmenplan) vermittelt werden.
(2) Eine von dem Ausbildungsrahmenplan abweichende sachliche und zeitliche Gliederung der Ausbildungsinhalte ist insbesondere zulässig, soweit die jeweilige Behinderung von Aus-zubildenden oder betriebspraktische Besonderheiten die Abweichung erfordern.

§ 6
Ausbildungsplan
Der Ausbildende/Die Ausbildende hat unter Zugrundelegung des Ausbildungsrahmenplanes für den Auszubildenden/die Auszubildende einen Ausbildungsplan zu erstellen.

§ 7
Schriftlicher Ausbildungsnachweis
(1) Der Auszubildende/Die Auszubildende hat einen schriftlichen Ausbildungsnachweis zu führen. Ihm/Ihr ist Gelegenheit zu geben, den schriftlichen Ausbildungsnachweis während der Ausbildungszeit zu führen.
Der Ausbildende/Die Ausbildende hat den schriftlichen Ausbildungsnachweis regelmäßig durchzusehen.
(2) Der Auszubildende/Die Auszubildende kann nach Maßgabe von Art und Schwere seiner Behinderung/ihrer Behinderung von der Pflicht zur Führung eines schriftlichen Ausbildungsnachweises entbunden werden.

§ 8
Zwischenprüfung
(1) Zur Ermittlung des Ausbildungsstandes ist eine Zwischenprüfung durchzuführen. Sie soll
[– »zu Beginn des zweiten Ausbildungsjahres«]
(bei zweijährigen Ausbildungsberufen)
[– »vor dem Ende des zweiten Ausbildungsjahres«]
(bei dreijährigen/dreieinhalbjährigen Ausbildungsberufen)
stattfinden.
(2) Die Zwischenprüfung erstreckt sich auf die in der Anlage
[– »für das erste Ausbildungsjahr«]
(bei zweijährigen Ausbildungsberufen)
[– »für die ersten 18 Monate«]
(bei dreijährigen/dreieinhalbjährigen Ausbildungsberufen)
aufgeführten Fertigkeiten, Kenntnisse und Fähigkeiten sowie auf den im Berufsschulunterricht zu vermittelnden Lehrstoff, soweit er für die Berufsausbildung wesentlich ist.

gewerblich-technischer/handwerklich-gestalterischer Ausbildungsberuf:
(3) Der Prüfling soll in insgesamt höchstens **[Nennung der Prüfungsdauer]** Stunden zeigen ...,
(Hier folgt die Beschreibung einer ganzheitlichen Arbeitsaufgabe – z. B. Kundenauftrag – evtl. in Verbindung mit einem Fachgespräch und integrierten schriftlichen Aufgabenstellungen.)
Diese Anforderungen sind ... *(zum Beispiel*
– an einem funktionsfähigen elektrischen Anlagenteil
oder
– beim Herstellen eines Flechtwerks unter Anwendung unterschiedlicher Flechttechniken.)
nachzuweisen.
oder
kaufmännisch-verwaltender Ausbildungsberuf:
(3) Die Zwischenprüfung ist schriftlich anhand praxisbezogener handlungsorientierter Auf-gaben oder Fälle in höchstens **[Nennung der Prüfungsdauer]** Minuten in folgenden Prü-fungsbereichen durchzuführen:
1. **[Nennung des Prüfungsbereiches]**,
2. **[Nennung des Prüfungsbereiches]**,
3. ...
(4) Durch die Durchführung der Arbeitsaufgabe, das Fachgespräch und die schriftlichen Aufgabenstellungen soll der Prüfling zeigen, dass er...
(zum Beispiel: ... Arbeitsabläufe planen, Werkstoffe und Arbeitsmittel festlegen, technische Unterlagen nutzen, Maßnahmen zur Sicherheit und zum Gesundheitsschutz bei der Arbeit, zum Umweltschutz und zur Qualitätssicherung anwenden und seine Vorgehensweise begründen kann).

§ 9
Abschlussprüfung
I.) *Beispiel gewerblich/technischer sowie handwerklicher Ausbildungsberuf:*
(1) Die Abschlussprüfung erstreckt sich auf die in der Anlage zu § 4 aufgeführten Fertigkeiten, Kenntnisse und Fähigkeiten sowie auf den im Berufsschulunterricht zu vermittelnden Lehrstoff, soweit er für die Berufsausbildung wesentlich ist.
(2) Die Abschlussprüfung besteht aus den Prüfungsbereichen
1. ... *(z. B. Arbeitsauftrag)*
2. ...
3. ...
4. Wirtschafts- und Sozialkunde
(3) Der Prüfling soll im Prüfungsbereich ... *(z. B. Arbeitsauftrag)* zeigen, dass er ...
(hier folgt die Beschreibung der Anforderungen in dem Prüfungsbereich)
(4) *Zum Nachweis kommt insbesondere in Betracht:*
(hier folgt jeweils eine Beschreibung,
z. B. Errichten, Ändern oder Instandhalten einer gebäudetechnischen Anlage)
(5) Der Prüfling soll zum Nachweis der Anforderungen im Prüfungsbereich Arbeits-auftrag in höchstens **[Nennung der Prüfungsdauer]** Stunden eine Arbeitsaufgabe, die einem Kundenauftrag entspricht, bearbeiten und dokumentieren
(und eventuell hierüber ein Fachgespräch führen).
(Beim Fachgespräch aufzeigen, was der Prüfungsteilnehmer/die Prüfungsteilnehmerin hier nachweisen soll, evtl. Gewichtung zur Bearbeitung der Arbeitsaufgabe und zum Fachgespräch festlegen.)
(6) Im Prüfungsbereich *(Nr. 2, 3, 4)* ... soll der Prüfling zeigen, dass ...
(gleicher Strukturaufbau wie unter Abs. 3 und die Nennung der Prüfungszeit in Minuten)
(7) »Gewichtungsregelung« der einzelnen Prüfungsbereiche ...
(1) (8) »mündliche Ergänzungsprüfung« ...
(2) (9) »Bestehensregelung « ...
II.) *Beispiel kaufmännisch-verwaltender Ausbildungsberuf:*
(1) Die Abschlussprüfung erstreckt sich auf die in der Anlage zu § 4 aufgeführten

Fertigkeiten, Kenntnisse und Fähigkeiten sowie auf den im Berufsschulunterricht zu vermittelnden Lehrstoff, soweit er für die Berufsausbildung wesentlich ist.

(2) – Nennung der Prüfungsbereiche ...
– Nennung der schriftlich durchzuführenden Prüfungsbereiche ...
– Nennung der mündlich durchzuführenden Prüfungsbereiche ...
(3) Aufgabenbeschreibung / Anforderungen in den Prüfungsbereichen ...
(4)»Gewichtungsregelung« der einzelnen Prüfungsbereiche ...
(3) (5)»mündliche Ergänzungsprüfung« ...
(4) (6)»Bestehensregelung« ...

§ 10
Bestehende Berufsausbildungsverhältnisse
1. Berufsausbildungsverhältnisse, die bei Inkrafttreten dieser Verordnung bestehen, können unter Anrechnung der bisher zurückgelegten Ausbildungszeit nach den Vorschriften dieser Verordnung fortgesetzt werden, wenn die Vertragsparteien dies vereinbaren.

§ 11
Inkrafttreten
Diese Ausbildungsregelung tritt am ... in Kraft.

oder

§ 11
Inkrafttreten, Außerkrafttreten
Diese Ausbildungsregelung tritt am ... in Kraft.
Gleichzeitig tritt die Ausbildungsregelung
[männliche Ausbildungsberufsbezeichnung] /
[weibliche Ausbildungsberufsbezeichnung]
vom [] außer Kraft.

_____ __.__.20[] _____
Ort Datum **[Nennung der zuständigen Stelle]**
Unterschrift

Anlage 1 zum Muster einer Ausbildungsregelung
Betr.: *Berufsausbildung gemäß § 66 Berufsbildungsgesetz (BBiG) und § 42m Handwerksordnung (HwO) hier: Antrag bei der zuständigen Stelle: Industrie- und Handelskammer (⁷)/Handwerkskammer*
In: _____
Antragsteller /
Antragstellerin: _____
Antrag:
Ich beantrage, meine Ausbildung zum / zur ... nach §§ 66 Abs. 2, 65 Abs. 2 Satz 1 BBiG / §§ 42m Abs. 2, 42l Abs. 2 Satz 1 HwO in das Verzeichnis der Berufsausbildungsverhältnisse einzutragen.
Die entsprechende Bestätigung der Agentur für Arbeit ist beigefügt.

_____ _____
(Datum)   *Unterschrift Antragsteller/-in/gesetzl. Vertreter/-in*

Anlage 2
Bestätigung durch die Agentur für Arbeit
Agentur für Arbeit in: _____
Für Herrn / Frau ...
ist wegen Art und Schwere der Behinderung eine Ausbildung nach §§ 66 BBiG, 42m HwO angezeigt. Die nach der Empfehlung des Hauptausschusses des BIBB vom ...–

---

7 Entsprechendes gilt für die weiteren zuständigen Stellen.

§ 66   Ausbildungsregelungen der zuständigen Stellen

Nr. 3.3 der Rahmenrichtlinien für Ausbildungsregelungen nach § 66 BBiG und § 42 m HwO für be-hinderte Menschen – vorgesehene Begutachtung ist durchgeführt worden.
Für die o. g. Person ist eine Ausbildung
zum/zur _____
vorgesehen. (Beruf)
Ein Ausbildungsplatz steht
bei _____
    Firma/Rehabilitationseinrichtung
zur Verfügung.

_____   _____
(Datum)   (Unterschrift Berufsberater/-in)

Erläuterungen
zur
Empfehlung des Hauptausschusses des Bundesinstituts für Berufsbildung
Rahmenrichtlinien für Ausbildungsregelungen nach § 66 BBiG und § 42 m HwO
für behinderte Menschen
Zu 3.3 Feststellung zur Ausbildung nach einer Ausbildungsregelung für behinderte
    Menschen (§ 66 BBiG und § 42 m HwO)
Das Feststellungsverfahren, wonach ein Antragsteller antragsberechtigt ist, sollte durch
a) eine Empfehlung der abgebenden Bildungseinrichtung,
b) ein Gutachten der psychologischen oder medizinischen Fachdienste der Arbeitsverwaltung
erfüllt werden.
Damit wird klargestellt, dass nicht jede Abgängerin/jeder Abgänger einer Sonder-/Förderschule (insbesondere derjenigen für »Lernbehinderte«) als »behinderter Mensch« im Sinne von § 66 BBIG/§ 42 m HwO einzustufen ist; andererseits aber auch solche Menschen antragsberechtigt sein können, die erweiterte Schulabschlüsse aufweisen. D. h. auch: Die Antragsberechtigung geht über § 2 SGB IX hinaus.

Zu 4.2 Ausbildungsdauer
In begründeten Einzelfällen kann als Ausbildungsdauer auch 3,5 Jahre festgelegt werden.

Zu 4.5 Prüfungen
4.5.2 Abschlussprüfung
Die Modernisierung des beruflichen Prüfungswesens hat in den vergangenen Jahren eine Vielzahl neuartiger Prüfungsformen und -strukturen hervorgebracht. Insbesondere geht es hierbei um die Umsetzung des Prinzips der Handlungsorientierung (z. B. betriebliche Projektarbeit, Kundenberatungsgespräch). Die bisherigen Erfahrungen mit diesen neuen praxisnahen und handlungsorientierten Prüfungsformen zeigen, dass sie zwar aufwändiger sind, aber von der Praxis akzeptiert werden und sich weitgehend bewähren. Die zunehmende Einführung authentischer und realitätsgetreuer Prüfungsformen lässt eine weitere Differenzierung bei Ausbildungsabschlussprüfungen erwarten. Die Berücksichtigung regionaler und betriebs-spezifischer Besonderheiten sowie eine potenzielle Verlagerung von (Teil-)Prüfungen in die Ausbildungsbetriebe bzw. Ausbildungseinrichtungen der beruflichen Rehabilitation könnte zu einer besseren Möglichkeit der Individualisierung und Differenzierung der Prüfung für behinderte Prüfungsteilnehmerinnen und Prüfungsteilnehmer führen.
Das Prüfungswesen hat sich in den vergangenen Jahren weiterentwickelt. Es sollte geprüft werden, ob sich auch neue Prüfungsformen für eine bessere Berücksichtigung der besonderen Belange behinderter Prüfungsteilnehmerinnen/Prüfungsteilnehmer entwickeln lassen.

Zu 5.4 Kooperation zwischen Ausbildungsstätte und Berufsschule
Nachfolgend der Text der Empfehlung des Hauptausschusses des Bundesinstituts für Be-rufsbildung zur Kooperation der Lernorte vom 27. November 1997, die in der BWP 6/97 und im Bundesanzeiger Nr. 9 vom 15. Januar 1998 veröffentlicht wurde.

Empfehlung des Hauptausschusses des Bundesinstituts für Berufsbildung zur Kooperation der Lernorte vom 27. November 1997
Im dualen System der Berufsausbildung erfolgt die Ausbildung an unterschiedlichen Lernorten, die zur Erreichung des gemeinsamen Ausbildungsziels aufeinander angewiesen sind. Die Lernorte Betrieb (einschließlich ergänzender überbetrieblicher Ausbildung) und Berufsschule sollten miteinander kooperieren, um den Ausbildungserfolg zu gewährleisten. Wie Erfahrungen zeigen, führt eine gute Kooperation auch zur Effizienzsteigerung. Die Kooperation der Lernorte kann sich beziehen auf inhaltliche, organisatorische und pädagogische Fragen. Ziel der Ausbildung ist die Vermittlung von Handlungskompetenz, wozu die Lernorte auf je eigene Weise beitragen. Die Kenntnis der Bedingungsfaktoren des jeweils anderen Lernortes ist für Ausbilderinnen/Ausbilder und Lehrerinnen/Lehrer wesentlich. In Abhängigkeit vom Ausbildungsberuf sowie den jeweiligen konkreten Bedingungen vor Ort ergeben sich unterschiedliche Anforderungen und Formen der Zusammenarbeit, ein einheitliches Muster für Lernortkooperation gibt es nicht.

Bedeutung der Kooperation der Lernorte
Der Lernortkooperation kommt zur Bewältigung der Anforderungen in der beruflichen Bildung besondere Bedeutung zu. Die enge Zusammenarbeit der beteiligten Lernorte trägt zur Sicherung einer modernen und zukunftsträchtigen Ausbildung bei. Insbesondere handelt es sich dabei um folgende Gesichtspunkte:
– Auszubildende werden an den einzelnen Lernorten mit unterschiedlichen Anforderungen und Lernsituationen konfrontiert. Sie entwickeln dabei über Lernprozesse berufliche Handlungskompetenz. Diese Lernprozesse müssen von den beteiligten Ausbildern und Berufsschullehrern initiiert, begleitet und wirksam unterstützt werden. Ausbilder und Lehrer können diese Hilfestellungen dann besser geben, wenn sie entsprechende Informationen und Kenntnisse über den anderen Lernort haben.
– In der beruflichen Bildung verändern sich die Ausbildungsziele und -inhalte, was insbesondere in der Neuordnung von Ausbildungsberufen zum Ausdruck kommt. Zur Erreichung dieser Ziele sind an den einzelnen Lernorten ganzheitliche und handlungsorientierte Lehr- und Lernkonzepte erforderlich. Durch eine Zusammenarbeit der Lernorte kann die Gestaltung entsprechender Konzepte und die Verbesserung der Ausbildung wirksam gefördert werden. Wechselseitige didaktisch-methodische Innovationen in Betrieb und Berufsschule werden hierdurch begünstigt.
– Die neuen Anforderungen in der beruflichen Bildung führen zu verstärkten Bezügen zwischen den Lernorten. Insbesondere durch die steigende Nutzung der Informations- und Kommunikationstechniken in den bestehenden und neuen Berufen ergibt sich eine wachsende Notwendigkeit zur Verschränkung in der Vermittlung beruflicher Fertigkeiten, Fähigkeiten, Kenntnisse und Verhaltensweisen in und zwischen den Berufen. Dadurch erhöhen sich auch die Berührungspunkte beider Lernorte.
– Betrieb und ergänzende überbetriebliche Ausbildung sowie Berufsschule können Konzepte zur Verbesserung der Ausbildungsqualität sowie zur Differenzierung und Individualisierung der Ausbildung entwickeln.
– Durch eine bessere Lernortkooperation können die an den Lernorten vorhandenen Ressourcen besser genutzt und zusätzliche Ausbildungskapazitäten geschaffen werden.

Praxis der Kooperation der Lernorte
Wie aus aktuellen Erhebungen zur Lernortkooperation hervorgeht, verläuft die Kooperation zwischen Berufsschulen, Betrieben und ergänzender überbetrieblicher Ausbil-

dung nicht einheitlich, je nach vorliegenden Voraussetzungen und handelnden Personen haben sich unter-schiedliche Vorgehensweisen und Grade der Zusammenarbeit herausgebildet. Hierbei spielen der zugrundeliegende Ausbildungsberuf, die Größe des Ausbildungsbetriebes sowie die Klassenstruktur in der Berufsschule eine besondere Rolle. Insgesamt ist zur Kennzeichnung der bisherigen Praxis der Lernortkooperation auf folgende Aspekte hinzuweisen:

– Die Kooperation zwischen den Lernorten erfolgt überwiegend zur Klärung aktueller Fragen und zur Bewältigung auftretender Schwierigkeiten im Ausbildungsprozess. Eine planende, präventive Strategie, in der inhaltliche, organisatorische oder didaktisch-methodische Fragen eine Rolle spielen, kommt noch selten vor.
– Die Kooperation der Lernorte ist in der Praxis überwiegend durch individuelle Kontakte geprägt. Organisierte Formen der Zusammenarbeit in lernortübergreifenden Gremien und Arbeitskreisen finden dagegen selten statt.
– Eine beträchtliche Mehrheit der Auszubildenden bemängelt die unzureichende inhaltliche und organisatorische Abstimmung zwischen Betrieb und Schule. Insbesondere muss die zeitliche Koordinierung der Vermittlung von Ausbildungsinhalten verbessert werden.
– Ausbilder und Berufsschullehrer sind häufig nur unzureichend über den anderen Lernort informiert. Obwohl sie mehrheitlich einen Ausbau der Zusammenarbeit mit den anderen Lernorten wünschen und eine Vielzahl möglicher Formen für Intensivierung der Kooperation in Selbstorganisation für sinnvoll halten, bestehen zugleich die klassischen Vorurteile gegenüber dem anderen Lernort fort (Kooperationspartner hat zu-wenig Zeit; Lehrer sind telefonisch schwer zu erreichen; Lehrer kennen betrieblichen Ablauf zu wenig; Ausbilder interessieren sich nicht für schulische Belange). Dabei werden allerdings generelle Vorgaben zur Gestaltung der Kooperation als einengend empfunden.
– In der Berufsbildungspraxis gibt es Beispiele einer besonders intensiven Zusammenarbeit zwischen den Lernorten, die verallgemeinerungsfähig sind und beim Bundesinstitut für Berufsbildung abgefragt werden können.

Perspektiven der Kooperation der Lernorte
Um den zukünftigen Erfordernissen in der beruflichen Bildung zu entsprechen, sollten die bisherigen Ansätze und Vorgehensweisen zur Lernortkooperation weiterentwickelt werden. Anzustreben ist sowohl eine Verbesserung der Organisation der Berufsausbildung an den einzelnen Lernorten, insbesondere zur Optimierung der Anwesenheitszeiten der Auszubildenden im Betrieb, als auch der Sicherung einer Kommunikation zwischen Ausbildern und Berufsschullehrern. Dabei ist zu beachten, dass die Lernortkooperation in der Praxis des dualen Systems keinem einheitlichen Muster folgen kann, sondern auf die spezifischen Gegebenheiten vor Ort abgestellt sein muss.
Die Kooperation ist von Ausbildern und Lehrern vor dem Hintergrund der jeweiligen besonderen Bedingungen gemeinsam zu entwickeln. Hierzu sollten an den einzelnen Lernorten entsprechende kooperationsfördernde Voraussetzungen geschaffen werden. Darüber hinaus sollten Ausbilder und Lehrer in der Weiterentwicklung ihrer Zusammenarbeit durch zuständige Stellen, Schulträger, Schulaufsicht und Berufsbildungsforschung und -politik gestützt und gefördert werden.
Hier ist an die Entwicklung, Erprobung und Bereitstellung von didaktischen Hilfen und Elementen zu denken, die lernortübergreifende Sicht- und Vorgehensweisen fördern.
Vor Ort sollten im Rahmen eines Ausbaus der Lernortkooperation insbesondere die folgenden Möglichkeiten verstärkt genutzt werden:
– Ein kontinuierlicher Informationsaustausch zwischen Ausbildern und Berufsschullehrern im Hinblick auf organisatorische und didaktisch-methodische Fragen kann durch die Einrichtung von gemeinsamen Arbeitskreisen für Ausbilder und Berufsschullehrer verbessert werden. Hierzu bietet sich auch die Beteiligung von Berufsschullehrern an bereits bestehenden Ausbilderarbeitskreisen an. Solche Arbeitskreise können als Forum zum Austausch über aktuelle Fragen und Probleme an den Lern-

orten, zur Abstimmung von Vorgehensweisen und zur Planung gemeinsamer Aktivitäten dienen.
- Zur Vertiefung didaktisch-methodischer Aspekte der Zusammenarbeit bietet sich insbesondere die Durchführung gemeinsamer Ausbildungsprojekte an, die Konzeption für solche Projekte wird von den beteiligten Lernorten gemeinsam entwickelt.
- Zum Aufbau gemeinsamer Orientierungslinien und zum Abbau eventuell bestehender gegenseitiger Vorurteile ist die Teilnahme von Ausbildern und Lehrern an gemeinsamen Weiterbildungsveranstaltungen geeignet. Bei spezifischen Weiterbildungsangeboten für Ausbilder bzw. für Lehrer sollten Anbieter von Weiterbildungsveranstaltungen prüfen, inwieweit eine verstärkte Öffnung für den jeweils anderen Bereich sinnvoll wäre.
- Die Landesausschüsse für Berufsbildung, die Berufsbildungs- und Prüfungsausschüsse der zuständigen Stellen sowie die Schulkonferenzen sollten für Fragen der Lernortkooperation intensiver genutzt werden.
- Die Teilnahme von Berufsschullehrerinnen/-lehrern an betrieblichen Praktika ist eine sinnvolle Möglichkeit zur Aktualisierung der Kenntnisse über betriebliche Abläufe und Verfahrensweisen. Außerdem können dadurch die Kontakte zu betrieblichen Ausbildern ausgeweitet und verbessert werden.
- Zur Gewährleistung der Praxisnähe des Berufsschulunterrichts und zur Intensivierung der Kontakte zwischen den Lernorten bietet sich auch die Einbeziehung von Praktikern zu einzelnen im Unterricht zu behandelnden Themen an.

Zu 6.2 Eignung der Ausbilderinnen/Ausbilder und der Ausbildungsstätte für die Ausbildung von behinderten Menschen
Behindertenspezifische Fertigkeiten, Kenntnisse und Fähigkeiten
Solche Fertigkeiten, Kenntnisse und Fähigkeiten können z.B. im Rahmen der Maßnahmen zur Vorbereitung auf die Ausbildereignungsprüfung oder als ergänzendes Modul angeboten werden. Thematische, inhaltliche Schwerpunkte dieser Zusatzqualifizierung sind insbesondere Kenntnisse aus den Bereichen Lernbehinderung, Lernstörung, Verhaltensauffälligkeiten und psychische Behinderung.

Zu 6.3 Barrierefreiheit in der Ausbildung
Dies schließt die Gestaltung der in und für die Ausbildung erforderlichen Informationsquellen, Lehr- und Lernmaterial, Gestaltung von Internet und Intranetseiten (inklusive Sprache und Navigation) ein. Bei Menschen mit Lernschwierigkeiten umfasst dies zudem die Verwendung einer angemessenen Sprache (in Wort und Schrift) bei Qualifizierung und Beratung.

§ 67 Berufliche Fortbildung, berufliche Umschulung

Für die berufliche Fortbildung und die berufliche Umschulung behinderter Menschen gelten die §§ 64 bis 66 entsprechend, soweit es Art und Schwere der Behinderung erfordern.

Durch die Vorschrift gelten die Bestimmungen der §§ 64 bis 66 auch für die berufliche Fortbildung und die berufliche Umschulung, allerdings nur soweit es Art und Schwere der Behinderung erfordern. Für das **Handwerk** gilt die entsprechende Vorschrift des § 42n HwO.

Abschnitt 2
Berufsausbildungsvorbereitung

§ 68 Personenkreis und Anforderungen

(1) Die Berufsausbildungsvorbereitung richtet sich an lernbeeinträchtigte oder sozial benachteiligte Personen, deren Entwicklungsstand eine erfolgreiche Ausbildung in einem anerkannten Ausbildungsberuf noch nicht erwarten lässt. Sie muss nach Inhalt, Art, Ziel und Dauer den besonderen Erfordernissen des in Satz 1 genannten Personenkreises entsprechen und durch umfassende sozialpädagogische Betreuung und Unterstützung begleitet werden.
(2) Für die Berufsausbildungsvorbereitung, die nicht im Rahmen des Dritten Buches Sozialgesetzbuch oder anderer vergleichbarer, öffentlich geförderter Maßnahmen durchgeführt wird, gelten die §§ 27 bis 33 entsprechend.

Inhaltsübersicht — Rn.

		Rn.
1.	Überblick	1
2.	Der Regelungsinhalt des § 68 BBiG	7
2.1	Personenkreis	8
2.2	Anforderungen an die Maßnahmen der Berufsausbildungs-vorbereitung	10
2.3	Anzuwendende Vorschriften	12
3.	Anbieter der Berufsausbildungsvorbereitung	13

1. Überblick

1 Die Berufsausbildungsvorbereitung wurde mit Wirkung zum 1.1.2003 erstmals neu in das BBiG aufgenommen (Neuregelung durch Artikel 9 des Zweiten Gesetzes für moderne Dienstleistungen am Arbeitsmarkt vom 23.12.2002, BGBl. I S. 4621). Die Regelung in den §§ 50 bis 52 BBiG a. F. findet sich nunmehr – in leicht geänderter Form durch das Berufsbildungsreformgesetz – in den §§ 68 bis 70. § 68 BBiG n. F. entspricht in geänderter Form § 50 BBiG a. F. Für das **Handwerk** gilt die Parallelvorschrift in § 42 o HwO.

2 Die Berufsausbildungsvorbereitung dient dem Ziel, durch die Vermittlung von Grundlagen für den Erwerb beruflicher Handlungsfähigkeit an eine Berufsausbildung in einem anerkannten Ausbildungsberuf heranzuführen (§ 1 Abs. 2 BBiG). Alternativ gibt es die **betriebliche Einstiegsqualifizierung** gemäß § 235 b SGB III (vgl. dazu § 26 Rn. 16).

3 Die Berufsausbildungsvorbereitung richtet sich an **Zielgruppen mit besonderem Förderbedarf**, die aufgrund persönlicher oder sozialer »Defizite« einer besonderen Förderung bedürfen und die mit der Berufsausbildungsvorbereitung eine berufliche **Teilqualifizierung** erhalten sollen. Durch die Verankerung der Berufsausbildungsvorbereitung in das BBiG soll die Bedeutung ausbildungsvorbereitender Bildungsmaßnahmen hervorgehoben und eine engere inhaltliche und organisatorische Orientierung auf eine anschließende reguläre Berufsausbildung erreicht werden.[1]

4 Die Berufsausbildungsvorbereitung ist aber – wie die Zielbestimmung in § 1 Abs. 2 BBiG deutlich macht – ausdrücklich von der Berufsausbildung (§ 1 Abs. 3

---

1 *Benecke/Hergenröder* BBiG § 68 Rn. 2.

BBiG) abgegrenzt.[2] Sie dient der **Heranführung an eine reguläre Berufsausbildung** in einem anerkannten Ausbildungsberuf nach dem BBiG. Bei den ausbildungsvorbereitenden Maßnahmen soll es sich insbesondere um **5** solche Maßnahmen handeln, die durch die Bundesagentur für Arbeit gefördert werden.[3] Die Berufsausbildungsvorbereitung im Sinne des BBiG ist aber enger zu verstehen als die Berufsvorbereitung im Sinne des SGB III, da berufsvorbereitende Bildungsmaßnahmen nach den §§ 61 ff. SGB III neben der Vorbereitung auf die Aufnahme einer Ausbildung auch der beruflichen Eingliederung dienen können.[4]

Die Berufsausbildungsvorbereitung soll die **Persönlichkeitsentwicklung fördern** und **Defizite ausgleichen**, die der unmittelbaren Aufnahme einer regulären Berufsausbildung entgegenstehen. In erster Linie wird die Berufsausbildungsvorbereitung in der Weise praktiziert, das auf der Grundlage bestehender Ausbildungsordnungen **Qualifizierungsbausteine** entwickelt werden. Jugendliche und junge Erwachsene, die auf der Grundlage der Berufsausbildungsvorbereitung den Übergang in eine reguläre Berufsausbildung nicht oder noch nicht bewältigen, sollen durch dieses Angebot bessere Chancen auf dem Arbeitsmarkt eröffnet werden.[5]

2. Der Regelungsinhalt des § 68 BBiG

§ 68 BBiG definiert zunächst den Personenkreis, an den sich die Berufsausbildungsvorbereitung richtet, und regelt die näheren Anforderungen an diese Maßnahmen und verweist auf anzuwendende Vorschriften des BBiG. **7**

2.1 Personenkreis

Die Berufsausbildungsvorbereitung richtet sich gemäß § 68 Abs. 1 Satz 1 an **8** **lernbeeinträchtigte oder sozial benachteiligte Personen**, deren Entwicklungsstand eine erfolgreiche Ausbildung in einem anerkannten Ausbildungsberuf noch nicht erwarten lässt. Gemeint sind damit vor allem Personen, die gar keinen oder nur einen schlechten Hauptschulabschluss oder vergleichbaren Abschluss bei Beendigung der allgemeinen Schulpflicht haben sowie Jugendliche, die Hilfen zur Erziehung nach den §§ 27 ff. SGB VIII erhalten, ehemals drogenabhängige Jugendliche, strafentlassene Jugendliche oder junge Strafgefangene, jugendliche Spätaussiedler oder ausländische Jugendliche mit Sprachdefiziten.[6]

Die Gesetzesbegründung darf nicht zu der Annahme führen, dass ausschließlich **9** bei Vorliegen einer besonderen sozialen Indikation (wie Drogenabhängigkeit o. ä.) eine Berufsausbildungsvorbereitung möglich oder angezeigt ist. Vielmehr richtet sich diese allgemein an Jugendliche, die aufgrund schulischer oder in der Person liegender oder sozialisationsbedingter Mängel unzureichend auf die Aufnahme eines Berufsausbildungsverhältnisses vorbereitet sind.[7]

---

2 *Benecke/Hergenröder* BBiG § 68 Rn. 2; *Natzel* DB, 2002, 719.
3 Gesetzesbegründung, BT-Drucks. 15/26, S. 29.
4 *Benecke/Hergenröder* BBiG § 68 Rn. 5; *Natzel* DB, 2002, 719.
5 Gesetzesbegründung, BT-Drucks. 15/26, S. 29.
6 Gesetzesbegründung, BT-Drucks. 15/26, S. 30.
7 *Benecke/Hergenröder* BBiG § 68 Rn. 3; *Leinemann/Taubert* BBiG § 68 Rn. 4; *Natzel* DB, 2002, 719.

2.2 Anforderungen an die Maßnahmen der Berufsausbildungsvorbereitung

10   Die Berufsausbildungsvorbereitung muss nach **Inhalt, Art, Ziel und Dauer** den besonderen Erfordernissen des in § 68 Abs. 1 Satz 1 BBiG genannten Personenkreises entsprechen und durch **umfassende sozialpädagogische Betreuung und Unterstützung** begleitet werden (§ 68 Abs. 1 Satz 2 BBiG). Die Maßnahmen der Berufsausbildungsvorbereitung dienen der Vermittlung von Grundlagen für den Erwerb beruflicher Handlungsfähigkeit, die neben dem Erlernen fachspezifischer Fertigkeiten auch eine Verbesserung der bildungsmäßigen Voraussetzungen (wie etwa das Nachholen des Hauptschulabschlusses) und eine Verstärkung sozialer Kompetenzen (Teamfähigkeit, Kommunikationsfähigkeit) umfassen kann.[8] Grundlegendes Ziel ist die spätere Aufnahme einer Berufsausbildung. Die **Dauer** der Maßnahmen ist gesetzlich nicht vorgegeben, liegt in der Praxis in der Regel zwischen sechs und zwölf Monaten.[9]

11   Ob die verpflichtend ausgestaltete Anforderung an die Berufsausbildungsvorbereitung, dass diese »durch umfassende sozialpädagogische Betreuung und Unterstützung begleitet werden«»muss«, in jedem Fall indiziert ist, ist zweifelhaft.[10] Man wird die gesetzliche Regelung dahin interpretieren können, dass die sozialpädagogische Betreuung nur soweit »umfassend« sein muss, wie dies im Einzelfall erforderlich ist. Die Verpflichtung zur sozialpädagogischen Betreuung und Unterstützung wird also durch den Erforderlichkeitsgrundsatz begrenzt.[11]

2.3 Anzuwendende Vorschriften

12   Für die Berufsausbildungsvorbereitung, die nicht im Rahmen des SGB III oder anderer vergleichbarer, öffentlich geförderter Maßnahmen durchgeführt wird, sondern im **Betrieb**, gelten die Regelungen des BBiG über die **Eignung von Ausbildungsstätte und Ausbildungspersonal** (§§ 27 bis 33 BBiG) entsprechend (§ 68 Abs. 2 BBiG).

3. Anbieter der Berufsausbildungsvorbereitung

13   Anbieter der Berufsausbildungsvorbereitung können **Bildungsträger** sein, die (im Regelfall nach dem SGB III geförderte) entsprechende Maßnahmen anbieten, aber auch – insoweit abweichend von der Förderung nach dem SGB III – **Unternehmen (Betriebe)**. Die Personen, die an **öffentlich geförderten Maßnahmen** bei Bildungsträgern teilnehmen, stehen im Regelfall zur Arbeitsverwaltung in einem öffentlich-rechtlichen Leistungsverhältnis.[12]

14   Bei der **betrieblichen Berufsausbildungsvorbereitung** wird zwischen dem Unternehmensträger und dem jungen Menschen ein **privat-rechtlicher Qualifizierungsvertrag** geschlossen.[13] Es handelt sich weder um ein Berufsausbil-

---

8   Gesetzesbegründung, BT-Drucks. 15/26, S. 30.
9   *Benecke/Hergenröder* BBiG § 68 Rn. 8.
10 Skeptisch auch *Natzel* DB, 2002, 719, der diese Verpflichtung als »zu weitgehend« und »aufgrund ihrer Kostenträchtigkeit geradezu kontraproduktiv« ansieht.
11 *Leinemann/Taubert* BBiG § 68 Rn. 13.
12 *Benecke/Hergenröder* BBiG § 68 Rn. 5.
13 *Benecke/Hergenröder* BBiG § 68 Rn. 6; *Leinemann/Taubert*, BBiG § 68 Rn. 7.

dungsverhältnis noch um ein Arbeitsverhältnis, sondern um ein »**anderes Vertragsverhältnis**« **im Sinne des § 26 BBiG**[14], so dass die für die Berufsausbildung geltenden Schutznormen, die §§ 10 bis 23 und 25 BBiG, nach näherer Maßgabe des § 26 BBiG anzuwenden sind. Insbesondere besteht bei der betrieblichen Berufsausbildungsvorbereitung ein **Anspruch auf eine angemessene Vergütung** (§ 17 i. V. m. § 26 BBiG). Maßstab für die »Angemessenheit« der Vergütung ist allerdings nicht die reguläre Ausbildungsvergütung, weil es sich bei der Berufsausbildungsvorbereitung gerade nicht um Berufsausbildungsverhältnis handelt. Zudem gilt auch der besondere **Kündigungsschutz** gemäß § 22 BBiG. Für **Rechtsstreitigkeiten** aus einem betrieblichen Berufsausbildungsvorbereitungsvertrag ist der Rechtsweg zu den Arbeitsgerichten gegeben (entsprechend § 5 Abs. 1 Satz 1 ArbGG). Der Schlichtungsausschuss für Streitigkeiten aus dem Berufsausbildungsverhältnis (vgl. § 10 Rn. 95 ff.) ist nicht zuständig, da ein solches gerade nicht vorliegt.

15

§ 69 Qualifizierungsbausteine, Bescheinigung

(1) Die Vermittlung von Grundlagen für den Erwerb beruflicher Handlungsfähigkeit (§ 1 Abs. 2) kann insbesondere durch inhaltlich und zeitlich abgegrenzte Lerneinheiten erfolgen, die aus den Inhalten anerkannter Ausbildungsberufe entwickelt werden (Qualifizierungsbausteine).

(2) Über vermittelte Grundlagen für den Erwerb beruflicher Handlungsfähigkeit stellt der Anbieter der Berufsausbildungsvorbereitung eine Bescheinigung aus. Das Nähere regelt das Bundesministerium für Bildung und Forschung im Einvernehmen mit den für den Erlass von Ausbildungsordnungen zuständigen Fachministerien nach Anhörung des Hauptausschusses des Bundesinstituts für Berufsbildung durch Rechtsverordnung, die nicht der Zustimmung des Bundesrates bedarf.

Inhaltsübersicht   Rn.

1.   Überblick   1
2.   Qualifizierungsbausteine   2
3.   Bescheinigung über vermittelte Lerneinheiten (Zertifizierung)   5
4   Zeugnisanspruch   16
5.   Text der Berufsausbildungsvorbereitungs-Bescheinigungsverordnung –
     BAVBVO)   17

1. Überblick

§ 69 BBiG n. F. entspricht in leicht geänderter Form § 51 BBiG a. F. (vgl. § 68 Rn. 1). Für das **Handwerk** gilt die Parallelvorschrift in § 42 p HwO.   **1**

2. Qualifizierungsbausteine

Die Vermittlung von Grundlagen für den Erwerb beruflicher Handlungsfähigkeit (§ 1 Abs. 2 BBiG) kann »insbesondere« gemäß § 69 Abs. 1 BBiG durch inhaltlich und zeitlich abgegrenzte Lerneinheiten erfolgen, die aus den Inhalten   **2**

---

14 Vgl. die Gesetzesbegründung, BT-Drucks. 15/26, S. 30; *Leinemann/Taubert*, BBiG § 68 Rn. 7; **a. A.:** *Natzel* DB, 2002, 719, 720 f.

anerkannter Ausbildungsberufe entwickelt werden (**Qualifizierungsbausteine**).

3 Es handelt sich dabei um inhaltlich und zeitlich abgegrenzte Lerneinheiten, die sich einerseits anlehnen an bestehende Ausbildungsordnungen, weil die Berufsausbildungsvorbereitung auf eine reguläre Berufsausbildung gerade hinführen soll. Andererseits handelt es sich um **abgegrenzte Lerneinheiten**, weil die Zielgruppen der Berufsausbildungsvorbereitung in ihrer Persönlichkeitsentwicklung usw. gerade noch nicht hinreichend ausgeprägt sind, dass sie bereits eine reguläre Berufsausbildung absolvieren könnten. Die Bausteine können aus demselben oder auch aus verschiedenen Ausbildungsberufen entnommen werden.[1]

4 Neben den Qualifizierungsbausteinen bleiben aber andere mögliche Bestandteile der Berufsausbildungsvorbereitung (»**insbesondere**«) bestehen, insbesondere die Möglichkeit des nachträglichen Erwerbs des Hauptschulabschlusses. Damit kann die Berufsausbildungsvorbereitung inhaltlich wie zeitlich individuell auf die verschiedenen Bedürfnisse der betreffenden Personengruppen angepasst werden.[2]

3. Bescheinigung über vermittelte Lerneinheiten (Zertifizierung)

5 Über vermittelte Grundlagen für den Erwerb beruflicher Handlungsfähigkeit stellt der Anbieter der Berufsausbildungsvorbereitung eine **Bescheinigung** aus (§ 69 Abs. 2 Satz 1 BBiG). Das Gesetz sieht somit als Regelfall vor, die Berufsausbildungsvorbereitung mit einer **Bescheinigung** (Zertifizierung) abzuschließen. Diese soll die Anrechnung der Ausbildungsvorbereitung auf eine anschließende reguläre Berufsausbildung erleichtern. Es soll also die Verwertbarkeit der Qualifikationen, die durch die Ausbildungsvorbereitung erworben wurden, für eine anschließende reguläre Berufsausbildung ermöglicht werden oder, soweit dies nicht oder noch nicht erreichbar ist, für die Aufnahme einer adäquaten Beschäftigung auf dem regulären Arbeitsmarkt.

6 Bei nachgewiesenem erfolgreichem Erwerb ausbildungsbezogener Qualifikationen im Rahmen der Berufsausbildungsvorbereitung kommt im Falle einer einschlägigen anschließenden regulären Berufsausbildung eine **Verkürzung der Ausbildungszeit** gemäß § 8 Abs. 1 BBiG in Betracht.[3]

7 § 69 Abs. 2 Satz 2 enthält eine **Verordnungsermächtigung**. Das Nähere hinsichtlich der Bescheinigung der Lerneinheiten (Zertifizierung) soll das Bundesministerium für Bildung und Forschung im Einvernehmen mit den für den Erlass von Ausbildungsordnungen zuständigen Fachministerien nach Anhörung des Hauptausschusses des Bundesinstituts für Berufsbildung durch **Rechtsverordnung** regeln. Die Rechtsverordnung bedarf nicht der Zustimmung des Bundesrats.

8 Insoweit gilt die Verordnung über die Bescheinigung von Grundlagen beruflicher Handlungsfähigkeit im Rahmen der Berufsausbildungsvorbereitung (**Berufsausbildungsvorbereitungs-Bescheinigungsverordnung** – BAVBVO) vom 16. 7. 2003 (BGBl. I, S. 1472), die durch das Berufsbildungsreformgesetz nicht aufgehoben worden ist (Text der Verordnung bei Rn. 17).

---

1 *Natzel* DB, 2002, 719.
2 *Natzel* DB, 2002, 719.
3 *Benecke/Hergenröder* BBiG § 69 Rn. 4.

Gemäß § 2 BAVBVO hat die Bescheinigung über die in der Berufsausbildungs- **9**
vorbereitung erworbenen Grundlagen beruflicher Handlungsfähigkeit mindestens Angaben über den Namen und die Anschrift des Anbieters der Berufsausbildungsvorbereitung, den Namen und die Anschrift der teilnehmenden
Person, die Dauer der Maßnahme und die Beschreibung der vermittelten Inhalte
zu enthalten.

Soweit die Vermittlung von Grundlagen beruflicher Handlungsfähigkeit durch **10**
Qualifizierungsbausteine erfolgt, die als inhaltlich und zeitlich abgegrenzte
Lerneinheiten zur Ausübung einer Tätigkeit befähigen, die Teil einer Ausbildung in einem anerkannten Ausbildungsberuf oder einer gleichwertigen Berufsausbildung ist (**Qualifizierungsziel**), einen verbindlichen Bezug zu den im
Ausbildungsrahmenplan der entsprechenden Ausbildungsordnung enthaltenen Fertigkeiten und Kenntnissen oder zu den Ausbildungsinhalten einer
gleichwertigen Berufsausbildung aufweisen, einen Vermittlungsumfang von
wenigstens 140 und höchstens 420 Zeitstunden umfassen sollen und durch
eine Leistungsfeststellung abgeschlossen werden, richtet sich gemäß § 3 Abs. 1
BAVBVO die Bescheinigung nach den Vorschriften der §§ 4 bis 7 BAVBVO.

Für **jeden Qualifizierungsbaustein** hat gemäß § 3 Abs. 2 BAVBVO der Anbieter **11**
eine Beschreibung nach Maßgabe der Anlage 1 zur BAVBVO (vgl. Rn. 17) zu
erstellen, in der die Bezeichnung des Bausteins, der zugrunde liegende Ausbildungsberuf, das Qualifizierungsziel, die hierfür zu vermittelnden Tätigkeiten
unter Bezugnahme auf die im Ausbildungsrahmenplan der entsprechenden
Ausbildungsordnung enthaltenen Fertigkeiten und Kenntnisse oder die Ausbildungsinhalte einer gleichwertigen Berufsausbildung, die Dauer der Vermittlung sowie die Art der Leistungsfeststellung festzuhalten sind (**Qualifizierungsbild**).

Auf Antrag des Anbieters der Berufsausbildungsvorbereitung bestätigt die **12**
zuständige Stelle gemäß § 4 BAVBVO die Übereinstimmung des Qualifizierungsbildes mit den Vorgaben des § 3 BAVBVO. Die Bestätigung ist auf der
nach § 7 Abs. 3 BAVBVO beizufügenden Abschrift des Qualifizierungsbildes
aufzuführen.

Zur Ermittlung der Befähigung bei Beendigung eines Qualifizierungsbausteins **13**
hat der Anbieter der Berufsausbildungsvorbereitung gemäß § 5 Abs. 1 BAVBVO
durch eine **Leistungsfeststellung** zu beurteilen, ob und mit welchem Erfolg die
teilnehmende Person das Qualifizierungsziel erreicht hat. Die Leistungsfeststellung erstreckt sich gemäß § 5 Abs. 2 BAVBVO auf die im Qualifizierungsbild
niedergelegten Fertigkeiten und Kenntnisse.

Hat die teilnehmende Person das Qualifizierungsziel erreicht, gelten gemäß § 6 **14**
BAVBVO folgende **Bewertungen**: »hat das Qualifizierungsziel mit gutem Erfolg
erreicht«, wenn die Leistung den Anforderungen voll entspricht, »hat das
Qualifizierungsziel mit Erfolg erreicht«, wenn die Leistung den Anforderungen
auch unter Berücksichtigung von Mängeln im Allgemeinen entspricht.

Über das Ergebnis der Leistungsfeststellung nach Maßgabe des § 5 BAVBVO **15**
stellt der Anbieter der Berufsausbildungsvorbereitung bei Erreichen des Qualifizierungsziels gemäß § 7 Abs. 1 BAVBVO ein **Zeugnis** gemäß der Anlage 2 zur
BAVBVO (vgl. Rn. 17) aus. Erreicht die teilnehmende Person das Qualifizierungsziel nicht, stellt der Anbieter der Berufsausbildungsvorbereitung gemäß
§ 7 Abs. 2 BAVBVO über die Teilnahme eine Bescheinigung gemäß der Anlage 3
zur BAVBVO aus. Den Nachweisen gemäß § 7 Abs. 1 und 2 BAVBVO ist gemäß
§ 7 Abs. 3 BAVBVO eine Abschrift des Qualifizierungsbildes beizufügen.

4. Zeugnisanspruch

16 Unabhängig vom Anspruch auf die Bescheinigung gemäß § 69 Abs. 2 BBiG besteht bei der betrieblichen Berufsausbildungsvorbereitung gegenüber dem Anbieter der Berufsausbildungsvorbereitung ein Anspruch auf ein **Zeugnis**. Das folgt aus § 16 i. V. m. § 26 BBiG. Die Konstellation ist vergleichbar mit dem Anspruch auf ein Zeugnis über die Abschlussprüfung bei anerkannten Ausbildungsberufen (§ 37 Abs. 2 BBiG). Auch in dem Fall besteht unabhängig von diesem Anspruch der Zeugnisanspruch gegenüber dem Ausbildenden. Das gilt entsprechend für die Berufsausbildungsvorbereitung.

5. Text der Berufsausbildungsvorbereitungs-Bescheinigungs-verordnung – BAVBVO)

17 Verordnung über die Bescheinigung von Grundlagen beruflicher Handlungsfähig-keit im Rahmen der Berufsausbildungsvorbereitung (Berufsausbildungsvorberei-tungs-Bescheinigungsverordnung – BAVBVO)
vom 16. 7. 2003 (BGBl. I S. 1472)
Auf Grund des § 51 Abs. 2 Satz 2 in Verbindung mit Satz 1 und Absatz 1 sowie mit § 50 Abs. 2 des Berufsbildungsgesetzes vom 14. August 1969 (BGBl. I S. 1112), die durch Artikel 9 des Gesetzes vom 23. Dezember 2002 (BGBl. I S. 4621) eingefügt worden sind, verordnet das Bundesministerium für Bildung und Forschung nach Anhörung des Ständigen Ausschusses des Bundesinstituts für Berufsbildung im Einvernehmen mit dem Bundesministerium des Inneren, dem Bundesministerium der Justiz, dem Bundes-ministerium für Wirtschaft und Arbeit, dem Bundesministerium für Verbraucherschutz, Ernährung und Landwirtschaft, dem Bundesministerium für Gesundheit und Soziale Sicherung, dem Bundesministerium für Verkehr, Bau- und Wohnungswesen und dem Bundesministerium für Umwelt, Naturschutz und Reaktorsicherheit:

§ 1
Anwendungsbereich
Diese Verordnung regelt die Ausstellung der Bescheinigung über die im Rahmen einer Berufsausbildungsvorbereitung nach dem Berufsbildungsgesetz erworbenen Grund-lagen beruflicher Handlungsfähigkeit (§ 51 Abs. 2 Satz 1 des Berufsbildungsgesetzes).

§ 2
Allgemeine Anforderungen an die Bescheinigung
Die Bescheinigung über die in der Berufsausbildungsvorbereitung erworbenen Grund-lagen beruflicher Handlungsfähigkeit enthält mindestens Angaben über
1. den Namen und die Anschrift des Anbieters der Berufsausbildungsvorbereitung,
2. den Namen und die Anschrift der teilnehmenden Person,
3. die Dauer der Maßnahme und
4. die Beschreibung der vermittelten Inhalte.

§ 3
Bescheinigung und Dokumentation von Qualifizierungsbausteinen
(1) Soweit die Vermittlung von Grundlagen beruflicher Handlungsfähigkeit durch Qualifizierungsbausteine (§ 51 Abs. 1 des Berufsbildungsgesetzes) erfolgt, die als inhalt-lich und zeitlich abgegrenzte Lerneinheiten
1. zur Ausübung einer Tätigkeit befähigen, die Teil einer Ausbildung in einem aner-kannten Ausbildungsberuf oder einer gleichwertigen Berufsausbildung ist (Qualifi-zierungsziel),
2. einen verbindlichen Bezug zu den im Ausbildungsrahmenplan der entsprechenden Ausbildungsordnung enthaltenen Fertigkeiten und Kenntnissen oder zu den Aus-bildungsinhalten einer gleichwertigen Berufsausbildung aufweisen,

3. einen Vermittlungsumfang von wenigstens 140 und höchstens 420 Zeitstunden umfassen sollen und

4. durch eine Leistungsfeststellung abgeschlossen werden,

richtet sich ihre Bescheinigung nach den Vorschriften der §§ 4 bis 7.

(2) Für jeden Qualifizierungsbaustein hat der Anbieter eine Beschreibung nach Maßgabe der Anlage 1 zu erstellen, in der die Bezeichnung des Bausteins, der zugrunde liegende Ausbildungsberuf, das Qualifizierungsziel, die hierfür zu vermittelnden Tätigkeiten unter Bezugnahme auf die im Ausbildungsrahmenplan der entsprechenden Ausbildungsordnung enthaltenen Fertigkeiten und Kenntnisse oder die Ausbildungsinhalte einer gleichwertigen Berufsausbildung, die Dauer der Vermittlung sowie die Art der Leistungsfeststellung festzuhalten sind (Qualifizierungsbild).

§ 4
Bestätigung des Qualifizierungsbildes

Auf Antrag des Anbieters der Berufsausbildungsvorbereitung bestätigt die zuständige Stelle die Übereinstimmung des Qualifizierungsbildes mit den Vorgaben des § 3. Die Bestätigung ist auf der nach § 7 Abs. 3 beizufügenden Abschrift des Qualifizierungsbildes aufzuführen.

§ 5
Ermittlung der Befähigung

(1) Zur Ermittlung der Befähigung bei Beendigung eines Qualifizierungsbausteins hat der Anbieter der Berufsausbildungsvorbereitung durch eine Leistungsfeststellung zu beurteilen, ob und mit welchem Erfolg die teilnehmende Person das Qualifizierungsziel erreicht hat.

(2) Die Leistungsfeststellung erstreckt sich auf die im Qualifizierungsbild niedergelegten Fertigkeiten und Kenntnisse.

§ 6
Leistungsbewertung

Hat die teilnehmende Person das Qualifizierungsziel erreicht, gelten folgende Bewertungen:

1. »hat das Qualifizierungsziel mit gutem Erfolg erreicht«, wenn die Leistung den Anforderungen voll entspricht,

2. »hat das Qualifizierungsziel mit Erfolg erreicht«, wenn die Leistung den Anforderungen auch unter Berücksichtigung von Mängeln im Allgemeinen entspricht.

§ 7
Zeugnis und Teilnahmebescheinigung

(1) Über das Ergebnis der Leistungsfeststellung nach Maßgabe des § 5 stellt der Anbieter der Berufsausbildungsvorbereitung bei Erreichen des Qualifizierungsziels ein Zeugnis gemäß der Anlage 2 aus.

(2) Erreicht die teilnehmende Person das Qualifizierungsziel nicht, stellt der Anbieter der Berufsausbildungsvorbereitung über die Teilnahme eine Bescheinigung gemäß der Anlage 3 aus.

(3) Den Nachweisen der Absätze 1 und 2 ist eine Abschrift des Qualifizierungsbildes beizufügen.

§ 8
Inkrafttreten

Diese Verordnung tritt am Tage nach der Verkündung in Kraft.

Bonn, den 16. Juli 2003

§ 69 Qualifizierungsbausteine, Bescheinigung

Anlage 1
(zu § 3 Abs. 2)

_____

_____

(Name und Anschrift des Betriebes, Trägers oder
sonstigen Anbieters der Berufsausbildungsvorbereitung)

Qualifizierungsbild des Qualifizierungsbausteins

_____

(Bezeichnung des Qualifizierungsbausteins)

1. Zugrunde liegender Ausbildungsberuf:

_____

(Bezeichnung, Datum der Anerkennung, Fundstelle der Ausbildungsordnung im Bundesgesetzblatt / Bundesanzeiger)

2. Qualifizierungsziel:

_____

(Allgemeine, übergreifende Beschreibung der zu erwerbenden Qualifikationen und ausgeübten Tätigkeiten)

3. Dauer der Vermittlung:

_____

(Angabe der Dauer in Zeitstunden bzw. Wochen mit Wochenstundenangabe)

4. Zu vermittelnde Tätigkeiten, Fertigkeiten und Kenntnisse:
Zu vermittelnde Tätigkeiten,
Zuordnung zu den Fertigkeiten und Kenntnissen des Ausbildungsrahmenplans

5. Leistungsfeststellung:

_____

(Beschreibung der Art der Leistungsfeststellung, etwa Prüfgespräch, schriftlicher Test, kontinuierliche Tätigkeitsbewertung)
Die Übereinstimmung dieses Qualifizierungsbildes mit den Vorgaben des § 3 der Berufsausbildungsvorbereitungs-Bescheinigungsverordnung wird durch

_____

(Bezeichnung und Anschrift der zuständigen Stelle)
bestätigt. _(ggf. streichen)_
Datum _____   (Siegel)

_____

(Unterschrift)

Anlage 2
(zu § 7 Abs. 1)

_____

_____

(Name und Anschrift des Betriebes, Trägers oder
sonstigen Anbieters der Berufsausbildungsvorbereitung)

Zeugnis
nach § 7 der Berufsausbildungsvorbereitungs-Bescheinigungsverordnung
über die Leistungsfeststellung zum Abschluss des Qualifizierungsbausteins

_____

(Bezeichnung des Qualifizierungsbausteins)

Lakies

Herr/Frau _____, _____
(Anschrift der teilnehmenden Person)
geboren am _____. in _____

_____
hat vom _____ bis _____
(Dauer)
im Rahmen _____
(Art der berufsausbildungsvorbereitenden Maßnahme)
an dem Qualifizierungsbaustein _____
(Bezeichnung des Qualifizierungsbausteins)
teilgenommen und das Qualifizierungsziel mit
_____ Erfolg
(Einordnung gem. § 6)
erreicht.
Das Qualifizierungsziel umfasst: _____
(Angaben zum Qualifizierungsziel)
Der Qualifizierungsbaustein ist dem anerkannten Ausbildungsberuf

_____
(Bezeichnung des Ausbildungsberufes)
zuzuordnen.
Die fachlichen Bestandteile des Qualifizierungsbausteins sind dem beigefügten Quali-
fizierungsbild zu entnehmen.
Datum _____
Unterschrift(en) _____

_____
(Betrieb, Träger oder sonstiger Anbieter
der Berufsausbildungsvorbereitung)

Anlage 3
(zu § 7 Abs. 2)
_____

_____
(Name und Anschrift des Betriebes, Trägers oder
sonstigen Anbieters der Berufsausbildungsvorbereitung)

Teilnahmebescheinigung
nach § 7 der Berufsausbildungsvorbereitungs-Bescheinigungsverordnung
über die Teilnahme an dem Qualifizierungsbaustein
_____
(Bezeichnung des Qualifizierungsbausteins)
Herr/Frau _____, _____
(Anschrift der teilnehmenden Person
geboren am _____ in _____
hat vom _____ bis _____
(Dauer)
im Rahmen _____
(Art der berufsausbildungsvorbereitenden Maßnahme)
an dem Qualifizierungsbaustein _____
(Bezeichnung des Qualifizierungsbausteins)
teilgenommen.
Das Qualifizierungsziel umfasst: _____
(Angaben zum Qualifizierungsziel)
Der Qualifizierungsbaustein ist dem anerkannten Ausbildungsberuf

_____
(Bezeichnung des Ausbildungsberufes)

zuzuordnen.

Die fachlichen Bestandteile des Qualifizierungsbausteins sind dem beigefügten Qualifizierungsbild zu entnehmen.

Datum _____

Unterschrift(en) _____

_____

(Betrieb, Träger oder sonstiger Anbieter
der Berufsausbildungsvorbereitung)

§ 70 Überwachung, Beratung

**(1) Die nach Landesrecht zuständige Behörde hat die Berufsausbildungsvor-
bereitung zu untersagen, wenn die Voraussetzungen des § 68 Abs. 1 nicht vorliegen.**

**(2) Der Anbieter hat die Durchführung von Maßnahmen der Berufsausbildungs-
vorbereitung vor Beginn der Maßnahme der zuständigen Stelle schriftlich anzuzeigen. Die Anzeigepflicht erstreckt sich auf den wesentlichen Inhalt des Qualifizierungsvertrages sowie die nach § 88 Abs. 1 Nr. 5 erforderlichen Angaben.**

**(3) Die Absätze 1 und 2 sowie § 76 finden keine Anwendung, soweit die Berufs-
ausbildungsvorbereitung im Rahmen des Dritten Buches Sozialgesetzbuch oder
anderer vergleichbarer, öffentlich geförderter Maßnahmen durchgeführt wird.
Dies gilt nicht, sofern der Anbieter der Berufsausbildungsvorbereitung nach
§ 243 Abs. 1 des Dritten Buches Sozialgesetzbuch gefördert wird.**

Inhaltsübersicht   Rn.

1.   Überblick   1
2.   Untersagung bei Fehlen der Voraussetzungen   2
3.   Allgemeine Aufgaben der zuständigen Stelle   3
4.   Anzeigepflicht der Anbieter von Maßnahmen der Berufsausbildungsvor-
     bereitung   5
5.   Nichtanwendung des § 70 BBiG   6

1. Überblick

1 § 70 BBiG n.F. entspricht in leicht geänderter Form § 52 BBiG a.F. (vgl. § 68
Rn. 1). Für die betriebliche Berufsausbildungsvorbereitung sieht § 70 bestimmte
Überwachungs- und Beratungsaufgaben vor. Für das **Handwerk** gilt die Paral-
lelvorschrift in § 42q HwO.

2. Untersagung bei Fehlen der Voraussetzungen

2 Die nach Landesrecht zuständige Behörde hat gemäß § 70 Abs. 1 BBiG die Berufsausbildungsvorbereitung zu untersagen, wenn die Voraussetzungen des
§ 68 Abs. 1 BBiG (vgl. § 68 Rn. 7ff.) nicht vorliegen.

3. Allgemeine Aufgaben der zuständigen Stelle

3 Die (nach den §§ 71 bis 75 BBiG) zuständige Stelle hat, wie sich aus § 76 BBiG
ergibt, die Durchführung der Berufsausbildungsvorbereitung zu **überwachen**
und diese **durch Beratung** der beteiligten Personen **zu fördern**. Die zuständige

Stelle hat zu diesem Zweck **Berater** oder Beraterinnen zu bestellen (§ 76 Abs. 1 Satz 2 BBiG).

Anbieter von Maßnahmen der Berufsausbildungsvorbereitung sind auf Verlan- **4** gen verpflichtet, die für die Überwachung notwendigen Auskünfte zu erteilen und Unterlagen vorzulegen sowie die Besichtigung des Betriebs zu gestatten (§ 76 Abs. 2 BBiG). Auskunftspflichtige können die Auskunft auf solche Fragen verweigern, deren Beantwortung sie selbst oder einen der in § 52 StPO bezeichneten Angehörigen der Gefahr strafgerichtlicher Verfolgung oder eines Verfahrens nach dem OwiG aussetzen würde (§ 76 Abs. 4 BBiG).

4. Anzeigepflicht der Anbieter von Maßnahmen der Berufsausbildungsvorbereitung

Damit die zuständigen Stellen Kenntnis davon erlangen, wo, mit welchen Per- **5** sonen und mit welchem Ziel die Berufsausbildungsvorbereitung durchgeführt wird, haben die Anbieter der betrieblichen Berufsausbildungsvorbereitung die Durchführung von entsprechenden Maßnahmen vor ihren Beginn der zuständigen Stelle schriftlich anzuzeigen (§ 70 Abs. 2 Satz 1 BBiG). Die Anzeigepflicht erstreckt sich gemäß § 70 Abs. 2 Satz 2 BBiG auf den wesentlichen Inhalt des Qualifizierungsvertrags sowie die nach § 88 Abs. 1 Nr. 5 BBiG erforderlichen Angaben (Geschlecht, Alter, Staatsangehörigkeit).

5. Nichtanwendung des § 70 BBiG

Diese Überwachungs- und Beratungsaufgaben finden **keine Anwendung**, so- **6** weit die **Berufsausbildungsvorbereitung im Rahmen** des SGB III oder anderer vergleichbarer, **öffentlich geförderter Maßnahmen** durchgeführt wird (§ 70 Abs. 3 Satz 1 BBiG). Das gilt jedoch nicht, sofern der Anbieter der Berufsausbildungsvorbereitung nach § 243 Abs. 1 SGB III gefördert wird (§ 70 Abs. 3 Satz 2 BBiG). Wird die betriebliche Berufsausbildungsvorbereitungsmaßnahme also nach § 243 Abs. 1 SGB III gefördert, gelten die in § 70 Abs. 1 und 2 BBiG geregelten Überwachungs- und Anzeigepflichten.

Teil 3
Organisation der Berufsbildung

Kapitel 1
Zuständige Stellen; zuständige Behörden

Abschnitt 1
Bestimmung der zuständigen Stelle

§ 71 Zuständige Stellen

(1) Für die Berufsbildung in Berufen der Handwerksordnung ist die Handwerkskammer zuständige Stelle im Sinne dieses Gesetzes.

(2) Für die Berufsbildung in nichthandwerklichen Gewerbeberufen ist die Industrie- und Handelskammer zuständige Stelle im Sinne dieses Gesetzes.

(3) Für die Berufsbildung in Berufen der Landwirtschaft, einschließlich der ländlichen Hauswirtschaft, ist die Landwirtschaftskammer zuständige Stelle im Sinne dieses Gesetzes.

(4) Für die Berufsbildung der Fachangestellten im Bereich der Rechtspflege sind jeweils für ihren Bereich die Rechtsanwalts-, Patentanwalts- und Notarkammern und für ihren Tätigkeitsbereich die Notarkassen zuständige Stelle im Sinne dieses Gesetzes.

(5) Für die Berufsbildung der Fachangestellten im Bereich der Wirtschaftsprüfung und Steuerberatung sind jeweils für ihren Bereich die Wirtschaftsprüferkammern und die Steuerberaterkammern zuständige Stelle im Sinne dieses Gesetzes.

(6) Für die Berufsbildung der Fachangestellten im Bereich der Gesundheitsdienstberufe sind jeweils für ihren Bereich die Ärzte-, Zahnärzte-, Tierärzte- und Apothekerkammern zuständige Stelle im Sinne dieses Gesetzes.

(7) Soweit die Berufsausbildungsvorbereitung, die Berufsausbildung und die berufliche Umschulung in Betrieben zulassungspflichtiger Handwerke, zulassungsfreier Handwerke und handwerksähnlicher Gewerbe durchgeführt wird, ist abweichend von den Absätzen 2 bis 6 die Handwerkskammer zuständige Stelle im Sinne dieses Gesetzes.

(8) Soweit Kammern für einzelne Berufsbereiche der Absätze 1 bis 6 nicht bestehen, bestimmt das Land die zuständige Stelle.

(9) Mehrere Kammern können vereinbaren, dass die ihnen durch Gesetz zugewiesenen Aufgaben im Bereich der Berufsbildung durch eine von ihnen wahrgenommen wird. Die Vereinbarung bedarf der Genehmigung durch die zuständige oberste Bundes- oder Landesbehörde.

Inhaltsübersicht   Rn.

1.   Allgemeines   1
2.   Zuständigkeit der Handwerkskammer (Absätze 1 und 7)   3

3.	Zuständigkeit der Industrie- und Handelskammer (Abs. 2)	6
4.	Landwirtschaftskammer als zuständige Stelle (Abs. 3)	7
5.	Zuständige Stelle für Berufe der Rechtspflege (Abs. 4)	8
6.	Wirtschaftsprüfer- und Steuerberaterkammern (Abs. 5)	9
7.	Zuständigkeit für die Gesundheitsdienstberufe (Abs. 6)	10
8.	Zuständige Stelle durch Bestimmung des Landes (Abs. 8)	11
9.	Kammer-Kooperation (Abs. 9)	12

1. Allgemeines

Teil 3 des BBiG regelt die Organisation der Berufsbildung, wobei das erste **1** Kapitel die zuständige Stelle definiert sowie ihre Aufgaben und den bei ihr zu installierenden Berufsbildungsausschuss beschreibt. Das zweite Kapitel (§§ 82, 83) befasst sich mit den Landesausschüssen für Berufsbildung. Die zuständige Stelle ist für die gesamte Berufsbildung von zentraler Bedeutung. Neben ihrer **Beratungs- und Überwachungsfunktion** (§ 76) ist es die zuständige Stelle, die durch die **Abnahme von Prüfungen** den Zugang zum Beruf eröffnet oder verweigert. Über die Berufsbildungsausschüsse, die bei der zuständigen Stelle einzurichten sind (§§ 77 ff.), steuert die zuständige Stelle sowohl die Qualität der Ausbildung, als auch Innovationen in allen Bereichen der Berufsbildung. Die zuständigen Stellen sind als Kammern öffentlich rechtliche Körperschaften. Auf ihre Verwaltungstätigkeit ist das **Verwaltungsverfahrensgesetz** anzuwenden, das durch die jeweilige Aufsichtsbehörde angewendet wird. Damit unterliegen die zuständigen Stellen regelmäßig den Verwaltungsverfahrensgesetzen der Länder, soweit nicht ausnahmsweise die zuständige Stelle eine Bundesbehörde ist (§ 73).

Die nach dem BBiG 1969 geltende Abgrenzungen der zuständigen Stellen nach **2** Wirtschafts-, Gewerbe- und Berufszweigen wurde im **Grundsatz** zugunsten eines transparenteren Ordnungssystems aufgegeben. § 71 grenzt die Zuständigkeiten der zuständigen Stellen grundsätzlich nach Berufsbereichen ab. Mit Ausnahme des Handwerks gilt also: Die zuständigen Stellen sind für **bestimmte Berufe** zuständig – egal, welcher Branche der Ausbildende angehört. Dies hat z. B. zur Folge, dass für die Berufsbildung in nichthandwerklichen Gewerbeberufen, auch wenn sie etwa bei Angehörigen der freien Berufe durchgeführt wird, die Industrie- und Handelskammer zuständige Stelle im Sinne des § 71 ist. Durch diese **Spezialisierung** der zuständigen Stellen auf ihnen zugewiesene Berufe ist es für eine Vielzahl von Berufen, die nicht originär in den Bereich der Kammer fallen, nicht mehr nötig, Prüfungsausschüsse zu bilden. Die Kammer vermag sich so ganz auf die kammerspezifischen Berufe zu konzentrieren und hier mit hohem Spezialwissen die Berufsbildung zu überwachen, hierzu zu beraten und nötige Entwicklungen innerhalb der Branchen z. B. durch Fortbildungsprüfungsregelungen der zuständigen Stelle (§ 54) zu begleiten. Eine Liste der für die Berufsausbildung zuständigen Stellen findet sich im **Verzeichnis der anerkannten Ausbildungsberufe**[1]. Die Absätze 1–6 weisen die Berufsbildung verschiedener Bereiche den unterschiedlichen Kammern zu. Absatz 7 enthält eine Durchbrechung des Berufsprinzips zugunsten eines Ausbildungsstättenprinzips für den Bereich des Handwerks.

---

1 Siehe § 90 Abs. 3.

2. Zuständigkeit der Handwerkskammer (Absätze 1 und 7)

3 Nach Absatz 1 ist die Handwerkskammer zuständige Stelle für die Berufsbildung in Berufen der Handwerksordnung. Die Berufe der Handwerksordnung ergeben sich aus § 1 Abs. 3 i. V. m. Anlage A HwO so wie aus § 18 Abs. 2 i. V. m. Anlage B HwO. Wird in einem der dort genannten Berufe ausgebildet, fortgebildet oder Ausbildungsvorbereitung durchgeführt oder erfolgt eine Maßnahme in einem der dort genannten Berufe, ist die **Handwerkskammer** zuständige Stelle. Dies gilt sowohl für die betriebliche als auch für die außerbetriebliche Ausbildung.[2] Die Handwerkskammer ist damit auch für Auszubildende zuständig, die einen handwerklichen Beruf z. B. in der Hauptverwaltung einer großen Versicherung lernen, obgleich die Versicherung Mitglied der Industrie- und Handelskammer ist.

4 Umgekehrt sind die Industrie- und Handelskammern jedoch nicht zuständig für Auszubildende etwa in kaufmännischen Berufen, die in einem Handwerksbetrieb ausgebildet werden. Für diese Auszubildenden besteht nach Absatz 7 eine besondere Zuständigkeit der Handwerkskammer. Absatz 7 bestimmt, dass die Handwerkskammer zuständige Stelle für alle Berufsausbildungsvorbereitungsverhältnisse, Berufsausbildungsvorbereitungsverhältnisse und die betriebliche Umschulung ist, wenn diese Berufsbildungsverhältnisse in Handwerksbetrieben durchgeführt werden. Das nach den Absätzen 1–6 geltende Prinzip, aus dem sich die Zuständigkeit der Kammer aus dem Beruf ergibt (Berufsprinzip), wird für das Handwerk durchbrochen. Hier gilt das **Ausbildungsstättenprinzip**. Ist der Betrieb Mitglied der Handwerkskammer, ist er also ein Betrieb zulassungspflichtiger oder zulassungsfreier Handwerke oder handwerksähnlicher Berufe, greift die besondere Zuständigkeit der Handwerkskammer für die genannten Berufsbildungsverhältnisse. Für den Bereich der beruflichen Fortbildung bleibt es bei der allgemeinen Zuständigkeit nach den Absätzen 2–6.

5 Die Handwerksordnung enthält in ihrem zweiten Teil (§§ 21 ff. HwO) eigenständige Regelungen zum Berufsbildungsausschuss sowie in ihrem dritten Teil Vorschriften über die Meisterprüfung und den Meistertitel. Das Berufsbildungsgesetz gilt daher für die Berufe der Handwerksordnung nur teilweise. § 3 Absatz 3 regelt, dass die §§ 4–9, 27–49, 53–70, 76–80 sowie 102 nicht gelten, sondern hierzu die HwO gilt. Die Verfasstheit der Handwerkskammer ergibt sich aus den §§ 90 ff. HwO. Handwerkskammern sind nach § 90 Abs. 1 HwO **Körperschaften des öffentlichen Rechts**.

3. Zuständigkeit der Industrie- und Handelskammer (Abs. 2)

6 Nach Abs. 2 sind die Industrie- und Handelskammern die zuständigen Stellen für die Berufsbildung in nichthandwerklichen **Gewerbeberufen**. Nichthandwerklich sind die Berufe, die nicht in den Anlagen A + B zur Handwerksordnung aufgelistet sind. Zur **Definition** zum Begriff des Gewerbes kann auf die Rechtsprechung zur Gewerbeordnung (GewO) zurückgegriffen werden. Danach ist ein Gewerbe jede erlaubte, selbstständige, nach außen erkennbare Tätigkeit, die planmäßig, für eine gewisse Dauer und zum Zweck der Gewinnerzielung ausgeübt wird, wobei Urproduktion (Land- und Forstwirtschaft, Garten- und

---

2 *Leinemann/Taubert* BBiG § 71 Rn. 7.

Weinbau, Fischerei und Jagd, Tierzucht) sowie die freien Berufe (freie wissenschaftliche, künstlerische und schriftstellerische Tätigkeit höherer Art sowie persönliche Dienstleistungen, die eine höhere Bildung erfordern) und bloße Verwaltung und Nutzung eigenen Vermögens ausgenommen werden.[3] Die Industrie- und Handelskammern sind damit für alle Berufe zuständig, die nicht nach Absatz 1 den Handwerkskammern und nicht nach den Absätzen 3–6 den weiteren Kammern zugewiesen wurden. Sie sind damit nicht nur zuständig für die Berufsbildung in den Berufen des Handels und der Industrie, sondern auch in allen übrigen Berufen der Dienstleistungsbranche und auch für das Bergwesen.[4] Zu beachten ist die **Sonderzuständigkeit der Handwerkskammern** für alle in ihren Betrieben ausgeübten Berufen (Ausbildungsstättenprinzip, siehe Rn. 1, 4).

Die Industrie- und Handelskammern sind Körperschaften des öffentlichen Rechts, § 3 Abs. 1 IHKG. Die Industrie- und Handelskammern unterliegen der Aufsicht des Landes, in dem sie ihren Sitz haben, § 11 IHKG. Zum Teil existieren landesgesetzliche Regelungen, die den Industrie- und Handelskammern gesonderte Aufgaben übertragen (z.B. in Ausführung des § 1 Abs. 3a IHKG) oder Zuständigkeiten konkretisieren.

4. Landwirtschaftskammer als zuständige Stelle (Abs. 3)

Nach Absatz 3 sind die Landwirtschaftskammern zuständige Stellen für die   **7**
Berufsbildung in Berufen der Landwirtschaft.
Landwirtschaft ist **Bodenbewirtschaftung**, verbunden mit Bodennutzung zum Zwecke der Gewinnung pflanzlicher Erzeugnisse und zum Zweck der Tierhaltung, die Forstwirtschaft, der Gartenbau, soweit der nicht in Haus- oder Kleingärten ausgeübt wird, die Binnenfischerei, die Fischerei in Küstengewässern, die kleine Hochseefischerei und die Imkerei. Zur Landwirtschaft gehören Maßnahmen der landwirtschaftlichen Betriebe zur Pflege, zur Erhaltung und Entwicklung von Kulturflächen im Gemeininteresse, insbesondere zu Zwecken des Umwelt- und Naturschutzes. Vergleiche z.B. die Definition in § 4 des Gesetzes über Landwirtschaftskammern vom 10.02.2003 in Niedersachsen.[5] In der Fassung des Gesetzes vom 16.11.2007[6] zur **ländlichen Hauswirtschaft** gehören diejenigen Teile der landwirtschaftlichen Betriebe, bei denen es um die Versorgung der im landwirtschaftlichen Betrieb lebenden Menschen geht.[7] Landwirtschaftskammern wurden durch Gesetze folgender Länder errichtet: Bremen, Hamburg, Niedersachsen, Nordrhein-Westfalen, Rheinland-Pfalz, Saarland sowie Schleswig-Holstein. In den übrigen Ländern wurden Landwirtschaftskammern nicht durch Gesetz errichtet. Stattdessen haben die Länder die zuständige Stelle nach § 71 Abs. 8 bestimmt.[8]

3 *Bundesverwaltungsgericht* 16.2.1995, 1 B 205.93, NJW 1995, 1850.
4 *Leinemann/Taubert* BBiG § 71 Rn. 12.
5 Nds. GVBl. Nr. 5/2003, S. 61, ber. 176.
6 Nds. GVBl. Nr. 35/2007, S. 637.
7 *Leinemann/Taubert* BBiG § 71 Rn. 19.
8 Eine Übersicht über die zuständigen Stellen für den Bereich der Landwirtschaft findet sich unter www.landwirtschaftskammern.de/pdf/berufsausbildung.pdf.

5. Zuständige Stelle für Berufe der Rechtspflege (Abs. 4)

8   Nach Absatz 4 ist für die Berufsbildung der Fachangestellten im Bereich der Rechtspflege die jeweilige Kammer und für ihren Tätigkeitsbereich die Notarkassen zuständige Stelle. Für die Ausbildung der Rechtsanwaltsfachangestellten ist somit die örtliche **Rechtsanwaltskammer,** für die Ausbildung der Patentanwaltsfachangestellten ist die **Patentanwaltskammer** und für die Ausbildung der Notariatsfachangestellten ist die **Notarskammer** zuständige Stelle. Die Notarkassen sind für ihren Tätigkeitsbereich ebenfalls zuständige Stelle. Die Zuständigkeit bezieht sich lediglich auf die Berufsbildung der Fachangestellten. Durch diese Formulierung wird deutlich, dass die Berufsbildung sowohl in anderen Ausbildungsberufen als auch für den juristischen Nachwuchs nicht durch die zuständige Stelle aufgrund des § 71 BBiG erfolgt.
Die Rechtsanwaltskammern, die Patentanwaltskammern sowie die Notarskammern und die Notarskassen sind öffentlich-rechtliche Körperschaften.

6. Wirtschaftsprüfer- und Steuerberaterkammern (Abs. 5)

9   Für die Berufsbildung der Fachangestellten im Bereich der Wirtschaftsprüfung und Steuerberatung sind nach Absatz 5 jeweils die Wirtschaftsprüferkammern bzw. die Steuerberaterkammern zuständige Stelle. Zuständig sind die Kammern jeweils nur für die Berufsbildung der Fachangestellten, also sowohl für die Berufsausbildung, als auch die in der Praxis in diesem Bereich selten vorkommende Berufsausbildungsvorbereitung, für die berufliche Fortbildung sowie für die Umschulung. Werden in diesem Bereich andere Berufe ausgebildet, sind die anderen Kammern zuständig. Für die in der Praxis in diesem Bereich häufiger ausgebildeten Büroberufe sind demzufolge die Industrie- und Handelskammern zuständig. Die Wirtschaftsprüfer- sowie die Steuerberaterkammern sind lediglich für die Berufsbildung der Fachangestellten zuständig, womit verdeutlicht wird, dass die zuständige Stelle nicht für die Berufsbildung des steuerberatenden Nachwuchses oder der Wirtschaftsprüfer zuständig ist.

7. Zuständigkeit für die Gesundheitsdienstberufe (Abs. 6)

10   Für die Berufsbildung der Fachangestellten im Bereich der Gesundheitsdienstberufe sind nach Abs. 6 die **jeweiligen Kammern** zuständige Stelle. Für die medizinischen Fachangestellten sind somit die **Ärztekammern,** für die zahnmedizinischen Fachangestellten die **Zahnärztekammern,** für die tiermedizinischen Fachangestellten die Tierärztekammern und für die pharmazeutisch-kaufmännischen Angestellten die **Apothekerkammern** zuständige Stellen. Für Berufe wie z.B. Apotheker/-innen, die in diesen Betrieben ebenfalls ausgebildet werden, sind die jeweiligen Kammern nicht zuständige Stelle im Sinne des § 71.

8. Zuständige Stelle durch Bestimmung des Landes (Abs. 8)

11   Nicht für alle Bereiche und nicht flächendeckend über das gesamte Gebiet der Bundesrepublik sind die nach den Abs. 1–6 genannten Kammern errichtet. Insofern ist eine Auffangregelung nötig, die die Zuständigkeit regelt, **wenn eine entsprechende Kammer nicht vorhanden ist.** Hierfür bestimmt Abs. 8, dass das Land die zuständige Stelle bestimmt. Maßgeblich ist das Land, in dessen Gebiet die Ausbildung durchgeführt wird. Nicht maßgeblich ist das Recht des Landes, in dessen Gebiet der Auszubildende seinen Wohnsitz hat.

9. Kammer-Kooperation (Abs. 9)

Nach Absatz 9 können mehrere Kammern vereinbaren, dass die ihnen durch **12** das Berufsbildungsgesetz oder die Handwerksordnung zugewiesenen Aufgaben im Bereich der Berufsbildung durch eine dieser Kammern wahrgenommen wird.
Die Vereinbarung dürfte regelmäßig in die Zuständigkeit der **Vollversammlung der Kammer** fallen. Für die Industrie- und Handelskammern ist dies in § 4 Satz 2 Nr. 6 des IHKG ausdrücklich geregelt. Die Vereinbarung zwischen den Kammern hat den Charakter eines öffentlich-rechtlichen Vertrages im Sinne des jeweiligen Verwaltungsverfahrensgesetzes.[9] Voraussetzung für die Wirksamkeit des öffentlich-rechtlichen Vertrags ist die Zustimmung des Landes gem. Absatz 9 Satz 2. Erfolgt die Kooperation länderübergreifend, müssen **beide Länder** zustimmen. Fehlt die Zustimmung, ist die Vereinbarung erst wirksam, wenn sie schriftlich erteilt wird.[10] Zur Vereinbarung ist der Berufsbildungsausschuss gem. § 79 Abs. 1 Satz 1 anzuhören. Die fehlende Anhörung ist ein Verfahrensfehler, der die Wirksamkeit der Vereinbarung entsprechend § 58 VwVfG hemmt.
Die Vereinbarung muss ausreichend konkret sein, damit deutlich wird, welche **13** Aufgaben mit welchen Kompetenzen übertragen werden.
Dem Wortlaut des Gesetzes kann nicht entnommen werden, dass nur Kammern aus identischen Bereichen eine entsprechende Vereinbarung miteinander treffen können.[11] Dies lässt sich auch nicht mit Sachnähe, Sachkompetenz oder Erfahrung begründen. Aufgrund der Zuweisung auch weiterer Berufe zu den Handwerkskammern gem. Absatz 7 ließe sich z.B. eine Vereinbarung zwischen einer Handwerkskammer und einer Industrie- und Handelskammer rechtfertigen, nach der die IHK die Zuständigkeit auch für die Gewerbeberufe hat, für die in den Handwerksbetrieben ausgebildet wird. Für die **Handwerkskammer** hätte eine solche Vereinbarung den Vorteil, dass sie nur noch in **Handwerksberufen** überwachen, beraten und prüfen muss. Der Aufwand für die zusätzlichen Berufe – in der Regel Büroberufe, entfiele. Demgegenüber könnte diese Aufgabe durch die IHK wahrgenommen werden, die hierfür über einen reichen Erfahrungsschatz verfügt.

§ 72 Bestimmung durch Rechtsverordnung

Das zuständige Fachministerium kann im Einvernehmen mit dem Bundesministerium für Bildung und Forschung durch Rechtsverordnung mit Zustimmung des Bundesrates für Berufsbereiche, die durch § 71 nicht geregelt sind, die zuständige Stelle bestimmen.

Sofern die zuständige Stelle nicht nach den Berufsbereichen des § 71 Abs. 1–6 **1** zugeordnet ist, ermächtigt § 72 das zuständige Fachministerium durch Rechtsverordnung im Einvernehmen mit dem Bundesministerium für Bildung und

---

9 *Wohlgemuth/Lakies* BBiG, 3. Auflage, § 71 Rn. 8.
10 § 58 Abs. 1 VwVfG.
11 So aber: *Leinemann/Taubert* BBiG § 71 Rn. 28.

Forschung mit Zustimmung des Bundesrats die zuständige Stelle zu bestimmen. In § 72 nicht geregelt ist z. B. die Zuständigkeit für die Berufsbildung in Berufen der nichtländlichen Hauswirtschaft. Auch bei potenziellen, neuen **Ausbildungsordnungen** für Fachangestellte anderer als der genannten **freien Berufe**, für die bislang noch keine Ausbildungsordnung existiert, fehlt es an einer Bestimmung der zuständigen Stelle in § 71.

2 Zuständig ist das jeweilige Fachministerium. Obwohl dies nicht ausdrücklich geregelt ist, ist das jeweilige Fachministerium des Bundes gemeint. Nach dem Wortlaut des § 72 muss das Einvernehmen mit dem Bundesministerium für Bildung und Forschung hergestellt werden. Ohne dieses Einvernehmen ist die Verordnung nicht wirksam. Darüber hinaus braucht es die **Zustimmung des Bundesrats** zu der Rechtsverordnung.

§ 73 Zuständige Stellen im Bereich des öffentlichen Dienstes

(1) Im öffentlichen Dienst bestimmt für den Bund die oberste Bundesbehörde für ihren Geschäftsbereich die zuständige Stelle

1. in den Fällen der §§ 32, 33 und 76 sowie der §§ 23, 24 und 41 a der Handwerksordnung,

2. für die Berufsbildung in anderen als den durch die §§ 71 und 72 erfassten Berufsbereichen;

dies gilt auch für die der Aufsicht des Bundes unterstehenden Körperschaften, Anstalten und Stiftungen des öffentlichen Rechts.

(2) Im öffentlichen Dienst bestimmen die Länder für ihren Bereich sowie für die Gemeinden und Gemeindeverbände die zuständige Stelle für die Berufsbildung in anderen als den durch die §§ 71 und 72 erfassten Berufsbereichen. Dies gilt auch für die der Aufsicht der Länder unterstehenden Körperschaften, Anstalten und Stiftungen des öffentlichen Rechts.

Inhaltsübersicht   Rn.

1.   Allgemeines   1
2.   Zuständige Stellen im Bereich des Bundes (Abs. 1)   2
3.   Zuständige Stellen im Bereich der Länder (Abs. 2)   4
4.   Form der Bestimmung   5

1. Allgemeines

1 § 73 regelt die zuständigen Stellen im Bereich des öffentlichen Dienstes. Dabei erfasst Abs. 1 die Ausbildung des Bundes und Abs. 2 die Ausbildung der Länder. Ursprünglich war keine inhaltliche Änderung des § 84 BBiG 1969 geplant. Es sollten die Regelungen für Bund und Länder lediglich in zwei Absätzen aufgeführt werden.[1] Für die Ausbildung im Bereich der Länder wurde die Zuständigkeit für Berufe, für die zuständigen Stellen nach §§ 71 und 72 bestehen, aufgegeben. Die Länder sind nunmehr nur noch zuständige Stelle für die **verwaltungseigenen** Berufe. Die verwaltungseigenen Berufe und die dazugehörigen zuständigen Stellen lassen sich dem Verzeichnis der **anerkannten Ausbildungsberufe**[2] entnehmen.

---

1 BT-Drucks. 15/3980 zu § 73.
2 § 90 Abs. 3 Nr. 3.

2. Zuständige Stellen im Bereich des Bundes (Abs. 1)

Nach Abs. 1 bestimmt die oberste Bundesbehörde jeweils für ihren Geschäfts- **2** bereich die zuständige Stelle. Die zuständige Stelle wird ganz allgemein für die verwaltungseigenen Berufe bestimmt (»in anderen als den durch die §§ 71 und 72 erfassten Berufsbereichen«). Für Ausbildungen in handwerklichen, Industrie- oder Handelsberufen sowie in sonstigen Berufen, für die nach den §§ 71 und 72 eine Kammer zuständig ist, bleibt diese die zuständige Stelle. Hiervon sind jedoch einige Vorschriften ausgenommen. Für diese Fälle ist nicht die jeweilige Kammer zuständig, sondern die **zuständige Stelle**, die von der obersten Bundes- behörde hierfür bestimmt wurde. Es handelt sich um die Überwachung der Eignung von Ausbildungsstätten sowie Ausbildungspersonal,[3] um das Untersa- gen des Einstellens und Ausbildens[4] sowie um die allgemeine Überwachung der Berufsausbildung nebst Bestellung von Beratern.[5] Für diese drei Tätigkeitsberei- che erfolgt die Bestimmung einer zuständigen Stelle im Bereich des Bundes.

Die oberste Bundesbehörde bestellt für ihren Geschäftsbereich darüber hinaus **3** die zuständige Stelle für die ihr unterstehenden Körperschaften, Anstalten und Stiftungen des öffentlichen Rechts. Oberste Bundesbehörde ist das für einen bestimmten Geschäftsbereich zuständige **Bundesministerium**. So bestimmt das Bundesministerium für Arbeit und Soziales die zuständige Stelle auch für die verwaltungseigenen Bildungsgänge bei der Bundesagentur für Arbeit, die als bundesunmittelbare Körperschaft des öffentlichen Rechts der Aufsicht durch das Bundesministerium für Arbeit und Soziales unterliegt.[6]

3. Zuständige Stellen im Bereich der Länder (Abs. 2)

Für die Berufsbildung im Bereich der Länder ist, soweit sie in Berufen erfolgt, **4** die Kammern nach den §§ 71, 72 zugeordnet sind, voll umfänglich die **jeweilige Kammer** zuständige Stelle. Eine Einschränkung wie für den Bereich des Bundes **existiert nicht**. Die Kammern sind für die Berufsausbildung der Länder in privaten Ausbildungsberufen also auch zuständig, wenn es um die Eignung der Ausbildungsstätte, des Ausbildungspersonals, um die Aberkennung dieser Eig- nung, um die Überwachung der Berufsbildung oder um die Beratung der Be- rufsbildung geht.

Soweit im Bereich der Länder in Berufen ausgebildet wird, für die es keine zuständige Stelle nach den §§ 71 und 72 gibt, **bestimmen die Länder nach Abs. 2 die zuständige Stelle**. Dies gilt auch für Berufsbildung, die innerhalb der Länder in unterstehenden Körperschaften, Anstalten und Stiftungen des öffentlichen Rechts erfolgt. Unterstehende Körperschaften umfassen die Gemeinden, Ge- meindeverbände und andere Gebietskörperschaften. Soweit gemeinsame Stif- tungen mehrerer Länder errichtet werden, müssen die beteiligten Länder die zuständigen Stellen bestimmen, wenn die beteiligten Länder die Aufsicht über die Stiftung oder die Anstalt gemeinsam führen. Wird eine gemeinsame Stiftung zwischen Bund und Ländern durch Staatsvertrag errichtet (z. B. Stiftung preu- ßische Schlösser und Gärten Berlin-Brandenburg, Staatsvertrag vom 23.08.1994

---

3 § 32 BBiG, § 23 HwO.
4 § 33 BBiG, § 24 HwO.
5 § 76 BBiG, § 41 a HwO.
6 §§ 393 Abs. 1, 283 Abs. 2, 288 Abs. 2 SGB III.

zwischen den Ländern Berlin und Brandenburg unter Beteiligung des Bundes), ist darauf abzustellen, wessen Aufsicht die Stiftung unterliegt.

4. Form der Bestimmung

5 § 73 ordnet lediglich an, **dass die zuständige Stelle bestimmt wird.** Insoweit reicht eine Anordnung über die Zuständigkeit, wie sie z.b. das Land Hessen vornahm,[7] ohne dass es einer gesetzlichen Regelung bedarf. Denkbar ist jedoch auch die Regelung durch Verordnung wie z.b. die »Verordnung über die Zuständigkeiten nach dem Berufsbildungsgesetz und die Angelegenheiten der Berufsbildung im Rahmen der Handwerksordnung im Land Nordrhein-Westfalen.«[8] Auch eine gesetzliche Bestimmung ist zulässig.

§ 74 Erweiterte Zuständigkeit

§ 73 gilt entsprechend für Ausbildungsberufe, in denen im Bereich der Kirchen und sonstigen Religionsgemeinschaften des öffentlichen Rechts oder außerhalb des öffentlichen Dienstes nach Ausbildungsordnungen des öffentlichen Dienstes ausgebildet wird.

1 § 74 entspricht § 84 Abs. 2 BBiG 1969. § 74 ordnet an, dass § 73 entsprechend gilt, wenn im Bereich der Kirchen und sonstigen Religionsgemeinschaften des öffentlichen Rechts oder außerhalb des öffentlichen Dienstes nach Ausbildungsordnungen des öffentlichen Dienstes ausgebildet wird. Die entsprechende Anwendung des § 73 hat also zur Voraussetzung:
– Es wird nach Ausbildungsordnungen des öffentlichen Dienstes ausgebildet. Nicht erfasst ist damit die sonstige Berufsbildung, also Berufsausbildungsvorbereitung, Umschulung, Fortbildung. Außerdem sind nur Ausbildungen in verwaltungseigenen Berufen erfasst. Bei allen weiteren Ausbildungen bleibt es bei den Zuständigkeiten nach den §§ 71, 72.
– Die Ausbildung erfolgt im Bereich der Kirchen, bei sonstigen Religionsgemeinschaften des öffentlichen Rechts oder außerhalb des öffentlichen Dienstes.
In der Folge ist § 73 entsprechend anzuwenden. Dies bedeutet, dass die vom Bund und den Ländern bestimmten zuständigen Stellen für diese Berufsausbildungen zugleich zuständige Stellen sind. Dadurch wird gewährleistet, dass dieselben Stellen für die Beratung zu den verwaltungseigenen Berufen, für die Überwachung der Ausbildung in diesen Berufen so wie für die Abnahme der Prüfung in diesen Berufen zuständig sind.

2 Welche Stellen zuständige Stelle für die jeweiligen verwaltungsinternen Ausbildungen sind, lässt sich dem Verzeichnis anerkannter Ausbildungsberufe nach § 90 Abs. 3 Nr. 3 entnehmen. Durch die besondere Regelung des § 74 wird berücksichtigt, dass die Kirchen Körperschaften des öffentlichen Rechts sind. Gleichzeitig wird gewährleistet, dass auch im kirchlichen Bereich staatliches Berufsbildungsrecht gilt. Dem steht nicht entgegen, dass nach Artikel 140

---

7 Anordnung über Zuständigkeiten auf dem Gebiet der Berufsbildung vom 22.7.2005, GVBl. I S. 558.
8 BBiGZustVO vom 5.9.2006, GV. NRW. S. 446, ähnlich auch in Schleswig-Holstein BBiG-ZustVO vom 3.12.2005, GVOBl. 2005, S. 556.

GG i. V. m. Artikel 137 Weimarer Reichsverfassung (WRV) die Religionsgemeinschaften ihre Angelegenheiten selbstständig innerhalb der Schranken der für alle geltenden Gesetze ordnen und verwalten.[1]

§ 75 Zuständige Stellen im Bereich der Kirchen und sonstigen Religionsgemeinschaften des öffentlichen Rechts

Die Kirchen und sonstigen Religionsgemeinschaften des öffentlichen Rechts bestimmen für ihren Bereich die zuständige Stelle für die Berufsbildung in anderen als den durch die §§ 71, 72 und 74 erfassten Berufsbereichen. Die §§ 77 bis 80 finden keine Anwendung.

§ 75 entspricht in Satz 1 § 84 a BBiG 1969. Hinzu gefügt wurde Satz 2, nachdem keine Berufsbildungsausschüsse im Bereich der Kirchen und der sonstigen Religionsgemeinschaften des öffentlichen Rechts einzurichten sind. **1**

§ 75 enthält eine Sonderregelung, die sich aus dem besonderem Status und der besonderen Unabhängigkeit der Religionsgemeinschaften aus Artikel 140 GG sowie Artikel 137 Weimarer Reichsverfassung (siehe § 74) ergibt. Mit Ausnahme des Bereichs der Berufsausbildung nach Ausbildungsordnungen für den öffentlichen Dienst (§ 74) bestimmen die Kirchen und sonstigen Religionsgemeinschaften des öffentlichen Rechts die zuständigen Stellen selbst, soweit nicht Kammern nach den §§ 71, 72 zuständig sind. Die staatlich anerkannten kircheneigenen Ausbildungsberufe können dem Verzeichnis anerkannter Ausbildungsberufe nach § 90 Abs. 3 Nr. 3 entnommen werden. Dort findet sich jeweils auch ein Hinweis auf die zuständigen Stellen im Bereich der Kirchen und sonstigen Religionsgemeinschaften des öffentlichen Rechts.[1] Soweit geklärt werden muss, ob die Sonderregelung des § 75 anzuwenden ist, kann auf die Rechtsprechung zu Artikel 140 GG und Artikel 137 Weimarer Reichsverfassung zurückgegriffen werden. **2**

Die zuständigen Stellen der Kirchen haben keinen Berufsbildungsausschuss zu gründen. Dies berücksichtigt die Entscheidung des Bundesverfassungsgerichts,[2] wonach die zwingende Errichtung von Berufsbildungsausschüssen die Religionsgemeinschaften in ihrem grundgesetzlich garantierten Recht, sich selbst zu organisieren und zu verwalten, verletzt. Außer den Regelungen über die Berufsbildungsausschüsse bleibt das Berufsbildungsgesetz für die Kirchen anzuwenden. So ist auch für die kirchenspezifischen Ausbildungsberufe (Pastor, Diakon, Kirchenmusiker usw.) auf die Eignung der Ausbildungsstätte und des Ausbildungspersonals zu achten. Ferner muss die Qualität der Ausbildung beachtet werden. Die arbeitsrechtlichen Vorschriften der §§ 10–26 gelten auch für kirchliche Ausbildungsverhältnisse. **3**

Soweit in Ausbildungsberufen ausgebildet wird, die der Handwerkskammer oder einer anderen Kammer zugeordnet sind, bleibt diese Kammer für die Überwachung der Ausbildung, des Ausbildungspersonals sowie der Ausbildungsstätte zuständig. **4**

---

1 *Wohlgemuth/Lakies* u. a. BBiG, 3. Auflage, § 74 Rn. 1.
1 Siehe auch die Zusammenstellung unter http://www.bmbf.de/pub/Kirchen_und_Religionsgemeinschaften.pdf.
2 14.5.1986, 2 BvL 19/84, NJW 1987, 427.

Abschnitt 2
Überwachung der Berufsbildung

§ 76 Überwachung, Beratung

(1) Die zuständige Stelle überwacht die Durchführung
1. der Berufsausbildungsvorbereitung,
2. der Berufsausbildung und
3. der beruflichen Umschulung
und fördert diese durch Beratung der an der Berufsbildung beteiligten Personen.
Sie hat zu diesem Zweck Berater oder Beraterinnen zu bestellen.
(2) Ausbildende, Umschulende und Anbieter von Maßnahmen der Berufsausbildungsvorbereitung sind auf Verlangen verpflichtet, die für die Überwachung
notwendigen Auskünfte zu erteilen und Unterlagen vorzulegen sowie die Besichtigung der Ausbildungsstätten zu gestatten.
(3) Die Durchführung von Auslandsaufenthalten nach § 2 Abs. 3 überwacht und
fördert die zuständige Stelle in geeigneter Weise. Beträgt die Dauer eines Ausbildungsabschnitts im Ausland mehr als vier Wochen, ist hierfür ein mit der
zuständigen Stelle abgestimmter Plan erforderlich.
(4) Auskunftspflichtige können die Auskunft auf solche Fragen verweigern,
deren Beantwortung sie selbst oder einen der in § 52 der Strafprozessordnung
bezeichneten Angehörigen der Gefahr strafgerichtlicher Verfolgung oder eines
Verfahrens nach dem Gesetz über Ordnungswidrigkeiten aussetzen würde.
(5) Die zuständige Stelle teilt der Aufsichtsbehörde nach dem Jugendarbeitsschutzgesetz Wahrnehmungen mit, die für die Durchführung des Jugendarbeitsschutzgesetzes von Bedeutung sein können.

Inhaltsübersicht   Rn.

1.   Allgemeines...   1
2.   Überwachung und Beratung (Abs. 1)......................   3
2.1 Überwachung..   4
2.2 Förderung durch Beratung   8
2.3 Bestellung von Beratern oder Beraterinnen (Abs. 1 Satz 2).......... 11
3.   Überwachung von Auslandsaufenthalten (Abs. 3).............. 14
4.   Auskunfts- und weitere Pflichten (Abs. 2 und 4) 18
4.1 Auskunfts- und weitere Pflichten (Abs. 2) 19
4.2 Auskunftsverweigerungsrecht (Abs. 4) 23
4.3 Ordnungswidrigkeit....................................... 26
5.   Mitwirkung beim Jugendschutz (Abs. 5) 27

1. Allgemeines

1   § 76 regelt die **Überwachung und Förderung** der Berufsbildung sowie die
hierzu normierten **Auskunftspflichten**. Der zuständigen Stelle obliegt es, die
Durchführung der Berufsbildung zu überwachen – mit Ausnahme der Durchführung der Fortbildung. Neben der Überwachungspflicht normiert Absatz 1
eine Förderungspflicht. Absatz 3 schafft eine besondere Überwachungspflicht
für Auslandsaufenthalte. In Absatz 2 begleitet der Gesetzgeber die Überwachungspflicht der zuständigen Stelle durch eine Auskunftspflicht der Anbieter der Berufsbildung. Lediglich in den Fällen des Absatzes 4 existieren Ausnahmen von dieser Auskunftspflicht. Absatz 5 normiert ebenso wie die Vorgän-

gerregelung in § 45 Absatz 3 BBiG 1969 eine Mitteilungspflicht der zuständigen Stelle, soweit das Jugendarbeitsschutzgesetz betroffen sein könnte.

§ 76 wurde durch das Berufsbildungsreformgesetz neu geregelt. Er knüpft an §45 BBiG 1969 an und bezieht betriebliche Berufsausbildungsvorbereitung sowie die berufliche Umschulung mit in die bereits bestehende Überwachung der Berufsausbildung ein. Die berufliche Fortbildung ist von der Überwachung der Durchführung ausgeschlossen, da sich die Regelungen der §§ 53 ff. ausschließlich auf die Durchführung von Prüfungen, nicht auf Fortbildungsmaßnahmen selbst beziehen. **2**

2. Überwachung und Beratung (Abs. 1)

Nach Absatz 1 überwacht die zuständige Stelle die **Durchführung** der Berufsausbildungsvorbereitung, der Berufsausbildung und der beruflichen Umschulung. Sie fördert diese Berufsbildungsmaßnahmen durch Beratung und hat hierfür Berater oder Beraterinnen zu bestellen. **3**

2.1 Überwachung

Durch die Überwachung der Durchführung der Berufsbildung soll sichergestellt werden, dass die Ausbildung entsprechend den Vorschriften des BBiG und der auf Basis des BBiG erlassenen Vorschriften (Ausbildungsordnungen, Satzungsrecht, Empfehlungen) durchgeführt wird. Der Gesetzgeber vertraut insoweit nicht auf die Gesetzestreue der Ausbildenden, sondern schafft mit § 76 eine **Kontrollinstanz**, die von Amts wegen die Einhaltung des Gesetzes zu überwachen hat. Es handelt sich um eine Pflichtaufgabe der zuständigen Stelle, die dies wahrnehmen muss. Gegenüber den Ausbildenden, Umschulenden und Anbietern von Maßnahmen handelt es sich um ein Überwachungsrecht, das durch den Auskunftsanspruch der zuständigen Stelle sowie durch ein **Zutrittsrecht** zu den Ausbildungsstätten gem. Absatz 2 begleitet wird. **4**

Die Überwachungspflicht und der Überwachungsanspruch beziehen sich auf die »Durchführung« der Berufsbildung. Zur Durchführung der Berufsbildung gehört bereits dem Wortlaut nach die **tatsächliche Gestaltung und die praktische Umsetzung** der Berufsbildung. Dem Zweck der Regelung nach gehört aber auch die Aufnahme von Vertragsverhandlungen mit zukünftigen Auszubildenden zur Durchführung der Berufsbildung, wenn der Betrieb bislang nicht ausgebildet hat. Die Überwachungspflicht führt dann dazu, dass der Berufsausbildungsvertrag nach den Vorschriften des BBiG abgeschlossen wird.[1] Die Überwachung setzt nicht nur dann ein, wenn die Tätigkeit im Bereich der Berufsbildung vom Betrieb der zuständigen Stelle angezeigt wurde. Die zuständige Stelle hat auch tätig zu werden, wenn der begründete Verdacht besteht, dass ein Betrieb ausbildet, an der Ausbildungsvorbereitung teilnimmt, oder umschult. Das Gleiche gilt für den Fall, dass ein Betrieb beabsichtigt, zukünftig auszubilden. **5**

Überwachungspflicht und Überwachungsanspruch aus Absatz 1 stehen neben der besonderen Überwachungspflicht aus § 32 für die Eignung von Ausbildungsstätte und Ausbildungspersonal.[2] Die Überwachung bezieht sich auf die **6**

---

1 *Braun/Mühlhausen* BBiG, § 45 a.F. Rn. 16.
2 *Leinemann/Taubert* BBiG, § 76 Rn. 6.

Berufsausbildungsvorbereitung, die Berufsausbildung und die berufliche Umschulung. Ausgeschlossen von der Überwachung ist die **berufliche Fortbildung**. Gemäß § 3 Abs. 1 bezieht sich die Überwachung zudem auch nicht auf die Berufsbildung, die in berufsbildenden Schulen durchgeführt wird, die den Schulgesetzen der Länder unterstehen. Diese unterliegen der Überwachung durch die jeweiligen **Schulbehörden**.

Die zuständige Stelle entscheidet nach pflichtgemäßem Ermessen, welche Maßnahmen sie für ihre Überwachungstätigkeit trifft. Mögliche **Informationsquellen** sind Betriebsbegehungen, persönliche Gespräche mit Ausbildenden, Ausbildern, Auszubildenden, Betriebsräten oder Jugend- und Auszubildendenvertretungen, Sprechtage und Fachveranstaltungen. Schriftliche Informationsquellen können sowohl Auskünfte der Ausbildenden als auch Berichtshefte der Auszubildenden sein. Hält die zuständige Stelle andere Informationsquellen für geeignet, kann sie auf diese zurückgreifen.

Die Überwachungspflicht beinhaltet, dass methodisch und planmäßig kontrolliert wird, ob die Berufsbildung ordnungsgemäß durchgeführt wird. Nicht ausreichend ist, wenn die zuständige Stelle lediglich darauf wartet, dass ihr Missstände bekannt gegeben werden. Methodisches oder planmäßiges Vorgehen kann z. B. durch Stichproben oder Regelmäßigkeiten bei Gesprächen oder Betriebsbesichtigungen erreicht werden.

7 Der Bundesausschuss für Berufsbildung hat am 16. März 1976 »Grundsätze über Methoden und Mittel der Überwachung der Berufsbildung« beschlossen:[3]

Grundsätze über Methoden und Mittel der Überwachung der Berufsbildung
Der Bundesausschuss für Berufsbildung hat am 24. August 1973 »Grundsätze für die Beratung und Überwachung der Ausbildungsstätten durch Ausbildungsberater«[4] beschlossen. Hierin sind vor allem Aussagen über den Status des Ausbildungsberaters, seine Qualifikation, die erforderliche Zahl sowie Hinweise über die formelle Aufgabenerfüllung enthalten.
Allgemeine Kriterien für die Eignung der Ausbildungsstätten, an denen sich unter anderem die Ausbildungsberater bei ihrer Überwachungstätigkeit orientieren können, sind in der Empfehlung des Bundesausschusses für Berufsbildung über die Eignung der Ausbildungsstätten[5] vom 28./29. März 1972 niedergelegt.
Der Bundesausschuss verfolgt mit den folgenden Grundsätzen die Absicht, die Überwachungstatbestände übersichtlich zusammenzufassen und Methoden und Mittel der Überwachung der Berufsbildung aufzuzeigen.
Den an der Durchführung der Berufsbildung beteiligten Stellen wird empfohlen, nach diesen Grundsätzen zu verfahren.

1. Zuständigkeiten
1.1 Zuständige Stellen
Die zuständigen Stellen überwachen die Einhaltung des Berufsbildungsgesetzes (BBiG) und der Handwerksordnung (HwO). Die Aufgaben der zuständigen Stellen im Sinne des Berufsbildungsgesetzes, die unmittelbar oder mittelbar die Überwachung der beruflichen Bildung betreffen, sind in der Übersicht 1 enthalten. In Betracht kommende Überwachungstatbestände sind in die Übersicht 2 aufgenommen.

---

3 Bundesausschuss für Berufsbildung, 16.3.1976, Beschluss Nr. 38, BWP 2/1976; www. bibb.de/de/32327.htm.
4 S. Rn. 13.
5 S. § 27 Rn. 15.

Malottke

1.2 Zuständige Behörden
Die zuständigen Behörden haben im Interesse der Berufsbildung die in der Übersicht 3 enthaltenen Maßnahmen zu treffen.

1.3 Zuständige oberste Landesbehörden
Die zuständigen obersten Landesbehörden überprüfen als Dienstaufsichtsbehörde Eingaben gegen Maßnahmen der nach Landesrecht zuständigen Behörden, falls sie nicht selbst deren Aufgaben wahrnehmen.

Außerdem üben die zuständigen obersten Landesbehörden über die zuständigen Stellen die Rechtsaufsicht aus. Im Rahmen der Rechtsaufsicht haben sie dafür zu sorgen, dass die zuständigen Stellen die ihnen nach dem Berufsbildungsgesetz (Übersicht 1) oder Satzungsrecht obliegenden Überwachungsaufgaben erfüllen.

1.4 Andere Überwachungsinstitutionen
Für die Überwachung der Einhaltung anderer Rechtsvorschriften, die für die Berufsbildung bedeutsam sind, sind nicht die zuständigen Stellen, sondern andere Verwaltungsbehörden und Körperschaften des öffentlichen Rechts, z. B. Gewerbeaufsichtsämter, Berufsgenossenschaften, Arbeitsämter oder Hauptfürsorgestellen verantwortlich. Die Nichteinhaltung solcher Rechtsvorschriften durch Ausbildende kann auch gegen ihre Eignung und damit gegen die Eignung der Ausbildungsstätte nach dem Berufsbildungsgesetz sprechen. Es handelt sich dabei um Rechtsvorschriften, die dem Schutz der Arbeitnehmer dienen, z. B. um das Jugendarbeitsschutzgesetz, die Arbeitszeitordnung, die Reichsversicherungsordnung, die Gewerbeordnung und technische Arbeitsschutzvorschriften.

Darüber hinaus sind die Rehabilitationsträger – die Bundesanstalt für Arbeit, die Träger der gesetzlichen Unfall- und Rentenversicherung, die Kriegsopferfürsorge und Sozialhilfe – verpflichtet, sicherzustellen, dass die dem Behinderten gewährte berufliche Bildungsmaßnahme ordnungsgemäß und sachgerecht durchgeführt wird.

2. Zusammenarbeit
Die Überwachung der Berufsbildung erfordert eine ständige Zusammenarbeit zwischen den an der beruflichen Bildung Beteiligten, den betrieblichen Stellen (Insbesondere Betriebsleitung, Betriebsrat und Ausbilder), den berufsbildenden Schulen, den zuständigen Stellen, Behörden und öffentlichrechtlichen Körperschaften.

3. Betrieb und Schule
Nicht unter das Berufsbildungsgesetz fallen die berufsbildenden Schulen, die dem Schulrecht der Länder unterstehen. Dennoch besteht zwischen dem Schulrecht der Länder und dem BBiG ein Sach- und Wirkungszusammenhang, der im Rahmen der betrieblichen Berufsausbildung schulbezogene Pflichten begründet. Dieser Sach- und Wirkungszusammenhang zwischen Ausbildungsstätten und berufsbildenden Schulen zeigt sich insbesondere bei folgenden Tatbeständen: § 7 BBiG, § 9 Nr. 2 BBiG, § 14 BBiG, § 29 BBiG / § 27 a HwO.

Der Bundesausschuss für Berufsbildung regt deshalb an, dass die Landesausschüsse für Berufsbildung entsprechend ihrer weitergehenden Kompetenz nach § 55 BBiG, insbesondere auf eine enge Zusammenarbeit zwischen der betrieblichen und schulischen Berufsausbildung hinzuwirken, diese Grundsätze um den schulischen Teil ergänzen.

4. Mittel und Methoden der Überwachung
Zur Überwachung gehören zunächst Informationen, mit deren Hilfe sich die zuständigen Stellen Kenntnisse über die Eignung der Ausbildungsstätten, die persönliche Eignung des Ausbildenden, die persönliche und fachliche Eignung des Ausbilders und über die ordnungsmäßige Durchführung der Berufsbildung verschaffen. In der Regel gehen den zuständigen Stellen Informationen über die Ausbildungsstätten zu; außerdem werden Informationen von den zuständigen Stellen, den von den zuständigen

Stellen bestellten Ausbildungsberatern oder anderen von den zuständigen Stellen Beauftragten, die nicht Angehörige der zuständigen Stellen zu sein brauchen, eingeholt (s. methodische Beispiele in Übersicht 4 *[nicht abgedruckt]*). Die Ausbildenden sind verpflichtet, die für die Überwachung notwendigen Auskünfte zu erteilen. Außerdem können Auszubildende, Erziehungsberechtigte und Betriebsräte Auskünfte geben.

Mündliche Informationen erhalten die zuständigen Stellen und ihre Vertreter unter anderem bei Betriebsbegehungen, persönlichen Gesprächen, Sprechtagen und Fachveranstaltungen. Darüber hinaus können unter anderem schriftliche Auskünfte, Unterlagen des Ausbildenden, Berichtshefte oder Tätigkeitsberichte des Auszubildenden angefordert werden. Außerdem können sich die zuständigen Stellen im Einzelfall oder auf dem Wege allgemeiner Erhebungen über besondere Umstände unterrichten lassen, die einen Hinweis für die Qualität der Ausbildung geben.

Dabei ist methodisch und planmäßig vorzugehen; denn nur durch ein solches Vorgehen beim Einsatz der Mittel wird die Aufgabe gelöst werden, die Qualität der beruflichen Bildung zu sichern. Ausgewählte Beispiele in Übersicht 4 *(nicht abgedruckt)* dienen daher den beteiligten Stellen zur besseren Durchführung der Überwachung der Berufsbildung und der Ausbildungsberatung.

Die zuständigen Stellen können auch Informationen von Verwaltungsbehörden oder Körperschaften des öffentlichen Rechts einholen, deren Überwachung sich auf Mängel erstreckt, die gleichzeitig die Eignung der Ausbildungsstätte, des Ausbildenden oder des Ausbilders infrage stellen (vgl. 1.4). Werden Mängel festgestellt, sollten diese in erster Linie im persönlichen Gespräch, durch schriftliche Hinweise, Belehrungen und Anordnungen behoben werden, falls der Mangel zu beheben und eine Gefährdung des Auszubildenden nicht zu erwarten ist.

Ist der Mangel nicht zu beheben oder ist eine Gefährdung des Auszubildenden zu erwarten oder wird der Mangel nicht in der gesetzten Frist beseitigt, haben die zuständigen Stellen die zuständigen Behörden einzuschalten.

Viele Mängel lassen sich vermeiden, wenn die zuständigen Stellen alle an der Berufsbildung Beteiligten, besonders die Ausbildenden, Betriebsräte, Ausbilder und Auszubildenden, rechtzeitig und umfassend informieren.

2.2 Förderung durch Beratung

8   Nach Absatz 1 Satz 1 ist die zuständige Stelle verpflichtet, die Durchführung der Berufsbildung durch **Beratung** der an der Berufsbildung beteiligten Personen zu fördern. Ziel der Beratung ist die **Förderung der Berufsausbildungsvorbereitung, der Berufsausbildung, sowie der Umschulung.** Die Förderung kann sich sowohl auf die Quantität, also die Anzahl der Ausbildungsplätze in einem Betrieb oder das Finden weiterer ausbildungswilliger Betriebe beziehen, also auch auf die Ausbildungsqualität.

Wie die Beratung erfolgt, steht im pflichtgemäßen **Ermessen** der **zuständigen Stelle.** Denkbar sind sowohl an eine Mehrzahl von Adressaten gerichtete Beratungsangebote, wie Broschüren oder Internetseiten sowie Gespräche oder andere persönliche Informationen. Der Beratungspflicht wird sowohl durch initiative Beratungen durch die Ausbildungsberater genügt, als auch durch Beratungen, die aufgrund einer **Nachfrage** erfolgen. Ergibt sich im Rahmen der Überwachung, dass Ausbildungsmängel vorliegen, kann das Ermessen der zuständigen Stelle bei der Beratung dahingehend eingeschränkt sein, dass ein Beratungsgespräch mit dem Ausbildenden über die Verbesserung der Ausbildungsqualität geführt werden muss.

Die **Beratungspflicht** besteht gegenüber allen an der Berufsbildung beteiligten Personen. Dies sind sowohl die Ausbildenden und Umschulenden sowie die

Veranstalter von Maßnahmen der Berufsausbildungsvorbereitung als auch deren Teilnehmer, Auszubildende und Umschüler. Die Beratungsgegenstände werden je nach Gesprächspartner unterschiedlich sein.

Eine **Übersicht** über die möglichen Beratungsgegenstände je nachdem ob es sich **9**
um Ausbildende oder Auszubildende handelt, findet sich in den »Grundsätzen für die Beratung und Überwachung der Ausbildungsstätten durch Ausbildungsberater«.[6] Ganz grundsätzlich können die Ausbildungsberater beraten über:

- Ausbildungsmöglichkeiten;
- Ausbildungsvertrag sowie die sich daraus ergebenden Rechte und Pflichten;
- Art und Einrichtung der Ausbildungsstätte;
- Anforderungen an die persönliche und fachliche Eignung der Ausbildenden und der Ausbilder sowie die Bestellung von Ausbildern;
- Verkürzung und Verlängerung von Ausbildungszeiten;
- Berichtsheftführung;
- Zwischen- und Abschlussprüfungen (Anmeldung, Zulassung, Anforderungen und Ablauf);
- Aufstiegs-, Fortbildungs- und Fördermöglichkeiten sowie
- Teilnahme an Ausbildungsmaßnahmen außerhalb der Ausbildungsstätte.

Beratung bedeutet über das zur Verfügung stellen von Informationen in fach- **10**
lichen und rechtlichen Fragen auch Unterstützung beim Bewältigen von **Konflikten** und **Streitigkeiten** in der Ausbildung.

Die Beratung für den Übergang von der Schule in das System der Berufsbildung nach dem BBiG wird unterstützt durch die allgemeinbildenden Schulen sowie die Bundesagentur für Arbeit. Nach der Rahmenvereinbarung über die Zusammenarbeit von Schule und Berufsberatung[7] stellt die **Berufswahlorientierung** einen festen Bestandteil der schulischen Arbeit dar. Darüber hinaus unterstützt die Schule Schülerinnen und Schüler in Kooperation mit der regionalen Wirtschaft über Praktika und andere betriebliche Kontakte dabei, reale Einblicke in die Arbeitswelt zu bekommen. Demgegenüber unterstützt die Berufsberatung der Bundesagentur für Arbeit durch schulische Veranstaltungen, Berufsinformationszentren sowie weitere Informationsmedien. Für die Durchführung der Berufsbildung ist die Erarbeitung präventiver Strategien von Bundesagentur für Arbeit und Kultusministerkonferenz geplant, um aus Ausbildungsabbrüche zu vermeiden und eine zügige Eingliederung von Abbrecherinnen und Abbrechern zu befördern.[8] Zusätzlich existiert eine Rahmenvereinbarung »über die Zusammenarbeit der Industrie- und Handelskammern sowie der Handwerkskammern mit den Dienststellen der Bundesanstalt für Arbeit auf dem Gebiet der Berufsberatung«,[9] nach der sowohl für die Vermittlung von Ausbildungsstellen als auch für die weitere Qualifizierung von Ausbildungsabbrechern Maßnahmen vereinbart werden. Aufgrund der Vielzahl der derzeitigen Netzwerke und Kooperationsvereinbarungen ist kritisch zu hinterfragen, ob bezüglich der Be-

---

6 Siehe Rn. 7.
7 http://www.kmk.org/fileadmin/veroeffentlichungen_beschluesse/2004/2004_10_15-RV-Schule-Berufsberatung.pdf.
8 A. a. O. 2.4.
9 Vom 12.11.1973, Dienstblatt-Runderlass der Bundesanstalt für Arbeit 118/94, abgedruckt unter *Leinemann/Taubert* BBiG Anhang 3 zu § 76.

ratungspflicht alle Beratungsbereiche und individuellen Beratungsbedarfe abgedeckt werden.[10]

2.3 Bestellung von Beratern oder Beraterinnen (Abs. 1 Satz 2)

11 Die zuständige Stelle muss Berater bestellen. Soweit das Gesetz nun mehr »Berater« anstelle von »Ausbildungsberatern« (§ 45 BBiG 1969) verlangt, ergibt sich dies daraus, dass die Berater seit dem Berufsbildungsreformgesetz nicht mehr alleine für die Beratung bei der Berufsausbildung, sondern auch für die Berufsbildungsvorbereitung sowie die Umschulung zuständig sind. Die Berater sind »zu diesem Zweck« zu bestellen. Ganz allgemein wird unter »zu diesem Zweck« der gesamte Satz 1 des Absatzes 1 verstanden.[11] Dem Wortlaut nach werden die Berater für die Beratung zur Förderung der Durchführung der Berufsbildung bestellt. Dies ergibt sich bereits aus ihrer Amtsbezeichnung und der grammatikalischen Auslegung (»zu diesem Zweck«).

12 Absatz 1 Satz 2 regelt nicht, welche Anforderungen an die Berater zu stellen sind. Die Anforderungen ergeben sich damit aus der Aufgabe gem. Absatz 1 Satz 1: Die Berater müssen in der Lage sein, zur Berufsausbildungsvorbereitung, zur Berufsausbildung sowie zur Umschulung allgemein und individuell zu **beraten**. Dabei wird es sowohl auf eine Sach- als auch auf eine Beratungskompetenz ankommen. Nicht erforderlich ist, dass die Berater Arbeitnehmer der zuständigen Stelle sind. Sie können **nebenberuflich oder ehrenamtlich** beschäftigt sein.[12] Die Berater nehmen bei der zuständigen Stelle Aufgaben der öffentlichen Verwaltung wahr. Die Aufgaben der öffentlichen Verwaltung, in diesem Fall der zuständigen Stelle, sind die Überwachung der Durchführung der Berufsbildung sowie die Beratung zu diesen Themen. Die Berater sind Amtsträger im Sinne des § 11 Abs. 1 Nr. 2 StGB. Für ihre Bestellung bedarf es eines Bestellungsakts der zuständigen Stelle. Dieser bedarf keiner Form. Er muss sich aber in einer Weise vollziehen, dass die Berater nach außen hin als Repräsentanten der zuständigen Stelle erscheinen und auftreten können.[13] Eines Amtseids bedarf es nicht. Mit der Bestellung als Berater geht nicht einher, Verwaltungsentscheidungen der zuständigen Stelle zu treffen. Lediglich die Beratungsaufgabe und – nach der dargestellten überwiegenden Auffassung – die Überwachungspflicht einschließlich des Auskunftsanspruchs und des Zutrittsrechts zu den Ausbildungsstätten wird durch den bestellten Berater ausgeübt.

13 Das Gesetz trifft keine Aussage darüber, wie viele Berater die zuständige Stelle zu bestellen hat. In den »**Grundsätze für die Beratung und Überwachung der Ausbildungsstätten durch Ausbildungsberater**«, die der Bundesausschuss für Berufsbildung am 24. August 1973 beschlossen hat[14] wird empfohlen, die Zahl der Ausbildungsberater so festzusetzen, dass jede Ausbildungsstätte **mindes-**

---

10 *Baron,* Das duale System der Berufsausbildung unter dem Einfluss der europäischen Berufsbildungspolitik. Entwicklungsprozesse und Herausforderungen, Bonn 2007, S. 38 als »elektronische Ressource« unter http://www.d-nb.de/netzpub/index.htm.

11 *Leinemann/Taubert* BBiG § 76 Rn. 16; *Braun/Mühlhausen,* BBiG, § 45 a. F.

12 *Leinemann/Taubert* BBiG § 76 Rn. 19.

13 *BayObLG,* NJW 1996, 268, 270; *Leimbrock* Strafrechtliche Amtsträger, Tübingen 2009, S. 351.

14 Zeitschrift für Berufsbildungsforschung 4/1973, unter www.bibb.de/de/32327.htm, Beschluss Nr. 19.

tens einmal im Jahr aufgesucht und überprüft werden kann sowie Beratungs- und Überwachungsaufgaben wahrgenommen werden können:

Grundsätze für die Beratung und Überwachung der Ausbildungsstätten durch Ausbildungsberater

Gemäß § 45 Abs. 1 und § 47 Abs. 4 BBiG sowie § 41a und§ 42a Abs. 4 HwO sind die zuständigen Stellen verpflichtet, die Durchführung der Berufsausbildung und der beruflichen Umschulung zu überwachen und sie durch Beratung der Ausbildenden und Auszubildenden bzw. Umschüler zu fördern.

Zu diesem Zweck hat die zuständige Stelle die erforderliche Anzahl Ausbildungsberater zu bestellen.

Im Interesse einer einheitlichen Handhabung sollen die zuständigen Stellen die folgenden Grundsätze für die Beratung und Überwachung der betrieblichen und überbetrieblichen Ausbildungsstätten durch Ausbildungsberater anwenden.

Die zuständigen Stellen werden aufgefordert, die nachfolgende Regelung durch den Berufsbildungsausschuss beschließen zu lassen und in Kraft zu setzen.

I. Status des Ausbildungsberaters

Die Ausbildungsberater sind in der Regel hauptberuflich (hauptamtlich) tätig. Daneben können nebenberufliche (nebenamtliche) und ehrenamtliche Ausbildungsberater, insbesondere für spezielle Ausbildungsberufe und Aufgaben, bestellt werden. Die Ausbildungsberater sind der zuständigen Stelle für Ihre Tätigkeit verantwortlich. Die von der zuständigen Stelle bestellten hauptberuflichen. nebenberuflichen und ehrenamtlichen Ausbildungsberater sind unter Angabe Ihres Zuständigkeitsbereichs allen interessierten Kreisen in geeigneter Weise bekanntzumachen.

II. Qualifikationsmerkmale des Ausbildungsberaters

Der Ausbildungsberater hat die Eignung als Ausbilder im Sinne des Berufsbildungsgesetzes bzw. der Handwerksordnung zu erfüllen und eine mehrjährige Berufserfahrung nachzuweisen.

III. Aufgaben des Ausbildungsberaters

1. Beratung der an der Berufsausbildung Beteiligten
2. Überwachung der Durchführung der Berufsausbildung
3. Mitwirkung bei der Zusammenarbeit der zuständigen Stelle mit betrieblichen und außerbetrieblichen Stellen

Zu 1. Beratung der an der Berufsausbildung Beteiligten

1.1 Beratung der Ausbildenden und Ausbilder:

z. B.:

Ausbildungsmöglichkeiten (Ausbildungsberufe – Ausbildungsordnungen)

Ausbildungsvertrag insbes. Ausbildungspflichten

Art und Einrichtung der Ausbildungsstätte

Angemessenes Verhältnis zwischen Ausbildenden/Ausbildern/Fachkräften/Ausbildungsplätzen und Auszubildenden

Persönliche und fachliche Eignung der Ausbildenden und Ausbilder Bestellung von Ausbildern

Sachliche und zeitliche Gliederung der Ausbildung (betrieblicher Ausbildungsplan) und gegebenenfalls ergänzende Maßnahmen

Verkürzung der Ausbildungszeiten (Anrechnung, Abkürzung, vorzeitige Zulassung) und Verlängerung

Berufs- und arbeitspädagogische Fragen der Ausbildung Berichtsheftführung bzw. Ausbildungsnachweis

Berufsschulbesuch und Teilnahme an Ausbildungsmaßnahmen außerhalb der Ausbildungsstätte

Zwischen- und Abschlussprüfungen (Anmeldung, Zulassung, Anforderungen und Ablauf)
Zusammenarbeit mit den an der Ausbildung Beteiligten, insbesondere den Erziehungs-berechtigten und berufsbildenden Schulen
Einschlägige Gesetze, Vorschriften und Anordnungen
1.2 Beratung der Auszubildenden
z. B.:
Rechte und Pflichten aus dem Ausbildungsverhältnis
Verkürzung der Ausbildungszeiten (Anrechnung, Abkürzung, vorzeitige Zulassung) und Verlängerung
Berufsschulbesuch und Teilnahme an Ausbildungsmaßnahmen außerhalb der Ausbil-dungsstätte
Zwischen- und Abschlussprüfungen (Anmeldung, Zulassung, Anforderungen und Ablauf)
Aufstiegs-, Fortbildungs- und Förderungsmöglichkeiten Hinweise auf Beratungsmög-lichkeiten bei Leistungs- und Entwicklungsstörungen.

Zu 2. Überwachung der Durchführung der Berufsausbildung
z. B.: Art und Einrichtung der Ausbildungsstätte
Angemessenes Verhältnis zwischen Ausbildenden / Ausbildern / Fachkräften / Ausbil-dungsplätzen und Auszubildenden
Persönliche und fachliche Eignung der Ausbildenden und Ausbilder
Einhaltung der Ausbildungsordnung und des betrieblichen Ausbildungsplanes
Einhaltung des Verbots der Beschäftigung mit ausbildungsfremden Arbeiten
Freistellung zum Besuch der Berufsschule von Ausbildungsmaßnahmen außerhalb der Ausbildungsstätte
Kostenlose Bereitstellung der Ausbildungsmittel
Anwendung der einschlägigen Vorschriften (z. B. BBiG. JArbSchG. MuSchG und sons-tige arbeits- und sozialrechtliche Vorschriften)
Erfüllung von Auflagen zur Behebung von Mängeln i. S. von § 22 Abs. 2 und § 23 Abs. 2 BBiG sowie § 23 a Abs. 2 HwO.

Zu 3. Mitwirkung bei der Zusammenarbeit der zuständigen Stellen mit betrieblichen und außerbetrieblichen Stellen
Der Ausbildungsberater hat im Rahmen seiner Tätigkeit bei der Zusammenarbeit der zuständigen Stelle mit der Betriebsleitung bzw. der Verwaltung und dem Betriebsrat bzw.
dem Personalrat sowie mit der Berufsberatung, den beruflichen Schulen, der Gewer-beaufsicht und sonstigen Stellen mitzuwirken.

IV. Verfahren für die Beratung und Überwachung
Die Beratungs- und Überwachungsaufgaben soll der Ausbildungsberater erfüllen durch
– Besuche der Ausbildungsstätten
– regelmäßige Sprechstunden bzw. Sprechtage
– Einzel- oder Gruppenberatung
– Informationsveranstaltungen für Ausbildende, Ausbilder und Auszubildende.
Dabei hat der Ausbildungsberater von einem Arbeitsplan bzw. Zeitplan auszugehen, der sicherstellt, dass die in seinem Bereich liegenden Ausbildungsstätten mindestens in jährlichem Turnus aufgesucht werden. Der Plan hat zu berücksichtigen, dass die Aus-bildungsstätten bei gegebener Veranlassung (Beschwerden oder sonstige aktuelle An-lässe) mit Vorrang zu prüfen sind.
Zur Erfüllung seiner Aufgaben sind die Ausbildenden gemäß § 45 Abs. 1 BBiG und § 111 HwO verpflichtet, die für die Überwachung notwendigen Auskünfte zu erteilen und Unterlagen vorzulegen sowie die Besichtigung der Ausbildungsstätten zu gestatten.
Der Auskunftspflichtige kann die Auskunft auf solche Fragen verweigern, deren Beant-wortung ihn selbst oder einen der in § 52 Abs. 1 Nr. 1–3 der Strafprozessordnung

bezeichneten Angehörigen der Gefahr strafgerichtlicher Verfolgung oder eines Verfahrens nach dem Gesetz über Ordnungswidrigkeiten aussetzen würde.
Der Ausbildungsberater ist gemäß § 98 BBiG bzw. § 116 HwO zur Verschwiegenheit über fremde Geheimnisse, namentlich über Betriebs- und Geschäftsgeheimnisse, verpflichtet.

V. Zahl der Ausbildungsberater
Die Zahl der Ausbildungsberater ist so festzusetzen, dass jede Ausbildungsstätte mindestens einmal im Jahr aufgesucht und überprüft werden kann sowie Beratungs- und Überwachungsaufgaben nach Ziffer III und IV wahrgenommen werden können.
Die Anzahl der Ausbildungsberater ist von folgenden Faktoren abhängig:
– Zahl der Ausbildungsstätten
– geographische Verteilung der Ausbildungsstätten
– Zahl der Auszubildenden jeweils in gewerblichen, kaufmännischen oder sonstigen Fachbereichen
– Verteilung der Auszubildenden auf die Ausbildungsstätten.
Soweit möglich, sollen Ausbildungsberater fachspezifisch eingesetzt werden ihr Tätigkeitsbereich kann aber auch berufsfeld- oder fachbereichsbezogen sein.

VI. Berichterstattung über die Tätigkeit
Der Ausbildungsberater berichtet regelmäßig mindestens einmal jährlich dem Berufsbildungsausschuss der zuständigen Stelle über die Tätigkeit und die dabei gewonnenen Erfahrungen.

3. Überwachung von Auslandsaufenthalten (Abs. 3)

In Absatz 3 ist für die Durchführung von Auslandsaufenthalten nach § 2 Abs. 3 **14** eine besondere Regelung geschaffen worden, wie die zuständige Stelle überwachen und fördern kann. Die gesonderte Regelung ist nötig, weil die Möglichkeiten der zuständigen Stelle, ihre Pflichten nach Absatz 1 bei einem Auslandsaufenthalt zu erfüllen, **begrenzt** sind. Dies ergibt sich zum einen aus der fehlenden Hoheitsgewalt der zuständigen Stelle im Ausland. Zum anderen ist rein praktisch das Überwachen, Prüfen und Betreuen vor Ort im Ausland kaum möglich. Absatz 3 sieht daher im Unterschied zu Absatz 1 vor, dass die zuständige Stelle die Ausbildung im Ausland lediglich »in geeigneter Weise« überwacht und fördert.
Absatz 3 gibt den zuständigen Stellen den nötigen Spielraum, um flexibel Mög- **15** lichkeiten der Überwachung und Betreuung zu nutzen. Sie können bspw. die im Rahmen der Teilnahme an EU-Programmen bestehenden **Berichtspflichten** der Auszubildenden zur Kontrolle nutzen (Zwischen- und Endbericht) oder können in Kooperation mit ausländischen Kammern vorgehen (wie dies in zahlreichen regionalen grenzübergreifenden Projekten bereits geschieht). Sie können insbesondere auch **mit** und / oder **über Mittlerorganisationen** agieren.
Die Anforderungen an eine Überwachung steigen mit der Länge eines Aus- **16** landsaufenthaltes. Für Auslandsaufenthalte über vier Wochen ist daher ein mit der zuständigen Stelle abgestimmter Plan erforderlich. Der Begriff »Plan« wurde vom Gesetzgeber bewusst **offen** formuliert, um den zuständigen Stellen Spielraum zu geben. So können sie sich etwa der Instrumente der EU-Förderprogramme bedienen. Ein durch LEONARDO geförderter Auslandsaufenthalt eines oder einer Auszubildenden setzt einen detaillierten Vertrag zwischen aufnehmendem und entsendendem Betrieb und Auszubildendem voraus, in dem konkrete Rechte und Pflichten der Beteiligten, Ausbildungsinhalte etc. beschrieben werden müssen. Ein solcher Vertrag kann »Plan« i.S. des § 76 sein.

Fragen, wie etwa die **Geeignetheit** von Ausbildungspersonal und Ausbildungsstätte und die Einhaltung der Ausbildungsordnung sind anhand dieses Plans zu prüfen.[15]

17   Aus der gesonderten Überwachungspflicht ergibt sich zwingend eine **Informationspflicht** des Ausbildenden gegenüber der zuständigen Stelle, wenn er einen Auslandsaufenthalt für die Auszubildenden plant. Nur so kann die zuständige Stelle abwägen, wie sie den Auslandsaufenthalt in geeigneter Weise überwacht und darauf achten, dass sie gem. Satz 2 einen Plan mit dem Ausbildenden abstimmen kann. Die Information muss der Ausbildende der zuständigen Stelle als Teil seines Ausbildungsplans oder als Änderung seines Ausbildungsplans gem. § 35 vorlegen, damit die zuständige Stelle überprüfen kann, ob die Ausbildung auch mit dem Auslandaufenthalt den Vorschriften des BBiG und der Ausbildungsordnung entspricht.

Für die Freistellung von der Berufsschule während des Auslandsaufenthalts existiert eine Bund-Länder-Vereinbarung »Teilnahme von Berufsschülern/Berufsschülerinnen an Austauschmaßnahmen mit dem Ausland« vom 08. 06. 1999 (abgedruckt unter § 2 Rn. 24).

4. Auskunfts- und weitere Pflichten (Abs. 2 und 4)

18   Absatz 2 regelt die Pflichten der an der Ausbildung Beteiligten, Absatz 4 Ausnahmen hiervon.

4.1 Auskunfts- und weitere Pflichten (Abs. 2)

19   Nach Absatz 2 sind Ausbildende, Umschulende und Anbieter von Maßnahmen der Berufsausbildungsvorbereitung verpflichtet, der zuständigen Stelle die für die Überwachung notwendigen Auskünfte zu erteilen und Unterlagen vorzulegen, sowie die Besichtigung der Ausbildungsstätten zu gestatten. Aus der Systematik des Absatzes ergibt sich, dass die Auskunftspflicht sowie die Herausgabe- und Duldungspflichten vom Gesetzgeber als **Überwachungsmaßnahmen** der zuständigen Stelle gesehen werden.

Voraussetzung für die Verpflichtung, ist ein entsprechendes **Verlangen** der zuständigen Stelle. Das Verlangen besitzt Verwaltungsaktqualität, wenn ersichtlich ist, dass der Betroffene entsprechend **verpflichtet werden soll**. Dabei ist die bloße Bitte um Auskunft, um Vorlage von Unterlagen oder darum, das Besichtigen der Ausbildungsstätte zu gestatten, **nicht ausreichend**. Erforderlich ist eine **Anordnung**.

20   Zweite Voraussetzung für die Verpflichtung der Ausbildenden, Umschulenden und Anbieter von Maßnahmen der Berufsausbildungsvorbereitung ist, dass das konkrete Verlangen für die Überwachung gem. Absatz 1 notwendig ist. Absatz 2 verpflichtet die Ausbildenden, Umschulenden und die Anbieter von Berufsausbildungsvorbereitungsmaßnahmen bzw. jeweils deren gesetzliche Vertreter. Die Auskünfte müssen allerdings nicht persönlich erteilt werden, ebenso wenig müssen die Unterlagen persönlich ausgehändigt werden oder die Verpflichteten selbst bei einer Betriebsbegehung anwesend sein. Andere Personen können mit der Erfüllung der Pflichten beauftragt werden. Die Verpflichteten bleiben jedoch dafür verantwortlich, dass die Pflicht erfüllt wird.

---

15   Regierungsentwurf, BT-Drucks. 15/3980, S. 142.

Auskünfte sind alle Informationen, die die Berufsausbildung, Umschulung oder **21** das Berufsausbildungsvorbereitungsverhältnis betreffen. Nicht erheblich ist, ob es sich um konkrete Berufsbildungsverhältnisse oder um die allgemeinen Rahmenbedingungen wie die Eignung von Ausbildungsstätte oder Ausbildungspersonal handelt. So können Auskünfte z. B. dazu eingeholt werden, ob Auszubildende mit ausbildungsfremden Arbeiten beschäftigt werden oder ob die der zuständigen Stelle benannten Ausbilder tatsächlich präsent sind. Die Auskunftspflicht der Ausbildenden, Umschulenden und Träger der Berufsausbildungsvorbereitungsmaßnahmen beschränkt nicht die Möglichkeit der zuständigen Stelle, bei anderen betrieblichen Stellen Auskünfte einzuholen. Das Auskunftsrecht der zuständigen Stelle gegenüber Betriebsrat, einzelnen Auszubildenden, Jugend- und Auszubildendenvertretung, Ausbildern sowie Ausbildungsmitwirkenden bleibt bestehen.

Unterlagen sind Informationsquellen, die für die Berufsbildung im Zuständig- **22** keitsbereich der zuständigen Stelle **wesentlich** sind, d. h. ohne die die Überwachungstätigkeit nicht angemessen und ausreichend wahrgenommen werden kann.[16] Unterlagen meint nicht nur schriftlich fixierte Informationen, sondern auch Aufzeichnungen auf digitalen Medien. Ausbildungsstätte meint die **räumlichen Einheiten**, in denen die Ausbildung stattfindet. Dies können sowohl Ausbildungswerkstätten sein als auch – soweit die Ausbildung im gesamten Betrieb stattfindet – der Betrieb.

4.2 Auskunftsverweigerungsrecht (Abs. 4)

Absatz 4 entspricht inhaltlich § 45 Abs. 2 BBiG 1969. Die Regelung spiegelt den **23** Grundgedanken wieder, dass niemand **sich selbst belasten** muss, wenn er eine Aussage macht. Besteht also die Gefahr, dass ein Ausbildender, ein Umschulender oder der Anbieter einer Berufsausbildungsvorbereitungsmaßnahme aufgrund der eigenen Auskunft wegen einer Ordnungswidrigkeit oder einer Straftat verfolgt wird, ist derjenige nicht zur Auskunft verpflichtet. Um welche Straftaten oder Ordnungswidrigkeiten es sich handelt, ist nicht maßgeblich. In Betracht kommen sowohl Ordnungswidrigkeiten nach § 102, als auch Verstöße gegen das Jugendarbeitsschutzgesetz. Genauso gut ist jedoch denkbar, dass die zuständige Stelle Anhaltspunkte für Straftaten mit Bezug zum Arbeitsleben (Lohnwucher, § 291 Abs. 1 StGB oder ähnliches) oder für anderen Straftaten (z. B. nach dem Betäubungsmittelgesetz) entdeckt. Soweit über derartige Anhaltspunkte andere Stellen im Betrieb Auskunft erteilen, ist zu beachten, dass **Anzeigen** gegen den Arbeitgeber, gegen Vorgesetzte oder Kollegen unter Umständen die **verhaltensbedingte Kündigung** rechtfertigen können.[17] Ist die Anzeige objektiv gerechtfertigt und verfolgt der Arbeitnehmer mit ihr eigene schutzwürdige Interessen, ist eine außerordentliche Kündigung nicht gerechtfertigt, wenn innerbetrieblich keine Abhilfe geschaffen werden konnte.[18] Gleiches gilt, wenn wegen der schwere der Vorwürfe eine innerbetriebliche Klärung dem Arbeitnehmer nicht zumutbar war.[19]

Das **Verweigerungsrecht** bezieht sich lediglich auf die Auskunftspflicht. Die **24**

---

16 *Braun/Mühlhausen* BBiG § 45 a. F. Rn. 23.
17 *BAG* 3.7.2003, 2 AZR 235/02, juris; 05.02.1959, 2 AZR 60/56, juris.
18 *LAG Hamm* 12.11.1990, 19 (16) Sa 6/90, juris.
19 *BAG* 7.12.2006, 2 AZR 400/05, juris.

Pflicht zur Vorlage von Unterlagen und zum Gestatten der Betriebsbegehung wird vom Wortlaut des Absatzes 4 nicht erfasst. Obwohl in Absatz 4 eine Regelung hierzu fehlt, ist der Auskunftspflichtige über sein Recht zur Verweigerung der Auskunft zu belehren. Insofern kann § 136 Absatz 1 Satz 2 StPO entsprechend angewendet werden. Auskünfte, die ohne Belehrung erreicht werden, können nicht mehr verwendet werden, wenn die zuständige Stelle bereits wegen des **Verdachts** einer Ordnungswidrigkeit oder einer Straftat Auskunft verlangt. Handelt es sich um Spontanäußerung der Auskunftspflichtigen oder um allgemeine, informelle Befragungen, bleibt die Auskunft auch ohne vorherige Belehrung gem. Absatz 4 verwertbar.

25   Gemäß § 52 Absatz 1 Nr. 1–3 StPO können auch **nahe Angehörige** die Auskunft verweigern. Hierzu gehören Verlobte und Personen, mit der die Auskunftspflichtigen das Versprechen eingegangen sind, eine Lebenspartnerschaft zu begründen, Ehegatten, auch wenn die Ehe nicht mehr besteht, Lebenspartner, auch wenn die Lebenspartnerschaft nicht mehr besteht sowie in gerader Linie Verwandte oder Verschwägerte bei Verwandtschaft bis zum dritten Grad und Verschwägerung bis zum zweiten Grad. Auch die nahen Angehörigen sind bei entsprechender Anwendung des § 52 Abs. 3 StPO auf ihr Zeugnisverweigerungsrecht hinzuweisen. Unterbleibt die Belehrung, kann die Aussage nicht verwertet werden.

4.3 Ordnungswidrigkeit

26   Gemäß § 102 Abs. 1 Nr. 8 handelt ordnungswidrig, wer als Auskunftspflichtiger einer Auskunft nicht, nicht richtig, nicht vollständig oder nicht rechtzeitig erteilt, eine Unterlage nicht, nicht richtig, nicht vollständig oder nicht rechtzeitig vorlegt oder eine Besichtigung nicht oder nicht rechtzeitig gestattet. In diesem Fall muss mit einer Geldbuße bis zu **1000,00 €** gerechnet werden, wenn die zuständige Behörde eine solche Geldbuße für opportun hält, um die Auskunftspflicht durchzusetzen oder den Verstoß gegen die Auskunftspflicht zu sanktionieren.

5. Mitwirkung beim Jugendschutz (Abs. 5)

27   Absatz 5 entspricht § 45 Abs. 3 BBiG 1969. Nach der Regelung ist die zuständige Stelle verpflichtet, die Aufsichtsbehörden nach dem Jugendarbeitsschutzgesetz über solche Wahrnehmungen zu **informieren**, die für die Durchführung des Jugendarbeitsschutzgesetzes von Bedeutung sein können. Die **Aufsichtsbehörde** wird durch **Landesrecht** bestimmt. Zu Recht wird darauf hingewiesen, dass die Meldepflicht **nicht nur bei schwerwiegenden Verstößen** besteht.[20] Im Interesse des Jugendarbeitsschutzes ist es angezeigt, jeden als möglich erscheinenden Verstoß der Aufsichtsbehörde mitzuteilen. Diese kann dann den Sachverhalt ermitteln und die Schwere des Verstoßes einschätzen.
Die Mitteilungspflicht bezieht sich auf »Wahrnehmungen«. Von der zuständigen Stelle werden dementsprechend keine Rechtsauskünfte oder andere Bewertungen verlangt. Mitzuteilen ist, dass die Beschäftigten der zuständigen Stelle **im Rahmen ihrer Tätigkeit** wahrgenommen haben. Dies können sowohl mündlich als auch schriftlich erteilte Auskünfte, visuelle oder andere Eindrücke sein.

---

20 *Braun/Mühlhausen* BBiG § 46 a. F. Rn. 37.

Abschnitt 3
Berufsbildungsausschuss der zuständigen Stelle

§ 77 Errichtung

(1) Die zuständige Stelle errichtet einen Berufsbildungsausschuss. Ihm gehören sechs Beauftragte der Arbeitgeber, sechs Beauftragte der Arbeitnehmer und sechs Lehrkräfte an berufsbildenden Schulen an, die Lehrkräfte mit beratender Stimme.

(2) Die Beauftragten der Arbeitgeber werden auf Vorschlag der zuständigen Stelle, die Beauftragten der Arbeitnehmer auf Vorschlag der im Bezirk der zuständigen Stelle bestehenden Gewerkschaften und selbständigen Vereinigungen von Arbeitnehmern mit sozial- oder berufspolitischer Zwecksetzung, die Lehrkräfte an berufsbildenden Schulen von der nach Landesrecht zuständigen Behörde längstens für vier Jahre als Mitglieder berufen.

(3) Die Tätigkeit im Berufsbildungsausschuss ist ehrenamtlich. Für bare Auslagen und für Zeitversäumnis ist, soweit eine Entschädigung nicht von anderer Seite gewährt wird, eine angemessene Entschädigung zu zahlen, deren Höhe von der zuständigen Stelle mit Genehmigung der obersten Landesbehörde festgesetzt wird.

(4) Die Mitglieder können nach Anhören der an ihrer Berufung Beteiligten aus wichtigem Grund abberufen werden.

(5) Die Mitglieder haben Stellvertreter oder Stellvertreterinnen. Die Absätze 1 bis 4 gelten für die Stellvertreter und Stellvertreterinnen entsprechend.

(6) Der Berufsbildungsausschuss wählt ein Mitglied, das den Vorsitz führt, und ein weiteres Mitglied, das den Vorsitz stellvertretend übernimmt. Der Vorsitz und seine Stellvertretung sollen nicht derselben Mitgliedergruppe angehören.

Inhaltsübersicht   Rn.

1.	Allgemeines	1
2.	Errichten und Zusammensetzung des Berufsbildungsausschusses (Abs. 1)	2
3.	Berufen der Ausschussmitglieder	
3.1	Berufen der Ausschussmitglieder (Abs. 2)	3
3.2	Ersatzmitglieder (Abs. 5)	11
3.3	Abberufen (Abs. 4)	
3.3.1	Wichtige Gründe	12
3.3.2	Abberufungsverfahren	13
4.	Ausschussarbeit als Ehrenamt (Abs. 3)	14
5.	Wahl des Vorsitzes (Abs. 6)	18
6.	Parallelvorschrift in der HwO	19

1. Allgemeines

Absatz 1 Satz 1 verpflichtet jede zuständige Stelle,[1] einen **Berufsbildungsaus** **schuss** zu errichten. Außerhalb der jeweiligen Gesetze zur Errichtung der Kammern wird so die Bildung eines Ausschusses vorgeschrieben, der bereits dadurch eine **Sonderstellung** innerhalb der zuständigen Stelle erhält. Zugleich weicht die Besetzung des Berufsbildungsausschusses einschließlich seiner Re-

1

---

1 §§ 71 ff.

gelungskompetenzen und der Binnenorganisation regelmäßig vom Recht der Ausschüsse ab, die nach dem jeweiligen Gesetz der zuständigen Stelle errichtet werden können. Der Berufsbildungsausschuss ist Überwachungs- und zugleich Beschlussorgan der zuständigen Stelle für die von ihr zu erlassenden Rechtsverordnungen. Die in §§ 79 Absatz 4 Satz 1 verankerte Normsetzungsbefugnis gibt dem Berufsbildungsausschuss eine umfassende Regelungsbefugnis im Sinne einer subsidiären Allzustandigkeit im Rahmen des vorgegebenen Gesetzes- und Verordnungsrechts zur Durchfuhrung der Berufsbildung.[2] Diese bezieht sich sowohl auf den technisch- organisatorischen Vollzug als auch auf die inhaltliche Gestaltung der Berufsbildung. Die Ausgestaltung der Rechte des Ausschusses macht ihn zum zentralen Beratungs- und Beschlussgremium fur den regionalen Ausbildungsmarkt.[3]

Der Berufsbildungsausschuss ist ein Organ der zuständigen Stelle, die ihn errichtet.[4] Die zuständige Stelle entscheidet über die Höhe der den Ausschussmitgliedern zu zahlenden **Entschädigungen**, Abs. 3. Der Zuständigkeitsbereich des Berufsbildungsausschusses ist identisch mit dem Zuständigkeitsbereich der zuständigen Stelle. Dies gilt sowohl in räumlicher Hinsicht als auch hinsichtlich der **Fachlichkeit**.

Die rechtlichen **Rahmenbedingungen** für die Arbeit des Berufsbildungsausschusses ergeben sich aus dem höherrangigen Recht, insbesondere aus dem Gesetz, mit dem die zuständige Stelle installiert wurde und dem Berufsbildungsgesetz und den Ausbildungsordnungen. Die Satzung der zuständigen Stelle ist vom Berufsbildungsausschuss zu beachten, soweit sie mit höherrangigem Recht vereinbar ist, insbesondere mit den Regelungen über den Berufsbildungsausschuss in den §§ 77 bis 80.

Im Bereich der Kirchen und sonstigen Religionsgemeinschaften des öffentlichen Rechts ist ein Berufsbildungsausschuss nicht zu bilden, § 75 Satz 2 schließt die Anwendung der §§ 77–80 aus. Die Vorgaben über die Besetzung des Berufsbildungsausschusses, nach der auch Nichtmitglieder der Kirchen und Religionsgemeinschaften die Mehrheit im Berufsbildungsausschuss stellen können, widerspricht Artikel 140 GG i. V. m. dem inkorporierten Artikel 137 Weimarer Reichsverfassung (WRV).[5]

2. Errichtung und Zusammensetzung des Berufsbildungsausschusses (Abs. 1)

2   Absatz 1 Satz 1 verpflichtet die zuständige Stelle, einen Berufsbildungsausschuss zu errichten. Eines besonderen **Errichtungsakts** bedarf es nicht. Absatz 1 Satz 2 legt fest, wie der Berufsbildungsausschuss zusammenzusetzen ist. Dabei werden die an der Berufsbildung beteiligten Personengruppen gleichermaßen vertreten. Damit soll sichergestellt werden, dass die verschiedenen Aspekte der Berufsbildung aus Arbeitgeber- wie Arbeitnehmersicht sowie aus Sicht des zweiten Bereichs der dualen Berufsausbildung, der Berufsschule vertreten sind.

---

2 *BVerfG* 14.5.1986, 2 BvL 19/84, AP Nr. 28 zu Artikel 140 GG.

3 Bundestagsausschuss für Bildung, Forschung und Technikfolgenabschätzung, BT-Drucks. 15/4752.

4 *BVerfG* 14.5.1986, 2 BvL 19/84, AP Nr. 28 zu Artikel 140 GG.

5 *BVerfG* 14.5.1986, 2 BvL 19/84, AP Nr. 28 zu Artikel 140 GG.

Der Ausschuss besteht insgesamt aus **18 Mitgliedern**: Sechs Beauftragte der Arbeitgeber/-innen, sechs Beauftragte der Arbeitnehmer/-innen und sechs Lehrer/-innen an berufsbildenden Schulen. Die im Ausschuss vertretenen Lehrer haben lediglich eine **beratende** Stimme. Ein Recht abzustimmen haben sie nicht. Dadurch wird der Grundsatz der **paritätischen Besetzung** von Ausschüssen im Bereich der betrieblichen Berufsausbildung umgesetzt. Die für die betriebliche Ausbildung, Ausbildungsvorbereitung, Umschulung und Fortbildung Verantwortlichen können so über die zu erlassenden Rechtsvorschriften beschließen und Maßnahmen zur Sicherung der **Ausbildungsqualität** beraten und anregen. Durch die Mitgliedschaft der Lehrer im Berufsbildungsausschuss wird der **Sachverstand** dieser Personengruppe im Berufsbildungsausschuss verankert. Hierzu bedarf es keines Stimmrechts. Durch das Ziel, den Sachverstand an den berufsbildenden Schulen im Ausschuss einbinden zu wollen, zugleich aber den Grundsatz der Parität nicht zu verletzen, ist der Ausschluss des Stimmenrechts und damit die **Ungleichbehandlung** der Gruppe der Lehrer sachlich gerechtfertigt.[6] Nicht zuletzt wird durch den Ausschluss des Stimmrechts der Lehrer verhindert, dass eine Personengruppe über die betriebliche Berufsbildung mitentscheidet, die hierfür in der Praxis nicht verantwortlich ist. Dies gilt umso mehr, als der Bereich der Fortbildungen in den berufsbildenden Schulen überhaupt nicht stattfindet, sondern ausschließlich durch die **betrieblichen Akteure** umgesetzt wird. Hinzu kommt, dass die schulische Berufsausbildung vollständig der Gesetzgebungszuständigkeit und der Gestaltungsmacht **der Länder** unterliegt und eine Verzahnung mit Regelungen und Maßnahmen für die betriebliche Berufsbildung, für die der Bundesgesetzgeber zuständig ist, kaum möglich ist. Der Gruppe der Lehrer steht auch kein Stimmrecht bei **innerorganisatorischen** Fragen des Ausschusses zu. Der Wortlaut des Abs. 1 lässt hierfür keinen Spielraum. Ein Stimmrecht der Lehrer ergibt sich auch nicht durch die Verlagerung der Arbeit des Berufsbildungsausschusses auf Unterausschüsse nach § 80 Satz 2. § 80 Abs. 2 verweist zwar lediglich auf § 77 Abs. 2 bis 6, aus dem Regelungszweck der paritätischen Beteiligung in Berufsbildungsfragen ergibt sich jedoch die entsprechende Anwendung des Abs. 1 und damit der Ausschluss des Stimmrechts für die Lehrer.

3. Berufen der Ausschussmitglieder

3.1 Berufen der Ausschussmitglieder (Abs. 2)

Alle Mitglieder des Ausschusses werden von **derselben Behörde** in den Ausschuss berufen. Der Unterschied besteht lediglich darin, wem bzw. welcher Stelle das Vorschlagsrecht für die jeweilige Personengruppe zusteht. Durch die Verlagerung des Berufungsverfahrens auf die nach Landesrecht zuständige Behörde soll erreicht werden, den Eindruck eines besonderen **Näheverhältnisses** zwischen den Ausschussmitgliedern und der zuständigen Stelle zu **vermeiden**. Die **Unabhängigkeit** und Weisungsungebundenheit der Ausschussmitglieder soll sichergestellt werden.[7]

3

---

6 *Herkert/Töltl* BBiG § 77 Rn. 7; *Leinemann/Taubert* BBiG § 77 Rn. 8.
7 *Braun/Mühlhausen* BBiG § 56 a. F. Rn. 9.

4 Die Lehrer an berufsbildenden Schulen werden **unmittelbar** berufen, ein Vorschlagsverfahren findet nicht statt. Für die Gruppe der Lehrer kann nur eine Lehrkraft einer berufsbildenden Schule berufen werden. Durch die Formulierung wird ausgeschlossen, dass Mitarbeiter der Schulverwaltung, der Schulaufsichtsbehörde oder Lehrkräfte im Ruhestand als Ausschussmitglieder tätig werden.[8]

5 Die Beauftragten der Arbeitgeber werden auf Vorschlag der zuständigen Stelle in den Ausschuss berufen, Abs. 2 Satz 1. Die Beauftragten der Arbeitnehmer werden auf Vorschlag der im Bezirk zuständigen Stelle bestehenden Gewerkschaften und selbstständigen Vereinigungen von Arbeitnehmern mit sozial- oder berufspolitischer Zwecksetzung in den Ausschuss berufen. Die Formulierung entspricht der Formulierung in § 40.[9]

6 Besondere Anforderungen an die Kompetenzen der Mitglieder des Berufsbildungsausschusses stellt das Gesetz nicht auf. Erforderlich ist lediglich die Unabhängigkeit von der zuständigen Stelle, da der Berufsbildungsausschuss Regelungen für die zuständige Stelle schafft und teilweise die Tätigkeit der zuständigen Stelle im Bereich der Berufsbildung **überwacht**. Personen, denen diese Unabhängigkeit von der zuständigen Stelle fehlt, können zwar vorgeschlagen, nicht jedoch berufen werden. Dies gilt z. B. für Mitarbeiter der **zuständigen Stelle**.[10]

7 Das Gesetz verlangt keine fachlichen oder persönlichen Qualifikationsmerkmale für die Berufung der Mitglieder. Es bleibt daher den vorgeschlagenen Organisationen überlassen, welche Anforderungen sie aufstellen und wen sie vorschlagen. Ganz grundsätzlich muss die berufende Behörde sich an die eingereichten Vorschlagslisten und eine darin enthaltene **Rangfolge** der Vorgeschlagenen halten. Werden mehr Ausschussmitglieder vorgeschlagen, als benannt werden können, darf die zuständige Behörde eine ermessensfehlerfreie Auswahlentscheidung treffen. Ermessensfehlerfrei ist es, wenn die Behörde die **Mitgliederzahlen** der vorgeschlagenen Organisation in ihrem Bezirk als **Kriterium** für die Auswahl der Ausschussmitglieder zugrunde legt.[11] Ermessensfehlerhaft ist, wenn die Behörde Vorschläge von sehr kleinen oder in ihrem Bezirk nicht bedeutenden Organisationen pauschal unberücksichtigt lässt. Liegen trotz der geringen Größe und Bedeutung Gründe dafür vor, dass die Vorschläge dieser Organisation berücksichtigt werden, muss die Behörde sich mit diesen Gründen auseinandersetzen. Ein **Berufungsanspruch** dieser Organisationen besteht jedoch **nicht**, lediglich ein **Anspruch auf ermessensfehlerfreie Entscheidung durch die Behörde**. Geht die Behörde davon aus, dass auf die kleinere Arbeitnehmervereinigung rein rechnerisch keine Sitze für die Arbeitnehmergruppe entfallen und beruft sie allein deswegen keine Mitglieder dieser Arbeitnehmervereinigung in den Ausschuss, handelt es sich um einen **Ermessensnichtgebrauch**.

8 Die Ausschussmitglieder werden für **längstens vier Jahre** berufen. Mit der Formulierung soll zugleich die Amtszeit des Berufsbildungsausschusses festgelegt sein. Dafür spricht, dass über eine einheitliche Amtsperiode eine Manipulation der Zusammensetzung des Ausschusses durch die Behörde vermieden

---

8 *Herkert/Töltl* BBiG § 77 Rn. 11; *Leinemann/Taubert* BBiG § 77 Rn. 14.
9 Siehe Kommentierung zu § 40 Rn. 48.
10 *Düring/Wohlgemuth* Berufsbildungs- und Prüfungsausschüsse, DB 1986 Beilage 28/86, S. 28; *Leinemann/Taubert* BBiG § 77 Rn. 13.
11 *Leinemann/Taubert* BBiG § 77 Rn. 15.

Malottke

werden kann.[12] Die Formulierung »längstens für vier Jahre« bedeutet demzufolge lediglich, dass Abweichungen von den vier Jahren nach unten zulässig sind, um z. B. bei der Nachberufung eines Ausschussmitgliedes seine Amtszeit der Amtsperiode des Ausschusses anzupassen.

Lediglich die **Berufung** erfolgt für »längstens« vier Jahre. Damit ist nicht ausgeschlossen, dass Ausschussmitglieder mehrfach, z. B. mehrfach hintereinander in den Berufsbildungsausschuss berufen werden. Mit Blick auf die über die **Erfahrungen** im Ausschuss anwachsende **Sachkompetenz** in diesem Amt kann dies sogar besonders dienlich sein. **9**

Die Berufung der Ausschussmitglieder durch die nach Landesrecht zuständige Behörde ist ein Verwaltungsakt. Dieser kann durch Widerspruch und Verpflichtungsklage angegriffen werden, wenn z. B. eine vorschlagsberechtigte Gruppe meint, in eigenen Rechten durch die Berufung verletzt zu sein. Die jeweilige Gruppe ist vor dem Verwaltungsgericht klageberechtigt, um die Verletzung eigener Rechte geltend zu machen. Die nach Landesrecht zuständige Behörde wird, da ihr eine Ermessensentscheidung zusteht, im Rahmen der gerichtlichen Verpflichtung lediglich zur **Neubescheidung** unter Berücksichtigung der Rechtsauffassung des Gerichts verpflichtet werden. **10**

3.2 Ersatzmitglieder (Abs. 5)

Nach Absatz 5 haben die Mitglieder des Berufsbildungsausschusses **Stellvertreter**. Es muss sich nicht um persönliche Stellvertreter handeln. Aus der Verwendung des Plurals in Satz 1 ergibt sich, dass auch eine allgemeine Stellvertretung zulässig ist, bei der nicht vorgesehen ist, wer die Stellvertretung für welches Mitglied des Berufsbildungsausschusses übernimmt. In diesem Fall muss jedoch eine Reihenfolge der Stellvertreter bestimmt werden. Darüber hinaus muss das Prinzip der **paritätischen Besetzung** gewahrt bleiben. Es können also lediglich beauftragte der Arbeitgeber durch beauftragte Stellvertreter der Arbeitgeber vertreten werden usw. **11**

Das Berufungsverfahren sowie die Anforderungen, die an die Stellvertretung gestellt werden, richten sich nach den Absätzen 1 bis 4.

Das Gesetz regelt nicht, wann die Stellvertreter einzuladen sind. Besondere Anforderungen an den Verhinderungsgrund sind daher nicht zu stellen. Erfährt der Ausschussvorsitz davon, dass Mitglieder an der Sitzung des Berufsbildungsausschusses nicht teilnehmen können, hat er die Stellvertretung einzuladen. Diese nimmt dann mit den Rechten des ordentlichen Ausschussmitgliedes an der Sitzung teil.

3.3 Abberufen (Abs. 4)

3.3.1 Wichtige Gründe

Absatz 4 regelt, unter welchen **Voraussetzungen** Mitglieder des Ausschusses abberufen werden können. Entsprechende Regelungen sind in § 40 Abs. 3 Satz 5 für das Abberufen von Prüfungsausschussmitgliedern sowie in § 82 Abs. 2 Satz 4 für das Abberufen von Mitgliedern der Landesausschüsse vorhanden. Ein **wichtiger Grund**, ein Mitglied abzuberufen, ist gegeben, wenn ein Umstand **12**

---

12 *Leinemann/Taubert* BBiG § 77 Rn. 9.

vorliegt, aufgrund dessen die Mitarbeit im Berufsbildungsausschuss mit Blick auf die Aufgaben des Ausschusses oder für die an der Berufung beteiligten Stellen oder die übrigen Mitglieder des Ausschusses **unzumutbar ist oder absehbar ist, dass sie unmöglich wird.** Ein Verschulden des Mitglieds ist **nicht erforderlich.**[13] Die Voraussetzung der Unzumutbarkeit oder der Unmöglichkeit der weiteren Mitarbeit ist nicht erfüllt, wenn das Mitglied der Organisation, dies vorgeschlagen hat, nicht mehr angehört. Die Mitglieder sind zwar von den Organisationen vorgeschlagen worden, sie sind jedoch keine echten Mandatsträger.[14] Ein wichtiger Grund, der die Arbeit im Berufsbildungsausschuss unmöglich macht, ist jedoch, wenn ein Mitglied seine **Gruppenzugehörigkeit** wechselt, etwa indem das von Arbeitnehmerseite benannte Mitglied sich selbstständig macht und selbst Kammermitglied wird.[15] Eine **dauerhafte Unzumutbarkeit** oder Unmöglichkeit liegt nicht vor, wenn das Ausschussmitglied lediglich erkrankt ist. Aus Absatz 5, der die Stellvertretung regelt, ergibt sich, dass der Gesetzgeber den Fall der Krankheit nicht als Grund für die Abberufung, sondern als Fall der Stellvertretung gesehen hat. Etwas anderes kann sich lediglich dann ergeben, wenn durch eine dauerhafte Erkrankung die Ausübung des Amts unmöglich wird. Der dauerhaften Erkrankung steht dabei eine Erkrankung bis zum Ende der Amtszeit des Ausschusses gleich.[16]

Schwerwiegende **Pflichtverletzungen** im Ausschuss oder Verstöße gegen das BBiG, die eine Ordnungswidrigkeit nach § 102 darstellen, können einen wichtigen Grund für die Abberufung darstellen. Bei anderen Straftaten ist zu prüfen, ob die Verurteilung die im Ausschuss für die anderen Ausschussmitglieder oder die zuständige Stelle tatsächlich unzumutbar oder unmöglich macht. Dies wird regelmäßig lediglich bei Straftaten mit Bezug zur Arbeitswelt der Fall sein. Treten nachträglich Umstände ein, bei deren Vorliegen gar nicht erst **hätte berufen werden dürfen,** ist eine Abberufung gerechtfertigt.

3.3.2 Abberufungsverfahren

13 Die nach Landesrecht zuständige Behörde kann von sich aus oder auf Anregung von außen das Verfahren zur **Abberufung** einleiten. Erfährt die nach Landesrecht zuständige Behörde von wichtigen Gründen, muss sie von Amts wegen tätig werden.

Diejenigen, die an der Berufung des Ausschussmitgliedes beteiligt waren, sind anzuhören. Dies sind:
- das Ausschussmitglied selbst,
- die Gruppierung, die ihn vorgeschlagen hat sowie
- die zuständige Stelle.

Unterbleibt die Anhörung, kann sie im Laufe eines gerichtlichen Verfahrens noch nachgeholt werden. Das Nachholen heilt den Mangel in der Entscheidung, § 45 Abs. 1 Nr. 3 Verwaltungsverfahrensgesetz des Bundes bzw. die entsprechenden Regelungen der Länder. Die Entscheidung durch die Behörde ist ebenso ein Verwaltungsakt, wie die Berufung in den Ausschuss. Sie kann nach Durchführen des Widerspruchsverfahrens durch eine **Anfechtungsklage** über-

---

13 *Herkert/Töltl* BBiG § 77 Rn. 21.
14 *Gedon/Hurlebaus* BBiG § 77 Rn. 24.
15 *Herkert/Töltl* BBiG § 77 Rn. 21.
16 Ähnlich: *Leinemann/Taubert* BBiG § 77 Rn. 22.

prüft werden. Die Abberufung verletzt, wenn sie fehlerhaft ist, nicht nur das abberufene Mitglied in seinen Rechten, sondern auch die **Organisation**, die das Ausschussmitglied vorgeschlagen hat. Beide sind daher **klagebefugt**. Gesetzlich nicht geklärt ist der **Rücktritt** eines Ausschussmitglieds. Dieser ist jederzeit möglich. Der Rücktritt erfolgt durch Erklärung gegenüber der Behörde, die das Mitglied berufen hat. In diesem Fall rückt der Stellvertreter dauerhaft nach. Für die verbleibende Amtszeit muss dann ggf. eine neue Stellvertretung bestimmt werden.

4. Ausschussarbeit als Ehrenamt (Abs. 3)

Die Tätigkeit im Berufsbildungsausschuss ist ehrenamtlich. Das bedeutet, dass **14** für diese Tätigkeit keine Vergütung gezahlt wird. Für Barauslagen und für Zeitversäumnis ist eine angemessene Entschädigung zu zahlen. Es handelt sich um eine Verpflichtung, die lediglich dann nicht greift, wenn die Mitglieder im Ausschuss bereits von anderer Stelle eine Entschädigung erhalten.

Die Höhe der Entschädigung wird von der zuständigen Stelle bestimmt. Die **15** Entschädigung muss **angemessen** sein. Dabei ist zu berücksichtigen, dass die Mitglieder die Entschädigung ohnehin nur dann beanspruchen können, wenn sie nicht anderweitig Ersatz behalten, zum Beispiel durch eine bezahlte Freistellung. In diesem Fall haben sie möglicherweise **Entgeltabzüge**. Dies ist bei der Angemessenheit zu berücksichtigen. Nicht erforderlich ist, dass die Entschädigung im Sinne einer adäquaten Gegenleistung bemessen ist. Das Ehrenamt schließt nicht aus, dass auf Kosten der zuständigen Stelle Bedingungen geschaffen werden, die es den Ausschussmitgliedern möglich machen, ihr Amt auszuüben. So berührt z. B. die Erstattung von Kinderbetreuungskosten die Ehrenamtlichkeit ebensowenig wie das Stellen der Kinderbetreuung durch die zuständige Stelle selbst. Für die Bestimmung muss das Satzungsrecht der zuständigen Stelle eingehalten werden, so dass ggf. zusätzlich ein Beschluss der Vollversammlung einzuholen ist. Die Entschädigungsregelung bedarf der Genehmigung der obersten Landesbehörde. Die **Genehmigungspflicht** durch die oberste Landesbehörde stellt eine landeseinheitliche Ausgewogenheit sicher.

Die ehrenamtliche Tätigkeit wird durch den Gesetzgeber durch verschiedene **16** Einzelmaßnahmen **gefördert**. Soweit Aufwandsentschädigung gezahlt wird, ist diese nach § 3 Nr. 12 EStG **steuerbefreit**. Der Aufwendungsersatz ist nicht steuerbar.[17] Für Unfälle während der Prüfertätigkeit bietet die gesetzliche Unfallversicherung nach § 2 Abs. 1 Nr. 10 SGB VII **Versicherungsschutz**.

Die Übernahme eines öffentlichen Ehrenamts rechtfertigt keine personenbe- **17** dingte Kündigung, auch wenn mit der Ausübung der Tätigkeit Versäumnisse der Arbeitszeit und möglicherweise auch ein **Entgeltfortzahlungsanspruch** aus § 616 BGB entsteht.[18]

5. Wahl des Vorsitzes (Abs. 6)

Der **Berufsbildungsausschuss** wählt eines seiner Mitglieder zum Vorsitz und **18** ein weiteres für die Stellvertretung. Die Einzelheiten der Wahl sind nicht geregelt. Insoweit kann auf § 92 Verwaltungsverfahrensgesetz des Bundes zurück-

---

17 *Küttner Personalbuch 2010*, ehrenamtliche Tätigkeit, Rn. 13.
18 *Küttner Personalbuch 2010*, ehrenamtliche Tätigkeit, Rn. 5.

gegriffen werden.[19] Absatz 5 entspricht § 41 Absatz 1. Wegen des Wahlverfahrens, der Frage wer wählbar ist und wie die Gruppenzugehörigkeit sich bei der Wahl auswirkt, s. § 41 Rn. 4 ff. Bei der Wahl sind Lehrer nicht stimmberechtigt.[20] Sie sind jedoch wählbar, wobei der Ausschuss entscheiden muss, ob er diese Wahl für sachgerecht hält.

6. Parallelvorschrift in der HwO

19 § 77 gilt für die Handwerksordnung nicht unmittelbar. § 43 HwO enthält eine Regelung für den Berufsbildungsausschuss. Zusammensetzung und Berufung sind abweichend geregelt, ebenso die Amtszeit.

§ 78 Beschlussfähigkeit, Abstimmung

(1) Der Berufsbildungsausschuss ist beschlussfähig, wenn mehr als die Hälfte seiner stimmberechtigten Mitglieder anwesend ist. Er beschließt mit der Mehrheit der abgegebenen Stimmen.

(2) Zur Wirksamkeit eines Beschlusses ist es erforderlich, dass der Gegenstand bei der Einberufung des Ausschusses bezeichnet ist, es sei denn, dass er mit Zustimmung von zwei Dritteln der stimmberechtigten Mitglieder nachträglich auf die Tagesordnung gesetzt wird.

Inhaltsübersicht | Rn.

1.	Allgemeines.	1
2.	Beschlüsse des Berufsbildungsausschusses	2
2.1	Beschlussfähigkeit	3
2.2	Sonderproblem: Beschlüsse ohne körperliche Anwesenheit der Ausschussmitglieder.	4
2.3	Mehrheit der abgegebenen Stimmen	5
2.4	Beschlussgegenstand wirksam auf Tagesordnung enthalten	8
2.5	Weitere, ungeschriebene Voraussetzungen an den Beschluss	11
3.	Rechtliche Überprüfung von Beschlüssen	12

1. Allgemeines

1 § 78 entspricht § 57 BBiG 1969. Die Regelungen über die **Beschlussfähigkeit** sind abweichend von den Beschlussvorschriften für die Prüfungsausschüsse[1] und für Landesausschüsse.[2] Lediglich die Regelung darüber, mit welcher Mehrheit der Ausschuss beschließt, ist identisch. Bei der Beschlussfähigkeit wird der **Unterschied** zwischen stimmberechtigten Mitgliedern (Beauftragte der Gruppe der Arbeitgeber und der Arbeitnehmer) sowie teilnahmeberechtigten Mitgliedern (Lehrern) besonders deutlich.

---

19 Abgedruckt unter § 41 Rn. 4, bzw. die entsprechenden Vorschriften der Länder.
20 *Leinemann/Taubert* BBiG § 77 Rn. 31.
 1 § 41 Abs. 2.
 2 § 82 Abs. 5.

2. Beschlüsse des Berufsbildungsausschusses

Beschlüsse des Berufsbildungsausschusses sind nur dann wirksam wenn: **2**
- der Berufsbildungsausschuss beschlussfähig ist,
- der Beschluss mit der Mehrheit der abgegebenen Stimmen gefasst worden ist,
- der Beschluss wirksam auf der Tagesordnung enthalten war und
- weitere, ungeschriebene Voraussetzungen an den Beschluss erfüllt sind.

Alle Voraussetzungen müssen kumulativ vorliegen. Fehlt eine Voraussetzung, ist der Beschluss unwirksam.

2.1 Beschlussfähigkeit

Gemäß Absatz 1 Satz 1 ist der Ausschuss beschlussfähig, wenn **mehr als die** **3** **Hälfte seiner stimmberechtigten Mitglieder anwesend ist**. Stimmberechtigte Mitglieder sind die sechs Beauftragten der Gruppe der Arbeitgeber sowie die sechs Beauftragten der Gruppe der Arbeitnehmer. Absatz 1 Satz 1 stellt nicht die Anforderung, dass diese Ausgewogenheit für die Beschlussfähigkeit erhalten bleiben muss. Beschlussfähigkeit liegt damit auch vor, wenn die eine Gruppe vollständig anwesend ist von der anderen Gruppe jedoch nur ein Vertreter an der Sitzung teilnimmt.

Die Beschlussfähigkeit ist beim Fassen der Beschlüsse von Gesetzes wegen zu berücksichtigen. Sie tritt nicht erst dann ein, wenn sie festgestellt wird. Sinnvoll ist daher, eine **Anwesenheitsliste** zu führen. Verlässt ein Ausschussmitglied die Sitzung, ist dies auf der Anwesenheitsliste zu verzeichnen, um ggf. den Nachweis zu erbringen, dass die Beschlussfähigkeit auch zu diesem Zeitpunkt noch vorlag. Zieht eine stimmberechtigte Gruppe vollständig aus der Sitzung aus, kann sie so einen Beschluss verhindern. Bei dauerhafter Blockade stellt sich allerdings die Frage der **Pflichtverletzungen** durch die abwesenden Ausschussmitglieder und damit nach der Möglichkeit der Abberufung gem. § 77 Abs. 4.

2.2 Sonderproblem: Beschlüsse ohne körperliche Anwesenheit der Ausschussmitglieder

Nach § 7 der Mustergeschäftsordnung für Berufsbildungsausschüsse[3] sind Be- **4** schlüsse, Anhörungen und Unterrichtungen auch im sog. **schriftlichen Umlaufverfahren** möglich, wenn die Angelegenheit eilt. Das Umlaufverfahren wird entweder mit der Mehrheit der Stimmen in einer Ausschusssitzung beschlossen oder bei Einigkeit zwischen Vorsitz und Stellvertretung angewendet. Diese Praxis ist bedenklich. Beschlüsse können im Umlaufverfahren nicht wirksam gefasst werden. Denn Beschlüsse erfordern Beschlussfähigkeit, also die Mehrheit der ›anwesenden‹ Mitglieder, Abs. 1. Sind **keine Mitglieder** anwesend, dürfen Beschlüsse nicht gefasst werden. Die Abstimmung bei **körperlicher Anwesenheit** ist in den Abstimmungsverfahren erforderlich, in denen auf die Mehrheit der Anwesenden abgestellt wird und in denen nicht ausdrücklich eine Ausnahme geregelt ist. Dies entspricht der – wegen § 88 VwVfG (Bund) nicht unmittelbar anwendbaren – Struktur in § 90 VwVfG (Bund) und dies zeigt ein Blick auf die Rechtsprechung:

---

3 Abgedruckt unter § 80 Rn. 9.

- So können Betriebsratsbeschlüsse nicht im Umlaufverfahren getroffen werden. Eine Beschlussfassung im Umlaufverfahren ist unzulässig.[4]
- Gleiches gilt für Beschlüsse des Personalrats,[5] soweit nicht eine andere Regelung vorhanden ist, wie zum Beispiel im Landespersonalvertretungsgesetz Bayern, Art. 37 Abs. 3.[6]
- Gleiches gilt auch für etwaige Beschlüsse bei einem telefonischen Umlaufverfahren oder Telefonkonferenzen[7]
- sowie für eine Zustimmung, die durch Schweigen des Ausschussmitgliedes erteilt worden sein soll, weil es bei stillschweigender Beschlussfassung unmöglich ist, die für eine Abstimmung unerlässlichen Feststellungen darüber zu treffen, inwieweit Beschlussfähigkeit, Zustimmung und Ablehnung gegeben und Stimmenthaltungen vorgekommen sind.[8]

Demgegenüber können **Anhörungen und Unterrichtungen** schriftlich erfolgen, da es hierfür nicht auf Beschlüsse und demzufolge auch nicht auf anwesende Mitglieder ankommt. Bei Anhörungen ist jedoch darauf zu achten, dass der Ausschuss als Ganzes ebenso wie die einzelnen Mitglieder die Gelegenheit haben, der zuständigen Stelle ihre **Meinung** zu der Angelegenheit kundzutun. Anderenfalls handelt es sich nicht um eine Anhörung, sondern um eine Unterrichtung. Da der Gesetzgeber zwischen diese beiden Rechten in § 79 Abs. 2 und 3 unterscheidet, genügt eine Anhörung, ohne eine Möglichkeit gehört zu werden, nicht den Anforderungen des Gesetzes.

2.3 Mehrheit der abgegebenen Stimmen

5   Ein Beschluss muss gem. Absatz 1 Satz 2 mit der Mehrheit der abgegebenen Stimmen gefasst worden sein. Im Gegensatz zum Prüfungsausschuss hat der Vorsitzende des Berufsbildungsausschusses kein besonderes Stimmrecht. Alle Stimmen der stimmberechtigten Ausschussmitglieder zählen gleich.
Um die **Mehrheit** der abgegebenen Stimmen feststellen zu können, muss definiert werden, welche Stimmen als abgegeben gelten, ob auch Enthaltungen als abgegebene Stimmen gelten. Abgegeben werden nur die Stimmen, die **geäußert werden**. Enthält sich ein Mitglied des Ausschusses, äußert es sich nicht.[9] Bei einer Abstimmung sind daher **Stimmenthaltungen nicht als abgegebene Stimmen** zu berücksichtigen. Um die Mehrheit der abgegebenen Stimmen festzustellen, ist es demnach erforderlich, die Anzahl der Ja- sowie der Neinstimmen zu addieren, die Summe zu halbieren und das Ergebnis aufzurunden bzw. bei glatten Zahlen das Ergebnis um eins zu erhöhen. Die sich so ergebene Zahl stellt die Mehrheit der abgegebenen Stimmen dar.

6   Für diese Vorgehensweise spricht der **Wortlaut** der Vorschrift. Dieser ist für sich genommen nicht vollständig eindeutig. Vergleicht man den Wortlaut des Ab-

---

4   *LAG Hamm (Westfalen)* 17.8.2007, 10 TaBV 37/07, juris m.w.N. *Fitting* u.a. BetrVG, § 33 Rn. 20 ff.; DKK – *Wedde* BetrVG, § 33 Rn. 3 und 10; bestätigt durch obiter dictum in *BAG* 16.1.2003, 2 AZR 707/01, juris.

5   *LAG Düsseldorf*, 22.11.2001, 13 (18) Sa 1001/01, juris.

6   *Bayerischer Verwaltungsgerichtshof* 14.11.2001, 17 P 01.1526, juris.

7   *LAG Düsseldorf* 22.11.2001, 13 (18) Sa 1001/01, juris; *LAG München* 14.11.2008, 5 TaBV 36/08, juris.

8   *BGH* 6.4.1964, II ZR 75/62, juris.

9   *Lakies/Nehls* BBiG § 78 Rn. 4; *Leinemann/Taubert* BBiG § 78 Rn. 7.

satz 1 Satz 2 mit dem Wortlaut anderer Abstimmungsvorschriften, wird jedoch deutlich, dass es nicht auf die Anzahl der Anwesenden stimmberechtigten Mitglieder ankommt sondern darauf, ob diese ihre Stimme im Sinne einer Entscheidung erhoben haben. So formuliert der Gesetzgeber bei der erforderlichen Mehrheit für Beschlüsse von Betriebsräten in § 33 Abs. 1 Satz 1 BetrVG »... mit der Mehrheit der Stimmen der anwesenden Mitglieder ...« Diese Regelung macht deutlich, dass ein Antrag nur dann angenommen ist, wenn er mehr Jastimmen als Neinstimmen zzgl. Enthaltungen auf sich vereinen kann. Hätte der Bundesgesetzgeber Enthaltungen in die Bestimmung der Mehrheit einbeziehen wollen, hätte er die Formulierung »... mit der Mehrheit der Stimmen der stimmberechtigten anwesenden Mitglieder« wählen können.

Gem. § 91 Verwaltungsverfahrensgesetz des Bundes werde Beschlüsse mit der **7** »Stimmenmehrheit« gefasst. Auch hier bleiben **Enthaltungen unberücksichtigt**.[10] Gleiches gilt für § 22 Abs. 1 des Landesrichtergesetzes Rheinland-Pfalz. Das Oberverwaltungsgericht Koblenz hat darauf hingewiesen, dass die Regelung »einfache Mehrheit der abgegebenen Stimmen« nach dem überkommenen Verständnis gleichlautender staatsrechtlicher Mehrheitsregelungen so auszulegen ist, dass Stimmenthaltungen bei der Berechnung der Mehrheit nicht mitzählen. Damit werde berücksichtigt, dass, wer die Stimme enthält, weder ein zustimmendes noch ein ablehnendes Votum abgebe, sondern auf das Abstimmungsergebnis gerade keinen Einfluss nehmen wolle.[11]

Ein Beschluss ist also auch dann wirksam gefasst, wenn bei der Abstimmung lediglich **ein stimmberechtigtes Mitglied** für den Antrag stimmt, alle anderen sich jedoch enthalten.[12] Auch nach einem solchen Beschlussergebnis ist der Antrag abschließend behandelt, so dass kein Raum für weitere Beratungen besteht, wenn der Antrag nicht erneut und nach den in der Geschäftsordnung festgelegten Formalien oder mit Zustimmung von zwei Dritteln der stimmberechtigten Mitgliedern auf die Tagesordnung gesetzt wird.[13] Das Gesetz sieht für die Beschlussfassung keine bestimmte Form vor. Beschlüsse können daher in offener Abstimmung gefasst werden. Auf § 92 Abs. 1 Satz 2 VwVfG (Bund) kann entsprechend zurückgegriffen werden, so dass zumindest bei Wahlen auf Verlangen eines stimmberechtigten Mitgliedes geheim abzustimmen ist.

2.4 Beschlussgegenstand wirksam auf Tagesordnung enthalten

Nach Absatz 2 ist für die Wirksamkeit eines Beschlusses erforderlich, dass der **8** **Gegenstand** des Beschlusses auf der Tagesordnung enthalten ist oder bei der Einladung anderweitig bezeichnet wurde.

Hintergrund für die Regelung ist, dass jedes Mitglied des Ausschusses in der Lage sein soll, sich auf den Beschlussgegenstand vorzubereiten, worunter sowohl das Erfassen von Beschlusstexten, Begründungen als auch Vorberatungen mit anderen Ausschussmitgliedern oder an der Berufsbildung Beteiligten zu verstehen ist. Daraus ergibt sich, dass der Beschlussgegenstand den Ausschussmitgliedern bei der Einberufung der Ausschusssitzung deutlich mitgeteilt werden muss. Nicht ausreichend ist, wenn lediglich ein Schlagwort als Oberbegriff

---

10 *OVG Koblenz* 13.6.2007, 10 B 10457/07. OVG, www.3.justiz.rnw.de.
11 *OVG Koblenz* a.a.O.
12 *Leinemann/Taubert* BBiG § 78 Rn. 6 ff.; *Braun/Mühlhausen* BBiG § 57 Rn. 4.
13 A.A.: *Gedon/Hurlebaus* BBiG § 78 Rn. 6.

angegeben wird, z.B. »Prüfungsordnung«. Nach dem Sinn und Zweck der Regelung muss der **Beratungsgegenstand so präzise mitgeteilt** werden, dass eine Vorbereitung möglich ist. Im genannten Beispiel der Prüfungsordnung ist daher zumindest die Beschlussvorlage, also der Entwurf beizufügen.

9 Aus dem Sinn und Zweck der Regelung ergibt sich ferner, dass eine im Gesetz nicht näher definierte **Frist für die Einberufung zur Sitzung** eingehalten werden muss, damit der Beschluss wirksam gefasst werden kann. Eine zu kurzfristige Einberufung der Sitzung verhindert ebenso wie eine zu kurzfristige Mitteilung des Beschlussgegenstands die umfassende Vorbereitung der Ausschussmitglieder. Für die Rechtzeitigkeit der Einberufung ist nicht nur auf die stimmberechtigten Mitglieder des Ausschusses abzustellen. Rechtzeitig unter Mitteilung der Beratungsgegenstände sind auch die nicht stimmberechtigten Mitglieder zu laden. Die nicht stimmberechtigten Mitglieder können in der Beratung der Beschlussvorlagen wichtige Hinweise geben. Auch ihnen ist ausreichend Gelegenheit zur Vorbereitung der Beschlussvorlagen zu geben. Anderenfalls wäre die Teilnahme der beratenden Ausschussmitglieder sinnentleert. Sind Ausschussmitglieder daran gehindert, an der Ausschusssitzung teilzunehmen, haben sie dies dem Ausschussvorsitz mitzuteilen. Dieser hat dann die **Stellvertretung** einzuladen. Auch die Stellvertretung muss rechtzeitig und unter Mitteilung des Beschlussgegenstandes geladen werden. Aus diesem Grund empfiehlt sich eine längere Einladungsfrist, um auch nach Absagen der ordentlichen Ausschussmitglieder noch ausreichend Zeit für die Ladung von Stellvertretungen zur Verfügung zu haben.

10 Da das Gesetz weder Vorschriften für die Einladung, noch für Fristen, Mitteilung der Tagesordnung, Definition der Tagesordnung oder Regelungen für den Einsatz der Stellvertretung vorsieht, empfiehlt es sich, hierzu Regelungen in der **Geschäftsordnung**[14] aufzunehmen.

Ausnahmsweise können Beschlüsse, die bei der Einberufung der Sitzung nicht mitgeteilt wurden, gefasst werden, wenn sie **nachträglich** auf die Tagesordnung gesetzt werden. Hierzu ist eine Mehrheit von zwei Dritteln der stimmberechtigten Mitglieder erforderlich. Es müssen also mindestens acht stimmberechtigte Mitglieder zustimmen, dass ein Gegenstand nachträglich auf die Tagesordnung gesetzt wird. Dieser Beschluss kann zu Beginn oder im Laufe der Ausschusssitzung gefasst werden. Werden Beschlüsse gem. § 79 Abs. 6 gefasst, sind auch Lehrer stimmberechtigt. Der Ausschuss hat dann 18 stimmberechtigte Mitglieder, so dass die Tagesordnung um Beschlüsse gem. § 79 Abs. 6 lediglich ergänzt werden kann, wenn 12 Mitglieder des Ausschusses dem zustimmen.[15]

Der Beschluss über die Ergänzung oder Änderung der Tagesordnung kann ausdrücklich oder implizit gefasst werden. Ausdrücklich wird die Tagesordnung dadurch ergänzt oder geändert, in dem ein neuer Beschlussgegenstand aufgenommen wird. Eine implizite Änderung kann dadurch erfolgen, dass ein Beschluss gefasst wird, der nicht auf der Tagesordnung enthalten ist, der aber die gem. § 78 Abs. 2 zweiter Halbsatz erforderliche Mehrheit erhalten hat.[16]

---

14 § 80.

15 *Leinemann/Taubert* BBiG § 12.

16 *Braun/Mühlhausen* BBiG § 57 a.F. Rn. 7.

2.5 Weitere, ungeschriebene Voraussetzungen an den Beschluss

Obwohl das Gesetz weitere Voraussetzungen nicht ausdrücklich definiert, exis- **11** tieren diese. So muss der Beschluss zum Beispiel mit höherrangigem Recht vereinbar sein.

3. Rechtliche Überprüfung von Beschlüssen

Unwirksame Beschlüsse des Ausschusses entfalten keine Wirksamkeit. Beim **12** Beschluss über die Prüfungsordnung wird exemplarisch deutlich, welch weitreichenden Konsequenzen dies haben kann. Es fehlt dem Prüfungsverfahren bei unwirksamem Beschluss über die Prüfungsordnung an Verfahrensregelungen. Wirksam bleiben für die Prüfungen in dieser zuständigen Stelle lediglich die Regelungen aus dem BBiG sowie aus den Ausbildungsordnungen. In der Folge könnten die Prüfungsergebnisse umfassend angefochten werden. Das Verwaltungsgericht **prüft im Rahmen eines solchen Verfahrens (inzidenter)**, ob die dem Prüfungsverfahren zu Grunde liegende Prüfungsordnung wirksam ist. Stellt sie fest, dass die Prüfungsordnung nicht wirksam beschlossen wurde, bleibt sie unangewendet.

Neben der Überprüfung von Beschlüssen anlässlich von Verfahren zur Überprüfung von Verwaltungsakten besteht auch die Möglichkeit, den Beschluss unmittelbar überprüfen zu lassen. Ausschussmitglieder können mit einer **Verpflichtungsklage**, die stets dazu dient, ein Rechtsverhältnis zu gestalten, feststellen lassen, dass der Beschluss unwirksam ist, ein Vorverfahren ist in diesem Fall nicht durchzuführen, da es sich bei dem Beschluss nicht um einen Verwaltungsakt handelt.

§ 79 Aufgaben

(1) Der Berufsbildungsausschuss ist in allen wichtigen Angelegenheiten der beruflichen Bildung zu unterrichten und zu hören. Er hat im Rahmen seiner Aufgaben auf eine stetige Entwicklung der Qualität der beruflichen Bildung hinzuwirken.

(2) Wichtige Angelegenheiten, in denen der Berufsbildungsausschuss anzuhören ist, sind insbesondere:

1. Erlass von Verwaltungsgrundsätzen über die Eignung von Ausbildungs- und Umschulungsstätten, für das Führen von schriftlichen Ausbildungsnachweisen, für die Verkürzung der Ausbildungsdauer, für die vorzeitige Zulassung zur Abschlussprüfung, für die Durchführung der Prüfungen, zur Durchführung von über- und außerbetrieblicher Ausbildung sowie Verwaltungsrichtlinien zur beruflichen Bildung,

2. Umsetzung der vom Landesausschuss für Berufsbildung empfohlenen Maßnahmen,

3. wesentliche inhaltliche Änderungen des Ausbildungsvertragsmusters.

(3) Wichtige Angelegenheiten, in denen der Berufsbildungsausschuss zu unterrichten ist, sind insbesondere:

1. Zahl und Art der der zuständigen Stelle angezeigten Maßnahmen der Berufsausbildungsvorbereitung und beruflichen Umschulung sowie der eingetragenen Berufsausbildungsverhältnisse,

2. Zahl und Ergebnisse von durchgeführten Prüfungen sowie hierbei gewonnene Erfahrungen,
3. Tätigkeit der Berater und Beraterinnen nach § 76 Abs. 1 Satz 2,
4. für den räumlichen und fachlichen Zuständigkeitsbereich der zuständigen Stelle neue Formen, Inhalte und Methoden der Berufsbildung,
5. Stellungnahmen oder Vorschläge der zuständigen Stelle gegenüber anderen Stellen und Behörden, soweit sie sich auf die Durchführung dieses Gesetzes oder der auf Grund dieses Gesetzes erlassenen Rechtsvorschriften beziehen,
6. Bau eigener überbetrieblicher Berufsbildungsstätten,
7. Beschlüsse nach Absatz 5 sowie beschlossene Haushaltsansätze zur Durchführung der Berufsbildung mit Ausnahme der Personalkosten,
8. Verfahren zur Beilegung von Streitigkeiten aus Ausbildungsverhältnissen,
9. Arbeitsmarktfragen, soweit sie die Berufsbildung im Zuständigkeitsbereich der zuständigen Stelle berühren.

(4) Der Berufsbildungsausschuss hat die auf Grund dieses Gesetzes von der zuständigen Stelle zu erlassenden Rechtsvorschriften für die Durchführung der Berufsbildung zu beschließen. Gegen Beschlüsse, die gegen Gesetz oder Satzung verstoßen, kann die zur Vertretung der zuständigen Stelle berechtigte Person innerhalb einer Woche Einspruch einlegen. Der Einspruch ist zu begründen und hat aufschiebende Wirkung. Der Berufsbildungsausschuss hat seinen Beschluss zu überprüfen und erneut zu beschließen.

(5) Beschlüsse, zu deren Durchführung die für Berufsbildung im laufenden Haushalt vorgesehenen Mittel nicht ausreichen, bedürfen für ihre Wirksamkeit der Zustimmung der für den Haushaltsplan zuständigen Organe. Das Gleiche gilt für Beschlüsse, zu deren Durchführung in folgenden Haushaltsjahren Mittel bereitgestellt werden müssen, die die Ausgaben für Berufsbildung des laufenden Haushalts nicht unwesentlich übersteigen.

(6) Abweichend von § 77 Abs. 1 haben die Lehrkräfte Stimmrecht bei Beschlüssen zu Angelegenheiten der Berufsausbildungsvorbereitung und Berufsausbildung, soweit sich die Beschlüsse unmittelbar auf die Organisation der schulischen Berufsbildung auswirken.

Inhaltsübersicht   Rn.

1.   Allgemeines   1
2.   Anhörungs- und Unterrichtungsrecht des Berufsbildungsausschusses
        (Abs. 1 Satz 1, Abs. 2, 3)   4
2.1   Wichtige Angelegenheiten   5
2.2   Unterrichten und Anhören   9
2.3   Anhören (Abs. 2)   12
2.4   Unterrichten (Abs. 3)   14
3.   Qualitätssicherung als Aufgabe (Abs. 1 Satz 2)   20
4.   Regelungskompetenz für Rechtsvorschriften zur Durchführung der
        Berufsbildung (Abs. 4)   23
4.1   Regelungsgegenstände   24
4.2   Einspruchsrecht der zuständigen Stelle (Abs. 4 Sätze 2–4)   31
5.   Beschlüsse mit Auswirkungen auf den Haushalt (Abs. 5)   44
6.   Stimmrecht der Lehrkräfte (Abs. 6)   46
7.   Parallelvorschrift im Handwerk   47
8.   Anhang: Verfahrensordnung für den Schlichtungsausschuss nach
        § 111 Abs. 2 ArbGG   48

1. Allgemeines

§ 79 ist die zentrale Norm in dem Kapitel über die zuständigen Stellen und **1**
Behörden. Abs. 4 weist dem Berufsbildungsausschuss die Aufgabe zu, die aufgrund des BBiG zu erlassenen Rechtsvorschriften zu beschließen und damit
zugleich zu gestalten. Die **Aufgabe des Berufsbildungsausschusses** erschöpft
sich jedoch nicht im Ausgestalten der Rechtsvorschriften. Durch Absatz 1 wird
deutlich, dass der Gesetzgeber den Berufsbildungsausschuss die Aufgabe zu-
schreibt, die Grundlagen für die Qualität in der Berufsbildung im Bereich der
zuständigen Stelle zu schaffen, hierbei mit der zuständigen Stelle eng zusammenzuarbeiten und die zuständige Stelle dabei zu beraten. Dies wird durch das
Anhörungs- und Unterrichtungsrecht des Absatzes 1 Satz 1 begleitet. Damit
wird zugleich deutlich, dass Unterrichtung, Anhörung und Beschluss von
Rechtsvorschriften nicht die einzigen Möglichkeiten des Berufsbildungsausschusses sind, tätig zu werden.

Als Gremium kann der Ausschuss nur agieren, indem er **Beschlüsse** fasst. Nur **2**
durch Beschlüsse kann ein Wille des Ausschusses als Gremium abgebildet
werden. Beschlüsse über andere Angelegenheiten als Rechtsvorschriften sind
damit nötig und möglich, haben aber nicht dieselbe Wirkung (Zur Wirkung der
Beschlüsse nach Abs. 4 s. Rn. 24 ff.). Der Ausschuss ist berechtigt, diese Beschlüsse zu veröffentlichen. Die Ausgestaltung der Rechte des Ausschusses macht ihn
zum **zentralen Beratungs- und Beschlussgremium** für den regionalen Aus- und
Weiterbildungsmarkt.[1] Exemplarisch kann die Bedeutung des Berufsbildungsausschusses für den regionalen Bildungsmarkt am Bespiel der Industrie- und
Handelskammer Frankfurt verdeutlicht werden:[2]

– Sein Votum hat für die zügige Umsetzung des Schulentwicklungsplans der
  beruflichen Schulen in Frankfurt gesorgt.
– Er begleitet intensiv die Schritte der Schulämter und Schulträger im IHK-
  Bezirk bei der Berufsorientierung. Deshalb sind häufig auch Vertreter der
  Arbeitsagentur Gast im Ausschuss.
– Mitglieder des Berufsbildungsausschusses wirken bei Bewerbungscoaching
  und Medienaktionen mit, bei denen Ausbildungsbetriebe und Bewerber
  zusammengebracht werden sollen.
– Die Kammer hat Richtlinien für das Führen von Ausbildungsnachweisen
  definiert, für die der Berufsbildungsausschuss eine Empfehlung erarbeitet
  hat.
– Er definierte Rahmenrichtlinien für Ausbildungsregelungen für behinderte
  Menschen.
– Er entwickelte eine Qualitätsplattform für alle Aspekte der dualen Berufsausbildung, die diese in einzelnen Prozessschritten betrachtet.
– Er beschloss Empfehlungen für die Lernortkooperationen, die die Zusammenarbeit von Berufsschulen und Betrieben beschreibt.
– Er beschloss Empfehlungen an die Anbieter von Lehrgängen zu IHK-Prüfun-
  gen, um auf die Qualität von Vorbereitungslehrgängen für IHK-Weiterbil-
  dungsprüfungen einzuwirken.

---

1 Ausschuss für Bildung, Forschung und Technologie Folgenabschätzung, BT-Drucks. 15/
  4752, S. 51.
2 Beispiele aus: http://www.frankfurt-main.ihk.de/berufsbildung/bildungspolitik/be
  rufsbildungsausschuss/index.html.

3   § 79 entspricht in Absatz 1 den § 58 Absatz 1 BBiG 1969. In den Absätzen 2 und 3 werden die wichtigen Angelegenheiten, in denen der Berufsbildungsausschuss anzuhören und zu unterrichten ist, in Form von Regelbeispielen näher definiert. Absatz 4 entspricht dem § 58 Abs. 2 BBiG 1969, Absatz 5 entspricht § 58 Absatz 3 BBiG 1969. Absatz 6 regelt eine Abweichung von § 77 Abs. 1 zum Stimmrecht der Lehrer.

2. Anhörungs- und Unterrichtungsrecht des Berufsbildungsausschusses (Abs. 1 Satz 1, Abs. 2, 3)

4   Der Berufsbildungsausschuss ist gem. Absatz 1 in allen wichtigen Angelegenheiten der beruflichen Bildung zu unterrichten und zu hören.

2.1 Wichtige Angelegenheiten

5   Der Begriff der »wichtigen Angelegenheiten« ist im Gesetz nicht definiert, wird jedoch durch die in den Absätzen 2 und 3 genannten Regelbeispiele, die durch das Berufsbildungsreformgesetz im Jahr 2005 eingefügt wurden, skizziert. Die Wichtigkeit einer Angelegenheit kann sich aus unterschiedlichen Aspekten ergeben. Zum einen kann die Wichtigkeit sich daraus ergeben, dass die Angelegenheit eine **Vielzahl von Fällen** betrifft oder regelt. Zum anderen kann sich die Wichtigkeit daraus ergeben, dass es sich um einen Einzelfall handelt, dass dieser jedoch **exemplarischen Charakter** hat.[3] Dabei kann die Angelegenheit in positiver sowie in negativer Hinsicht exemplarischen Charakter haben. Denkbar ist auch, dass bei dieser Angelegenheit der exemplarische Charakter vom Berufsbildungsausschuss lediglich vermutet wird und er sich deswegen mit der Angelegenheit näher befassen will. Auch in diesem Fall der vermuteten Beispielhaftigkeit der Angelegenheit ist ihre Wichtigkeit zu bejahen. Darüber hinaus sind auch solche Angelegenheiten wichtig, von denen der Ausschuss davon ausgeht, dass sie **Indizwirkung** haben. Die Angelegenheit ist dann nicht exemplarisch, zeigt jedoch strukturelle Mängel im System der Berufsbildung der zuständigen Stelle auf. Auch Einzelfälle, die **Präzedenzwirkung** haben oder nach dem Willen der zuständigen Stelle haben sollen, sind wichtige Angelegenheiten.[4] Nicht zuletzt ist es ständige Aufgabe des Berufsbildungsausschusses, die **Qualität der beruflichen Bildung** zu entwickeln, Abs. 1 Satz 2. Maßnahmen, die sich hierauf beziehen, sind regelmäßig ebenfalls wichtige Angelegenheiten. Einzelfälle, die nicht beispielhaft sind, keine Präzedenzwirkung haben und nicht Indiz für strukturelle Mängel sind, sind keine wichtigen Angelegenheiten. Dazu gehören zum Beispiel einzelne Ausbildungsverträge.

Der Begriff der »wichtigen Angelegenheiten« ist wegen der vom Bundesverfassungsgericht erklärten subsidiären Allzuständigkeit des Berufsbildungsausschusses[5] weit auszulegen.

6   Der Begriff »wichtige Angelegenheit« ist ein **unbestimmter Rechtsbegriff.** Ungeachtet seiner inhaltlichen Unschärfe gibt es im konkreten Einzelfall grundsätzlich immer nur genau eine richtige Auslegung bei unbestimmten Rechtsbegriffen. Diese eine richtige Auslegung muss die zuständige Stelle bei der

---

3 *Knopp/Krageloh* BBiG § 79 Rn. 2; *Benecke/Hergenröder* BBiG § 79 Rn. 2 m. w. N.
4 *Braun/Mühlhausen* BBiG § 58 a. F., Rn. 8 m. w. N.
5 *BVerfG* 14. 5. 1986, 2 BvL 19 / 84, AP Nr. 28 zu Art. 140 GG.

Rechtsanwendung finden. Dies unterliegt vollem Umfang der Überprüfung durch das Verwaltungsgericht. Ein Beurteilungsspielraum der zuständigen Stelle oder deren Geschäftsführung besteht nicht. Ein Beurteilungsspielraum bei unbestimmten Rechtsbegriffen wird den Behörden nur dann zugestanden, wenn es sich um Fälle handelt, in denen die Behörden Entscheidungen zu treffen haben, die so stark situationsabhängig sind, dass sich diese Situationsgebundenheit im gerichtlichen Verfahren nicht rekonstruieren und nachvollziehen lässt. Ein Beurteilungsspielraum ist daher insbesondere bei den Prüfungen, Beurteilungen, Wertungsentscheidungen weisungsfreier Ausschüsse und Gremien sowie Risikobeurteilungen anerkannt. Ein solcher Fall einer nicht rekonstruierbaren situationsgebundenen Entscheidung liegt nicht vor. Es geht um die Einschätzung außerhalb einer Sitzung, ob die Geschäftsführung der zuständigen Stelle den Berufsbildungsausschuss zu unterrichten und anzuhören hat. Dies erfolgt auf Basis der Beurteilung des gesamten feststehenden Sachverhalts, insbesondere der vorliegenden Unterlagen. In diesem Fall hat die Kammergeschäftsführung die Pflicht, die Wichtigkeit der Angelegenheit zutreffend zu beurteilen. Ihre Entscheidung unterliegt in vollem Umfang der **Überprüfung durch die Verwaltungsgerichte.**

Besteht Streit darüber, ob eine Angelegenheit wichtig ist, kann der Ausschuss als **7** Organ, dem aus seiner Sicht der Unterrichtungs- oder Anhörungsanspruch zusteht, einen Antrag beim Verwaltungsgericht klären. Im Wege eines Organstreitverfahrens wird dann geklärt, ob der Anspruch bei dieser Angelegenheit tatsächlich besteht. Ein Anhörungs- oder **Unterrichtungsanspruch einzelner Mitglieder** des Ausschusses soll gegenüber der Kammergeschäftsführung nicht bestehen.[6]

Unerheblich ist, wie der Berufsbildungsausschuss in seiner **Geschäftsordnung** **8** den Begriff der wichtigen Angelegenheiten und damit seine Unterrichtungs- und Anhörungsrechte definiert. Die Geschäftsordnung muss sich im Rahmen des Gesetzes halten:[7] Da das Gesetz das Anhörungs- und Unterrichtungsrecht für wichtige Angelegenheiten verleiht, kann dieses Recht durch eine Geschäftsordnung weder erweitert noch beschränkt werden. Die abschließende Auslegung des Begriffs »wichtige Angelegenheiten« obliegt nicht dem Berufsbildungsausschuss, sondern der Rechtsprechung. Soweit andere Organe der zuständigen Stelle die in einer Geschäftsordnung beschriebenen Unterrichtungs- und Anhörungsrechte nicht beachten, steht zur abschließenden rechtlichen Klärung das Organstreitverfahren zur Verfügung.

2.2 Unterrichten und Anhören

Noch nach dem Wortlaut des § 58 Abs. 1 BBiG 1969 war anzunehmen, dass der **9** Berufsbildungsausschuss in allen wichtigen Angelegenheiten sowohl zu unterrichten als auch anzuhören ist. Lediglich in den Fällen, in denen eine Anhörung ins Leere geht, weil feststehende Sachverhalte mitgeteilt werden, wurde die Pflicht zur Anhörung des Berufsbildungsausschusses verneint.[8] Diese Auffassung lässt sich trotz identischen Wortlauts des Abs. 1 Satz 1 seit dem Berufsbildungsreformgesetz nicht mehr aufrecht erhalten. Denn die Abs. 2 und 3

---

6 *Leinemann/Taubert* BBiG § 79 Rn. 12 m. w. N.
7 S. § 80 Rn. 4.
8 *Braun/Mühlhausen* BBiG § 58 a. F. Rn. 13.

differenzieren wichtige Angelegenheiten danach, ob der Berufsbildungsausschuss anzuhören oder lediglich zu unterrichten ist. Dabei wird in den Ziffern 3 bis 6 des Abs. 3 deutlich, dass der Berufsbildungsausschuss auch in Fällen lediglich unterrichtet wird, in denen eine Stellungnahme noch Einfluss auf das Verhalten der zuständigen Stelle haben könnte.

10 Anhören geht rein begrifflich weiter als unterrichten. **Unterrichten** bedeutet, dass dem Berufsbildungsausschuss erschöpfend alle Erkenntnisse mitgeteilt werden müssen, die für das Verständnis einer wichtigen Angelegenheit erforderlich sind. Die Unterrichtung ist auf den fachlichen und räumlichen Zuständigkeitsbereich der zuständigen Stelle beschränkt.[9] **Anhören** bedeutet, dass der Berufsbildungsausschuss um seine Stellungnahme gebeten wird oder von sich aus eine Stellungnahme abgibt und dass die zuständige Stelle sich mit dieser Stellungnahme auseinandersetzt. Die zuständige Stelle ist an die Bedenken und Stellungnahmen des Ausschusses nicht gebunden, kann sich über vorgetragene Einwendungen aber nur aus sachlichen Gründen hinwegsetzen.[10]

11 Das Unterrichtungs- und Anhörungsrecht des Berufsbildungsausschusses steht neben seinem Normsetzungsanspruch aus Absatz 4. Der Berufsbildungsausschuss ist daher in allen wichtigen Angelegenheiten zu unterrichten und anzuhören, unabhängig davon, ob zugleich ein Beschlussanspruch nach Absatz 4 besteht. In umgekehrter Richtung strahlt die Normsetzungsbefugnis des Absatz 4 auf die Auslegung des Absatzes 1 aus: Angelegenheiten, zu denen der Berufsbildungsausschuss Beschlüsse nach Absatz 4 fassen kann, sind wichtige Angelegenheiten, über die der Berufsbildungsausschuss zu unterrichten und anzuhören ist. Denn ohne eine Information über die Angelegenheit kann der Berufsbildungsausschuss nicht entscheiden, ob er hierzu einen Beschluss fassen will oder muss.

2.3 Anhören (Abs. 2)

12 Absatz 2 listet einige **Beispiele** für wichtige Angelegenheiten auf, bei denen der Berufsbildungsausschuss anzuhören ist. Die Aufzählung ist nicht abschließend. Dies ergibt sich aus der Formulierung »…sind insbesondere«. So besteht ein Anhörungsanspruch des Berufsbildungsausschuss bei dem Erlass von Verwaltungsgrundsätzen zur Berufsausbildung. Verwaltungsgrundsätze sind Richtlinien, die dazu dienen, die Ermessensausübung und den Umgang mit unbestimmten Rechtsbegriffen in der Behörde zu vereinheitlichen. Die Verwaltungsgrundsätze werden vom zuständigen Organ erlassen. Dies kann je nach dem, um welche zuständige Stelle es sich handelt, unterschiedlich sein. Das Anhörungsrecht besteht bei dem Erlass von Verwaltungsgrundsätzen über die Eignung von Ausbildungs- und Umschulungsstätten für das Führen von schriftlichen Ausbildungsnachweisen, für die Verkürzung der Ausbildungsdauer, für die vorzeitige Zulassung zu der Abschlussprüfung, für die Durchführung der Prüfungen, zur Durchführung von über- und außerbetrieblichen Ausbildung sowie von Verwaltungsrichtlinien zur beruflichen Bildung (Absatz 2 Nr. 1). Nach Absatz 2 Nr. 2 ist der Berufsbildungsausschuss anzuhören, wenn die zuständige Stelle Maßnahmen umsetzen will, die der Landesausschuss für Berufsbildung empfohlen hat. Darüber hinaus besteht ein Anhörungsanspruch aus

---

9 *Braun/Mühlhausen* BBiG § 58 a. F. Rn. 11; *Leinemann/Taubert* BBiG § 79 Rn. 14.
10 *Leinemann/Taubert* BBiG § 79, Rn. 14; *Gedon/Hurlebaus* BBiG § 79 Rn. 12.

Nr. 3, wenn das von der zuständigen Stelle verwendete Ausbildungsvertragsmuster inhaltlich wesentlich geändert werden soll. Die Einschränkung »inhaltlich« macht deutlich, dass lediglich optische Änderungen nicht den Anhörungsanspruch des Berufsbildungsausschusses auslösen. Ob eine wesentliche Änderung des Berufsausbildungsvertrags vorliegt, ist danach zu bewerten, ob sich dadurch für den Ausbildenden oder den Auszubildenden ein neues Recht oder eine neue Pflicht ergibt. Soweit Ausbildungsvertragsmuster den §§ 305 ff. BGB angepasst werden, handelt es sich um wesentliche inhaltliche Änderungen. Denn durch die Änderung soll regelmäßig vermieden werden, dass eine Klausel in dem Ausbildungsvertrag unwirksam ist. Die Änderung hat damit zur Folge, dass statt der gesetzlichen Regelung eine vertragliche Klausel greift. Sind gesetzliche Regelung und vertragliche Klausel nicht identisch, handelt es sich um eine wesentliche inhaltliche Änderung des Ausbildungsvertragsmusters.

Angelegenheiten, bei denen der Berufsbildungsausschuss ein Beschlussrecht **13** gem. Absatz 4 zusteht, sind zugleich Angelegenheiten von solcher Wichtigkeit, dass dem Berufsbildungsausschuss zugleich ein Anhörungsrecht zusteht.

2.4 Unterrichten (Abs. 3)

Absatz 3 listet in nicht abschließender Aufzählung auf, in welchen wichtigen **14** Angelegenheiten der Berufsbildungsausschuss lediglich zu unterrichten ist. Nach § 58 Abs. 1 BBiG 1969 konnte bei wichtigen Angelegenheiten von einer Anhörung nur dann abgesehen werden, wenn von der Natur der Sache heraus nur eine Unterrichtung in Frage kommt. Dies war der Fall, wenn abgeschlossene Vorgänge zur Kenntnis gegeben werden, wie Anzahl und Arten der Berufsausbildungsverhältnisse, Statistische Angaben zu Abschlussprüfungen und Zwischenprüfungen oder die Tätigkeit der Ausbildungsberater und der Prüfungsausschüsse.[11] Ferner sollte lediglich über Sachverhalte unterrichtet werden, die nicht in den Verantwortungsbereich der zuständigen Stelle fallen, z. B. neue Ausbildungsordnungen oder Methoden der Berufsbildung.[12] Entsprechend hat das Bundesverwaltungsgericht entschieden,[13] dass der Ausschuss zu unterrichten ist über

- Vorgänge auf dem Arbeitsmarkt;
- Änderungen in der Ausbildungsordnung;
- neue Methoden der Ausbildung;
- Einflüsse des allgemeinen Bildungswesens und der Bildungspolitik auf die berufliche Bildung;
- die Statistik der Berufsausbildungsverhältnisse sowie
- Planungen der Kammer für den Ausbau der beruflichen Bildung

und festgestellt, diese Aufgaben des Berufsbildungsausschuss befassten sich überwiegend mit allgemeinen Fragen des Arbeitsmarkts und der Berufsüberwachung.

Diese **Abgrenzung zwischen unterrichtungspflichtigen und anhörungspflich-** **15** **tigen** wichtigen Angelegenheiten lässt sich seit dem Berufsbildungsreformgesetz leider nicht aufrecht erhalten. Zwar finden sich die genannten wichtigen Angelegenheiten teilweise in Absatz 3 wieder:

---

11 *Braun/Mühlhausen* BBiG § 58 a. F. Rn. 13 m. w. N.
12 A. a. O.
13 *BVerwG* 26.10.1971, I C 73.70, AP Nr. 1 zu § 43 HwO.

- Nach Nr. 1 besteht ein Unterrichtungsanspruch bezogen auf die Statistik zu den Maßnahmen zur Berufsausbildungsvorbereitung, der beruflichen Umschulung sowie der eingetragenen Berufsausbildungsverhältnisse;
- Nach Nr. 2 besteht ein Unterrichtungsanspruch zur Zahl und zu den Ergebnissen von durchgeführten Prüfungen. Durch die Verwendung des allgemeinen Begriffs »Prüfungen« wird deutlich, dass alle Prüfungen in den Bericht einbezogen werden müssen, sodass sowohl Abschluss- als auch Zwischenprüfungen einbezogen werden, von allen Maßnahmen der Berufsbildung, die in die Zuständigkeit der zuständigen Stelle fallen. Zu unterrichten ist der Ausschuss ferner über die hierbei gewonnenen Erfahrungen, was insbesondere bei neuen Prüfungsordnungen oder neuen Ausbildungsverordnungen sowie Erprobungsverordnungen im Rahmen einer qualitativen Bewerbung des Prüfungsverlaufs sowie der Prüfungsergebnisse erfolgen muss;
- Nach Absatz 3 Nr. 3 ist der Berufsbildungsausschuss über die Tätigkeit der Berater und Beraterinnen nach § 76 Abs. 1 Satz 2 zu unterrichten. Der Bericht muss umfassen, welche Maßnahmen zur Überwachung der Berufsbildung die Berater und Beraterinnen ergriffen haben, wie diese Maßnahmen sich auswirkten und in welchem Umfang, mit welchen Mitteln und mit welchen Ergebnissen die Beraterinnen und Berater hinsichtlich der Berufsbildung berieten;
- Nach Nr. 4 ist der Berufsbildungsausschuss über neue Formen, Inhalte und Methoden der Berufsbildung im Zuständigkeitsbereich der zuständigen Stelle zu unterrichten. Die Unterrichtung bezieht sich hier auf neue Rechtsgrundlagen (Ausbildungsordnung, Erprobungsverordnung, Fortbildungsverordnungen etc), die die Berufsbildung im Bereich der zuständigen Stelle betreffen;
- Zu berichten ist ferner, über beschlossene Haushaltsansätze zur Durchführung der Berufsbildung mit Ausnahme der Personalkosten (Nr. 7);
- Der Unterrichtungsanspruch besteht darüber hinaus über Verfahren zur Beilegung von Streitigkeiten aus Ausbildungsverhältnissen (Nr. 8). Im Gegensatz zu Nr. 1 und 2 bezieht sich dieser Unterrichtungsanspruch nicht auf »Zahl und Ergebnisse«, sodass über die Verfahren unterrichtet werden muss – mit der Folge, dass hier ein detaillierter Unterrichtungsanspruch des Berufsbildungsausschusses besteht;
- Nach Nr. 9 ist der Berufsbildungsausschuss in Arbeitsmarktfragen zu unterrichten, soweit sie die Berufsbildung im Zuständigkeitsbereich der zuständigen Stelle berühren. Der Unterrichtungsanspruch wird hier besonders beim Abgleich zwischen dem Angebot an Ausbildungsplätzen sowie der Anzahl der voraussichtlichen Schulabgänger relevant. Ferner ist der Fachkräftebedarf und die sich daraus ergebenden Konsequenzen für die Berufsbildung zu thematisieren.

16 Mit dem Berufsbildungsreformgesetz hat der Gesetzgeber jedoch auch zwei wichtige Angelegenheiten dem Unterrichtungsanspruch zugeordnet, bei denen nach der bisherigen Rechtsprechung (s. o.) ein Anhörungsrecht des Berufsbildungsausschuss bestand:
- Der Berufsbildungsausschuss ist (lediglich) zu unterrichten bei Stellungnahmen oder Vorschlägen der zuständigen Stelle gegenüber anderen Stellen und Behörden, soweit sie sich auf die Durchführung dieses Gesetzes oder der aufgrund des Gesetzes erlassenen Rechtsvorschriften beziehen. Hiervon ausgenommen sind Stellungnahmen und Vorschläge, die die zuständige Stelle in

ihrer Eigenschaft als zusammengeschlossene Unternehmerschaft abgibt. Dies soll selbst dann gelten, wenn es sich um bildungspolitische Angelegenheiten handelt.[14]

– Ferner soll der Berufsbildungsausschuss lediglich unterrichtet werden beim Bau überbetrieblicher Berufsbildungsstätten der zuständigen Stelle sowie über Beschlüsse des Berufsbildungsausschusses, die sich auf den laufenden Haushalt oder den Haushaltsplan auswirken. Wieso der Gesetzgeber meint, der Berufsbildungsausschuss sei über seine eigenen Beschlüsse zu informieren, bleibt rätselhaft.

Der Gesetzgeber beabsichtigte mit den Regelbeispielen in den Absätzen 2 und 3 **17** die wichtigen Angelegenheiten genauer zu definieren. Es habe in der bisherigen Praxis der Berufsbildungsausschüsse oftmals Meinungsverschiedenheiten über den Umfang der Aufgaben des Berufsbildungsausschusses gegeben.[15] Durch das Trennen der wichtigen Angelegenheiten in anhörungspflichtige und unterrichtungspflichtige Angelegenheiten und die Aufnahme von wichtigen Angelegenheiten in den Bereich der unterrichtungspflichtigen Angelegenheiten, obwohl es sich nicht um Berichte vergangener Vorgänge handelt, hat der Gesetzgeber mehr Unklarheit geschaffen als präzisiert. Die Regelbeispiele in Absatz 3 beziehen sich bis auf die Nr. 5 bis 7 auf abgeschlossene Vorgänge. Insofern bleibt es dabei, dass ein Unterrichtungsanspruch des Berufsbildungsausschusses besteht, wenn über die Vergangenheit berichtet wird. Bei Planungen und Angelegenheiten mit Bedeutung für die zukünftige Berufsbildung besteht ein Anhörungsanspruch des Berufsbildungsausschusses. Hiervon ausgenommen sind nach dem ausdrücklichen Wortlaut des Gesetzes und somit nach dem Willen des Gesetzgebers die wichtigen Angelegenheiten, die in den Nr. 5 bis 7 genannt werden.

Der Unterrichtungsanspruch des Berufsbildungsausschusses ist erst dann er- **18** füllt, wenn der Ausschuss erschöpfend unterrichtet wurde. Der Berufsbildungsausschuss muss so informiert werden, dass er sich ein eigenes Bild der Angelegenheit machen kann, ohne dass weitere Nachfragen erforderlich sind. Soweit der Ausschuss bestimmte Detailinformationen benötigt, muss die zuständige Stelle diese erteilen, soweit das Verlangen nicht unzumutbaren Aufwand mit sich bringt oder willkürlich erscheint.[16] Der Unterrichtungsanspruch des Ausschusses ist gesetzlich normiert. Daraus ergibt sich zugleich die Verpflichtung der zuständigen Stelle, die entsprechenden Informationen zu erheben. Der Unterrichtungsanspruch beschränkt sich nicht auf Informationen, die der zuständigen Stelle bereits vorliegen oder zu der sie bereits eine Zusammenstellung verfasst hat.[17] Datenschutzrechtliche Bedenken, die eine umfassende Information des Berufsbildungsausschusses bei der Unterrichtung oder bei der Anhörung bestehen nicht. Der Berufsbildungsausschuss ist Teil der zuständigen Stelle.[18] Innerhalb der zuständigen Stelle ist die Weitergabe von Daten zulässig, wenn sie der Erfüllung von Aufgaben der zuständigen Stelle dient. Insofern besteht ein datenschutzrechtlicher Erlaubnistatbestand,[19] der die **Weitergabe von Daten**

---

14 Regierungsentwurf BT-Drucks. 15/3980, S. 144.
15 Regierungsentwurf BT-Drucks. 15/3980, S. 143.
16 *Leinemann/Taubert* BBiG § 79 Rn. 23.
17 *Wohlgemuth/Lakies* u.a. BBiG, 3. Auflage, § 79 Rn. 21.
18 Siehe § 77 Rn. 1.
19 *Wohlgemuth/Lakies* u.a. a.a.O. Rn. 22.

ermöglicht. Umgekehrt sind die Mitglieder des Berufsbildungsausschusses verpflichtet, die datenschutzrechtlichen Bestimmungen einzuhalten.

19 Der Ausschuss ist **in geeigneter Form zu unterrichten**. Über die Geeignetheit entscheidet der Ausschuss. So wird insbesondere bei Statistiken eine lediglich mündliche Unterrichtung nicht ausreichen, weil eine Auswertung der Statistik und in der Folge eine Beratung im Ausschuss aufgrund mündlich vorgetragener Statistiken nicht möglich ist. Auch bei den übrigen wichtigen Angelegenheiten, über die lediglich zu informieren ist, richtet sich die Form der Unterrichtung nach ihrem Zweck. Die Unterrichtung muss zeitnah erfolgen.

3. Qualitätssicherung als Aufgabe (Abs. 1 Satz 2)

20 Nach Absatz 1 Satz 2 ist der Berufsbildungsausschuss verpflichtet, im Rahmen seiner Aufgaben darauf hinzuwirken, dass die Qualität der beruflichen Bildung sich stetig verbessert. Die Regelung wurde in der Beratung des Ausschusses für Bildung, Forschung und Technologie Folgenabschätzung eingefügt.[20] Der Ausschuss begründete dies damit, dass die Akzeptanz der beruflichen Bildung, ihr Beitrag zur Beschäftigungsfähigkeit der Auszubildenden und zur Wettbewerbsfähigkeit des Standorts Deutschland von der Qualität der beruflichen Bildung lebt. Ziel der beruflichen Bildung müsse daher die Qualitätssicherung und deren stetige Entwicklung sein. Bestehende Qualitätssicherungssysteme müssten ständig optimiert werden. Mit der Vorschrift werden keine gesonderten Befugnisse auf den Berufsbildungsausschuss übertragen.[21] Der Berufsbildungsausschuss wird jedoch durch die Norm verpflichtet, diesen speziellen Aspekt im Rahmen seiner Arbeit stets zu berücksichtigen. Eine Arbeit des Berufsbildungsausschusses, die die Entwicklung der Qualität der beruflichen Bildung nicht berücksichtigt, genügt nicht den Anforderungen des § 79 Abs. 1.

21 Um die Qualität der beruflichen Bildung nicht nur zu überwachen, sondern stetig zu entwickeln, braucht es eine Systematik. Zu berücksichtigen ist, dass die Qualität sowohl von den Rahmenbedingungen der Ausbildung abhängt, als auch vom Qualifizierungsprozess selbst, wie auch nicht zuletzt um die Prüfungsqualität bezogen auf die erworbene berufliche Handlungskompetenz. Der zuständige Ausschuss für Bildung, Forschung und Technologie Folgenabschätzung hat dem Bundestag eine Entschließung an die Bundesregierung empfohlen, die sich mit der Qualität der beruflichen Bildung befasst.[22] Der Bundestag fordert die Bundesregierung auf, gemeinsam mit Sozialpartnern und Ländern sowie mit der Unterstützung des Bundesinstituts für Berufsbildung, Verfahren zur externen Evaluation der Qualitätssicherungspraxis in der beruflichen Aus- und Weiterbildung zu erarbeiten. Solche Evaluationen sollten das Ziel haben, die an der Berufsbildung Beteiligten dabei zu unterstützen, die **Praxis der Qualitätssicherung** weiterzuentwickeln und ihnen dazu geeignete und praktikable Instrumente zur fortlaufenden Qualitätssicherung und zum Qualitätssicherungsmanagement an die Hand zu geben.

22 Aufbauend hierauf wurde von der Industriegewerkschaft Metall, dem DGB unter Begleitung durch die Universität Bremen und das Bundesinstitut für Berufs-

20 BT-Drucks. 15/4752, S. 50.
21 *Leinemann/Taubert* BBiG § 79 Rn. 26.
22 BT-Drucks. 15/4752, S. 27 ff.

bildung ein **Qualitätsrahmen für die Berufsausbildung** entwickelt,[23] mit dem für alle Phasen der Berufsausbildung Qualitätssicherungsprozesse und die Qualitätsentwicklung strukturiert und umgesetzt werden können.[24] Unabhängig davon, dass die Entwicklung der Qualität der Berufsbildung Pflichtaufgabe des gesamten Berufsbildungsausschusses ist, kann der Berufsbildungsausschuss zu diesem Thema einen Unterausschuss gem. § 80 Sätze 2 und 3 bilden.

4. Regelungskompetenz für Rechtsvorschriften zur Durchführung der Berufsbildung (Abs. 4)

Die in Absatz 4 Satz 1 verankerte Normsetzungsbefugnis gibt dem Berufsbildungsausschuss eine umfassende Regelungsbefugnis im Sinne einer subsidiären Zuständigkeit im Rahmen des vorgegebenen Gesetzes- und Verordnungsrechts zur Durchführung der Berufsbildung.[25] Die Regelungsbefugnis bezieht sich sowohl auf den technisch- organisatorischen Vollzug als auch auf die inhaltliche Gestaltung der Berufsbildung.[26]   **23**

4.1 Regelungsgegenstände

Der Berufsbildungsausschuss hat nach Absatz 4 Satz 1 die auf Grund des BBiG   **24** von der zuständigen Stelle zu erlassenen Rechtsvorschriften für die Durchführung der Berufsbildung zu beschließen. Hiervon sind z. B. umfasst:

– Prüfungsordnungen (§ 47);
– Regelungen zu Zwischenprüfungen, soweit sie nicht in der Ausbildungsordnung enthalten sind (§ 48);
– Fortbildungsprüfungsregelungen (§ 54);
– Umschulungsordnungen (§ 59);
– Ausbildungsregelungen für behinderte Menschen (§ 66) sowie
– Fortbildungs- und Umschulungsprüfungen für behinderte Menschen (§ 67).

Umstritten ist, wie weit die Regelungskompetenz des Ausschusses geht, ob zum   **25** Beispiel auch Verwaltungsvorschriften nur durch ihn erlassen werden können oder ob diese vom Vertretungsorgan der zuständigen Stelle gesetzt werden. Hierzu muss § 79 Abs. 4 Satz 1 ausgelegt werden:

Ganz allgemein ist eine Vorschrift eine verbindliche Anweisung oder Anord-   **26** nung,[27] eine Rechtsvorschrift eine rechtliche Vorschrift.[28] Richtigerweise fallen damit auch Verwaltungsvorschriften unter den Begriff der Rechtsvorschriften, da sie bindende Anordnungen enthalten. Um die fehlende Außenwirkung sprachlich zu verdeutlichen, sind sie von den Rechtsnormen abzugrenzen. Im Übrigen ist die Begrifflichkeit der Rechtsvorschrift auch nicht so abschließend definiert, wie sie zu § 79 Abs. 4 zuweilen ausgelegt wird. Das Bundesverwaltungsgericht

---

23 Qualitätsrahmen für die Berufsausbildung, IG Metall (Hrsg.), www.igmetall-wap.de.
24 Siehe Qualitätsplattform Ausbildung bei der Industrie- und Handelskammer Frankfurt am Main, www.frankfurt-main.ihk.de/berufsbildung/ausbildung/plattform_qua litaet/index.html.
25 BVerfG 14. 5. 1986, 2 BvL 19/84, EzB BBiG § 56 Nr. 4.
26 Ausschuss für Bildung, Forschung und Technologie Folgenabschätzung, BT-Drucks. 15/4752, S. 51.
27 http://www.dwds.de/?kompakt=1&qu=Rechtsvorschrift.
28 Duden, Die deutsche Rechtschreibung, 25. Aufl., Stichwort »Rechtsvorschrift«.

legt den Begriff, der auch in § 47 Abs. 1 Nr. 2 VwGO verwendet wird, nach der Zweckrichtung der Normenkontrolle und dem danach gebotenen weiten Begriffsverständnis aus. Es kommt zu dem Ergebnis, dass nicht nur Satzungen und Rechtsverordnungen, sondern auch solche (abstrakt-generellen) Regelungen der Exekutive, die rechtliche Außenwirkung gegenüber dem Bürger entfalten und auf diese Weise dessen subjektiv- öffentlichen Rechte unmittelbar berühren, Rechtsvorschriften im Sinne des § 47 Abs. 1 Nr. 2 VwGO sind.[29]

27 Nach der **Entscheidung des Bundesverfassungsgerichts**[30] bezieht sich die Regelungskompetenz des Berufsbildungsausschusses nicht lediglich auf den technisch-organisatorischen Vollzug der Berufsbildung. Die Zuständigkeit bezieht sich vielmehr auch auf die inhaltliche Gestaltung der Ausbildung und damit auf:
– Vorschriften zur Überwachung der persönlichen und fachlichen Eignung der Ausbilder und Ausbilderinnen sowie der Eignung der Ausbildungsstätten;
– Vorschriften über die Abkürzung und Verlängerung der Ausbildungszeit;
– Vorschriften über das Prüfungswesen, über die Anzahl und Durchführung von Zwischenprüfungen;
– Vorschriften zur Förderung der Berufsausbildung;
– Vorschriften zur Beilegung von Streitigkeiten aus Ausbildungsverhältnisses und
– Bestimmungen über die Tätigkeit und Zahl der zu bestellenden Ausbildungsberater.

28 Mit Blick auf § 9 (§ 44 BBiG 1969), nach dem die zuständige Stelle für die Durchführung der Berufsbildung zuständig ist, kommt das Bundesverfassungsgericht zu dem Ergebnis, dass dem Ausschuss eine Regelungsbefugnis im Sinne einer subsidiären Zuständigkeit im Rahmen des vorgegebenen Gesetzes- und Verordnungsrechts zur »Durchführung der Berufsbildung« zusteht. In der Folge werden die eben dargestellten Themenbereiche als von der Regelungsbefugnis umfasst aufgezählt. Die Aufzählung umfasst auch Regelungsbereiche, in denen kein ausdrückliches Recht des Berufsbildungsausschusses oder der zuständigen Stelle zum Erlass einer Rechtsvorschrift normiert ist (z. B. Eignung der Ausbildungsstätte, § 27, Eignung von Ausbildenden und Ausbildern oder Ausbilderinnen, § 28). Bei den Regelungen, die das Bundesverfassungsgericht hierzu vorsieht, kann es sich demzufolge nur um Verwaltungsvorschriften und Richtlinien ohne Außenwirkung handeln, die den Umgang der zuständigen Stelle mit den unbestimmten Rechtsbegriffen und den Ermessensvorschriften vereinheitlichen. Das Bundesverfassungsgericht hat also in seiner Entscheidung bereits berücksichtigt, dass es Regelungsbereiche gibt, für die eine **Rechtsvorschrift** im Sinne einer nach außen wirkenden Norm nicht geschaffen wird oder nicht geschaffen werden kann, hat aber dennoch dem Berufsbildungsausschuss die Regelungskompetenz zugewiesen. Nicht zutreffend ist daher die Rechtsauffassung, Verwaltungsvorschriften und Richtlinien seien keine Rechtsvorschriften im Sinne des Absatzes 4 Satz 1 und fielen nicht in die Zuständigkeit des Berufsbildungsausschusses.[31]

---

29 *BVerwG* 25. 11. 2004, 5 CN 1.03, http://www.bundesverwaltungsgericht.de/media/archive/2636.pdf.
30 *BVerfG* 14. 5. 1986, 2 BvL 19/84, EzB BBiG § 56 Nr. 4.
31 So aber *Leinemann/Taubert* BBiG § 79 Rn. 32; *Benecke/Hergenröder* BBiG § 79 Rn. 9; *Braun/Mühlhausen* BBiG § 58 a. F. Rn. 19; zweifelnd mit Blick auf die genannte Entscheidung des Bundesverfassungsgerichts *Wohlgemuth/Lakies* u. a. BBiG, 3. Auflage § 79 Rn. 30.

Die Entscheidung des Bundesverfassungsgerichts bindet bei der Auslegung des **29** § 79: Gerade aufgrund dieser umfassenden Allzuständigkeit ist das Bundesverfassungsgericht zum Ergebnis gekommen, dass ein mehrheitlich nicht von der Kirche besetzter Berufsbildungsausschuss in das den Kirchen von Verfassungswegen zustehende Selbstbestimmungsrecht eingreift.[32] Die Entscheidung des Bundesverfassungsgerichts wird damit von den Ausführungen zur Allzuständigkeit des Berufsbildungsausschusses getragen. Aus diesem Grund wirkt die Entscheidung des Bundesverfassungsgerichts gem. § 31 BVerfGG bindend.

Soweit Beschlüsse des Berufsbildungsausschusses statutarisches Recht setzen **30** sollen, müssen sie von der zuständigen Stelle noch erlassen werden. Dies geschieht in der Regel im **Mitteilungsblatt** der zuständigen Stelle.[33]

4.2 Einspruchsrecht der zuständigen Stelle (Abs. 4 Sätze 2–4)

Nach Absatz 4 Satz 2 kann die Person, die zur Vertretung der zuständigen Stelle **31** berechtigt ist, gegen Beschlüsse des Berufsbildungsausschusses, die gegen Gesetz oder Satzung verstoßen, **Einspruch** einlegen. Satz 2 beschreibt so die Normenhierarchie im Bereich der zuständigen Stelle. Obwohl die Verordnungen, damit also auch die Ausbildungsordnungen, nicht ausdrücklich genannt werden, kann ein Einspruch auch wegen eines Verstoßes gegen eine Verordnung eingelegt werden. Die **Normenhierarchie** im Bereich der zuständigen Stelle zu Thema Berufsbildung hat damit folgende Reihenfolge:
– Gesetze,
– Verordnungen,
– Satzung der zuständigen Stelle und
– Beschlüsse des Berufsbildungsausschusses.

Beschlüsse anderer Ausschüsse der zuständigen Stelle stehen ebensowenig über **32** den Beschlüssen des Berufsbildungsausschusses wie Beschlüsse anderer Organe. Widersprüchliche Beschlüsse verschiedener Gremien innerhalb der zuständigen Stelle müssen über andere Prinzipien (Zuständigkeit, zeitliche Abfolge, Spezialität etc.) aufgelöst werden. Der **Begriff der Satzung** ist für die zuständigen Stellen so auszulegen, wie das für die Errichtung der zuständigen Stelle zugrunde liegende Gesetz diesen Begriff verwendet. Damit existieren Satzungen für Industrie- und Handelskammern als die Satzung, die die Organisation der zuständigen Stelle beschreibt (§ 4 Satz 2 Nr. 1 IHKG), die Finanzsatzung (§ 3 Abs. 7a Satz 2 IHKG) sowie Satzungen über öffentlich rechtliche Zusammenschlüsse (§ 10 IHKG). Im Bereich der Handwerkskammern ist die Satzung in § 105 HwO definiert.

Weiteres statutarisches Recht fällt bereits rein begrifflich nicht unter »Satzung«, **33** sondern wird in den zugrundeliegenden Rechtsvorschriften in der Regel als »Ordnung« bezeichnet, z.B. Wahl-, Beitrags-, Sonderbeitrags- und Gebührenordnung nach dem IHKG. Die Auffassung, dass der Begriff der »Satzung« in Abs. 4 Satz 2 so weit auszulegen ist, dass sämtliches statutarische Recht der zuständigen Stelle vereinbar mit den Beschlüssen des Berufsbildungsausschuss sein muss,[34] ist nicht zutreffend.

---

32 *BVerfG* a.a.O. Rn. 37.
33 *Braun/Mühlhausen* BBiG § 41 a.F. Rn. 31.
34 *Leinemann/Taubert* BBiG § 79 Rn. 38; *Braun/Mühlhausen* BBiG § 58 a.F. Rn. 23.

34   **Einspruchsberechtigt** ist die Person, die zur Vertretung der zuständigen Stelle berechtigt ist. Dies ergibt sich regelmäßig aus der Satzung, bei Behörden aus der Verwaltungsorganisation.

35   Der Einspruch kann eingelegt werden, wenn die Person, die zur Vertretung der zuständigen Stelle berechtigt ist, einen Verstoß gegen höherrangiges Recht feststellt. Der **Verstoß** muss nicht feststehen. Ausreichend ist, dass die einspruchsberechtigte Person davon ausgeht, dass der Verstoß vorliegt. Zweifel an der Vereinbarkeit mit höherrangigen Recht sind nicht ausreichend.

36   Der Einspruch muss innerhalb einer Woche eingelegt werden. Im Gesetz nicht beschrieben ist, wann die **Frist** beginnt. Richtigerweise wird man davon ausgehen, dass die Frist beginnt, wenn der Beschluss des Ausschusses zugegangen ist oder die einspruchsberechtigte Person anderweitig Kenntnis von dem Beschluss erhalten hat. Für den Zugang gelten die allgemeinen Zugangsregelungen für Willenserklärungen §§ 130 ff. BGB. Hat die einspruchsbefugte Person bereits vor dem Zugang Kenntnis von dem Beschluss erhalten, z. B. weil sie an der Sitzung des Ausschusses teilgenommen hat, in der der Beschluss gefasst wurde, ist der Zeitpunkt der Kenntnisnahme der maßgebliche Zeitpunkt für die Berechnung der Wochenfrist. Die Berechnung der Wochenfrist erfolgt nach den §§ 187 ff. BGB, § 186 BGB. Die Frist ist eine Ausschlussfrist.[35]

37   Der Einspruch muss beim Berufsbildungsausschuss eingehen. Obwohl es an einer gesetzlichen Regelung über die **Vertretung beim Empfang von Willenserklärungen** für den Ausschuss fehlt, kann davon ausgegangen werden, dass der Vorsitz Willenserklärungen für den Berufsbildungsausschuss annehmen kann. Die Frist wird dann gewahrt, wenn der Einspruch fristgerecht beim Vorsitz, im Falle dessen Verhinderung bei der Stellvertretung eingeht.[36] Darüber hinaus kann die Vertretung des Berufsbildungsausschusses bei der Entgegennahme von Willenserklärungen in der Geschäftsordnung nach § 80 geregelt werden.

38   Für den Einspruch ist keine **gesetzliche Form** vorgesehen. Er ist daher auch mündlich oder mit digitalen Medien möglich. Aus Gründen der Rechtsklarheit und der Rechtssicherheit empfiehlt sich die Abgabe eines schriftlichen Einspruchs.

39   Der Einspruch muss nach Absatz 4 Satz 3 begründet werden. Die **Begründung** ist nicht Wirksamkeitsvoraussetzung für den Einspruch.[37] Die Begründung als Voraussetzung für die Wirksamkeit des Einspruchs anzusehen, findet weder im Wortlaut noch in der Grammatik oder der Systematik des Gesetzes seine Begründung. Aus dem Zweck des Gesetzes ließe sich schließen, dass dem unbegründeten Einspruch keine aufschiebende Wirkung zukommen soll. Hiergegen spricht jedoch, dass die aufschiebende Wirkung des Einspruchs im Gesetz ohne zusätzliche Bedingung formuliert ist. Hinzu kommt, dass die Einspruchsfrist knapp bemessen ist, sodass nicht unterstellt werden kann, der Gesetzgeber habe die Begründung auf jeden Fall als Wirksamkeitsvoraussetzung für den Einspruch angesehen. Ein unbegründeter Einspruch kann vom Ausschuss unproblematisch dadurch zurückgewiesen werden, dass der ursprüngliche Beschluss wiederholt wird. Die Begründung kann, da sie letztlich überhaupt nicht erforderlich ist, formfrei, auch nach Ablauf der Wochenfrist selbst in der maßgeb-

---

35   *Wohlgemuth/Lakies* u. a. BBiG, 3. Auflage § 79 Rn. 34; *Leinemann/Taubert* BBiG § 79 Rn. 41.
36   *Leinemann/Taubert* BBiG § 79 Rn. 43.
37   A. A. *Wohlgemuth/Lakies* u. a. BBiG, 3. Auflage § 79 Rn. 38 ff; *Leinemann/Taubert* BBiG § 79 Rn. 42.

lichen Sitzung des Berufsbildungsausschusses, in der der Bestätigungsbeschluss gefasst werden soll, abgegeben werden.

Nach Absatz 4 Satz 3 hat der Einspruch **aufschiebende Wirkung**. Die aufschiebende Wirkung endet erst, wenn der Berufsbildungsausschuss seinen Beschluss überprüft und erneut beschließt, Absatz 4 Satz 4. Bis dahin darf der Beschluss des Berufsbildungsausschusses nicht vollzogen werden. Er ist nicht im Mitteilungsblatt zu veröffentlichen. Die aufschiebende Wirkung kann nur ganz ausnahmsweise entfallen, wenn er ganz offensichtlich rechtsmissbräuchlich ist, also ein Verstoß gegen höherrangiges Recht unter keinen Umständen in Betracht kommt.[38]   **40**

Nach Absatz 4 Satz 4 hat der Berufsbildungsausschuss seine Entscheidung zu überprüfen und erneut zu beschließen, wenn er an dem Beschluss festhalten will. **Überprüfen** bedeutet, dass der Ausschuss sich mit dem Einspruch und seiner Begründung auseinandersetzt. Der Ausschuss muss überprüfen, ob er an seinem Beschluss festhalten will. Hält der Ausschuss die rechtlichen Erwägungen in der Begründung des Einspruchs für unzutreffend, verwirft er den Einspruch, in dem er seinen Beschluss erneut fasst.   **41**

Folgt der Ausschuss der Einspruchsbegründung, hebt er den ursprünglichen Beschluss durch eine **erneute Beschlussfassung** auf. Unterbleibt die erneute Beschlussfassung bleibt der ursprüngliche Beschluss schwebend unwirksam. Eine Frist innerhalb derer der Berufsbildungsausschuss sich mit dem Einspruch befassen muss, sieht das Gesetz nicht vor.   **42**

Hält die zur Vertretung der zuständigen Stelle befugte Person den Beschluss des Berufsbildungsausschusses weiterhin für rechtswidrig, kann das Einspruchsverfahren nach Absatz 4 Sätze 2–4 wiederholt werden.[39] Alternativ kann diejenige Behörde, die die Rechtsaufsicht über die zuständige Stelle führt, eingeschaltet werden, damit diese die Angelegenheit überprüft.[40] Auch der Berufsbildungsausschuss kann die Rechtsaufsichtsbehörde einschalten. Er kann außerdem im Wege eines Organstreitverfahrens beim Verwaltungsgericht beantragen, dass die zuständige Stelle den Beschluss in ihrem Mitteilungsblatt verkündet.   **43**

5. Beschlüsse mit Auswirkungen auf den Haushalt (Abs. 5)

Nach Absatz 5 hängt die Wirksamkeit von Beschlüssen, deren Umsetzung dazu führt, dass der laufende Haushaltsposten überschritten wird, davon ab, dass die zuständigen Organe den Beschluss zustimmen. Dies gilt auch für Beschlüsse, die einen höheren Haushaltsposten erfordern, wenn die Steigerung der Ausgaben im Verhältnis zum laufenden Haushalt mehr als unwesentlich ist.   **44**

Die Regelung zeigt die **fehlende Haushaltskompetenz** des Berufsbildungsausschusses. Der Berufsbildungsausschuss kann Beschlüsse fassen, wie die Haushaltsmittel zu verteilen sind. Das Haushaltsvolumen zu beschließen, bleibt dem zuständigen Organ der zuständigen Stelle vorbehalten. Dies gilt sowohl für das laufende Haushaltsjahr als auch für das anstehende Haushaltsjahr. Lediglich unwesentliche Überschreitungen des Haushalts für das Folgejahr bedürfen nicht   **45**

---

38 Vergleiche zur Unbeachtlichkeit der Zustimmungsverweigerung eines Personalrats z. B. *VG Potsdam*, 24. 10. 2007, 21 K 2332 / 06. PVL, www.dbb.de / dokumente / zfpr / 2008 / zfpronline_2008_08_04.pdf m. w. N.

39 *Braun/Mühlhausen* BBiG § 58 a. F., Rn. 28.

40 *Leinemann/Taubert* BBiG § 79 Rn. 46.

der Zustimmung des zuständigen Organs. Welche Überschreitung noch unwesentlich und welche Überschreitung des Budgets schon wesentlich ist, definiert das Gesetz nicht. Es handelt sich um einen unbestimmten Rechtsbegriff, der in vollem Umfang der Überprüfung durch das Verwaltungsgericht unterliegt. Ein Ermessensspielraum des Organs der zuständigen Stelle, das für den Beschluss des Haushaltes zuständig ist, besteht nicht.[41] Eine wesentliche Steigerung dürfte jedenfalls dann ausscheiden, wenn der gesamte Haushalt höher ist als der vorherige. Wird diese Gesamt-Steigerungsrate nicht überschritten, ist das Übersteigen im Bereich der Berufsbildung nicht wesentlich. Wann eine wesentliche Überschreitung der laufenden Haushaltsmittel durch den Folgehaushalt vorliegt, kann im Einzelfall schwer zu beurteilen sein.[42] Problematisch ist die Regelung dann, wenn der gesamte Haushalt schrumpfen soll, für die Planungen des Berufsbildungsausschusses jedoch lediglich eine Schranke des moderaten Wachstums besteht. In diesem Fall führt Absatz 5 Satz 2 dazu, dass die übrigen Haushaltsstellen überproportional einsparen müssen, um die gleichbleibenden oder leichtwachsenden Ausgaben für die Berufsbildung zu finanzieren.

6. Stimmrecht der Lehrkräfte (Abs. 6)

46 Absatz 6 wurde durch das Berufsbildungsreformgesetz neu geschaffen. Der Ausschuss für Bildung, Forschung und Technologie Folgenabschätzung erwirkte ein eingeschränktes Stimmrecht der Lehrkräfte in den Berufsbildungsausschüssen der zuständigen Stellen.[43] Das Stimmrecht besteht nur in den Fällen, in denen sich die Beschlüsse des Berufsbildungsausschusses unmittelbar auf die Organisation der schulischen Berufsbildung auswirken. Ansonsten verbleibt es beim Grundsatz des § 77 Abs. 1, dass die Lehrkräfte lediglich mit beratender Stimme an den Sitzungen des Berufsbildungsausschusses teilnehmen. Nach der Formulierung des Absatzes 6 besteht das Stimmrecht, soweit sich die Beschlüsse unmittelbar auf die Organisation der schulischen Berufsbildung auswirken. Beschlüsse, die sich unmittelbar auf die Organisation der schulischen Berufsbildung auswirken sind schwerlich vorstellbar, da sie zu ihrer Wirksamkeit als statutarisches Recht zunächst verkündet werden müssen, als Verwaltungsvorschrift hingegen zunächst durch die zuständige Stelle umgesetzt werden müssen. Aus Sicht des Ausschusses besteht das Stimmrecht der Lehrkräfte z. B., wenn Verwaltungsgrundsätze für die Verkürzung der Ausbildungsdauer Auswirkungen auf die Organisation der Berufsschule haben oder im Bezirk der zuständigen Stelle im Rahmen der Durchführung der Berufsbildung Rechtsvorschriften erlassen werden, die – wie auch bei der Berufsausbildungsvorbereitung – ein konzertiertes Vorgehen von Schule und Betrieb voraussetzen. Hiervon abzugrenzen sind die Fragen, die die betriebliche Seite der Berufsbildung betreffen. Diese bleiben vom Stimmrecht ausgenommen. Hierzu zählen z. B. materielle Regelungen für die betriebliche Ausbildung behinderter Menschen, die Einrichtung neuer Lehrgänge der Aufstiegsfortbildung, überbetriebliche Unterweisungen oder die Entwicklung von Ausbildungsvertragsmustern.[44]

---

41 A. A.: *Leinemann/Taubert* BBiG § 79 Rn. 50.
42 *Benecke/Hergenröder* BBiG § 79 Rn. 11; *Braun/Mühlhausen* BBiG § 58 a. F. Rn. 30 m. w. N.
43 BT-Drucks. 15/4752, S. 51.
44 Ausschussbericht a. a. O.

7. Parallelvorschrift im Handwerk

Die Aufgaben des Berufsbildungsausschusses bei den Handwerkskammern **47**
regelt § 44 HwO. Bei der Frage der Beschlusswirkungen weicht die Vorschrift
deutlich von § 79 Abs. 4 und 5 BBiG ab.

8. Anhang

Verfahrensordnung für den Schlichtungsausschuss nach § 111 Abs. 2 bei der **48**
Industrie- und Handelskammer Frankfurt[45]
Die Verfahrensordnung regelt die Arbeit des Schlichtungsausschusses.

§ 1 Errichtung und Zuständigkeit
Die IHK Frankfurt am Main errichtet gem. § 111 Abs. 2 ArbGG einen Ausschuss zur
Beilegung von Streitigkeiten zwischen Ausbildenden und Auszubildenden aus einem
bestehenden Berufsausbildungsverhältnis innerhalb des IHK-Bezirks.

§ 2 Zusammensetzung
1. Der Ausschuss setzt sich aus je einem Vertreter der Arbeitgeber und der Arbeitnehmer zusammen.
2. Die Mitglieder des Ausschusses werden von der IHK für höchstens vier Jahre berufen.
Für die Berufung legt der Berufsbildungsausschuss Vorschläge vor.
3. Im Verhinderungsfalle werden Stellvertreter nach der Reihenfolge der Liste herangezogen.
4. Die Mitglieder üben ihre Tätigkeit ehrenamtlich aus. Für bare Auslagen und für
Zeitversäumnis wird eine Entschädigung gewährt. Sie richtet sich nach der Entschädigungsregelung für die Tätigkeit im Berufsbildungsausschuss der Industrie- und Handelskammer Frankfurt am Main (Beschluss der Vollversammlung vom 4. November
1970, Genehmigung des Hessischen Ministers für Wirtschaft und Technik vom 1. Februar 1971).

§ 3 Vorsitz
Den Vorsitz übernimmt ein Mitglied des Ausschusses nach vorausgegangener Verständigung oder nach Losentscheid. Der Vorsitzende leitet die Sitzung.

§ 4 Beschlüsse
Beschlüsse bedürfen der Stimmen beider Ausschussmitglieder.

§ 5 Antrag
1. Der Ausschuss wird nur auf Antrag des Auszubildenden oder des Ausbildenden
tätig. Ist ein Beteiligter minderjährig, so ist die Einwilligung der gesetzlichen Vertreter
und im Verweigerungsfalle die des Vormundschaftsgerichts erforderlich.
2. Der Antrag ist bei der Geschäftsstelle der IHK schriftlich einzureichen oder mündlich
zu Protokoll zu geben.
3. Der Antrag soll enthalten:
a) die Bezeichnung der Beteiligten (Antragsteller und Antragsgegner),
b) ein bestimmtes Antragsbegehren,
c) eine Begründung des Antragsbegehrens.

---

45 Verfahrensordnung für den Schlichtungsausschuss nach § 111 Abs. 2 bei der Industrie-
und Handelskammer Frankfurt, www.frankfurt-main.ihk.de; zum Schlichtungsausschuss s. § 22 Rn. 77.

§ 6 Ladung

1. Die Geschäftsstelle setzt den Verhandlungstermin fest und beruft den Ausschuss ein. Sie lädt die Beteiligten zur mündlichen Verhandlung durch Postzustellungsurkunde und ordnet in der Regel ihr persönliches Erscheinen an.
2. Dem Antragsgegner ist die Ladung mit der Ausfertigung des Antrags zuzustellen. Ihm ist anheim zu stellen, zu dem Antrag bereits vor dem Schlichtungstermin schriftlich Stellung zu nehmen.
3. Bei minderjährigen Beteiligten sind auch deren gesetzliche Vertreter zu laden.
4. Die Beteiligten sind in der Ladung auf die Folgen ihres Nichterscheinens (§ 15) sowie auf die Zulässigkeit einer Vertretung (§ 7) hinzuweisen.
5. Die Ladungsfrist beträgt mindestens eine Woche.

§ 7 Bevollmächtigte

Die Beteiligten können die Verhandlung vor dem Ausschuss selbst führen oder sich vertreten lassen. Eine Vertretung durch Vertreter von Gewerkschaften oder von Vereinigungen von Arbeitgebern oder von Zusammenschlüssen solcher Verbände ist zulässig, wenn diese Personen kraft Satzung oder Vollmacht zur Vertretung befugt sind und der Zusammenschluss, der Verband oder deren Mitglieder Partei sind. Das gleiche gilt für die Vertretung durch Vertreter von selbständigen Vereinigungen von Arbeitnehmern mit sozial- oder berufspolitischer Zwecksetzung.

§ 8 Öffentlichkeit

Die Verhandlung vor dem Ausschuss ist nicht öffentlich.

§ 9 Verfahren vor dem Ausschuss

1. Den Beteiligten ist ausreichend Gehör zu gewähren. Während des Verfahrens soll eine gütliche Einigung angestrebt werden. Das Verfahren ist so schnell wie möglich durchzuführen.
2. Der Vorsitzende soll die der Aufklärung der Streitigkeit dienenden Beweismittel in die Verhandlung einbeziehen.
3. Eine Beeidigung der Beteiligten, Zeugen oder Sachverständigen ist unzulässig. Zur Entgegennahme von eidesstattlichen Versicherungen ist der Ausschuss nicht berechtigt.
4. Zur Einnahme eines Augenscheins kann die Verhandlung außerhalb des Sitzungsortes durchgeführt werden.

§ 10 Vertagung

Falls für die Aufklärung des Streitfalles ein weiterer Verhandlungstermin erforderlich ist, kann der Ausschuss die Vertagung der Verhandlung beschließen. Mit dem Beschluss über die Vertagung ist zugleich der neue Verhandlungstermin festzusetzen; der Ausschuss soll nach Möglichkeit in gleicher Besetzung zusammentreten.

§ 11 Abschluss der Verhandlung

Die Verhandlung kann abgeschlossen werden durch:
a) gütliche Einigung (§ 12 Vergleich),
b) einstimmigen Spruch des Ausschusses (§ 13),
c) die Feststellung des Ausschusses, dass weder eine Einigung noch ein Spruch möglich war (§ 14),
d) Säumnisspruch (§ 15),
e) Rücknahme des Antrages, die vom Ausschuss festzustellen ist.

§ 12 Vergleiche

Ein vor dem Ausschuss geschlossener Vergleich ist unter Angabe des Tages seines Zustandekommens von den Mitgliedern des Ausschusses und den Beteiligten zu unterzeichnen.

Malottke

§ 13 Spruch
1. Sofern das Verfahren keine anderweitige Erledigung findet, hat der Ausschuss einen Spruch zu fällen.
2. Über den Spruch wird in Abwesenheit der Beteiligten beraten. Der Spruch ist unter Angabe des Tages seines Zustandekommens von den Mitgliedern des Ausschusses zu unterzeichnen.
3. Der Spruch wird im Anschluss daran verkündet. Dabei soll der wesentliche Inhalt der Entscheidungsgründe mitgeteilt werden.
4. Den Beteiligten ist unverzüglich, spätestens aber innerhalb einer Woche nach der Verkündung des Spruches, eine vom Vorsitzenden unterzeichnete Ausfertigung des Spruches mit Rechtsmittelbelehrung (§ 18) durch Postzustellungsurkunde zuzustellen. Der Spruch ist schriftlich zu begründen, soweit die Beteiligten hierauf nicht verzichtet haben.

§ 14 Nichtzustandekommen eines Spruches
1. Kommt im Ausschuss keine Entscheidung zustande, sind die Beteiligten durch mündliche Verkündung zu unterrichten.
2. Den Beteiligten ist darüber eine Niederschrift zusammen mit einer Rechtsmittelbelehrung (§ 18) durch Postzustellungsurkunde zuzustellen.

§ 15 Nichterscheinen eines Beteiligten
1. Erscheint der Antragsteller ohne ausreichende Entschuldigung nicht zum Verhandlungstermin und lässt er sich auch nicht vertreten (Säumnis), so ist auf Antrag ein Versäumnisspruch dahingehend zu erlassen, dass der Antragsteller mit seinem Begehren abgewiesen wird.
2. Bei Säumnis des Antragsgegners ist dem Antragsbegehren stattzugeben, sofern die Begründung den Antrag rechtfertigt.

§ 16 Kosten
1. Das Verfahren ist gebührenfrei.
2. Jeder Beteiligte trägt die ihm durch das Verfahren entstandenen Kosten selbst. Zeugen und Sachverständige sind von demjenigen Beteiligten zu entschädigen, der sie zum Beweis seiner Behauptungen angeboten hat.

§ 17 Niederschrift
1. Die Beteiligten erhalten eine Niederschrift über das Ergebnis der Verhandlung.
2. Die Niederschrift kann von einem Mitglied des Ausschusses oder von einem Protokollführer aufgenommen werden.
3. Die Niederschrift muss enthalten:
a) den Ort und Tag des Verhandlungstermins,
b) die Namen des Vorsitzenden, des Ausschussmitgliedes und des Protokollführers,
c) die genaue Bezeichnung des Verfahrens nach den Beteiligten und dem Streitgegenstand,
d) die Angabe der erschienen Beteiligten, gesetzlichen Vertreter usw.,
e) die wesentlichen Angaben über den Verlauf und das Ergebnis des Termins.
4. Die Niederschrift ist vom Vorsitzenden und vom Protokollführer zu unterzeichnen.

§ 18 Fristen für Anerkennung und Klage
1. Ein vom Ausschuss gefällter Spruch (§§ 13, 15) wird nur wirksam, wenn er innerhalb einer Woche nach Verkündung schriftlich anerkannt wird. Die Anerkennung des Spruches kann im Verhandlungstermin schriftlich oder zu Protokoll der Geschäftsstelle der IHK erklärt werden.
2. Die Geschäftsstelle der IHK hat die Beteiligten unverzüglich davon zu unterrichten, ob der Spruch anerkannt wurde. Bei Nichtanerkennung sind die Beteiligten darauf

hinzuweisen, dass eine Klage beim zuständigen Arbeitsgericht nur binnen zwei Wochen nach ergangenem Spruch zulässig ist.

3. Ein von den Beteiligten anerkannter Spruch besitzt die Rechtskraft eines Urteils.

§ 19 Vollstreckbarkeit
Aus den Vergleichen, die vor dem Ausschuss geschlossen wurden (§ 12) und aus Sprüchen des Ausschusses, die von den Beteiligten anerkannt sind, findet die Zwangsvollstreckung statt. Voraussetzung: Der Spruch oder der Vergleich wurde vom Vorsitzenden des Arbeitsgerichts, das für die Geltendmachung des Anspruchs zuständig wäre, für vollstreckbar erklärt.

§ 80 Geschäftsordnung

Der Berufsbildungsausschuss gibt sich eine Geschäftsordnung. Sie kann die Bildung von Unterausschüssen vorsehen und bestimmen, dass ihnen nicht nur Mitglieder des Ausschusses angehören. Für die Unterausschüsse gelten § 77 Abs. 2 bis 6 und § 78 entsprechend.

Inhaltsübersicht   Rn.

1. Allgemeines 1
2. Geschäftsordnung (Satz 1) 2
3. Unterausschüsse 5
4. Parallelvorschrift in der HwO 8
5. Mustergeschäftsordnung 9

1. Allgemeines

1 Nach § 80 ist der Berufsbildungsausschuss verpflichtet, sich eine Geschäftsordnung zu geben. Zugleich ermöglicht die Regelung in Absatz 2, Unterausschüsse des Berufsbildungsausschusses zu gründen, wobei Satz 3 die Besetzung und die Beschlüsse der Unterausschüsse regelt. § 80 entspricht § 59 BBiG 1969.

2. Geschäftsordnung (Satz 1)

2 Das BBiG regelt die internen Abläufe des Berufsbildungsausschusses nur in geringem Teil. Vorschriften bestehen lediglich bezogen auf die Besetzung, die Berufung der Mitglieder sowie auf Beschlüsse und Beschlussfassung. Fragen, die sich in der Folge stellen, werden sinnvollerweise in der **Geschäftsordnung** geregelt. Hierzu gehören z.B.:
- die Kompetenzen des Vorsitzes;
- Formvorschriften für Ladung und Tagesordnung;
- Fristen für die Ladung;
- Erstellen und Überlassen von Protokollen;
- Verschwiegenheit;
- Befangenheit;
- Öffentlichkeit/Nichtöffentlichkeit von Sitzungen;
- Hinzuziehen von externem Sachverstand;
- Regelungen darüber, wer Angelegenheiten auf die Tagesordnung setzen darf;

– Umgang mit Änderungsanträgen sowie
– Regelungen über die Zusammenarbeit mit ggf. zu bildenden Unterausschüssen sowie Regelungen über die Unterausschüsse selbst.

Der Beschluss über eine Geschäftsordnung ist **verpflichtend**. Nach dem Wort- 3
laut des Gesetzes hat der Berufsbildungsausschuss sich eine Geschäftsordnung
zu geben. Auf diese kann nicht, etwa aus dem Grund, »übertriebene Förmelei«
zu vermeiden, verzichtet werden. Andererseits muss auch der Versuchung
widerstanden werden, in der Geschäftsordnung alle denkbaren Konstellationen
interner Streitigkeiten zu regeln und die Geschäftsordnung dadurch **unüber-
schaubar** anwachsen zu lassen. Regelungsziel der Geschäftsordnung ist regelmäßig die Vereinheitlichung von Beratungs- und Abstimmungsprozessen sowie
die Sicherung von Minderheitenrechten im Ausschuss.

Die Geschäftsordnung beschließt der Ausschuss nach den **Vorschriften des** 4
§ 78. Erforderlich ist, dass der Entwurf der Geschäftsordnung den Ausschussmitgliedern zuvor rechtzeitig und schriftlich überlassen wurde, damit die Ausschussmitglieder sich vorbereiten können. Der Berufsbildungsausschuss muss
bei der Abstimmung **beschlussfähig** sein. Es muss also mehr als die Hälfte
seiner stimmberechtigten Mitglieder anwesend sein, § 78 Abs. 1 Satz 1. Die
Lehrkräfte sind beim Beschluss der Geschäftsordnung nicht stimmberechtigt,
da kein Fall des § 77 Abs. 6 vorliegt. Die Geschäftsordnung gilt, wenn für den
Entwurf mehr Ja als Nein-Stimmen abgegeben wurden.

Die Geschäftsordnung muss sich **im Rahmen des Gesetzes** bewegen. Die Rechte
des Berufsbildungsausschusses dürfen durch die Geschäftsordnung nicht erweitert werden.[1] Gesetzliche Anforderungen an Beschlüsse dürfen nicht unterschritten werden.[2]

Wie jeder Beschluss des Berufsbildungsausschusses, dessen Wirkung nicht
ausdrücklich befristet wird, gilt auch die Geschäftsordnung grundsätzlich **unbefristet**. Sie ist abhängig vom Bestand des Berufsbildungsausschusses, nicht
von seiner Zusammensetzung. Sie gilt daher auch über die Amtszeit der Mitglieder und – für Geschäftsordnungen nach dem BBiG 1969 – auch über die Novellierung des BBiG 1969 im Jahr 2005 hinaus. Sie kann durch einfachen Beschluss jederzeit geändert werden.

3. Unterausschüsse

Nach Satz 2 kann der Berufsbildungsausschuss beschließen, dass Unteraus- 5
schüsse gebildet werden. Unterausschüsse können sich z.B. befristet mit **besonderen Themen** beschäftigen. Dies bietet sich dann an, wenn die Themen nicht
alle Mitglieder betreffen oder im gleichen Maße interessieren oder ihre Beratung
so umfangreich ist, dass eine Vorbereitung durch einen Unterausschuss angemessen erscheint. Über die Vertagung der Angelegenheit auf Unterausschüsse
entscheidet der Berufsbildungsausschuss frei, ohne dass er an ein Ermessen gebunden wäre. Unterausschüsse können befristet oder unbefristet errichtet werden.

Nach Satz 2 zweiter Halbsatz kann die Geschäftsordnung vorsehen, dass den 6
Unterausschüssen auch Menschen angehören, die nicht Mitglieder des Berufsbildungsausschusses sind. Dem Wortlaut lässt sich entnehmen, dass die Beset-

---

1 Zum Umfang der Beschlussrechte s. § 79.
2 Zu den Anforderungen s. § 78.

zung eines Ausschusses mit ausschließlich ausschussfremden Mitgliedern nicht zulässig ist. Denn ein Unterausschuss soll »nicht nur« aus externen Mitgliedern bestehen, woraus sich ergibt, dass **mindestens ein ordentliches Mitglied** des Berufsbildungsausschusses im Unterausschuss vertreten sein muss. Für die Unterausschüsse sind die Vorschriften über das Berufungsverfahren, § 77 Abs. 2–6 sowie über die Beschlussfähigkeit und Abstimmungen, § 78 entsprechend anzuwenden. Daraus folgt, dass der Berufsbildungsausschuss die Mitglieder der Unterausschüsse nicht persönlich bestimmt. Diese werden vielmehr nach dem **Verfahren**, das § 77 Abs. 2 vorsieht, von der zuständigen Stelle bestimmt.

7 Soweit den Unterausschüssen Angelegenheiten des § 79 Abs. 4 zur selbstständigen Entscheidung übertragen werden, muss der Grundsatz der **Parität** aus § 77 Abs. 1 erhalten bleiben. Auch dürfen Lehrer an den Beschlüssen, die auf einen Unterausschuss zur selbstständigen Entscheidung übertragen wurden und Rechtsvorschriften gem. § 79 Abs. 4 zum Gegenstand haben, nicht mit abstimmen. Dies ergibt sich aus der Verweisung in Satz 3 auf § 78. § 78 regelt die Beschlussfassung so, dass auf die Stimmen der stimmberechtigten Mitglieder des Ausschusses abgestellt wird. Stimmberechtigt im Ausschuss sind wegen der Aufteilung der Kompetenzen zwischen Bund und Ländern jedoch lediglich **Vertreter** der Gruppen der Arbeitnehmer und der Arbeitgeber.
Unterausschüsse können nur im Rahmen der ihnen übertragenen Aufgaben tätig werden. Überschreiten sie diese, sind die Beschlüsse rechtswidrig.
Streitigkeiten über die Geschäftsordnung können in einem Organstreitverfahren vor dem Verwaltungsgericht geklärt werden. Diejenigen, die meinen, durch ein bestimmtes Verhalten von einzelnen Ausschussmitgliedern, des (Unter-)Ausschusses als Gremium oder der Geschäftsführung der zuständigen Stelle **in ihren Rechten verletzt** worden zu sein, sind klagebefugt.

4. Parallelvorschrift in der HwO

8 Für das Handwerk regelt § 44 b HwO die Geschäftsordnung.

5. Mustergeschäftsordnung

9 EMPFEHLUNG von DGB und DIHK
Muster-Entwurf einer Geschäftsordnung des Berufsbildungsausschusses bei den Industrie- und Handelskammern
(vom 21.11.2006)
Der gemäß § 77 Abs. 1 des Berufsbildungsgesetzes von der Industrie- und Handelskammer ... errichtete Berufsbildungsausschuss gibt sich gemäß § 80 des Gesetzes folgende Geschäftsordnung:

§ 1 Zuständigkeit und Aufgaben
(1) Der Berufsbildungsausschuss ist im Rahmen des Berufsbildungsgesetzes für die Aufgaben der Berufsbildung zuständig.
(2) Er beschließt die aufgrund des Berufsbildungsgesetzes von der IHK zu erlassenden Rechtsvorschriften für die Durchführung der Berufsbildung.
(3) Er ist in allen wichtigen Angelegenheiten der beruflichen Bildung zu unterrichten und zu hören. Er hat im Rahmen seiner Aufgaben auf eine stetige Entwicklung der Qualität der beruflichen
Bildung hinzuwirken und die an der Berufsbildung Mitwirkenden dabei zu unterstützen.
(4) Wichtige Angelegenheiten, in denen der Berufsbildungsausschuss **anzuhören** ist, sind insbesondere:

1. Erlass von Verwaltungsgrundsätzen
   - über die Eignung von Ausbildungs- und Umschulungsstätten
   - für das Führen von schriftlichen Ausbildungsnachweisen
   - für die Verkürzung der Ausbildungsdauer
   - für die vorzeitige Zulassung zur Abschlussprüfung
   - für die Durchführung der Prüfungen
   - zur Durchführung von über- und außerbetrieblicher Ausbildung sowie von Verwaltungsrichtlinien zur beruflichen Bildung,
2. Umsetzung der vom Landesausschuss für Berufsbildung empfohlenen Maßnahmen,
3. wesentliche inhaltliche Änderungen des Ausbildungsvertragsmusters.

(5) Wichtige Angelegenheiten, in denen der Berufsbildungsausschuss **zu unterrichten** ist, sind insbesondere:
1. Zahl und Art der der IHK angezeigten Maßnahmen der Berufsausbildungsvorbereitung und beruflichen Umschulung sowie der eingetragenen Berufsausbildungsverhältnisse,
2. Zahl und Ergebnisse von durchgeführten Prüfungen sowie hierbei gewonnene Erfahrungen,
3. Tätigkeit der Berater nach § 76 Abs. 1 Satz 2 BBiG
4. für den räumlichen und fachlichen Zuständigkeitsbereich der IHK neue Formen, Inhalte und Methoden der Berufsbildung,
5. Stellungnahmen oder Vorschläge der IHK gegenüber anderen Stellen und Behörden, soweit sie sich auf die Durchführung dieses Gesetzes oder der auf Grund dieses Gesetzes erlassenen Rechtsvorschriften beziehen,
6. Bau eigener überbetrieblicher Berufsbildungsstätten,
7. Beschlüsse nach § 79 Abs. 5 BBiG sowie beschlossene Haushaltsansätze zur Durchführung der Berufsbildung mit Ausnahme der Personalkosten,
8. Verfahren zur Beilegung von Streitigkeiten aus Ausbildungsverhältnissen,
9. Arbeitsmarktfragen, soweit sie die Berufsbildung im Zuständigkeitsbereich der IHK berühren.

§ 2 Zusammensetzung, Stellvertretung

(1) Der Ausschuss besteht aus sechs Beauftragten der Arbeitgeber, sechs Beauftragten der Arbeitnehmer und sechs Lehrkräften an berufsbildenden Schulen. Die Mitglieder werden gemäß § 77 Abs. 2 BBiG berufen. Stimmrecht haben die Beauftragten der Arbeitgeber und die Beauftragten der Arbeitnehmer. Die Lehrkräfte haben beratende Stimme. Bei Beschlüssen zu Angelegenheiten der Berufsausbildungsvorbereitung und Berufsausbildung haben die Lehrkräfte Stimmrecht, soweit sich die Beschlüsse unmittelbar auf die Organisation der schulischen Berufsbildung auswirken.

(2) Die Mitglieder haben die gleiche Anzahl Stellvertreter. Die Stellvertreter sind gleichzeitig mit den Mitgliedern über die Sitzungen des Ausschusses zu unterrichten und erhalten Tagesordnung und Sitzungsunterlagen zur Kenntnisnahme. Ist ein Mitglied an der Teilnahme verhindert, so wird es durch einen Stellvertreter seiner Gruppe vertreten. Das Mitglied hat die IHK unverzüglich über seine Verhinderung zu informieren. Die IHK informiert einen Vertreter der jeweiligen Mitgliedergruppe nach § 2 Abs. 1 S. 1.

§ 3 Vorsitz

(1) Der Ausschuss wählt aus seiner Mitte mit verdecktem Stimmzettel den Vorsitz und seine Stellvertretung. Der Vorsitz wechselt jährlich / alle 2 Jahre; der Vorsitz und seine Stellvertretung sollen nicht derselben Mitgliedergruppe angehören. Aktiv und passiv wahlberechtigt sind die Beauftragten der Arbeitgeber und der Arbeitnehmer.

(2) Falls sich kein Widerspruch erhebt, kann die Abstimmung auch offen erfolgen.

(3) Erhält im ersten Wahlgang kein Bewerber die Mehrheit der abgegebenen Stimmen, so findet ein zweiter Wahlgang statt, bei dem der Bewerber mit der niedrigsten Stimm-

zahl ausscheidet. Erhält keiner der verbliebenen Bewerber die Mehrheit der abgegebenen Stimmen, so entscheidet das Los.

§ 4 Einberufung, Verfahren, Öffentlichkeit

(1) Der Ausschuss wird vom Vorsitzenden und bei dessen Verhinderung vom stellvertretenden Vorsitzenden nach gegenseitiger Abstimmung nach Bedarf, mindestens jedoch dreimal jährlich zu einer Sitzung einberufen. Eine Einberufung muss auch erfolgen, wenn mindestens fünf stimmberechtigte Ausschussmitglieder dies schriftlich beantragen. Die Einladungen zu den Sitzungen erfolgen in der Regel 14 Tage vor dem Sitzungstermin unter Bekanntgabe der Tagesordnung. Die Beratungsunterlagen sind den Einladungen beizufügen.

(2) Die Sitzungen des Ausschusses sind nicht öffentlich. Der Ausschuss kann die Öffentlichkeit einer Sitzung einstimmig beschließen.

(3) Über die Verhandlungen des Berufsbildungsausschusses ist außerhalb der Mitgliedergruppen Verschwiegenheit zu wahren. Diese Verpflichtung bleibt auch nach dem Ausscheiden aus dem Ausschuss bestehen. Dies gilt nicht für öffentliche Sitzungen nach Abs. 2.

§ 5 Beschlüsse

(1) Der Berufsbildungsausschuss ist beschlussfähig, wenn mehr als die Hälfte seiner stimmberechtigten Mitglieder anwesend ist. Er beschließt mit der Mehrheit der abgegebenen Stimmen.

(2) Zur Wirksamkeit eines Beschlusses ist es erforderlich, dass der Gegenstand bei der Einberufung des Ausschusses bezeichnet ist, es sei denn, dass er mit Zustimmung von zwei Dritteln der stimmberechtigten Mitglieder nachträglich auf die Tagesordnung gesetzt wird.

(3) An der Beratung und Beschlussfassung über Angelegenheiten, die das persönliche Interesse einzelner Mitglieder unmittelbar berühren, dürfen diese nicht teilnehmen. Die Betroffenen teilen dies dem Vorsitzenden unaufgefordert mit.

§ 6 Niederschrift

Über jede Sitzung des Ausschusses wird eine Ergebnisniederschrift angefertigt, die vom Vorsitz und seiner Stellvertretung zu unterzeichnen ist. Die ordentlichen und die stellvertretenden Mitglieder des Ausschusses erhalten die unterzeichnete Niederschrift. Sie wird außerdem in der nächstfolgenden Sitzung zur Genehmigung der Richtigkeit vorgelegt.

§ 7 Umlaufverfahren

(1) In eilbedürftigen Angelegenheiten können Beschlüsse, Anhörungen und Unterrichtungen im Sinne des § 1 Abs. 2, 4 und 5 auf schriftlichem Wege herbeigeführt werden, wenn der Berufsbildungsausschuss in einer Sitzung die Durchführung des Umlaufverfahrens für diesen Gegenstand beschließt oder sich Vorsitz und Stellvertretung auf die Durchführung eines Umlaufverfahrens einigen.

(2) Die Vorlagen sind den Mitgliedern schriftlich zu erläutern. Das Datum einer letztmöglichen Willenserklärung ist in die Vorlage aufzunehmen.

(3) Im Falle von Beschlussvorlagen gilt das Datum für die letztmögliche Willenserklärung als Datum des Beschlusses.

(4) Der Vorsitz des Berufsbildungsausschusses bzw. seine Stellvertretung entscheidet, welche Frist für die Stimmabgabe gewährt wird.

§ 8 Unterausschüsse

(1) Der Ausschuss kann nach Bedarf Unterausschüsse bilden. *(Hier ggf. aufnehmen: Er kann einen Qualitätsausschuss einrichten, sofern keine anderen Unterausschüsse bestehen.)*

(2) Den Unterausschüssen können auch stellvertretende Ausschussmitglieder und andere sachkundige Personen angehören. Die Unterausschüsse haben die Ergebnisse ihrer

Beratungen dem Ausschuss zur abschließenden Beratung vorzulegen; auf Verlangen des Ausschusses sind die Ergebnisse schriftlich vorzulegen.

(3) Der Vorsitzende und der stellvertretende Vorsitzende des Ausschusses haben das Recht, an allen Sitzungen der Unterausschüsse teilzunehmen.

§ 9 Hinzuziehen von Sachverständigen

Der Ausschuss und die Unterausschüsse können zu ihren Sitzungen Sachverständige hinzuziehen. Kann sich der Ausschuss nicht auf einen Sachverständigen einigen, so wird für jede Gruppe der von ihr vorgeschlagene Sachverständige hinzugezogen. Die Sachverständigen werden zum Gegenstand der Beratung gehört.

§ 10 Geschäftsführung

(1) Die Geschäfte des Ausschusses und seiner Unterausschüsse werden durch die zuständige Stelle im Einvernehmen mit dem Vorsitz und dessen Stellvertretung geführt.

(2) Die zuständige Stelle führt die Ergebnisniederschrift über die Sitzungen.

§ 11 Inkrafttreten, Außerkrafttreten

Diese Geschäftsordnung tritt am (...) in Kraft. Gleichzeitig tritt die Geschäftsordnung vom (...) außer Kraft.

Abschnitt 4
Zuständige Behörden

§ 81 Zuständige Behörden

(1) Im Bereich des Bundes ist die oberste Bundesbehörde oder die von ihr bestimmte Behörde die zuständige Behörde im Sinne des § 30 Abs. 6, der §§ 32, 33, 40 Abs. 4 und der §§ 47, 77 Abs. 2 und 3.

(2) Ist eine oberste Bundesbehörde oder eine oberste Landesbehörde zuständige Stelle im Sinne dieses Gesetzes, so bedarf es im Falle des § 40 Abs. 4 sowie der §§ 47 und 77 Abs. 3 keiner Genehmigung.

Inhaltsübersicht   Rn.

1.   Vorbemerkung 1
2.   Zuständige Behörde 2
3.   Ausnahme von der Genehmigungspflicht 3

1. Vorbemerkung

§ 81 regelt die Bestimmung der zuständigen Behörde im Bereich der **öffent-**   **1**
lichen Verwaltung.
§ 81 entspricht im Wesensgehalt § 84 Abs. 3 BBiG 1969. Die Vorschrift ergänzt § 73, der für den Bereich des öffentlichen Dienstes die Befugnis der obersten Bundesbehörde sowie der Länder zur Bestimmung der zuständigen Stelle regelt, wenn nicht die Kammern nach den §§ 71 und 72 zuständig sind.

2. Zuständige Behörde

2 Das Verständnis des Absatzes 1 wird dadurch erschwert, dass der Begriff der Behörde mehrfach und zwar in unterschiedlicher Bedeutung verwendet wird. Im Bereich des öffentlichen Dienstes sind **alle zuständigen Stellen zwangsläufig Behörden**. Diese Behörden sind jedoch von den »zuständigen Behörden« zu unterscheiden, die nach den in Absatz 1 genannten Paragraphen mit **besonderen Befugnissen** gegenüber den Kammern ausgestattet wurden. Für den Bereich des Bundes regelt Absatz 1, dass die oberste Bundesbehörde oder die von ihr bestimmte Behörde die »zuständige Behörde« mit den erweiterten Rechten aus den genannten Paragraphen ist. Die Regelung bezieht sich auf die »zuständige Behörde« in diesen Angelegenheiten:

- Widerrufliche Zuerkennung fachlicher Eignung nach § 30 Abs. 6;
- Überwachung der persönlichen und fachlicher Eignung sowie der Eignung der Ausbildungsstätte, § 32;
- Untersagen des Einstellens und Ausbildens, § 33;
- Festlegen der Entschädigung für die Tätigkeit im Prüfungsausschuss, § 40 Abs. 4;
- Genehmigen der Prüfungsordnung, § 47;
- Berufen von Lehrkräften in den Berufsbildungsausschuss, § 77 Abs. 2 sowie
- Festlegen der Entschädigung für die Tätigkeit im Berufsbildungsausschuss, § 77 Abs. 3.

3. Ausnahme von der Genehmigungspflicht

3 Nach Absatz 2 brauchen die Regelungen über die Höhe der Entschädigung für Prüfungsausschuss- und Berufsbildungsausschussmitglieder sowie die Prüfungsordnungen keine Genehmigung, wenn eine **oberste Bundes- oder eine oberste Landesbehörde** zuständige Stelle im Sinne des Gesetzes, also gem. § 73 ist. Dies entspricht dem Grundsatz, dass eine Behörde eine Regelung nicht selbst erstellen und genehmigen kann.[1] Der Gesetzgeber hat entschieden, im vorliegenden Fall keine gesonderte Genehmigungsbehörde zu definieren, sondern auf die Genehmigung zu verzichten.

---

1 *Leinemann/Taubert* BBiG § 81 Rn. 3.

Kapitel 2
Landesausschüsse für Berufsbildung

§ 82 Errichtung, Geschäftsordnung, Abstimmung

(1) Bei der Landesregierung wird ein Landesausschuss für Berufsbildung errichtet. Er setzt sich zusammen aus einer gleichen Zahl von Beauftragten der Arbeitgeber, der Arbeitnehmer und der obersten Landesbehörden. Die Hälfte der Beauftragten der obersten Landesbehörden muss in Fragen des Schulwesens sachverständig sein.

(2) Die Mitglieder des Landesausschusses werden längstens für vier Jahre von der Landesregierung berufen, die Beauftragten der Arbeitgeber auf Vorschlag der auf Landesebene bestehenden Zusammenschlüsse der Kammern, der Arbeitgeberverbände und der Unternehmerverbände, die Beauftragten der Arbeitnehmer auf Vorschlag der auf Landesebene bestehenden Gewerkschaften und selbständigen Vereinigungen von Arbeitnehmern mit sozial- oder berufspolitischer Zwecksetzung. Die Tätigkeit im Landesausschuss ist ehrenamtlich. Für bare Auslagen und für Zeitversäumnis ist, soweit eine Entschädigung nicht von anderer Seite gewährt wird, eine angemessene Entschädigung zu zahlen, deren Höhe von der Landesregierung oder der von ihr bestimmten obersten Landesbehörde festgesetzt wird. Die Mitglieder können nach Anhören der an ihrer Berufung Beteiligten aus wichtigem Grund abberufen werden. Der Ausschuss wählt ein Mitglied, das den Vorsitz führt, und ein weiteres Mitglied, das den Vorsitz stellvertretend übernimmt. Der Vorsitz und seine Stellvertretung sollen nicht derselben Mitgliedergruppe angehören.

(3) Die Mitglieder haben Stellvertreter oder Stellvertreterinnen. Die Absätze 1 und 2 gelten für die Stellvertreter und Stellvertreterinnen entsprechend.

(4) Der Landesausschuss gibt sich eine Geschäftsordnung, die der Genehmigung der Landesregierung oder der von ihr bestimmten obersten Landesbehörde bedarf. Sie kann die Bildung von Unterausschüssen vorsehen und bestimmen, dass ihnen nicht nur Mitglieder des Landesausschusses angehören. Absatz 2 Satz 2 gilt für die Unterausschüsse hinsichtlich der Entschädigung entsprechend. An den Sitzungen des Landesausschusses und der Unterausschüsse können Vertreter der beteiligten obersten Landesbehörden, der Gemeinden und Gemeindeverbände sowie der Agentur für Arbeit teilnehmen.

(5) Der Landesausschuss ist beschlussfähig, wenn mehr als die Hälfte seiner Mitglieder anwesend ist. Er beschließt mit der Mehrheit der abgegebenen Stimmen.

Inhaltsübersicht

		Rn.
1.	Überblick	1
2.	Errichtung und Zusammensetzung der Landesausschüsse	2
3.	Berufung und Rechtstellung der Mitglieder	
3.1	Berufung der Mitglieder	4
3.2	Ehrenamtliche Tätigkeit und Entschädigung	7
3.3	Abberufung von Mitgliedern	12
3.4	Vorsitzender und stellvertretender Vorsitzender	16
3.5	Stellvertretende Ausschussmitglieder	18
4.	Geschäftsordnung, Unterausschüsse	19
5.	Beschlussfähigkeit und Beschlussfassung	22

Lakies

1. Überblick

1 Die Vorschrift regelt die Errichtung, Besetzung, Abstimmung und die interne Geschäftsführung der Landesausschüsse für Berufsbildung, die bei den Landesregierungen zu errichten sind. Diese haben **beratende Funktion** (§ 83 BBiG). Die praktische Bedeutung dieser Ausschüsse ist im Vergleich zum Hauptausschuss des BiBB (§ 92 BBiG) und zu den Berufsbildungsausschüssen der zuständigen Stellen (§§ 77 bis 80 BBiG) begrenzt, zum einen wegen der begrenzten Zuständigkeit der Länder für die berufliche Bildung und zum anderen wegen der bloß beratenden Funktion.

2. Errichtung und Zusammensetzung der Landesausschüsse

2 Die Errichtung eines Landesausschusses für Berufsbildung ist für jedes Bundesland **zwingend vorgeschrieben** (»wird ... errichtet«, § 82 Abs. 1 Satz 1 BBiG).[1] Sie werden bei den Landesregierungen errichtet. Welches Ministerium diese Aufgabe übernimmt, ist bundesgesetzlich nicht vorgeschrieben und wird den Landesregierungen überlassen. Zumeist sind die Landesausschüsse bei den Arbeits- und Sozialministerien bzw. -senatoren angesiedelt. Die Zuordnung des Landesausschusses zu einem bestimmten Ministerium bedeutet nicht, dass nicht andere Ministerien fachlich und personell mit einbezogen werden können. Insbesondere die Einbeziehung des Schulwesens ist, wenn der Ausschuss nicht ohnedies, was denkbar wäre, dort ressortiert, zum Zwecke der Koordinierung mit der schulischen Ausbildung sinnvoll.

3 Die absolute **Zahl der Ausschussmitglieder** (Gesamtzahl) ist gesetzlich nicht vorgegeben. In der Praxis sind 18 oder 27.[2] Denkbar ist aber auch eine andere Gesamtzahl der Ausschussmitglieder, die durch drei teilbar ist. Die Bundesländer können autonom hierüber entscheiden. Bundesrechtlich zwingend vorgeschrieben ist indes eine **Drittelparität** zwischen den Beauftragten der Arbeitgeber, der Arbeitnehmer und der obersten Landesbehörden (§ 82 Abs. 1 Satz 2 BBiG). Die Hälfte der Beauftragten der obersten Landesbehörden muss in Fragen des Schulwesens sachverständig sein (§ 82 Abs. 1 Satz 3 BBiG).

3. Berufung und Rechtstellung der Mitglieder

3.1 Berufung der Mitglieder

4 Die Mitglieder des Landessauschusses (auch die Beauftragten der Arbeitnehmer und der Arbeitgeber) werden von der Landesregierung für die Dauer von »**längstens**« vier Jahren berufen (§ 82 Abs. 2 Satz 1 BBiG). Eine kürzere Berufungszeit ist möglich.

5 Gesetzlich vorgeschrieben ist, dass die Beauftragten der Arbeitgeber »**auf Vorschlag**« der auf Landesebene bestehenden Zusammenschlüsse der Kammern, der Arbeitgeberverbände und der Unternehmerverbände zu erfolgen hat sowie die Beauftragten der Arbeitnehmer »auf Vorschlag« der auf Landesebene bestehenden Gewerkschaften und selbständigen Vereinigungen von Arbeitnehmern mit sozial- oder berufspolitischer Zwecksetzung. Der Begriff »selbständige

---

1 *Leinemann/Taubert* BBiG § 82 Rn. 2.
2 *Leinemann/Taubert* BBiG § 82 Rn. 3.

Vereinigung von Arbeitnehmern mit sozial- und berufspolitischer Zwecksetzung« umfasst nur Vereinigungen, die sich freiwillig zusammengeschlossen haben und nicht kraft Gesetzes errichtet werden.[3]

Die jeweilige Landesregierung ist grundsätzlich an die Vorschläge und die **6** Reihenfolge der Vorschläge gebunden. Gehen mehr Vorschläge ein, als Mitglieder benötigt werden, so entscheidet die Landesregierung nach pflichtgemäßem Ermessen, hat dabei aber die Gewerkschaften/Vereinigungen bzw. Verbände anteilmäßig nach ihrer Stärke (Mitgliederzahl) zu berücksichtigen. Eine Gewerkschaft oder ein Verband kann bei nicht ausreichender Berücksichtigung der Vorschläge den Verwaltungsrechtsweg beschreiten.

3.2 Ehrenamtliche Tätigkeit und Entschädigung

Die Tätigkeit im Landesausschuss für Berufsbildung ist **ehrenamtlich** (§ 82 **7** Abs. 2 Satz 2 BBiG). Die Regelung entspricht § 40 Abs. 4 BBiG für Mitglieder in Prüfungsausschüssen und § 77 Abs. 3 Satz 1 BBiG für Mitglieder der Berufsbildungsschüsse der zuständigen Stellen.

Für bare Auslagen und für Zeitversäumnis ist, soweit eine Entschädigung nicht **8** von anderer Seite gewährt wird, eine **angemessene Entschädigung** zu zahlen, deren Höhe von der Landesregierung oder der von ihr bestimmten obersten Landesbehörde festgesetzt wird (§ 82 Abs. 2 Satz 3 BBiG).

Soweit von anderer Seite Entschädigung gewährt (etwa durch Lohn- oder **9** Gehaltsfortzahlung), kommt eine Entschädigung nicht in Betracht. Ein Mitglied des Landesausschusses, das in einem Arbeitsverhältnis steht, ist im notwendigen Umfang für die Ausschusstätigkeit von seinem Arbeitgeber grundsätzlich **unter Fortzahlung der Bezüge freizustellen** (§ 616 Abs. 1 BGB). Der Freistellungsanspruch kann einzelvertraglich nicht ausgeschlossen werden, da die Tätigkeit im öffentlichen Interesse liegt und somit eine Pflichtenkollision begründet, so dass die Nichtleistung von Arbeit grundsätzlich unverschuldet gemäß § 323 BGB ist.

Die **Pflicht zur Freistellung** gilt nicht nur für die Dauer der Sitzungen, sondern **10** auch für die Wegezeiten und die notwendige Zeit der Vorbereitung solcher Sitzungen. Die Freistellungsverpflichtung gilt auch für alle sonstigen Aufgaben und Termine, die sich aus der Wahrnehmung der Mitgliedschaft in dem Ausschuss ergeben, also zum Beispiel für Betriebsbesichtigungen, öffentliche Veranstaltungen, Pressekonferenzen und allen sonstigen Veranstaltungen der Landesausschüsse. Das Gleiche gilt, wenn ein Vertreter des Landesausschusses Aufträge für den Ausschuss wahrnimmt. Das gilt insbesondere für den Vorsitzenden oder den stellvertretenden Vorsitzenden.

Soweit eine Entschädigung nicht von anderer Seite gewährt wird, schreibt das **11** Gesetz ausdrücklich **eine angemessene Entschädigung** für bare Auslagen und für Zeitversäumnis vor. Die Formulierung »bare Auslagen« umfasst sämtliche Kosten, die im Zusammenhang mit der Ausführung der Aufgabe entstehen. Für die Entschädigung durch die Landesregierung muss der Grundsatz einer vollen Erstattung gelten.

---

3 *BVerwG* 26.10.1973 – VII C 20/72 – AP BBiG § 54 Nr. 1.

3.3 Abberufung von Mitgliedern

12 Die Mitglieder können nach Anhören der an ihrer Berufung Beteiligten **aus wichtigem Grund abberufen** werden (§ 82 Abs. 2 Satz 4 BBiG). Die Regelung entspricht § 40 Abs. 3 Satz 5 BBiG für die Abberufung der Mitglieder des Prüfungsausschusse und § 77 Abs. 4 BBiG für die Abberufung der Mitglieder der Berufsbildungsschüsse der zuständigen Stellen. Fraglich ist, wann ein »wichtiger Grund« zur Abberufung vorliegt. Negativ lässt sich das dahin abgrenzen, dass jedenfalls der Verlust der Zugehörigkeit zur vorschlagsberechtigten Gewerkschaft bzw. Arbeitnehmervereinigung *kein* wichtiger Grund ist, soweit die Arbeitnehmereigenschaft erhalten bleibt.

13 Der »wichtige Grund« muss in der **Person des Ausschussmitglieds** liegen und zu einer Unzumutbarkeit der weiteren Arbeit im Ausschuss führen. Als wichtige Gründe für eine Abberufung kommen in Betracht die mangelnde persönliche Eignung, schwerwiegende Pflichtverletzungen in Ausübung des Ehrenamts, regelmäßiges oder sehr häufiges Versäumen der Ausschusssitzungen, langfristige Verhinderung in der Ausübung der Mitgliedschaft, etwa aufgrund einer lang anhaltenden Krankheit. Eine Erkrankung kann aber erst dann als wichtiger Grund angesehen werden, wenn feststeht, dass der Betreffende seine Tätigkeit im Ausschuss auf unabsehbare Zeit nicht mehr ausüben kann, ansonsten handelt es sich jeweils um einen Verhinderungsfall.

14 Die **Initiative zur Abberufung** kann von der Landesregierung, von der vorschlagenden Organisation oder auch von anderen Ausschussmitgliedern ausgehen. **Zuständig** für die Abberufung ist die Landesregierung, die die Berufung vorgenommen hat.

15 Vor einer Abberufung müssen die an der Berufung Beteiligten angehört werden. Die **Anhörung** verlangt mehr als die bloße Mitteilung des Sachverhalts an die Stelle, Verband, Gewerkschaft, die das Ausschussmitglied vorgeschlagen hat. Erforderlich ist eine ausführliche Begründung der Abberufungsabsicht. Die Landesregierung ist zudem verpflichtet, die Stellungnahme des Verbands / der Gewerkschaft entgegenzunehmen und sich mit ihr auseinanderzusetzen. Das heißt, falls die Landesregierung sich nicht der Auffassung der an der Berufung Beteiligten anschließt, muss sie dies ausführlich begründen. Die Pflicht zur Anhörung gilt auch für das betroffene Ausschussmitglied. Da die Abberufung ein **Verwaltungsakt** ist, sind die Rechtsschutzmöglichkeiten des Verwaltungsstreitverfahrens gegeben (Widerspruch, Klage). Die Abberufung ist rechtsfehlerhaft, wenn ein wichtiger Grund nicht vorliegt oder die Anhörung unterblieben ist.

3.4 Vorsitzender und stellvertretender Vorsitzender

16 Der Ausschuss wählt ein Mitglied, das den Vorsitz führt, und ein weiteres Mitglied, das den Vorsitz stellvertretend übernimmt (§ 82 Abs. 2 Satz 5 BBiG). Der Vorsitz und seine Stellvertretung sollen nicht derselben Mitgliedergruppe angehören (§ 82 Abs. 2 Satz 6 BBiG). Die Vorschrift entspricht § 77 Abs. 6 BBiG sowie § 41 Abs. 1 BBiG. In der Praxis gibt es häufig einen rotierenden Vorsitz (Wechsel Arbeitgeber, Arbeitnehmer, Vertreter der obersten Landesbehörden). Im Übrigen sind der Vorsitzende und dessen Stellvertreter den anderen Ausschussmitgliedern gleichgestellt. Diese haben nicht etwa ein doppeltes Stimmrecht oder ähnliches.

Über die **Dauer der Wahl** schweigt das Gesetz. Daraus folgt, dass die Wahlzeit **17** spätestens mit dem Ende der Berufungszeit des Vorsitzenden bzw. seines Stellvertreters endet. In der Praxis hat sich die Verfahrensweise ergeben, in einem Zeitraum von zwei Jahren den Vorsitz und die Stellvertretung zwischen den Gruppen zu wechseln. Nähere Regelungen kann der Landesausschuss in der Geschäftsordnung festlegen.

3.5 Stellvertretende Ausschussmitglieder

Die Mitglieder im Landesauschuss für Berufsbildung haben Stellvertreterinnen **18** und Stellvertreter (§ 82 Abs. 3 Satz 1 BBiG). Es gilt keine persönliche Stellvertretung, sondern eine **Stellvertretung innerhalb der Gruppe**.[4] Die Vorschriften gemäß Abs. 1 und 2 gelten entsprechend (§ 82 Abs. 3 Satz 2 BBiG). Für die Stellvertreter gelten also die für die regulären Mitglieder geltenden Regelungen entsprechend, soweit sie tätig werden.

4. Geschäftsordnung, Unterausschüsse

Der Landesausschuss hat sich eine Geschäftsordnung zu geben, das entspricht **19** der Regelung in § 80 BBiG für die Berufsbildungsausschüsse der zuständigen Stellen. Der Landesausschuss bestimmt selbst, welche Inhalte in der Geschäftsordnung geregelt werden (**Geschäftsordnungsautonomie**). Allerdings bedarf die Geschäftsordnung der Genehmigung der Landesregierung oder der von ihr bestimmten obersten Landesbehörde (§ 82 Abs. 4 Satz 1 BBiG). In der Geschäftsordnung werden die internen Angelegenheiten der Arbeitsweise des Landesausschusses und das einzuhaltende Verfahren geregelt (Einladungsmodalitäten, Zahl der Sitzungen, ggf. alternierender Vorsitz usw.). Eine einmal beschlossene Geschäftsordnung ist gültig bis zum Beschluss einer neuen Geschäftsordnung. Die Geschäftsordnung kann die **Bildung von Unterausschüssen** vorsehen (§ 82 **20** Abs. 4 Satz 2 BBiG). Ob und ggf. welche Unterausschüsse eingerichtet werden, liegt im Ermessen des Landesausschusses (»kann ... vorsehen«). In der Geschäftsordnung »kann« zudem geregelt werden, dass den Unterausschüssen auch Nichtmitglieder des Landesausschusses angehören können. Enthält die Geschäftsordnung keine Regelung, dürfen auch den Unterausschüssen, so denn errichtet, nur Mitglieder des Landesausschusses angehören. Die Entschädigungsregelung aus § 82 Abs. 2 Satz 3 BBiG gilt entsprechend für alle Mitglieder im Unterausschuss (§ 82 Abs. 4 Satz 3 BBiG).

An den Sitzungen des Landesausschusses und der Unterausschüsse können **21** auch kraft Gesetzes (ohne dass es einer Regelung in der Geschäftsordnung bedarf) Vertreter der beteiligten obersten Landesbehörden teilnehmen (§ 82 Abs. 4 Satz 4 BBiG). Darüber hinaus können, wie ebenfalls in § 82 Abs. 4 Satz 4 BBiG geregelt ist, auch Vertreter der Gemeinden und Gemeindeverbände sowie der Agentur für Arbeit an den Sitzungen des Landesausschusses für Berufsbildung teilnehmen. Damit diese von der Teilnahmeoption Gebrauch machen können, ist es erforderlich, dass diese jeweils unter Mitteilung der Tagesordnung zu den Sitzungen des Landesausschusses eingeladen werden.

---

4 *Leinemann/Taubert* BBiG § 82 Rn. 14.

5. Beschlussfähigkeit und Beschlussfassung

22 Der Landesausschuss ist **beschlussfähig**, wenn mehr als die Hälfte seiner Mitglieder anwesend ist (§ 82 Abs. 5 Satz 1 BBiG). Die Regelung in § 82 Abs. 5 BBiG entspricht den Vorgaben für den Berufsbildungsausschuss der zuständigen Stelle in § 78 Abs. 1 BBiG. Bei Verhinderung einer oder mehrerer Ausschussmitglieder nehmen die Stellvertreter an der Sitzung und Abstimmung teil. Sie müssen rechtzeitig geladen werden und über den Gegenstand der Abstimmung informiert sein. Abstimmungen können auch stattfinden, wenn das Verhältnis der stimmberechtigten Mitglieder unausgewogen ist, von einer Gruppe also alle stimmberechtigten Mitglieder anwesend sind und nur ein Mitglied von der anderen stimmberechtigten Gruppe. Rechtlich ist nur entscheidend, dass die Beschlussfähigkeit gegeben ist.

23 Für die **Beschlussfassung** gilt § 82 Abs. 5 Satz 2 BBiG, der § 78 Abs. 1 Satz BBiG entspricht. Der Landesauschuss beschließt mit der Mehrheit der abgegebenen Stimmen. Endet eine Abstimmung mit Stimmengleichheit, gilt ein Antrag als abgelehnt. Die Stimme des Vorsitzenden gibt (anders als gemäß § 41 Abs. 2 Satz 3 BBiG) nicht den Ausschlag.»Abgegebene Stimmen« sind nur Ja- und Nein-Stimmen. Enthaltungen sind nicht»abgegebene Stimmen« und deshalb bei der Feststellung der Mehrheit nicht mitzuzählen, weil diese Mitglieder weder für noch gegen den zur Abstimmung gestellten Antrag stimmen.

§ 83 Aufgaben

(1) Der Landesausschuss hat die Landesregierung in den Fragen der Berufsbildung zu beraten, die sich für das Land ergeben. Er hat im Rahmen seiner Aufgaben auf eine stetige Entwicklung der Qualität der beruflichen Bildung hinzuwirken.

(2) Er hat insbesondere im Interesse einer einheitlichen Berufsbildung auf eine Zusammenarbeit zwischen der schulischen Berufsbildung und der Berufsbildung nach diesem Gesetz sowie auf eine Berücksichtigung der Berufsbildung bei der Neuordnung und Weiterentwicklung des Schulwesens hinzuwirken. Der Landesausschuss kann zur Stärkung der regionalen Ausbildungs- und Beschäftigungssituation Empfehlungen zur inhaltlichen und organisatorischen Abstimmung und zur Verbesserung der Ausbildungsangebote aussprechen.

Inhaltsübersicht   Rn.

1.   Beratungsfunktion der Landesausschüsse   1
2.   Tätigkeitsfelder der Landesausschüsse   2

1. Beratungsfunktion der Landesausschüsse

1 Die Vorschrift beschreibt die Aufgaben der Landesauschüsse für Berufsbildung. Diese haben in Fragen der Berufsbildung in Bezug auf die Landesregierungen eine **Beratungsfunktion** (§ 83 Abs. 1 Satz 1 BBiG). Wie die Berufsbildungsausschüsse sollen auch die Landesausschüsse im Rahmen ihrer Aufgaben auf die **Qualitätsentwicklung** der beruflichen Bildung hinwirken (§ 83 Abs. 1 Satz 2; vgl. § 79 Rn. 20).

2. Tätigkeitsfelder der Landesausschüsse

§ 83 Abs. 2 BBiG regelt besonders bedeutsame Tätigkeitsfelder der Landesaus- **2**
schüsse, wobei diese Aufgabenbeschreibung nicht abschließend ist (»**insbesondere**«). Der Landesausschuss hat insbesondere im Interesse einer einheitlichen
Berufsbildung auf eine **Zusammenarbeit zwischen der schulischen Berufsbildung und der Berufsbildung** nach dem BBiG sowie auf eine **Berücksichti-
gung der Berufsbildung bei der Neuordnung und Weiterentwicklung des
Schulwesens hinzuwirken** (§ 83 Abs. 2 Satz 1 BBiG). Der Landesausschuss
kann zur Stärkung der regionalen Ausbildungs- und Beschäftigungssituation
Empfehlungen zur inhaltlichen und organisatorischen Abstimmung und zur
Verbesserung der Ausbildungsangebote aussprechen § 83 Abs. 2 Satz 2 BBiG).
Neben § 83 BBiG gibt es **andernorts gesondert geregelte Kompetenzen der** **3**
Landesausschüsse. Zu diesen zählen die Anhörungsrechte bei Rechtsverord-
nungen der Länder zur Anrechnung beruflicher Vorbildung auf die Ausbil-
dungszeit (vgl. § 7 Abs. 1 Satz 1). Darüber hinaus dürfen die Landesregierungen
von ihrer Rechtsverordnungsermächtigung im Zusammenhang mit schulischen
Ausbildungsgängen gemäß § 43 Abs. 2 BBiG nur im »Benehmen« mit dem
Landesausschuss für Berufsbildung Gebrauch machen (vgl. § 43 Rn. 30).

Teil 4
Berufsbildungsforschung, Planung und Statistik

Vor §§ 84 ff.

1. Ziele der Berufsbildungsforschung

1 § 84 BBiG beschreibt erstmals Ziele der Berufsbildungsforschung. Bisher war die Berufsbildungsforschung lediglich als gesetzliche Aufgabe des Bundesinstituts für Berufsbildung in sehr allgemeiner Form beschrieben. Die Herauslösung des Begriffs der Berufsbildungsforschung aus dem engen Kontext zum Bundesinstitut für Berufsbildung soll nach der Gesetzesbegründung verdeutlichen, dass auch außerhalb des Bundesinstituts für Berufsbildung vom Bund geförderte Berufsbildungsforschung durchgeführt werden kann (vgl. BT-Drucks. 15/3980, S. 60).

2 Die Berufsbildungsforschung soll gemäß § 84 Nr. 1 bis 5 BBiG:
- Grundlagen der Berufsbildung klären,
- inländische, europäische und internationale Entwicklungen in der Berufsbildung beobachten,
- Anforderungen an Inhalte und Ziele der Berufsbildung ermitteln,
- Weiterentwicklungen der Berufsbildung in Hinblick auf gewandelte wirtschaftliche, gesellschaftliche und technische Erfordernisse vorbereiten,
- Instrumente und Verfahren der Vermittlung von Berufsbildung sowie den Wissens- und Technologietransfer fördern.

2. Ziele der Berufsbildungsplanung

3 Durch die Berufsbildungsplanung sind Grundlagen für eine abgestimmte und den technischen, wirtschaftlichen und gesellschaftlichen Anforderungen entsprechende Entwicklung der beruflichen Bildung zu schaffen (§ 85 Abs. 1 BBiG). Die Berufsbildungsplanung hat insbesondere gemäß § 85 Abs. 2 BBiG dazu beizutragen,
- dass die Ausbildungsstätten nach Art, Zahl, Größe und Standort ein qualitativ und quantitativ ausreichendes Angebot an beruflichen Ausbildungsplätzen gewährleisten und
- dass sie unter Berücksichtigung der voraussehbaren Nachfrage und des langfristig zu erwartenden Bedarfs an Ausbildungsplätzen möglichst günstig genutzt werden.

3. Berufsbildungsbericht

4 Das Bundesministerium für Bildung und Forschung hat Entwicklungen in der beruflichen Bildung ständig zu beobachten und darüber bis zum 1. April jeden Jahres der Bundesregierung einen Bericht (Berufsbildungsbericht) vorzulegen

Lakies/Malottke

(§ 86 Abs. 1 Satz 1 BBiG). In dem Bericht sind Stand und voraussichtliche Weiterentwicklungen der Berufsbildung darzustellen (§ 86 Abs. 1 Satz 2 BBiG). Erscheint die Sicherung eines regional und sektoral ausgewogenen Angebots an Ausbildungsplätzen als gefährdet, sollen in den Bericht Vorschläge für die Behebung aufgenommen werden (§ 86 Abs. 1 Satz 3 BBiG).

Der Berufsbildungsbericht soll gemäß § 86 Abs. 2 BBiG bestimmte Angaben **5** enthalten, und zwar für das vergangene Kalenderjahr:

– auf der Grundlage von Angaben der zuständigen Stellen die in das Verzeichnis der Berufsausbildungsverhältnisse nach diesem Gesetz oder der Handwerksordnung eingetragenen Berufsausbildungsverträge, die vor dem 1. Oktober des vergangenen Jahres in den vorangegangenen zwölf Monaten abgeschlossen worden sind und am 30. September des vergangenen Jahres noch bestehen, sowie

– die Zahl der am 30. September des vergangenen Jahres nicht besetzten, der Bundesagentur für Arbeit zur Vermittlung angebotenen Ausbildungsplätze und die Zahl der zu diesem Zeitpunkt bei der Bundesagentur für Arbeit gemeldeten Ausbildungsplätze suchenden Personen;

und für das laufende Kalenderjahr:

– die bis zum 30. September des laufenden Jahres zu erwartende Zahl der Ausbildungsplätze suchenden Personen,

– eine Einschätzung des bis zum 30. September des laufenden Jahres zu erwartenden Angebots an Ausbildungsplätzen.

4. Zweck und Durchführung der Berufsbildungsstatistik

Für Zwecke der Planung und Ordnung der Berufsbildung wird gemäß § 87 **6** Abs. 1 BBiG eine Bundesstatistik durchgeführt. Das Bundesinstitut für Berufsbildung und die Bundesagentur für Arbeit unterstützen das Statistische Bundesamt bei der technischen und methodischen Vorbereitung der Statistik (§ 87 Abs. 2 BBiG). Das Erhebungs- und Aufbereitungsprogramm ist im Benehmen mit dem Bundesinstitut für Berufsbildung so zu gestalten, dass die erhobenen Daten für Zwecke der Planung und Ordnung der Berufsbildung im Rahmen der jeweiligen Zuständigkeiten Verwendung finden können (§ 87 Abs. 3 BBiG).

5. Erhebungen

§ 88 BBiG regelt, welche Daten die **jährliche Bundesstatistik** zu erfassen hat. **7** Die Daten der Berufsbildungsstatistik des Statistischen Bundesamts werden zurzeit von den zuständigen Stellen an die Statistischen Landesämter gemeldet und von dort beim Statistischen Bundesamt als Bundesstatistik erfasst. Hierbei handelt es sich um eine jährliche Totalerhebung. Sie umfasst einige Merkmale zu den Ausbildern und Ausbildungsberatern, sowie verschiedene Merkmale auf Basis aller Ausbildungsverträge sowie Abschlussprüfungen in Aus- und Fortbildungsberufen nach BBiG und HwO.

Seit 1.4.2007 gelten folgende zentrale Neuerungen der Erhebung: **8**

– die Aufnahme zusätzlicher Merkmale von Auszubildenden sowie Ausbildungsverträgen und Merkmalen der Ausbildungsstätte;

– die Umstellung von einer Aggregatstatistik auf eine Individualstatistik;

– Regelungen zur Sicherung gesetzlicher Vorgaben des Bundesstatistikgesetzes.

Aus der Kombination der Aufnahme weiterer Erhebungsmerkmale und der **9**

Umstellung auf eine Individualstatistik ergibt sich eine Verbesserung der Analysemöglichkeiten. Zudem wird der Erfassungs- und Meldeaufwand für die Betriebe und zuständigen Stellen langfristig geringer werden. Durch die Weitergabe der Individualdaten an die statistischen Ämter entfällt für die zuständigen Stellen künftig der Aufwand für die umfangreichen Aggregierungen der Daten (vgl. Alexandra Uhly, Weitreichende Verbesserungen der Auszubildendenstatistik ab April 2007 in: Forschung im Spannungsfeld Konkurrierender Interessen, Forschung Spezial Nr. 11, Bundesinstitut für Berufsbildung, 2006).

§ 84   Ziele der Berufsbildungsforschung

Die Berufsbildungsforschung soll
1. Grundlagen der Berufsbildung klären,
2. inländische, europäische und internationale Entwicklungen in der Berufsbildung beobachten,
3. Anforderungen an Inhalte und Ziele der Berufsbildung ermitteln,
4. Weiterentwicklungen der Berufsbildung in Hinblick auf gewandelte wirtschaftliche, gesellschaftliche und technische Erfordernisse vorbereiten,
5. Instrumente und Verfahren der Vermittlung von Berufsbildung sowie den Wissens- und Technologietransfer fördern.

§ 85   Ziele der Berufsbildungsplanung

(1) Durch die Berufsbildungsplanung sind Grundlagen für eine abgestimmte und den technischen, wirtschaftlichen und gesellschaftlichen Anforderungen entsprechende Entwicklung der beruflichen Bildung zu schaffen.
(2) Die Berufsbildungsplanung hat insbesondere dazu beizutragen, dass die Ausbildungsstätten nach Art, Zahl, Größe und Standort ein qualitativ und quantitativ ausreichendes Angebot an beruflichen Ausbildungsplätzen gewährleisten und dass sie unter Berücksichtigung der voraussehbaren Nachfrage und des langfristig zu erwartenden Bedarfs an Ausbildungsplätzen möglichst günstig genutzt werden.

§ 86   Berufsbildungsbericht

(1) Das Bundesministerium für Bildung und Forschung hat Entwicklungen in der beruflichen Bildung ständig zu beobachten und darüber bis zum 1. April jeden Jahres der Bundesregierung einen Bericht (Berufsbildungsbericht) vorzulegen. In dem Bericht sind Stand und voraussichtliche Weiterentwicklungen der Berufsbildung darzustellen. Erscheint die Sicherung eines regional und sektoral ausgewogenen Angebots an Ausbildungsplätzen als gefährdet, sollen in den Bericht Vorschläge für die Behebung aufgenommen werden.
(2) Der Bericht soll angeben
1. für das vergangene Kalenderjahr
   a) auf der Grundlage von Angaben der zuständigen Stellen die in das Verzeichnis der Berufsausbildungsverhältnisse nach diesem Gesetz oder der Handwerksordnung eingetragenen Berufsausbildungsverträge, die vor dem 1. Oktober des vergangenen Jahres in den vorangegangenen zwölf Monaten abgeschlossen worden sind und am 30. September des vergangenen Jahres noch bestehen, sowie

b) die Zahl der am 30. September des vergangenen Jahres nicht besetzten, der Bundesagentur für Arbeit zur Vermittlung angebotenen Ausbildungsplätze und die Zahl der zu diesem Zeitpunkt bei der Bundesagentur für Arbeit gemeldeten Ausbildungsplätze suchenden Personen;
2. für das laufende Kalenderjahr
   a) die bis zum 30. September des laufenden Jahres zu erwartende Zahl der Ausbildungsplätze suchenden Personen,
   b) eine Einschätzung des bis zum 30. September des laufenden Jahres zu erwartenden Angebots an Ausbildungsplätzen.

§ 87 Zweck und Durchführung der Berufsbildungsstatistik

(1) Für Zwecke der Planung und Ordnung der Berufsbildung wird eine Bundesstatistik durchgeführt.

(2) Das Bundesinstitut für Berufsbildung und die Bundesagentur für Arbeit unterstützen das Statistische Bundesamt bei der technischen und methodischen Vorbereitung der Statistik.

(3) Das Erhebungs- und Aufbereitungsprogramm ist im Benehmen mit dem Bundesinstitut für Berufsbildung so zu gestalten, dass die erhobenen Daten für Zwecke der Planung und Ordnung der Berufsbildung im Rahmen der jeweiligen Zuständigkeiten Verwendung finden können.

§ 88 Erhebungen

(1) Die jährliche Bundesstatistik erfasst
1. für jeden Auszubildenden und jede Auszubildende:
   a) Geschlecht, Geburtsjahr, Staatsangehörigkeit;
   b) allgemeinbildender Schulabschluss, vorausgegangene Teilnahme an berufsvorbereitender Qualifizierung oder beruflicher Grundbildung, berufliche Vorbildung;
   c) Ausbildungsberuf, einschließlich Fachrichtung;
   d) Ort der Ausbildungsstätte, Wirtschaftszweig, Zugehörigkeit zum öffentlichen Dienst;
   e) Ausbildungsjahr, Abkürzung der Ausbildungsdauer, Dauer der Probezeit;
   f) Monat und Jahr des Beginns der Berufsausbildung, Monat und Jahr der vorzeitigen Auflösung des Berufsausbildungsverhältnisses;
   g) Anschlussvertrag bei Stufenausbildung mit Angabe des Ausbildungsberufs;
   h) Art der Förderung bei überwiegend öffentlich, insbesondere auf Grund des Dritten Buches Sozialgesetzbuch geförderten Berufsausbildungsverhältnissen:
   i) Monat und Jahr der Abschlussprüfung, Art der Zulassung zur Prüfung, Monat und Jahr der Wiederholungsprüfung, Prüfungserfolg;
2. für jeden Prüfungsteilnehmer und jede Prüfungsteilnehmerin in der beruflichen Bildung mit Ausnahme der durch Nummer 1 erfassten Auszubildenden: Geschlecht, Geburtsjahr, Berufsrichtung, Vorbildung, Wiederholungsprüfung, art der Prüfung, Prüfungserfolg;
3. für jeden Ausbilder und jede Ausbilderin: Geschlecht, Geburtsjahr, Art der fachlichen Eignung;
4. für jeden Ausbildungsberater und jede Ausbildungsberaterin:

Geschlecht, Geburtsjahr, Vorbildung, Art der Beratertätigkeit, fachliche Zuständigkeit, durchgeführte Besuche von Ausbildungsstätten;

5. für jeden Teilnehmer und jede Teilnehmerin an einer Berufsausbildungsvorbereitung, soweit der Anbieter der Anzeigepflicht des § 70 Abs. 2 unterliegt: Geschlecht, Geburtsjahr, Staatsangehörigkeit, Berufsrichtung.

(2) Hilfsmerkmale sind Name und Anschrift der Auskunftspflichtigen. Sie sind zum frühestmöglichen Zeitpunkt, spätestens nach Abschluss der wiederkehrenden Erhebung zu löschen.

(3) Auskunftspflichtig sind die zuständigen Stellen.

(4) Zu Zwecken der Erstellung des Berufsbildungsberichts sowie zur Durchführung der Berufsbildungsforschung nach § 84 sind die nach Absatz 1 Nr. 1 bis 5 erhobenen Einzelangaben vom Statistischen Bundesamt den statistischen Ämtern der Länder an das Bundesinstitut für Bildungsforschung zu übermitteln. Hierzu wird beim Bundesinstitut für Bildungsforschung eine Organisationseinheit eingerichtet, die räumlich, organisatorisch und personell von anderen Aufgabenbereichen des Bundesinstituts für Bildungsforschung zu trennen ist. Die in der Organisationseinheit tätigen Personen müssen Amtsträger oder für den öffentlichen Dienst besonders Verpflichtete sein. Sie dürfen die aus ihrer Tätigkeit gewonnenen Erkenntnisse nur zur Erstellung des Berufsbildungsberichts sowie zur Durchführung der Berufsbildungsforschung verwenden. Die nach Satz 2 übermittelten Daten dürfen nicht mit anderen personenbezogenen Daten zusammen geführt werden. Das Nähere zur Ausführung der Sätze 2 und 3 regelt das Bundesministerium für Bildung und Forschung durch Erlass.

Teil 5
Bundesinstitut für Berufsbildung

Vor §§ 89 ff.

1. Aufgaben des Bundesinstituts für Berufsbildung

Das Bundesinstitut für Berufsbildung (BiBB) mit Sitz in Bonn ist eine bundes- **1**
unmittelbare rechtsfähige Anstalt des öffentlichen Rechts, das seine Aufgaben
im Rahmen der Bildungspolitik der Bundesregierung durchführt. Es hat gemäß
§ 90 Abs. 2 BBiG die Aufgabe, durch wissenschaftliche Forschung zur **Berufsbildungsforschung** beizutragen. Die Forschung wird auf der Grundlage eines
jährlichen Forschungsprogramms durchgeführt; das Forschungsprogramm bedarf der Genehmigung des Bundesministeriums für Bildung und Forschung.
Weitere Forschungsaufgaben können dem Bundesinstitut für Berufsbildung
von obersten Bundesbehörden im Einvernehmen mit dem Bundesministerium
für Bildung und Forschung übertragen werden. Die wesentlichen Ergebnisse
der Forschungsarbeit des Bundesinstituts für Berufsbildung sind zu veröffentlichen.

Das BiBB hat bestimmte im Gesetz genannte sonstige Aufgaben. Und zwar hat **2**
es gemäß § 90 Abs. 3 Nr. 1 BBiG nach Weisung des zuständigen Bundesministeriums:

- an der Vorbereitung von Ausbildungsordnungen und sonstigen Rechtsverordnungen, die nach dem BBiG oder nach dem zweiten Teil der Handwerksordnung zu erlassen sind, mitzuwirken,
- an der Vorbereitung des Berufsbildungsberichts mitzuwirken,
- an der Durchführung der Berufsbildungsstatistik nach Maßgabe des § 87
  BBiG mitzuwirken,
- Modellversuche einschließlich wissenschaftlicher Begleituntersuchungen zu
  fördern,
- an der internationalen Zusammenarbeit in der beruflichen Bildung mitzuwirken,
- weitere Verwaltungsaufgaben des Bundes zur Förderung der Berufsbildung
  zu übernehmen.

Das Bundesinstitut für Berufsbildung hat zudem gemäß § 90 Abs. 3 Nr. 2 bis 4 **3**
BBiG:

- nach allgemeinen Verwaltungsvorschriften des zuständigen Bundesministeriums die Förderung überbetrieblicher Berufsbildungsstätten durchzuführen
  und die Planung, Errichtung und Weiterentwicklung dieser Einrichtungen zu
  unterstützen;

Vor §§ 89 ff.

– das **Verzeichnis der anerkannten Ausbildungsberufe** zu führen und zu veröffentlichen;[1]
– die im Fernunterrichtsschutzgesetz beschriebenen Aufgaben nach den vom Hauptausschuss erlassenen und vom zuständigen Bundesministerium genehmigten Richtlinien wahrzunehmen und durch Förderung von Entwicklungsvorhaben zur Verbesserung und Ausbau des berufsbildenden Fernunterrichts beizutragen.

4 Das Bundesinstitut für Berufsbildung kann gemäß § 90 Abs. 4 BBiG mit Zustimmung des Bundesministeriums für Bildung und Forschung mit Stellen außerhalb der Bundesverwaltung Verträge zur Übernahme weiterer Aufgaben schließen.

2. Organe des Bundesinstituts für Berufsbildung

5 Organe des Bundesinstituts für Berufsbildung (BiBB) sind nach dem neuen BBiG nur noch der Hauptausschuss und der Präsident oder die Präsidentin. Der Ständige Ausschuss als Organ ist entfallen. Weggefallen sind auch der Länderausschuss sowie die Fachausschüsse. Neu eingerichtet wurde der Wissenschaftliche Beirat.

2.1 Hauptausschuss

6 Der Hauptausschuss hat neben den ihm durch sonstige Vorschriften dieses Gesetzes zugewiesenen Aufgaben gemäß § 92 Abs. 1 Nr. 1 bis 6 BBiG folgende weitere **Aufgaben**:
– er beschließt über die Angelegenheiten des Bundesinstituts für Berufsbildung, soweit sie nicht dem Präsidenten oder der Präsidentin übertragen sind;
– er berät die Bundesregierung in grundsätzlichen Fragen der Berufsbildung und kann eine Stellungnahme zu dem Entwurf des Berufsbildungsberichts abgeben;
– er beschließt das jährliche Forschungsprogramm;
– er kann Empfehlungen zur einheitlichen Anwendung dieses Gesetzes geben;
– er kann zu den vom Bundesinstitut vorbereiteten Entwürfen der Verordnungen gemäß § 4 Abs. 1 BBiG unter Berücksichtigung der entsprechenden Entwürfe der schulischen Rahmenlehrpläne Stellung nehmen;
– er beschließt über die in § 90 Abs. 3 Nr. 3 und 4 BBiG sowie § 97 Abs. 4 BBiG genannten Angelegenheiten des Bundesinstituts für Berufsbildung.

7 Der Präsident oder die Präsidentin unterrichtet gemäß § 92 Abs. 2 BBiG den Hauptausschuss unverzüglich über erteilte Weisungen zur Durchführung von Aufgaben nach § 90 Abs. 3 Nr. 1 BBiG und erlassene Verwaltungsvorschriften nach § 90 Abs. 3 Nr. 2 BBiG.

8 § 92 Abs. 3 und 4 BBiG enthält Regelungen über die **Mitglieder des Hauptausschusses**. Dem Hauptausschuss gehören an: je acht Beauftragte der Arbeitgeber, der Arbeitnehmer und der Länder sowie fünf Beauftragte des Bundes. Die Beauftragten des Bundes führen acht Stimmen, die nur einheitlich abgegeben werden

---

1 Verzeichnis der staatlich anerkannten Ausbildungsberufe: http://www2.bibb.de/tools/aab/aabberufeliste.php. Verzeichnis von landesrechtlichen Regelungen als Ergänzung zum Verzeichnis der anerkannten Ausbildungsberufe (Landes- und Kammerregelungen): http://www.bibb.de/dokumente/pdf/a41_neues_verzeichnis_der_ausbildungsberufe_2009.pdf.

Lakies/Malottke

können; bei der Beratung der Bundesregierung in grundsätzlichen Fragen der Berufsbildung, bei der Stellungnahme zum Entwurf des Berufsbildungsberichts und im Rahmen von Anhörungen nach diesem Gesetz haben sie kein Stimmrecht. An den Sitzungen des Hauptausschusses können zudem je ein Beauftragter oder eine Beauftragte der Bundesagentur für Arbeit, der auf Bundesebene bestehenden kommunalen Spitzenverbände sowie des wissenschaftlichen Beirates mit beratender Stimme teilnehmen. Die Beauftragten der Arbeitgeber werden auf Vorschlag der auf Bundesebene bestehenden Zusammenschlüsse der Kammern, Arbeitgeberverbände und Unternehmensverbände, die Beauftragten der Arbeitnehmer auf Vorschlag der auf Bundesebene bestehenden Gewerkschaften, die Beauftragten des Bundes auf Vorschlag der Bundesregierung und die Beauftragten der Länder auf Vorschlag des Bundesrates vom Bundesministerium für Bildung und Forschung längstens für vier Jahre berufen.

Der Hauptausschuss wählt gemäß § 92 Abs. 5 BBiG auf die Dauer eines Jahres **9** ein Mitglied, das den **Vorsitz** führt und ein weiteres Mitglied, das den Vorsitz stellvertretend übernimmt. Der oder die Vorsitzende wird der Reihe nach von den Beauftragten der Arbeitgeber, der Arbeitnehmer, der Länder und des Bundes vorgeschlagen. Die Tätigkeit im Hauptausschuss ist gemäß § 92 Abs. 6 BBiG **ehrenamtlich**. Für bare Auslagen und Verdienstausfälle ist soweit eine Entschädigung nicht von anderer Seite gewährt wird, eine angemessene **Entschädigung** zu zahlen, deren Höhe vom Bundesinstitut für Berufsbildung mit Genehmigung des Bundesministeriums für Bildung und Forschung festgesetzt wird. Die Genehmigung ergeht im Einvernehmen mit dem Bundesministerium der Finanzen. Die Mitglieder des Hauptausschusses können gemäß § 92 Abs. 7 BBiG nach Anhören der an ihrer Berufung Beteiligten aus wichtigem Grund **abberufen** werden. Die Beauftragen haben Stellvertreter oder Stellvertreterinnen (§ 92 Abs. 8 BBiG), für diese gelten § 92 Abs. 4, 6 und 7 BBiG entsprechend. Der Hauptausschuss kann nach näherer Regelung der Satzung **Unterausschüsse** einsetzen, denen auch andere als Mitglieder des Hauptausschusses angehören können (§ 92 Abs. 9 BBiG). Den Unterausschüssen sollen Beauftragte der Arbeitgeber, der Arbeitnehmer, der Länder und des Bundes angehören. § 92 Abs. 4 bis 7 BBiG gelten für die Unterausschüsse entsprechend.

Bei der Wahrnehmung seiner Aufgaben unterliegt der Hauptausschuss keinen **10** Weisungen (§ 92 Abs. 10 BBiG). Von besonderer Bedeutung ist die dem Hauptausschuss obliegende Kompetenz gemäß § 92 Abs. 1 Nr. 4 BBiG, **Empfehlungen zur einheitlichen Anwendung des BBiG** zu geben. Damit wird eine Regelung des Berufsbildungsgesetzes von 1969 aufgegriffen. In den §§ 50 bis 53 des BBiG waren Bestimmungen über den Bundesausschuss für Berufsbildung enthalten, die später in Wegfall geraten sind. Das neue Berufsbildungsgesetz schafft nunmehr in § 92 Abs. 1 Nr. 4 die rechtlichen Grundlagen zur Aktualisierung und Überarbeitung der Empfehlungen des damaligen Bundesausschusses für Berufsbildung sowie zum Neuerlass von Empfehlungen. Der Hauptausschuss des Bundesinstituts für Berufsbildung gewinnt durch diese Neuregelung an Bedeutung.

2.2 Präsident oder Präsidentin

Die Einzelheiten zur Stellung des Präsidenten oder der Präsidentin des BiBB **11** sind in § 93 BBiG geregelt. Er oder sie vertritt das BiBB gerichtlich und außergerichtlich, verwaltet es und führt dessen Aufgaben durch. Soweit er oder sie nicht

Weisungen und allgemeine Verwaltungsvorschriften des zuständigen Bundesministeriums zu beachten hat (§ 90 Abs. 3 Nr. 1 und 2 BBiG), führt er oder sie die Aufgaben nach Richtlinien des Hauptausschusses durch. Der Präsident oder die Präsidentin wird auf Vorschlag der Bundesregierung, der Ständige Vertreter oder die Ständige Vertreterin des Präsidenten oder der Präsidentin auf Vorschlag des Bundesministeriums für Bildung und Forschung im Benehmen mit dem Präsidenten oder der Präsidentin unter Berufung in das Beamtenverhältnis von dem Bundespräsidenten oder der Bundespräsidentin ernannt.

2.3 Wissenschaftlicher Beirat

12 Der Wissenschaftliche Beirat gemäß § 94 BBiG ist neu eingerichtet worden. **Berufsbildungsforschungsaufgaben** sind der Schwerpunkt der Arbeit des Beirats. Der wissenschaftliche Beirat berät gemäß § 94 Abs. 1 Nr. 1 bis 3 BBiG die Organe des Bundesinstituts für Berufsbildung durch Stellungnahmen und Empfehlungen:
- zum Forschungsprogramm des Bundesinstituts für Berufsbildung,
- zur Zusammenarbeit des Instituts mit Hochschulen und anderen Forschungseinrichtungen und
- zu den jährlichen Berichten über die wissenschaftlichen Ergebnisse des Bundesinstituts für Berufsbildung.

13 Zur Wahrnehmung seiner Aufgaben werden dem Beirat gemäß § 94 Abs. 2 BBiG von dem Präsidenten oder der Präsidentin des Bundesinstituts für Berufsbildung die erforderlichen Auskünfte erteilt. Auf Wunsch werden ihm einmal jährlich im Rahmen von Kolloquien die wissenschaftlichen Arbeiten des Bundesinstituts für Berufsbildung erläutert. Dem Beirat gehören gemäß § 94 Abs. 3 BBiG bis zu sieben anerkannte Fachleute auf dem Gebiet der Berufsbildungsforschung aus dem In- und Ausland an, die nicht Angehörige des Bundesinstituts für Berufsbildung sind. Sie werden von dem Präsidenten oder der Präsidentin des Bundesinstituts für Berufsbildung im Einvernehmen mit dem Bundesministerium für Bildung und Forschung auf vier Jahre bestellt. Einmalige Wiederberufung in Folge ist möglich. An den Sitzungen des wissenschaftlichen Beirats können vier Mitglieder des Hauptausschusses, und zwar je ein Beauftragter oder eine Beauftragte der Arbeitgeber, der Arbeitnehmer, der Länder und des Bundes ohne Stimmrecht teilnehmen. Der wissenschaftliche Beirat kann sich eine Geschäftsordnung geben (§ 94 Abs. 4 BBiG). Die Tätigkeit im wissenschaftlichen Beirat ist gemäß § 94 Abs. 5 BBiG ehrenamtlich, insoweit wird auf die entsprechende Anwendbarkeit des § 92 Abs. 6 BBiG (vgl. Rn. 9) verwiesen.

2.4 Ausschuss für Fragen behinderter Menschen

14 Zur Beratung des Bundesinstituts für Berufsbildung bei seinen Aufgaben auf dem Gebiet der beruflichen Bildung behinderter Menschen wird ein ständiger Unterausschuss des Hauptausschusses errichtet, dessen Aufgabenkreis in § 95 Abs. 1 BBiG näher geregelt ist. Der Ausschuss hat darauf hinzuwirken, dass die besonderen Belange der behinderten Menschen in der beruflichen Bildung berücksichtigt werden und die berufliche Bildung behinderter Menschen mit den übrigen Leistungen zur Teilhabe am Arbeitsleben koordiniert wird. Der Ausschuss kann behinderte Menschen, die beruflich ausgebildet, fortgebildet oder umgeschult werden, zu den Beratungen hinzuziehen (§ 95 Abs. 3 BBiG).

Das Bundesinstitut für Berufsbildung trifft Entscheidungen über die Durchführung von Forschungsvorhaben, die die berufliche Bildung behinderter Menschen betreffen, unter Berücksichtigung von Vorschlägen des Ausschusses. § 95 Abs. 2 BBiG regelt die Mitgliedschaft in diesem Ausschuss. Er besteht aus 17 Mitgliedern, die von dem Präsidenten oder der Präsidentin längstens für vier Jahre berufen werden. Eine Wiederberufung ist zulässig.

Die Mitglieder des Ausschusses werden auf Vorschlag des Beirats für die **15** Teilhabe behinderter Menschen (§ 64 SGB IX) berufen, und zwar:
– ein Mitglied, das die Arbeitnehmer vertritt,
– ein Mitglied, das die Arbeitgeber vertritt,
– drei Mitglieder, die Organisationen behinderter Menschen vertreten,
– ein Mitglied, das die Bundesagentur für Arbeit vertritt,
– ein Mitglied, das die gesetzliche Rentenversicherung vertritt,
– ein Mitglied, das die gesetzliche Unfallversicherung vertritt,
– ein Mitglied, das die Freie Wohlfahrtspflege vertritt,
– zwei Mitglieder, die Einrichtungen der beruflichen Rehabilitation vertreten,
– sechs weitere für die berufliche Bildung behinderter Menschen sachkundige Personen, die in Bildungsstätten oder ambulanten Diensten für behinderte Menschen tätig sind.

3. Finanzierung des Bundesinstituts für Berufsbildung

Die Finanzierung des BiBB ist in § 96 BBiG geregelt. Die Ausgaben für die **16** Errichtung und Verwaltung des Bundesinstituts für Berufsbildung werden durch Zuschüsse des Bundes gedeckt. Die Höhe der Zuschüsse des Bundes regelt das Haushaltsgesetz. Die Ausgaben zur Durchführung von Aufträgen nach § 90 Abs. 2 Satz 3 BBiG und von Aufgaben nach § 90 Abs. 3 Nr. 1 Buchstabe f BBiG werden durch das beauftragende Bundesministerium gedeckt. Die Ausgaben zur Durchführung von Verträgen nach § 90 Abs. 4 BBiG sind durch den Vertragspartner zu decken.

4. Haushalt

Nähere Regelungen zum Haushalt enthält § 97 BBiG. Der Haushaltsplan wird **17** gemäß von dem Präsidenten oder der Präsidentin aufgestellt. Der Hauptausschuss stellt den Haushaltsplan fest. Der Haushaltsplan bedarf der Genehmigung des Bundesministeriums für Bildung und Forschung. Die Genehmigung erstreckt sich auch auf die Zweckmäßigkeit der Ansätze. Der Haushaltsplan soll rechtzeitig vor Einreichung der Voranschläge zum Bundeshaushalt, spätestens zum 15. Oktober des vorhergehenden Jahres, dem Bundesministerium für Bildung und Forschung vorgelegt werden. Über- und außerplanmäßige Ausgaben können vom Hauptausschuss auf Vorschlag des Präsidenten oder der Präsidentin bewilligt werden. Die Bewilligung bedarf der Einwilligung des Bundesministeriums für Bildung und Forschung und des Bundesministeriums der Finanzen. Das gilt entsprechend für Maßnahmen, durch die für das Bundesinstitut für Berufsbildung Verpflichtungen entstehen können, für die Ausgaben im Haushaltsplan nicht veranschlagt sind. Nach Ende des Haushaltsjahres wird die Rechnung von dem Präsidenten oder der Präsidentin aufgestellt. Die Entlastung obliegt dem Hauptausschuss. Sie bedarf nicht der Genehmigung nach § 109 Abs. 3 der Bundeshaushaltsordnung.

5. Satzung

18 Durch die Satzung des Bundesinstituts für Berufsbildung sind gemäß § 98 BBiG:
– die Art und Weise der Aufgabenerfüllung (§ 90 Abs. 2 und 3 BBiG) sowie
– die Organisation

näher zu regeln. Der Hauptausschuss beschließt mit einer Mehrheit von vier Fünfteln der Stimmen seiner Mitglieder die Satzung. Sie bedarf der Genehmigung des Bundesministeriums für Bildung und Forschung und ist im Bundesanzeiger bekannt zu geben. Entsprechendes gilt für Satzungsänderungen.

6. Personal

19 Nähere Regelungen zum Personal des BBiB enthält § 99 BBiG. Die Aufgaben des Bundesinstituts für Berufsbildung werden von Beamten, Beamtinnen und Dienstkräften, die als Angestellte, Arbeiter und Arbeiterinnen beschäftigt sind, wahrgenommen. Es ist Dienstherr im Sinne des § 2 des Bundesbeamtengesetzes. Die Beamten und Beamtinnen sind Bundesbeamte und Bundesbeamtinnen. Das Bundesministerium für Bildung und Forschung ernennt und entlässt die Beamten und Beamtinnen des Bundesinstituts, soweit das Recht zur Ernennung und Entlassung der Beamten und Beamtinnen, deren Amt in der Bundesbesoldungsordnung B aufgeführt ist, nicht von dem Bundespräsidenten oder der Bundespräsidentin ausgeübt wird. Das zuständige Bundesministerium kann seine Befugnisse auf den Präsidenten oder die Präsidentin übertragen. Oberste Dienstbehörde für die Beamten und Beamtinnen des Bundesinstituts ist das Bundesministerium für Bildung und Forschung. Es kann seine Befugnisse auf den Präsidenten oder die Präsidentin übertragen. § 187 Abs. 1 des Bundesbeamtengesetzes und § 83 Abs. 1 des Bundesdisziplinargesetzes bleiben unberührt. Auf die Angestellten, Arbeiter und Arbeiterinnen des Bundesinstituts sind die für Arbeitnehmer und Arbeitnehmerinnen des Bundes geltenden Tarifverträge und sonstigen Bestimmungen anzuwenden. Ausnahmen bedürfen der vorherigen Zustimmung des Bundesministeriums für Bildung und Forschung; die Zustimmung ergeht im Einvernehmen mit dem Bundesministerium des Innern und dem Bundesministerium der Finanzen.

7. Aufsicht über das Bundesinstitut für Berufsbildung

20 Das Bundesinstitut für Berufsbildung unterliegt, soweit in diesem Gesetz nicht weitergehende Aufsichtsbefugnisse vorgesehen sind, der Rechtsaufsicht des Bundesministeriums für Bildung und Forschung (§ 100 BBiG).

8. Auskunftspflicht

21 Damit das BiBB seine Aufgaben sachgerecht erfüllen kann, bestehen bestimmte gesetzlich geregelte Auskunftspflichten. Die Einzelheiten ergeben sich aus § 101 Abs. 1 BBiG. Natürliche und juristische Personen sowie Behörden, die Berufsbildung durchführen, haben den Beauftragten des Bundesinstituts für Berufsbildung auf Verlangen die zur Durchführung ihrer Forschungsaufgaben erforderlichen Auskünfte zu erteilen, die dafür notwendigen Unterlagen vorzulegen und während der üblichen Betriebs- und Geschäftszeit Besichtigungen der

Betriebsräume, der Betriebseinrichtungen und der Aus- und Weiterbildungsplätze zu gestatten. Arbeitsrechtliche und dienstrechtliche Verschwiegenheitspflichten bleiben unberührt. Auskunftspflichtige können gemäß § 101 Abs. 1 BBiG die Auskunft über solche Fragen verweigern, deren Beantwortung sie selbst oder einen der in § 52 der Strafprozessordnung bezeichneten Angehörigen der Gefahr strafgerichtlicher Verfolgung oder eines Verfahrens nach dem Gesetz über Ordnungswidrigkeiten aussetzen würde. Die Auskunft ist unentgeltlich zu geben, soweit nichts anderes bestimmt ist (§ 101 Abs. 3 BBiG). Einzelangaben über persönliche oder sachliche Verhältnisse, die dem Bundesinstitut aufgrund § 101 Abs. 1 BBiG bekannt werden, sind, soweit durch Rechtsvorschriften nichts anderes bestimmt ist, gemäß § 101 Abs. 4 BBiG geheim zu halten. Veröffentlichungen von Ergebnissen auf Grund von Erhebungen und Untersuchungen dürfen keine Einzelangaben enthalten.

§ 89 Bundesinstitut für Berufsbildung

Das Bundesinstitut für Berufsbildung ist eine bundesunmittelbare rechtsfähige Anstalt des öffentlichen Rechts. Es hat seinen Sitz in Bonn.

§ 90 Aufgaben

(1) Das Bundesinstitut für Berufsbildung führt seine Aufgaben im Rahmen der Bildungspolitik der Bundesregierung durch.

(2) Das Bundesinstitut für Berufsbildung hat die Aufgabe, durch wissenschaftliche Forschung zur Berufsbildungsforschung beizutragen. Die Forschung wird auf der Grundlage eines jährlichen Forschungsprogramms durchgeführt; das Forschungsprogramm bedarf der Genehmigung des Bundesministeriums für Bildung und Forschung. Weitere Forschungsaufgaben können dem Bundesinstitut für Berufsbildung von obersten Bundesbehörden im Einvernehmen mit dem Bundesministerium für Bildung und Forschung übertragen werden. Die wesentlichen Ergebnisse der Forschungsarbeit des Bundesinstituts für Berufsbildung sind zu veröffentlichen.

(3) Das Bundesinstitut für Berufsbildung hat die sonstigen Aufgaben:
1. nach Weisung des zuständigen Bundesministeriums
   a) an der Vorbereitung von Ausbildungsordnungen und sonstigen Rechtsverordnungen, die nach diesem Gesetz oder nach dem zweiten Teil der Handwerksordnung zu erlassen sind, mitzuwirken,
   b) an der Vorbereitung des Berufsbildungsberichts mitzuwirken,
   c) an der Durchführung der Berufsbildungsstatistik nach Maßgabe des § 87 mitzuwirken,
   d) Modellversuche einschließlich wissenschaftlicher Begleituntersuchungen zu fördern,
   e) an der internationalen Zusammenarbeit in der beruflichen Bildung mitzuwirken,
   f) weitere Verwaltungsaufgaben des Bundes zur Förderung der Berufsbildung zu übernehmen;
2. nach allgemeinen Verwaltungsvorschriften des zuständigen Bundesministeriums die Förderung überbetrieblicher Berufsbildungsstätten durchzuführen und die Planung, Errichtung und Weiterentwicklung dieser Einrichtungen zu unterstützen;

3. das Verzeichnis der anerkannten Ausbildungsberufe zu führen und zu veröffentlichen;
4. die im Fernunterrichtsschutzgesetz beschriebenen Aufgaben nach den vom Hauptausschuss erlassenen und vom zuständigen Bundesministerium genehmigten Richtlinien wahrzunehmen und durch Förderung von Entwicklungsvorhaben zur Verbesserung und Ausbau des berufsbildenden Fernunterrichts beizutragen.

(4) Das Bundesinstitut für Berufsbildung kann mit Zustimmung des Bundesministeriums für Bildung und Forschung mit Stellen außerhalb der Bundesverwaltung Verträge zur Übernahme weiterer Aufgaben schließen.

§ 91 Organe

Die Organe des Bundesinstituts für Berufsbildung sind:
1. der Hauptausschuss,
2. der Präsident oder die Präsidentin.

§ 92 Hauptausschuss

(1) Der Hauptausschuss hat neben den ihm durch sonstige Vorschriften dieses Gesetzes zugewiesenen Aufgaben folgende weitere Aufgaben:
1. er beschließt über die Angelegenheiten des Bundesinstituts für Berufsbildung, soweit sie nicht dem Präsidenten oder der Präsidentin übertragen sind;
2. er berät die Bundesregierung in grundsätzlichen Fragen der Berufsbildung und kann eine Stellungnahme zu dem Entwurf des Berufsbildungsberichts abgeben;
3. er beschließt das jährliche Forschungsprogramm;
4. er kann Empfehlungen zur einheitlichen Anwendung dieses Gesetzes geben;
5. er kann zu den vom Bundesinstitut vorbereiteten Entwürfen der Verordnungen gemäß § 4 Abs. 1 unter Berücksichtigung der entsprechenden Entwürfe der schulischen Rahmenlehrpläne Stellung nehmen;
6. er beschließt über die in § 90 Abs. 3 Nr. 3 und 4 sowie § 97 Abs. 4 genannten Angelegenheiten des Bundesinstituts für Berufsbildung.

(2) Der Präsident oder die Präsidentin unterrichtet den Hauptausschuss unverzüglich über erteilte Weisungen zur Durchführung von Aufgaben nach § 90 Abs. 3 Nr. 1 und erlassene Verwaltungsvorschriften nach § 90 Abs. 3 Nr. 2.

(3) Dem Hauptausschuss gehören je acht Beauftragte der Arbeitgeber, der Arbeitnehmer und der Länder sowie fünf Beauftragte des Bundes an. Die Beauftragten des Bundes führen acht Stimmen, die nur einheitlich abgegeben werden können; bei der Beratung der Bundesregierung in grundsätzlichen Fragen der Berufsbildung, bei der Stellungnahme zum Entwurf des Berufsbildungsberichts und im Rahmen von Anhörungen nach diesem Gesetz haben sie kein Stimmrecht. An den Sitzungen des Hauptausschusses können je ein Beauftragter oder eine Beauftragte der Bundesagentur für Arbeit, der auf Bundesebene bestehenden kommunalen Spitzenverbände sowie des wissenschaftlichen Beirates mit beratender Stimme teilnehmen.

(4) Die Beauftragten der Arbeitgeber werden auf Vorschlag der auf Bundesebene bestehenden Zusammenschlüsse der Kammern, Arbeitgeberverbände und Unternehmensverbände, die Beauftragten der Arbeitnehmer auf Vorschlag der auf Bundesebene bestehenden Gewerkschaften, die Beauftragten des Bun-

des auf Vorschlag der Bundesregierung und die Beauftragten der Länder auf Vorschlag des Bundesrates vom Bundesministerium für Bildung und Forschung längstens für vier Jahre berufen.

(5) Der Hauptausschuss wählt auf die Dauer eines Jahres ein Mitglied, das den Vorsitz führt und ein weiteres Mitglied, das den Vorsitz stellvertretend übernimmt. Der oder die Vorsitzende wird der Reihe nach von den Beauftragten der Arbeitgeber, der Arbeitnehmer, der Länder und des Bundes vorgeschlagen.

(6) Die Tätigkeit im Hauptausschuss ist ehrenamtlich. Für bare Auslagen und Verdienstausfälle ist soweit eine Entschädigung nicht von anderer Seite gewährt wird, eine angemessene Entschädigung zu zahlen, deren Höhe vom Bundesinstitut für Berufsbildung mit Genehmigung des Bundesministeriums für Bildung und Forschung festgesetzt wird. Die Genehmigung ergeht im Einvernehmen mit dem Bundesministerium der Finanzen.

(7) Die Mitglieder können nach Anhören der an ihrer Berufung Beteiligten aus wichtigem Grund abberufen werden.

(8) Die Beauftragen haben Stellvertreter oder Stellvertreterinnen. Die Absätze 4, 6 und 7 gelten entsprechend.

(9) Der Hauptausschuss kann nach näherer Regelung der Satzung Unterausschüsse einsetzen, denen auch andere als Mitglieder des Hauptausschusses angehören können. Den Unterausschüssen sollen Beauftragte der Arbeitgeber, der Arbeitnehmer, der Länder und des Bundes angehören. Die Absätze 4 bis 7 gelten für die Unterausschüsse entsprechend.

(10) Bei der Wahrnehmung seiner Aufgaben unterliegt der Hauptausschuss keinen Weisungen.

§ 93 Präsident oder Präsidentin

(1) Der Präsident oder die Präsidentin vertritt das Bundesinstitut für Berufsbildung gerichtlich und außergerichtlich. Er oder sie verwaltet das Bundesinstitut und führt dessen Aufgaben durch. Soweit er oder sie nicht Weisungen und allgemeine Verwaltungsvorschriften des zuständigen Bundesministeriums zu beachten hat (§ 90 Abs. 3 Nr. 1 und 2), führt er oder sie die Aufgaben nach Richtlinien des Hauptausschusses durch.

(2) Der Präsident oder die Präsidentin wird auf Vorschlag der Bundesregierung, der Ständige Vertreter oder die Ständige Vertreterin des Präsidenten oder der Präsidentin auf Vorschlag des Bundesministeriums für Bildung und Forschung im Benehmen mit dem Präsidenten oder der Präsidentin unter Berufung in das Beamtenverhältnis von dem Bundespräsidenten oder der Bundespräsidentin ernannt.

§ 94 Wissenschaftlicher Beirat

(1) Der wissenschaftliche Beirat berät die Organe des Bundesinstituts für Berufsbildung durch Stellungnahmen und Empfehlungen

1. zum Forschungsprogramm des Bundesinstituts für Berufsbildung,
2. zur Zusammenarbeit des Instituts mit Hochschulen und anderen Forschungseinrichtungen und
3. zu den jährlichen Berichten über die wissenschaftlichen Ergebnisse des Bundesinstituts für Berufsbildung.

(2) Zur Wahrnehmung seiner Aufgaben werden dem Beirat von dem Präsidenten oder der Präsidentin des Bundesinstituts für Berufsbildung die erforderlichen

Auskünfte erteilt. Auf Wunsch werden ihm einmal jährlich im Rahmen von Kolloquien die wissenschaftlichen Arbeiten des Bundesinstituts für Berufsbildung erläutert.

(3) Dem Beirat gehören bis zu sieben anerkannte Fachleute auf dem Gebiet der Berufsbildungsforschung aus dem In- und Ausland an, die nicht Angehörige des Bundesinstituts für Berufsbildung sind. Sie werden von dem Präsidenten oder der Präsidentin des Bundesinstituts für Berufsbildung im Einvernehmen mit dem Bundesministerium für Bildung und Forschung auf vier Jahre bestellt. Einmalige Wiederberufung in Folge ist möglich. An den Sitzungen des wissenschaftlichen Beirats können vier Mitglieder des Hauptausschusses, und zwar je ein Beauftragter oder eine Beauftragte der Arbeitgeber, der Arbeitnehmer, der Länder und des Bundes ohne Stimmrecht teilnehmen.

(4) Der wissenschaftliche Beirat kann sich eine Geschäftsordnung geben.

(5) § 92 Abs. 6 gilt entsprechend.

§ 95 Ausschuss für Fragen behinderter Menschen

(1) Zur Beratung des Bundesinstituts für Berufsbildung bei seinen Aufgaben auf dem Gebiet der beruflichen Bildung behinderter Menschen wird ein ständiger Unterausschuss des Hauptausschusses errichtet. Der Ausschuss hat darauf hinzuwirken, dass die besonderen Belange der behinderten Menschen in der beruflichen Bildung berücksichtigt werden und die berufliche Bildung behinderter Menschen mit den übrigen Leistungen zur Teilhabe am Arbeitsleben koordiniert wird. Das Bundesinstitut für Berufsbildung trifft Entscheidungen über die Durchführung von Forschungsvorhaben, die die berufliche Bildung behinderter Menschen betreffen, unter Berücksichtigung von Vorschlägen des Ausschusses.

(2) Der Ausschuss besteht aus 17 Mitgliedern, die von dem Präsidenten oder der Präsidentin längstens für vier Jahre berufen werden. Eine Wiederberufung ist zulässig. Die Mitglieder des Ausschusses werden auf Vorschlag des Beirats für die Teilhabe behinderter Menschen (§ 64 des Neunten Buches Sozialgesetzbuch) berufen, und zwar

ein Mitglied, das die Arbeitnehmer vertritt,

ein Mitglied, das die Arbeitgeber vertritt,

drei Mitglieder, die Organisationen behinderter Menschen vertreten,

ein Mitglied, das die Bundesagentur für Arbeit vertritt,

ein Mitglied, das die gesetzliche Rentenversicherung vertritt,

ein Mitglied, das die gesetzliche Unfallversicherung vertritt,

ein Mitglied, das die Freie Wohlfahrtspflege vertritt,

zwei Mitglieder, die Einrichtungen der beruflichen Rehabilitation vertreten,

sechs weitere für die berufliche Bildung behinderter Menschen sachkundige Personen, die in Bildungsstätten oder ambulanten Diensten für behinderte Menschen tätig sind.

(3) Der Ausschuss kann behinderte Menschen, die beruflich ausgebildet, fortgebildet oder umgeschult werden, zu den Beratungen hinzuziehen.

§ 96 Finanzierung des Bundesinstituts für Berufsbildung

(1) Die Ausgaben für die Errichtung und Verwaltung des Bundesinstituts für Berufsbildung werden durch Zuschüsse des Bundes gedeckt. Die Höhe der Zuschüsse des Bundes regelt das Haushaltsgesetz.

(2) Die Ausgaben zur Durchführung von Aufträgen nach § 90 Abs. 2 Satz 3 und von Aufgaben nach § 90 Abs. 3 Nr. 1 Buchstabe f werden durch das beauftragende Bundesministerium gedeckt. Die Ausgaben zur Durchführung von Verträgen nach § 90 Abs. 4 sind durch den Vertragspartner zu decken.

§ 97 Haushalt

(1) Der Haushaltsplan wird von dem Präsidenten oder der Präsidentin aufgestellt. Der Hauptausschuss stellt den Haushaltsplan fest.

(2) Der Haushaltsplan bedarf der Genehmigung des Bundesministeriums für Bildung und Forschung. Die Genehmigung erstreckt sich auch auf die Zweckmäßigkeit der Ansätze.

(3) Der Haushaltsplan soll rechtzeitig vor Einreichung der Voranschläge zum Bundeshaushalt, spätestens zum 15. Oktober des vorhergehenden Jahres, dem Bundesministerium für Bildung und Forschung vorgelegt werden.

(4) Über- und außerplanmäßige Ausgaben können vom Hauptausschuss auf Vorschlag des Präsidenten oder der Präsidentin bewilligt werden. Die Bewilligung bedarf der Einwilligung des Bundesministeriums für Bildung und Forschung und des Bundesministeriums der Finanzen. Die Sätze 1 und 2 gelten entsprechend für Maßnahmen, durch die für das Bundesinstitut für Berufsbildung Verpflichtungen entstehen können, für die Ausgaben im Haushaltsplan nicht veranschlagt sind.

(5) Nach Ende des Haushaltsjahres wird die Rechnung von dem Präsidenten oder der Präsidentin aufgestellt. Die Entlastung obliegt dem Hauptausschuss. Sie bedarf nicht der Genehmigung nach § 109 Abs. 3 der Bundeshaushaltsordnung.

§ 98 Satzung

(1) Durch die Satzung des Bundesinstituts für Berufsbildung sind
1. die Art und Weise der Aufgabenerfüllung (§ 90 Abs. 2 und 3) sowie
2. die Organisation
näher zu regeln.

(2) Der Hauptausschuss beschließt mit einer Mehrheit von vier Fünfteln der Stimmen seiner Mitglieder die Satzung. Sie bedarf der Genehmigung des Bundesministeriums für Bildung und Forschung und ist im Bundesanzeiger bekannt zu geben.

(3) Absatz 2 gilt für Satzungsänderungen entsprechend.

§ 99 Personal

(1) Die Aufgaben des Bundesinstituts für Berufsbildung werden von Beamten, Beamtinnen und Dienstkräften, die als Angestellte, Arbeiter und Arbeiterinnen beschäftigt sind, wahrgenommen. Es ist Dienstherr im Sinne des § 2 des Bundesbeamtengesetzes. Die Beamten und Beamtinnen sind Bundesbeamte und Bundesbeamtinnen.

(2) Das Bundesministerium für Bildung und Forschung ernennt und entlässt die Beamten und Beamtinnen des Bundesinstituts, soweit das Recht zur Ernennung und Entlassung der Beamten und Beamtinnen, deren Amt in der Bundesbesoldungsordnung B aufgeführt ist, nicht von dem Bundespräsidenten oder der Bundespräsidentin ausgeübt wird. Das zuständige Bundesministerium kann seine Befugnisse auf den Präsidenten oder die Präsidentin übertragen.

(3) Oberste Dienstbehörde für die Beamten und Beamtinnen des Bundesinstituts ist das Bundesministerium für Bildung und Forschung. Es kann seine Befugnisse auf den Präsidenten oder die Präsidentin übertragen. § 144 des Bundesbeamtengesetzes und § 83 Abs. 1 des Bundesdisziplinargesetzes bleiben unberührt.

(4) Auf die Angestellten, Arbeiter und Arbeiterinnen des Bundesinstituts sind die für Arbeitnehmer und Arbeitnehmerinnen des Bundes geltenden Tarifverträge und sonstigen Bestimmungen anzuwenden. Ausnahmen bedürfen der vorherigen Zustimmung des Bundesministeriums für Bildung und Forschung; die Zustimmung ergeht im Einvernehmen mit dem Bundesministerium des Innern und dem Bundesministerium der Finanzen.

§ 100 Aufsicht über das Bundesinstitut für Berufsbildung

Das Bundesinstitut für Berufsbildung unterliegt, soweit in diesem Gesetz nicht weitergehende Aufsichtsbefugnisse vorgesehen sind, der Rechtsaufsicht des Bundesministeriums für Bildung und Forschung.

§ 101 Auskunftspflicht

(1) Natürliche und juristische Personen sowie Behörden, die Berufsbildung durchführen, haben den Beauftragten des Bundesinstituts für Berufsbildung auf Verlangen die zur Durchführung ihrer Forschungsaufgaben erforderlichen Auskünfte zu erteilen, die dafür notwendigen Unterlagen vorzulegen und während der üblichen Betriebs- und Geschäftszeit Besichtigungen der Betriebsräume, der Betriebseinrichtungen und der Aus- und Weiterbildungsplätze zu gestatten. Arbeitsrechtliche und dienstrechtliche Verschwiegenheitspflichten bleiben unberührt.

(2) Auskunftspflichtige können die Auskunft über solche Fragen verweigern, deren Beantwortung sie selbst oder einen der in § 52 der Strafprozessordnung bezeichneten Angehörigen der Gefahr strafgerichtlicher Verfolgung oder eines Verfahrens nach dem Gesetz über Ordnungswidrigkeiten aussetzen würde.

(3) Die Auskunft ist unentgeltlich zu geben, soweit nichts anderes bestimmt ist.

(4) Einzelangaben über persönliche oder sachliche Verhältnisse, die dem Bundesinstitut auf Grund des Absatzes 1 bekannt werden, sind, soweit durch Rechtsvorschriften nichts anderes bestimmt ist, geheim zu halten. Veröffentlichungen von Ergebnissen auf Grund von Erhebungen und Untersuchungen dürfen keine Einzelangaben enthalten.

Teil 6
Bußgeldvorschriften

§ 102 Bußgeldvorschriften

(1) Ordnungswidrig handelt, wer
1. entgegen § 11 Abs. 1 Satz 1, auch in Verbindung mit Abs. 4, den wesentlichen Inhalt des Vertrages oder eine wesentliche Änderung nicht, nicht richtig, nicht vollständig, nicht in der vorgeschriebenen Weise oder nicht rechtzeitig niederlegt,
2. entgegen § 11 Abs. 3, auch in Verbindung mit Abs. 4, eine Ausfertigung der Niederschrift nicht oder nicht rechtzeitig aushändigt,
3. entgegen § 14 Abs. 2 Auszubildenden eine Verrichtung überträgt, die dem Ausbildungszweck nicht dient,
4. entgegen § 15 Satz 1, auch in Verbindung mit Satz 2, Auszubildende nicht freistellt,
5. entgegen § 28 Abs. 1 oder 2 Auszubildende einstellt oder ausbildet,
6. einer vollziehbaren Anordnung nach § 33 Abs. 1 oder 2 zuwiderhandelt,
7. entgegen § 36 Abs. 1 Satz 1 oder 2, jeweils auch in Verbindung mit Satz 3, die Eintragung in das dort genannte Verzeichnis nicht oder nicht rechtzeitig beantragt oder eine Ausfertigung der Vertragsniederschrift nicht beifügt oder
8. entgegen § 76 Abs. 2 eine Auskunft nicht, nicht richtig, nicht vollständig oder nicht rechtzeitig erteilt, eine Unterlage nicht, nicht richtig, nicht vollständig oder nicht rechtzeitig vorlegt oder eine Besichtigung nicht oder nicht rechtzeitig gestattet.
(2) Die Ordnungswidrigkeit kann in den Fällen des Absatzes 1 Nr. 3 bis 6 mit einer Geldbuße bis zu fünftausend Euro, in den übrigen Fällen mit einer Geldbuße bis zu tausend Euro geahndet werden.

Inhaltsübersicht   Rn.

1.   Ordnungswidrigkeiten (Abs. 1)   1
2.   Bußgeldrahmen (Abs. 2).   3

1. Ordnungswidrigkeiten (Abs. 1)

Die Vorschrift bewertet in Abs. 1 bestimmte Zuwiderhandlungen gegen das **1** BBiG als ordnungswidrig und legt in Abs. 2 einen unterschiedlich gestalteten Bußgeldrahmen fest. Die Einzelheiten des Ordnungswidrigkeitenverfahrens sind im Ordnungswidrigkeitengesetz (OWiG) geregelt. Da die Vorschrift die fahrlässige Begehung nicht ausdrücklich mit Geldbuße bedroht, wird gem. § 10 OWiG nur vorsätzliche Begehung verfolgt. Das Verfahren richtet sich nach den §§ 35 ff. OWiG. Bei geringfügigen Ordnungswidrigkeiten kommt eine Verwarnung einschließlich eines Verwarnungsgeldes in Betracht, § 56 OWiG. Die Geringfügigkeit liegt nicht vor, wenn Auszubildende gefährdet wurden oder es sich – auch bei geringfügigen Verstößen – um eine Vielzahl derer handelt. Das Bußgeld wird durch Bußgeldbescheid bestimmt, § 65 OWiG. Gegen diesen kann binnen zwei Wochen nach Zustellung Einspruch eingelegt werden, § 67 OWiG. Wegen der weiteren Formvorschriften hierzu s. § 67 OWiG. Aufgrund des Einspruchs entscheidet das zuständige Amtsgericht (§ 68 OWiG) über die Ordnungswidrigkeit.

2 Stellt die nach Landesrecht zuständige Behörde[1] fest, dass der Tatbestand einer Ordnungswidrigkeit erfüllt ist, entscheidet sie nach dem Opportunitätsprinzip, ob sie eine Geldbuße verhängt. Aus dem Opportunitätsprinzip ergibt sich auch, dass das Verfahren in jeder Situation einstellen kann, in der die Behörde das Verfahren noch leitet. Die Entscheidung muss pflichtgemäßem Ermessen folgen. Rechtsstaatlich dürfte sie nur genügen, wenn sie den Anforderungen an eine strafprozessuale Einstellung folgt, also z.B. wegen geringer Schuld, geringem Schaden, geringem Aufsehen, erheblicher eigener Belastung des Täters durch die Ordnungswidrigkeit etc.[2]

2. Bußgeldrahmen (Abs. 2)

3 Der Rahmen für die Geldbuße beträgt 1000,– Euro, in den Fällen des Abs. 1 Nr. 3 bis 6 wegen der Gefährdung der Auszubildenden oder des Ausbildungszwecks bis zu 5000,– Euro.

---

1 Siehe Übersicht in § 33 Rn. 2.
2 *Bohnert*, Ordnungswidrigkeitenrecht, Berlin 2004, S. 8.

Teil 7
Übergangs- und Schlussvorschriften

§ 103 Gleichstellung von Abschlusszeugnissen im Rahmen der deutschen Einheit

Prüfungszeugnisse nach der Systematik der Ausbildungsberufe und der Systematik der Facharbeiterberufe und Prüfungszeugnisse nach § 37 Abs. 2 stehen einander gleich.

Inhaltsübersicht   Rn.

1. Vorbemerkung   1
2. Gleichstellung der in der DDR erfolgten Prüfungsleistungen   2
3. Einigungsvertrag – Auszug – vom 31.8.1990   3

1. Vorbemerkung

Die Vorschrift wurde durch den Einigungsvertrag vom 31.8.1990 in Verbindung **1** mit dem Einigungsvertragsgesetz[1] in das Gesetz eingefügt. Damit wurde der mit der Übernahme des Berufsbildungsrechts der Bundesrepublik Deutschland im Beitrittsgebiet entstandenen Notwendigkeit einer rechtsverbindlichen Entscheidung zur Wertigkeit von Prüfungszeugnissen der ehemaligen DDR Rechnung getragen.[2]

2. Gleichstellung der in der DDR erfolgten Prüfungsleistungen

Mit der durch die Vorschrift bewirkte Gleichstellung wird fiktiv unterstellt, dass **2** die InhaberInnen eines nach der Systematik der Ausbildungsberufe oder der Systematik der FacharbeiterInnenberufe der ehemaligen DDR erworbenen Prüfungszeugnisses die an ein entsprechendes Prüfungszeugnis nach § 37 Abs. 2 BBiG gestellten Anforderungen erfüllen. Dies wirkt sich beispielsweise im Hinblick auf die Voraussetzungen für die MeisterInnenprüfung, die Anerkennung als AusbilderInnen und die Teilnahme an Weiterbildungsmaßnahmen aus.[3]

---

1 Vom 23.9.1990 (BGBl. II S. 885).
2 *Braun/Mühlhausen* BBiG § 108a a.F. Rn. 1.
3 So auch *Braun/Mühlhausen* BBiG § 108a a.F. Rn. 1.

3. Einigungsvertrag

3 Vertrag zwischen der Bundesrepublik Deutschland und der Deutschen
Demokratischen Republik über die Herstellung der Einheit Deutschlands
(Einigungsvertrag) vom 31.8.1990 – Auszug (die §§ beziehen sich
auf das BBiG 1969 in der Fassung vom 31.8.1990) –

Sachgebiet C: Berufliche Bildung
Abschnitt II
Bundesrecht wird wie folgt geändert:
1. Nach § 108 des Berufsbildungsgesetzes vom 14. August 1969[4], das zuletzt durch § 19
des Gesetzes vom 23. Dezember 1981[5] geändert worden ist, wird eingefügt:
»§ 108 a
Gleichstellung von Abschlusszeugnissen im Rahmen der Deutschen Einheit Prüfungszeugnisse nach der Systematik der Ausbildungsberufe und der Systematik
der Facharbeiterberufe und Prüfungszeugnisse nach § 34 Abs. 2 stehen einander
gleich.«

Abschnitt III
Bundesrecht tritt in dem in Artikel 3 des Vertrages genannten Gebiet mit folgenden
Maßgaben in Kraft:
1. **Berufsbildungsgesetz** vom 14. August 1969[6], zuletzt geändert durch § 19 des Gesetzes vom 23. Dezember 1981 (BGBl. S. 1692), und aufgrund § 21 Abs. 1 und 2, §§ 25, 29
Abs. 1, § 43 Abs. 1 und 2, § 46 Abs. 2, § 47 Abs. 3, § 76 Abs. 2, § 77 Abs. 5, § 80 Abs. 2,
§ 81 Abs. 4, § 82 Abs. 2, H 93, 95 Abs. 4, § 96 Abs. 2 erlassene Rechtsverordnungen mit
folgenden Maßgaben:
a) Rechtsverordnungen nach § 21 Abs. 1 des Gesetzes bedürfen der gesonderten
Inkraftsetzung durch den Bundesminister für Bildung und Wissenschaft durch
Rechtsverordnung, die nicht der Zustimmung des Bundesrates bedarf. Rechtsverordnungen nach § 29 Abs. 1 und § 43 des Gesetzes bedürfen der gesonderten
Inkraftsetzung durch den Bundesminister für Wirtschaft oder den sonst zuständigen Fachminister im Einvernehmen mit dem Bundesminister für Bildung und
Wissenschaft durch Rechtsverordnung, die nicht der Zustimmung des Bundesrates bedarf.
b) (nicht abgedruckt)
c) Die Regelungen in Ausbildungsverordnungen nach § 25 des Gesetzes über die
Ausbildung in überbetrieblichen Ausbildungsstätten[7] werden nicht angewendet,
wenn die zuständige Stelle feststellt, dass eine solche Ausbildung nicht möglich ist.
d) (nicht abgedruckt)
e) Die Ausbildungszeit soll nach § 29 Abs. 3 des Gesetzes verlängert werden, soweit
eine Berufsausbildung mit Abitur durchgeführt wird.
f) Die Anwendung der §§ 76, 77, 80 bis 82, 86, 88, 90, 92 bis 96 des Gesetzes und der
aufgrund dieser Bestimmungen erlassenen Verordnungen bestimmt der Bundesminister für Wirtschaft oder der sonst zuständige Fachminister im Einvernehmen
mit dem Bundesminister für Bildung und Wissenschaft durch Rechtsverordnung,
die nicht der Zustimmung des Bundesrates bedarf.
g) (nicht abgedruckt)
h) Solange die in §§ 79, 87, 89 und 91 des Gesetzes genannten zuständigen Stellen
nicht bestehen, bestimmt das Land die zuständige Stelle.
i) (nicht abgedruckt)

---

4 BGBl. I S. 1112.
5 BGBl. I S. 1692.
6 BGBl. I S. 1112.
7 § 27 BBiG.

§ 104 Fortgeltung bestehender Regelungen

(1) Die vor dem 1. September 1969 anerkannten Lehrberufe und Anlernberufe oder vergleichbar geregelten Ausbildungsberufe gelten als Ausbildungsberufe im Sinne des § 4. Die Berufsbilder, die Berufsbildungspläne, die Prüfungsanforderungen und die Prüfungsordnungen für diese Berufe sind bis zum Erlass von Ausbildungsordnungen nach § 4 und der Prüfungsordnungen nach § 47 anzuwenden. (2) Die vor dem 1. September 1969 erteilten Prüfungszeugnisse in Berufen, die nach Absatz 1 als anerkannte Ausbildungsberufe gelten, stehen Prüfungszeugnissen nach § 37 Abs. 2 gleich.

Inhaltsübersicht | Rn.

1. Vorbemerkung 1
2. Übergangszeit 2
3. Prüfungszeugnisse 3

1. Vorbemerkung

Die Vorschrift entspricht § 108 BBiG a. F. Als Stichtag wird nunmehr auf den 1. September 1969 abgestellt, den Tag des Inkrafttretens des Berufsbildungsgesetzes von 1969. Die durch das BBiG geschaffenen Möglichkeiten, die Berufsausbildung neu zu ordnen, konnten bisher nicht in vollem Umfang genutzt werden. So sind zum Beispiel die ältesten Berufsordnungen aus dem Jahr 1937: Feinpolierer/-in und Edelmetallprüfer/-in. Deshalb bestimmt Abs. 1, dass die vor Inkrafttreten des BBiG als anerkannte Ausbildungsberufe geltenden Berufe als solche weiter gelten; die dazu vorliegenden Ordnungsmittel der Berufsausbildung sind bis zum Erlass neuer Ausbildungsordnungen nach § 4 BBiG und Prüfungsordnungen nach § 47 BBiG wie bisher anzuwenden.[1] Die Vorschrift gilt nicht für die Fortbildung und Umschulung.[2] **1**

2. Übergangszeit

Die Fortgeltung ist nur für eine angemessene Übergangszeit – die heute eigentlich überschritten sein sollte – statuiert worden, um den Ablauf der Berufsbildung zum Zeitpunkt des Inkrafttretens des BBiG nicht unnötig zu stören. **2**

3. Prüfungszeugnisse

Nach Abs. 2 werden die vor Inkrafttreten des Gesetzes erteilten **Prüfungszeugnisse** in Berufen, die nach Abs. 1 als anerkannte Berufe gelten, den Prüfungszeugnissen nach § 37 Abs. 2 BBiG gleichgestellt. D. h., sie stehen rechtlich denen gleich, die unter der Geltung des BBiG ausgefertigt wurden. **3**

---

1 Schriftlicher Ausschussbericht, BT-Drucks. 5/4260 zu § 108 BBiG.
2 *VGH Baden-Württemberg* 10.10.1978, EzB § 77 BBiG Nr. 1.

§ 105 Übertragung von Zuständigkeiten

Die Landesregierungen werden ermächtigt, durch Rechtsverordnung die nach diesem Gesetz den nach Landesrecht zuständigen Behörden übertragenen Zuständigkeiten nach den §§ 27, 30, 32, 33 und 70 auf zuständige Stellen zu übertragen.

Inhaltsübersicht   Rn.

1.   Vorbemerkung   1
2.   Übertragung auf zuständige Stellen   2

1. Vorbemerkung

1 Die Vorschrift wurde durch das BerBiRefG auf Vorschlag des Bundesrats[1] und in Überarbeitung durch den Ausschuss für Bildung, Forschung und Technikfolgenabschätzung[2] angefügt. Das Berufsbildungsgesetz behält das bisher zweistufige Verwaltungsverfahren bei, eröffnet den Ländern aber die Möglichkeit, die Zuständigkeiten für die Anerkennung der Eignung der Ausbildungsstätte und der Zuerkennung der persönlichen und fachlichen Eignung von Ausbildenden und AusbilderInnen sowie die Überwachung der Eignung den zuständigen Stellen zu übertragen. Zur Begründung wird angeführt:»Die Maßnahme dient im Rahmen der Aufgabenverlagerung von den obersten Landesbehörden zu nachgeordneten Stellen der Verwaltungsvereinfachung. Sie kann insbesondere dann sinnvoll sein, wenn die zuständige Behörde über keine eigenen Erkenntnisse verfügt und daher vollständig auf Informationen der zuständigen Stelle angewiesen ist. Die zuständigen Stellen unterstehen ihrerseits der Rechtsaufsicht.«[3]

2. Übertragung auf zuständige Stellen

2 Die in der Vorschrift genannten Aufgaben können durch Rechtsverordnung auf die zuständigen Stellen (§ 71 BBiG) übertragen werden. Soweit einzelne Landesregierungen hiervon Gebrauch machen, kontrollieren im Geltungsbereich dieser Rechtsverordnung die zuständigen Stellen ihre eigenen Überwachungsaufgaben.[4] Das Widerspruchsverfahren ist bei der zuständigen Stelle, § 71 BBiG, selbst durchzuführen. Ob die Übertragung auf die zuständigen Stellen erfolgt ist, ergibt sich aus den jeweiligen Verordnungen.[5]

---

1 BR-Drucks. 587/04, S. 27.
2 BT-Drucks. 15/4752, S. 52.
3 BT-Drucks. a.a.O., S. 52 f.
4 *Nehls*, S. 109.
5 S. Übersicht in § 33 Rn. 2.

Anhang
Gesetz zur Ordnung des Handwerks
(Handwerksordnung) – HwO

in der Fassung der Bekanntmachung vom 24. September 1998 (BGBl. I S. 3074; 2006 I S. 2095), zuletzt geändert durch Artikel 2 des Gesetzes vom 17. Juli 2009 (BGBl. I S. 2091)

Erster Teil
Ausübung eines Handwerks und eines handwerksähnlichen Gewerbes

Erster Abschnitt
Berechtigung zum selbständigen Betrieb eines zulassungspflichtigen Handwerks

§ 1 (Handwerksbetrieb, Eintragung in die Handwerksrolle)

(1) Der selbständige Betrieb eines zulassungspflichtigen Handwerks als stehendes Gewerbe ist nur den in der Handwerksrolle eingetragenen natürlichen und juristischen Personen und Personengesellschaften gestattet. Personengesellschaften im Sinne dieses Gesetzes sind Personenhandelsgesellschaften und Gesellschaften des bürgerlichen Rechts.

(2) Ein Gewerbebetrieb ist ein Betrieb eines zulassungspflichtigen Handwerks, wenn er handwerksmäßig betrieben wird und ein Gewerbe vollständig umfasst, das in der Anlage A aufgeführt ist, oder Tätigkeiten ausgeübt werden, die für dieses Gewerbe wesentlich sind (wesentliche Tätigkeiten). Keine wesentlichen Tätigkeiten sind insbesondere solche, die
1. in einem Zeitraum von bis zu drei Monaten erlernt werden können,
2. zwar eine längere Anlernzeit verlangen, aber für das Gesamtbild des betreffenden zulassungspflichtigen Handwerks nebensächlich sind und deswegen nicht die Fertigkeiten und Kenntnisse erfordern, auf die die Ausbildung in diesem Handwerk hauptsächlich ausgerichtet ist, oder
3. nicht aus einem zulassungspflichtigen Handwerk entstanden sind.
Die Ausübung mehrerer Tätigkeiten im Sinne des Satzes 2 Nr. 1 und 2 ist zulässig, es sei denn, die Gesamtbetrachtung ergibt, dass sie für ein bestimmtes zulassungspflichtiges Handwerk wesentlich sind.

(3) Das Bundesministerium für Wirtschaft und Technologie wird ermächtigt, durch Rechtsverordnung mit Zustimmung des Bundesrates die Anlage A zu diesem Gesetz dadurch zu ändern, dass es darin aufgeführte Gewerbe streicht, ganz oder teilweise zusammenfasst oder trennt oder Bezeichnungen für sie festsetzt, soweit es die technische und wirtschaftliche Entwicklung erfordert.

§ 2 (Anwendung des Gesetzes auf öffentlich-rechtliche Unternehmen und Nebenbetriebe)

Die Vorschriften dieses Gesetzes für den selbständigen Betrieb eines zulassungspflichtigen Handwerks gelten auch
1. für gewerbliche Betriebe des Bundes, der Länder, der Gemeinden und der

sonstigen juristischen Personen des öffentlichen Rechts, in denen Waren zum Absatz an Dritte handwerksmäßig hergestellt oder Leistungen für Dritte handwerksmäßig bewirkt werden,

2. für handwerkliche Nebenbetriebe, die mit einem Versorgungs- oder sonstigen Betrieb der in Nummer 1 bezeichneten öffentlich-rechtlichen Stellen verbunden sind,

3. für handwerkliche Nebenbetriebe, die mit einem Unternehmen eines zulassungspflichtigen Handwerks, der Industrie, des Handels, der Landwirtschaft oder sonstiger Wirtschafts- und Berufszweige verbunden sind.

§ 3 (Nebenbetrieb, Hilfsbetrieb)

(1) Ein handwerklicher Nebenbetrieb im Sinne des § 2 Nr. 2 und 3 liegt vor, wenn in ihm Waren zum Absatz an Dritte handwerksmäßig hergestellt oder Leistungen für Dritte handwerksmäßig bewirkt werden, es sei denn, dass eine solche Tätigkeit nur in unerheblichem Umfang ausgeübt wird, oder dass es sich um einen Hilfsbetrieb handelt.

(2) Eine Tätigkeit im Sinne des Absatzes 1 ist unerheblich, wenn sie während eines Jahres die durchschnittliche Arbeitszeit eines ohne Hilfskräfte Vollzeit arbeitenden Betriebs des betreffenden Handwerkszweigs nicht übersteigt.

(3) Hilfsbetriebe im Sinne des Absatzes 1 sind unselbständige, der wirtschaftlichen Zweckbestimmung des Hauptbetriebs dienende Betriebe eines zulassungspflichtigen Handwerks, wenn sie

1. Arbeiten für den Hauptbetrieb oder für andere dem Inhaber des Hauptbetriebs ganz oder überwiegend gehörende Betriebe ausführen oder

2. Leistungen an Dritte bewirken, die
   a) als handwerkliche Arbeiten untergeordneter Art zur gebrauchsfertigen Überlassung üblich sind oder
   b) in unentgeltlichen Pflege-, Installations-, Instandhaltungs- oder Instandsetzungsarbeiten bestehen oder
   c) in entgeltlichen Pflege-, Installations-, Instandhaltungs- oder Instandsetzungsarbeiten an solchen Gegenständen bestehen, die in einem Hauptbetrieb selbst hergestellt worden sind oder für die der Hauptbetrieb als Hersteller im Sinne des Produkthaftungsgesetzes gilt.

§ 4 (Fortführung des Betriebs nach dem Tode des Inhabers oder dem Ausscheiden des Betriebsleiters)

(1) Nach dem Tod des Inhabers eines Betriebs dürfen der Ehegatte, der Lebenspartner, der Erbe, der Testamentsvollstrecker, Nachlassverwalter, Nachlassinsolvenzverwalter oder Nachlasspfleger den Betrieb fortführen, ohne die Voraussetzungen für die Eintragung in die Handwerksrolle zu erfüllen. Sie haben dafür Sorge zu tragen, dass unverzüglich ein Betriebsleiter (§ 7 Abs. 1) bestellt wird. Die Handwerkskammer kann in Härtefällen eine angemessene Frist setzen, wenn eine ordnungsgemäße Führung des Betriebs gewährleistet ist.

(2) Nach dem Ausscheiden des Betriebsleiters haben der in die Handwerksrolle eingetragene Inhaber eines Betriebs eines zulassungspflichtigen Handwerks oder sein Rechtsnachfolger oder sonstige verfügungsberechtigte Nachfolger unverzüglich für die Einsetzung eines anderen Betriebsleiters zu sorgen.

§ 5 (Arbeiten in anderen Handwerken)

Wer ein Handwerk nach § 1 Abs. 1 betreibt, kann hierbei auch Arbeiten in anderen Handwerken nach § 1 Abs. 1 ausführen, wenn sie mit dem Leistungsangebot seines Gewerbes technisch oder fachlich zusammenhängen oder es wirtschaftlich ergänzen.

§ 5 a (Datenübermittlung)

(1) Öffentliche Stellen, die in Verfahren auf Grund dieses Gesetzes zu beteiligen sind, können über das Ergebnis unterrichtet werden, soweit dies zur Erfüllung ihrer Aufgaben erforderlich ist. Der Empfänger darf die übermittelten Daten nur für den Zweckverarbeiten oder nutzen, für dessen Erfüllung sie ihm übermittelt worden sind.

(2) Handwerkskammern dürfen sich, soweit dieses Gesetz keine besonderen Vorschriften enthält, gegenseitig, auch durch Übermittlung personenbezogener Daten, unterrichten, auch durch Abruf im automatisierten Verfahren, soweit dies zur Feststellung erforderlich ist, ob der Betriebsleiter die Voraussetzungen für die Eintragung in die Handwerksrolle erfüllt und ob er seine Aufgaben ordnungsgemäß wahrnimmt. Das Bundesministerium für Wirtschaft und Technologie wird ermächtigt, durch Rechtsverordnung mit Zustimmung des Bundesrates Einzelheiten eines Abrufs im automatisierten Verfahren zu regeln.

§ 5 b (Verfahren über eine einheitliche Stelle)

Verwaltungsverfahren nach diesem Gesetz oder nach einer auf Grund dieses Gesetzes erlassenen Rechtsverordnung können über eine einheitliche Stelle abgewickelt werden.

Zweiter Abschnitt
Handwerksrolle

§ 6 (Handwerksrolle, Einsichtsrecht)

(1) Die Handwerkskammer hat ein Verzeichnis zu führen, in welches die Inhaber von Betrieben zulassungspflichtiger Handwerke ihres Bezirks nach Maßgabe der Anlage D Abschnitt I zu diesem Gesetz mit dem von ihnen zu betreibenden Handwerk oder bei Ausübung mehrerer Handwerke mit diesen Handwerken einzutragen sind (Handwerksrolle).

(2) Eine Einzelauskunft aus der Handwerksrolle ist jedem zu erteilen, der ein berechtigtes Interesse glaubhaft darlegt. Eine listenmäßige Übermittlung von Daten aus der Handwerksrolle an nicht-öffentliche Stellen ist unbeschadet des Absatzes 4 zulässig, wenn sie zur Erfüllung der Aufgaben der Handwerkskammer erforderlich ist oder wenn der Auskunftbegehrende ein berechtigtes Interesse an der Kenntnis der zu übermittelnden Daten glaubhaft darlegt und kein Grund zu der Annahme besteht, dass der Betroffene ein schutzwürdiges Interesse an dem Ausschluss der Übermittlung hat. Ein solcher Grund besteht nicht, wenn Vor- und Familienname des Betriebsinhabers oder des gesetzlichen Vertreters oder des Betriebsleiters oder des für die technische Leitung des Betriebes verantwortlichen persönlich haftenden Gesellschafters, die Firma,

HwO

das ausgeübte Handwerk oder die Anschrift der gewerblichen Niederlassung übermittelt werden. Die Übermittlung von Daten nach den Sätzen 2 und 3 ist nicht zulässig, wenn der Gewerbetreibende widersprochen hat. Auf die Widerspruchsmöglichkeit sind die Gewerbetreibenden vor der ersten Übermittlung schriftlich hinzuweisen.

(3) Öffentlichen Stellen sind auf Ersuchen Daten aus der Handwerksrolle zu übermitteln, soweit die Kenntnis tatsächlicher oder rechtlicher Verhältnisse des Inhabers eines Betriebs eines zulassungspflichtigen Handwerks (§ 1 Abs. 1) zur Erfüllung ihrer Aufgaben erforderlich ist.

(4) Der Empfänger darf die übermittelten Daten nur für den Zweck verarbeiten oder nutzen, zu dessen Erfüllung sie ihm übermittelt werden.

(5) Für das Verändern und Sperren der Daten in der Handwerksrolle gelten die Datenschutzgesetze der Länder.

...

§ 10 (Handwerkskarte)

(1) Die Eintragung in die Handwerksrolle erfolgt auf Antrag oder von Amts wegen. Wenn die Voraussetzungen zur Eintragung in die Handwerksrolle vorliegen, ist die Eintragung innerhalb von drei Monaten nach Eingang des Antrags einschließlich der vollständigen Unterlagen vorzunehmen. Hat die Handwerkskammer nicht innerhalb der Frist des Satzes 2 eingetragen, gilt die Eintragung als erfolgt. Die Vorschriften des Verwaltungsverfahrensgesetzes über die Genehmigungsfiktion gelten entsprechend.

(2) Über die Eintragung in die Handwerksrolle hat die Handwerkskammer eine Bescheinigung auszustellen (Handwerkskarte). In die Handwerkskarte sind einzutragen der Name und die Anschrift des Inhabers eines Betriebs eines zulassungspflichtigen Handwerks, der Betriebssitz, das zu betreibende zulassungspflichtige Handwerk und bei Ausübung mehrerer zulassungspflichtiger Handwerke diese Handwerke sowie der Zeitpunkt der Eintragung in die Handwerksrolle. In den Fällen des § 7 Abs. 1 ist zusätzlich der Name des Betriebsleiters, des für die technische Leitung verantwortlichen persönlich haftenden Gesellschafters oder des Leiters eines Nebenbetriebes einzutragen. Die Höhe der für die Ausstellung der Handwerkskarte zu entrichtenden Gebühr wird durch die Handwerkskammer mit Genehmigung der obersten Landesbehörde bestimmt.

§ 11 (Mitteilung der Handwerkskammer)

Die Handwerkskammer hat dem Gewerbetreibenden die beabsichtigte Eintragung in die Handwerksrolle gegen Empfangsbescheinigung mitzuteilen; gleichzeitig und in gleicher Weise hat sie dies der Industrie- und Handelskammer mitzuteilen, wenn der Gewerbetreibende dieser angehört.

§ 12 (Verwaltungsrechtsweg)

Gegen die Entscheidung über die Eintragung eines der Industrie- und Handelskammer angehörigen Gewerbetreibenden in die Handwerksrolle steht neben dem Gewerbetreibenden auch der Industrie- und Handelskammer der Verwaltungsrechtsweg offen.

§ 13 (Löschung in der Handwerksrolle)

(1) Die Eintragung in die Handwerksrolle wird auf Antrag oder von Amts wegen gelöscht, wenn die Voraussetzungen für die Eintragung nicht vorliegen.

(2) Wird der Gewerbebetrieb nicht handwerksmäßig betrieben, so kann auch die Industrie- und Handelskammer die Löschung der Eintragung beantragen.

(3) Die Handwerkskammer hat dem Gewerbetreibenden die beabsichtigte Löschung der Eintragung in die Handwerksrolle gegen Empfangsbescheinigung mitzuteilen.

(4) Wird die Eintragung in die Handwerksrolle gelöscht, so ist die Handwerkskarte an die Handwerkskammer zurückzugeben.

(5) Die nach Absatz 1 in der Handwerksrolle gelöschten Daten sind für weitere dreißig Jahre ab dem Zeitpunkt der Löschung in einer gesonderten Datei zu speichern. Eine Einzelauskunft aus dieser Datei ist jedem zu erteilen, der ein berechtigtes Interesse glaubhaft darlegt, soweit der Betroffene kein schutzwürdiges Interesse an dem Ausschluss der Übermittlung hat. § 6 Abs. 4 bis 6 gilt entsprechend.

...

Zweiter Teil
Berufsbildung im Handwerk

Erster Abschnitt
Berechtigung zum Einstellen und Ausbilden

§ 21 (Eignung der Ausbildungsstätte)

(1) Lehrlinge (Auszubildende) dürfen nur eingestellt und ausgebildet werden, wenn

1. die Ausbildungsstätte nach Art und Einrichtung für die Berufsausbildung geeignet ist, und
2. die Zahl der Lehrlinge (Auszubildenden) in einem angemessenen Verhältnis zur Zahl der Ausbildungsplätze oder zur Zahl der beschäftigten Fachkräfte steht, es sei denn, dass anderenfalls die Berufsausbildung nicht gefährdet wird.

(2) Eine Ausbildungsstätte, in der die erforderlichen beruflichen Fertigkeiten, Kenntnisse und Fähigkeiten nicht in vollem Umfang vermittelt werden können, gilt als geeignet, wenn diese durch Ausbildungsmaßnahmen außerhalb der Ausbildungsstätte vermittelt werden.

Parallelvorschrift zu § 21 HwO: § 27 BBiG

§ 22 (Eignung von Ausbildenden und Ausbildern)

(1) Lehrlinge (Auszubildende) darf nur einstellen, wer persönlich geeignet ist. Lehrlinge (Auszubildende) darf nur ausbilden, wer persönlich und fachlich geeignet ist.

(2) Wer fachlich nicht geeignet ist oder wer nicht selbst ausbildet, darf Lehrlinge (Auszubildende) nur dann einstellen, wenn er persönlich und fachlich geeignete

HwO

Ausbilder bestellt, die die Ausbildungsinhalte unmittelbar, verantwortlich und in wesentlichem Umfang vermitteln.

(3) Unter der Verantwortung des Ausbilders kann bei der Berufsausbildung mitwirken, wer selbst nicht Ausbilder ist, aber abweichend von den besonderen Voraussetzungen des § 22b die für die Vermittlung von Ausbildungsinhalten erforderlichen beruflichen Fertigkeiten, Kenntnisse und Fähigkeiten besitzt und persönlich geeignet ist.

Parallelvorschrift zu § 22 HwO: § 28 BBiG

§ 22 a (Persönliche Eignung)

Persönlich nicht geeignet ist insbesondere, wer
1. Kinder und Jugendliche nicht beschäftigen darf oder
2. wiederholt oder schwer gegen dieses Gesetz oder die auf Grund dieses Gesetzes erlassenen Vorschriften und Bestimmungen verstoßen hat.

Parallelvorschrift zu § 22 a HwO: § 29 BBiG

§ 22 b (Fachliche Eignung)

(1) Fachlich geeignet ist, wer die beruflichen sowie die berufs- und arbeitspädagogischen Fertigkeiten, Kenntnisse und Fähigkeiten besitzt, die für die Vermittlung der Ausbildungsinhalte erforderlich sind.

(2) In einem zulassungspflichtigen Handwerk besitzt die fachliche Eignung, wer
1. die Meisterprüfung in dem zulassungspflichtigen Handwerk, in dem ausgebildet werden soll, oder in einem mit diesem verwandten Handwerk bestanden hat oder
2. in dem zulassungspflichtigen Handwerk, in dem ausgebildet werden soll, oder in einem mit diesem verwandten Handwerk
   a) die Voraussetzungen zur Eintragung in die Handwerksrolle nach § 7 erfüllt oder
   b) eine Ausübungsberechtigung nach § 7 a oder § 7 b erhalten hat oder
   c) eine Ausnahmebewilligung nach § 8 oder nach § 9 Abs. 1 Satz 1 Nr. 1 erhalten hat
und den Teil IV der Meisterprüfung oder eine gleichwertige andere Prüfung, insbesondere eine Ausbildereignungsprüfung auf der Grundlage einer nach § 30 Abs. 5 des Berufsbildungsgesetzes erlassenen Rechtsverordnung, bestanden hat.

(3) In einem zulassungsfreien Handwerk oder einem handwerksähnlichen Gewerbe besitzt die für die fachliche Eignung erforderlichen beruflichen Fertigkeiten, Kenntnisse und Fähigkeiten, wer
1. die Meisterprüfung in dem zulassungsfreien Handwerk oder in dem handwerksähnlichen Gewerbe, in dem ausgebildet werden soll, bestanden hat,
2. die Gesellen- oder Abschlussprüfung in einer dem Ausbildungsberuf entsprechenden Fachrichtung bestanden hat,
3. eine anerkannte Prüfung an einer Ausbildungsstätte oder vor einer Prüfungsbehörde oder eine Abschlussprüfung an einer staatlichen oder staatlich anerkannten Schule in einer dem Ausbildungsberuf entsprechenden Fachrichtung bestanden hat oder

4. eine Abschlussprüfung an einer deutschen Hochschule in einer dem Ausbildungsberuf entsprechenden Fachrichtung bestanden hat

und im Falle der Nummern 2 bis 4 eine angemessene Zeit in seinem Beruf
praktisch tätig gewesen ist. Der Abschlussprüfung an einer deutschen Hochschule gemäß Satz 1 Nr. 4 gleichgestellt sind Diplome nach § 7 Abs. 2 Satz 4. Für
den Nachweis der berufs- und arbeitspädagogischen Fertigkeiten, Kenntnisse
und Fähigkeiten finden die auf der Grundlage des § 30 Abs. 5 des Berufsbildungsgesetzes erlassenen Rechtsverordnungen Anwendung.

(4) Das Bundesministerium für Wirtschaft und Technologie kann nach Anhörung des Hauptausschusses des Bundesinstituts für Berufsbildung durch
Rechtsverordnung, die nicht der Zustimmung des Bundesrates bedarf, bestimmen, dass der Erwerb berufs- und arbeitspädagogischer Fertigkeiten, Kenntnisse und Fähigkeiten gesondert nachzuweisen ist. Dabei können Inhalt, Umfang und Abschluss der Maßnahmen für den Nachweis geregelt werden. Das
Bestehen des Teils IV der Meisterprüfung gilt als Nachweis.

(5) Die nach Landesrecht zuständige Behörde kann Personen, die die Voraussetzungen der Absätze 2, 3 und 4 nicht erfüllen, die fachliche Eignung nach
Anhören der Handwerkskammer widerruflich zuerkennen.

Parallelvorschrift zu § 22 b HwO: § 30 BBiG

§ 22 c (Europaklausel)

(1) In den Fällen des § 22 b Abs. 3 besitzt die für die fachliche Eignung erforderlichen beruflichen Fertigkeiten, Kenntnisse und Fähigkeiten auch, wer die
Voraussetzungen für die Anerkennung seiner Berufsqualifikation nach der
Richtlinie 2005/36/EG des Europäischen Parlaments und des Rates vom 7. September 2005 über die Anerkennung von Berufsqualifikationen (ABl. EU Nr. L
255 S. 22) erfüllt, sofern er eine angemessene Zeit in seinem Beruf praktisch tätig
gewesen ist.

(2) Die Anerkennung kann unter den in Artikel 14 der in Absatz 1 genannten
Richtlinie aufgeführten Voraussetzungen davon abhängig gemacht werden,
dass der Antragsteller oder die Antragstellerin zunächst einen höchstens dreijährigen Anpassungslehrgang ableistet oder eine Eignungsprüfung ablegt.

(3) Die Entscheidung über die Anerkennung trifft die Handwerkskammer. Sie
kann die Durchführung von Anpassungslehrgängen und Eignungsprüfungen
regeln.

Parallelvorschrift zu § 22 c HwO: § 31 BBiG

§ 23 (Überwachung der Eignung)

(1) Die Handwerkskammer hat darüber zu wachen, dass die Eignung der
Ausbildungsstätte sowie die persönliche und fachliche Eignung vorliegen.

(2) Werden Mängel der Eignung festgestellt, so hat die Handwerkskammer,
falls der Mangel zu beheben und eine Gefährdung des Lehrlings (Auszubildenden) nicht zu erwarten ist, den Ausbildenden aufzufordern, innerhalb einer von
ihr gesetzten Frist den Mangel zu beseitigen. Ist der Mangel der Eignung nicht
zu beheben oder ist eine Gefährdung des Lehrlings (Auszubildenden) zu erwarten oder wird der Mangel nicht innerhalb der gesetzten Frist beseitigt, so hat

HwO

die Handwerkskammer der nach Landesrecht zuständigen Behörde dies mitzuteilen.

Parallelvorschrift zu § 23 HwO: § 32 BBiG

§ 24 (Untersagung des Einstellens und Ausbildens)

(1) Die nach Landesrecht zuständige Behörde kann für eine bestimmte Ausbildungsstätte das Einstellen und Ausbilden untersagen, wenn die Voraussetzungen nach § 21 nicht oder nicht mehr vorliegen.
(2) Die nach Landesrecht zuständige Behörde hat das Einstellen und Ausbilden zu untersagen, wenn die persönliche oder fachliche Eignung nicht oder nicht mehr vorliegt.
(3) Vor der Untersagung sind die Beteiligten und die Handwerkskammer zu hören. Dies gilt nicht in den Fällen des § 22 a Nr. 1.

Parallelvorschrift zu § 24 HwO: § 33 BBiG

Zweiter Abschnitt
Ausbildungsordnung, Änderung der Ausbildungszeit

§ 25 (Anerkennung von Ausbildungsberufen, Ausbildungsordnung)

(1) Als Grundlage für eine geordnete und einheitliche Berufsausbildung kann das Bundesministerium für Wirtschaft und Technologie im Einvernehmen mit dem Bundesministerium für Bildung und Forschung durch Rechtsverordnung, die nicht der Zustimmung des Bundesrates bedarf, für Gewerbe der Anlage A und der Anlage B Ausbildungsberufe staatlich anerkennen und hierfür Ausbildungsordnungen nach § 26 erlassen. Dabei können in einem Gewerbe mehrere Ausbildungsberufe staatlich anerkannt werden, soweit dies wegen der Breite des Gewerbes erforderlich ist; die in diesen Berufen abgelegten Gesellenprüfungen sind Prüfungen im Sinne des § 49 Abs. 1 oder § 51 a Abs. 5 Satz 1.
(2) Für einen anerkannten Ausbildungsberuf darf nur nach der Ausbildungsordnung ausgebildet werden.
(3) In anderen als anerkannten Ausbildungsberufen dürfen Jugendliche unter 18 Jahren nicht ausgebildet werden, soweit die Berufsausbildung nicht auf den Besuch weiterführender Bildungsgänge vorbereitet.
(4) Wird die Ausbildungsordnung eines Ausbildungsberufes aufgehoben oder werden Gewerbe in der Anlage A oder in der Anlage B zu diesem Gesetz gestrichen, zusammengefasst oder getrennt, so gelten für bestehende Berufsausbildungsverhältnisse die bisherigen Vorschriften.
(5) Das Bundesministerium für Wirtschaft und Technologie informiert die Länder frühzeitig über Neuordnungskonzepte und bezieht sie in die Abstimmung ein.

Parallelvorschrift zu § 25 HwO: § 4 BBiG

§ 26 (Inhalt der Ausbildungsordnung)

(1) Die Ausbildungsordnung hat festzulegen
1. die Bezeichnung des Ausbildungsberufes, der anerkannt wird; sie kann von der Gewerbebezeichnung abweichen, muss jedoch inhaltlich von der Gewerbebezeichnung abgedeckt sein,
2. die Ausbildungsdauer; sie soll nicht mehr als drei und nicht weniger als zwei Jahre betragen,
3. die beruflichen Fertigkeiten, Kenntnisse und Fähigkeiten, die mindestens Gegenstand der Berufsausbildung sind (Ausbildungsberufsbild),
4. eine Anleitung zur sachlichen und zeitlichen Gliederung der Vermittlung der beruflichen Fertigkeiten, Kenntnisse und Fähigkeiten (Ausbildungsrahmenplan),
5. die Prüfungsanforderungen.
(2) Die Ausbildungsordnung kann vorsehen,
1. dass die Berufsausbildung in sachlich und zeitlich besonders gegliederten, aufeinander aufbauenden Stufen erfolgt; nach den einzelnen Stufen soll ein Ausbildungsabschluss vorgesehen werden, der sowohl zu einer qualifizierten beruflichen Tätigkeit im Sinne des § 1 Abs. 3 des Berufsbildungsgesetzes befähigt, als auch die Fortsetzung der Berufsausbildung in weiteren Stufen ermöglicht (Stufenausbildung),
2. dass die Gesellenprüfung in zwei zeitlich auseinander fallenden Teilen durchgeführt wird,
3. dass abweichend von § 25 Abs. 4 die Berufsausbildung in diesem Ausbildungsberuf unter Anrechnung der bereits zurückgelegten Ausbildungszeit fortgesetzt werden kann, wenn die Vertragsparteien dies vereinbaren,
4. dass auf die durch die Ausbildungsordnung geregelte Berufsausbildung eine andere, einschlägige Berufsausbildung unter Berücksichtigung der hierbei erworbenen beruflichen Fertigkeiten, Kenntnisse und Fähigkeiten angerechnet werden kann,
5. dass über das in Absatz 1 Nr. 3 beschriebene Ausbildungsberufsbild hinaus zusätzliche berufliche Fertigkeiten, Kenntnisse und Fähigkeiten vermittelt werden können, die die berufliche Handlungsfähigkeit ergänzen oder erweitern,
6. dass Teile der Berufsausbildung in geeigneten Einrichtungen außerhalb der Ausbildungsstätte durchgeführt werden, wenn und soweit es die Berufsausbildung erfordert (überbetriebliche Berufsausbildung),
7. dass Lehrlinge (Auszubildende) einen schriftlichen Ausbildungsnachweis zu führen haben.
Im Rahmen der Ordnungsverfahren soll stets geprüft werden, ob Regelungen nach Nummer 1, 2 und 4 sinnvoll und möglich sind.

Parallelvorschrift zu § 26 HwO: § 5 BBiG

§ 27 (Erprobung neuer Ausbildungsberufe, Ausbildungs- und Prüfungsformen)

Zur Entwicklung und Erprobung neuer Ausbildungsberufe sowie Ausbildungs- und Prüfungsformen kann das Bundesministerium für Wirtschaft und Technologie im Einvernehmen mit dem Bundesministerium für Bildung und For-

schung nach Anhörung des Hauptausschusses des Bundesinstituts für Berufsbildung durch Rechtsverordnung, die nicht der Zustimmung des Bundesrates
bedarf, Ausnahmen von § 25 Abs. 2 und 3 sowie den §§ 26, 31 und 39 zulassen,
die auch auf eine bestimmte Art und Zahl von Ausbildungsstätten beschränkt
werden können.

Parallelvorschrift zu § 27 HwO: § 6 BBiG

§ 27 a (Anrechnung beruflicher Vorbildung auf die Ausbildungszeit)

(1) Die Landesregierungen können nach Anhörung des Landesausschusses für
Berufsbildung durch Rechtsverordnung bestimmen, dass der Besuch eines Bildungsganges berufsbildender Schulen oder die Berufsausbildung in einer sonstigen Einrichtung ganz oder teilweise auf die Ausbildungszeit angerechnet
wird. Die Ermächtigung kann durch Rechtsverordnung auf oberste Landesbehörden weiter übertragen werden.
(2) Die Anrechnung nach Absatz 1 bedarf des gemeinsamen Antrags der Lehrlinge (Auszubildenden) und Ausbildenden. Der Antrag ist an die Handwerkskammer zu richten. Er kann sich auf Teile des höchstzulässigen Anrechnungszeitraums beschränken.

Parallelvorschrift zu § 27 a HwO: § 7 BBiG

§ 27 b (Abkürzung und Verlängerung der Ausbildungszeit)

(1) Auf gemeinsamen Antrag des Lehrlings (Auszubildenden) und des Ausbildenden hat die Handwerkskammer die Ausbildungszeit zu kürzen, wenn zu
erwarten ist, dass das Ausbildungsziel in der gekürzten Zeit erreicht wird. Bei
berechtigtem Interesse kann sich der Antrag auch auf die Verkürzung der täglichen oder wöchentlichen Ausbildungszeit richten (Teilzeitberufsausbildung).
(2) In Ausnahmefällen kann die Handwerkskammer auf Antrag des Lehrlings
(Auszubildenden) die Ausbildungszeit verlängern, wenn die Verlängerung
erforderlich ist, um das Ausbildungsziel zu erreichen. Vor der Entscheidung
nach Satz 1 ist der Ausbildende zu hören.
(3) Für die Entscheidung über die Verkürzung oder Verlängerung der Ausbildungszeit kann der Hauptausschuss des Bundesinstituts für Berufsbildung
Richtlinien erlassen.

Parallelvorschrift zu § 27 b HwO: § 8 BBiG

§ 27 c (Verkürzte Gesamtausbildungszeit)

Werden in einem Betrieb zwei verwandte Handwerke ausgeübt, so kann in
beiden Handwerken in einer verkürzten Gesamtausbildungszeit gleichzeitig
ausgebildet werden. Das Bundesministerium für Wirtschaft und Technologie
bestimmt im Einvernehmen mit dem Bundesministerium für Bildung und
Forschung durch Rechtsverordnung für welche verwandte Handwerke eine
Gesamtausbildungszeit vereinbart werden kann und die Dauer der Gesamtausbildungszeit.

Dritter Abschnitt
Verzeichnis der Berufsausbildungsverhältnisse

§ 28 (Einrichten, Führen, Datenschutz)

(1) Die Handwerkskammer hat zur Regelung, Überwachung, Förderung und zum Nachweis der Berufsausbildung in anerkannten Ausbildungsberufen ein Verzeichnis der in ihrem Bezirk bestehenden Berufsausbildungsverhältnisse nach Maßgabe der Anlage D Abschnitt III zu diesem Gesetz einzurichten und zu führen (Lehrlingsrolle). Die Eintragung ist für den Lehrling (Auszubildenden) gebührenfrei.

(2) Die nach Absatz 1 gespeicherten Daten dürfen an öffentliche und nicht-öffentliche Stellen übermittelt werden, soweit dies zu den in Absatz 1 genannten Zwecken erforderlich ist. Werden Daten an nicht-öffentliche Stellen übermittelt, so ist der Betroffene hiervon zu benachrichtigen, es sei denn, dass er von der Übermittlung auf andere Weise Kenntnis erlangt.

(3) Der Empfänger darf die übermittelten Daten nur für den Zweck verarbeiten oder nutzen, zu dessen Erfüllung sie ihm übermittelt werden. Bei Übermittlungen an nichtöffentliche Stellen hat die übermittelnde Stelle den Empfänger hiervon zu unterrichten.

(4) Für das Verändern und Sperren der Daten in der Lehrlingsrolle gelten die Datenschutzgesetze der Länder.

(5) Die Eintragungen sind am Ende des Kalenderjahres, in dem das Berufsausbildungsverhältnis beendet wird, in der Lehrlingsrolle zu löschen.

(6) Die nach Absatz 5 gelöschten Daten sind in einer gesonderten Datei zu speichern, solange und soweit dies für den Nachweis der Berufsausbildung erforderlich ist, höchstens jedoch 60 Jahre. Die Übermittlung von Daten ist nur unter den Voraussetzungen des Absatzes 2 zulässig.

(7) Zur Verbesserung der Ausbildungsvermittlung, zur Verbesserung der Zuverlässigkeit und Aktualität der Ausbildungsvermittlungsstatistik sowie zur Verbesserung der Feststellung von Angebot und Nachfrage auf dem Ausbildungsmarkt darf die Handwerkskammer folgende Daten aus der Lehrlingsrolle an die Bundesagentur für Arbeit übermitteln:
1. Name, Geburtsname, Vorname, Geburtsdatum und Anschrift des Lehrlings (Auszubildenden),
2. Name und Anschrift der Ausbildungsstätte,
3. Ausbildungsberuf sowie
4. Datum des Beginns der Berufsausbildung.
Bei der Datenübermittlung sind dem jeweiligen Stand der Technik entsprechende Maßnahmen zur Sicherstellung von Datenschutz und Datensicherheit zu treffen, die insbesondere die Vertraulichkeit, Unversehrtheit und Zurechenbarkeit der Daten gewährleisten.

(8) Im Übrigen darf die Handwerkskammer Daten aus dem Berufsausbildungsvertrag, die nicht nach Absatz 1 oder Absatz 6 gespeichert sind, nur für die in Absatz 1 genannten Zwecke sowie in den Fällen des § 88 Abs. 2 des Berufsbildungsgesetzes übermitteln.

Parallelvorschrift zu § 28 Hwo: § 34 BBiG

HwO

§ 29 (Eintragen, Ändern, Löschen)

(1) Ein Berufsausbildungsvertrag und Änderungen seines wesentlichen Inhalts sind in die Lehrlingsrolle einzutragen, wenn
1. der Berufsausbildungsvertrag den gesetzlichen Vorschriften und der Ausbildungsordnung entspricht,
2. die persönliche und fachliche Eignung sowie die Eignung der Ausbildungsstätte für das Einstellen und Ausbilden vorliegen und
3. für Auszubildende unter 18 Jahren die ärztliche Bescheinigung über die Erstuntersuchung nach § 32 Abs. 1 des Jugendarbeitsschutzgesetzes zur Einsicht vorgelegt wird.
(2) Die Eintragung ist abzulehnen oder zu löschen, wenn die Eintragungsvoraussetzungen nicht vorliegen und der Mangel nicht nach § 23 Abs. 2 behoben wird. Die Eintragung ist ferner zu löschen, wenn die ärztliche Bescheinigung über die erste Nachuntersuchung nach § 33 Abs. 1 des Jugendarbeitsschutzgesetzes nicht spätestens am Tag der Anmeldung des Auszubildenden zur Zwischenprüfung oder zum ersten Teil der Gesellenprüfung zur Einsicht vorgelegt und der Mangel nicht nach § 23 Abs. 2 behoben wird.

Parallelvorschrift zu § 29 HwO: § 35 BBiG

§ 30 (Antrag und Mitteilungspflichten)

(1) Der Ausbildende hat unverzüglich nach Abschluss des Berufsausbildungsvertrags die Eintragung in die Lehrlingsrolle zu beantragen. Eine Ausfertigung der Vertragsniederschrift ist beizufügen. Entsprechendes gilt bei Änderungen des wesentlichen Vertragsinhalts.
(2) Der Ausbildende hat anzuzeigen
1. eine vorausgegangene allgemeine und berufliche Ausbildung des Lehrlings (Auszubildenden),
2. die Bestellung von Ausbildern.

Parallelvorschrift zu § 30 HwO: § 36 BBiG

**Vierter Abschnitt
Prüfungswesen**

§ 31 (Gesellenprüfung)

(1) In den anerkannten Ausbildungsberufen (Gewerbe der Anlage A oder der Anlage B) sind Gesellenprüfungen durchzuführen. Die Prüfung kann im Falle des Nichtbestehens zweimal wiederholt werden. Sofern die Gesellenprüfung in zwei zeitlich auseinander fallenden Teilen durchgeführt wird, ist der erste Teil der Gesellenprüfung nicht eigenständig wiederholbar.
(2) Dem Prüfling ist ein Zeugnis auszustellen. Dem Ausbildenden werden auf dessen Verlangen die Ergebnisse der Gesellenprüfung des Lehrlings (Auszubildenden) übermittelt. Sofern die Gesellenprüfung in zwei zeitlich auseinander fallenden Teilen durchgeführt wird, ist das Ergebnis der Prüfungsleistung im ersten Teil der Gesellenprüfung dem Prüfling schriftlich mitzuteilen.
(3) Dem Zeugnis ist auf Antrag des Lehrlings (Auszubildenden) eine englisch-

708

sprachige und eine französischsprachige Übersetzung beizufügen. Auf Antrag des Lehrlings (Auszubildenden) kann das Ergebnis berufsschulischer Leistungsfeststellungen auf dem Zeugnis ausgewiesen werden.

(4) Die Prüfung ist für den Lehrling (Auszubildenden) gebührenfrei.

Parallelvorschrift zu § 31 HwO: § 37 BBiG

§ 32 (Prüfungsgegenstand)

Durch die Gesellenprüfung ist festzustellen, ob der Prüfling die berufliche Handlungsfähigkeit im Sinne des § 1 Abs. 3 des Berufsbildungsgesetzes erworben hat. In ihr soll der Prüfling nachweisen, dass er die erforderlichen beruflichen Fertigkeiten beherrscht, die notwendigen beruflichen Kenntnisse und Fähigkeiten besitzt und mit dem im Berufsschulunterricht zu vermittelnden, für die Berufsausbildung wesentlichen Lehrstoff vertraut ist. Die Ausbildungsordnung ist zugrunde zu legen.

Parallelvorschrift zu § 32 HwO: § 38 BBiG

§ 33 (Gesellenprüfungsausschüsse)

(1) Für die Abnahme der Gesellenprüfung errichtet die Handwerkskammer Prüfungsausschüsse. Mehrere Handwerkskammern können bei einer von ihnen gemeinsame Prüfungsausschüsse errichten. Die Handwerkskammer kann Handwerksinnungen ermächtigen, Gesellenprüfungsausschüsse zu errichten, wenn die Leistungsfähigkeit der Handwerksinnung die ordnungsgemäße Durchführung der Prüfung sicherstellt.

(2) Werden von einer Handwerksinnung Gesellenprüfungsausschüsse errichtet, so sind sie für die Abnahme der Gesellenprüfung aller Lehrlinge (Auszubildenden) der in der Handwerksinnung vertretenen Handwerke ihres Bezirks zuständig, soweit nicht die Handwerkskammer etwas anderes bestimmt.

(3) Der Prüfungsausschuss kann zur Bewertung einzelner, nicht mündlich zu erbringender Prüfungsleistungen gutachterliche Stellungnahmen Dritter, insbesondere berufsbildender Schulen, einholen.

(4) Im Rahmen der Begutachtung nach Absatz 3 sind die wesentlichen Abläufe zu dokumentieren und die für die Bewertung erheblichen Tatsachen festzuhalten.

Parallelvorschrift zu § 33 HwO: § 39 BBiG

§ 34 (Zusammensetzung, Berufung)

(1) Der Prüfungsausschuss besteht aus mindestens drei Mitgliedern. Die Mitglieder müssen für die Prüfungsgebiete sachkundig und für die Mitwirkung im Prüfungswesen geeignet sein.

(2) Dem Prüfungsausschuss müssen als Mitglieder für zulassungspflichtige Handwerke Arbeitgeber oder Betriebsleiter und Arbeitnehmer in gleicher Zahl, für zulassungsfreie Handwerke oder handwerksähnliche Gewerbe Beauftragte der Arbeitgeber und Arbeitnehmer in gleicher Zahl sowie mindestens ein Lehrer einer berufsbildenden Schule angehören. Mindestens zwei Drittel der Gesamt-

zahl der Mitglieder müssen in zulassungspflichtigen Handwerken Arbeitgeber und Arbeitnehmer, in zulassungsfreien Handwerken oder handwerksähnlichen Gewerben Beauftragte der Arbeitgeber und der Arbeitnehmer sein. Die Mitglieder haben Stellvertreter. Die Mitglieder und die Stellvertreter werden längstens für fünf Jahre berufen oder gewählt.

(3) Die Arbeitgeber müssen in dem zulassungspflichtigen Handwerk, für das der Prüfungsausschuss errichtet ist, die Meisterprüfung abgelegt haben oder zum Ausbilden berechtigt sein. In dem zulassungsfreien Handwerk oder in dem handwerksähnlichen Gewerbe, für das der Prüfungsausschuss errichtet ist, müssen die Arbeitgeber oder die Beauftragten der Arbeitgeber die Gesellenprüfung oder eine entsprechende Abschlussprüfung in einem anerkannten Ausbildungsberuf nach § 4 des Berufsbildungsgesetzes bestanden haben und in diesem Handwerk oder in diesem Gewerbe tätig sein. Die Arbeitnehmer und die Beauftragten der Arbeitnehmer müssen die Gesellenprüfung in dem zulassungspflichtigen oder zulassungsfreien Handwerk oder in dem handwerksähnlichen Gewerbe, für das der Prüfungsausschuss errichtet ist, oder eine entsprechende Abschlussprüfung in einem anerkannten Ausbildungsberuf nach § 4 des Berufsbildungsgesetzes bestanden haben und in diesem Handwerk oder in diesem Gewerbe tätig sein. Arbeitnehmer, die eine entsprechende ausländische Befähigung erworben haben und handwerklich tätig sind, können in den Prüfungsausschuss berufen werden.

(4) Die Mitglieder werden von der Handwerkskammer berufen. Die Arbeitnehmer und die Beauftragten der Arbeitnehmer der von der Handwerkskammer errichteten Prüfungsausschüsse werden auf Vorschlag der Mehrheit der Gesellenvertreter in der Vollversammlung der Handwerkskammer berufen. Der Lehrer einer berufsbildenden Schule wird im Einvernehmen mit der Schulaufsichtsbehörde oder der von ihr bestimmten Stelle berufen.

(5) Für die mit Ermächtigung der Handwerkskammer von der Handwerksinnung errichteten Prüfungsausschüsse werden die Arbeitgeber und die Beauftragten der Arbeitgeber von der Innungsversammlung, die Arbeitnehmer und die Beauftragten der Arbeitnehmer von dem Gesellenausschuss gewählt. Der Lehrer einer berufsbildenden Schule wird im Einvernehmen mit der Schulaufsichtsbehörde oder der von ihr bestimmten Stelle nach Anhörung der Handwerksinnung von der Handwerkskammer berufen.

(6) Die Mitglieder der Prüfungsausschüsse können nach Anhörung der an ihrer Berufung Beteiligten aus wichtigem Grund abberufen werden. Die Absätze 4 und 5 gelten für die Stellvertreter entsprechend.

(7) Die Tätigkeit im Prüfungsausschuss ist ehrenamtlich. Für bare Auslagen und für Zeitversäumnis ist, soweit eine Entschädigung nicht von anderer Seite gewährt wird, eine angemessene Entschädigung zu zahlen, deren Höhe von der Handwerkskammer mit Genehmigung der obersten Landesbehörde festgesetzt wird.

(8) Von Absatz 2 darf nur abgewichen werden, wenn anderenfalls die erforderliche Zahl von Mitgliedern des Prüfungsausschusses nicht berufen werden kann.

Parallelvorschrift zu § 34 HwO: § 40 BBiG

§ 35 (Vorsitz, Abstimmung)

Der Prüfungsausschuss wählt aus seiner Mitte einen Vorsitzenden und dessen Stellvertreter. Der Vorsitzende und sein Stellvertreter sollen nicht derselben Mitgliedergruppe angehören. Der Prüfungsausschuss ist beschlussfähig, wenn zwei Drittel der Mitglieder, mindestens drei, mitwirken. Er beschließt mit der Mehrheit der abgegebenen Stimmen. Bei Stimmengleichheit gibt die Stimme des Vorsitzenden den Ausschlag.

Parallelvorschrift zu § 35 HwO: § 41 BBiG

§ 35a Beschlussfassung, Bewertung von Prüfungsleistungen)

(1) Beschlüsse über die Noten zur Bewertung einzelner Prüfungsleistungen, der Prüfung insgesamt sowie über das Bestehen und Nichtbestehen der Gesellenprüfung werden vom Prüfungsausschuss gefasst.

(2) Zur Vorbereitung der Beschlussfassung nach Absatz 1 kann der Vorsitzende mindestens zwei Mitglieder mit der Bewertung einzelner, nicht mündlich zu erbringender Prüfungsleistungen beauftragen. Die Beauftragten sollen nicht derselben Mitgliedergruppe angehören.

(3) Die nach Absatz 2 beauftragten Mitglieder dokumentieren die wesentlichen Abläufe und halten die für die Bewertung erheblichen Tatsachen fest.

Parallelvorschrift zu § 35a HwO: § 42 BBiG

§ 36 (Zulassung zur Gesellenprüfung)

(1) Zur Gesellenprüfung ist zuzulassen,
1. wer die Ausbildungszeit zurückgelegt hat oder wessen Ausbildungszeit nicht später als zwei Monate nach dem Prüfungstermin endet,
2. wer an vorgeschriebenen Zwischenprüfungen teilgenommen sowie vorgeschriebene schriftliche Ausbildungsnachweise geführt hat und
3. wessen Berufsausbildungsverhältnis in die Lehrlingsrolle eingetragen oder aus einem Grund nicht eingetragen ist, den weder der Lehrling (Auszubildende) noch dessen gesetzlicher Vertreter zu vertreten hat.

(2) Zur Gesellenprüfung ist ferner zuzulassen, wer in einer berufsbildenden Schule oder einer sonstigen Berufsbildungseinrichtung ausgebildet worden ist, wenn dieser Bildungsgang der Berufsausbildung in einem anerkannten Ausbildungsberuf (Gewerbe der Anlage A oder der Anlage B) entspricht. Ein Bildungsgang entspricht der Berufsausbildung in einem anerkannten Ausbildungsberuf, wenn er
1. nach Inhalt, Anforderung und zeitlichem Umfang der jeweiligen Ausbildungsordnung gleichwertig ist,
2. systematisch, insbesondere im Rahmen einer sachlichen und zeitlichen Gliederung durchgeführt wird, und
3. durch Lernortkooperation einen angemessenen Anteil an fachpraktischer Ausbildung gewährleistet.
Die Landesregierungen werden ermächtigt, im Benehmen mit dem Landesausschuss für Berufsbildung durch Rechtsverordnung zu bestimmen, welche Bildungsgänge die Voraussetzungen der Sätze 1 und 2 erfüllen. Die Ermächtigung

kann durch Rechtsverordnung auf oberste Landesbehörden weiter übertragen werden.

Parallelvorschrift zu § 36 HwO: § 43 BBiG

§ 36 a (Zulassung zur Gesellenprüfung bei zeitlich auseinander fallenden Teilen)

(1) Sofern die Gesellenprüfung in zwei zeitlich auseinander fallenden Teilen durchgeführt wird, ist über die Zulassung jeweils gesondert zu entscheiden.

(2) Zum ersten Teil der Gesellenprüfung ist zuzulassen, wer die in der Ausbildungsordnung vorgeschriebene, erforderliche Ausbildungszeit zurückgelegt hat und die Voraussetzungen des § 36 Abs. 1 Nr. 2 und 3 erfüllt.

(3) Zum zweiten Teil der Gesellenprüfung ist zuzulassen, wer über die Voraussetzungen in § 36 Abs. 1 hinaus am ersten Teil der Gesellenprüfung teilgenommen hat. Dies gilt nicht, wenn der Lehrling (Auszubildende) aus Gründen, die er nicht zu vertreten hat, am ersten Teil der Gesellenprüfung nicht teilgenommen hat. In diesem Fall ist der erste Teil der Gesellenprüfung zusammen mit dem zweiten Teil abzulegen.

Parallelvorschrift zu § 36 a HwO: § 44 BBiG

§ 37 (Zulassung in besonderen Fällen)

(1) Der Lehrling (Auszubildende) kann nach Anhörung des Ausbildenden und der Berufsschule vor Ablauf seiner Ausbildungszeit zur Gesellenprüfung zugelassen werden, wenn seine Leistungen dies rechtfertigen.

(2) Zur Gesellenprüfung ist auch zuzulassen, wer nachweist, dass er mindestens das Eineinhalbfache der Zeit, die als Ausbildungszeit vorgeschrieben ist, in dem Beruf tätig gewesen ist, in dem er die Prüfung ablegen will. Als Zeiten der Berufstätigkeit gelten auch Ausbildungszeiten in einem anderen, einschlägigen Ausbildungsberuf. Vom Nachweis der Mindestzeit nach Satz 1 kann ganz oder teilweise abgesehen werden, wenn durch Vorlage von Zeugnissen oder auf andere Weise glaubhaft gemacht wird, dass der Bewerber die berufliche Handlungsfähigkeit erworben hat, die die Zulassung zur Prüfung rechtfertigt. Ausländische Bildungsabschlüsse und Zeiten der Berufstätigkeit im Ausland sind dabei zu berücksichtigen.

(3) Soldaten auf Zeit und ehemalige Soldaten sind nach Absatz 2 Satz 3 zur Gesellenprüfung zuzulassen, wenn das Bundesministerium der Verteidigung oder die von ihm bestimmte Stelle bescheinigt, dass der Bewerber berufliche Fertigkeiten, Kenntnisse und Fähigkeiten erworben hat, welche die Zulassung zur Prüfung rechtfertigen.

Parallelvorschrift zu § 37 HwO: § 45 BBiG

§ 37 a (Entscheidung über die Zulassung)

(1) Über die Zulassung zur Gesellenprüfung entscheidet der Vorsitzende des Prüfungsausschusses. Hält er die Zulassungsvoraussetzungen nicht für gegeben, so entscheidet der Prüfungsausschuss.

(2) Auszubildenden, die Elternzeit in Anspruch genommen haben, darf bei der Entscheidung über die Zulassung hieraus kein Nachteil erwachsen.

Parallelvorschrift zu § 37 a HwO: § 46 BBiG

§ 38 (Prüfungsordnung)

(1) Die Handwerkskammer hat eine Prüfungsordnung für die Gesellenprüfung zu erlassen. Die Prüfungsordnung bedarf der Genehmigung der zuständigen obersten Landesbehörde.
(2) Die Prüfungsordnung muss die Zulassung, die Gliederung der Prüfung, die Bewertungsmaßstäbe, die Erteilung der Prüfungszeugnisse, die Folgen von Verstößen gegen die Prüfungsordnung und die Wiederholungsprüfung regeln. Sie kann vorsehen, dass Prüfungsaufgaben, die überregional oder von einem Aufgabenerstellungsausschuss bei der Handwerkskammer erstellt oder ausgewählt werden, zu übernehmen sind, sofern diese Aufgaben von Gremien erstellt oder ausgewählt werden, die entsprechend § 34 Abs. 2 zusammengesetzt sind.
(3) Der Hauptausschuss des Bundesinstituts für Berufsbildung erlässt für die Prüfungsordnung Richtlinien.

Parallelvorschrift zu § 38 HwO: § 47 BBiG

§ 39 (Zwischenprüfung)

(1) Während der Berufsausbildung ist zur Ermittlung des Ausbildungsstands eine Zwischenprüfung entsprechend der Ausbildungsordnung durchzuführen. Die §§ 31 bis 33 gelten entsprechend.
(2) Sofern die Ausbildungsordnung vorsieht, dass die Gesellenprüfung in zwei zeitlich auseinander fallenden Teilen durchgeführt wird, findet Absatz 1 keine Anwendung.

Parallelvorschrift zu § 39 HwO: § 48 BBiG

§ 39 a (Zusatzqualifikationen)

(1) Zusätzliche berufliche Fertigkeiten, Kenntnisse und Fähigkeiten nach § 26 Abs. 2 Nr. 5 werden gesondert geprüft und bescheinigt. Das Ergebnis der Prüfung nach § 31 bleibt unberührt.
(2) § 31 Abs. 3 und 4 sowie die §§ 33 bis 35 a und 38 gelten entsprechend.

Parallelvorschrift zu § 39 a HwO: § 49 BBiG

§ 40 (Gleichstellung von Prüfungszeugnissen)

(1) Das Bundesministerium für Wirtschaft und Technologie kann im Einvernehmen mit dem Bundesministerium für Bildung und Forschung nach Anhörung des Hauptausschusses des Bundesinstituts für Berufsbildung durch Rechtsverordnung außerhalb des Anwendungsbereichs dieses Gesetzes erworbene Prüfungszeugnisse den entsprechenden Zeugnissen über das Bestehen der

Gesellenprüfung gleichstellen, wenn die Berufsausbildung und die in der Prüfung nachzuweisenden beruflichen Fertigkeiten, Kenntnisse und Fähigkeiten gleichwertig sind.

(2) Das Bundesministerium für Wirtschaft und Technologie kann im Einvernehmen mit dem Bundesministerium für Bildung und Forschung nach Anhörung des Hauptausschusses des Bundesinstituts für Berufsbildung durch Rechtsverordnung im Ausland erworbene Prüfungszeugnisse den entsprechenden Zeugnissen über das Bestehen der Gesellenprüfung gleichstellen, wenn die in der Prüfung nachzuweisenden beruflichen Fertigkeiten, Kenntnisse und Fähigkeiten gleichwertig sind.

Parallelvorschrift zu § 40 HwO: § 50 BBiG

Fünfter Abschnitt
Regelung und Überwachung der Berufsausbildung

§ 41 (Regelungsbefugnis)

Soweit Vorschriften nicht bestehen, regelt die Handwerkskammer die Durchführung der Berufsausbildung im Rahmen der gesetzlichen Vorschriften.

Parallelvorschrift zu § 41 HwO: § 9 BBiG

§ 41 a (Überwachung der Berufsbildung)

(1) Die Handwerkskammer überwacht die Durchführung
1. der Berufsausbildungsvorbereitung,
2. der Berufsausbildung und
3. der beruflichen Umschulung
und fördert diese durch Beratung der an der Berufsbildung beteiligten Personen. Sie hat zu diesem Zweck Berater zu bestellen. § 111 ist anzuwenden.
(2) Ausbildende, Umschulende und Anbieter von Maßnahmen der Berufsausbildungsvorbereitung sind auf Verlangen verpflichtet, die für die Überwachung notwendigen Auskünfte zu erteilen und Unterlagen vorzulegen sowie die Besichtigung der Ausbildungsstätten zu gestatten.
(3) Die Durchführung von Auslandsaufenthalten nach § 2 Abs. 3 des Berufsbildungsgesetzes überwacht und fördert die Handwerkskammer in geeigneter Weise. Beträgt die Dauer eines Ausbildungsabschnitts im Ausland mehr als vier Wochen, ist hierfür ein mit der Handwerkskammer abgestimmter Plan erforderlich.
(4) Die Handwerkskammer teilt der Aufsichtsbehörde nach dem Jugendarbeitsschutzgesetz Wahrnehmungen mit, die für die Durchführung des Jugendarbeitsschutzgesetzes von Bedeutung sein können.

Parallelvorschrift zu § 41 a, § 111 HwO: § 76 BBiG

Sechster Abschnitt
Berufliche Fortbildung, berufliche Umschulung

§ 42 (Fortbildungsordnung)

(1) Als Grundlage für eine einheitliche berufliche Fortbildung kann das Bundesministerium für Bildung und Forschung im Einvernehmen mit dem Bundesministerium für Wirtschaft und Technologie nach Anhören des Hauptausschusses des Bundesinstituts für Berufsbildung durch Rechtsverordnung, die nicht der Zustimmung des Bundesrates bedarf, Fortbildungsabschlüsse anerkennen und hierfür Prüfungsregelungen erlassen (Fortbildungsordnung).
(2) Die Fortbildungsordnung hat festzulegen
1. die Bezeichnung des Fortbildungsabschlusses,
2. das Ziel, den Inhalt und die Anforderungen der Prüfung,
3. die Zulassungsvoraussetzungen sowie
4. das Prüfungsverfahren.

Parallelvorschrift zu § 42 HwO: § 53 BBiG

§ 42 a (Fortbildungsprüfungsregelungen der Handwerkskammer)

Soweit Rechtsverordnungen nach § 42 nicht erlassen sind, kann die Handwerkskammer Fortbildungsprüfungsregelungen erlassen. Die Vorschriften über die Meisterprüfung bleiben unberührt. Die Handwerkskammer regelt die Bezeichnung des Fortbildungsabschlusses, Ziel, Inhalt und Anforderungen der Prüfungen, ihre Zulassungsvoraussetzungen sowie das Prüfungsverfahren.

Parallelvorschrift zu § 42 a HwO: § 54 BBiG

§ 42 b (Berücksichtigung ausländischer Vorqualifikationen)

Sofern die Fortbildungsordnung (§ 42) oder eine Regelung der Handwerkskammer (§ 42 a) Zulassungsvoraussetzungen vorsieht, sind ausländische Bildungsabschlüsse und Zeiten der Berufstätigkeit im Ausland zu berücksichtigen.

Parallelvorschrift zu § 42 b HwO: § 55 BBiG

§ 42 c (Fortbildungsprüfungen)

(1) Für die Durchführung von Prüfungen im Bereich der beruflichen Fortbildung errichtet die Handwerkskammer Prüfungsausschüsse. § 31 Abs. 2 und 3 sowie die §§ 34 bis 35 a, 37 a und 38 gelten entsprechend.
(2) Der Prüfling ist auf Antrag von der Ablegung einzelner Prüfungsbestandteile durch die Handwerkskammer zu befreien, wenn er eine andere vergleichbare Prüfung vor einer öffentlichen oder staatlich anerkannten Bildungseinrichtung oder vor einem staatlichen Prüfungsausschuss erfolgreich abgelegt hat und die Anmeldung zur Fortbildungsprüfung innerhalb von fünf Jahren nach der Bekanntgabe des Bestehens der anderen Prüfung erfolgt.

Parallelvorschrift zu § 42 c HwO: § 56 BBiG

§ 42 d (Gleichstellung von Prüfungszeugnissen)

Das Bundesministerium für Wirtschaft und Technologie kann im Einvernehmen mit dem Bundesministerium für Bildung und Forschung nach Anhörung des Hauptausschusses des Bundesinstituts für Berufsbildung durch Rechtsverordnung außerhalb des Anwendungsbereichs dieses Gesetzes oder im Ausland erworbene Prüfungszeugnisse den entsprechenden Zeugnissen über das Bestehen einer Fortbildungsprüfung auf der Grundlage der §§ 42 und 42a gleichstellen, wenn die in der Prüfung nachzuweisenden beruflichen Fertigkeiten, Kenntnisse und Fähigkeiten gleichwertig sind.

Parallelvorschrift zu § 42 d HwO: § 57 BBiG

§ 42 e (Umschuldungsordnung)

Als Grundlage für eine geordnete und einheitliche berufliche Umschulung kann das Bundesministerium für Bildung und Forschung im Einvernehmen mit dem Bundesministerium für Wirtschaft und Technologie nach Anhörung des Hauptausschusses des Bundesinstituts für Berufsbildung durch Rechtsverordnung, die nicht der Zustimmung des Bundesrates bedarf,
1. die Bezeichnung des Umschulungsabschlusses,
2. das Ziel, den Inhalt, die Art und Dauer der Umschulung,
3. die Anforderungen der Umschulungsprüfung und ihre Zulassungsvoraussetzungen sowie
4. das Prüfungsverfahren der Umschulung
unter Berücksichtigung der besonderen Erfordernisse der beruflichen Erwachsenenbildung bestimmen (Umschulungsordnung).

Parallelvorschrift zu § 42 e HwO: § 58 BBiG

§ 42 f (Umschulungsprüfungsregelungen der Handwerkskammer)

Soweit Rechtsverordnungen nach § 42e nicht erlassen sind, kann die Handwerkskammer Umschulungsprüfungsregelungen erlassen. Die Handwerkskammer regelt die Bezeichnung des Umschulungsabschlusses, Ziel, Inhalt und Anforderungen der Prüfungen, ihre Zulassungsvoraussetzungen sowie das Prüfungsverfahren unter Berücksichtigung der besonderen Erfordernisse beruflicher Erwachsenenbildung.

Parallelvorschrift zu § 42 f HwO: § 59 BBiG

§ 42 g (Umschulung für einen anerkannten Ausbildungsberuf)

Sofern sich die Umschulungsordnung (§ 42e) oder eine Regelung der Handwerkskammer (§ 42f) auf die Umschulung für einen anerkannten Ausbildungsberuf (Gewerbe der Anlage A oder der Anlage B) richtet, sind das Ausbildungsberufsbild (§ 26 Abs. 1 Nr. 3), der Ausbildungsrahmenplan (§ 26 Abs. 1 Nr. 4) und die Prüfungsanforderungen (§ 26 Abs. 1 Nr. 5) zugrunde zu legen. Die §§ 21 bis 24 gelten entsprechend.

Parallelvorschrift zu § 42 g HwO: § 60 BBiG

§ 42 h (Berücksichtigung ausländischer Vorqualifikationen)

Sofern die Umschulungsordnung (§ 42 e) oder eine Regelung der Handwerkskammer (§ 42 f) Zulassungsvoraussetzungen vorsieht, sind ausländische Bildungsabschlüsse und Zeiten der Berufstätigkeit im Ausland zu berücksichtigen.

Parallelvorschrift zu § 42 h HwO: § 61 BBiG

§ 42 i (Umschulungsmaßnahmen, Umschulungsprüfungen)

(1) Maßnahmen der beruflichen Umschulung müssen nach Inhalt, Art, Ziel und Dauer den besonderen Erfordernissen der beruflichen Erwachsenenbildung entsprechen.

(2) Der Umschulende hat die Durchführung der beruflichen Umschulung unverzüglich vor Beginn der Maßnahme der Handwerkskammer schriftlich anzuzeigen. Die Anzeigepflicht erstreckt sich auf den wesentlichen Inhalt des Umschulungsverhältnisses. Bei Abschluss eines Umschulungsvertrages ist eine Ausfertigung der Vertragsniederschrift beizufügen.

(3) Für die Durchführung von Prüfungen im Bereich der beruflichen Umschulung errichtet die Handwerkskammer Prüfungsausschüsse. § 31 Abs. 2 2 und 3 sowie die §§ 34 bis 35 a, 37 a und 38 gelten entsprechend.

(4) Der Prüfling ist auf Antrag von der Ablegung einzelner Prüfungsbestandteile durch die Handwerkskammer zu befreien, wenn er eine andere vergleichbare Prüfung vor einer öffentlichen oder staatlich anerkannten Bildungseinrichtung oder vor einem staatlichen Prüfungsausschuss erfolgreich abgelegt hat und die Anmeldung zur Umschulungsprüfung innerhalb von fünf Jahren nach der Bekanntgabe des Bestehens der anderen Prüfung erfolgt.

Parallelvorschrift zu § 42 i HwO: § 62 BBiG

§ 42 j (Gleichstellung von Prüfungszeugnissen)

Das Bundesministerium für Wirtschaft und Technologie kann im Einvernehmen mit dem Bundesministerium für Bildung und Forschung nach Anhörung des Hauptausschusses des Bundesinstituts für Berufsbildung durch Rechtsverordnung außerhalb des Anwendungsbereichs dieses Gesetzes oder im Ausland erworbene Prüfungszeugnisse den entsprechenden Zeugnissen über das Bestehen einer Umschulungsprüfung auf der Grundlage der §§ 42 e und 42 f gleichstellen, wenn die in der Prüfung nachzuweisenden beruflichen Fertigkeiten, Kenntnisse und Fähigkeiten gleichwertig sind.

Parallelvorschrift zu § 42 j HwO: § 63 BBiG

Siebenter Abschnitt
Berufliche Bildung behinderter Menschen,
Berufsausbildungsvorbereitung

§ 42 k (Berufsausbildung behinderter Menschen)

Behinderte Menschen (§ 2 Abs. 1 Satz 1 des Neunten Buches Sozialgesetzbuch) sollen in anerkannten Ausbildungsberufen ausgebildet werden.

Parallelvorschrift zu § 42 k HwO: § 64 BBiG

§ 42 l (Berufsausbildung in anerkannten Ausbildungsberufen)

(1) Regelungen nach den §§ 38 und 41 sollen die besonderen Verhältnisse behinderter Menschen berücksichtigen. Dies gilt insbesondere für die zeitliche und sachliche Gliederung der Ausbildung, die Dauer von Prüfungszeiten, die Zulassung von Hilfsmitteln und die Inanspruchnahme von Hilfeleistungen Dritter, wie Gebärdendolmetscher für hörbehinderte Menschen.

(2) Der Berufsausbildungsvertrag mit einem behinderten Menschen ist in die Lehrlingsrolle (§ 28) einzutragen. Der behinderte Mensch ist zur Gesellenprüfung auch zuzulassen, wenn die Voraussetzungen des § 36 Abs. 1 Nr. 2 und 3 nicht vorliegen.

Parallelvorschrift zu § 42 l HwO: § 65 BBiG

§ 42 m (Ausbildungsregelungen der Handwerkskammer)

(1) Für behinderte Menschen, für die wegen Art und Schwere ihrer Behinderung eine Ausbildung in einem anerkannten Ausbildungsberuf nicht in Betracht kommt, trifft die Handwerkskammer auf Antrag der behinderten Menschen oder ihrer gesetzlichen Vertreter Ausbildungsregelungen entsprechend den Empfehlungen des Hauptausschusses des Bundesinstituts für Berufsbildung. Die Ausbildungsinhalte sollen unter Berücksichtigung von Lage und Entwicklung des allgemeinen Arbeitsmarktes aus den Inhalten anerkannter Ausbildungsberufe entwickelt werden. Im Antrag nach Satz 1 ist eine Ausbildungsmöglichkeit in dem angestrebten Ausbildungsgang nachzuweisen.

(2) § 42 l Abs. 2 Satz 1 gilt entsprechend.

Parallelvorschrift zu § 42 m HwO: § 66 BBiG

§ 42 n (Berufliche Fortbildung und Umschulung)

Für die berufliche Fortbildung und die berufliche Umschulung behinderter Menschen gelten die §§ 42 k bis 42 m entsprechend, soweit Art und Schwere der Behinderung dies erfordern.

Parallelvorschrift zu § 42 n HwO: § 67 BBiG

§ 42 o (Berufsausbildungsvorbereitung)

(1) Die Berufsausbildungsvorbereitung richtet sich an lernbeeinträchtigte oder sozial benachteiligte Personen, deren Entwicklungsstand eine erfolgreiche Ausbildung in einem anerkannten Ausbildungsberuf (Gewerbe der Anlage A oder der Anlage B) noch nicht erwarten lässt. Sie muss nach Inhalt, Art, Ziel und Dauer den besonderen Erfordernissen des in Satz 1 genannten Personenkreises entsprechen und durch umfassende sozialpädagogische Betreuung und Unterstützung begleitet werden.

(2) Für die Berufsausbildungsvorbereitung, die nicht im Rahmen des Dritten Buches Sozialgesetzbuch oder anderer vergleichbarer, öffentlich geförderter Maßnahmen durchgeführt wird, gelten die §§ 21 bis 24 entsprechend.

Parallelvorschrift zu § 42 o HwO: § 68 BBiG

§ 42 p (Qualifizierungsbausteine, Bescheinigung)

(1) Die Vermittlung von Grundlagen für den Erwerb beruflicher Handlungsfähigkeit (§ 1 Abs. 2 des Berufsbildungsgesetzes) kann insbesondere durch inhaltlich und zeitlich abgegrenzte Lerneinheiten erfolgen, die aus den Inhalten anerkannter Ausbildungsberufe (Gewerbe der Anlage A oder der Anlage B) entwickelt werden (Qualifizierungsbausteine).

(2) Über vermittelte Grundlagen für den Erwerb beruflicher Handlungsfähigkeit stellt der Anbieter der Berufsausbildungsvorbereitung eine Bescheinigung aus. Das Nähere regelt das Bundesministerium für Bildung und Forschung im Einvernehmen mit dem Bundesministerium für Wirtschaft und Technologie nach Anhörung des Hauptausschusses des Bundesinstituts für Berufsbildung durch Rechtsverordnung, die nicht der Zustimmung des Bundesrates bedarf.

Parallelvorschrift zu § 42 p HwO: § 69 BBiG

§ 42 q (Überwachung, Beratung)

(1) Die nach Landesrecht zuständige Behörde hat die Berufsausbildungsvorbereitung zu untersagen, wenn die Voraussetzungen des § 42 o Abs. 1 nicht vorliegen.

(2) Der Anbieter hat die Durchführung von Maßnahmen der Berufsausbildungsvorbereitung vor Beginn der Maßnahme der Handwerkskammer schriftlich anzuzeigen. Die Anzeigepflicht erstreckt sich auf den wesentlichen Inhalt des Qualifizierungsvertrages sowie die nach § 88 Abs. 1 Nr. 5 des Berufsbildungsgesetzes erforderlichen Angaben.

(3) Die Absätze 1 und 2 sowie § 41 a finden keine Anwendung, soweit die Berufsausbildungsvorbereitung im Rahmen des Dritten Buches Sozialgesetzbuch oder anderer vergleichbarer, öffentlich geförderter Maßnahmen durchgeführt wird. Dies gilt nicht, sofern der Anbieter der Berufsausbildungsvorbereitung nach § 243 Abs. 1 des Dritten Buches Sozialgesetzbuch gefördert wird.

Parallelvorschrift zu § 42 q HwO: § 70 BBiG

Achter Abschnitt
Berufsbildungsausschuss

§ 43 (Errichtung)

(1) Die Handwerkskammer errichtet einen Berufsausbildungsausschuss. Ihm gehören sechs Arbeitgeber, sechs Arbeitnehmer und sechs Lehrer an berufsbildenden Schulen an, die Lehrer mit beratender Stimme.

(2) Die Vertreter der Arbeitgeber werden von der Gruppe der Arbeitgeber, die Vertreter der Arbeitnehmer von der Gruppe der Vertreter der Gesellen und der anderen Arbeitnehmer mit einer abgeschlossenen Berufsausbildung in der Vollversammlung gewählt. Die Lehrer an berufsbildenden Schulen werden von der nach Landesrecht zuständigen Behörde als Mitglieder berufen. Die Amtszeit der Mitglieder beträgt längstens fünf Jahre.

(3) § 34 Abs. 7 gilt entsprechend.

(4) Die Mitglieder können nach Anhören der an ihrer Berufung Beteiligten aus wichtigem Grund abberufen werden.

(5) Die Mitglieder haben Stellvertreter, die bei Verhinderung der Mitglieder an deren Stelle treten. Die Absätze 1 bis 4 gelten für die Stellvertreter entsprechend.

(6) Der Berufsbildungsausschuss wählt aus seiner Mitte einen Vorsitzenden und dessen Stellvertreter. Der Vorsitzende und sein Stellvertreter sollen nicht derselben Mitgliedergruppe angehören.

Parallelvorschrift zu § 43 HwO: § 77 BBiG

§ 44 (Aufgaben)

(1) Der Berufsbildungsausschuss ist in allen wichtigen Angelegenheiten der beruflichen Bildung zu unterrichten und zu hören. Er hat im Rahmen seiner Aufgaben auf eine stetige Entwicklung der Qualität der beruflichen Bildung hinzuwirken.

(2) Wichtige Angelegenheiten, in denen der Berufsbildungsausschuss anzuhören ist, sind insbesondere:

1. Erlass von Verwaltungsgrundsätzen über die Eignung von Ausbildungs- und Umschulungsstätten, für das Führen von schriftlichen Ausbildungsnachweisen, für die Verkürzung der Ausbildungsdauer, für die vorzeitige Zulassung zur Gesellenprüfung, für die Durchführung der Prüfungen, zur Durchführung von über- und außerbetrieblicher Ausbildung sowie Verwaltungsrichtlinien zur beruflichen Bildung,

2. Umsetzung der vom Landesausschuss für Berufsbildung (§ 82 des Berufsbildungsgesetzes) empfohlenen Maßnahmen,

3. wesentliche inhaltliche Änderungen des Ausbildungsvertragsmusters.

(3) Wichtige Angelegenheiten, in denen der Berufsbildungsausschuss zu unterrichten ist,
sind insbesondere:

1. Zahl und Art der der Handwerkskammer angezeigten Maßnahmen der Berufsausbildungsvorbereitung und beruflichen Umschulung sowie der eingetragenen Berufsausbildungsverhältnisse,

2. Zahl und Ergebnisse von durchgeführten Prüfungen sowie hierbei gewonnene Erfahrungen,

3. Tätigkeit der Berater und Beraterinnen nach § 41 a Abs. 1 Satz 2,
4. für den räumlichen und fachlichen Zuständigkeitsbereich der Handwerkskammer neue Formen, Inhalte und Methoden der Berufsbildung,
5. Stellungnahmen oder Vorschläge der Handwerkskammer gegenüber anderen Stellen und Behörden, soweit sie sich auf die Durchführung dieses Gesetzes oder der auf Grund dieses Gesetzes erlassenen Rechtsvorschriften im Bereich der beruflichen Bildung beziehen,
6. Bau eigener überbetrieblicher Berufsbildungsstätten,
7. Beschlüsse nach Absatz 5 sowie beschlossene Haushaltsansätze zur Durchführung der Berufsbildung mit Ausnahme der Personalkosten,
8. Verfahren zur Beilegung von Streitigkeiten aus Ausbildungsverhältnissen,
9. Arbeitsmarktfragen, soweit sie die Berufsbildung im Zuständigkeitsbereich der

Handwerkskammer berühren.

(4) Vor einer Beschlussfassung in der Vollversammlung über Vorschriften zur Durchführung der Berufsbildung, insbesondere nach den §§ 41, 42, 42 a und 42 e bis 42 g, ist die Stellungnahme des Berufsbildungsausschusses einzuholen. Der Berufsbildungsausschuss kann der Vollversammlung auch von sich aus Vorschläge für Vorschriften zur Durchführung der Berufsbildung vorlegen. Die Stellungnahmen und Vorschläge des Berufsbildungsausschusses sind zu begründen.

(5) Die Vorschläge und Stellungnahmen des Berufsbildungsausschusses gelten vorbehaltlich der Vorschrift des Satzes 2 als von der Vollversammlung angenommen, wenn sie nicht mit einer Mehrheit von drei Vierteln der Mitglieder der Vollversammlung in ihrer nächsten Sitzung geändert oder abgelehnt werden. Beschlüsse, zu deren Durchführung die für Berufsbildung im laufenden Haushalt vorgesehenen Mittel nicht ausreichen oder zu deren Durchführung in folgenden Haushaltsjahren Mittel bereitgestellt werden müssen, die die Ausgaben für Berufsbildung des laufenden Haushalts nicht unwesentlich übersteigen, bedürfen der Zustimmung der Vollversammlung.

(6) Abweichend von § 43 Abs. 1 haben die Lehrkräfte Stimmrecht bei Beschlüssen zu Angelegenheiten der Berufsausbildungsvorbereitung und Berufsausbildung, soweit sich die Beschlusse unmittelbar auf die Organisation der schulischen Berufsbildung (§ 2 Abs. 1 Nr. 2 des Berufsbildungsgesetzes) auswirken.

Parallelvorschrift zu § 44 HwO: § 79 BBiG

§ 44 a (Beschlussfähigkeit, Abstimmung)

(1) Der Berufsbildungsausschuss ist beschlussfähig, wenn mehr als die Hälfte seiner stimmberechtigten Mitglieder anwesend ist. Er beschließt mit der Mehrheit der abgegebenen Stimmen.

(2) Zur Wirksamkeit eines Beschlusses ist es erforderlich, dass der Gegenstand bei der Einberufung des Ausschusses bezeichnet ist, es sei denn, dass er mit Zustimmung von zwei Dritteln der stimmberechtigten Mitglieder nachträglich auf die Tagesordnung gesetzt wird.

Parallelvorschrift zu § 44 a HwO: § 78 BBiG

§ 44 b (Geschäftsordnung)

Der Berufsbildungsausschuss gibt sich eine Geschäftsordnung. Sie kann die Bildung von Unterausschüssen vorsehen und bestimmen, dass ihnen nicht nur Mitglieder des Ausschusses angehören. Für die Unterausschüsse gelten § 43 Abs. 2 bis 6 und § 44 a entsprechend.

Parallelvorschrift zu § 44 b HwO: § 80 BBiG

Dritter Teil
Meisterprüfung, Meistertitel

Erster Abschnitt
Meisterprüfung in einem zulassungspflichtigen Handwerk

§ 45 (Meisterprüfungsbild, Anforderungen in der Meisterprüfung)

(1) Als Grundlage für ein geordnetes und einheitliches Meisterprüfungswesen für zulassungspflichtige Handwerke kann das Bundesministerium für Wirtschaft und Technologie im Einvernehmen mit dem Bundesministerium für Bildung und Forschung durch Rechtsverordnung, die nicht der Zustimmung des Bundesrates bedarf, bestimmen,

1. welche Fertigkeiten und Kenntnisse in den einzelnen zulassungspflichtigen Handwerken zum Zwecke der Meisterprüfung zu berücksichtigen (Meisterprüfungsberufsbild A) und
2. welche Anforderungen in der Meisterprüfung zu stellen sind.

(2) Durch die Meisterprüfung ist festzustellen, ob der Prüfling befähigt ist, ein zulassungspflichtiges Handwerk meisterhaft auszuüben und selbständig zu führen sowie Lehrlinge ordnungsgemäß auszubilden.

(3) Der Prüfling hat in vier selbständigen Prüfungsteilen nachzuweisen, dass er wesentliche Tätigkeiten seines Handwerks meisterhaft verrichten kann (Teil I), die erforderlichen fachtheoretischen Kenntnisse (Teil II), die erforderlichen betriebswirtschaftlichen, kaufmännischen und rechtlichen Kenntnisse (Teil III) sowie die erforderlichen berufs- und arbeitspädagogischen Kenntnisse (Teil IV) besitzt.

(4) Bei der Prüfung in Teil I können in der Rechtsverordnung Schwerpunkte gebildet werden. In dem schwerpunktspezifischen Bereich hat der Prüfling nachzuweisen, dass er wesentliche Tätigkeiten in dem von ihm gewählten Schwerpunkt meisterhaft verrichten kann. Für den schwerpunktübergreifenden Bereich sind die Grundfertigkeiten und Grundkenntnisse nachzuweisen, die die fachgerechte Ausübung auch dieser Tätigkeiten ermöglichen.

§ 46 (Befreiung von der Ablegung einzelner Teile der Meisterprüfung)

(1) Der Prüfling ist von der Ablegung einzelner Teile der Meisterprüfung befreit, wenn er eine dem jeweiligen Teil der Meisterprüfung vergleichbare Prüfung auf Grund einer nach § 42 oder § 51 a Abs. 1 in Verbindung mit Abs. 2 dieses Gesetzes oder § 53 des Berufsbildungsgesetzes erlassenen Rechtsverordnung oder eine andere vergleichbare Prüfung vor einer öffentlichen oder staatlich anerkannten Bildungseinrichtung oder vor einem staatlichen Prüfungsaus-

schuss erfolgreich abgelegt hat. Er ist von der Ablegung der Teile III und IV befreit, wenn er die Meisterprüfung in einem anderen zulassungspflichtigen oder zulassungsfreien Handwerk oder in einem handwerksähnlichen Gewerbe bestanden hat.

(2) Prüflinge, die andere deutsche staatliche oder staatlich anerkannte Prüfungen mit Erfolg abgelegt haben, sind auf Antrag durch den Meisterprüfungsausschuss von einzelnen Teilen der Meisterprüfung zu befreien, wenn bei diesen Prüfungen mindestens die gleichen Anforderungen gestellt werden wie in der Meisterprüfung. Der Abschlussprüfung an einer deutschen Hochschule gleichgestellt sind Diplome nach § 7 Abs. 2 Satz 4.

(3) Der Prüfling ist auf Antrag von der Ablegung der Prüfung in gleichartigen Prüfungsbereichen, Prüfungsfächern oder Handlungsfeldern durch den Meisterprüfungsausschuss zu befreien, wenn er die Meisterprüfung in einem anderen zulassungspflichtigen oder zulassungsfreien Handwerk oder handwerksähnlichen Gewerbe bestanden hat oder eine andere vergleichbare Prüfung vor einer öffentlichen oder staatlich anerkannten Bildungseinrichtung oder vor einem staatlichen Prüfungsausschuss erfolgreich abgelegt hat.

(4) Der Meisterprüfungsausschuss entscheidet auf Antrag des Prüflings auch über Befreiungen auf Grund ausländischer Bildungsabschlüsse.

§ 47 (Meisterprüfungsausschüsse)

(1) Die Meisterprüfung wird durch Meisterprüfungsausschüsse abgenommen. Für die Handwerke werden Meisterprüfungsausschüsse als staatliche Prüfungsbehörden am Sitz der Handwerkskammer für ihren Bezirk errichtet. Die oberste Landesbehörde kann in besonderen Fällen die Errichtung eines Meisterprüfungsausschusses für mehrere Handwerkskammerbezirke anordnen und hiermit die für den Sitz des Meisterprüfungsausschusses zuständige höhere Verwaltungsbehörde beauftragen.

Soll der Meisterprüfungsausschuss für Handwerkskammerbezirke mehrerer Länder zuständig sein, so bedarf es hierfür des Einvernehmens der beteiligten obersten Landesbehörden. Die Landesregierungen werden ermächtigt, durch Rechtsverordnung zu bestimmen, dass abweichend von Satz 3 an Stelle der obersten Landesbehörde die höhere Verwaltungsbehörde zuständig ist. Sie können diese Ermächtigung auf oberste Landesbehörden übertragen.

(2) Die höhere Verwaltungsbehörde errichtet die Meisterprüfungsausschüsse nach Anhörung der Handwerkskammer und ernennt auf Grund ihrer Vorschläge die Mitglieder und die Stellvertreter für längstens fünf Jahre. Die Geschäftsführung der Meisterprüfungsausschüsse liegt bei der Handwerkskammer.

§ 48 (Zusammensetzung des Meisterprüfungsausschusses)

(1) Der Meisterprüfungsausschuss besteht aus fünf Mitgliedern; für die Mitglieder sind Stellvertreter zu berufen. Die Mitglieder und die Stellvertreter sollen das vierundzwanzigste Lebensjahr vollendet haben.

(2) Der Vorsitzende braucht nicht in einem zulassungspflichtigen Handwerk tätig zu sein; er soll dem zulassungspflichtigen Handwerk, für welches der Meisterprüfungsausschuss errichtet ist, nicht angehören.

(3) Zwei Beisitzer müssen das Handwerk, für das der Meisterprüfungsausschuss errichtet ist, mindestens seit einem Jahr selbständig als stehendes Ge-

werbe betreiben und in diesem Handwerk die Meisterprüfung abgelegt haben oder das Recht zum Ausbilden von Lehrlingen besitzen oder in dem zulassungspflichtigen Handwerk als Betriebsleiter, die in ihrer Person die Voraussetzungen zur Eintragung in die Handwerksrolle erfüllen, tätig sein.

(4) Ein Beisitzer soll ein Geselle sein, der in dem zulassungspflichtigen Handwerk, für das der Meisterprüfungsausschuss errichtet ist, die Meisterprüfung abgelegt hat oder das Recht zum Ausbilden von Lehrlingen besitzt und in dem betreffenden zulassungspflichtigen Handwerk tätig ist.

(5) Für die Abnahme der Prüfung in der wirtschaftlichen Betriebsführung sowie in den kaufmännischen, rechtlichen und berufserzieherischen Kenntnissen soll ein Beisitzer bestellt werden, der in diesen Prüfungsgebieten besonders sachkundig ist und dem Handwerk nicht anzugehören braucht.

(6) § 34 Abs. 6 Satz 1 und Abs. 7 gelten entsprechend.

§ 49 (Zulassung zur Meisterprüfung)

(1) Zur Meisterprüfung ist zuzulassen, wer eine Gesellenprüfung in dem zulassungspflichtigen Handwerk, in dem er die Meisterprüfung ablegen will, oder in einem damit verwandten zulassungspflichtigen Handwerk oder eine entsprechende Abschlussprüfung in einem anerkannten Ausbildungsberuf oder eine Prüfung auf Grund einer nach § 45 oder § 51a Abs. 1 in Verbindung mit Abs. 2 erlassenen Rechtsverordnung bestanden hat.

(2) Zur Meisterprüfung ist auch zuzulassen, wer eine andere Gesellenprüfung oder eine andere Abschlussprüfung in einem anerkannten Ausbildungsberuf bestanden hat und in dem zulassungspflichtigen Handwerk, in dem er die Meisterprüfung ablegen will, eine mehrjährige Berufstätigkeit ausgeübt hat. Für die Zeit der Berufstätigkeit dürfen nicht mehr als drei Jahre gefordert werden. Ferner ist der erfolgreiche Abschluss einer Fachschule bei einjährigen Fachschulen mit einem Jahr, bei mehrjährigen Fachschulen mit zwei Jahren auf die Berufstätigkeit anzurechnen.

(3) Ist der Prüfling in dem zulassungspflichtigen Handwerk, in dem er die Meisterprüfung ablegen will, selbständig, als Werkmeister oder in ähnlicher Stellung tätig gewesen, oder weist er eine der Gesellentätigkeit gleichwertige praktische Tätigkeit nach, so ist die Zeit dieser Tätigkeit anzurechnen.

(4) Die Handwerkskammer kann auf Antrag
1. eine auf drei Jahre festgesetzte Dauer der Berufstätigkeit unter besonderer Berücksichtigung der in der Gesellen- oder Abschlussprüfung und während der Zeit der Berufstätigkeit nachgewiesenen beruflichen Befähigung abkürzen,
2. in Ausnahmefällen von den Voraussetzungen der Absätze 1 bis 4 ganz oder teilweise befreien,
3. unter Berücksichtigung ausländischer Bildungsabschlüsse und Zeiten der Berufstätigkeit im Ausland von den Voraussetzungen der Absätze 1 bis 4 ganz oder teilweise befreien.

Die Handwerkskammer kann eine Stellungnahme des Meisterprüfungsausschusses einholen.

(5) Die Zulassung wird vom Vorsitzenden des Meisterprüfungsausschusses ausgesprochen. Hält der Vorsitzende die Zulassungsvoraussetzungen nicht für gegeben, so entscheidet der Prüfungsausschuss.

§ 50 (Prüfungskosten, Meisterprüfungsordnung, Verfahrenvorschriften)

(1) Die durch die Abnahme der Meisterprüfung entstehenden Kosten trägt die Handwerkskammer. Das Zulassungs- und Prüfungsverfahren wird durch eine von der Handwerkskammer mit Genehmigung der obersten Landesbehörde zu erlassende Meisterprüfungsordnung geregelt.

(2) Das Bundesministerium für Wirtschaft und Technologie wird ermächtigt, durch Rechtsverordnung mit Zustimmung des Bundesrates Vorschriften über das Zulassungs- und Prüfungsverfahren nach Absatz 1 Satz 2 zu erlassen.

§ 50 a (Gleichstellung von Prüfungszeugnissen)

Das Bundesministerium für Wirtschaft und Technologie kann im Einvernehmen mit dem Bundesministerium für Bildung und Forschung durch Rechtsverordnung mit Zustimmung des Bundesrates im Ausland erworbene Prüfungszeugnisse den entsprechenden Zeugnissen über das Bestehen einer deutschen Meisterprüfung in zulassungspflichtigen Handwerken gleichstellen, wenn an den Bildungsgang und in den Prüfungen gleichwertige Anforderungen gestellt werden. Die Vorschriften des Bundesvertriebenengesetzes bleiben unberührt.

§ 51 (Meistertitel)

Die Ausbildungsbezeichnung Meister / Meisterin in Verbindung mit einem zulassungspflichtigen Handwerk oder in Verbindung mit einer anderen Ausbildungsbezeichnung, die auf eine Tätigkeit in einem oder mehreren zulassungspflichtigen Handwerken hinweist, darf nur führen, wer für dieses zulassungspflichtige Handwerk oder für diese zulassungspflichtigen Handwerke die Meisterprüfung bestanden hat.

Zweiter Abschnitt
Meisterprüfung in einem zulassungsfreien Handwerk oder in einem handwerksähnlichen Gewerbe

§ 51 a (Meisterprüfung in einem zulassungsfreien Handwerk)

(1) Für zulassungsfreie Handwerke oder handwerksähnliche Gewerbe, für die eine Ausbildungsordnung nach § 25 dieses Gesetzes oder nach § 4 des Berufsbildungsgesetzes erlassen worden ist, kann eine Meisterprüfung abgelegt werden.

(2) Als Grundlage für ein geordnetes und einheitliches Meisterprüfungswesen für Handwerke oder Gewerbe im Sinne des Absatzes 1 kann das Bundesministerium für Wirtschaft und Technologie im Einvernehmen mit dem Bundesministerium für Bildung und Forschung durch Rechtsverordnung, die nicht der Zustimmung des Bundesrates bedarf, bestimmen,

1. welche Fertigkeiten und Kenntnisse in den einzelnen zulassungsfreien Handwerken oder handwerksähnlichen Gewerben zum Zwecke der Meisterprüfung zu berücksichtigen sind (Meisterprüfungsberufsbild B),

2. welche Anforderungen in der Meisterprüfung zu stellen sind.

(3) Durch die Meisterprüfung ist festzustellen, ob der Prüfling eine besondere Befähigung in einem zulassungsfreien Handwerk oder in einem handwerks-

ähnlichen Gewerbe erworben hat und Lehrlinge ordnungsgemäß ausbilden kann. Zu diesem Zweck hat der Prüfling in vier selbständigen Prüfungsteilen nachzuweisen, dass er Tätigkeiten seines zulassungsfreien Handwerks oder seines handwerksähnlichen Gewerbes meisterhaft verrichten kann (Teil I), besondere fachtheoretische Kenntnisse (Teil II), besondere betriebswirtschaftliche, kaufmännische und rechtliche Kenntnisse (Teil III) sowie die erforderlichen berufs- und arbeitspädagogischen Kenntnisse (Teil IV) besitzt.

(4) Zum Nachweis der Fertigkeiten und Kenntnisse führt die Handwerkskammer Prüfungen durch und errichtet zu diesem Zweck Prüfungsausschüsse. Die durch die Abnahme der Meisterprüfung entstehenden Kosten trägt die Handwerkskammer.

(5) Zur Prüfung ist zuzulassen, wer eine Gesellenprüfung oder eine Abschlussprüfung in einem anerkannten Ausbildungsberuf bestanden hat. Die Handwerkskammer kann auf Antrag in Ausnahmefällen von der Zulassungsvoraussetzung befreien. Für die Ablegung des Teils III der Meisterprüfung entfällt die Zulassungsvoraussetzung.

(6) Für Befreiungen gilt § 46 entsprechend.

(7) Das Bundesministerium für Wirtschaft und Technologie kann durch Rechtsverordnung mit Zustimmung des Bundesrates Vorschriften über das Zulassungs- und Prüfungsverfahren erlassen.

§ 51 b (Meisterprüfungsausschüsse)

(1) Die Handwerkskammer errichtet an ihrem Sitz für ihren Bezirk Meisterprüfungsausschüsse. Mehrere Handwerkskammern können bei einer von ihnen gemeinsame Meisterprüfungsausschüsse errichten.

(2) Der Meisterprüfungsausschuss besteht aus fünf Mitgliedern; für die Mitglieder sind Stellvertreter zu berufen. Sie werden für längstens fünf Jahre ernannt.

(3) Der Vorsitzende braucht nicht in einem zulassungsfreien Handwerk oder einem handwerksähnlichen Gewerbe tätig zu sein; er soll dem zulassungsfreien Handwerk oder dem handwerksähnlichen Gewerbe, für welches der Meisterprüfungsausschuss errichtet ist, nicht angehören.

(4) Zwei Beisitzer müssen das zulassungsfreie Handwerk oder das handwerksähnliche Gewerbe, für das der Meisterprüfungsausschuss errichtet ist, mindestens seit einem Jahr selbständig als stehendes Gewerbe betreiben und in diesem zulassungsfreien Handwerk oder in diesem handwerksähnlichen Gewerbe die Meisterprüfung abgelegt haben oder das Recht zum Ausbilden von Lehrlingen besitzen.

(5) Ein Beisitzer soll ein Geselle sein, der in dem zulassungsfreien Handwerk oder in dem handwerksähnlichen Gewerbe, für das der Meisterprüfungsausschuss errichtet ist, die Meisterprüfung abgelegt hat oder das Recht zum Ausbilden von Lehrlingen besitzt und in dem betreffenden zulassungsfreien Handwerk oder handwerksähnlichen Gewerbe tätig ist.

(6) Für die Abnahme der Prüfung der betriebswirtschaftlichen, kaufmännischen und rechtlichen Kenntnisse sowie der berufs- und arbeitspädagogischen Kenntnisse soll ein Beisitzer bestellt werden, der in diesen Prüfungsgebieten besonders sachkundig ist und einem zulassungsfreien Handwerk oder einem handwerksähnlichen Gewerbe nicht anzugehören braucht.

(7) § 34 Abs. 6 Satz 1 und Abs. 7 gilt entsprechend.

§ 51 c (Gleichstellung von Prüfungszeugnissen)

Das Bundesministerium für Wirtschaft und Technologie kann im Einvernehmen mit dem Bundesministerium für Bildung und Forschung durch Rechtsverordnung mit Zustimmung des Bundesrates im Ausland erworbene Prüfungszeugnisse den entsprechenden Zeugnissen über das Bestehen einer deutschen Meisterprüfung in einem zulassungsfreien Handwerk oder handwerksähnlichen Gewerbe gleichstellen, wenn an den Bildungsgang und in den Prüfungen gleichwertige Anforderungen gestellt werden. Die Vorschriften des Bundesvertriebenengesetzes bleiben unberührt.

§ 51 d (Meistertitel)

Die Ausbildungsbezeichnung Meister/Meisterin in Verbindung mit einem zulassungsfreien Handwerk oder handwerksähnlichen Gewerbe darf nur führen, wer die Prüfung nach § 51 a Abs. 3 in diesem Handwerk oder Gewerbe bestanden hat.

Vierter Teil
Organisation des Handwerks

Erster Abschnitt
Handwerksinnungen

§ 52 (Handwerksinnungen)

(1) Inhaber von Betrieben des gleichen zulassungspflichtigen Handwerks oder des gleichen zulassungsfreien Handwerks oder des gleichen handwerksähnlichen Gewerbes oder solcher Handwerke oder handwerksähnlicher Gewerbe, die sich fachlich oder wirtschaftlich nahe stehen, können zur Förderung ihrer gemeinsamen gewerblichen Interessen innerhalb eines bestimmten Bezirks zu einer Handwerksinnung zusammentreten. Voraussetzung ist, dass für das jeweilige Gewerbe eine Ausbildungsordnung erlassen worden ist. Für jedes Gewerbe kann in dem gleichen Bezirk nur eine Handwerksinnung gebildet werden; sie ist allein berechtigt, die Bezeichnung Innung in Verbindung mit dem Gewerbe zu führen, für das sie errichtet ist.

(2) Der Innungsbezirk soll unter Berücksichtigung einheitlicher Wirtschaftsgebiete so abgegrenzt sein, dass die Zahl der Innungsmitglieder ausreicht, um die Handwerksinnung leistungsfähig zu gestalten, und dass die Mitglieder an dem Leben und den Einrichtungen der Handwerksinnung teilnehmen können. Der Innungsbezirk hat sich mindestens mit dem Gebiet einer kreisfreien Stadt oder eines Landkreises zu decken. Die Handwerkskammer kann unter den Voraussetzungen des Satzes 1 eine andere Abgrenzung zulassen.

(3) Der Innungsbezirk soll sich nicht über den Bezirk einer Handwerkskammer hinaus erstrecken. Soll der Innungsbezirk über den Bezirk einer Handwerkskammer hinaus erstreckt werden, so bedarf die Bezirksabgrenzung der Genehmigung durch die oberste Landesbehörde. Soll sich der Innungsbezirk auch auf ein anderes Land erstrecken, so kann die Genehmigung nur im Einvernehmen mit den beteiligten obersten Landesbehörden erteilt werden.

§ 53 (Rechtsform)

Die Handwerksinnung ist eine Körperschaft des öffentlichen Rechts. Sie wird mit Genehmigung der Satzung rechtsfähig.

§ 54 (Aufgaben der Handwerksinnung)

(1) Aufgabe der Handwerksinnung ist, die gemeinsamen gewerblichen Interessen ihrer Mitglieder zu fördern. Insbesondere hat sie
1. den Gemeingeist und die Berufsehre zu pflegen,
2. ein gutes Verhältnis zwischen Meistern, Gesellen und Lehrlingen anzustreben,
3. entsprechend den Vorschriften der Handwerkskammer die Lehrlingsausbildung zu regeln und zu überwachen sowie für die berufliche Ausbildung der Lehrlinge zu sorgen und ihre charakterliche Entwicklung zu fördern,
4. die Gesellenprüfungen abzunehmen und hierfür Gesellenprüfungsausschüsse zu errichten, sofern sie von der Handwerkskammer dazu ermächtigt ist,
5. das handwerkliche Können der Meister und Gesellen zu fördern; zu diesem Zweck kann sie insbesondere Fachschulen errichten oder unterstützen und Lehrgänge veranstalten,
6. bei der Verwaltung der Berufsschulen gemäß den bundes- und landesrechtlichen Bestimmungen mitzuwirken,
7. das Genossenschaftswesen im Handwerk zu fördern,
8. über Angelegenheiten der in ihr vertretenen Handwerke den Behörden Gutachten und Auskünfte zu erstatten,
9. die sonstigen handwerklichen Organisationen und Einrichtungen in der Erfüllung ihrer Aufgaben zu unterstützen,
10. die von der Handwerkskammer innerhalb ihrer Zuständigkeit erlassenen Vorschriften und Anordnungen durchzuführen.
(2) Die Handwerksinnung soll
1. zwecks Erhöhung der Wirtschaftlichkeit der Betriebe ihrer Mitglieder Einrichtungen zur Verbesserung der Arbeitsweise und der Betriebsführung schaffen und fördern,
2. bei der Vergebung öffentlicher Lieferungen und Leistungen die Vergebungsstellen beraten,
3. das handwerkliche Pressewesen unterstützen.
(3) Die Handwerksinnung kann
1. Tarifverträge abschließen, soweit und solange solche Verträge nicht durch den Innungsverband für den Bereich der Handwerksinnung geschlossen sind,
2. für ihre Mitglieder und deren Angehörige Unterstützungskassen für Fälle der Krankheit, des Todes, der Arbeitsunfähigkeit oder sonstiger Bedürftigkeit errichten,
3. bei Streitigkeiten zwischen den Innungsmitgliedern und ihren Auftraggebern auf Antrag vermitteln.
(4) Die Handwerksinnung kann auch sonstige Maßnahmen zur Förderung der gemeinsamen gewerblichen Interessen der Innungsmitglieder durchführen.
(5) Die Errichtung und die Rechtsverhältnisse der Innungskrankenkassen richten sich nach den hierfür geltenden bundesrechtlichen Bestimmungen.
...

§ 60 (Organe der Handwerksinnung)

Die Organe der Handwerksinnung sind
1. die Innungsversammlung,
2. der Vorstand,
3. die Ausschüsse.
…

§ 67 (Ausschüsse)

(1) Die Handwerksinnung kann zur Wahrnehmung einzelner Angelegenheiten Ausschüsse bilden.
(2) Zur Förderung der Berufsbildung ist ein Ausschuss zu bilden. Er besteht aus einem Vorsitzenden und mindestens vier Beisitzern, von denen die Hälfte Innungsmitglieder, die in der Regel Gesellen oder Lehrlinge beschäftigen, und die andere Hälfte Gesellen sein müssen.
(3) Die Handwerksinnung kann einen Ausschuss zur Schlichtung von Streitigkeiten zwischen Ausbildenden und Lehrlingen (Auszubildenden) errichten, der für alle Berufsausbildungsverhältnisse der in der Handwerksinnung vertretenen Handwerke ihres Bezirks zuständig ist. Die Handwerkskammer erlässt die hierfür erforderliche Verfahrensordnung.

§ 68 (Gesellenausschuss)

(1) Im Interesse eines guten Verhältnisses zwischen den Innungsmitgliedern und den bei ihnen beschäftigten Gesellen (§ 54 Abs. 1 Nr. 2) wird bei der Handwerksinnung ein Gesellenausschuss errichtet. Der Gesellenausschuss hat die Gesellenmitglieder der Ausschüsse zu wählen, bei denen die Mitwirkung der Gesellen durch Gesetz oder Satzung vorgesehen ist.
(2) Der Gesellenausschuss ist zu beteiligen
1. bei Erlass von Vorschriften über die Regelung der Lehrlingsausbildung (§ 54 Abs. 1 Nr. 3),
2. bei Maßnahmen zur Förderung und Überwachung der beruflichen Ausbildung und zur Förderung der charakterlichen Entwicklung der Lehrlinge (§ 54 Abs. 1 Nr. 3),
3. bei der Errichtung der Gesellenprüfungsausschüsse (§ 54 Abs. 1 Nr. 4),
4. bei Maßnahmen zur Förderung des handwerklichen Könnens der Gesellen, insbesondere bei der Errichtung oder Unterstützung der zu dieser Förderung bestimmten Fachschulen und Lehrgänge (§ 54 Abs. 1 Nr. 5),
5. bei der Mitwirkung an der Verwaltung der Berufsschulen gemäß den Vorschriften der Unterrichtsverwaltungen (§ 54 Abs. 1 Nr. 6),
6. bei der Wahl oder Benennung der Vorsitzenden von Ausschüssen, bei denen die Mitwirkung der Gesellen durch Gesetz oder Satzung vorgesehen ist,
7. bei der Begründung und Verwaltung aller Einrichtungen, für welche die Gesellen Beiträge entrichten oder eine besondere Mühewaltung übernehmen, oder die zu ihrer Unterstützung bestimmt sind.
(3) Die Beteiligung des Gesellenausschusses hat mit der Maßgabe zu erfolgen, dass
1. bei der Beratung und Beschlussfassung des Vorstands der Handwerksinnung mindestens ein Mitglied des Gesellenausschusses mit vollem Stimmrecht teilnimmt,

2. bei der Beratung und Beschlussfassung der Innungsversammlung seine sämtlichen Mitglieder mit vollem Stimmrecht teilnehmen,

3. bei der Verwaltung von Einrichtungen, für welche die Gesellen Aufwendungen zu machen haben, vom Gesellenausschuss gewählte Gesellen in gleicher Zahl zu beteiligen sind wie die Innungsmitglieder.

(4) Zur Durchführung von Beschlüssen der Innungsversammlung in den in Absatz 2 bezeichneten Angelegenheiten bedarf es der Zustimmung des Gesellenausschusses. Wird die Zustimmung versagt oder nicht in angemessener Frist erteilt, so kann die Handwerksinnung die Entscheidung der Handwerkskammer binnen eines Monats beantragen.

(5) Die Beteiligung des Gesellenausschusses entfällt in den Angelegenheiten, die Gegenstand eines von der Handwerksinnung oder von dem Innungsverband abgeschlossenen oder abzuschließenden Tarifvertrags sind.

...

Vierter Abschnitt
Handwerkskammern

§ 90 (Handwerkskammern)

Zur Vertretung der Interessen des Handwerks werden Handwerkskammern errichtet; sie sind Körperschaften des öffentlichen Rechts.

(2) Zur Handwerkskammer gehören die Inhaber eines Betriebs eines Handwerks und eines handwerksähnlichen Gewerbes des Handwerkskammerbezirks sowie die Gesellen, andere Arbeitnehmer mit einer abgeschlossenen Berufsausbildung und die Lehrlinge dieser Gewerbetreibenden.

(3) Zur Handwerkskammer gehören auch Personen, die im Kammerbezirk selbständig eine gewerbliche Tätigkeit nach § 1 Abs. 2 Satz 2 Nr. 1 ausüben, wenn

1. sie die Gesellenprüfung in einem zulassungspflichtigen Handwerk erfolgreich abgelegt haben,

2. die betreffende Tätigkeit Bestandteil der Erstausbildung in diesem zulassungspflichtigen Handwerk war und

3. die Tätigkeit den überwiegenden Teil der gewerblichen Tätigkeit ausmacht.

Satz 1 gilt entsprechend auch für Personen, die ausbildungsvorbereitende Maßnahmen erfolgreich absolviert haben, wenn diese Maßnahmen überwiegend Ausbildungsinhalte in Ausbildungsordnungen vermitteln, die nach § 25 erlassen worden sind und insgesamt einer abgeschlossenen Gesellenausbildung im Wesentlichen entsprechen.

(4) Absatz 3 findet nur unter der Voraussetzung Anwendung, dass die Tätigkeit in einer dem Handwerk entsprechenden Betriebsform erbracht wird. Satz 1 und Absatz 3 gelten nur für Gewerbetreibende, die erstmalig nach dem 30. Dezember 2003 eine gewerbliche Tätigkeit anmelden. Die Handwerkskammer hat ein Verzeichnis zu führen, in welches die Personen nach § 90 Abs. 3 und 4 ihres Bezirks nach Maßgabe der Anlage D Abschnitt IV zu diesem Gesetz mit dem von ihnen betriebenen Gewerbe einzutragen sind (Verzeichnis der Personen nach § 90 Abs. 3 und 4 der Handwerksordnung).

(5) Die Handwerkskammern werden von der obersten Landesbehörde errichtet; diese bestimmt deren Bezirk, der sich in der Regel mit dem der höheren Verwaltungsbehörde decken soll. Die oberste Landesbehörde kann den Bezirk der Handwerkskammer ändern; in diesem Fall muss eine Vermögensauseinan-

dersetzung erfolgen, welche der Genehmigung durch die oberste Landesbehörde bedarf. Können sich die beteiligten Handwerkskammern hierüber nicht einigen, so entscheidet die oberste Landesbehörde.

§ 91 (Aufgaben)

(1) Aufgabe der Handwerkskammer ist insbesondere,
1. die Interessen des Handwerks zu fördern und für einen gerechten Ausgleich der Interessen der einzelnen Handwerke und ihrer Organisationen zu sorgen,
2. die Behörden in der Förderung des Handwerks durch Anregungen, Vorschläge und durch Erstattung von Gutachten zu unterstützen und regelmäßig Berichte über die Verhältnisse des Handwerks zu erstatten,
3. die Handwerksrolle (§ 6) zu führen,
4. die Berufsausbildung zu regeln (§ 41), Vorschriften hierfür zu erlassen, ihre Durchführung zu überwachen (§ 41 a) sowie eine Lehrlingsrolle (§ 28 Satz 1) zu führen,
4 a. Vorschriften für Prüfungen im Rahmen einer beruflichen Fortbildung oder Umschulung zu erlassen und Prüfungsausschüsse hierfür zu errichten,
5. Gesellenprüfungsordnungen für die einzelnen Handwerke zu erlassen (§ 38), Prüfungsausschüsse für die Abnahme der Gesellenprüfungen zu errichten oder Handwerksinnungen zu der Errichtung von Gesellenprüfungsausschüssen zu ermächtigen (§ 37) und die ordnungsmäßige Durchführung der Gesellenprüfungen zu überwachen,
6. Meisterprüfungsordnungen für die einzelnen Handwerke zu erlassen (§ 50) und die Geschäfte des Meisterprüfungsausschusses (§ 47 Abs. 2) zu führen,
7. die technische und betriebswirtschaftliche Fortbildung der Meister und Gesellen zur Erhaltung und Steigerung der Leistungsfähigkeit des Handwerks in Zusammenarbeit mit den Innungsverbänden zu fördern, die erforderlichen Einrichtungen hierfür zu schaffen oder zu unterstützen und zu diesem Zweck eine Gewerbeförderungsstelle zu unterhalten,
8. Sachverständige zur Erstattung von Gutachten über Waren, Leistungen und Preise von Handwerkern zu bestellen und zu vereidigen,
9. die wirtschaftlichen Interessen des Handwerks und die ihnen dienenden Einrichtungen, insbesondere das Genossenschaftswesen zu fördern,
10. die Formgestaltung im Handwerk zu fördern,
11. Vermittlungsstellen zur Beilegung von Streitigkeiten zwischen Inhabern eines Betriebs eines Handwerks und ihren Auftraggebern einzurichten,
12. Ursprungszeugnisse über in Handwerksbetrieben gefertigte Erzeugnisse und andere dem Wirtschaftsverkehr dienende Bescheinigungen auszustellen, soweit nicht Rechtsvorschriften diese Aufgaben anderen Stellen zuweisen,
13. die Maßnahmen zur Unterstützung notleidender Handwerker sowie Gesellen und anderer Arbeitnehmer mit einer abgeschlossenen Berufsausbildung zu treffen oder zu unterstützen.

(1 a) Die Länder können durch Gesetz der Handwerkskammer die Aufgaben einer einheitlichen Stelle im Sinne des Verwaltungsverfahrensgesetzes übertragen. Das Gesetz regelt, welche Aufgabenbereiche von der Zuweisung erfasst sind. Dabei kann das Gesetz vorsehen, dass die Handwerkskammer auch für nicht Kammerzugehörige tätig wird. Das Gesetz regelt auch die Aufsicht.

(2) Die Handwerkskammer kann gemeinsam mit der Industrie- und Handelskammer Prüfungsausschüsse errichten.

(2a) Die Länder können durch Gesetz der Handwerkskammer ermöglichen, sich an einer Einrichtung zu beteiligen, die Aufgaben einer einheitlichen Stelle im Sinne des Verwaltungsverfahrensgesetzes erfüllt.

(3) Die Handwerkskammer soll in allen wichtigen das Handwerk und das handwerksähnliche Gewerbe berührenden Angelegenheiten gehört werden.

(4) Absatz 1 Nr. 1, 2 und 7 bis 13 findet auf handwerksähnliche Gewerbe entsprechende Anwendung.

...

§ 111 (Überwachung der Berufsausbildung)

(1) Die in die Handwerksrolle und in das Verzeichnis nach § 19 eingetragenen Gewerbetreibenden haben der Handwerkskammer die zur Durchführung von Rechtsvorschriften über die Berufsbildung und der von der Handwerkskammer erlassenen Vorschriften, Anordnungen und der sonstigen von ihr getroffenen Maßnahmen erforderlichen Auskünfte zu erteilen und Unterlagen vorzulegen. Die Handwerkskammer kann für die Erteilung der Auskunft eine Frist setzen.

(2) Die von der Handwerkskammer mit der Einholung von Auskünften beauftragten Personen sind befugt, zu dem in Absatz 1 bezeichneten Zweck die Betriebsräume, Betriebseinrichtungen und Ausbildungsplätze sowie die für den Aufenthalt und die Unterkunft der Lehrlinge und Gesellen bestimmten Räume oder Einrichtungen zu betreten und dort Prüfungen und Besichtigungen vorzunehmen. Der Auskunftspflichtige hat die Maßnahme von Satz 1 zu dulden. Das Grundrecht der Unverletzlichkeit der Wohnung (Artikel 13 des Grundgesetzes) wird insoweit eingeschränkt.

(3) Der Auskunftspflichtige kann die Auskunft auf solche Fragen verweigern, deren Beantwortung ihn selbst oder einen der in § 383 Abs. 1 Nr. 1 bis 3 der Zivilprozessordnung bezeichneten Angehörigen der Gefahr strafgerichtlicher Verfolgung oder eines Verfahrens nach dem Gesetz über Ordnungswidrigkeiten aussetzen würde.

Parallelvorschrift zu § 41a, § 111 HwO: § 76 BBiG

...

Fünfter Teil
Bußgeld-, Übergangs- und Schlussvorschriften

Erster Abschnitt
Bußgeldvorschriften

§ 117 (Ordnungswidrigkeiten)

(1) Ordnungswidrig handelt, wer
1. entgegen § 1 Abs. 1 Satz 1 ein dort genanntes Gewerbe als stehendes Gewerbe selbständig betreibt oder
2. entgegen § 51 oder § 51d die Ausbildungsbezeichnung »Meister/Meisterin« führt.

(2) Die Ordnungswidrigkeit nach Absatz 1 Nr. 1 kann mit einer Geldbuße bis zu zehntausend Euro, die Ordnungswidrigkeit nach Absatz 1 Nr. 2 kann mit einer Geldbuße bis zu fünftausend Euro geahndet werden.

§ 118 (Weitere Ordnungswidrigkeiten)

(1) Ordnungswidrig handelt, wer
1. eine Anzeige nach § 16 Abs. 2 oder § 18 Abs. 1 nicht, nicht richtig, nicht vollständig oder nicht rechtzeitig erstattet,
2. entgegen § 17 Abs. 1 oder Abs. 2 Satz 2, § 111 Abs. 1 oder Abs. 2 Satz 2 oder § 113 Abs. 2 Satz 11, auch in Verbindung mit § 73 Abs. 3, eine Auskunft nicht, nicht richtig, nicht vollständig oder nicht rechtzeitig erteilt, Unterlagen nicht vorlegt oder das Betreten von Grundstücken oder Geschäftsräumen oder die Vornahme von Prüfungen oder Besichtigungen nicht duldet,
3. Lehrlinge (Auszubildende) einstellt oder ausbildet, obwohl er nach § 22a Nr. 1 persönlich oder nach § 22b Abs. 1 fachlich nicht geeignet ist,
4. entgegen § 22 Abs. 2 einen Lehrling (Auszubildenden) einstellt,
5. Lehrlinge (Auszubildende) einstellt oder ausbildet, obwohl ihm das Einstellen oder Ausbilden nach § 24 untersagt worden ist,
6. entgegen § 30 die Eintragung in die Lehrlingsrolle nicht oder nicht rechtzeitig beantragt oder eine Ausfertigung der Vertragsniederschrift nicht beifügt,
7. einer Rechtsverordnung nach § 9 Abs. 1 Satz 1 Nr. 2 zuwiderhandelt, soweit sie für einen bestimmten Tatbestand auf diese Bußgeldvorschrift verweist.
(2) Die Ordnungswidrigkeiten nach Absatz 1 Nr. 1, 2, 6 und 7 können mit einer Geldbuße bis zu eintausend Euro, die Ordnungswidrigkeiten nach Absatz 1 Nr. 3 bis 5 können mit einer Geldbuße bis zu fünftausend Euro geahndet werden.

Parallelvorschrift zu § 118 HwO: § 102 BBiG
...

Anlage A
Verzeichnis der Gewerbe, die als zulassungspflichtige Handwerke betrieben werden können (§ 1 Abs. 2)

Nr.
1 Maurer und Betonbauer
2 Ofen- und Luftheizungsbauer
3 Zimmerer
4 Dachdecker
5 Straßenbauer
6 Wärme-, Kälte- und Schallschutzisolierer
7 Brunnenbauer
8 Steinmetzen und Steinbildhauer
9 Stukkateure
10 Maler und Lackierer
11 Gerüstbauer
12 Schornsteinfeger
13 Metallbauer
14 Chirurgiemechaniker

15 Karosserie- und Fahrzeugbauer
16 Feinwerkmechaniker
17 Zweiradmechaniker
18 Kälteanlagenbauer
19 Informationstechniker
20 Kraftfahrzeugtechniker
21 Landmaschinenmechaniker
22 Büchsenmacher
23 Klempner
24 Installateur und Heizungsbauer
25 Elektrotechniker
26 Elektromaschinenbauer
27 Tischler
28 Boots- und Schiffbauer
29 Seiler
30 Bäcker
31 Konditoren
32 Fleischer
33 Augenoptiker
34 Hörgeräteakustiker
35 Orthopädietechniker
36 Orthopädieschuhmacher
37 Zahntechniker
38 Friseure
39 Glaser
40 Glasbläser und Glasapparatebauer
41 Vulkaniseure und Reifenmechaniker

Anlage B
Verzeichnis der Gewerbe, die als zulassungsfreie Handwerke oder handwerksähnliche Gewerbe betrieben werden können (§ 18 Abs. 2)

Abschnitt 1: Zulassungsfreie Handwerke

Nr.
1   Fliesen-, Platten- und Mosaikleger
2   Betonstein- und Terrazzohersteller
3   Estrichleger
4   Behälter- und Apparatebauer
5   Uhrmacher
6   Graveure
7   Metallbildner
8   Galvaniseure
9   Metall- und Glockengießer
10 Schneidwerkzeugmechaniker
11 Gold- und Silberschmiede
12 Parkettleger
13 Rolladen- und Jalousiebauer
14 Modellbauer

15   Drechsler (Elfenbeinschnitzer) und Holzspielzeugmacher
16   Holzbildhauer
17   Böttcher
18   Korbmacher
19   Damen- und Herrenschneider
20   Sticker
21   Modisten
22   Weber
23   Segelmacher
24   Kürschner
25   Schuhmacher
26   Sattler und Feintäschner
27   Raumausstatter
28   Müller
29   Brauer und Mälzer
30   Weinküfer
31   Textilreiniger
32   Wachszieher
33   Gebäudereiniger
34   Glasveredler
35   Feinoptiker
36   Glas- und Porzellanmaler
37   Edelsteinschleifer und -graveure
38   Fotografen
39   Buchbinder
40   Buchdrucker: Schriftsetzer; Drucker
41   Siebdrucker
42   Flexografen
43   Keramiker
44   Orgel- und Harmoniumbauer
45   Klavier- und Cembalobauer
46   Handzuginstrumentenmacher
47   Geigenbauer
48   Bogenmacher
49   Metallblasinstrumentenmacher
50   Holzblasinstrumentenmacher
51   Zupfinstrumentenmacher
52   Vergolder
53   Schilder- und Lichtreklamehersteller

Abschnitt 2: Handwerksähnliche Gewerbe

Nr.
1   Eisenflechter
2   Bautentrocknungsgewerbe
3   Bodenleger
4   Asphaltierer (ohne Straßenbau)
5   Fuger (im Hochbau)
6   Holz- und Bautenschutzgewerbe (Mauerschutz und Holzimprägnierung in
     Gebäuden)

7 Rammgewerbe (Einrammen von Pfählen im Wasserbau)
8 Betonbohrer und -schneider
9 Theater- und Ausstattungsmaler
10 Herstellung von Drahtgestellen für Dekorationszwecke in Sonderanfertigung
11 Metallschleifer und Metallpolierer
12 Metallsägen-Schärfer
13 Tankschutzbetriebe (Korrosionsschutz von Öltanks für Feuerungsanlagen ohne chemische Verfahren)
14 Fahrzeugverwerter
15 Rohr- und Kanalreiniger
16 Kabelverleger im Hochbau (ohne Anschlussarbeiten)
17 Holzschuhmacher
18 Holzblockmacher
19 Daubenhauer
20 Holz-Leitermacher (Sonderanfertigung)
21 Muldenhauer
22 Holzreifenmacher
23 Holzschindelmacher
24 Einbau von genormten Baufertigteilen (z. B. Fenster, Türen, Zargen, Regale)
25 Bürsten- und Pinselmacher
26 Bügelanstalten für Herren-Oberbekleidung
27 Dekorationsnäher (ohne Schaufensterdekoration)
28 Fleckteppichhersteller
29 Klöppler
30 Theaterkostümnäher
31 Plisseebrenner
32 Posamentierer
33 Stoffmaler
34 Stricker
35 Textil-Handdrucker
36 Kunststopfer
37 Änderungsschneider
38 Handschuhmacher
39 Ausführung einfacher Schuhreparaturen
40 Gerber
41 Innerei-Fleischer (Kuttler)
42 Speiseeishersteller (mit Vertrieb von Speiseeis mit üblichem Zubehör)
43 Fleischzerleger, Ausbeiner
44 Appreteure, Dekateure
45 Schnellreiniger
46 Teppichreiniger
47 Getränkeleitungsreiniger
48 Kosmetiker
49 Maskenbildner
50 Bestattungsgewerbe
51 Lampenschirmhersteller (Sonderanfertigung)
52 Klavierstimmer
53 Theaterplastiker
54 Requisiteure

55 Schirmmacher
56 Steindrucker
57 Schlagzeugmacher
…

Anlage D
Art der personenbezogenen Daten in der Handwerksrolle,
in dem Verzeichnis der Inhaber eines zulassungsfreien Handwerks
oder handwerksähnlichen Gewerbes und in der Lehrlingsrolle

I.
In der Handwerksrolle dürfen folgende Daten gespeichert werden:

1. bei natürlichen Personen
   a) Name, Vorname, Geburtsname, Geburtsdatum und Staatsangehörigkeit des Betriebsinhabers, bei nicht voll geschäftsfähigen Personen auch der Name, Vorname des gesetzlichen Vertreters; im Falle des § 4 Abs. 2 oder im Falle des § 7 Abs. 1 Satz 1 der Handwerksordnung sind auch Name, Vorname, Geburtsdatum und Staatsangehörigkeit des Betriebsleiters sowie die für ihn in Betracht kommenden Angaben nach Buchstabe e einzutragen;
   b) die Firma, wenn der selbständige Handwerker eine Firma führt, die sich auf den Handwerksbetrieb bezieht;
   c) Ort und Straße der gewerblichen Niederlassung;
   d) das zu betreibende Handwerk oder bei Ausübung mehrerer Handwerke diese Handwerke;
   e) die Bezeichnung der Rechtsvorschriften, nach denen der selbständige Handwerker die Voraussetzungen für die Eintragung in die Handwerksrolle erfüllt und in dem zu betreibenden Handwerk zur Ausbildung von Lehrlingen befugt ist; hat der selbständige Handwerker die zur Ausübung des zu betreibenden Handwerks notwendigen Kenntnisse und Fertigkeiten durch eine Prüfung nachgewiesen, so sind auch Art, Ort und Zeitpunkt dieser Prüfung sowie die Stelle, vor der die Prüfung abgelegt wurde, einzutragen;
   f) der Zeitpunkt der Eintragung in die Handwerksrolle;
2. bei juristischen Personen
   a) die Firma oder der Name der juristischen Person sowie Ort und Straße der gewerblichen Niederlassung;
   b) Name, Vorname, Geburtsdatum und Staatsangehörigkeit der gesetzlichen Vertreter;
   c) das zu betreibende Handwerk oder bei Ausübung mehrerer Handwerke diese Handwerke;
   d) Name, Vorname, Geburtsdatum und Staatsangehörigkeit des Betriebsleiters sowie die für ihn in Betracht kommenden Angaben nach Nummer 1 Buchstabe e;
   e) der Zeitpunkt der Eintragung in die Handwerksrolle;
3. bei Personengesellschaften
   a) bei Personenhandelsgesellschaften die Firma, bei Gesellschaften des Bürgerlichen Rechts die Bezeichnung, unter der sie das Handwerk betreiben, sowie der Ort und die Straße der gewerblichen Niederlassung;
   b) Name, Vorname, Geburtsdatum und Staatsangehörigkeit des für die tech-

nische Leitung des Betriebes verantwortlichen persönlich haftenden Gesellschafters oder im Falle des § 7 Abs. 1 Satz 1 des Betriebsleiters, Angaben über eine Vertretungsbefugnis und die für ihn in Betracht kommenden Angaben nach Nummer 1 Buchstabe e;

c) Name, Vorname, Geburtsdatum und Staatsangehörigkeit der übrigen Gesellschafter, Angaben über eine Vertretungsbefugnis und die für sie in Betracht kommenden Angaben nach Nummer 1 Buchstabe e;

d) das zu betreibende Handwerk oder bei Ausübung mehrerer Handwerke diese Handwerke;

e) der Zeitpunkt der Eintragung in die Handwerksrolle;

4. bei handwerklichen Nebenbetrieben

a) Angaben über den Inhaber des Nebenbetriebes in entsprechender Anwendung der Nummer 1 Buchstabe a bis c, Nummer 2 Buchstabe a und b und Nummer 3 Buchstabe a und c;

b) das zu betreibende Handwerk oder bei Ausübung mehrerer Handwerke diese Handwerke;

c) Bezeichnung oder Firma und Gegenstand sowie Ort und Straße der gewerblichen Niederlassung des Unternehmens, mit dem der Nebenbetrieb verbunden ist;

d) Bezeichnung oder Firma sowie Ort und Straße der gewerblichen Niederlassung des Nebenbetriebs;

e) Name, Vorname, Geburtsdatum und Staatsangehörigkeit des Leiters des Nebenbetriebs und die für ihn in Betracht kommenden Angaben nach Nummer 1 Buchstabe e;

f) der Zeitpunkt der Eintragung in die Handwerksrolle.

II.

Abschnitt I gilt entsprechend für das Verzeichnis der Inhaber von Betrieben in zulassungsfreien Handwerken oder handwerksähnlichen Gewerben. Dieses Verzeichnis braucht nicht die gleichen Angaben wie die Handwerksrolle zu enthalten. Mindestinhalt sind die wesentlichen betrieblichen Verhältnisse einschließlich der wichtigsten persönlichen Daten des Betriebsinhabers.

III.

In der Lehrlingsrolle dürfen folgende personenbezogene Daten gespeichert werden:

1. bei den Ausbildenden

a) die in der Handwerksrolle eingetragen sind:
Die Eintragungen in der Handwerksrolle, soweit sie für die Zwecke der Führung der Lehrlingsrolle erforderlich sind,

b) die nicht in der Handwerksrolle eingetragen sind:
Die der Eintragung nach Abschnitt I Nummer 1 Buchstabe a entsprechenden Daten mit Ausnahme der Daten zum Betriebsleiter zum Zeitpunkt der Eintragung in die Handwerksrolle und der Angaben zu Abschnitt I Nummer 1 Buchstabe e, soweit sie für die Zwecke der Lehrlingsrolle erforderlich sind;

2. bei den Ausbildern:
Name, Geburtsname, Vorname, Geschlecht, Geburtsdatum, Art der fachlichen Eignung;

3. bei den Auszubildenden

a) beim Lehrling:

Name, Geburtsname, Vorname, Geschlecht, Geburtsdatum, Staatsangehörigkeit, allgemeinbildender Schulabschluss, vorausgegangene Teilnahme an berufsvorbereitender Qualifizierung oder beruflicher Grundbildung, berufliche Vorbildung, Anschrift des Lehrlings,

b) erforderlichenfalls bei gesetzlichen Vertretern: Name, Vorname und Anschrift;

4. beim Ausbildungsverhältnis:

Ausbildungsberuf einschließlich Fachrichtung, Datum des Abschlusses des
Ausbildungsvertrages, Ausbildungsdauer, Datum des Beginns der Berufsausbildung, Dauer der Probezeit, bei überwiegend öffentlich, insbesondere
auf Grund des Dritten Buches Sozialgesetzbuch geförderten Berufsausbildungsverhältnissen, Art der Förderung, Anschrift der Ausbildungsstätte,
wenn diese vom Betriebssitz abweicht, Wirtschaftszweig, Zugehörigkeit
zum öffentlichen Dienst.

IV.

In das Verzeichnis der Unternehmer nach § 90 Abs. 3 und 4 der Handwerksordnung werden die Personen nach § 90 Abs. 3 und 4 der Handwerksordnung
mit den nach Abschnitt I Nr. 1 Buchstabe a und c geforderten Angaben für
natürliche Personen sowie der Zeitpunkt der Gewerbeanmeldung eingetragen.

JArbSchG
Gesetzestext mit Kurzkommentierung

Gesetz zum Schutze der arbeitenden Jugend (Jugendarbeitsschutzgesetz –
JArbSchG –) vom 12.4.1976 (BGBl. I S. 965), zuletzt geändert durch Artikel 3
Absatz 2 des Gesetzes zur Umsetzung des Rahmenbeschlusses des Rates der
Europäischen Union zur Bekämpfung der sexuellen Ausbeutung von Kindern
und der Kinderpornographie vom 31.10.2008 (BGBl. I S. 2149)

Erster Abschnitt
Allgemeine Vorschriften

§ 1 Geltungsbereich

(1) Dieses Gesetz gilt für die Beschäftigung von Personen, die noch nicht 18 Jahre
alt sind,
1. in der Berufsausbildung,
2. als Arbeitnehmer oder Heimarbeiter,
3. mit sonstigen Dienstleistungen, die der Arbeitsleistung von Arbeitnehmern
   oder Heimarbeitern ähnlich sind,
4. in einem der Berufsausbildung ähnlichen Ausbildungsverhältnis.
(2) Dieses Gesetz gilt nicht
1. für geringfügige Hilfeleistungen, soweit sie gelegentlich
   a) aus Gefälligkeit,
   b) auf Grund familienrechtlicher Vorschriften,
   c) in Einrichtungen der Jugendhilfe,
   d) in Einrichtungen zur Eingliederung Behinderter
   erbracht werden,
2. für die Beschäftigung durch die Personensorgeberechtigten im Familienhaushalt.

Inhaltsübersicht   Rn.

1.   Überblick 1
2.   Räumlicher Anwendungsbereich 2
3.   Persönlicher Anwendungsbereich 3
4.   Sachlicher Anwendungsbereich (»Beschäftigung« von Minderjährigen) . . 6
4.1   Arbeitnehmer, Heimarbeiter, sonstige Dienstleistungen 14
4.2   Berufsausbildung und ähnliche Ausbildungsverhältnisse 16
4.3   Das JArbSchG gilt nicht für Selbständige 18
4.4   Das JArbSchG gilt nicht für »geringfügige Hilfeleistungen«
      i.S.d. § 1 Abs. 2 Nr. 1 JArbSchG 21
4.5   Das JArbSchG gilt nicht für die Beschäftigung durch die Personen-
      sorgeberechtigten im Familienhaushalt (§ 1 Abs. 2 Nr. 2 JArbSchG) 26

1. Überblick

1 § 1 als Eingangsnorm des JArbSchG regelt den Geltungsbereich. Es beantwortet
die Frage, wer vom Schutzbereich des Gesetzes erfasst wird und für welche
Tätigkeitsbereiche es gilt oder nicht gilt. **Schutzzweck** des Gesetzes ist es,

Kinder und Jugendliche vor Gefahren für ihre Gesundheit, Arbeitskraft und Entwicklung zu schützen, die von einer abhängigen Beschäftigung ausgehen können. Die zur Entwicklung der Persönlichkeit junger Menschen erforderliche Freizeit soll trotz Berufstätigkeit oder Ausbildung gewährleistet werden.[1]

2. Räumlicher Anwendungsbereich

Das JArbSchG ist anwendbar auf dem Gebiet der **Bundesrepublik Deutschland**. Jede Beschäftigung eines Kindes oder Jugendlichen auf dem Gebiet der Bundesrepublik wird erfasst. Auf die Staatsangehörigkeit oder den Wohnsitz des Jugendlichen oder den Sitz des Unternehmens kommt es nicht an.[2] Bei einer Beschäftigung im Ausland gilt das Jugendarbeitsschutzrecht des jeweiligen Staates. Bei einer kurzfristigen **Entsendung** ins Ausland kann das deutsche Recht weiterhin anzuwenden sein.[3] Für die Mitgliedsstaaten der Europäischen Union gibt die **Jugendarbeitsschutzrichtlinie** 94/33/EWG vom 22.6.1994 Mindeststandards vor.

2

3. Persönlicher Anwendungsbereich

Das JArbSchG gilt für die Beschäftigung von Personen, die noch nicht 18 Jahre alt sind (§ 1 Abs. 1). Diese Personen werden im allgemeinen unter den Oberbegriff der **Minderjährigen** erfasst. Wer das 18. Lebensjahr vollendet hat, ist volljährig. Bei den Minderjährigen wird in der Regel unterschieden zwischen Kinder und Jugendlichen, so auch im JArbSchG. Wer Kind oder Jugendlicher ist, ergibt sich aus § 2 JArbSchG. Es gibt im JArbSchG keine Unterscheidung nach der Nationalität oder Staatsangehörigkeit. Es gilt für Kinder und Jugendliche deutscher oder ausländischer Herkunft gleichermaßen.

3

Heranwachsende (Personen ab dem 18. bis zur Vollendung des 21. Lebensjahres, also junge Volljährige) fallen nach dem eindeutigen Wortlaut des § 1 nicht unter den Schutzbereich des JarbSchG. Wollte man für diese Personengruppe spezielle Schutznormen schaffen, müsste das gesondert geregelt werden.

4

Nach dem JArbSchG verpflichtet sind **Arbeitgeber**, die Kinder oder Jugendliche beschäftigen. Der Arbeitgeberbegriff, der sich aus § 3 JArbSchG ergibt, ist weiter gefasst, als der allgemein vom Arbeitsrecht verwendete Arbeitgeberbegriff. Das ergibt sich daraus, dass sich das JArbSchG nicht nur auf Arbeitsverhältnisse, sondern auf jede Form der abhängigen Beschäftigung bezieht.

5

4. Sachlicher Anwendungsbereich (»Beschäftigung« von Minderjährigen)

Das JArbSchG gilt für die »Beschäftigung« von Minderjährigen. Die Arten der »Beschäftigung« werden in § 1 Abs. 1 Nr. 1 bis 4 JArbSchG aufgeführt. Es gilt für die Beschäftigung in einer Berufsausbildung, als Arbeitnehmer oder Heimarbeiter, mit sonstigen Dienstleistungen (die der Arbeitsleistung von Arbeitnehmern oder Heimarbeitern ähnlich sind) oder in einem der Berufsausbildung ähnlichen

6

---

1 ErfK/*Schlachter* § 1 JArbSchG Rn. 1.
2 ErfK/*Schlachter* § 1 JArbSchG Rn. 2; HWK/*Tillmanns* § 1 JArbSchG Rn. 15.
3 ErfK/*Schlachter* § 1 JArbSchG Rn. 2; HWK/*Tillmanns* § 1 JArbSchG Rn. 16.

Ausbildungsverhältnis. Aufgrund beamtenrechtlicher Vorschriften gilt das JArbSchG auch für minderjährige **Beamte**.

7 Ziel ist es, **sämtliche Formen abhängiger Beschäftigung** von Minderjährigen zu erfassen, so dass die Abgrenzung im Einzelnen nicht von praktischer Relevanz ist. Erfasst wird jede Arbeit, die dem **Weisungsrecht** einer anderen Person, insbesondere einem Arbeitgeber, unterliegt und die in persönlicher Abhängigkeit erbracht wird.[4] Ob eine Bezahlung erfolgt oder nicht, ist für die Anwendung des JArbSchG ohne Bedeutung.[5]

8 Abgestellt wird auf die »**Beschäftigung**«, so dass nicht der formelle Rechtsstatus entscheidend ist, sondern die tatsächliche Gestaltung.[6] Deshalb ist es für die Anwendung des JArbSchG auch nicht erheblich, ob der Vertrag, der der Beschäftigung zugrunde liegt, rechtswirksam ist oder nicht. So werden auch faktische Arbeitsverhältnisse erfasst.[7]

9 Reine **Freizeitbeschäftigungen** sind keine »Beschäftigung« im Sinne des § 1 JArbSchG. Interne Tätigkeiten, die von Kindern oder Jugendlichen in **Vereinen, Verbänden** oder sonstigen Gruppen (Sportvereine, Chöre, Musikgruppen, Theatergruppen, Tanzvereine, Karnevalsvereine usw.), deren Mitglied sie sind, verrichtet werden, sind zulässig, auch die Teilnahme an sportlichen oder ähnlichen Wettkämpfen oder Austauschprogrammen.[8]

10 Wenn im Rahmen des Vereins- oder Verbandszwecks **öffentlichen Veranstaltungen** abgehalten werden, sind diese noch als Freizeitbeschäftigungen anzusehen, die nicht unter das JArbSchG fallen. Das gilt auch, wenn dadurch Einnahmen erzielt werden, sofern diese dem Vereins- oder Verbandszweck zugute kommen. Was anderes gilt, wenn der kommerzielle Charakter der öffentlichen Veranstaltungen im Vordergrund steht oder diese einen erheblichen zeitlichen Umfang haben und eine Pflicht zur Mitwirkung besteht, etwa bei kommerziellen Auftritten eines Kinderchors. In diesen Fällen findet das JArbSchG Anwendung.[9] Ein Auftritt von Kindern (§ 2 Abs. 1 JArbSchG) ist in solchen Fällen unzulässig, es sei denn, es liegt eine behördliche Ausnahmegenehmigung vor (§ 6 JArbSchG).

11 Aktivitäten im schulischen Zusammenhang fallen nicht unter das JArbSchG, so etwa der **Schülerlotsendienst** oder wenn ein Schüler eine Arbeitsgemeinschaft für andere Schüler anbietet, zum Beispiel Schach-AG.

12 »Beschäftigung« meint ein **aktives Tun**. Ein passives Verhalten ist keine Beschäftigung, es sei denn, dass passive Verhalten ist gerade Zweck der Beschäftigung, wie etwa bei Film- oder Fotoaufnahmen.[10] Werden Kinder lediglich für einen kurzen Zeitraum in ihrer natürlichen Umgebung bei ihren natürlichen Verhaltensweisen (zum Beispiel Spielen, Schlafen, Essen) fotografiert oder gefilmt, ist das zulässig. Etwas anderes gilt, wenn dieser Rahmen überschritten wird, wie bei gestellten Szenen, wenn Anweisungen zu befolgen sind, vorherige

---

4 *Molitor/Volmer/Germelmann* JArbSchG § 1 Rn. 46; HK-ArbR-*Poser* § 1 JArbSchG Rn. 5; ErfK/*Schlachter* § 1 JArbSchG Rn. 5; *Taubert* JArbSchG § 1 Rn. 6.

5 ErfK/*Schlachter* § 1 JArbSchG Rn. 4; *Taubert* § 1 JArbSchG Rn. 8.

6 ErfK/*Schlachter* § 1 JArbSchG Rn. 4; *Taubert* § 1 JArbSchG Rn. 11.

7 OLG Hamm 14.8.1987, 6 Ss OWi 445/86, AiB 1989, 267 = EzB JArbSchG § 5 Nr. 1.

8 *Molitor/Volmer/Germelmann* JArbSchG § 1 Rn. 74; HK-ArbR-*Poser* § 1 JArbSchG Rn. 7; *Taubert* JArbSchG § 1 Rn. 10.

9 HK-ArbR-*Poser* § 1 JArbSchG Rn. 8; *Taubert* JArbSchG § 1 Rn. 10.

10 *Molitor/Volmer/Germelmann* § 1 Rn. 69.

Proben durchgeführt werden.[11] Besondere Bedeutung hat das bei Kindern (§ 2 Abs. 1 JArbSchG), bei denen eine Beschäftigung nur aufgrund behördlicher Ausnahmegenehmigungen zulässig ist (§ 6 JArbSchG), die aber für Kinder unter drei Jahren nicht erteilt werden darf.

Keine »Beschäftigung« im Sinne des JArbSchG sind Tätigkeiten, die der **Religionsausübung** von Kindern oder Jugendlichen dienen, zum Beispiel Aktivitäten als Messdiener, das Musizieren und Singen sowie Hilfeleistungen im Gottesdienst und bei sonstigen religiösen Feiern, Wallfahrten oder Prozessionen.[12] Das ist mit dem durch das Grundgesetz garantierten Selbstbestimmungsrecht der Kirchen (Art. 140 GG, Art. 137 Abs. 3 WRV) und dem Recht auf ungestörte Religionsausübung (Art. 4 Abs. 2 GG) begründbar. Allerdings besteht das Selbstbestimmungsrecht der Kirchen und Religionsgemeinschaften »innerhalb der Schranken des für alle geltenden Gesetzes«, so dass das JArbSchG als allgemeingültiges Gesetz dem kirchlichen Selbstbestimmungsrecht durchaus Grenzen aufzuerlegen vermag. Tätigkeiten, die über die Religionsausübung im engeren Sinne hinausgehen, wie Sammlungen für karitative Zwecke, ehrenamtliche Arbeit mit kranken oder behinderten Menschen oder Beschäftigungen in kirchlichen Krankenhäusern oder Kindergärten, fallen in den Anwendungsbereich des JArbSchG. Das ergibt sich im Umkehrschluss auch aus § 2 Abs. 1 Nr. 5 der Kinderarbeitsschutzverordnung, weil dort »Tätigkeiten bei nichtgewerblichen Aktionen und Veranstaltungen der Kirchen, Religionsgemeinschaften« ausdrücklich erwähnt werden.[13]

13

4.1 Arbeitnehmer, Heimarbeiter, sonstige Dienstleistungen

§ 1 Abs. 1 Nr. 2 JArbSchG erwähnt ausdrücklich **Arbeitnehmer** und **Heimarbeiter** (§ 2 Abs. 2 HAG). In den Geltungsbereich des JArbSchG einbezogen sind **sonstige Dienstleistungen**, die der Arbeitsleistung von Arbeitnehmern oder Heimarbeitern ähnlich sind (§ 1 Abs. 1 Nr. 3 JArbSchG). Damit soll jede andere Form abhängiger Beschäftigung in den Geltungsbereich des JArbSchG mit einbezogen werden. Die von § 1 Abs. 1 Nr. 3 JArbSchG gemeinten sonstigen Dienstleistungen müssen der Arbeitsleistung von Arbeitnehmern oder Heimarbeitern **»ähnlich«** sein. Eine der Arbeitsleistung von Arbeitnehmern ähnliche Dienstleistung ist dann gegeben, wenn sie ebenso wie diese in abhängiger Stellung auf Weisung eines anderen erbracht wird und wenn mit ihr Arbeit im wirtschaftlichen Sinne im Interesse eines Dritten geleistet wird.[14] *Beispiele* sind das Austragen von Zeitungen oder die Arbeit in einem Reitstall wie das Ausmisten, Putzen und Füttern von Pferden bei einem privat-gewerblichen Anbieter. Auch die Teilnahme von Kindern und Jugendlichen an **Interviews, Talkshows, Talentwettbewerben, Casting-Shows** sind solche sonstigen Dienstleistungen, jedenfalls wenn vertragliche Verpflichtungen bestehen oder Regieanweisungen oder Proben erfolgen.[15]

14

Betreiben die Personensorgeberechtigten ein selbständiges Unternehmen (einen **»Familienbetrieb«**) und beschäftigen sie dort ihr Kind, findet das JArbSchG

15

---

11 HK-ArbR-*Poser* § 1 JArbSchG Rn. 6.
12 *Molitor/Volmer/Germelmann* JArbSchG § 1 Rn. 78a; HK-ArbR-*Poser* § 1 JArbSchG Rn. 9.
13 HWK/*Tillmanns* § 1 JArbSchG Rn. 4.
14 OVG Münster 17.2.1986, 12 A 1453/85, NJW 1987, 1443.
15 HK-ArbR-*Poser* § 1 JArbSchG Rn. 16.

Anwendung. Das ist keine Beschäftigung im »Familienhaushalt« im Sinne des § 1 Abs. 2 Nr. 2 JArbSchG, die vom JArbSchG ausgenommen ist.

4.2 Berufsausbildung und ähnliche Ausbildungsverhältnisse

16 Das JArbSchG gilt auch ausdrücklich für die Beschäftigung in der **Berufsausbildung** und in **einem der Berufsausbildung ähnlichen Ausbildungsverhältnis** (§ 1 Abs. 1 Nr. 1 und Nr 4 JArbSchG). »Berufsausbildung« meint die betriebliche Ausbildung in einem staatlich anerkannten Ausbildungsberuf, für die das BBiG Anwendung findet. Durch die »ähnlichen Ausbildungsverhältnisse« erfasst werden sämtliche Ausbildungsverhältnisse nach dem BBiG, auch die Berufsausbildungsvorbereitung (§ 1 Abs. 2, § 68 BBiG), theoretisch auch die berufliche Fortbildung oder berufliche Umschulung (§ 1 Abs. 3 und 4 BBiG), was allerdings vom Alter her kaum praktisch werden dürfte.

17 Unter § 1 Abs. 1 Nr. 4 JArbSchG fallen insbesondere **Praktika** in Betrieben und Volontariate bei Zeitungen, Radio- oder Fernsehsendern, die berufliche Kenntnisse, Fertigkeiten und Erfahrungen vermitteln sollen, jedoch nicht durch eine schulische Ausbildung wie im normalen Ausbildungsverhältnis begleitet werden.[16] Zudem erfasst § 1 Abs. 1 Nr. 4 JArbSchG **Praxiszeiten**, die in schulische Bildungsgänge integriert sind, und die Ausbildung in Berufsbildungs- und Berufsförderungswerken sowie in Behindertenwerkstätten, soweit sie nicht nur eine gelegentliche, geringfügige Hilfeleistung im Sine des § 1 Abs. 2 JArbSchG darstellt.[17] Anwendbar ist § 1 Abs. 1 Nr. 4 JArbSchG auch auf die Beschäftigung von Schülern im Rahmen eines **Betriebspraktikums** (§ 5 Abs. 2 Nr. 2 JArbSchG).[18] Die **»Schnupperlehre«**, die Probearbeit vollzeitschulpflichtiger Schüler in einem Betrieb, die über das berufsbezogene Praktikum der Schulen hinausgeht, kann unter § 1 Abs. 1 Nr. 4 JArbSchG fallen. Handelt es sich um Kinder, die der Vollzeitschulpflicht unterliegen, ist eine solche Beschäftigung verboten.[19]

4.3 Das JArbSchG gilt nicht für Selbständige

18 Da – neben der Berufsausbildung und ähnlichen Ausbildungsverhältnissen (Nr. 1 und Nr. 4) – ausdrücklich abgestellt wird auf »Arbeitnehmer« (Nr. 2) und »sonstige Dienstleistungen«, die der Arbeitsleistung von Arbeitnehmern oder Heimarbeitern »ähnlich« sind (Nr. 4), wird die **selbständige Tätigkeit** von Minderjährigen nach dem Willen des Gesetzgebers vom Schutzbereich des JArbSchG ausdrücklich *nicht* erfasst. Bedeutung kann das insbesondere haben im künstlerischen Bereich, wenn zum Beispiel ein Jugendlicher als selbständiger Musiker auftritt.

19 Vereinzelt wird vertreten, die Nichtanwendung des JArbSchG auf Selbständige verstoße gegen den Gleichheitssatz des Art. 3 Abs. 1 GG.[20] Das JArbSchG ist ein Arbeitsschutzgesetz. Die sachliche Rechtfertigung für die Ungleichbehandlung von selbständiger und unselbständiger Beschäftigung wird darin gesehen, dass

---

16 ErfK / *Schlachter* § 1 JArbSchG Rn. 11.
17 ErfK / *Schlachter* § 1 JArbSchG Rn. 12.
18 ErfK / *Schlachter* § 1 JArbSchG Rn. 12.
19 OLG Hamm 14.8.1987, 6 Ss OWi 445/86, EzB JArbSchG § 5 Nr. 1.
20 *Salje*, DVBl. 1988, 135, 141.

besondere Arbeitsschutznormen generell für die abhängige Beschäftigung geregelt werden, während das für die selbständige Arbeit nicht für erforderlich erachtet wird.[21] Das ist insofern zu kurz gedacht, weil es nach dem Schutzzweck des JArbSchG um den **Gesundheitsschutz von Minderjährigen** geht. Für diesen ist es aber nicht von Bedeutung, ob die Beschäftigung in unselbständiger oder selbständiger Tätigkeit erbracht wird.

Jedenfalls ist aber eine Beschäftigung vom Schutzbereich des JArbSchG erfasst, **20** die zwar **formal selbständig, faktisch aber als Arbeitnehmer** ausgeübt wird. Insofern gilt nichts anderes wie im allgemeinen Arbeitsrecht für die Abgrenzung von selbständiger und unselbständiger Tätigkeit, also für die Frage, wer »Arbeitnehmer« ist. Entscheidend ist nicht die formale Kennzeichnung eines Beschäftigungsverhältnisses als »Selbständiger«, »freier Mitarbeiter« oder was auch immer, sondern der tatsächliche Vertragsinhalt. Wird nach den tatsächlichen Verhältnissen eine abhängige weisungsgebundene Tätigkeit ausgeübt, wird der betreffende Minderjährige vom Schutzbereich des JArbSchG erfasst.

4.4 Das JArbSchG gilt nicht für »geringfügige Hilfeleistungen« i. S. d. § 1 Abs. 2 Nr. 1 JArbSchG

Ausgenommen vom Anwendungsbereich des JArbSchG sind die in § 1 Abs. 2 **21** Nr. 1 a) bis d) JArbSchG **geringfügige Hilfeleistungen**, soweit sie **gelegentlich** erbracht werden
– aus Gefälligkeit (Nr. 1 a) oder
– aufgrund familienrechtlicher Vorschriften (Nr. 1 b) oder
– in Einrichtungen der Jugendhilfe (Nr. 1 c) oder
– in Einrichtungen zur Eingliederung behinderter Menschen (§ 1 Abs. 2 Nr. 1 d).

Eine **Gefälligkeit** wird angenommen, wenn sie uneigennützig erfolgt und sie **22** keine rechtliche Verpflichtung beinhaltet, zum Beispiel beim Einkaufen, Blumengießen, Nachhilfeunterricht oder Baby-Sitting in der Nachbarschaft oder unter Verwandten. Der Umstand, dass häufig solche Gefälligkeiten mit einer »kleinen finanziellen Belohnung« verbunden sind, macht aus der Gefälligkeit noch keine »Beschäftigung« im Sinne des § 1 Abs. 1 JArbSchG.[22] Eine solche »Gefälligkeit« ist aber nicht mehr anzunehmen, wenn der **kommerzielle Aspekt im Vordergrund** steht, wie bei Modeschauen, Casting-Shows und ähnlichen Veranstaltungen. In solchen Fällen fällt es auch schon am Merkmal »geringfügige Hilfeleistung«.[23]

Gelegentliche geringfügige Hilfeleistungen aufgrund **familienrechtlicher Vor-** **23** **schriften** fallen nicht in den Anwendungsbereich des JArbSchG. Gemäß § 1619 BGB ist das Kind, solange es dem elterlichen Hausstand angehört und von den Eltern erzogen oder unterhalten wird, verpflichtet, in einer seinen Kräften und seiner Lebensstellung entsprechenden Weise den Eltern in ihrem Hauswesen und Geschäft Dienste zu leisten.

Vom Anwendungsbereich des JArbSchG sind auch gelegentliche geringfügige **24** Hilfeleistungen ausgenommen, die in **Einrichtungen der Jugendhilfe** erbracht werden. Diese ergeben sich aus dem SGB VIII. Gemeint sind damit insbesondere

---

21 ErfK / *Schlachter* § 1 JArbSchG Rn. 5.
22 ErfK / *Schlachter* § 1 JArbSchG Rn. 14.
23 HK-ArbR-*Poser* § 1 JArbSchG Rn. 20.

Heime, betreute Wohngruppen, Jugendfreizeitheime, Tageseinrichtungen, Schullandheimen.[24]

25 Vom Anwendungsbereich des JArbSchG sind auch gelegentliche geringfügige Hilfeleistungen ausgenommen, die in **Einrichtungen zur Eingliederung Behinderter** erbracht werden. Gemeint damit sind insbesondere Behindertenwerkstätten und Berufsförderungswerke.[25]

4.5 Das JArbSchG gilt nicht für die Beschäftigung durch die Personensorgeberechtigten im Familienhaushalt (§ 1 Abs. 2 Nr. 2 JArbSchG)

26 Ausgenommen vom Anwendungsbereich des JArbSchG ist die **Beschäftigung durch die Personensorgeberechtigten im Familienhaushalt** (§ 1 Abs. 2 Nr. 2 JArbSchG). Gemeint sind insbesondere Hilfen im Haushalt wie Abwaschen, Einkaufen, Putzen, Rasenmähen. Das JArbSchG gilt aber nur dann nicht, wenn die Beschäftigung im »Familienhaushalt« erfolgt. Betreiben die Personensorgeberechtigten ein selbständiges Unternehmen (einen »Familienbetrieb«) und beschäftigen sie dort ihr Kind, findet das JArbSchG Anwendung. Eine Beschäftigung im »Familienhaushalt« liegt auch nicht vor, wenn der Personensorgeberechtigten zu Hause einer Erwerbstätigkeit nachgeht und die Kinder hier mitarbeiten müssen (»Familien-Heimarbeit«). Nach der Gesetzesbegründung soll unter dem Begriff »Familienhaushalt« in der Landwirtschaft »Haus und Hof« zu verstehen sein.[26] Das ist mit dem Schutzzweck des Gesetzes kaum zu vereinbaren.

27 Erforderlich ist eine Beschäftigung durch die »**Personensorgeberechtigten**«. Das Personensorgerecht steht den leiblichen Eltern zu (§ 1626, § 1626a Abs. 1 BGB), und zwar beiden Elternteilen gemeinsam. Bei der Adoption des Kindes übernehmen die Adoptiveltern das Sorgerecht (§ 1754 BGB). Bei Trennung oder Scheidung steht entweder beiden Elternteilen weiterhin gemeinsam das Sorgerecht zu oder aber das Familiengericht überträgt einem Elternteil das Sorgerecht (§ 1671 BGB), so dass der nicht sorgeberechtigte Elternteil in der Konsequenz auch das JArbSchG zu beachten hat.[27]

§ 2 Kind, Jugendlicher

(1) Kind im Sinne dieses Gesetzes ist, wer noch nicht 15 Jahre alt ist.

(2) Jugendlicher im Sinne dieses Gesetzes ist, wer 15, aber noch nicht 18 Jahre alt ist.

(3) Auf Jugendliche, die der Vollzeitschulpflicht unterliegen, finden die für Kinder geltenden Vorschriften Anwendung.

Inhaltsübersicht

Rn.

1. Überblick 1
2. Definitionen nach dem JArbSchG
2.1 Kind 2

24 HK-ArbR-*Poser* § 1 JArbSchG Rn. 23.
25 HK-ArbR-*Poser* § 1 JArbSchG Rn. 24; ErfK/*Schlachter* § 1 JArbSchG Rn. 16.
26 BT-Drucks. 7/4544, S. 4.
27 ErfK/*Schlachter* § 1 JArbSchG Rn. 17.

2.2   Jugendlicher   3
2.3   Vollzeitschulpflichtige Jugendliche   4

1. Überblick

§ 2 JArbSchG definiert den Begriff des Kindes und Jugendlichen im Sinne des   **1**
JArbSchG. Die Abgrenzung hat Bedeutung für die zulässige Beschäftigung von
Kindern einerseits (§ 5 bis § 7 JArbSchG), von Jugendlichen andererseits (§ 8 bis
§ 46 JArbSchG). Für Kinder ist ergänzend die Verordnung über den Kinderarbeitsschutz (KindArbSchV) vom 23. 6. 1998 (BGBl. I S. 1508) zu beachten.

2. Definitionen nach dem JArbSchG

2.1 Kind

§ 2 Abs. 1 JArbSchG definiert als Kind, wer das 15. Lebensjahr noch nicht vollendet   **2**
hat. Die Beschäftigung von Kindern ist grundsätzlich verboten (§ 5 Abs. 1 JArb-
SchG). Ausnahmen ergeben sich aus § 5 JArbSchG und der Kinderarbeitsschutzverordnung sowie bei behördlichen Ausnahmebewilligungen gemäß § 6 JArbSchG.

2.2 Jugendlicher

Jugendlicher ist gemäß § 2 Abs. 2 JArbSchG, wer schon 15 Jahre alt ist, aber das   **3**
18. Lebensjahr noch nicht vollendet hat. Mit dem 18. Geburtstag tritt die Volljährigkeit des Jugendlichen ein. Für Volljährige gelten nicht mehr die Schutzbestimmungen des JArbSchG.

2.3 Vollzeitschulpflichtige Jugendliche

Mit § 2 Abs. 3 JArbSchG sollen Doppelbelastungen von Jugendlichen, die der   **4**
Vollzeitschulpflicht in Deutschland unterliegen, durch Schule und Erwerbstätigkeit verhindert werden.[1] Auf Jugendliche, die der Vollzeitschulpflicht un-
terliegen, finden die für Kinder geltenden Vorschriften Anwendung, diese
Jugendlichen gelten quasi noch als Kinder im Sinne des JArbSchG. Wann die
Vollzeitschulpflicht beendet ist, richtet sich nach den Schulgesetzen der Bun-
desländer. Sie beträgt entweder neun Schuljahre, in Berlin, Bremen, Branden-
burg und Nordrhein-Westfalen zehn Schuljahre.[2]
Nach Ende der Vollzeitschulpflicht endet der Schutz durch § 2 Abs. 3 JArbSchG.   **5**
Dabei spielt es keine Rolle, ob der Jugendliche weiter zur Schule geht oder nicht.
Er fällt ab diesem Zeitpunkt unter § 2 Abs. 2 JArbSchG und kann nach Maßgabe
des § 7 JArbSchG einer Arbeit nachgehen.

§ 3 Arbeitgeber

**Arbeitgeber im Sinne dieses Gesetzes ist, wer ein Kind oder einen Jugendlichen
gemäß § 1 beschäftigt.**

---

1 ErfK / *Schlachter* § 2 JArbSchG Rn. 3.
2 HK-ArbR-*Poser* § 2 JArbSchG Rn. 3; ErfK / *Schlachter* § 2 JArbSchG Rn. 3; HWK / *Tillmanns*
 § 2 JArbSchG Rn. 2.

1 § 3 JArbSchG regelt, wer Arbeitgeber und damit nach dem JArbSchG verpflichtet ist. Arbeitgeber ist jede natürliche oder juristische Person, die mindestens ein Kind oder einen Jugendlichen gemäß § 1 JArbSchG »beschäftigt«. Da auf die tatsächliche Beschäftigung abgestellt wird, kommt es nicht darauf an, ob der Beschäftigung ein rechtwirksamer Vertrag zugrunde liegt, etwa ein rechtswirksames Arbeitsverhältnis. Mit der Anknüpfung an dem Begriff der »Beschäftigung« ist der Arbeitgeberbegriff des JArbSchG weiter gefasst als der des allgemeinen Arbeitsrechts. Es gilt ein **funktioneller Arbeitgeberbegriff**. Es kommt auf die tatsächliche Beschäftigung an, auf die tatsächliche Funktion im Verhältnis zum Kind oder Jugendlichen, nicht auf den Rechtsstatus. Arbeitgeber im Sinne des JArbSchG ist der, der Kinder und Jugendliche in einem Berufsausbildungsverhältnis oder in Heimarbeit beschäftigt oder sonst in einem abhängigen Beschäftigungsverhältnis beschäftigt.[1] Auch ein Arbeitnehmer, der sich von einem Kind oder Jugendlichen helfen lässt und hier Weisungen erteilt, ist Arbeitgeber im Sinne des JArbSchG.[2]

2 Auch Personalleiter, Ausbildungsleiter, Ausbilder oder Betriebsleiter gelten als funktioneller Arbeitgeber im Sinne des JArbSchG, wenn sie eine Weisungsbefugnis gegenüber dem Kind oder Jugendlichen ausüben. Gleiches gilt für die vertretungsberechtigten Organe einer juristischen Person oder die Gesellschafter einer Personenhandelsgesellschaft.[3] In Leiharbeitsverhältnissen ist sowohl der Verleiher als auch der Entleiher Arbeitgeber im Sinne des JArbSchG. Bei der Heimarbeit ist der Auftraggeber Arbeitgeber im Sinne des JArbSchG. Gibt der Zwischenmeister die Heimarbeit an ein Kind oder einen Jugendlichen weiter, ist dieser ebenfalls Arbeitgeber im Sinne des JArbSchG.

§ 4 Arbeitszeit

(1) Tägliche Arbeitszeit ist die Zeit vom Beginn bis zum Ende der täglichen Beschäftigung ohne die Ruhepausen (§ 11).

(2) Schichtzeit ist die tägliche Arbeitszeit unter Hinzurechnung der Ruhepausen (§ 11).

(3) Im Bergbau unter Tage gilt die Schichtzeit als Arbeitszeit. Sie wird gerechnet vom Betreten des Förderkorbs bei der Einfahrt bis zum Verlassen des Förderkorbs bei der Ausfahrt oder vom Eintritt des einzelnen Beschäftigten in das Stollenmundloch bis zu seinem Wiederaustritt.

(4) Für die Berechnung der wöchentlichen Arbeitszeit ist als Woche die Zeit von Montag bis einschließlich Sonntag zugrunde zu legen. Die Arbeitszeit, die an einem Werktag infolge eines gesetzlichen Feiertags ausfällt, wird auf die wöchentliche Arbeitszeit angerechnet.

(5) Wird ein Kind oder ein Jugendlicher von mehreren Arbeitgebern beschäftigt, so werden die Arbeits- und Schichtzeiten sowie die Arbeitstage zusammengerechnet.

Inhaltsübersicht   Rn.

1.   Überblick   1
2.   Tägliche Arbeitszeit   2

---

1 ErfK / *Schlachter* § 3 JArbSchG Rn. 1.
2 OVG Münster 17.2.1986, 12 A 1453/85, NJW 1987, 1443.
3 HK-ArbR-*Poser* § 3 JArbSchG Rn. 1; ErfK / *Schlachter* § 3 JArbSchG Rn. 1.

2.	Schichtzeit	12
3.	Bergbau unter Tage	13
4.	Berechnung der wöchentlichen Arbeitszeit	14
5.	Gesetzlicher Feiertag und Wochenarbeitszeit	15
6.	Mehrere Arbeitgeber	18

1. Überblick

§ 4 JArbSchG definiert den für die nachfolgenden Vorschriften maßgeblichen **1**
Begriff der Arbeitszeit und damit im Zusammenhang stehende Begriffe. Unabhängig von dieser Begriffsdefinition im JArbSchG sind die Rechte des Betriebsrats zu sehen. Der **Betriebsrat** hat gemäß § 87 Abs. 1 Nr. 2 BetrVG ein **Mitbestimmungsrecht** im Hinblick auf den Beginn und das Ende der täglichen Arbeitszeit. Das umfasst auch Pausenregelungen und die Verteilung der Arbeitszeit auf die einzelnen Wochentage. Das Mitbestimmungsrecht bezieht sich auch auf die Einführung und konkrete Ausgestaltung verschiedener Arbeitszeitsysteme, wie Gleitzeit, Schichtarbeit, Arbeitszeitkonten. Für den **Personalrat** ergibt sich das Mitbestimmungsrecht aus § 75 Abs. 3 Nr. 1 BPersVG.

2. Tägliche Arbeitszeit

Tägliche Arbeitszeit ist die Zeit vom Beginn bis zum Ende der täglichen Be- **2**
schäftigung ohne die Ruhepausen (§ 4 Abs. 1 JArbSchG). Hinsichtlich der Ruhepausen wird verwiesen auf § 11 JArbSchG. Die Definition der Arbeitszeit entspricht § 2 Abs. 1 Satz 1 ArbZG. Die zulässige Dauer der täglichen Arbeitszeit folgt aus § 8 JArbSchG.

Ob **Arbeitszeit** vorliegt, richtet sich nicht zwingend danach, ob der Jugendliche **3**
tatsächlich eine Arbeitsleistung erbringt oder beschäftigt wird, sondern danach, ob er sich an einem vom Arbeitgeber vorgegebenen Ort bereithalten muss, um gegebenenfalls Arbeitsleistung zu erbringen. Zur Arbeitszeit gehört auch die **Zeit des Wartens auf Arbeit**, wenn zum Beispiel der Materialnachschub stockt oder im Einzelhandel gerade kein Kunde im Laden ist (vgl. zur Arbeitsbereitschaft und zum Bereitschaftsdienst Rn. 9). Die Zeit der Arbeitsunterbrechung durch Ruhepausen (§ 11 JArbSchG) ist durch die ausdrückliche Regelung in § 4 Abs. 1 JArbSchG von der Arbeitszeit ausgenommen.

Betriebliche Ausbildungsmaßnahmen sowie zusätzlicher im Betrieb angebo- **4**
tener **theoretischer Unterricht** und **Praxislehrgänge** gehören zur ebenfalls Arbeitszeit (vgl. zu außerbetrieblichen Ausbildungsmaßnahmen und Prüfungen § 10 JArbSchG, zum Berufsschulunterricht § 9 JArbSchG).

Auch **Vor- und Abschlussarbeiten** gehören zur Arbeitszeit im Sinne des § 4 **5**
Abs. 1 JArbSchG. Vor- und Abschlussarbeiten sind Reinigungs- oder Instandhaltungsarbeiten und Arbeiten zur Erhaltung der betrieblichen Funktion. Die Reinigung des Arbeitsplatzes und der Maschinen gehört damit zu Arbeitszeit.[1]

Umkleidezeiten gehören normalerweise nicht zur Arbeitszeit. Ausnahmsweise **6**
gehören sie zur vertraglich geschuldeten Arbeitsleistung, wenn das Umkleiden einem fremden Bedürfnis dient und nicht zugleich ein eigenes Bedürfnis erfüllt. Selbst das Ankleiden mit vorgeschriebener Dienstkleidung ist in der Regel nicht lediglich fremdnützig (weil auch das eigene Bedürfnis, Kleidung zu tragen,

---

1 ErfK / *Schlachter* § 4 JArbSchG Rn. 4.

befriedigt wird) und damit keine Arbeitszeit, wenn sie zu Hause angelegt und – ohne besonders auffällig zu sein – auch auf dem Weg zur Arbeitsstätte getragen werden kann.[2] Ist die vorgeschriebene Dienstkleidung jedoch besonders auffällig, ist es allein im Interesse des Arbeitgebers diese zu tragen. Die Zeit, die hierfür aufgewendet, ist in diesen Fällen Arbeitszeit.

7 Zur Arbeitszeit im arbeitsschutzrechtlichen Sinne gehören betrieblich veranlasste **Wegezeiten**, die durch die Beförderung jugendlicher Arbeitnehmer vom Betrieb zu einer anderen Arbeitsstätte anfallen[3] oder die Zeit für den Weg zwischen dem Betrieb und einer außerbetrieblichen Ausbildungsstätte oder auch die Zeit von einer Arbeitsstelle (oder Baustelle) zur nächsten (etwa bei Monteursarbeiten) oder bei Außendienstarbeiten von einem Kunden zum nächsten, *nicht* aber sonstige Wegezeiten von zu Hause zum Betrieb oder der Nachhauseweg.[4] Hat der Jugendliche auf Weisung des Arbeitgebers die Arbeit nicht im Betrieb aufzunehmen, sondern an einer Montage- oder Baustelle, zählt die von ihm dafür benötigte Wegezeit dann als Arbeitszeit im Sinne des § 4 Abs. 1 JArbSchG, wenn und soweit die dafür aufgewandte Zeit über die Zeit hinausgeht, die der Jugendliche normalerweise von seiner Wohnung bis zum Betrieb oder zur üblichen Arbeitsstätte benötigt.[5]

8 Ein Jugendlicher, der sich in einer betrieblichen Ausbildung befindet, ist für die Teilnahme am **Berufsschulunterricht** und **Prüfungen** gemäß § 9 JArbSchG freizustellen. Die Wegezeiten zur Berufsschule gehören ebenfalls zum Freistellungszeitraum.[6] Diese Zeiten fallen begrifflich nicht unter die »Arbeitszeit«, sind aber auf die Arbeitszeit nach näherer Maßgabe der § 9 und § 10 JArbSchG anzurechnen.[7]

9 Zur Arbeitszeit gehören auch der Bereitschaftsdienst und die Arbeitsbereitschaft.[8] Von **Bereitschaftsdienst** spricht man, wenn der Arbeitnehmer sich an einer vom Arbeitgeber bestimmten Stelle innerhalb oder außerhalb des Betriebes aufzuhalten hat, um, sobald es notwendig ist, die Arbeit aufzunehmen.[9] Die inaktiven Zeiten des Bereitschaftsdienstes sind keine **Pausen** im Sinne des § 11 JArbSchG. Beim Bereitschaftsdienst kann der Arbeitgeber den Aufenthaltsort des Arbeitnehmers bestimmen und ihn jederzeit einsetzen. Der Arbeitnehmer kann nicht frei darüber verfügen, wo und wie er die inaktiven Zeiten verbringt. Deshalb ist es keine »Ruhepause« im Sinne des Arbeitszeitrechts. **Ruhepausen** sind im **Voraus festgelegte Unterbrechungen der Arbeitszeit**, in denen der Arbeitnehmer weder Arbeit zu leisten noch sich dafür bereitzuhalten hat, sondern frei darüber entscheiden kann, wo und wie er diese Zeit verbringen will. Entscheidendes Merkmal für die Pause ist mithin, dass der Arbeitnehmer von jeder Arbeitsverpflichtung und auch von jeder Verpflichtung, sich zur Arbeit bereitzuhalten, freigestellt ist.[10]

---

2 BAG 11.10.2000, 5 AZR 122/99, NZA 2001, 458, 460.
3 BayOLG 23.3.1992, 3 ObOWi 18/92, NZA 1992, 811.
4 *Taubert* JArbSchG § 4 Rn. 9; *Zmarzlik* MünchArbR § 232 Rn. 7.
5 *Zmarzlik* MünchArbR § 232 Rn. 7.
6 BAG 26.3.2001, 5 AZR 413/99, NZA 2001, 892.
7 ErfK/*Schlachter* § 4 JArbSchG Rn. 4.
8 BAG 16.12.2009, 5 AZR 157/09, NZA 2010, 505; BAG 15.7.2009, 5 AZR 867/08, NZA 2009, 1366, 1367; BAG 16.3.2004, 9 AZR 93/03 NZA 2004, 927; BAG 18.2.2003, 1 ABR 2/02, NZA 2003, 742.
9 BAG 22.11.2000, 4 AZR 612/99, NZA 2001, 451.
10 BAG 16.12.2009, 5 AZR 157/09, NZA 2010, 505; BAG 29.10.2002, 1 AZR 603/01, NZA 2003, 1212.

Bei der **Arbeitsbereitschaft** ist der Arbeitnehmer an der Arbeitsstelle anwesend und muss jederzeit bereit sein, die Arbeit aufzunehmen oder in den Arbeitsprozess einzugreifen (zum Beispiel Arbeit des Pförtners oder ansonsten beim Warten auf Zuarbeiten, auf Anweisungen oder Material). Arbeitszeitrechtlich ist mittlerweile die Unterscheidung zwischen »Bereitschaftsdienst« und »Arbeitsbereitschaft« ohne Bedeutung. Beides ist Arbeitszeit.

Anders ist es bei der Rufbereitschaft. Bei der **Rufbereitschaft** befindet sich **10** Arbeitnehmer an einem von ihm selbst bestimmten Ort, er muss aber für den Arbeitgeber erreichbar sein und sich auf Abruf zur Arbeit bereithalten. Die Rufbereitschaft ist, soweit der Arbeitnehmer nicht zur Arbeit gerufen wird, **keine Arbeitszeit**, weil der Arbeitnehmer für den Arbeitgeber zwar erreichbar sein muss, jedoch frei darin ist, wo er sich konkret aufhält.[11] Wird der Arbeitnehmer zur Arbeit herangezogen, ist die Zeit, in der er Arbeitstätigkeiten ausübt, selbstverständlich Arbeitszeit. Für Jugendliche wird zum Teil angenommen, dass auch die Rufbereitschaft zur Arbeitszeit zählt.[12] Das soll folgen aus dem Schutzzweck des JArbSchG. Der Jugendliche soll vor Einschränkungen seiner freien Zeit geschützt werden. Dem kann aus rechtssystematischen Gründen nicht gefolgt werden. Bei der Auslegung des Begriffs der Arbeitszeit in den Arbeitszeitschutzbestimmungen kann nicht danach differenziert werden, ob es sich um minder- oder volljährige Arbeitnehmer handelt. Will der Gesetzgeber eine Personengruppe besonders schützen, hier Jugendliche, muss er das ausdrücklich regeln und kann nicht ohne ausdrückliche Regelung in das Gesetz »hineingelesen« werden.

Im Berufsausbildungsverhältnis hat der Ausbildende den Auszubildenden zum **11** Führen von **schriftlichen Ausbildungsnachweisen (Berichtsheften)** anzuhalten, soweit solche im Rahmen der Berufsausbildung verlangt werden, und diese durchzusehen (§ 14 Abs. 1 Nr. 4 BBiG). Das Führen der schriftlichen Ausbildungsnachweisen ist Voraussetzung für die Zulassung zur Abschlussprüfung (§ 43 Abs. 1 Nr. 2 BBiG). Die Berichtshefte / Ausbildungsnachweise sollen stichpunktartig den sachlichen und zeitlichen Ablauf der Ausbildung wiedergeben. Zwar besteht nach dem BBiG kein Anspruch, den schriftlichen Ausbildungsnachweis **während der betrieblichen Ausbildungszeit** zu führen.[13] Jedoch verpflichten die seit 1974 erlassenen Ausbildungsordnungen den Ausbildenden, dem Auszubildenden während der Arbeitszeit / betrieblichen Ausbildungszeit Gelegenheit zum Anfertigen der Berichtshefte / Ausbildungsnachweise zu geben.

2. Schichtzeit

Schichtzeit ist die tägliche Arbeitszeit unter Hinzurechnung der Ruhepausen **12** (§ 4 Abs. 2 JArbSchG). Auch wenn innerhalb der Schichtzeit eine mehrstündige Pause liegt, in der der Jugendliche den Arbeitsplatz verlassen darf, gilt die tägliche Arbeitszeit dadurch nicht als unterbrochen.[14] Die zulässige Dauer der Schichtzeit ergibt sich aus § 12 JArbSchG.

---

11 *Molitor/Volmer/Germelmann* JArbSchG § 4 Rn. 14; ErfK / *Schlachter* § 4 JArbSchG Rn. 3; ErfK / *Wank* § 3 ArbZG Rn. 30.
12 *Taubert* JArbSchG § 4 Rn. 5; *Zmarzlik/Anzinger* JArbSchG § 4 Rn. 10.
13 BAG 11.1.1973, 5 AZR 467/72, AP BBiG § 6 Nr. 1 = EzB BBiG § 6 Abs. 1 Nr. 4, Nr. 1.
14 BayOLG 28.1.1982, 3 Ob OWi 213/81, DB 1982, 1680.

3. Bergbau unter Tage

13 Im Bergbau unter Tage gilt die Schichtzeit als Arbeitszeit (§ 4 Abs. 3 Satz 1 JArbSchG). Sie wird gerechnet vom Betreten des Förderkorbs bei der Einfahrt bis zum Verlassen des Förderkorbs bei der Ausfahrt oder vom Eintritt des einzelnen Beschäftigten in das Stollenmundloch bis zu seinem Wiederaustritt (§ 4 Abs. 3 Satz 2 JArbSchG). Das Stollenmundloch ist die Öffnung, also der Eingang des Stollens. Die Ruhepausen werden hier auf die Arbeitszeit angerechnet, wie sich aus § 4 Abs. 2 JArbSchG ergibt. Aus der Regelung folgt, dass im Bergbau unter Tage die Entgegennahme und das Abgeben von Werkzeug, das Umkleiden und Waschen über Tage und ähnliche Vorbereitungs- und Abschlussarbeiten nicht zur Arbeitszeit gehören.[15] Die Gleichsetzung von Arbeitszeit und Schichtzeit gilt nur für den Bergbau unter Tage. Mit Bergbau unter Tage ist nicht nur der Steinkohlenbergbau gemeint, sondern jede bergbauliche Tätigkeit unter Tage im Sinne des Bundesberggesetzes, also auch der Erz- und Kalibergbau.[16] Erhalten jugendliche Bergbaulehrlinge im Anschluss an den Berufsschulunterricht einen zur Teilnahme verpflichtenden Sportunterricht, dann ist auch diese Zeit Arbeitszeit im Sinne des JArbSchG und als solche auch zu vergüten.[17]

4. Berechnung der wöchentlichen Arbeitszeit

14 Für die Berechnung der wöchentlichen Arbeitszeit ist als Woche die Zeit von Montag bis einschließlich Sonntag zugrunde zu legen (§ 4 Abs. 4 Satz 1 JArbSchG). Die Regelung ist im Zusammenhang zu sehen mit § 8 Abs. 1 und § 15 JArbSchG. Die gesetzliche Höchstarbeitszeit für Jugendliche beträgt 40 Stunden wöchentlich, und zwar an fünf Tagen in der Woche (§ 15 JArbSchG). § 4 Abs. 4 Satz 1 JArbSchG hat Bedeutung, wenn ausnahmsweise die fünf Tage auch am Samstag oder Sonntag erbracht werden dürfen (§ 16, § 17 JArbSchG). Die Samstags- oder Sonntagsarbeit ist also mit einzubeziehen in die 40-Stunden-Woche an fünf Tagen.

5. Gesetzlicher Feiertag und Wochenarbeitszeit

15 Die Arbeitszeit, die an einem Werktag infolge eines gesetzlichen Feiertags ausfällt, wird auf die wöchentliche Arbeitszeit angerechnet (§ 4 Abs. 4 Satz 2 JArbSchG). Vgl. zu den gesetzlichen Feiertagen § 18 JArbSchG. Das gilt auch dann, wenn der gesetzliche Feiertag auf einen Sonntag fällt und der Jugendliche an Sonntagen gemäß § 17 Abs. 2 und 3 JArbSchG arbeiten darf. Zwar ist ausdrücklich in dieser Bestimmung nur von Arbeitszeit die Rede, die an einem Werktag wegen eines gesetzlichen Feiertages ausfällt; diese Regelung muss aber auch in den Fällen gelten, in denen normalerweise sonntags gearbeitet werden müsste, jedoch wegen eines gesetzlichen Feiertages (zum Beispiel am Ostersonntag oder Pfingstsonntag) die Arbeit an diesem Tag ausfällt.[18]

16 Nur die tatsächliche Arbeitszeit, die ausfällt, wird auf die wöchentliche Arbeitszeit angerechnet und ist nach dem Lohnausfallprinzip so zu vergüten, wie wenn

---

15 ErfK / *Schlachter* § 4 JArbSchG Rn. 5.
16 *Molitor/Volmer/Germelmann* JArbSchG § 4 Rn. 26; *Zmarzlik/Anzinger* JArbSchG § 4 Rn. 27.
17 LAG Hamm 9.4.1963, 3 Sa 73/63, BB 1964, 261.
18 ErfK / *Schlachter* § 4 JArbSchG Rn. 6; *Zmarzlik/Anzinger* JArbSchG § 4 Rn. 30.

gearbeitet worden wäre. Eine Umgehung der Bestimmung, etwa durch Verlegung der Arbeitszeit auf andere Tage, wäre unzulässig.[19]

Fällt durch einen Feiertag ein Berufsschultag aus, dann gilt für die Anrechnung **17** § 9 Abs. 2 Nr. 1 JArbSchG. Da gemäß § 4 Abs. 4 JArbSchG nur die tatsächlich ausfallende Arbeitszeit anzurechnen ist, ist bei der Anrechnung des Berufsschulunterrichts gemäß § 9 JArbSchG auf die Dauer des an dem betreffenden Tag vorgesehenen planmäßigen Berufsschulunterricht abzustellen. Hätte der Tag mehr als fünf Unterrichtsstunden von mindestens 45 Minuten im Sinne des § 9 Abs. 1 Nr. 2 JArbSchG gehabt und wäre es der einzige Berufsschultag in der Woche, ist gemäß § 9 Abs. 2 JArbSchG dieser Berufsschultag auf die Arbeitszeit mit acht Stunden anzurechnen. In den anderen Fällen gemäß § 9 Abs. 2 Nr. 3 JArbSchG ist die tatsächliche Unterrichtszeit einschließlich der Pausen anzurechnen.[20]

6. Mehrere Arbeitgeber

Wird ein Kind oder ein Jugendlicher von mehreren Arbeitgebern beschäftigt, so **18** werden die Arbeits- und Schichtzeiten sowie die Arbeitstage zusammengerechnet (§ 4 Abs. 5 JArbSchG). Dadurch soll eine **Umgehung der Schutzbestimmungen** des JArbSchG verhindert werden.[21] Auch bei mehreren Beschäftigungsverhältnissen darf der Jugendliche insgesamt nur acht Stunden täglich und 40 Stunden wöchentlich an insgesamt fünf Tagen in der Woche arbeiten. Die Arbeitszeit darf einschließlich der Pausen die Grenze des § 12 JArbSchG nicht überschreiten, da auch die Schichtzeit bei der Beschäftigung durch mehrere Arbeitgeber zusammengerechnet wird. Eine Zusammenrechnung erfolgt auch bezüglich der Arbeitstage, so dass gemäß § 15 JArbSchG ein Jugendlicher auch von mehreren Arbeitgebern nur insgesamt fünf Tage in der Woche beschäftigt werden darf.

Eine weitere zeitliche Beschränkung, Jugendliche bei mehreren Arbeitgebern **19** tätig werden zu lassen, ergibt sich aus der Berufsschulpflicht und aus der Anrechnungsbestimmung des § 9 Abs. 2 JArbSchG. Von den 40 Stunden, die ein Jugendlicher bei mehreren Arbeitgebern maximal tätig sein kann, müssen nämlich bei Berufsschulpflicht gemäß § 9 Abs. 2 JArbSchG entweder acht Stunden oder aber die tatsächliche Zeit des Berufsschulunterrichts abgezogen werden. Unabhängig von der Anrechnungsbestimmung ist das Verbot des § 9 Abs. 1 Satz 2 Nr. 2 JArbSchG zu beachten, nach dem ein Jugendlicher von einem Arbeitgeber an dem Tag nicht mehr beschäftigt werden darf, bei dem der Berufsschulunterricht einschließlich der Pausen mindestens fünf Stunden beträgt.

Die Pflicht zur Beachtung der gesetzlichen Bestimmungen, etwa der höchst- **20** zulässigen Wochenarbeitszeit von 40 Stunden, trifft vor allem den zweiten Arbeitgeber. Um sicherzustellen, dass die Vorgabe des § 4 Abs. 5 JArbSchG nicht umgangen wird, haben die Arbeitgeber jeweils eine **Erkundigungspflicht**, ob der Jugendliche eine weitere Beschäftigung bei einem anderen Arbeitgeber ausübt. Gegebenenfalls kann auch die Aufsichtsbehörde eine Anordnung erlassen, dass der Zweitarbeitgeber die Anschriften der Hauptarbeitgeber von Aus-

---

19 *Zmarzlik/Anzinger* JArbSchG § 4 Rn. 33.
20 *Taubert* JArbSchG § 4 Rn. 18; *Zmarzlik/Anzinger* JArbSchG § 4 Rn. 34.
21 *Molitor/Volmer/Germelmann* JArbSchG § 4 Rn. 40.

hilfskräften aufzulisten und die Liste auf Verlangen der Behörde zugänglich zu machen hat.[22]

Zweiter Abschnitt
Beschäftigung von Kindern

§ 5 Verbot der Beschäftigung von Kindern

(1) Die Beschäftigung von Kindern (§ 2 Abs. 1) ist verboten.

(2) Das Verbot des Absatzes 1 gilt nicht für die Beschäftigung von Kindern

1. zum Zwecke der Beschäftigungs- und Arbeitstherapie,
2. im Rahmen des Betriebspraktikums während der Vollzeitschulpflicht,
3. in Erfüllung einer richterlichen Weisung.

Auf die Beschäftigung finden § 7 Satz 1 Nr. 2 und die §§ 9 bis 46 entsprechende Anwendung.

(3) Das Verbot des Absatzes 1 gilt ferner nicht für die Beschäftigung von Kindern über 13 Jahre mit Einwilligung des Personensorgeberechtigten, soweit die Beschäftigung leicht und für Kinder geeignet ist. Die Beschäftigung ist leicht, wenn sie auf Grund ihrer Beschaffenheit und der besonderen Bedingungen, unter denen sie ausgeführt wird,

1. die Sicherheit, Gesundheit und Entwicklung der Kinder,
2. ihren Schulbesuch, ihre Beteiligung an Maßnahmen zur Berufswahlvorbereitung oder Berufsausbildung, die von der zuständigen Stelle anerkannt sind, und
3. ihre Fähigkeit, dem Unterricht mit Nutzen zu folgen,

nicht nachteilig beeinflusst. Die Kinder dürfen nicht mehr als zwei Stunden täglich, in landwirtschaftlichen Familienbetrieben nicht mehr als drei Stunden täglich, nicht zwischen 18 und 8 Uhr, nicht vor dem Schulunterricht und nicht während des Schulunterrichts beschäftigt werden. Auf die Beschäftigung finden die §§ 15 bis 31 entsprechende Anwendung.

(4) Das Verbot des Absatzes 1 gilt ferner nicht für die Beschäftigung von Jugendlichen (§ 2 Abs. 3) während der Schulferien für höchstens vier Wochen im Kalenderjahr. Auf die Beschäftigung finden die §§ 8 bis 31 entsprechende Anwendung.

(4a) Die Bundesregierung hat durch Rechtsverordnung mit Zustimmung des Bundesrates die Beschäftigung nach Absatz 3 näher zu bestimmen.

(4b) Der Arbeitgeber unterrichtet die Personensorgeberechtigten der von ihm beschäftigten Kinder über mögliche Gefahren sowie über alle zu ihrer Sicherheit und ihrem Gesundheitsschutz getroffenen Maßnahmen.

(5) Für Veranstaltungen kann die Aufsichtsbehörde Ausnahmen gemäß § 6 bewilligen.

Inhaltsübersicht   Rn.

1.   Grundsatz: Verbot der Kinderarbeit   1
2.   Ausnahmen vom Verbot der Kinderarbeit
2.1   Beschäftigung zum Zwecke der Beschäftigungs- und Arbeitstherapie . . .   8

---

22 BVerwG 4.7.1989, 1 C 3/87, NJW 1990, 529.

2.2   Beschäftigung im Rahmen des Betriebspraktikums während der
        Vollzeitschulpflicht   9
2.3   Beschäftigung in Erfüllung einer richterlichen Weisung   11
2.4   Ausnahme für leichte und für Kinder geeignete Tätigkeiten (KindArbSchV)   13
2.5   Ausnahme für Jugendliche in den Schulferien   30
2.6   Ausnahmen durch Genehmigung der Aufsichtsbehörde   31
3.   Unterrichtungspflicht des Arbeitgebers   32

1. Grundsatz: Verbot der Kinderarbeit

§ 5 Abs. 1 JArbSchG stellt den Grundsatz auf: Die Beschäftigung von **Kindern** **1**
(wer noch nicht 15 Jahre alt ist, § 2 Abs. 1 JArbSchG) ist verboten. Wegen § 5
Abs. 3 JArbSchG gilt das auch für **Jugendliche, die der Vollzeitschulpflicht
unterliegen**, denn für diese finden die für Kinder geltenden Vorschriften ebenfalls Anwendung. Auch für diese gilt grundsätzlich das Beschäftigungsverbot
gemäß § 5 Abs. 1 JArbSchG, erstreckt sich also auf einen erheblichen Personenkreis, weil die Vollzeitschulpflicht nach den Schulgesetzen der Länder 15-Jäh-
rige, vielfach auch die 16-Jährigen betrifft.

Das generelle Verbot der Kinderarbeit gilt für jede **Beschäftigung,** die unter § 1 **2**
Abs. 1 JArbSchG fällt und nicht von den Ausnahmen des § 1 Abs. 2 JArbSchG
erfasst ist. Unerheblich ist es, ob eine Vergütung gezahlt wird oder nicht, ob ein
Vertrag geschlossen wurde oder nicht. Bei »selbständiger Tätigkeit« des Kindes ist
gegebenenfalls zu prüfen, ob eine Umgehung des Gesetzes vorliegt. Abzustellen
ist auf die tatsächliche Handhabung, ob also eine weisungsabhängige Beschäftigung stattfindet, nicht auf die formale Vertragsgestaltung. Das Verbot der Kinderarbeit gilt auch in Notfällen. § 21 JArbSchG lässt in den dort genannten Notfall-
situationen nur eine Beschäftigung Jugendlicher, nicht aber von Kindern zu.

Ausnahmen von dem grundsätzlichen Beschäftigungsverbot ergeben sich aus **3**
§ 5 Abs. 2 bis 4 JArbSchG und gemäß § 6 JArbSchG, im letzteren Fall ist jedoch
eine behördliche Ausnahmebewilligung zwingende Voraussetzung.

Die Regelung zur Beschäftigung von Kindern sind durch das Zweite Gesetz zur **4**
Änderung des Jugendarbeitsschutzgesetzes vom 24. Februar 1997 (BGBl. I
S. 311) geändert worden, weil die Richtlinie 94/33/EG des Rates vom 22. Juni
1994 über den Jugendarbeitsschutz (**Jugendarbeitsschutz-Richtlinie**) in natio-
nales Recht umgesetzt werden musste. Die Jugendarbeitsschutz-Richtlinie lässt
eine Beschäftigung von Kindern ab 13 Jahren nur mit leichten und für Kinder
geeigneten Arbeiten zu. Entsprechend der Jugendarbeitsschutz-Richtlinie sind
diese Arbeiten in § 5 Abs. 3 JArbSchG in genereller Form festgelegt worden.
Durch diese gesetzlichen Festlegungen ist der Schutz der Kinder ab 13 Jahren
aber nicht in ausreichendem Umfang sichergestellt gewesen. Die in § 5 Abs. 4a
JArbSchG eingefügte **Rechtsverordnungsermächtigung** verpflichtete daher die
Bundesregierung, durch Rechtsverordnung mit Zustimmung des Bundesrates
die Beschäftigung mit leichten und für Kinder geeigneten Arbeiten näher zu
bestimmen. Die Ausnahmen gemäß § 5 Abs. 3 JArbSchG sind also durch die
Verordnung über den Kinderarbeitsschutz (KindArbSchV) vom 23.6.1998
(BGBl. I, 1508) konkretisiert worden, so dass § 5 JArbSchG stets im Zusammenhang mit der KindArbSchV gelesen werden muss. Die KindArbSchV wird
deshalb in der nachfolgenden Kommentierung berücksichtigt.

Entsprechend der Zielsetzung des generellen Kinderarbeitsverbots (mit Aus- **5**
nahmen) werden durch die KindArbSchV nur bestimmte Tätigkeiten zugelas-

sen, nämlich solche, die für Kinder als üblich und gesellschaftlich anerkannt angesehen werden, wie beispielsweise das Erledigen von Einkäufen oder das Erteilen von Nachhilfeunterricht. Zudem werden die Tätigkeiten nur zeitlich begrenzt bis maximal 2 Stunden täglich und maximal 10 Stunden wöchentlich zugelassen. **Verboten ist eine Beschäftigung in der gewerblichen Wirtschaft, in der Produktion, im Handel und im Dienstleistungsgewerbe,** obwohl es auch in diesen Bereichen vereinzelt leichte Arbeiten für Kinder über 13 Jahren geben mag. Grundsätzlich sind jedoch Arbeiten in diesen Bereichen für Kinder nicht geeignet, da auch solche »leichte« Arbeiten durch den im Arbeitsleben bestehenden Zeitdruck, durch die Notwendigkeit zur Zusammenarbeit mit Erwachsenen und das Erfordernis einer Arbeit an Maschinen zu einer Belastung der Kinder über 13 Jahren führen, die in diesem Lebensabschnitt grundsätzlich nicht zumutbar ist. Hiervon ausgenommen bleibt die gewerbliche Tätigkeit des Austragens von Zeitungen, Zeitschriften, Anzeigenblättern und von Werbematerial (bis maximal 2 Stunden täglich und maximal 10 Stunden wöchentlich), die seit Jahrzehnten von Kindern über 13 Jahren ausgeübt wird und – mit Einschränkungen hinsichtlich der manuellen Handhabung von Lasten – auch weiterhin ausgeübt werden kann.

6   Der durch die KindArbSchV umschriebene Kinderarbeitsschutz umfasst die **Beschäftigung mit leichten und für Kinder geeigneten Arbeiten** im Sinne des § 5 Abs. 3 JArbSchG. Dabei beschränkt sich die Rechtsverordnung auf die Benennung der zulässigen Beschäftigungen, wiederholt also nicht Regelungen, die bereits im Jugendarbeitsschutzgesetz enthalten sind. Unberührt von der Rechtsverordnung bleiben deshalb die Beschäftigungen, die durch andere Vorschriften des Jugendarbeitsschutzgesetzes zugelassen sind (vgl. § 1 Rn. 9 ff.).

7   Wer als Arbeitgeber entgegen § 5 Abs. 1 oder Abs. 3 JArbSchG ein Kind oder einen Jugendlichen, der der Vollzeitschulpflicht unterliegt, in anderer als der zugelassenen Weise beschäftigt, begeht eine **Ordnungswidrigkeit,** die mit einer Geldbuße geahndet werden kann (§ 58 Abs. 1 Nr. 1 und 2 JArbSchG), unter Umständen ist das sogar strafbar (§ 58 Abs. 5 und 6 JArbSchG).

2. Ausnahmen vom Verbot der Kinderarbeit

2.1 Beschäftigung zum Zwecke der Beschäftigungs- und Arbeitstherapie

8   Vom Verbot der Kinderarbeit ausgenommen ist die Beschäftigung von Kindern zum Zwecke der Beschäftigungs- und Arbeitstherapie (§ 5 Abs. 2 Satz 1 Nr. 1 JArbSchG). Diese Ausnahmeregelung bezieht sich auf Kinder und vollzeitschulpflichtige Jugendliche, die sich wegen einer Erkrankung (Drogenabhängigkeit, Geisteskrankheit) oder Behinderung einer Therapie unterziehen, deren Zweck in der Förderung der späteren Berufsfähigkeit liegt. Vorausgesetzt ist nicht, dass das Kind in einer Einrichtung untergebracht ist.

2.2 Beschäftigung im Rahmen des Betriebspraktikums während der Vollzeitschulpflicht

9   Gemäß § 5 Abs. 2 Satz 1 Nr. 2 JArbSchG sind vom Verbot der Kinderarbeit auch die während der Schulzeit liegenden Betriebspraktika ausgenommen. Diese Betriebspraktika gehören zu den Aufgaben der allgemeinbildenden Schulen

und werden in der Regel im neunten Schuljahr durchgeführt. Sie sollen den Schülern Einblicke in die Berufswelt und den Arbeitsalltag vermitteln und dienen der Berufsfindung. Während des Praktikums müssen sowohl die Schule als auch die Aufsichtsbehörde dafür Sorge tragen, dass die Regelungen des JArbSchG eingehalten werden.[1]

Unter die Ausnahmeregelung der Betriebspraktika fallen *nicht* die Angebote von **10** Unternehmen an Vollzeitschüler, außerhalb des Unterrichts »Probe zu arbeiten«. Auch Ferienarbeit oder die Hilfe in Heimen, bei denen als Gegenleistung der Aufenthalt und die Verpflegung frei sind, sind keine Betriebspraktika im Sinne des § 5 Abs. 2 Nr. 2 JArbSchG (vgl. zu Ferienarbeiten aber Rn. 30).

2.3 Beschäftigung in Erfüllung einer richterlichen Weisung

Eine Ausnahme vom Kinderarbeitsverbot gilt gemäß § 5 Abs. 2 Satz 2 Nr. 3 **11** JArbSchG, wenn die Beschäftigung in Erfüllung einer richterlichen Weisung erfolgt. Damit sind nur **Weisungen des Jugendrichters** gemeint. Das betrifft Kinder, die eine Straftat begangen haben und zur Tatzeit mindestens 14 Jahre alt waren (§ 1 Abs. 2 JGG). Bei einer Ersttat wird kein Jugendarrest oder keine Jugendstrafe verhängt, sondern in der Regel sog. **Erziehungsmaßregeln**, zu diesen gehören Weisungen gemäß § 10 JGG. Weisungen sind Gebote und Verbote, welche die Lebensführung des Jugendlichen regeln und dadurch seine Erziehung fördern und sichern sollen (§ 10 Abs. 1 Satz 1 JGG). Der Richter kann dem Jugendlichen insbesondere gemäß § 10 Abs. 1 Satz 3 JGG auferlegen,

1. Weisungen zu befolgen, die sich auf den Aufenthaltsort beziehen,
2. bei einer Familie oder in einem Heim zu wohnen,
3. eine Ausbildungs- oder Arbeitsstelle anzunehmen,
4. Arbeitsleistungen zu erbringen,
5. sich der Betreuung und Aufsicht einer bestimmten Person (Betreuungshelfer) zu unterstellen,
6. an einem sozialen Trainingskurs teilzunehmen,
7. sich zu bemühen, einen Ausgleich mit dem Verletzten zu erreichen (Täter-Opfer-Ausgleich),
8. den Verkehr mit bestimmten Personen oder den Besuch von Gast- oder Vergnügungsstätten zu unterlassen oder
9. an einem Verkehrsunterricht teilzunehmen.

Solche Weisungen durch den Jugendrichter kommen auch in Betracht, wenn **12** eine Jugendstrafe zur Bewährung ausgesetzt wird (§ 23 JGG). Wird ein Kind aufgrund einer solchen richterlichen Weisung beschäftigt, ist derjenige, der das Kind beschäftigt, Arbeitgeber im Sinne des § 3 JArbSchG, gegen den sich die Bestimmungen des Jugendarbeitsschutzgesetzes richten und der für ihre Einhaltung verantwortlich ist.[2]

2.4 Ausnahme für leichte und für Kinder geeignete Tätigkeiten (KindArbSchV)

Das Verbot der Kinderarbeit gilt ferner nicht gemäß § 5 Abs. 3 Satz 1 JArbSchG **13** für die Beschäftigung

---

1 ErfK / *Schlachter* § 5 JArbSchG Rn. 4.
2 *Zmarzlik/Anzinger* JArbSchG § 5 Rn. 17.

a. von Kindern über 13 Jahre
b. mit Einwilligung des Personensorgeberechtigten,
c. soweit die Beschäftigung leicht und für Kinder geeignet ist.

14 § 5 Abs. 3 Satz 2 JArbSchG definiert, unter welchen Voraussetzung die Beschäftigung »leicht« ist, nämlich wenn sie auf Grund ihrer Beschaffenheit und der besonderen Bedingungen, unter denen sie ausgeführt wird,
– die Sicherheit, Gesundheit und Entwicklung der Kinder,
– ihren Schulbesuch, ihre Beteiligung an Maßnahmen zur Berufswahlvorbereitung oder Berufsausbildung, die von der zuständigen Stelle anerkannt sind, und
– ihre Fähigkeit, dem Unterricht mit Nutzen zu folgen,
nicht nachteilig beeinflusst.

15 § 5 Abs. 3 Satz 3 JArbSchG begrenzt für diese Fälle die zeitliche Dauer und die zeitliche Lage der Beschäftigung: Die Kinder dürfen
– nicht mehr als zwei Stunden täglich,
– in landwirtschaftlichen Familienbetrieben nicht mehr als drei Stunden täglich,
– nicht zwischen 18 und 8 Uhr,
– nicht vor dem Schulunterricht und
– nicht während des Schulunterrichts beschäftigt werden.

16 Soweit Beschäftigungen von Kindern gemäß § 5 JArbSchG oder gemäß der KindArbSchV ausnahmsweise zugelassen werden, bedarf es keiner ausdrücklichen behördlichen Genehmigung. Es gelten aber für diese Beschäftigungen die in § 5 JArbSchG festgesetzten zeitlichen Beschränkungen. Zudem gelten gemäß § 5 Abs. 3 Satz 4 JArbSchG die für die Jugendlichen geltenden Schutzvorschriften entsprechend, wie auch § 2 Abs. 3 der KindArbSchV klarstellt. Aus dem Gebot der »entsprechenden Anwendung« folgt für Kinder, dass die Ausnahmen von den Verbotsvorschriften, die für Jugendliche gelten, für Kinder keine Anwendung finden. Das gilt insbesondere für die Nachtruhe und das **Samstag- und Sonntagsarbeitsverbot**.[3] Demnach dürfen Kinder unter anderem
– nicht mehr als zwei Stunden täglich, in landwirtschaftlichen Familienbetrieben nicht mehr als drei Stunden täglich,
– nicht zwischen 18 und 8 Uhr,
– nicht vor dem Schulunterricht und nicht während des Schulunterrichts,
– nicht an mehr als fünf Tagen in der Woche,
– nicht samstags,
– nicht sonn- und feiertags,
– nicht mit gefährlichen Arbeiten gemäß § 22 JArbSchG,
– nicht mit Akkordarbeit und tempoabhängigen Arbeiten gemäß § 23 JArbSchG
beschäftigt werden.

17 Gemäß § 5 Abs. 4a JArbSchG hat die Bundesregierung durch **Verordnung über den Kinderarbeitsschutz (KindArbSchV)** vom 23.6.1998, die gemäß § 5 Abs. 3 JArbSchG zulässigen Tätigkeiten für Kinder konkretisiert. Kinder über 13 Jahre und vollzeitschulpflichtige Jugendliche dürfen gemäß § 2 Abs. 1 der KindArbSchV nur beschäftigt werden
1. mit dem Austragen von Zeitungen, Zeitschriften, Anzeigenblättern und Werbeprospekten,

---

3 *Zmarzlik* MünchArbR § 231 Rn. 20.

2. in privaten und landwirtschaftlichen Haushalten mit
   a) Tätigkeiten in Haushalt und Garten,
   b) Botengängen,
   c) der Betreuung von Kindern und anderen zum Haushalt gehörenden Personen,
   d) Nachhilfeunterricht,
   e) der Betreuung von Haustieren,
   f) Einkaufstätigkeiten mit Ausnahme des Einkaufs von alkoholischen Getränken und Tabakwaren,
3. in landwirtschaftlichen Betrieben mit Tätigkeiten bei
   a) der Ernte und der Feldbestellung,
   b) der Selbstvermarktung landwirtschaftlicher Erzeugnisse,
   c) der Versorgung von Tieren,
4. mit Handreichungen beim Sport,
5. mit Tätigkeiten bei nichtgewerblichen Aktionen und Veranstaltungen der Kirchen, Religionsgemeinschaften, Verbände, Vereine, Parteien,

wenn die Beschäftigung nach § 5 Abs. 3 des Jugendarbeitsschutzgesetzes leicht und für sie geeignet ist.

Das auch schon früher für Kinder zulässige **Austragen von Zeitungen und Zeitschriften** ist weiterhin erlaubt (*Nummer 1*). Auch das **Austragen von Anzeigenblättern und Werbeprospekten** ist ausdrücklich erlaubt. Hier ist aber jeweils besonders darauf zu achten, dass die in § 2 Abs. 2 Nr. 1 KindArbSchV festgelegten Grenzwerte für die manuelle Handhabung von Lasten nicht überschritten werden (vgl. Rn. 25). **18**

Durch die Zulassung der **Beschäftigung von Kindern in privaten und landwirtschaftlichen Haushalten** (*Nummer 2*) werden lediglich Tätigkeiten zugelassen, zu denen Kinder aufgrund ihrer sozialen Beziehung auch in der Vergangenheit schon Zugang hatten und die häufig schon von ihnen ausgeübt wurden. Die landwirtschaftlichen Haushalte werden neben den privaten Haushalten gesondert genannt, weil Haushalte von landwirtschaftlichen Familienbetrieben oft als Teile des landwirtschaftlichen Betriebes gelten und deswegen nicht vom Begriff des privaten Haushalts erfasst werden. Es soll jedoch auch die »Mithilfe« von Kindern in landwirtschaftlichen Haushalten in bestimmten Grenzen erlaubt sein. Die zulässigen Arbeiten werden in den Buchstaben a) bis f) so konkret wie möglich bezeichnet. Das handelt sich jedoch nicht um eine abschließende Aufzählung aller denkbaren Tätigkeiten in privaten Haushalten. In Zweifelsfällen kann die nach zuständige Aufsichtsbehörde gemäß § 3 KindArbSchV entscheiden. **19**

Durch die Nummer 3 sind bestimmte **Tätigkeiten in der Landwirtschaft** zugelassen. Unter **Feldbestellung** sind nicht nur Tätigkeiten bei der Feldbestellung im Frühjahr zu verstehen, sondern auch Tätigkeiten, die während der Wachstumsphase erforderlich werden, wie zum Beispiel das Jäten von Unkraut oder das Festbinden von Tomatenpflanzen und Reben. Die **Selbstvermarktung** landwirtschaftlicher Erzeugnisse (wie zum Beispiel der Verkauf zuvor geernteter Erdbeeren) wird in einem engen Zusammenhang mit der Ernte gesehen, so dass diese mit einbezogen ist. Der Begriff der **Versorgung von Tieren** umfasst neben der Pflege und Fütterung der Tiere zum Beispiel auch die Reinigung von Ställen und Käfigen sowie das Hüten von Tieren. **20**

In der Landwirtschaft gehen besondere Gefahren von Tieren und Maschinen aus. Insbesondere für diesen Bereich wird durch § 2 Abs. 2 Nr. 3 KindArbSchV eine Beschäftigung mit Arbeiten ausgeschlossen, die mit solchen **Unfallgefah-** **21**

ren verbunden sind, die Kinder über 13 Jahre und vollzeitschulpflichtige Jugendliche wegen mangelnden Sicherheitsbewusstseins oder mangelnder Erfahrung nicht erkennen oder nicht abwenden können.

22 Auch in der Landwirtschaft dürfen Kinder über 13 Jahre und vollzeitschulpflichtige Jugendliche **nicht mehr als 2 Stunden täglich und 10 Stunden wöchentlich** beschäftigt werden. Lediglich in landwirtschaftlichen Familienbetrieben darf die zugelassene Tätigkeit gemäß § 5 Abs. 3 Satz 3 JArbSchG täglich bis zu 3 Stunden und wöchentlich bis zu 15 Stunden ausgeübt werden. Diese Zeitgrenze darf auch dann nicht überschritten werden, wenn zusätzlich eine Tätigkeit im landwirtschaftlichen Haushalt ausgeübt wird.

23 **Handreichungen beim Sport** (*Nummer 4*) sind – wie auch früher schon – erlaubt. Praktische Bedeutung wird hierbei in erster Linie die Tätigkeit des Ballholens haben. Soweit bei Leichtathletikwettkämpfen schwere oder gefährliche Sportgeräte zu transportieren sind, ist dies in aller Regel für Kinder ungeeignet. Zulässig sind diese Handreichungen sowohl bei gewerblichen als auch bei nichtgewerblichen Sportveranstaltungen.

24 **Tätigkeiten bei nichtgewerblichen Aktionen und Veranstaltungen der Kirchen, Religionsgemeinschaften, Verbände, Vereine, Parteien** (*Nummer 5*) meint – weil es sich um »leichte« Tätigkeiten handeln muss – Hilfstätigkeiten. Zu diesen Hilfeleistungen gehören etwa das Verteilen von Prospekten oder das Ausschenken von nichtalkoholischen Getränken.

25 In § 2 Abs. 2 KindArbSchV werden die Arbeiten konkretisiert, bei denen eine nachteilige Beeinflussung der Sicherheit, Gesundheit mit der Entwicklung des Kindes anzunehmen ist und die deshalb **nicht als leichte und für Kinder geeignete Arbeiten** angesehen werden können. Die Vorschrift geht, soweit Kinder und vollzeitschulpflichtige Jugendliche eines besonderen Schutzes bedürfen, über die Schutzvorschriften der §§ 22 ff. JArbSchG hinaus. Eine Beschäftigung mit Arbeiten nach Absatz 1 ist nicht leicht und für Kinder über 13 Jahre und vollzeitschulpflichtige Jugendliche nicht geeignet, wenn sie insbesondere

1. mit einer manuellen Handhabung von Lasten verbunden ist, die regelmäßig das maximale Lastgewicht von 7,5 kg oder gelegentlich das maximale Lastgewicht von 10 kg überschreiten; manuelle Handhabung in diesem Sinne ist jedes Befördern oder Abstützen einer Last durch menschliche Kraft, unter anderem das Heben, Absetzen, Schieben, Ziehen, Tragen und Bewegen einer Last,
2. infolge einer ungünstigen Körperhaltung physisch belastend ist oder
3. mit Unfallgefahren, insbesondere bei Arbeiten an Maschinen und bei der Betreuung von Tieren, verbunden ist, von denen anzunehmen ist, dass Kinder über 13 Jahre und vollzeitschulpflichtige Jugendliche sie wegen mangelnden Sicherheitsbewusstseins oder mangelnder Erfahrung nicht erkennen oder nicht abwenden können,

§ 2 Abs. 2 Satz 1 Nr. 1 KindArbSchV gilt nicht für vollzeitschulpflichtige Jugendliche (§ 2 Abs. 2 Satz 2 KindArbSchV).

26 Die Festlegung eines maximalen Lastgewichts für die manuelle Handhabung von Lasten (Nummer 1) soll dem Schutz der Kinder vor körperlicher Überbeanspruchung Rechnung tragen. Der Begriff »leicht« in § 5 Abs. 3 JArbSchG kann unterschiedlich interpretiert werden. Durch § 2 Abs. 2 KindArbSchV wird deshalb für die manuelle Handhabung von Lasten ein fester Grenzwert festgelegt. Dadurch werden auch die Aufsichtsbehörden in die Lage versetzt, die Einhaltung des Kinderarbeitsverbotes in der Praxis zu überwachen.

Eine gesundheitsgefährdende Überlastung ist auch bei Arbeiten, die mit einer **27** ungünstigen Körperhaltung verbunden sind, zu befürchten (*Nummer* 2). Das meint zum Beispiel Überkopfarbeiten und Arbeiten in gebückter Haltung.

Die Regelung in der Nummer 3 entspricht § 22 Abs. 1 Nr. 3 JArbSchG. Sie ist im **28** Hinblick auf die besonders Kinder gefährdende Beschäftigung mit Maschinen und beim Umgang mit Tieren konkretisiert worden. Bei der durch § 28 a JArbSchG vorgeschriebenen Beurteilung der Arbeitsbedingungen und damit auch der Frage, ob eine Gefährdung im Einzelfall vorliegen kann, ist eine Differenzierung nach dem Alter der Kinder vorzunehmen. Bei 13- oder 14-jährigen Kindern sind strengere Maßstäbe anzulegen als bei vollzeitschulpflichtigen Jugendlichen, die je nach der Anzahl der Pflichtschuljahre bereits 16 Jahre alt sein können.

Gemäß § 3 der KindArbSchV kann die **Aufsichtsbehörde** im Einzelfall durch **29** Verwaltungsakt verbindlich darüber entscheiden, ob eine von Kindern über 13 Jahren ausgeübte Tätigkeit unter die nach § 2 Abs. 1 KindArbSchV zulässigen Arbeiten fällt und keine nachteilige Beeinflussung nach § 2 Abs. 2 KindArbSchV mit sich bringt. Das dient der Rechtsklarheit, setzt aber einen Antrag des Arbeitgebers voraus. Es handelt sich um einen **feststellenden Verwaltungsakt**. Derjenige, der Kinder über 13 Jahre beschäftigt, hat die im Verwaltungsakt getroffenen Festlegungen zu beachten oder im Verwaltungsrechtsweg anzufechten. Die Aufsichtsbehörde kann bei Entscheidungen nach § 3 KindArbSchV den Umfang der zulässigen Arbeiten weder einschränken noch erweitern, ihr obliegt lediglich die Beurteilung darüber, ob eine bestimmte Arbeit aus Gründen des Schutzes der Kinder vor Gefahren und Beeinträchtigungen ihrer Gesundheit als ungeeignet für Kinder anzusehen ist.

2.5 Ausnahme für Jugendliche in den Schulferien

Das Verbot der Kinderarbeit gilt ferner nicht für die Beschäftigung von Jugend- **30** lichen (§ 2 Abs. 3 JArbSchG) während der Schulferien **für höchstens vier Wochen im Kalenderjahr** (§ 5 Abs. 4 Satz 1 JArbSchG). Auf die Beschäftigung finden die §§ 8 bis 31 JArbSchG entsprechende Anwendung (§ 5 Abs. 4 Satz 2 JArbSchG). Daraus folgt, dass zwar die vier Wochen verteilt werden dürfen auf verschiedene Schulferien im Kalenderjahr, aber keinesfalls die Gesamtdauer von höchstens vier Wochen im Kalenderjahr (nicht Schuljahr) überschritten werden darf. Da die Fünf-Tage-Woche gilt (§ 15 JArbSchG), dürfen Kinder während der Schulferien insgesamt nur an 20 Tagen im Kalenderjahr beschäftigt werden.[4]

2.6 Ausnahmen durch Genehmigung der Aufsichtsbehörde

Für Veranstaltungen kann die Aufsichtsbehörde Ausnahmen gemäß § 6 **31** JArbSchG bewilligen (§ 5 Abs. 5 JArbSchG).

3. Unterrichtungspflicht des Arbeitgebers

Der Arbeitgeber unterrichtet die Personensorgeberechtigten der von ihm be- **32** schäftigten Kinder über mögliche Gefahren sowie über alle zu ihrer Sicherheit und ihrem Gesundheitsschutz getroffenen Maßnahmen (§ 5 Abs. 4b JArbSchG).

---

4 *Taubert* § 5 Rn. 40; *Zmarzlik*, MünchArbR § 231 Rn. 22.

§ 6 Behördliche Ausnahmen für Veranstaltungen

(1) Die Aufsichtsbehörde kann auf Antrag bewilligen, dass

1. bei Theatervorstellungen Kinder über sechs Jahre bis zu vier Stunden täglich in der Zeit von 10 bis 23 Uhr,

2. bei Musikaufführungen und anderen Aufführungen, bei Werbeveranstaltungen sowie bei Aufnahmen im Rundfunk (Hörfunk und Fernsehen), auf Ton- und Bildträger sowie bei Film- und Fotoaufnahmen

a) Kinder über drei bis sechs Jahre bis zu zwei Stunden täglich in der Zeit von 8 bis 17 Uhr,

b) Kinder über sechs Jahre bis zu drei Stunden täglich in der Zeit von 8 bis 22 Uhr

gestaltend mitwirken und an den erforderlichen Proben teilnehmen. Eine Ausnahme darf nicht bewilligt werden für die Mitwirkung in Kabaretts, Tanzlokalen und ähnlichen Betrieben sowie auf Vergnügungsparks, Kirmessen, Jahrmärkten und bei ähnlichen Veranstaltungen, Schaustellungen oder Darbietungen.

(2) Die Aufsichtsbehörde darf nach Anhörung des zuständigen Jugendamts die Beschäftigung nur bewilligen, wenn

1. die Personensorgeberechtigten in die Beschäftigung schriftlich eingewilligt haben,

2. der Aufsichtsbehörde eine nicht länger als vor drei Monaten ausgestellte ärztliche Bescheinigung vorgelegt wird, nach der gesundheitliche Bedenken gegen die Beschäftigung nicht bestehen,

3. die erforderlichen Vorkehrungen und Maßnahmen zum Schutz des Kindes gegen Gefahren für Leben und Gesundheit sowie zur Vermeidung einer Beeinträchtigung der körperlichen oder seelisch-geistigen Entwicklung getroffen sind,

4. Betreuung und Beaufsichtigung des Kindes bei der Beschäftigung sichergestellt sind,

5. nach Beendigung der Beschäftigung eine ununterbrochene Freizeit von mindestens 14 Stunden eingehalten wird,

6. das Fortkommen in der Schule nicht beeinträchtigt wird.

(3) Die Aufsichtsbehörde bestimmt,

1. wie lange, zu welcher Zeit und an welchem Tag das Kind beschäftigt werden darf,

2. Dauer und Lage der Ruhepausen,

3. die Höchstdauer des täglichen Aufenthalts an der Beschäftigungsstätte.

(4) Die Entscheidung der Aufsichtsbehörde ist dem Arbeitgeber schriftlich bekanntzugeben. Er darf das Kind erst nach Empfang des Bewilligungsbescheids beschäftigen.

Inhaltsübersicht Rn.

1. Überblick 1

2. Ausnahmebewilligung möglich für bestimmte Vorstellungen,
Aufführungen, Veranstaltungen und Aufnahmen bei
»gestaltender Mitwirkung« des Kindes 4

3. Voraussetzungen für die Ausnahmebewilligung gemäß
§ 6 Abs. 2 JArbSchG 21

4. Entscheidung der Aufsichtsbehörde 30

1. Überblick

§ 6 JArbSchG regelt die Möglichkeit der Erteilung von **Ausnahmebewilligun-** **1**
gen durch die Aufsichtsbehörde für bestimmte Veranstaltungen im Bereich
Werbung, Theater, Musik, Film, Fernsehen, Rundfunk und Fotoaufnahmen. § 6
Abs. 1 JArbSchG legt abschließend fest für welche Veranstaltungen Ausnahmebewilligungen zulässig sind, und gibt zeitliche Grenzen und Altersgrenzen vor.
Für eine **gestaltende Mitwirkung** (vgl. Rn. 9) bei solchen Veranstaltungen,
Aufführungen usw. erlaubt § 6 Abs. 1 JArbSchG Ausnahmen vom Verbot der
Kinderarbeit gemäß § 5 JArbSchG. Der Gesetzgeber sah sich vor die Alternative
gestellt, entweder Veranstaltungen, bei denen die Mitwirkung von Kindern
gewünscht wird oder notwendig scheint, zu untersagen oder die Beschäftigung
von Kindern in Einzelfällen zuzulassen. Er hat sich für eine begrenzte Zulassung
der Beschäftigung von Kindern entschieden. Der Zweck der Vorschrift besteht
darin, Veranstaltungen, an denen Kinder üblicherweise mitwirken, weiterhin zu
ermöglichen.[1]

§ 6 JArbSchG enthält eine Ausnahme gegenüber dem Verbot der Beschäftigung **2**
von Kindern gemäß § 5 JArbSchG in Verbindung mit dem in § 1 JArbSchG
geregelten Geltungsbereich des Gesetzes. Fällt eine Beschäftigung nicht unter
§ 1 JArbSchG, bedarf es selbst bei einer Beteiligung von Kindern keiner Ausnahmegenehmigung. Daher können zum Beispiel bei Veranstaltungen von
Schulen die Schüler, bei Veranstaltungen von Vereinen oder Verbänden die
Mitglieder ohne Beschränkungen mitwirken (vgl. § 1 JArbSchG Rn. 10). Es
handelt sich in diesen Fällen nicht um eine Beschäftigung, die unter den Geltungsbereich des § 1 Abs. 1 JArbSchG fällt, so dass es keiner Ausnahmebewilligung bedarf. So ist zum Beispiel die Betätigung von Kindern im Karneval
bewilligungsfrei möglich.[2]

Wer als Arbeitgeber entgegen § 6 Abs. 4 Satz 2 JArbSchG ein Kind vor Erhalt des **3**
Bewilligungsbescheides beschäftigt, begeht eine **Ordnungswidrigkeit**, die mit
einer Geldbuße geahndet werden kann (§ 59 Abs. 1 Nr. 1 JArbSchG). Wer entgegen § 5 Abs. 1 oder Abs. 3 JArbSchG ein Kind oder einen Jugendlichen, der
der Vollzeitschulpflicht unterliegt, in anderer als der zugelassenen Weise beschäftigt, begeht ebenfalls eine Ordnungswidrigkeit, die mit einer Geldbuße
geahndet werden kann (§ 58 Abs. 1 Nr. 1 und 2 JArbSchG), unter Umständen
ist das sogar strafbar (§ 58 Abs. 5 und 6 JArbSchG).

2. Ausnahmebewilligung möglich für bestimmte Vorstellungen, Aufführungen, Veranstaltungen und Aufnahmen bei »gestaltender Mitwirkung« des Kindes

Die möglichen Veranstaltungen, für die Ausnahmebewilligungen auf Antrag **4**
erfolgen können, sind in § 6 Abs. 1 Satz Nr. 1 und 2 JArbSchG abschließend
benannt. Erfolgt eine Ausnahmebewilligung bezieht sich diese nicht nur auf die
Vorstellungen, Aufführungen, Veranstaltungen und Aufnahmen, sondern auch
auf die Teilnahme an den erforderlichen Proben (§ 6 Abs. 1 Satz 1 am Ende).

Proben sind die auf Weisung und unter Beaufsichtigung des Arbeitgebers oder **5**
seiner Hilfsperson durchzuführenden Vorbereitungen für die Aufführung, an

[1] *Zmarzlik/Anzinger* JArbSchG § 6 Rn. 4.
[2] *Zmarzlik/Anzinger* JArbSchG § 6 Rn. 8.

der Stätte der Aufführung, in besonderen Probenräumen oder dort, wo die Kinder wohnen und leben. Die Probenzeiten sind auf die zulässige Höchstdauer der Beschäftigung anzurechnen. Auch wenn die Proben zu Hause durchgeführt werden, sind sie auf die tägliche Beschäftigungsdauer anzurechnen.

6 In § 6 Abs. 1 Satz Nr. 1 und 2 JArbSchG werden **zeitliche Obergrenzen** für die Dauer und die Lage der Beschäftigungszeiten festgelegt. Hierbei handelt es um den maximal zulässigen Rahmen. Für den jeweiligen **Einzelfall gelten die durch die Ausnahmebewilligung bewilligten Zeiten.** Die Aufsichtsbehörde bestimmt gemäß § 6 Abs. 3 Nr. 1 bis 3 JArbSchG im Einzelfall,
– wie lange, zu welcher Zeit und an welchem Tag das Kind beschäftigt werden darf,
– Dauer und Lage der Ruhepausen,
– die Höchstdauer des täglichen Aufenthalts an der Beschäftigungsstätte.

7 Die Aufsichtsbehörde ist nicht verpflichtet, die im Gesetz genannten zeitlichen Obergrenzen auszuschöpfen. Vielmehr muss sie je nach konkreter Beschäftigung und unter Berücksichtigung der individuellen Situation, des Alters und der Entwicklung des Kindes die sachgerechten Anordnungen treffen. In der Regel darf, wenn überhaupt eine Ausnahmebewilligung ergeht, gerade bei jüngeren Kindern die Maximalzeit nicht ausgeschöpft werden und auch eine Ausdehnung bis spätabends ist in der Regel nicht sachgerecht. Die Aufsichtsbehörde hat in jedem Fall eine **Einzelfallabwägung** vorzunehmen.

8 Bei der Abwägung hat die Aufsichtsbehörde in jedem Fall die Vorschriften zu beachten, die selbst für Jugendliche Einschränkungen bei der Beschäftigung vorsehen. So darf an einem Tag, der dem Schulunterricht unmittelbar vorangeht, eine Beschäftigung nach 20 Uhr nicht stattfinden, wie sich aus der Wertung des § 14 Abs. 4 JArbSchG ergibt. Generell hat der **Schulunterricht Vorrang,** so dass für eine Beschäftigung vor dem Unterricht oder gar während der Unterrichtszeit Ausnahmebewilligungen nicht erteilt werden dürfen. Das folgt letztlich aus § 6 Abs. 2 Nr. 6 JArbSchG, weil das Fortkommen in der Schule durch die Beschäftigung nicht beeinträchtigt werden darf. Zudem folgt unmittelbar aus § 6 Abs. 2 Nr. 5 JArbSchG, dass nach Beendigung der Beschäftigung eine **ununterbrochene Freizeit von mindestens 14 Stunden** eingehalten werden muss.

9 Voraussetzung ist in jedem Falle, dass die Kinder an den in § 6 Abs. 1 JArbSchG genannten Veranstaltungen »**gestaltend mitwirken**«. Das setzt voraus, dass der Zweck der Veranstaltung ohne die Mitwirkung des Kindes nicht oder nur unvollkommen erreicht würde und das Kind unmittelbar an der Aufführung als Schauspieler, Sänger oder Musiker oder sonstwie gestaltend beteiligt ist.[3] Keine gestaltende Mitwirkung liegt vor, wenn das Kind zum Beispiel hinter der Bühne nur Hilfsdienste für die eigentlichen Darsteller zu verrichten hat, etwa Tätigkeiten von Bühnenarbeitern oder des technischen Personals, oder bei sonstigen Tätigkeiten aus Anlass einer Aufführung, etwa Verkauf von Waren, Karten oder Programmen, Tätigkeiten als Platzanweiser, in der Garderobe oder ähnliches. Tätigkeiten, die keine »gestaltende Mitwirkung« darstellen, sind den Kindern verboten, für diese darf auch keine Ausnahmebewilligung erteilt werden.

10 Es geht um folgende Veranstaltungen:
a. Theatervorstellungen,
b. Musikaufführungen und andere Aufführungen,

---

3 ErfK / *Schlachter* § 6 JArbSchG Rn. 1; *Taubert* JArbSchG § 6 Rn. 3.

c. Werbeveranstaltungen,
d. Aufnahmen im Rundfunk (Hörfunk und Fernsehen),
e. Aufnahmen auf Ton- und Bildträger
f. Film- und Fotoaufnahmen.

Theatervorstellungen (§ 6 Abs. 1 Satz 1 Nr. 1 JArbSchG) umfassen das Sprech- **11** und Musiktheater, zum Beispiel Opern; Operetten, Musicals, Ballett- und sonstige Tanzaufführungen, Sing- und Marionettenspiele, Sprechtheater wie Dramen, Trägodien und Komödien, auch offene Theater-Veranstaltungen von Volkshochschulen oder auch Laienspielgruppen, nicht jedoch in Kabaretts (vgl. Rn. 18).[4] Ausnahmebewilligungen sind für Theatervorstellungen nur zulässig für Kinder über sechs Jahre maximal bis zu vier Stunden täglich und nur in der Zeit von 10 bis 23 Uhr (§ 6 Abs. 1 Nr. 1 JArbSchG). Für jüngere Kinder oder für längere oder andere Zeiten sind Ausnahmebewilligungen nicht zulässig. Eine Beschränkung nur auf Werktage ist im Gesetz nicht vorgesehen, so dass Ausnahmebewilligungen auch für Samstage und Sonntage möglich sind, was letztlich die Aufsichtsbehörde zu entscheiden hat (§ 6 Abs. 3 Nr. 1 JArbSchG:»an welchem Tage das Kind beschäftigt werden darf«).

Bei den in § 6 Abs. 1 Satz 1 Nr. 2 JArbSchG genannten **Musikaufführungen und** **12** **andere Aufführungen, Werbeveranstaltungen, Aufnahmen im Rundfunk (Hörfunk und Fernsehen), Aufnahmen auf Ton- und Bildträger und Film- und Fotoaufnahmen** wird je nach Alter differenziert. **Kinder über drei bis sechs Jahre** dürfen maximal bis zu zwei Stunden täglich in der Zeit von 8 bis 17 Uhr beschäftigt werden, **Kinder über sechs Jahre** maximal bis zu drei Stunden täglich in der Zeit von 8 bis 22 Uhr. Für jüngere Kinder oder für längere oder andere Zeiten sind Ausnahmebewilligungen nicht zulässig. Auch hier ist eine Beschränkung nur auf Werktage im Gesetz nicht vorgesehen, so dass Ausnahmebewilligungen auch für Samstage und Sonntage möglich sind, was letztlich die Aufsichtsbehörde zu bestimmen hat (§ 6 Abs. 3 Nr. 1 JArbSchG:»an welchem Tage das Kind beschäftigt werden darf«).

Musikaufführungen (§ 6 Abs. 1 Satz 1 Nr. 2 JArbSchG) sind alle instrumental-, **13** gesangs- und sonstigen musikalischen Aufführungen heiterer oder ernster Art, wie etwa Orchester-, Chor- und Solokonzerte. In Abgrenzung zu den Theatervorstellungen (§ 6 Abs. 1 Nr. 1 JArbSchG) sind theatermäßig angelegte Aufführungen keine »Musikaufführungen« im Sinne der Nr. 2, also etwa Opern, Operetten, Musicals. Sind Kinder eines Chors regelmäßig vertraglich zur Mitwirkung in einem nach wirtschaftlichen Grundsätzen geführten Opern- und Konzertbetrieb verpflichtet, so bedarf das der Genehmigung durch die Aufsichtsbehörde.[5]

Bei den »**anderen Aufführungen**« (§ 6 Abs. 1 Satz 1 Nr. 2 JArbSchG) ist eben- **14** falls in Abgrenzung zur Nr. 1 zu beachten, dass sie nicht theatermäßig sein dürfen. Dazu gehören vor allem artistische Vorstellungen, Tanzturniere und Puppenspiele, auch Dressuren (von Tieren) und Kinderkonkurrenzen.[6] Ausdrücklich verboten sind die in § 6 Abs. 1 Satz 2 JArbSchG genannten Veranstaltungen (vgl. Rn. 18). Werden Kinder im Zusammenhang mit einer Schul- oder Vereinsveranstaltung beschäftigt, ist in der Regel keine Ausnahmebewilligung

---

4 ErfK / *Schlachter* § 6 JArbSchG Rn. 2; *Taubert* JArbSchG § 6 Rn. 4; *Zmarzlik* MünchArbR § 231 Rn. 28.
5 OVG Münster 17.2.1986, 12 A 1453/85, NJW 1987, 1443.
6 *Zmarzlik/Anzinger* JArbSchG § 6 Rn. 11.

erforderlich, weil eine solche Beschäftigung nicht unter den Geltungsbereich des JArbSchG fällt (vgl. § 1 JArbSchG Rn. 9). Ist das Kind selbständig als Solist, Sänger oder ähnliches tätig, fällt auch das nicht unter den Geltungsbereich des JArbSchG (vgl. § 1 JArbSchG Rn. 18). Eine Ausnahmebewilligung wäre allerdings erforderlich, wenn das Kind nicht selbständig tätig ist, sondern nach der tatsächlichen Vertragshandhabung eine arbeitnehmerähnliche Dienstleistung gegeben ist.[7]

15 **Werbeveranstaltungen** (§ 6 Abs. 1 Satz 1 Nr. 2 JArbSchG) sind alle Veranstaltungen, in denen Produkte oder Ideen zur kommerziellen Verwertung vorgestellt werden. Gemeint sind insbesondere Modenschauen, Messen oder Ausstellungen, an denen Kinder als Mannequins, Sänger, Tänzer oder Sprecher zum Zweck der Werbung mitwirken.

16 Beim **Rundfunk** (Hörfunk und Fernsehen) dürfen Kinder in sämtlichen Sendungen (auch Werbesendungen) mitarbeiten (§ 6 Abs. 1 Satz 1 Nr. 2 JArbSchG), die nicht jugendgefährdend sind.

17 Schließlich ist auch die Mitwirkung bei **Ton-, Bildträger-, Film- und Fotoaufnahmen** genehmigungsfähig (§ 6 Abs. 1 Satz 1 Nr. 2 JArbSchG).

18 Eine Ausnahme darf gemäß § 6 Abs. 1 Satz 2 JArbSchG *nicht* bewilligt werden für die Mitwirkung
– in Kabaretts, Tanzlokalen und ähnlichen Betrieben sowie
– auf Vergnügungsparks, Kirmessen, Jahrmärkten und bei ähnlichen Veranstaltungen, Schaustellungen oder Darbietungen.

19 Da § 6 Abs. 1 Satz 2 JArbSchG **Varieté** und **Zirkus** nicht explizit anspricht, ist eine gestaltende Mitwirkung von Kindern hierbei nicht generell verboten (»andere Aufführungen« im Sinne des § 6 Abs. 1 Satz 1 Nr. 2 JArbSchG). Die Aufsichtsbehörde kann hier im Rahmen ihres pflichtgemäßen Ermessens Ausnahmebewilligungen erteilen, wenn schädliche Einflüsse auf das Kind nicht zu befürchten sind und soweit es um **ungefährliche Tätigkeiten** geht.[8]

20 Auch **Karnevalsveranstaltungen** sind von der Bewilligung durch die Aufsichtsbehörde nicht ausgeschlossen. Einer Ausnahmebewilligung bedarf es ohnehin nicht, wenn solche Veranstaltungen nicht unter den Geltungsbereich des § 1 JArbSchG fallen, wie etwa wenn die Kinder selbst Mitglied im Karnevalsverein sind und die Aktivitäten der Brauchtumspflege dienen (vgl. § 1 JArbSchG Rn. 9).[9]

3. Voraussetzungen für die Ausnahmebewilligung gemäß § 6 Abs. 2 JArbSchG

21 Die Aufsichtsbehörde darf die Ausnahmebewilligung nur nach Anhörung des zuständigen Jugendamts erteilten und wenn die § 6 Abs. 2 Nr. 1 bis 6 JArbSchG genannten Voraussetzungen kumulativ vorliegen. Das zuständige **Jugendamt muss von der Aufsichtsbehörde angehört werden.** Bedenken des Jugendamtes sind von der Aufsichtsbehörde zu berücksichtigen. Gleichwohl muss die Aufsichtsbehörde dem Votum des Jugendamts nicht folgen. Eine Ausnahmebewilligung ohne vorherige Anhörung des Jugendamtes ist jedoch anfechtbar.

22 Die **Personensorgeberechtigten** müssen in die konkrete Beschäftigung **schriftlich eingewilligt haben** (§ 6 Abs. 2 Nr. 1 JArbSchG). Da die Personensorgebe-

---

7 *Zmarzlik/Anzinger* JArbSchG § 6 Rn. 13.
8 *Zmarzlik/Anzinger* JArbSchG § 6 Rn. 27.
9 *Zmarzlik/Anzinger* JArbSchG § 6 Rn. 25.

rechtigung in der Regel den Eltern gemeinsam zusteht, müssen Vater und Mutter unterschrieben haben.

Der Aufsichtsbehörde muss eine nicht länger als vor drei Monaten ausgestellte **23** **ärztliche Bescheinigung** vorgelegt wird, nach der gesundheitliche Bedenken gegen die Beschäftigung nicht bestehen (§ 6 Abs. 2 Nr. 2 JArbSchG). Es ist nicht nötig, dass ein bestimmter Arzt, etwa der Amtsarzt, die Bescheinigung ausgestellt hat. Eine Bescheinigung des Hausarztes oder jedes anderen Arztes genügt. Allerdings muss sich die »Unbedenklichkeitsbescheinigung« auf die bestimmte, **in Aussicht genommene Tätigkeit** beziehen. Die ärztliche Bescheinigung setzt voraus, dass der Arzt vom Antragsteller genau und detailliert über die in Aussicht genommene Arbeit des Kindes informiert worden ist. Soll die Beschäftigung auf andere Tätigkeiten ausgedehnt werden, muss eine neue Bescheinigung vorgelegt werden. Dies gilt auch, wenn eine neue Bewilligung oder eine Verlängerung beantragt wird und die der Aufsichtsbehörde vorliegende ärztliche Bescheinigung am Tag des Antrags älter als drei Monate ist. Enthält die ärztliche Bescheinigung **Bedenken gegen eine Beschäftigung,** die von Seiten der Aufsichtsbehörde nicht durch Auflagen oder Begrenzungen der Bewilligung ausgeräumt werden können, muss die Behörde die Ausnahmebewilligung verweigern, weil es an einer zwingenden Bewilligungsvoraussetzung fehlt.

Voraussetzung für die Ausnahmebewilligung ist zudem, dass die erforderlichen **24** **Vorkehrungen und Maßnahmen zum Schutz des Kindes** gegen Gefahren für Leben und Gesundheit sowie zur Vermeidung einer Beeinträchtigung der körperlichen oder seelisch-geistigen Entwicklung getroffen sind (§ 6 Abs. 2 Nr. 3 JArbSchG). Bei der Prüfung der Gefahren und einer möglichen Beeinträchtigung ist nicht nur der Auftritt des Kindes, sondern die **Gesamtheit der Umstände,** die auf das Kind einwirken können, zu prüfen. Zu berücksichtigen sind zum Beispiel auch die Wege zur und von der Arbeitsstelle, die Pausenbedingungen und der gesamte Rahmen, in dem die Veranstaltung abläuft. Die Vorkehrungen und Maßnahmen müssen vor Beginn der Beschäftigung, also bereits vor Probenbeginn, getroffen worden sein. Deswegen ist es nicht ausreichend, wenn sie in der Ausnahmebewilligung zur Bedingung oder Auflage gemacht werden.

Es muss die **Betreuung und Beaufsichtigung des Kindes bei der Beschäftigung** **25** **gung sichergestellt sein** (§ 6 Abs. 2 Nr. 4 JArbSchG). Das setzt auch voraus, dass je nach Art der Beschäftigung Umkleide- und Aufenthaltsräume dem Kind zur Verfügung stehen. Bei der Beschäftigung und während der Pausen muss das Kind von einer **geeigneten erwachsenen Person betreut** werden. Findet die Veranstaltung, an der das Kind mitwirkt, abends statt, so ist sicherzustellen, dass das Kind ungefährdet nach Hause kommt. Das Vorliegen dieser Voraussetzungen muss der Aufsichtsbehörde nachgewiesen werden.

Es muss nach Beendigung der Beschäftigung eine **ununterbrochene Freizeit** **26** **von mindestens 14 Stunden** eingehalten werden (§ 6 Abs. 2 Nr. 5 JArbSchG). Strittig ist, ob zur Freizeit auch der Schulunterricht zählt oder ob der Schulbesuch die 14-stündige Freizeit unterbricht und damit zu einer Versagung der Ausnahmebewilligung führt. Wohl überwiegend wird davon ausgegangen, dass sich »Beschäftigung« und »Freizeit« einander ausschließen, also innerhalb der 14 Stunden eine »Beschäftigung« ausgeschlossen ist, Schulunterricht jedoch keine »Beschäftigung« sei und deshalb zur »Freizeit« zähle.[10]

---

10 ErfK / *Schlachter* § 6 JArbSchG Rn. 9; *Taubert* JArbSchG § 6 Rn. 21; *Zmarzlik/Anzinger* JArbSchG § 6 Rn. 42.

27 Richtigerweise ist davon auszugehen, dass der Schulbesuch keine Freizeit ist. Freizeit ist nämlich nur die Zeit, über die das Kind selbstbestimmt verfügen kann. Der Schulbesuch ist jedoch nicht freiwillig, sondern es besteht Schulpflicht. Es müssen also zwischen dem Ende Beschäftigung im Betrieb und dem Beginn des Schulunterrichts mindestens 14 Stunden Freizeit liegen. Konsequenz ist, dass zeitlich späte Auftritte von Kindern (nach 18 Uhr) nur an Tagen möglich sind, an die sich nicht unmittelbar der Schulunterricht anschließt, also am Freitag oder Samstag.

28 Der **Vorrang des Schulunterrichts** ergibt sich – neben § 6 Abs. 2 Nr. 6 JArbSchG – auch aus § 14 Abs. 4 JArbSchG, nach dessen Bestimmung an dem einem Berufsschultag unmittelbar vorangehenden Tag Jugendliche nicht nach 20 Uhr beschäftigt werden dürfen, wenn der Berufsschulunterricht am Berufsschultag vor 9 Uhr beginnt. Mit dem Schutzzweck des § 6 JArbSchG wäre es unvereinbar, wenn das zwar für Jugendliche, nicht aber für Kinder gälte.

29 Voraussetzung ist schließlich, dass durch die Beschäftigung das **Fortkommen in der Schule nicht beeinträchtigt** wird (§ 6 Abs. 2 Nr. 6 JArbSchG). Zum Nachweis, dass das Fortkommen in der Schule nicht beeinträchtigt wird, hat sich die Aufsichtsbehörde in der Regel entweder mit der Schule in Verbindung zu setzen oder sich eine entsprechende Bescheinigung der Schule vorlegen zu lassen. Weisen die Zeugnisse des Kindes mangelhafte Leistungen aus, ist in der Regel eine Ausnahmebewilligung zu versagen. Das gilt auch, wenn Anhaltspunkte dafür vorliegen, dass durch eine Beschäftigung die Gefahr einer Verschlechterung der schulischen Leistungen besteht.

4. Entscheidung der Aufsichtsbehörde

30 Die nach Landesrecht zuständige Aufsichtsbehörde (§ 51 JArbSchG) wird nur »auf Antrag« tätig (§ 6 Abs. 1 JArbSchG). Örtlich zuständig ist – je nach landesrechtlicher Regelung – die Aufsichtsbehörde, in dessen Bezirk der Beschäftigungsort liegt oder das Kind seinen Wohnsitz. Jedenfalls dürfte bei Wechsel des Beschäftigungsortes die Ausnahmebewilligung gültig bleiben, wenn es sich um die gleiche Tätigkeit beim gleichen Arbeitgeber handelt.

31 Der **Antrag** kann vom Arbeitgeber, aber auch von den Personensorgeberechtigten gestellt werden. Eine bestimmte Form ist nicht vorgeschrieben; er kann mündlich oder schriftlich gestellt werden.[11] Allerdings muss der Antrag bestimmt genug sein, damit die Aufsichtsbehörde sachgerecht prüfen kann, ob die Bewilligungsvoraussetzungen vorliegen. Vom Antragsteller anzugeben sind also Name, Anschrift und Geburtsdatum des Kindes sowie Datum, Uhrzeit und Dauer der beabsichtigten Beschäftigung, Ort und Art der Veranstaltung sowie Zahl und Dauer der Pausen und Name und Qualifikation der Betreuungsperson.[12]

32 Wird der Antrag vom Arbeitgeber gestellt, muss die **schriftliche Einwilligung der Personensorgeberechtigten** vorliegen (vgl. Rn. 22). Weitere formelle Voraussetzungen für die Entscheidung der Aufsichtsbehörde sind, dass die erforderliche **ärztliche Bescheinigung** vorliegt (vgl. Rn. 23) und das **Jugendamt angehört** wird (vgl. Rn. 21).

33 Die **materiellen Voraussetzungen** für die Ausnahmebewilligung ergeben sich aus § 6 Abs. 1 und 2 JArbSchG. Die in Frage kommenden Veranstaltungen, für

---

11 *Zmarzlik/Anzinger* JArbSchG § 6 Rn. 29.
12 *Zmarzlik/Anzinger* JArbSchG § 6 Rn. 29.

die eine Ausnahmebewilligung erfolgen kann, sind in § 6 Abs. 1 JArbSchG abschließend aufgeführt. Die Aufsichtsbehörde darf nicht darüber hinausgehen. Zudem müssen die in § 6 Abs. 2 JArbSchG genannten Bewilligungsvoraussetzungen vorliegen. Fehlt es an einer dieser Voraussetzungen, darf die Ausnahmebewilligung nicht ergehen. Selbst wenn die formellen und materiellen Bewilligungsvoraussetzungen vorliegen, besteht **kein Rechtsanspruch auf die Erteilung der Ausnahmebewilligung.**

Die Entscheidung steht vielmehr im pflichtgemäßen **Ermessen** der Aufsichts- **34** behörde (sie »kann ... bewilligen«). Das Ermessen bezieht sich auf das **»Ob« und »Wie«,** ob also überhaupt eine Ausnahmebewilligung ergeht und wenn ja, in welcher Weise und in welchem zeitlichen Umfang. Die Aufsichtsbehörde hat in jedem Fall eine **Einzelfallabwägung** vorzunehmen. Zu berücksichtigen sind insbesondere die konkrete Beschäftigung, die individuelle Situation, das Alter und die Entwicklung des Kindes (vgl. Rn. 7 ff.).

Bei der Ausnahmebewilligung oder der Versagung handelt es sich um einen **35** **Verwaltungsakt,** der mit Widerspruch und nach ablehnendem Widerspruchbescheid im Verwaltungsrechtsweg angefochten werden kann.

Die Ausnahmebewilligung ist gemäß § 54 Abs. 1 Satz 1 JArbSchG zu befristen. **36** Zudem sind die weiteren Vorgaben des § 54 JArbSchG zu beachten. Die Aufsichtsbehörde bestimmt gemäß § 6 Abs. 3 Nr. 1 bis 3 JArbSchG,

– wie lange, zu welcher Zeit und an welchem Tag das Kind beschäftigt werden darf,
– Dauer und Lage der Ruhepausen,
– die Höchstdauer des täglichen Aufenthalts an der Beschäftigungsstätte.

Daraus folgt, dass nicht nur die »reine« Zeit der Beschäftigung und der Pausen **37** von der Aufsichtsbehörde festzulegen ist, sondern zudem auch die Höchstdauer des täglichen Aufenthalts an der Beschäftigungsstätte, das meint die Zeit der Beschäftigung einschließlich der Pausen. Zu dieser Höchstdauer zählen auch alle Arbeitsunterbrechungen, zum Beispiel Pausen zwischen zwei Auftritten, bei denen sich das Kind zwar nicht aufgrund einer Weisung des Arbeitgebers an der Beschäftigungsstätte aufhalten muss, aber etwa wegen längerer Entfernung der Beschäftigungsstätte von der Wohnung die Zeit selbst nicht sinnvoll nutzen kann. Zur Beschäftigungszeit zählt auch die Zeit der notwendigen Vorbereitung an der Beschäftigungsstätte, zum Beispiel das Umziehen, Schminken oder das Warten oder Bereithalten für den Auftritt.[13]

Die **Entscheidung** der Aufsichtsbehörde ist dem Arbeitgeber **schriftlich be-** **38** **kanntzugeben** (§ 6 Abs. 4 Satz 1 JArbSchG). Der Arbeitgeber darf das Kind erst nach Empfang des Bewilligungsbescheids beschäftigen (§ 6 Abs. 4 Satz 2 JArbSchG). Wer als Arbeitgeber entgegen § 6 Abs. 4 Satz 2 JArbSchG ein Kind vor Erhalt des Bewilligungsbescheides, begeht eine Ordnungswidrigkeit, die mit einer Geldbuße geahndet werden kann (§ 59 Abs. 1 Nr. 1 JArbSchG). Eine vorläufige Beschäftigung durch den Arbeitgeber, zum Beispiel bei »Eilentscheidungen«, ist nicht erlaubt. Der Arbeitgeber ist verpflichtet, die **Ausnahmebewilligung im Betrieb auszuhängen** (§ 54 Abs. 3 JArbSchG).

---

13 ErfK/ *Schlachter* § 6 JArbSchG Rn. 10.

§ 7 Beschäftigung von nicht vollzeitschulpflichtigen Kindern

Kinder, die der Vollzeitschulpflicht nicht mehr unterliegen, dürfen
1. im Berufsausbildungsverhältnis,
2. außerhalb eines Berufsausbildungsverhältnisses nur mit leichten und für sie geeigneten Tätigkeiten bis zu sieben Stunden täglich und 35 Stunden wöchentlich

beschäftigt werden. Auf die Beschäftigung finden die §§ 8 bis 46 entsprechende Anwendung.

1 § 7 JArbSchG bezieht sich auf die Beschäftigung von nicht mehr vollzeitschulpflichtigen Kindern. Wann die **Vollzeitschulpflicht** beendet ist, richtet sich nach den Schulgesetzen der Bundesländer. Sie beträgt entweder neun Schuljahre, in Berlin, Bremen, Brandenburg und Nordrhein-Westfalen zehn Schuljahre.

2 § 7 JArbSchG hat hat **in der Praxis kaum Bedeutung,** da die meisten Kinder bei der Einschulung sechs Jahre alt sind und nach neun bzw. zehn Schuljahren bereits das 15. Lebensjahr vollendet haben, so dass sie keine Kinder im Sinne des § 2 Abs. 1 JArbSchG mehr sind. Auf sie findet § 7 JArbSchG deshalb keine Anwendung. Anwendungsfälle sind denkbar beim Überspringen von Schulklassen oder bei Zuwanderern, die wegen fortgeschrittenen Alters nicht mehr eingeschult werden.[1] Für Kinder, die noch nicht 15 Jahre alt sind (§ 2 Abs. 1 JArbSchG), gilt ohnedies das grundsätzliche Beschäftigungsverbot gemäß § 5 Abs. 1 JArbSchG mit den Ausnahmen gemäß § 5 Abs. 2 JArbSchG.

3 Ist das Kind jedoch noch nicht fünfzehn Jahre alt, so kann es im Anschluss an die Schule in einem **Berufsausbildungsverhältnis** beschäftigt werden. Das setzt voraus, dass ein Berufsausbildungsvertrag gemäß § 10 BBiG abgeschlossen worden ist, der in das Verzeichnis der Berufsausbildungsverhältnisse eingetragen ist (§ 34 BBiG).

4 **Außerhalb eines Berufsausbildungsverhältnisses** schränkt § 7 Satz 1 Nr. 2 JArbSchG die Tätigkeit zeitlich ein, nämlich auf maximal sieben Stunden täglich und 35 Stunden wöchentlich und schränkt damit § 8 JArbSchG weiter ein. Die zeitliche Begrenzung von 35 Stunden wöchentlich und sieben Stunden täglich muss auch bei einer Beschäftigung bei mehreren Arbeitgebern eingehalten werden. Die einzelnen Zeiten müssen in diesen Fällen zusammengezählt werden.

5 Erlaubt sind zudem nur **leichte und für Kinder geeignete Tätigkeiten.** Unzulässig sind Tätigkeiten, die mit Unfallgefahren verbunden sind, das Tragen von Lasten sowie Produktions-, Transport- und Reparaturarbeiten in der Industrie.[2] Für Kinder, die noch nicht 15 Jahre alt sind (§ 2 Abs. 1 JArbSchG), gilt zudem das grundsätzliche Beschäftigungsverbot gemäß § 5 Abs. 1 JArbSchG mit den Ausnahmen gemäß § 5 Abs. 2 JArbSchG, so dass außerhalb eines Berufsausbildungsverhältnisses faktisch nur die in § 5 Abs. 2 JArbSchG genannten Tätigkeiten als zulässige Beschäftigung in Betracht kommen. Im Einzelnen regelt § 2 der **Kinderarbeitsschutzverordnung** (KindArbSchV), welche Tätigkeiten zulässig sind.

---

1 ErfK / *Schlachter* § 7 JArbSchG Rn. 1.
2 Gesetzesbegründung, BT-Drucks. 7/2305, S. 28; ErfK / *Schlachter* § 7 JArbSchG Rn. 2.

Auf die gemäß § 7 Satz 1 JArbSchG zulässigen Beschäftigungen finden die §§ 8 **6**
bis 46 JArbSchG entsprechende Anwendung (§ 7 Satz 2 JArbSchG). Das bedeutet, dass für Kinder, die der Vollzeitschulpflicht nicht mehr unterliegen, die
Schutzbestimmungen anzuwenden sind, die für Jugendliche gelten, insbesondere die Beschäftigungsverbote und -beschränkungen.

Zuwiderhandlungen gegen § 7 JArbSchG sind **Ordnungswidrigkeiten** und **7**
können mit einer Geldbuße geahndet werden (§ 58 Abs. 1 Nr. 4 JArbSchG),
unter Umständen sind sie sogar strafbar (§ 58 Abs. 5 und 6 JArbSchG).

Dritter Abschnitt
Beschäftigung Jugendlicher

Erster Titel
Arbeitszeit und Freizeit

§ 8 Dauer der Arbeitszeit

(1) Jugendliche dürfen nicht mehr als acht Stunden täglich und nicht mehr als 40
Stunden wöchentlich beschäftigt werden.

(2) Wenn in Verbindung mit Feiertagen an Werktagen nicht gearbeitet wird,
damit die Beschäftigten eine längere zusammenhängende Freizeit haben, so darf
die ausfallende Arbeitszeit auf die Werktage von fünf zusammenhängenden, die
Ausfalltage einschließenden Wochen nur dergestalt verteilt werden, dass die
Wochenarbeitszeit im Durchschnitt dieser fünf Wochen 40 Stunden nicht überschreitet. Die tägliche Arbeitszeit darf hierbei achteinhalb Stunden nicht überschreiten.

(2 a) Wenn an einzelnen Werktagen die Arbeitszeit auf weniger als acht Stunden
verkürzt ist, können Jugendliche an den übrigen Werktagen derselben Woche
achteinhalb Stunden beschäftigt werden.

(3) In der Landwirtschaft dürfen Jugendliche über 16 Jahre während der Erntezeit nicht mehr als neun Stunden täglich und nicht mehr als 85 Stunden in der
Doppelwoche beschäftigt werden.

Inhaltsübersicht   Rn.

1.   Überblick   1
2.   Höchstarbeitszeit und Abweichungen
2.1   Grundsatz.   11
2.2   Sonderregelung, wenn in Verbindung mit Feiertagen an Werktagen
      nicht gearbeitet wird.   12
2.3   Sonderregelung bei anderer Verteilung der Arbeitszeit.   16
2.4   Sonderregelung für die Landwirtschaft   18

1. Überblick

§ 8 JArbSchG regelt die Dauer der täglichen Arbeitszeit von Jugendlichen. **1**
Maßgebend hierfür ist die Arbeitszeit ohne die Ruhepausen (§ 4 Abs. 1 JArb-
SchG). Aus Gründen des **Gesundheitsschutzes**, um Jugendliche vor Überfor-

derung und Gesundheitsschädigung durch zu lange Arbeitszeiten zu schützen und ihnen ausreichende Freizeit zur Erholung und Entfaltung ihrer Persönlichkeit sicherzustellen, hat der Gesetzgeber die höchstzulässige Arbeitszeit auf acht Stunden täglich und 40 Stunden wöchentlich begrenzt.

2 Gemäß § 15 JArbSchG gilt für Jugendliche die **Fünf-Tage-Woche**, so dass eine Verteilung der 40 Wochenstunden maximal auf fünf Tage zulässig ist. Selbst bei einer Verteilung auf weniger Wochentage bleibt es grundsätzlich bei der Begrenzung auf den Acht-Stunden-Tag. »Fünf-Tage-Woche« bedeutet nicht in allen, aber in vielen, Fällen eine Arbeitszeit von Montag bis Freitag. Eine Beschäftigung Jugendlicher an Samstagen und Sonntagen ist nur in den Grenzen des § 16 und 17 JArbSchG zulässig. Begrifflich ist klarzustellen, dass **Werktage** alle Kalendertage, die nicht Sonn- oder gesetzliche Feiertage sind, also Montag bis einschließlich Samstag.

3 Aus § 8 Abs. 2 und 2a JArbSchG ergeben sich Verlängerungsmöglichkeiten auf achteinhalb Stunden täglich, die sich auf die Arbeit an Feiertagen und flexible Arbeitszeitmodelle beziehen. Für die **Landwirtschaft** während der Erntezeit enthält § 8 Abs. 3 JArbSchG eine **Sonderregelung** für Jugendliche über 16 Jahre. Nach Maßgabe des § 9 und § 10 JArbSchG sind die Zeiten des Berufsschulunterrichts und der Teilnahme an Prüfungen auf die gesetzliche Höchstarbeitszeit anzurechnen.

4 **Ausnahmen** können in Notfällen in Betracht kommen (§ 21 JArbSchG), ansonsten augrund allgemeiner Regelungen durch Rechtsverordnung (§ 21b JArbSchG) oder durch Tarifvertrag oder aufgrund eines Tarifvertrages durch Betriebsvereinbarung (§ 21a JArbSchG). Weitere Ausnahmen vom Acht-Stunden-Tag und von der 40-Stunden-Woche gibt es nur noch in der **Hochseeschifffahrt**, nicht aber in der Binnenschifffahrt (§ 61 JArbSchG).

5 **Zuwiderhandlungen** gegen § 8 JArbSchG sind **Ordnungswidrigkeiten** und können mit einer Geldbuße geahndet werden (§ 58 Abs. 1 Nr. 5 JArbSchG), unter Umständen sind sie sogar strafbar (§ 58 Abs. 5 und 6 JArbSchG).

6 Die Regelungen der Arbeitszeit in § 8 JArbSchG betrifft »**Jugendliche**« (§ 2 JArbSchG). Für **Kinder** (wer noch nicht 15 Jahre alt ist) gilt § 5 bis § 7 JArbSchG. Für **volljährige Arbeitnehmer oder Auszubildende** gelten die Bestimmungen des Arbeitszeitgesetzes (ArbZG). Danach gilt: Die werktägliche Arbeitszeit der Arbeitnehmer darf acht Stunden nicht überschreiten (§ 3 Satz 1 ArbZG). Sie kann auf bis zu zehn Stunden nur verlängert werden, wenn innerhalb von sechs Kalendermonaten oder innerhalb von 24 Wochen im Durchschnitt acht Stunden werktäglich nicht überschritten werden (§ 3 Satz 2 ArbZG).

7 § 8 JArbSchG regelt die **gesetzliche Höchstarbeitszeit**, keine Mindestarbeitszeit. Die gesetzliche Höchstarbeitszeit darf nicht überschritten werden. Anderslautende einzelvertragliche Vereinbarungen sind wegen des Verstoßes gegen das gesetzliche Verbot des § 8 JArbSchG nichtig (§ 134 BGB).[1] **Vertragliche Vereinbarungen**, die die gesetzliche Höchstarbeitszeit nicht über-, sondern unterschreiten, sind selbstverständlich zulässig, insbesondere auch die Vereinbarung von **Teilzeitarbeit**. Auch eine **Teilzeitberufsausbildung** ist gemäß § 8 Abs. 1 Satz 2 BBiG möglich. Sofern **tarifvertragliche Regelungen** Anwendung finden, können diese selbstverständlich auch eine regelmäßige Vollarbeitszeit vorsehen, die unterhalb der gesetzlichen Höchstarbeitszeit liegt. Wie lange (bis zur gesetz-

---

1 ErfK / *Schlachter* § 8 JArbSchG Rn. 1.

Lakies

lichen Höchstgrenze) tatsächlich von dem Jugendlichen gearbeitet werden muss, richtet sich nach der vertraglichen Vereinbarung bzw. einem anwendbaren Tarifvertrag.

Die **Lage der Arbeitszeit**, also die Frage, zu welcher Zeit am Tag zu arbeiten ist, ist gesetzlich nicht vorgegeben, sieht man davon ab, dass gesetzlich die Ruhezeit (§ 13 JArbSchG) und die Nachtruhe (§ 14 JArbSchG) vorgegeben ist. Zudem sind die Ruhepausen (§ 11 JArbSchG) zu beachten. **8**

Zu beachten ist, dass gemäß § 48 Abs. 1 JArbSchG der Arbeitgeber verpflichtet ist, einen **Aushang über Beginn und Ende der regelmäßigen täglichen Arbeitszeit und der Pausen** an geeigneter Stelle im Betrieb anzubringen. Dies gilt für alle Beschäftigungsverhältnisse, auch im Bergbau unter Tage und in der Binnenschifffahrt. **9**

Bei der Verteilung der Arbeitszeit für Jugendliche hat der **Betriebsrat** neben den allgemeinen Überwachungsaufgaben gemäß § 80 Abs. 1 Nr. 1 BetrVG auch ein **Mitbestimmungsrecht** (§ 87 Abs. 1 Nr. 2 BetrVG) hinsichtlich der konkreten Umsetzung. Hinzu kommt auf dem Gebiet des Arbeitsschutzes die Mitbestimmung aus § 87 Abs. 1 Nr. 7 BetrVG zur Verhütung von Arbeitsunfällen sowie zum Gesundheitsschutz. Für den Personalrat folgt das Mitbestimmungsrecht aus § 75 Abs. 3 Nr. 1 und Nr. 11 BPersVG. **10**

2. Höchstarbeitszeit und Abweichungen

2.1 Grundsatz

Grundsätzlich dürfen Jugendliche nicht mehr als **acht Stunden täglich** und nicht mehr als **40 Stunden wöchentlich** beschäftigt werden (§ 8 Abs. 1 JArbSchG). Allgemein sind zwei Sonderkonstellationen in § 8 Abs. 2 und § 8 Abs. 2a JArbSchG geregelt, die Ausnahmen zulassen. Ergänzend sind die **Definitionen der Arbeitszeit** in § 4 JArbSchG zu beachten. **Tägliche Arbeitszeit** ist die Zeit vom Beginn bis zum Ende der täglichen Beschäftigung **ohne die Ruhepausen** (§ 4 Abs. 1 JArbSchG, zur Definition der Ruhepausen § 11 JArbSchG). **Für die Berechnung der wöchentlichen Arbeitszeit** ist als Woche die Zeit von Montag bis einschließlich Sonntag zugrunde zu legen (§ 4 Abs. 4 Satz 1 JArbSchG). Die Arbeitszeit, die an einem Werktag infolge eines gesetzlichen **Feiertags** ausfällt, wird auf die wöchentliche Arbeitszeit angerechnet (§ 4 Abs. 4 Satz 2 JArbSchG). Wird ein Jugendlicher von mehreren Arbeitgebern beschäftigt, so werden die Arbeits- und Schichtzeiten sowie die Arbeitstage zusammengerechnet (§ 4 Abs. 5 JArbSchG). **11**

2.2 Sonderregelung, wenn in Verbindung mit Feiertagen an Werktagen nicht gearbeitet wird

Wenn **in Verbindung mit Feiertagen** an Werktagen *nicht* gearbeitet wird, damit die Beschäftigten eine längere zusammenhängende Freizeit haben, so darf die ausfallende Arbeitszeit auf die Werktage von fünf zusammenhängenden, die Ausfalltage einschließenden Wochen nur dergestalt verteilt werden, dass die Wochenarbeitszeit im Durchschnitt dieser fünf Wochen 40 Stunden nicht überschreitet (§ 8 Abs. 2 Satz 1 JArbSchG). Die tägliche Arbeitszeit darf hierbei achteinhalb Stunden nicht überschreiten (§ 8 Abs. 2 Satz 2 JArbSchG). Fällt die Arbeit nicht wegen der Verbindung mit einem Feiertag aus, sondern aus ande- **12** ren Gründen (zum Beispiel Streik), findet § 8 Abs. 2 JArbSchG keine Anwendung.[2]

13 Die ausgefallene Arbeitszeit darf in diesen Fällen vor- und nachgearbeitet werden. Sie kann auf die Werktage von fünf zusammenhängenden Wochen verteilt werden, und zwar so, dass die Wochenarbeitszeit im Durchschnitt aller fünf Wochen 40 Stunden nicht überschreitet. Die Woche, in der die freien Tage liegen, zählt zu dem Fünf-Wochen-Zeitraum. Die tägliche Arbeitszeit darf achteinhalb Stunden nicht überschreiten. Die Bestimmungen über die Fünf-Tage-Woche gemäß § 15 JArbSchG sind auch in diesen Fällen zu beachten, demnach darf nur an fünf Tagen in der Woche vor- oder nachgearbeitet werden. Auch das grundsätzliche Verbot der Samstagsarbeit (§ 16 JArbSchG) und der Sonntagsarbeit (§ 17 JArbSchG) ist zu beachten. Das führt im Ergebnis dazu, dass im Ausgleichszeitraum (fünf Wochen) nur maximal 1,5 Arbeitstage vor- oder nachgearbeitet werden dürfen.[3]

14 Bedeutung hat die Regelung zum Beispiel zwischen Weihnachten und Neujahr und ansonsten vor allem dann, wenn der Donnerstag ein Feiertag ist und am Freitag im Betrieb nicht gearbeitet wird. Die Jugendlichen können in diese Regelung miteinbezogen werden. Es ist aber zu beachten, dass jedenfalls bei einer tariflichen oder einzelvertraglichen Arbeitszeit von 40 Stunden in der Woche nur 1 bis maximal 1,5 freie Tage in diesem Fünf-Wochen-Zeitraum vor- oder nachgearbeitet werden können, da an den Tagen innerhalb des Fünf-Wochen-Zeitraums, an dem der Jugendliche tatsächlich arbeitet, jeweils nur eine halbe Stunde »herausgearbeitet« werden darf. Es ist nicht zulässig, zwei volle Arbeitstage innerhalb dieses Fünf-Wochen-Zeitraums vor- oder nachzuarbeiten.

15 *Beispiel:* Der Heiligabend, der 24. Dezember (kein Feiertag), fällt auf einen Montag. Dienstag und Mittwoch sind Feiertage (1. und 2. Weihnachtstag). Arbeitstage wären in dieser Woche Donnerstag und Freitag. Wird an diesen Arbeitstagen nicht gearbeitet, kann der Jugendliche in den vorhergehenden fünf Wochen diese Tage nicht in vollem Umfang vorarbeiten, weil er in vier Wochen maximal an 20 Tagen je eine halbe Stunde, nämlich maximal zehn Stunden vorarbeiten darf. Der Arbeitgeber müsste ihm daher die fehlenden sechs Stunden ohne Entgeltausfall freigeben. Diese fehlenden sechs Stunden können auch nicht in den nächsten fünf Wochen nachgearbeitet werden, auch dann nicht, wenn in Verbindung mit dem Feiertag des 1. Januar am 2. Januar wieder ein freier Tag gegeben wird. Zwar würde für die Nacharbeit dieses freien 2. Januar erneut eine Fünf-Wochen-Frist beginnen, in der der Jugendliche die fehlende Zeit nacharbeiten kann. Dies bezieht sich aber nicht auf die fehlenden sechs Stunden der vorhergehenden Fünf-Wochen-Periode, sondern auf die ausgefallene Arbeitszeit am 2. Januar.

2.3 Sonderregelung bei anderer Verteilung der Arbeitszeit

16 Wenn an **einzelnen Werktagen** die **Arbeitszeit auf weniger als acht Stunden verkürzt ist,** können Jugendliche an den übrigen Werktagen derselben Woche achteinhalb Stunden beschäftigt werden (§ 8 Abs. 2a JArbSchG). Zweck der Vorschrift ist es, auch Jugendliche in flexiblen Arbeitszeitmodellen zu beschäftigen, gegebenenfalls an die Arbeitszeit der Erwachsenen anzupassen, etwa

---

2 ErfK / *Schlachter* § 8 JArbSchG Rn. 3.
3 ErfK / *Schlachter* § 8 JArbSchG Rn. 3.

wenn für diese der Freitagnachmittag frei ist. Praktische Bedeutung hat die Vorschrift auch für Betriebe mit Gleitzeitregelungen. § 8 Abs. 2a JArbSchG ermöglicht eine Beteiligung der Jugendlichen an Gleitzeitregelungen, bei denen ein Zeitausgleich nötig ist, weil sie an manchen Tagen weniger als acht Stunden gearbeitet haben. Allerdings ist für Jugendliche die Grenze des täglichen Zeitausgleichs auf eine halbe Stunde festgelegt, da höchstens achteinhalb Stunden pro Werktag gearbeitet werden darf. Eine weitere Beschränkung liegt darin, dass der Zeitausgleich in »derselben« Woche zu erfolgen hat, was die Woche von Montag bis Sonntag meint (§ 4 Abs. 4 JArbSchG) und zudem die Fünf-Tage-Woche zu beachten ist (§ 15 JArbSchG).

Durch **Tarifvertrag** kann gemäß § 21a Abs. 1 Nr. 1 JArbSchG auch für Jugend- **17** liche der Ausgleichszeitraum für gleitende Arbeitszeit auf neun Stunden täglich und 44 Stunden wöchentlich, verteilt auf bis zu fünfeinhalb Tagen und einem Ausgleichszeitraum von zwei Monaten ausgedehnt werden. **Einzelvertragliche Regelungen** ohne Bezugnahme auf Tarifverträge, die Entsprechendes vorsehen, sind allerdings unzulässig.

2.4 Sonderregelung für die Landwirtschaft

In der Landwirtschaft dürfen **Jugendliche über 16 Jahre während der Erntezeit** **18** nicht mehr als neun Stunden täglich und nicht mehr als 85 Stunden in der Doppelwoche beschäftigt werden (§ 8 Abs. 3 JArbSchG). Zwei Wochen hintereinander darf nicht täglich neun Stunden gearbeitet werden, weil dadurch die Zeit von 85 Stunden in der Doppelwoche überschritten würde. Auch hier handelt es sich um die Regelung der gesetzlichen Höchstarbeitszeit. Wie lange tatsächlich von dem Jugendlichen gearbeitet werden muss, richtet sich nach der vertraglichen Vereinbarung bzw. einem anwendbaren Tarifvertrag.

Zur **Landwirtschaft** zählen die Bodennutzung, also Ackerbau, Obst-, Gemüse- **19** und Weinbau, aber auch Wiesen- und Weidewirtschaft für die Tierhaltung. Nicht dazu gehört dagegen die Tierhaltung als solche, was sich schon daraus ergibt, dass die Ausnahmeregelung auf die Zeit der Ernte beschränkt ist und Tierhaltung begrifflich hier nicht eingeordnet werden kann. Zur Landwirtschaft gehören auch die **Familienhaushalte**, die mit einem landwirtschaftlichen Betrieb des Arbeitgebers verbunden sind, wenn regelmäßig auch Dienste für den landwirtschaftlichen Betrieb geleistet werden. Hierunter fällt auch die Fischerei in Binnengewässern.

Erntezeit ist die Jahreszeit, in der üblicherweise eine bestimmte Frucht einge- **20** bracht wird. Die Erntezeit liegt häufig teilweise außerhalb der Schulferien. Das bedeutet, dass die Jugendlichen bei bestehender Schulpflicht und die Auszubildenden am **Berufsschulunterricht** teilnehmen müssen. An mindestens einem Tag in der Woche stehen die Jugendlichen demnach nicht zur Arbeitsleistung zur Verfügung. Da nach § 9 JArbSchG Berufsschultage mit mehr als fünf Unterrichtsstunden mit acht Stunden auf die wöchentliche Arbeitszeit anzurechnen ist, müssen in der Zwei-Wochen-Frist des § 8 Abs. 3 JArbSchG mindestens zwei mal acht Stunden auf die 85-Stunden-Woche angerechnet werden. Das gilt entsprechend für die Teilnahme an Prüfungen, wenn diese in die Erntezeit fällt.

§ 9 Berufsschule

(1) Der Arbeitgeber hat den Jugendlichen für die Teilnahme am Berufsschulunterricht freizustellen. Er darf den Jugendlichen nicht beschäftigen

1. vor einem vor 9 Uhr beginnenden Unterricht; dies gilt auch für Personen, die über 18 Jahre alt und noch berufsschulpflichtig sind,

2. an einem Berufsschultag mit mehr als fünf Unterrichtsstunden von mindestens je 45 Minuten, einmal in der Woche,

3. in Berufsschulwochen mit einem planmäßigen Blockunterricht von mindestens 25 Stunden an mindestens fünf Tagen; zusätzliche betriebliche Ausbildungsveranstaltungen bis zu zwei Stunden wöchentlich sind zulässig.

(2) Auf die Arbeitszeit werden angerechnet

1. Berufsschultage nach Absatz 1 Nr. 2 mit acht Stunden,

2. Berufsschulwochen nach Absatz 1 Nr. 3 mit 40 Stunden,

3. im Übrigen die Unterrichtszeit einschließlich der Pausen.

(3) Ein Entgeltausfall darf durch den Besuch der Berufsschule nicht eintreten.

Inhaltsübersicht   Rn.

1. Überblick   1
2. Freistellung für den Berufsschulunterricht   4
3. Die Beschäftigungsverbote gemäß § 9 Abs. 1 Satz 2 JArbSchG   9
4. Anrechnung der Berufsschultage und -wochen auf die Arbeitszeit 13
5. Kein Entgeltausfall 19

1. Überblick

1 § 9 JArbSchG regelt das Verhältnis vom Berufsschulunterricht zur Arbeit oder Ausbildung im Betrieb. Die Regelung wird ergänzt durch die Vorschrift für (volljährige) Auszubildende in § 15 BBiG. Die **Berufsschulpflicht** beginnt mit dem Ende der Vollzeitschulpflicht, das heißt – je nach der Regelung in den Bundesländern – nach dem 9. oder 10. Schuljahr (Bremen, Brandenburg, Berlin, Nordrhein-Westfalen), und sie ist Teil der allgemeinen Schulpflicht.[1] Die Berufsschulpflicht gilt für alle, die sich in Deutschland aufhalten, damit auch für Personen, die nicht die deutsche Staatsangehörigkeit haben oder im Ausland geboren wurden. Für die Jugendlichen, die nicht in einem Berufsausbildungsverhältnis stehen, endet die Berufsschulpflicht mit Vollendung des 18. Lebensjahres. Für Jugendliche innerhalb eines Berufsausbildungsverhältnisses endet die Berufsschulpflicht, die in den Schulgesetzen der Bundesländer geregelt ist, meist mit der Vollendung des 21. Lebensjahres oder mit dem Ende des Ausbildungsverhältnisses. Nach Vollendung des 21. Lebensjahres besteht keine Berufsschulpflicht mehr. Zum Teil sehen die Regelungen in den Schulgesetzen vor, dass Auszubildende, die ein Berufsausbildungsverhältnis nach Vollendung des 21. Lebensjahres beginnen, berechtigt sind, während des Bestehens des Berufsausbildungsverhältnisses die Berufsschule zu besuchen.

2 Während § 9 Abs. 1 JArbSchG festlegt, dass Jugendliche für die Teilnahme als Berufsschulunterricht freizustellen sind und im Zusammenhang mit dem Berufsschulunterricht Beschäftigungsverbote regelt, regelt § 9 Abs. 2 JArbSchG in welchem Umfang Berufsschulzeiten auf die Arbeitszeit anzurechnen sind.

---

1 HK-ArbR-*Poser* § 9 JArbSchG Rn. 1.

Lakies

Durch den Besuch der Berufsschule darf kein Entgeltausfall eintreten (§ 9 Abs. 3 JArbSchG).

Zuwiderhandlungen gegen die Freistellungsverpflichtung gemäß § 9 Abs. 1 **3** JArbSchG sind **Ordnungswidrigkeiten** und können mit einer Geldbuße geahndet werden (§ 58 Abs. 1 Nr. 6 JArbSchG), unter Umständen sind sie sogar strafbar (§ 58 Abs. 5 und 6 JArbSchG). Eine entsprechende Bußgeldvorschrift findet sich auch im Hinblick auf § 15 BBiG in § 102 Abs. 1 Nr. 4 BBiG.

2. Freistellung für den Berufsschulunterricht

Der Arbeitgeber hat den Jugendlichen für die Teilnahme am Berufsschulunter- **4** richt freizustellen (§ 9 Abs. 1 Satz 1 JArbSchG). § 15 Satz 1 BBiG regelt generell, dass Auszubildende (Minderjährige oder Volljährige) für die Teilnahme am Berufsschulunterricht freizustellen sind. Insofern besteht der Anspruch nach beiden Rechtsgrundlagen. Die Pflicht zur Freistellung besteht zum einen, wenn der Auszubildende der Berufsschulpflicht unterliegt, was im Einzelnen in den Schulgesetzen der Länder geregelt ist (vgl. Rn. 1). Die Pflicht besteht zum anderen aber auch dann, wenn der Auszubildende zwar nicht der gesetzlichen Berufsschulpflicht unterliegt, aber die Verpflichtung zum Besuch der Berufsschule im Ausbildungsvertrag vereinbart ist. Aus der Pflicht zur Freistellung folgt ein Rechtsanspruch des Auszubildenden auf Freistellung.

Die **Freistellung** für die Teilnahme am **Berufsschulunterricht** umfasst alle **5** Zeiten, die erforderlich sind, um die Berufsschule während der geschuldeten Pflicht, sich betrieblich ausbilden zu lassen, wahrzunehmen. Die Auszubildenden sind nur dann von der Ausbildungspflicht tatsächlich befreit, wenn sie im Ergebnis entfällt und nicht nachgearbeitet werden muss.[2] Ob und inwieweit die Auszubildenden **vor oder nach dem Berufsschulunterricht** beschäftigt werden dürfen, ergibt sich aus § 9 Abs. 1 Satz 2 JArbSchG.

Die »**Teilnahme**« am Berufsschulunterricht setzt voraus, dass dieser tatsächlich **6** stattfindet. Die Freistellungspflicht besteht deshalb nur für die tatsächlich stattfindenden Berufsschulstunden. Fällt der Berufsschulunterricht ganz oder teilweise aus, ist der Auszubildende verpflichtet, soweit der Unterricht ausfällt, im Betrieb zu arbeiten. **Zeiten des notwendigen Verbleibs** an der Berufsschule während der unterrichtsfreien Zeit (also vor allem, wenn die ausfallende Unterrichtsstunde zwischen anderen stattfindenden Unterrichtsstunden fällt) werden von der Freistellungspflicht mit umfasst. Fällt der an sich planmäßig vorgesehene Unterricht tatsächlich aus, muss der Auszubildende nach Ende des Berufsschulunterrichts grundsätzlich in den Betrieb zurückkehren, sofern unter Berücksichtigung der Freistellungsverpflichtung noch tatsächlich zu erbringende Arbeitszeit im Betrieb verbleibt. Für Minderjährige gilt § 9 Abs. 1 Satz 2 JArbSchG (vgl. Rn. 9 ff.). Beim **Blockunterricht** besteht die Freistellungspflicht für alle Tage der Berufsschulwoche, an denen der Unterricht tatsächlich stattfindet.

Die Freistellung von der betrieblichen Ausbildung umfasst neben der Zeit des **7** Berufsschulunterrichts auch die Zeiträume, in denen der Auszubildende zwar nicht am Berufsschulunterricht teilnehmen muss, aber wegen des Schulbesuchs aus tatsächlichen Gründen gehindert ist, im Ausbildungsbetrieb an der betrieblichen Ausbildung teilzunehmen. Dies betrifft insbesondere die Zeiten des

---

2 LAG Hamm 24.2.1999, 9 Sa 1273/98, AiB 1999, 589.

notwendigen Verbleibs an der Berufsschule während der unterrichtsfreien Zeit und die notwendigen **Wegezeiten** zwischen Berufsschule und Ausbildungsbetrieb.[3] Auch notwendige Zeiten zum Waschen und Umkleiden sind in die Freistellungspflicht einbezogen, nicht aber die Zeiten für die Erledigung von schulisch übertragenen Hausaufgaben.

8 Eine Freistellungsverpflichtung besteht auch für verbindliche **Schulveranstaltungen**, die zwar nicht »Berufsschulunterricht« sind, aber im Zusammenhang mit diesem stehen und von der Schule durchgeführt werden, zum Beispiel Schulausflüge und Exkursionen. Hierunter fällt *nicht* die Wahrnehmung von Veranstaltungen und Aufgaben der Schülervertretung, es sei denn, das betreffende Schulgesetz enthält eine besondere Regelung. Eine Freistellungsverpflichtung unter Fortzahlung der Vergütung kann sich aber aus § 19 Abs. 1 Nr. 2b) BBiG ergeben. Für freiwillige Schulveranstaltungen besteht keine Freistellungspflicht.

3. Die Beschäftigungsverbote gemäß § 9 Abs. 1 Satz 2 JArbSchG

9 Ob und inwieweit die Auszubildenden vor und nach dem Berufsschulunterricht beschäftigt werden dürfen, ist nicht im BBiG geregelt, sondern in § 9 Abs. 1 Satz 2 JArbSchG und gilt nur für »**Jugendliche**«, nicht also für volljährige Auszubildende (abgesehen von § 9 Abs. 1 Satz 2 Nr. 1 JArbSchG).

10 Gemäß § 9 Abs. 1 Satz 2 Nr. 1 JArbSchG darf der Arbeitgeber den Jugendlichen nicht **vor einem vor 9.00 Uhr beginnenden Unterricht** beschäftigen, auch nicht in Notfällen. Damit soll gewährleistet werden, dass der Jugendliche dem Unterricht ausgeruht und gewinnbringend folgen kann.[4] Diese Regelung gilt auch für **Volljährige**, sofern sie noch berufsschulpflichtig sind. Bei einem Schulbeginn um 9.00 Uhr oder später sind die Auszubildenden nach dem Gesetz verpflichtet, noch im zumutbaren Umfang im Betrieb zu erscheinen, soweit dort eine sinnvolle Tätigkeit möglich ist.

11 Gemäß § 9 Abs. 1 Satz 2 Nr. 2 JArbSchG ist die Beschäftigung eines Jugendlichen **an einem Berufsschultag mit mehr als fünf Unterrichtsstunden von mindestens 45 Minuten** verboten, allerdings nur **einmal in der Woche.** Am zweiten Berufsschultag darf der Auszubildende nach der Berufsschule noch im Betrieb beschäftigt werden.

12 Aus § 9 Abs. 1 Satz 2 Nr. 3 JArbSchG folgt ein Beschäftigungsverbot für Jugendliche in Berufsschulwochen, in denen ein **planmäßiger Blockunterricht von mindestens 25 Stunden an mindestens fünf Tagen** stattfindet. Erreicht der Blockunterricht an der Berufsschule nicht den Mindestumfang von 25 Stunden an mindestens fünf Tagen je Woche, weil etwa an einem Tag der Unterricht planmäßig ausfällt, besteht kein Verbot für den Arbeitgeber, einen Jugendlichen zu beschäftigen.[5] Fällt der Unterricht kurzfristig und unplanmäßig aus, gilt die Freistellungspflicht.[6] **Zusätzliche betriebliche Ausbildungsveranstaltungen** bis zu zwei Stunden wöchentlich sind neben dem Blockunterricht zulässig.

---

3 BAG 26.3.2001, 5 AZR 413/99, NZA 2001, 892.
4 ErfK/*Schlachter* § 9 JArbSchG Rn. 6.
5 OVG Nordrhein-Westfalen 11.3.1985, 12 A 2697/82, NZA 1985, 712.
6 ErfK/*Schlachter* § 9 JArbSchG Rn. 8.

4. Anrechnung der Berufsschultage und -wochen auf die Arbeitszeit

§ 9 Abs. 3 JArbSchG regelt, in welchem Umfang die Berufsschulzeiten auf die **13** Arbeitszeit der Jugendlichen angerechnet werden. Es zählt die Unterrichtszeit einschließlich der Pausen (§ 9 Abs. 2 Nr. 3 JArbSchG). Auch der Unterricht an einem arbeitsfreien Tag, zum Beispiel Samstag, ist anzurechnen. Damit verringert sich die Beschäftigungs- und Ausbildungszeit innerhalb der Woche entsprechend.[7]

Die Anrechnungszeiten beziehen sich auf die gesetzlichen Höchstarbeitszeiten **14** (§ 8 JArbSchG). Sind in einem anwendbaren Tarifvertrag kürzere Arbeits- oder Ausbildungszeiten festlegt, so erfolgt die Anrechnung gleichwohl auf die gesetzliche Höchstarbeitszeit von acht Stunden täglich oder 40 Stunden wöchentlich und nicht auf die kürzere tarifliche Arbeits- bzw. Ausbildungszeit, es sei denn der Tarifvertrag enthält ausdrücklich eine Anrechnungsregelung.[8] Das gilt auch, wenn im Arbeits- oder Ausbildungsvertrag eine kürzere Arbeitszeit vereinbart ist. Folgende Anrechnung gilt:

- Berufsschultage mit mehr als fünf Unterrichtsstunden von mindestens je 45 Minuten werden mit acht Stunden angerechnet (§ 9 Abs. 2 Nr. 1 JArbSchG).
- Berufsschulwochen im Blockunterricht von mindestens 25 Stunden an mindestens fünf Tagen werden mit 40 Stunden angerechnet (§ 9 Abs. 2 Nr. 2 JArbSchG).

Daraus ergeben sich folgende Fallkonstellationen: **15**

- Beträgt am Berufsschultag die Unterrichtszeit mindestens sechs Unterrichtsstunden, wird sie bei einer 40-Stunden-Woche mit acht Stunden auf die Arbeitszeit angerechnet. Der Jugendliche kann demnach nur noch an vier Tagen in dieser Woche 32 Stunden beschäftigt werden. Nicht angerechnet wird die Wegezeit von und zur Berufsschule.[9]
- Bei planmäßigem Blockunterricht von mindestens 25 Unterrichtsstunden an mindestens fünf Tagen wird Blockunterricht mit 40 Stunden auf die Arbeitszeit angerechnet.
- Beträgt die Unterrichtszeit weniger als sechs Unterrichtsstunden, der Blockunterricht weniger als 25 Stunden oder wird der Blockunterricht auf vier Tage verteilt, wird nur die tägliche Unterrichtszeit einschließlich der Pausen, wie sie tatsächlich erbracht wurde, auf die Arbeitszeit angerechnet.[10]
- Fällt der Berufsschultag auf einen Feiertag, wird dieser gleichwohl auf die Arbeitszeit angerechnet, soweit der Berufsschüler an diesem Tag ohne den Feiertag mehr als fünf Unterrichtsstunden gehabt hätte und das der einzige Berufsschultag in der Woche ist.[11]

Volljährige Auszubildende fallen nicht unter diese Anrechnungsvorschrift. Für **16** sie kann deshalb die Berufsschulzeit und die betriebliche Arbeitszeit zusammen höher sein als die tarifvertraglich verankerte wöchentliche Ausbildungszeit.[12] § 15 BBiG regelt nur die Freistellungspflicht, nicht aber die Anrechnung der

---

7 ErfK / *Schlachter* § 9 JArbSchG Rn. 10.
8 BAG 27.5.1992, 5 AZR 252/91, NZA 1993, 453.
9 ErfK / *Schlachter* § 9 JArbSchG Rn. 11.
10 ErfK / *Schlachter* § 9 JArbSchG Rn. 11.
11 ErfK / *Schlachter* § 9 JArbSchG Rn. 11.
12 BAG 13.2.2003, 6 AZR 537/01, NZA 2003, 984.

Freistellungszeiten auf die betriebliche Ausbildungszeit. Die Anrechnungsvorschrift für Minderjährige in § 9 Abs. 2 JArbSchG galt gemäß § 9 Abs. 4 JArbSchG a. F. auch für volljährige berufsschulpflichtige Auszubildende. Seit dem Außerkrafttreten des § 9 Abs. 4 JArbSchG zum 1.3.1997 fehlt es an einer **Anrechnungsregelung** für volljährige Auszubildende.

17 Aus der Freistellungs- und Vergütungspflicht folgt bei Überschneidungen von Zeiten des Besuchs der Berufsschule und betrieblicher Ausbildung, dass der Besuch des Berufsschulunterrichts der betrieblichen Ausbildung vorgeht. Dies bedeutet zugleich die **Ersetzung der Ausbildungspflicht** im Betrieb, so dass eine **Nachholung** der so ausfallenden betrieblichen Ausbildungszeiten von Gesetzes wegen **ausgeschlossen** ist.[13] Da eine Nachholung der Freistellungszeiten ausgeschlossen ist, müssen diese folglich auch auf die betrieblichen Ausbildungszeiten angerechnet worden. Damit ist aber noch nicht gesagt, in welchem Umfang eine **Anrechnung der Berufsschulzeiten auf die betriebliche Ausbildungszeit** stattfindet, insbesondere im Hinblick auf tarifliche Regelungen, die eine kürzere Wochenarbeitszeit vorsehen als die gesetzlichen Höchstarbeitszeiten.

18 Für **Volljährige** fehlt es seit dem Außerkrafttreten von § 9 Abs. 4 JArbSchG zum 1.3.1997 an einer Anrechnungsregelung. Das hat zur Folge, dass die Summe der Berufsschulzeiten und der betrieblichen Ausbildungszeiten kalenderwöchentlich größer als die regelmäßige tarifliche wöchentliche Ausbildungszeit sein kann[14], es sei denn die einschlägige tarifliche Regelung sieht eine Anrechnungsregelung zugunsten der Auszubildenden vor. Dies kann auch dazu führen, dass dann, wenn die Dauer des Berufsschulunterrichts an einem bestimmten Tag die an sich zu leistende betriebliche (tarifliche) Ausbildungszeit überschreitet, der Auszubildende den Berufsschulunterricht zu absolvieren hat, aber gleichwohl die zusätzliche Zeit nicht auf die (tarifliche) wöchentliche Ausbildungszeit angerechnet wird.[15] Die Höchstgrenze der Arbeitszeit und damit der Ausbildungszeit ergibt sich aus den gesetzlichen Höchstarbeitszeiten nach dem ArbZG. Diese darf auch nicht durch die Addition der Berufsschulzeiten und der betrieblichen Ausbildungszeit überschritten werden.

5. Kein Entgeltausfall

19 Durch den Besuch der Berufsschule darf **kein Entgeltausfall** eintreten (§ 9 Abs. 3 JArbSchG). Für volljährige Auszubildende folgt das aus § 15, § 19 Abs. 1 Nr. 1 BBiG. Lohn, Gehalt oder Ausbildungsvergütung ist für die Berufsschulzeit so fortzuzahlen, als wäre gearbeitet worden (sog. **Lohnausfallprinzip**). Fällt der Berufsschulunterricht auf einen arbeitsfreien Tag, ist die Unterrichtszeit zu vergüten, soweit sie auf die höchstzulässige Arbeitszeit angerechnet wird.[16] Hat der Jugendliche bereits 40 Stunden im Betrieb gearbeitet (Höchstarbeitszeit gemäß § 8 Abs. 1 JArbSchG), sind Unterrichtsstunden an einem arbeitsfreien Samstag als Mehrarbeit zu vergüten.[17] Eine vertragliche Vereinbarung, die Berufsschulzeiten nicht zu vergüten, wäre unwirksam.

20 Ein gesetzlicher Anspruch auf Übernahme der Kosten, die durch den Besuch der

---

13 BAG 26.3.2001, 5 AZR 413/99, NZA 2001, 892.
14 BAG 26.3.2001, 5 AZR 413/99, NZA 2001, 892.
15 BAG 13.2.2003, 6 AZR 537/01, NZA 2003, 984.
16 ErfK/*Schlachter* § 9 JArbSchG Rn. 14.
17 ErfK/*Schlachter* § 9 JArbSchG Rn. 14.

Berufsschule entstehen (zum Beispiel Fahrtkosten), besteht hingegen nicht.[18] Entsprechende Regelungen im Ausbildungsvertrag oder in einem anwendbaren Tarifvertrag oder in einer Betriebsvereinbarung sind allerdings möglich.

§ 10 Prüfungen und außerbetriebliche Ausbildungsmaßnahmen

(1) Der Arbeitgeber hat den Jugendlichen
1. **für die Teilnahme an Prüfungen und Ausbildungsmaßnahmen, die auf Grund öffentlich-rechtlicher oder vertraglicher Bestimmungen außerhalb der Ausbildungsstätte durchzuführen sind,**
2. **an dem Arbeitstag, der der schriftlichen Abschlussprüfung unmittelbar vorangeht,**

freizustellen.
(2) Auf die Arbeitszeit werden angerechnet
1. **die Freistellung nach Absatz 1 Nr. 1 mit der Zeit der Teilnahme einschließlich der Pausen,**
2. **die Freistellung nach Absatz 1 Nr. 2 mit acht Stunden.**
Ein Entgeltausfall darf nicht eintreten.

Inhaltsübersicht   Rn.

1.   Freistellung für Prüfungen und außerbetriebliche Ausbildungs-
      maßnahmen...   1
1.1   Teilnahme an Prüfungen   3
1.2   Vorbereitung auf Prüfungen   5
1.3   Teilnahme an außerbetrieblichen Ausbildungsmaßnahmen   8
2.   Anrechnung der Freistellungszeiten auf die betriebliche Ausbildungszeit.   10

1. Freistellung für Prüfungen und außerbetriebliche Ausbildungsmaßnahmen

Der Arbeitgeber hat den Jugendlichen in dem in § 10 Abs. 1 Nr. 1 und 2 JArb-SchG geregelten Umfang unter Fortzahlung der Vergütung freizustellen, der Jugendliche hat kraft Gesetzes einen entsprechenden **Freistellungsanspruch**. Die Freistellungszeiten sind auf die Arbeitszeit anzurechnen, so dass die Zeiten grundsätzlich nicht nachgearbeitet werden müssen. Die Regelungen haben jeweils nur Bedeutung für Jugendliche, die in **Ausbildung** sind, nicht für sonstige Beschäftigungsverhältnisse. **1**

Zuwiderhandlungen gegen die Freistellungspflichten gemäß § 10 Abs. 1 JArb-SchG sind **Ordnungswidrigkeiten** und können mit einer Geldbuße geahndet werden (§ 58 Abs. 1 Nr. 7 JArbSchG), unter Umständen sind sie sogar strafbar (§ 58 Abs. 5 und 6 JArbSchG). **2**

1.1 Teilnahme an Prüfungen

Die Freistellung hat zum einen zu erfolgen für die Teilnahme an Prüfungen (§ 10 Abs. 1 Nr. 1 JArbSchG). Die Regelung entspricht § 15 Satz 1 BBiG, so dass bezogen auf die Prüfungsteilnahme der Freistellungsanspruch sowohl für minderjährige wie für volljährige Auszubildende besteht. **3**

---

18 BAG 16.9.2002, 6 AZR 486/00, NZA 2003, 1403.

4 Die Freistellung für Prüfungen bezieht sich auf die Zwischenprüfung (§ 48 BBiG) und die Abschlussprüfung (§ 37 Abs. 1 Satz 1 BBiG). Die Freistellungspflicht besteht auch im Falle der Wiederholung der Abschlussprüfung. Die Abschlussprüfung kann im Falle des Nichtbestehens zweimal wiederholt werden (§ 37 Abs. 1 Satz 2 BBiG). Sofern die Ausbildungsordnung vorsieht, dass die Abschlussprüfung in zwei zeitlich auseinander fallenden Teilen durchgeführt wird (§ 5 Abs. 2 Nr. 2 BBiG), sind auch diese Prüfungen erfasst. Erfasst werden auch alle anderen Prüfungen, die in der Ausbildungsordnung oder im Ausbildungsvertrag vorgesehen sind oder von Seiten der Berufsschule stattfinden, weil § 10 Abs. 1 Nr. 1 JArbSchG (ebenso § 15 Satz 1 BBiG) umfassend von der Teilnahme an »Prüfungen« spricht. Wie beim Berufsschulunterricht (vgl. § 9 JArbSchG) bezieht sich die Freistellungspflicht auch auf die erforderlichen **Wegezeiten**.

1.2 Vorbereitung auf Prüfungen

5 Eine Freistellungsverpflichtung zur **Vorbereitung auf Prüfungen** besteht gemäß § 10 Abs. 1 Nr. 2 JArbSchG nur eingeschränkt für Jugendliche. Es gibt keine entsprechende gesetzliche Freistellungsverpflichtung für volljährige Auszubildende, auch nicht im BBiG. Entsprechende Freistellungsregelungen könnten im Ausbildungsvertrag getroffen werden oder in anwendbaren Tarifverträgen oder in Betriebsvereinbarungen. Jugendliche sind an dem »Arbeitstag«, der der schriftlichen Abschlussprüfung »unmittelbar vorangeht«, freizustellen (§ 10 Abs. 1 Nr. 2 JArbSchG).

6 Die Freistellungsverpflichtung zur Vorbereitung besteht nach dem Gesetz nur hinsichtlich der »**schriftlichen Abschlussprüfung**«, nicht zur Vorbereitung auf andere Prüfungen, auch nicht auf die Zwischenprüfung oder die mündliche oder praktische Abschlussprüfung. Sofern die Ausbildungsordnung vorsieht, dass die Abschlussprüfung in zwei zeitlich auseinander fallenden Teilen durchgeführt wird (§ 5 Abs. 2 Nr. 2 BBiG), kann es gegebenenfalls – je nach Regelung in der Ausbildungsordnung – zwei schriftliche Prüfungen geben, die jeweils beide als Abschlussprüfung im Sinne des § 10 Abs. 1 Nr. 2 JArbSchG anzusehen wären, so das insoweit die Freistellungsverpflichtung besteht. Die Freistellungspflicht besteht auch im Falle der Wiederholung der Abschlussprüfung.

7 Nach dem Wortlaut des Gesetzes besteht die gesetzliche Freistellungspflicht nur für den **Arbeitstag**, der der schriftlichen Abschlussprüfung »**unmittelbar**« vorangeht. Der Ausbildende ist selbstverständlich nicht gehindert, den Jugendlichen auch für Arbeitstage freizustellen, die nicht »unmittelbar« der Prüfung vorangehen. Ein *gesetzlicher Anspruch* auf Freistellung besteht insoweit indes nicht (das gilt ebenso für volljährige Auszubildende).

Beispiel 1: Ist am Donnerstag Prüfung, am Mittwoch Berufsschule, am Dienstag Ausbildung im Betrieb, ist für den Dienstag nicht freizustellen, weil dieser Arbeitstag der Prüfung nicht »unmittelbar vorangeht«.

Beispiel 2: Ist der Montag als Prüfungstag angesetzt, das Wochenende arbeitsfrei und der Freitag Ausbildung im Betrieb, geht der Freitag als Arbeitstag dem Prüfungstag nicht »unmittelbar« voran, weil das Wochenende dazwischenliegt. Eine besteht keine gesetzliche Freistellungspflicht.

Beispiel 3: Ist der Montag als Prüfungstag angesetzt und wird üblicherweise am Sonntag gearbeitet, wie etwa im Hotel- und Gaststättengewerbe, so ist der Sonntag der

Arbeitstag, der der Prüfung »unmittelbar vorangeht« und damit freizugeben, ohne dass dieser Tag auf die notwendigen zwei freien Tage in der Woche (vgl. § 15 JArbSchG) angerechnet werden darf, weil der Freistellungstag auf die Arbeitszeit angerechnet wird (vgl. Rn. 11).

1.3 Teilnahme an außerbetrieblichen Ausbildungsmaßnahmen

Die Freistellung hat zudem zu erfolgen für die Teilnahme an Ausbildungsmaß- **8** nahmen, die auf Grund öffentlich-rechtlicher oder vertraglicher Bestimmungen außerhalb der Ausbildungsstätte durchzuführen sind (§ 10 Abs. 1 Nr. 1 JArbSchG). Die Regelung entspricht § 15 Satz 2 BBiG, so dass bezogen auf die Teilnahme an außerbetrieblichen Ausbildungsmaßnahmen der Freistellungsanspruch sowohl für minderjährige wie für volljährige Auszubildende besteht. Diese Freistellungspflicht besteht für solche Ausbildungsmaßnahmen, die in der Ausbildungsordnung oder im Ausbildungsvertrag vorgesehen sind oder ansonsten notwendig sind, weil in der Ausbildungsstätte die erforderliche berufliche Handlungsfähigkeit nicht in vollem Umfang vermittelt werden können.

Die Ausbildenden müssen die Auszubildenden in dem Umfang von der be- **9** trieblichen Ausbildung freistellen, die zeitlich für die Teilnahme an der Ausbildungsmaßnahme außerhalb der Ausbildungsstätte erforderlich ist. Neben der reinen Ausbildungszeit erstreckt sich die Freistellungspflicht wie beim Berufsschulbesuch (vgl. § 9 JArbSchG) auch auf notwendige Nebenzeiten, insbesondere **Wegezeiten**.

2. Anrechnung der Freistellungszeiten auf die betriebliche Ausbildungszeit

Die Anrechnung der in § 10 Abs. 1 JArbSchG genannten Freistellungszeiten auf **10** die betriebliche Ausbildungszeit regelt § 10 Abs. 2 JArbSchG (zu Berufsschulzeiten vgl. § 9 JArbSchG). Durch die Freistellung darf ein Entgeltausfall nicht eintreten (§ 10 Abs. 2 Satz 2 JArbSchG), die **Vergütung** ist also **fortzuzahlen**. Aus der Freistellungs- und Vergütungspflicht folgt, dass eine **Nachholung** der ausfallenden betrieblichen Ausbildungszeiten **ausgeschlossen** ist.

Für den **Umfang der Anrechnung** für die Zeit der Teilnahme der Prüfungen **11** und an außerbetrieblichen Ausbildungsmaßnahmen bestimmt § 10 Abs. 2 Satz 1 Nr. 1 JArbSchG, dass die Zeit der Teilnahme einschließlich der Pausen anzurechnen ist. Das ist insofern unvollständig, als auch die notwendigen Wegezeiten anzurechnen sind, weil diese notwendig zu der »Zeit der Teilnahme« gehören. Der Arbeitstag, der der schriftlichen Abschlussprüfung unmittelbar vorangeht (§ 10 Abs. 1 Nr. 2 JArbSchG) ist mit acht Stunden anzurechnen (§ 10 Abs. 2 Satz 1 Nr. 2 JArbSchG).

§ 11 Ruhepausen, Aufenthaltsräume

(1) Jugendlichen müssen im voraus feststehende Ruhepausen von angemessener Dauer gewährt werden. Die Ruhepausen müssen mindestens betragen
1. 30 Minuten bei einer Arbeitszeit von mehr als viereinhalb bis zu sechs Stunden,
2. 60 Minuten bei einer Arbeitszeit von mehr als sechs Stunden.
Als Ruhepause gilt nur eine Arbeitsunterbrechung von mindestens 15 Minuten.

(2) Die Ruhepausen müssen in angemessener zeitlicher Lage gewährt werden, frühestens eine Stunde nach Beginn und spätestens eine Stunde vor Ende der Arbeitszeit. Länger als viereinhalb Stunden hintereinander dürfen Jugendliche nicht ohne Ruhepause beschäftigt werden.

(3) Der Aufenthalt während der Ruhepausen in Arbeitsräumen darf den Jugendlichen nur gestattet werden, wenn die Arbeit in diesen Räumen während dieser Zeit eingestellt ist und auch sonst die notwendige Erholung nicht beeinträchtigt wird.

(4) Absatz 3 gilt nicht für den Bergbau unter Tage.

Inhaltsübersicht		Rn.
1.	Überblick	1
2.	Ruhepausen	
2.1	Dauer der Ruhepausen	7
2.2	Lage der Ruhepausen	13
3.	Aufenthalt während der Ruhepausen	14

1. Überblick

1 Die Regelung zur Gewährung von Ruhepausen und zur Gestaltung von Aufenthaltsräumen bezweckt den **Schutz der Jugendlichen vor Überforderung,** denn die Ruhepausen sollen nicht nur sicherstellen, dass sich der Jugendliche erholt und gegebenenfalls etwas essen kann, sondern sie dienen ebenfalls dem Schutz vor Übermüdung und der Unfallverhütung.[1] Neben ungünstigen Arbeitszeiten können auch zu kurze oder zu wenige Pausen die Unfallgefahren und das Gesundheitsrisiko von Kindern und Jugendlichen erhöhen. Die Einhaltung der in § 11 JArbSchG vorgesehenen Pausenzeiten ist deshalb sowohl als Prävention als auch als Verbesserung und Erhaltung der Arbeitsqualität zu verstehen.[2]

2 § 11 JArbSchG enthält in Absatz 1 Vorgaben für die **Mindestpausenzeiten,** regelt ihre zeitliche **Lage** (Absatz 2) und macht in Absatz 3 Vorgaben für den Fall, dass die Ruhepausen in den **Arbeitsräumen** stattfinden, wobei Absatz 3 gemäß Absatz 4 nicht für den Bergbau unter Tage gilt.

3 Wer als Arbeitgeber entgegen § 11 Abs. 1 oder Abs. 2 JArbSchG Ruhepausen nicht, nicht mit der vorgeschriebenen Mindestdauer oder nicht in der vorgeschriebenen zeitlichen Lage gewährt, begeht eine **Ordnungswidrigkeit,** die mit einer **Geldbuße** geahndet werden kann (§ 58 Abs. 1 Nr. 8 JArbSchG), unter Umständen ist das sogar strafbar (§ 58 Abs. 5 und 6 JArbSchG). Auch Zuwiderhandlungen gegen § 11 Abs. 3 JArbSchG sind Ordnungswidrigkeiten und können mit einer Geldbuße geahndet werden (§ 59 Abs. 1 Nr. 2 JArbSchG).

4 Zu beachten ist, dass gemäß § 48 Abs. 1 JArbSchG der Arbeitgeber verpflichtet ist, einen **Aushang über Beginn und Ende der regelmäßigen täglichen Arbeitszeit und der Pausen** an geeigneter Stelle im Betrieb anzubringen. Dies gilt für alle Beschäftigungsverhältnisse, auch im Bergbau unter Tage und in der Binnenschifffahrt.

5 § 11 JArbSchG gilt für jugendliche Arbeitnehmer oder Auszubildende. Für **volljährige Auszubildende oder Arbeitnehmer** gelten die Bestimmungen über Pausenregelungen des Arbeitszeitgesetzes (ArbZG). Danach gilt: Die Arbeit ist

---

1 ErfK / *Schlachter* § 11 JArbSchG Rn. 1.
2 Vgl. *Frank* AiB 2007, 452.

durch im voraus feststehende Ruhepausen von mindestens 30 Minuten bei einer Arbeitszeit von mehr als sechs bis zu neun Stunden und 45 Minuten bei einer Arbeitszeit von mehr als neun Stunden insgesamt zu unterbrechen (§ 4 Satz 1 ArbZG). Die Ruhepausen können in Zeitabschnitte von jeweils mindestens 15 Minuten aufgeteilt werden (§ 4 Satz 2 ArbZG). Länger als sechs Stunden hintereinander dürfen Arbeitnehmer nicht ohne Ruhepause beschäftigt werden (§ 4 Satz 3 ArbZG).

Der **Betriebsrat** hat gemäß § 87 Abs. 1 Nr. 2 BetrVG ein Mitbestimmungsrecht **6** bei der Festsetzung der Pausenzeiten und deren Lage. Für den **Personalrat** ergibt sich das Mitbestimmungsrecht aus § 75 Abs. 3 Nr. 1 BPersVG.

2. Ruhepausen

2.1 Dauer der Ruhepausen

Ruhepausen sind im **voraus festgelegte Unterbrechungen der Arbeitszeit**, in **7** denen der Arbeitnehmer weder Arbeit zu leisten noch sich dafür bereitzuhalten hat, sondern frei darüber entscheiden kann, wo und wie er diese Zeit verbringen will. Entscheidendes Merkmal für die Pause ist mithin, dass der Arbeitnehmer von jeder Dienstverpflichtung und auch von jeder Verpflichtung, sich zum Dienst bereitzuhalten, freigestellt ist.[3]

§ 11 Abs. 1 Satz 1 JArbSchG verlangt, dass Jugendlichen im voraus feststehende **8** Ruhepausen von angemessener Dauer gewährt werden müssen. § 11 Abs. 1 Satz 2 Nr. 1 und 2 JArbSchG gibt für die Ruhepausen bestimmte **Mindestzeiten** vor, die nicht unterschritten werden dürfen:
– bei einer Arbeitszeit von mehr als viereinhalb bis zu sechs Stunden betragen die Ruhepausen mindestens 30 Minuten,
– bei einer Arbeitszeit von mehr als sechs Stunden betragen die Ruhepausen mindestens 60 Minuten.

Daraus folgt, dass ein Jugendlicher grundsätzlich nie länger als viereinhalb **9** Stunden ohne Pause arbeiten darf (§ 11 Abs. 2 Satz 2 JArbSchG). Wie lang eine **Pause von »angemessener« Dauer** sein muss, beurteilt sich nach dem Einzelfall. Wesentlich ist der Gesundheitsschutz zu beachten, allerdings ist auch den betrieblichen Erfordernissen Rechnung zu tragen.[4] Die Ruhepause kann als eine zusammenhängende gewährt werden, aber auch auf **mehrere Pausen** verteilt werden.[5]

Die einzelne Pause wird aber als »Ruhepause«, als Arbeitsunterbrechung nur **10** dann gewertet, wenn sie **mindestens 15 Minuten** andauert (§ 11 Abs. 1 Satz 3 JArbSchG). Werden kürzere Arbeitsunterbrechungen gewährt (die weniger als 15 Minuten dauern), zählen diese Unterbrechungen nicht als Ruhepausen, sondern zur Arbeitszeit (vgl. § 4 Abs. 1 JArbSchG) und verringern den Anspruch auf Ruhepausen nicht, können also auch nicht darauf angerechnet werden. In der Regel ist mindestens eine längere Pause zu gewähren (»**Mittagspause**«), die deutlich länger sein muss als 15 Minuten, mindestens 30 Minuten sind wohl noch als »angemessen« anzusehen.

---

3 BAG 16.12.2009, 5 AZR 157/09, NZA 2010, 505; BAG 29.10.2001, 1 AZR 603/01, NZA 2003, 1212; BAG 23.9.1992, 4 AZR 562/91, NZA 1993, 752, 753.
4 ErfK/*Schlachter* § 11 JArbSchG Rn. 4.
5 *Zmarzlik* MünchArbR § 232 Rn. 62.

11 Abzugrenzen ist die Ruhepause von der Arbeitszeit. Eine **Ruhepause ist nur gegeben, wenn der Arbeitnehmer von jeder Arbeitsleistung und etwaigem Bereitschaftsdienst freigestellt** ist. Wird die Arbeit zwar unterbrochen, muss sich der Jugendliche jedoch zur Arbeitsaufnahme bereit halten, wie bei der Arbeitsbereitschaft oder dem Bereitschaftsdienst, liegt keine Ruhepause vor, sondern Arbeitszeit. Solche Zeiten dürfen deshalb nicht auf den Anspruch auf Ruhepausen angerechnet werden. Zur Arbeitszeit zu rechnen sind auch sonstige »**Betriebspausen**« oder Arbeitsunterbrechungen zu rechnen, in denen der Arbeitnehmer nicht frei über die Zeit verfügen kann, etwa Wartezeiten wegen eines Maschinenschadens, wegen Materialmangels oder arbeitsablaufbedingte Wartezeiten. **Wegezeiten** von und zur Berufsschule sind *keine* Ruhepausen, sondern Arbeitszeit, jedenfalls soweit eine Freistellungspflicht gemäß § 9 Abs. 1 JArbSchG besteht.

12 Würden längere Ruhepausen gewährt, so dass zusammen mit der Arbeitszeit die Schichtzeit des § 12 JArbSchG überschritten würde, dann muss die Arbeitszeit in entsprechendem Umfang verkürzt werden, weil insgesamt die Grenzen der Schichtzeit des § 12 JArbSchG eingehalten werden müssen. Bei der normalen Schichtzeit von 10 Stunden ist es allerdings – von begründeten Ausnahmen abgesehen – unangemessen, bei acht Stunden Arbeitszeit insgesamt zwei Stunden Pausen zu gewähren, weil eine Ausweitung der Pausenzeit für den Jugendlichen eine Einschränkung der zur Verfügung stehenden freien Zeit bedeutet.[6]

2.2 Lage der Ruhepausen

13 § 11 Abs. 2 JArbSchG konkretisiert die mögliche zeitliche Lage der Ruhepausen. Die Ruhepausen müssen in angemessener zeitlicher Lage gewährt werden, frühestens eine Stunde nach Beginn und spätestens eine Stunde vor Ende der Arbeitszeit (§ 11 Abs. 2 Satz 1 JArbSchG). Länger als viereinhalb Stunden hintereinander dürfen Jugendliche nicht ohne Ruhepause beschäftigt werden (§ 11 Abs. 2 Satz 2 JArbSchG).

3. Aufenthalt während der Ruhepausen

14 Da die Ruhepausen keine Arbeitszeit sind, darf sich der Arbeitnehmer, auch der jugendliche Arbeitnehmer, in dieser Zeit aufhalten, wo er will. Insbesondere darf der Arbeitnehmer auch das Betriebsgelände verlassen. Das wird häufig, will man die Pause sinnvoll zur Entspannung und Erholung nutzen, faktisch kaum möglich sein, so dass man auf dem Betriebsgelände verbleibt. Für den Fall ergibt sich aus § 11 Abs. 3 JArbSchG die indirekte Vorgabe, dass der Arbeitgeber Pausen- oder Aufenthaltsräume zur Verfügung stellen muss. Allerdings ist der Arbeitgeber gemäß § 6 Abs. 3 der Arbeitsstättenverordnung erst ab einer Arbeitnehmerzahl von mehr als zehn Mitarbeitern (oder wenn Sicherheits- oder Gesundheitsgründe dies erfordern) dazu verpflichtet, einen Pausenraum oder einen entsprechenden Pausenbereich zur Verfügung zu stellen. Der Aufenthalt während der Ruhepausen in **Arbeitsräumen** darf den Jugendlichen jedenfalls gemäß § 11 Abs. 3 JArbSchG nur gestattet werden, wenn
– die Arbeit in diesen Räumen während dieser Zeit eingestellt ist und
– auch sonst die notwendige Erholung nicht beeinträchtigt wird.

---

6 ErfK / *Schlachter* § 11 JArbSchG Rn. 4.

Das bedeutet, dass »die Arbeit« in diesen Räumen während der Ruhepausen **15** insgesamt eingestellt sein muss, es darf also kein Arbeitnehmer (auch kein Erwachsener) arbeiten und die Maschinen oder sonstige Arbeitsgeräte dürfen nicht weiterlaufen. Die notwendige Erholung darf auch nicht anderweitig beeinträchtigt sein, also weder durch Gerüche, Lärm, Hitze, Kälte oder Feuchtigkeit. Ist eine solche generelle Arbeitsruhe nicht einzuhalten oder sind sonstige Beeinträchtigungen nicht vermeidbar, ist vom Arbeitgeber ein geeigneter Aufenthaltsraum zur Verfügung zu stellen, der nicht Arbeitsraum ist.

Die Vorgaben gemäß § 11 Abs. 3 JArbSchG gelten gemäß § 11 Abs. 4 JArbSchG **16** nicht für den **Bergbau unter Tage**.

§ 12 Schichtzeit

Bei der Beschäftigung Jugendlicher darf die Schichtzeit (§ 4 Abs. 2) 10 Stunden, im Bergbau unter Tage 8 Stunden, im Gaststättengewerbe, in der Landwirtschaft, in der Tierhaltung, auf Bau- und Montagestellen 11 Stunden nicht überschreiten.

Schichtzeit ist die tägliche Arbeitszeit unter Hinzurechnung der Ruhepausen **1** gemäß § 11 JArbSchG (§ 4 Abs. 2 JArbSchG). Die **Ruhepausen** werden demnach auf die Schichtzeit angerechnet. Anzurechnen sind auch längere **Schließungszeiten**, etwa im Gaststättengewerbe oder im Einzelhandel, Unterbrechungszeiten zum Beispiel bei geteilten Diensten in Krankenhäusern oder Pflegeheimen oder auch sonstige längere Arbeitsunterbrechungen, die der Arbeitgeber veranlasst, um »unproduktive« Zeiten zu überbrücken.[1]

Von der Schichtzeit nicht erfasst sind allerdings die **Wegezeiten** von der Woh- **2** nung zur Betriebsstätte und umgekehrt. Zur Schichtzeit und damit unter die Begrenzung des § 12 JArbSchG fallen allerdings Wegezeiten, die zur Arbeitszeit gehören. Das gilt insbesondere für betriebsbedingte Wegezeiten, zum Beispiel wenn der Jugendliche vom Betrieb zu einer außerbetrieblichen Montage- oder Arbeitsstelle entsandt wird. Geht der Jugendliche auf Veranlassung des Arbeitgebers direkt von zu Hause zur außerbetrieblichen Arbeitsstätte, dann zählt die Wegezeit insoweit als Arbeitszeit, als sie länger ist als die »normale« Wegezeit des Jugendlichen zur Betriebsstätte. Etwas anderes, insbesondere eine volle Anrechnung der Wegezeiten zur auswärtigen Arbeitsstätte, kann sich aus tarifvertraglichen Regelungen ergeben.

Soweit für Jugendliche nach dem **Berufsschulunterricht** noch eine Beschäfti- **3** gung im Betrieb in Betracht kommt, wird die Zeit der Berufsschulteilnahme auf die Schichtzeit angerechnet, da sie gemäß § 9 Abs. 2 Nr. 2 JArbSchG auf die Arbeitszeit anzurechnen ist.

§ 12 JArbSchG legt die **Höchstgrenzen für die Schichtzeit** fest. Durch eine **4** Begrenzung der Schichtzeit soll verhindert werden, dass die Arbeitszeit zum Beispiel in einzelne Blöcke aufgeteilt wird und der Jugendliche damit unter Umständen den ganzen Tag für die Arbeit zur Verfügung stehen muss. Auch durch eine mehrstündige Pause wird die Schichtzeit nicht unterbrochen.

Es gibt eine **generelle Höchstgrenze von 10 Stunden** für Jugendliche und davon **5** abweichende Regelungen für bestimmte Branchen. Ausnahmen bestehen für die Beschäftigung im **Bergbau unter Tage**: hier ist die Schichtzeit auf **maximal**

---

1 ErfK / *Schlachter* § 12 JArbSchG Rn. 2; *Zmarzlik/Anzinger* § 12 Rn. 5.

8 Stunden begrenzt. **Maximal 11 Stunden** beträgt die Schichtzeit in folgenden Branchen: im Gaststättengewerbe, in der Landwirtschaft, in der Tierhaltung und auf Bau- und Montagestellen.

6 Eine weitere Ausnahme von der generellen Schichtzeitbegrenzung existiert in der **Binnenschifffahrt** (§ 20 Nr. 1 JArbSchG). Weitere **Ausnahmeregelungen** wären möglich durch Tarifvertrag (§ 21 a Abs. 1 Nr. 3 JArbSchG) oder durch eine Rechtsverordnung (§ 21 b Nr. 1 JArbSchG).

7 Wer als Arbeitgeber entgegen § 12 JArbSchG einen Jugendlichen über die zulässige Schichtzeit hinaus beschäftigt, begeht eine **Ordnungswidrigkeit**, die mit einer Geldbuße geahndet werden kann (§ 58 Abs. 1 Nr. 9 JArbSchG), unter Umständen ist das sogar strafbar (§ 58 Abs. 5 und 6 JArbSchG).

§ 13 Tägliche Freizeit

Nach Beendigung der täglichen Arbeitszeit dürfen Jugendliche nicht vor Ablauf einer ununterbrochenen Freizeit von mindestens 12 Stunden beschäftigt werden.

1 Nach Beendigung der täglichen Arbeitszeit dürfen Jugendliche am Folgetag erst wieder beschäftigt werden, wenn zwischen Beendigung der Arbeitszeit und Beginn der neuen Arbeitszeit ein ununterbrochener Zeitraum von mindestens 12 Stunden liegt. In diesem Zeitraum von 12 Stunden darf der Jugendliche vom Arbeitgeber in keiner Weise zu Arbeitsleistungen herangezogen, auch die Anordnung von Rufbereitschaft, Arbeitsbereitschaft oder Bereitschaftsdienst ist unzulässig.

2 Das Gesetz wählt hier den Begriff der »**Freizeit**«, was insofern zutrifft, als der Jugendliche in dieser Zeit frei darin ist, wie er, die Zeit gestaltet. Im Arbeitszeitgesetz, das für Volljährige gilt, ist insoweit von einer »Ruhezeit« die Rede, die mindestens elf Stunden betragen muss (§ 5 Abs. 1 ArbZG).

3 Wer als Arbeitgeber entgegen § 13 JArbSchG die Mindestfreizeit nicht gewährt, begeht eine **Ordnungswidrigkeit**, die mit einer **Geldbuße** geahndet werden (§ 58 Abs. 1 Nr. 10 JArbSchG), unter Umständen ist das sogar strafbar (§ 58 Abs. 5 und 6 JArbSchG).

4 Nach zulässigen Musikaufführungen und ähnliche Veranstaltungen, die in § 14 Abs. 7 JArbSchG genannt sind, dürfen Jugendliche erst nach einer ununterbrochenen Freizeit von mindestens 14 Stunden wieder beschäftigt werden.

5 Die **Lage der Freizeit** wird durch § 14 Abs. 1 JArbSchG genauer eingegrenzt, weil Jugendliche nur in der Zeit zwischen 6.00 Uhr morgens und 20.00 Uhr abends beschäftigt werden dürfen. Greift eine der Ausnahmen des § 14 JArbSchG, so verschiebt sich die Lage der Freizeit entsprechend.[1] Bezüglich der zulässigen Arbeitszeit an einem Tag, der dem **Berufsschultag** vorangeht, bestimmt § 14 Abs. 4 JArbSchG, dass Jugendliche nicht nach 20 Uhr beschäftigt werden dürfen, wenn der Berufsschulunterricht vor 9 Uhr beginnt.

6 Ausnahmen von § 13 gelten in der **Binnenschifffahrt**. Dort ist es zulässig, die tägliche Freizeit bis auf zehn Stunden zu verkürzen (§ 20 Nr. 1 JArbSchG). Ansonsten gilt für **Notfälle** die Ausnahmeregelung des § 21 JArbSchG in den dort genannten Grenzen. **Andere Ausnahmeregelungen** von § 13 JArbSchG sind **unzulässig**, auch § 21 a und § 21 b JArbSchG lassen bezüglich der 12-Stunden-Ruhezeit keine Ausnahme zu.

---

1 ErfK / *Schlachter* § 13 JArbSchG Rn. 1.

§ 14 Nachtruhe

(1) Jugendliche dürfen nur in der Zeit von 6 bis 20 Uhr beschäftigt werden.

(2) Jugendliche über 16 Jahre dürfen

1. im Gaststätten- und Schaustellergewerbe bis 22 Uhr,
2. in mehrschichtigen Betrieben bis 23 Uhr,
3. in der Landwirtschaft ab 5 Uhr oder bis 21 Uhr,
4. in Bäckereien und Konditoreien ab 5 Uhr

beschäftigt werden.

(3) Jugendliche über 17 Jahre dürfen in Bäckereien ab 4 Uhr beschäftigt werden.

(4) An dem einem Berufsschultag unmittelbar vorangehenden Tag dürfen Jugendliche auch nach Absatz 2 Nr. 1 bis 3 nicht nach 20 Uhr beschäftigt werden, wenn der Berufsschulunterricht am Berufsschultag vor 9 Uhr beginnt.

(5) Nach vorheriger Anzeige an die Aufsichtsbehörde dürfen in Betrieben, in denen die übliche Arbeitszeit aus verkehrstechnischen Gründen nach 20 Uhr endet, Jugendliche bis 21 Uhr beschäftigt werden, soweit sie hierdurch unnötige Wartezeiten vermeiden können. Nach vorheriger Anzeige an die Aufsichtsbehörde dürfen ferner in mehrschichtigen Betrieben Jugendliche über 16 Jahre ab 5.30 Uhr oder bis 23.30 Uhr beschäftigt werden, soweit sie hierdurch unnötige Wartezeiten vermeiden können.

(6) Jugendliche dürfen in Betrieben, in denen die Beschäftigten in außergewöhnlichem Grade der Einwirkung von Hitze ausgesetzt sind, in der warmen Jahreszeit ab 5 Uhr beschäftigt werden. Die Jugendlichen sind berechtigt, sich vor Beginn der Beschäftigung und danach in regelmäßigen Zeitabständen arbeitsmedizinisch untersuchen zu lassen. Die Kosten der Untersuchungen hat der Arbeitgeber zu tragen, sofern er diese nicht kostenlos durch einen Betriebsarzt oder einen überbetrieblichen Dienst von Betriebsärzten anbietet.

(7) Jugendliche dürfen bei Musikaufführungen, Theatervorstellungen und anderen Aufführungen, bei Aufnahmen im Rundfunk (Hörfunk und Fernsehen), auf Ton- und Bildträger sowie bei Film- und Fotoaufnahmen bis 23 Uhr gestaltend mitwirken. Eine Mitwirkung ist nicht zulässig bei Veranstaltungen, Schaustellungen oder Darbietungen, bei denen die Anwesenheit Jugendlicher nach den Vorschriften des Jugendschutzgesetzes verboten ist. Nach Beendigung der Tätigkeit dürfen Jugendliche nicht vor Ablauf einer ununterbrochenen Freizeit von mindestens 14 Stunden beschäftigt werden.

Inhaltsübersicht

		Rn.
1.	Grundsatz: Nachtarbeitsverbot	1
2.	Ausnahmen vom Nachtarbeitsverbot	3
3.	Pflicht zur Gewährung eines Ausgleichs für die Nachtarbeit	14

1. Grundsatz: Nachtarbeitsverbot

Jugendliche dürfen gemäß § 14 Abs. 1 JArbSchG nur in der Zeit von 6 bis 20 Uhr **1** beschäftigt werden. Es gilt also grundsätzlich ein Nachtarbeitsverbot, für die Zeit von 20 bis 6 Uhr. Damit sind in dieser Zeit auch Arbeitsbereitschaft, Bereitschaftsdienst und Rufbereitschaft verboten.[1] Für bestimmte Branchen finden sich jedoch in § 14 Abs. 2 bis Abs. 7 JArbSchG Ausnahmen.

---

1 *Zmarzlik/Anzinger* JArbSchG § 14 Rn. 4.

2 Wer als Arbeitgeber entgegen § 14 Abs. 1 JArbSchG einen Jugendlichen außerhalb der Zeit von 6 bis 20 Uhr oder entgegen § 14 Abs. 7 Satz 3 JArbSchG vor Ablauf der Mindestfreizeit beschäftigt, begeht eine **Ordnungswidrigkeit** und kann mit einer Geldbuße belegt werden (§ 58 Abs. 1 Nr. 11 JArbSchG), unter Umständen ist das sogar strafbar (§ 58 Abs. 5 und 6 JArbSchG).

2. Ausnahmen vom Nachtarbeitsverbot

3 Für **Jugendliche über 16 Jahre** sieht § 14 Abs. 2 Nr. 1 bis 4 JArbSchG die Ausnahmen vor, dass diese beschäftigt werden dürfen
- im Gaststätten- und Schaustellergewerbe bis 22 Uhr,
- in mehrschichtigen Betrieben bis 23 Uhr,
- in der Landwirtschaft ab 5 Uhr oder bis 21 Uhr,
- in Bäckereien und Konditoreien ab 5 Uhr.

4 **Jugendliche über 17 Jahre** dürfen gemäß § 14 Abs. 3 JArbSchG in **Bäckereien** ab 4 Uhr beschäftigt werden.

5 Zum **Gaststättengewerbe** zählen alle Schank-, Speise- und Beherbergungsbetriebe (vgl. § 12 JArbSchG), also Hotels, Gaststätten, Kantinen. Ein öffentlicher Publikumsverkehr wird nicht vorausgesetzt, so dass etwa Heime und Jugendherbergen dazu zählen. Nicht zulässig wäre es, wenn hier eine Beschäftigung bis 23 Uhr verlangt würde unter Hinweis darauf, es handele sich um einen »mehrschichtigen Betrieb« im Sinne von § 14 Abs. 2 Nr. 2 JArbSchG. Der Begriff der Schichtarbeit setzt voraus, dass Arbeitnehmer sich gegenseitig ablösen, um die Besetzung der Arbeitsplätze über die regelmäßige Arbeitszeit einer Arbeitnehmergruppe hinaus zu gewährleisten. Der Begriff setzt ferner aus der Sicht des Arbeitnehmers voraus, dass die Lage seiner Arbeitszeit regelmäßig wechselt und er sie dabei mit anderen Arbeitnehmern tauscht. Dieser Wechsel gehört zum Schichtbegriff. Daraus folgt aber, dass es sich beim Gaststättengewerbe nicht etwa deshalb um einen »Schichtbetrieb« handelt, weil auch morgens schon Arbeitnehmer dort tätig sind.

6 Zum **Schaustellergewerbe** zählen insbesondere die Buden auf Jahrmärkten und Kirmessen und die Fahrgeschäfte.

7 In **mehrschichtigen Betrieben** müssen die Jugendlichen, die nach dieser Ausnahmevorschrift beschäftigt werden sollen, selbst in den Schichtbetrieb eingegliedert sein, das heißt ihre eigene Arbeitszeit muss mit anderen abgewechselt werden. Die Ausnahmeregelung kann nur dann Anwendung finden, wenn der Arbeitsplatz, auf dem der jugendliche Arbeitnehmer beschäftigt ist, tatsächlich an dem Schichtbetrieb teilnimmt. Das ist nicht der Fall, wenn es sich zwar um einen mehrschichtigen Betrieb handelt, der konkrete Arbeitsplatz jedoch nicht in den Schichtbetrieb einbezogen ist.[2]

8 Die Ausnahmeregelung für die »**Landwirtschaft**« erfasst nur diese, nicht die Tierhaltung, wie etwa in § 12 JArbSchG. Zum Begriff der Landwirtschaft vgl. § 8 Abs. 3 JArbSchG.

9 Die Ausnahmeregelung für **Bäckereien und Konditoreien** gilt nur für Betriebe, die Back- und Konditorwaren herstellen, gilt also nicht für reine Verkaufsläden, die nicht selbst eine Backstube betreiben. Die Ausnahme gilt auch nicht für das Austragen und Ausfahren der Backwaren, zum Beispiel der Brötchen. Die weitere Ausnahmeregelung für **Jugendliche über 17 Jahre** gemäß § 14 Abs. 3

---

2 ErfK / *Schlachter* § 14 JArbSchG Rn. 2.

JArbSchG gilt nur für **Bäckereien**, nicht für Konditoreien oder die Herstellung von Konditorwaren. Aber auch dann, wenn in einer Bäckerei neben Backwaren auch Konditorwaren hergestellt werden, findet die Ausnahmeregelung Anwendung, allerdings dürfen die Jugendlichen über 17 Jahren von 4 bis 5 Uhr nur mit der Herstellung von Backwaren beschäftigt werden.[3] Gemäß § 17 Abs. 2 und § 18 Abs. 2 JArbSchG ist die Beschäftigung Jugendlicher an Sonn- und Feiertagen verboten. Dies gilt auch für die Ausnahme des § 14 Abs. 3 JArbSchG, so dass eine Tätigkeit für 17-Jährige ab 4 Uhr **nur an Werktagen** gestattet ist. Im Übrigen ergeben sich Einschränkungen durch die Bestimmungen über die Freizeit nach Arbeitsende sowie über die Regelungen des Beschäftigungsverbotes vor dem Berufsschulunterricht.

Damit eine ausreichende Nachtruhe vor einem Berufsschultag gewährleistet ist, **10** enthält § 14 Abs. 4 JArbSchG eine Sonderregelung. An dem **einem Berufsschultag unmittelbar vorangehenden Tag** dürfen Jugendliche auch im Gaststätten- und Schaustellergewerbe, in mehrschichtigen Betrieben und in der Landwirtschaft nicht nach 20 Uhr beschäftigt werden, wenn der Berufsschulunterricht am Berufsschultag vor 9.00 Uhr beginnt (§ 14 Abs. 4 JArbSchG). Der gesetzgeberische Zweck, Jugendlichen vor dem Berufsschulunterricht eine ausreichende Freizeit zu sichern, wird durch § 14 Abs. 4 JArbSchG und durch § 13 JArbSchG, der ergänzend gilt, allerdings erst dann gewährleistet, wenn der Berufsschulunterricht *vor* 9.00 Uhr beginnt. Beginnt dieser später, also um 9.00 Uhr oder später, dann würde § 14 Abs. 4 JArbSchG nicht gelten. Im Übrigen gilt ergänzend die Bestimmung des § 13 JArbSchG: nach Beendigung der täglichen Arbeitszeit muss eine ununterbrochene Freizeit von mindestens zwölf Stunden gewährt werden. Dies gilt auch an Berufsschultagen, obwohl Berufsschulzeit keine Arbeitszeit ist, sondern gemäß § 9 Abs. 2 JArbSchG lediglich auf die Arbeitszeit angerechnet wird.

§ 14 Abs. 5 JArbSchG bezieht sich auf die **Vermeidung unnötiger Wartezeiten** **11** **aus verkehrstechnischen Gründen**. Die Vorschrift will erreichen, dass sich die Arbeitszeit eines Jugendlichen an den Fahrplänen der öffentlichen Verkehrsmittel orientiert, damit durch die Lage der Arbeitszeit unnötige Wartezeiten vermieden werden können. Nach vorheriger **Anzeige an die Aufsichtsbehörde** dürfen in Betrieben, in denen die übliche Arbeitszeit aus verkehrstechnischen Gründen nach 20 Uhr endet, Jugendliche bis 21 Uhr beschäftigt werden, soweit sie hier durch unnötige Wartezeiten vermeiden können (§ 14 Abs. 5 Satz 1 JArbSchG). Nach vorheriger Anzeige an die Aufsichtsbehörde dürfen ferner in mehrschichtigen Betrieben Jugendliche über 16 Jahre ab 5.30 Uhr oder bis 23.30 Uhr beschäftigt werden, soweit sie hierdurch unnötige Wartezeiten vermeiden können (§ 14 Abs. 5 Satz 1 JArbSchG). In Ballungszentren mit gut organisiertem öffentlichen Nahverkehr können Arbeitgeber diese Bestimmung praktisch nicht nutzen, da die Voraussetzung, dass unnötige Wartezeiten erspart werden, praktisch nie erfüllt sein wird. Es wird auch nicht genügen, wenn diese Voraussetzungen nur für einige Jugendliche zutreffen; vielmehr muss, damit sich der Arbeitgeber auf diese Ausnahmeregelung berufen kann, die Mehrheit der Jugendlichen davon betroffen sein. Die Aufsichtsbehörde hat auch zu überprüfen, in welchem Verhältnis die Belastung des frühen Aufstehens zu kürzeren Wartezeiten steht.

Jugendliche dürfen in Betrieben, in denen die Beschäftigten in außergewöhnlichem Grade der Einwirkung von Hitze ausgesetzt sind (sog. **Hitzebetriebe**), **in** **12**

---

3 ErfK / *Schlachter* § 14 JArbSchG Rn. 3.

der warmen Jahreszeit ab 5 Uhr beschäftigt werden (§ 14 Abs. 6 Satz 1 JArb-SchG). Zu den Hitzebetrieben gehören insbesondere Glashütten, Stahlwerke, Gießereien, aber auch vor Sonneneinstrahlung ungeschützte Arbeitsplätze wie Baustellen und Container.[4] Damit die Jugendlichen gleichwohl vor Gesundheitsgefährdungen durch die Hitzeeinwirkung geschützt sind, sind die Jugendlichen berechtigt, sich vor Beginn der Beschäftigung und danach in regelmäßigen Zeitabständen arbeitsmedizinisch untersuchen zu lassen (§ 14 Abs. 6 Satz 2 JArbSchG). Die Kosten der Untersuchungen hat der Arbeitgeber zu tragen, sofern er diese nicht kostenlos durch einen Betriebsarzt oder einen überbetrieblichen Dienst von Betriebsärzten anbietet (§ 14 Abs. 5 Satz 1 JArbSchG).

13 Jugendliche dürfen bei **Musikaufführungen, Theatervorstellungen** und anderen Aufführungen, bei **Aufnahmen im Rundfunk** (Hörfunk und Fernsehen), auf **Ton- und Bildträger** sowie bei **Film- und Fotoaufnahmen** bis 23 Uhr »gestaltend mitwirken« (§ 14 Abs. 7 Satz 1 JArbSchG). Die hier angesprochenen Veranstaltungen entsprechen den in § 6 JArbSchG geannten Vorstellungen. Erforderlich ist eine »**gestaltende**« Mitwirkung, also eine künstlerische. Kartenoder Getränkeverkauf bei den im Gesetz genannten Veranstaltungen ist keine gestaltende Mitwirkung. Eine Mitwirkung ist nicht zulässig bei Veranstaltungen, Schaustellungen oder Darbietungen, bei denen die Anwesenheit Jugendlicher nach den Vorschriften des **Jugendschutzgesetzes** verboten ist (§ 14 Abs. 7 Satz 2 JArbSchG). Dies betrifft insbesondere die Tätigkeit in Nachtclubs und vergleichbaren Vergnügungsbetrieben. Nach Beendigung der Tätigkeit dürfen Jugendliche nicht vor Ablauf einer ununterbrochenen Freizeit von mindestens 14 Stunden beschäftigt werden (§ 14 Abs. 7 Satz 3 JArbSchG).

3. Pflicht zur Gewährung eines Ausgleichs für die Nachtarbeit

14 Darf ausnahmsweise in der Nacht gearbeitet werden, ist die Nachtarbeit ebenso zu vergüten wie die Arbeit am Tage. Wird ein festes Monatsgehalt gezahlt, wie etwa bei der Ausbildungsvergütung, wird damit auch die Bezahlung der Nachtarbeit mit abgedeckt, allerdings ist **zusätzlich** noch ein **Ausgleich für die Nachtarbeit zu gewähren** entweder durch Gewährung freier Tage oder durch Zahlung eines Nachtarbeitszuschlags. Zwar enthält das JArbSchG hierzu keine Regelung, allerdings folgt eine entsprechende Verpflichtung aus § 6 Abs. 5 ArbZG. Diese Norm gilt zwar an sich nur für volljährige Arbeitnehmer, doch kann für Jugendliche nichts anderes gelten, weil diese sonst trotz höherer Schutzbedürftigkeit schlechter behandelt würden als volljährige Arbeitnehmer.

15 § 6 Abs. 5 ArbZG trifft folgende Bestimmung: Soweit keine tarifvertraglichen Ausgleichsregelungen bestehen, hat der Arbeitgeber dem Nachtarbeitnehmer für die während der Nachtzeit geleisteten Arbeitsstunden eine angemessene Zahl bezahlter freier Tage *oder* einen angemessenen Zuschlag auf das ihm hierfür zustehende Bruttoarbeitsentgelt zu gewähren. § 6 Abs. 5 ArbZG lässt offen, welche Ausgleichsleistungen »**angemessen**« sind. Erfolgt der Ausgleich in freien Tagen, muss sich deren Umfang an den Zuschlägen orientieren, die in vergleichbaren Tarifverträgen gewährt werden. Abzustellen auf vergleichbare Tarifverträge in derselben Branche oder im gleichen Tarifbereich. Betragen diese zwischen 25 % und 50 % des Arbeitsentgeltes, muss die Zahl der freien Tage gegenüber der geleisteten Nachtarbeit entsprechend ausgestaltet werden. Er-

---

4 ErfK/*Schlachter* § 14 JArbSchG Rn. 6.

folgt der Ausgleich durch einen angemessenen Zuschlag auf das Bruttoarbeitsentgelt, kann zur Feststellung der Angemessenheit der Zuschlagshöhe auf vergleichbare Tarifverträge abgestellt werden. Fehlt es an vergleichbaren Tarifverträgen wird ein Zuschlag in Höhe von mindestens 25 % für angemessen gehalten.[5] »Nachtzeit« im Sinne des ArbZG ist die Zeit von 23 bis 6 Uhr, in Bäckereien und Konditoreien die Zeit von 22 bis 5 Uhr (§ 2 Abs. 4 Uhr ArbZG). Für Jugendliche ist »Nachtzeit« die Zeit von 20 Uhr bis 6 Uhr. Arbeitszeiten die in dieser Zeit erbracht werden, sind durch Freizeit oder durch Gewährung eines Zuschlages in Geld auszugleichen.

§ 15 Fünf-Tage-Woche

Jugendliche dürfen nur an fünf Tagen in der Woche beschäftigt werden. Die beiden wöchentlichen Ruhetage sollen nach Möglichkeit aufeinander folgen.

Inhaltsübersicht   Rn.

1. Grundsatz der Fünf-Tage-Woche   1
2. Sonderkonstellationen   7
3. Ausnahmen   9

1. Grundsatz der Fünf-Tage-Woche

Gemäß § 15 Satz 1 JArbSchG gilt für Jugendliche die **Fünf-Tage-Woche**, so dass **1** eine Verteilung der 40 Wochenstunden (§ 8 Abs. 1 JArbSchG) maximal auf fünf Tage zulässig ist. »Fünf-Tage-Woche« bedeutet nicht in allen, aber in vielen, Fällen eine Arbeitszeit von Montag bis Freitag. Eine Beschäftigung Jugendlicher an Samstagen und Sonntagen ist nur in den Grenzen des § 16 und 17 JArbSchG zulässig.

Das Verbot, Jugendliche an mehr als fünf Tagen in der Woche zu beschäftigen, **2** gilt unabhängig davon, wie lange sie an den einzelnen Tagen arbeiten. Auch wenn an einem oder mehreren Wochentagen nur fünf oder sechs (oder weniger) Stunden gearbeitet wird oder die Höchstarbeitszeit von 40 Stunden (§ 8 Abs. 1 JArbSchG) unterschritten wird, darf die fehlende Zeit nicht an anderen Tagen nachgeholt werden.

Wird der Jugendliche von **mehreren Arbeitgebern** beschäftigt, müssen die **3** Arbeitstage bei den einzelnen Arbeitgebern zusammengerechnet werden und es dürfen insgesamt fünf Arbeitstage in der Woche nicht überschritten werden. Erfolgt zum Beispiel eine Beschäftigung an einem Samstag durch einen Arbeitgeber, darf der Jugendliche in der Woche von Montag bis Freitag nur noch an vier Tagen etwa von einem anderen Arbeitgeber beschäftigt werden. Auf die Dauer der Arbeitszeit an den einzelnen Arbeitstagen kommt es nicht an.

Zur Arbeitszeit zählt auch die Teilnahme des Jugendlichen an **außerbetrieb-** **4** **lichen Ausbildungsmaßnahmen** im Sinne des § 10 Abs. 1 Nr. 1 JArbSchG, so dass diese Teilnahme auf die zulässigen fünf Arbeitstage gemäß § 15 JArbSchG anzurechnen ist. Fallen außerbetriebliche Ausbildungsmaßnahmen auf einen Samstag, so ist dem Jugendlichen – unabhängig von der Dauer – ein ganzer Tag in der Woche freizugeben.

_____

5 BAG 1.2.2006, 5 AZR 422/04, NZA 2006, 494, 495.

5 Für die **Berechnung der wöchentlichen Arbeitszeit** ist als Woche die Zeit von Montag bis einschließlich Sonntag zugrunde zu legen (§ 4 Abs. 4 Satz 1 JArbSchG). Aus der Vorgabe der Fünf-Tage-Woche folgt, dass zwei Tage in der Woche frei sein müssen. Das Gesetz spricht insoweit von den »beiden wöchentlichen Ruhetage(n)«. Ist ausnahmsweise eine Beschäftigung an Samstagen und/oder Sonntagen zulässig, sind die zwei freien Tage an anderen Tagen in de Woche zu gewähren. Gemäß § 15 Satz 2 »sollen nach Möglichkeit« die beiden Ruhetage aufeinander folgen, sind also zusammenhängend zu gewähren. Da es sich bei § 15 Satz 2 JArbSchG um eine Soll-Vorschrift handelt, kann der Arbeitgeber gemäß Art. 10 Abs. 2 der europäischen Jugendarbeitsschutzrichtlinie 94/33/EG nur aus dringenden betrieblichen Gründen von den **zwei aufeinander folgenden Ruhetagen** abweichen.

6 Wer als Arbeitgeber entgegen § 15 JArbSchG einen Jugendlichen an mehr als fünf Tagen in der Woche beschäftigt, begeht eine **Ordnungswidrigkeit** und kann mit einer Geldbuße belegt werden (§ 58 Abs. 1 Nr. 12 JArbSchG), unter Umständen ist das sogar strafbar (§ 58 Abs. 5 und 6 JArbSchG).

2. Sonderkonstellationen

7 Was die Auswirkungen auf den **Berufsschulunterricht** anbetrifft, gilt Folgendes: Die Bestimmung erlaubt dem Arbeitgeber nur an fünf Tagen in der Woche eine Beschäftigung des Jugendlichen. Nach den Vorstellungen des Gesetzgebers ist die Teilnahme am Berufsschulunterricht jedoch nicht mit Arbeit bzw. Beschäftigung durch den Arbeitgeber gleichzusetzen. Das führt dazu, dass der Grundsatz der Fünf-Tage-Woche durchbrochen wird, wenn die Berufsschule auf den Samstag fällt und nicht nach § 9 Abs. 2 Nr. 1 JArbSchG die Zeit der Teilnahme am Berufsschulunterricht mit acht Stunden auf die Arbeitszeit angerechnet wird. Haben Jugendliche nicht mehr als fünf Zeitstunden Berufsschule am Samstag, ist gemäß § 9 Abs. 2 Nr. 3 JArbSchG nur die Zeit der tatsächlichen Teilnahme am Unterricht auf die Arbeitszeit anzurechnen. Das hat zur Folge, dass sie zwar an einem ihrer Arbeitstage einen Anspruch auf Freistellung haben, aber nur für die tatsächliche Dauer des Berufsschulunterrichts. Der Jugendliche wird fünf Tage in der Woche beschäftigt, der Berufsschultag (am Samstag) kommt hinzu. Das entspricht der Gesetzeslage, da der Berufsschulunterricht nach § 9 JArbSchG nur auf die Arbeitszeit, nicht aber auf die Fünf-Tage-Woche anzurechnen ist.[1] Zu dieser Konsequenz kommt es indes nur, wenn ein Berufsschultag auf den Samstag fällt, was eher selten der Fall ist.

8 Für die **Teilnahme an Prüfungen** gilt Folgendes: Das Verbot, Jugendliche an mehr als fünf Tagen in der Woche zu beschäftigen, richtet sich grundsätzlich nur an den Arbeitgeber. Danach können Prüfungen auch am Samstag stattfinden. Der Arbeitgeber hat im Rahmen des § 10 Abs. 2 Nr. 1 JArbSchG die Teilnahme an Prüfungen auf die Arbeitszeit anzurechnen. Dies führt zu dem Ergebnis, dass nur bei mehr als fünf Zeitstunden Prüfungsdauer ein anderer Werktag in der Woche freizugeben ist. Im Übrigen gilt das vorstehend Gesagte (Rn. 7), wobei hier aber zu berücksichtigen ist, dass im Gegensatz zum regelmäßigen wöchentlichen Berufsschulunterricht die Prüfung nur einen Einzeltag betrifft.

---

1 *Zmarzlik/Anzinger* § 15 Rn. 14.

3. Ausnahmen

Abweichungen von § 15 JArbSchG sind durch Tarifvertrag zulässig (§ 21 a **9** Abs. 1 Nr. 5 JArbSchG) oder durch Rechtsverordnung des Bundesministeriums für Arbeit und Soziales (§ 21 b Nr. 1 JArbSchG). Ansonsten sind **Ausnahmen** nur zulässig in der **Binnenschifffahrt** (§ 20 Nr. 3 JArbSchG) und in Notfällen (§ 21 Abs. 1 JArbSchG).

§ 16 Samstagsruhe

(1) An Samstagen dürfen Jugendliche nicht beschäftigt werden.
(2) Zulässig ist die Beschäftigung Jugendlicher an Samstagen nur
1. in Krankenanstalten sowie in Alten-, Pflege- und Kinderheimen,
2. in offenen Verkaufsstellen, in Betrieben mit offenen Verkaufsstellen, in Bäckereien und Konditoreien, im Friseurhandwerk und im Marktverkehr,
3. im Verkehrswesen,
4. in der Landwirtschaft und Tierhaltung,
5. im Familienhaushalt,
6. im Gaststätten- und Schaustellergewerbe,
7. bei Musikaufführungen, Theatervorstellungen und anderen Aufführungen, bei Aufnahmen im Rundfunk (Hörfunk und Fernsehen), auf Ton- und Bildträger sowie bei Film- und Fotoaufnahmen,
8. bei außerbetrieblichen Ausbildungsmaßnahmen,
9. beim Sport,
10. im ärztlichen Notdienst,
11. in Reparaturwerkstätten für Kraftfahrzeuge.
Mindestens zwei Samstage im Monat sollen beschäftigungsfrei bleiben.
(3) Werden Jugendliche am Samstag beschäftigt, ist ihnen die Fünf-Tage-Woche (§ 15) durch Freistellung an einem anderen berufsschulfreien Arbeitstag derselben Woche sicherzustellen. In Betrieben mit einem Betriebsruhetag in der Woche kann die Freistellung auch an diesem Tag erfolgen, wenn die Jugendlichen an diesem Tag keinen Berufsschulunterricht haben.
(4) Können Jugendliche in den Fällen des Absatzes 2 Nr. 2 am Samstag nicht acht Stunden beschäftigt werden, kann der Unterschied zwischen der tatsächlichen und der nach § 8 Abs. 1 höchstzulässigen Arbeitszeit an dem Tag bis 13 Uhr ausgeglichen werden, an dem die Jugendlichen nach Absatz 3 Satz 1 freizustellen sind.

Inhaltsübersicht | Rn.

1. Grundsatz: Samstagsarbeitsverbot 1
2. Ausnahmen vom Samstagsarbeitsverbot 4
3. Freistellungsregelungen gemäß § 16 Abs. 3 und 4 JArbSchG 17

1. Grundsatz: Samstagsarbeitsverbot

An Samstagen dürfen Jugendliche nicht beschäftigt werden (§ 16 Abs. 1 JArb- **1** SchG). Es gilt also grundsätzlich ein Samstagsarbeitsverbot. Das Beschäftigungsverbot gilt für die Zeit von 0 Uhr bis 24 Uhr. Fällt auf einen Samstag ein Feiertag, geht das Feiertagsbeschäftigungsverbot des § 18 Abs. 1 JArbSchG dem Samstagsbeschäftigungsverbot vor. § 16 JArbSchG gilt nur für Samstage, die Werktage sind.[1] Verboten ist jede Beschäftigung durch den Arbeitgeber, insoweit auch Bereitschaftsdienst oder Rufbereitschaft. Verboten ist jede Art der Beschäftigung, unabhängig von dem Ort, wo sie erfolgen soll, so dass der Arbeitgeber dem Jugendlichen auch keine Arbeit mit nach Hause geben darf. Berufsschulunterricht oder Prüfungen sind dagegen an Samstagen zulässig.

2 Für bestimmte Branchen finden sich jedoch in § 16 Abs. 2 JArbSchG **Ausnahmen**, wobei in dem Zusammenhang § 16 Abs. 3 bis 4 JArbSchG konkretisierende Regelungen enthalten. § 16 Abs. 3 JArbSchG stellt sicher, dass im Fall der Samstagsarbeit eines Jugendlichen die Fünf-Tage-Woche gemäß § 15 JArbSchG durch eine Freistellung an einem anderen berufsschulfreien Arbeitstag derselben Woche eingehalten wird. Schließlich ergibt sich aus § 16 Abs. 4 JArbSchG eine Ausgleichsregelung im Hinblick auf § 16 Abs. 2 Nr. 2 JArbSchG für die Samstagsarbeit eines Jugendlichen.

3 Wer als Arbeitgeber entgegen § 16 Abs. 1 JArbSchG einen Jugendlichen an Samstagen beschäftigt oder entgegen § 16 Abs. 3 Satz 1 JArbSchG den Jugendlichen nicht freistellt, begeht eine **Ordnungswidrigkeit** und kann mit einer Geldbuße belegt werden (§ 58 Abs. 1 Nr. 13 JArbSchG), unter Umständen ist das sogar strafbar (§ 58 Abs. 5 und 6 JArbSchG).

2. Ausnahmen vom Samstagsarbeitsverbot

4 § 16 Abs. 2 JArbSchG regelt die öffentlich-rechtliche Zulässigkeit der Samstagsarbeit. Ob im Einzelfall am Samstag gearbeitet werden muss, richtet sich nach dem Ausbildungsvertrag, dem Arbeitsvertrag oder einem anwendbaren Tarifvertrag. Es bedarf einer ausdrücklichen Regelung, dass am Samstag gearbeitet werden soll. § 16 Abs. 2 JArbSchG ermöglicht es lediglich, solche Regelungen zu treffen. Mit der Möglichkeit der Samstagsarbeit ist weder die 40-Stunden-Woche (§ 8 Abs. 1 JArbSchG) noch die Fümf-Tage-Woche (§ 15 JArbSchG) aufgehoben, wie § 16 Abs. 3 JArbSchG ausdrücklich klarstellt.

5 Zulässig ist die Beschäftigung Jugendlicher an Samstagen in den in § 16 Abs. 2 Satz 1 Nr. 1 bis 11 JArbSchG genannten Konstellationen, wobei gemäß § 16 Abs. 2 Satz 2 auch in diesen Fällen **mindestens zwei Samstage im Monat beschäftigungsfrei** bleiben sollen. Aus der Soll-Vorschrift folgt, dass zwar grundsätzlich zwei Samstage beschäftigungsfrei bleiben müssen, bei Vorliegen sachlicher Gründe im Einzelfall aber Jugendliche ausnahmsweise an drei, eventuell sogar vier Samstagen im Monat beschäftigt werden dürfen.

6 Der Katalog der Ausnahmetatbestände enthält eine abschließende Aufzählung und ist wegen ihres Ausnahmecharakters eng auszulegen.[2] Nach Maßgabe des § 20 Nr. 3 besteht für die **Binnenschifffahrt** eine weitere Ausnahme. Weitere Ausnahmen sind nur möglich durch Tarifvertrag (§ 21a Abs. 1 Nr. 4 JArbSchG) oder durch Rechtsverordnung (§ 21b Nr. 1 JArbSchG).

7 Die gesetzlichen Ausnahmen vom Samstagsarbeitsverbot bestehen in folgenden Fällen:
– in Krankenanstalten sowie in Alten-, Pflege- und Kinderheimen,
– in offenen Verkaufsstellen, in Betrieben mit offenen Verkaufsstellen, in Bäckereien und Konditoreien, im Friseurhandwerk und im Marktverkehr,
– im Verkehrswesen,

---

1 *Zmarzlik/Anzinger* JArbSchG § 16 Rn. 10.
2 OLG Karlsruhe 14.1.1983, 3 Ss 132/82, DÖV 1983, 738.

- in der Landwirtschaft und Tierhaltung,
- im Familienhaushalt,
- im Gaststätten- und Schaustellergewerbe,
- bei Musikaufführungen, Theatervorstellungen und anderen Aufführungen, bei Aufnahmen im Rundfunk (Hörfunk und Fernsehen), auf Ton- und Bildträger sowie bei Film- und Fotoaufnahmen,
- bei außerbetrieblichen Ausbildungsmaßnahmen,
- beim Sport,
- im ärztlichen Notdienst,
- in Reparaturwerkstätten für Kraftfahrzeuge.

Wegen des herausgehobenen Schutzes der Jugendlichen ist in allen Fällen zu **8** prüfen, ob die Heranziehung zur Samstagsarbeit von Jugendlichen erforderlich ist oder nicht dadurch vermieden werden kann, dass volljährigen Arbeitnehmer diese Tätigkeiten übertragen werden. Für **Auszubildende** gilt zudem § 14 Abs. 2 BBiG: dem Auszubildenden dürfen nur Aufgaben übertragen werden, die dem Ausbildungszweck dienen und seinen körperlichen Kräften angemessen sind.

Offene Verkaufsstellen sind Ladengeschäfte aller Art, Apotheken, Tankstellen, **9** Kioske. »Offene« Verkaufsstellen sind aber nur solche, zu der die Allgemeinheit unbegrenzt Zutritt hat, also nicht etwa Großhandelsbetriebe.[3] **Betriebe mit offenen Verkaufsstellen** sind zum Beispiel Metzgereien, Schneidereien, Gärtnereien.

Bäckereien und Konditoreien sind nur solche Betriebe, die handwerksähnlich **10** betrieben werden, nicht aber Brotfabriken oder Fabriken, die Konditorei-Erzeugnisse herstellen.

Begrifflich ist Voraussetzung für den **Marktverkehr**, dass es sich um offene **11** Märkte und Messen handelt, die für jedermann zugänglich sind. Daraus folgt, dass auf Großmärkten oder Industriemessen, zu denen nur bestimmte Personengruppen, zum Beispiel Wiederverkäufer, zugelassen sind, eine Beschäftigung Jugendlicher am Samstag nicht erfolgen darf.

Zum **Verkehrswesen** gehören alle öffentlichen und privaten Betriebe, die Personen, Güter oder Nachrichten befördern, einschließlich der dazugehörigen Neben- oder Hilfsbetriebe[4], zum Beispiel Bahnunternehmen, Busunternehmen, Speditionen, Reisebüros, Taxiunternehmen, Luftfahrtbetriebe, Zeitungsvertriebsgesellschaften, Postbetriebe, Tankstellen, Autobahn- und Garagenbetriebe oder Schlaf- und Speisenwagenbetriebe von Bahnunternehmen, aber auch Betriebe, die selbst keine Verkehrsbetriebe sind, deren Tätigkeit jedoch zu einem reibungslosen Ablauf des Verkehrs erforderlich und deren Beziehung zu einem Verkehrsbetrieb auf eine gewisse Dauer angelegt ist.[5] **12**

Zum **Schaustellergewerbe** gehören zum Beispiel Kirmes, Jahrmarkt, Volksfest. **13**

Zur Beschäftigung »bei **Musikaufführungen, Theatervorstellungen und anderen Aufführungen**« gehört nicht nur die gestaltende Mitwirkung (wie bei § 6 **14** oder § 14 Abs. 7 JArbSchG), sondern auch (»bei Aufführungen«) alle damit im Zusammenhang stehenden Tätigkeiten, wie zum Beispiel der Verkauf von Eintrittskarten und Programmen, Tätigkeiten als Platzanweiser, Bühnenarbeiter, Beleuchter, Maskenbildner.[6]

---

3 ErfK / *Schlachter* § 16 JArbSchG Rn. 5.
4 BVerwG 7.4.1983, 1 C 15/82, DÖV 1983, 731 = NVwZ 1984, 374.
5 ErfK / *Schlachter* § 16 JArbSchG Rn. 7; *Zmarzlik/Anzinger* JArbSchG § 16 Rn. 27.
6 ErfK / *Schlachter* § 16 JArbSchG Rn. 9.

15 Zur Beschäftigung »beim **Sport**« gehören die Tätigkeiten, die der Ausbildung zu bestimmten Sportberufen dienen, aber auch Hilfs- und Nebentätigkeiten, also auch Tätigkeiten, die aus Anlass einer Sportveranstaltung verrichtet werden sollen (»beim« Sport), zum Beispiel der Kartenverkauf.

16 Unter die Ausnahme der Beschäftigung im **ärztlichen Notdienst** fällt der festgelegte ärztliche und zahnärztliche Notfalldienst an Wochenenden, das heißt dass Jugendliche nur im Rahmen des vorher festgelegten und allgemein bekannt gemachten Notdienstes beschäftigt werden dürfen.

3. Freistellungsregelungen gemäß § 16 Abs. 3 und 4 JArbSchG

17 Werden Jugendliche am Samstag beschäftigt, ist ihnen die Fünf-Tage-Woche (§ 15 JArbSchG) durch **Freistellung an einem anderen berufsschulfreien Arbeitstag derselben Woche** sicherzustellen (§ 16 Abs. 3 Satz 1 JArbSchG). Ein Jugendlicher, dem in der betreffenden Woche kein Tag freigegeben worden ist, braucht am Samstag nicht zu arbeiten. In »derselben Woche« bedeutet am Montag bis Freitag vor dem Samstag, an dem der Jugendliche arbeiten soll. Die Dauer der Beschäftigung am Samstag spielt für den Anspruch auf die Freistellung keine Rolle. Auch wenn am Samstag nur kurz gearbeitet, etwa für nur für zwei, drei Stunden, ist in der gleichen Woche ein ganzer Tag freizugeben. Eine Ausnahme besteht für die Fälle des § 16 Abs. 2 Nr. 2 JArbSchG (vgl. Rn. 19).

18 In Betrieben mit einem **Betriebsruhetag** in der Woche kann die Freistellung auch an diesem Tag erfolgen, wenn die Jugendlichen an diesem Tag keinen Berufsschulunterricht haben (§ 16 Abs. 3 Satz 2 JArbSchG). Voraussetzung ist, dass der Jugendliche an diesem Tag keinen Berufsschulunterricht hat, wobei es auf die Dauer des Unterrichts nicht ankommt. Aus dieser Erlaubnis des Gesetzgebers darf aber nicht umgekehrt gefolgert werden, dass bei einem Betriebsruhetag damit eine generelle und durchgängige Beschäftigung der Jugendlichen an Samstagen gerechtfertigt wäre. Hier bleibt es insoweit bei § 16 Abs. 2 Satz 2 JArbSchG, wonach mindestens zwei Samstage im Monat beschäftigungsfrei bleiben sollen.

19 Können Jugendliche in den Fällen des § 16 Abs. 2 Nr. 2 JArbSchG (in offenen Verkaufsstellen, in Betrieben mit offenen Verkaufsstellen, in Bäckereien und Konditoreien, im Friseurhandwerk und im Marktverkehr) am Samstag nicht acht Stunden beschäftigt werden, kann der Unterschied zwischen der tatsächlichen und der nach § 8 Abs. 1 JArbSchG höchstzulässigen Arbeitszeit an dem Tag bis 13 Uhr ausgeglichen werden, an dem die Jugendlichen nach § 16 Abs. 3 Satz 1 JArbSchG freizustellen sind (§ 16 Abs. 4 JArbSchG). Hier kann es also faktisch zu einer Sechs-Tage-Woche kommen. *Beispiel für eine zulässige Gestaltung:* Am Samstag arbeitet der Jugendliche etwa fünf Stunden bis 14 Uhr. Ist der freie Tag in dieser Woche am Mittwoch, so lässt das Gesetz zu, dass er an diesem Mittwoch die zu acht Stunden fehlende Zeit (drei Stunden) bis 13 Uhr vorarbeitet. Das bedeutet, dass er also nur an einem Tag, nämlich am Sonntag, in der Woche frei hat und dass er, im Gegensatz zu den meisten anderen Arbeitnehmern, unter Umständen für oft nur sehr wenige Stunden noch einen weiten Anreiseweg zum Betrieb zurücklegen muss.

§ 17 Sonntagsruhe

(1) An Sonntagen dürfen Jugendliche nicht beschäftigt werden.
(2) Zulässig ist die Beschäftigung Jugendlicher an Sonntagen nur
1. in Krankenanstalten sowie in Alten-, Pflege- und Kinderheimen,
2. in der Landwirtschaft und Tierhaltung mit Arbeiten, die auch an Sonn- und Feiertagen naturnotwendig vorgenommen werden müssen,
3. im Familienhaushalt, wenn der Jugendliche in die häusliche Gemeinschaft aufgenommen ist,
4. im Schaustellergewerbe,
5. bei Musikaufführungen, Theatervorstellungen und anderen Aufführungen sowie bei Direktsendungen im Rundfunk (Hörfunk und Fernsehen),
6. beim Sport,
7. im ärztlichen Notdienst,
8. im Gaststättengewerbe.
Jeder zweite Sonntag soll, mindestens zwei Sonntage im Monat müssen beschäftigungsfrei bleiben.
(3) Werden Jugendliche am Sonntag beschäftigt, ist ihnen die Fünf-Tage-Woche (§ 15) durch Freistellung an einem anderen berufsschulfreien Arbeitstag derselben Woche sicherzustellen. In Betrieben mit einem Betriebsruhetag in der Woche kann die Freistellung auch an diesem Tag erfolgen, wenn die Jugendlichen an diesem Tag keinen Berufsschulunterricht haben.

Inhaltsübersicht   Rn.

1. Grundsatz: Sonntagsarbeitsverbot   1
2. Ausnahmen vom Sonntagsarbeitsverbot   5
3. Freistellungsregelung gemäß § 17 Abs. 3 JArbSchG 11

1. Grundsatz: Sonntagsarbeitsverbot

An Sonntagen dürfen Jugendliche nicht beschäftigt werden (§ 17 Abs. 1 **1**
JArbSchG). Es gilt also grundsätzlich ein Sonntagsarbeitsverbot. Das Beschäftigungsverbot gilt für die Zeit von 0 Uhr bis 24 Uhr. Fällt auf einen Sonntag ein Feiertag, geht das Feiertagsbeschäftigungsverbot des § 18 Abs. 1 JArbSchG dem Sonntagsbeschäftigungsverbot vor. Verboten ist jede Beschäftigung durch den Arbeitgeber, auch Bereitschaftsdienst oder Rufbereitschaft. Verboten ist jede Art der Beschäftigung, unabhängig von dem Ort, wo sie erfolgen soll, so dass der Arbeitgeber dem Jugendlichen auch keine Arbeit mit nach Hause geben darf.
Für bestimmte Branchen finden sich jedoch in § 17 Abs. 2 JArbSchG **Ausnahmen**. **2**
§ 17 Abs. 3 JArbSchG stellt sicher, dass im Fall der Sonntagsarbeit eines Jugendlichen die Fünf-Tage-Woche gemäß § 15 JArbSchG durch eine Freistellung an einem anderen berufsschulfreien Arbeitstag derselben Woche eingehalten wird.
Wer als Arbeitgeber entgegen § 17 Abs. 1 JArbSchG einen Jugendlichen an **3**
Sonntagen beschäftigt oder entgegen § 17 Abs. 2 Satz 2 Halbsatz 2 oder § 17 Abs. 3 Satz 1 JArbSchG den Jugendlichen nicht freistellt, begeht eine **Ordnungswidrigkeit** und kann mit einer Geldbuße belegt werden (§ 58 Abs. 1 Nr. 14 JArbSchG), unter Umständen ist das sogar strafbar (§ 58 Abs. 5 und 6 JArbSchG).
Darf ausnahmsweise am Sonntag gearbeitet werden, ist die Arbeit am Sonntag **4**
ebenso zu vergüten wie an jedem anderen Tage. Wird ein festes Monatsgehalt

gezahlt, wie etwa bei der Ausbildungsvergütung, ist dadurch die Bezahlung der Sonntagsarbeit mit abgedeckt. Es besteht keine gesetzliche Pflicht zur Zahlung eines gesonderten **Sonntagsarbeitszuschlags**.[1] Allerdings kann sich ein Anspruch auf Zahlung eines solchen Zuschlags aus einzelvertraglichen Vereinbarungen ergeben oder aus einem anwendbaren Tarifvertrag.

2. Ausnahmen vom Sonntagsarbeitsverbot

5 § 17 Abs. 2 JArbSchG regelt die öffentlich-rechtliche Zulässigkeit der Sonntagsarbeit, aber **keine Verpflichtung** der Jugendlichen zur Sonntagsarbeit.[2] Ob im Einzelfall am Sonntag gearbeitet werden muss, richtet sich nach dem Ausbildungsvertrag, dem Arbeitsvertrag oder einem anwendbaren Tarifvertrag. Es bedarf einer ausdrücklichen Regelung, dass am Sonntag gearbeitet werden muss. § 17 Abs. 2 JArbSchG ermöglicht es lediglich, solche Regelungen zu treffen. Mit der Möglichkeit der Sonntagsarbeit sind weder die 40-Stunden-Woche (§ 8 Abs. 1 JArbSchG) noch die Fünf-Tage-Woche (§ 15 JArbSchG) aufgehoben, wie § 17 Abs. 3 JArbSchG ausdrücklich klarstellt. Da gemäß § 17 Abs. 1 JArbSchG der Grundsatz des Verbots der Sonntagsarbeit gilt, darf der Arbeitgeber nicht im Wege des bloßen Weisungsrechts die Sonntagsarbeit zuweisen.

6 Zulässig ist die Beschäftigung Jugendlicher an Sonntagen in den in § 17 Abs. 2 Satz 1 Nr. 1 bis 8 JArbSchG genannten Konstellationen, wobei gemäß § 17 Abs. 2 Satz 2 JArbSchG in diesen Fällen jeder **zweite Sonntag im Monat beschäftigungsfrei** bleiben»soll« und mindestens zwei Sonntage im Monat beschäftigungsfrei bleiben»müssen«. Während von der Soll-Vorschrift aus sachlichen Gründen abgewichen werden darf, ist die Mindestregelung der Freistellung an zwei Sonntagen pro Monat zwingend und darf vom Arbeitgeber nicht umgangen werden.

7 Der Katalog der **Ausnahmetatbestände** enthält eine **abschließende Aufzählung** und ist wegen ihres Ausnahmecharakters eng auszulegen.[3] Eine schrankenlose Ausweitung der Arbeit an Sonntagen wäre auch verfassungsrechtlich nicht zulässig (Art. 4 Abs. 1 und 2, Art. 140 GG, Art. 139 WRV).[4] Nach Maßgabe des § 20 Nr. 3 JArbSchG besteht für die **Binnenschifffahrt** eine weitere Ausnahme. Weitere Ausnahmen wären möglich durch eine Rechtsverordnung (§ 21 b Nr. 3 JArbSchG), nicht aber durch Tarifvertrag (vgl. § 21 a Abs. 1 Nr. 5, 6 JArbSchG, der nur eine eng begrenzte Öffnungsklausel vorsieht). Die gesetzlichen Ausnahmen vom Sonntagsarbeitsverbot bestehen in folgenden Fällen:

– in Krankenanstalten sowie in Alten-, Pflege- und Kinderheimen,
– in der Landwirtschaft und Tierhaltung mit Arbeiten, die auch an Sonnt- und Feiertagen naturnotwendig vorgenommen werden müssen,
– im Familienhaushalt, wenn der Jugendliche in die häusliche Gemeinschaft aufgenommen ist,
– im Schaustellergewerbe,
– bei Musikaufführungen, Theatervorstellungen und anderen Aufführungen sowie bei Direktsendungen im Rundfunk (Hörfunk und Fernsehen),
– beim Sport,

---

1 ErfK / *Schlachter* § 17 JArbSchG Rn. 2.
2 ErfK / *Schlachter* § 17 JArbSchG Rn. 2.
3 ErfK / *Schlachter* § 17 JArbSchG Rn. 2.
4 BVerfG 1.12.2009, 1 BvR 2857, 2858/07, AuR 2010, 167.

– im ärztlichen Notdienst,
– im Gaststättengewerbe.

Für alle Ausnahmen gilt der Grundsatz, dass Arbeitgeber Arbeiten an Sonn- und **8**
Feiertagen nur verlangen können, sofern diese nicht an Werktagen vorgenommen werden können (vgl. § 10 ArbZG). Diese für Volljährige geltende Regelung
muss erst recht auch für Jugendliche gelten. Wegen des herausgehobenen
Schutzes der Jugendlichen ist zudem in allen Fällen zu prüfen, ob die Heranziehung zur Sonntagsarbeit von Jugendlichen erforderlich ist oder nicht dadurch vermieden werden kann, dass volljährigen Arbeitnehmer diese Tätigkeiten übertragen werden. Für **Auszubildende** gilt zudem § 14 Abs. 2 BBiG:
dem Auszubildenden dürfen nur Aufgaben übertragen werden, die dem Ausbildungszweck dienen und seinen körperlichen Kräften angemessen sind.

Bei **Musikaufführungen** usw. ist nur eine Beschäftigung bei »**Live-Darstel-** **9**
lungen« erlaubt, also Veranstaltungen, die vor einem Publikum stattfinden.
Das ergibt sich für Musikaufführungen, Theatervorstellungen und andere Aufführungen aus der Natur der Sache, bei Hörfunk und Fernsehen aus dem
ausdrücklichen Hinweis, dass eine Beschäftigung an Sonntagen nur bei **Direkt-**
sendungen zulässig ist. Aufzeichnungen dürfen demnach mit Jugendlichen an
Sonntagen nicht gemacht werden.

Unter die Ausnahme der Beschäftigung im **ärztlichen Notdienst** fällt der fest- **10**
gelegte ärztliche und zahnärztliche Notfalldienst an Wochenenden, das heißt
dass Jugendliche nur im Rahmen des vorher festgelegten und allgemein bekannt
gemachten Notdienstes beschäftigt werden dürfen.

3. Freistellungsregelung gemäß § 17 Abs. 3 JArbSchG

Werden Jugendliche am Sonntag beschäftigt, ist ihnen die Fünf-Tage-Woche **11**
(§ 15 JArbSchG) durch **Freistellung an einem anderen berufsschulfreien Ar-**
beitstag derselben Woche sicherzustellen (§ 17 Abs. 3 Satz 1 JArbSchG). In
Betrieben mit einem Betriebsruhetag in der Woche kann die Freistellung auch
an diesem Tag erfolgen, wenn die Jugendlichen an diesem Tag keinen Berufsschulunterricht haben (§ 17 Abs. 3 Satz 2 JArbSchG).

§ 18 Feiertagsruhe

(1) Am 24. und 31. Dezember nach 14 Uhr und an gesetzlichen Feiertagen dürfen
Jugendliche nicht beschäftigt werden.
(2) Zulässig ist die Beschäftigung Jugendlicher an gesetzlichen Feiertagen in den
Fällen des § 17 Abs. 2, ausgenommen am 25. Dezember, am 1. Januar, am ersten
Osterfeiertag und am 1. Mai.
(3) Für die Beschäftigung an einem gesetzlichen Feiertag, der auf einem Werktag
fällt, ist der Jugendliche an einem anderen berufsschulfreien Arbeitstag dersel-
ben oder der folgenden Woche freizustellen. In Betrieben mit einem Betriebs-
ruhetag in der Woche kann die Freistellung auch an diesem Tag erfolgen, wenn
die Jugendlichen an diesem Tag keinen Berufsschulunterricht haben.

Inhaltsübersicht   Rn.

1.   Grundsatz der Feiertagsruhe (§ 18 Abs. 1 JArbSchG)   1
2.   Beschäftigung am 24. und 31. Dezember   2
3.   Ausnahmen vom Feiertagsarbeitsverbot   3

4.	Freistellungsregelung gemäß § 18 Abs. 3 JArbSchG	5
5.	Vergütungszahlung	6
6.	Zuwiderhandlungen	7

1. Grundsatz der Feiertagsruhe (§ 18 Abs. 1 JArbSchG)

1 An gesetzlichen Feiertagen dürfen nach näherer Maßgabe des § 18 JArbSchG Jugendliche grundsätzlich nicht beschäftigt werden. Fällt der Feiertag auf einen Sonntag, gelten sowohl die Bestimmungen des Sonntagsbeschäftigungsverbotes (§ 17 JArbSchG) als auch die des Feiertagsbeschäftigungsverbotes (§ 18 JArb-SchG). **Bundesweit** anerkannte **gesetzliche Feiertage** sind
– Neujahr,
– Karfreitag,
– Ostermontag,
– Christi Himmelfahrt,
– 1. Mai,
– Pfingstmontag,
– 3. Oktober und
– die Weihnachtstage 25. und 26. Dezember.
In **einzelnen Bundesländern** sind als gesetzliche Feiertage anerkannt:
– **Heilige Drei Könige** (6. Januar): Baden-Württemberg, Bayern, Sachsen-Anhalt
– **Fronleichnam**: Baden-Württemberg, Bayern, Hessen, Nordrhein-Westfalen, Rheinland-Pfalz, Saarland landesweit sowie Mecklenburg-Vorpommern, Sachsen, Sachsen-Anhalt und Thüringen in Gemeinden mit überwiegend katholischer Bevölkerung.
– **Mariä Himmelfahrt**: Saarland landesweit sowie in Bayern in Gemeinden mit überwiegend katholischer Bevölkerung.
– **Reformationstag** (31. Oktober): Brandenburg, Mecklenburg-Vorpommern, Sachsen, Sachsen-Anhalt und Thüringen.
– **Allerheiligen** (1. November): Baden-Württemberg, Bayern, Nordrhein-Westfalen, Rheinland-Pfalz und Saarland.
– **Buß und Bettag**: Sachsen.
– **Friedenstag** (8. August): nur in der Stadt Augsburg.

2. Beschäftigung am 24. und 31. Dezember

2 Der 24. Dezember (**Heiligabend**) und der 31. Dezember (**Silvester**) sind *keine* gesetzlichen Feiertage. Insoweit bestimmt aber § 18 Abs. 1 JArbSchG, dass Jugendliche an diesen Tagen nach 14 Uhr nicht beschäftigt werden dürfen.

3. Ausnahmen vom Feiertagsarbeitsverbot

3 Gemäß § 18 Abs. 2 JArbSchG ist die Beschäftigung von Jugendlichen an gesetzlichen Feiertagen in den in § 17 Abs. 2 S. 1 Nr. 1 bis 8 JArbSchG aufgeführten Branchen zulässig. Ausgenommen sind hiervon allerdings die Beschäftigung am 25. Dezember, am 1. Januar, am 1. Osterfeiertag und am 1. Mai. Das bedeutet, dass Jugendliche an diesen vier gesetzlichen Feiertagen auch nicht in den Ausnahmebranchen arbeiten dürfen.

4 **Abweichungen** von § 18 JArbSchG sind eingeschränkt durch Tarifvertrag zulässig (§ 21 a Abs. 1 Nr. 5 JArbSchG) oder durch Rechtsverordnung des Bundesministeriums für Arbeit und Soziales (§ 21b Nr. 3 JArbSchG). Ansonsten sind **Ausnahmen** nur zulässig in der **Binnenschifffahrt** (§ 20 Nr. 3 JArbSchG) und in Notfällen (§ 21 Abs. 1 JArbSchG).

4. Freistellungsregelung gemäß § 18 Abs. 3 JArbSchG

Für die Beschäftigung an einem gesetzlichen Feiertag, der auf einem Werktag **5** fällt, ist der Jugendliche an einem anderen berufsschulfreien Arbeitstag derselben oder der folgenden Woche freizustellen (§ 18 Abs. 3 Satz 1 JArbSchG). Durch diese Regelung soll das Gebot der Beibehaltung der Fünf-Tage-Woche (§ 15 JArbSchG) sichergestellt werden. In Betrieben mit einem Betriebsruhetag in der Woche kann die Freistellung auch an diesem Tag erfolgen, wenn die Jugendlichen an diesem Tag keinen Berufsschulunterricht haben (§ 18 Abs. 3 Satz 2 JArbSchG).

5. Vergütungszahlung

Für Arbeitszeit, die infolge eines gesetzlichen Feiertages ausfällt, hat der Arbeit- **6** geber dem Arbeitnehmer oder Auszubildenden das Arbeitsentgelt zu zahlen, das er ohne den Arbeitsausfall erhalten hätte (§ 2 Abs. 1 Entgeltfortzahlungsgesetz). Das gilt auch für Jugendliche. Die Zahlung eines zusätzlichen Feiertagszuschlags ist gesetzlich nicht geregelt, kann aber einzelvertraglich vereinbart werden oder in einem anwendbaren Tarifvertrag geregelt sein.

6. Zuwiderhandlungen

Wer als Arbeitgeber entgegen § 18 Abs. 1 JArbSchG einen Jugendlichen am 24. **7** oder 31. Dezember nach 14 Uhr oder an gesetzlichen Feiertagen beschäftigt oder entgegen § 18 Abs. 3 JArbSchG nicht freistellt, begeht eine **Ordnungswidrigkeit** und kann mit einer Geldbuße belegt werden (§ 58 Abs. 1 Nr. 15 JArbSchG), unter Umständen ist das sogar strafbar (§ 58 Abs. 5 und 6 JArbSchG).

§ 19 Urlaub

(1) Der Arbeitgeber hat Jugendlichen für jedes Kalenderjahr einen bezahlten Erholungsurlaub zu gewähren.
(2) Der Urlaub beträgt jährlich
1. mindestens 30 Werktage, wenn der Jugendliche zu Beginn des Kalenderjahres noch nicht 16 Jahre alt ist,
2. mindestens 27 Werktage, wenn der Jugendliche zu Beginn des Kalenderjahres noch nicht 17 Jahre alt ist,
3. mindestens 25 Werktage, wenn der Jugendliche zu Beginn des Kalenderjahres noch nicht 18 Jahre alt ist.
Jugendliche, die im Bergbau unter Tage beschäftigt werden, erhalten in jeder Altersgruppe einen zusätzlichen Urlaub von drei Werktagen.
(3) Der Urlaub soll Berufsschülern in der Zeit der Berufsschulferien gegeben werden. Soweit er nicht in den Berufsschulferien gegeben wird, ist für jeden Berufsschultag, an dem die Berufsschule während des Urlaubs besucht wird, ein weiterer Urlaubstag zu gewähren.
(4) Im Übrigen gelten für den Urlaub der Jugendlichen § 3 Abs. 2, §§ 4 bis 12 und § 13 Abs. 3 des Bundesurlaubsgesetzes. Der Auftraggeber oder Zwischenmeister

hat jedoch abweichend von § 12 Nr. 1 des Bundesurlaubsgesetzes den jugend-lichen Heimarbeitern für jedes Kalenderjahr einen bezahlten Erholungsurlaub entsprechend Absatz 2 zu gewähren; das Urlaubsentgelt der jugendlichen Heim-arbeiter beträgt bei einem Urlaub von 30 Werktagen 11,6 vom Hundert, bei einem Urlaub von 27 Werktagen 10,3 vom Hundert und bei einem Urlaub von 25 Werktagen 9,5 vom Hundert.

Inhaltsübersicht   Rn.

1.   Überblick   1
2.   Umfang des gesetzlichen Mindesturlaubs   5
3.   Weitere rechtliche Vorgaben für den Urlaub nach dem BUrlG   10
4.   Lage des Urlaubs.   26
5.   Heimarbeitsverhältnisse.   27

1. Überblick

1   Der Arbeitgeber hat Jugendlichen für jedes Kalenderjahr einen bezahlten Erho-lungsurlaub zu gewähren. Durch diese Regelung in § 19 Abs. 1 JArbSchG wird ein gesetzlicher Anspruch auf Erholungsurlaub festgeschrieben. Der **Umfang des gesetzlichen Mindesturlaubs** folgt aus § 19 Abs. 2 JArbSchG. Dieser Urlaub ist zwingend. Er darf nicht durch einzelvertragliche oder tarifvertragliche Re-gelungen unterschritten werden. Einzelvertragliche Vereinbarungen, die für den Jugendlichen günstiger sind, also einen höheren Urlaubsanspruch einräu-men, sind zulässig. Häufig ergibt sich ein höherer Urlaubsanspruch auch aus anwendbaren Tarifverträgen.

2   § 19 Abs. 3 BUrlG macht Vorgaben für die Lage des Urlaubs. § 19 Abs. 4 JArbSchG verweist auf die entsprechende Geltung einzelner Regelungen aus dem BUrlG und regelt den Urlaubsanspruch für jugendliche Heimarbeiter. § 19 JArbSchG gilt für Jugendliche. Für **Volljährige** regelt das BUrlG den gesetzli-chen Mindesturlaubsanspruch von 24 Werktagen (20 Arbeitstagen bei einer Fünf-Tage-Woche).

3   Wer als Arbeitgeber entgegen § 19 JArbSchG Urlaub nicht oder nicht mit der vorgeschriebenen Dauer gewährt, begeht eine **Ordnungswidrigkeit** und kann mit einer Geldbuße belegt werden (§ 58 Abs. 1 Nr. 16 JArbSchG), unter Um-ständen ist das sogar strafbar (§ 58 Abs. 5 und 6 JArbSchG).

4   Gibt es zwischen dem jugendlichen Arbeitnehmer und dem Arbeitgeber Streit über die Lage des Urlaubs, hat der Betriebsrat ein **Mitbestimmungsrecht** gemäß § 87 Abs. 1 Nr. 5 BetrVG. Auch kann der Betriebsrat für Jugendliche im Betrieb allgemeine Urlaubsgrundsätze mit dem Arbeitgeber aushandeln. Für den Per-sonalrat ergibt sich das Mitbestimmungsrecht in Bezug auf die zeitliche Lage des Urlaubs einzelner Jugendlicher aus § 75 Abs. 3 Nr. 3 BPersVG.

2. Umfang des gesetzlichen Mindesturlaubs

5   Der gesetzliche Mindesturlaub ist gemäß § 19 Abs. 2 Satz 1 Nr. 1 bis 3 JArbSchG gestaffelt nach Alter. Er beträgt jährlich
   – mindestens 30 Werktage, wenn der Jugendliche zu Beginn des Kalenderjahres noch nicht 16 Jahre alt ist,
   – mindestens 27 Werktage, wenn der Jugendliche zu Beginn des Kalenderjahres noch nicht 17 Jahre alt ist,

– mindestens 25 Werktage, wenn der Jugendliche zu Beginn des Kalenderjahres noch nicht 18 Jahre alt ist.

Der Stichtag für die Feststellung des Alters des Jugendlichen ist der »**Beginn des Kalenderjahres**«, also der 1. Januar eines jeden Kalenderjahres, so dass die Vollendung eines neuen Lebensjahres innerhalb des Kalenderjahres ohne Bedeutung für die Altersstufenregelung ist.[1]   **6**

»**Werktage**« sind die Tage von Montag bis Samstag. Das folgt aus der Verweisung in § 19 Abs. 4 Satz 1 JArbSchG unter anderem auf § 3 Abs. 2 BUrlG. Sind die Arbeitstage des Jugendlichen auf weniger als sechs Tage die Woche verteilt, so bedarf es der Umrechnung des Urlaubs auf die Arbeitstage.[2] Für Jugendliche ist die Fünf-Tage-Woche der Normalfall (§ 15 JArbSchG). Die Umrechnung ergibt folgendes: **7**

– 30 Werktage sind 25 Arbeitstage,
– 27 Werktage sind 22,5 Arbeitstage,
– 25 Werktage sind 21 (20,83) Arbeitstage.

Jugendliche, die im **Bergbau unter Tage** beschäftigt werden, erhalten in jeder Altersgruppe einen zusätzlichen Urlaub von drei Werktagen (§ 19 Abs. 2 Satz 2 JArbSchG).   **8**

Schwerbehinderte Jugendliche haben einen zusätzlichen Urlaubsanspruch von fünf Arbeitstagen im Urlaubsjahr, der sich aus § 125 SGB IX ergibt. § 125 SGB IX hat folgenden Wortlaut: **9**

(1) Schwerbehinderte Menschen haben Anspruch auf einen bezahlten zusätzlichen Urlaub von fünf Arbeitstagen im Urlaubsjahr; verteilt sich die regelmäßige Arbeitszeit des schwerbehinderten Menschen auf mehr oder weniger als fünf Arbeitstage in der Kalenderwoche, erhöht oder vermindert sich der Zusatzurlaub entsprechend. Soweit tarifliche, betriebliche oder sonstige Urlaubsregelungen für schwerbehinderte Menschen einen längeren Zusatzurlaub vorsehen, bleiben sie unberührt.
(2) Besteht die Schwerbehinderteneigenschaft nicht während des gesamten Kalenderjahres, so hat der schwerbehinderte Mensch für jeden vollen Monat der im Beschäftigungsverhältnis vorliegenden Schwerbehinderteneigenschaft einen Anspruch auf ein Zwölftel des Zusatzurlaubs nach Absatz 1 Satz 1. Bruchteile von Urlaubstagen, die mindestens einen halben Tag ergeben, sind auf volle Urlaubstage aufzurunden. Der so ermittelte Zusatzurlaub ist dem Erholungsurlaub hinzuzurechnen und kann bei einem nicht im ganzen Kalenderjahr bestehenden Beschäftigungsverhältnis nicht erneut gemindert werden.
(3) Wird die Eigenschaft als schwerbehinderter Mensch nach § 69 Abs. 1 und 2 rückwirkend festgestellt, finden auch für die Übertragbarkeit des Zusatzurlaubs in das nächste Kalenderjahr die dem Beschäftigungsverhältnis zugrunde liegenden urlaubsrechtlichen Regelungen Anwendung.

3. Weitere rechtliche Vorgaben für den Urlaub nach dem BUrlG

Im Übrigen gelten für den Urlaub der Jugendlichen die in § 19 Abs. 4 Satz 1 JArbSchG genannten Vorschriften des BUrlG, also neben § 3 Abs. 2 BUrlG (vgl. Rn. 7) auch die §§ 4 bis 12 und § 13 Abs. 3 BUrlG. Im Einzelnen bedeutet das Folgendes: **10**

---

1 ErfK / *Schlachter* § 19 JArbSchG Rn. 4.
2 ErfK / *Schlachter* § 19 JArbSchG Rn. 5.

11 Der volle Urlaubsanspruch wird erstmalig nach sechsmonatigem Bestehen des Ausbildungs- oder Arbeitsverhältnisses erworben (§ 4 BUrlG). Das bezeichnet man als **Wartezeit**. Das bedeutet nicht, dass der Urlaub nicht bereits auch schon in der ersten Monaten (teilweise) gewährt werden kann, es besteht lediglich kein Anspruch auf die Gewährung.

12 § 5 BUrlG regelt den **Teilurlaubsanspruch**. Anspruch auf ein Zwölftel des Jahresurlaubs für jeden vollen Monat des Bestehens des Arbeitsverhältnisses hat der Arbeitnehmer oder Auszubildende gemäß § 5 Abs. 1 BUrlG

a) für Zeiten eines Kalenderjahres, für die er wegen Nichterfüllung der Wartezeit in diesem Kalenderjahr keinen vollen Urlaubsanspruch erwirbt;

b) wenn er vor erfüllter Wartezeit aus dem Arbeitsverhältnis ausscheidet;

c) wenn er nach erfüllter Wartezeit in der ersten Hälfte eines Kalenderjahres aus dem Arbeitsverhältnis ausscheidet.

13 **Bruchteile von Urlaubstagen**, die mindestens einen halben Tag ergeben, sind auf volle Urlaubstage aufzurunden (§ 5 Abs. 2 BUrlG). Hat der Arbeitnehmer oder Auszubildende im Falle des Absatzes 1 Buchstabe c (wenn er nach erfüllter Wartezeit in der ersten Hälfte eines Kalenderjahres aus dem Arbeitsverhältnis ausscheidet) bereits Urlaub über den ihm zustehenden Umfang hinaus erhalten, so kann das dafür gezahlte Urlaubsentgelt nicht zurückgefordert werden (§ 5 Abs. 3 BUrlG).

14 Wichtig ist, dass nur in den genannten Fällen ein **Teilurlaubsanspruch** entsteht. In allen anderen Fällen hat der Arbeitnehmer oder Auszubildende nach Ende von sechs Monaten jeweils zu Beginn des Kalenderjahres **Anspruch auf den vollen Jahresurlaub**. Ein Anspruch auf den vollen Jahresurlaub besteht insbesondere auch dann, wenn der Arbeitnehmer oder Auszubildende nach erfüllter Wartezeit in der *zweiten* Hälfte eines Kalenderjahres aus dem Arbeitsverhältnis ausscheidet, also ab dem 1. 7. eines Jahres.

15 § 6 BUrlG regelt den **Ausschluss von Doppelansprüchen**. Der Anspruch auf Urlaub besteht nicht, soweit dem Arbeitnehmer für das laufende Kalenderjahr bereits von einem früheren Arbeitgeber Urlaub gewährt worden ist (§ 6 Abs. 1 BUrlG). Der Arbeitgeber ist verpflichtet, bei Beendigung des Arbeitsverhältnisses dem Arbeitnehmer eine **Bescheinigung** über den im laufenden Kalenderjahr gewährten oder abgegoltenen Urlaub auszuhändigen (§ 6 Abs. 2 BUrlG).

16 § 7 BUrlG regelt **Zeitpunkt, Übertragbarkeit und Abgeltung des Urlaubs**. Bei der **zeitlichen Festlegung** des Urlaubs sind die Urlaubswünsche des Arbeitnehmers oder Auszubildenden zu berücksichtigen, es sei denn, dass ihrer Berücksichtigung dringende betriebliche Belange oder Urlaubswünsche anderer Arbeitnehmer oder Auszubildender, die unter sozialen Gesichtspunkten den Vorrang verdienen, entgegenstehen (§ 7 Abs. 1 Satz 1 BUrlG). Der Urlaub ist zu gewähren, wenn der Arbeitnehmer dies im Anschluss an eine Maßnahme der medizinischen Vorsorge oder Rehabilitation verlangt (§ 7 Abs. 1 Satz 2 BUrlG).

17 Der **Urlaub ist zusammenhängend zu gewähren**, es sei denn, dass dringende betriebliche oder in der Person des Arbeitnehmers oder Auszubildenden liegende Gründe eine Teilung des Urlaubs erforderlich machen (§ 7 Abs. 2 Satz 1 BUrlG). Kann der Urlaub aus diesen Gründen nicht zusammenhängend gewährt werden, und hat der Arbeitnehmer oder Auszubildende Anspruch auf Urlaub von mehr als zwölf Werktagen, so muss einer der Urlaubsteile mindestens zwölf aufeinanderfolgende Werktage umfassen (§ 7 Abs. 2 Satz 2 BUrlG).

18 Der Urlaub muss **im laufenden Kalenderjahr gewährt und genommen werden**

(§ 7 Abs. 3 Satz 1 BUrlG). Eine Übertragung des Urlaubs auf das nächste Kalenderjahr ist nur statthaft, wenn dringende betriebliche oder in der Person des Arbeitnehmers liegende Gründe dies rechtfertigen (§ 7 Abs. 3 Satz 2 BUrlG). Im Fall der Übertragung muss der Urlaub in den **ersten drei Monaten des folgenden Kalenderjahres** gewährt und genommen werden (§ 7 Abs. 3 Satz 3 BUrlG). Das ist insofern wichtig, als daraus folgt, dass der Urlaubsanspruch grundsätzlich an das Kalenderjahr gebunden ist. Wird der Urlaub im Kalenderjahr nicht genommen, geht er ersatzlos unter (spätestens mit dem Ende des Übertragungszeitraums).

Auf Verlangen des Arbeitnehmers ist ein nach § 5 Abs. 1 Buchstabe a BUrlG **19** entstehender Teilurlaub (für Zeiten eines Kalenderjahres, für die er wegen Nichterfüllung der Wartezeit in diesem Kalenderjahr keinen vollen Urlaubsanspruch erwirbt) jedoch auf das nächste Kalenderjahr zu übertragen (§ 7 Abs. 3 Satz 4 BUrlG).

Kann der Urlaub wegen Beendigung des Arbeits- oder Ausbildungsverhält- **20** nisses ganz oder teilweise nicht mehr gewährt werden, so ist er abzugelten (§ 7 Abs. 4 BUrlG), das heißt in Geld umzurechnen und auszuzahlen. Dieser **Abgeltungsanspruch** entsteht zwingend mit dem Ende des Beschäftigungsverhältnisses, allerdings auch nur in diesem Falle. Unzulässig ist es, im bestehenden Arbeits- oder Ausbildungsverhältnis den Urlaub nicht zu gewähren und stattdessen auszubezahlen.

Während des Urlaubs darf der Arbeitnehmer oder Auszubildende **keine dem** **21** **Urlaubszweck widersprechende Erwerbstätigkeit** leisten (§ 8 BUrlG).

Erkrankt ein Arbeitnehmer oder Auszubildende während des Urlaubs, so **22** werden die durch ärztliches Zeugnis nachgewiesenen Tage der Arbeitsunfähigkeit auf den Jahresurlaub nicht angerechnet (§ 9 BUrlG).

Maßnahmen der medizinischen Vorsorge oder Rehabilitation dürfen nicht auf **23** den Urlaub angerechnet werden, soweit ein Anspruch auf Fortzahlung des Arbeitsentgelts nach den gesetzlichen Vorschriften über die Entgeltfortzahlung im Krankheitsfall besteht (§ 10 BUrlG).

Die **Berechnung des Urlaubsentgelts** ergibt sich aus § 11 BUrlG. Das Urlaubs- **24** entgelt bemisst sich nach dem **durchschnittlichen Arbeitsverdienst**, das der Arbeitnehmer in den **letzten dreizehn Wochen** vor dem Beginn des Urlaubs erhalten hat, mit Ausnahme des zusätzlich für Überstunden gezahlten Arbeitsverdienstes (§ 11 Abs. 1 Satz 1 BUrlG). Bei **Verdiensterhöhungen** nicht nur vorübergehender Natur, die während des Berechnungszeitraums oder des Urlaubs eintreten, ist von dem erhöhten Verdienst auszugehen (§ 11 Abs. 1 Satz 2 BUrlG). **Verdienstkürzungen**, die im Berechnungszeitraum infolge von Kurzarbeit, Arbeitsausfällen oder unverschuldeter Arbeitsversäumnis eintreten, bleiben für die Berechnung des Urlaubsentgelts außer Betracht (§ 11 Abs. 1 Satz 3 BUrlG). Zum Arbeitsentgelt gehörende Sachbezüge, die während des Urlaubs nicht weitergewährt werden, sind für die Dauer des Urlaubs angemessen in bar abzugelten (§ 11 Abs. 1 Satz 4 BUrlG). Das Urlaubsentgelt ist **vor Antritt des Urlaubs auszuzahlen** (§ 11 Abs. 2 BUrlG).

Für den Bereich der **Deutsche Bahn Aktiengesellschaft** sowie einer gemäß § 2 **25** Abs. 1 und § 3 Abs. 3 des Deutsche Bahn Gründungsgesetzes vom 27. Dezember 1993 (BGBl. I S. 2378, 2386) ausgegliederten Gesellschaft und für den Bereich der Nachfolgeunternehmen der **Deutschen Bundespost** kann von der Vorschrift über das Kalenderjahr als Urlaubsjahr (§ 1 BUrlG) in Tarifverträgen abgewichen werden (§ 13 Abs. 3 BUrlG).

4. Lage des Urlaubs

26   § 19 JArbSchG ergänzt § 7 BUrlG (vgl. Rn. 16 ff.) hinsichtlich der zeitlichen Lage des Urlaubs. Der Urlaub »soll« Berufsschülern in der Zeit der Berufsschulferien gegeben werden (§ 19 Abs. 3 Satz 1 JArbSchG). Soweit er nicht in den Berufsschulferien gegeben wird, ist für jeden Berufsschultag, an dem die Berufsschule während des Urlaubs besucht wird, ein weiterer Urlaubstag zu gewähren (§ 19 Abs. 3 Satz 2 JArbSchG).

5. Heimarbeitsverhältnisse

27   Für den Urlaub für die Beschäftigten, die in Heimarbeit beschäftigt werden, gilt § 12 BUrlG, wie sich aus der Verweisung in § 19 Abs. 4 Satz 1 JArbSchG ergibt. § 19 Abs. 4 Satz 2 JArbSchG enthält eine Zusatzregelung: Der Auftraggeber oder Zwischenmeister hat jedoch abweichend von § 12 Nr. 1 BUrlG den jugendlichen Heimarbeitern für jedes Kalenderjahr einen bezahlten Erholungsurlaub entsprechend § 19 Abs. 2 JArbSchG zu gewähren. Das Urlaubsentgelt der jugendlichen Heimarbeiter beträgt bei einem Urlaub von 30 Werktagen 11,6 vom Hundert, bei einem Urlaub von 27 Werktagen 10,3 vom Hundert und bei einem Urlaub von 25 Werktagen 9,5 vom Hundert.

§ 20 Binnenschifffahrt

In der Binnenschifffahrt gelten folgende Abweichungen:

1. **Abweichend von § 12 darf die Schichtzeit Jugendlicher über 16 Jahre während der Fahrt bis auf 14 Stunden täglich ausgedehnt werden, wenn ihre Arbeitszeit sechs Stunden täglich nicht überschreitet. Ihre tägliche Freizeit kann abweichend von § 13 der Ausdehnung der Schichtzeit entsprechend bis auf 10 Stunden verkürzt werden.**
2. **Abweichend von § 14 Abs. 1 dürfen Jugendliche über 16 Jahre während der Fahrt bis 22 Uhr beschäftigt werden.**
3. **Abweichend von §§ 15, 16 Abs. 1, § 17 Abs. 1 und § 18 Abs. 1 dürfen Jugendliche an jedem Tag der Woche beschäftigt werden, jedoch nicht am 24. Dezember, an den Weihnachtsfeiertagen, am 31. Dezember, am 1. Januar, an den Osterfeiertagen und am 1. Mai. Für die Beschäftigung an einem Samstag, Sonntag und an einem gesetzlichen Feiertag, der auf einen Werktag fällt, ist ihnen je ein freier Tag zu gewähren. Diese freien Tage sind den Jugendlichen in Verbindung mit anderen freien Tagen zu gewähren, spätestens, wenn ihnen 10 freie Tage zustehen.**

1   § 20 JArbSchG regelt hinsichtlich der Arbeitszeit bestimmte Abweichungen für die **Binnenschifffahrt** (Schifffahrt auf Binnengewässern, Flüssen, Kanälen und Seen). Die Nationalität des Schiffes spielt keine Rolle, solange es sich in deutschen Binnengewässern aufhält.[1] Die Ausnahmen gelten nur die Binnenschifffahrt, nicht für die in den Landbetrieben von Schifffahrtsunternehmen beschäftigten Jugendlichen, etwa in Lagerhäusern, Werften oder Büros. Für die Küsten- und Hochseeschifffahrt gilt das Seemannsgesetz (vgl. § 61 JArbSchG).

---

1 ErfK / *Schlachter* § 20 JArbSchG Rn. 1.

Die möglichen Abweichungen sind abschließend in § 20 Nr. 1 bis Nr. 3 **2** JArbSchG genannt. Bezüglich § 20 Nr. 3 JArbSchG ist zu beachten, dass Jugendliche in der Binnenschifffahrt – abweichend vom Grundsatz der Fünf-Tage-Woche – an jedem Tag der Woche arbeiten dürfen. Ausgeschlossen ist ihre Beschäftigung jedoch am Heiligabend und den Weihnachtsfeiertagen, Silvester, am 1. Januar, an den Osterfeiertagen und am 1. Mai. Insoweit handelt es sich um ein absolutes Beschäftigungsverbot. Werden sie an einem Samstag, Sonntag oder an einem gesetzlichen Feiertag beschäftigt, so bestimmt § 20 Nr. 3 Satz 2 JArbSchG, dass ihnen dafür jeweils ein freier Tag zusteht. Dieser freie Tag ist ihnen in Verbindung mit anderen freien Tagen zu gewähren, spätestens jedoch, wenn ihnen 10 freie Tage zustehen (§ 20 Nr. 3 Satz 3 JArbSchG). Diese freien Tage können demzufolge angesammelt werden, wobei zu beachten ist, dass ein freier Tag nicht einzeln genommen werden kann, sondern wenigstens mit einem anderen freien Tag zusammen genommen werden muss.[2]

§ 21 Ausnahmen in besonderen Fällen

(1) Die §§ 8 und 11 bis 18 finden keine Anwendung auf die Beschäftigung Jugendlicher mit vorübergehenden und unaufschiebbaren Arbeiten in Notfällen, soweit erwachsene Beschäftigte nicht zur Verfügung stehen.
(2) Wird in den Fällen des Absatzes 1 über die Arbeitszeit des § 8 hinaus Mehrarbeit geleistet, so ist sie durch entsprechende Verkürzung der Arbeitszeit innerhalb der folgenden drei Wochen auszugleichen.

§ 21 JArbSchG hat einen absoluten **Ausnahmecharakter**. Die Vorschrift kommt **1** nur in Notfällen zur Anwendung. Darüber hinaus muss es um unaufschiebbare Arbeiten gehen und erwachsene Arbeitskräfte dürfen nicht zur Verfügung stehen. Die Tätigkeit darf außerdem nur vorübergehender Natur sein. Der Arbeitgeber ist verpflichtet, so schnell wie möglich erwachsene Arbeitnehmer herbeizuholen, mit dem Ziel, die Jugendlichen zu ersetzen (»soweit erwachsene Beschäftigte nicht zur Verfügung stehen«). Ein Arbeitgeber darf zum Beispiel nicht aus Kostengründen die Jugendlichen arbeiten und die erwachsenen Arbeitnehmer zu Hause bleiben lassen. Die Beschäftigung von **Kindern** (§ 2 Abs. 1 JArbSchG) ist in jedem Fall verboten, auch in Notfällen.
Notfälle sind ungewöhnliche, nicht vorhersehbare Ereignisse, die plötzlich und **2** unabhängig vom Willen der Betroffenen eintreten und so gravierend sind, dass sie ein sofortiges Handeln zur Abwendung konkreter Gefahren für Gesundheit und Leben oder erhebliche Sachwerte notwendig machen.[1] Das kann vorliegen bei Bränden, Explosionen, Überschwemmungen, Naturereignissen, Unwettern oder Flutkatastrophen. Dagegen kann der Ausfall von Maschinen, die Erkrankung von Arbeitskräften oder auch fehlerhaftes Material nicht als Notfall bezeichnet werden. Auch Schwierigkeiten infolge mangelhafter Disposition des Arbeitgebers sind keinesfalls Notfälle. Auch Termindruck und drohende Konventionalstrafen führen nicht zu einem Notfall im Sinne des § 21 JArbSchG.[2]
Wird in den in § 21 Abs. 1 JArbSchG genannten Fällen über die Arbeitszeit des **3** § 8 JArbSchG hinaus Mehrarbeit geleistet, so ist diese zwingend durch entspre-

---

2 ErfK / *Schlachter* § 20 JArbSchG Rn. 3.
1 ErfK / *Schlachter* § 21 JArbSchG Rn. 2.
2 *Zmarzlik/Anzinger* § 21 Rn. 6.

chende Verkürzung der Arbeitszeit innerhalb der folgenden drei Wochen auszugleichen (§ 21 Abs. 2 JArbSchG). Besondere Zeitzuschläge für die Mehrarbeit
sieht das Gesetz nicht vor. Solche Zuschläge können sich allerdings aus tarifvertraglichen oder einzelvertraglichen Regelungen ergeben.

4 Wer als Arbeitgeber entgegen § 21 Abs. 2 JArbSchG die geleistete Mehrarbeit
durch Verkürzung der Arbeitszeit nicht, begeht eine **Ordnungswidrigkeit** und
kann mit einer Geldbuße belegt werden (§ 58 Abs. 1 Nr. 15 JArbSchG), unter
Umständen ist das sogar strafbar (§ 58 Abs. 5 und 6 JArbSchG).

§ 21a Abweichende Regelungen

**(1) In einem Tarifvertrag oder auf Grund eines Tarifvertrages in einer Betriebs-
vereinbarung kann zugelassen werden**
**1. abweichend von den §§ 8, 15, 16 Abs. 3 und 4, § 17 Abs. 3 und § 18 Abs. 3 die
Arbeitszeit bis zu neun Stunden täglich, 44 Stunden wöchentlich und bis zu
fünfeinhalb Tagen in der Woche anders zu verteilen, jedoch nur unter Einhaltung einer durchschnittlichen Wochenarbeitszeit von 40 Stunden in einem
Ausgleichszeitraum von zwei Monaten,**
**2. abweichend von § 11 Abs. 1 Satz 2 Nr. 2 und Abs. 2 die Ruhepausen bis zu 15
Minuten zu kürzen und die Lage der Pausen anders zu bestimmen,**
**3. abweichend von § 12 die Schichtzeit mit Ausnahme des Bergbaus unter Tage
bis zu einer Stunde täglich zu verlängern,**
**4. abweichend von § 16 Abs. 1 und 2 Jugendliche an 26 Samstagen im Jahr oder
an jedem Samstag zu beschäftigen, wenn statt dessen der Jugendliche an
einem anderen Werktag derselben Woche von der Beschäftigung freigestellt
wird,**
**5. abweichend von den §§ 15, 16 Abs. 3 und 4, § 17 Abs. 3 und § 18 Abs. 3
Jugendliche bei einer Beschäftigung an einem Samstag oder an einem Sonn-
oder Feiertag unter vier Stunden an einem anderen Arbeitstag derselben oder
der folgenden Woche vor- oder nachmittags von der Beschäftigung freizustellen,**
**6. abweichend von § 17 Abs. 2 Satz 2 Jugendliche im Gaststätten- und Schau-
stellergewerbe sowie in der Landwirtschaft während der Saison oder der
Erntezeit an drei Sonntagen im Monat zu beschäftigen.**
**(2) Im Geltungsbereich eines Tarifvertrages nach Absatz 1 kann die abweichende
tarifvertragliche Regelung im Betrieb eines nicht tarifgebundenen Arbeitgebers
durch Betriebsvereinbarung oder, wenn ein Betriebsrat nicht besteht, durch
schriftliche Vereinbarung zwischen dem Arbeitgeber und dem Jugendlichen
übernommen werden.**
**(3) Die Kirchen und die öffentlich-rechtlichen Religionsgesellschaften können
die in Absatz 1 genannten Abweichungen in ihren Regelungen vorsehen.**

1 § 21a JArbSchG öffnet die meisten Arbeitszeitregelungen des JArbSchG für den
Abschluss von Tarifverträgen, allerdings nicht ohne den Tarifvertragsparteien
jeweils eine absolute Grenze aufzuerlegen, die sie im Sinne des Jugendarbeits-
schutzes zu wahren haben. Tarifverträge können auch den Abschluss von
Betriebsvereinbarungen zulassen, die die abweichenden Regelungen festlegen.
Die Regelung hat, soweit erkennbar, keine praktische Bedeutung erlangt.

2 Im Betrieb eines nicht tarifgebundenen Arbeitgebers können die abweichenden
tarifvertraglichen Regelungen entweder durch eine Betriebsvereinbarung oder,

wenn ein Betriebsrat nicht besteht, durch schriftliche Vereinbarung zwischen dem Arbeitgeber und dem Jugendlichen übernommen werden (§ 21a Abs. 2 JArbSchG). Eine solche einzelvertragliche Bezugnahme auf abweichende Tarifverträge ist nur zulässig »im Geltungsbereich« des jeweiligen Tarifvertrages. Der Tarifvertrag müsste also (bei unterstellter Tarifbindung) an sich Anwendung finden.

Für Kirchen und öffentlich-rechtliche Religionsgemeinschaften besteht gemäß **3** § 21a Abs. 3 JArbSchG die Möglichkeit, die in § 21a Abs. 1 JArbSchG genannten Abweichungen in ihren Regelungen vorzusehen. Voraussetzung ist nicht, dass es vergleichbare Tarifverträge gibt.

§ 21b

Das Bundesministerium für Arbeit und Soziales kann im Interesse der Berufsausbildung oder der Zusammenarbeit von Jugendlichen und Erwachsenen durch Rechtsverordnung mit Zustimmung des Bundesrates Ausnahmen von den Vorschriften

1. des § 8, der §§ 11 und 12, der §§ 15 und 16, des § 17 Abs. 2 und 3 sowie des § 18 Abs. 3 im Rahmen des § 21a Abs. 1,

2. des § 14, jedoch nicht vor 5 Uhr und nicht nach 23 Uhr, sowie

3. des § 17 Abs. 1 und § 18 Abs. 1 an höchstens 26 Sonn- und Feiertagen im Jahr zulassen, soweit eine Beeinträchtigung der Gesundheit oder der körperlichen oder seelisch-geistigen Entwicklung der Jugendlichen nicht zu befürchten ist.

§ 21b JArbSchG ist eine Ermächtigungsnorm. Das Bundesministerium für Arbeit und Soziales kann unter Beachtung der in der Norm genannten Vorgaben und Grenzen mit Zustimmung des Bundesrates eine Rechtsverordnung erlassen. Von der Ermächtigungsnorm wurde bis heute kein Gebrauch gemacht, es gibt keine entsprechende Rechtsverordnung.

Zweiter Titel
Beschäftigungsverbote und -beschränkungen

§ 22 Gefährliche Arbeiten

(1) Jugendliche dürfen nicht beschäftigt werden

1. mit Arbeiten, die ihre physische oder psychische Leistungsfähigkeit übersteigen,

2. mit Arbeiten, bei denen sie sittlichen Gefahren ausgesetzt sind,

3. mit Arbeiten, die mit Unfallgefahren verbunden sind, von denen anzunehmen ist, dass Jugendliche sie wegen mangelnden Sicherheitsbewusstseins oder mangelnder Erfahrung nicht erkennen oder nicht abwenden können,

4. mit Arbeiten, bei denen ihre Gesundheit durch außergewöhnliche Hitze oder Kälte oder starke Nässe gefährdet wird,

5. mit Arbeiten, bei denen sie schädlichen Einwirkungen von Lärm, Erschütterungen oder Strahlen ausgesetzt sind,

6. mit Arbeiten, bei denen sie schädlichen Einwirkungen von Gefahrstoffen im Sinne des Chemikaliengesetzes ausgesetzt sind,

7. mit Arbeiten, bei denen sie schädlichen Einwirkungen von biologischen Arbeitsstoffen im Sinne der Richtlinie 90/679/EWG des Rates vom 26. November 1990 zum Schutze der Arbeitnehmer gegen Gefährdung durch biologische Arbeitsstoffe bei der Arbeit ausgesetzt sind.

(2) Absatz 1 Nr. 3 bis 7 gilt nicht für die Beschäftigung Jugendlicher, soweit

1. dies zur Erreichung ihres Ausbildungszieles erforderlich ist,
2. ihr Schutz durch die Aufsicht eines Fachkundigen gewährleistet ist und
3. der Luftgrenzwert bei gefährlichen Stoffen (Absatz 1 Nr. 6) unterschritten wird.

Satz 1 findet keine Anwendung auf den absichtlichen Umgang mit biologischen Arbeitsstoffen der Gruppen 3 und 4 im Sinne der Richtlinie 90/679/EWG des Rates vom 26. November 1990 zum Schutze der Arbeitnehmer gegen Gefährdung durch biologische Arbeitsstoffe bei der Arbeit.

(3) Werden Jugendliche in einem Betrieb beschäftigt, für den ein Betriebsarzt oder eine Fachkraft für Arbeitssicherheit verpflichtet ist, muss ihre betriebsärztliche oder sicherheitstechnische Betreuung sichergestellt sein.

Inhaltsübersicht

		Rn.
1.	Überblick	1
2.	Die Beschäftigungsverbote im Einzelnen	5
3.	Ausnahmen von den Beschäftigungsverboten	14
4.	Betreuung durch Betriebsärzte oder sicherheitstechnische Fachkräfte	17

1. Überblick

1 Durch § 22 bis § 25 JArbSchG werden zugunsten Jugendlicher besondere **Beschäftigungsverbote und Beschäftigungsbeschränkungen** geregelt, die über den allgemeinen Arbeitsschutz hinaus gehen. § 22 JArbSchG betrifft »gefährliche Arbeiten«, § 23 JArbSchG Akkordarbeit und tempoabhängige Arbeiten, § 24 JArbSchG die Arbeit unter Tage und § 25 das Verbot der Beschäftigung durch bestimmte Personen. § 26 JArbSchG ist die Ermächtigungsnorm für spezielle Rechtsverordnungen in diesem Bereich. § 27 JArbSchG regelt die Möglichkeit behördlicher Anordnungen und Ausnahmen. Mit § 22 JArbSchG ist Artikel 7 der europäischen Jugendarbeitsschutzrichtlinie 94/33/EG umgesetzt worden.

2 Die **Beschäftigungsverbote** des § 22 Abs. 1 JArbSchG sind **zwingend** und gelten unabhängig von sonstigen Bestimmungen oder Ausnahmeregelungen des Jugendarbeitsschutzgesetzes oder der Tarifvertragsparteien aufgrund des § 21a JArbSchG oder des Verordnungsgebers nach § 21b JArbSchG. Das Vorliegen der Voraussetzungen der Beschäftigungsverbote ist stets vom Arbeitgeber zu prüfen, unabhängig davon, ob der Jugendliche selbst einer solchen Beschäftigung zustimmt oder sie gar will. **Zuwiderhandlungen** gegen § 22 Abs. 1 JArbSchG sind **Ordnungswidrigkeiten** und können mit einer Geldbuße geahndet werden (§ 58 Abs. 1 Nr. 18 JArbSchG), unter Umständen sind sie sogar strafbar (§ 58 Abs. 5 und 6 JArbSchG).

3 Verlangt der Arbeitgeber vom Jugendlichen Arbeiten, die nach § 22 JArbSchG nicht zulässig sind, steht dem Jugendlichen ein **Leistungsverweigerungsrecht** zu. Mit der Weigerung, solche verbotenen Arbeiten auszuüben, verstößt der Jugendliche nicht gegen seine vertraglichen Pflicht aus dem Ausbildungs- oder Arbeitsvertrag, so dass darauf eine wirksame Kündigung des Arbeitgebers nicht gestützt werden kann.

Der **Betriebsrat** gemäß § 87 Abs. 1 Nr. 7 BetrVG mitzubestimmen über Rege- **4**
lungen zur Verhütung von Arbeitsunfällen und Berufskrankheiten sowie über
den Gesundheitsschutz im Rahmen der gesetzlichen Vorschriften. Es geht um
betriebliche Regelungen, die das gesetzlich vorgeschriebene Schutzniveau für
den einzelnen Betrieb konkretisieren. Für den **Personalrat** folgt das Mitbestimmungsrecht aus § 75 Abs. 3 Nr. 11 BPersVG. Zudem hat der Betriebsrat oder
Personalrat die für den **Arbeitsschutz zuständigen Behörden** und die Träger
der gesetzlichen Unfallversicherung und die übrigen in Betracht kommenden
Stellen durch Anregungen, Beratung und Auskunft zu unterstützen (§ 89 Abs. 1
BetrVG, § 81 Abs. 1 BPersVG). Die Zusammenarbeit von Betriebsrat und den
Betriebsärzten sowie den Fachkräften für Arbeitssicherheit wird zudem in § 9
ASiG festgeschrieben.

2. Die Beschäftigungsverbote im Einzelnen

Gemäß § 22 Abs. 1 Nr. 1 JArbSchG dürfen Jugendliche nicht beschäftigt werden **5**
mit Arbeiten, die ihre **physische oder psychische Leistungsfähigkeit übersteigen**. Maßgeblich ist die **individuelle Leistungsfähigkeit** des Jugendlichen,
nicht die durchschnittliche Leistungsfähigkeit von Jugendlichen in diesem Alter.[1] Hier geht es etwa um Arbeiten, die mit einem hohen Kraftaufwand oder
hoher Verantwortung und Stress verbunden sind, also etwa das Heben, Tragen
und Bewegen schwerer Lasten, Arbeiten, bei denen dauernd gestanden werden
muss, Arbeiten mit erzwungener Körperhaltung, Arbeiten, die das Sehver-
mögen überanstrengen oder Arbeiten mit hoher Dauerbelastung.[2] Zur Leistungsfähigkeit gehört nicht nur die körperliche, sondern auch die psychisch-
geistige Leistungsfähigkeit. Es ist zum Beispiel die Beschäftigung Jugendlicher
mit Arbeiten verboten, die die Konzentrationsfähigkeit überfordern, ein zu
hohes Maß an Verantwortung abverlangen oder Arbeiten mit besonderer Mono-
tonie.

Der Arbeitgeber hat im Einzelfall zu prüfen, ob der Jugendliche mit solchen **6**
Arbeiten beschäftigt werden darf. Es kommt nicht darauf an, ob der Jugendliche
selbst die Auffassung vertritt, seine Leistungsfähigkeit werde nicht überschritten. Dem Arbeitgeber obliegt eine **objektive Prüfungspflicht**. Im Übrigen ge-
nugt für das Eingreifen des Beschäftigungsverbotes die abstrakte Gefahr einer
Leistungsüberforderung. Es müssen nicht tatsächlich Schäden beim Jugendlichen eintreten oder eingetreten sein.

Gemäß § 22 Abs. 1 Nr. 2 JArbSchG dürfen Jugendliche nicht beschäftigt werden **7**
mit Arbeiten, bei denen sie **sittlichen Gefahren** ausgesetzt sind. Das sind
Arbeiten, die die allgemeinen moralischen Wertmaßstäbe negativ zu beeinflussen imstande sind.[3] Als objektiver Maßstab für die Beurteilung, ob moralisch
negative Auswirkungen vorliegen, dienen die Bestimmungen des Strafgesetzbuches und das Jugendschutzgesetz.[4] Verboten ist etwa eine Beschäftigung in
einer Peep-Show, in Nachtbars, Spielhallen, Sexläden, Pornokinos, als Bardame,
Nacktmodell, Tabledancerin, Bedienung in einem Striptease-Lokal.

---

1 Gesetzesbegründung, BT-Drucks. 7/2305, S. 32.
2 *Anzinger* MünchArbR § 311 Rn. 48; ErfK/*Schlachter* § 22 JArbSchG Rn. 3; *Zmarzlik*
  MünchArbR § 232 Rn. 118.
3 *Zmarzlik/Anzinger* JArbSchG § 22 Rn. 9.
4 ErfK/*Schlachter* § 22 JArbSchG Rn. 3.

8 Gemäß § 22 Abs. 1 Nr. 3 JArbSchG dürfen Jugendliche nicht beschäftigt werden mit Arbeiten, die mit **Unfallgefahren** verbunden sind, von denen anzunehmen ist, dass Jugendliche sie wegen mangelnden Sicherheitsbewusstseins oder mangelnder Erfahrung nicht erkennen oder nicht abwenden können. Auch hier kommt es nicht auf die individuelle Einschätzung des Jugendlichen an. Oft genug bringen gefährliche Arbeitssituationen es mit sich, dass Jugendliche sie aufgrund mangelnder Erfahrung unterschätzen oder überhaupt nicht erkennen können. Gemeint sind damit Tätigkeiten in gefährlichen Arbeitssituationen (wie im Gerüstbau, Schornsteinbau, Arbeiten in Steinbrüchen, Abbrucharbeiten, Tief- und Ausschachtungsarbeiten, Fällen von Bäumen, Rangier- oder Taucharbeiten), Arbeiten mit gefährlichen Arbeitsmitteln (Pressen, Walzen, Schmelzöfen, Zentrifugen, offene Rühr-, Misch-, Knet- oder Zerkleinerungsmaschinen), Arbeiten mit gefährlichen Arbeitsstoffen, bei denen zum Beispiel Brand-, Explosions- oder Vergiftungsgefahr besteht, Arbeiten unter elektrischer Spannung.[5]

9 Ergänzend ist § 28 a JArbSchG zu beachten, der dem Arbeitgeber auferlegt, vor Beginn der Beschäftigung Jugendlicher – aber auch bei wesentlicher Änderung der Arbeitsbedingungen – die mit der Beschäftigung verbundenen Gefährdungen des Jugendlichen zunächst selbst zu beurteilen und sodann gemäß § 29 JArbSchG den Jugendlichen auf die Gefährdungen hinzuweisen und über die Einrichtungen und Maßnahmen zur Abwendung der Gefährdungen zu unterweisen.

10 Gemäß § 22 Abs. 1 Nr. 4 JArbSchG dürfen Jugendliche nicht beschäftigt werden mit Arbeiten, bei denen ihre Gesundheit durch **außergewöhnliche Hitze oder Kälte oder starke Nässe** gefährdet wird. Beispiele: Arbeiten in Hüttenwerken, Stahlwerken, Gießereien, Schmieden, in chemischen Betrieben, Härtereien, in der Nähe von Öfen oder in Kühlräumen, Nässearbeiten in Schlachthöfen, Brauereien oder bei Tiebauarbeiten.[6]

11 Gemäß § 22 Abs. 1 Nr. 5 JArbSchG dürfen Jugendliche nicht beschäftigt werden mit Arbeiten, bei denen sie **schädlichen Einwirkungen von Lärm, Erschütterungen oder Strahlen** ausgesetzt sind.

12 Gemäß § 22 Abs. 1 Nr. 6 JArbSchG dürfen Jugendliche nicht beschäftigt werden mit Arbeiten, bei denen sie **schädlichen Einwirkungen von Gefahrstoffen im Sinne des Chemikaliengesetzes** ausgesetzt sind. Das Gesetz stellt hier auf Gefahrstoffe im Sinne des Chemikaliengesetzes ab. Die EU-Richtlinie, die in diesem Punkt umgesetzt wurde, spricht allgemein von Arbeiten, die eine schädliche Einwirkung von giftigen, krebserregenden, erbgutverändernden, fruchtschädigenden oder in sonstiger Weise den Menschen chronisch schädigenden Gefahrstoffen mit sich bringt.

13 Gemäß § 22 Abs. 1 Nr. 7 JArbSchG dürfen Jugendliche nicht beschäftigt werden mit Arbeiten, bei denen sie **schädlichen Einwirkungen von biologischen Arbeitsstoffen** im Sinne der Richtlinie 90/679/EWG des Rates vom 26. November 1990 zum Schutze der Arbeitnehmer gegen Gefährdung durch biologische Arbeitsstoffe bei der Arbeit ausgesetzt sind. Biologische Arbeitsstoffe sind nach der Richtlinie 90/679/EWG vom 26.11.1990 insbesondere in Mikroorganismen und deren genetische Veränderungen sowie Zellkulturen, die Infektionen, Allergien oder toxische Wirkungen hervorrufen können.

---

5 ErfK / *Schlachter* § 22 JArbSchG Rn. 4; *Taubert* JArbSchG § 22 Rn. 25; *Zmarzlik/Anzinger* JArbSchG § 22 Rn. 13.
6 ErfK / *Schlachter* § 22 JArbSchG Rn. 5.

Lakies

3. Ausnahmen von den Beschäftigungsverboten

Nach Art. 7 Abs. 3 der europäischen Jugendarbeitsschutzrichtlinie 94/33/EG **14** sind Abweichungen von den für Jugendliche geltenden Beschäftigungsverboten durch Rechtsvorschrift zulässig, sofern sie für die Berufsausbildung der Jugendlichen unbedingt erforderlich sind und die Sicherheit und der Gesundheitsschutz der Jugendlichen dadurch sichergestellt wird, dass die Arbeiten unter der Aufsicht einer dafür zuständigen Person verrichtet werden.

Mit § 22 Abs. 2 JArbSchG sind diese Vorgaben aus Art. 7 Abs. 3 der Richtlinie **15** 94/33/EG umgesetzt worden. Die Vorschrift setzt für die Zulässigkeit der Abweichung von den Beschäftigungsverboten des § 22 Abs. 1 Nr. 3 bis 7 JArbSchG voraus, dass

– die Ausnahme zur Erreichung des Ausbildungsziels erforderlich ist (Nr. 1) *und*
– der Schutz der Jugendlichen durch die Aufsicht einer fachkundigen Person gewährleistet ist (Nr. 2) *und*
– der Luftgrenzwert bei gefährlichen Stoffen im Sinne des Chemikaliengesetzes (Absatz 1 Nr. 6) unterschritten ist (Nr. 3).

Bezüglich der Beschäftigungsverbote gemäß § 22 Abs. 1 Nr. 1 und 2 JArbSchG sind Ausnahmen nicht zulässig, auch nicht unter den Voraussetzungen des § 22 Abs. 2 JArbSchG.

§ 22 Abs. 2 Satz 2 JArbSchG verbietet ausdrücklich den absichtlichen, d. h. ziel- **16** gerichteten, Umgang mit biologischen Arbeitsstoffen durch Jugendliche der Gruppen 3 und 4 der Richtlinie 90/679/EWG vom 26.11.1990 (ABl. EG. L 374, 1). Art. 2 der Richtlinie definiert dabei, welche biologischen Arbeitsstoffe zur Gruppe 3 und 4 gehören. Es handelt sich um Arbeitsstoffe, die schwere Krankheiten beim Menschen hervorrufen können und eine ernste Gefahr für Arbeitnehmer darstellen. Damit fallen Jugendliche unter ein absolutes Beschäftigungsverbot im Hinblick auf die Produktion und Verarbeitung biologischer Arbeitsstoffe z. B. in Laboren.

4. Betreuung durch Betriebsärzte oaer sicherheitstechnische Fachkräfte

Ist im Betrieb ein Betriebsarzt oder eine sicherheitstechnische Fachkraft gemäß § 2 **17** und § 5 ASiG beschäftigt, so verlangt § 22 Abs. 3 JArbSchG die betriebsärztliche oder sicherheitstechnische Betreuung des Jugendlichen. Dadurch wird allerdings die Überwachung des Jugendlichen bei der Arbeit durch die fachkundige Person (§ 22 Abs. 2 Nr. 2 JArbSchG) nicht überflüssig, denn bei dieser muss es sich nicht um einen Arzt oder eine sicherheitstechnische Fachkraft handeln. Für die Betreuung des Jugendlichen durch den Betriebsarzt oder die sicherheitstechnische Fachkraft genügt eine Untersuchung in regelmäßigen Abständen.

§ 23 Akkordarbeit, tempoabhängige Arbeiten

(1) Jugendliche dürfen nicht beschäftigt werden
1. mit Akkordarbeit und sonstigen Arbeiten, bei denen durch ein gesteigertes Arbeitstempo ein höheres Entgelt erzielt werden kann,
2. in einer Arbeitsgruppe mit erwachsenen Arbeitnehmern, die mit Arbeiten nach Nummer 1 beschäftigt werden,

3. mit Arbeiten, bei denen ihr Arbeitstempo nicht nur gelegentlich vorgeschrieben, vorgegeben oder auf andere Weise erzwungen wird.

(2) Absatz 1 Nr. 2 gilt nicht für die Beschäftigung Jugendlicher,

1. soweit dies zur Erreichung ihres Ausbildungsziels erforderlich ist oder

2. wenn sie eine Berufsausbildung für diese Beschäftigung abgeschlossen haben und ihr Schutz durch die Aufsicht eines Fachkundigen gewährleistet ist.

Inhaltsübersicht   Rn.

1.   Grundsätzliches Verbot von Akkordarbeit und tempoabhängigen Arbeiten   1
1.1   Akkordarbeit   4
1.2   Arbeitsgruppe mit erwachsenen Arbeitnehmern   5
1.3   Tempoabhängige Arbeiten   7
2.   Ausnahme vom Beschäftigungsverbot   10

1. Grundsätzliches Verbot von Akkordarbeit und tempoabhängigen Arbeiten

1 Die **Beschäftigungsverbote** des § 23 Abs. 1 JArbSchG sind **zwingend**, soweit nicht die Ausnahmen gemäß § 23 Abs. 2 JArbSchG gegeben sind. Auch ein Einverständnis des Jugendlichen mit solchen Arbeiten, etwa weil sie finanziell lukrativ erscheinen, kann das Verbot nicht aufheben. **Zuwiderhandlungen** gegen § 23 Abs. 1 JArbSchG sind **Ordnungswidrigkeiten** und können mit einer Geldbuße geahndet werden (§ 58 Abs. 1 Nr. 19 JArbSchG), unter Umständen sind sie sogar strafbar (§ 58 Abs. 5 und 6 JArbSchG).

2 Verlangt der Arbeitgeber vom Jugendlichen Arbeiten, die nach § 23 JArbSchG nicht zulässig sind, steht dem Jugendlichen ein **Leistungsverweigerungsrecht** zu. Mit der Weigerung, solche verbotenen Arbeiten auszuüben, verstößt der Jugendliche nicht gegen seine vertraglichen Pflicht aus dem Ausbildungs- oder Arbeitsvertrag, so dass darauf eine wirksame Kündigung des Arbeitgebers nicht gestützt werden kann.

3 Die **Aufsichtsbehörde** kann gemäß § 27 Abs. 3 JArbSchG **Ausnahmen** für Jugendliche über 16 Jahre bewilligen und nur für deren Tätigkeit in einer Arbeitsgruppe mit erwachsenen Arbeitnehmern bzw. für Arbeiten, bei denen das Arbeitstempo vorgeschrieben ist (§ 23 Abs. 1 Nr. 2 und 3 JArbSchG), wenn eine Beeinträchtigung der Gesundheit oder der körperlichen oder seelisch-geistigen Entwicklung des Jugendlichen nicht zu befürchten ist und darüber hinaus eine ärztliche Bescheinigung vorgelegt wird, die nicht älter als drei Monate ist, nach der gesundheitliche Bedenken gegen die Beschäftigung nicht bestehen. Behördliche Ausnahmebewilligungen vom Verbot der Akkordarbeit (§ 23 Abs. 1 Nr. 1 JArbSchG) sind nicht möglich.

1.1 Akkordarbeit

4 Jugendliche dürfen nicht beschäftigt werden mit Akkordarbeit und sonstigen Arbeiten, bei denen durch ein gesteigertes Arbeitstempo ein höheres Entgelt erzielt werden kann (§ 23 Abs. 1 Nr. 1 JArbSchG). **Akkordarbeit** liegt vor, wenn sich die Höhe der Vergütung nicht nach der Dauer der Arbeitszeit, sondern nach der Arbeitsmenge richtet oder nach dem erzielten Arbeitsergebnis bemessen wird. Auf die Bezeichnung (Geldakkord, Zeitakkord, Stückakkord, Gruppenakkord usw.) kommt es nicht an. »Sonstige Arbeiten«, bei denen durch ein gesteigertes Arbeitstempo ein höheres Entgelt erzielt werden kann, liegen vor, wenn als Anreiz zur Steigerung des Arbeitstempos zusätzliche **Prämien** gezahlt werden, die sich am Arbeitsergebnis bzw. der erzielten Arbeitsmenge ausrichten. Das gilt nicht für sog. Qualitätsprämien und andere Entlohnungsformen, die nicht das Arbeitstempo, sondern die Arbeitsqualität belohnen.[1] Bei **gemischten Lohnformen**, die sowohl Qualität wie Quantität der Arbeitsleistung berücksichtigen, handelt es sich um verbotene Akkordarbeit, sofern eine der Bezugsgrößen eines spürbaren Anreiz für eine Steigerung des Arbeitstempos bildet.[2]

1.2 Arbeitsgruppe mit erwachsenen Arbeitnehmern

Verboten ist auch die Beschäftigung von Jugendlichen in einer **Arbeitsgruppe mit erwachsenen Arbeitnehmern**, die mit Akkordarbeit und sonstigen Arbeiten, bei denen durch ein gesteigertes Arbeitstempo ein höheres Entgelt erzielt werden kann, beschäftigt werden (§ 23 Abs. 1 Nr. 2 JArbSchG). § 23 Abs. 1 Nr. 2 JArbSchG soll verhindern, dass Jugendliche sich dem Tempo der Erwachsenen anpassen und dabei ihre Kräfte überfordern. Diese Gefahr besteht auch dann, wenn nur die Erwachsenen unmittelbar akkord- oder tempoabhängige Arbeiten verrichten, die Jugendlichen aber mit diesen zusammenarbeiten.[3] Im Rahmen der Berufsausbildung sind Ausnahmen von dem Verbot der Mitarbeit in Akkordgruppen möglich (Rn. 10). Zudem kann die **Aufsichtsbehörde** hiervon Ausnahmen nach § 27 Abs. 3 JArbSchG bewilligen. **5**

Eine »**Akkordgruppe**« liegt auch bei nur zwei Arbeitnehmern vor. Das Verbot greift ein, wenn ein Jugendlicher mit einem erwachsenen Arbeitnehmer in einer Gruppe zusammenarbeiten soll oder für einen Erwachsenen Zuarbeiten erbringen soll, der Akkordarbeit leistet, selbst wenn der Jugendliche von dessen Leistungslohn nicht profitiert.[4] Ausgehend vom Schutzzweck der Norm wird nicht nur die unmittelbare Beschäftigung des Jugendlichen in einer Akkordgruppe verboten, sondern auch die Beschäftigung Jugendlicher, wenn deren Arbeitsleistung von der Akkordarbeit der Erwachsenen berührt wird. Dies ist zum Beispiel auch bei »Zuarbeiten« und Vorbereitungsarbeiten der Fall, wenn die erwachsenen Arbeitnehmer auf die Arbeit der Jugendlichen warten müssen, um weiterarbeiten zu können.[5] Verboten ist insbesondere auch, Jugendliche einem Gesellen zuzuordnen und ihn danach zu bezahlen, was diese »Akkordgruppe« leistet. **6**

1.3 Tempoabhängige Arbeiten

Verboten ist schließlich auch die Beschäftigung von Jugendlichen mit Arbeiten, bei denen ihr **Arbeitstempo** nicht nur gelegentlich **vorgeschrieben, vorgegeben oder auf andere Weise erzwungen wird** (§ 23 Abs. 1 Nr. 3 JArbSchG). Gemeint ist damit insbesondere, aber nicht nur, die **Fließbandarbeit** in allen vorkommenden Erscheinungsbildern. Es ergänzt das Verbot nach Nr. 1 und Nr. 2 in den **7**

---

1 *Anzinger* MünchArbR § 311 Rn. 58; ErfK / *Schlachter* § 23 JArbSchG Rn. 1; *Zmarzlik* MünchArbR § 232 Rn. 140.
2 ErfK / *Schlachter* § 23 JArbSchG Rn. 1.
3 ErfK / *Schlachter* § 23 JArbSchG Rn. 2.
4 *Anzinger* MünchArbR § 311 Rn. 59; *Zmarzlik* MünchArbR § 232 Rn. 141.
5 ErfK / *Schlachter* § 23 JArbSchG Rn. 2.

Fällen, in denen durch zeitabhängige Leistung keine höhere Vergütung erzielt wird. Das Verbot erfasst jede Beschäftigung, bei der ein bestimmtes Arbeitstempo vorgegeben wird, also jede Arbeit unter Zeitdruck bzw. mit vorherbestimmten Arbeitstempo.[6] In welcher Weise das Arbeitstempo vorgegeben wird, ist unerheblich, ob also durch die Arbeitsorganisation (Fließ- oder Taktarbeit), durch die Betriebsmittel (Maschinen, Bänder, Stanzen, Pressen), die Arbeitsstoffe (zeitlich bestimmte chemische oder physikalische Vorgänge) oder durch Anordnungen des Arbeitgebers (Terminssetzungen). Verboten sind auch solche Arbeiten, bei denen der Jugendliche etwa bei einer Maschine die Einstellungen selbst vornehmen, also das Tempo selbst bestimmen kann, weil jedenfalls durch die Arbeitsorganisation ein Arbeitstempo vorgegeben ist und nur die Schnelligkeit variiert werden kann. Nach dem Gesetzeswortlaut ist verboten jede Vorgabe des Arbeitstempos, auf einen unmittelbaren oder mittelbaren »Zwang« kommt es nicht entscheidend an.

8 Es spielt keine Rolle, ob der Jugendliche selbst am Fließband arbeitet oder mit einem erwachsenen Arbeitnehmer zusammenarbeitet, der seinerseits Fließbandarbeit leistet. Zwangsläufig wird dadurch auch das Arbeitstempo des Jugendlichen bestimmt, es greift dann jedenfalls das Verbot des § 21 Abs. 1 Nr. 2 JArbSchG. Der Jugendliche verrichtet in diesem Falle mittelbar Fließbandarbeit.

9 Das Verbot gilt nicht absolut. **Ausnahmsweise** ist es nach Abs. 1 Nr. 3 zulässig, den Jugendlichen **gelegentlich** solche Arbeiten verrichten zu lassen. Ausgehend vom Schutzzweck der Norm ist diese Ausnahme eng auszulegen. Ausnahmen kann ansonsten im Rahmen des § 27 Abs. 3 JArbSchG die Aufsichtsbehörde erteilen.

2. Ausnahme vom Beschäftigungsverbot

10 Ausnahmen gelten nur für § 23 Abs. 1 Nr. 2 JArbSchG. Eine Beschäftigung von Jugendlichen in einer **Arbeitsgruppe mit erwachsenen Arbeitnehmern**, die mit Akkordarbeit und sonstigen Arbeiten, bei denen durch ein gesteigertes Arbeitstempo ein höheres Entgelt erzielt werden kann, beschäftigt werden, ist ausnahmsweise zulässig soweit dies zur **Erreichung ihres Ausbildungsziels erforderlich ist** *oder* wenn sie eine Berufsausbildung für diese Beschäftigung abgeschlossen haben. In beiden Fällen muss hinzukommen, dass der Schutz der Jugendlichen durch die **Aufsicht eines Fachkundigen** gewährleistet ist. **Typische Branchen**, in denen die Ausnahmebestimmung zum Tragen kommt, sind die Autoindustrie, Textilindustrie und Fliesenleger.[7] Wichtig ist, dass das Verbot des § 23 Abs. 1 Nr. 1 und Nr. 3 JArbSchG auch in diesen Fällen nicht aufgehoben ist. Das bedeutet, dass der Jugendliche zwar in der Akkordgruppe der Erwachsenen mitarbeiten, jedoch selbst nicht zu tempoabhängiger (Akkord-)Arbeit herangezogen werden darf.

§ 24 Arbeiten unter Tage

(1) Jugendliche dürfen nicht mit Arbeiten unter Tage beschäftigt werden.
(2) Absatz 1 gilt nicht für die Beschäftigung Jugendlicher über 16 Jahre,
1. soweit dies zur Erreichung ihres Ausbildungsziels erforderlich ist,

---

6 *Anzinger* MünchArbR § 311 Rn. 60; *Zmarzlik* MünchArbR § 232 Rn. 142.
7 ErfK / *Schlachter* § 23 JArbSchG Rn. 3.

2. wenn sie eine Berufsausbildung für die Beschäftigung unter Tage abgeschlossen haben oder
3. wenn sie an einer von der Bergbehörde genehmigten Ausbildungsmaßnahme für Bergjungarbeiter teilnehmen oder teilgenommen haben
und ihr Schutz durch die Aufsicht eines Fachkundigen gewährleistet ist.

§ 24 Abs. 1 JArbSchG regelt ein Beschäftigungsverbot für Jugendliche für Arbeiten unter Tage. **Zuwiderhandlungen** gegen § 24 Abs. 1 JArbSchG sind **Ordnungswidrigkeiten** und können mit einer Geldbuße geahndet werden (§ 58 Abs. 1 Nr. 20 JArbSchG), unter Umständen sind sie sogar strafbar (§ 58 Abs. 5 und 6 JArbSchG). **1**

Arbeit unter Tage meint zum einen den traditionellen Abbau in Steinkohle-, Salz- oder vergleichbaren Bergwerken, aber auch Steinbrüche, soweit sie sich unter der Erdoberfläche befinden, zum Beispiel Kalksteinbrüche zur Kalk-, Stein-, Ton- oder Schiefergewinnung. Dagegen unterliegen dem Beschäftigungsverbot nicht entsprechende Tätigkeiten über Tage, etwa in Braunkohlegruben oder Steinbrüchen. Die Bestimmung verbietet auch nicht etwa jegliche Beschäftigung unterhalb der Erdoberfläche, zum Beispiel in unterirdischen Kanalisations- und Verkehrsanlagen. **2**

Ausnahmen vom Beschäftigungsverbot enthält § 24 Abs. 2 JArbSchG für **Jugendliche über 16 Jahre**. Diese dürfen unter Tage beschäftigt werden, wenn dies zur Erreichung des Ausbildungsziels notwendig ist (Nr. 1) oder wenn sie eine Berufsausbildung für die Beschäftigung unter Tage abgeschlossen haben (Nr. 2) oder aber, wenn sie an einer von der Bergbehörde genehmigten Ausbildung für Bergjungarbeiter teilnehmen bzw. teilgenommen haben (Nr. 3). In allen drei Fällen gilt die Ausnahme nur, wenn der Schutz der Jugendlichen durch die Aufsicht eines Fachkundigen gewährleistet ist. **3**

§ 25 Verbot der Beschäftigung durch bestimmte Personen

(1) Personen, die
1. wegen eines Verbrechens zu einer Freiheitsstrafe von mindestens zwei Jahren,
2. wegen einer vorsätzlichen Straftat, die sie unter Verletzung der ihnen als Arbeitgeber, Ausbildender oder Ausbilder obliegenden Pflichten zum Nachteil von Kindern oder Jugendlichen begangen haben, zu einer Freiheitsstrafe von mehr als drei Monaten,
3. wegen einer Straftat nach den §§ 109 h, 171, 174 bis 184 g, 225, 232 bis 233 a des Strafgesetzbuches,
4. wegen einer Straftat nach dem Betäubungsmittelgesetz oder
5. wegen einer Straftat nach dem Jugendschutzgesetz oder nach dem Gesetz über die Verbreitung jugendgefährdender Schriften wenigstens zweimal rechtskräftig verurteilt worden sind, dürfen Jugendliche nicht beschäftigen sowie im Rahmen eines Rechtsverhältnisses im Sinne des § 1 nicht beaufsichtigen, nicht anweisen, nicht ausbilden und nicht mit der Beaufsichtigung, Anweisung oder Ausbildung von Jugendlichen beauftragt werden. Eine Verurteilung bleibt außer Betracht, wenn seit dem Tag ihrer Rechtskraft fünf Jahre verstrichen sind. Die Zeit, in welcher der Täter auf behördliche Anordnung in einer Anstalt verwahrt worden ist, wird nicht eingerechnet.
(2) Das Verbot des Absatzes 1 Satz 1 gilt auch für Personen, gegen die wegen

einer Ordnungswidrigkeit nach § 58 Abs. 1 bis 4 wenigstens dreimal eine Geldbuße rechtskräftig festgesetzt worden ist. Eine Geldbuße bleibt außer Betracht,
wenn seit dem Tag ihrer rechtskräftigen Festsetzung fünf Jahre verstrichen
sind.
(3) Das Verbot des Absatzes 1 und 2 gilt nicht für die Beschäftigung durch die
Personensorgeberechtigten.

1   Während die Beschäftigungsverbote gemäß § 22 bis 24 JArbSchG an die Gesund-
heitsgefährdung durch bestimmte Arbeiten anknüpfen, geht es bei § 25
JArbSchG darum, dass bestimmte Personen Jugendliche nicht beschäftigen
oder ausbilden sollen, und zwar solche Personen, die sich aufgrund bestimmter
Straftaten oder Ordnungswidrigkeiten persönlich ungeeignet scheinen. Das
Verbot richtet sich nicht nur an den Arbeitgeber, sondern an die konkreten
Personen, die Jugendliche anweisen, ausbilden oder beschäftigen sollen.[1] Bei
juristischen Personen (GmbH, Aktiengesellschaft, Verein usw.) ist das offensichtlich. Es kommt nicht auf den Arbeitgeber, die juristische Person, an, sondern auf die konkret handelnden Personen. Das Beschäftigungsverbot gilt jedoch nicht für die Beschäftigung durch die Personensorgeberechtigten (§ 25
Abs. 3 JArbSchG). § 25 JArbSchG wird ergänzt durch die gemäß § 27 Abs. 2
JArbSchG mögliche Anordnung **behördlicher personenbezogener Beschäftigungsverbote**, die – anders § 25 JArbSchG – keine strafrechtliche Verurteilung
voraussetzt. **Zuwiderhandlungen** gegen § 25 JArbSchG sind **Ordnungswidrigkeiten** und können mit einer Geldbuße geahndet werden (§ 58 Abs. 2 JArb-
SchG), unter Umständen sind sie sogar strafbar (§ 58 Abs. 5 und 6 JArbSchG).

2   Voraussetzung für das Eingreifen des Beschäftigungsverbots ist eine **rechtskräftige Verurteilung** wegen einer in § 25 Abs. 1 Satz 1 Nr. 1 bis 5 JArbSchG
genannten Straftat. Ein Ermittlungsverfahren wegen einer solchen Tat reicht
nicht. Eine Verurteilung bleibt außer Betracht, wenn seit dem Tag ihrer Rechtskraft **fünf Jahre** verstrichen sind (§ 25 Abs. 1 Satz 2 JArbSchG). Die Zeit, in
welcher der Täter auf behördliche Anordnung in einer Anstalt verwahrt worden
ist, wird nicht eingerechnet (§ 25 Abs. 1 Satz 3 JArbSchG).

3   Das Beschäftigungsverbot gilt für Personen, die rechtskräftig wegen eines Verbrechens zu einer Freiheitsstrafe von mindestens zwei Jahren verurteilt worden
sind (§ 25 Abs. 1 Satz 1 Nr. 1 JArbSchG). Bei einer vorsätzlichen Straftat, die sie
unter Verletzung der ihnen als Arbeitgeber, Ausbildender oder Ausbilder obliegenden Pflichten zum Nachteil von Kindern oder Jugendlichen begangen
haben, muss die Verurteilung erfolgt sein zu einer Freiheitsstrafe von mehr
als drei Monaten (§ 25 Abs. 1 Satz 1 Nr. 2 JArbSchG). Eine bestimmte Mindest-
freiheitsstrafe ist nicht Voraussetzung bei den in § 25 Abs. 1 Satz 1 Nr. 3 bis 5
JArbSchG genannten Straftaten. § 25 Abs. 1 Satz 1 Nr. 4 JArbSchG betrifft Straftaten nach dem Betäubungsmittelgesetz. § 25 Abs. 1 Satz 1 Nr. 5 JArbSchG
betrifft Straftaten nach dem Jugendschutzgesetz oder nach dem Gesetz über
die Verbreitung jugendgefährdender Schriften, hier muss eine Verurteilung
wenigstens zweimal erfolgt sein. Die in § 25 Abs. 1 Satz 1 Nr. 3 JArbSchG aufgeführten Straftaten sind folgende:
–   Anwerben für einen fremden Wehrdienst (§ 109h StGB)
–   Verletzung der Fürsorge- oder Erziehungspflicht (§ 171 StGB)
–   Sexueller Missbrauch von Schutzbefohlenen (§ 174 StGB)

---

1 ErfK/*Schlachter* § 25 JArbSchG Rn. 1.

- Sexueller Missbrauch von Gefangenen, behördlich Verwahrten oder Kranken und Hilfsbedürftigen in Einrichtungen (§ 174 a StGB)
- Sexueller Missbrauch unter Ausnutzung einer Amtsstellung (§ 174 b StGB)
- Sexueller Missbrauch unter Ausnutzung eines Beratungs-, Behandlungs- oder Betreuungsverhältnisses (§ 174 c StGB)
- Sexueller Missbrauch von Kindern unter 14 Jahren (§ 176 StGB)
- Schwerer sexueller Missbrauch von Kindern (§ 176 a StGB)
- Sexueller Missbrauch von Kindern mit Todesfolge (§ 176 b StGB)
- Sexuelle Nötigung; Vergewaltigung (§ 177 StGB)
- Sexuelle Nötigung und Vergewaltigung mit Todesfolge (§ 178 StGB)
- Sexueller Missbrauch widerstandsunfähiger Personen (§ 179 StGB)
- Förderung sexueller Handlungen Minderjähriger (§ 180 StGB)
- Ausbeutung von Prostituierten (§ 180 a StGB)
- Zuhälterei (§ 181 a StGB)
- Sexueller Missbrauch von Jugendlichen (§ 182 StGB)
- Exhibitionistische Handlungen (§ 183 StGB)
- Erregung öffentlichen Ärgernisses (§ 183 a StGB)
- Verbreitung pornographischer Schriften (§ 184 StGB)
- Verbreitung gewalt- oder tierpornographischer Schriften (§ 184 a StGB)
- Verbreitung, Erwerb und Besitz kinderpornographischer Schriften (§ 184 b StGB)
- Verbreitung, Erwerb und Besitz jugendpornographischer Schriften (§ 184 c StGB)
- Verbreitung pornographischer Darbietungen durch Rundfunk, Medien- oder Teledienste (§ 184 d StGB)
- Ausübung der verbotenen Prostitution (§ 184 e StGB)
- Jugendgefährdende Prostitution (§ 184 f StGB)
- Misshandlung von Schutzbefohlenen (§ 225 StGB)
- Menschenhandel zum Zweck der sexuellen Ausbeutung (§ 232 StGB)
- Menschenhandel zum Zweck der Ausbeutung der Arbeitskraft (§ 233 StGB)
- Förderung des Menschenhandels (§ 233 a StGB)

Wurde gegen einen Arbeitgeber oder einen Ausbilder eine Geldbuße **wegen** **4** **einer Ordnungswidrigkeit gemäß § 58 Abs. 1 bis 4 JArbSchG wenigstens dreimal rechtskräftig verhängt**, so gilt das Verbot der Beschäftigung, Anweisung und Ausbildung von Jugendlichen entsprechend (§ 25 Abs. 2 Satz 1 JArbSchG). Eine Geldbuße bleibt außer Betracht, wenn seit dem Tag ihrer rechtskräftigen Festsetzung fünf Jahre verstrichen sind (§ 25 Abs. 2 Satz 2 JArbSchG).

§ 26 Ermächtigungen

Das Bundesministerium für Arbeit und Soziales kann zum Schutz der Jugendlichen gegen Gefahren für Leben und Gesundheit sowie zur Vermeidung einer Beeinträchtigung der körperlichen oder seelisch-geistigen Entwicklung durch Rechtsverordnung mit Zustimmung des Bundesrates
1. die für Kinder, die der Vollzeitschulpflicht nicht mehr unterliegen, geeigneten und leichten Tätigkeiten nach § 7 Satz 1 Nr. 2 und die Arbeiten nach § 22 Abs. 1 und den §§ 23 und 24 näher bestimmen,
2. über die Beschäftigungsverbote in den §§ 22 bis 25 hinaus die Beschäftigung Jugendlicher in bestimmten Betriebsarten oder mit bestimmten Arbeiten verbieten oder beschränken, wenn sie bei diesen Arbeiten infolge ihres Entwick-

lungsstands in besonderem Maß Gefahren ausgesetzt sind oder wenn das Verbot oder die Beschränkung der Beschäftigung infolge der technischen Entwicklung oder neuer arbeitsmedizinischer oder sicherheitstechnischer Erkenntnisse notwendig ist.

§ 27 Behördliche Anordnungen und Ausnahmen

(1) Die Aufsichtsbehörde kann in Einzelfällen feststellen, ob eine Arbeit unter die Beschäftigungsverbote oder -beschränkungen der §§ 22 bis 24 oder einer Rechtsverordnung nach § 26 fällt. Sie kann in Einzelfällen die Beschäftigung Jugendlicher mit bestimmten Arbeiten über die Beschäftigungsverbote und -beschränkungen der §§ 22 bis 24 und einer Rechtsverordnung nach § 26 hinaus verbieten oder beschränken, wenn diese Arbeiten mit Gefahren für Leben, Gesundheit oder für die körperliche oder seelisch-geistige Entwicklung der Jugendlichen verbunden sind.

(2) Die zuständige Behörde kann

1. den Personen, die die Pflichten, die ihnen kraft Gesetzes zugunsten der von ihnen beschäftigten, beaufsichtigten, angewiesenen oder auszubildenden Kinder und Jugendlichen obliegen, wiederholt oder gröblich verletzt haben,

2. den Personen, gegen die Tatsachen vorliegen, die sie in sittlicher Beziehung zur Beschäftigung, Beaufsichtigung, Anweisung oder Ausbildung von Kindern und Jugendlichen ungeeignet erscheinen lassen,

verbieten, Kinder und Jugendliche zu beschäftigen oder im Rahmen eines Rechtsverhältnisses im Sinne des § 1 zu beaufsichtigen, anzuweisen oder auszubilden.

(3) Die Aufsichtsbehörde kann auf Antrag Ausnahmen von § 23 Abs. 1 Nr. 2 und 3 für Jugendliche über 16 Jahre bewilligen,

1. wenn die Art der Arbeit oder das Arbeitstempo eine Beeinträchtigung der Gesundheit oder der körperlichen oder seelisch-geistigen Entwicklung des Jugendlichen nicht befürchten lassen und

2. wenn eine nicht länger als vor drei Monaten ausgestellte ärztliche Bescheinigung vorgelegt wird, nach der gesundheitliche Bedenken gegen die Beschäftigung nicht bestehen.

Inhaltsübersicht   Rn.

1.   Überblick   1
2.   Feststellender Verwaltungsakt   2
3.   Behördliche Beschäftigungsverbote oder Beschäftigungsbeschränkungen .   3
4.   Behördliche Ausnahmebewilligung   6

1. Überblick

1 § 27 JArbSchG betrifft verschiedene Fallkonstellationen, in denen die **Aufsichtsbehörde** bestimmte Anordnungen oder Ausnahmen erlassen darf. Die Aufsichtsbehörde entscheidet dabei entweder von Amts wegen oder aber auf Antrag, jedenfalls durch **Verwaltungsakt**.[1] Dagegen sind die im Verwaltungsstreitverfahren vorgesehenen Rechtsschutzmöglichkeiten gegeben (Widerspruch, Klage). **Zuwiderhandlungen** gegen bestandskräftige vollziehbare Anordnungen

---

1 ErfK / *Schlachter* § 27 JArbSchG Rn. 2.

der Aufsichtsbehörde gemäß § 27 Abs. 1 Satz 2, Abs. 2 und 3 JArbSchG sind **Ordnungswidrigkeiten** und können mit einer Geldbuße geahndet werden (§ 58 Abs. 1 Nr. 27, 28 JArbSchG), unter Umständen sind sie sogar strafbar (§ 58 Abs. 5 und 6 JArbSchG).

2. Feststellender Verwaltungsakt

Die Aufsichtsbehörde kann in Einzelfällen auf Antrag oder von Amts wegen **2** feststellen, ob eine Arbeit unter die Beschäftigungsverbote oder -beschränkungen der §§ 22 bis 24 oder einer Rechtsverordnung nach § 26 fällt (§ 27 Abs. 1 Satz 1 JArbSchG). Hierbei handelt es sich um einen bloßen **feststellenden Verwaltungsakt**, der der Rechtsklarheit dient, aber gegebenenfalls (nach Widerspruch und Klage) der gerichtlichen Kontrolle unterliegt. Eine Entscheidung der Aufsichtsbehörde kann jeder Betroffene herbeiführen. Das sind die Arbeitgeber, die beschäftigten Jugendlichen, vertreten durch die Personensorgeberechtigten. Die Jugend- und Auszubildendenvertretungen, Betriebs- und Personalräte haben kein eigenes Antragsrecht, weil sie nicht unmittelbar in eigenen Rechten betroffen sind.

3. Behördliche Beschäftigungsverbote oder Beschäftigungsbeschränkungen

Die Aufsichtbehörde kann in Einzelfällen die Beschäftigung Jugendlicher mit **3** bestimmten Arbeiten über die Beschäftigungsverbote und -beschränkungen der §§ 22 bis 24 und einer Rechtsverordnung nach § 26 hinaus verbieten oder beschränken, wenn diese Arbeiten mit Gefahren für Leben, Gesundheit oder für die körperliche oder seelisch-geistige Entwicklung der Jugendlichen verbunden sind (§ 27 Abs. 1 Satz 2 JArbSchG). Hierbei handelt es sich um echte Anordnungen, um **behördliche Beschäftigungsverbote oder Beschäftigungsbeschränkungen**.

Gemäß § 27 Abs. 2 JArbSchG kann die zuständige Behörde den **Personen**, die **4** die Pflichten, die ihnen kraft Gesetzes zugunsten der von ihnen beschäftigten, beaufsichtigten, angewiesenen oder auszubildenden Kinder und Jugendlichen obliegen, wiederholt oder gröblich verletzt haben oder den Personen, gegen die Tatsachen vorliegen, die sie in sittlicher Beziehung zur Beschäftigung, Beaufsichtigung, Anweisung oder Ausbildung von Kindern und Jugendlichen ungeeignet erscheinen lassen, **verbieten, Kinder und Jugendliche zu beschäftigen** oder im Rahmen eines Rechtsverhältnisses im Sinne des § 1 JArbSchG zu beaufsichtigen, anzuweisen oder auszubilden. Hierbei handelt es sich um **behördliche personenbezogene Beschäftigungsverbote**. Diese Möglichkeit der Aufsichtsbehörde ergänzt einerseits § 25 JArbSchG, ist zum anderen aber unabhängig von einer strafrechtlichen Verurteilung des Arbeitgebers, Ausbilders oder anderer Personen, die in § 25 JArbSchG jeweils vorausgesetzt wird.

Für welchen Zeitraum und in welchem Umfang die Aufsichtsbehörde das **5** Verbot der Beschäftigung von Kindern und Jugendlichen ausspricht, steht in ihrem **Ermessen**.[2] Das Verbot kann auch über die von § 25 JArbSchG vorgesehenen fünf Jahre hinausgehen, muss aber von der Behörde bei unbestimmter

---

2 *BVerwG* 14.12.1972, 5 C 47/72, BVerwGE 41, 286, 291.

Dauer überprüft werden, wenn über die betreffende Person längere Zeit nichts Nachteiliges bekannt geworden ist.[3]

4. Behördliche Ausnahmebewilligung

6 Gemäß § 27 Abs. 3 JArbSchG kann die Aufsichtsbehörde **auf Antrag Ausnahmen von § 23 Abs. 1 Nr. 2 und 3 für Jugendliche über 16 Jahre** bewilligen, wenn die in § 27 Abs. 3 Nr. 1 und 2 JArbSchG genannten Voraussetzungen vorliegen. Es besteht kein Rechtsanspruch auf die Erteilung der Ausnahmebewilligung, vielmehr entscheidet die Behörde nach pflichtgemäßen **Ermessen** (»kann ... bewilligen«).

7 Voraussetzung für die Erteilung einer Ausnahmebewilligung ist nicht nur, dass die Art der Arbeit oder das Arbeitstempo eine Beeinträchtigung der Gesundheit oder der körperlichen oder seelisch-geistigen Entwicklung des Jugendlichen nicht befürchten lassen. Hinzukommen muss, dass eine nicht länger als vor drei Monaten ausgestellte ärztliche Bescheinigung vorgelegt wird, nach der gesundheitliche Bedenken gegen die Beschäftigung nicht bestehen. Eine **Ausnahme vom Verbot der Akkordarbeit** gemäß § 23 Abs. 1 Nr. 1 JArbSchG ist **nicht möglich**.

8 Während die Entscheidung gemäß § 27 Abs. 1 und 2 JArbSchG auch von Amts wegen, also auf Initiative der Aufsichtsbehörde, ergehen können, ist in § 27 Abs. 3 zwingend ein **Antragserfordernis** geregelt (»auf Antrag«). Den Antrag stellen kann der Arbeitgeber (§ 3 JArbSchG), aber auch der Jugendliche, vertreten durch seine Personensorgeberechtigten.

9 Dem Antrag ist eine **ärztliche Bescheinigung** beizufügen, nach der gesundheitliche Bedenken gegen die Beschäftigung des betreffenden Jugendlichen nicht bestehen. Die ärztliche Bescheinigung muss für jeden einzelnen Jugendlichen, für den eine Ausnahmegenehmigung beantragt wird, vorgelegt werden. Das heißt, jeder Jugendliche muss einzeln untersucht, und für jeden Jugendlichen muss die Unbedenklichkeit von einem Arzt bescheinigt worden sein, es ist also auf die individuelle Leistungsfähigkeit des einzelnen Jugendlichen abzustellen. Die Aufsichtsbehörde hat deshalb stets zu prüfen, ob die Bescheinigung des Arztes positiv die Aussage enthält, dass in Bezug auf die Beschäftigung der einzelnen – namentlich genannten – Jugendlichen keine gesundheitlichen Bedenken bestehen. Pauschale Urteile eines Arztes reichen grundsätzlich nicht aus. Auch aus der Vorgabe, dass die ärztliche Bescheinigung nicht älter als drei Monate sein darf, geht die Bedeutung des geschützten Rechtsgutes Gesundheit und damit die körperliche und seelisch-geistige Entwicklung der Jugendlichen hervor. Es folgt daraus mittelbar, dass in aller Regel die Aufsichtsbehörde die Ausnahmegenehmigung befristet auszustellen hat, damit nach Ablauf von weiteren drei Monaten erneut eine ärztliche Untersuchung die Unbedenklichkeit der Tätigkeit feststellen kann. Dass die **Ausnahmebewilligung befristet zu erteilen** ist, folgt zudem aus § 54 JArbSchG, der ergänzend anzuwenden ist. § 54 JArbSchG gilt für sämtliche Ausnahmebewilligungen nach dem JArbSchG, also auch für § 27 Abs. 3 JArbSchG.

10 Wird die Ausnahmebewilligung *nicht* erteilt, stehen die **Rechtsschutzmöglichkeiten** (Widerspruch, Klage) dem Antragsteller zu. Ergeht die Ausnahmebewilligung antragsgemäß, stehen die Rechtsschutzmöglichkeiten (Widerspruch, Kla-

---

3 *BVerwG* 14.12.1972, 5 C 47/72, BVerwGE 41, 286, 291.

ge) demjenigen zu, der durch die Entscheidung beschwert ist. Das ist, wenn Antragsteller der Arbeitgeber war, der Jugendliche, vertreten durch die Personensorgeberechtigten. Der Betriebs- oder Personalrat oder der Jugend- und Auszubildendenvertretung hat keine Anfechtungsmöglichkeiten, weil es nicht um deren eigene Rechtspositionen geht.

Dritter Titel
Sonstige Pflichten des Arbeitgebers

§ 28 Menschengerechte Gestaltung der Arbeit

(1) Der Arbeitgeber hat bei der Einrichtung und der Unterhaltung der Arbeitsstätte einschließlich der Maschinen, Werkzeuge und Geräte und bei der Regelung der Beschäftigung die Vorkehrungen und Maßnahmen zu treffen, die zum Schutz der Jugendlichen gegen Gefahren für Leben und Gesundheit sowie zur Vermeidung einer Beeinträchtigung der körperlichen oder seelisch-geistigen Entwicklung der Jugendlichen erforderlich sind. Hierbei sind das mangelnde Sicherheitsbewusstsein, die mangelnde Erfahrung und der Entwicklungsstand der Jugendlichen zu berücksichtigen und die allgemein anerkannten sicherheitstechnischen und arbeitsmedizinischen Regeln sowie die sonstigen gesicherten arbeitswissenschaftlichen Erkenntnisse zu beachten.
(2) Das Bundesministerium für Arbeit und Soziales kann durch Rechtsverordnung mit Zustimmung des Bundesrates bestimmen, welche Vorkehrungen und Maßnahmen der Arbeitgeber zur Erfüllung der sich aus Absatz 1 ergebenden Pflichten zu treffen hat.
(3) Die Aufsichtsbehörde kann in Einzelfällen anordnen, welche Vorkehrungen und Maßnahmen zur Durchführung des Absatzes 1 oder einer vom Bundesministerium für Arbeit und Soziales gemäß Absatz 2 erlassenen Verordnung zu treffen sind.

Inhaltsübersicht   Rn.

1.   Überblick   1
2.   Maßnahmen und Vorkehrungen des Arbeitgebers   3
3.   Anordnungen der Aufsichtsbehörde   9

1. Überblick

Jugendliche bedürfen eines besonders starken Schutzes vor Gesundheitsgefahren. § 28 JArbSchG will dies dadurch absichern, dass dem **Arbeitgeber** bestimmte Pflichten im Hinblick auf die menschengerechte Gestaltung der Arbeit auferlegt werden. Der Arbeitgeber hat nicht nur die Maschinen, Geräte und Werkzeuge auf mögliche Gefährdungen zu überprüfen, sondern auch sonstige Maßnahmen und Vorkehrungen zu treffen, um Gesundheitsbeeinträchtigungen für Jugendliche zu verhindern. § 28 Abs. 2 JArbSchG regelt eine **Verordnungsermächtigung** und § 28 Abs. 3 JArbSchG berechtigt die **Aufsichtsbehörde** im Einzelfall, bestimmte Anordnungen zu erlassen. Ergänzend sind § 28 a, § 29 und § 31 JArbSchG zu beachten. **1**

Eine zentrale Rolle im Arbeitsschutz haben auch die **Betriebs- und Personalräte**, **2**
die in diesem Bereich ein Mitbestimmungsrecht haben (§ 87 Abs. 1 Nr. 7 BetrVG;

§ 75 Abs. 3 Nr. 11, 16 BPersVG. Weitere Mitbestimmungsrechte stehen dem Betriebsrat § 90 und § 91 BetrVG zu (Personalrat: § 68 Abs. 2, § 81 Abs. 2 BPersVG).

2. Maßnahmen und Vorkehrungen des Arbeitgebers

3 Der Arbeitgeber hat gemäß § 28 Abs. 1 Satz 1 JArbSchG
- bei der Einrichtung und der Unterhaltung der Arbeitsstätte einschließlich der Maschinen, Werkzeuge und Geräte und
- bei der Regelung der Beschäftigung
- zum Schutz der Jugendlichen gegen Gefahren für Leben und Gesundheit sowie
- zur Vermeidung einer Beeinträchtigung der körperlichen oder seelisch-geistigen Entwicklung der Jugendlichen
erforderlich sind.
Hierbei sind gemäß § 28 Abs. 1 Satz 2 JArbSchG
- das mangelnde Sicherheitsbewusstsein,
- die mangelnde Erfahrung und
- der Entwicklungsstand der Jugendlichen
- die allgemein anerkannten sicherheitstechnischen und arbeitsmedizinischen Regeln sowie
- die sonstigen gesicherten arbeitswissenschaftlichen Erkenntnisse
zu beachten.

4 Als **Maßnahmen und Vorkehrungen**, die der Arbeitgeber im Rahmen des § 28 Abs. 1 JArbSchG zu treffen hat, kommen insbesondere in Betracht:
- Abwendung besonderer Belastungen durch Gestaltung des Arbeitsplatzes nach Körpermaßen und -kräften;
- Abwendung von Hebearbeit durch technische Mittel (Kran, Gabelstapler);
- Abwendung von Tragearbeit durch Transportmittel;
- Abwendung von Haltearbeit durch technische Mittel (Stützen, selbsthaltende Zangen);
- Abwendung von besonders belastenden Körperhaltungen wie kriechen, bücken, knien, auf einem Bein stehen, Über-Kopf-Arbeit durch nicht belastende Körperhaltungen wie sitzen, aufrecht stehen; Anbringen von Schutzgittern zur Vermeidung von Abstürzen oder Verletzungen durch umherfliegende Gegenstände oder sich bewegende Fahrzeuge;
- zeitliche Begrenzung der belastenden Tätigkeiten; Abbau von Nachtschichten;
- Ersatz gesundheitsschädlicher Werkstoffe durch unschädliche;
- Beseitigung von Staub, Lärm, Gasen, Nebeln, Dämpfen, Erschütterungen, Strahlungen, Wärme, Blendung, Lichtmangel an der Entstehungsquelle.

5 Als **Maßnahmen zur Milderung**, also teilweisen Aufhebung, der Belastung kommen in Betracht:
- Erholungspausen, entsprechend der Belastung;
- Verkürzung von Belastungen durch Ablösung;
- Arbeitswechsel;
- Verringerung von Unterbelastung durch Ausgleichstätigkeit;
- Berücksichtigung konstitutioneller Faktoren beim Arbeitseinsatz;
- Vermeidung sozialer Isolierung;
- Vorsorge- und Überwachungsuntersuchung für solche Arbeitnehmer, die besonderen Belastungen ausgesetzt sind;

– Einsatz von Blendschutz, Brillen, Lupen, Gehörschutz; Nutzung körpergerechter Schutzkleidung.

Als **Ausgleichsmaßnahmen** können herangezogen werden: **6**
– Zusatzurlaub (z. B. bei Arbeiten mit Röntgenstrahlen);
– Verkürzung der Tätigkeitszeit;
– erhöhte Freizeit;
– die Stellung von Wechselkleidung;
– die Stellung von Körperschutzmitteln;
– die Stellung von Getränken bei extremen klimatischen Bedingungen;
– die Einrichtung von Ruheräumen;
– die Einrichtung von Bädern, Duschräumen, Massageräumen;
– die Stellung von die Belastung unmittelbar ausgleichender Zwischenverpflegung;
– Aufstellung von Ventilatoren und Verdunstungsapparaten;
– Aufstellung von Regenschutz bei Arbeiten im Freien;
– Einrichtung von Wärmestellen bei Arbeiten im Freien bei Kälte;
– Lohnzuschläge (z. B. Lärmzulage; arbeitswissenschaftlich verfehlt und nur anzuwenden, wenn keine andere Ausgleichsmöglichkeit besteht).

Im Einzelfall kommt es nicht nur auf die Belastung und Gefährdung durch **7**
Maschinen, Werkzeuge und Geräte an. Im Rahmen des § 28 JArbSchG ist auch die Verpflichtung des Arbeitgebers gegeben, die **Arbeitsbedingungen den Gesundheitsgefahren anzupassen**. Das gebietet, die gesamte Tätigkeit der Jugendlichen einschließlich Dauer, zeitliche Lage und Belastung durch die Arbeit, Schichteinteilung und das Tragen von Arbeitsschutzkleidung in die Prüfung mit einzubeziehen. Das kann bedeuten, dass eine besondere Regelung über Beginn und Ende sowie über die Dauer und Lage der täglichen Arbeitszeit getroffen werden und Pausen von angemessener Dauer über die Mindestbestimmungen des § 11 JArbSchG hinaus gewährt werden müssen.

Bei der Pflicht des Arbeitgebers, die **notwendigen Gesundheitsschutzmaßnahmen** **8**
men zu ergreifen, kommt es nicht auf die finanzielle Leistungsfähigkeit des Betriebes an. Es können also nicht nur »angemessene Maßnahmen« zur Abwendung der Gefahren für Jugendliche vom Arbeitgeber verlangt werden, sondern die Grenze für die Verpflichtung des Arbeitgebers ist danach zu beurteilen, welche Maßnahmen zum Schutz der Jugendlichen **erforderlich und technisch möglich** sind. So kann sich ein Arbeitgeber nicht auf finanzielles Unvermögen berufen oder unter Hinweis auf hohe Kosten eine Maßnahme ablehnen, die zum Schutz der Jugendlichen in anderen Betrieben durchgeführt und im Rahmen des § 28 Abs. 1 JArbSchG notwendig ist.

3. Anordnungen der Aufsichtsbehörde

Die Aufsichtsbehörde kann **im Einzelfall** anordnen, welche Vorkehrungen und **9**
Maßnahmen zu treffen sind, um den Gebot des § 28 Abs. 1 JArbSchG genüge zu tun. Der Begriff des Einzelfalls bezieht sich auch auf den Betrieb, so dass auch mehrere Jugendliche von den behördlichen Anordnungen betroffen sein kann, zum Beispiel auch alle Jugendlichen eines einzelnen Betriebes oder, wenn die Maßnahme in mehreren ähnlichen Betrieben erforderlich ist, für alle Jugendlichen dieser Betriebe. Die Aufsichtsbehörde handelt im Rahmen ihres Opportunitätsprinzips, das heißt, sie kann einschreiten, muss es aber nicht (pflichtgemäßes Ermessen).

10 **Zuwiderhandlungen** gegen bestandskräftige vollziehbare Anordnungen der Aufsichtsbehörde gemäß § 28 Abs. 3JArbSchG sind **Ordnungswidrigkeiten** und können mit einer Geldbuße geahndet werden (§ 58 Abs. 1 Nr. 27 JArbSchG), unter Umständen sind sie sogar strafbar (§ 58 Abs. 5 und 6 JArbSchG).

§ 28a Beurteilung der Arbeitsbedingungen

Vor Beginn der Beschäftigung Jugendlicher und bei wesentlicher Änderung der Arbeitsbedingungen hat der Arbeitgeber die mit der Beschäftigung verbundenen Gefährdungen Jugendlicher zu beurteilen. Im Übrigen gelten die Vorschriften des Arbeitsschutzgesetzes.

1 Der Arbeitgeber hat vor Beginn der Beschäftigung eines Jugendlichen eine Gefährdungsbeurteilung des entsprechenden Arbeitsplatzes durchzuführen. Dies gilt auch bei wesentlichen Änderungen des Arbeitsbedingungen. Die Bestimmung korrespondiert mit § 29 JArbSchG, der den Arbeitgeber verpflichtet, Jugendliche vor Beginn der Beschäftigung im Einzelnen über mögliche Gefahren zu unterweisen. Ergänzend zu berücksichtigen sind der für alle Arbeitnehmer im Betrieb geltende § 5 ArbSchG und § 81 BetrVG.

2 Die §§ 81–86 BetrVG regeln Mitspracherechte des einzelnen Arbeitnehmers. Die Vorschriften sind dem Arbeitsvertragsrecht zuzuordnen, gelten aber auch für Auszubildende. Sie gelten auch in betriebsratslosen Betrieben.[1] § 81 Abs. 1 Satz l verpflichtet den Arbeitgeber, den Arbeitnehmer über seinen Aufgabenbereich und seine Verantwortung, darüber hinaus auch über die Bedeutung seiner Tätigkeit im Rahmen des Arbeitsablaufs des Betriebes und mögliche Auswirkungen auf die Umwelt zu unterrichten. § 81 Abs. 1 Satz 2 BetrVG verlangt vom Arbeitgeber »vor Beginn der Beschäftigung« (und später bei Veränderungen im Arbeitsbereich – § 81 Abs. 2 BetrVG) die Belehrung des Arbeitnehmers über Unfall- und Gesundheitsgefahren und deren Abwehr im konkreten Arbeitsbereich des Arbeitnehmers sowie die Bekanntgabe der Beschäftigten, die Aufgaben der Ersten Hilfe, Brandbekämpfung und Evakuierung wahrnehmen (§ 10 Abs. 2 ArbSchG). Entsprechendes gilt für den betrieblichen Umweltschutz, bei dem es ebenfalls um den Schutz der im Betrieb tätigen Personen vor Unfall- und Gesundheitsgefahren geht (vgl. § 29 JArbSchG).

3 Gemäß § 5 Abs. 1 ArbSchG hat der Arbeitgeber durch eine Beurteilung der für die Beschäftigten mit ihrer Arbeit verbundenen Gefährdung zu ermitteln, welche Maßnahmen des Arbeitsschutzes erforderlich sind. Daraus folgt in Verbindung mit § 618 BGB ein individualrechtlicher Anspruch des einzelnen Arbeitnehmers auf **Gefährdungsbeurteilung**.[2] Gemäß § 12 ArbSchG hat der Arbeitgeber die Beschäftigten über Sicherheit und Gesundheitsschutz bei der Arbeit während ihrer Arbeitszeit ausreichend und angemessen zu unterweisen. Die Unterweisung umfasst Anweisungen und Erläuterungen, die eigens auf den Arbeitsplatz oder den Aufgabenbereich der Beschäftigten ausgerichtet sind. Sie muss sowohl über die bestehenden Gefährdungen als auch über die getroffenen oder einzuhaltenden Arbeitsschutzmaßnahmen informieren.

4 Bei der Gefährdungsbeurteilung hat sich der Arbeitgeber mit dem Betriebs- und Personalrat gemäß § 90 Abs. 2 BetrVG, § 81 Abs. 2 BPersVG zu beraten. Über

---

1 DKK/*Buschmann* BetrVG § 81 Rn. 4.
2 *BAG* 12.8.2008, 9 AZR 1117/06, NZA 2009, 102.

§ 91 BetrVG (§ 75 Abs. 3 Nr. 16 BPersVG) hat der Betriebsrat hier auch ein Mitbestimmungsrecht, in das die Anregungen der JAV aufzunehmen sind. Die Beteiligung des Betriebsarztes oder der Fachkraft für Arbeitssicherheit schreibt im Übrigen § 29 Abs. 3 JArbSchG vor.

§ 29 Unterweisung über Gefahren

(1) Der Arbeitgeber hat die Jugendlichen vor Beginn der Beschäftigung und bei wesentlicher Änderung der Arbeitsbedingungen über die Unfall- und Gesundheitsgefahren, denen sie bei der Beschäftigung ausgesetzt sind, sowie über die Einrichtungen und Maßnahmen zur Abwendung dieser Gefahren zu unterweisen. Er hat die Jugendlichen vor der erstmaligen Beschäftigung an Maschinen oder gefährlichen Arbeitsstellen oder mit Arbeiten, bei denen sie mit gesundheitsgefährdenden Stoffen in Berührung kommen, über die besonderen Gefahren dieser Arbeiten sowie über das bei ihrer Verrichtung erforderliche Verhalten zu unterweisen.

(2) Die Unterweisungen sind in angemessenen Zeitabständen, mindestens aber halbjährlich, zu wiederholen.

(3) Der Arbeitgeber beteiligt die Betriebsärzte und die Fachkräfte für Arbeitssicherheit an der Planung, Durchführung und Überwachung der für die Sicherheit und den Gesundheitsschutz bei der Beschäftigung Jugendlicher geltenden Vorschriften.

Die Unterweisung des Jugendlichen über die mit seinem zukünftigen Arbeitsplatz verbundenen Unfall- und Gesundheitsgefahren muss vor Beginn der Arbeitsaufnahme erfolgen und in regelmäßigen Abständen wiederholt werden, mindestens aber einmal pro Halbjahr. Die Betriebsärzte und Fachkräfte für Arbeitssicherheit sind zu beteiligen (§ 29 Abs. 3 JArbSchG). **Zuwiderhandlungen** gegen § 39 JArbSchG sind **Ordnungswidrigkeiten** und können mit einer Geldbuße geahndet werden (§ 59 Abs. 1 Nr. 3 JArbSchG).   **1**

Eine dem § 29 JArbSchG entsprechende Vorschrift enthält der § 12 ArbSchG.   **2**
Ergänzend gilt § 81 BetrVG. § 81 Abs. 1 Satz 2 BetrVG verlangt vom Arbeitgeber »vor Beginn der Beschäftigung« (und später bei Veränderungen im Arbeitsbereich – § 81 Abs. 2 BetrVG) die Belehrung des Arbeitnehmers über Unfall- und Gesundheitsgefahren und deren Abwehr im konkreten Arbeitsbereich des Arbeitnehmers sowie die Bekanntgabe der Beschäftigten, die Aufgaben der Ersten Hilfe, Brandbekämpfung und Evakuierung wahrnehmen (§ 10 Abs. 2 ArbSchG). Entsprechendes gilt für den betrieblichen Umweltschutz, bei dem es ebenfalls um den Schutz der im Betrieb tätigen Personen vor Unfall- und Gesundheitsgefahren geht. Der Arbeitnehmer ist auch über die Einrichtungen zur Gefahrenabwehr zu informieren und zu deren Benutzung anzuhalten. Dazu gehört zum Beispiel die

– Demonstration von Sicherheitseinrichtungen, deren Bedienung und Wirkungsweise,
– Unterweisung in die sicherheitsgerechte Arbeit an gefährlichen Maschinen,
– Einweisung in die Verwendung persönlicher Schutzausrüstung (Helme, Brillen, Handschuhe, Masken, Rettungsgeräte),
– Belehrung über gefährliche Einwirkungen am Arbeitsplatz (insbesondere gefährliche Arbeitsstoffe),
– Information über das Verhalten im Gefahrenfall,

- Erläuterung von Warnsignalen und deren Betätigung,
- Benennung der zuständigen Personen, die bei Unfällen oder Gefahrenlagen zu unterrichten sind,
- Information über vorhandene Schutzeinrichtungen (Sanitätsräume, Unfallhilfsstellen, Notausgänge, Feuerlöscher),
- Information über Reichweite, Inhalt und Bedeutung von Alkohol- und Rauchverboten.

§ 30 Häusliche Gemeinschaft

(1) Hat der Arbeitgeber einen Jugendlichen in die häusliche Gemeinschaft aufgenommen, so muss er
1. ihm eine Unterkunft zur Verfügung stellen und dafür sorgen, dass sie so beschaffen, ausgestattet und belegt ist und so benutzt wird, dass die Gesundheit des Jugendlichen nicht beeinträchtigt wird, und
2. ihm bei einer Erkrankung, jedoch nicht über die Beendigung der Beschäftigung hinaus, die erforderliche Pflege und ärztliche Behandlung zuteil werden lassen, soweit diese nicht von einem Sozialversicherungsträger geleistet wird.
(2) Die Aufsichtsbehörde kann im Einzelfall anordnen, welchen Anforderungen die Unterkunft (Absatz 1 Nr. 1) und die Pflege bei Erkrankungen (Absatz 1 Nr. 2) genügen müssen.

1 Den Arbeitgeber, der einen Jugendlichen in die häusliche Gemeinschaft aufgenommen hat, treffen **gesteigerte Fürsorgepflichten**. Er muss eine geeignete Unterkunft herrichten und bei einer Erkrankung des Jugendlichen für die ärztliche Versorgung Sorge tragen, sofern dies nicht von einem Sozialversicherungsträger (häusliche Krankenpflege) übernommen wird. Voraussetzung für diese erhöhten Anforderungen an einen Arbeitgeber ist, dass der Jugendliche in die häusliche Gemeinschaft des Arbeitgebers aufgenommen worden ist. Das gilt nicht nur dann, wenn der Jugendliche unmittelbar im Haushalt des Arbeitgebers aufgenommen ist, sondern auch bei Wohnräumen, über die der Arbeitgeber die Verfügungsgewalt, das Belegrecht, hat, sie also den beschäftigten Jugendlichen zur Verfügung stellt, zum Beispiel Wohnheime.[1] Die Pflicht, bei der Erkrankung die Arbeitsvergütung oder Ausbildungsvergütung fortzuzahlen, folgt nicht aus § 30 JArbSchG, sondern aus dem Entgeltfortzahlungsgesetz.

2 Die Aufsichtsbehörde kann im Einzelfall anordnen, welchen Anforderungen die Unterkunft und die Pflege bei Erkrankungen genügen müssen. **Zuwiderhandlungen** gegen bestandskräftige vollziehbare Anordnungen der Aufsichtsbehörde gemäß § 30 Abs. 2 JArbSchG sind **Ordnungswidrigkeiten** und können mit einer Geldbuße geahndet werden (§ 58 Abs. 1 Nr. 27 JArbSchG), unter Umständen sind sie sogar strafbar (§ 58 Abs. 5 und 6 JArbSchG).

§ 31 Züchtigungsverbot, Verbot der Abgabe von Alkohol und Tabak

(1) Wer Jugendliche beschäftigt oder im Rahmen eines Rechtsverhältnisses im Sinne des § 1 beaufsichtigt, anweist oder ausbildet, darf sie nicht körperlich züchtigen.

---

1 *Molitor/Volmer/Germelmann* JArbSchG § 30 Rn. 7 ff.; *Taubert* JArbSchG § 30 Rn. 2.

(2) Wer Jugendliche beschäftigt, muss sie vor körperlicher Züchtigung und Misshandlung und vor sittlicher Gefährdung durch andere bei ihm Beschäftigte und
durch Mitglieder seines Haushalts an der Arbeitsstätte und in seinem Haus
schützen. Er darf Jugendlichen unter 16 Jahren keine alkoholischen Getränke
und Tabakwaren, Jugendlichen über 16 Jahre keinen Branntwein geben.

§ 31 JArbSchG regelt im Grund eine Selbstverständlichkeit. Verboten ist jede **1**
körperliche Züchtigung durch den Arbeitgeber und die Personen, die den Jugendlichen beaufsichtigen, anweisen oder ausbilden (zum Beispiel Schläge, Trit-
te, Schubsen). Von dem Verbot gibt es keine Ausnahme. Auch sog. »maßvolle«
Züchtigungen aus »erzieherischen« Gründen sind verboten. »Züchtigungen«
sind ohnedies gemäß §§ 323 ff. StGB auch verbotene und strafbare Körperverletzungen. Zurechtweisungen verbaler Art oder »Standpauken« und Ähnliches
fallen nicht unter das Verbot.[1]

§ 31 Abs. 2 JArbSchG ergänzt und erweitert das Züchtigungsverbot. Der Arbeit- **2**
geber wird verpflichtet, die Jugendlichen auch vor Misshandlungen und sittlicher Gefährdung durch andere bei ihm Beschäftigte oder durch Mitglieder
seines Haushaltes an der Arbeitsstätte oder in seinem Haushalt zu schützen.

Bemerkt der Arbeitgeber zum Beispiel ständige Hänseleien und Schikanen eines **3**
Jugendlichen, hat er die Verpflichtung einzugreifen, denn eine Misshandlung ist
nicht nur eine körperliche Beeinträchtigung, vielmehr fallen darunter auch
seelische Misshandlungen, Schikanen, Beleidigungen und ähnliches.[2]

§ 31 Abs. 2 Satz 2 JArbSchG verbietet die Abgabe von Tabakwaren und Alkohol **4**
an Jugendliche unter 16 Jahren sowie die Ausgabe von Branntwein an Jugendliche über 16 Jahren. Allerdings kann aus der Vorschrift kein generelles Alkohol-
und Tabakrauchverbot abgeleitet werden.[3]

Dieses Verbot gilt auch dann, wenn wegen der Art des Betriebs den Beschäftig- **5**
ten einschließlich der Jugendlichen arbeitsvertraglich alkoholische Getränke
oder Tabakwaren als Haustrunk bzw. zusätzliche Leistung des Arbeitgebers
zustehen. Er hat dann diese Leistungen in Geld abzugelten.

Das Verbot richtet sich grundsätzlich an den Arbeitgeber selbst, es beinhaltet **6**
aber auch die Verpflichtung des Arbeitgebers zu verhindern, dass andere im
Betrieb Beschäftigte Alkohol oder Branntwein an Jugendliche abgeben. Der
Arbeitgeber muss dafür Sorge tragen, dass Alkohol und Branntwein zum Bei-
spiel nicht durch den Kantinenpächter der Werkskantine an den geschützten
Personenkreis abgegeben werden.

Zuwiderhandlungen gegen § 31 Abs. 2 Satz 2 JArbSchG sind **Ordnungswidrig-** **7**
keiten und können mit einer Geldbuße geahndet werden (§ 58 Abs. 1 Nr. 21
JArbSchG), unter Umständen sind sie sogar strafbar (§ 58 Abs. 5 und 6
JArbSchG). Eine spezielle Bußgeldvorschrift für Verstöße gegen das »Züchti-
gungsverbot« findet sich im JArbSchG nicht. Dessen bedarf es auch nicht, weil
Züchtigungen als Körperverletzungen gemäß den §§ 223 ff. StGB strafbar sind.

---

1 ErfK / *Schlachter* § 31 JArbSchG Rn. 1.
2 ErfK / *Schlachter* § 31 JArbSchG Rn. 1.
3 ErfK / *Schlachter* § 31 JArbSchG Rn. 1.

Vierter Titel
Gesundheitliche Betreuung

§ 32 Erstuntersuchung

(1) Ein Jugendlicher, der in das Berufsleben eintritt, darf nur beschäftigt werden, wenn

1. er innerhalb der letzten vierzehn Monate von einem Arzt untersucht worden ist (Erstuntersuchung) und
2. dem Arbeitgeber eine von diesem Arzt ausgestellte Bescheinigung vorliegt.

(2) Absatz 1 gilt nicht für eine nur geringfügige oder eine nicht länger als zwei Monate dauernde Beschäftigung mit leichten Arbeiten, von denen keine gesundheitlichen Nachteile für den Jugendlichen zu befürchten sind.

Inhaltsübersicht		Rn.
1.	Überblick	1
2.	Pflicht zur Erstuntersuchung (§ 32 Abs. 1 JArbSchG)	4
3.	Ausnahmen von der Pflicht zur Erstuntersuchung (§ 32 Abs. 2 JArbSchG)	11

1. Überblick

1 In § 32 bis § 45 ist die gesundheitliche Betreuung Jugendlicher geregelt. Im wesentlichen geht es um ärztliche Untersuchungen vor der Aufnahme und während einer Beschäftigung. Zweck der ärztlichen Untersuchungen ist es, eine Beschäftigung zu verhindern, der der Jugendliche gesundheitlich nicht gewachsen ist, sowie einen begleitenden **Gesundheitsschutz**, zumindest für das erste Jahr der Beschäftigung, sicherzustellen. Die gesetzlichen Regelungen (§ 32 bis § 45 JArbSchG) sind zwingend. Von ihnen kann weder durch Tarifvertrag, Betriebsvereinbarung, Arbeits- oder Ausbildungsvertrag abgewichen werden.[1] Geregelt ist die Pflicht einer ärztlichen Erstuntersuchung vor der Beschäftigungsaufnahme (§ 32 JArbSchG) sowie einer Nachuntersuchung nach einem Jahr (§ 33 JArbSchG). Danach kann sich der Jugendliche von sich aus erneut untersuchen lassen (§ 34 JArbSchG), auf ärztliche Anordnung findet eine außerordentliche Nachuntersuchung statt (§ 35 JArbSchG). Nähere Vorgaben für den Inhalt und die Durchführung der ärztlichen Untersuchungen regelt § 37 JArbSchG, die schriftlichen Mitteilungs- und Bescheinigungspflichten regelt § 38 JArbSchG. Die ärztlichen Bescheinigungen sind vom Arbeitgeber aufzubewahren (§ 39 JArbSchG). Der Arbeitgeber hat den Jugendlichen unter Entgeltfortzahlung für die Untersuchungen freizustellen (§ 43 JArbSchG). Die Kosten der Untersuchungen hat das Land zu tragen (§ 44 JArbSchG).

2 Die Notwendigkeit der gesundheitlichen Betreuung und ärztlicher Untersuchungen wird in der Praxis, auch durch die Jugendlichen selbst, unterschätzt. Die ärztlichen Erst- und Nachuntersuchungen sind eine wesentliche Voraussetzung zur Verhinderung oder zu frühzeitigem Erkennen von Gesundheitsschäden. Die Jugend- und Auszubildendenvertretungen, die Betriebs- und Personalräte sollten bei jeder Einstellung von Jugendlichen auch prüfen, ob die ärztlichen Untersuchungsergebnisse vorliegen. Die notwendigen Nachunter-

---

1 *Molitor/Volmer/Germelmann* JArbSchG § 32 Rn. 6; *Taubert* JArbSchG § 32 Rn. 1; *Zmarzlik/Anzinger* JArbSchG § 32 Rn. 4.

suchungen sind dann mittels geeigneter Möglichkeiten, zum Beispiel einer Liste aller Jugendlichen, zu kontrollieren.

Bei Bewertung der Notwendigkeit gesundheitlicher Betreuung ist zu beachten, **3** dass viele Berufskrankheiten, die zur Frühinvalidität führen, durch geeignete und rechtzeitige Untersuchungen häufig verhindert, zumindest aber gemildert werden könnten. Für die nicht mehr Minderjährigen sind die Vorgaben des Arbeitsschutzgesetzes (ArbSchG).

2. Pflicht zur Erstuntersuchung (§ 32 Abs. 1 JArbSchG)

Durch das Gebot einer Erstuntersuchung vor Eintritt in das Berufsleben soll **4** sichergestellt werden, etwaige Gesundheitsschäden möglichst frühzeitig zu erkennen. Zudem soll vermieden werden, dass eine Arbeit ergriffen wird, die im Einzelfall zu gesundheitlichen Schäden führen kann. Auch internationale Regelungen, etwa die IAO-Übereinkommen Nrn. 77 und 78, befassen sich mit der ärztlichen Betreuung von Jugendlichen und dokumentieren den hohen Stellenwert einer Begutachtung Jugendlicher vor Eintritt in das Berufsleben.

Die Erstuntersuchung ist vor dem erstmaligen **Eintreten »in das Berufsleben«** **5** vorzunehmen. Wechselt der Arbeitgeber, braucht die Erstuntersuchung nicht wiederholt zu werden. Der neue Arbeitgeber muss sich gemäß § 36 JArbSchG die Bescheinigung über die Erstuntersuchung bzw. über die erste Nachuntersuchung vorlegen lassen. Die Pflicht zur Erstuntersuchung ist beschränkt auf **Jugendliche**, also auf unter 18-Jährige. Ab dem Tag der Vollendung des 18. Lebensjahres besteht die Pflicht nicht mehr. Nehmen Jugendliche an einem **Berufsgrundbildungsjahr** oder **sonstigen schulischen Ausbildungen** teil, ist nach dem Wortlaut des Gesetzes eine Erstuntersuchung nicht erforderlich.[2]

Eine **Beschäftigung**, ohne dass dem Arbeitgeber die ärztliche Bescheinigung **6** über die erste Untersuchung vorliegt, ist verboten.[3] Verboten ist die tatsächliche Beschäftigung, die **tatsächliche Arbeitsaufnahme**, nicht der Abschluss des Arbeits- oder Ausbildungsvertrages.[4] Die Gültigkeit des Arbeitsvertrages oder eines Ausbildungsvertrages hängt nicht von der Durchführung der Erstuntersuchung und der Vorlage der Bescheinigung ab. Der Arbeits- oder Ausbildungsvertrag ist wirksam. Der Jugendliche darf aber tatsächlich nicht beschäftigt werden, solange die Erstuntersuchung nicht erfolgt ist und dem Arbeitgeber die Bescheinigung nicht vorliegt. Beschäftigt der Arbeitgeber einen Jugendlichen ohne ärztliche Bescheinigung über die Erstuntersuchung, begeht er eine **Ordnungswidrigkeit** nach § 58 Abs. 1 Nr. 22 JArbSchG, die mit einer Geldbuße belegt werden kann.

Der Tag der Arbeitsaufnahme ist für die Frist des § 32 Abs. 1 Nr. 1 JArbSchG **7** maßgeblich: **Innerhalb der letzten 14 Monate** vor dem Tag der Arbeitsaufnahme muss die Untersuchung vorgenommen worden sein. Liegt der Untersuchungstag außerhalb der 14 Monate, muss eine neue Untersuchung durchgeführt werden. Auf den Tag der Übersendung der Bescheinigung durch den Arzt kommt es nicht an, sondern nur auf den Tag der tatsächlichen Untersuchung. Hiervon abweichende Regelungen sind nur durch eine Rechtsverordnung gemäß § 46 JArbSchG zulässig.

---

2 *Taubert* JArbSchG § 32 Rn. 10.
3 *Molitor/Volmer/Germelmann* JArbSchG § 32 Rn. 7.
4 *Taubert* JArbSchG § 32 Rn. 7.

8 Für die Untersuchungen (auch für die anderen Untersuchungen, die im JArb-SchG geregelt sind) gilt die **freie Arztwahl**.[5] Der Jugendliche und die Personensorgberechtigten können frei wählen, zu welchem Arzt (Hausarzt, Amtsarzt oder Werksarzt) der Jugendliche geht. Der Arbeitgeber kann zum Beispiel nicht verlangen, dass die Untersuchung beim Betriebsarzt durchgeführt wird. Für den Arzt gilt die **ärztliche Schweigepflicht** (vgl. § 37 Rn. 4).

9 Das wesentliche **Ergebnis der Untersuchung** ist den Personensorgeberechtigten mitzuteilen (§ 39 Abs. 1 JArbSchG). Hingegen darf die dem Arbeitgeber vorzulegende Bescheinigung nur den Hinweis auf solche Arbeiten enthalten, durch deren Ausführung der Arzt die Gesundheit oder die Entwicklungen des Jugendlichen für gefährdet hält (§ 39 Abs. 2 JArbSchG). Der Arbeitgeber darf dann den Jugendlichen mit solchen Arbeiten nicht beschäftigten (§ 40 Abs. 1 JArbSchG). Die Wirksamkeit des Arbeits- oder Ausbildungsvertrages bleibt davon unberührt.

10 Besondere Folgen können sich für **jugendliche Auszubildende** nach dem Berufsbildungsgesetz ergeben. Bei Fehlen der Bescheinigung nach § 32 Abs. 1 JArbSchG darf der Berufsausbildungsvertrag nicht in das Verzeichnis der Berufsausbildungsverhältnisse eingetragen werden (§ 35 Abs. 1 Nr. 3, Abs. 2 Satz 1 BBiG), wenn die Bescheinigung auch nicht nachträglich innerhalb einer gesetzten Frist vorgelegt wird.

3. Ausnahmen von der Pflicht zur Erstuntersuchung (§ 32 Abs. 2 JArbSchG)

11 Im Gegensatz zum Eintritt in das »Berufsleben« ist bei einer geringfügigen oder kurzzeitigen Beschäftigung (zum Beispiel bei einer Ferienarbeit oder einer geringfügigen Nebentätigkeit) keine ärztliche Untersuchung erforderlich. Voraussetzung ist, dass der Jugendliche ausschließlich mit leichten Arbeiten beschäftigt wird, von denen keine gesundheitlichen Nachteile für den Jugendlichen zu befürchten sind.

12 Von einer **geringfügigen Beschäftigung** wird man in der Regel sprechen können, wenn sie auf mehrere Tage verteilt ist und 15 Stunden wöchentlich nicht überschreitet (vgl. früher § 8 SGB IV). Eine geringfügige Beschäftigung in diesem Sinne darf durchaus länger als zwei Monate dauern (»geringfügig *oder* nicht länger als zwei Monate«).

13 Wenn mehr als eine geringfügige Beschäftigung beabsichtigt ist, braucht keine ärztliche Erstuntersuchung vorgenommen zu werden, wenn die Beschäftigung von vornherein **nicht länger als zwei Monate** dauern soll. Ist eine längere Beschäftigung vorgesehen oder überschreitet die Beschäftigungszeit zwei Monate, muss die Untersuchung durchgeführt werden. Wird nach einem auf zwei Monate befristeten Beschäftigungsverhältnis ein weiteres Beschäftigungsverhältnis begründet, so ist – auch wenn dazwischen eine gewisse Zeit der Nichtbeschäftigung liegt – eine ärztliche Erstuntersuchung durchzuführen, denn die Zeiten der Beschäftigung müssen addiert werden. Eine Umgehung des Gesetzes durch mehrere hintereinander geschaltete kurzfristige Kettenarbeitsverhältnisse ist rechtswidrig.

14 Auch wenn die Beschäftigung nur geringfügig ist oder wenn sie nicht länger als zwei Monate dauert, ist eine ärztliche Untersuchung nur dann entbehrlich, wenn

---

5 *Molitor/Volmer/Germelmann* JArbSchG § 32 Rn. 12; *Taubert* JArbSchG § 32 Rn. 6.

Lakies

der Jugendliche mit **leichten Arbeiten** beschäftigt wird, von denen keine gesundheitlichen Nachteile für den Jugendlichen zu befürchten sind. Dabei ist die persönliche Leistungsfähigkeit des einzelnen Jugendlichen als Maßstab der Bewertung heranzuziehen. Die Arbeiten müssen daher nicht nur objektiv, sondern auch subjektiv leicht sein und es dürfen keine gesundheitlichen Nachteile für den konkreten Jugendlichen zu befürchten sein. Bereits eine Vermutung solcher Nachteile führt zum Wegfall der Ausnahmeregelung mit der Folge, dass vor der Beschäftigung die ärztliche Erstuntersuchung vorgenommen werden muss.

§ 32 Abs. 2 JArbSchG regelt lediglich, unter welchen Voraussetzungen eine **15** Beschäftigung ohne vorherige ärztliche Erstuntersuchung durchgeführt werden darf, sagt aber nichts darüber, ob die Beschäftigung aus anderen Gründen unzulässig sein könnte oder in welchem Maße die Beschäftigung erlaubt ist. Insoweit finden neben § 32 JArbSchG die übrigen Bestimmungen des Jugendarbeitsschutzgesetzes selbstverständlich Anwendung.

§ 33 Erste Nachuntersuchung

(1) Ein Jahr nach Aufnahme der ersten Beschäftigung hat sich der Arbeitgeber die Bescheinigung eines Arztes darüber vorlegen zu lassen, dass der Jugendliche nachuntersucht worden ist (erste Nachuntersuchung). Die Nachuntersuchung darf nicht länger als drei Monate zurückliegen. Der Arbeitgeber soll den Jugendlichen neun Monate nach Aufnahme der ersten Beschäftigung nachdrücklich auf den Zeitpunkt, bis zu dem der Jugendliche ihm die ärztliche Bescheinigung nach Satz 1 vorzulegen hat, hinweisen und ihn auffordern, die Nachuntersuchung bis dahin durchführen zu lassen.

(2) Legt der Jugendliche die Bescheinigung nicht nach Ablauf eines Jahres vor, hat ihn der Arbeitgeber innerhalb eines Monats unter Hinweis auf das Beschäftigungsverbot nach Absatz 3 schriftlich aufzufordern, ihm die Bescheinigung vorzulegen. Je eine Durchschrift des Aufforderungsschreibens hat der Arbeitgeber dem Personensorgeberechtigten und dem Betriebs- oder Personalrat zuzusenden.

(3) Der Jugendliche darf nach Ablauf von 14 Monaten nach Aufnahme der ersten Beschäftigung nicht weiterbeschäftigt werden, solange er die Bescheinigung nicht vorgelegt hat.

Inhaltsübersicht

Rn.

1. Pflicht zur Nachuntersuchung (§ 33 Abs. 1 JArbSchG) 1
2. Folgen bei Verstoß (§ 33 Abs. 2, 3 JArbSchG). 5

1. Pflicht zur Nachuntersuchung (§ 33 Abs. 1 JArbSchG)

Die Ergebnisse der Nachuntersuchung ermöglichen im Vergleich mit den Ergeb- **1** nissen der Erstuntersuchung (die gemäß § 37 JArbSchG schriftlich festzuhalten sind) eine Beurteilung, welche Auswirkungen die tatsächliche Beschäftigung auf die Gesundheit des Jugendlichen hatte. Gerade wegen des begleitenden Gesundheitsschutzes kommt der Nachuntersuchung eine besondere Bedeutung zu. Nach Möglichkeit sollte der Jugendliche die Nachuntersuchung bei dem Arzt durchführen lassen, der auch die Erstuntersuchung vorgenommen hat. Eine Verpflichtung hierzu besteht allerdings nicht. Über die wechselseitige Unterrichtung der Ärzte untereinander vgl. § 45 JArbSchG.

2   Ein Jahr nach Aufnahme der ersten Beschäftigung hat sich der Arbeitgeber die **Bescheinigung eines Arztes** darüber **vorlegen zu lassen**, dass der Jugendliche nachuntersucht worden ist, erste Nachuntersuchung (§ 33 Abs. 1 Satz 1 JArbSchG). Die Nachuntersuchung darf nicht länger als drei Monate zurückliegen (§ 33 Abs. 1 Satz 2 JArbSchG). Das bedeutet, der **Zeitpunkt der Nachuntersuchung** darf nicht vor Ablauf von neun Monaten und nicht später als ein Jahr nach Aufnahme der tatsächlichen Beschäftigung liegen. Bei der Fristberechnung kommt es auf die erstmalige Arbeitsaufnahme bei dem ersten Arbeitgeber an. Ist zwischenzeitlich ein Wechsel des Arbeitgebers erfolgt, richtet sich gleichwohl die Nachuntersuchung nach dem Zeitpunkt der ersten tatsächlichen Arbeitsaufnahme (bei dem anderen Arbeitgeber). Auf den Zeitpunkt des Abschlusses der Arbeits- oder Ausbildungsverträge kommt es nicht an.

3   Die Pflicht zur Nachuntersuchung besteht ausschließlich für **Jugendliche**. Wenn die Person, die bei Beschäftigungsaufnahme noch keine 18 Jahre alt war, im ersten Jahr nach Beschäftigungsaufnahme das 18. Lebensjahr vollendet, entfällt die Pflicht zur Nachuntersuchung.

4   Der **Arbeitgeber** hat eine **Hinweis- und Aufforderungspflicht**. Der Arbeitgeber soll den Jugendlichen neun Monate nach Aufnahme der ersten Beschäftigung »nachdrücklich« auf den Zeitpunkt, bis zu dem der Jugendliche ihm die ärztliche Bescheinigung über Nachuntersuchung vorzulegen hat, hinweisen und ihn auffordern, die Nachuntersuchung bis dahin durchführen zu lassen (§ 33 Abs. 1 Satz 3 JArbSchG).

2. Folgen bei Verstoß (§ 33 Abs. 2, 3 JArbSchG)

5   Legt der Jugendliche die Bescheinigung nicht nach Ablauf eines Jahres vor, hat ihn der Arbeitgeber innerhalb eines Monats unter Hinweis auf das Beschäftigungsverbot (§ 33 Abs. 3 JArbSchG) **schriftlich aufzufordern**, ihm die Bescheinigung vorzulegen (§ 33 Abs. 2 Satz 1 JArbSchG). Kommt der Arbeitgeber dieser Pflicht nicht nach, ist das eine **Ordnungswidrigkeit**, die mit einer Geldbuße belegt werden (§ 59 Abs. 1 Nr. 4 JArbSchG).

6   Je eine Durchschrift des Aufforderungsschreibens hat der Arbeitgeber dem **Personensorgeberechtigten** und dem **Betriebs- oder Personalrat** zuzusenden (§ 33 Abs. 2 Satz 2 JArbSchG). Der Betriebs- oder Personalrat hat – soweit vorhanden – die Jugend- und Auszubildendenvertretung zu beteiligen, damit diese dem Jugendlichen die Bedeutung und Konsequenzen der Nachuntersuchung klarmacht.

7   Der Jugendliche darf nach Ablauf von 14 Monaten nach Aufnahme der ersten Beschäftigung **nicht weiterbeschäftigt werden**, solange er die Bescheinigung nicht vorgelegt hat (§ 33 Abs. 3 JArbSchG). Da der Arbeitgeber den Jugendlichen nach Ablauf dieser Zeit nicht mehr beschäftigen darf, braucht er dem Jugendlichen, wenn dieser die Nichtvorlage der Bescheinigung zu vertreten hat, auch keinen Lohn oder die Ausbildungsvergütung weiterzuzahlen. Das setzt voraus, dass der Arbeitgeber seine Pflicht gemäß § 33 Abs. 2 JArbSchG erfüllt hat. In dem Fall besteht für den Arbeitgeber auch das Recht zur Kündigung des Arbeits- oder Ausbildungsvertrages.

8   Wird der Jugendliche ohne ärztliche Bescheinigung über die erste Nachuntersuchung vom Arbeitgeber weiterbeschäftigt, ist das eine **Ordnungswidrigkeit**, die mit einer Geldbuße belegt werden (§ 58 Abs. 1 Nr. 23 JArbSchG).

9   Enthält die ärztliche Bescheinigung über die Nachuntersuchung **Beschäfti-**

gungsverbote für bestimmte Arbeiten (§ 40 Abs. 1 JArbSchG), darf der Jugendliche vom Arbeitgeber mit solchen Arbeiten nicht beschäftigt werden. Der Arbeitgeber ist verpflichtet, dem Jugendlichen andere Arbeit zuzuweisen, die im Einklang stehen mit dem Ausbildungs- oder Arbeitsvertrag.

Besondere Folgen können sich für **jugendliche Auszubildende** nach dem Berufsbildungsgesetz ergeben. Bei Fehlen der Bescheinigung nach § 33 Abs. 1 JArbSchG am Tag der Anmeldung zur Zwischenprüfung oder zum ersten Teil der Abschlussprüfung ist die Eintragung in das Verzeichnis der Berufsausbildungsverhältnisse zu löschen (§ 35 Abs. 2 Satz 2 BBiG), wenn die Bescheinigung auch nicht nachträglich innerhalb einer gesetzten Frist vorgelegt wird. **10**

§ 34 Weitere Nachuntersuchungen

Nach Ablauf jedes weiteren Jahres nach der ersten Nachuntersuchung kann sich der Jugendliche erneut nachuntersuchen lassen (weitere Nachuntersuchungen). Der Arbeitgeber soll ihn auf diese Möglichkeit rechtzeitig hinweisen und darauf hinwirken, dass der Jugendliche ihm die Bescheinigung über die weitere Nachuntersuchung vorlegt.

Während der Erstuntersuchung und die erste Nachuntersuchung für Jugendliche verpflichtend sind, sind weitere Nachuntersuchungen fakultativ: der Jugendliche »kann« sich erneut nachuntersuchen lassen (§ 34 Satz 1 JArbSchG). Immerhin soll der Arbeitgeber ihn auf diese Möglichkeit rechtzeitig hinweisen und darauf hinwirken, dass der Jugendliche ihm die Bescheinigung über die weitere Nachuntersuchung vorlegt (§ 34 Satz 2 JArbSchG). Der Arbeitgeber hat nach § 43 JArbSchG den Jugendlichen auch für die Durchführung der weiteren Nachuntersuchungen freizustellen. Über die wechselseitige Unterrichtung der Ärzte untereinander vgl. § 45 JArbSchG.

§ 35 Außerordentliche Nachuntersuchung

(1) Der Arzt soll eine außerordentliche Nachuntersuchung anordnen, wenn eine Untersuchung ergibt, dass
1. ein Jugendlicher hinter dem seinem Alter entsprechenden Entwicklungsstand zurückgeblieben ist,
2. gesundheitliche Schwächen oder Schäden vorhanden sind,
3. die Auswirkungen der Beschäftigung auf die Gesundheit oder Entwicklung des Jugendlichen noch nicht zu übersehen sind.
(2) Die in § 33 Abs. 1 festgelegten Fristen werden durch die Anordnung einer außerordentlichen Nachuntersuchung nicht berührt.

§ 35 JArbSchG regelt keine Pflichten des Jugendlichen oder des Arbeitgebers. Vielmehr soll der **Arzt** unter den in § 35 Abs. 1 JArbSchG geregelten Voraussetzungen eine **außerordentliche Nachuntersuchung anordnen.** Der Arzt soll die außerordentliche Nachuntersuchung anzuordnen, wenn eine der drei in § 35 Abs. 1 JArbSchG geregelten Voraussetzungen vorliegt. Die Beurteilung der Notwendigkeit einer außerordentlichen Nachuntersuchung liegt im pflichtgemäßen Ermessen des Arztes. Ergibt aber eine Untersuchung, dass der Jugendliche hinter dem seinem Alter entsprechenden Entwicklungsstand zurückgeblieben ist, gesundheitliche Schwächen oder Schäden vorhanden sind, oder kann im **1**

Einzelfall der Arzt die Auswirkungen der Beschäftigung für die Gesundheit noch nicht übersehen, dann hat er die außerordentliche Nachuntersuchung anzuordnen. Der Arzt macht sich dem Jugendlichen gegenüber unter Umständen schadensersatzpflichtig, wenn er eine gebotene Anordnung der Nachuntersuchung unterlässt. Er verletzt den Behandlungsvertrag und verstößt gegen seine Berufspflicht, wenn er schuldhaft sachlich gebotene Nachuntersuchungen nicht anordnet.

2 Für den Jugendlichen selbst ist die ärztliche »Anordnung« allerdings nicht bindend, der Arzt kann die Untersuchung nicht erzwingen. Die **Nichtbefolgung der ärztlichen Anordnung** hat weder für den Arbeitgeber noch für den Jugendlichen oder die Personensorgeberechtigten irgendwelchen Rechtsfolgen.[1]

3 Die Anordnung einer außerordentlichen Nachuntersuchung ist gemäß § 30 Abs. 1 Nr. 4 den **Personensorgeberechtigten** schriftlich mitzuteilen. Dem Arbeitgeber dürfen die Gründe, weshalb die Anordnung einer außerordentlichen Nachuntersuchung erfolgt ist, nicht mitgeteilt werden. Diese fallen unter die Schweigepflicht des Arztes. Dem Arbeitgeber sind allerdings die eventuellen Beschäftigungsbeschränkungen oder -verbote mitzuteilen.

4 Die außerordentliche Nachuntersuchung kann **mehrmals angeordnet** werden. Sie ersetzt auch nicht die erste Nachuntersuchung nach § 33 Abs. 1 JArbSchG, wie § 35 Abs. 2 JArbSchG deutlich macht. Grundsätzlich kann die außerordentliche Untersuchung nicht durch andere ärztliche Untersuchungen, zum Beispiel die Nachuntersuchung gemäß § 33 Abs. 1 JArbSchG, ersetzt werden und umgekehrt. Um eine überflüssige Doppeluntersuchung zu vermeiden, ist nur eine Untersuchung notwendig, wenn die erste Nachuntersuchung in einem Zeitraum vorgenommen wird, in dem auch eine außerordentliche Nachuntersuchung angeordnet wurde. Die in § 33 Abs. 1 JArbSchG festgelegten Fristen werden durch die Anordnung einer außerordentlichen Nachuntersuchung allerdings nicht berührt (§ 33 Abs. 2 JArbSchG).

§ 36 Ärztliche Untersuchungen und Wechsel des Arbeitgebers

Wechselt der Jugendliche den Arbeitgeber, so darf ihn der neue Arbeitgeber erst beschäftigen, wenn ihm die Bescheinigung über die Erstuntersuchung (§ 32 Abs. 1) und, falls seit der Aufnahme der Beschäftigung ein Jahr vergangen ist, die Bescheinigung über die erste Nachuntersuchung (§ 33) vorliegen.

1 § 36 JArbSchG soll sicherstellen, dass auch bei einem **Wechsel des Arbeitgebers** eine Beschäftigung erst aufgenommen wird, wenn dem Arbeitgeber die Bescheinigung über die Erstuntersuchung gemäß § 32 Abs. 1 JArbSchG oder über die Nachuntersuchung gemäß § 33 JArbSchG vorliegt. Eine Beschäftigung ohne Vorlage der Bescheinigung über die Erstuntersuchung bzw. über die Nachuntersuchung ist verboten. Für die Frage der Gültigkeit des Ausbildungs- oder Arbeitsvertrages hat dies allerdings keine Bedeutung. Beschäftigung im Sinne der Bestimmung ist die tatsächliche Arbeitsaufnahme. Bei einem **Betriebsübergang** (Betriebsinhaberwechsel) gemäß § 613a BGB oder im Erbfall (§ 1922 BGB) tritt ein Arbeitgeberwechsel kraft Gesetzes ein. Dem neuen Arbeitgeber sind die vorherigen Geschehnisse zuzurechnen. Sofern dem alten Arbeitgeber

---

1 *Molitor/Volmer/Germelmann* JArbSchG § 35 Rn. 8; *Taubert* JArbSchG § 35 Rn. 3.

die Bescheinigungen vorlagen, ist in diesen Fällen eine Neuvorlage gemäß § 36 JArbSchG entbehrlich.[1]

Zu den Papieren, auf deren Aushändigung der Jugendliche bei Beendigung der **2** Beschäftigung gegenüber dem alten Arbeitgeber einen Anspruch hat (Herausgabeanspruch), gehören gemäß § 41 Abs. 2 JArbSchG die Bescheinigungen über die ärztlichen Untersuchungen. Der Jugendliche muss aber selbst dafür Sorge tragen, dass er sie gemäß § 36 JArbSchG dem neuen Arbeitgeber vorlegt. Leitet der alte Arbeitgeber die Bescheinigung direkt an den neuen Arbeitgeber weiter, ist damit dem § 36 JArbSchG selbstverständlich genügt.

Wenn der Jugendliche mit gefährlichen Arbeitsstoffen arbeitet, muss dem neuen **3** Arbeitgeber auch die Bescheinigung über die Vorsorgeuntersuchung nach § 15 Abs. 1 i. V. m. § 18 Abs. 2 ArbStoffV vorliegen.

Solange dem neuen Arbeitgeber die Bescheinigung über die Erstuntersuchung **4** (§ 32 Abs. 1 JArbSchG) oder die erste Nachuntersuchung (§ 33 JArbSchG) nicht vorliegt, darf er den **Jugendlichen nicht beschäftigen**. Beschäftigt er ihn gleichwohl, begeht er eine **Ordnungswidrigkeit**, die mit einer Geldbuße belegt werden kann (§ 58 Abs. 1 Nr. 24 JArbSchG). Beides gilt nur, wenn der Betreffende noch Jugendlicher ist, also das 18. Lebensjahr noch nicht vollendet hat (§ 2 Abs. 2 JArbSchG).

§ 37 Inhalt und Durchführung der ärztlichen Untersuchungen

(1) Die ärztlichen Untersuchungen haben sich auf den Gesundheits- und Entwicklungsstand und die körperliche Beschaffenheit, die Nachuntersuchungen außerdem auf die Auswirkungen der Beschäftigung auf Gesundheit und Entwicklung des Jugendlichen zu erstrecken.

(2) Der Arzt bat unter Berücksichtigung der Krankheitsvorgeschichte des Jugendlichen auf Grund der Untersuchungen zu beurteilen,

1. ob die Gesundheit oder die Entwicklung des Jugendlichen durch die Ausführung bestimmter Arbeiten oder durch die Beschäftigung während bestimmter Zeiten gefährdet wird,
2. ob besondere der Gesundheit dienende Maßnahmen erforderlich sind,
3. ob eine außerordentliche Nachuntersuchung (§ 35 Abs. 1) erforderlich ist.

(3) Der Arzt hat schriftlich festzuhalten:

1. den Untersuchungsbefund,
2. die Arbeiten, durch deren Ausführung er die Gesundheit oder die Entwicklung des Jugendlichen für gefährdet hält,
3. die besonderen der Gesundheit dienenden Maßnahmen,
4. die Anordnung einer außerordentlichen Nachuntersuchung (§ 35 Abs. 1).

§ 37 JArbSchG beschreibt Inhalt und Durchführung der ärztlichen Untersuchun- **1** gen. Damit soll eine Vergleichbarkeit und Einheitlichkeit der Untersuchungen gewährleistet werden. Die Bestimmung wird ergänzt durch die auf der Grundlage § 46 JArbSchG erlassenen **Verordnung über die ärztlichen Untersuchungen nach dem Jugendarbeitsschutzgesetz – Jugendarbeitsschutzuntersuchungsverordnung** (JArbSchUV) vom 16. 10. 1990 (BGBl. I S. 2221). Danach hat der Arzt bestimmte Vordrucke zu verwenden. Die besonderen Fragen, die der Arzt dem Jugendlichen zu stellen hat, sind im Untersuchungsbogen vorgeschrieben. Da-

---

1 *Molitor/Volmer/Germelmann* JArbSchG § 36 Rn. 6.

mit soll eine einheitliche Prüfung der gesundheitlichen Beurteilung der Jugendlichen erreicht werden.

2 Für alle ärztlichen Untersuchungen gilt die **freie Arztwahl** (vgl. § 32 Rn. 8). Der Jugendliche kann den Arzt selbst wählen. Er bedarf weder der Zustimmung der Personensorgeberechtigten noch des Arbeitgebers. Hinsichtlich der wechselseitigen Unterrichtung der Ärzte untereinander vgl. § 45 JArbSchG.

3 Es besteht die **ärztliche Schweigepflicht**, von der der Arzt nur durch den Jugendlichen selbst entbunden werden kann.[1] Das gilt hinsichtlich der Einzelheiten auch gegenüber den **Personensorgeberechtigten**, denen indes die wesentlichen Ergebnisse der Untersuchung mitzuteilen sind (§ 39 Abs. 1 JArbSchG). Die ärztliche Schweigepflicht besteht insbesondere auch gegenüber dem **Arbeitgeber**. Selbst wenn der Jugendliche im Einstellungsfragebogen, auf deren Gestaltung nur der Arbeitgeber Einfluss hat, den Arzt von seiner Schweigepflicht gegenüber dem Arbeitgeber entbunden hat, darf der Arzt, auch ein Betriebs- oder Werksarzt, den Arbeitgeber nur insoweit von den ärztlichen Untersuchungsergebnissen informieren, als sie für die konkret in Aussicht genommene Beschäftigung Auswirkungen haben könnten. Eine Verletzung der ärztlichen Schweigepflicht ist gemäß § 203 StGB strafbar.

4 Die **Untersuchungsergebnisse** sind auf dem Untersuchungsbogen schriftlich festzuhalten. Die näheren Einzelheiten ergeben sich aus § 37 Abs. 3 JArbSchG und der Jugendarbeitsschutzuntersuchungsverordnung. Insbesondere schriftlich niederzulegen sind die Arbeiten, durch deren Ausführung der Arzt die Gesundheit oder die Entwicklung des Jugendlichen für gefährdet hält, die besonderen der Gesundheit dienenden Maßnahmen, sowie, soweit im Einzelfall geboten, die Anordnung einer außerordentlichen Nachuntersuchung (§ 35 Abs. 1 JArbSchG).

§ 38 Ergänzungsuntersuchung

Kann der Arzt den Gesundheits- und Entwicklungsstand des Jugendlichen nur beurteilen, wenn das Ergebnis einer Ergänzungsuntersuchung durch einen anderen Arzt oder einen Zahnarzt vorliegt, so hat er die Ergänzungsuntersuchung zu veranlassen und ihre Notwendigkeit schriftlich zu begründen.

1 Der Inhalt der ärztlichen Beurteilung hat sich auf den in § 37 Abs. 2 JArbSchG beschriebenen Bereich zu erstrecken. Die Beurteilung hat Aussagen darüber zu treffen, ob die Gesundheit oder die Entwicklung des Jugendlichen durch die Beschäftigung allgemein oder durch die Ausführung bestimmter Arbeiten oder während bestimmter Zeiten gefährdet wird (§ 37 Abs. 1 Nr. 1), ob besondere, der Gesundheit dienende Maßnahmen erforderlich sind (§ 37 Abs. 2 Nr. 2) oder ob eine außerordentliche Nachuntersuchung erforderlich ist.

2 Im Einzelfall kann eine **Ergänzungsuntersuchung** durch einen anderen Arzt erforderlich sein. § 38 JArbSchG bietet die Rechtsgrundlage für den untersuchenden Arzt, Spezialuntersuchungen durch Fachärzte zu veranlassen. Die Notwendigkeit ist durch den Arzt schriftlich zu begründen. Da die abschließende Beurteilung durch den erstuntersuchenden Arzt vorgenommen wird, kann dieser die Bescheinigung über die Untersuchung erst ausstellen, wenn der Jugendliche den anderen Arzt aufgesucht hat und der Befund dem erst-

---

1 *Molitor/Volmer/Germelmann* JArbSchG § 37 Rn. 8ff.; *Taubert* JArbSchG § 37 Rn. 8.

untersuchenden Arzt vorliegt. Hinsichtlich des »anderen« Arztes gilt die **freie Arztwahl**, so dass der Jugendliche nicht gezwungen ist, den Arzt aufzusuchen, den ihn der untersuchende Arzt empfohlen hat.[1] Der Jugendliche kann vielmehr zu einem Arzt seiner Wahl gehen, der die notwendige Fachqualifikation für die notwendige Ergänzungsuntersuchung hat.

Die Ergänzungsuntersuchung kann bei jeder Pflichtuntersuchung, aber auch bei **3** einer freiwilligen Untersuchung veranlasst werden. Durch die Anordnung einer Ergänzungsuntersuchung wird bei der Erstuntersuchung gemäß § 32 Abs. 1 JArbSchG die Voraussetzung, dass vor der Beschäftigung die vom Arzt ausgestellte Bescheinigung vorliegen muss, nicht ausgesetzt: Die Ergänzungsuntersuchung muss also vor der Beschäftigung durchgeführt worden sein und die Bescheinigung nach § 32 Abs. 1 Nr. 2 JArbSchG muss vorliegen, ansonsten ist die Beschäftigung unzulässig. Die Verpflichtung zur Freistellung und Lohnfortzahlung ergibt sich auch für die Ergänzungsuntersuchung aus § 43 JArbSchG.

§ 39 Mitteilung, Bescheinigung

(1) Der Arzt hat dem Personensorgeberechtigten schriftlich mitzuteilen:
1. das wesentliche Ergebnis der Untersuchung,
2. die Arbeiten, durch deren Ausführung er die Gesundheit oder die Entwicklung des Jugendlichen für gefährdet hält,
3. die besonderen der Gesundheit dienenden Maßnahmen,
4. die Anordnung einer außerordentlichen Nachuntersuchung (§ 35 Abs. 1).
(2) Der Arzt hat eine für den Arbeitgeber bestimmte Bescheinigung darüber auszustellen, dass die Untersuchung stattgefunden hat, und darin die Arbeiten zu vermerken, durch deren Ausführung er die Gesundheit oder die Entwicklung des Jugendlichen für gefährdet hält.

§ 39 Abs. 1 JArbSchG regelt den Inhalt der schriftlichen Mitteilung an die **Per-** **1** **sonensorgeberechtigten**. Dem Arzt steht für die Mitteilung nach § 5 der JArbSchUV ein Vordruck zur Verfügung. Mitteilungen an den Personensorgeberechtigten, die über die in § 39 Abs. 1 genannten Informationen hinausgehen, darf der Arzt nicht geben. Sie unterliegen der ärztlichen Schweigepflicht (vgl. § 37 Rn. 4). Er kann jedoch ärztliche Ratschläge geben.

Die für den **Arbeitgeber** bestimmte Bescheinigung (§ 39 Abs. 2 JArbSchG) be- **2** schränkt sich auf den Hinweis, dass die Untersuchung stattgefunden hat. Wenn festgestellt wurde, dass die Beschäftigung des Jugendlichen mit bestimmten Arbeiten zu einer Gesundheitsgefährdung führen kann, sind zusätzlich diese Arbeiten in der Bescheinigung aufzuführen. Der Jugendliche darf dann mit solchen Arbeiten nicht beschäftigt werden (§ 40 Abs. 1 JArbSchG). Weitere Angaben, insbesondere das detaillierte Untersuchungsergebnis, darf die Bescheinigung nicht enthalten, ansonsten würde der Arzt die ärztliche Schweigepflicht verletzen (vgl. § 37 Rn. 4). Der Arzt kann dem Jugendlichen die für den Arbeitgeber bestimmte Bescheinigung zur Weiterleitung aushändigen oder diese direkt dem Arbeitgeber zusenden oder den Personensorgeberechtigten.

Hat ein Jugendlicher **mehrere Arbeitgeber**, muss für jeden Arbeitgeber eine **3** Bescheinigung ausgestellt werden, da in ihr die Arbeiten zu vermerken sind, durch deren Ausführung der Arzt die Gesundheit oder die Entwicklung des

---

1 *Molitor/Volmer/Germelmann* JArbSchG § 38 Rn. 4.

Jugendlichen für gefährdet erachtet. Dies kann sich aber nur auf einen konkreten Arbeitgeber und die dort etwa zu verrichtenden Tätigkeiten beziehen.

§ 40 Bescheinigung mit Gefährdungsvermerk

(1) Enthält die Bescheinigung des Arztes (§ 39 Abs. 2) einen Vermerk über Arbeiten, durch deren Ausführung er die Gesundheit oder die Entwicklung des Jugendlichen für gefährdet hält, so darf der Jugendliche mit solchen Arbeiten nicht beschäftigt werden.
(2) Die Aufsichtsbehörde kann die Beschäftigung des Jugendlichen mit den in der Bescheinigung des Arztes (§ 39 Abs. 2) vermerkten Arbeiten im Einvernehmen mit einem Arzt zulassen und die Zulassung mit Auflagen verbinden.

Inhaltsübersicht   Rn.

1. Beschäftigungsverbot (§ 40 Abs. 1 JArbSchG)   1
2. Eingeschränkte Zulassung (§ 40 Abs. 2 JArbSchG)   3

1. Beschäftigungsverbot (§ 40 Abs. 1 JArbSchG)

1 Wenn die Bescheinigung des Arztes (§ 39 Abs. 2 JArbSchG) einen Vermerk enthält über Arbeiten, durch deren Ausführung er die Gesundheit oder die Entwicklung des Jugendlichen für gefährdet hält, so darf der Jugendliche mit solchen Arbeiten grundsätzlich nicht beschäftigt werden (§ 40 Abs. 1 JArbSchG). Ausnahmsweise kann die Aufsichtsbehörde im Einvernehmen mit einem Arzt zulassen, dass der Jugendliche mit solchen Arbeiten beschäftigt wird (§ 40 Abs. 2 JArbSchG). Ansonsten **endet das Beschäftigungsverbot**, wenn der Jugendliche das 18. Lebensjahr vollendet und damit nicht mehr Jugendlicher ist.

2 Wird der Jugendliche durch den Arbeitgeber entgegen dem Beschäftigungsverbot mit solchen Arbeiten beschäftigt, begeht der Arbeitgeber eine **Ordnungswidrigkeit** nach § 58 Abs. 1 Nr. 25 bzw. eine Straftat nach § 58 Abs. 5 und 6. Zivilrechtlich begeht der Arbeitgeber eine unerlaubte Handlung (§ 823 BGB). Eine Beschäftigung entgegen dem Beschäftigungsverbot stellt auch ein Verletzung des Ausbildungs- oder Arbeitsvertrages dar. Der Arbeitgeber ist gegebenenfalls dem Jugendlichen gegenüber zum Schadensersatz verpflichtet.

2. Eingeschränkte Zulassung (§ 40 Abs. 2 JArbSchG)

3 Eine Abschwächung des strikten Beschäftigungsverbotes des § 40 Abs. 1 JArbSchG enthält § 40 Abs. 2 JArbSchG. Der Aufsichtsbehörde wird die Möglichkeit eröffnet, trotz der vom Arzt festgestellten Gefährdungsvermerke die Beschäftigung des Jugendlichen mit diesen Arbeiten zuzulassen. Voraussetzung ist, dass die Behörde mit dem gleichen oder einem anderen Arzt (»einem Arzt«) hierüber Übereinstimmung erzielt hat. Ohne **Einvernehmen mit einem Arzt** ist eine Ausnahme vom Beschäftigungsverbot nicht zulässig.

4 Gemäß § 40 Abs. 2 JArbSchG »kann« die Aufsichtsbehörde die Beschäftigung des Jugendlichen im Einvernehmen mit einem Arzt zulassen und sie »kann« die **Zulassung mit Auflagen** verbinden. Das bedeutet, dass sie die Zulassung nicht mit Auflagen verbinden »muss«. In der Regel wird wegen der drohenden Gesundheitsgefährdung eine Zulassung nur unter Auflagen sachgerecht sein, insbesondere einer **zeitlichen Beschränkung**. Denkbar ist etwa auch eine Auflage, dass sich der Jugendliche in regelmäßigen Abständen nachuntersuchen lassen muss. Denkbar ist auch eine Zulassung unter Bedingungen, durch die etwa eine besondere Gestaltung des Arbeitsplatzes vorgeschrieben wird. Die Ausnahmebewilligung gemäß § 40 Abs. 2 JArbSchG kann von Amts wegen **5** oder auf Antrag ergehen. Den Antrag an die Aufsichtsbehörde können der Arbeitgeber, der Jugendliche oder der Personensorgeberechtigte stellen. Die Entscheidung darüber steht im pflichtgemäßen Ermessen der Aufsichtsbehörde. Es handelt sich um einen **Verwaltungsakt**, der gegebenenfalls mit dem Widerspruch oder der Klage angefochten werden kann.

Hat die Aufsichtsbehörde die Zulassung des Jugendlichen mit gefährdenden **6** Arbeiten mit Auflagen verbunden und verstößt der Arbeitgeber gegen die Auflagen, handelt es sich bei diesem Verstoß um eine **Ordnungswidrigkeit** (§ 58 Abs. 1 Nr. 28 JArbSchG), die mit einer Geldbuße geahndet werden.

§ 41 Aufbewahren der ärztlichen Bescheinigungen

(1) Der Arbeitgeber hat die ärztlichen Bescheinigungen bis zur Beendigung der Beschäftigung, längstens jedoch bis zur Vollendung des 18. Lebensjahres des Jugendlichen aufzubewahren und der Aufsichtsbehörde sowie der Berufsgenossenschaft auf Verlangen zur Einsicht vorzulegen oder einzusenden.

(2) Scheidet der Jugendliche aus dem Beschäftigungsverhältnis aus, so hat ihm der Arbeitgeber die Bescheinigungen auszuhändigen.

§ 41 JArbSchG regelt eine **Aufbewahrungspflicht** der ärztlichen Bescheinigun- **1** gen. Der Jugendliche, die Personensorgeberechtigten oder der untersuchende Arzt haben die Bescheinigungen dem Arbeitgeber auszuhändigen. Der Arbeitgeber hat die ärztlichen Bescheinigungen bis zur Beendigung der Beschäftigung, längstens jedoch bis zur Vollendung des 18. Lebensjahres des Jugendlichen aufzubewahren und der Aufsichtsbehörde sowie der Berufsgenossenschaft auf Verlangen zur Einsicht vorzulegen oder einzusenden. Es geht um die Bescheinigungen über die Erstuntersuchung (§ 32 JArbSchG), über die erste Nachuntersuchung (§ 33 JArbSchG), gegebenenfalls über freiwillige Nachuntersuchungen gemäß § 34 JArbSchG oder über außerordentliche Nachuntersuchungen (§ 35 JArbSchG). Die Aufbewahrungspflicht gilt bei einem Wechsel des Arbeitgebers (§ 36 JArbSchG) für den neuen Arbeitgeber.

Der **Aufsichtsbehörde** sowie der **Berufsgenossenschaft** sind die ärztlichen **2** Bescheinigungen auf Verlangen vom Arbeitgeber **zur Einsicht vorzulegen oder einzusenden**. Die Einsichtnahme an Ort und Stelle umfasst auch das Recht der Aufsichtsbehörde und der Berufsgenossenschaft zu prüfen, ob entsprechend den Bescheinigungen im Betrieb verfahren wird, ob zum Beispiel die Gefährdungsvermerke im Sinne des § 40 Abs. 1 JArbSchG beachtet werden. Davon zu unterscheiden ist die Aufbewahrungspflicht der Untersuchungsbögen durch den jeweiligen Arzt. Sie sind gemäß § 4 Abs. 2 JArbSchUV vom Arzt zehn Jahre aufzubewahren.

Bei einem **Berufsausbildungsverhältnis** muss die ärztliche Bescheinigung der **3** nach dem Berufsbildungsgesetz zuständigen Stelle auch ohne Aufforderung dieser Stelle vorgelegt werden, damit der Berufsausbildungsvertrag in das Verzeichnis der Berufsausbildungsverhältnisse eingetragen werden kann. Entsprechendes gilt für die Anmeldung des Auszubildenden zur Zwischenprüfung (vgl. § 35 BBiG).

4 Die **Bescheinigungen** sind dem Jugendlichen gemäß § 41 Abs. 2 JArbSchG **herauszugeben** (auszuhändigen), wenn das Ausbildungs- oder Arbeitsverhältnis endet, auch bei einem Wechsel des Arbeitgebers oder des Ausbildenden. Der Herausgabeanspruch erstreckt sich nicht nur auf Herausgabe der Originale, sondern auch auf Herausgabe etwaiger Duplikate, Fotokopien oder Abschriften der Bescheinigungen.[1] Gegebenenfalls kann die Herausgabe vor dem Arbeitsgericht eingeklagt oder im Wege der einstweiligen Verfügung verfolgt werden.[2] Erleidet der Jugendliche durch eine verspätete Herausgabe einen Schaden, besteht ein Schadensersatzanspruch gegen den Arbeitgeber. Eine Herausgabepflicht besteht zudem, wenn der Beschäftigte das 18. Lebensjahr vollendetes hat. Eine Vernichtung der Bescheinigungen kann nur im Einverständnis mit dem Beschäftigten erfolgen.

5 Der Arbeitgeber, der entgegen § 41 Abs. 1 JArbSchG die Bescheinigungen nicht aufbewahrt, nicht vorlegt, einsendet oder aushändigt, begeht eine **Ordnungswidrigkeit**, die mit einer Geldbuß geahndet werden kann (§ 59 Abs. 1 Nr. 5 JArbSchG).

§ 42 Eingreifen der Aufsichtsbehörde

Die Aufsichtsbehörde hat, wenn die dem Jugendlichen übertragenen Arbeiten Gefahren für seine Gesundheit befürchten lassen, dies dem Personensorgeberechtigten und dem Arbeitgeber mitzuteilen und den Jugendlichen aufzufordern, sich durch einen von ihr ermächtigten Arzt untersuchen zu lassen.

1 Die Bestimmung rundet die Maßnahmen ab, die zum Schutz der Gesundheit der Jugendlichen ergriffen werden können. Stellt die Aufsichtsbehörde, zum Beispiel bei einer Betriebskontrolle fest, dass der begründete Verdacht einer Gesundheitsgefährdung für einen Jugendlichen besteht, kann sie verlangen, dass der Jugendliche sich einen von ihr ermächtigten Arzt untersuchen lässt. Bei dieser Untersuchung besteht also **keine freie Arztwahl**.[1] Das schließt aber nicht aus, dass der Arzt, von dem der Jugendliche untersucht werden soll und den er der Aufsichtsbehörde nennt, von dieser zu Untersuchung ermächtigt wird. Allerdings stellt § 42 JArbSchG keine Rechtsgrundlage dafür dar, den Jugendlichen zu zwingen, sich der Untersuchung zu unterziehen.[2] Allerdings kann die Aufsichtsbehörde, wenn der Jugendliche der Untersuchungsaufforderung nicht folgt, ein Beschäftigungsverbot oder eine Beschäftigungsbeschränkung gemäß § 27 Abs. 1 JArbSchG auferlegen.[3]

2 Wird der Jugendliche aufgrund der Aufforderung der Aufsichtsbehörde untersucht, finden auf diese Untersuchungen die weiteren Bestimmungen des Gesetzes und der JArbSchUV Anwendung. Die Personensorgeberechtigten und der Arbeitgeber erhalten eine Bescheinigung gemäß § 39 JArbSchG.

3 Unabhängig von der Untersuchungsaufforderung nach § 42 JArbSchG kann die

---

1 *Molitor/Volmer/Germelmann* JArbSchG § 41 Rn. 21.
2 *Molitor/Volmer/Germelmann* JArbSchG § 41 Rn. 22.
1 *Molitor/Volmer/Germelmann* JArbSchG § 42 Rn. 11.
2 *Molitor/Volmer/Germelmann* JArbSchG § 42 Rn. 9; ErfK/*Schlachter* § 42 JArbSchG Rn. 1; *Taubert* JArbSchG § 42 Rn. 3; *Zmarzlik/Anzinger* JArbSchG § 42 Rn. 4.
3 *Molitor/Volmer/Germelmann* JArbSchG § 42 Rn. 10; ErfK/*Schlachter* § 42 JArbSchG Rn. 1; *Taubert* JArbSchG § 42 Rn. 3.

Aufsichtsbehörde gemäß § 27 JArbSchG Beschäftigungsbeschränkungen und Beschäftigungsverbote für bestimmte Arbeiten anordnen.

§ 43 Freistellung für Untersuchungen

Der Arbeitgeber hat den Jugendlichen für die Durchführung der ärztlichen Untersuchungen nach diesem Abschnitt freizustellen. Ein Entgeltausfall darf hierdurch nicht eintreten.

Es besteht die zwingende Verpflichtung des Arbeitgebers, den Jugendlichen zu **1** allen Untersuchungen, die in § 32 bis § 42 JArbSchG vorgesehen sind, unter Fortzahlung des Entgelts freizustellen. Das bedeutet, dass der Jugendliche **während der Arbeitszeit** die Untersuchungen durchführen lassen kann. Der Arbeitgeber darf den Jugendlichen nicht auf die Möglichkeit verweisen, den Arzt nur außerhalb der Arbeitszeit aufzusuchen.

§ 43 Satz 1 JArbSchG regelt einen gesetzlichen **Freistellungsanspruch.** Der Ju- **2** gendliche muss seinen Anspruch auf Freistellung zur Durchführung der ärztlichen Untersuchung gegenüber dem Arbeitgeber geltend machen. Er kann nicht ohne entsprechende Zustimmung des Arbeitgebers einseitig den Arztbesuch festlegen, er hat jedoch einen Anspruch auf Zustimmung des Arbeitgebers zur Freistellung zum Zwecke der Durchführung der ärztlichen Untersuchung. Dieser Anspruch umfasst nicht nur die Zeit des Arztbesuches selbst oder des Wartens, sondern auch die notwendigen **Wegezeiten.**

Obgleich in § 43 JArbSchG – anders als in § 9 Abs. 2 und § 10 Abs. 2 JArbSchG – **3** keine ausdrückliche Anrechnung der durch den Arztbesuch ausgefallenen Arbeitszeit auf die höchstzulässige Arbeitszeit vorgesehen ist, kann der Arbeitgeber nicht verlangen, dass der Jugendliche diese Arbeitszeit am selben Tag oder einem anderen Tagen nachholt.[1] Die ausdrückliche Regelung in § 43 Satz 2 JArbSchG, dass ein Entgeltausfall durch die Teilnahme an einer ärztlichen Untersuchung nicht eintreten darf, wäre sonst nicht verständlich. Ein Entgeltausfall träte auch ein, wenn der Jugendliche die ausgefallene Zeit des Arztbesuches vor- oder nacharbeiten müsste.

Durch den Arztbesuch während der Arbeitszeit darf **kein Entgeltausfall** ein- **4** treten. Die Berechnung des Entgeltausfalles erfolgt nach dem **Lohnausfallprinzip.** Es kommt darauf an, ob allein durch die ärztliche Untersuchung die Arbeit ausgefallen ist und darauf wie viel der Jugendliche in der ausgefallenen Zeit normalerweise verdient hätte. Sucht der Jugendliche den Arzt ganz oder teilweise außerhalb der Arbeitszeit auf, zum Beispiel aufgrund von bestehenden Gleitzeitregelungen im Betrieb, hat er nur für die Zeit Anspruch auf Lohnfortzahlung, in der er üblicherweise gearbeitet hätte. Fahrtkosten oder andere Kosten, die dem Jugendlichen durch den Arztbesuch entstehen, muss der Arbeitgeber allerdings nicht erstatten.[2]

Ist eine Untersuchung aus Anlass eines **Wechsel des Arbeitgebers** für die **5** Einstellung bei einem neuen Arbeitgeber erforderlich, muss der bisherige Arbeitgeber die Freistellung und das Entgelt gewähren. Der neue Arbeitgeber darf,

---

1 *Lorenz* JArbSchG § 43 Rn. 6; **a. A.:** *Molitor/Volmer/Germelmann* JArbSchG § 43 Rn. 19; ErfK / *Schlachter* § 43 JArbSchG Rn. 1; *Taubert* § 43 Rn. 3; *Zmarzlik/Anzinger* § 43 Rn. 7.
2 *Molitor/Volmer/Germelmann* JArbSchG § 43 Rn. 17; *Taubert* § 43 Rn. 2; *Zmarzlik/ Anzinger* JArbSchG § 43 Rn. 9.

ohne dass die Untersuchungsbescheinigung vorliegt, den Jugendlichen nicht beschäftigen und muss daher keine Freistellung gewähren.

6 Verstößt der Arbeitgeber gegen die Freistellungsverpflichtung nach § 43 JArb-SchG, zum Beispiel dadurch, dass er einen unzulässigen Druck auf den Jugendlichen ausübt, begeht er eine **Ordnungswidrigkeit**, die mit einer Geldbuße geahndet werden kann (§ 59 Abs. 1 Nr. 6 JArbSchG).

§ 44 Kosten der Untersuchungen

Die Kosten der Untersuchungen trägt das Land.

1 Die Kosten der Untersuchungen tragen die Bundesländer. Dem Sinne des Gesetzes würde es entsprechen, dass auch die Kosten, die dem Jugendlichen entstehen (Fahrtkosten, Auslagen) erstattet werden. Nur dann wäre gewährleistet, dass diese wichtigen Pflichtuntersuchungen von den Jugendlichen wahrgenommen werden. § 44 JArbSchG bezieht sich jedoch nur auf die Kosten »der Untersuchungen«, also die Kosten, die dem Arzt entstehen, nicht auf sonstige Kosten, die anderen Personen entstehen.[1] Diese müssen der Jugendliche oder die Personensorgeberechtigten tragen, die Kosten gemäß § 43 JArbSchG der Arbeitgeber.

2 Die Erstattung der Untersuchungskosten ist in § 2 der JArbSchUV geregelt. Danach erfolgt die Untersuchung aufgrund eines »Untersuchungsberechtigungsscheins«, der von den jeweiligen Bundesländern ausgegeben wird und aufgrund dessen die Ärzte die Untersuchung durchzuführen haben. Der Untersuchungsberechtigungsschein ist auch für die Abrechnung des Arztes maßgeblich.

§ 45 Gegenseitige Unterrichtung der Ärzte

(1) Die Ärzte, die Untersuchungen nach diesem Abschnitt vorgenommen haben, müssen, wenn der Personensorgeberechtigte und der Jugendliche damit einverstanden sind,
1. dem staatlichen Gewerbearzt,
2. dem Arzt, der einen Jugendlichen nach diesem Abschnitt nachuntersucht, auf Verlangen die Aufzeichnungen über die Untersuchungsbefunde zur Einsicht aushändigen.
(2) Unter den Voraussetzungen des Absatzes 1 kann der Amtsarzt des Gesundheitsamtes einem Arzt, der einen Jugendlichen nach diesem Abschnitt untersucht, Einsicht in andere in seiner Dienststelle vorhandene Unterlagen über Gesundheit und Entwicklung des Jugendlichen gewähren.

1 § 45 JArbSchG regelt die Möglichkeit der gegenseitigen Unterrichtung der Ärzte über Untersuchungsergebnisse. Sie hat den Zweck, dem untersuchenden Arzt die Beurteilung des Gesundheitszustandes und der Leistungsfähigkeit des Jugendlichen dadurch zu erleichtern, dass er frühere Untersuchungsergebnisse berücksichtigen kann.

2 Die Pflicht zur Aushändigung der Aufzeichnungen über die Untersuchungsbefunde hängt davon ab, ob die Personensorgeberechtigten, also in der Regel

---

1 *Molitor/Volmer/Germelmann* § 44 Rn. 9; *Taubert* § 44 Rn. 2; *Zmarzlik/Anzinger* § 44 Rn. 3.

beide Elternteile, *und* der Jugendliche damit einverstanden sind. Liegt dieses Einverständnis vor, beschränkt sich die Aushändigung auf die Untersuchungsergebnisse, die aufgrund von Untersuchungen nach den §§ 32 ff. festgehalten wurden. Erkenntnisse, die Ärzte aufgrund anderer Untersuchungen über den Jugendlichen haben, gehören nicht hierzu. Insoweit besteht die Schweigepflicht des Arztes.

Mit Befunden gemäß § 45 JArbSchG sind in erster Linie die Untersuchungs- **3** bögen nach § 3 JArbSchUV gemeint. Sowohl der staatliche Gewerbearzt wie auch der Arzt, der einen Jugendlichen nachuntersucht, haben einen Anspruch auf Aushändigung der Aufzeichnungen über frühere Untersuchungsbefunde. Der Arzt, der die Aufzeichnungen zur Einsicht ausgehändigt erhalten hat, ist verpflichtet, sie nach der Einsichtnahme wieder zurückzusenden.

Der staatliche Gewerbearzt kann – unter der Voraussetzung dass der Jugend- **4** liche und der Personensorgeberechtigte zustimmen – die Unterlagen und Aufzeichnungen anderer Ärzte nicht nur anfordern, wenn er den Jugendlichen nachuntersucht, sondern auch dann wenn er im Verfahren nach § 40 Abs. 2 JArbSchG oder im Verfahren nach § 42 JArbSchG tätig werden, also die Aufsichtsbehörde unterstützen und beraten soll.

Auf Anforderung des staatlichen Gewerbearztes oder eines sonstigen Arztes, **5** der einen Jugendlichen im Rahmen dieses Gesetzes nachuntersucht, kann der Amtsarzt des Gesundheitsamtes – wenn der Personensorgeberechtigte und der Jugendliche damit einverstanden sind – den anfordernden Ärzten Einsicht auch in andere »in seiner Dienststelle« vorhandene Unterlagen über Gesundheit und Entwicklung des Jugendlichen gewähren. Sonstige Unterlagen, etwa des Jugendamtes oder anderer Behörden, kommen nicht in Betracht. Bei den genannten anderen Unterlagen wird es sich in der Regel um Ergebnisse schulärztlicher Untersuchungen handeln. Ergebnisse über Untersuchungen der Eltern oder Geschwister des Jugendlichen darf der Amtsarzt auch dann nicht mitteilen, wenn diese zum Beispiel wegen erblicher Veranlagungen Aufschluss über die Gesundheit und die Entwicklung des Jugendlichen geben könnten.

Im Gegensatz zu § 45 Abs. 1 JArbSchG, wonach die Unterlagen zur Einsicht **6** auszuhändigen sind, hat der Amtsarzt nur Einsicht in die Unterlagen zu gewähren, d. h., er darf die Unterlagen dem untersuchenden Arzt nicht überlassen. Die Einsicht in die Unterlagen kann auch aus Anlass der Erstuntersuchung gemäß § 32 Abs. 1 JArbSchG gewährt werden.

§ 46 Ermächtigungen

(1) Das Bundesministerium für Arbeit und Soziales kann zum Zwecke einer gleichmäßigen und wirksamen gesundheitlichen Betreuung durch Rechtsverordnung mit Zustimmung des Bundesrates Vorschriften über die Durchführung der ärztlichen Untersuchungen und über die für die Aufzeichnungen der Untersuchungsbefunde, die Bescheinigungen und Mitteilungen zu verwendenden Vordrucke erlassen.

(2) Die Landesregierung kann durch Rechtsverordnung

1. zur Vermeidung von mehreren Untersuchungen innerhalb eines kurzen Zeitraumes aus verschiedenen Anlässen bestimmen, dass die Untersuchungen nach den §§ 32 bis 34 zusammen mit Untersuchungen nach anderen Vorschriften durchzuführen sind, und hierbei von der Frist des § 32 Abs. 1 Nr. 1 bis zu drei Monaten abweichen,

2. zur Vereinfachung der Abrechnung
   a) Pauschbeträge für die Kosten der ärztlichen Untersuchungen im Rahmen der geltenden Gebührenordnungen festsetzen,
   b) Vorschriften über die Erstattung der Kosten beim Zusammentreffen mehrerer Untersuchungen nach Nummer 1 erlassen.

Vierter Abschnitt
Durchführung des Gesetzes

Erster Titel
Aushänge und Verzeichnisse

§ 47 Bekanntgabe des Gesetzes und der Aufsichtsbehörde

Arbeitgeber, die regelmäßig mindestens einen Jugendlichen beschäftigen, haben einen Abdruck dieses Gesetzes und die Anschrift der zuständigen Aufsichtsbehörde an geeigneter Stelle im Betrieb zur Einsicht auszulegen oder auszuhängen.

Inhaltsübersicht   Rn.

1.   Überblick   1
2.   Verpflichtung der Arbeitgeber, das JArbSchG im Betrieb bekanntzugeben   2

1. Überblick

1   Das Jugendarbeitsschutzgesetz kann seinen Zweck nur erfüllen, wenn es bekannt ist. Damit die Jugendlichen sich jederzeit, aber auch bei aktuellen Anlässen, über die ihnen zustehenden Rechte und Pflichten und die gesetzliche Vorgaben zu ihrem Schutz informieren können, muss das **JArbSchG an geeigneter Stelle im Betrieb ausliegen oder aushängen**. Gleichfalls muss die **Anschrift der zuständigen Aufsichtsbehörde** ausliegen oder aushängen. Die Pflicht, das JArbSchG im Betrieb bekanntzugeben, besteht für alle Arbeitgeber, die mindestens einen Jugendlichen beschäftigen (§ 47 JArbSchG). Arbeitgeber, die regelmäßig mindestens drei Jugendliche beschäftigen, haben darüber hinaus die Pflicht, **Beginn und Ende der regelmäßigen täglichen Arbeitszeit und der Pausen der Jugendlichen auszuhängen** (§ 48 JArbSchG). Um die Kontrolle der Einhaltung des JArbSchG zu sichern, bestehen zudem für die Arbeitgeber Pflichten, bestimmte **Verzeichnisse** zu führen, sowie **Auskunftspflichten** gegenüber der Aufsichtsbehörde (§ 49, § 50 JArbSchG). Wer »Arbeitgeber« ist, definiert § 3 JArbSchG. Welche **Aufsichtsbehörde** zuständig ist, regelt das Landesrecht (§ 51 JArbSchG). In der Regel sind dies die örtlichen Gewerbeaufsichtsämter in den einzelnen Regierungsbezirken.

2. Verpflichtung der Arbeitgeber, das JArbSchG im Betrieb bekanntzugeben

Ein Abdruck des Gesetzes und die Anschrift der zuständigen Aufsichtsbehörde **2** sind »**im Betrieb**« auszulegen oder auszuhängen (erfasst werden auch die Verwaltungsstellen im öffentlichen Dienst), und zwar »**an geeigneter Stelle**« im Betrieb. **Zuwiderhandlungen** sind Ordnungswidrigkeiten und können mit einer Geldbuße geahndet werden (§ 59 Abs. 1 Nr. 7 JArbSchG).

Die Pflicht gemäß § 47 JArbSchG besteht, wenn »**regelmäßig**« mindestens ein **3** **Jugendlicher beschäftigt** wird, wenn also üblicherweise mindestens ein Jugendlicher beschäftigt wird. Kurzzeitige Unterbrechungen sind ohne Bedeutung. Auf den Umfang der Arbeitszeit des oder der Jugendlichen kommt es nicht an, es reicht auch eine stunden- oder tageweise Tätigkeit verschiedener Jugendlicher. Werden Jugendliche zwar nur zu bestimmten Zeiten des Jahres, aber üblicherweise beschäftigt (zum Beispiel saisonweise zur Ernte oder im Sommer als Urlaubsvertretung), liegt eine »regelmäßige« Beschäftigung im Sinne des § 47 JArbSchG vor. Auch in diesen Fällen muss der Text des Jugendarbeitsschutzgesetzes ausliegen oder ausgehängt werden.

Die Arbeitgeber haben »**im Betrieb**« ein Abdruck des Gesetzes und die An- **4** schrift der zuständigen Aufsichtsbehörde auszulegen oder auszuhängen. Auf die Größe des Betriebs oder die Zahl der im Übrigen beschäftigten Arbeitnehmer kommt es nicht an. Die Pflicht gilt auch für Kleinbetriebe, wenn mindestens ein Jugendlicher beschäftigt wird (Rn. 3). Bei mehreren Betriebsstätten muss der Aushang in jeder Betriebsstätte erfolgen. Besteht kein Betrieb im eigentlichen Sinne, entfällt die Pflicht gemäß § 47 JArbSchG, so etwa wenn ein Schriftsteller lediglich eine Schreibkraft beschäftigt oder bei der Putzhilfe im Haushalt.[1]

Die Bekanntgabe muss erfolgen »**an geeigneter Stelle**« im Betrieb. Geeignet ist die **5** Stelle für die Auslage oder den Aushang nur dann, wenn der Jugendliche jederzeit, sooft es ihm notwendig erscheint, Einblick nehmen kann, ohne dass größere Hindernisse zu überwinden sind. Ein Aushang am »schwarzen Brett« ist stets sachgerecht. Ein Verstoß gegen § 47 JArbSchG wäre gegeben, wenn der Jugendliche das Gesetz bei einem Vorgesetzten anfordern muss oder nur im Zimmer des Vorgesetzten einsehen kann.[2] In größeren Betrieben oder bei weiträumigen Betriebsanlagen ist es notwendig, das Gesetz an mehreren Stellen auszuhängen oder auszulegen.[3] Das folgt aus Sinn und Zweck der Bestimmung.

Das Gesetz verlangt nur eine Bekanntgabe **in deutscher Sprache**, weil alle **6** Gesetze in Deutschland ausschließlich in deutscher Sprache erlassen werden.[4] Die Bekanntgabepflicht des Arbeitgebers kann sich nur auf das Gesetz beziehen, wie es in Deutschland erlassen ist. Es mag zwar wünschenswert sein, das Gesetz auch in anderen Sprachen, die im Betrieb gesprochen werden, bekannt zu machen. Eine gesetzliche Pflicht besteht aber nicht. Es kann auch nicht mit der »Fürsorgepflicht« des Arbeitgebers gegenüber ausländischen Jugendlichen argumentiert werden. Da die Pflicht gemäß § 47 JArbSchG bußgeldbewehrt ist (§ 59 Abs. 1 Nr. 7 JArbSchG), gilt der Bestimmtheitsgrundsatz (Art. 103 Abs. 2 GG). Eine Geldbuße darf nur auferlegt werden, soweit sich dem Gesetz das

---

1 *Taubert* JArbSchG § 47 Rn. 2.
2 *Molitor/Volmer/Germelmann* JArbSchG § 47 Rn. 14; *Taubert* JArbSchG § 47 Rn. 3.
3 *Taubert* JArbSchG § 47 Rn. 3.
4 *Anzinger* MünchArbR § 312 Rn. 8; *Zmarzlik/Anzinger* JArbSchG § 47 Rn. 7.

bußgeldbewehrte Gebot klar entnehmen lässt. Von einer Bekanntgabe des JArbSchG in einer nicht offiziellen Fassung, nämlich in einer anderen als der deutschen Sprache, ist in § 47 JArbSchG aber nicht die Rede. Nichtsdestotrotz ist es sinnvoll, fremdsprachiges Informationsmaterial im Betrieb auszuhängen oder auszulegen, sofern die Aufsichtsbehörden oder anderen Stellen (Gewerkschaften, Arbeitgeberverbände, Berufsgenossenschaften, Ausschüsse oder Landesausschüsse für Jugendarbeitsschutz) solches zur Verfügung zu stellen.

§ 48 Aushang über Arbeitszeit und Pausen

Arbeitgeber, die regelmäßig mindestens drei Jugendliche beschäftigen, haben einen Aushang über Beginn und Ende der regelmäßigen täglichen Arbeitszeit und der Pausen der Jugendlichen an geeigneter Stelle im Betrieb anzubringen.

1   Beschäftigt der Arbeitgeber regelmäßig mindestens drei Jugendliche, hat er neben dem Aushang des Gesetzestextes und der Adresse der zuständigen Aufsichtsbehörde auch noch Beginn und Ende der regelmäßigen täglichen Arbeitszeit und der Pausen für die Jugendlichen an geeigneter Stelle im Betrieb durch Aushang bekannt zu geben. **Zuwiderhandlungen** gegen § 48 JArbSchG sind Ordnungswidrigkeiten und können mit einer Geldbuße geahndet werden (§ 59 Abs. 1 Nr. 8 JArbSchG). Durch § 48 JArbSchG wird auch sichergestellt, dass eine Kontrolle der Einhaltung der arbeitszeitrechtlichen Bestimmungen des Jugendarbeitsschutzgesetzes durch den **Betriebsrat** oder **Personalrat** ermöglicht wird. Darüber hinaus können auch die **Aufsichtsbehörden** bei Überprüfungen feststellen, ob die Arbeitszeiten und Ruhepausen, wie sie vom Arbeitgeber im Betrieb für die Jugendlichen festgelegt worden sind, mit den arbeitszeitrechtlichen Bestimmungen des Gesetzes übereinstimmen.

2   Auszuhängen ist Beginn und Ende der »regelmäßigen« täglichen **Arbeitszeit**. Mit **Pausen** sind die Ruhepausen des § 11 JArbSchG gemeint (vgl. im Einzelnen die Kommentierung dort). Aus der Bekanntgabepflicht folgt mittelbar, dass die tägliche Arbeitszeit und die Pausen der Jugendlichen grundsätzlich für eine längere Zeit im Voraus festzulegen sind und nicht täglich neu. Gelegentliche Abweichungen aus besonderen Anlässen sind nicht ausgeschlossen. Bei gelegentlichen Abweichungen wird die »regelmäßige« Arbeitszeit nicht geändert. Durch solche gelegentlichen Abweichungen wird nicht jedes Mal eine neue Aushangpflicht ausgelöst.[1] Wird im Betrieb **Gleitzeit** auch für die Jugendlichen praktiziert, sind die Kern- und Gleitzeiten auszuhängen.[2]

3   Bei der Festlegung von Beginn und Ende der Arbeitszeit und der Pausen haben **Betriebsrat** (nach § 87 Abs. 1 Nr. 2 und 3 BetrVG) und **Personalrat** (nach § 75 Abs. 3 Nr. 1 BPersVG) ein Mitbestimmungsrecht.

§ 49 Verzeichnisse der Jugendlichen

Arbeitgeber haben Verzeichnisse der bei ihnen beschäftigten Jugendlichen unter Angabe des Vor- und Familiennamens, des Geburtsdatums und der Wohnanschrift zu führen, in denen das Datum des Beginns der Beschäftigung bei ihnen,

---

1 *Anzinger* MünchArbR § 312 Rn. 9; *Molitor/Volmer/Germelmann* JArbSchG § 48 Rn. 14; *Zmarzlik/Anzinger* JArbSchG § 48 Rn. 5.
2 *Taubert* § 48 Rn. 2.

bei einer Beschäftigung unter Tage auch das Datum des Beginns dieser Beschäftigung, enthalten ist.

Die Arbeitgeber (§ 3 JArbSchG) haben Verzeichnisse der bei ihnen beschäftigten **1** Jugendlichen unter Angabe der in § 49 JArbSchG genannten Daten zu führen. Da der Zweck des § 49 JArbSchG darin liegt, den Aufsichtsbehörden die Kontrolle über die Einhaltung der Bestimmungen des JArbSchG zu erleichtern, müssen die Verzeichnisse jederzeit verfügbar sein und einen Überblick über alle im Betrieb beschäftigten Jugendlichen geben. **Zuwiderhandlungen** gegen § 49 JArbSchG sind Ordnungswidrigkeiten und können mit einer Geldbuße geahndet werden (§ 59 Abs. 1 Nr. 9 JArbSchG). Mit den Verzeichnissen soll auch den Aufsichtsbehörden die Kontrolle ermöglicht werden, ob und in welcher Zahl Jugendliche im Betrieb beschäftigt werden. Ergänzend ist deshalb § 50 JArbSchG zu beachten.

Maßgeblich ist, dass **Jugendliche »beschäftigt«** werden. Unerheblich ist, in **2** welchem Rechtsverhältnis die Beschäftigung erfolgt, ob als Arbeitnehmer, Auszubildender oder in sonstiger Weise. Auf eine »regelmäßige« Mindestbeschäftigungszahl (wie bei § 47 oder § 48 JarbSchG) kommt es nicht. Jeder Arbeitgeber, der auch nur einen Jugendlichen, auch nur kurzzeitig oder zeitweilig und nicht regelmäßig, beschäftigt, muss ein solches Verzeichnis führen.

Da die Bestimmung der Absicherung der Kontrollmöglichkeiten der Aufsichts- **3** behörden dient, ist ihre entsprechende Anwendung auf die **erlaubte Beschäftigung von Kindern** geboten. § 5 Abs. 2 JArbSchG, der die erlaubte Beschäftigung von Kindern regelt, verweist zwar nur auf die entsprechende Anwendung des § 9 bis § 46 JArbSchG, gleichwohl ist die entsprechende Anwendung auch des § 49 JArbSchG in diesen Fällen geboten. Der Grund für den Verweis auf § 9 bis § 46 JArbSchG liegt darin, dass Kinder, wenn überhaupt, nur vorübergehend beschäftigt werden sollen, und daher die Führung eines Verzeichnisses für Kinder überflüssig scheint. Wenn allerdings Kinder ausnahmsweise beschäftigt werden dürfen, sollten im Hinblick auf die notwendige Kontrolle durch die Aufsichtsbehörden die Verzeichnisse gemäß § 49 JArbSchG geführt werden müssen.

Anders als früher wird in § 49 JArbSchG der Plural verwendet. Es ist nicht ein **4** Verzeichnis zu führen, sondern »**Verzeichnisse**«. Das ermöglicht es zum Beispiel für Auszubildende unterschiedlicher Berufe verschiedene Verzeichnisse anzulegen oder Verzeichnisse durch elektronische Datenverarbeitungsanlagen erstellen zu lassen. Entscheidend ist letztlich, dass die Aufsichtsbehörde jederzeit auf Verlangen einen Überblick über alle im Betrieb beschäftigten Jugendlichen und über die in § 49 JArbSchG genannten Daten erhält.

Der **Betriebs- oder Personalrat** sowie die Jugend- und Auszubildendenvertre- **5** tung haben nach § 80 BetrVG bzw. § 68 BPersVG Anspruch auf Einsicht in diese Listen. Sie sind verpflichtet, diese regelmäßig zu kontrollieren. Für die Jugendlichen selbst ist kein Einsichtsrecht gesetzlich vorgeschrieben.

§ 50 Auskunft; Vorlage der Verzeichnisse

(1) Der Arbeitgeber ist verpflichtet, der Aufsichtsbehörde auf Verlangen
1. die zur Erfüllung ihrer Aufgaben erforderlichen Angaben wahrheitsgemäß und vollständig zu machen,
2. die Verzeichnisse gemäß § 49, die Unterlagen, aus denen Name, Beschäftigungsart und -zeiten der Jugendlichen sowie Lohn- und Gehaltszahlungen

ersichtlich sind, und alle sonstigen Unterlagen, die sich auf die nach Nummer 1 zu machenden Angaben beziehen, zur Einsicht vorzulegen oder einzusenden. (2) Die Verzeichnisse und Unterlagen sind mindestens bis zum Ablauf von zwei Jahren nach der letzten Eintragung aufzubewahren.

Inhaltsübersicht   Rn.

1.   Überblick   1
2.   Auskunftspflicht des Arbeitgebers.......................   2
3.   Vorlagepflichten des Arbeitgebers......................   3
4.   Aufbewahrungspflicht des Arbeitgebers   5

1. Überblick

1 § 50 JArbSchG ist für die Überwachung der Bestimmungen des Jugendarbeitsschutzgesetzes von großer praktischer Bedeutung. Sie ermöglicht der Aufsichtsbehörde, Verstöße gegen das JArbSchG ohne großen organisatorischen Aufwand festzustellen. Die Arbeitgeber sind zur wahrheitsgemäßen Auskunft in allen das Jugendarbeitsschutzgesetz betreffenden Fragen verpflichtet. **Zuwiderhandlungen** gegen § 50 JArbSchG sind Ordnungswidrigkeiten und können mit einer Geldbuße geahndet werden (§ 59 Abs. 1 Nr. 10 JArbSchG). Zur Auskunft verpflichtet ist der **Arbeitgeber** im Sinne des § 3 JArbSchG. Daneben ergibt sich aus § 89 Abs. 1 BetrVG bzw. § 81 BPersVG auch eine Auskunftspflicht des **Betriebs- oder Personalrates** gegenüber der Aufsichtsbehörde. Die Pflichten der Arbeitgeber gemäß § 50 JArbSchG werden ergänzt durch die **Zutritts- und Besichtigungsrechte der Aufsichtsbehörde** gemäß § 51 JArbSchG.

2. Auskunftspflicht des Arbeitgebers

2 Der Arbeitgeber ist verpflichtet, der Aufsichtsbehörde auf Verlangen die zur Erfüllung ihrer Aufgaben erforderlichen Angaben wahrheitsgemäß und vollständig zu machen (§ 50 Abs. 1 Nr. 1 JArbSchG). Die Pflicht zur Auskunft im Rahmen des § 50 Abs. 1 Nr. 1 JArbSchG umfasst alle Angaben, die zur Erfüllung der Aufgaben der Aufsichtsbehörde erforderlich sind. Zielrichtung des § 50 JArbSchG ist die Einhaltung des Jugendarbeitsschutzgesetzes. Der Schutz der Jugendlichen vor gesundheitlichen Gefahren und Schäden verlangt, dass bei Verstößen die Aufsichtsbehörde den Arbeitgeber zur Beseitigung des rechtswidrigen Zustandes veranlasst. Die eventuelle Verhängung eines Bußgeldes, wenn der Arbeitgeber durch einen Verstoß gegen das Gesetz gleichzeitig eine Ordnungswidrigkeit begangen hat, ist nur eine Nebenfolge der Auskunftspflicht nach § 50 JArbSchG. Der Arbeitgeber ist auch dann zur Auskunft nach § 50 Abs. 1 JArbSchG verpflichtet, wenn er sich bei wahrheitsgemäßer Auskunft einer Ordnungswidrigkeit oder Straftat bezichtigen würde.[1] Das folgt aus dem unbeschränkten Wortlaut der Norm und dem Regelungszweck. Es geht darum, Verstöße gegen das JArbSchG aufzudecken und abzustellen, und zwar zum Zwecke des Gesundheitsschutzes der Jugendlichen.

---

1 *Anzinger* MünchArbR § 312 Rn. 11; *Lorenz* JArbSchG § 50 Rn. 3; *Molitor/Volmer/Germelmann* JArbSchG § 50 Rn. 20; *Taubert* JArbSchG § 50 Rn. 3; *Zmarzlik/Anzinger* JArbSchG § 50 Rn. 3.

3. Vorlagepflichten des Arbeitgebers

Gemäß § 50 Abs. 1 Nr. 2 JArbSchG hat der Arbeitgeber die Verzeichnis gemäß **3** § 49 JArbSchG und die weiteren in § 50 Abs. 1 Nr. 2 genannten Unterlagen der Aufsichtsbehörde zur Einsicht vorzulegen oder einzusenden. Zu den sonstigen Unterlagen im Sinne dieser Bestimmung zählen zum Beispiel Stempeluhrkarten, alle Aufzeichnungen über Arbeitszeiten, Ruhepausen, Urlaub, Lohn- und Gehaltslisten, Briefwechsel mit der Berufsschule, Schriftwechsel mit Eltern, Industrie- und Handelskammer, Handwerkskammer, mit Betriebs- bzw. Personalrat und Jugend- und Auszubildendenvertretung.

Die Aufsichtsbehörde entscheidet nach Zweckmäßigkeitserwägungen, ob die **4** Unterlagen zugesandt werden sollen oder ob sie Einsicht in die Unterlagen nehmen will. Will die Aufsichtsbehörde Einsicht nehmen, ist sie nicht verpflichtet, beim Arbeitgeber die Einsichtnahme vorher anzukündigen.

4. Aufbewahrungspflicht des Arbeitgebers

Da bei bestimmten Verstößen nach dem Jugendarbeitsschutzgesetz eine Ver- **5** jährung der Ordnungswidrigkeit erst nach zwei Jahren eintritt (vgl. § 31 Abs. 2 Nr. 2 OWiG), verpflichtet § 50 Abs. 2 JArbSchG den Arbeitgeber, die Verzeichnisse und Unterlagen mindestens bis zum Ablauf von zwei Jahren nach der letzten Eintragung aufzubewahren. Dabei kommt es auf den Zeitpunkt an, zu dem tatsächlich die letzte Eintragung korrekterweise hätte gemacht werden müssen. Als letzte Eintragung ist zum Beispiel das Ende der Beschäftigung des Jugendlichen im Betrieb anzusehen. Wenn Jugendliche das 18. Lebensjahr vollenden, endet damit die Eintragungspflicht, es sei denn, es geht um Regelungen des Jugendarbeitsschutzgesetzes, die auch für Volljährige gelten.

Zweiter Titel
Aufsicht

§ 51 Aufsichtsbehörde; Besichtigungsrechte und Berichtspflicht

(1) Die Aufsicht über die Ausführung dieses Gesetzes und der auf Grund dieses Gesetzes erlassenen Rechtsverordnungen obliegt der nach Landesrecht zuständigen Behörde (Aufsichtsbehörde). Die Landesregierung kann durch Rechtsverordnung die Aufsicht über die Ausführung dieser Vorschriften in Familienhaushalten auf gelegentliche Prüfungen beschränken.

(2) Die Beauftragten der Aufsichtsbehörde sind berechtigt, die Arbeitsstätten während der üblichen Betriebs- und Arbeitszeit zu betreten und zu besichtigen; außerhalb dieser Zeit oder wenn sich die Arbeitsstätten in einer Wohnung befinden, dürfen sie nur zur Verhütung von dringenden Gefahren für die öffentliche Sicherheit und Ordnung betreten und besichtigt werden. Der Arbeitgeber hat das Betreten und Besichtigen der Arbeitsstätten zu gestatten. Das Grundrecht der Unverletzlichkeit der Wohnung (Artikel 13 des Grundgesetzes) wird insoweit eingeschränkt.

(3) Die Aufsichtsbehörden haben im Rahmen der Jahresberichte nach § 139 b Abs. 3 der Gewerbeordnung über ihre Aufsichtstätigkeit gemäß Absatz 1 zu berichten.

§ 52 Unterrichtung über Lohnsteuerkarten an Kinder

Über die Ausstellung von Lohnsteuerkarten an Kinder im Sinne des § 2 Abs. 1 und 3 ist die Aufsichtsbehörde durch die ausstellende Behörde zu unterrichten.

§ 53 Mitteilung über Verstöße

Die Aufsichtsbehörde teilt schwerwiegende Verstöße gegen die Vorschriften dieses Gesetzes oder gegen die auf Grund dieses Gesetzes erlassenen Rechtsverordnungen der nach dem Berufsbildungsgesetz oder der Handwerksordnung zuständigen Stelle mit. Die zuständige Agentur für Arbeit erhält eine Durchschrift dieser Mitteilung.

§ 54 Ausnahmebewilligungen

(1) Ausnahmen, die die Aufsichtsbehörde nach diesem Gesetz oder den auf Grund dieses Gesetzes erlassenen Rechtsverordnungen bewilligen kann, sind zu befristen. Die Ausnahmebewilligungen können
1. mit einer Bedingung erlassen werden,
2. mit einer Auflage oder mit einem Vorbehalt der nachträglichen Aufnahme, Änderung oder Ergänzung einer Auflage verbunden werden und
3. jederzeit widerrufen werden.
(2) Ausnahmen können nur für einzelne Beschäftigte, einzelne Betriebe oder einzelne Teile des Betriebs bewilligt werden.
(3) Ist eine Ausnahme für einen Betrieb oder einen Teil des Betriebs bewilligt worden, so hat der Arbeitgeber hierüber an geeigneter Stelle im Betrieb einen Aushang anzubringen.

Dritter Titel
Ausschüsse für Jugendarbeitsschutz

§ 55 Bildung des Landesausschusses für Jugend-arbeitsschutz

(1) Bei der von der Landesregierung bestimmten obersten Landesbehörde wird ein Landesausschuss für Jugendarbeitsschutz gebildet.
(2) Dem Landesausschuss gehören als Mitglieder an:
1. je sechs Vertreter der Arbeitgeber und der Arbeitnehmer,
2. ein Vertreter des Landesjugendrings,
3. ein von der Bundesagentur für Arbeit benannter Vertreter und je ein Vertreter des Landesjugendamts, der für das Gesundheitswesen zuständigen obersten Landesbehörde und der für die berufsbildenden Schulen zuständigen obersten Landesbehörde und
4. ein Arzt.
(3) Die Mitglieder des Landesausschusses werden von der von der Landesregierung bestimmten obersten Landesbehörde berufen, die Vertreter der Arbeitgeber und Arbeitnehmer auf Vorschlag der auf Landesebene bestehenden Arbeitgeberverbände und Gewerkschaften, der Arzt auf Vorschlag der Landesärztekammer,

die übrigen Vertreter auf Vorschlag der in Absatz 2 Nr. 2 und 3 genannten Stellen.

(4) Die Tätigkeit im Landesausschuss ist ehrenamtlich. Für bare Auslagen und für Entgeltausfall ist, soweit eine Entschädigung nicht von anderer Seite gewährt wird, eine angemessene Entschädigung zu zahlen, deren Höhe nach Landesrecht oder von der von der Landesregierung bestimmten obersten Landesbehörde festgesetzt wird.

(5) Die Mitglieder können nach Anhören der an ihrer Berufung beteiligten Stellen aus wichtigem Grund abberufen werden.

(6) Die Mitglieder haben Stellvertreter. Die Absätze 2 bis 5 gelten für die Stellvertreter entsprechend.

(7) Der Landesausschuss wählt aus seiner Mitte einen Vorsitzenden und dessen Stellvertreter. Der Vorsitzende und sein Stellvertreter sollen nicht derselben Mitgliedergruppe angehören.

(8) Der Landesausschuss gibt sich eine Geschäftsordnung. Die Geschäftsordnung kann die Bildung von Unterausschüssen vorsehen und bestimmen, dass ihnen ausnahmsweise nicht nur Mitglieder des Landesausschusses angehören. Absatz 4 Satz 2 gilt für die Unterausschüsse hinsichtlich der Entschädigung entsprechend. An den Sitzungen des Landesausschusses und der Unterausschüsse können Vertreter der beteiligten obersten Landesbehörden teilnehmen.

§ 56 Bildung des Ausschusses für Jugendarbeitsschutz bei der Aufsichtsbehörde

(1) Bei der Aufsichtsbehörde wird ein Ausschuss für Jugendarbeitsschutz gebildet. In Städten, in denen mehrere Aufsichtsbehörden ihren Sitz haben, wird ein gemeinsamer Ausschuss für Jugendarbeitsschutz gebildet. In Ländern, in denen nicht mehr als zwei Aufsichtsbehörden eingerichtet sind, übernimmt der Landesausschuss für Jugendarbeitsschutz die Aufgaben dieses Ausschusses.

(2) Dem Ausschuss gehören als Mitglieder an:
1. je sechs Vertreter der Arbeitgeber und der Arbeitnehmer,
2. ein Vertreter des im Bezirk der Aufsichtsbehörde wirkenden Jugendrings,
3. je ein Vertreter eines Arbeits-, Jugend- und Gesundheitsamts,
4. ein Arzt und ein Lehrer an einer berufsbildenden Schule.

(3) Die Mitglieder des Jugendarbeitsschutzausschusses werden von der Aufsichtsbehörde berufen, die Vertreter der Arbeitgeber und Arbeitnehmer auf Vorschlag der im Aufsichtsbezirk bestehenden Arbeitgeberverbände und Gewerkschaften, der Arzt auf Vorschlag der Ärztekammer, der Lehrer auf Vorschlag der nach Landesrecht zuständigen Behörde, die übrigen Vertreter auf Vorschlag der in Absatz 2 Nr. 2 und 3 genannten Stellen. § 55 Abs. 4 bis 8 gilt mit der Maßgabe entsprechend, dass die Entschädigung von der Aufsichtsbehörde mit Genehmigung der von der Landesregierung bestimmten obersten Landesbehörde festgesetzt wird.

§ 57 Aufgaben der Ausschüsse

(1) Der Landesausschuss berät die oberste Landesbehörde in allen allgemeinen Angelegenheiten des Jugendarbeitsschutzes und macht Vorschläge für die Durchführung dieses Gesetzes. Er klärt über Inhalt und Ziel des Jugendarbeitsschutzes auf.

(2) Die oberste Landesbehörde beteiligt den Landesausschuss in Angelegenheiten von besonderer Bedeutung, insbesondere vor Erlass von Rechtsvorschriften zur Durchführung dieses Gesetzes.

(3) Der Landesausschuss hat über seine Tätigkeit im Zusammenhang mit dem Bericht der Aufsichtsbehörden nach § 51 Abs. 3 zu berichten.

(4) Der Ausschuss für Jugendarbeitsschutz bei der Aufsichtsbehörde berät diese in allen allgemeinen Angelegenheiten des Jugendarbeitsschutzes und macht dem Landesausschuss Vorschläge für die Durchführung dieses Gesetzes. Er klärt über Inhalt und Ziel des Jugendarbeitsschutzes auf.

Fünfter Abschnitt
Straf- und Bußgeldvorschriften

§ 58 Bußgeld- und Strafvorschriften

(1) Ordnungswidrig handelt, wer als Arbeitgeber vorsätzlich oder fahrlässig
1. entgegen § 5 Abs. 1, auch in Verbindung mit § 2 Abs. 3, ein Kind oder einen Jugendlichen, der der Vollzeitschulpflicht unterliegt, beschäftigt,
2. entgegen § 5 Abs. 3 Satz 1 oder Satz 3, jeweils auch in Verbindung mit § 2 Abs. 3, ein Kind über 13 Jahre oder einen Jugendlichen, der der Vollzeitschulpflicht unterliegt, in anderer als der zugelassenen Weise beschäftigt,
3. (weggefallen)
4. entgegen § 7 Satz 1 Nr. 2, auch in Verbindung mit einer Rechtsverordnung nach § 26 Nr. 1, ein Kind, das der Vollzeitschulpflicht nicht mehr unterliegt, in anderer als der zugelassenen Weise beschäftigt,
5. entgegen § 8 einen Jugendlichen über die zulässige Dauer der Arbeitszeit hinaus beschäftigt,
6. entgegen § 9 Abs. 1 oder 4 in Verbindung mit Absatz 1 eine dort bezeichnete Person an Berufsschultagen oder in Berufsschulwochen nicht freistellt,
7. entgegen § 10 Abs. 1 einen Jugendlichen für die Teilnahme an Prüfungen oder Ausbildungsmaßnahmen oder an dem Arbeitstag, der der schriftlichen Abschlussprüfung unmittelbar vorangeht, nicht freistellt,
8. entgegen § 11 Abs. 1 oder 2 Ruhepausen nicht, nicht mit der vorgeschriebenen Mindestdauer oder nicht in der vorgeschriebenen zeitlichen Lage gewährt,
9. entgegen § 12 einen Jugendlichen über die zulässige Schichtzeit hinaus beschäftigt,
10. entgegen § 13 die Mindestfreizeit nicht gewährt,
11. entgegen § 14 Abs. 1 einen Jugendlichen außerhalb der Zeit von 6 bis 20 Uhr oder entgegen § 14 Abs. 7 Satz 3 vor Ablauf der Mindestfreizeit beschäftigt,
12. entgegen § 15 einen Jugendlichen an mehr als fünf Tagen in der Woche beschäftigt,
13. entgegen § 16 Abs. 1 einen Jugendlichen an Samstagen beschäftigt oder entgegen § 16 Abs. 3 Satz 1 den Jugendlichen nicht freistellt,
14. entgegen § 17 Abs. 1 einen Jugendlichen an Sonntagen beschäftigt oder entgegen § 17 Abs. 2 Satz 2 Halbsatz 2 oder Abs. 3 Satz 1 den Jugendlichen nicht freistellt,
15. entgegen § 18 Abs. 1 einen Jugendlichen am 24. oder 31. Dezember nach

14 Uhr oder an gesetzlichen Feiertagen beschäftigt oder entgegen § 18 Abs. 3 nicht freistellt,

16. entgegen § 19 Abs. 1, auch in Verbindung mit Abs. 2 Satz 1 oder 2, oder entgegen § 19 Abs. 3 Satz 2 oder Abs. 4 Satz 2 Urlaub nicht oder nicht mit der vorgeschriebenen Dauer gewährt,

17. entgegen § 21 Abs. 2 die geleistete Mehrarbeit durch Verkürzung der Arbeitszeit nicht ausgleicht,

18. entgegen § 22 Abs. 1, auch in Verbindung mit einer Rechtsverordnung nach § 26 Nr. 1, einen Jugendlichen mit den dort genannten Arbeiten beschäftigt,

19. entgegen § 23 Abs. 1, auch in Verbindung mit einer Rechtsverordnung nach § 26 Nr. 1, einen Jugendlichen mit Arbeiten mit Lohnanreiz, in einer Arbeitsgruppe mit Erwachsenen, deren Entgelt vom Ergebnis ihrer Arbeit abhängt, oder mit tempoabhängigen Arbeiten beschäftigt,

20. entgegen § 24 Abs. 1, auch in Verbindung mit einer Rechtsverordnung nach § 26 Nr. 1, einen Jugendlichen mit Arbeiten unter Tage beschäftigt,

21. entgegen § 31 Abs. 2 Satz 2 einem Jugendlichen für seine Altersstufe nicht zulässige Getränke oder Tabakwaren gibt,

22. entgegen § 32 Abs. 1 einen Jugendlichen ohne ärztliche Bescheinigung über die Erstuntersuchung beschäftigt,

23. entgegen § 33 Abs. 3 einen Jugendlichen ohne ärztliche Bescheinigung über die erste Nachuntersuchung weiterbeschäftigt,

24. entgegen § 36 einen Jugendlichen ohne Vorlage der erforderlichen ärztlichen Bescheinigungen beschäftigt,

25. entgegen § 40 Abs. 1 einen Jugendlichen mit Arbeiten beschäftigt, durch deren Ausführung der Arzt nach der von ihm erteilten Bescheinigung die Gesundheit oder die Entwicklung des Jugendlichen für gefährdet hält,

26. einer Rechtsverordnung nach
    a) § 26 Nr. 2 oder
    b) § 28 Abs. 2
    zuwiderhandelt, soweit sie für einen bestimmten Tatbestand auf diese Bußgeldvorschrift verweist,

27. einer vollziehbaren Anordnung der Aufsichtsbehörde nach § 6 Abs. 3, § 27 Abs. 1 Satz 2 oder Abs. 2, § 28 Abs. 3 oder § 30 Abs. 2 zuwiderhandelt,

28. einer vollziehbaren Auflage der Aufsichtsbehörde nach § 6 Abs. 1, § 14 Abs. 7, § 27 Abs. 3 oder § 40 Abs. 2, jeweils in Verbindung mit § 54 Abs. 1, zuwiderhandelt,

29. einer vollziehbaren Anordnung oder Auflage der Aufsichtsbehörde auf Grund einer Rechtsverordnung nach § 26 Nr. 2 oder § 28 Abs. 2 zuwiderhandelt, soweit die Rechtsverordnung für einen bestimmten Tatbestand auf die Bußgeldvorschrift verweist.

(2) Ordnungswidrig handelt, wer vorsätzlich oder fahrlässig entgegen § 25 Abs. 1 Satz 1 oder Abs. 2 Satz 1 einen Jugendlichen beschäftigt, beaufsichtigt, anweist oder ausbildet, obwohl ihm dies verboten ist, oder einen anderen, dem dies verboten ist, mit der Beaufsichtigung, Anweisung oder Ausbildung eines Jugendlichen beauftragt.

(3) Absatz 1 Nr. 4, 6 bis 29 und Absatz 2 gelten auch für die Beschäftigung von Kindern (§ 2 Abs. 1) oder Jugendlichen, die der Vollzeitschulpflicht unterliegen (§ 2 Abs. 3), nach § 5 Abs. 2 Absatz 1 Nr. 6 bis 29 und Absatz 2 gelten auch für die Beschäftigung von Kindern, die der Vollzeitschulpflicht nicht mehr unterliegen, nach § 7.

(4) Die Ordnungswidrigkeit kann mit einer Geldbuße bis zu fünfzehntausend Euro geahndet werden.

(5) Wer vorsätzlich eine in Absatz 1, 2 oder 3 bezeichnete Handlung begeht und dadurch ein Kind, einen Jugendlichen oder im Fall des Absatzes 1 Nr. 6 eine Person, die noch nicht 21 Jahre alt ist, in ihrer Gesundheit oder Arbeitskraft gefährdet, wird mit Freiheitsstrafe bis zu einem Jahr oder mit Geldstrafe bestraft. Ebenso wird bestraft, wer eine in Absatz 1, 2 oder 3 bezeichnete Handlung beharrlich wiederholt.

(6) Wer in den Fällen des Absatzes 5 Satz 1 die Gefahr fahrlässig verursacht, wird mit Freiheitsstrafe bis zu sechs Monaten oder mit Geldstrafe bis zu einhundertachtzig Tagessätzen bestraft.

§ 59 Bußgeldvorschriften

(1) Ordnungswidrig handelt, wer als Arbeitgeber vorsätzlich oder fahrlässig
1. entgegen § 6 Abs. 4 Satz 2 ein Kind vor Erhalt des Bewilligungsbescheids beschäftigt,
2. entgegen § 11 Abs. 3 den Aufenthalt in Arbeitsräumen gestattet,
3. entgegen § 29 einen Jugendlichen über Gefahren nicht, nicht richtig oder nicht rechtzeitig unterweist,
4. entgegen § 33 Abs. 2 Satz 1 einen Jugendlichen nicht oder nicht rechtzeitig zur Vorlage einer ärztlichen Bescheinigung auffordert,
5. entgegen § 41 die ärztliche Bescheinigung nicht aufbewahrt, vorlegt, einsendet oder aushändigt,
6. entgegen § 43 Satz 1 einen Jugendlichen für ärztliche Untersuchungen nicht freistellt,
7. entgegen § 47 einen Abdruck des Gesetzes oder die Anschrift der zuständigen Aufsichtsbehörde nicht auslegt oder aushängt,
8. entgegen § 48 Arbeitszeit und Pausen nicht oder nicht in der vorgeschriebenen Weise aushängt,
9. entgegen § 49 ein Verzeichnis nicht oder nicht in der vorgeschriebenen Weise führt,
10. entgegen § 50 Abs. 1 Angaben nicht, nicht richtig oder nicht vollständig macht oder Verzeichnisse oder Unterlagen nicht vorlegt oder einsendet oder entgegen § 50 Abs. 2 Verzeichnisse oder Unterlagen nicht oder nicht vorschriftsmäßig aufbewahrt,
11. entgegen § 51 Abs. 2 Satz 2 das Betreten oder Besichtigen der Arbeitsstätten nicht gestattet,
12. entgegen § 54 Abs. 3 einen Aushang nicht anbringt.

(2) Absatz 1 Nr. 2 bis 6 gilt auch für die Beschäftigung von Kindern (§ 2 Abs. 1 und 3) nach § 5 Abs. 2 Satz 1.

(3) Die Ordnungswidrigkeit kann mit einer Geldbuße bis zu zweitausendfünfhundert Euro geahndet werden.

§ 60 Verwaltungsvorschriften für die Verfolgung und Ahndung von Ordnungswidrigkeiten

Das Bundesministerium für Arbeit und Soziales kann mit Zustimmung des Bundesrates allgemeine Verwaltungsvorschriften für die Verfolgung und Ahndung von Ordnungswidrigkeiten nach §§ 58 und 59 durch die Verwaltungsbehörde

(§ 35 des Gesetzes über Ordnungswidrigkeiten) und über die Erteilung einer Verwarnung (§§ 56, 58 Abs. 2 des Gesetzes über Ordnungswidrigkeiten) wegen einer Ordnungswidrigkeit nach §§ 58 und 59 erlassen.

Sechster Abschnitt
Schlussvorschriften

§ 61 Beschäftigung von Jugendlichen auf Kauffahrteischiffen

Für die Beschäftigung von Jugendlichen auf Kauffahrteischiffen als Besatzungsmitglieder im Sinne des § 3 des Seemannsgesetzes gilt an Stelle dieses Gesetzes das Seemannsgesetz.

§ 62 Beschäftigung im Vollzug einer Freiheitsentziehung

(1) Die Vorschriften dieses Gesetzes gelten für die Beschäftigung Jugendlicher (§ 2 Abs. 2) im Vollzuge einer gerichtlich angeordneten Freiheitsentziehung entsprechend, soweit es sich nicht nur um gelegentliche, geringfügige Hilfeleistungen handelt und soweit in den Absätzen 2 bis 4 nichts anderes bestimmt ist.
(2) Im Vollzug einer gerichtlich angeordneten Freiheitsentziehung finden § 19, §§ 47 bis 50 keine Anwendung.
(3) Die §§ 13, 14, 15, 16, 17 und 18 Abs. 1 und 2 gelten im Vollzug einer gerichtlich angeordneten Freiheitsentziehung nicht für die Beschäftigung jugendlicher Anstaltsinsassen mit der Zubereitung und Ausgabe der Anstaltsverpflegung.
(4) § 18 Abs. 1 und 2 gilt nicht für die Beschäftigung jugendlicher Anstaltsinsassen in landwirtschaftlichen Betrieben der Vollzugsanstalten mit Arbeiten, die auch an Sonn- und Feiertagen naturnotwendig vorgenommen werden müssen.

§§ 63 bis 70 (Änderungsvorschriften) – vom Abdruck wird abgesehen (durch Zeitablauf überholt) –

§ 71 Berlin-Klausel – vom Abdruck wird abgesehen (mittlerweile gegenstandslos) –

§ 72 Inkrafttreten – vom Abdruck wird abgesehen (durch Zeitablauf überholt) –

Stichwortverzeichnis

A

Abberufung, Ausbilder § 10 BBiG
Rn. 80 ff.; § 33 BBiG Rn. 4
Abfindung § 22 BBiG Rn. 83
Abgabe, Alkohol und Tabak § 31
JArbSchG Rn. 1 ff.
Abgeltung, Urlaub § 11 BBiG Rn. 55;
§ 19 JArbSchG Rn. 20
Abhängige Beschäftigung § 1
JArbSchG Rn. 7 ff.
Abkürzung, Ausbildungszeit § 8
BBiG Rn. 1 ff.
– Antrag § 8 BBiG Rn. 4
Abmahnung § 22 BBiG Rn. 32 ff.
Abschlussarbeiten § 11 BBiG Rn. 28;
§ 4 JArbSchG Rn. 5
Abschlussprüfung § 37 BBiG
Rn. 1 ff.
– Beendigung Ausbildungsverhält-
nis § 21 BBiG Rn. 25 ff.
– Bewertung § 37 BBiG Rn. 45 ff.
– Freistellung § 15 BBiG Rn. 16
– Gebührenfreiheit § 37 Rn. 50 ff.
– Gerichtliche Kontrolle § 37 BBiG
Rn. 35 ff.
– Gestreckte § 5 BBiG Rn. 27,
§ 37 BBiG Rn. 14, 47; § 44 BBiG
Rn. 1 ff.
– Gutachterliche Stellungnahme
Dritter § 39 BBiG Rn. 11 f.
– Mängel § 37 BBiG Rn. 38 ff.
– Musterprüfungsordnung § 47
BBiG Rn. 20 ff.
– Prüfungsgegenstand § 38 BBiG
Rn. 1 ff.
– Prüfungstermin § 37 BBiG Rn. 16
– Verbesserung durch Freischuss-
regelung § 37 BBiG Rn. 10
– Wiederholen § 37 BBiG Rn. 9 ff

– Wiederholen bei gestreckter Ab-
schlussprüfung § 37 BBiG Rn. 14 f.
– Widerspruchsverfahren § 37 BBiG
Rn. 29 ff.
– Zulassung § 43 BBiG Rn. 1 ff., § 44
BBiG Rn. 1 ff., § 45 BBiG Rn. 1 ff.,
§ 46 BBiG Rn. 1 ff.
Abweichende Regelungen § 21a
JArbSchG
AEVO § 30 BBiG Rn. 15 ff.
AGB-Kontrolle § 10 BBiG Rn. 40 ff.;
§ 11 BBiG Rn. 72 ff.
Agentur für Arbeit
– Mitteilung über Verstöße § 53
JArbSchG
Akkordarbeit § 23 JArbSchG Rn. 1 ff.
– behördliche Anordnungen und
Ausnahmen § 27 JArbSchG
Alkohol § 31 JArbSchG Rn. 4
Altenheim
– Samstagsarbeit § 16 JArbSchG
Rn. 7
– Sonntagsarbeit § 17 JArbSchG
Rn. 7
Andere Vertragsverhältnisse § 26
BBiG Rn. 1 ff.
Anerkennung von Ausbildungs-
berufen § 4 BBiG Rn. 1 ff.
Anfechtung § 10 BBiG Rn. 29
Anhalten, Berufsschulbesuch § 14
BBiG Rn. 13 ff.
Anhörung, Betriebsrat § 10 BBiG
Rn. 91; § 22 BBiG Rn. 22, 66
Anlernling § 4 BBiG Rn. 5; § 26 BBiG
Rn. 11
Anordnungen der Aufsichtsbehörde
– Gestaltung der Arbeit § 28
JArbSchG Rn. 9
– Häusliche Gemeinschaft § 30
JArbSchG Rn. 2

Stichwortverzeichnis

Anrechnung
- anderer Ausbildung § 5 BBiG Rn. 29
- beruflicher oder schulischer Vorbildung § 7 BBiG Rn. 1 ff.
- Berufsschulunterricht § 15 BBiG Rn. 21 ff.; § 9 JArbSchG Rn. 13 ff.
- Freistellung für Prüfungen und Ausbildungsmaßnahmen § 15 BBiG Rn. 21 ff.; § 10 JArbSchG Rn. 10
- Freistellung für Untersuchungen § 43 JArbSchG
- Vergütung § 6 BBiG Rn. 6
Anstaltsverpflegung § 62 JArbSchG
Anwendungsbereich (siehe auch Geltungsbereich) § 3 BBiG Rn. 1 ff.
Anzeigenblätter, Austragen § 5 JArbSchG Rn. 18
Apothekerkammer, siehe zuständige Stelle
Arbeiten, gefährliche § 22 JArbSchG Rn. 1 ff.
Arbeiten, tempoabhängige § 23 JArbSchG Rn. 1 ff.
Arbeiten unter Tage § 24 JArbSchG Rn. 1 ff.
Arbeitgeber § 1 JArbSchG Rn. 5, § 3 JArbSchG Rn. 1 ff.
- Bußgeld- und Strafvorschriften § 58 JArbSchG
- mehrere Arbeitgeber § 4 JArbSchG Rn. 18 ff.
Arbeitnehmer § 26 BBiG Rn. 7; § 1 JArbSchG Rn. 14 ff.
Arbeitnehmerüberlassung § 3 JArbSchG Rn. 2
Arbeitsagentur
- Mitteilung über Verstöße § 53 JArbSchG
Arbeitsaufnahme
- nach Erstuntersuchung § 32 JArbSchG Rn. 1 ff.
Arbeitsbedingungen
- Beurteilung § 28a JArbSchG Rn. 1 ff.
- Menschengerechte Gestaltung § 28 JArbSchG Rn. 1 ff.
Arbeitsbereitschaft § 11 BBiG Rn. 33; § 4 JArbSchG Rn. 9

Arbeitsgenehmigung § 10 BBiG Rn. 15
Arbeitsgericht § 10 BBiG Rn. 130 ff.
Arbeitsgruppe mit Erwachsenen
- Akkordarbeit § 23 JArbSchG Rn. 5
Arbeitskampf § 10 BBiG Rn. 6
Arbeitskleidung § 14 BBiG Rn. 8
Arbeitslosenversicherung § 10 BBiG Rn. 51
Arbeitsplatzwechsel
- Unterweisung über Gefahren § 29 JArbSchG Rn. 1 ff.
Arbeitsrechtliche Vorschriften § 10 BBiG Rn. 38 ff.
Arbeitsschutz § 22 JArbSchG Rn. 1 ff.
Arbeitsstätte
- Gestaltung der Arbeit § 28 JArbSchG Rn. 1 ff.
Arbeitstempo § 23 JArbSchG Rn. 1 ff.
Arbeitstherapie § 5 JArbSchG Rn. 8
Arbeitsunfähigkeit
- Kündigung § 22 BBiG Rn. 54
- Vergütungsfortzahlung § 19 BBiG Rn. 7 ff.
Arbeitsunfall § 13 BBiG Rn. 42 ff.
Arbeitsunterbrechungen § 4 JArbSchG Rn. 18
- gleichzeitige Arbeitsbereitschaft § 11 JArbSchG Rn. 5
Arbeitsvertrag § 1 JArbSchG Rn. 6 ff.
Arbeitsverhältnis § 12 BBiG Rn. 19 ff.; § 24 BBiG Rn. 2 ff.; § 26 BBiG Rn. 1 ff.
Arbeitszeit § 11 BBiG Rn. 19 ff.; § 4 JArbSchG Rn. 1 ff.
- Arbeitsbereitschaft § 11 BBiG Rn. 33; § 4 JArbSchG Rn. 9
- Arbeitsunterbrechung § 4 JArbSchG Rn. 3
- Aushangpflicht § 48 JArbSchG
- Ausbildungsmaßnahmen § 4 JArbSchG Rn. 4
- Bereitschaftsdienst § 11 BBiG Rn. 31; § 4 JArbSchG Rn. 9
- Bergbau § 4 JArbSchG Rn. 13
- Berichtsheft § 4 JArbSchG Rn. 11
- Berufsschule § 4 JArbSchG Rn. 8
- Feiertage § 4 JArbSchG Rn. 15 ff.

– Freistellung § 15 BBiG Rn. 1 ff.
– Kauffahrteischiffe § 61 JArbSchG
– mehrere Arbeitgeber § 4 JArbSchG Rn. 18 ff.
– Mitbestimmungsrecht § 4 JArbSchG Rn. 1
– Pausen § 4 JArbSchG Rn. 2, § 11 JArbSchG Rn. 1 ff.
– Prüfungen § 4 JArbSchG Rn. 8
– Rufbereitschaft § 11 BBiG Rn. 34; § 4 JArbSchG Rn. 10
– Ruhepausen § 11 BBiG Rn. 32; § 4 JArbSchG Rn. 2, § 11 JArbSchG Rn. 1 ff.
– Schichtzeit § 4 JArbSchG Rn. 12, § 12 JArbSchG Rn. 1 ff.
– Umkleidezeiten § 11 BBiG Rn. 28; § 4 JArbSchG Rn. 6
– Vor- und Abschlussarbeit § 11 BBiG Rn. 28; § 4 JArbSchG Rn. 5
– Warten auf Arbeit § 4 JArbSchG Rn. 3
– Wegezeiten § 11 BBiG Rn. 29; § 15 BBiG Rn. 11 ff.; § 4 JArbSchG Rn. 7
– Wochenarbeitszeit § 4 JArbSchG Rn. 14 ff.
– Zusammenrechnung § 4 JArbSchG Rn. 18 ff.
Architektenkammer, siehe zuständige Stelle
Ärzte, gegenseitige Unterrichtung § 45 JArbSchG
Ärztekammer siehe zuständige Stelle
Ärztliche Bescheinigung § 6 JArbSchG Rn. 23, § 27 JArbSchG Rn. 9, § 39 JArbSchG Rn. 1 ff., § 41 JArbSchG Rn. 1 ff.
– Erstuntersuchung § 32 JArbSchG Rn. 1 ff., § 36 JArbSchG Rn. 1 ff.
– Gefährdungsvermerk § 40 JArbSchG
– Nachuntersuchung § 33 JArbSchG Rn. 1 ff., § 36 JArbSchG Rn. 1 ff.
Ärztliche Schweigepflicht § 32 JArbSchG Rn. 8, § 35 JArbSchG Rn. 3, § 37 Rn. 3, § 39 JArbSchG Rn. 1
Ärztliche Untersuchungen § 36 JArbSchG Rn. 1 ff., § 37 JArbSchG Rn. 1 ff.

Ärztlicher Notdienst
– Samstagsarbeit § 16 JArbSchG Rn. 7, 16
– Sonntagsarbeit § 17 JArbSchG Rn. 7
Arztwahl, freie § 32 JArbSchG Rn. 8, § 37 JArbSchG Rn. 2, § 38 JArbSchG Rn. 2, § 42 JArbSchG Rn. 1
Aufbewahren
– ärztliche Bescheinigung § 41 JArbSchG Rn. 1 ff.
– Verzeichnisse § 50 JArbSchG
Aufenthaltserlaubnis § 10 BBiG Rn. 14
Aufenthaltsräume § 11 JArbSchG Rn. 14 ff.
Aufforderung
– Nachuntersuchung § 33 JArbSchG Rn. 5 ff.
Aufführungen
– Ausnahmebewilligung § 6 JArbSchG Rn. 4 ff.
Aufgaben, Ausschüsse § 57 JArbSchG
Aufhebungsvertrag § 21 BBiG Rn. 7
Aufklärungspflichten, Ausbildender § 10 BBiG Rn. 36 f.
Auflösungsschaden § 23 BBiG Rn. 26
Auflösungsvertrag, siehe Aufhebungsvertrag
Auflage, Ausnahmebewilligungen § 54 JArbSchG Rn. 6
Aufnahmen, Bild- und Tonträger
– Ausnahmebewilligung, Kinderarbeit § 6 JArbSchG Rn. 4 ff.
– Samstagsarbeit § 16 JArbSchG Rn. 7
Aufsicht, fachkundige Person
– Akkordarbeit § 23 JArbSchG Rn. 10
– Aufsichtsbehörde § 51 JArbSchG
– gefährliche Arbeit § 22 JArbSchG Rn. 15
– Kinderarbeit § 6 JArbSchG Rn. 25
– unter Tage § 24 JArbSchG Rn. 3
Aufsichtsbehörde § 42 JArbSchG, § 51 JArbSchG
– Ausnahmen für Kinderarbeit § 6 JArbSchG Rn. 1 ff.
– Bekanntgabe § 47 JArbSchG

Stichwortverzeichnis

Ausbildende § 10 BBiG Rn. 8 ff.
– Aufklärungspflichten § 10 BBiG
 Rn. 36 f.
– Ausbildungspflicht § 14 BBiG
 Rn. 1 ff.
– Eignung § 28 BBiG Rn. 1 ff.
– Fragerecht § 10 BBiG Rn. 27 ff.
– Freistellungspflichten § 15 BBiG
 Rn. 1 ff.
– Haftung § 14 BBiG Rn. 35 ff.
– Pflichten § 14 BBiG Rn. 1 ff.
– Zeugniserteilung § 16 BBiG
 Rn. 1 ff.
Ausbilder § 10 BBiG Rn. 9, 80 ff.; § 14
 BBiG Rn. 5; § 28 BBiG Rn. 1 ff.; § 30
 BBiG Rn. 1 ff.
Ausbilder-Eignungsverordnung
 (AEVO) § 30 BBiG Rn. 11
– Übergangsregelung § 30 BBiG
 Rn. 15
Ausbildungsbeginn § 11 BBiG
 Rn. 16 ff.
Ausbildungsberater § 76 BBiG Rn. 1
Ausbildungsberechtigung § 28 BBiG
 Rn. 1 ff.
Ausbildungsberufe,
– Anerkennung § 4 BBiG Rn. 1 ff.
– Bezeichnung § 5 BBiG Rn. 6
Ausbildungsberufsbild § 5 BBiG Rn. 9
Ausbildungsbetrieb, reiner § 1 BBiG
 Rn. 41 f.
Ausbildungsdauer § 5 BBiG Rn. 7;
 § 11 BBiG Rn. 16 ff.
– Verlängerung § 8 BBiG Rn. 9; § 21
 BBiG Rn. 31 ff.
– Verkürzung § 8 BBiG Rn. 2 ff.
Ausbildungseinrichtung, überbetrieb-
 liche § 5 Rn. 5; § 10 BBiG Rn. 139
Ausbildungskosten § 12 BBiG
 Rn. 30 ff.
Ausbildungsleiter § 14 BBiG Rn. 5
Ausbildungsmaßnahmen
– Anrechnung § 15 BBiG Rn. 21 ff.;
 § 10 JArbSchG Rn. 1 ff.
– Arbeitszeit § 4 JArbSchG Rn. 4
– Freistellung § 15 BBiG Rn. 18 ff.;
 § 10 JArbSchG Rn. 1 ff.
– Samstagsarbeit § 16 JArbSchG
 Rn. 7
– Teilnahme § 13 BBiG Rn. 7

Ausbildungsmittel § 14 BBiG Rn. 6 ff.
Ausbildungsnachweis, schriftlicher
 § 5 BBiG Rn. 44; § 14 BBiG Rn. 20 ff.;
 § 43 BBiG Rn. 16; § 4 JArbSchG
 Rn. 11
Ausbildungsordnung § 4 BBiG
 Rn. 4 ff.; § 5 BBiG Rn. 1 ff.
Ausbildungspflicht § 14 BBiG
 Rn. 2 ff.
Ausbildungsplan § 11 BBiG Rn. 15;
 § 14 BBiG Rn. 3
Ausbildungsrahmenplan § 5 BBiG
 Rn. 12 f.; § 11 BBiG Rn. 15
Ausbildungsstandskontrolle § 14
 BBiG Rn. 3
Ausbildungsstätte
– Ausland § 2 BBiG Rn. 15 ff.
– Überwachung § 32 BBiG Rn. 1
– Eignung § 27 BBiG Rn. 1 ff.
– Mängel § 33 BBiG Rn. 3
– Ordnung § 13 BBiG Rn. 19 ff.
– überbetrieblich § 5 BBiG Rn. 42a
Ausbildungsverbund § 5 BBiG
 Rn. 38; § 10 BBiG Rn. 10
Ausbildungsvergütung (siehe auch
 Vergütung) § 11 BBiG Rn. 37 ff.;
 § 17 BBiG Rn. 1 ff.
Ausbildungsverhältnis
– Beendigung § 21 BBiG Rn. 1 ff.
– Begründung § 10 BBiG Rn. 2 ff.
– Form § 10 BBiG Rn. 24 ff.; § 11
 BBiG Rn. 4 ff.
– Kündigung § 22 BBiG Rn. 1 ff.
– Merkmale § 10 BBiG Rn. 3 ff.
– Minderjährige § 10 BBiG Rn. 19 ff.
– Probezeit § 11 BBiG Rn. 36; § 20
 BBiG Rn. 1 ff.
– Rechtsstreitigkeiten § 10 BBiG
 Rn. 92 ff.
– Vergütungsanspruch § 17 BBiG
 Rn. 1 ff.
– Vertragsniederschrift § 11 BBiG
 Rn. 1 ff.
– Vertragspartner § 10 BBiG Rn. 7 ff.
– Weiterarbeit § 24 BBiG Rn. 1 ff.
– Zeugnis § 16 BBiG Rn. 1 ff.
– Zustandekommen § 10 BBiG
 Rn. 17 ff.
Ausbildungsvertrag, siehe Ausbil-
 dungsverhältnis

Ausbildungszeit
– Kürzung § 8 BBiG Rn. 1 ff.; § 45
  BBiG Rn. 3
– tägliche § 11 BBiG Rn. 19 ff.
– Verlängerung § 8 BBiG Rn. 9 ff.
Ausbildungszeugnis § 16 BBiG
  Rn. 1 ff.
Außerordentliche Nachunter-
  suchung § 35 JArbSchG
Ausfallender Unterricht, Berufs-
  schule § 9 JArbSchG Rn. 6
Ausgleich für Nachtarbeit § 14
  JArbSchG Rn. 14
Aushangpflicht
– Arbeitszeit § 48 JArbSchG
– Aufsichtsbehörde § 47 JArbSchG
– Ausnahmebewilligung § 54
  JArbSchG
– Gesetz § 47 JArbSchG
– Pausen § 48 JArbSchG
Auskunftspflicht, Arbeitgeber § 50
  JArbSchG Rn. 1 ff.
Ausland § 1 JArbSchG Rn. 2
Ausländer § 10 BBiG Rn. 14 ff.; § 1
  JArbSchG Rn. 3
– Berufsschule § 9 JArbSchG Rn. 1
Ausländische Vorqualifikation § 55
  BBiG; § 61 BBiG
– der Ausbilder § 31 BBiG Rn. 1 ff.
Auslandsausbildung § 2 BBiG
  Rn. 15 ff.
– Ausbildungsvergütung § 2 BBiG
  Rn. 17
– Kosten § 2 BBiG Rn. 17 ff.
– Weisungsrecht § 2 BBiG Rn. 20
– Berufsschulfreistellung § 2 BBiG
  Rn. 23
Auslauffrist § 20 BBiG Rn. 27 ff.
Ausnahmebewilligung § 54
  JArbSchG
– tempoabhängige Arbeiten § 27
  JArbSchG Rn. 6 ff.
– Kinderarbeit § 6 JArbSchG
  Rn. 1 ff.
Außerbetriebliche Ausbildung § 5
  BBiG Rn. 37
Ausnahmen
– Betriebsvereinbarung § 21a
  JArbSchG
– Binnenschifffahrt § 20 JArbSchG

– Feiertagsruhe § 18 JArbSchG Rn. 3 f.
– Fünf-Tage-Woche § 15 JArbSchG
  Rn. 9
– Geltungsbereich § 1 JArbSchG
  Rn. 18 ff.
– Höchstarbeitzeit § 8 JArbSchG
  Rn. 11 ff.
– Kinderarbeit § 5 JArbSchG
  Rn. 1 ff., § 6 JArbSchG Rn. 1 ff.,
  § 7 JArbSchG Rn. 1 ff.
– Nachtruhe § 14 JArbSchG Rn. 3 ff.
– Notfälle § 21 JArbSchG
– Samstagsruhe § 16 JArbSchG
  Rn. 4 ff.
– Sonntagsruhe § 17 JArbSchG
  Rn. 5 ff.
– Tarifvertrag § 21 a JArbSchG
  Rn. 1 ff.
Ausschließlichkeitsgrundsatz § 4
  BBiG Rn. 5
Ausschlussfristen § 10 BBiG Rn. 42,
  127; § 11 BBiG Rn. 63, 70 ff.; § 17
  BBiG Rn. 3
Ausschüsse für Jugendarbeitsschutz
  § 56 JArbSchG
– Aufgaben § 57 JArbSchG
– Landesausschüsse § 55 JArbSchG
Aussperrung § 10 BBiG Rn. 6
Austragen, Zeitungen § 5 JArbSchG
  Rn. 18
Auszubildender § 10 BBiG Rn. 12 ff.
– Pflichten § 13 BBiG Rn. 1 ff.
– Haftung § 13 BBiG Rn. 28 ff.
Auszubildendenvertretung; siehe
  Jugend- und Auszubildenden-
  vertretung

B

BA-Studenten / BA-StudentInnen
  siehe Berufsakademie
Bäckerei
– Nachtarbeit § 14 JArbSchG Rn. 9
– Samstagsarbeit § 16 JArbSchG
  Rn. 10
Beamte § 1 JArbSchG Rn. 6
Bedingung
– Ausnahmebewilligung § 54
  JArbSchG Rn. 6

Beendigung, Berufsausbildungs-
verhältnis
- Aufhebungsvertrag § 21 BBiG
  Rn. 7
- Bestehen Abschlussprüfung § 21
  BBiG Rn. 25 ff.
- Ende, Ausbildungszeit § 21 BBiG
  Rn. 9 ff.
- Kündigung § 22 BBiG Rn. 1 ff.
- Nichtbestehen, Abschlussprüfung
  § 21 BBiG Rn. 32 ff.
- Schadensersatz bei vorzeitiger
  Beendigung § 23 BBiG Rn. 1 ff.
- Tod § 21 BBiG Rn. 4 ff.
Befristeter Arbeitsvertrag § 12 BBiG
  Rn. 22; § 24 BBiG Rn. 6 ff.
Befristung, Ausnahmebewilligung
  § 54 JArbSchG
Begründung, Ausbildungsverhältnis
  § 10 BBiG Rn. 2 ff.
Behandlung, pflegliche § 13 BBiG
  Rn. 21 ff.
Behinderte § 10 BBiG Rn. 35
- Anerkannte Ausbildungsberufe
  § 65 BBiG Rn. 1 ff.
- Ausbildungsregelungen § 66 BBiG
  Rn. 1 ff.
- Berufsausbildung § 64 BBiG
  Rn. 1 ff.
- Fortbildung § 67 BBiG Rn. 1 ff.
- Geltungsbereich § 1 JArbSchG
  Rn. 21 ff.
- Kündigung § 22 BBiG Rn. 24, 74
- Umschulung § 67 BBiG Rn. 1 ff.
- Urlaub § 11 BBiG Rn. 45; § 19
  JArbSchG Rn. 9
Behördliche Anordnungen § 27
  JArbSchG
Behördliche Ausnahmen § 27
  JArbSchG
Behördliche Ausnahmen, Kinder-
  arbeitsverbot § 6 JArbSchG
  Rn. 1 ff.
Beitragspflicht (Sozialversicherung)
  § 10 BBiG Rn. 51; § 17 BBiG Rn. 4
Bekanntgabe, Aufsichtsbehörde § 47
  JArbSchG Rn. 1 ff.
Bekanntgabe des Gesetzes § 47
  JArbSchG Rn. 1 ff.
Beleidigung § 31 JArbSchG Rn. 3

Bereitschaftsdienst § 11 BBiG Rn. 31;
  § 4 JArbSchG Rn. 9
Bergbau § 4 JArbSchG Rn. 13
- Arbeiten unter Tage § 24 JArbSchG
- Pause § 11 JArbSchG Rn. 16
- Urlaub § 19 JArbSchG Rn. 8
Berichterstatterprinzip § 42 BBiG
  Rn. 16 ff.
Berichtsheft, siehe Ausbildungs-
  nachweis, schriftlicher
Berichtspflicht, Aufsichtsbehörde
  § 51 JArbSchG
Beruf § 1 BBiG Rn. 5 ff.
Berufliche Fortbildung, siehe
  Fortbildung
Berufliche Handlungsfähigkeit § 1
  BBiG Rn. 15 f.; § 13 BBiG Rn. 2 ff.
Berufliche Umschulung, siehe
  Umschulung
Berufsakademie § 1 Rn. 14; § 2 BBiG
  Rn. 9; § 10 BBiG Rn. 137
Berufsaufbauschule § 2 BBiG Rn. 8
Berufsausbildung § 1 BBiG Rn. 26 ff.
- Geltungsbereich § 1 JArbSchG
  Rn. 16
Berufsausbildung, überbetriebliche
  § 5 BBiG Rn. 35; § 10 BBiG Rn. 139
Berufsausbildungsvorbereitung § 1
  JArbSchG Rn. 16
Berufsausbildungsverhältnis
- Beendigung § 21 BBiG Rn. 1 ff.
- Begründung § 10 BBiG Rn. 2 ff.
- Form § 10 BBiG Rn. 24 ff.; § 11
  BBiG Rn. 4 ff.
- Kündigung § 22 BBiG Rn. 1 ff.
- Merkmale § 10 BBiG Rn. 3 ff.
- Minderjährige § 10 BBiG Rn. 19 ff.
- Probezeit § 11 BBiG Rn. 36; § 20
  BBiG Rn. 1 ff.
- Rechtsstreitigkeiten § 10 BBiG
  Rn. 92 ff.
- Vergütungsanspruch § 17 BBiG
  Rn. 1 ff.
- Vertragsniederschrift § 11 BBiG
  Rn. 1 ff.
- Vertragspartner § 10 BBiG Rn. 7 ff.
- Weiterarbeit § 24 BBiG Rn. 1 ff.
- Zeugnis § 16 BBiG Rn. 1 ff.
- Zustandekommen § 10 BBiG
  Rn. 17 ff.

Berufsausbildungsvertrag, siehe
  Berufsausbildungsverhältnis
Berufsausbildungsvorbereitung
  § 1 BBiG Rn. 21; § 68 BBiG
  Rn. 1 ff.
– Anbieter § 68 BBiG Rn. 13 ff.
– Berufsausbildungsvorbereitungs-
  Bescheinigungsverordnung § 69
  BBiG Rn. 8 ff.
– Betriebliche § 68 BBiG Rn. 14 ff.
– Qualifizierungsbausteine § 69
  BBiG Rn. 2 ff.
– Personenkreis § 68 BBiG Rn. 8 ff.
– Überwachung § 70 BBiG Rn. 2 ff.
– Zertifizierung § 69 BBiG Rn. 5 ff.
Berufsbildung § 1 BBiG Rn. 3 ff.
– Anwendungsbereich § 3 BBiG
  Rn. 1 ff.
– Handwerk § 3 BBiG Rn. 23 ff.
– Lernorte § 2 BBiG Rn. 1 ff.
Berufsbildung behinderter Menschen
– Anerkannte Ausbildungsberufe
  § 65 BBiG Rn. 1 ff.
– Ausbildungsregelungen § 66 BBiG
  Rn. 1 ff.
– Berufsausbildung § 64 BBiG
  Rn. 1 ff.
– Fortbildung § 67 BBiG Rn. 1 ff.
– Umschulung § 67 BBiG Rn. 1 ff.
Berufsbildungsausschuss
– Abberufen von Mitgliedern § 77
  BBiG Rn. 12 f.
– Abstimmung § 78 BBiG Rn. 1 ff.
– Anhörung § 79 BBiG Rn. 12 f.
– Aufgaben § 79 BBiG Rn. 1 ff.
– Berufung der Mitglieder § 77 BBiG
  Rn. 3 ff.
– Beschlüsse § 78 BBiG Rn. 1 ff.
– Beschlussfähigkeit § 78 BBiG
  Rn. 3 f.
– Besetzung § 77 BBiG Rn. 3 ff.
– Einspruchsrecht der zuständigen
  Stelle § 79 BBiG Rn. 31 ff.
– Erlass von Rechtsvorschriften
  § 79 BBiG Rn. 23 ff.
– Errichtung § 77 BBiG Rn. 1 ff.
– Ersatzmitglieder § 77 BBiG Rn. 11
– Geschäftsordnung § 80 BBiG
  Rn. 1 ff.
– Haushalt § 79 BBiG Rn. 44

– Kündigung von Mitgliedern § 77
  BBiG Rn. 17
– Ladungsfrist § 78 Rn. 9
– Regelungskompetenz § 79 BBiG
  Rn. 24 ff.
– Rücktritt von Mitgliedern § 77
  BBiG Rn. 13
– Tagesordnung § 78 BBiG Rn. 8,
  10
– Unterrichtung § 79 BBiG Rn. 14 ff.
– Vorsitz § 77 BBiG Rn. 18
– wichtige Angelegenheiten § 79
  BBiG Rn. 5 ff.
Berufsbildungsbericht Vor §§ 84 ff.
  BBiG Rn. 4 f.; § 86 BBiG
Berufsbildungsforschung Vor
  §§ 84 ff. BBiG Rn. 1 f., § 84 BBiG
Berufsbildungsplanung Vor §§ 84 ff.
  BBiG Rn. 3; § 85 BBiG
Berufsbildungsrecht
– Entwicklung § 1 BBiG Rn. 3
– Gesetzgebungskompetenz § 1
  BBiG Rn. 1
Berufsbildungsstatistik Vor §§ 84 ff.
  BBiG Rn. 6 ff., § 87 BBiG, § 88 BBiG
Berufserfahrungen § 1 BBiG Rn. 32
Berufsfachschule § 2 BBiG Rn. 8
Berufsfreiheit § 12 BBiG Rn. 6 ff.;
  § 22 BBiG Rn. 84; § 23 BBiG Rn. 3;
  § 53 BBiG Rn. 15 ff.
Berufskolleg § 2 BBiG Rn. 9
Berufsschule § 2 BBiG Rn. 7 ff.; § 14
  BBiG Rn. 13 ff.; § 22 BBiG Rn. 44;
  § 9 JArbSchG Rn. 1 ff.
– Anrechnung § 9 JArbSchG
  Rn. 13 ff.
– Arbeitszeit § 4 JArbSchG Rn. 8
– Freistellung § 15 BBiG Rn. 8 ff.;
  § 9 JArbSchG Rn. 4 ff.
– Fünf-Tage-Woche § 15 JArbSchG
  Rn. 7
– Samstag § 16 JArbSchG Rn. 17 ff.
Berufsschulferien
– Urlaub § 19 JArbSchG Rn. 26
Berufsschulpflicht § 7 JArbSchG
  Rn. 1 ff., § 9 JArbSchG Rn. 1
Beschäftigung
– Geltungsbereich § 1 JArbSchG
  Rn. 6 ff.
– Kinder, siehe Kinderarbeit

Beschäftigung nicht vollzeitschul-
pflichtiger Kinder § 7 JArbSchG
Rn. 1 ff.
Beschäftigungstherapie § 5 JArbSchG
Rn. 8
Beschäftigungsverbote
- Akkordarbeit § 23 JArbSchG
  Rn. 1 ff.
- Arbeiten unter Tage § 24 JArbSchG
  Rn. 1 ff.
- behördliche Anordnungen und
  Ausnahmen § 27 JArbSchG Rn. 1 ff.
- Berufsschule § 9 JArbSchG Rn. 9 ff.
- bestimmte Personen § 25
  JArbSchG Rn. 1 ff.
- Feiertagsarbeitsverbot § 18
  JArbSchG Rn. 1 ff.
- Gefährliche Arbeiten § 22
  JArbSchG Rn. 1 ff.
- Kinder § 5 JArbSchG Rn. 1 ff.,
  § 7 JArbSchG Rn. 1 ff.
- Kinderarbeitsschutzverordnung
  § 5 JArbSchG Rn. 1 ff.
- Nachtarbeitsverbot § 14 JArbSchG
  Rn. 1 ff.
- Samstagsarbeitsverbot § 16
  JArbSchG Rn. 1 ff.
- Sonntagsarbeitsverbot § 17
  JArbSchG Rn. 1 ff.
- tempoabhängige Arbeiten § 23
  JArbSchG Rn. 1 ff.
Bescheinigung
- ärztliche § 6 JArbSchG Rn. 23,
  § 27 Rn. 9, § 39 JArbSchG Rn. 1 ff.;
  § 41 JArbSchG Rn. 1 ff.
- Aufbewahren § 41 JArbSchG Rn. 1 ff.
- Erstuntersuchung § 32 JArbSchG
  Rn. 1 ff., § 36 JArbSchG Rn. 1 ff.
- Gefährdungsvermerk § 40
  JArbSchG Rn. 1 ff.
- Nachuntersuchung § 33 JArbSchG
  Rn. 1 ff., § 36 JArbSchG Rn. 1 ff.
Besichtigungsrecht, Aufsichts-
behörde § 51 JArbSchG Rn. 5 ff.
Bestellung, Ausbilder § 10 BBiG
Rn. 80 ff.
Betrieb, mehrschichtiger § 14
JArbSchG Rn. 7
Betriebliche Berufsbildung § 2 BBiG
Rn. 4

Betriebliche Einstiegsqualifizierung
§ 26 BBiG Rn. 16
Betriebliche Übung § 17 BBiG
Rn. 34 ff.
Betriebsarzt § 22 JArbSchG Rn. 17
Betriebsbedingte Kündigung § 22
BBiG Rn. 54
Betriebsinhaberwechsel, siehe Be-
triebsübergang
Betriebsgeheimnis § 13 BBiG
Rn. 23 ff.
Betriebspause § 11 JArbSchG Rn. 11
Betriebspraktikum § 26 BBiG Rn. 14;
§ 1 JArbSchG Rn. 17, § 5 JArbSchG
Rn. 9
Betriebsrat § 10 BBiG Rn. 53 ff.
- Anhörung vor Kündigung § 10
  BBiG Rn. 91; § 22 BBiG Rn. 22, 66
- Arbeitsschutz § 28 JArbSchG Rn. 2,
  § 28a JArbSchG Rn. 4
- Arbeitszeit § 4 JArbSchG Rn. 1, § 8
  JArbSchG Rn. 10, § 48 JArbSchG
  Rn. 3
- Berufsbildung § 10 BBiG Rn. 62 ff.
- Eingruppierung § 10 BBiG Rn. 84;
  § 24 BBiG Rn. 33
- Einstellung § 10 BBiG Rn. 85 ff.;
  § 24 BBiG Rn. 32
- Gefährliche Arbeiten § 22
  JArbSchG Rn. 4
- Pausen § 11 JArbSchG Rn. 6, § 48
  JArbSchG Rn. 3
- Kündigungsschutz § 22 BBiG
  Rn. 75
- Urlaub § 19 JArbSchG Rn. 4
- Versetzung § 10 BBiG Rn. 89 ff.
- Weiterbeschäftigung § 24 BBiG
  Rn. 35 ff.
Betriebsstilllegung § 22 BBiG Rn. 55
Betriebsübergang § 10 BBiG Rn. 43 f.
- Probezeit § 20 BBiG Rn. 22 ff.
Betriebsvereinbarung § 10 BBiG
Rn. 48 ff.; § 11 BBiG Rn. 62 ff.; § 21a
JArbSchG
Beurteilung, Arbeitsbedingungen
§ 28a JArbSchG Rn. 1 ff.
Bezugnahme auf Tarifvertrag § 10
BBiG Rn. 47; § 11 BBiG Rn. 62 ff.
BiBB, siehe Bundesinstitut für Berufs-
bildung

Bildträger, siehe Aufnahmen
Bildung
- Ausschuss für Jugendarbeits-
  schutz § 56 JArbSchG
- Landesausschuss § 55 JArbSchG
Bildungsurlaub § 15 BBiG Rn. 28
Binnenschifffahrt § 20 JArbSchG
  Rn. 1 ff.
Bleibeverpflichtung § 12 BBiG
  Rn. 13
Blockunterricht § 12 BBiG Rn. 33;
  § 15 BBiG Rn. 10, 14, 25; § 9
  JArbSchG Rn. 1 ff.
Branntwein § 31 JArbSchG Rn. 4
Bundesurlaubsgesetz § 11 BBiG
  Rn. 39 ff.; § 19 JArbSchG
  Rn. 10 ff.
Bundesinstitut für Berufsbildung
- Aufgaben Vor §§ 89 ff. BBiG
  Rn. 1 ff., § 90 BBiG
- Aufsicht Vor §§ 89 ff. BBiG Rn. 20,
  § 100 BBiG
- Auskunftspflicht Vor §§ 89 ff. BBiG
  Rn. 21, § 101 BBiG
- Finanzierung Vor §§ 89 ff. BBiG
  Rn. 16, § 96 BBiG
- Hauptausschuss Vor §§ 89 ff. BBiG
  Rn. 6 ff., § 92 BBiG
- Haushalt Vor §§ 89 ff. BBiG Rn. 17,
  § 97 BBiG
- Organe Vor §§ 89 ff. BBiG Rn. 5 ff.,
  § 91 BBiG
- Personal Vor §§ 89 ff. BBiG Rn. 19,
  § 99 BBiG
- Präsident Vor §§ 89 ff. BBiG Rn. 11,
  § 93 BBiG
- Satzung Vor §§ 89 ff. BBiG Rn. 18,
  § 98 BBiG
- Wissenschaftlicher Beirat Vor
  §§ 89 ff. BBiG Rn. 12 f., § 94 BBiG
Bundeswehr, siehe Wehrpflicht
Bußgeldvorschriften § 102 BBiG;
  § 58 JArbSchG, § 59 JArbSchG

C

Casting-Show § 1 JArbSchG Rn. 15
Charakterliche Förderung § 14 BBiG
  Rn. 24 ff.

D

Datenschutz
- Verzeichnis der Berufsausbil-
  dungsverhältnisse § 34 BBiG
  Rn. 8 f.; § 35 BBiG Rn. 9 f.
- Berufsbildungsbericht § 86 BBiG
  Rn, 1 ff.
Dauer, Arbeitszeit § 8 JArbSchG
  Rn. 1 ff.
Dauer, Probezeit § 11 BBiG Rn. 36;
  § 20 Rn. 1 ff.
Dienstleistungen
- Geltungsbereich § 1 JArbSchG
  Rn. 14
Dienstvereinbarung § 10 BBiG Rn. 48;
  § 11 BBiG Rn. 62 ff.
Dienstverhältnis § 3 BBiG Rn. 18 ff.
Direktsendung
- Sonntagsarbeit § 17 JArbSchG
  Rn. 7, 9
Drei-Wochen-Frist, siehe Klagefrist
Duales Studium § 3 BBiG Rn. 14 ff.
Duales Ausbildungssystem § 1 BBiG
  Rn. 3 ff.
Durchführung ärztliche Unter-
  suchungen § 37 JArbSchG

E

Eignung
- Ausbilder § 28 BBiG Rn. 1 ff., § 30
  BBiG Rn. 1 ff.
- Ausbildende § 28 BBiG Rn. 1 ff.
- Ausbildungsstätte § 27 BBiG
  Rn. 1 ff.
- Fachliche § 30 BBiG Rn. 1 ff.
- Persönliche § 29 BBiG Rn. 1 ff.
- Überwachung § 32 BBiG Rn. 1 ff.,
  § 33 BBiG Rn. 1 ff.
Einfühlungsverhältnis § 26 BBiG
  Rn. 6
Eingliederung behinderter Men-
  schen § 1 JArbSchG Rn. 21, 25
Einkommensteuerpflicht,
  Vergütung § 17 BBiG Rn. 4
Einrichtungen
- Jugendhilfe § 1 JArbSchG Rn. 21,
  24

Stichwortverzeichnis

– zur Eingliederung behinderter
Menschen § 1 JArbSchG Rn. 21,
25
– pflegliche Behandlung, § 13 BBiG
Rn. 21 ff.
Einsichtnahme
– Unterrichtung der Ärzte § 45
JArbSchG
– Verzeichnisse § 50 JArbSchG
Einstellungsberechtigung § 28 BBiG
Rn. 1 ff.
Einstiegsqualifizierung, betriebliche
§ 26 BBiG Rn. 16
Eintragung, Verzeichnis der Ausbil-
dungsverträge § 35 BBiG Rn. 1 ff.
Elektronische Form § 11 BBiG Rn. 10;
§ 16 BBiG Rn. 11
Elterliches Geschäft § 1 JArbSchG
Rn. 26
Eltern § 10 BBiG Rn. 11, 19 ff.; § 22
BBiG Rn. 2 ff.
Elternzeit § 15 BBiG Rn. 28; § 21 BBiG
Rn. 48
– Kündigungsschutz § 22 BBiG
Rn. 68
– Prüfungszulassung § 43 BBiG
Rn. 12, § 46 Rn. 13
– Verlängerung der Ausbildungszeit
automatisch § 43 BBiG Rn. 12
E-Mail § 11 BBiG Rn. 10
Entschädigung, Berufsausbildung
§ 12 BBiG Rn. 26 ff.
Entsendung § 1 JArbSchG Rn. 2
Entzug der Ausbildungserlaubnis
§ 25 JArbSchG Rn. 4
Ergänzungsuntersuchung § 38
JArbSchG Rn. 1 ff.
Erholungsurlaub, siehe Urlaub
Ermächtigung
– zu Ausnahmeregelungen § 21b
JArbSchG, § 26 JArbSchG, § 46
JArbSchG
Ermächtigung Bundesministerium
§ 60 JArbSchG
Ermessen, Aufsichtsbehörde § 6
JArbSchG Rn. 34, § 54 JArbSchG
Rn. 4
Ermessen, Arzt § 35 JArbSchG Rn. 1
Ermittlungsverfahren § 10 BBiG
Rn. 34

Erprobungsverordnung § 6 BBiG
Rn. 1 ff.
Ernte, Landwirtschaft § 5 JArbSchG
Rn. 17, 20, § 8 JArbSchG Rn. 20
Erschütterung, gefährliche Arbeit
§ 22 JArbSchG Rn. 11
Erstuntersuchung § 10 BBiG Rn. 23;
§ 32 JArbSchG Rn. 1 ff.
Erste Nachuntersuchung § 33
JArbSchG Rn. 1 ff.
Erziehungsmaßregeln § 5 JArbSchG
Rn. 11
Erziehungspflicht § 14 BBiG Rn. 24 ff.
Erziehungsurlaub, siehe Elternzeit
Europaklausel § 31 BBiG Rn. 1 ff.
Experimentierklausel § 6 BBiG
Rn. 1 ff.
Externenzulassung § 43 BBiG
Rn. Rn. 19 ff.; § 45 Rn. 14 ff.
Europarecht § 10 BBiG Rn. 14
– Anerkennung von Berufs-
qualifikationen § 31 BBiG Rn. 2,
§ 45 BBiG Rn. 24
– Gleichstellung ausländischer Prü-
fungszeugnisse § 50 BBiG Rn. 1 ff.
– Jugendarbeitsschutzrichtlinie § 1
JArbSchG Rn. 2

F

Fachkräfte § 27 BBiG Rn. 5 ff. und 15.
Fachakademien § 2 BBiG Rn. 8
Fachliche Eignung § 30 BBiG Rn. 1 ff.
Fachoberschule § 2 BBiG Rn. 8
Fachschule § 2 BBiG Rn. 8
Fahrerlaubnis § 12 BBiG Rn. 30
Fahrtkosten § 11 BBiG Rn. 6; § 14
BBiG Rn. 19
Fähigkeiten § 1 BBiG Rn. 18
Fax, siehe Telefax
Familienbetrieb § 1 JArbSchG Rn. 15
Familienrechtliche Vorschriften
– Geltungsbereich § 1 JArbSchG
Rn. 23
Familienhaushalt
– Geltungsbereich § 1 JArbSchG
Rn. 26
– Dauer der Arbeitszeit § 8
JArbSchG Rn. 19

– Samstagsarbeit § 16 JArbSchG
Rn. 7
– Sonntagsarbeit § 17 JArbSchG
Rn. 7
Feiertag § 19 BBiG Rn. 20; § 4
JArbSchG Rn. 15 ff., § 18 JArbSchG
Rn. 1 ff.
Feiertagsruhe § 18 JArbSchG Rn. 1 ff.
Feiertagsarbeitsverbot § 18 JArbSchG
Rn. 1 ff.
Feldbestellung § 5 JArbSchG Rn. 20
Fernsehen
– behördliche Ausnahmen für Ver-
anstaltungen § 6 JArbSchG Rn. 4 ff.
– Samstagsarbeit § 16 JArbSchG
Rn. 7
– Sonntagsarbeit § 17 JArbSchG
Rn. 7
Ferienarbeit § 5 JArbSchG Rn. 30
Fertigkeiten § 1 BBiG Rn. 18
Filmaufnahmen
– behördliche Ausnahmen, Kinder-
arbeit § 6 JArbSchG Rn. 4 ff.
– Samstagsarbeit § 16 JArbSchG
Rn. 7
Fischerei in Binnengewässern
– Dauer der Arbeitszeit § 8
JArbSchG Rn. 19
Förderung, Berufsbildung § 10 BBiG
Rn. 63 ff.
Förderung, charakterliche § 14 BBiG
Rn. 24 ff.
Form, siehe Schriftform
Fortkommen in der Schule
– Kinderbeschäftigungsverbot § 6
JArbSchG Rn. 29
Fotoaufnahmen
– behördliche Ausnahmen; Kinder-
arbeit § 6 JArbSchG Rn. 4 ff.
– Samstagsarbeit § 16 JArbSchG
Rn. 7
Fortbildung § 1 BBiG Rn. 33 ff.; § 10
BBiG Rn. 136
– Berücksichtigung ausländischer
Vorqualifikationen § 55 BBiG
Rn. 1 ff.
– Fortbildungsordnung § 53 BBiG
Rn. 1 ff.
– Fortbildungsprüfungen § 56 BBiG
Rn. 1 ff.

– Fortbildungsprüfungsregelungen
§ 54 BBiG Rn. 1 ff.
– Gleichstellung, Prüfungszeug-
nisse § 57 BBiG
Fortbildungskosten, Rückzahlung
§ 53 BBiG Rn. 8 ff.
Fortbildungsprüfung § 54 BBiG
Rn. 1 ff.; § 56 BBiG Rn. 1 ff.
Fortzahlung, Vergütung § 19 BBiG
Rn. 1 ff.
Fragerecht Ausbildender § 10 BBiG
Rn. 27 ff.
Freier Mitarbeiter § 1 JArbSchG
Rn. 20
Freiheitsentziehung, Vollzug § 62
JArbSchG
Freistellung § 15 BBiG Rn. 1 ff.
– Anrechnung auf betriebliche Aus-
bildungszeit § 15 BBiG Rn. 21 ff.
– Ausbildungsmaßnahmen § 15
BBiG Rn. 18 ff.; § 10 JArbSchG
Rn. 1 ff.
– Berufsschule § 15 BBiG Rn. 8 ff.;
§ 9 JArbSchG Rn. 4 ff.
– Feiertag § 18 JArbSchG Rn. 5
– Prüfungen § 15 BBiG Rn. 16 ff.;
§ 10 JArbSchG Rn. 1 ff.
– Samstagsarbeit § 16 JArbSchG
Rn. 17 ff.
– Sonntagsarbeit § 17 JArbSchG
Rn. 11
– Untersuchen § 43 JArbSchG
Rn. 1 ff.
– Urlaub § 11 BBiG Rn. 56 ff.; § 15
BBiG Rn. 28; § 19 JArbSchG Rn. 1 ff.
– Vergütungsfortzahlung § 19 BBiG
Rn. 1 ff.
– Vorbereitung Prüfungen § 15 BBiG
Rn. 17; § 10 JArbSchG Rn. 5 ff.
Freiwilligkeitsvorbehalt § 17 BBiG
Rn. 41
Freizeit, tägliche § 13 JArbSchG
Rn. 1 ff.
Freizeitbeschäftigung
– Geltungsbereich § 1 JArbSchG
Rn. 9
Friseurhandwerk
– Samstagsarbeit § 16 JArbSchG
Rn. 7
Führungszeugnis § 10 BBiG Rn. 34

Stichwortverzeichnis

Fünf-Tage-Woche § 4 JArbSchG
Rn. 14, § 8 JArbSchG Rn. 2, § 15
JArbSchG Rn. 1 ff.
– Feiertag § 18 JArbSchG Rn. 5
Fürsorgepflicht
– häusliche Gemeinschaft § 30
JArbSchG Rn. 1
Funktioneller Arbeitgeber § 3
JArbSchG Rn. 1

G

Gaststättengewerbe
– Nachtarbeit § 14 JArbSchG Rn. 5
– Samstagsarbeit § 16 JArbSchG
Rn. 7
– Sonntagsarbeit § 17 JArbSchG
Rn. 7
Gefahrenunterweisung § 29
JArbSchG Rn. 1 ff.
Gefährdung
– Arbeitsbedingungen § 28a
JArbSchG Rn. 1 ff.
Gefährdungsbescheinigung § 40
JArbSchG Rn. 1 ff.
Gefährdungsbeurteilung § 28a
JArbSchG Rn. 3
Gefährdungshaftung § 14 BBiG
Rn. 45 ff.
Gefährliche Arbeiten § 22 JArbSchG
Rn. 1 ff.
Gefälligkeit
– Geltungsbereich § 1 JArbSchG
Rn. 21 f.
Gegenseitige Unterrichtung, Ärzte
§ 45 JArbSchG Rn. 1 ff.
Geheimnis (Betriebs-, Geschäfts-
geheimnis) § 13 BBiG Rn. 23 ff.
Geldbuße § 102 BBiG Rn. 3; § 58
JArbSchG; § 59 JArbSchG
Geltungsbereich § 1 JArbSchG
Rn. 1 ff.
– Ausnahmen § 1 JArbSchG
Rn. 18 ff.
– persönlicher § 1 JArbSchG Rn. 3 ff.
– räumlicher § 1 JArbSchG Rn. 2
– sachlicher § 1 JArbSchG Rn. 6 ff.
Gemeinschaft, häusliche § 30
JArbSchG Rn. 1 ff.

Generation Praktikum § 26 BBiG
Rn. 15
Geringfügige Hilfeleistungen
– Geltungsbereich § 1 JArbSchG
Rn. 21 ff.
Gesamtzusage § 17 BBiG Rn. 32 ff.
Geschäftsgeheimnis § 13 BBiG
Rn. 23 ff.
Gesetzlicher Feiertag, siehe Feiertag
Gestaltende Mitwirkung § 14
JArbSchG Rn. 13
Gestaltung der Arbeit § 28 JArbSchG
Rn. 1 ff.
Gestreckte Abschlussprüfung § 5
BBiG Rn. 27; § 44 BBiG Rn. 1 ff.
Gesundheitsschutz
– Arbeitszeit § 8 JArbSchG Rn. 1 ff.
– Akkordarbeit § 23 JArbSchG
Rn. 1 ff.
– behördliche Anordnungen § 27
JArbSchG Rn. 1 ff.
– Erstuntersuchung § 10 BBiG
Rn. 23; § 32 JArbSchG Rn. 1 ff.
– Gefährliche Arbeiten § 22
JArbSchG Rn. 1 ff.
Gewährung, Ausbildungsmittel § 14
BBiG Rn. 6 ff.
Gewerkschaft § 10 BBiG Rn. 22, 33
Giftige Stoffe
– gefährliche Arbeiten § 22
JArbSchG Rn. 1 ff.
Gleichstellung, Prüfungszeugnisse
§ 50 BBiG 1 ff.; § 57 BBiG; § 63
BBiG
Gleitende Arbeitszeit § 11 BBiG
Rn. 26; § 8 JArbSchG Rn. 16
Gratifikation § 17 BBiG Rn. 32 ff.
Grund, Kündigung § 22 BBiG
Rn. 25 ff.
Grundwehrdienst (siehe Wehrdienst)

H

Haftung (siehe auch Schadenersatz)
§ 12 BBiG Rn. 39 ff.
– Arbeitsunfall § 13 BBiG Rn. 42 ff.
– Ausbildender § 14 BBiG Rn. 35 ff.
– Auszubildender § 13 BBiG
Rn. 28 ff.

Handlungsfähigkeit, berufliche § 1
BBiG Rn. 15; § 13 BBiG Rn. 2 ff.
Handreichungen, Sport § 5 JArbSchG
Rn. 23
Handwerk § 3 BBiG Rn. 23
Handwerkskammer siehe zuständige
Stelle
Haushalt § 5 JArbSchG Rn. 19
Hauptausschuss, BiBB Vor §§ 89 ff.
BBiG Rn. 6 ff., § 92 BBiG
Häusliche Gemeinschaft § 30
JArbSchG Rn. 1 ff.
Heiligabend § 18 JArbSchG Rn. 2
Heimarbeit
– Geltungsbereich § 1 JArbSchG
Rn. 14
– Urlaub § 19 JArbSchG Rn. 27
Heranwachsende § 1 JArbSchG Rn. 4
Herausgabe, ärztliche Bescheinigung
§ 41 JArbSchG Rn. 4
Hilfe im Haushalt
– Geltungsbereich § 1 JArbSchG
Rn. 26
Hilfeleistungen, geringfügige
– Geltungsbereich § 1 JArbSchG
Rn. 21 ff.
Hitzebetriebe
– Nachtruhe § 14 JArbSchG Rn. 12
Hitze
– gefährliche Arbeiten § 22
JArbSchG Rn. 1 ff.
Hochschulstudium § 3 BBiG Rn. 12 ff.
Hochseeschifffahrt
– Dauer der Arbeitszeit § 8 Rn. 4,
§ 61 JArbSchG
Höchstarbeitszeit § 8 JArbSchG
Rn. 1 ff.
Hörfunk, siehe Rundfunk

I

Industrie- und Handelskammer,
siehe zuständige Stellen
Inhaberwechsel, siehe Betriebs-
übergang
Insolvenz § 22 BBiG Rn. 55
Integrationsamt § 22 BBiG Rn. 74
Interessenvertretung § 51 BBiG
Rn. 1 ff., § 52 BBiG

J

JAV, siehe Jugend- / Auszubildenden-
vertretung
Jugendamt § 6 JArbSchG Rn. 21
Jugendarbeitsschutzausschüsse
– Aufgaben § 57 JArbSchG
– Ausschüsse für Jugendarbeits-
schutz § 56 JArbSchG
– Landesausschuss für Jugend-
arbeitsschutz § 55 JArbSchG
Jugendarbeitsschutzrichtlinie § 1
JArbSchG Rn. 2, § 5 Rechtsanwalt
Rn. 4
Jugend- und Auszubildendenvertre-
tung § 10 BBiG Rn. 55 ff.; § 22 BBiG
Rn. 75; § 24 BBiG Rn. 35 ff.; § 51
BBiG Rn. 2 ff.
Jugendhilfeeinrichtungen
– Geltungsbereich § 1 JArbSchG
Rn. 21 ff.
Jugendliche, siehe auch Minder-
jährige
– Ausbildung in nicht anerkannten
Ausbildungsberufen § 4 BBiG
Rn. 6 ff.
– Definition § 2 JArbSchG Rn. 3
– Geltungsbereich § 1 JArbSchG
Rn. 3
– Verzeichnis § 49 JArbSchG

K

Kabarett
– behördliche Ausnahmen für
Veranstaltungen § 6 JArbSchG
Rn. 18
Kauffahrteischiffe § 3 BBiG Rn. 22;
§ 61 JArbSchG
Kälte
– gefährliche Arbeiten § 22
JArbSchG Rn. 1 ff.
Kammer, siehe zuständige Stelle
Kammer-Kooperation § 39 BBiG
Rn. 9, § 71 BBiG Rn. 12 f.
Karneval
– behördliche Ausnahmen für Ver-
anstaltungen § 6 JArbSchG Rn. 20
– Geltungsbereich § 1 Rn. 9 f.

Kenntnisse § 1 Rn. 17 BBiG
Kinder, siehe auch Kinderarbeit,
Minderjährige
- Beschäftigung nicht vollzeitschul-
pflichtiger § 7 JArbSchG 1 ff.
- Definition § 2 JArbSchG Rn. 1
- Geltungsbereich § 1 JArbSchG
Rn. 3
Kinderarbeit § 5 JArbSchG Rn. 1 ff.
- Ausnahmebewilligung § 6
JArbSchG Rn. 1 ff., § 7 JArbSchG
Rn. 1 ff.
- Kinderarbeitsschutzverordnung
§ 5 JArbSchG Rn. 1 ff.
Kinderheim
- Samstagsarbeit § 16 JArbSchG
Rn. 7
- Sonntagsarbeit § 17 JArbSchG
Rn. 7
Kirchen
- Abweichung vom Arbeitszeit-
schutz § 21a JArbSchG Rn. 3
- Geltungsbereich § 1 JArbSchG
Rn. 13
Klagefrist § 10 BBiG Rn. 122 ff.;
§ 22 BBiG Rn. 77
Kollegialprinzip § 39 BBiG Rn. 1,
§ 42 BBiG Rn. 15 ff.
Kompetenzbegriff § 1 BBiG Rn. 18
Konsensverfahren § 6 BBiG Rn. 3
Konditorei
- Nachtarbeit § 14 JArbSchG Rn. 9
- Samstagsarbeit § 16 JArbSchG
Rn. 10
Körperverletzung § 31 JArbSchG
Rn. 1 ff.
Kosten
- Ausbildungsmittel § 14 BBiG
Rn. 6 ff.
- Untersuchung § 44 JArbSchG
Rn. 1 ff.
Krankenanstalt
- Samstagsarbeit § 16 JArbSchG
Rn. 7
- Sonntagsarbeit § 17 JArbSchG
Rn. 7
Krankenversicherung § 10 BBiG
Rn. 51
Krankheit
- Kündigung § 22 BBiG Rn. 54

- Vergütungsfortzahlung § 19 BBiG
Rn. 7 ff.
Kündigung § 11 BBiG Rn. 61, § 22
BBiG Rn. 1 ff.
- Abmahnung § 22 BBiG Rn. 32 ff.
- Anhörung, Betriebsrat § 10 BBiG
Rn. 91; § 22 BBiG Rn. 22, 66
- betriebsbedingte § 22 BBiG Rn. 55
- Insolvenz § 22 BBiG Rn. 55
- krankheitsbedinge § 22 BBiG
Rn. 54
- Minderjährige § 22 BBiG Rn. 2 ff.
- personenbedingte § 22 BBiG
Rn. 54
- Probezeit § 22 BBiG Rn. 10 ff.
- Rechtsschutz § 10 BBiG Rn. 92 ff.;
§ 22 BBiG Rn. 76 ff.
- Schriftform § 22 BBiG Rn. 16 ff.,
56 ff., 87
- verhaltensbedingte § 22 BBiG
Rn. 31 ff.
- vor Ausbildungsbeginn § 22 BBiG
Rn. 7 ff.
- Wichtiger Grund § 22 BBiG
Rn. 25 ff., 86
Kündigungsschutzklage § 22 BBiG
Rn. 76 ff.
Kündigungsvoraussetzungen § 11
BBiG Rn. 61; § 22 BBiG Rn. 7 ff.
Kürzung, Ausbildungszeit (siehe
auch Anrechnung beruflicher
Vorbildung)
§ 8 BBiG Rn. 2 ff.
Kurzarbeit § 10 BBiG Rn. 5; § 11 BBiG
Rn. 14, 22

L

Landesausschuss für Berufsbildung
- Abberufung, Mitglieder § 82 BBiG
Rn. 12 ff.
- Aufgaben § 83 BBiG Rn. 1 ff.
- Berufung, Mitglieder § 82 BBiG
Rn. 4 ff.
- Beschlussfähigkeit § 82 BBiG
Rn. 22
- Beschlussfassung § 82 BBiG Rn. 23
- Entschädigung § 82 BBiG Rn. 7 ff.
- Errichtung § 82 BBiG Rn. 2

- Geschäftsordnung § 82 BBiG
  Rn. 19
- Unterausschuss § 82 BBiG Rn. 20
- Vorsitzender § 82 BBiG Rn. 16
- Zusammensetzung § 82 BBiG
  Rn. 3 ff.
Landesausschüsse für Jugendarbeits-
  schutz § 55 JArbSchG
Landwirtschaft § 62 JArbSchG Rn. 5
- Arbeitszeit § 8 JArbSchG 3, 18 ff.
- Ausnahmen vom Kinderarbeits-
  verbot § 5 JArbSchG Rn. 15 ff.
- Geltungsbereich § 1 JArbSchG
  Rn. 26
- Nachtarbeit § 14 JArbSchG Rn. 8
- Samstagsarbeit § 16 JArbSchG
  Rn. 7
- Sonntagsarbeit § 17 JArbSchG
  Rn. 7
Lärm
- gefährliche Arbeiten § 22
  JArbSchG Rn. 1 ff.
Leiharbeitgeber § 3 JArbSchG Rn. 27
Leichte Tätigkeiten § 5 JArbSchG
  Rn. 1 ff.
Leistungsverweigerungsrecht § 22
  JArbSchG Rn. 3, § 23 JArbSchG
  Rn. 2
Lehrgeld § 12 BBiG Rn. 26
Lehrling, siehe Auszubildender
Lernorte der Berufsbildung § 2 BBiG
  Rn. 1 ff.
Lernortkooperation § 2 BBiG Rn. 2 ff.
Lernpflicht § 13 BBiG Rn. 2 ff.
Lohnausfallprinzip § 9 JArbSchG
  Rn. 19, § 43 JArbSchG Rn. 4
Lohnformen, gemischt
- Akkordarbeit § 23 JArbSchG Rn. 4
Lohnsteuerkarten § 52 JArbSchG
Löschung aus dem Verzeichnis der
  Berufsausbildungsverhältnisse
  § 35 BBiG Rn. 1 ff.

M

Mängel bei der Eignung § 32 BBiG
  Rn. 1 ff.
Mandatsträger, Weiterbeschäftigung
  § 24 BBiG Rn. 35 ff.

Marktverkehr
- Samstagsarbeit § 16 JArbSchG
  Rn. 11
Mehrarbeit § 11 BBiG Rn. 23; § 17
  BBiG Rn. 52 ff.
Mehrere Arbeitgeber
- Arbeitszeit § 4 JArbSchG Rn. 18 ff.
Mehrschichtiger Betrieb § 14
  JArbSchG Rn. 7
Menschengerechte Gestaltung der
  Arbeit § 28 JArbSchG Rn. 1 ff.
Merkmale, Berufsausbildungs-
  verhältnis § 10 Rn. 3 ff.
Minderjährige § 10 BBiG Rn. 19 ff.;
  § 22 BBiG Rn. 2 ff.; § 1 JArbSchG
  Rn. 2
Mindestinhalt (Vertragsnieder-
  schrift) § 11 BBiG Rn. 1 ff.
Mindestpausenzeiten § 11 JArbSchG
  Rn. 1 ff.
Misshandlung, seelische § 31
  JArbSchG Rn. 1 ff.
Mitarbeiter, freier § 1 JArbSchG
  Rn. 20
Mitbestimmungsrecht, Betriebs- oder
  Personalrat § 1 BBiG Rn. 40 ff.;
  § 10 BBiG Rn. 53 ff.
- Arbeitsschutz § 28 JArbSchG Rn. 2,
  § 28a JArbSchG Rn. 4
- Arbeitszeit § 4 JArbSchG Rn. 1, § 8
  JArbSchG Rn. 10, § 48 JArbSchG
  Rn. 3
- Gefährliche Arbeiten § 22
  JArbSchG Rn. 4
- Pausen § 11 JArbSchG Rn. 6, § 48
  JArbSchG Rn. 3
- Urlaub § 19 JArbSchG Rn. 4
Mittagspause § 11 JArbSchG Rn. 10
Mitteilung, ärztliche § 39 JArbSchG
  Rn. 1 ff.
Mitteilung, Verstöße § 53 JArbSchG
Mitwirkung, gestaltende § 14
  JArbSchG Rn. 13
- behördliche Ausnahmen vom
  Kinderarbeitsverbot § 6 JArbSchG
  Rn. 9
Musikaufführung
- behördliche Ausnahmen vom
  Kinderarbeitverbot § 6
  JArbSchG Rn. 10 ff.

– Samstagsarbeit § 16 JArbSchG
  Rn. 14
– Sonntagsarbeit § 17 JArbSchG
  Rn. 7, 9
Musterprüfungsordnung § 47 BBiG
  Rn. 1 ff.
Mutterschutz § 22 BBiG Rn. 23, 69;
  § 24 BBiG Rn. 10

N

Nachtarbeitsverbot § 14 JArbSchG
  Rn. 1 ff.
– Ausnahmen § 14 JArbSchG
  Rn. 3 ff.
– Binnenschifffahrt § 20 JArbSchG
– Kauffahrteischiffe § 61 JArbSchG
Nachtarbeitszuschlag § 14 JArbSchG
  Rn. 14 f.
Nachtruhe, siehe Nachtarbeitsverbot
Nachuntersuchung, erste § 33
  JArbSchG Rn. 1 ff.
Nachuntersuchung, weitere § 34
  JArbSchG Rn. 1 ff.
Nachuntersuchung, außerordent-
  liche § 35 JArbSchG Rn. 1 ff.
Nässe
– gefährliche Arbeiten § 22
  JArbSchG Rn. 1 ff.
Nebenbestimmung, Ausnahme-
  bewilligung § 54 JArbSchG
Nichtbestehen, Abschlussprüfung
  § 21 BBiG Rn. 32 ff.; § 37 BBiG
  Rn. 19
Nichtbestehen, Wiederholungsprü-
  fung § 21 BBiG Rn. 45 ff.; § 37 BBiG
  Rn. 9
Nichtige Vereinbarungen § 12 BBiG
  Rn. 1 ff.
– Berufsfreiheit § 12 BBiG Rn. 6 ff.
– Entschädigung § 12 BBiG
  Rn. 26 ff.
– Schadenersatzansprüche § 12
  BBiG Rn. 39 ff.
– Vertragsstrafen § 12 BBiG
  Rn. 23 ff.; 36 f.
Niederschrift (Mindestinhalt) § 11
  BBiG Rn. 1 ff.
Notarkammer, siehe zuständige Stelle

Notdienst, ärztlicher
– Samstagsarbeit § 16 JArbSchG
  Rn. 7, 16
– Sonntagsarbeit § 17 JArbSchG
  Rn. 7
Notfälle § 21 JArbSchG Rn. 2

O

Offene Verkaufsstellen
– Samstagsarbeit § 16 JArbSchG
  Rn. 7
Ordnung, Ausbildungsstätte § 13
  BBiG Rn. 19 ff.
Ordnungswidrigkeiten § 102 BBiG;
  § 58 JArbSchG, § 59 JArbSchG

P

Patentanwaltskammer, siehe
  zuständige Stelle
Pausen, siehe Ruhepausen
Pausenräume § 11 JArbSchG
  Rn. 14 ff.
Personalfragebogen § 10 BBiG Rn. 27
Persönliche Eignung § 29 BBiG
  Rn. 1 ff.
Personalrat § 24 BBiG Rn. 32; § 48
  JArbSchG Rn. 1, 3, § 51 JArbSchG
  Rn. 7, § 54 JArbSchG Rn. 8
– Arbeitsschutz § 28 JArbSchG
  Rn. 2, § 28a JArbSchG Rn. 4
– Arbeitszeit § 4 JArbSchG Rn. 1,
  § 8 JArbSchG Rn. 10, § 48 JArbSchG
  Rn. 3
– Gefährliche Arbeiten § 22
  JArbSchG Rn. 4
– Pausen § 11 JArbSchG Rn. 6, § 48
  JArbSchG Rn. 3
– Urlaub § 19 JArbSchG Rn. 4
– Weiterbeschäftigung § 24 BBiG
  Rn. 63 ff.
Personenbedingte Kündigung § 22
  BBiG Rn. 54
Personensorgeberechtigte § 10 BBiG
  Rn. 19 ff.; § 22 BBiG Rn. 2 ff.
– Geltungsbereich § 1 JArbSchG
  Rn. 27

– Kinderarbeit § 5 JArbSchG
  Rn. 1 ff., § 6 JArbSchG Rn. 1 ff., 22
Pflegeheim
– Samstagsarbeit § 16 JArbSchG
  Rn. 7
– Sonntagsarbeit § 17 JArbSchG
  Rn. 7
Pflegeversicherung § 10 BBiG Rn. 51
Pfleger § 10 BBiG Rn. 20
Pflegliche Behandlung § 13 BBiG
  Rn. 21 ff.
Pflichten, Ausbildender § 14 BBiG
  Rn. 1 ff.
Pflichten, Auszubildender § 13 BBiG
  Rn. 1 ff.
Praktikant § 10 BBiG Rn. 137; § 26
  BBiG Rn. 7, 14
– Geltungsbereich § 1 JArbSchG
  Rn. 17
Prämien
– Akkordarbeit § 23 JArbSchG
  Rn. 4
Probearbeit
– Beschäftigung von Kindern § 5
  JArbSchG Rn. 10
Proben
– behördliche Ausnahmen vom
  Kinderarbeitsverbot § 6 JArbSchG
  Rn. 4, 5
Probezeit § 20 BBiG Rn. 1 ff.
– Beginn § 20 BBiG Rn. 4
– Dauer § 11 BBiG Rn. 36; § 20 BBiG
  Rn. 6 ff.
– Inhaberwechsel § 20 BBiG
  Rn. 22 ff.
– Kündigung § 22 BBiG Rn. 10 ff.
– Stufenausbildung § 20 BBiG
  Rn. 7
– Unterbrechung § 20 BBiG Rn. 18 ff.
– Zweck § 20 BBiG Rn. 3
Prüfungen, siehe auch Abschluss-
  prüfung, Zwischenprüfung
– Arbeitszeit § 4 JArbSchG Rn. 8
– Freistellung § 15 BBiG Rn. 16;
  § 10 JArbSchG Rn. 1 ff.
– Fortbildung § 54 BBiG Rn. 1 ff.;
  § 56 BBiG Rn. 1 ff.
– Krankheit § 46 BBiG Rn. 15, § 47
  BBiG Rn. 21
– mündliche § 47 BBiG Rn. 23

– Nichtteilnahme § 46 BBiG Rn. 14,
  § 47 BBiG Rn. 21
– programmierte Prüfungen § 47
  BBiG Rn. 22
– Rücktritt § 46 BBiG Rn. 14
– Zulassung s. Zulassung,
  Abschlussprüfung
Prüfungsanforderungen § 5 BBiG
  Rn. 13
Prüfungsausschuss § 37 BBiG
  Rn. 39 ff.; § 39 BBiG Rn. 1 ff.; § 40
  BBiG Rn. 1 ff., § 41 BBiG Rn. 1 ff.,
  § 42 BBiG Rn. 1 ff.
– Abstimmungen § 41 Rn. 20 f.
– Behörde § 39 BBiG Rn. 2
– Bewertungen § 42 Rn. 5 ff.
– Gebühr § 46 BBiG Rn. 5
– gemeinsamer, mehrerer zustän-
  diger Stellen § 39 BBiG Rn. 9
– Protokoll § 41 Rn. 22 ff.; § 47
  Rn. 20 f.
Prüfungsausschussmitglieder § 40
  BBiG Rn. 1 ff.
– Anwesenheit bei der Prüfung § 42
  BBiG Rn. 6 f.
– Befangenheit § 40 BBiG Rn. 15,
  30
– Berufung § 40 BBiG Rn. 44 ff.
– Ehrenamt § 40 BBiG Rn. 36 ff.
– Eignung § 40 BBiG Rn. 27 ff.
– Krankheit § 40 BBiG Rn. 15
– Qualifizierung § 40 Rn. 34 f.
– Sachkunde § 40 BBiG Rn. 21, 25 ff.
  Stellvertreter/-innen § 40 BBiG
  Rn. 11
Prüfungsausschussvorsitz § 41 BBiG
  Rn. 1 ff.
– Stellvertretung § 41 BBiG Rn.
– Wahl § 41 BBiG Rn. 4 ff.
Prüfungsordnung § 47 BBiG Rn. 1 ff.
Prüfungsstück § 14 BBiG Rn. 12
Prüfungswesen
– Abschlussprüfung § 37 BBiG
  Rn. 1 ff.
– Gleichstellung, Prüfungszeug-
  nisse § 50 BBiG Rn. 1 ff.; § 57 BBiG;
  § 63 BBiG
– Prüfungsausschuss § 39 BBiG
  Rn. 1 ff., § 40 BBiG Rn. 1 ff., § 41
  BBiG Rn. 1 ff., § 42 BBiG Rn. 1 ff.

Stichwortverzeichnis

- Prüfungsgegenstand § 38 BBiG
  Rn. 1 ff.
- Prüfungsordnung § 47 BBiG Rn. 1 ff.
- Zulassung, Abschlussprüfung
  § 43 BBiG Rn. 1 ff., § 44 BBiG
  Rn. 1 ff., § 45 BBiG Rn. 1 ff.
- Zusatzqualifikationen § 49 BBiG
  Rn. 1 ff.
- Zwischenprüfungen § 48 BBiG
  Rn. 1 ff.
Prüfungszeugnis, Gleichstellung
  § 57 BBiG; § 63 BBiG

Q

Qualifizierungsbausteine § 69 BBiG
  Rn. 2 ff.
Qualifizierte Schriftform § 22 BBiG
  Rn. 56 ff., 87

R

Rauchverbot § 13 BBiG Rn. 14; § 14
  Rn. 29
Recht auf Lüge § 10 BBiG Rn. 29
Rechtsschutz, Kündigung § 22 BBiG
  Rn. 76
Rechtsstreitigkeiten § 10 BBiG
  Rn. 92 ff.
Rechtsverordnung
- Ermächtigung § 21b JArbSchG,
  § 46 JArbSchG
Religionsausübung
- Geltungsbereich § 1 JArbSchG
  Rn. 13
Religionsgemeinschaften
- Abweichung vom Arbeitszeit-
  schutz § 21a JArbSchG Rn. 3
- Geltungsbereich § 1 JArbSchG
  Rn. 13
Religionszugehörigkeit § 10 BBiG
  Rn. 33
Reinigung des Arbeitsplatzes
- Arbeitszeit § 4 JArbSchG Rn. 5
Rentenversicherung § 10 BBiG Rn. 51
Reparaturwerkstatt, Kraftfahrzeuge
- Samstagsarbeit § 16 JArbSchG
  Rn. 7

Richterliche Weisung § 5 JArbSchG
  Rn. 11
Richtlinie, Jugendarbeitsschutz § 1
  JArbSchG Rn. 2
Rückzahlung, Weiterbildungskosten
  § 53 BBiG Rn. 8 ff.
Rückzahlungsklausel § 12 BBiG
  Rn. 12, 27; § 53 BBiG Rn. 8 ff.
Rufbereitschaft
- Arbeitszeit § 11 BBiG Rn. 34; § 4
  JArbSchG Rn. 10
Ruhepausen § 11 BBiG Rn. 32; § 4
  JArbSchG Rn. 2, § 11 JArbSchG
  Rn. 1 ff.
- Aushangpflicht § 48 JArbSchG
  Rn. 1 ff.
- Kauffahrteischiffe § 61 JArbSchG
Rundfunk
- behördliche Ausnahmen vom
  Kinderarbeitsverbot § 6 JArbSchG
  Rn. 10, 16
- Samstagsarbeit § 16 JArbSchG
  Rn. 7
- Sonntagsarbeit § 17 JArbSchG
  Rn. 7, 9

S

Sachleistungen § 17 BBiG Rn. 47 ff.
Samstagsarbeitsverbot § 16 JArbSchG
  Rn. 1 ff.
Samstagsruhe § 16 JArbSchG Rn. 1 ff.
Schaustellergewerbe
- Nachtarbeit § 14 JArbSchG Rn. 6
- Samstagsarbeit § 16 JArbSchG
  Rn. 13
- Sonntagsarbeit § 17 JArbSchG Rn. 7
Schadensersatz (siehe auch Haftung)
  § 12 BBiG Rn. 39 ff.; § 13 BBiG
  Rn. 28 ff.; § 14 BBiG Rn. 35 ff.;
  § 23 BBiG Rn. 1 ff.
Schichtzeit § 4 JArbSchG Rn. 12, § 12
  JArbSchG Rn. 1 ff.
Schifffahrt § 3 BBiG Rn. 22; § 61
  JArbSchG
Schikane § 31 JArbSchG Rn. 1 ff.
Schlichtungsausschuss § 10 BBiG
  Rn. 96 ff.; § 22 BBiG Rn. 77
- Spruch § 10 BBiG Rn. 111 ff.

– Verfahren § 10 BBiG Rn. 108 ff.
– Verfahrensordnung § 79 BBiG
  Rn. 48
– Vergleich § 10 BBiG Rn. 109
– Zusammensetzung § 10 BBiG
  Rn. 100 ff.
– Zuständigkeit § 10 BBiG
  Rn. 103 ff.
– Zwangsvollstreckung § 10 BBiG
  Rn. 115
Schlichtungsverfahren, siehe
  Schlichtungsausschuss
Schließungszeit § 12 JArbSchG Rn. 1
Schnupperlehre § 1 JArbSchG Rn. 17
Schnupperverhältnis § 26 BBiG Rn. 6
Schriftform § 10 BBiG Rn. 24 ff.;
  § 11 BBiG Rn. 9 ff.
– Kündigung § 22 BBiG Rn. 16 ff.,
  56 ff., 87
– Zeugnis § 16 Rn. 11 ff.
Schriftformklausel § 17 BBiG
  Rn. 37 ff.
Schriftlicher Ausbildungsnachweis
  § 5 BBiG Rn. 44; § 14 BBiG Rn. 20 ff.;
  § 43 BBiG Rn. 15 ff.; § 4 JArbSchG
  Rn. 11
Schülerlotsendienst § 1 JArbSchG
  Rn. 11
Schülerpraktikum § 26 BBiG Rn. 14
Schule, siehe Berufsschule
Schulferien
– Kinderbeschäftigung § 5 JArbSchG
  Rn. 30
Schulische Berufsausbildung § 3
  BBiG Rn. 4 ff.
Schulpflicht § 2 JArbSchG Rn. 4, § 7
  JArbSchG Rn. 1 ff.
Schulveranstaltungen
– Berufsschule § 9 JArbSchG Rn. 8
Schutzpflichten § 14 BBiG Rn. 24 ff.
Schwangerschaft § 10 BBiG Rn. 31;
  § 24 Rn. 10
– Kündigungsschutz § 22 BBiG
  Rn. 23, 69
Schweigepflicht, Auszubildender
  § 13 BBiG Rn. 23 ff.
Schweigepflicht, ärztliche § 32
  JArbSchG Rn. 8, § 35 JArbSchG
  Rn. 3, § 37 JArbSchG Rn. 3, § 39
  JArbSchG Rn. 1

Schwerbehinderte § 10 BBiG Rn. 35
– Geltungsbereich § 1 JArbSchG
  Rn. 21 ff.
– Kündigung § 22 BBiG Rn. 24, 74
– Urlaub § 11 BBiG Rn. 45; § 19
  JArbSchG Rn. 9
Schwerwiegende Verstöße
– Mitteilung über Verstöße § 53
  JArbSchG
Seelische Misshandlung § 31
  JArbSchG Rn. 1 ff.
Selbständige
– Geltungsbereich § 1 JArbSchG
  Rn. 18 ff.
Selbstvermarktung § 5 JArbSchG
  Rn. 20
Silvester § 18 JArbSchG Rn. 2
Sittliche Gefahren
– gefährliche Arbeit § 22 JArbSchG
  Rn. 1 ff.
Soldaten § 45 BBiG Rn. 27 ff.
Sonderzahlung § 17 BBiG Rn. 32 ff.
Sonntagsarbeitsverbot § 17 JArbSchG
  Rn. 1 ff.
Sonntagsarbeitszuschlag § 17
  JArbSchG Rn. 4
Sonntagsruhe § 17 JArbSchG Rn. 1 ff.
Sonstige Dienstleistungen
– Geltungsbereich § 1 JArbSchG
  Rn. 14
Sorgerecht § 10 BBiG Rn. 19 ff.;
  § 22 BBiG Rn. 2 ff.
Sorgfaltspflicht § 13 BBiG Rn. 5 f.
Sozialversicherung § 10 BBiG Rn. 51;
  § 17 BBiG Rn. 4
Sport
– Ausnahme, Kinderarbeit § 5
  JArbSchG Rn. 23
– Samstagsarbeit § 16 JArbSchG
  Rn. 7, 15
– Sonntagsarbeit § 17 JArbSchG Rn. 7
Staatsangehörigkeit
– Geltungsbereich § 1 JArbSchG
  Rn. 3
Stelle, zuständige
– Mitteilung über Verstöße § 53
  JArbSchG
Steuerberaterkammer siehe zustän-
  dige Stelle
Stillschweigen § 13 BBiG Rn. 23 ff.

Strafanzeige § 13 BBiG Rn. 27
Straftaten
– Verbot der Beschäftigung durch
bestimmte Personen § 25
JArbSchG Rn. 1 ff.
Strafverfahren § 10 BBiG Rn. 34
Strafvollzug § 10 BBiG Rn. 140
Strafvorschriften § 58 JArbSchG
Streik § 10 BBiG Rn. 6
Streitigkeiten, Berufsausbildungsver-
hältnis § 10 BBiG Rn. 92 ff.
Stufenausbildung § 5 BBiG Rn. 14 ff.;
§ 21 BBiG Rn. 14 ff.
– Gliederung der Ausbildungsinhal-
te § 5 BBiG Rn. 18
– Ausbildungsabschluss § 5 BBiG
Rn. 19
– Probezeit § 20 BBiG Rn. 7

T

Tabak § 31 JArbSchG Rn. 1 ff.
Tägliche Arbeitszeit § 4 JArbSchG
Rn. 2 ff., § 8 JArbSchG Rn. 1 ff.
Tägliche Ausbildungszeit § 11 BBiG
Rn. 19 ff.
Tägliche Freizeit § 13 JArbSchG
Rn. 1 ff.
Talentwettbewerb § 1 JArbSchG Rn. 14
Talkshow § 1 JArbSchG Rn. 14
Tarifvertrag § 10 BBiG Rn. 45 ff.; § 11
BBiG Rn. 62 ff.; § 21a JArbSchG
– Arbeitszeit § 8 JArbSchG Rn. 4, 7,
17
– Berufsschule § 9 JArbSchG Rn. 14,
16, 20
– Feiertagsruhe § 18 JArbSchG Rn. 4,
6
– Fünf-Tage-Woche § 15 JArbSchG
Rn. 9
– Nachtruhe § 14 JArbSchG Rn. 5
– Samstagsruhe § 16 JArbSchG Rn. 4
– Sonntagsruhe § 17 JArbSchG
Rn. 4 f., 7
– Schichtzeit § 12 JArbSchG Rn. 2, 6
– Übernahmeregelungen § 24 BBiG
Rn. 11
– Urlaub § 19 JArbSchG Rn. 1
– Vergütung § 17 BBiG Rn. 11 ff.

Teilausbildung, Ausland § 2 BBiG
Rn. 15 ff., § 76 BBiG Rn. 14
Teilnahme, Ausbildungsmaßnah-
men § 13 BBiG Rn. 7 ff.; § 10
JArbSchG Rn. 8 f.
Teilnahme, Berufsschulunterricht § 9
JArbSchG Rn. 1 ff.
Teilnahme, Prüfungen § 10 JArbSchG
Rn. 3 f.
– Dauer der Arbeitszeit § 8
JArbSchG Rn. 11
Teilurlaub § 11 BBiG Rn. 47; § 19
JArbSchG Rn. 12
Teilzeitarbeit § 8 JArbSchG Rn. 7
Teilzeitberufsausbildung § 8 BBiG
Rn. 5 ff.; § 11 BBiG Rn. 22; § 8
JArbSchG Rn. 7
– Antrag § 8 BBiG Rn. 7
– Finanzierungsmöglichkeit § 8
BBiG Rn. 6
– Vergütung § 8 BBiG Rn. 6
– Verlängerung der Ausbildungs-
dauer § 8 BBiG Rn. 5
Telefax § 11 BBiG Rn. 10
Tempoabhängige Arbeiten § 23
JArbSchG Rn. 1 ff
Textform § 11 BBiG Rn. 10
Theatervorstellung
– behördliche Ausnahmen von Kin-
derarbeit § 6 JArbSchG Rn. 10 f.
– Samstagsarbeit § 16 JArbSchG
Rn. 7, 14
– Sonntagsarbeit § 17 JArbSchG
Rn. 7, 9
Tierärztekammer siehe zuständige
Stelle
Tierhaltung
– Samstagsarbeit § 16 JArbSchG
Rn. 7
Tiere, Versorgung § 5 JArbSchG
Rn. 20
Tod § 21 BBiG Rn. 4 ff.
Tonträger, siehe Aufnahmen

U

Überbetriebliche Berufsausbildung
§ 5 BBiG Rn. 35 ff.; § 10 BBiG
Rn. 139

Übernahme in Arbeitsverhältnis § 24
BBiG Rn. 1 ff.
Übernahmeklausel § 12 BBiG
Rn. 13 ff.
Überstunden, siehe Mehrarbeit
Überwachung
– Aufsichtsbehörde § 51 JArbSchG
– Ausbildungsstätte § 32 BBiG
Rn. 1
– Eignung der Ausbildenden § 32
BBiG Rn. 1 ff.
– zuständige Stelle § 76 BBiG
Rn. 1 ff.
Überwachungspflicht § 27 BBiG
Rn. 12; § 32 BBiG Rn. 1 ff.; § 76 BBiG
Rn. 1 ff.
Übung, betriebliche § 17 BBiG
Rn. 34 ff.
Umkleidezeit
– Arbeitszeit § 11 BBiG Rn. 28; § 4
JArbSchG Rn. 6
Umschulung § 1 BBiG Rn. 38 f., § 10
BBiG Rn. 136
– Anerkannter Ausbildungsberuf
§ 60 BBiG Rn. 1 ff.
– Berücksichtigung ausländischer
Vorqualifikationen § 61 BBiG
Rn. 1 ff.
– Umschulungsordnung § 58 BBiG
Rn. 1 ff.
– Umschulungsprüfungen § 62 BBiG
Rn. 1 ff.
– Umschulungsprüfungsregelun-
gen § 59 BBiG Rn. 1 ff.
– Gleichstellung, Prüfungszeugnis-
se § 63 BBiG
Unabdingbarkeit § 25 BBiG Rn. 1 ff.
Unentgeltliche Tätigkeit § 1
JArbSchG Rn. 8
Unfallgefahren
– gefährliche Arbeiten § 22
JArbSchG Rn. 1 ff.
Unfallversicherung § 10 BBiG Rn. 51
Unterkunft
– häusliche Gemeinschaft § 30
JArbSchG
Unterricht, theoretischer
– Arbeitszeit § 4 JArbSchG Rn. 4
Unterrichtung, Ärzte § 45 JArbSchG
Rn. 1 ff.

Unterrichtung, Gefahren § 29
JArbSchG Rn. 1 ff.
Unterrichtung, Lohnsteuerkarten
§ 52 JArbSchG
Unterrichtungspflicht, Arbeitgeber
§ 5 JArbSchG Rn. 32
Untersagung, Einstellen und
Ausbilden § 33 BBiG Rn. 1 ff.
– zuständige Behörde § 33 BBiG
Rn. 2
Untersuchung
– ärztliche § 36 JArbSchG Rn. 1 ff.,
§ 37 JArbSchG Rn. 1 ff., § 38
JArbSchG
– Erstuntersuchung § 10 BBiG
Rn. 23; § 32 JArbSchG Rn. 1 ff.
– Freistellung § 43 JArbSchG Rn. 1 ff.
– Kosten § 44 JArbSchG Rn. 1 ff.
– Nachuntersuchung § 33 JArbSchG
Rn. 1 ff., § 34 JArbSchG Rn. 1 ff.,
§ 35 JArbSchG Rn. 1 ff.
Untertagearbeit, Bergbau
– Arbeitszeit § 4 JArbSchG Rn. 13
– Ruhepausen § 11 JArbSchG
Rn. 16
Untersagen, Einstellen und Ausbil-
den § 33 BBiG Rn. 1 ff.
Unterweisung, Gefahren § 29
JArbSchG Rn. 1 ff.
Urlaub § 11 BBiG Rn. 39 ff.; § 15 BBiG
Rn. 28; § 19 BBiG Rn. 19; § 19
JArbSchG Rn. 1 ff.
Urlaubsabgeltung § 11 BBiG Rn. 55
Urlaubsentgelt § 11 BBiG Rn. 59

V

Varieté
– behördliche Ausnahmen vom Kin-
derarbeitsverbot § 6 JArbSchG
Rn. 19
Veranstaltungen
– behördliche Ausnahmen vom Kin-
derarbeitsverbot § 6 JArbSchG
Rn. 1 ff.
Verband, Beschäftigung § 1
JArbSchG Rn. 9
Verbot, Abgabe Alkohol und Tabak
§ 31 JArbSchG Rn. 1 ff.

Verbot der Beschäftigung durch bestimmte Personen § 25 JArbSchG
Verbot der Kinderarbeit § 5 JArbSchG Rn. 1 ff.
– Ausnahmebewilligung § 6 JArbSchG Rn. 1 ff.
Verbot, Einstellen und Ausbilden § 33 BBiG Rn. 1 ff.
– Kündigung § 33 BBiG Rn. 6
– Schadenersatz § 33 BBiG Rn. 6
Verbundausbildung § 10 BBiG Rn. 10
Verein, Beschäftigung § 1 JArbSchG Rn. 9
Vereinbarungen, nichtige § 12 BBiG Rn. 1 ff.
Verfallfristen, siehe Ausschlussfristen
Vergütung (siehe auch Ausbildungsvergütung) § 11 BBiG Rn. 37 ff.
– Anspruch § 17 BBiG Rn. 1 ff.
– Bemessung § 18 BBiG Rn. 1 ff.
– Erhöhung § 17 BBiG Rn. 27 ff.
– Gratifikation § 17 BBiG Rn. 32 ff.
– Fälligkeit § 18 BBiG Rn. 1 ff.
– Fortzahlung § 19 BBiG Rn. 1 ff.
– Sonderzahlung § 17 BBiG Rn. 32 ff.
Verhalten § 13 BBiG Rn. 1 ff.
Verhaltensbedingte Kündigung § 22 BBiG Rn. 31 ff.
Verjährung § 10 BBiG Rn. 128; § 17 BBiG Rn. 3
Verkaufsstellen, offene
– Samstagsarbeit § 16 JArbSchG Rn. 7
Verkehrswesen
– Samstagsarbeit § 16 JArbSchG Rn. 12
Verlängerung, Ausbildungszeit § 8 BBiG Rn. 9 ff., § 21 BBiG Rn. 31 ff.
Verschwiegenheitspflicht § 13 BBiG Rn. 23
Versetzung § 10 BBiG Rn. 89 f.; § 13 BBiG Rn. 16 ff.
Versorgung, Tiere § 5 JArbSchG Rn. 20
Verstoß, Mitteilung § 53 JArbSchG
Vertrag, siehe Ausbildungsverhältnis
Vertragsfreiheit § 12 BBiG Rn. 2
Vertragsniederschrift § 11 BBiG Rn. 1 ff.

Vertragspartner, Ausbildungsvertrag § 10 BBiG Rn. 7 ff.
Vertragsstrafe § 12 BBiG Rn. 23, 36 f.
Vertragsverhältnisse, andere § 26 BBiG Rn. 1 ff.
Verzeichnis der Berufsausbildungsverhältnisse
– Antrag § 36 BBiG Rn. 1 ff.
– Einrichten, Führen § 34 BBiG Rn. 1 ff.
– Eintragen, Ändern, Löschen § 35 BBiG Rn. 1 ff.
– Kosten § 34 BBiG Rn. 7
Verzeichnis der Jugendlichen § 49 JArbSchG
– Vorlage § 50 JArbSchG
Volljährige Auszubildende § 9 JArbSchG Rn. 16, 18
Volljährigkeit
– Geltungsbereich § 1 JArbSchG Rn. 3
Vollzeitschulpflicht § 2 JArbSchG Rn. 4, § 7 JArbSchG Rn. 1 ff.
Vollzug, Freiheitsentziehung § 62 JArbSchG
Volontär § 10 BBiG Rn. 137; § 26 BBiG Rn. 12 ff.
Vor- / Abschlussarbeiten
– Arbeitszeit § 11 BBiG Rn. 28; § 4 JArbSchG Rn. 5
Vorbereitung, Prüfungen § 10 JArbSchG Rn. 5 ff.
Vordruck, ärztliche Untersuchung § 37 JArbSchG Rn. 1 ff.
Vorlage, Verzeichnisse § 50 JArbSchG
Vorlage, ärztliche Bescheinigung § 41 JArbSchG Rn. 1 ff.
Vormund § 10 BBiG Rn. 20
Vorqualifikation, ausländische § 55 BBiG; § 61 BBiG
Vorstrafen § 10 BBiG Rn. 34

W

Wartezeit, Urlaub § 11 BBiG Rn. 46; § 19 JArbSchG Rn. 11
Warten auf Arbeit
– Arbeitszeit § 4 JArbSchG Rn. 3

Wechsel, Arbeitgeber § 36 JArbSchG
Rn. 1 ff.
Wegezeit § 15 BBiG Rn. 11, 16, 19,
23
– Arbeitszeit § 11 BBiG Rn. 29; § 4
JArbSchG Rn. 7 f.
– Ausbildungsmaßnahmen § 15
BBiG Rn. 19; § 10 JArbSchG Rn. 9,
11
– Berufsschule § 15 BBiG Rn. 11 ff.;
§ 9 JArbSchG Rn. 7, 15
– Pausen § 11 JArbSchG Rn. 11
– Prüfungen § 15 BBiG Rn. 16;
§ 10 JArbSchG Rn. 4, 9, 11
– Schichtzeit § 12 JArbSchG Rn. 2
– Untersuchungen § 43 JArbSchG
Rn. 2
Wehrdienst § 21 BBiG Rn. 49
Weisungsrecht § 13 BBiG Rn. 9 ff.;
§ 1 JArbSchG Rn. 7
Weiterarbeit nach Ausbildung § 24
BBiG Rn. 1 ff.
Weiterarbeitsklausel § 12 BBiG
Rn. 14 ff.
Weiterbeschäftigung § 24 BBiG
Rn. 1 ff.
– Nachuntersuchung § 33 JArbSchG
Rn. 7
Weiterbildung § 53 BBiG Rn. 1 ff.
– im Arbeitsverhältnis § 53 BBiG
Rn. 8 ff.
– Rückzahlungsklauseln § 53 BBiG
Rn. 8 ff.
Weitere Nachuntersuchung § 34
JArbSchG
Werbeprospekt, Austragen § 5
JArbSchG Rn. 18
Werbeveranstaltungen
– behördliche Ausnahmen vom Kin-
derarbeitsverbot § 6 JArbSchG
Rn. 10, 15
Werkstoffe § 13 BBiG Rn. 21; § 14
BBiG Rn. 11
Werkstück § 14 BBiG Rn. 11
Wettbewerbsverbot § 12 BBiG Rn. 11;
§ 13 BBiG Rn. 26
Wichtiger Grund, Kündigung § 22
BBiG Rn. 25 ff.
Widerrufbarkeit, Ausnahmebewil-
ligung § 54 JArbSchG

Wiederholungsprüfung § 21 BBiG
Rn. 44 ff.; § 37 BBiG Rn. 9 ff.; § 10
JArbSchG Rn. 4
Willkürkontrolle § 24 BBiG Rn. 9
Wochenarbeitszeit § 4 JArbSchG
Rn. 14 ff., § 8 JArbSchG Rn. 1 ff.
– Fünf-Tage-Woche § 15 JArbSchG
Rn. 1 ff.

Z

Zahnärztekammer, siehe zuständige
Stelle
Zeitpunkt, Nachuntersuchung § 33
JArbSchG Rn. 2
Zeitschrift, Austragen § 5 JArbSchG
Rn. 18
Zeitung, Austragen § 5 JArbSchG
Rn. 18
Zertifizierung § 69 BBiG Rn. 5 ff.
Zeugnis § 16 BBiG Rn. 1 ff.
Zirkus
– behördliche Ausnahmen vom Kin-
derarbeitsverbot § 6 JArbSchG
Rn. 19
Zivildienst § 21 BBiG Rn. 49
Züchtigungsverbot § 31 JArbSchG
Rn. 1 ff.
Zulassung, Abschlussprüfung § 43
BBiG Rn. 1 ff., § 44 BBiG Rn. 1 ff.,
§ 45 BBiG Rn. 1 ff., § 46 BBiG
Rn. 1 ff.
– Externe § 45 BBiG Rn. 14 ff.
– gestreckte Abschlussprüfung § 44
BBiG Rn. 1 ff.
– nach der Ausbildung § 43 BBiG
Rn. 5 ff.
– vorzeitige § 45 BBiG Rn. 3 ff.
Zusammenrechnung, Arbeitszeit § 4
JArbSchG Rn. 18 ff.
Zusatzqualifikationen § 5 BBiG
Rn. 34; § 49 BBiG Rn. 1 ff.
Zusatzurlaub, Schwerbehinderter
§ 11 BBiG Rn. 45
Zuschlag
– Feiertagsarbeit § 18 JArbSchG
Rn. 6
– Nachtarbeit § 14 JArbSchG
Rn. 14 f.

– Sonntagsarbeit § 17 JArbSchG
Rn. 4
Zuständige Behörden § 81 BBiG
Rn. 1 ff.
Zuständige Stellen § 9 BBiG Rn. 1 ff.;
§ 71–75 BBiG
– Berater, Beraterin § 76 BBiG Rn. 11
– Betriebsbegehung § 76 BBiG Rn. 19
– öffentlicher Dienst § 73 BBiG
Rn. 1 ff.
– Kirchen §§ 74, 75 BBiG
– Mitteilung über Verstöße § 76
BBiG Rn. 27; § 53 JArbSchG

– Überwachung § 76 BBiG
Rn. 1 ff.
Zutrittsrecht, Aufsichtsbehörde
§ 51 JArbSchG
Zwangsmittel, Aufsichtsbehörde
§ 51 JArbSchG
Zwei-Wochen-Frist (Kündigung)
§ 22 BBiG Rn. 63, 86
Zwischenprüfungen § 43 BBiG
Rn. 15, § 48 BBiG Rn. 1 ff.; § 10
JArbSchG Rn. 4
– bei gestreckter Abschlussprüfung
§ 48 BBIG Rn. 1

Kompetenz verbindet

Thomas Lakies / Michael Schoden

Jugendarbeitsschutzgesetz

Basiskommentar
6., überarbeitete Auflage
2010. 394 Seiten, kartoniert
€ 29,90
ISBN 978-3-7663-3934-8

Das Gesetz zum Schutze der arbeitenden Jugend, das Jugendarbeitsschutzgesetz, will junge Menschen, die sich in Ausbildung befinden oder erwerbstätig sind, besonders schützen. Kinder und Jugendliche sollen vor Überforderung und gesundheitlichen Gefahren bewahrt werden.

Der vorliegende Kommentar stellt das Jugendarbeitsschutzrecht anschaulich, kompakt und abgestellt auf die Bedürfnisse der Praxis dar. Er ist eine wichtige Ergänzung zum Basiskommentar zum Berufsbildungsgesetz (BBiG), weil sich ein Großteil der erwerbstätigen Jugendlichen in Ausbildungsverhältnissen befindet.

In der sechsten Auflage wurde der Kommentar von Thomas Lakies komplett durchgesehen, aktualisiert und in wesentlichen Teilen neu geschrieben. Die Einleitung wurde umfassend erweitert, um weitere rechtliche Vorgaben, die für Minderjährige (Kinder und Jugendliche) wichtig sind, mit einzubeziehen und darzustellen.

Zu beziehen über den gut sortierten Fachbuchhandel oder direkt beim Verlag unter E-Mail: kontakt@bund-verlag.de

Bund-Verlag

Kompetenz verbindet

Dieter Lenz / Claudia Meyer / Jürgen Ratayczak
Thomas Ressel / René Rudolf

Die Praxis der Jugend- und Auszubildendenvertretung von A bis Z

Das Handwörterbuch für die JAV-Arbeit
6., überarbeitete Auflage
2010. 509 Seiten, gebunden mit CD-ROM
€ 49,90
ISBN 978-3-7663-6007-6

Prägnant und gut verständlich bietet das bewährte Lexikon in über 140 Stichwörtern Informationen über die Aufgaben und Rechte der JAV und deren Zusammenarbeit mit dem Betriebsrat. Auch spezielle Themen, die die Berufsausbildung betreffen, sind berücksichtigt. So wurden neue Stichwörter aufgenommen, wie beispielsweise Einstiegsqualifizierungsjahr (EQJ), Modulausbildung, Einfachberufe und Schmalspurausbildung.

Auch den europäischen Themen tragen die Autoren umfassend Rechnung. Die sechste Auflage bringt das Lexikon auf den Stand August 2010. Die Neuerungen der Rechtsprechung sind eingearbeitet.

Zu beziehen über den gut sortierten Fachbuchhandel oder direkt beim Verlag unter E-Mail: kontakt@bund-verlag.de

Bund-Verlag

Kompetenz verbindet

Wolfgang Däubler / Michael Kittner
Thomas Klebe / Peter Wedde (Hrsg.)

BetrVG – Betriebsverfassungsgesetz

Kommentar für die Praxis mit Wahlordnung
und EBR-Gesetz
12., überarbeitete und aktualisierte Auflage
2010. 2.586 Seiten, gebunden
€ 98,–
ISBN 978-3-7663-3987-4

Als Standardwerk bei vielen Betriebsräten und Rechtsanwälten
fest etabliert: Der Kommentar für die Praxis dokumentiert umfassend die gesamte Rechtsprechung zum Betriebsverfassungsrecht. Für alle noch nicht höchstrichterlich entschiedenen Fragen
entwickelt das hochkarätige Autorenteam fundierte und nicht
selten innovative Lösungen. Diese orientieren sich am Gedanken
des Arbeitnehmerschutzes und der Mitbestimmung.

Die 12. Auflage berücksichtigt Gesetzgebung, Rechtsprechung
und Literatur bis Oktober 2009. Die Autoren gehen dabei auf
alle aktuellen Themen ein: Dazu gehören neben den Maßnahmen in Folge der Wirtschafts- und Finanzkrise – wie z.B. Kurzarbeit – auch die mitbestimmungsrechtlich relevanten Themen
rund um die Pandemievorsorge in den Betrieben.

Die für die BR-Wahlen relevanten Themen, wie z.B. die Nutzung
der IuK, Anforderungen an die Prüfung der Listen, Wahlrecht der
Leiharbeitnehmer sind umfassend erörtert.

Zu beziehen über den gut sortierten Fachbuchhandel oder
direkt beim Verlag unter E-Mail: kontakt@bund-verlag.de

Bund-Verlag

Kompetenz verbindet

Peter Berg / Helmut Platow / Christian Schoof
Hermann Unterhinninghofen

Tarifvertragsgesetz und Arbeitskampfrecht

Kompaktkommentar
3., überarbeitete und aktualisierte Auflage
2010. 807 Seiten, gebunden
€ 89,90
ISBN 978-3-7663-3996-0

»Tarifverhandlungen ohne Streikrecht« hat das Bundesarbeitsgericht als »kollektives Betteln« bezeichnet. Der
vorliegende Kompaktkommentar behandelt das gesamte
Tarif- und Arbeitskampfrecht auch deshalb in einem Band.
Die Rechtsprechung von BAG, BVerfG und EuGH ist bis
Juni 2010 umfassend eingearbeitet. Das Buch richtet sich
an Rechts- und Gewerkschaftssekretäre, Tarifpraktiker,
Rechtsanwälte und Richter. Zahlreiche Praxistipps sowie
knapp 80 Stichwörter aus dem Arbeitskampfrecht machen
das Buch auch für Interessenvertreter zu einem unent-
behrlichen Nachschlagewerk.

Mit seiner eingehenden Behandlung des Grundsatzes der
Tarifeinheit greift der Kommentar ein für die Tarif- und
Arbeitskampfpraxis höchst aktuelles Thema auf.

Zu beziehen über den gut sortierten Fachbuchhandel oder
direkt beim Verlag unter E-Mail: kontakt@bund-verlag.de

Bund-Verlag

Kompetenz verbindet

Peter Wedde (Hrsg.)

Arbeitsrecht

Kompaktkommentar zum Individualarbeitsrecht
mit kollektivrechtlichen Bezügen
2., überarbeitete Auflage
2010. 1.523 Seiten, gebunden
€ 89,90
ISBN 978-3-7663-3995-9

Klar, prägnant und gut verständlich erläutert der nun in
zweiter Auflage vorliegende Kompaktkommentar das gesamte
Individualarbeitsrecht – konzentriert aufbereitet in einem Band.
Die Kommentierungen haben stets die Arbeitnehmerpositionen
im Blick, verzichten auf wissenschaftlichen Ballast und orientieren
sich an der Rechtsprechung des Bundesarbeitsgerichts. Gesetze und
Rechtsprechung sind nun auf dem Stand Januar 2010. Das Bundesda-
tenschutzgesetz und das Arbeitnehmerentsendegesetz werden
aufgrund der Novellen komplett neu kommentiert.

Optisch hervorgehoben sind Beispiele und Hinweise für die Interessenvertreter. Diese machen das Werk besonders für Betriebs- und
Personalräte und für deren Berater zu einem zuverlässigen Hilfsmittel
für die tägliche Arbeit.

Zu beziehen über den gut sortierten Fachbuchhandel oder
direkt beim Verlag unter E-Mail: kontakt@bund-verlag.de

Bund-Verlag

Kompetenz verbindet

Michael Kittner

Arbeits- und Sozialordnung

Gesetzestexte • Einleitungen • Anwendungshilfen
36., aktualisierte Auflage
2011. Ca. 1.650 Seiten, kartoniert
ca. € 26,90
ISBN 978-3-7663-6074-8
Erscheint Februar 2011

Gesetze plus Erläuterungen – das ist die Erfolgsformel der jährlich neu aufgelegten »Arbeits- und Sozialordnung«. Die solide Grundlage bilden über 100 für die Praxis relevante Gesetzestexte im Wortlaut oder in wichtigen Teilen – natürlich auf dem neuesten Stand. Die Ausgabe 2011 ist weiter optimiert durch eine allgemeine Einführung in die Arbeits- und Sozialordnung sowie 80 Checklisten und Übersichten zur praxisgerechten Anwendung und raschen Orientierung über komplexe Gesetzesinhalte. Bei wichtigen Gesetzen erklären Übersichten die seit der Vorauflage publizierte höchstrichterliche Rechtsprechung – mit Verweis auf eine Fundstelle.

Fazit: Der »Kittner« ist unerlässlich für alle, die über das Arbeits- und Sozialrecht auf aktuellem Stand informiert sein wollen.

Zu beziehen über den gut sortierten Fachbuchhandel oder direkt beim Verlag unter E-Mail: kontakt@bund-verlag.de

Bund-Verlag